21세기에 새로쓴
인간불평등사

21세기에 새로 쓴

인간불평등사

THE TRUE HISTORY OF
Inequality
FOR THE 21st CENTURY

이선경 지음

프리스마

서문

내 삶의 어떤 문제가 나만의 문제가 아닐 때 우리는 그것을 사회적 현상이라고 부른다. 그런데 나의 문제를 사회적 현상의 일부로 명확히 인식한다는 것이 그리 쉬운 일만은 아니다. 그것은 문제의 원인이 나 개인뿐만아니라 사회 전체의 긴 역사적인 흐름과 어떻게 맞물려 있는지를 알아야만 가능한 일이다. 좀 더 근본적인 해결책을 모색하거나 선택할 수 있으려면 그러한 인식이 전제되어야 할 것이다.

하지만 그러한 인식에 도달하는 데에는 시간이 걸리거나, 오랜 시간이흘러도 미처 이루지 못하고 마는 경우도 많다. 사회적 현상은 복잡다단하기 마련인 데다가 어느 관점에서 어디를 보느냐에 따라 다양한 모습을드러내고 또한 각계각층의 사람들이 자신들의 관점에서 서로 모순되는주장을 내세우기 때문이다.

불평등 문제와 관련해서도 그렇다. 세상에 완벽하게 공평하고 정의로운 사회도, 완벽하게 그 반대인 사회도 있을 수 없다면, 현재 우리가 속한사회가 어디쯤에 있는지는 일견 개개인들의 상대적 인식의 문제일 수밖에 없을 듯 보인다.

그러나 개개인들 간의 논쟁을 벗어나 마치 카메라를 줌아웃^{zoom out}하듯이 멀찍이 떨어져서 상황을 비춰주는 어떤 객관적 데이터를 볼 수 있다면 사정이 조금은 달라질 수 있을 것이다. 그중의 하나가 통계 데이터인데, 그것을 시각적으로 한눈에 보여주는 것이 다음과 같은 그래프이다.

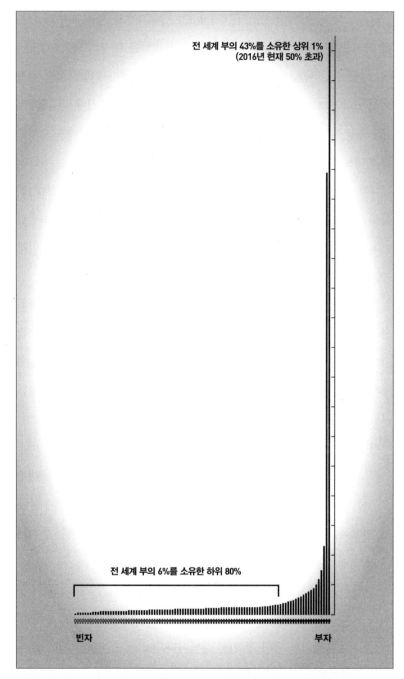

전 세계 부의 43%를 소유한 상위 1%
(2016년 현재 50% 초과)

전 세계 부의 6%를 소유한 하위 80%

빈자   부자

(출처: "Global Wealth Inequality", https://www.youtube.com/watch?v=uWSxzjyMNpU&feature=youtu.be)

앞의 그래프는 2013년도 기준 그래프로 상위 1%가 전 세계 부의 43%를 차지하고 있는 현실을 나타낸다. 이후 불평등은 더 악화되어 2016년에는 1%가 전 세계 부의 50% 이상을 차지한 것으로 드러났으니까 전체적인 그래프 모양은 더욱더 기괴해졌으리라 짐작할 수 있다. 전 세계적으로뿐만 아니라 대한민국을 비롯한 각 나라의 부의 분배 그래프 모양도 크게 다르지 않은 실정이다.

내가 속한 사회뿐만 아니라 전 세계적으로도 '부의 불평등이 심해지긴 심해졌나 보다'라고 느끼는 것과, 이와 같이 알파벳 엘(L)을 좌우로 뒤집어놓은 충격적 모양의 전 세계 부의 분배 그래프를 직접 눈으로 확인하는 것 사이에는 분명 큰 차이가 있다.

나에게도 이 그래프는 "아!" 하는 외마디 소리가 터져나오게 할 정도의 충격이었다! 그동안 나는 다른 사람들과 마찬가지로 현실을 실제 모습 그대로 인식하지 못하고 있었던 것이다. 내가 저 그래프상의 어디쯤에 위치해 있을지 보였다. 지금까지 나와 내 주변에서 일어났던 많은 부조리해 보였던 현상들도 비로소 퍼즐처럼 조각조각 맞춰지는 기분이었다.

저 그래프가 의미하는 가장 충격적인 부분은 '세상은 달라지지 않았다'는 사실이다! 세상이 불평등한 피라미드 구조로 되어 있다는 점에서는 오늘날이나 수백 년 전, 아니 수천 년 전이나 크게 다를 바가 없지 않은가. 전체적인 부의 규모가 팽창한 것을 감안하면 불평등의 크기는 오히려 그 어느 때보다 더 증폭되어 있는 셈 아닌가.

그런데 도대체 '어떻게', '왜' 이렇게 되어야만 했단 말인가? 그 점이 도저히 납득되지 않았다. 아무리 머릿속을 더듬어봐도 이 모든 결과에 대해 충분히 포괄적인 답이 될 만한 설명이나 논리를 들어본 기억이 없다. 막연히 세상이 더 나아졌을 거라고 믿었는데 왜 여전히 이 모양인가? 그 이유를 나 자신에게 납득시키기 위해서는 뭔가 새로운 이해의 틀을 찾을 필요가 있다고 느꼈다. 결과적으로 그것이 이 책의 집필 여행을 시작한 동기가 되었다.

　그렇다. 오늘날 전 세계에 '하나의' 거대한 불평등 피라미드가 자리 잡고 있다. '자본주의 시스템'이라 불리는 것이다. 그것은 수많은 단위의 더 작은 피라미드들로 구성되어 있다. 실질적으로는 국가 권력조차도 상당 부분 그 피라미드 구조 속에 편입된 상태이다. 지구상에 이렇게 단일한 초거대 규모의 피라미드가 들어선 것은 인류사적 최초의 사건으로 비교적 최근에 일어난 일이다. 하지만 이는 수많은 왕국과 제국이라는 피라미드들의 명멸로 점철된 인류 역사의 연장선상에 있는 것이다. 약 반만년에 걸쳐 진행된 그 많은 피라미드들 간의 토너먼트 끝에 자본주의 시스템이 최근 그 모든 것을 통일하고 우승한 결과이다. 현재까지만 놓고 보면 그렇다.

　그렇다면 인류 문명이 전개되는 동안 이토록 끈질기게 불평등이 유지되거나 더 증폭된 이유는 도대체 뭘까? 심지어 오늘날에는 세계사적으로 정치적 자유와 평등이 확대되었음에도 불구하고, 그리하여 많은 사람들이 인간은 평등하다고 믿으며 민주주의 제도 하에 살기 시작했음에도 불구하고 사실상 경제적으로나 사회적으로 불평등의 정도는 크게 달라지지 않았을 뿐 아니라, 4차 산업혁명과 함께 다가올 미래에도 불평등 문제에 관해서만큼은 전망이 밝지만은 않은 이유는 뭘까? 결국 지금까지는 물론 앞으로도 불평등은 그냥 자연스러운 현상일 수밖에 없는 것일까? 평등한 사회란 불가능한 꿈에 불과할까? 아울러, 이 책은 그러한 의문들과 맞물려 있는 '인간은 도대체 어떤 존재이고, 사회는 어떤 원리에 의해 작동하는가?', '우리가 생각하는 정의는 실제로 가능할까?', '정의란 정말로 근거가 있는 실체일까?'라는 근원적 문제들을 하나하나 풀어가는 여정이다.

이 책의 개요

1부는 사회에 끈질기게 존재하는 피라미드 형태의 구조적 불평등과 정의에 관한 본질적 의문을 제기하는 것으로 시작한다.

오늘날 인류는 사실 '정의란 무엇인가'라는 질문에 대해 이미 상식이 되다시피 한 답을 작성해놓았다. 제2차 세계대전 종전 직후 나온 세계인권선언문의 내용으로, 현재 전 세계의 거의 모든 국가가 헌법과 법률에 반영하여 정의의 보편적 개념으로 사용하고 있다. 문제는 그 기준대로라면 그 이전은 물론 아직까지도 현실은 정의롭지 못하다는 것이다. 전 세계적으로 부의 불평등은 극심해지고 있고, 곳곳에서 크고 작은 테러와 전쟁이나 그 위협이 계속되고 있다. 정의라는 개념이 존재한다고 해서 그것이 실제로 실현되고 있는 것은 아닌 셈이다.

그렇다면 정의와 관련해서 우리가 던져야 할 질문은 '정의란 무엇인가'보다 오히려 이런 것이어야 할 것이다. 즉, 그토록 참혹한 세계적 전쟁을 통해 뼈저린 교훈을 얻고도 세상이 아직도 충분히 정의로워지지 않았다면 그 이유는 대체 무엇일까? 혹시 지금 이대로가 자연의 순리이기 때문은 아닐까? 그러므로 세계인권선언 내용은 처음부터 실천이 불가능한 목표였던 것은 아닐까? 그렇다면 우리가 인간 사회를 비롯한 세상의 모든 자연스러운 현상들을 부자연스럽게 정의라는 임의의 잣대에 따라 선과 악, 정의와 불의로 잘못 나누어 규정하고 있는 것은 아닐까? 그것이 현실 속에서 정의가 그토록 실현되기 어렵고 힘든 이유는 아닐까? 그렇다면 정의는 영원히 닿을 수 없는 이상향일까? 정의는 가능한가?

　2부에서는 1부에서 제기한 의문들을 풀기 위해서 인간은 어떤 존재이고 사회란 어떤 원리에 따라 작동하는지를 검토한다. 기본적으로 인간은 생물의 고유한 특성인 '안락범위'와 '생물학적 기대'를 타고난 존재일 뿐만 아니라 사회적 동물의 사회가 안고 있는 공통적 난제와 질서를 공유한다는 내용을 다룬다. 그렇다면 다른 사회적 동물들과 달리 초거대 규모의 인간 사회를 가능하게 한 질서는 무엇일까? 이 질문과 관련하여 2부에서는 인간이 어떻게 자신의 고유한 능력을 통해 다른 동물 사회가 갖지 못한 '3인칭 처벌'이라는 방법을 발전시켰으며, 그 방법이 어떤 식으로 동물의 서열 질서의 확대 버전인 피라미드식 불평등 질서를 구축하는데 기여했고, 그것이 왜 원시적인 형태의 '정의'라는 개념의 발단이 되었는지도 서술할 것이다.

　3부의 목적은 인류 문명사 내내 유지되어온 다양한 불평등 피라미드의 실체가 무엇이고, 그것을 지탱하는 원리는 무엇이며, 과연 언제까지 지속 가능한지를 밝히는 것이다. 최근 자본주의에 위기가 닥치고 있다는 경고들이 여기저기에서 쏟아져나오고 있는 시점에 '우리의 내일은 안전할까'를 진단하는 최고의 방법은 과거라는 데이터를 한층 더 깊이 통찰하는 데 있을 거라고 보기 때문이다.

　3부에서는 불평등 피라미드를 구축하고 유지하려는 '피라미드' 세력과, 그 굴레로부터 벗어난 세상에서 살기 위해 피라미드를 허물고 대안적 질서를 세우려는 '반反피라미드' 세력 간의 대결 양상이라는 관점에서 과

거의 주요 역사적 사건들을 재조명한다. 그 과정에 양 세력이 어떤 종류의 유·무형 도구들을 사용했는지, 그리고 때에 따라 어떤 식으로 상대편의 도구를 빼앗아 교묘하게 변형 또는 변질시켜 다시 상대편에게 휘둘렀는지를 살펴볼 것이다. 여기서 도구란 무기 같은 물리적인 형태뿐 아니라 온갖 경제·사회적 법, 제도, 종교, 이데올로기, 이론, 개념과 같은 추상적 형태의 도구를 포괄한 개념이다. 추상적 도구에 해당하는 사례로 함무라비 법전, 기독교적 신, 선악 개념, 봉건제, 평등사상, 자유민주주의, 자본주의, 마르크스주의, 신자유주의 등을 다루게 될 것이다. 아울러, 각 지배 계층이 물리적이거나 추상적인 도구들을 활용할 때마다 예외 없이 '선악'과 '정의'라는 개념을 명분으로 내세웠다는 사실에도 주목할 것이다.

구체적으로 다룰 내용은 대략 이렇다. 인간 종에게만 거의 유일한 3인칭 처벌 기제가 투영된 함무라비 법전은 어떤 점에서 피라미드 질서의 서막을 알리는가? 그 다음으로, 피라미드 최하위층의 소망을 상징했던 기독교적 신은 왜 로마의 황제에 의해 탈취되어 어떻게 로마 제국이라는 피라미드의 지배 도구로 쓰였는가? 프랑스 혁명과 관련해서는, 계몽주의에 심취했던 로베스피에르는 어떻게 다수 대중의 지지를 획득하여 일시적으로나마 불평등 피라미드를 허무는 데 성공하고 그 자리에 보다 수평적인 대안적 질서를 세우려는 실험을 시도할 수 있었는가? 로베스피에르가 기존의 도덕 이데올로기를 전복시킨 행위, 즉 특권적 소수 지배층에게 복종하는 것이 선이라는 기존의 가치관에 반기를 들면서 그러한 복종은 악일뿐, 나머지 98%의 다수의 뜻에 따르는 것이 오히려 진정한 선이라는 주장을 펼친 행위는 어떤 역사적 의미를 갖는가? 마르크스주의의 취지는 무엇이고, 그것은 왜 전 세계의 많은 사람들에게 인기를 끌었을까? 사회적 생산 도구의 사유화라는 자본주의 제도에 반대하는 대신 그 대안으로 공산주의 비전을 제시한 마르크스주의는 어찌하여 스탈린과 같은 지도자에 의해 또 다른 피라미드식 공산주의 체제 구축을 위한 이데올로기 도구로 변질되고 말았을까?

이어 자본주의가 어떤 배경 속에서 출현하여 어떻게 전개되어왔는지도 짚어볼 것이다. 인류 문명이 전개되는 동안 끈질기게 유지되어온 피라미드 구조는 자본주의 시대에 와서도 여전히 존재했을 뿐 아니라 두 차례의 세계대전을 낳은 주범이 되었다. 종전 이후 민주주의가 전 세계적으로 점차 확산되어 정치적 자유와 평등이 확대되고 그 결과 많은 사람들이 '모든 인간은 평등하다'고 믿게 된 것은 사실이다. 그러나 결과적으로 자본주의 시스템 하에서 경제·사회적 불평등은 사라지지 않았을 뿐 아니라 그 어느 때보다 더 심화되어 있는 실정인데, 그 이유가 무엇인지를 검토한다. 그 과정에서 한때 피지배층의 소망이자 핵심 도구였던 자유민주주의가 어떻게 자본주의 강국에 의해서 전 세계적 메가 피라미드의 지배 도구로 변모했는지를 논할 것이다. 아울러, 공산주의 체제의 붕괴 후 신자유주의 시대를 맞이하며 어떤 식으로 자본주의에 암적인 변이가 발생했는지를 살펴볼 것이다.

마지막으로 3부에서는 각종 물리적·추상적 도구 쟁탈전이 고대의 법전, 중세의 기독교, 근대 프랑스 혁명, 이후 자본주의와 마르크스주의, 공산주의 시대를 거치면서 어떻게 두 가지 거시적인 역사 흐름을 만들어냈는지를 분석한다. 한 가지 흐름은, 공동체 내에 피라미드 질서를 구축하고 집단적 협력의 산물을 전유·착취함으로써 초월적인 자유와 권력을 누린 소수 지배자들의 야망과 패권을 위한 영역싸움의 역사이다. 또 다른 흐름은, 불평등과 차별, 피착취의 굴레로부터 벗어나 자유롭고 행복하게 살기 위해 피라미드 질서를 허물고 좀 더 수평적인 대안적 협력 질서를 찾고자 애쓴 피지배층의 열망과 투쟁의 역사이다.

  4부에서는 '피라미드를 허물고 보다 수평적인 대안적 사회 질서를 추구'하는 문제가 '정의'의 문제와 맞물려 있는 만큼 1부에서 제기한 '정의는 가능한가?'라는 질문에 대한 답을 제시할 것이다. 그에 앞서 도덕성과 정의의 뿌리가 사회·생물학적인 바탕에 있다고 주장하는 이유를 설명하고, 그런 전제 하에 도덕성과 정의는 모든 동물 사회에 기본적으로 공통된 문제일 수 있음에도 실제로는 오직 인간 사회에서만 그 가치가 집단적으로 요구되고 또 일정 정도 실행된 이유가 무엇인지 살펴본다. 그 과정에 정의라는 개념이 탄생하는 데 필요한 네 가지 조건도 짚어보고, 이어 민주주의가 왜 이보다 더 나은 변화를 만들어내지 못했는지를 분석한다. 그럼에도 불구하고 지금보다 더 높은 수준의 정의가 여전히 하나의 공존원리로서 자연선택될 가능성이 있다고 주장하는 이유와 그러한 정의를 실현하기 위한 열쇠는 무엇인지에 대한 견해도 밝힐 것이다. 아울러 자본주의 체제 하에서 앞으로 다가올 4차 산업혁명이 피라미드 대 반反피라미드라는 두 갈래의 역사 흐름에 어떤 변수로 작용하게 될지도 덧붙일 것이다.

차례

PART 1
정의는
가능한가

Chapter 1
유엔 세계인권선언의 역설

오늘날 인류에게 가장 보편적인 정의justice의 기준은 무엇일까? 아마도 제
2차 세계대전 직후에 작성되고 각 나라의 헌법에도 반영된 세계인권선
언Declaration of Human Rights일 것이다. 그 가운데 제1조부터 제3조까지의 내용
은 이렇다.

제1조: 모든 사람은 태어날 때부터 자유롭고, 존엄성과 권리에 있어서
평등하다. 사람은 이성과 양심을 부여받았으며 서로에게 형제의 정신
으로 대해야 한다.

제2조: 모든 사람은 인종, 피부색, 성, 언어, 종교, 정치적 또는 그 밖의
견해, 민족적 또는 사회적 출신, 재산, 출생, 기타의 지위 등에 따른 어
떠한 종류의 차별도 없이 이 선언에 제시된 모든 권리와 자유를 누릴
자격이 있다.

제3조: 모든 사람은 생명권과 신체의 자유와 안전을 누릴 권리가 있다.

이 조항들이 전 세계 대부분의 국가가 보편적으로 합의한 정의의 표준

이라면, 그 이전까지의 세계는 역설적이게도 이 한마디로 정리할 수 있다.

"이 선언 이전까지 세계에는 정의가 존재하지 않았다!"

그렇지 않은가? 이 선언이 이미 전 세계적으로 잘 지켜지고 있던 내용을 재확인한 선언이었다고 볼 수는 없지 않겠는가. 인류 역사상 전 세계인 모두의 평등한 인권을 공식적으로 인정한 것은 세계인권선언이 최초였다. 그런데 이 선언이 나온 시점이 언제인가? 지금으로부터 약 70년 전인 1948년, 상상할 수조차 없이 어마어마하게 많은 사람을 참상으로 몰아넣은 제2차 세계대전 직후였다. 이런 상황에서 제1조의 "사람은 이성과 양심을 부여받았으며 서로에게 형제의 정신으로 대해야 한다"는 내용은 설득력이 떨어지게 들린다. 인류 역사상 최고 사상자 수를 기록한 전쟁을 마무리하는 시국에 "인간이 이성과 양심을 부여받았다"는 말을 꺼내다니 '그렇다면 사상 최악의 세계대전은 왜 막지 못했을까? 대체 이성과 양심이 무슨 소용이란 말인가'라는 의구심이 들지 않을 수 없다. 물론 이제부터라도 이성과 양심을 잘 활용해 과거와 같은 불행이 재발되는 것을 막고 평화롭게 살아보자는 수사적 표현으로 이해해야겠지만 말이다.

사실을 말하자면 인류 역사상 거의 내내 인간은 평등하지 않았고(제1조), 인종, 피부색, 성, 언어, 종교, 정치적 또는 그 밖의 견해, 민족적 또는 사회적 출신, 재산, 출생, 기타의 지위 등에 따라 온갖 차별을 겪었으며(제2조), 침략전쟁에 동원되거나 침략을 당해 목숨을 잃거나 노예로 착취당해왔다(제3조).

과연 지구상에 존재했던 사람 가운데 세계인권선언에 나온 인권을 온전히 누리며 산 사람이 몇 명이나 될까? 사실 위의 세 조항을 기준으로 한다면 이전까지 '정의'라는 이름으로 불렸던 것은 '보편적 정의'가 아니라 극소수만의 '특권'에 가깝다. 나머지 사람들은 이런저런 방식으로 인권 유린을 당하며 살았다. 계급제도에 기반을 둔 군주제 하에서는 노예제가 당연시되었다. 19세기 초반까지도 세계 인구의 4분의 3이 노예나 농노 형태로 자신의 의지와 상관없이 노역을 했던 것으로 추산된다. 대량살육이 수반되는 정복 전쟁이 끊이지 않았고, 야만적인 처형과 고문도 빈번했다. 성, 인종, 계급에 따른 차별과 편견은 일반적 규범이나 다름없었다. 평생 역사와 인간의 조건을 연구한 미국의 저명한 사회학자인 윌리엄 그레이엄 섬너William Graham Sumner, 1840-1910는 인류의 역사에 대해 다음과 같은 결론을 내놓았다.

> 모든 역사는 하나의 긴 아귀다툼struggle 이야기다. 남들을 짓밟고 올라가 삶의 무거운 짐을 그들의 어깨 위에 지우고, 그들의 희생을 대가로 세상의 즐거움을 누리려는 사람들의 기나긴 아귀다툼 이야기 말이다.[1]

결국 제2차 세계대전 직후라는 당시 시점에 비추어볼 때 세계인권선언문의 내용은, 토머스 제퍼슨Thomas Jefferson, 1743-1826이 "모든 사람은 평등하게 태어났고, 인간에게는 생명과 자유, 행복 추구에 대한 양도할 수 없는 권리가 부여되었다"는 독립선언문을 작성하던 당시 자신의 집에서는 수백 명의 노예를 거느리고 있었다는 사실만큼이나 커다란 모순이다. 좀 더 엄밀히 들어가면, 세계인권선언문 제1조에 나온 '형제애brotherhood'라는

---

[1] 윌리엄 그레이엄 섬너가 1883년 브루클린과 뉴헤이븐에서 한 연설. http://www.swarthmore.edu/SocSci/rbannis1/AIH19th/Sumner.Forgotten.html

단어 자체에 대해서부터 이미 불만을 느낄 여성도 많을 것이다. 왜 자매애sisterhood는 빠져 있는가?

이제 자연스럽게 떠오르는 의문은 이것이다. 그러면 세계인권선언이 나온 이후의 세상은 정말로 선언문대로 되었는가? 앞의 제1·2·3조를 다시 읽어보라. 모두가 만족할 만큼 정의로워졌는가? 상대적 수준의 차이는 있지만 전 세계적으로 보면 대부분의 국가의 경우 "아직 아니다"라고 해야 할 것이다. 전 지구적으로 부의 불평등은 극심해지고 있고, 곳곳에서 크고 작은 테러와 전쟁이나 그 위협이 계속되고 있다. 갖가지 차별도 여전히 존재한다. 그렇게 참혹한 세계대전까지 겪고도 여전히 충분히 정의로워지지 않았다면 그 이유는 무엇일까? 혹시 지금 이대로가 자연의 순리이기 때문인 것은 아닐까? 해법은 있을까? 언젠가는 모두가 만족할 만한 정의로운 사회에서 살 수 있는 날이 올까?

Chapter 2
자연과 부자연

생태계와 약육강식이라는 자연현상 ─────

태양을 중심으로 지구가 돌고, 기류가 움직이고, 날씨가 바뀌고, 식물이
자라고, 동물의 생태계가 순환하는 등의 자연 활동은 말 그대로 자연自然
스러운 현상이다. 자연의 사전적 뜻은 "사람의 힘이 더해지지 아니하고
세상에 스스로 존재하거나 우주에 저절로 이루어지는 모든 존재나 상태"
이다. 자연은 우주만물의 법칙으로도 통한다. 이 세상에 궁극적인 진리가
있다면 아마도 그것은 자연일 것이다.

　그렇다면 자연을 한번 들여다보자. 메뚜기를 쥐가 잡아먹고, 쥐를 뱀이
잡아먹고, 뱀을 매가 잡아먹고 산다. 이런 현상은 불의하고 비도덕적일
까? 대개의 사람은 "아니다"라고 대답할 것이다. 거대한 생태계의 먹이사
슬 속에서 약육강식의 법칙을 따르는 것이 자연의 속성임을 인정하기 때
문이다. 생태계 현상을 놓고 선악이나 옳고 그름을 따질 사람은 없을 것
이다. 그런 걸 따지려면 최소한 자연의 생물들이 현재의 생태계 전반을
평가하고 더 나은 대안을 상상할 뿐 아니라 창조까지 할 수 있는 능력을
갖고 있어야 할 것이다. 하지만 그들에게는 지구상에 존재하는 자연법칙
이외의 대안을 갖고 있지 않다. 동물 개체가 가진 능력 또한 너무도 제한

적이어서 가까스로 생존하기도 버거울 정도이다. 인간이라고 해서 예외인 것은 아니다. 아직까지도 우리가 할 수 있는 일은 인식 가능한 범위에서 자연법칙을 탐구하고 이해하는 것뿐이다.

자, 이번에는 이런 질문을 던져보자. 인간이 매나 뱀을 잡아먹는 것은 어떤가? 그런 현상은 불의하고 비도덕적일까? 혹시 매나 뱀이 식성에 안 맞는다면 소, 돼지, 닭으로 바꿔도 상관없다. 질문의 취지는 바뀌지 않으니까. 이 질문에 대해서 역시, 채식주의자만 빼고 나머지 사람들은 대부분 "아니다"라고 대답할 것이다.

좀 더 과감한 질문을 던져보겠다. 그러면 인간이 다른 인간을 잡아먹는 것은 어떤가? 불의하고 비도덕적인가? 단언컨대 모두들 "그렇다! 불의하고 비도덕적일 뿐 아니라 야만적이다"라고 답할 것이다.

무슨 차이가 있기 때문에 그렇다는 걸까? 같은 종을 먹는 거라서? 그렇다면 동종의 짐승들이 서로를 잡아먹는 경우에 대해서는 뭐라고 할까? 사실 짐승의 경우 굶주림에 못 이겨 동족이 서로를 잡아먹는 경우는 간간이 발생한다. 예를 들어 대부분의 사람들은 알래스카^{Alaska}의 개가 굶주림 끝에 다른 약한 개를 뼈만 남기고 먹어 치웠다거나, 악어가 자기 영역으로 들어온 다른 어린 악어를 잘근잘근 씹어 먹었다는 식의 보도를 접한 적이 있을 것이다. 비록 드문 일이기는 하나, 수컷 북극곰이 자기 새끼를 어미 곰이 보는 앞에서 잡아먹는 장면이 신문에 실리기도 했다. 우리는 이런 뉴스를 접하며 비록 혐오스럽기는 하지만 그래도 그저 그러려니, 상황에 따라서는 일어날 수도 있는 자연현상이려니 하고 넘긴다. 불의하고 비도덕적이라고 비난하지 않는다.

그렇다면 동종의 동물이 서로를 잡아먹는 것은 어쩌다 일어날 수 있는 자연스러운 일인데, 인간이 서로를 잡아먹는 것은 비도덕적이거나 불의한 일이라고 생각하는 이유는 무엇일까?

이런 질문을 받으면 불편해하며 화낼 사람이 있을지도 모르겠다. 하지만 대답을 하기에 앞서 냉정하게 사실부터 말하자면 동종을 먹는 사례는 인간 사이에서도 존재했었다. 심지어 동서고금을 막론하고 반복적으로 일어났다. 원시적인 식인종만의 일도 아니다.

식인은?

식인은 이미 죽은 인간을 먹는 행위anthropophagi와 산 인간을 죽여서 식용으로 삼는 것cannibalism, 이렇게 두 종류로 분류되는데 전자의 일례를 들어보자.

끔찍한 조난을 당했다가 힘겨운 사투 끝에 생환한 사람들에 관한 유명한 실화로 1972년 10월 우루과이 공군 항공 571기 추락사고가 있다. 우연찮게도 사건 발생일은 13일의 금요일이었다. 아마추어 럭비팀과 그 외의 승객들이 탑승한 비행기 한 대가 칠레로 향하던 도중 안데스 산맥의 오지에 추락했다. 그곳은 경사가 가파르고 험준해서 칠레인들 사이에서도 '한번 발을 들여놓은 사람은 절대로 돌려보내주지 않는 곳'으로 악명 높은 지역이었다. 기체의 일부분이 동강 나 떨어졌지만, 총 45명의 탑승자 가운데 33명은 다행히도 즉사를 면했다. 다음날 수색기가 급파되었다. 그러나 설산 한복판에서 흰 눈을 뒤집어쓴 채 놓여 있던 기체機體를 알아볼 길이 없었다. 그리하여 조난 10일 만에 수색을 포기하고 말았다.

생존자들은 트랜지스터 라디오를 통해 그 사실을 확인했다. 그들은 살아남기 위해서 주변에 먹을 게 있는지 샅샅이 뒤져보았다. 어찌나 절박했는지 신발이며 가방까지 입에 넣어 씹을 수 있는지 테스트해봤다고 한다. 〈안데스 산맥 조난기 Stranded: I've Come from a Plane that Crashed in the Mountains〉 (2008)라는 다큐멘터리에는 한 생존자가 "살려면 비행기라도, 죽은 사람이라도, 뭐라도 먹어야 했다"고 고백하는 장면이 나온다. 본능은 자연스레 그들을 평상시와는 다른 정신상태로 이끌었다. 비슷한 시기에 거의 모든 생존자들이 똑같은 유혹에 휩싸여 있었다는 걸 느낄 수 있었다. 이윽고 누군가가 "죽은 조종사를 먹고 싶다"는 얘기를 꺼냈다. 그러자 다른 사람이 "저놈이 미쳤다!"고 외쳤지만 몇몇이 "아니, 그렇지 않다. 사실은 나랑 내 사촌 역시 그런 생각에 사로잡혀 있다"고 응수했다. 결국 그들은 대자연의 눈 속에 냉동 보존된 동료들의 인육을 먹었고, 다 함께 72일간의 극한의 생존싸움을 이어갔다.

생존자들은 당시를 회고하며 이렇게 말했다.

사체에서 베어낸 살은 한편으로 종교적인 관점에서 보면 "나의 피와 살을 먹으라"고 한 예수의 구원과 나눔, 희망을 의미했고, 다른 한편으로는 단백질과 지방 등으로 이루어진 유일한 에너지원이었다. 우리는 일종의 헌혈이나 장기 기증과 같은 수혜를 입은 거라고 믿었다. 그리고 서로의 손을 잡으며 "내가 죽으면 나의 몸을 이용해서 살아남으라"고 말했다.

약 두 달 반 뒤 생존자는 16명으로 줄었다. 지옥으로부터 벗어나려면 어떻게든 세상 사람들에게 구조를 요청하는 길밖에 없었다. 그래서 탐사대를 구성해 안데스 산봉우리 정상에 올라 주변 지리를 살펴보고 여기가 대체 어디쯤인지, 살길은 있는지 알아보기로 했다. 남성 3명이 가방에 3일치 인육을 넣고 탐사 길에 나섰다. 이들은 곳곳이 45도 경사로 기울어져 있고 산소마저 희박한 해발 6,000미터의 안데스 산맥을 넘었다. 그 여정은 전문장비를 갖춘 등반가조차도 감히 엄두 내지 못할 정도로 험난했다. 그들은 가도 가도 끝이 보이지 않는 설산 속에서 "차라리 이대로 가다 죽겠다"는 심정으로 한 발 한 발 내디뎠다. 안데스 산 정상을 넘어 인적이 보이는 곳까지 도달한 것은 10일 후였다. 인간이 극한의 자연 속에서 얼마나 강인한 생명력을 발휘하는지를 보여준 기적 같은 일이었다. 탐사대 가운데 끝까지 살아남은 두 사람은 "용감해 보이는 그 행동의 근원은 사실 공포였다"라고 회고한다.

한편 언론에서는 "식인자들 귀환하다"라는 식의 보도로 떠들썩했다. 그런 가운데서도 한 가톨릭 사제는 병원에 실려 온 생존자들에게 이렇게 말했다고 한다. "당신들은 옳은 일을 했다."[2] 어쩌면 사제는 그들에게서 빙하기에서 살아남은 인류의 조상의 모습을 봤을지도 모르겠다.

전체적으로 이 이야기는 극한의 환경에서 생환한 자들의 인간 승리 드라마 같은 면이 있기는 하지만, 핵심 내용은 식인, 즉 '죽은 동족의 살을 먹는 행위'임에 틀림없다.

식인의 두 번째 종류는 '동족을 죽여서 식용으로 삼는 것'이다. 주로 절대적 기아 상황에서 발생한다. 예를 들면, 제2차 세계대전 중 일본 군대가 저지른 범죄에 대한 조사단의 보고에 따르면 종전 후에 필리핀에 남겨진 일본 병사들이 1947년에 마닐라Manila에서 남쪽으로 820킬로미터 떨어진 부키드논Bukidnon 지방의 산 속에서 주민 70명을 잡아먹었다는 목격담이 있다. 목격자 중에는 필리핀 게릴라들과 싸운 참전용사 알레한드로 세일Alejandro Sale(73세)도 있었는데, 그는 일본인이 점령한 한 가옥에서

---

2 "I Am Alive: Surviving the Andes Plane Crash", 2010, https://youtu.be/Sr4FPKztwlw

구운 인간 다리와 프라이팬에 들어 있는 귀와 손가락들을 발견했다. 또한 그의 분대가 10개의 부대자루에 든 인간의 뼈와 10개의 두개골을 발견했는데 그중에는 어린 아이의 것도 포함되어 있었다고 한다.[3] 또한 북한에서도 대기근이 발생했던 1990년대에 널리 식인이 저질러졌다는 보도가 나온 적이 있다. 1996년에는 김정일이 식인에 대한 단속을 지시하기도 했다.[4] 2013년에는 식용 목적으로 자신의 두 자식을 살해한 아버지가 처형되는 일도 벌어졌다.[5]

이들의 경우는 앞의 안데스 산맥 생존자들과 크게 다르다고 봐야 할까? 드라마틱한 해설이 붙어 있느냐 아니냐만 다를 뿐, 극한 상황에서 몸과 뇌에 일어난 생리적·생물학적 변화도, 그리고 식인을 했다는 사실도 똑같지 않은가? 솔직히 자연의 눈으로 보면 이러한 식인 사례는 다른 동물들이 동종을 잡아먹은 사례와 본질적으로 같은 사건처럼 보인다. 그렇지 않은가? 물론 식인은 대단히 예외적이고 극단적인 사건이다. 영화 속에서라면 몰라도 현실에서라면 결코 쉽게 상상할 수 있는 일이 못 된다. 누구나 똑같은 처지에 놓이면 똑같이 식인을 할 거라는 얘기는 더더욱 아니다. 하지만 어느 문명에서나 극한의 기아상태에서 식인이 발생했었다는 사실은 이미 문헌상으로 확인된 바이다. 앞으로도 같은 조건 하에서 그런 일이 발생할 가능성은 예상 가능한 범위 내에 있다고 해야 할 것이다.

---

3 "Researchers for suit on Japanese war crimes of cannibalism", *UCA News*, March 30, 1993. https://www.ucanews.com/story-archive/?post_name=/1993/03/30/researchers-for-suit-on-japanese-war-crimes-told-of-cannibalism&post_id=43057

4 Bong Lee, *The Unfinished War: Korea*(New York: Algora Publishing, 2003), p.249.

5 Rob Williams, "North Korean cannibalism fears amid claims starving people forced to desperate measures", *The Independent*, January 28, 2013.

그렇다면 간접적 식인은?
혹은 살인을 통한 이익 추구는?

이번에는 한 걸음 더 나아간 질문을 던져보자. 직접적으로 식인을 하지는 않지만, 동종의 타인을 살해함으로써 식량자원을 쟁탈하는 것은 어떨까? 더 나아가, 그럼으로써 부, 사회적 지위, 번식 기회, 그 외의 자원에 대한 접근 면에서 사회적 이익을 획득하는 것은? '식인을 통해 직접적으로 식량자원을 얻는 행위'와, '살인을 통해 간접적으로 식량자원을 얻는 행위'는 얼마나 다르다고 봐야 할까? 전자가 절대로 해서는 안 될 일이라면 후자도 마찬가지여야 하지 않을까? 그런데 인간 사회에서 후자는 밥 먹듯 일어났다! 다시 말해 직접적 식인은 드물었지만, 살인을 통해 간접적으로 식량, 자원, 경제적 이익 등을 꾀한 경우는 이루 헤아릴 수 없으리만치 많았다. 대표적인 경우가 전쟁 아니었는가? 다들 알다시피 세계사에 명멸했던 수많은 나라들과 제국들이 평화로운 목적과 수단으로 영토를 확장하고 자원을 확보한 것은 아니었다. 그렇듯 전쟁에서의 살인을 통한 자원 확보와 식인은 많이 다른 것일까? 인간은 과연 다른 동물이 이따금씩 동종을 잡아먹는 것을 열등하게 볼 만한 자격이 있을까?

사실 인류 역사상 전쟁은 거의 일상적이었다고 해도 과언이 아니다. 기원전 3,500년 전부터 20세기 후반까지 1만 4,500회의 전쟁이 벌어져 35억 명이 목숨을 잃었다. 평화로운 시기는 고작 300년밖에 되지 않았다.[6]

그러고 보면 지구상에서 인간만큼 동종을 많이 죽인 종은 없다. 사실 빈도와 규모 면에서 인류의 동종 살해는 다른 어떤 동물과도 비교할 수

---

6 Conway W. Henderson, *Understanding International Law* (New York: John Wiley & Sons, 2010), p.212.

없을 정도로 어마어마하다. 영어에 아귀다툼 같은 세상을 뜻하는 표현으로 '개가 개를 잡아먹는 세상dog-eat-dog world'이라는 말이 있다. 사실 좀 더 진실에 가까운 표현은 '인간이 인간을 잡아먹는man-eat-man world 세상'일 것이다.

인간이 다반사로 행한 동종에 대한 살해행위에다가 다른 동물 종에 대한 대량학살까지 포함하면 인간은 지구상에서 가장 극악하고 폭력적인 종으로 불리어야 마땅하다. 전 세계 인간이 하루에 먹어 치우는 소, 닭, 양, 돼지 등의 양이 얼마나 될지 상상해봤는가? 맥도널드에서만도 하루에 약 6만 7,000여 마리, 1년에 2,500만 마리의 소를 살해하는 것으로 알려져 있다.[7] 닭의 경우 산란계나 개인적으로 키워 잡아먹는 닭을 제외하고도 1년에 전 세계에서 약 530억 마리의 닭이 식용으로 살해되는 것으로 추정된다.[8] 2016년 말 기준 세계 인구는 약 75억 명이니 인구보다 몇 배나 되는 가축을 사정없이 살해해 먹어버리는 것이다. 어느 영화에서처럼 지구를 구하기 위해서는 지구 파괴의 원흉인 인류부터 멸종시켜야 할지 모른다.

인간이 인간을 대량으로 죽이는 상황을 전쟁이라고 한다. 20세기 초에 발생한 제1·2차 세계대전은 규모 면에서 사상 최대였다. 두 전쟁의 발발 원인에 대한 일반적인 설명은 이렇다. 17~18세기에 걸쳐 가장 먼저 산업화와 자본주의를 이룩한 영국을 비롯하여 유럽 몇 개국은 원자재를 공급하고 대량 생산된 상품을 판매해줄 대규모 시장을 확보하기 위해 경쟁

---

7 Hare krishna, "McDonalds responsible for the slaughter of 67 thousand cows per day!", http://iskconbirmingham.org/mcdonalds-responsible-for-the-slaughter-of-67-thousand-cows-per-day
8 Patrick Dale, "Agriculture: How many chickens are slaughtered per year around the world", May 21, 2016, https://www.quora.com/Agriculture-How-many-chickens-are-slaughtered-per-year-around-the-world

적으로 제3세계 국가들의 식민지화에 뛰어들었다. 그 결과 아프리카의 10%만이 식민지화되었던 1880년에 비해 20년 뒤인 1900년에는 90%가 유럽의 식민지로 탈바꿈한다. 영국과 프랑스가 가장 큰 식민지 파이를 차지했고, 스페인과 포르투갈, 벨기에, 이탈리아, 독일이 그 나머지를 나눠 가졌다. 1900년 당시 인구 4,000만 규모의 영국은 자국 인구의 10배, 자국 영토의 100배에 달하는 세계 영토를 지배했다. 그렇게 해서 영국은 이른바 태양이 지지 않는 나라가 되었다. 전 국민이 복권에 당첨된 것이나 다름없었다. 한국인이 한반도의 100배만한 크기의 영토를 갖게 되었다고 상상해보라. 그렇게 여기지 않겠나.

이런 식으로 남아메리카, 아시아, 아프리카 지역의 대부분이 식민지화되거나 독점적 착취권을 보장하는 강제 협정을 통해 유럽 몇 개국에게 분할되면서 더 이상 새로이 식민지화할 지역이 남지 않게 되었다. 이제 파이 조각을 더 갖고 싶으면 다른 나라로부터 빼앗아와야만 하는 단계에 이르렀다. 그로 인해 시작된 세력 재편 싸움, 그것이 제1차 세계대전의 본질이다. 제1차 세계대전 중에 일반인 및 군인 합산 총 3,700만여 명이 사망했다. 그런데도 사상자 수 면에서 고작 역대 다섯 번째 규모의 전쟁에 불과했다.

제1차 세계대전이 끝난 지 20년도 채 안 되어 발발한 제2차 세계대전의 본질도 제1차 세계대전과 크게 다르지 않다. 이번에는 세계 인구의 2.5%가 넘는 약 6,000만~8,500만 명이 사망한 것으로 알려졌다. 그중에 히틀러가 표적 살해한 유대인만 600만 명이고, 그중 100만 명은 가스실에서 희생되었다.

제2차 세계대전 이후에는 전 세계가 새로운 세력 구도로 재편되었다. 많은 식민지들이 독립을 했으므로 직접적인 식민지 통치는 줄어들었지만, 그렇다고 실질적으로 승전국들의 영향권에서 벗어난 것은 아니었다. 새로운 강자인 미국과 소련이 전 세계를 놓고 세력 다툼을 벌이기 시작했다.

결국 두 차례의 세계대전뿐만 아니라 인류의 모든 전쟁의 근본적 원인을 한마디로 줄이자면, '약탈'이라고 할 수 있다. 즉, 먹이 자원과 그 밖의 사회적 자원을 쟁탈하기 위해서 동종을 살해했던 것이다.

인간 집단 간의 전쟁과
사자 무리 간의 영역싸움 ─────

한 가지 흥미로운 특징은 인간의 전쟁이 본질적으로 사자 무리들의 영역싸움과 다르지 않아 보인다는 것이다.

사자는 고양잇과에 속한 동물치고는 유별나게도 무리를 지어 생활하는 습성을 갖고 있다. 이들이 먹잇감을 공격할 때 여럿이 함께 하는 경우가 있다. 그 이유가 사냥에 유리하기 때문이라고 생각하기 쉽다. 그러나 38년여 동안 사자를 연구한 동물생태학자인 애너 모서Anna Mosser와 크레이그 패커Graig Packer에 따르면, 이유는 다른 데에 있다. 바로 자기 영역을 지키기 위해서이다.

사자 무리는 인간 갱단과 유사한 행동을 보인다. 알짜배기 영역을 차지하기 위해 서로 경쟁한다는 측면에서 그렇다. 둘 다 구성원의 수가 많을수록 그 지역에서 가장 좋은 지역을 차지하기가 쉬워진다. 사자 무리가 인간 갱단과 다른 점은 주요 구성원이 암컷이라는 것이다. 수컷 사자의 역할은 기회를 노렸다가 틈이 보이면 이웃 영역의 암컷 사자를 죽이는 것이다. 세력 균형을 깨뜨림으로써 자신이 속한 무리의 암컷 사자들이 영역 확장을 꾀할 수 있도록 돕기 위함이다.

실제로 사자 무리 간 경쟁은 암컷 사자들의 사망률과 번식률에 커다란 영향을 미친다. 무리의 규모가 커질수록 암컷들이 새끼를 더 많이 낳을 뿐 아니라, 이웃 사자에 의해 죽임을 당하거나 부상을 당할 가능성이 줄어든다. 다시 말해 자신이 속한 사자 무리의 삶이 보다 안락해진다.[9] 결국 사자들은 좀 더 안락한 삶을 위해 자신이 속한 무리의 영역을 넓히고자 애쓰고 그 과정에 이웃 무리의 사자들을 살해한다는 이야기인데, 인간의 전쟁 목적과 비슷하게 들리지 않는가? 인간은 유사 이래 전쟁을 계속해왔다. 본질적으로 전쟁의 목적과 동기는 사자 무리들의 영역싸움과 다를 바 없어 보인다.

본질적 의문 – 자연과 부자연, 정의와 불의, 선과 악

다시 우리의 질문으로 돌아와서, 그렇다면 사자 무리가 영역싸움을 위해 이웃 무리의 사자를 죽이는 게 자연의 순리이듯, 인류가 국가와 제국의 영토를 넓히고 자원을 확대하기 위해 이웃 나라와 전쟁을 벌이고 타 국민을 죽이는 것 역시 자연스러운 현상이라고 봐야 할까? 그래서 나폴레옹Napoléon Bonaparte의 위인전이 세계의 청소년용 권장도서로 읽히는 걸까? 그래서 카이사르Gaius Julius Caesar, 칭기즈칸Chingiz Khan, 광개토대왕처럼 더 넓은 영토를 정복한 선조들이 위인으로 칭송되는 걸까? 그래서 21세기에

---

9 Matt Walker, "Lion prides form to win turf wars", BBC, June 29, 2009. http://news.bbc.co.uk/earth/hi/earth_news/newsid_8120000/8120712.stm

들어와서도 계속해서 세계 곳곳에서 전쟁이 계속되고 있는 걸까?

그렇다면 혹시 자연의 눈으로 보면 동종 살해나 전쟁이 자연스러운 현상인데 우리가 그것을 부자연스러운 선악이나 옳고 그름의 개념으로 잘못 재단하고 있는 것은 아닐까? 혹시 현실 속에서 그토록 정의가 실현되기 어렵고 힘든 이유가 그 때문은 아닐까? 사람들이 말하는 선악이나 정의의 개념은 정말 타당할까? 정의라는 개념은 대체 왜 생겨났을까? 그것은 모든 인류가 동의해온 진리였을까? 미래는 더 나아질 수 있을까? 혹시 정의는 영원히 닿을 수 없는 이상향인 것은 아닐까? 여러분은 혹시 이런 의문을 품어본 적이 없는가? 이것들이 바로 이 책에서 풀어보고자 하는 문제들이다.

물론 지금 인간과 사자를 같은 차원에 놓고 전쟁과 살육은 어쩔 수 없는 일이라는 주장을 펼치려는 게 아니다. 사실 진정으로 던지고 싶은 질문은 따로 있다. 왜 인류는 역사 내내 사자 무리와 별반 다르지 않은 동기와 방식으로 영역싸움을 계속해야만 했을까? 분명코 사자보다 더 영리하고 축적된 문명도 갖고 있는 인간이 이보다 더 나은 행동을 할 수는 없을까? 그렇게 하지 못하는 이유는 대체 무엇일까? 인간이 원래부터 폭력적인 본성을 타고났기 때문일까? 21세기에 들어선 오늘날 더 나은 미래를 위한 더 좋은 해결책은 없을까?

Chapter 3

인류의 영역싸움의 역사

5300여 년 전
인류의 영역싸움의 증거 ───────

인류의 영역싸움의 역사가 얼마나 오래되었는지를 보여주는 증거 가운데 하나가 있다. 1991년에 이탈리아와 오스트리아 국경 부근의 외츠탈 알프스^{Ötztal Alps} 산맥에서 발견된 미라이다. 사람들은 그 지역의 이름을 따서 아이스맨 외치^{Ötzi}라는 이름으로 불렀다. 외치는 그곳에서 5300여 년 동안이나 꽁꽁 얼어붙은 채 엎드려 있었던 것으로 추정된다. 곁에는 단검, 활, 구리 도끼 그리고 상당히 훌륭한 제작 솜씨를 엿볼 수 있는 동물 가죽 신발이 놓여 있었다. 석기시대에서 청동기시대로 넘어가던 무렵의 풍속을 반영하는 물건들이다.

처음에는 외치의 사망 원인이 겨울폭풍이나 제례의식의 희생양으로 바쳐진 것이 아닐까 의심했다. 하지만 2001년에 실시한 엑스레이와 CT 촬영 결과 새로운 단서가 드러났다. 그의 왼쪽 어깨에 화살촉이 박혀 있는 게 발견되면서 다른 인간이 쏜 화살에 맞아 죽었을 가능성이 제기된 것이다.

그렇다면 홀로 화살을 맞고 과다출혈로 죽었을까? 혈흔을 분석해보니 사망 시점은 화살을 맞은 직후가 아닌 며칠 뒤였다. 화살대가 인위적으로 제거되어 몸에 화살촉만 남아 있었던 것이 그런 추정을 뒷받침했다. 왼쪽 팔을 가슴 위에 얹은 상태에서 엎드려 있었던 자세 역시, 사망 전에 누군가가 화살대를 뽑기 위해 그의 몸을 뒤집었던 것으로 해석하지 않고는 설명이 불가능한 부분이었다.

DNA 분석에 따르면, 그는 혼자 있었던 상황이 아니었다. 그가 지닌 단검과 화살, 풀로 엮어 만든 외투에서 다른 4명의 혈흔이 발견되었기 때문이다. 그 혈흔은 단검에서 한 사람의 것, 그가 소유한 하나의 화살에서 두 사람의 것, 그리고 그의 외투에서 또 다른 한 사람의 것이 발견된 것으로 보아 외치가 자신의 화살 하나로 두 사람을 살해한 뒤 그 화살을 다시 뽑아냈고, 그런 다음 부상을 입은 동료를 등에 업고 움직였으리라는 추정이 가능하다.[10] 게다가 위장에서 발견된 꽃가루와 음식을 추적해본 결과 외치가 발견된 곳은 자신의 터전을 벗어난 타지였다. 2007년에 실시된 또 다른 연구에서는 외치의 머리에 심한 충격을 입은 흔적이 추가로 발견됨으로써 그의 최종적인 사망 원인은 두부 외상cerebral trauma으로 밝혀졌으나 그 두부 외상의 원인이 타인에 의한 공격(돌 같은 것으로 가격하기)인지 아니면 그가 뒤로 자빠지며 뭔가에 부딪치며 입은 것인지는 알 수 없다.[11] 그러나 모든 것을 종합해볼 때 한 가지 의심할 나위 없는 점은 외치가 무장 습격 중 다른 부족과의 충돌로 인해 사망했다는 것이다.

한정된 자원으로 인해 동물에게 영역싸움은 생존을 위해 불가피하다. 영역싸움의 가장 기본적인 수단은 폭력, 즉 죽이거나 심각한 부상을 입히

---

10 T. Friend, "Iceman was murdered, science sleuths say", *USA Today*, 2003. See the same story at www.sciscoop.com/story/2003/8/12/7419/29586; "Ötzi", Wikipedia, https://en.wikipedia.org/wiki/%C3%96tzi/에 인용된 것.

11 Rossella Lorenzi, "Blow to head, not arrow, killed Otzi the iceman", ABC Science, August 31, 2007, http://www.abc.net.au/science/news/stories/2007/2020609.htm?health

거나 위협을 통해 공포심을 유발시키는 것이다. 인간 역시도 그러한 영역 싸움을 했으며, 그 역사가 아주 오래되었음을 시사한 증거는 외치 말고도 얼마든지 널려 있다. 고생물의 화석 뼈라든지 매장지, 주거지, 전쟁터 등에서의 고고학적 발굴을 통해서 증거들이 축적되어왔다. 그 가운데에는 지금으로부터 9300~9600년 전쯤의 것으로 추정되는 초기 신대륙의 케네윅Kennewick Man 유골의 골반에 박힌 석기라든지[12], 약 1만 3,000년 전 마지막 빙하기시대의 여성 유골의 골반에 박힌 화살촉, 그 외에도 부싯돌로 만든 도끼에 의한 충격으로 산산조각 난 두개골의 흔적 등이 포함된다.

침팬지의 영역싸움과의 유사성

외치의 이야기는 제인 구달Jane Goodall, 1934- 의 침팬지 관찰기를 연상시킨다. 다음은 침팬지들의 '영역싸움'과 인간 외치가 겪었을 상황의 유사성을 잘 보여주는 대목이다.

침팬지 무리는 각자의 영역을 인식한다. 어른 수컷은 경계 가까이로 갈수록 긴장하며 경계 태세를 취한다. 개울이나 도랑이 경계 구실을 하기도 하는데, 수컷 무리가 자기 쪽 경계까지는 자신 있게 나아가지만 경계를 넘어간 다음부터는 상당히 주의를 기울이며 움직인다.

수컷은 영역 경계 순찰에 10~20% 이상의 시간을 쏟는다. 주로 돌아다니며 눈으로 직접 관찰한다. 이러한 순찰 중에 먹을 것을 구하는 경우는 3분의 1 정도에 불과하다. 따라서 소중한 먹을 기회마저 포기하고 이러

---

12 Clynn Custred, "The Forbidden Discovery of Kennewick Man", in Academic Questions13(3): 12–30, April, 2012, doi:10.1007/s12129–000–1034–8, http://en.wikipedia.org/wiki/Kennewick_Man/에 인용된 것.

한 행동을 한다는 것은 실제로 순찰이 매우 중요한 활동임을 뜻한다.

침팬지의 경계 순찰에는 두 가지가 있다. 첫 번째는 자신들의 영역 안으로 들어오는 침입자가 없음을 확인하기 위해 순회하는 상비보초 근무다.

두 번째는 특정 지역을 집중적으로 도는 순찰로, 이웃 무리를 공격하기 위한 것으로 보인다. 만일 다른 무리의 영역 경계 부근에 식량 자원이 풍부할 경우 대개 먹이 조달 담당조가 높은 지점에 올라가 먼 곳까지 훑어본다. 그러고는 분주히 돌아다닌다든지 나뭇가지에 매달려 흔들거리거나 헐떡이는 소리를 낸 후 귀를 기울여 인접한 영역에서 응답하는 침팬지가 있는지 살핀다. 아무 소리가 없으면 안전하다고 믿고 나아간다. [13]

---

13 J. Goodall, *Chimpanzees of Gombe Patterns of Behavior* (Cambridge, MA: The Belknap Press of Harvard University, 1986), p.241. C. Boesch and H. Boesch-Achemann, *The Chimpanzees of Tai Forest: Behavioral Econology and Evolution* (New York: Oxford University Press, 2000), p.137. C. Boesch, *Hunting strategies among Gombe and Tai chimpanzees.* In Chimpanzee Cultures. R. W. Wrangham, W. C. McGrewe, Frans de Waal, and P. G. Heltne, Eds. (Cambridge, MA: Harvard University Press, 1994). 말콤 포츠, 토머스 헤이든, 박경선 역 , 『전쟁유전자』 (개마고원, 2011), pp.68~69에서 재인용(번역 표현 수정함).

Chapter 4
인간의 폭력적 본능 논란

인류학자들 사이에서 인간의 폭력적 본성을 둘러싸고 열띤 논란이 있었다. 그러한 논란은, 인간이 집단적 영역싸움이 펼쳐지는 세계에 적응하며 진화해온 결과 폭력적 본성을 갖게 되었다는 이론이 등장하면서 촉발되었다. 일부 학자들은 인간과 침팬지가 서로 다른 종으로 갈라지기 시작한 600만 년 전부터 침팬지와의 공동 조상으로부터 유전자 속에 물려받은 폭력적 성향이 전쟁의 근본 원인 가운데 하나라고까지 주장한다.

침팬지는 어느 정도나 폭력적일까

침팬지의 폭력성을 최초로 직접 목격한 이들은 침팬지 행동 연구 분야에서 세계 최고의 권위자로 꼽히는 제인 구달의 연구팀이었다. 1974년에 이 연구팀은 침팬지가 집단적으로 동종의 다른 개체를 공격하는 장면을 시켜볼 기회가 있었다. 키사켈라Kasakela 무리와 카하마Kahama 무리의 야생 침팬지들을 관찰하던 중이었다. 마담비Madam Bee는 카하마 무리에 속한 늙은 암컷인데, 키사켈라 무리의 수컷 집단에게 세 번이나 습격을 받았다. 마담비는 원래부터 소아마비로 한쪽 팔이 마비된 터라 자신을 방어할 처지가 못 되었다. 관찰자들은 가장 치명적이었던 세 번째 공격 장면을 현장 일지에 기록했다. 여기에 나오는 이름들은 이들이 오랜 관찰을 하는 과정에서 각 침팬지에게 붙여준 것이다.

조메오가 돌아서더니 마담비를 후려치고 짓밟았다. 마담비와 함께 있던 암컷들은 나무가 우거진 쪽으로 도망쳤다. (…) 마담비는 서 있기조차 힘든지 온몸을 부들부들 떨고 있었다. 사탄은 마담비를 땅바닥으로 홱 넘어뜨리고 짓밟은 후 몇 미터 정도를 질질 끌고 갔다. 계속해서 이번에는 피건이 맹렬한 기세로 마담비를 때리고 짓밟았다. 마담비는 어찌나 심하게 다쳤는지 비명은커녕 숨조차 제대로 쉬지 못했다. 마담비가 움직이질 않자 수컷 침팬지가 떠나는 듯 보였다. 그러나 조메오가 되돌아오더니 미동조차 하지 않는 마담비의 몸을 다시 반쯤 일으켜 세웠다가 쿵 하고 쓰러뜨리고 짓밟고는 산비탈로 밀어 떨어뜨렸다. 그런 다음 행동을 멈추고 몇 미터 떨어진 거리에 앉았다. 마담비는 일어서려 애를 쓰다가 도로 쓰러졌다. 그러다가 몸을 다시 움직이기 시작하여 비탈을 기어오르려 안간힘을 썼다. 울음소리를 내며 덤불을 찾으려 했다. 그러자 사탄이 나타나더니 마담비를 힘껏 땅바닥에 내리쳤다. 자기 쪽으로 끌어당겼다가 다시 밀어내고 양손과 발로 2분 동안 계속 때렸다. 관찰자들은 마담비가 죽었다고 생각했다. (…) 처음 공격이 시작된 지 15분 만에 마담비는 사라졌고, 사탄도 떠났다. 그 후 3일이 지나서야 마담비를 찾을 수 있었다. 왼쪽 발목, 오른쪽 무릎, 오른쪽 손목, 오른쪽 손, (상처가 여러 군데 난) 등, (피부 조각에 간신히 매달려 있는) 왼쪽 엄지발가락에 깊은 상처를 입은 상태였다. 공격이 있은 지 닷새 되던 날 마담비는 숨을 거뒀다.[14]

---

14 J. Goodall, *Chimpanzees of Gombe Patterns of Behavior*, p.513; 말콤 포츠, 토머스 헤이든, 박경선 역, 『전쟁유전자』, p.62에서 재인용(번역 표현 수정함).

인간은 어느 정도나 폭력적일까 ─────────

인간은 침팬지와 더불어 무리를 지어 이웃을 습격하는 몇 안 되는 종에 속한다(물론 그 습격의 동기도 대체적으로 앞서 언급한 사자나 침팬지 무리와 본질적으로 같다. 즉 영역싸움이다). 인간은 유전자 속에 폭력적 성향을 물려받았다고 믿는 인류학자 말콤 포츠Malcolm Potts 1935-와 토머스 헤이든 Thomas Haden은 공저인 『전쟁 유전자』에서 인간이 '전쟁 본능'을 타고났다고까지 주장한다. 주요 내용을 요약하면 다음과 같다.

폭력성과 공격성은 암컷 포획이나 영토 확장의 가능성을 높여주고, 결과적으로 번식 증대라는 이익을 가져다준다. 인간의 폭력성과 공격성은 진화의 산물이다. 그러한 성질은 유전자를 통해 후대에 전해진다. 유전자는 지난 성공의 기록과 같다. 무의식 차원에서 우리에게 생존의 지름길을 알려주는 안내자 역할을 한다. 이때 신호체계로 사용되는 게 테스토스테론testosterone과 같은 호르몬이고, 특히 남성에게서 공격성과 폭력성을 더욱 발현시킨다. 물론 인간이 그저 꼭두각시처럼 유전자의 지배를 받는다는 얘기는 아니다. 다만 필요에 따라 유전자는 자기의 존재를 드러낸다.

그러면 인간은 동종에 대해 얼마나 심한 폭력성을 드러냈을까? 역사적 기록을 살펴보면 인간의 폭력성이 침팬지 뺨칠 정도라는 점에 놀라지 않을 수 없다. 지금부터 소개될 사례를 위의 침팬지의 폭력적 장면과 비교해보자.

500여 년 전 유럽 탐험가들의 이야기이다. 수십만 년의 진화적 시간

단위에서 볼 때 500년 전은 엊그제나 다름없다. 이미 먼 바다를 건널 수 있는 배와 항해술까지 보유한 문명인이니 사촌 격인 침팬지와는 아주 멀리 떨어져 있다고 볼 수 있다. 하지만 이들이 전 세계로 뻗어나가서 한 일은 침팬지와 같은 '영역 확대'와 '자원 약탈'이었다. 그들이 근대인이었다고 해서 마치 복면을 하고 은행에 들어가서 "손들어! 고분고분히 금고를 열고 돈을 꺼내어 이 주머니에 넣으면 해치지는 않겠다"라고 외친 후 신사적으로 돈다발만 챙겨 나오는 영화 속 강도와 같은 모습이었을 거라 기대한다면 크게 실망할 것이다. 콜럼버스를 비롯한 유럽인들이 아메리카 대륙에서 행한 만행을 보면 그 '강도'의 민낯이 어떤지를 엿볼 수 있는데, 지상에서 제일 잔인한 동물이 인간이 아닐까 하는 생각이 들게 만든다. 도대체 어떠했기에?

콜럼버스Christopher Columbus, 1451-1506는 1492년에 자신이 도착한 곳이 인도일 거라고 믿었다. 그 때문에 카리브 해에 떠 있는 섬들은 아직도 '서인도 제도'라고 불린다. 그러나 그가 발견한 섬은 히스파니올라Hispaniola(아이티 섬)와 쿠바Cuba였다. 이 섬들은 별로 힘들이지 않고 맘껏 털 수 있는 '은행'이나 다름없었다. 다음해에 콜럼버스는 아메리카 대륙의 총독 자격으로 다시 섬을 찾았다. 그러고는 무슨 일부터 했을까? 원주민들을 노예로 삼고, 체계적으로 말살하는 정책을 폈다. 총독 정부가 설립된 초기에 카리브 섬의 원주민 인구는 약 800만 명이었다. 약 3년이 지난 후 인구는 300만으로 줄어들었다. 무려 500만 명이 사망한 것이다. 그의 잔학성이 알려지면서 1500년에 후임으로 교체되었지만 원주민의 처지는 별반 나아지지 않았다. 1514년에 살아남은 원주민의 수는 다시 2만 2,000명으로 줄어든다. 1542년에는 원주민 수가 200명 정도였던 것으로 기록에 남아 있다. 아메리카 대륙 전체로 보면 원주민 1억 명 이상이 유럽인에 의해 제거된 것으로 추정된다.

학자들은 인구 급감의 원인이 꼭 직접적인 살육만은 아니고 전염병과 같은 질병도 있다고 주장해왔다. 일리가 없지 않다. 하지만 그런 주장은 당시에 모든 밭과 농장을 빼앗기고 노예처럼 죽도록 일해야 했던 원주민이 얼마나 질병에 취약할 수밖에 없었는지를 고려하지 않은 것이다.

커크패트릭 세일Kirkpatrick Sale 1937-이 『파라다이스 정복The Conquest of paradise』에 소개한 내용은 이렇다. 1495년에 총독이 탐욕적인 세금제도를 만들었다. 14세 이상의 원주민은 누구나 3개월마다 금을 한 줌씩 갖다 바치고, 금이 없는 지역의 경우 면화 실을 25파운드씩 뽑아 바치도록 한 것이었다. 세금을 낸 사람은 인증을 나타내는 징표를 목걸이로 걸도록 했다. 세금을 못 낸 사람은 처벌을 받아야 했는데, 콜럼버스의 형제인 페르난도는 그 처벌로 "손목을 잘렸다"고 말했지만, 성직자인 바르톨로메 데 라스 카사스Bartolome de Las Casas 1484-1566의 표현은 "손목을 잘린 후 과다출혈로 사망했다"였다.[15] 대단히 야만적인 공물제도였음을 뜻한다. 콜럼버스의 히스파니올라 통치 기간 중에 이 방식으로만 원주민 1만 명 이상이 사망했을 가능성이 높다고 한다.

바르톨로메 데 라스 카사스는 1502년에 서인도제도로 이주한 후, 1542년부터 『인디언 말살에 대한 간략한 서술A Short Account of the Destruction of the Indies』을 집필하기 시작했다. 그로부터 10년 뒤에 출판된 이 저서에는 스페인 정복자들의 만행이 낱낱이 열거되어 있다. 원주민을 쇠꼬챙이에 묶어 굽고, 화형하고, 원주민의 자식들을 토막 내어 개 먹이로 주었다는

---

15 Kirkpatrick Sale, *The Conquest of Paradise: Christopher Columbus and the Columbian Legacy* (New York: Alfred A. Knopf Publishers, 1990), p.155; quoted in Ward Churchill, "Deconstructing the Columbus myth", https://theanarchistlibrary.org/library/ward-churchill-deconstructing-the-columbus-myth

내용이다. 이러한 행위는 스페인의 우월성에 대해 '적절히 존경하는 태도'를 주입시킨다는 명목 하에 저질러졌다. 일례를 들면 다음과 같다.

그들은 누가 칼로 사람을 반 토막 내야 할지, 또는 누가 단번에 목을 쳐 머리를 잘라낼 수 있을지를 두고 내기를 걸었다. 또한 창자를 갈라 열어보기도 하고, 엄마의 품에서 아기의 발을 잡아챈 뒤 바위에 아기의 머리를 세차게 내리치기도 했다. (…) 다른 아기들의 시신에는 침을 뱉고, 그곳에 있던 아기 엄마들과 나머지 모든 사람들도 함께 침을 뱉도록 칼로 협박했다.[16]

라스 카사스는 아메리카 대륙에서 원주민이 멸종하게 된 이유를 다음과 같이 설명한 것으로 알려졌다.

원주민에 대한 학살과 도륙이 자행되면서 마을 주민 전체가 사라져갔다. 원주민들은 아무런 잘못을 저지르지 않았음에도 왕국과 땅, 자유, 목숨, 아내와 가정을 빼앗겼다. 그러고는 스페인 식민지 개척자들의 비인간적인 잔학행위로 인해 동료 원주민들이 매일같이 죽어가고, 칼로 토막 나고, 개에게 먹히거나 뜯기고, 산 채로 매장되고, 온갖 고문에 시달리는 모습을 지켜봐야만 했다. 그들 자신 역시 대부분 끝내 같은 운명에 처했다. 가까스로 살아남은 자들은 산으로 도망쳤다(그리하여 아사했다).[17]

---

16 Bartolome de Las Casas, *A Brief Account of The Devastation of the Indies* (Baltimore, Maryland: Johns Hopkins University Press, 1992), p.33f.
17 Ward Churchill, *"Deconstructing the Columbus Myth"*, The Anarchist Libray, Summer 1992, https://

여기까지만 들어도 웬만한 공포영화 속 장면보다 더 끔찍하다. 이런 일은 원주민이 거의 남지 않을 때까지 수없이 자행되었다. 이는 단지 스페인 출신의 식민지 개척자들뿐만이 아니라, 탐욕 앞에 번번이 모습을 드러낸 인류의 민낯이기도 하다. 증거는 역사 내내 등장한다.

그렇다면 정말로 인간에게는 생물학적으로 내재한 폭력성이나 전쟁 유전자가 있어서, 영국의 정치철학자인 홉스^{Thomas Hobbes 1588-1679}의 말마따나 "자연 상태의 사회에서는 만인의 만인에 대한 전쟁이 상존"할 수밖에 없는 것일까? 그래서 비록 오늘날 여러 문명적 수단을 통해 억제하고는 있지만 인간의 폭력성이나 전쟁은 언제든 틈만 나면 터져나올 수밖에 없는 것이 아닐까? 그것이 TV만 켜면 화면을 채우고, 고개를 돌리는 곳마다 잠복해 있는 갖가지 험악한 뉴스를 설명해주는 단서가 아닐까? 그러므로 세상의 폭력성이 이 정도에 그친 것을 다행으로 여겨야 할까? 그나마 다시는 엄혹했던 원시시대로 회귀하는 일은 없을 테니 안심하고 정의에 관한 한 더 이상 과욕을 부리지 않는 게 정신건강에 이로울까?

인간의 폭력적 본성 논란 ────────

인류학자들은 인간의 본성이 과연 호전적이고 폭력적인지 알아보기 위해 지구상에 남아 있는 수렵채집 사회를 연구하기 시작했다. 진화역사상 대부분의 기간(인간이 침팬지와 공통 조상으로부터 갈라진 600만 년 전부터 신석기 혁명 이전까지 적어도 수백만 년 기간) 동안 인간은 수렵채집 생활을 했기 때문이다.

---

theanarchistlibrary.org/library/ward−churchill−deconstructing−the−columbus−myth

약 37년 동안 아마존의 야노마미^{Yanomami}족을 연구한 미국의 인류학자 나폴레온 섀그넌$^{Napoleon\ Chagnon\ 1938-}$은 야노마미족을 연구한 결과 자신의 베스트셀러 『사나운 부족$^{The\ Fierce\ People}$』에서 이 부족이 '만성적 전쟁' 상태에 있다고 썼다. 홉스의 견해와 일치하는 대목이다. 섀그넌은 그 원인이 사회생물학적 내지 진화생물학적 원리에 있다고 진단했다. 사납고 성공적인 전사나 살인 경험이 있는 남성이 그렇지 않은 남성보다 더 많은 자손을 남김으로써 이른바 더 높은 번식 성공률을 보였다는 것이다.

나폴레온 섀그넌의 연구는 뜨거운 논쟁을 불러일으켰다. 그의 연구 과정상의 오류를 지적하는 주장을 비롯해 논란이 분분하기는 하지만 그의 연구내용을 정면으로 반박하는 몇 가지 연구 결과만 간략히 소개하겠다.

우선 워싱턴 대학교의 심리학 교수이자 진화생물학자인 데이비드 바라쉬$^{David\ Barash\ 1946-}$가 『전쟁 본능은 존재하는가$^{Is\ There\ a\ War\ Instinct?}$』에서 밝힌 비판적 반론을 요약하면 이렇다. 진화적 사상가들은 인류학적 연구 대상으로 관찰된 특정 원시인 집단이 유독 우리가 그동안 몰랐던 진실을 드러내준다고 믿는 경향이 있다. 그 이유를 살펴보면 그 집단의 이야기가 너무나 흥미진진해서 입방아에 올리기 좋은 데다가 기존의 선입견과도 딱 들어맞기 때문일 뿐, 확실한 연구 결과에 기초한 것이 못 된다. 원시 인간 집단들의 엄청난 다양성에 비추어볼 때 그들 집단이 호모 사피엔스$^{Homo\ sapiens}$ 전체를 대표하는 것처럼 일반화하는 것은 잘못되었다. 특히 진화생물학자들 사이에서는 인간의 본성을 부정적으로 보는 시각이 일종의 도그마처럼 되어버렸다. 아이러니컬하게도 그들은 인간의 전쟁 행위라는 자극적인 패턴에 시선을 빼앗기는 바람에 평화유지 행위를 외면하거나 평가절하하는 경향이 있다. 그러다 보니 '전쟁'의 복수형은 있는데, '평화'의 복수형은 없다. 백년전쟁, 삼십년전쟁, 미국의 남북전쟁, 베트남

전쟁 등 다수의 전쟁은 있는데, 그 사이를 메우고 있던 다수의 평화는 없는 것이다. 섀그넌 역시 야노마미족의 폭력성과 남성의 적응도 간의 놀랍도록 명확한 상관관계에 눈이 멀어 인간의 광범한 비폭력은 보지 못하고 말았다.

계속해서 바라쉬는 인간의 본성을 이렇듯 부정적으로 보는 관점이 특히 기독교 교리의 몇몇 분파에 깊은 뿌리가 있다고 주장한다. 16세기 프랑스 신학자인 장 칼뱅Jean Calvin 1509-1564은 다음과 같이 말한 바 있다.

인간의 마음은 하나님의 옳음으로부터 완전히 멀어져서 불경하고 음란하고 타락하고 불순하고 파렴치한 것만을 생각하고 갈망하고 행한다. 인간의 가슴은 죄의 독소에 절어 숨을 쉴 때마다 악취만 풍겨 나온다.[18]

하지만 실제로는 폭력적 성향을 가졌다고 알려진 야노마미족과 달리 전혀 전쟁을 모르고 지내는 부족들도 많다. 예를 들면, 말레이시아의 바텍족, 탄자니아의 하짜족, 호주의 르투족, 남인도 수렵채집 사회의 여러 원주민 의 다양한 부족들이 그렇다. 그런데도 섀그넌은 야노마미족이 마치 호모 사피엔스 종 전체를 대표하는 양 일반화의 오류를 저질렀다.

야노마미족과 같은 수렵채집 사회 하나를 대표로 내세워 전쟁의 역사나 인간 본성을 논하기는 쉽다. 하지만 학자들의 연구에 따르면, 인류의 진화 역사 대부분의 기간에 해당하는 수렵채집 시기 동안 전쟁이라는 것이 거의 없었다. 전쟁이 등장한 것은 잉여 농산물과 대규모 부족 조직이

---

18 David P. Barash, "Is There a War Instinct?", https://aeon.co/essays/do-human-beings-have-an-instinct-for-waging-war

갖춰지기 시작하면서부터였고, 군사 지도자와 전사 정신이 생겨난 이후부터 전쟁이 완성된 형태를 갖추었다. 한마디로 원시인은 근대인보다 훨씬 더 평화적이었던 것이다.

미국의 인류학자인 더글러스 프라이Douglas Fry, 1953- 박사 역시 문화 및 시대별로 전쟁을 연구한 결과 비슷한 결론을 내놓았다. 그 내용을 추리면 다음과 같다.

첫째, 인류의 진화 역사 중 99% 이상의 기간 동안 인간은 유목 생활을 하는 수렵채집 집단 속에서 지냈다는 점에 착안하여 그는 패트릭 소더버그Patrik Soderberg와 함께 고고학자들이 21개 수렵채집 사회를 대상으로 실시해온 연구 내용들을 분석했다. 그 결과, 대부분의 수렵채집 사회에서 사람을 죽일 정도의 공격은 드문 일임을 확인했다. 또한 수집된 데이터상의 총 148회의 치사 사건의 대부분(85%)은 같은 사회에 속한 구성원들 사이에서 벌어진 일이었다. 그중 절반이 넘는 경우는 한 개인이 다른 한 개인을 상대로 한 사건이었고, 22%만 한 명 이상의 가해자가 한 명 이상의 피해자를 대상으로 가해를 한 경우였다. 개인 간의 치사 사건이 대부분인 만큼 살해 동기도 대개 사적인 것이었다. 한 여성(그중 한 명의 아내라든지)을 두고 두 남성이 싸운다든지, 피해자의 가족에 의한 보복 살해, 각종 개인 간 다툼 등이었다. 전체적으로 볼 때 사적인 치사 사건을 제외하고는 집단 간 '전쟁'에 가깝다고 볼 만한 사건은 극소수에 해당한 것이었다.[19]

그 밖의 고고학적 기록을 살펴봐도 수렵채집 사회에는 전쟁이 결코 혼

---

19 Douglas P. Fry & Patrik Soderberg, "Lethal Aggression in Mobile Forager Bands and Implications for the Origins of War", *Science*, 19 Jul. 2013 Vol. 341, Issue 6143, pp.270–273, https://www.ncbi.nlm.nih.gov/pubmed/23869015

한 현상이 아니었으며, 오히려 집단적 차원의 폭력 내지 전쟁은 인류가 정착 생활을 한 이후 불과 1만 년 남짓 되는 동안의 특징적 현상임을 알 수 있다. 그 시기는 더 복잡한 대규모 계급 사회가 들어선 시기에 해당한다.

둘째, 지구상에는 전쟁이 없는 사회가 실제로 존재한다. 프라이는 『전쟁 너머: 인류의 평화적 잠재력Beyond War: The Human Potential for Peace』이라는 책을 통해 자신이 수집한 전쟁을 하지 않은 문화 70군데 이상을 소개했다.[20] 그는 전쟁이 인간 본성의 일부라면 전쟁 없는 사회는 찾아볼 수 없어야 하지만 전쟁 없는 사회는 엄연히 존재하는 것으로 밝혀졌으므로 전쟁은 인간 사회의 보편적 특징이 될 수 없으며, 인간의 본성이 '본질적으로 호전적이다'는 추정도 타당치 않다고 주장한다.

위의 몇몇 학자들의 연구 결과에서 보듯 오랜 수렵채집 역사상 개인적 폭력은 존재했으나 전쟁이라 할 만한 사건은 지극히 드물며, 심지어 전쟁이 없는 사회가 존재한다는 사실은 흥미롭고 고무적임에 틀림없다. 그런데 그것이 인간의 본성 덕분인지 아니면 다른 생활환경이나 종교, 사회구조 등의 변수에 따른 것인지까지는 확실히 알 수 없다. 그리고 인간의 폭력성을 입증하는 고고학적 발견 사항들을 무시해도 된다는 의미는 더더욱 아니다. 예를 들면 12,000년 전 공동묘지에 매장된 59구의 유골 가운데 40%의 유골에 화살촉이나 창끝이 박혀 있거나 바로 옆에 화살촉이나 창이 있던 상태였고, 그중 한 여성의 유골에는 열두 곳에나 부상 흔적이 있었다. 이것들은 인간의 폭력으로 인해 집단적으로 희생되었음을 나타낸다.[21] 무엇보다도 평화로운 수렵채집 사회가 있었다고 해서 그곳에

---

20 Douglas P. Fry, *Beyond War: The Human Potential for Peace* (Oxford: Oxford University Press, 2009), p.17.
21 유발 하라리, 조현욱 옮김, 『사피엔스』 (파주: 김영사, 2015), pp.98-99.

개인적 폭력마저 없었다는 것은 아닌 만큼 인간에게 폭력적 본성이 전혀 없었다는 증거는 아니다.

결국 이런 정보만으로는 여전히 앞서 들었던 의문들, 즉 '인류 역사상 왜 그토록 많은 전쟁이 일어났을까? 왜 인간은 역사 내내 사자 무리와 별반 다르지 않은 동기와 방식으로 영역싸움을 계속해야 했을까? 분명코 사자보다 더 영리하고, 축적된 문명도 갖고 있는 인간이 이보다 더 나은 행동을 할 수는 없을까'에 대해 명쾌한 해답을 얻었다고는 볼 수 없다.

프라이는 "인간은 폭력적인 잠재성을 갖고 있다. 하지만 평화적인 잠재성도 있다. 잠재적으로는 누구라도 살인을 저지를 수 있지만 살인을 실행하는 사람은 극소수에 불과하다. 우리는 인간의 평화적인 잠재성(대부분의 갈등을 비폭력적으로 처리하는 능력)을 당연시하는 경향이 있다"라고 말한다.[22] 하지만 이는 우리에게는 어쨌거나 폭력적 잠재성과 평화적 잠재성 둘 다가 있다는 얘기이므로 인간의 폭력적 잠재성 자체를 부정하는 것은 아니다. 그렇다면 어떻게 하면 폭력적 잠재성을 잠재우고 평화적 잠재성을 살려내느냐가 핵심인데, 인간의 폭력적 잠재성과 평화적 잠재성, 이것들을 일깨우는 요소는 대체 뭐란 말인가? 인간의 폭력성이 어느한도로 억제되지 못하고 심각한 사회 문제로 번지거나 국가 간 전쟁으로까지 확대되는 이유나 조건은 뭔가? 적어도 아직까지는 폭력적 잠재성의 발현을 막지 못한 셈인데, 미래에는 확실히 막을 수 있다고 믿을 만한 근거가 있을까? 과연 폭력적 잠재성은 줄이고 평화적인 잠재성은 살려서보다 평화롭고 정의로운 사회로 가는 길은 있을까? 아니면 폭력적 잠재

---

22 "A Few Questions For Douglas P. Fry", OUPblog, February 28, 2007, http://blog.oup.com/2007/02/a_few_questions_15

성이 상존하는 한 갖가지 직간접적 폭력과 불의는 영원히 막을 수 없는 것일까? 여기서 말하는 폭력성이라는 것은 단지 전쟁만을 의미하지 않는다. 그것은 오늘날 우리나라를 비롯해 전 세계에 벌어지고 있는 모든 정의롭지 못한 현실의 밑바닥에 깔려있는 요소이다.

이런 의문들에 대해 속 시원한 해답을 얻기 위해서는 '인간은 대체 어떤 존재이고, 사회란 어떤 곳인가' 하는 문제에 더욱 집중해야 한다.

PART 2

인간은
어떤 존재이고
사회란
어떤 곳인가

Chapter 5

생물

"인간은 어떤 존재인가?"라는 질문에서부터 출발해보자. 우선 가장 넓은 범주에서부터 답을 찾자면, 인간은 생물이다. 박테리아와 같은 단세포 생물에서부터 인간에 이르기까지 지구상의 모든 생물은 다음과 같은 공통적 특징을 갖고 있다.

(1) 하나 이상의 세포로 구성되어 있다. 세포는 주변 환경에서 물질을 흡수하여 생존과 성장에 필요한 영양과 에너지는 뽑아내고, 쓸모없는 찌꺼기와 가스는 체외로 내보내는 일을 한다. 이 과정을 물질대사라고 한다.

(2) 주변의 변화에 반응하고, 능동적으로 더 나은 조건을 찾아 적응해나간다. 예를 들면 태양을 향해 잎의 방향을 돌리는 식물의 움직임에서부터 동물들의 시각, 청각, 촉각, 후각 등을 이용한 고도의 정교한 움직임이나 기고, 달리고, 날고, 헤엄치는 행동까지 그 방식은 무궁무진하다.

(3) 무성·유성 생식을 통해 자신과 비슷한 후손을 복제해낸다. 이때 유전자 형태로 코딩된 자신의 모든 생물학적 정보를 후손에게 물려준다. 이 모든 과정은 기본적인 자동 기능으로 장착되어 있다. 이것을 일컬어 본능이라고 한다.

생각해보면, 생명활동보다 더 마술 같은 현상이 있을까? 누가 뒤에서 무선조종기로 조종하고 있는 것도 아닌데 스스로 살아 움직이고, 낡아지면 자체적으로 자신과 거의 똑같은 복제품을 만들어 무한 교체해가는 기계와 같지 않은가. 생물이란 문자 그대로 생명을 갖고 있는 물체라는 뜻이다.

오늘날 주변의 변화를 감지하고 반응할 줄 아는 전자제품들은 많다. 예를 들어 무생물인 청소로봇도 집 안에서 벽에 부딪치면 뒤돌아 반대방향으로 움직이며 청소를 계속한다. 아파트 계단의 천정에 달린 조명도 어둠 속에서 사람이 올라오면 알아서 켜지고, 지나가면 꺼진다. 세탁기도 통 속에 세탁물이 들어오면 무게에 맞춰 적당량의 물을 채우고 세탁하고 헹구고 탈수하고 건조시켜주기까지 한다.

그러나 이것들과 생물 간에는 결정적으로 다른 점이 있다. 청소로봇, 계단 센서 조명, 세탁기는 '스스로' 움직이지 않는다는 것이다. 사전에 인간에 의해 설계·제조되어야 하고, 동력을 공급받아야 할 뿐만 아니라, 외부의 다른 존재(인간)의 의사결정에 따른 명령과 조작이 있어야 한다. 반면, 생물의 경우 스스로의 결정과 의지에 따라 움직인다. 모든 활동의 원천이 자신이다. 이 점이 생물과 무생물 제품과의 결정적 차이이다.

지구상에 어떻게 최초의 생명체가 탄생했는지는 확실히 알려져 있지 않다. 과학자들은 박테리아가 수십억 년 전에 지구상에 등장한 최초의 생명체 가운데 하나이며, 대기 중에 산소를 만들어냄으로써 다른 더 복잡한 생명체가 발달할 수 있는 환경을 제공했다고 추정한다. 바로 이 최초의 단세포로부터 나온 자손들이 수많은 세대를 거치면서 오늘날까지 수백만 종으로 진화한 것으로 알려져 있다. 이들은 생물로서의 기본적 기능으로 스스로의 의지에 따라 독자적으로 움직이며 생존과 번식을 이어가는 능력을 물려받았다. 짚신벌레가 되었든 장미꽃이 되었든 새가 되었든 침팬지가 되었든 모든 생물은 다 그렇다. 그런 점에서 식물과 동물의 가장 큰 차이점 중 하나는 기동력의 정도에 있다고 해도 과언이 아니다.

인간이 생물의 일종이라는 말은, 인간 역시 똑같은 태곳적 단세포 생물에서부터 진화한 존재라는 뜻이다. 바꿔 말해, 약 25억 년 전에 출현한 박테리아가 모여 서로 공생관계에 있는 복잡한 세포를 구성했고, 그 세포들이 더 오랜 진화 과정을 거친 끝에 인간이 되었다는 말이다.

그런데 '진화의 시계바늘을 거꾸로 돌리다 보면 언젠가 박테리아를 만날 수 있다' 정도가 아니라, 박테리아가 오늘날의 인간의 실제 구성 요소 중 하나임이 밝혀졌다. 평균적인 어른의 경우, 인체를 구성하는 세포 수는 약 1조 개이다. 그런데 동일한 사람의 몸 안팎에 존재하는 박테리아 세포의 수는 그것의 10배에 달하는 약 10조 개이다. 또한 우리의 몸에는 약 3만 개의 인간 유전자가 있는데, 평생 우리의 몸 안팎에 존재하는 박테리아 유전자 수는 그보다 100배나 더 많다. 그러니까 인간은 박테리아의 집합체라고 해도 과언이 아닌 셈이다.

놀랍지 않은가! 그런 점에서 박테리아에 대한 연구는 우리의 건강을 위해서라도 꼭 필요해 보인다. 실제로 박테리아는 한편으로는 심각한 질병을 안겨주기도 하지만, 다른 한편으로는 장내에서 음식을 소화시킨다든지, 몸이 유해한 세균에 감염되는 것을 막아준다든지 하는 등 여러 가지 중요한 역할을 하고 있다.

최근에는 장내 박테리아가 인간의 뇌 발달과 행동에도 중대한 영향을 미친다는 연구 결과가 나왔다. 예를 들어 장내 박테리아는 비타민 B6의 합성과 흡수를 담당하는데, 이것이 신경세포와 근육세포의 건강에 심대한 영향을 끼친다. 또한 장내에 존재하는 박테리아가 뇌의 약 40가지의 유전자에도 영향을 미치는 것으로 알려졌다. 놀랍게도 이들 원시적 미생물은 뇌에서 멀리 떨어진 장에 위치해 있으면서도 신경세포들 간의 신호 전달뿐 아니라, 특정 유전자의 스위치를 켜고 끄는 뇌 세포 기능에도 영향을 미칠 수 있다. 장내에 거주하는 단세포 생물이 뇌와 같은 복잡한 다세포에 영향력을 행사하는 것이다.

Chapter 6
안락범위 – 박테리아와 인간의 공통 원리

박테리아에는 인간의 본질을 이해하는 데 중요한 열쇠가 숨겨져 있다. 인간은 박테리아의 후속 버전으로 박테리아와 같은 작동원리를 가진 존재기 때문이다. 이와 관련해 미국 프린스턴 대학교의 분자생물학자인 보니 배슬러Bonnie Bassler 1962- 박사의 설명을 간략히 요약하면 이렇다.

> 수십억 년 전에 지구상에 나타난 박테리아가 한 일은 다세포 조직의 기본적 작동원리나 법칙을 발명한 것이다. 박테리아가 발명한 간단한 시스템 안에는 인간 생명의 기본 원리가 담겨 있다. 인간이 한 일은 거기에 몇 가지 부가 기능을 추가한 것뿐이다. 그러므로 박테리아를 연구하면 인체 내 다세포 조직들에 대한 근본적 지식을 더 많이 얻게 될 것이다.[23]

독일의 뇌과학자인 아힘 페터스Achim Peters 1957-도 『이기적인 뇌』에서 진화의 초창기에 등장한 짚신벌레가 인간의 신경세포를 이해하는 데 어떤

---

[23] Bonnie Bassler, "How Bacteria Talk", TED, February 2009, https://www.ted.com/talks/bonnie_bassler_on_how_bacteria_communicate

열쇠를 제공하는지를 설명한다. 그 내용을 간략히 요약하면 이렇다.

짚신벌레와 같은 섬모류는 태곳적부터 바다에 서식해온 단세포 생물이다. 바닷물의 온도는 시간, 날씨, 해류 등에 따라 변화한다. 문제는 이 단세포 생물들이 특정 범위의 온도에서만 쾌적하게 활동할 수 있다는 것이다. 다시 말해 생존에 필요한 '안락범위'를 갖고 있다. 바로 그런 상태에서 환경 변화에 반응하고, 능동적으로 더 나은 조건을 찾아나가는 생물 고유의 특징을 발휘한다. 어떻게? 바로 털 모양의 작은 돌기(섬모)를 이용해 그때그때마다 생존에 적합한 거처로 이동하는 것이다. 그런데 말했다시피 이들은 단세포 생물이다. 뇌나 신경계가 있을 리 없다. 그렇다면 생존에 적합한 거처가 어디에 있을지를 대관절 무슨 수로 알아낼까?

간단하면서도 기발한 방법이 있다. 예를 들어 짚신벌레에는 한 쌍의 온도 센서가 갖춰져 있다. 그 센서 역할을 하는 것은 다름 아닌 칼슘 통로channel인데 이 통로는 서로 다른 온도에 반응하여 열리도록 되어 있다. 한쪽은 저온(추위)에, 다른 한쪽은 높은 온도(더위)에 더 강하게 반응한다. 따라서 두 센서, 즉 '추위 센서'와 '더위 센서' 가운데 어느 한쪽 센서가 상대적으로 더 활발한 반응을 보이면 즉시 '방향전환기'가 작동한다. 다시 말해 운동방향을 바꾸라는 신호가 켜진다. 그러면 녀석은 섬모운동을 시작한다. 너무 덥거나 추워서 불쾌한 구역을 벗어나기 위해 무작정 이리저리 움직이는 것이다. 그러다가 쾌적한 곳에 도달하는 순간 '추위 센서'와 '더위 센서'가 대략 같은 정도로 반응하게 된다. 거꾸로 말하면, 자신의 몸속에서 일어나는 불균형한 반응이 사라지는 곳에 도달하면 거기가 쾌적한 곳인 셈이다. 이 얼마나 간단하고도 효율적인 조절 메커니즘인가! 이쯤 되면 생물학자들이 짚신벌레를 헤엄치는 신경세포라고 부르는 것도 납득이 간다.

우리의 피부가 온도를 감지하는 방식도 짚신벌레와 비슷한 점이 있다. 피부의 신경말단에는 단백질 성분의 구멍들이 돌출되어 있다. 온도를 감지하기 위한 이온 통로다. 온도가 적정 범위 내에 있으면 단백질 모양이 바뀌어 구멍이 열리며 이온이 세포막을 통과한다. 우리는 이런 식의 온도감지 통로를 여섯 종류 이상이나 갖고 있어 여러 다양한 범위의 온도에 반응할 수 있다. 촉각의 원리도 비슷하다. 무언가가 우리의 피부에 닿으면 세포의 바깥쪽 막이 늘어나거나 휘어지면서 주로 신경 말단에 있는 통로가 개폐한다. 이로 인해 우리는 촉각을 느낄 수 있는 것이다.

아힘 페터스는 우리 뇌의 신경세포 역시 플러스 센서와 마이너스 센서를 갖고 있으며, 그 센서가 외부의 자극을 수용하고 처리하는 방식은 짚신벌레 센서의 작동원리와 비슷하다고 지적한다.

뇌에 관한 그의 설명 가운데 특히 더 주목을 끈 부분이 있다. 그것은 뇌의 '안락범위' 통제 능력이 어째서 인간의 생존 경쟁에 유리했는가에 관한 것이다. 페터스에 따르면 호모사피엔스Homo Sapiens가 네안데르탈Neanderthal인을 누르고 경쟁에서 살아남은 이유는 '뇌'에 있었다. 호모사피엔스와 네안데르탈인의 생활환경, 뇌 크기, 지능은 대략 비슷했다. 둘 다 수렵을 했고, 간단한 도구와 무기를 만들어 사용했고, 불을 사용했으며, 털가죽으로 옷을 해 입었고, 죽은 친족의 무덤을 만들었고, 자신들이 사는 동굴에 독특한 미술품을 남겼다. 두 종species 간의 교류도 있었다. 물물교환을 했을 뿐 아니라 때로는 거처를 공유하고 공동의 후손을 낳기도 했다. 그런데도 한 종은 살아남아 현생인류가 된 반면 다른 종은 멸종했다. 그 이유를 놓고 다양한 과학적 모델이 제시되었다. 그중 페터스가 『이기적인 뇌』에서 내놓은 추측을 요약하면 이렇다.

두 종 중에 한쪽이 서로와의 전쟁에서 이긴 것이 아니다. 자연과의 전쟁에서 한 종이 승리하고 다른 종은 패배한 것이다. 결정적으로 운명을 갈라놓은 것은 뇌와 몸 사이의 에너지 배분 능력이었을 가능성이 있다.

신체조건이나 체력으로만 따지면 네안데르탈인이 호모사피엔스보다 20~50% 더 강했을 것으로 추정된다. 서로 맨손으로 싸웠다면 아마 네안데르탈인이 이겼을 것이다. 그러나 5만 년 전에 마지막 빙하기가 닥치면서 반전이 일어났다. 대체로 혹독한 시기에 자연이 채택하는 성공 전략은 '몸 크기 줄이기'이다. 그 첫째 효과는 에너지 절약, 둘째 효과는 신체-뇌 균형의 변화다. 몸은 가냘파지고 뇌는 상대적으로 커지는 것이다. 이렇게 되면 에너지 위기 상황에서 신체의 에너지 수요는 감소하는 반면, 뇌에 공급되는 에너지는 여전히 높아 뇌가 양호한 성능을 유지할 수 있다. 현대인의 뇌는 자신에게 필요한 에너지를 몸에서부터 '이기적으로' 끌어올 수 있었던 까닭에 포유류 전체를 통틀어 가장 뛰어난 에너지 확보 능력을 보유했다. 덕분에 환상적인 학습 능력을 발휘하여 혹독한 시기를 무사히 넘길 수 있었다. 반면, 어떤 이유로든 몸 크기를 줄이지 못한 네안데르탈인은 빙하기 끄트머리에 지구상에서 종적을 감추고 말았다.

요컨대 빙하기 때 호모사피엔스가 살아남은 이유는 뇌의 능력에 크게 의존한 생존 전략이 먹혔기 때문이다. 그런 혹독한 생존환경 속에서도 뇌가 본연의 임무를 제대로 수행할 수 있었던 것은 뇌가 최우선적이고 이기적으로 자신의 안락범위를 지켜낼 수 있었던 까닭이다. 뇌가 특별한 지위를 부여받은 덕분에 말이다. 그래서 뇌의 신경세포에 유입되는 에너지는 항상 모자라지도 넘치지도 않는 '에너지 균형' 상태로 유지된다. 빙하기와 같이 영양공급이 모자란 시기에 뇌가 통제본부로서 제대로 기능하려면 우선적으로 에너지가 할당되어야 하는 것이다. 그렇기 때문에 몸이 아무리 말라도 뇌의 크기는 좀처럼 줄어들지 않는다.

뇌 신경세포의 존재 가치는 몸 전체의 사령탑으로서의 기능에 있다. 뇌는 몸의 나머지 부분이 모두 안락범위에 있는지 감시하고, 필요한 신호와 명령을 내려 보내어 안락범위를 유지시키는 것이다. 그 때문에 우리의 몸에는 전화선처럼 뻗어 있는 신경망이 있고, 그 신경망의 끄트머리는 모두 뇌로 연결되어 있다. 뇌는 약 1,000억 개의 신경세포로 구성된 고도의 정교한 네트워크다. 매초마다 엄청난 양의 정보를 처리한다. 이때 이용하는 통신 수단이 신경전달물질이다. 그 과정은 엄청나게 복잡하지만 우리가 인식하는 것은 최종적인 결과물뿐이다. 바로 시각, 청각, 후각, 촉각 등의 감각과 감정, 사고 형태로 말이다. 우리는 그러한 감각, 감정, 사고에 따라 안락범위를 유지·회복하기 위한 행동에 뛰어든다. 따라서 감각, 감정, 사고와 행동은 밀접한 상관관계를 갖고 있다.

쉬운 예를 들면 이렇다. 우리의 몸의 감각기관이 안락범위를 위협하는 감각 정보를 감지하는 순간 그 정보가 신경망을 통해 뇌로 전달된다. 뇌는 몸의 생리적 안락범위를 유지하는 데 필요한 신호를 내려 보낸다. 그러면 우리는 그것을 춥다, 덥다, 목마르다, 배고프다, 아프다, 불편하다, 불안하다, 무섭다 따위의 느낌이나 감정 형태로 인식한다. 그에 따라 우리는 옷을 더 껴입고 싶고, 외투를 벗고 싶고, 물을 마시고 싶고, 음식을 섭취하고 싶고, 아픔의 원인으로부터 벗어나고 싶거나, 이대로의 상태를 유지하고 싶은 충동이나 기분을 느낀다. 곧이어 구체적으로 어떤 옷을 입고, 어디에 가면 물을 마실 수 있으며, 어느 식당에 가서 음식을 먹고, 아픔의 원인으로부터 벗어나려면 누구에게 도움을 요청해야 하고, 기분을 변화시키려면 어떻게 해야 하는지를 생각하고 판단하는 과정이 진행된다.

또 다른 예를 들자면, 우리의 눈을 통해 뱀처럼 생긴듯한 뭔가가 시각적으로 감지된다. 전광석화처럼 뇌의 시상하부視床下部(간뇌間腦의 일부로서,

제3뇌실^{腦室}의 바깥벽 하부와 밑바닥을 둘러싸고 있는 부분. 물질대사, 수면, 생식, 체온조절 등에 관여하는 자율신경 작용의 중추를 이룸)가 작동하며 전신에 공포심이 퍼진다. 거의 동시에 동공은 확대되고 심장박동은 빨라지고 혈압은 상승하고 호흡은 가빠진다. 모두 자동적으로 일어나는 연쇄반응이다. 그 결과 우리의 몸은 위험으로부터 자신을 보호하기 위해 신속하게 도망칠 수 있는 상태로 전환된다.

Chapter 7

생물학적 지식과 기대

우리 몸의 감각기관에 관한 앞의 내용과는 반대로, 영국의 과학철학자 칼 포퍼^{Simon Siegmund Carl Popper, 1856-1932}는 생물의 감각뿐 아니라 감각기관 그 자체가 '선험적 지식'이라는 흥미로운 이론을 내놓았다. 그의 이론이 타당하다면 인간의 감각은 물론 기본적 감정이나 충동도 선험적 지식의 발현일 수 있다는 논리가 성립된다.

흔히 우리는 감각이 지식의 출발이라고 생각한다. 다시 말해, 우리에게 눈, 코, 입, 귀, 촉각 등의 감각기관이 있기 때문에 그것을 통해 보고, 듣고, 맛보고, 냄새 맡고, 만질 수 있고, 또 그 덕분에 비로소 사물을 인식하고 지식을 구성할 수 있다고 여긴다.

포퍼는 이를 정면으로 반박한다. 오늘날 수많은 생물들이 다양한 형태와 기능을 가진 복잡한 눈을 갖고 있다. 그런데 시각적 인식을 가능하게 하는 이 눈이라는 감각기관은 대체 언제, 어디에서, 어떻게 생겨났을까? 진화론적 상식으로 보면 그 눈은 하루아침에 형성된 게 아니다. 그것은 수십억 년 전 원시 생명체가 빛을 유용한 정보로 활용할 줄 알게 된 데서부터 시작하여 오랜 진화를 거치면서 습득된 다양한 지식이 DNA라는 형태로 전수되고 또 축적된 결과 탄생한 발명품이다. 인간 역시 그런 식으로 만들어진 눈을 자기도 모르게 달고 태어나는 것이다. 그러므로 눈은 우리 개개인이 탄생하기 훨씬 이전에 축적된 생물학적 지식의 증거이자 발현이라고 볼 수 있다.

포퍼는 인간을 비롯한 모든 생물이 가진 지식의 99%는 이렇게 생물학적 형태로 몸 안에 구현되어 있으며, 그에 비하면 인간의 '의식적인 지식'은 아주 적은 일부에 불과하다고까지 주장한다. 그렇다면 눈만이 아니라 지구상에 존재하는 생물 전체가 생물학적 지식의 발현인 셈이다.

뿐만 아니라, 포퍼는 모든 생물은 이 세계에 대한 기대(혹은 예상 anticipation)를 타고난다는 이론을 세웠다. 예를 들어 눈은 그 생물이 빛이 존재하는 세계에 살고 있으며(적어도 때때로라도), 눈이라는 감각기관을 통해 그 빛을 이용할 수 있으리라는 기대를 반영한 것이다. 같은 이치로, 꽃이 봉오리 지는 것은 곧 봄 날씨가 올 것으로 기대함을 의미한다. 어떤 경우에는 그런 기대대로 개화했다가 때 아닌 서리에 그만 얼어 죽는 수도 있기는 하겠지만, 대체로 꽃은 이맘때쯤부터 날씨가 점점 따뜻해진다는 사전 지식에 의거해 행동한다.

그러므로 모든 생물은, 적어도 새로운 진화가 발생하기 전까지는 기본적으로 생물학적 기대가 충족될 것으로 기대하고, 또 반드시 '충족되어야만' 한다. 그것이 오랜 진화 과정을 거치며 환경에 적응해온 끝에 얻은 '생존 전략'이기 때문이다. 어떤 이유로든 그런 기대가 충족되지 않으면 생존에 심각한 위협을 받는다. 예컨대 내가 바닷물을 기대하고 유선형의 몸통과 지느러미만을 갖고 태어났는데 물이 전혀 없는 들판으로 환경이 바뀌어버렸다면 나는 생존이 불가능하다.

또는, 철새에게 날개는 결정적인 생존수단이다. 철새는 먹이를 구하고, 질병에 걸릴 위험을 감소시키고, 어린 새끼들이 포식자에게 희생될 가능성을 줄이고, 계절이나 기후가 바뀔 때마다 적정한 온도를 찾는 등의 다양한 이유로 먼 거리를 여행하며 살아가는 생존 전략을 익혔다. 그러므로 철새는, 포퍼 식으로 말하면 자신의 날개를 사용할 것이라는 기대를 타고 난다. 그런데 어떤 철새가 알에서 부화하고 보니 자기 몸에 날개가 없다면 어떻게 될까?

예를 하나 더 들자면, 많은 동물은 먹이가 절대적으로 부족한 한겨울 상황에 대처하기 위해 동면이라는 방법을 개발했다. 동면하는 동안 곰의 심박수는 분당 70회에서 10회로 격감하고, 체온은 영하 12도까지 떨어져 에너지를 보존할 수 있다. 당연히 곰은 그런 기대를 갖고 동면에 들어간다. 그런데 갑작스런 기후변화로 인해 동면하고 있는 굴 속 기온마저 영하 20도 밑으로 내려간다거나 아니면 겨울이 일 년 내내 계속된다면 어떻게 되겠는가? 그래도 견딜 수 있을까?

포퍼의 '생물학적 기대'는 아힘 페터스의 '안락범위'와 일맥상통하는 개념이다. 물론 생물학적 기대는 과거의 세계에 적응한 결과일 뿐, 미래에도 유효하리라는 보장은 어디에도 없다. **만일 생물학적 기대나 안락범위가 충족되지 않는다면 해당 생물은 새로운 적응이라는 난제를 떠안거나, 심하면 생존에 중대한 위협을 받는 위기를 맞이하게 된다.** 하지만 지구의 환경이 단기간 내에 급격히 바뀌는 경우는 드물기 때문에 지금까지의 환경에 무난히 적응해왔다면 적어도 당분간은 별 문제 없이 지낼 가능성이 크다. 가까운 미래에까지도 안전한 생존 전략일 확률이 높은 것이다.

Chapter 8
정의의 궁극적 근거

생물은 자연의 기발한 발명품이다. 자체적으로 생존과 번식을 이어가도록 만들어졌다. 거기에는 아무런 이유도 목적도 없다. 그저 맹목적으로 보다 만족스러운 생존을 추구하며 살다가 해당 종種이 자신의 대에 이르기까지 나름대로 축적한 생물학적 지식을 자손에게 남겨놓고 죽는 것, 그것만이 본분이자 절대적 가치이다. 어떤 환경에 놓여 있든 생물은 그 본분을 수행하기 위해 애쓰며 자신의 역량을 최대한 발휘한다.

생물학적 기대는 생존이 걸린 문제다. 그것이 충족되지 않으면 그 개체나 종은 '사멸'의 위기에 직면한다. 보통 그것은 단시간 내에 쉽게 수정하거나 변경할 수 없다. 다윈Charles Robert Darwin, 1809-1882의 말마따나 자연선택은 경미하지만 지속적으로 일어나는 유리한 변이가 누적될 때에만 작용하는 것이고, 따라서 크고 급격한 변화를 낳지는 못하기 때문이다.

인간 역시도 생물학적 기대와 안락범위를 타고난다. 예를 들어 우리의 몸은 적당한 pH[피에이치, 페하(수소이온농도를 나타내는 기호)]와 적당한 체온, 적당한 수분, 적당한 혈당량 등의 항상성이 유지되어야 한다. 뿐만 아니라, 인간은 사회생활을 통해 이례적으로 비상한 뇌를 발달시킨 만큼 다른 동물들보다 훨씬 더 다양하고 복잡한 안락범위들을 갖고 있다. 이것들은 신체적 감각뿐 아니라 감정이라는 신호 및 조절 메커니즘과 긴밀하게 연결되어 있다. **복잡한 안락범위들에 문제가 생길 경우 인간은 고통, 공포, 불안, 슬픔, 분노 따위의 반응을 일으키고, 정상적인 상태를 회복하려는 '행동'에 나서게 된다.** 포퍼가 말한 대로 **"항상 능동적으로 자신의 환경을 탐색하며, 더 나은 생존 조건을 추구하도록 만들어진 모든 생물은 충족되지 못한 기대들을 '어려움' 혹은 '문제'로, 더 심할 경우에는 '심각한 좌절'과 '위기'로 경험하고 그것을 극복하기 위해 다시 실험과 탐구를 이어가기"** 때문이다.

예를 들어 인간은 누구나 단 하루만 음식을 먹지 않아도 심한 배고픔을 느끼다가 음식을 먹으면 포만감과 함께 만족감을 맛보게 되어 있고, 상처가 나면 아프고, 죽음이 두렵고, 장시간 노동하면 피로하고 힘들고, 하루 이틀만 잠을 못 자도 머리가 떵하고 집중력이 떨어지며 몸과 정신에 이상 반응을 느끼게 마련이다. 만약 누군가가 우리를 며칠 동안 굶기며 잠도 안 재우고 생명에 위험을 초래할 정도의 혹독한 노동을 계속 시킨다면 우리의 감정 상태는 어떻게 될까? 게다가 끝나고 나서 '커다란 보상'은커녕 '보상 자체'가 아예 주어지지 않는다면? 혹은, 보상을 제공해주기는 하는데 5일에 한 번 제공해주겠다고 한다면? 아무리 보상이 크다 할지라도 다음 번 보상을 기다리다가 죽을지도 모른다는 것을 안다. 오늘날 세계의 저임금 비정규직 노동자나 자영업자는 주말도 없이 매일 10시간씩 일을 해도 가난을 면하기 어려운 경우가 많다. 누구나 그런 처지가 되면 대체로 비슷한 감정과 반응을 보일 것이다. 불안과 공포를 거쳐, 고통과 분노를 느끼고 그러한 상황을 벗어날 수 있는 길을 찾기 위해 발버둥 칠 것이다.

안락범위를 위협받는 상황이 우리로서는 도저히 어떻게 해볼 수 없는 불가항력에 의한 것이라면 아마도 극심한 절망이나 우울증에 빠질 것이다. 심할 경우에는 자살충동에 사로잡힐 수도 있다. 그런 불행한 상황을 야기한 원인이 지목되고 그걸 제거하거나 파괴하는 것이 해결책이 될 수 있다고 한다면 고양이에게 달려드는 사나운 쥐처럼 돌변할 수도 있다. 실제로 인류 역사상 일어난 수많은 폭동에는 생존에 큰 위협을 받은 취약계층의 공포와 분노에 따른 공격적 반응이라는 요소가 빠지지 않는다.

어쩌면 정의의 가장 궁극적 근거도 이러한 '생물학적 기대' 내지 '안락범위'와 관련이 있지 않을까. 생물학적 기대와 안락범위는 생물의 무조건적인 생존본능과 직결된 것으로 즐거움과 고통의 근원일 뿐만 아니라 생물이 용납할 수 있는 한계가 어디까지인지를 보여준다. 그 한계를 넘어가는 순간 생물은 사멸의 위기를 맞이한다. 그러므로 해당 생물에게는 그것이 양보할 수 없는 최후의 마지노선이고 반드시 지켜내야만 하는 가치일 수밖에 없다. 인간 사회 내에서의 정의는 바로 이러한 생물학적 토대 위에서 필요에 따라 요구될 수밖에 없는 어떤 것은 아닐까. 물론 이것만으로 정의에 대한 충분한 설명이 되지는 않을 것이다. 하지만 이것이 정의란 무엇인가에 대한 탐구를 위한 근원적 실마리를 제공하는 듯 보인다.

Chapter 9

사회의 기원 – 경쟁과 협력의 탄생

지금까지 우리는 정의란 무엇인가에 대한 답을 찾는 여행을 시작하면서 제일 먼저 인간이 어떤 존재인지부터 알아봤다. 주로 인간의 생물로서의 속성들과 관련된 내용이었다. 이번에는 사회란 어떤 곳인가 하는 문제로 눈을 돌려보자. 도덕성이나 정의는 기본적으로 '사회'를 전제로 할 테니까.

사회의 기원은 어디까지 거슬러 올라갈까? 미국의 사회학자인 찰스 엘우드Charles A. Ellwood, 1873-1946에 따르면, 이 질문은 생물의 기원을 묻는 질문과 다르지 않다. 사회는 지구상에 생명이 탄생한 후 첫 복제가 일어난 때부터 줄곧 존재해왔다! 단세포 생물들의 상호작용 없이는 다세포 생물로의 진화도 없었을 것이기 때문이다. 유성생식 과정 역시 서로 다른 두 존재의 만남을 전제로 한다. 그는 이렇게 말한다. "본질적으로 생명활동은 애초부터 사회적이다. 다시 말해 처음부터 개별 생물organism의 상호작용을 필요로 한다. 그러한 상호작용이 가장 낮은 단계에서는 단순히 물질적 차원에서만 이루어지겠지만, 더 높은 단계에서는 정신적 차원의 상호작용으로까지 발전한다. 그것을 우리는 사회라고 부르는 것이다."[24] 결국 사

---

24 Charles A. Ellwood, "The Origin of Society", https://www.brocku.ca/MeadProject/Ellwood/
Ellwood_1909c.html

회의 기원은 생물의 생명활동의 기원과 맞물려 있고, 그런 점에서 최초의 생물이 탄생한 이후의 모든 역사는 '사회'의 역사인 셈이다.

모든 사회는 생명활동과 직접적 상관성을 가진다. 생명활동에는 먹이자원, 번식자원, 안전의 담보가 요구되는데 대부분의 생물(특히 동물)에게 무제한적인 먹이자원과 안전이 보장된 환경이란 존재하지 않는다. 그렇기 때문에 종의 번식은 먹이의 양에 의해 제한될 수밖에 없다는 게 일반적인 믿음이다. 그러나 다윈의 『종의 기원On the Origin of Species』에 따르면 어떤 종의 평균적 개체 수는 먹이보다도 오히려 얼마나 쉽게 다른 동물에 의해 먹히느냐에 달린 경우가 더 많다. 자연 속 생태계는 서로 먹고 먹히는 먹이사슬로 얽힌 치열한 생존 경쟁의 장場이기 때문이다.

경쟁은 먹이사슬의 상하 관계에서만 일어나는 게 아니다. 다윈에 따르면, 실은 같은 장소에서 같은 먹이를 구하는 동종의 경쟁자가 더 큰 피해의 주범이 될 수도 있다. 특히 동종과 변종(경쟁에서 조금이라도 유리한 변이성을 가진) 사이에서의 생존경쟁이 가장 치열하다. 자연 상태에서 생물은 개체 간에 약간씩의 변이성을 갖기 마련이다. 변이성은 생물학적인 우연에 의해서뿐만 아니라 각자 처한 물리적 환경이나 다른 생물군들과의 경쟁에 의해서도 생겨난다. 어떤 원인에서 생겨났든지 간에 아주 사소한 변이라 할지라도 그 종의 개체에게 이익을 주는 한 그 변이는 해당 개체의 보존에 도움을 준다. 게다가 자손에게도 유전되므로 자손의 생존 기회 또한 증가시켜준다. 그런 식으로 유용하기만 하다면 아무리 작은 변이라 해도 보존되는 경향이 있다. 바로 이러한 원리를 다윈은 '자연선택' 또는 '적자생존'이라고 불렀다. 종합적으로 보면, 생물의 적응도는 먹이자원과 경쟁에 의해 결정된다.

그렇다고 한정된 자원과 생명의 안전을 위협하는 환경이 의미하는 바가 '경쟁뿐'이라고 생각하면 오산이다. 만약 생존 경쟁에 각자도생 식으로만 임해야 한다면 그 말은 타당할 수 있다. 그게 바로 흡스가 『리바이어던Leviathan』에서 말한 '만인의 만인에 대한 전쟁 상태'일 것이다. 호랑이처럼 혼자 지내는 습성을 지닌 동물들은 실제로 그런 방식으로 경쟁에 임한다. 그러나 자원의 희소성, 천적의 존재, 경쟁에 의한 생명의 위협 등은 다른 한편으로 '협력'을 탄생시키는 조건이 될 수도 있다. 만약 생물 개체가 다른 개체와의 '협력'을 통해 보다 효율적으로 자원과 안전을 확보하고 통제할 수 있다면 말이다. 실제로 그런 이유로 사자나 인간과 같은 종에서 사회적 집단이 등장한 것이다. 협력할 줄 아는 여러 집단들이 경쟁 관계 속에 있을 경우, 자연선택은 협력을 조금이라도 더 잘하는 집단에게 유리하게 작용하게 마련이다. 그것이 사회의 발달을 낳았다고 볼 수 있다.

단세포 생물 간의 협력

사실 경쟁 못지않게 협력은 아주 오래된 현상이다. 태곳적부터 있었던 단세포 생물 사이에서조차 협력은 일반적이었다. 지난 10년 동안 드러난 바에 따르면 모든 박테리아는 서로 대화를 나누고 협력한다. 과학자들은 분자생물학적 방법론을 이용해 박테리아가 화학물질을 단어로 삼아 서로 소통한다는 사실을 알아냈다. 박테리아는 의외로 엄청나게 복잡한 화학적 어휘를 갖고 있었고, 그런 덕분에 서로 협력을 주고받는 다세포로 진화할 수 있었다.

앞서 언급한 보니 배슬러 박사도 박테리아 간의 의사소통 방식을 밝혀낸 과학자 중 한 명이다. 배슬러의 연구팀이 해양 박테리아를 연구한 끝에 새로이 알아낸 사실은, 박테리아들이 화학적 언어를 통해 '언제 단체 행동에 돌입해야 할지'를 결정한다는 것이다. 해양 박테리아인 비브리오 피셔리vibrio ficheri는 묽은 용액 속에 홀로 있을 때에는 발광을 하지 않는다. 그러나 세포 수가 일정 수준에 달하는 순간 다 같이 동시에 발광한다. 그래서 이 해양 박테리아를 발광 박테리아라고도 부른다. 그런데 눈, 코, 입도 없는 이 녀석들은 도대체 어떻게 다 함께 발광해야 할 시점을 결정하고, 또 어떻게 그걸 서로에게 알리는 걸까?

열쇠는 화학물질 분자에 있었다. 이 해양 박테리아 세포에는 화학물질 분자를 분비하는 기관과, 외부의 화학물질 분자를 인식하는 수용체가 갖춰져 있다. 이 시스템으로 인해 일종의 커뮤니케이션이 가능하다. 어떻게? 자신을 둘러싼 주변에 화학물질이 얼마나 분비되어 있는지를 감지함으로써, 그걸 분비한 박테리아 세포들의 수를 가늠하는 것이다. 그렇게 해서 주변에 존재하는 박테리아의 수치가 어느 규모에 달했다는 사실을 모든 박테리아가 동시에 알게 되면, 집단행동에 돌입할 수 있는 것이다. 연구팀은 이를 '정족수 인식'에 비유했다. 각 박테리아 세포가 화학적으로 투표를 하고, 표를 집계한 결과 정족수를 초과하면 박테리아들이 전부 집단행동에 동조하는 방식과 비슷해 보였기 때문이다.[25]

발광 박테리아의 이러한 사회적 행동은 자연에서도 발견된다. 하와이 연안에 있는 오징어는 낮에는 모래 속에서 잠을 자고, 밤에는 밖으로 나와서 활동하는 특성을 갖고 있다. 그런데 밤에는 별빛과 달빛으로 인해 몸에 그림자가 생기는 바람에 천적의 공격 위험에 노출된다. 그런 오징

---

25 Bonnie Bassler, "How Bacteria Talk", TED, February 2009, https://www.ted.com/talks/bonnie_bassler_on_how_bacteria_communicate

어의 몸에 공생하는 게 앞에 나왔던 비브리오 피셔리라는 발광 박테리아이다. 이들은 낮부터 증식을 시작해서 밤이 될 무렵에는 정족수에 도달한다. 그 순간 일제히 빛을 내뿜는다. 오징어는 바로 그 빛을 역이용함으로써 그림자를 없앨 수 있게 된다. 발광 박테리아가 일종의 천적 방어 장치가 되는 셈이다.[26]

보니 배슬러 박사에 따르면, 박테리아로 인한 인체의 발병 원리도 이와 비슷하다. 박테리아는 거대한 숙주(인체)에 대한 공격을 개시하기 전에 조용히 때를 기다린다. 박테리아가 몸속에 침투하더라도 그 수가 일정 수준에 도달하기 전까지는 전혀 문제가 되지 않는다. 하지만 일단 어느 수준에 달하고 나면 일제히 공격을 개시하여 병을 앓게 만든다. 위의 정족수 인식 방법으로 발병 시기를 조절하는 것이다.

생각해보면 이런 현상은 인간 세계에서도 아주 흔한 일이다. 협력할 동지들이 늘어날 때까지 때를 기다렸다가 일정 규모에 도달하면 비로소 개개인 혼자서는 이룰 수 없는 공동의 목표를 성공시키는 것이다. 흡사 인류의 조상이 덩치 큰 짐승을 단체로 공략하는 사냥법이나, 오늘날의 민주적 선거를 통한 여러 정치적 의사결정 방식을 연상시킨다. 그렇더라도 이런 일이 단세포 단위에서도 벌어진다는 사실은 여전히 놀랍지 않을 수 없다.

---

26 onnie Bassler, "How Bacteria Talk", TED, February 2009, https://www.ted.com/talks/bonnie_bassler_on_how_bacteria_communicate

협력의 장점 ─────────

협력이 가져다주는 장점들은 다양하다. 생태계 피라미드 하위의 약한 동물이든 상위의 좀 더 센 동물이든 마찬가지이다. 상대적으로 약한 동물의 경우, 무리나 군집을 이루어 지내면 포식자로부터 자신과 새끼들의 안전을 지키기가 더 수월해진다. 대부분의 동물이 그렇지만 이들은 특히나 더 먹이활동과 안전유지활동을 따로따로 할 수 있는 입장이 못 된다. 가령 새의 경우 땅 쪽으로 고개를 숙여야만 모이를 찾을 수 있다. 하지만 그 순간 포식자의 표적이 되기가 쉽다. 그럴 때 홀로 있지 않고 떼 지어 있다면 안전을 확보할 가능성이 높아진다. 무리 중의 누군가가 포식자의 접근을 알아채고 경고음을 내주면 모두가 알아차릴 수 있기 때문이다. 포식자가 공격을 해온다 해도 위험이 전체로 분산되는 만큼 각 개체의 입장에서는 희생자가 될 가능성을 줄일 수 있다. 그런 장점 때문에 수많은 새들이 발디딜 틈도 없이 밀집해 있는 모습을 흔히 볼 수 있는 것이다. 이외에도 다수의 가족들이 대집단을 형성해 지내는 동물들은 수두룩하다. 초식동물 중에서 누 같은 경우에는 몇 천, 몇 만 마리가 한자리에 모여 지내기도 한다. 그럴 경우 가령 어느 한 누 모자 가족이 단독으로 포식자와 마주친다면 새끼 누는 100% 잡아먹히고 말겠지만 그런 모자 가족 수백 팀이 모여 지낸다면 방어력도 향상될 뿐 아니라 잡아먹힐 확률도 수백분의 일로 줄어든다. 다시 말해 포식자에게 공격당할 위험이 n분의 1로 줄어든다. 이것이 그토록 많은 동물이 떼 지어 다니는 이유이다.

생태계의 제일 위쪽에 있는 포식동물에게도 협력이 가져다주는 이점은 많다. 예를 들어 사자의 경우 최고의 적은 이웃 사자이다. 어른 사자에게 인간 이외의 천적은 사자밖에 없다. 세렝게티 국립공원$^{Serengety\ National}$

Park의 사자들에 대한 연구로 유명한 미국의 생물학자 크레이그 패커[Craig Packer, 1950-]에 따르면, 대부분의 사자가 죽는 이유는 서로가 서로를 죽이기 때문이다. 환경상의 변화가 없는 경우 사자의 제일의 사망 원인은 다른 사자라고 한다. 그가 내셔널지오그래픽지에 쓴 내용을 보자. "어린 새끼의 경우 적어도 25퍼센트는 새로 온 수컷에 의해 살해된다. 기회만 된다면 암컷도 때로는 이웃 무리의 새끼를 살해할 것이다. 영역 안으로 침투해 돌아다니는 어른 암컷이 있다면 그 암컷도 살해해버릴 것이다. 자원은 한정되어 있는데, 무리마다 제 영역을 갖고 있다 보니 좀 거칠다."[27] 바로 이 때문에 사자는 무리를 지어 살지 않으면 안 된다. 치열한 생존 경쟁에서 살아남기 위해서는 집단적 협력에 의존하는 수밖에 없는 것이다.

사자들의 사회적 협력은 생명의 안전과 보호를 위해서뿐만 아니라 먹이를 구하는데도 도움이 된다. 암사자가 혼자보다 여럿이 한꺼번에 공략할 때 얼룩말을 쓰러뜨릴 확률이 더 높다. 또는 한번 사냥하면 여럿이 굶주림을 해결할 수 있는데 사냥감이 광범한 지역에 흩어져있어 찾아내기가 무척 어렵다면, 각자 돌아다니는 편보다는 여럿이 흩어져서 동시에 수색하는 편이 시간도 단축시키고 굶주릴 위험도 줄이는 방법이다. 누구든 하나만 사냥에 성공하면 나머지 모두가 허기를 면할 수 있기 때문이다.

---

27 David Quammen, "The Short Happy Life of a Serengeti Lion", *National Geographic*, August, 2013. http://ngm.nationalgeographic.com/2013/08/serengeti-lions/quammen-text

Chapter 10
세 가지 유형의 생존 전략

지금까지 살펴봤듯이 생물의 특성은 스스로 생존과 번식을 이어가는 것인데, 그러려면 기본적으로 생명의 안전과 한정된 먹이자원 문제를 해결하기 위해 경쟁 또는 협력을 해야 한다. 각 종의 동물들은 자연에서 살아남기 위한 다양한 전략들을 진화시켜왔다.

그것들을 하나의 스펙트럼 속에 나열한다면 크게 세 가지 생존·번식 전략이 가능하다. 양극에는 철저히 '각자도생' 식으로 생존 경쟁에 임하는 종과, 철저히 '진사회적eusocial' 협력을 통해 팀플레이를 하는 종이 있고, 그 중간에는 두 가지 전략을 다양하게 조합한 방식으로 대응하는 '사회적' 종이 분포되어 있는 모습일 것이다. 그중 어느 것이 유리한가는 각 동물의 생물학적 조건이나 생존 환경과 상관관계가 있다. 이 세 가지 생존·번식 전략에 대해 좀 더 구체적으로 얘기해보자.

각자도생형 동물의 전략 ────────

각자도생형 동물은 생후 짧은 양육 기간과 짝짓기 때 외에는 각자 홀로 생활한다. 각자의 독점적 영역을 가짐으로써 다른 구성원들과의 경쟁을 피하기 위함이다. 새끼가 태어나 후 어느 정도 스스로 살아갈 수 있을 정도로 성장하면 어미가 쫓아내거나, 자식이 부모를 떠난다. 자신의 영역에 특히 동종의 다른 개체가 함께 있는 것을 달가워하지 않는다. 짝짓기 기회나 자원을 놓고 서로 경쟁이 벌어지기 때문이다. 이러한 전략을 따르는 동물로는 호랑이, 북극곰, 검은 코뿔소, 개구리, 바다거북, 상어 등 헤아릴 수 없이 많다. 곤충을 비롯한 대부분의 하등동물도 여기에 해당한다.

가령 호랑이의 경우, 암컷과 수컷 모두 자신만의 독점적인 활동영역을 유지한다. 수컷은 약 25~40제곱마일의 영역을 점유하고, 각 수컷의 활동범위에는 암컷 3, 4마리가 점유한 약 8제곱마일의 영역도 포함된다. 물리적으로 이렇게 큰 규모의 활동범위를 유지하기란 쉽지 않다. 혼자 생활해야 하는데 다른 호랑이가 공격해오면 위험해질 수 있다. 그래서 영역 관리를 위해 시각, 소리 체계, 복잡한 냄새(활동범위와 영역의 경계에 표시)를 사용한다. 주인이 있으니 함부로 넘보지 말라는 신호이다. 냄새 속에는 개체의 정체, 번식, 사회적 지위, 표시를 남긴 시점 등이 담겨 있을 것으로 보인다. 물론 그렇다고 다른 호랑이가 전혀 침입을 못 하는 것은 아니지만 오래 머무르지는 않는다. 통상적으로는 서로 건드리지 않고 회피하거나 자제하므로 싸움이 벌어지는 경우는 의외로 드물다.

진사회성 동물의 전략 ————

진사회성eusociality 동물은 생명의 안전과 먹이·번식자원에 대한 집단적 통제를 가장 극적으로 발달시켰다. 진사회성 동물의 진화는 생물사에 대단히 획기적인 사건 가운데 하나이다. 각각의 독립적 개체들이 모인 집단 전체가 마치 하나의 유기체처럼 움직인다고 해서 이들을 초개체superorganism라고 부른다. 바꿔 말해, 각 개체가 마치 거대한 한 몸의 일부처럼 움직이는 것이다. 이들은 대단히 효율적인 분업 시스템의 일원으로서 기능하는 데 필요한 사회적 협력 본능을 타고난다. 벌, 말벌, 그 밖의 벌목Hymenoptera에 속하는 일부 곤충, 모든 개미 그리고 포유류 중에는 유일하게 뒤쥐가 여기에 속한다. 최근에는 몇 종의 새우, 진딧물, 삽주벌레도 진사회성인 것으로 밝혀졌다.

진사회성 동물에게서 눈에 띄는 몇 가지 공통된 특징은 다음과 같다. 몇 세대가 죽을 때까지 한데 모여 살면서 먹이 사냥, 군집 방어, 청소, 육아 등 모든 것을 협력적 분업 시스템으로 처리한다. 심지어는 군집을 위해 번식만 전문으로 하는 암수가 따로 있어서 모든 개체가 번식을 하지 않고 번식마저도 분업에 맡겨진다.

예를 들어 벌거숭이 뒤쥐의 경우, 거대한 굴을 파고 땅 밑의 커다란 덩이뿌리를 먹고 산다. 약 300마리나 되는 집단 내에서조차도 번식은 여왕 한 마리에게만 국한된다. 다른 어른 암컷은 여왕보다 덩치도 작고, 배란이나 번식을 하지 않는다. 대부분의 어른 수컷이 정자를 만들지만 여왕과 번식을 하는 수컷은 1~3마리 정도에 지나지 않는다. 뒤쥐 군집에는 몇 세대가 중첩되어 산다. 어린 후손은 공동으로 양육된다. 번식을 하지 않는 구성원들이 하는 일은 몸 크기나 나이에 따라 달라 보인다. 일반적으로 덩치가 작은 구성원은 먹이를 모으거나 둥지에 쓰일 재료를 운반한다. 이들이 성장하고 나면 정교한 터널에 놓인 장애물이나 쓰레기를 치우는 일을 시작한다. 몸집이 큰 구성원은 터널을 파고 군집을 방어하는 역할을 맡는다.[28]

28 Lucio Vinicius, *Modular Evolution: How National Selection Produces Biological Complexity* (New York: Cambridge University Press, 2010), p.446.

개미의 군집도 이와 비슷하다. 번식은 구성원 각자의 사생활이 아니라 군집 차원의 공적인 일이다. 여왕개미와 수개미가 그 역할을 담당한다. 수개미의 몫은 어느 날 짝짓기 행위를 마칠 때까지뿐이다. 공중에 날아올라 한순간에 임무를 마치면 바로 죽음을 맞이함으로써 무대에서 사라진다. 여왕개미는 평생 알을 낳는 일만 한다. 나머지 대다수의 개미들(암컷)은 번식에 신경 쓸 필요가 없는 만큼 먹이 사냥과 먹이 생산, 알과 애벌레 돌보기, 죽은 개미를 처리하고 청소하기, 개미집 방어하기 등 주어진 역할에만 집중할 수 있다. 최근 첨단 카메라와 음향기기 덕분에 새롭게 밝혀진 바에 따르면 개미는 소리와 냄새로 상당히 정교한 커뮤니케이션을 한다. 서로 상대가 무슨 일을 하는지도 알 수 있고, 위험에 빠졌을 때 경보를 울릴 수도 한다. 어디로 이사를 가야 할지, 어떻게 먹이 생산 문제를 관리해야 할지를 놓고 집단적 의사결정을 내리기도 한다.

이때 자연스럽게 떠오르는 한 가지 의문은 뇌의 크기가 바늘구멍보다 더 클까 말까 한 개미가 어떻게 그렇게 조직적으로 복잡한 일들을 해낼 수 있을까 하는 것이다. 인간 사회에서처럼 누구는 뭘 하고 누구는 뭘 할지 일을 할당해주는 매니저라도 있는 걸까? 간단히 대답을 하자면 "아니다"이다. 일개미들은 중앙의 명령에 의해서가 아니라 스스로 자율적으로 일을 조직한다. 서로와의 상호작용을 통해 얻은 정보와 단순한 원리에 따라 무슨 일을 해야 할지 결정하고, 그럼으로써 복잡한 일을 해낸다. 그렇지만 거의 모든 게 생물학적 명령에 따른 과정임은 분명하다. 번식을 비롯한 모든 생명 활동을 분업 방식으로 하는 만큼 군집을 벗어난 개체는 적응도 면에서 대단히 불완전한 존재일 수밖에 없다. 혼자서는 오래 생존하지 못한다.

진사회성은 놀라운 속성이다. 동물이 타 개체를 위해 자신의 번식을 포기한다는 것 또한 대단히 이례적인 현상이 아닐 수 없다. 다윈 역시도 『종의 기원』에서 진사회성 동물의 불가해성에 대해 "처음에는 거대한 벽에 부딪힌 느낌이었다"라고 고백한 바 있다. 동물에게 있어서 자연선택의 기본 전제는 생존과 번식인데, 진사회성은 다윈의 자연선택 이론을 통째로 뒤엎는 것이었기 때문이다. 결국 다윈이 내린 결론은 이렇다. "자연선택이 개인뿐만이 아니라 가족에게도 적용될 수 있다고 생각하면 도무지 이해 안 될 것 같은 이 문제의 어려움이 줄어들거나 사라진다." 어쨌든 분명한 점은 진사회성 동물은 개체성을 어느 정도 지양함으로써 이기성의 충돌이라는 문제를 해소한 사회를 이룩했고, 덕분에 지구상에서 가장 성공적으로 번성할 수 있었다는 것이다.

사회적 동물의 전략

사회적 동물은 호랑이처럼 각자도생하면서 단지 번식이나 짧은 양육을 위해서만 일시적으로 함께 지내는 스타일도 아니고, 그렇다고 개미나 벌처럼 생물학적 차원에서 늘 함께 협력하도록 프로그래밍된 진사회성 동물과도 다르다. 사회적 동물이란 일반적으로 동종의 혈연이나 비혈연 개체와 비교적 조직적인 사회를 형성해 살아가는 동물을 의미한다. 보통은 사회 내에 영구적으로 함께 생활하는 어른 집단이 존재하고, 개체들 간에도 모종의 관계가 형성되어 있는 경우가 많다. 가장 대표적인 사회적 동물이 인간이지만, 그 밖에도 침팬지, 고릴라, 펭귄, 사자, 코끼리, 돌고래, 말, 하이에나 등의 척추동물이 있다.

하지만 더 넓게 보면, 사회적 관계란 자식들과 함께 생활하는 부모, 이종 간의 상리공생, 소수의 개체들이 느슨하게 상호작용을 주고받는 관계

등을 모두 포괄하는 개념이다.

사회적 동물과 각자도생형 동물이 언제나 별개의 생존 전략을 고수하는 것만은 아니다. 사실 형태적으로 보자면 호랑이나 사자나 상당히 비슷한 점이 많다. 임신 기간, 새끼 크기, 이빨 교체 패턴, 성적 성숙 나이도 거의 똑같고, 두개골과 이빨 패턴도 거의 구별이 안 간다. 성차도 비슷하다. 자기보다 덩치가 큰 사냥감을 한 손으로 때려잡는 능력도 비슷해 보인다. 커다란 뇌가 사회적 능력의 지표라면 호랑이나 사자나 뇌의 크기가 비슷하므로 호랑이도 사자 못지않게 사교적이어야 마땅하다. 그렇다면 대체 뭣 때문에 이 놈들은 상이한 본능을 갖게 되었을까?

인도의 과학자 울라사 카란타Ullāsa Kāranta, 1848-가 『호랑이 이야기: 아시아 호랑이를 찾아서Tiger Tales: Tracking the Big Cat Across Asia』라는 책을 통해 이런 의문에 대해 내놓은 대답은 서로 다른 환경에 적응한 결과라는 것이다. 특히 사냥감이 얼마나 분산 혹은 밀집되어 있느냐가 주요 변수였다. 호랑이의 서식지는 초목이 울창한 숲이다. 숲속에서는 사냥감을 찾아내는 일부터가 쉽지 않다. 여기저기 분산되어 있는 작은 동물 위주로 사냥을 할 수밖에 없다. 그렇다 보니 여럿이 협력하여 사냥하거나 식사하는 게 자연선택적 이득을 주지 못한다. 혼자 사냥하는 편이 오히려 효율적이다. 요컨대 사회적 군집이 발달할 만한 환경이 못 되는 것이다. 반면 사자의 서식지는 넓은 평원이다. 사냥감들이 떼 지어 다닌다. 그렇기 때문에 모녀를 중심축으로 하는 복잡한 확대가족 사회로 진화할 수 있었다.

환경적 요인에 따라 같은 동물이라 하더라도 각자도생형 동물이 사회적 동물로, 사회적 동물이 각자도생형 동물로 뒤바뀐 사례들도 찾아볼 수 있다. 가령 칼라하리 사막Kalahari Desert에서는 사자도 호랑이처럼 홀로 지내거나 기껏해야 2~5마리 정도씩만 몰려다닌다. 대형 초식동물의 밀도가 낮은 곳이다 보니 사자 체면에도 불구하고 작거나 어린 사냥감을 공략해야만 했기 때문에 그렇게 된 것이다. 반면 대형 사냥감이 풍부한 세렝게티 평원에서는 사자들이 큰 무리를 이루며 독자적 영역을 확보하여 생활하는 데 아무런 문제가 없다.

사정은 호랑이도 마찬가지다. 소련의 극동지역에서는 각자도생형 호랑이라 해도 자기만의 독점적 영역을 고수하기가 어렵다. 가뜩이나 사냥감도 얼마 안 되는데 그나마 계절별로 대이동을 하기 때문이다. 어쩔 수 없이 수컷은 3마리 이상의 암컷과 광활한 영역을 공유하지 않으면 안 된다. 그럴 경우 그 암컷들은 대개 혈연관계일 가능성이 높다. 또한 꾸준하게 먹이 공급이 이루어지는 환경에서는 호랑이도 사자처럼 사교성을 나타내는 것으로 알려졌다. 반면, 작은 영역 내에서도 충분히 먹이 확보가 가능할 경우 암컷 호랑이는 각자도생형 동물답게 자기만의 영역을 독차지하는 데 문제가 없다.

Chapter 11

사회적 동물이 떠안은 난제

사회적 동물의 사회에는 '이기적 개체들'과 '협력', 이 두 가지 요소가 전제된다. 일반적으로 사회란 이기적 개체들이 협력을 목적으로 모인 곳으로 정의할 수 있다. 그런데 협력은 그냥 이루어지는 게 아니다. 협력을 하기 위해서는 먼저 '소통'과 '분배' 문제가 해결되어야 한다.

사회적 동물을 설명하는 좋은 방법은 유기체와 비교하는 것이다. 하나의 세포로 된 단세포 생물과 달리, 다세포는 여러 개의 세포들이 모여 있는 복잡한 유기체다. 다세포 생물은 협력에 필요한 문제를 가장 잘 해결한 사례에 속한다. 다시 말해, 개별 세포들이 모여 사회를 구성했을 때 벌어질 수 있는 온갖 갈등을 성공적으로 해결해놓은 대단히 '유기적'인 사회라 할 수 있다. 어떻게 그게 가능했을까? 이들은 신경망 따위를 통해 기관·조직들 간 소통을 가능하게 했고, 소화계와 순환계 따위를 통해 영양분을 성공적으로 분배할 수 있었다. 세포 조직은 그러한 소통 및 분배를 위해 서로 다른 기능을 가진 조직으로 분화되었고, 완벽한 분업 체계를 완성했다. 세포와 그 세포가 속한 생물체는 부분과 전체의 관계로 통합되었다. 즉, 그들은 하나의 완성된 유기체로 통합되었다. 요컨대 형태학적으로 다세포 생물은 하나의 존재처럼 보이지만 사실 속을 들여다보면 수많은 개별 세포로 구성된 고도의 복잡한 사회인 것이다.

각 개체가 서로 별개로 분리되어 독립적인 형태를 띠고 있지만 기능적으로 보면 마치 더 큰 다세포 생물의 한 세포처럼 행동하는 생물 집단도 있다. 개미나 벌 따위가 여기에 속하는데, 이들을 초개체superorganim라고 한다. 가령 개미는 각자 따로따로 몸뚱이를 갖고 있지만 개미 집단 내에서 마치 하나의 커다란 몸속에서 각기 다른 역할을 수행하는 여러 유형의 조직세포처럼 행동한다. 그러므로 '개미 개체와 초개체 전체'와의 관계는 유기체 내의 '부분과 전체'와 같다. 따라서 서로 별개로 떼어놓을 수 없는 관계를 맺는다. 이들은 사회성 발달 정도를 나타내는 등급으로 보면 최상단에 놓인다.

한편, 사회적 동물은 사회성의 발달 정도가 초개체 수준에 도달하지 않은 동물이다. **독립적인 개인플레이형 동물(호랑이)의 세계를 지배하는 원리가 '경쟁'이고, 팀플레이형 진사회성 동물(개미)의 세계를 지배하는 원리가 '협력'이라면, 사회적 동물 사회를 지배하는 원리는 그 두 가지 모두가 긴장관계 속에서 공존하는 상태에 있다. 즉, 사회적 동물의 사회에는 개체들 간의 '경쟁'과 '협력'이 묘하게 아슬아슬한 균형을 유지하며 공존한다. 따라서 '상호 간의 이해의 충돌'과 '상호 간의 의존'이 역동적으로 교차하기도 한다. 바로 그것이 사회적 동물의 사회가 안고 있는 딜레마이다. 이 때문에 초개체의 사회에 비하면 아무래도 사회 내에 불확실성이 상대적으로 높고, 항시적 불안정이 존재할 수밖에 없다.**

그렇기 때문에 어떻게 하면 사회적 갈등과 불안정을 억제하고 협력을 촉진시킬 것인가가 항상 중요한 화두로 남을 수밖에 없다. 사회적 동물 사회가 원래의 목적대로 사회로서의 효용성을 살리려면 구성원들 간의 갈등을 해소하거나 완화하고 협력을 증진할 모종의 질서와 규칙이 필요하다. 거꾸로 보면, 그렇게 불안정성이 상존하면서도 사회가 나름대로 유지되는 데에는 그만한 이유가 있을 텐데 그 이유는 무엇일까?

사회적 동물의 사회 내의 질서는 일반적으로 두 가지 원리에 기초한다. 하나는 혈연관계에서 비롯된 '사회적 본능·감정'이고, 다른 하나는 서열 dominance hierarchy과 같은 '힘의 원리'이다. 전자는 사회적 협력에 필요한 공감, 이타성, 감정이입 등의 형태의 내재적 동기를 제공하고, 후자는 위협이나 처벌과 같은 외적 강제력을 제공한다.

Chapter 12
사회적 동물의 질서

사회적 본능·감정 ─────────

지구상의 동물 종 가운데 사회적 동물이라 할 만한 종은 극히 일부에 속한다. 사회적 본능·감정이라는 것은 혈연 가족에서부터 비롯되어 발달했는데 극소수의 종만이 가정을 꾸려 생활하기 때문이다. 구체적으로 말하면 지구상에는 약 130만 종의 동물이 서식하는 것으로 추정되는데, 그중 97% 이상은 자식을 양육하지 않는다. 대부분의 어류, 양서류, 우충류, 곤충류는 알이나 새끼를 보호하는 정도에 그칠 뿐 먹이를 주며 기르는 정도는 아니다. 부모가 자식을 일정 기간 동안 본격적으로 양육하는 동물은 조류와 포유류뿐인 것으로 알려져 있다. 그러니까 동물 종 전체를 놓고 따지면 1% 정도에 불과하다.

그러면 나머지 동물 종들은 자식을 낳은 다음 어떻게 할까? 그냥 떠나버린다. 인간의 기준대로라면 나쁜 부모일 것이다. 하지만 그렇게 쉽게 단죄해버릴 수 있는 문제는 물론 아니다. 많은 종들의 부모가 자식을 낳고 떠나버렸음에도 불구하고 멸종하지 않은 까닭은, 어떤 면에서 그렇게 하는 것이 주어진 생태적 조건 하에서 유리한 번식 전략일 수 있기 때문이다.

1970~1980년대에 과학자들은 동식물의 번식 전략을 두 가지로 분류한 바 있다. R 선택과 K 선택이다. [R와 K는 개체수 역학을 설명하기 위한 대수학 공식에서 각각 개체당 증가율과 수용 능력(환경 자원에 의해 유지될 수 있는 한 종의 개체수)을 의미한다.] 쉽게 말하면 R 선택은 한 번에 12마리나 되는 새끼를 낳는 쥐의 번식 전략이고, K 선택은 한 번에 1마리씩 낳는 코끼리의 번식 전략이다. 코끼리 전략은 안정적으로 자원이 공급되고, 별 위험이 없는, 예측 가능한 환경에 적합하다. 그런 경우 적은 수의 자손을 낳아도 어른이 될 때까지 살아남을 가능성이 높다. 부모가 양육을 통해 자손의 생존 능력을 길러줄 수도 있다. 성장에 더 오랜 시간이 걸리지만 다 자라고 나면 상대적으로 더 큰 덩치와 경험을 쌓게 되고, 그런 만큼 강한 경쟁력으로 긴 수명을 누릴 수 있다. 이 전략을 따르는 동물로는 인간, 유인원, 코끼리, 고래 등이 있다.

한편, 쥐의 전략인 R 선택은 몸도 작고 약한 동물이 유전자를 남길 수 있는 사실상 유일한 방법이다. 예측 불가능하고 위험한 환경에서 특히 요긴하다. 어차피 자손의 치사율이 높기 때문에 양육에 들어가는 비용을 줄이는 대신 가능한 한 많이 낳아서 그중 1마리라도 살아남을 가능성을 노리는 것이다. 언제 닥칠지 모르는 재앙에 앞서 번식을 해야만 하기 때문에 새끼들이 조숙하고 금세 왕성한 성적 욕구를 드러낸다. 암컷 쥐의 경우 생후 6주가 지나면 벌써 번식 능력을 갖는다. 이런 식으로 종의 명맥을 유지하는 동식물은 거미, 곤충, 설치류, 개구리, 토끼, 박테리아, 민들레, 잡초 등이다.

물론 앞에서 언급했듯이 이 모든 것은 각 동물이 미리 전략을 짜서 추진한 것도, 달리 선택의 자유가 있었던 것도 아니다. 그저 '오랜 세월이 흘러 자연선택이라는 토너먼트를 거치고 나서 보니 그런 전략을 사용한 개체들이 각 팀에 살아남아 있더라'는 식의 진화론적 분석일 뿐이다. 하지만 이런 번식 전략들은 몇 천만 년일지 모르는 세월 동안 수도 없는 개체들이 본의 아니게 참여한 결과 자연선택에 의해 도출된 답안지이자 해법들이라고 할 수 있다. 다양한 조건 하에서 자연이 내놓은 집단지성의 결과물이라는 인상을 받지 않을 수 없다.

사회적 본능·감정의 산실 – 자식 양육

다른 동물들과 달리, 조류는 90% 이상의 종種이 자식을 양육한다. 그리고 대부분 일부일처제를 따른다. 조류에게서 이런 현상이 일어나는 이유는 뭘까? 일본의 생물학자 오바라 요시아키小原嘉明, 1944- 의 『이기적 본능』에 따르면 일단 변온동물이냐 항온동물이냐와 상관관계가 있다. 조류·포유류와 같은 항온동물은 새끼가 태어나자마자 부모가 품거나 감싸지 않으면 체온유지 실패로 사망하기 쉽다. 항온동물에서 어떤 형태로든 가족이 진화한 이유 가운데 하나가 이것이다. 우리가 '사랑'이라는 단어를 들으면 공통적으로 떠올리는 이미지로, 나라는 존재를 특별하게 여기고 보호하고 감싸주고 이해해줄 누군가(쉽게 말해 어머니 같은)의 따뜻하고 포근한 품을 떠올리게 되는 이유도 우리가 항온동물로 태어난 것과 무관치 않을 것이다.

조류의 대부분의 종이 유독 자식을 양육하는 쪽으로 진화하게 된 데에는 조류 부모가 감당해야 할 영역권 내 자원의 부족, 먹이 확보, 포식자로부터의 방위, 동종 멤버의 공격에 대한 방위 등 여러 가지 문제들이 관련되어 있다.

우리가 이 장에서 다루고자 하는 사회적 본능·감정과 관련해서 가장 큰 역할을 한 것은 양육 활동이다. 미숙한 새끼를 출산하여 양육하는 과정에서 가족이라는 매우 친밀한 사회가 등장했다고 볼 수 있다.

무성생식을 하는 단세포 생물은 몸이 둘로 나뉘면서 복제를 한다. 그런 식으로 복제된 단세포는 부모와 자식이 따로 없으므로 복제란 대등한 개체들이 단지 수적으로만 증가함을 의미할 뿐이다. 반면, 복잡한 고등동물로 갈수록 자식은 부모에 비해 한참 '미숙한' 형태로 태어난다. 따라서 자식을 돌보는 데 많은 시간과 에너지가 요구되고, 그런 만큼 편친이나 양친의 헌신적 양육이 절실히 요구된다.

전형적인 사례로 수리부엉이가 있다. 이들은 늦가을에서부터 초겨울까지 짝짓기를 시작한다. 보통 한겨울인 1~2월에 두 개 정도의 알을 낳는다. 그러다 보니 모친이 알을 품고 있는 동안 머리와 둥지 위로 눈이 쌓이기도 하고, 이따금 알이 얼어버리기도 한다. 모친은 거의 혼자서 한 달여 동안 꼼짝 않고 알을 품는다. 희멀건 새끼들이 눈도 안 뜬 모습으로 부화를 하고 난 후에도 모친은 첫 두 주 동안 둥지를 떠날 수 없다. 새끼들 스스로는 체온을 유지하지 못할 뿐 아니라 기운이 없어 날 수도 없기 때문이다. 6주 정도가 지나서야 겨우 인근의 가지까지 날아갔다 오는 도전을 해볼 수 있다. 제대로 날려면 10-12주는 지나야 한다. 그동안 새끼들은 먹이를 달라고 삐약삐약 울면서 부모에게 의존한다. 그동안 부친은 쥐, 토끼, 뱀장어, 다람쥐 따위를 물어다 줘야 할 뿐 아니라 자기보다도 덩치가 25퍼센트나 큰 모친의 먹이도 챙겨야 한다.

이처럼 편친만으로 자식양육이 어려운 환경에서는 부부가 긴밀한 연대 속에 자식을 양육하는 경향이 높아진다. 바로 그러했기에 자손들이 후대에 남은 것이고, 자손들 역시 그런 성향을 물려받는다.

가장 극적인 사례는 황제펭귄일 것이다. 황제펭귄은 얼음 벌판 위에서 긴 혹한의 겨울을 나며 번식을 한다. 암컷은 알을 한 번에 하나씩 낳는데,

출산을 하자마자 바로 떠나버린다. 오랜 만에 식사를 하기 위해 때로 80킬로미터나 멀리 떨어진 바다로 출타하는 것이다. 그렇다고 "낳아줬으니 이제부터 죽고 사는 문제는 네 운에 맡긴다." 하고 떠나버리는 것은 아니다. 남편에게 알을 맡겨놓고 간다. 부친은 모친이 없는 동안 극진히 알을 품는다. 다른 새들처럼 알 위에 앉아서 품지 않고, 서있는 상태에서 발 위에 알을 균형 맞춰 올려놓은 다음 육아낭이라는 깃털가죽을 덮어서 보호하는 방식이다. 그러다 보니 알을 품는 두 달 내내 아무것도 못 먹는다. 혹여 급하게 움직이다가는 알이 혹한에 노출되어 큰일 나는 수가 있으므로 매우 조심해야 한다. 부친의 희생과 헌신이 절대적으로 요구되는 것이다.

먼 길을 떠났던 모친은 잊지 않고 가족에게 돌아온다. 한 가득 선물을 안고서. 선물은 다름 아닌 뱃속에 담고 온 먹이다. 갓 부화한 새끼에게 게워내어 먹이려는 것이다. 의무를 다한 부친은 그제서야 비로소 식사 여행을 떠날 수 있게 된다. 이번엔 모친이 바통을 이어받아 갓 부화한 새끼를 육아낭에 보호한다. 만약 새끼가 주머니 밖으로 버려진다면 몇 분 이내에 사망하고 말 것이다. 새끼 펭귄은 얼음이 녹기 시작하는 12월(여름)이나 되어야 물가로 나가 사냥을 시작할 수 있다. 이렇듯 추운 극지방 환경에서 양친의 헌신적인 양육이 아니라면 황제펭귄 새끼들은 살아남지 못해 완전히 멸종되었을 것이다.

그럼 인간이 속한 포유류는 어떨까? 포유류 역시 자손을 낳기만 하고 그냥 떠나버리는 경우는 거의 없다. 대신 90% 이상의 종이 암컷 혼자서 자식을 기른다. 대략 5,000종의 포유류 가운데 평생 일부일처제를 따르는 비율은 3~5%에 불과하다. 수달, 늑대, 일부의 박쥐와 여우, 일부 발굽이 있는 동물이 여기에 속한다.

이는 90% 이상이 일부일처제를 따르고, 암수가 함께 자식 양육에 참여하는 조류의 경우와 완전히 대비된다. 대체 무엇 때문에 이런 차이점이 생겼을까? 아마도 가장 큰 원인은 젖이 암컷에게만 분비된다는 사실에 있을 것으로 추정된다. 이 때문에 암컷은 자식 양육으로부터 벗어날 수 없는 반면 수컷은 상대적으로 자유로울 수 있다.[29]

일례로 암컷 코끼리들은 유대가 끈끈한 모계가족집단 속에서 평생 동안 생활하며 육아를 함께 한다. 구성원이 10마리가 넘어가면 보통 3마리는 어미이고 나머지는 자식들이다. 그중 최고 연장자인 암컷이 우두머리를 맡는다. 때로 둘 이상의 가족들이 한데 모여 유대집단을 형성하기도 한다. 건기乾期에는 많으면 아홉 가족 정도가 족벌을 이루기도 한다.

어린 수컷이 커서 14~15세가 되면 80% 이상의 시간을 가족과 떨어져서 보낸다. 암컷들도 수컷을 성가시거나 불필요한 존재로 여기는 듯하다. 어린 수컷들이 크면 공격성을 보여 암컷은 그 녀석들을 영구히 가족에게서 쫓아낸다. 그러면 수컷은 혼자 지내든가 아니면 일시적으로 다른 수컷들과 함께 생활한다. 수컷들 사이에는 서열이 존재한다. 서열은 나이와 체구, 성적 상태에 따라 정해진다. 나이 든 수컷은 어린 수컷들이 갱단을 형성하지 못하도록 예방하는 차원에서 그들의 공격성을 통제하는 듯 보인다.

결국 어른 수컷과 암컷은 거의 번식을 위해서만 만날 뿐 암컷은 암컷끼리(자식들과 함께), 수컷은 수컷끼리 살아가는 셈이다.

오바라 요시아키는 초식동물에서 모자 가족 형태가 가능한 또 한 가지 이유를 다음과 같이 설명한다.

---

29 오바라 요시아키, 신유희 역, 「이기적 본능」(서울: 휘닉스드림, 2010), p.165.

일반적으로 초식동물은 새끼가 자력으로 먹을 수 있는 단계까지 길러 주고 나면 더 이상 먹이를 공급할 필요가 없어진다. 그렇기 때문에 편친만으로도 자식 양육이 가능해진다. 많은 초식동물이 편친 가족 형태로 생활하는 이유는 이렇듯 비교적 쉽게 구할 수 있는 식물을 먹이로 삼기 때문이다.[30]

실제로 코끼리의 출산 장면이 담긴 동영상을 보면 새끼는 태어난 지 몇 십분 이내에 어설프게나마 다리를 딛고 일어서는 광경을 볼 수 있다. 생후 3개월 동안은 모친의 젖을 먹어야 하지만, 6개월 정도가 지나면 독립적으로 식사를 할 수가 있다.

새끼가 암컷이라면 모녀는 야생상태에서 어미가 최장 70살 정도의 수명이 다할 때까지 여생을 함께 보내게 될 것이다. 새끼가 성장해 짝짓기를 해서 새끼를 낳으면 그 새끼 역시 사촌들의 도움을 받으며 함께 돌볼 것이고. 그러니 어찌 유대가 끈끈하고 깊어지지 않겠는가.

인간의 사회적 본능 · 감정의 산실 − 미숙한 신생아

인간 가족의 구성과 사회적 본능·감정의 진화에도 신생아의 미숙함이 결정적으로 영향을 미쳤다. 인간 신생아는 유달리 미숙한 상태로 태어난다. 다른 초식동물 새끼들과 달리 스스로 일어서서 걷기까지만도 1년 가까이 걸린다. 왜 그럴까? 이는 직립이족보행直立異族步行과 관련이 있다. 인류는 약500~600만 년 전부터 직립보행을 시작했는데 그로 인해 골반에 변화가 일어났다. 직립보행을 하면 몸속의 여러 장기가 아래쪽으로 쏠려

---

30 오바라 요시아키, 신유희 역, 「이기적 본능」 p.165.

사타구니 사이로 빠져나올 위험이 커진다. 그러므로 골반 아래쪽은 단단히 밀폐되어 있지 않으면 안 된다. 다시 말해 장기 아래쪽에 있는 항문과 요도뿐 아니라 산도까지도 가능한 작아져야 한다.

설상가상으로 인간 신생아의 '큰 뇌'도 문제였다. 240만 년 전 침팬지나 과거의 원인들보다 더 큰 뇌를 가진 '호모 하빌리스Homo habilis 원인'이 등장한 이후로 뇌의 크기가 계속해서 커졌는데 그 때문에 아기가 골반 아래쪽의 좁은 통로로 빠져 나오기가 더 어려워진 것이다. 이렇듯 산도는 좁아진 반면, 아기의 단단한 두개골은 더 커지다 보니 산모의 출산은 점점 더 힘겹고 고통스러워졌다. 직립보행과 큰 뇌라는 진화의 대가를 여성이 치르게 된 셈이다.

어쨌거나 이러한 난제를 해결해준 진화적 해법은 조산이었다. 현재의 10개월이라는 임신 기간은 본래의 임신 기간보다 절반이나 단축된 것이라고 한다. 그렇게 해서 인간의 갓난아기는 미숙아로 태어나기 시작했다. 태어나자마자 목을 가누고 금세 자력으로 어미의 몸에 매달릴 수 있는 침팬지나 유인원의 새끼와는 달리, 오랫동안 고작 젖이나 빨고 응애응애 울어서 관심을 요청하는 일밖에는 하지 못한다. 모친의 장기적 양육을 필요로 하는 처지인 것이다.

긴 유아기는 부모와 자식 간에 평생에 걸친 결속관계를 맺게 했다. 장기간에 걸쳐 부모와 함께 형제자매가 식량 자원을 공유·통제하고, 공동의 이해관계를 위해 협력해야 하는 관계를 이어가는 가운데 공감, 동정, 이해심, 죄책감, 양심을 비롯한 다양한 사회적 감정과 행동이 발달했을 것으로 추정된다.

사회적 본능 · 감정을 가진 다른 동물들

사회적 감정과 행동이 인간만의 전유물인 것은 아니다. 동물 관련 TV 프로그램에서도 흔히 볼 수 있듯이 다른 동물 중에도 그런 것이 뚜렷이 관측되는 종들이 있다. 가령 코끼리라든가 개나 고양이와 같은 애완동물, 심지어는 쥐에게서도 풍부한 사회적 감정을 엿볼 수 있는 일화나 보고가 있다. 그중 미국의 진화생물학자 마크 베코프Marc Bekoff 1945-와 제시카 피어스Jessica Pierce 1965-의 공저 『야생의 정의: 동물의 도덕적 생활Wild Justice: The Moral Lives of Animals』에 소개된 몇 가지 사례를 소개한다.

우선, 바빌Babyl이라는 코끼리는 뒷다리에 부상을 입는 바람에 느릿느릿 걸을 수밖에 없었다. 그러자 무리의 다른 코끼리들은 15년 동안이나 끈기 있게 바빌을 기다려주기도 하고 심지어는 먹여주기도 했다. 이런 호위 덕분에 바빌은 사자의 먹이가 되지 않고 장수할 수 있었다.

또 다른 사례로, 사냥꾼이 놓은 덫에 코가 잘린 코끼리가 있었다. 이 코끼리는 코 없이 먹을 수 있는 먹이가 갈대밖에 없었으므로 강가에서 갈대를 먹는 법을 익혀야 했다. 그러자 이 코끼리가 속한 무리의 구성원들이 그 코끼리에게 갈대를 갖다주고, 자신들의 식습관도 바꾸기 시작했다. 지금은 구성원들 모두 강가의 갈대를 먹고 사는 것으로 보고되었다. 이보다 더 따뜻하고 사랑이 넘치는 사회가 있을까? 그 어떤 이상적인 인간 사회 못지않게 이타적이지 않은가?

코끼리는 심지어 다른 종의 동물에 대해서도 사회적 감정을 느낄 줄 아는 듯 보인다. 2007년 아프리카의 짐바브웨에 사는 어린 코끼리 문데부Mundebvu는 평소 친하게 지내던 코뿔소가 밀렵꾼의 총에 맞아 땅에 파묻히자 그 친구를 찾아내려고 1미터 깊이나 흙을 파내면서 날카로운 비명과 소리를 질러댔다. 옆에는 이를 도와주는 코끼리도 2마리 있었다. 인간처럼 코끼리도 자기가 아는 개체의 죽음을 슬퍼하는 것으로 유명하다.

동물에게서 사회적 행동의 일종인 호혜성을 엿볼 수 있는 유명한 사례도 있다. 남의 고통에 공감하는 능력이 호혜성의 바탕임을 보여주는 예이기도 한데, 바로 흡혈박쥐의 피 나눠주기다. 흡혈박쥐는 매일 밤 보금자리를 떠나 피를 찾아 돌아다닌다. 보통은 가축에게서 피를 빨아먹고 돌아온다. 아무것도 못 먹고 그냥 돌아오는 경우도 있는데 이는 대단히 위험하다. 흡혈박쥐는 거의 매일 밤마다 피를 빨아먹어야 생존할 수 있기 때문이다. 피를 가득 먹고 온 흡혈박쥐는 굶주린 흡혈박쥐에게 자신이 구해온 것을 일부 나눠준다. 그런데 이때 가장 선뜻 피를 나눠주는 대상은 전에 자기에게 피를 나눠줬던 상대라는 사실이 발견되었다. 이는 호혜성 원칙이 존재함을 뜻하는 것이다. 그러려면 과거에 일어났던 사건을 기억할 수 있는 지능이 필요함은 물론이다.

사회적 본능 · 감정의 과학적 근거

최근에는 인간뿐 아니라 동물의 공감, 감정이입 능력이 과학적으로 입증되기 시작했다. 모든 네발 달린 척추동물(양서류, 파충류, 조류, 포유류)의 두뇌를 해부해보면 전체적 구성이나 세부적인 모습 면에서 유사성이 높다. 이들은 공통적으로 관심, 기억, 감정, 동기, 자발적 행동, 행동의 평가에 필요한 구조를 갖고 있다. 인간의 뇌가 특별하다는 것은, 해부학적으로나 다른 여러 면에서 다른 동물에 비해 완전히 새롭다기보다는 단지 성능이 더 뛰어남을 의미한다.

예를 들어, 원래 인간과 유인원에게만 존재한다고 여겨졌던 방추세포라는 것이 있다. 이 부위는 다른 동물이 고통을 받고 있는지 여부, 혹은 어떤 경험이 즐겁고 불쾌한지 등 신속한 감정적 판단에 중요한 곳으로서 신속한 본능적 반응뿐 아니라 사회조직, 공감, 타인의 느낌에 대한 직관을 담당한다. 그런데 최근에는 혹등고래, 지느러미고래, 범고래, 정자고래의 뇌 속에서도 이런 세포가 발견되었다. 인간의 방추세포와 똑같은 부위에 있었다. 고래의 방추세포의 경우, 알고 보니 인간보다 3배나 더 많았다. 에모리Emory 대학교의 고래류 전문가인 로리 마리노Lori Marino는 고래의 방추세포의 중요성과 관련해 이렇게 말한다. "이것은 인지 능력, 행동, 사회 생태에 있어서 고래와 영장류 간의 유사성이 있다는 증거들과 맞닿아 있다."[31]

인간을 비롯한 모든 포유동물은 감정 경험에 중요한 변연계의 신경해부학적 구조와 신경화학적 경로도 공유하고 있는 것으로 나타났다. 또한 해마는 감정 처리에 중요한 뇌 조직인데, 코끼리에게도 커다란 해마가 있는 것이 확인되었다.

1990년대에 우연히 발견된 거울신경세포 역시 인간과 동물 사이의 연속성을 뒷받침한다. 거울세포란 무엇이고 어떻게 발견된 것인지를 설명해주는 내용으로, 2006년 《뉴욕 타임즈New York Times 》에 실린 글의 일부를 간추리면 다음과 같다.

이탈리아의 어느 무더운 여름날, 연구진이 점심 식사를 마치고 실험실로 돌아왔다. 그곳에서는 여느 때처럼 원숭이들이 뇌에 가느다란 선들이 연결된 상태로 기다리고 있었다. 원숭이의 뇌 부위 가운데 신체 움직임을 계획하고 수행하는 부분을 연구하기 위한 장치였다. 원숭이가 물건을 잡고 옮길 때 뇌의 특정 영역의 세포들이 커지게 되면 모니터에

---

31 Marc Bekoff & Jessica Pierce, *Wild Justice* (Chicago: University Of Chicago Press, 2009), p.29.

서 그 사실을 알리는 삐삐삐 소리가 나도록 되어 있었다. 대학원생 한 명이 손에 들고 있던 아이스크림을 입으로 가져갔다. 그 순간 모니터가 삐삐삐 소리를 냈다. 이상한 건 그 순간 원숭이는 전혀 움직임이 없던 상태였다는 사실이다. 원숭이는 단지 그 대학원생을 바라보기만 하고 있었을 뿐인데 소리가 울리다니! 그 후 이 연구진은 땅콩, 바나나 등 여러 물체를 가지고 똑 같은 현상이 벌어지는 것을 확인했다. 그것이 거울신경세포를 발견한 결정적 계기였다.[32]

당시 연구진을 이끌었던 리졸라티Giacomo Rizzolatti, 1937- 박사의 설명에 따르면, 원숭이의 뇌에는 어떤 동작을 보거나 듣기만 해도 본인이 그런 동작을 취할 때와 똑같이 활성화되는 특정 세포들이 있는데 그게 바로 거울신경세포인 것이다. 거울신경세포는 타인의 마음을 개념적 추론이 아닌 직접적인 시뮬레이션을 통해, 그러니까 생각이 아닌 느낌으로 이해하게 만든다.

인간의 경우 뇌 전체에 거울신경세포의 특성을 가진 세포들이 분포해 있는 것으로 밝혀졌다. 원숭이, 원인, 코끼리, 돌고래, 개 등의 동물들이 초보적 거울신경세포를 갖고 있다면, 인간은 훨씬 더 복잡한 거울신경세포를 갖고 있다. 이 세포는 인간의 뛰어난 두뇌를 이해하는 데 아주 중요한 열쇠를 제공한다. 예를 들어, 대단히 사회적 존재인 인간은 타인의 행동, 의도, 감정을 얼마나 잘 이해하느냐 여부에 따라 자신의 생존 문제가 좌우된다. 그런데 거울신경세포가 타인의 동작이나 행동의 목적과 의미를

---

32 Sandra Blakeslee, "Cells That Read Minds", *New York Times* Jan. 10, 2006, http://www.nytimes.com/2006/01/10/science/10mirr.html?pagewanted=print&_r=0

이해하는 데에도 중요한 역할을 하는 것으로 분석되었다. 또한 네덜란드 호로닝언 대학교^{University of Groningen}의 크리스티안 케이서스^{Christian Keysers, 1973-} 박사의 설명에 따르면, 인간의 죄책감, 수치, 자긍심, 당혹감, 불쾌, 탐욕과 같은 사회적 감정도 뇌의 섬엽 부위에 있는 인간 고유의 거울신경세포 시스템에 기반한다.[33]

거울신경세포는 인간이 어떻게 해서 복잡한 것을 학습하고, 언어를 발달시키고, 또 그 언어를 통해 추상적 사고를 할 수 있게 되었는지를 설명해준다. UCLA의 심리학자 패트리샤 그린필드^{Patricia Greenfield, 1940-}는 우리가 거울신경세포 덕분에 문화를 직접적으로 흡수하고 또 다음 세대에 전수할 수 있다고 말한다. 문화와 생물학은 서로 별개가 아니라는 것이다.[34]

사회적 본능 · 감정과 도덕성과의 관련성

지금까지 살펴본 대로 동물의 이타주의, 호혜성, 공감, 협력 따위의 사회적 감정과 행동은 그들 사이에도 도덕성이 존재할 가능성이 있음을 가리키는 신호이다. 그러한 신호가 인간과 다른 동물들에게서 공통되게 발견된다는 사실은, 도덕성이 인간만의 전유물이 아님을 반증한다고 볼 수 있다. 특히 앞의 코끼리나 황제펭귄의 사례를 보면서 저 정도의 가족에 대한 헌신 능력과 타인에 대한 공감 능력을 가졌다면 저들과 우리의 차이는 도덕적으로 옳은 행동을 언어로 규정하고 법제화하여 조직적으로 강제할 수 있느냐 아니냐에 있지 않을까 싶다. 다시 말해, 복잡성과 수단의

---

33 Sandra Blakeslee, "Cells That Read Minds", *New York Times* Jan. 10, 2006, http://www.nytimes.com/2006/01/10/science/10mirr.html?pagewanted=print&_r=0
34 Sandra Blakeslee, "Cells That Read Minds", *New York Times*, Jan. 10, 2006, http://www.nytimes.com/2006/01/10/science/10mirr.html?pagewanted=print&_r=0

발달 정도의 문제가 아닐까 하는 것이다. 다윈도 "뚜렷한 사회적 본능을 타고난 동물이라면 어떤 동물이든 지적 힘이 발달하는 순간 인간처럼 도덕성이나 양심을 가질 수밖에 없다고 보는 것이 타당하다"고 썼다.[35]

힘의 원리

동물 사회는 인간 사회처럼 객관적인 헌법이나 법률을 정해놓고 따르지 않는다. 공생이나 협력은 개체들 간의 개별적 상호작용 속에서 자연스럽게 발생하는 것이다. 그 과정에서 비록 보이지는 않지만 물밑에서 각 개체 간에 끊임없는 흥정과 협상이 이루어진다고 가정할 수 있다.

협상·흥정의 도구— 세 가지 종류의 위협

협상·흥정이란 당사자들의 행동이 어느 균형점이나 안정 상태로 수렴할 때까지 — 잠재적으로 무한정 — 행동이나 신호를 교환해가는 작업이다. 협상·흥정에서 절대로 빠질 수 없는 요소이자 가장 일반적인 수단은 '위협'이다. 물론 '위협'은 그 뒤에 '폭력'이 있기에 가능하다. 영국의 엑시터 대학교University of Exeter 진화생물학 교수인 마이클 캔트Michael A. Cant, 1975-는 동물 집단에서 사용되는 위협의 종류를 다음과 같이 세 가지로 분류했다.[36]

첫째로, 가장 소극적인 형태의 위협은 '그냥 상호작용을 종료하고 떠나

---

35 Charles Darwin, *The Descent of Man and Selection in Relation to Sex* (London: John Murray, 1871), pp.68–69.

36 Michael A. Cant, "The role of threats in animal cooperation", *Proceedings of the Royal Society B*, August 26, 2010, DOI: 10.1098/rspb.2010.1241, http://rspb.royalsocietypublishing.org/content/278/1703/170

버리는 것'이다. 이 방법이 상대에게 위협이 되려면(단순한 협상 결렬이
아니고) 그것만으로도 상대에게 손해를 끼칠 수 있어야 함은 물론이다.
가령 해당 상호작용의 가치가 비교적 높다거나 마땅한 대안이 없을 때가
그런 경우이다. 혹은 그 때문에 그간 투자했던 매몰비용이나 기회비용을
아깝게 날리거나 이익을 지연시키게 될 때도 효과를 낼 수 있다. 그것도
아니라면, 그로 인해 상대가 부정적 평판을 얻는 경우에도 위협이 될 수
있다. 물론 내 쪽 입장에서도 상호작용을 계속하느니 차라리 다른 대안을
찾아보는 편이 더 이익이라고 여길 만해야 이런 위협을 시도할 것이다.

두 번째 형태의 위협은 '폭력적으로 공격'을 하는 것이다. 치명적이지
만 않다면 폭력적으로 공격을 한다고 해서 반드시 상호작용이 파탄 나
는 것은 아니다. 낮은 수준의 공격은 협상 과정의 일부로 받아들여질 수
도 있다. 그러나 폭력의 강도를 높인다거나 심지어 살해와 같이 '상대에
게 오랫동안 비용을 떠안기는 최후의 조치'를 취할 수 있을 경우에는 가
장 강력한 형태의 위협이 된다.

세 번째 형태의 위협은 상대방을 '추방'해버리는 것이다. 이 역시 위의
첫 번째 형태(상호작용을 종료하고 떠나는 것)와 마찬가지로 상호작용을
끝내는 행위에 해당한다. 상대가 소속 집단을 옮겨 다니기 어려운 입장이
라 추방당할 경우 무척 비싼 대가를 치러야만 한다면 위협의 위력은 커
진다.

'상호관계를 종료하고 떠나버리는' 식의 위협은 실제로 어느 한쪽이 실
행하는 순간 말 그대로 상호관계가 끝나버리므로 협상의 여지마저 사라
진다. '상대에게 오랫동안 비용을 떠안기는 최후의 조치' 역시 마찬가지
다. 그런 점에서 위협은 잠재적 위협 상태로 존재할 때 오히려 더 큰 진가
를 발휘한다. 그러한 조치가 가능하다는 사실만으로도 중요한 협상 도구

가 될 수 있다. 가령 서로의 이기적 행위를 제한해줌으로써 협력적 관계를 지속시키게 해주는 효과가 있다. 다시 말해, 이 상호작용을 깨는 게 차라리 더 낫겠다고 여기기 전까지는 이기적 행위를 자제시키고, 될 수 있으면 잠재적으로 이익이 되는 관계를 유지하도록 만든다.

마지막으로, 흥정이나 위협이 효과를 발휘하려면 몇 가지 조건이 더 갖춰져야 한다. 우선 양 당사자 모두 해당 조건과 결과에 대한 정보를 가지고 있어야 한다. 예를 들면 정말로 실행 가능한 위협인지 평가할 수 있어야 한다. 실행 가능성이 없는 위협은 위협이 될 수 없으니까. 아울러, 협력을 지속하는 것이 가져오는 이익 대비 협력을 종료하는 것(혹은 다른 대안)의 가치를 비교할 수 있어야 한다. 그러한 정보는 보통 개체들이 반복적으로 상호작용 하는 가운데 시행착오를 통해서 학습하게 된다.

청소부 물고기의 협상·흥정 사례

놀랍게도 어류에게도 이런 식의 학습이 가능하다. 예를 들어, 청소부 물고기라는 어류는 다른 물고기 표면의 죽은 피부나 체외기생충을 제거해주는 역할을 하며 상리공생相利共生(생물이 공생에 의해 상호 간에 이익을 얻고 있는 공생 상태. 상리작용)을 한다. 이런 방식의 상호관계가 유지된다면 청소부 물고기나 그의 고객이 되는 상대방 물고기 모두에게 이득이다. 그런데 간혹 청소부 물고기가 상대방 물고기의 점액이나 조직을 뜯어먹는 반칙을 범할 때가 있다. 실은 기생충보다는 물고기의 점액이나 조직을 더 선호하기 때문이다. 하지만 고객 물고기의 입장에서는 자신의 점액과 조직을 잃는 게 건강에 치명적이다. 그러므로 반칙이 발생하는 순간 상리공생은 깨져버린다.

고객 물고기로서는 청소부 물고기가 자신의 점액이나 조직은 탐내지 않고 기생충만 뜯어먹도록 만들 필요가 있다. 바꿔 말하면, 사기나 반칙을 하지 않도록 통제함으로써 양질의 서비스를 받아야 하는 것이다.

 과학자들은 현장 관찰 및 실험을 수행한 결과, 고객 물고기가 청소부 물고기에 대한 통제 수단으로 '처벌(청소부 물고기 쫓아내기)'이나 '파트너 교체(그 청소부 물고기를 떠나 다른 청소부 물고기에게로 서비스 갈아타기)' 따위의 행동을 한다는 것을 밝혀냈다. 그 결과 청소부 물고기가 재빨리 고객 물고기에게 좀 더 협력할 줄 알게 되는 모습도 확인했다.[37]

서열 질서

생태계는 냉혹한 약육강식의 법칙에 지배된다. 그 속에서 이기적 개체들이 협력을 전제로 구성한 게 동물 사회이다. 이와 관련해서 제일 먼저 떠오르는 질문이 있다. 동물 사회는 당연히 힘의 우열이 갈리는 개체들로 구성되어 있을 텐데 어떻게 이기적 개체들이 그러한 힘의 우열에도 불구하고 협력적 사회를 유지할 수 있을까?

 물론 앞서 동물의 사회적 협력을 가능케 하는 요인으로 미숙한 새끼에 대한 부모의 양육 과정에서 싹튼 사회적 본능·감정을 꼽은 바 있기는 하다. 하지만 문제는 이 사회적 본능·감정이라는 게 대개 혈연의 문지방을 넘어서는 순간부터 급격히 흐릿해진다는 것이다. 그 대상이 무한정한 것도 광범한 것도 아니다. 그러므로 구성원의 범위가 직계가족을 넘어설 경우, 어떻게 구성원들 간의 이기적인 경쟁과 갈등, 충돌 문제를 극복하여 집단을 통제하느냐 하는 문제가 생긴다. 사회적 동물의 경우, 이에 대한 자연스런 해답은 '서열 질서'이다. 서열 질서란 힘의 불균형에 기초한 사

---

37 Redouan Bshary & Alexandra S Grutter, "Punishment and partner switching cause cooperative behaviour in a cleaning mutualism", Biology Letters, December 22, 2005. DOI: 10.1098/rsbl.2005.0344. http://rsbl.royalsocietypublishing.org/content/1/4/396

회적 협력 질서의 일종이다.

사실 직계가족 간에도 몸의 크기, 힘의 세기, 경험, 생존 능력 등의 면에서 차이가 날 수밖에 없다. 자손에 비해 부모도 당연히 그렇지만, 동생보다 먼저 태어난 형제자매 역시도 상대적으로 덩치가 크고, 힘도 세고, 경험도 많고, 따라서 생존 능력도 더 우세할 수밖에 없다. 뿐만 아니라, 모든 사회적 동물은 — 자기복제를 하는 단세포 동물이 아닌 이상 — 누구나 무력하고 나약한 새끼 시절을 거쳐 점차적으로 독자적 생존 능력을 기르면서 어른으로 성장해나가기 마련이다. 그런 그들 사이에서 자원에 대한 통제력이나 사회적 권력의 차이가 발생하는 것은 너무나 당연하다. 비록 본능적 모성애·부성애나 형제자매 간의 유대가 어느 정도 갈등을 약화시키고 협력을 촉진하는 윤활유 역할을 하기는 하겠지만, 그럼에도 불구하고 '서열'은 자연스럽거나 어쩔 수 없는 현상이다.

혈연을 넘어선 확대 집단 내에서도 서열 질서는 일반적이다. 그 구조, 복잡성, 체계성이 더욱 다양할 뿐이다. 서열 질서는 상대적으로 지배적 지위dominance를 가진 개체가 중심이 된다. 지배적 지위를 가진 개체란 자기 밑으로 순종적인 개체를 하나 이상 가진 개체를 가리킨다. 이렇게 상대적으로 높은 사회적 지위를 차지한 개체는 아래 서열에 있는 타 개체들보다 우선적으로 자원(먹이, 번식 기회 따위)에 접근할 수 있는 권한을 누린다.

지배적 지위는 동물 개체들이 서로 마주치는 가운데 본능적으로 획득된다. 대개는 위협적인 신호를 주고받는 과정이나 싸움에서 어느 한쪽이 반복적으로 이기는 결과가 나오면서 결판이 난다. 일단 힘의 우열이 확인되고 나면 공격적인 충돌은 크게 줄어들거나 사라진다.

사실 먹이나 번식 상대와 같은 자원을 두고 싸우거나 경쟁하는 것은 값비싼 대가를 지불해야 하는 일이다. 시간, 에너지, 부상의 위험이 따른다. 하지만 서열상의 우열 관계가 확립되고 나면 이미 누가 자원에 대한 우선권을 갖고 있는지를 알게 된다. 따라서 자원 획득이나 방어를 위해 매번 치고 박고 싸우지 않게 되어 불필요한 에너지 낭비를 줄일 수 있다. 패자는 긴장을 더 이상 고조시키지 않겠다는 신호를 보내거나 슬금슬금 피하고, 지배적 지위에 오른 승자는 적당한 수준의 위협을 통해 자신의 의사를 밝히기만 하면 된다.

아울러, **서열이 정해지고 나면 안정적이고 예측 가능한 환경이 만들어지는데 이 점은 모두에게 이득이라고 할 수 있다. 치열한 생존경쟁의 틈바구니에서 서열질서는 비록 차등적으로나마 협력적 공생의 여지를 마련해준다는 점에서 집단 전체적 차원에서 나름대로 순기능을 제공할 수 있다. 바로 그 때문에 애초 사회가 구성되고 유지될 수 있는 것이기도 하다.**

그러나 불공평의 정도가 지나치게 심하여 생존에 도움이 되지 않을 경우 일부 개체가 집단에서 이탈하여 새로운 삶의 터전을 찾아 떠나는 것 또한 자연스런 현상이다.

Chapter 13

서열 질서의 한계와 문제점 –
불평등과 부정행위

첫째, 불평등 ————

서열 질서에는 한 가지 본질적 한계가 있다. 용어 자체가 암시하듯 불평등이 내재한다는 것이다. 그러한 불평등은 사회적 동물이 갖고 있는 공감, 이타성과 같은 사회적 본능·감정에도 불구하고 완전히 극복되기 어렵다. 그런 점에서, 인간 사회의 경우 적어도 이론적으로나마 모든 구성원을 평등하게 대우하고 존중해야 한다는 사회 규범이 출현한 것은 대단히 이례적인 사건에 속한다. 이에 대해서는 뒤에서 더 자세하게 논하기로 하자.

앞에서도 언급했지만, 사회라는 것은 이기적인 개체들이 협력을 전제로 모여 구성한 것이다. 협력을 위해서는 협상이나 흥정이 요구된다. 그런데 협력에 필요한 협상이란 결국 '협상력'을 갖고 있을 때에만 가능하다. 즉, 자신의 지분을 요구할 '힘'이나 '수단'을 갖고 있어야 한다. 하지만 힘의 우열이 존재할 때에는 설사 협력의 필요성이 존재하더라도 대등한 협력이 되기란 쉽지 않다. 일방적으로 울며 겨자 먹기로 불공정한 거래를 받아들여야 할 경우, 그것은 협상이라기보다는 불공정 거래나 착취에 가까워진다. 결국 '서열 질서'란 힘의 불균형 하에서 불공정한 형태로 협력적 관계를 지속시키는 사회 질서라고 할 수 있다.

예를 들어보자. 한 연구 결과를 보면 어떤 물고기 사회의 경우 집단 구성원들이 몸 크기에 따라 서열이 정해져 있었다. 가장 큰 놈이 번식 물고기였고, 나머지는 비번식 물고기였다. 그런데 하위 서열 물고기들이 전략적으로 자신의 성장률을 조절하여 바로 위의 서열보다 더 작은 크기를 유지한다는 사실을 발견했다. 대체 무슨 이유로 그랬을까?

과학자들이 알아낸 바는 다음과 같다. 두 물고기의 몸 크기의 차이가 자연 집단 내에서 관찰되는 최소의 차이보다 더 적을 경우, 상위 서열 물고기는 하위 서열 물고기의 몸집이 더 커지기 전에 추방해버린다. 그렇지 않으면 자기가 바로 위 서열 물고기로부터 추방될 위험에 처하기 때문이다. 그래서 하위 서열 물고기는 몸집이 커져서 추방당할 위기가 다가오면 스스로 식사를 중단해버린다.[38] 미리 추방 위험을 감지하고 사태를 예방하기 위해 선제적 반응을 보이는 것이다.

왜 하위 서열 물고기는 일부러 자신의 성장을 억제하면서까지 집단에 남고자 하는 걸까? 그 이유를 가늠할 만한 단서를 미어캣에서 찾아볼 수 있는데, 미어캣은 척추동물에 속하지만 앞의 물고기처럼 집단의 구성원으로 남는 것에 높은 가치를 두는 동물 중 하나이다. 집단을 떠나 혼자 생활을 하면 포식자의 먹이가 될 가능성이 높아지기 때문이다. 미어캣의 경우, 우위 서열의 암컷이 임신을 하면 자기보다 바로 밑 서열의 암컷 미어캣 몇몇을 강제로 추방한 후 자기가 새끼를 출산하고 난 후에야 귀환을 허락한다. 그런데 추방당한 하위 서열의 미어캣을 추적해봤더니 임신한 상태에서 그런 일을 당한 경우 유산을 하고 몸무게도 줄어들었을 뿐만

38 Marian Y. L. Wong, Philip L. Munday, Peter M. Buston, & Geoffrey P. Jones, "Fasting or feasting in a fish social hierarchy", *Current Biology* Volume 18, Issue 9 ,May 6, 2008, pp.372–373, https://doi.org/10.1016/j.cub.2008.02.063

아니라 내분비학적으로 스트레스가 가중된 징후까지 보였다.[39] 한번 쫓겨났던 개체들은 집단으로 되돌아와서 다시는 추방당하지 않도록 하는 것이 생존에 치명적으로 중요하다. 그래서인지 추방당했다가 돌아온 미어캣은 심지어 임신하지도 않은 상태에서도 우두머리 암컷의 어린 새끼들에게 젖을 먹인다거나, 더 큰 새끼에게는 먹이를 물어다 준다거나, 아니면 밖에 나가 먹이를 찾는 일을 포기해가며 하루 온종일 집(굴)에 머물며 새끼를 봐주는 등 적극적으로 협력을 제공했다.[40]

이와 비슷한 현상은 시클리드Cichlid 물고기에게서도 발견된다. 이들 집단에서 물고기 한 녀석을 빼냈다가 4~6시간 뒤에 도로 집어넣으면 상위 번식 물고기로부터 공격받거나 추방을 당했다. 흥미롭게도 그동안 남아 있던 다른 물고기들은 이후 일을 더 열심히 하는 모습을 보였다.[41] 요컨대 **서열 질서에 내재하는 불평등에도 불구하고 애초 그것이 가능하게 되는 이유 중의 하나는 위협이 먹히는 이유와 일맥상통한다. 소속 집단을 마음대로 옮겨 다니기 어려운 앞의 물고기 사례에서 봤듯이, 강자가 약자에게 이를테면 '추방하겠다'와 같은 협박을 가한다. 약자는 추방을 당하면 너무나 비싼 대가를 지불해야 한다. 따라서 집단에 남기 위해 서열 질서에 맞춰 스스로 성장을 자제하거나 강자에게 더욱더 협력한다. 그럼으로써 비록 불공정한 형태로나마 사회가 제공하는 이득을 얻고자 한다. 결국 실제로 추방되는 물고기가 별로 없이 추방의 위협이 잘 먹힌다. 위협이 하**

39 R. Hager, C. B. Jones, & A. J. Young, *The causes of physiological suppression in vertebrate societies: a synthesis. In Reproductive skew in vertebrates; proximate and ultimate causes* (New York: Cambridge University Press, 2009), pp. 397–436.

40 Mark Kinver, "Meerkats 'pay rent' to dominant female to stay in group", http://www.bbc.com/news/science-environment-24479274

41 Sigal Balshine-Earn, Franics C. Neat, Hannah Reid, & Michael Taborsky, "Paying to stay or paying to breed? Field evidence for direct benefits of helping behavior in a cooperatively breeding fish", *Behavioral Ecology* Volume 9, Issue 5, January 1998, pp.432–438, https://doi.org/10.1093/beheco/9.5.432

위 구성원들의 자제와 협력을 이끌어내는 강력한 수단으로 작동하고, 그로 인해 불공정한 서열 질서가 확립되는 것이다.

자연의 생태계가 먹이사슬로 구성된 거대한 피라미드라면, 물고기나 미어캣 집단은 그 거대한 피라미드 속에 있는 또 하나의 작은 피라미드인 셈이다. 집단 내에 권력의 위계가 존재한다는 점에서 말이다. 집단의 일원이 된다는 것은 서열 질서라는 불평등 원리를 감수해야 하는 일이지만 어쨌거나 그 속에는 협력적인 공생의 여지가 존재한다.

이렇게 사회적 동물 사회에서의 질서란, 물론 정도의 차이는 있겠지만 대개 이런 식의 '불평등한 형태의 협력적 질서'일 수밖에 없다. 그렇기 때문에 불평등은 늘 협력의 이면에 도사리고 있는 갈등 요인으로 남는다.

둘째, 부정행위 ─────────────

사회는 이기적 개체들이 협력을 전제로 모여 형성한 공동체다. 생존 경쟁에 대응하기 위한 집단적 차원의 전략이다. 그렇더라도 다수 간의 협력이란 그리 간단한 문제가 아니다. 진사회성 동물의 경우, 독립적 번식 능력이나 그 밖의 생존 능력을 상실한 불완전한 개체로서 분업을 통해 완전한 초개체를 구성한다. 이와는 달리 사회적 동물의 경우, 각 개체는 환경 조건만 갖춰진다면 언제든 집단에서 이탈해 생존할 수 있는 독립성을 갖고 있는 존재다. 이들은 사회 속에서 서로 도움을 받기도 하지만 이해관계의 충돌을 겪기도 한다. 사회적 동물의 사회에는 이기적 경쟁과 협력이 혼재할 수밖에 없다. 그 과정에 사회가 제공하는 이익 대비 비용이 마치 환율처럼 수시로 오르락내리락 하게 된다. 그러므로 경쟁으로 인해 끊이지 않는 내부적 갈등을 어떻게 극복하고, 어떻게 협력을 촉진시킬 것이냐

하는 문제를 피할 수 없다.

문제의 발단은 애초 사회를 구성한 구성원들이 이기성을 가진 존재라는 데 있다. 그러면 이기성을 완전히 없애는 게 가능할까? 우리는 흔히 이기성을 다른 사람은 생각하지 않고 자신의 이익만 내세우는 부정적 개념으로 여긴다. 하지만 사실 **이기성은 생물의 본질적 특성이다. 그것은 생물에게는 없어서는 안 될 필수 요소로서 스스로 생존을 유지해나가게끔 내장된 핵심적인 생명 작동 원리이다. 덕분에 생물은 자동적으로 자신의 생존과 번식에 필요한 안락범위와 기대를 충족시키려 애쓰게 된다.** 그게 바로 무생물과의 결정적 차이점이기도 하다. 이기성을 바탕으로 하지 않은 생물은 생물로서 존립할 수 없다. 각 구성원들의 이러한 이기성에도 불구하고 사회가 유지되는 이유는 그 구성원들이 이기성을 어느 정도 양보하거나 억제하는 대신 협력을 통해 생존상의 여러 이점을 얻을 수 있기 때문이다. 물론 그렇다고 해서 그들이 자신의 이기성을 완전히 포기하는 것은 아니다. 생존에 필요한 최소한의 이기성을 충족시킬 수 없다면 앞서 나온 상위서열의 '위협'도 먹히지 않을 것이다. 다시 강조하지만, 생물의 세계는 오직 '살아남은 자들'에게만 입장이 허용되는 게임장이다. 무엇이든 진화적 차원에서 이기성을 충족시키는 데 기여하지 못하는 것은 결국 자연선택에서 배제될 터이므로 도태되어 애초 게임에 낄 수조차 없다.

여기에서부터 또 다른 문제들이 싹튼다. 그중 하나는 서열 질서 자체에 불공평이 내재하는 만큼 늘 서열에 대한 새로운 도전과 서열싸움의 가능성이 상존한다는 것이고, 다른 하나는 어떻게든 사회적 협력의 이득을 자신에게 좀 더 유리하게 끌어오려는 다양한 전략, 이를테면 속임수, 사기, 반칙, 착취, 배반과 같은 전략에 필요한 기술이 발달한다는 것이다. 때때로 그러한 전략이 성공하여 처벌받지 않고 넘어갈 수도 있겠지만, 사회적 협력 차원에서 보면 이는 일종의 '부정행위'이다.

지능이 허락하는 한 사회적 동물의 개체들 대부분에게 그러한 부정행위에 대한 유혹이 잠재적으로 존재하겠지만, 특히 상대적으로 낮은 서열의 약자들은 불공평한 서열 질서 하에서 자신이 억울하게 감수해야 하는 불이익을 최소화시키거나 우회하기 위한 수단으로 부정행위에 관심을 갖는 것은 자연스러운 현상이다. 그러므로 비록 서열 질서 하에서나마 사회적 협력이 원활하게 유지되도록 하려면 우두머리는 이러한 부정행위의 확산을 방지하고 최소한으로 억제할 필요가 있다.

여기에서 한 가지 간과하지 말아야 할 점은, 좀 더 거시적으로 보면 서열 질서 그 자체가 약자들을 대상으로 강자가 저지르는 부정행위의 일종일 수 있다는 것이다. 그것을 부정행위라고 규정할 만한 규범이 성립할수 있다면 말이다. 하지만 약육강식의 먹이사슬에 의해 절대적 지배를 받는 동물 세계에 그러한 규범은 성립 불가능하다.

문제의 근원은 동물 사회에 존재하는 서열 질서가 이기성 자체를 '근절' 혹은 완전히 '극복'시키는 게 아니라는 사실에 있다. 그렇다. 서열 질서는 단지 이기성의 충돌을 '억제'시킬 뿐이다!

그렇다면 일단 서열 질서에 따라 사회를 구성하고 난 후 사회를 안정적으로 유지하는 그 밖의 방법들로는 뭐가 있을까? 기본적으로는, 사회적 동물에 속한 개체들의 경우 생물학적 차원에서도 선천적으로 사회적 본능·감정을 타고나거니와 후천적으로도 양육이나 상호작용을 통해 더 많은 사회화가 뒤따른다. 그 다음으로, 부정행위의 확산을 방지하거나 최소한으로 억제함으로써 협력을 증진시키기 위한 해법으로 '교육'과 '처벌'이 존재한다.

교육

인간 이외의 사회적 동물 세계에서도 부모의 양육 과정에서 어느 정도나마 교육이 진행된다. 야생 동물에 관한 다큐멘터리 TV 프로그램에서는 어린 새끼들이 장난치는 장면이 자주 목격된다. 앳되고 어수룩한 표정과 어설픈 몸짓으로 몸싸움하듯 함께 뒹굴기도 하고, 마치 인간 유아들이 그렇듯 어른 동물들의 행동을 흉내 내는 것을 놀이로 삼는다.

인간 어린이들에게 놀이란 '즐거움을 느끼기 위해 자발적으로 참여하는 활동'이다. 그렇지만 놀이는 사회성을 기르는 중요한 교육 수단이기도 하다. 정해진 놀이규칙을 이해하고 준수하는 과정에서 자연스럽게 수많은 협상과 타협이 이루어질 뿐 아니라 자발적인 협력, 신뢰, 공정성 등도 길러진다.

학자들의 연구 결과, 사회적 동물들 사이에서의 놀이도 이와 다르지 않다는 것이 밝혀졌다. 미국의 진화생물학자 마크 베코프Marc Bekoff, 1945- 와 그의 연구진은 수년간 끈질기게 비디오들을 분석한 끝에 동물들 역시 놀이가 괜한 싸움으로 번지는 것을 막기 위해 다음과 같은 규칙을 신중히 따른다는 사실을 발견했다.[42]

첫째, 놀이를 시작하기 전에 "같이 놀자"고 청하는 의사 표현을 분명하게 한다. 놀이를 할 때에는 다른 동물들의 놀이에서처럼 물어뜯기, 세게 밀쳐내기, 올라타기 따위의 동작을 취하는데 자칫 진짜로 공격이나 짝짓기 시도를 하려는 것으로 오해될 위험이 있다. 따라서 놀이를 처음 시작할 때부터 '이것은 놀이'임을 알리는 동작을 먼저 취하는 것이다. 예를 들

---

42 Marc Bekoff & Jessica Pierce, "The Ethical Dog", March 1, 2010, http://www.scientificamerican.com/article/the-ethical-dog

면 앞다리는 숙이고 엉덩이는 들어 올린 상태에서 멍멍 짖고 꼬리를 흔드는 행위가 그것이다. 이후에도 고개 숙이기 동작이 반복된다면 아직 놀이가 끝나지 않은 것이다.

둘째, 매너를 지킨다. 동물들도 상대의 능력을 고려해 봐준다거나, 우월한 지위에 있는 구성원이 지위가 낮은 구성원의 역할을 맡아 일부러 져줌으로써 지위가 낮은 구성원도 승리의 경험을 맛볼 수 있게 한다. 이런 식으로 모든 구성원이 어울려 노는 가운데 집단의 유대가 강화된다.

셋째, 잘못을 인정한다. 동물들도 때로는 장난이 너무 과해 상대를 아프게 하는 경우가 있는데 그럴 때는 인간과 마찬가지로 고개를 숙이는 동작으로 사과 의사를 표시한다. 그러면 거의 항상 용서가 뒤따른다.

넷째, 정직하게 임한다. 계속해서 놀이에 불공정하게 임하거나 부정직한 신호를 보내는 개체는 이내 왕따를 당한다. 베코프가 현장 조사를 장기간 실시한 결과, 놀이에서 공정치 못한 행동을 자주 저지른 청년 코요테는 결국 무리를 떠나고 말았다. 베코프의 연구진은 어떤 이유로든 코요테가 무리를 떠나 홀로 떠돌게 되면 사망 가능성이 최고 4배나 더 높아진다는 것을 밝혀냈다.

베코프는 "캐니드Canid(갯과동물)도 인간처럼 복잡한 사회관계망을 형성하고, 안정된 사회를 유지시키는 행동 규칙을 따라 살아간다. 안정된 사회는 각 개체의 생존을 보장하는 데 필수적이다"라고 설명한다. 그는 이것을 도덕적 지능이라고 봤다.

처벌

앞서 말했듯이 협상에는 세 가지 유형의 위협, 즉 상호작용을 종료하고 떠나버리기, 폭력적으로 공격하기, 추방하기 전부 처벌 수단이 될 수 있다. 하지만 상호작용 종료하기와 같이 극단적인 조치가 취해지는 경우는 비교적 드물다. 그러한 조치가 가능하다는 사실만으로도 충분히 숨은 위협이 되기 때문이다. 집단 내에 서열 질서가 확립되어 있는 경우라면 더더욱 그렇다. 마이클 캔트의 말대로 "일반적으로 안정적 서열이 구성되었다는 것은, 아래 서열의 도전을 예방해주는 효과적인 협박(공격이나 추방)이 존재함을 의미한다. 서열은 갈등이라고 하는 사회적 비용을 감소시켜준다"[43]

그런데 이 3가지 위협은 결국 협상력이 대등하거나 우위에 있는 강자만이 구사가 가능한 것이다. 그리고 안정적 서열 질서 하에서 가장 일반적인 처벌 수단은 폭력적으로 공격하기이기 마련이다.

웹스터Webster 사전에서는 폭력을 "누군가에게 해를 끼치기 위해 가하는 물리적 힘"으로 정의한다. 세계보건기구WHO, World Health Organization는 "누군가에게 실제로든 단지 위협으로든 고의적으로 물리적 힘이나 권력을 사용하여 상대에게 부상, 죽음, 정신적 피해, 발육불량, 결핍 등을 초래하는 것"이라고 규정했다. 이는 인간 사회 내에서 합의된 아주 복잡한 개념이다. 오직 생물학적으로만 본다면, 폭력이란 그 이유와 방법을 막론하고 'A가 B에게 고통을 느끼게 하는 행위'라고 할 수 있다.

폭력이 처벌의 한 수단이 될 수 있는 근본적 이유는 무엇인가? 커뮤니케이션이란 상호 간에 인식 가능한 신호를 주고받을 때 가능한데, 생물의 가장 기본적인 인식법 중 하나가 고통을 느끼는 것이기 때문이다.

그런데 생물에게 신호를 인식하는 주요 수단은 감각수용체感覺受用體(각

---

43 Michael A. Cant, "The role of threats in animal cooperation", August 26, 2010. DOI: 10.1098/rspb.2010.1241

종 물질 또는 신호를 받아들이는 부위 또는 물질)와 뇌이다. 여기서 인식이라 함은 다음 같은 과정을 의미한다. (1) 뇌가 감각수용체에서 전달된 정보를 자신의 생물학적 안락범위나 기대치라는 기준(선험적인 생물학적인 지식)과 비교해보고, (2) 그 정보가 긍정적인지 부정적인지(즉, 안전을 가리키는지, 위협을 가리키는지)를 판정한다. (3) 그 결과에 따라 해당 정보를 최종적으로 만족과 고통이라는 형태의 신호로 전환한다.

결국 폭력이 처벌로서 효과를 발휘하는 근거는, 피해를 받은 생물이 자신의 감각 시스템을 통해 폭력을 고통으로 느끼고 인식하기 때문이다. 뿐만 아니라 고통은 피하고 즐거움은 계속 유지하려는 행동 원리를 가졌기 때문이다.

이때 처벌이라는 용어는 누가 언제 사용하느냐에 따라 아주 다양한 의미를 나타낸다. 예를 들면, 학습이론가들은 조작적 처벌이라는 표현을 사용하는데, 그것은 어떤 행동이 발생하는 빈도를 줄여주는 모든 자극(혹은 자극의 박탈)을 가리킨다. 생물학에서 말하는 처벌의 정의는 또 다르다. 다른 개체에게 비싼 대가를 치르도록 만듦으로써 나중에 처벌자에게 이득이 돌아가도록 하는 것을 의미한다. 여기서 이득이라 함은 적응도에 긍정적인 영향을 미치는 요소를 가리킨다. 이때 처벌자가 처벌 행위로 인해 이득을 얻는다는 점이 중요하다. 처벌자의 미래에 적응도상의 이득을 가져다주지 않았다면 처벌은 진화적으로 살아남지 못했을 것이다.

오늘날 인간은 폭력과 처벌을 서로 다른 개념으로 구별하지만(그럼에도 불구하고 폭력과 처벌의 구분이 항상 명확한 것만은 아니다), 생물학적으로 보면 폭력, 처벌, 보복을 구별하기는 대단히 어렵다. 이것들은 동일한 행위를 지시하는 3가지 다른 용어로, 그 행위가 벌어진 사회적 맥락에 따라 인간에 의해 달리 해석된 것이다.

폭력이 이기적 목적으로 상대에게 고통을 주는 행위라면, 처벌은 범죄 행위에 대해 징벌을 가할 목적으로 고통을 주는 것이다. 범죄의 내용은 구성원들이 '공동체의 유익'을 위해 합의한 부정행위로 구성된다. 다만 구성원들 간에 힘의 불균형이 존재한다면 무엇이 부정행위인지에 대한 '합의'라는 전제는 성립되지 않는다. 단지 강요되거나 수용될 뿐이다.

이런 논란은 인간 이외의 동물에게는 적용하기 어렵다. 폭력과 처벌, 보복의 개념을 명확히 분별하는 일은 인간에게나 가능하니까. 그런데 인간 사회에서도 폭력이 처벌의 한 수단으로서 정당성을 인정받으려면 그것을 행사하는 목적과 방식, 정도 등에 관한 복잡하고 상세한 고려와 사회적 합의가 선행되어야 하지만, 앞에서도 말했듯이 인간에게조차 그러한 구별이 항상 명확한 것도, 그러한 합의가 항상 가능한 것도 아니다.

뿐만 아니라, 그 모든 것을 무의미하게 만드는 조건이 있다. 그게 폭력이 되었든 처벌이 되었든 보복이 되었든 어차피 약자는 강자에게, 혹은 하위 서열은 상위 서열에게 그중 어느 것도 행사하기가 어렵다는 사실이다.

따라서 우리는 한 가지 결론에 도달할 수 있다. **앞서 사회적 동물 사회는 질서를 유지하기 위해 속임수, 사기, 반칙, 착취의 확산을 막아야 하는 과제를 떠안았다고 설명한 바 있는데, 힘센 놈이 약한 놈을 대상으로 속임수, 사기, 반칙, 부정행위를 억제하기는 쉬우나, 약한 놈이 힘센 놈의 '착취', '불공평' 등을 억제하기는 쉽지 않다는 것이다. 만약 사회를 평등한 관계 하의 개체들 간의 호혜적이고 공정한 협력이라는 관점에서 본다면, 힘센 놈의 착취나 불공평도 부정행위임에 틀림없지만 서열 질서 하에서는 어쩔 수 없이 그러한 착취와 불공평이 구조적으로 내재할 수밖에 없다.**

힘이 약한 아래 서열이 힘센 위 서열에 대해 처벌하는 게 전혀 불가능하다는 얘기는 아니다. 간혹 아래 서열이 위 서열을 처벌할 때도 있기는 하다. 다만 위 서열의 힘이 약해져 제대로 보복을 할 수 없을 때를 노려야만 한다. 혹은 위 서열의 싸움 실력이 여전한지 떠볼 요량으로 아래 서열이 위 서열에게 덤비는 경우도 간혹 있을 수 있다. 만약 위 서열의 실력이 예전 같지 않다면 관계가 역전될 수도 있을 것이다. 하지만 잘못 덤볐다간 위 서열로부터의 공격당하는 일만 자초하게 될 것이다. 인간 사회의 경우에도 프랑스 혁명, 러시아 혁명, 그 외의 많은 쿠데타는 우두머리 서열에 해당하는 지배층의 힘이 쇠락했을 때 시도되었다.

결국 서열 질서의 기본 원리는 '힘의 우위에 있는 강자가, 나머지 구성원들이 자기 뜻대로 움직이지 않을 때 공격적으로 반응하는 것'이다. 그것이 일부 처벌로서의 효과와 함께 협력을 강제하는 구심력을 제공하는 것도 사실이다(아마도 그 때문에 애초부터 사회가 유지되었을 것이다). 하지만 처벌은 상위 서열의 전유물이나 다름없으며, 처벌과 폭력 간의 구별도 쉽지 않다는 점에서 서열 질서에는 필연적으로 불평등이라는 갈등 요소가 구조적으로 내재한다.

동물 사회에서 위 서열이 아래 서열에게 처벌이나 폭력을 행사하는 상황은 다양하다. 예를 들면 히말라야 원숭이의 경우, 아래 서열이 맛있는 먹이 자원을 발견한 후 위 서열에게 알리지 않으면 제대로 알린 개체에 비해 공격의 표적이 될 가능성이 높은 것으로 나타났다.[44,45] 말馬의 경우, 집단에서 위 서열이 보는 앞에서 아래 서열만 따로 떼어내어 먹이를 주

44 Marc D. Hauser, "Costs of deception: cheaters are punished in rhesus monkeys(Macaca mulatta)", *PNAS U.S.A.* Vol. 89 (24), 12137–12139 (1992), https://doi.org/10.1073/pnas.89.24.12137 as cited in T. H. Clutton-Brock & G. A. Parker, "Punishment in animal societies", *Nature* 373, pp.209–216, http://altruism.i3ci.hampshire.edu/files/2009/10/punishment-in-animal-societies.pdf
45 Marc D. Hauser & Peter Marler, "Food-associated calls in rhesus macaques (Macaca mulatta): II. Costs and benefits of call production and suppression", *Behavioral Ecology*, 4, 206–212 (1993), https://doi.org/10.1093/beheco/4.3.206 as cited in T. H. Clutton-Brock & G. A. Parker, "Punishment in animal societies", http://altruism.i3ci.hampshire.edu/files/2009/10/punishment-in-animal-societies.pdf

고 난 다음 다시 집단으로 돌려보냈더니 위 서열로부터 공격을 받았다. 아래 서열이 자기보다 우선적으로 먹이 자원에 접근할 수 있었다는 사실이 공격 이유였던 것이다.[46]

인간 사회와 마찬가지로 동물 사회에서도 암컷은 상대적으로 쉬운 표적이 되기 일쑤다. 수컷으로 인해 일방적으로 막대한 비용을 감당해야 하는 경우가 많다. 예를 들면, 발정 휴지기의 암컷 아누비스개코 원숭이는 일 년에 한 번 정도씩 수컷으로 인해 심각한 부상을 입는다.[47] 일반적으로 암컷은 수컷으로 인해 낙태에서부터 번식 능력 상실, 심각한 부상, 사망에 이르는 비용 청구서를 받아들게 된다.[48,49] 수컷이 암컷을 공격하는 이유는 짝짓기를 거부한다든지, 혹은 고분고분하게 순종하지 않는다든지 등 다양하다.

사회적 동물 집단의 경우, 위 서열의 폭력이나 처벌을 빼놓고는 협력을 논하기 어렵다. 가령 집단 구성원들이 평등하게 처벌 행위와 그로 인한 이득을 공유한다고 가정해보자. 그렇게 되면 협력은 하되 처벌에는 나서지 않는 개체가 유리해진다. 왜 그럴까? 우선 처벌이란 보복의 위험을 불사해야 하는 일이다. 그런데 처벌과 그로 인한 이득을 다 같이 공유한다? 그렇다면 이득은 집단적으로 보는데 비용은 개인적으로 지불한다는 얘기가 된다. 보복이 두려운 아래 서열로서는 그러한 모험을 감행할 엄두를 내기가 어려울 수밖에 없다. 그런 상황 하에서는 만일 처벌 행위에 함께 하지 않고도 협력의 이익을 함께 누릴 수만 있다면 처벌 대열에 낄 이유

---

46 T. H. Clutton-Brock & G. A. Parker, "Punishment in animal societies", http://altruism.i3ci.hampshire. edu/files/2009/10/punishment-in-animal-societies.pdf
47 앞의 글.
48 앞의 글.
49 앞의 글.

가 없을 것이다.

따라서 현실적으로는 지배적 서열에 있는 동물이 비협조적인 구성원을 처벌할 가능성이 더 높고, 그만큼 나중에 이익을 더 챙겨가는 게 일반적이다. 그 결과는 이른바 번식 성공률로 확인된다. 거듭 말하지만, 어쨌거나 그 과정에 처벌이 어느 정도 사회적 협력을 촉진하거나 유지시키는 효과를 발휘하는 것은 사실이지만 말이다.

Chapter 14

인간 사회의 고유한 특성과
사회적 문제 해결책

인간 또한 지금까지 서술한 사회적 동물의 서열 질서뿐 아니라 여러 사회적 문제를 공유하는 것으로 보인다. 물론 모든 게 엄청나게 더 복잡하다는 차이는 있지만.

인간의 경우, 집단적 서열 질서는 대규모 피라미드 질서로 확대되었다. 피라미드 질서 덕분에 인간은 지구상에 다른 어떤 종보다도 대규모 사회를 유지하며 오랫동안 번성해왔다. 그런데 인간은 어떻게 자연 상태에서는 일정한 규모 이상으로 커지기 어려운 서열 질서를 대규모 피라미드 질서로 확대할 수 있었을까? 그 비결 중 하나로 사회 질서를 해치는 행위에 대한 보다 다양한 형태의 처벌의 진화를 꼽을 수 있다. 처벌의 형태를 분류하는 한 방식은 처벌자가 누구냐에 따라 1인칭, 2인칭, 3인칭 처벌로 나누는 것이다.

2인칭 처벌 ───────

대부분의 동물에게 가장 일반적인 처벌 형태는 '2인칭 처벌', 즉 당사자 간에 직접 이루어지는 처벌이다. 보통은 피해자가 가해자에게 직접 가하는 보복이다. 보복이란 나에게 해를 끼친 상대에게 다시 해를 끼침으로써 피해를 되갚아주는 행위를 말한다. 인간 사이에서도 2인칭 처벌은 가장 일반적인 처벌이다.

경쟁관계에 있는 모든 생물 개체는 이종·동종을 막론하고 가해자와 피해자가 될 수 있다. 또한 거의 모든 생물은 자신을 보호하기 위해 가해자에게 보복이나 공격을 할 수 있는 나름대로의 수단을 갖고 있다. 그것은 포퍼 식으로 말하면 선조들이 축적해놓은 생물학적 지식을 DNA를 통해 물려받은 것이다. **보복은 본능적인 생존 기제이다. 왜 그런지는 이렇게 상상해보면 쉽게 이해가 갈 것이다. "만약 생물에게 보복할 능력이 없다면 어떻게 될까?" 동물 세계에 보복 없는 자기방어가 존재할 수 있을까? 어불성설이다. 만일 보복은 하지 않고 방어만 하는 동물이 있다면 그 동물은 자연선택에서 절대적으로 불리할 수밖에 없다.** 슈퍼맨급의 초능력을 갖지 않은 이상 현실 속 동물에게 방어 일변도의 전략은 지속 가능한 것이 못 된다. 어떤 방식으로든 보복 수단을 갖고 있지 않은 동물은 멸종을 면키 어렵다.

가장 일반적인 보복 시스템 중의 하나로 '면역 반응'이 있다. 백혈구가 세균이나 바이러스를 공격하는 것도 일종의 보복이자 처벌이라 할 수 있다. 같은 맥락에서, 장미의 경우 장미를 간식거리로 생각하는 동물의 주둥이와 혀를 아프게 찌르는 가시도 보복 기제이다. 이럴 때 장미의 가시는 이렇게 선포하는 거나 다름없다. "나를 건드리지 않는 게 좋아. 내가 순순히 당하고만 있지는 않을 테니까. 뜨거운 맛 좀 볼 각오를 해야 할 걸." 동물은 근육이나 신체 기관을 이용해 달려들고 치고받고 깨물고 할퀴고 조이는 등 보다 동작이 큰 형태의 공격을 통해 자기방어와 보복을 한다.

결국 거시적으로 생태계 피라미드의 맨 밑의 식물에서부터 초식동물을 거쳐 포식동물로 올라가는 단계를 바라보면 **모든 생물은 '위협하거나 해를 끼치면 보복하는 존재'라 할 수 있으며, 이 점에 관한 한 식물과 동물의 가장 큰 차이**

는 보복–처벌–공격에 사용되는 운동성의 정도가 다르다는 것이다.

이렇게 볼 때 자연의 관점에서 정의의 가장 기본적 형태는 해를 끼친 상대에게 해를 끼치는 보복일지 모른다. 기원전 1700년경 "눈에는 눈, 이에는 이"를 명령한 함무라비^{Hammurabi} 법전대로 말이다. '눈에는 눈, 이에는 이' 식의 앙갚음이 의미하는 메시지는 이런 것이다. "누가 내 눈을 찌른다면 그에 상응하는 비용을 지불할 각오를 해야 할걸. 내가 신속하고도 단호하게 그 놈과 똑같이 눈을 찌르는 식으로 보복할 테니까. 그러니까 다음번에 또 누군가의 눈을 찌르고 싶거든 나 말고 다른 사람을 고르는 편이 나을 거야. 외눈박이가 되었다고 날 손쉬운 목표로 여겼다간 큰 코 다칠 테니까."[50] 듣고 보니 앞의 장미의 가시가 던지는 메시지와 크게 다르지 않다.

인간 사회의 경우 구성원의 수가 훨씬 더 많은 만큼, 2인칭 처벌이 야기하는 문제도 늘어나게 마련이다. 인간 간의 2인칭 처벌에는 두 가지 단점이 있다. 첫째는 강자가 약자에게 하기 쉬우므로 불평등 거래나 착취를 초래하기 쉽다는 것이고, 둘째는 과잉 대응과 보복의 악순환을 불러오기 쉽다는 점이다. 인간의 경우에는 특히 이 두 번째 단점에 취약한 편이다. 인간의 어린 자손은 어른이 되기까지 오랜 성장기를 거치게 되므로 그 사이에 보복에 노출될 가능성이 높기 때문이다. 자손 입장에서도 부모에게 일어난 일로 인해 피해를 입기 쉬워 나중에 어른이 되고 나서 원수를 갚으려 한다면 악순환이 장기화될 우려가 있다. 거기다가 가까운 친척이나 이웃까지 휘말리게 될 경우 끝내 개인뿐만 아니라 공동체 전체가 불행에 빠져들 수 있다.

---

50 Morris B. Hoffman, *The Punisher's Brain* (New York: Cambridge University Press, 2014), p.128.

3인칭 처벌 ─────────

위와 같은 단점들로 인해 2인칭 처벌만으로는 대규모 인간 사회에서 효과적으로 협력 질서를 유지하기가 어렵다. 과학자들은 협력의 진화에 필요한 다양한 조건을 연구했다. 그 가운데에는 협력자들 간의 유전적 상호관련성, 협력자에게 직접적인 혜택이 돌아가는 상황, 상호이타성, 협력자에게 평판이라는 형태로 간접적 혜택이 돌아가는 반복적 상호작용 등이 포함된다.

인간 사회에서 가장 주목되는 부분은 '3인칭 처벌'이라는 획기적인 처벌 방식의 진화이다. 3인칭 처벌이란 당사자가 아닌 제3자가 처벌을 대행해주는 것이다. 이런 식의 처벌을 '이타적 처벌'이라고 한다. 3인칭 처벌자의 입장에서 볼 때, 누군가를 처벌하는 데 드는 에너지 소모와 위험 감수 등의 비용은 내(개인)가 부담하면서 그로 인한 이득은 타인(혹은 집단)이 보기 때문이다. 3인칭 처벌은 인간의 대규모 협력적 사회 유지에 결정적으로 기여한 요인으로 평가된다.[51]

3인칭 처벌이 뿌리내리기 위한 조건

이런 형태의 처벌은 다른 종에서는 찾아보기 어려운 것이다. 왜 그런가 하면, 어떤 위협이나 부정행위로 인해 내가 피해를 본 다음 내가 상대에게 보복을 하면 언제가 되었든 그 이득은 나에게 돌아온다. 하지만 제3자가 피해를 본 걸 가지고 내가 보복을 대행해줬을 경우 그 다음에 내가 얻을 이득이 뭐란 말인가? 내가 직접적으로 당하지 않은 위협이나 피해에

─────────

51 Martijn Egas & Arno Riedl, "The economics of altruistic punishment and the maintenance of cooperation", The Royal Society Publishing, 22 April, 2008. http://rspb.royalsocietypublishing.org/content/275/1637/871

대해 내가 개인적인 비용을 들여서 타 개체를 처벌해봤자 그 이득은 내가 아닌 타 개체가 얻는다. 그렇기 때문에 다른 종의 동물에게는 3인칭 처벌이 없거나 매우 드문 것으로 알려졌다.[52]

영장류는 어떨까? 명색이 인간과 사촌지간인데 침팬지 같은 영장류에게서도 3인칭 처벌이 혹시 존재하지 않을까? 이를 알아보기 위한 실험이 진행되었다. 2012년 키스 젠슨[Keith Jensen]을 비롯한 연구진은 제3자 입장의 침팬지에게 타 침팬지의 위반행위를 처벌할 기회가 주어졌을 때 과연 처벌에 나서는지 알아보기로 했다.[53] 이들은 어떤 '도둑' 침팬지가 '피해자' 침팬지의 먹이를 뺏는 장면을 제3의 '관찰자' 침팬지가 목격하도록 상황을 설정했다. 그런 상황에서 관찰자 침팬지는 자기가 원하기만 하면 먹이가 놓여 있는 테이블을 쓰러뜨려서 도둑에게서 먹이를 빼앗을 수 있도록 만들었다. 그러나 관찰자 침팬지는 전혀 도둑을 처벌하려는 기미조차 보이지 않았다. 자기가 도둑보다 더 높은 서열이라 보복을 두려워할 필요가 없을 때나, 피해자와 가까운 친족관계일 때조차도 마찬가지였다. 단, 본인 자신이 아래 서열로부터 도둑질을 당했을 때는 처벌을 가했다.[54] 이로써 침팬지는 본인 자신이 피해자일 때에는 부정행위를 억제하기 위해 처벌 행동을 하지만, 타 개체가 피해자일 때에는 나서지 않음을 확인할 수 있었다.

다만 집단 내 갈등이 생겼을 경우 힘센 놈이 개입할 때가 있는데 그게

52 Keith Jensen, "Punishment and spite, the dark side of cooperation", The Royal Society Publishing, 2 August, 2010, http://rstb.royalsocietypublishing.org/content/365/1553/2635

53 Katrin Riedla, Keith Jensena, Josep Calla, & Michael Tomaselloa "No third-party punishment in chimpanzees", PNAS, September 11, 2012, https://doi.org/10.1073/pnas.1203179109

54 Melanie Killen, Judith G. Smetana, *Handbook of Moral Development* (London: Psychology Press, 2013), p.479.

혹시 공격자에 대한 3인칭 처벌행위일지 모른다는 보고가 나온 적은 있다. 제3자가 이런 식으로 개입하는 것을 감시활동이라고 한다. 하지만 과연 그게 이타적 처벌인지는 명확하게 밝혀지지 않았다. 관련 연구들에 따르면 지배서열의 수컷이 자신의 직접적 이득을 위해 갈등에 개입했을 수도 있다. 가령 수컷이 미래에 짝짓기를 하게 될 대상을 보호한 것일 수도 있고, 자기가 낳은 어린 딸을 보호한 것일 수도 있다는 것이다.[55]

영장류의 3인칭 처벌을 좀 더 알아보기 위해 미국 산타페 연구소Santa Fe Institute의 제시카 플랙Jessica C. Flack 교수와 그의 연구진은 돼지꼬리원숭이를 대상으로 실험을 했다. 지배서열의 수컷을 집단 밖으로 빼내보았더니 집단 내 갈등 수준이 높아지는 게 확인되었다. 낮은 서열의 암컷보다 지배서열의 수컷 어른을 집단 밖으로 빼낼 때 더 효과가 컸다. 그러나 이번에도 역시 어느 개체가 처벌행동에 나서지 않은 게 원인이었다기보다는 집단 내 권력 구조상의 변화로 말미암아 갈등이 고조되었을 수 있는 것으로 보고되었다.[56] 현재까지는 다른 영장류에서 3인칭 처벌이 행해진다는 확실한 증거는 나오지 않은 셈이다.

그런데 뜻밖에도 어류에서 오히려 3인칭 처벌이 관찰된다는 보고가 나온 적이 있다. 스위스 뇌샤텔 대학교Université de Neuchâtel의 레도안 비셰리 Redouan Bshary 교수는 홍해에서 양놀래기과의 물고기를 연구했다. 그의 설명에 따르면, 고객 물고기는 보통 20초 정도 '청소하는 곳'에 머문다. 그곳에서는 암수 양놀래기가 몸 표면의 기생충을 잡아먹는 방식으로 청소를 해준다. 간혹 도중에 암컷이 고객 물고기의 점액물질을 슬쩍 탐하는

55 Melanie Killen, Judith G. Smetana, *Handbook of Moral Development*, p.480.

56 Jessica C. Flack et al., "Policing stabilizes construction of social niches in primates", *Nature*, Volume 439, January 26, 2006, pp.426–429, https://www.ncbi.nlm.nih.gov/pubmed/16437106

경우가 있다. 고객 물고기는 펄쩍 뛰며 화를 낸다. 이때 수컷 양놀래기는 쏜살같이 암컷에게 달려드는 동작을 취해 규칙을 지키도록 촉구한다. 이게 바로 3인칭 처벌이다. 만약 이런 3인칭 처벌행위가 없다면 고객 물고기는 청소 서비스 받는 곳을 다른 데로 옮겨버릴 것이다.[57]

이런 상황을 실험실에서도 확인해보기 위해 니콜라 라이하니Nichola Raihani와 런던 동물학협회Zoological Society of London에서 박사 후 과정 연구원으로 있는 그의 동료는 특수 아크릴 접시에 새우 음식과 그보다 맛이 떨어지는 물고기 조각을 묻혀놓았다. 암컷이 새우 음식을 먹으면 즉시 접시를 치워 두 물고기의 시야에서 음식이 사라져버리도록 했다. 그러자 수컷은 부정행위를 저지른 암컷에게 공격적인 반응을 보였고, 그 후 암컷은 부정행위를 덜 저질렀다. 처벌이 부정행위를 막는 긍정적 역할을 해준 셈이다.

하지만 놀라운 반전이 있다. 암컷만 부정행위를 저지르는 게 아니었다는 것이다. 라이하니의 설명은 이렇다. "둘이 함께 청소를 할 때 사실 부정행위는 암컷보다 수컷이 더 저지른다. 하지만 암컷은 수컷을 처벌하지 않는다. 몸 크기가 훨씬 더 작기 때문이다." 3인칭 처벌 역시 강자에게 유리한 까닭에 공정하지만은 않다는 것이 또 한 번 입증된 셈이다.

이 물고기 사례를 통해 추측해볼 수 있는 한 가지 사항은 위스콘신 매디슨 대학교University of Wisconsin-Madison의 포스트닥Post Doc 심리학 연구자인 캐서린 크로닌Katherine Cronin의 말마따나 "가장 확실한 3인칭 처벌 사례는 인지적으로 가장 발달한 동물에서보다는 생존 여부가 협력에 더 많이 달려 있는 동물에게서 나오는지 모른다."[58]

---

57 David Tenenbaum, "Fish phishing attack explained!", The Why Flies: *The science behind the news*, January 7, 2010, http://whyfiles.org/2010/fish-phishing-attack-explained/
58 앞의 글.

3인칭 처벌이 사회적 집단 내에 뿌리내릴 수 있으려면 기본적 조건이 마련되어야 한다. 우선 구성원들이 사회적 배반이나 부정행위를 식별하고 잊어버리지 않을 정도의 두뇌가 있어야 한다. 그리고 각 구성원이 집단 전체와 어느 정도 공동 운명체라는 인식을 갖고 있어야 한다. 한마디로 구성원에게 닥치는 위험으로 집단 전체가 위태로워질 수 있고, 집단 전체가 위태로워지면 나도 안전할 수 없다는 믿음이 존재해야 한다.

위의 암수 양놀래기과 물고기의 사례가 바로 그런 경우이다. 암컷의 부정행위가 암컷만이 아니라 수컷에게까지 불행을 초래한다. 적어도 함께 협력하는 동안 둘은 공동운명체이다. 수컷은 암컷을 처벌하는 문제에 직접적인 이해관계를 갖고 있다(비록 똑같은 이해관계를 가졌음에도 암컷의 경우 수컷의 부정행위를 처벌할 수 없기는 하지만). 이는 3인칭 처벌이 진화할 수 있었던 것은 그로 인한 이득이 처벌자 자신에게 돌아갔기 때문이라는 추론과도 일치하는 부분이다.

구성원 수가 늘어나면 이해관계가 n분의 1로 줄어든다고 할지 모른다. 하지만 그렇다고 협력의 중요성이 떨어지는 것은 아니다. 반대로 더 커질 수도 있다. 왜? 한 개체의 부정행위가 더 많은 구성원에게 해를 초래할 수 있으니까. 물론 그러려면 집단 내 구성원들의 서로 간의 협력에 대한 의존도가 어느 정도 높아야 할 것이다. 달리 말하면, 협력에 많이 의존해 살아가는 생물일수록 3인칭 처벌의 중요성이 더 커지리라고 예상할 수 있다.

이타적 3인칭 처벌이 협력 증진에 효과적일 수 있는 조건

인간에게 이타적 3인칭 처벌을 무한정 기대할 수는 없을 것이다. 그렇다면 우리가 현실적으로 기대할 수 있는 이타적 3인칭 처벌은 어디까지일까? 이것을 알아보기 위한 연구가 진행되었다. 연구진은 처벌의 비용·효과를 다양하게 설계한 후 실험을 실시했다. 그 결과, 처벌자가 적은 비용으로 처벌 대상에게 큰 효과를 발생시킬 수 있는 조건 하에서만 이타적 3인칭 처벌이 협력 유지에 효과가 있었다. 중요한 관건은 '무임승차를 해도 처벌받지 않고 넘어갈 수 있는 상한선'이 어디냐인데, 그 상한선이 너무 높으면 처벌 효과가 저조할 수밖에 없어 협력이 잘 유지되지 못했다는 얘기이다.[59] 이러한 원리는 이타적 처벌에만 국한되지 않는다. 개인에게 청구되는 처벌 비용이 높으면 높을수록 비이타적 처벌 행동도 당연히 줄어들었다.[60] 결국 처벌이 효과적으로 협력을 이끌어낼 수 있는 상황은 처벌자가 적은 비용을 들여 처벌 대상에게 큰 효과를 낼 수 있는 조건이 충족되는 경우라는 얘기이다.

결론적으로, 사람들이 다소 손해를 보더라도 타인의 비협조적 행동을 처벌하려는 성향도 갖고 있고, 이타적 처벌이 협력 유지에 중요한 역할을 하는 것도 사실이긴 하지만, 적당한 조건이 마련되어 있지 않고서는 제대로 효과를 발휘하기 어렵다는 것을 알 수 있다.

3인칭 처벌의 두 가지 숨은 동기

좋은 결과가 반드시 좋은 의도나 좋은 동기에서만 나오는 것은 아닐 때가 있다. 예를 들어, 장미에 달린 가시는 "지나가던 동물이 날 먹으려다가

---

59 Martijn Egas & Arno Riedl, "The economics of altruistic punishment and the maintenance of cooperation", The Royal Society Publishing, 22 April 2008, http://rspb.royalsocietypublishing.org/content/275/1637/871.article-info

60 Christopher M. Anderson & Louis Putterman, "Do non-strategic sanctions obey the law of demand? The demand for punishment in the voluntary contribution mechanism", *Games and Economic Behavior* Volume 54, Issue 1, January 2006, pp.1-24, https://doi.org/10.1016/j.geb.2004.08.007; Michael Kosfeld & Arno Riedl, "Order without law? Experimental evidence on voluntary cooperation and sanctioning", KritV. Vol. 90, No. 2, 2007, pp. 140-155, https://www.jstor.org/stable/43202900?seq=1#page_scan_tab_contents

아파서 몸서리치며 '아이쿠, 이건 다시는 입에 대지 말아야겠다'고 결심하게 만들어야지" 하는 의도에서 나온 게 아니다. 장미는 아무런 의도도 갖고 있지 않다. 단지 가시가 어떤 결과를 만들어낼 뿐이다. 그 가시는 의도적 설계가 아닌 자연선택의 산물이다. 장미 중에 가시를 가진 종이 자연선택되어 지구상에 살아남은 것뿐이다.

보복이 생물의 본능으로 채택된 것도 그러한 진화적 이점의 산물일 수 있다. 마찬가지로 3인칭 처벌 역시 인간 사회에 이로운 결과를 주기는 했지만, 그게 반드시 이타적 의도에서만 나온 것은 아니라는 주장이 제기되었다. 그 전까지는 일반적으로 3인칭 처벌은 이타적 동기에서 나왔다고 여겨졌었다. 하지만 독일 괴팅엔 대학Georg-August-Universität Göttingen의 헤르만Benedikt Herrmann 교수와 같은 과학자들의 연구 결과에 따르면 반드시 그런 경우만 있는 게 아니다. 놀랍게도 3인칭 처벌에 '반사회적' 동기가 깔려 있을 수 있다. 그러니까 마음속으로부터 상대의 고통을 노리고 한 '반사회적' 처벌행동이 의도하지 않게 사회적 협력에 긍정적인 효과를 일으키는 것인지 모른다는 얘기이다.[61]

영국 맨체스터 대학교 University of Manchester**의 키스 젠슨**Keith Jensen**의 경우, 사회적 협력이 반사회적 감정인 양심(또는 원한, 악의)과도 연관성이 있을 수 있다는 가설을 제기했다. 즉, 양심과 같은 감정이나 그로 인한 행동이 단순한 부적응의 산물이라고만 생각하기 쉽지만, 역설적이게도 양심이 사회적 협력을 촉진하는 데 중요한 역할을 할지 모른다는 것이다.[62]**

---

61 Herrmann B et al. "Antisocial Punishment Across Societies", NCBI, 2008 Mar 7, https://www.ncbi.nlm.nih.gov/pubmed/18323447

62 Keith Jensen, "Punishment and spite, the dark side of cooperation", The Royal Society Publishing, August 2, 2010, http://rstb.royalsocietypublishing.org/content/365/1553/2635

양심에 의한 행동과 처벌은 대체 어떻게 다른 걸까? 그 둘의 가장 큰 차이는 '동기'에서 찾을 수 있다. 처벌이 어떤 목적을 위한 수단이라면, 양심에 의한 행동은 양심을 푸는 것 자체를 목적으로 삼는다. 다시 말해, 양심의 최종 목표는 상대의 다음 행동에 변화를 일으키는 것이 아니고, 상대에게 해를 끼쳐 상대가 고통받는 모습을 지켜보려는 것이다. 인간은 굳이 개인적 비용을 들여서라도 기꺼이 상대에게 손해를 입히거나 해를 끼치려는 보복심이나 양심 면에서 타의 추종을 불허하는 듯 보인다.

키스 젠슨이 언급한 양심의 존재는 여러 실험을 통해서 실제로 확인되었다. 그중 하나가 '최후통첩 게임'인데, 이 게임은 일반적으로 사람들의 공정성에 대한 민감성 실험으로 알려져 있지만 이 게임 중에 사용하는 거절 카드가 경쟁과 양심에 따른 행동일 수도 있다는 연구 결과가 나왔다.[63] 실험은 이렇게 진행된다. 당신과 또 한 명의 사람이 게임 파트너로 참여한다. 실험자가 다가와 만 원의 금액을 1,000원짜리 지폐 10장으로 주면서 당신에게 이렇게 제안한다.

"당신은 이 돈 만 원을 저 사람과 나눠가질 수 있습니다. 얼마씩 분배해 가져갈지는 당신이 마음대로 정할 수 있습니다. 단, 저 사람이 그 금액을 받겠다고 수락하면 당신은 이 돈을 가져갈 수 있지만, 받지 않겠다고 거절해버리면 그 돈은 우리에게 반납해야 합니다. 그렇게 되면 둘 모두 돈을 못 갖게 되는 겁니다."

결과를 확인해보니 게임 파트너들은 상대가 20%를 밑도는 금액을 제안할 경우 퇴짜를 놓았다. 그렇게 함으로써 상대도 돈을 못 갖게 처벌을

63 Keith Jensen, "Punishment and spite, the dark side of cooperation", The Royal Society Publishing, August 2, 2010, http://rstb.royalsocietypublishing.org/content/365/1553/2635

한 셈이다. 그런데 절대적 기준에서 보면, 20%를 밑도는 금액이라도 건지는 편이 한 푼도 못 받는 것보다는 낫다는 점에서 이는 비합리적인 선택이라 할 수 있다. 이와는 대조적으로, 침팬지를 대상으로 돈 대신 건포도가 담긴 접시를 이용해 침팬지 버전의 최후통첩 게임을 실시했더니 침팬지는 공평 여부와 상관없이 상대방이 제안한 모든 분배를 다 수락했다.[64] 그러면 사람들은 대체 왜 이런 비합리적인 선택을 한 것일까?

한 가지 해석은, 그렇게 함으로써 비록 개인적인 비용을 부담하는 결과가 되더라도 상대가 제대로 협력 규범을 따르도록 일종의 처벌을 행하려 했다는 것이다. 말하자면, 상대의 공정한 행동을 유도하기 위해서 자신의 거절 권한을 지렛대로 활용했다는 말이다.

그런데 최후통첩 게임에서 상대방을 처벌한 사람들의 이런 행동을 분석하고자 두 차례 대규모 실험을 해본 결과, 그들의 거절 뒤에는 친사회적 동기만 있었던 게 아니었음이 드러났다. 이 실험은 '최후통첩 게임'을 '독재자 게임'이라는 것과 연계시키는 새로운 틀 속에서 진행되었다.[65] 독재자 게임은 최후통첩 게임과 딱 한 가지만 빼놓고 완전히 똑같다. 최후통첩 게임과 달리 독재자 게임에서는 당신이 어떤 금액을 제안하든지 상대는 무조건 수락해야 한다는 것이다.

이 실험은 다음과 같은 예측을 전제로 계획되었다. 만일 내가 진정으로 '공정함을 중요하게 여기는 친사회적인 사람'이라면 최후통첩 게임(거절권을 행사할 수 있는 입장일 때)에서는 불공정한 제안에 거절을 할 것이

64 Keith Jensen, Josep Call, Michael Tomasello, "Chimpanzees Are Rational Maximizers in an Ultimatum Game", *Science*, 5 Oct 2007, http://science.sciencemag.org/content/318/5847/107
65 Robert Forsythe, Joel L. Horowitz, N. E. Savin, & Martin Sefton, "Fairness in Simple Bargaining Experiments", *Games and Economic Behavior*. Volume 6, Issue 3, May 1994, pp.347–369.

고, 독재자 게임(상대가 거절권을 행사할 수 없을 때)에서는 돈을 기꺼이 균등하게 나눠줄 것이다. 반면, 내가 '양심을 품은 반사회적인 사람'이라면 최후통첩 게임(거절권을 행사할 수 있는 입장일 때)에서는 불공평한 제안에 거절을 하겠지만 독재자 게임(상대가 거절권을 행사할 수 없을 때)에서는 내가 더 많은 금액을 가져가려 할 것이다. 다시 말해, 철저히 불공평한 방식으로 나에게 돌아오는 금액을 극대화하려 할 것이다. 만약 내가 더 극단적인 이기주의자라면 최후통첩 게임(거절권을 행사할 수 있는 입장일 때)에서는 상대가 아무리 후한 금액을 제안해와도 무조건 다 받고, 독재자 게임(상대가 거절권을 행사할 수 없을 때)에서는 전액을 내가 독차지하려 할 것이다. 명백하게 이는 상대보다 내가 더 많은 이익을 챙겨가려는 악의적 경쟁심을 드러내는 행동이다.

결과를 보니, 실제로 거절의 동기 중 상당히 많은 경우가 악의적 경쟁심에 의한 것으로 드러났다. 규범과 공정한 판단에 따른 것이 아니었다는 말이다. 이들은 자신이 제안자보다 안 좋은 입장으로 떨어지느니 차라리 0대0의 결과를 이끌어내는 쪽을 선호했다. 그 때문에 공정한 규범을 중시하는 다른 사람들 못지않게 5 대 5에 못 미치는 제안은 거절해버린 것이다.

이들은 다시 두 부류로 나뉘었다. 한 부류는 독재자 입장(상대가 거절권을 행사할 수 없을 때)이 되었을 때에도 공정하게 행동한 사람들이고, 다른 한 부류는 독재자 입장이 되자 불공정하게 행동한 사람들이다. 따라서 후자의 경우, 최후통첩 게임(거절권을 행사할 수 있는 입장일 때)에서 상대를 처벌한 동기가 공정함에 대한 관심 때문이었다고 보기 어렵다. 그보다는 상대가 나보다 돈을 더 많이 갖는 것에 앙심이나 경쟁심을 품었기 때문이었던 것으로 해석할 수 있다. 다시 말해, 반사회적인 동기에서 나온

행동이었던 것이다.[66]

양심에 의한 행동의 진화 이유와 생물학적 근거

양심에 의한 행동을 진화론적인 관점에서 바라보면 한 가지 의문이 제기될 수 있다. 양심에 의한 행동은 상대에게 피해를 끼치기 위해서 자신의 적응도(생물이 생존하여 그의 유전자를 전달하는 상대적인 능력)상의 위험이나 손실을 감수하는 행동인데, 상식적으로 이해하기 어려운 행동이 아닌가. 도대체 어떻게 이런 행동이 진화했던 것일까?

이에 대한 대답이 될 만한 이론 중 하나를 영국의 진화생물학자 해밀턴W. D. Hamilton, 1936-2000이 내놓은 바 있다. 비록 처벌자 자신은 적응도에 손실을 입지만 대신 자신과 유전자를 공유한 다른 개체들에게 이득이 돌아가므로 포괄적 적응도를 높인다는 것이다. 이는 양심이 진화할 수 있었던 이유는 그것이 간접적으로나마 이타적 기능을 수행했기 때문일 수 있다는 설명을 가능하게 한다.[67] 포괄적 적응도상의 이득을 남기지 않았다면 양심이 후대로 전해 내려오지 못했을 터이기 때문이다.

인간에겐 분명히 양심이라는 감정이 존재한다. 원한, 앙갚음, 질투, 시샘, 울분, 울화, 분, 샤덴프로이데Schadenfreude(남의 불행을 고소해하는 감정이라는 뜻의 독일어 단어) 등은 잠재적으로 양심의 존재를 나타내는 용어들이다. 인간이 타고난 기본적 감정 중에 분노가 포함되는데, 양심은 분노와 분리될 수 없는 감정이기도 하다.

---

66 Benedikt Herrmann et al., "Fair and unfair punishers coexist in the Ultimatum Game", Scientific Reports, August 12, 2014, https://www.nature.com/articles/srep06025
67 Andy Gardner & Stuart A. West, "Spite", Current Biology, Volume 16, Issue 17, September 2006; Stuart A. West & Andy Gardner, "Altruism, Spite, and Greenbeards", Science, Vol. 327, 12 March 2010, pp.1341–1344.

사람들은 경제와 관련한 실험 게임 도중에 타인을 처벌하던 당시 분노의 감정을 느꼈다고 보고했고, 이는 실제로 생리적으로나 신경학적인 반응을 통해서도 확인되었다.[68] 분노는 인간만의 전유물이 아니다. 기본적 감정인만큼 다른 동물들에게서도 관찰된다. 가령 앞서 언급한 침팬지를 대상으로 한 실험에서도 자신의 음식이 도둑질을 당하자 분노의 징후를 보였고, 또 그 분노의 감정과 음식 테이블을 무너뜨리는 행동 사이에는 상관관계가 있었다.[69]

인간이 느끼는 양심의 존재는 객관적 형태로도 파악된다. 사람들이 죄수의 딜레마prisoner's dilemma 게임에서 전에 자기에게 속임수를 부렸던 상대(공범자)가 고통스러운 신체적 자극을 받는 모습을 보자 뇌에서 보상회로 활성화가 증대되는 것을 확인할 수 있었다. 반면, 공정한 상대가 고통을 당하는 모습을 봤을 때는 공감과 연관된 내측 전두엽 부분의 활성화가 감소했다.[70]

3인칭 처벌의 또 다른 동기 – 감시활동에 따른 개인적 이득

인간 사회가 이제껏 협력을 유지해온 데에는 또 다른 동력이 있었다. 무엇이었을까? 앞서 돼지꼬리원숭이 실험에 대한 설명을 했을 때 수컷 지배 서열이 3인칭 처벌과 유사해 보이는 '감시 활동'을 하는 직접적 이유가 개인적 이득 때문이었을 수 있다는 견해를 소개한 바 있다. 바로 거기에

---

68 Keith Jensen, "Punishment and spite, the dark side of cooperation", The Royal Socitey Publishing, 2 August, 2010, http://rstb.royalsocietypublishing.org/content/365/1553/2635

69 Keith Jensen et al., "Chimpanzees Are Vengeful But Not Spiteful", PNAS, August 7, 2007, https://doi.org/10.1073/pnas.0705555104

70 Tania Singer et al., "Empathic neural responses are modulated by the perceived fairness of others" *Nature* volume 439, 26 January 2006, pp.466–469, https://www.nature.com/articles/nature04271

서 인간 사회의 협력을 촉진한 또 다른 동력에 대한 힌트를 얻을 수 있다고 생각한다.

지배서열이 자신의 아래 서열에 속한 여러 개체를 대상으로 3인칭 처벌과 유사한 감시 활동을 벌이고 그럼으로써 개인적인 이득을 챙기는 것이 동물 사회의 서열 질서이다. 그런데 인간 사회에도 오랜 역사 동안 그와 유사한 질서가 존재했다. 바로 힘과 권력을 가진 소수의 지배층이 다수의 하위 계층을 감시하고 3인칭 처벌을 독점적으로 대행함으로써 여러 특권을 누리는 계급 질서였다.

앞서 언급했듯이 처벌의 이익이 처벌자에게 돌아가지 않으면 처벌이 진화될 이유가 없으므로 처벌자에게 많은 이익이 돌아가는 것은 인간 사회에서도 마찬가지로 자연스러웠을 것이다. 또한 누가 되었든 힘과 권력을 가진 사람이라야 3인칭 처벌을 대행할 수가 있고, 또 그럴 때에 비용 대비 효과가 크리라는 것까지는 이해 못 할 바 아니다.

현재까지도 이러한 동물적 서열 질서의 유산은 사회·문화적으로나 경제적으로 인간 사회 곳곳에 남아 있다. 작게는 가족에서부터 부족, 마을, 지역, 국가, 때로는 전 세계적 차원에까지 적용된다.

생각해보면 앞의 이타적 3인칭 처벌과 관련해 실시된 최후통첩 게임이나 독재자 게임 같은 실험들은 서로 상관없는 '대등한' 시민들을 대상으로, 그리고 그들이 '1대1의 상호작용'을 주고받는 상황에서 실시되었었다. 그러나 현실에서 실제로 3인칭 처벌이 행해지는 상황은 이와는 많이 다르다. **역사적으로, 3인칭 처벌은 대체로 사회적으로 대등하지 않은 관계 속에서 소수의 지배층이 다수의 나머지 계층을 대상으로 시행했다. 물론 그 지배층이 순수한 이타적 처벌자, 즉 부정행위자들을 처벌함으로써 사회를 보다 정의롭게 만들고, 그럼으로써 공정한 사회적 협력을 촉진하겠다는 목적만으로 3인칭 처벌을 실**

행해왔던 것은 아니다. 그보다는 자신들의 특권을 구조적으로 보장해주는 계급적 질서를 유지하기 위해 다수를 대상으로 3인칭 처벌을 활용한 경향이 있었다.

그렇게 역사적으로 지배층과 3인칭 처벌자 간에는 떼려야 뗄 수 없는 관계가 존재함에도 불구하고 3인칭 처벌이 함무라비 법전과 같은 형식으로 제도화될 경우 — 함무라비 법전은 3인칭 처벌의 구체적 기준과 원칙을 공식화하여 공표한 인류 역사상 가장 오래된 법전 중 하나이다 — 그것이 가진 사회적 장점은 분명하다.

기본적으로 희생자가 직접 처벌할 때보다 3인칭 처벌자가 처벌할 때 감정에 덜 좌우되기 마련이므로 보복의 악순환을 줄이는 데 도움이 된다. 물론 3인칭 처벌자가 당사자들과는 달리 감정이입이나 공감이 결여된 상태에서 처벌에 임하는 만큼 때로 오류를 저지를 가능성도 없지는 않다. 가령 피해자나 가해자에게 과도하게 잔인하거나 불합리하거나 혹은 자의적인 결정을 내릴 우려도 있다. 심지어 가해자나 피해자보다 처벌자 자신의 입장을 더 고려하여 처벌에 임하는 경우도 있을 수 있다. 3인칭 처벌자가 피해자와 가해자 모두의 입장에 충분히 감정이입을 함과 동시에 사회 전체의 공동선共同善을 사려 깊이 고려한다는 것이 결코 간단한 일은 아닐 것이다.

그럼에도 불구하고 3인칭 처벌자에 의한 처벌이 적어도 보복의 악순환만큼은 감소시키는 또 다른 이유는 그러한 처벌자 역할이 지배층에게 위임된다는 것이다. 피고인은 자신의 잘못에 대한 처벌을 받고 나서도 처벌자에게 보복을 하기가 어려워질 수밖에 없다. 피해자 입장에서도 장점이 크다. 개인적으로 처벌 비용을 들이지 않아도 될 뿐 아니라 역逆보복을 당할 위험도 줄일 수 있으니까. 그렇게 되면 자연히 처벌 빈도는 높아지게 마련이고, 그만큼 부정행위를 억제하는 효과는 증대되므로 처벌의 필요성은 점점 낮아지는 효과를 거둘 수 있다. 다시 말해, 처벌 비용 대비 효과가 비약적으로 상승한다. 그 결과, 사회 내에서 당사자들이 서로 자의적으로 폭력을 주고받는 2인칭 처벌 행위가 일정 수준 이하로 억제되고, 따라서 사회적 치안과 안정성이 높아진다.

그런데 3인칭 처벌의 구체적 기준과 내용이 함무라비 법전 식으로 제도화된 것이 인간 사회에 가져다준 가장 획기적인 부산물은 따로 있다. 그것은 가해자(범법자)에 대해서 피해자가 원하는 보복을 사회적 차원에서 일정 정도 인정해주고 '처벌'이라는 형식을 통해 대행해줌으로써 모든 구성원들에게 사회적으로 옳고 그른 행동은 무엇이고, 그른 행동을 했을 때에는 무슨 처벌을 받고 어떤 시정 조치를 취해야 하는지에 대한 지식을 공유하게 해준다는 것이다. 다시 말해, 집단 구성원들에게 구체적인 의무뿐만 아니라 권리를 공식적으로 인정해주고 그것들을 실천하도록 강제함으로써 구성원들의 머릿속에 '무엇이 옳고 그른 행동인지'에 대한 개념을 구성하게 해주고, 그로 인해 어느 정도 예측 가능한 사회 질서를 확립시킨다는 것이다. 바로 그것이 '정의'라는 개념의 원형이라 할 수 있다. 3인칭 처벌 원칙을 명문화해놓은 함무라비 법전은 물론 그 이전에 공동체 내 구성원들 간에 암묵적인 관습 형태로 실시되었던 3인칭 처벌 형태들은, 비록 오늘날의 문명적 기준에는 대단히 미흡한 부분들이 있을지라도 원시적인 형태의 '정의'의 개념을 나타낸다. 이는 정의라는 개념이 처음부터 오늘날과 동일한 의미로 존재했던 것이 아니라 최초로 3인칭 처벌과 함께 태동하여 모습을 드러내기 시작한 이후 다양한 문화와 사회적 변화 속에서 점점 더 복잡하고 정교하게 발달·변천해온 것이라는 뜻이다.

사회 내에서 3인칭 처벌 권한이 제도화되면서 권력층의 지배력이 강화된 것은 명백하다. 그럼에도 불구하고 제도화된 3인칭 처벌이 피지배층의 이익에도 부합하는 면이 있었기에 유지될 수 있었을 것이다. 결과적으로 한편으로는 사회적 협력을 증진시키는 순기능을 제공함으로써 인류의 번성과 번영에 기여한 것은 부정할 수 없어 보인다. 하지만 다른 한편으로, 우선은 그것을 행사할 수 있는 권한을 놓고 벌이는 헤게모니 싸움을 낳았고, 그 다음으로는 계급투쟁(인간 버전의 서열싸움)을 초래했다. 세계 어느 곳을 막론하고 대부분의 역사는 헤게모니 변천사를 중심으로 서술되어 있는 이유도 거기에 있다.

1인칭 처벌 ————————

인간에게 특별히 발달된 또 다른 형태의 처벌 기제가 있다. 1인칭 처벌이다. 1인칭 처벌이란 한마디로 스스로의 양심에 비추어 죄책감을 느끼는 것이다.

미국 콜로라도 주의 판사이자 콜로라도 대학University of Colorado과 덴버 대학University of Denver의 외래교수인 모리스 호프만Morris B. Hoffman은 양심과 죄책감을 이렇게 설명한다. 먼저 죄책감이란, 내가 저지른 부정행위로 인해 집단의 노여움을 사게 되었으므로 사과나 속죄와 같은 신호 행동을 보여줌으로써 그 노여움을 풀 필요가 있음을 뇌가 인식하는 방식이다. 그러면 양심이란 무엇일까? 매번 이익과 비용을 따지며 부정행위를 저질러야 할지 말지를 일일이 고민해야 한다면 뇌가 지불해야 할 비용이 너무나 클 것이다. 그런 비용을 절약해주는 게 바로 '양심'이다. 양심은 내가 부정행위를 저지르면 남이 나를 어떻게 취급할지를 미리 보여주는 예고편과 같다. 미래에 닥칠 죄책감을 사전에 느끼게 해줌으로써 부정행위를 저지르지 않게끔 경고하는 것이다.[71] 양심은 사회적 문제에 대한 뇌 내장형 일차

---

71 Morris B. Hoffman, *The Punisher's Brain* (New York: Cambridge University Press, 2014), p.94ff.

방어 시스템 같은 것이다. 이 때문에 우리는 부정행위를 저지르는 상상만 해도 기분이 나빠지게 된다.

양심이나 죄책감은 객관적인 기준으로 엄밀히 따질 수 있는 문제는 아니다. 오직 자신의 마음속 깊이 느껴지는 무의식적이고 주관적인 만족감이나 불편한 느낌에 따른 것일 뿐이다. 예를 들면 이렇다. 엄마는 저 혼자서도 잘 노는 자식보다 아픈 아이에게 더 마음이 쓰이고 보살펴주고 싶게 마련이다. 아픈 아이의 상태를 우선적으로 고려하고 배려해준다. 하지만 상황이 바뀌어 그 아이가 건강해지고 다른 아이가 아프게 되면 언제든 보살핌의 무게중심이 다른 아이에게로 옮겨가게 된다. 양심과 죄책감이란 그렇게 우리의 마음속에서 자연스럽게 일어나는 반응이다.

우리는 일견 변덕스러워 보이는 그 엄마의 마음과 행동을 대체로 이해하고 공감할 수 있으며 실제로 우리 자신도 그런 마음의 변화를 경험하곤 한다. 그런 점에서 양심과 죄책감은 일관성이나 객관적 옳고 그름을 떠나 대단히 '주관적인' 성질을 띠면서도 인간이라면 거의 누구나 공유하는 '보편적' 마음 현상이라는 독특한 양면성을 갖고 있다. 그 뿌리는 결국 상대의 고통에 공감할 줄 아는 인간의 생물학적 기제에 있다. 거울신경세포라든가 방추세포, 해마 등과 함께 설명한 바 있다. 거울신경세포는 상대가 아파하는 모습을 보는 것만으로도, 더 나아가 그런 모습을 상상하는 것만으로도 내 마음에 고통을 느낄 수 있게 하여 상대의 아픔을 공감하고 이해하게 만든다. 그것은 이미 얘기했듯이 코끼리나 쥐 등 다른 사회적 동물들도 갖고 있는 것이다. 생물은 모든 고통을 안락범위를 위협하는 부정적 신호로 받아들이기 때문에 그 고통의 원인을 제거하거나 회피하고자 한다. 같은 맥락에서 양심이나 죄책감도 고통을 제거하려는 생물학적 기제의 지배를 받는다고 할 수 있으며, 그런 의미에서 1인칭 처벌은 분명히 우리의 행동을 변화시키는 힘을 갖고 있다.

물론 사물의 이치를 객관적으로 따지는 이성에 비추어보면, 양심이나 죄책감이 모순과 결함으로 가득 차 있고 불완전해 보일 때도 많다. 대표적인 예로, 독일의 한나 아렌트Hanna Arendt 1906-1975의 저작 『예루살렘의 아이히만Eichmann in Jerusalem』을 읽어보면 유대인 학살의 주범 중 한 명이었던 아돌프 아이히만Adolf Eichmann 1906-1962도 자기가 임무를 수행하는 도중에 죄책감을 느끼지 못했다고 진술한다. 그렇다면 그는 틀림없이 반사회적 인격장애자이거나 사이코패스Psychopath(반사회적 인격장애증을 앓고 있는 사람을 가리킨다. 평소에는 정신병질이 내부에 잠재되어 있다가 범행을 통해서만 밖으로 드러나기 때문에 주변 사람들이 알아차리지 못하는 것이 특징이다)이었을 거라고 생각하겠지만, 사실은 아주 평범한 사람이었다. 다만 본인도 진술했다시피, 양심의 가책을 느끼게 하는 상황이 달랐을 뿐이다. 그가 양심의 가책을 느꼈을 때는 자기가 월급을 받으면서 일을 제대로 하지 못했을 때였다.

1인칭 처벌은 심리적인 기제의 일종이다. 그런데 인간의 심리에 깃든 비합리성은 우리가 일상생활에서 조금만 눈여겨보면 너무도 흔히 목격할 수 있다. 예를 하나 더 들자면, 오래전 삼풍백화점 사고 때 한 유가족은 사망한 가족의 뼈를 찾아 수습하기 위해 쓰레기 더미를 뒤지다가 아무 뼛조각을 발견할 때마다 내 가족의 뼈일 수 있다는 생각에 가슴 아팠다고 진술했다. 내 가족의 뼈가 아니더라도 모든 뼈를 대하는 마음은 남다를 수밖에 없었을 것이다. 그러나 그런 사람들이라 할지라도 모두 다 불고기나 햄버거를 먹으면서 그 식재료가 한때는 우리와 똑같이 살아 움직이며 즐거움과 고통을 느꼈던 소의 살덩어리였다는 사실에 모두 다 가슴 아파하지는 않을 것이다.

요컨대 양심이나 죄책감의 근원은 공감과 감정이입인데, 상대의 아픔을 곁에서 '직접적'으로 목격하고 공감하거나 감정이입할 수 없으면 양심이나 죄책감을 덜 느끼게 되는 데다가 우리가 그렇게 공감하거나 감정이입할 수 있는 대상의 범위도 무한하지 않다. 실은 대단히 좁은 편이다. 아니, 만약 우리가 세상 모든 사람이나 생명의 고통에 공감하고 감정이입을 한다면 오히려 그 고통을 견디지 못해 미쳐버리거나 자살 충동에 빠지고 말 것이다.

무슨 이유에서인지 최소한의 양심과 죄책감마저 결핍되어 있는 경우도 있기는 하다. 사이코패스가 그렇다는 것은 널리 인정된 사실이다. 학자들의 연구에 따르면 대체로 사이코패스가 도덕규범에 어긋난 행동을 하는 이유는 옳고 그름을 구별 못 해서가 아니라 그런 것을 상관하지 않기 때문인 것으로 알려졌지만 말이다.[72] 미국 뉴멕시코 대학University of New Mexico의 신경과학자 켄트 키엘Kent A. Kiehl도 무엇이 옳고 그른지를 구별 못 하는(적어도 언어적으로는) 사이코패스는 만나본 적이 없다고 하며, 그 점이 조현병과 같은 심리적 상태에 있는 사람과 다른 점이라고 지적한 바 있다.[73] 아마도 내면적으로 양심의 가책이나 죄책감을 '느끼지는' 못하더라도 머리로는 무엇이 도덕적 규범에 어긋난 행동이고 잘못이라는 것을 '인지'할 수는 있기 때문인 것으로 추측된다. 또 다른 연구 결과에 따르면, 사이코패스는 공감 능력이 결여된 사람이 아니다. 다만 공감 능력은 갖고 있되, 평소에는 쓰지 않아 공감을 덜 느끼는 상태이다가 상황에

---

[72] Maaike Cima, Franca Tonnaer, & Marc D. Hauser, "Psychopaths know right from wrong but don't care", *Social Cognitive and Affective Neuroscience*, Volume 5, Issue 1, 1 March 2010, pp.59-67, https://doi.org/10.1093/scan/nsp051

[73] Walter Sinnott-Armstrong, *Moral Psychology: The Neuroscience of Morality: Emotion, Brain Disorders, and Development* (Cambridge, Massachusetts: MIT Press, 2007), p.120.

따라 필요할 때에는 스위치처럼 그 능력을 켜고 끌 수 있는 사람인 것으로 나타났다. 공감 능력이 '자동으로' 작동되는 것이 아니라 선택적으로 작동되는 셈이다.[74]

하지만 꼭 사이코패스가 아니더라도 인간이 얼마나 타인의 고통에 무관심하고 냉담해질 수 있는지는 유명한 미국 사회심리학자 밀그램^{Stanley} $^{Migram,1933-1984}$의 전기고문 실험까지 거론하지 않더라도 조금만 주의 깊게 우리 주변을 돌아보면 얼마든지 많은 사례를 발견할 수 있다. 그것들은 인간의 양심과 죄책감 같은 1인칭 처벌 기제의 한계를 보여주는 명확한 증거이다.

하긴 만약 인간에 의해 사육된 식용 소, 닭, 돼지, 양 따위의 동물들이 인간의 언어를 사용할 줄 안다면 우리에게 이렇게 말할지 모른다. "그런 게 사이코패스라면 우리 눈엔 너희들이 사이코패스로 보인다."

지금까지의 얘기는 인간 사회 내 협력이라든가 도덕, 정의 문제와 관련한 딜레마를 일깨워준다. 양심과 죄책감을 느낄 수 없다면 옳고 그름에 관한 지식이나 처벌(3인칭 처벌 기제)만으로는 부족할 뿐 아니라 때에 따라서는 전혀 효과가 없는 경우도 비일비재하지만, 그렇다고 양심과 죄책감(1인칭 처벌 기제)은 과연 전적으로 신뢰하고 따를 만한 등대이냐 하면 그렇지는 못하다는 것이다. 사실 그것은 '어느 한정된 범위에서만 발휘될 뿐 아니라 불완전하고 가변적이기까지' 하기 때문이다. 그렇기 때문에 아마도 현재로서는 어떻게 그 둘 모두를 잘 혼합해 활용하느냐가 관건일 것이다.

---

74 H. Meffert, V. Gazzola, J. A. den Boer, A. A. J. Bartels, & C. Keysers, "Brain research shows psychopathic criminals do not lack empathy, but fail to use it automatically", July 24, 2013, Oxford University Press, https://www.sciencedaily.com/releases/2013/07/130724200412.htm

Chapter 15
인간은 누구인가에 대한 대답

지금까지 우리는 '인간은 누구인가'에 대한 답을 찾기 위해 인간이 어디에서 왔는지를 추적해봤다. 그동안 살펴본 바를 한마디로 정리하면 다음과 같다.

인간은 오랜 진화 끝에 오늘날의 호모 사피엔스라는 종에 이른 생물로서, 자체 내에 '생물 및 사회적 동물의 속성'과 '인간 고유의 특성 및 능력'을 통합적으로 물려받은 존재이다.

인간은 한때 동물이었다가 완전히 탈脫동물화한 존재가 아니라 여전히 동물의 한 종種에 속한다. 고릴라, 침팬지, 오랑우탄 등과 함께 영장류 중에서도 사람과hominidae에 속하면서 나름대로 자신만의 고유한 개성을 발달시키며 진화한 특정 종일 뿐이다.

그렇다면 인간을 다른 동물과 차별화시키는 고유한 특성은 무엇일까? 인간이 침팬지와 다른 진화의 길에 들어선 시점은 500~700만 년 전이다. 수 백만 년 동안 인간의 선조는 직립보행을 시작했고, 도구를 사용할 줄 알게 되었다. 예를 들면, 불을 이용하는 법을 익혔고, 동물 뼈를 갈아 바늘로 만들어 옷을 지어 입었고, 활을 이용해 사냥을 하는 데까지 발전했다. 이 모든 것은 뇌의 생물학적 진화 덕분에 가능했다. 뇌의 뛰어난 성능과 그로 인해 발명된 도구를 이용하여 여타의 동물들을 제치고 먹이사슬의 맨 꼭대기에 오를 수 있었을 뿐만 아니라 긴밀한 사회적 생활을 통해 다른 영장류에게서는 볼 수 없는 독특한 특성과 능력을 점점 더 발전시킬 수 있었다. 인간의 뇌는 침팬지보다 훨씬 뛰어나다. 비유를 하자면, 획기적으로 업그레이드된 버전의 중앙처리장치CPU와 메모리RAM 사양을 갖춘 하드웨어인 셈이다. 이는 수 만 년에 걸친 진화의 쾌거로서 고도의 복잡하고 빠른 정보처리와 전략적 행동을 가능하게 만들어주었다.

그 뛰어난 뇌 덕분에 인간은 언어와 문자 체계를 발명했다. 언어와 문자 체계는 인류에게 혁명적 도약을 가져다주었다. 생물은 종의 진화 과정에서 축적한 지식을 유전자라는 생물학적 형태로 후대에게 전수한다. 그것은 본능이라는 형태로 개체의 생존 양식을 인도한다. 그러다 보니 지식이 추가 또는 수정되어 후대에 전달되는 일은 생물학적 진화의 속도로 제한된다. 다시 말해 엄청나게 느리다. 반면에 인류의 경우, 호모 사피엔스에 이른 이후 현재까지 이렇다 할 만한 생물학적인 차이가 없음에도 지난 1만 년 동안 갑작스레 폭발적으로 문명을 발전시킬 수 있었던 것은 인간이 만들어낸 언어와 문자 체계라는 도구 덕분이다. .

인류는 주변의 갖가지 사물과 현상에서 발견한 패턴을 정보로서 인식하고, 그것을 다시 언어 형태로 기록하고 소통함으로써 점점 더 놀라운 학습능력을 발달시켰다. 또한 그럼으로써 세대를 초월하여 지식을 축적·공유해왔다. 인류는 언어·문자 체계로 말미암아 온갖 추상적인 개념들도 만들어낼 수 있었고, 현실에서 부딪치는 온갖 현상들을 다시 그 추상적인 개념들과 상상력에 비추어 끊임없이 비교·분석·종합함으로써 더욱더 복잡하고 새로운 가설, 이론, 법칙들을 만들어왔다. 그것들은 무역, 전쟁, 문화교류 따위의 상호작용을 거치면서 전 지구로 확산되었고, 결과적으로 인류는 전 지역과 세대를 망라한 공동작업을 통해 과학, 종교, 정치, 경제, 철학, 심리학, 사회학, 예술 등의 분야에서 눈부신 문명을 쌓아 올렸다.

언어·문자 체계는 일종의 소프트웨어와 같다. 정보를 우리의 생물학적 뇌뿐만 아니라 다양한 외장하드에 효과적으로 기록하고 불러올 수 있게 해준다. 뇌가 내장하드라면, 정보가 기록된 점토판, 도기, 파피루스, 나무, 종이, 캔버스, 필름, 녹음기, 컴퓨터, 스마트폰, 3D 프린터 등은 외장하드라 할 수 있다. 이제 인간은 개인의 뇌에 담을 수 있는 한계치 이상으로 어마어마한 양의 정보를 외장하드에 담아 놓았다가 언제든 필요에 따라 꺼내 쓸 수 있게 되었다. 심지어 전 인류가 종 차원에서 축적한 정보의 보고에 접속하여 활용하는 일도 가능해졌다. 결국 언어·문자 체계는 우리의 뇌에 무제한적 용량의 '외장하드'를 달아준 셈이다. 바로 그런 덕분에 인류는 생물학적 진화의 속도를 초월하여 자연에 적응하고 또 지배까지 할 수 있는 문명을 발달시키며 번성할 수 있었던 것이다.

이 모든 것을 '인간 고유 영역'이라고 부르고자 한다. 그것은 인류가 자신을 다른 동물들과 차별화하여 고유하게 발달시킨 능력(언어적 소통 능력, 추상적 사고력, 고도의 이성 등)뿐 아니라 그걸 이용하여 창조해낸 고유의 산물(문명과 문화 등)까지 총체적으로 아우른 개념이다.

그러나 종합적으로 보면 인간은 '인간 고유 영역'과 함께 여전히 '동물'로서의 속성을 그대로 간직하고 있는 존재이며, 그러한 동물로서의 속성은 인간 개개인의 삶과 사회 전반을 생각보다 훨씬 더 많이 지배하고 있다. 어떻게 보면 '인간 고유 영역'이란 것도 동물적 욕구를 충족시키기 위해 대단히 고도로 발달시킨 복잡하고 영리한 수단일 뿐이다.

Chapter 16
인간의 폭력적 본성에 대한 대답

지금까지 '인간은 어떤 존재인가'를 살펴봤지만 그것을 통해 우리가 풀고자 했던 우리의 의문이 아직 다 풀린 것은 아니다. 이 책의 첫머리에서 던졌던 다음 의문 말이다.

왜 인간은 역사 내내 사자 무리와 별반 다르지 않은 동기와 폭력적 방식으로 영역싸움을 계속해야 했을까? 분명코 사자보다 더 영리하고, 축적된 문명도 갖고 있는 인간이 이보다 더 나은 행동을 할 수는 없었을까? 그렇게 하지 못한 이유는 대체 무엇일까? 인간이 원래부터 폭력적인 본성을 타고났기 때문일까? 혹시 지금까지의 현실이 자연스러운 현상일 뿐인데 그걸 공연히 인위적인 선악이나 옳고 그름의 개념으로 잘못 재단하고 있는 것은 아닐까? 혹시 현실 속에서 정의가 쉽게 실현되지 못하는 이유가 그 때문은 아닐까? 그렇다면 정의는 영원히 닿을 수 없는 이상향일까? 21세기에 들어선 오늘날 다른 해결책은 없을까? 미래에는 더 나아질 수 있을까?

위 질문 중에 일단 '인간의 폭력적 본성'과 관련한 부분에 대해서는 "그렇다, 폭력적 본성이 문제의 일부분이다"라고 인정해야 할 것이다. 모든 생물은 나름대로 자신을 보호하기 위한 폭력적 공격 수단을 갖고 태어난다. 인간 역시 다른 모든 생물이 갖고 있는 보복 기제, 즉 자신의 생물학적 기대와 안락범위를 해치거나 생존을 위협하는 상대를 만날 경우 재빨리 공격적인 보복이나 방어 조치를 취하려는 본능을 갖고 있다. 다른 생물들보다는 훨씬 더 다양하고 복잡한 보복 방법을 갖고 있기는 하지만 그 최종적인 수단은 역시 폭력이다. 타인을 향해 화를 내거나, 숨을 가쁘게 몰아쉬며 소리를 지르거나, 욕을 하거나, 물건을 집어 던지거나, 누군가에게 위협적 발언이나 폭행을 하거나, 심지어 살인을 저지르는 등의 행위는 일상 속에서나 뉴스에서 자주 접하는 폭력 형태들이다.

더구나 인간은 포식동물이다. 지구상의 온갖 동물을 잡아먹으며 생태계를 파괴하고 있다. 인간의 폭력성은 부정할 수 없는 진실이며, 이를 깨닫지 못한다면 그것은 착각이거나 위선일 뿐이다.

물론 그렇다고 인간에게 폭력성만 내재되어 있는 것은 아니다. 코끼리나 하다못해 쥐도 그렇듯 인간 역시 잠재적 폭력성과 아울러 타인에 대한 공감 능력과 이타성 모두를 갖고 태어난다. 그렇기 때문에 인간에게 폭력성이 있다고 해서 여타의 이타적 공감 능력이 부정되는 것도 아니고, 이타적 공감 능력이 있다고 해서 폭력성이 부정되는 것도 아니라는 것이 진실에 더 가깝다. 일종의 동물로서 그저 적응상의 필요에 따라 때로는 폭력성을, 때로는 이타적 공감 능력을 발휘할 뿐이다. 인간이 소를 잡아먹으면서 개를 사랑하는 모순된 행동을 할 수 있는 것도 그런 이유에서다. 반대로 개를 잡아먹으면서 소를 사랑한다 해도 마찬가지이다. 한 가지 덧붙이자면, 우리가 갖고 있는 폭력성이나 공감 능력, 이타성은 어느 것 하나 무한한 것이 못 된다. 대단히 한정된 에너지일 뿐이다. 이것이 의미하는 바는, 그 사용을 적절히 조절하지 못할 경우 자신의 생명이나 안락범위를 위험에 노출시킬 수 있다는 것이다. 그게 폭력성이 되었든 공감 능력이 되었든 이타성이 되었든 다 마찬가지이다.

요컨대, 인간의 폭력적 본성은 부정할 수 없는 진실이다. 사실 인류가 역사 내내 사자 무리와 별반 다르지 않은 동기와 폭력적 방식으로 영역싸움을 계속해왔다는 사실은 폭력적 본성을 빼고 설명할 길이 없다(그러면서도 동시에 영역싸움에 함께 임한 동료들에게는 이타적 공감 능력을 발휘하며 협동해왔다). 근원적으로 폭력적 본성 없이는 전쟁이 불가능할 뿐 아니라 심지어 일상에서의 소소한 싸움조차도 불가능하다.

그렇다면 인간의 폭력적 본성이 '지난 역사 내내 사자 무리와 별반 다르지 않은 동기와 폭력적 방식으로 영역싸움을 계속하게 만든' 충분조건일까? 다시 말해, 폭력적 본성이 있으면 무조건 전쟁이 불가피한 것일까? 분명히 그건 아니다. 그 증거는 앞서 '인간의 폭력적 본성 논란'을 소개한 1부에 이미 제시된 바 있다. 수렵채집 생활을 한 원주민들 중에는 전쟁을 전혀 모르고 지낸 부족들도 많았고, 인류의 진화 역사 중 99%에 해당하는 수렵채집 기간 동안 전쟁이라 할 만한 사건은 별로 발견되지 않았다고 한 더글러스 프라이와 데이비드 바라쉬의 연구 결과를 기억할 것이다.

이 문제와 관련하여 지난 전쟁사를 돌아보면서 다른 동물들의 영역싸움과 인간의 영역싸움에서 눈에 띄는 차이에 주목해볼 필요가 있다. 그것은 바로 '규모'다.

아프리카 세렝게티에 서식하는 사자의 경우, 암컷 새끼는 어느 정도 성장하면 보통 3분의 1은 무리를 떠나 독립하여 새로운 무리를 형성하고, 수컷은 만 4살 무렵에 홀로 독립해서 다른 수컷들과 연합을 형성한다. 그렇기 때문에 사자 무리의 규모는 기껏해야 몇 십 마리 수준에 머물고, 밀도도 더 이상은 커지지 않는다. 이웃 무리와 영역싸움을 하더라도 한두 마리의 수사자가 상처를 입는 정도로 결판이 나고 만다.

침팬지의 영역싸움도 마찬가지이다. 침팬지 무리의 구성원들은 대부분 부모, 형제, 사촌과 같은 친척관계인데, 암컷과 수컷을 다 합쳐봤자 대략 30~60마리 정도밖에 안 된다. 수컷 침팬지가 수사자와 다른 점은 태어나서 죽을 때까지 공동체에 속해 지낸다는 점이다. 암컷 침팬지는 30~50개월이라는 상당히 긴 시간 동안 젖을 먹여 새끼를 기른다. 수컷 침팬지 역시 연합체를 꾸리는 경향이 있다. 이웃 무리를 습격하거나 방어해야 할 때 협력이 필요하기 때문이다. 그렇더라도 이들의 영역싸움이 집단적 폭력싸움으로까지 번지는 사례는 매우 드물다. 싸움의 수단이 거의 맨몸뿐인데 아무리 힘이 센 침팬지라도 어른 2마리면 제압이 가능할 터이기 때문이다. 맨몸으로 싸우는 상황이라면 어느 한쪽이 일방적으로 이득을 보기는 어렵다. 그러므로 대개는 위협적 신호만 주고받다가 판세를 보고 어느 선에서 끝내게 된다.

인간의 경우는 어떤가? 왜 전쟁이라는 이름의 영역싸움은 그토록 규모가 크고, 사상자도 많을까? 전쟁으로 인해 초래되는 막대한 규모의 피해는 '인구가 많아서'라는 이유만으로는 설명되지 않는다. 다시 말해, 인류가 사자와 침팬지처럼 맨몸으로 치고받고 물어뜯는 식으로만 싸웠다면 싸움이 그렇게까지 커지려야 커질 수 없었을 것이다. 그랬다면 고대의 그 어떤 중앙집권적 국가도 건설되지 못했을 것이고, 지구의 몇 분의 일이나 차지하는 제국들도 출현하지 않았을 것이며, 제2차 세계대전에서 6,000만 명 이상의 사상자가 발생하지도 않았을 것이다. 베트남전, 한국전, 이라크전 등 모두 마찬가지이다.

여기에는 결국 '도구'가 관련된다. 돌이켜보면 사실, 인간의 영역싸움은 인간의

내적 폭력성이 아니라 인간이 발명한 외적 도구의 파괴력에 비례하여 기하급수적으로 그 규모가 증폭되어왔다. 예를 들면 화살로부터 시작해서 칼, 창, 총, 전차, 미사일, 비행기에 이르는 수많은 물리적 도구가 무기로 사용되었고, 일본의 히로시마廣島와 나가사키長崎에 투하된 원자폭탄은 한꺼번에 약 20만 명을 저세상으로 보냈다. **인간은 문명적 도구를 활용해 야만적인 본능을 충족시켜온 셈이다.**

인간이 사용한 도구에는 물리적 도구만 있었던 것이 아니었다. 전쟁을 수행하기 위해서는 무기를 사용해 임무를 수행할 군인도 필요하다. 군대 조직은 인간에 의한 인간의 도구화를 뜻하며, 인간의 도구화 없이 대규모 전쟁은 불가능하다. 물론 인간의 도구화에는 부정적인 뜻만 있는 것은 아니다. 이론적으로만 보면 '서로가 평등한 상태에서 협력적으로 이루어지는 분업'이라는 이상적인 의미로도 생각해볼 수 있다. 그런 게 진정한 의미의 협력일 것이다.

하지만 현실은 그렇지 않다. 대규모 전쟁을 위한 협력 뒤에는 주요 무력과 정치·경제적 권력이라는 도구를 독점한 자들이 지배층을 차지하고, 그들이 자신의 권력을 통해 다른 인간들을 군인이라는 형태의 도구로 사용하는 불평등 구조가 존재했다. 역사상 대부분의 기간 동안 인간에 의한 인간의 도구화는 대등한 협력적 분업이라기보다는 지배층에 의한 중앙집권적 권력 체제 및 계급 구조 하에서 형성된 사용자-도구 간의 불평등 관계를 의미했다.

이렇듯 인간의 경우 신체적 조건보다는 후천적으로 누가 어떤 도구들을 획득하느냐에 따라, 그리고 다른 인간들을 어떤 식으로 도구화하여 피라미드 조직을 구축하느냐에 따라 개인이 휘두를 수 있는 힘의 크기가 달라진다. 거대한 피라미드의 꼭대기에 오른다는 것은 사실상 개인의 신체적 한계를 초월한 초인이 되는 것이나 다름없다. 쉽게 말해, 팔 대신 망치를 쓸 때와, 대포를 쏠 때와, 기갑부대라는 조직을 부릴 때와, 원자폭탄 투하 임무를 띤 공군부대를 수하에 둘 때의 차이를 비교해보라.

지배층이 사용한 도구 가운데에서 빼놓을 수 없는 것이 더 있다. 군인들이 군에서 이탈하지 않고 잘 싸우도록 마음을 움직이기 위한 애국심이라든가 충성심, 보상 및 처벌제도, 전 국민의 지원을 이끌어내기 위한 민족주의, 종교적 믿음, 이데올로기, 프로파간다 등 수많은 추상적 도구들이 그것이다. 알다시피 인간의 행동 특성상, 다수의 대중을 지배하는 최고의 방법은 그들 개개인의 생각, 감정, 믿음을 통제함으로써 <u>스스로</u> 어떤 방향으로 행동하게끔 만드는 것이기 때문이다. 또 그렇게 하지 않고서는 애초부터 다수로부터 효과적으로 원하는 행동을 이끌어내기 어려운 존재가 인간이다.

인간의 대규모 '영역싸움'은 이 모든 도구가 활용된 결과이다. 그리고 그러한 도구의 발달과 맞물려 확대된 피라미드의 규모에 비례하여 증폭된 것이다. 결론적으로, 전쟁이라는 이름의 집단 간 영역싸움은 자연 상태의 폭력적 본능의 수준을 뛰어넘는 것, 즉 대단히 인위적인 인공물이다.

물론 그럼에도 불구하고 도구는 도구일 뿐이다. 그 쓰임새와 가치는 어디까지나 인간의 선택에 달린 문제임에 틀림없다. 이 점과 관련하여 우리가 잊지 말아야 할 또 한 가지 사실은, 지난 역사 동안 도구는 인간의 폭력성뿐만 아니라 이타적 공감 능력에도 날개를 달아주었다는 것이다. 예를 들어 종교는 국경을 초월하여 많은 사람들이 서로를 사랑으로 포용할 수 있게 해줬고, 책이나 라디오, TV, 인터넷, 영화, 음악, 예술과 같은 경우 지구 반대편 사람들의 이야기에 공감하고 그들을 아주 가깝고 친근한 사람처럼 느낄 수 있게 해줬다. 물론 그렇다고 해서 인간의 폭력성이 가진 파괴력이 또 다른 종류의 도구로 인해 자연 상태에서는 도달할 수 없는 수준으로 증폭될 수 있다는 사실이 바뀌지는 않을 테지만 말이다.

　이제 우리는 이런 결론에 도달하지 않을 수 없다. 그렇게 도구가 인간의 폭력성과 이타적 공감 능력 모두를 인위적으로 증폭시킬 수 있다면 사회적 차원에서 '그러한 도구를 어떻게 사용할 것인가'가 우리 모두에게 핵심적인 문제라는 것이다. **이제 '동물보다 더 영리하고 축적된 문명도 갖고 있는 인간이 이보다 더 나은 행동을 할 수는 없을까'란 질문에 대한 답을 찾기 위해 우리가 관심을 돌려야 할 문제는 '인간이 발명해낸 그 모든 강력한 도구들을 어떻게 다룰 것이냐'로 귀결됨을 알 수 있다.**

PART 3

피라미드와
반反피라미드의
역사

Chapter 17

불평등 피라미드 사회의 출현

인간 사회 버전의 서열 질서는 구체적으로 어디서부터 시작되어 어떻게 거대한 피라미드 질서로 확대되었을까? 재레드 다이아몬드Jared Diamond 1937- 는 『총, 균, 쇠Guns, Germs, and Steel』에서 인류의 사회 단위를 규모와 역사적 발전단계에 따라 4개의 카테고리로 나누었다. 5~80명으로 구성된 무리band, 수백 명 단위로 구성된 부족tribe, 수천 명에서 수만 명에 이르는 족장사회chiefdom, 5만 명 이상의 국가state가 그것이다. 그의 설명을 요약하면 이렇다.

무리 ─────────

원시인은 수렵채집 생활을 했다. 이들은 일정한 정착지 없이 다 같이 식량을 찾아 이동 생활을 했으며, 누구든 몸을 움직일 수 있는 한 예외 없이 수렵채집 활동에 참여했다. 집단의 규모나 밀도는 자연 상태에서 지내는 침팬지나 사자 무리의 그것과 비슷하게 대략 5~80명 정도의 구성원 수준으로 유지되었다. 구성원의 거의 대부분은 하나의 확대가족 또는 출생이나 혼인을 통해 친인척 관계를 맺은 몇 개의 확대가족에 속한다.

부족 ─────────

이 모든 것을 혁명적으로 바꿔놓은 것은 좁은 지역 내에서도 풍부한 먹거리를 사냥·채집할 수 있게 해준 환경과 원시적인 농경 기술의 발달이었다. 그것은 식량 생산량 증가와 인구밀도 증가 간의 상호촉매작용을 일으켰고, 결과적으로 폭발적인 인구 증가를 가져왔다. 약 1만 3,000년 전 비옥한 초승달 지대에서 처음으로 인류가 정착생활을 시작한 이유도 여기에 있다. 이들은 구성원의 규모가 수십 명을 넘어 수백 명에 이르는 부족을 형성해 살았고 최초의 고대 문명도 탄생시켰다.

일반적으로 무리나 부족 단위의 사회는 공히 계층의 분화 없이 평등했다. 구성원 모두가 똑같은 비중으로 의사결정에 참여했다는 것은 아니지만, 그렇다고 정보와 의사결정을 독점한 공식적인 지도자가 따로 있었던 것도 아니었다. 영향력 있는 주요 인물은 존재했다. 그렇지만 그의 영향력은 개인적 자질로 인해 자연스럽게 사회적 인정을 받은 데서 나온 것일 뿐, 공식적인 지위에서 기인한 것은 아니었다. 그러한 영향력은 세습되지 않았고, 따라서 빈부격차의 원인이 될 수도 없었다. 경제는 어디까지나 개인이나 가족 서로 간의 호혜적 교환에 기초했다.

여기까지만 해도 어느 정도의 서열 질서만 존재하는 사자 무리와의 유사성이 남아 있는 것처럼 보인다. 그러나 다음 단계의 사회로 가면 그 유사성은 현저히 줄어든다.

족장사회 ─────────

7,500년 전쯤인 기원전 5,500년경 비옥한 초승달 지역에, 그리고 기원

전 1,000년경 중앙아메리카와 안데스에서 족장사회가 등장한 것으로 보인다. 이 사회 단위의 인구 규모는 부족보다 상당히 커져서 수천에서 수만 명에 이른다. 그 정도 되면 대다수의 구성원들이 서로 이름도 모르는 관계인 만큼 사회 내에 심각한 갈등이 잠재하게 된다. 이젠 종종 낯선 사람들과 부딪치더라도 서로 죽이지 않고 지내도록 해야 했다. 그러기 위한 한 가지 해결책은 인류 역사상 처음으로 무력 사용권을 족장이 독점하는 것이었다.

족장은 공식적으로 중앙집권화된 권력을 소유한다. 그 지위는 대대로 세습되며 주요 정보를 독점하고 의사결정을 내릴 권한을 갖는다. 족장이라는 특별한 신분과 더불어 등장한 것이 노예제이다. 주로 타 부족에 대한 습격을 통해 공급된 노예들은 부족한 노동력을 제공하는 역할을 했다. 노예의 존재는 계급의 출현을 뜻한다.

경제는 이제 상호 간의 호혜적 물물교환이 아닌 재분배 시스템을 통해 돌아갔다. 수확기에 족장이 평민으로부터 곡물을 수거해 보관하고 있다가 다음 수확기가 될 때까지 조금씩 푸는 것이다. 족장은 곡물 이외에도 각종 물품이나, 공동 토목 공사를 위한 노동력도 징발했다. 이후 이것은 공물을 거두는 시스템으로 발전하며 세금제도의 전신이 되었다. 그것이 소위 도둑정치^{kleptocracy}의 길을 열어놓고 말았다. 도둑정치란 쉽게 말해 족장이 공물을 사적으로 빼돌리는 것을 말한다. 재분배 일을 수행하는 과정에서 족장이 마음먹기에 따라서는 본인이나 본인의 측근에게 더 큰 혜택이 돌아가게끔 운영하는 일이 얼마든지 가능해지기 때문이다. 따라서 현명한 정치가와 도둑 정치가의 차이는 소수의 지배층이 공물의 몇 퍼센트를 자기 몫으로 챙기고 몇 퍼센트를 평민에게 나눠주느냐 하는 문제에 불과할 수 있다.

이쯤해서 이런 의문이 제기될 만하다. "그러면 소수가 집단적 노동의 결실을 빼돌리고 있는 동안 나머지 구성원들은 대체 뭘 했을까? 왜 그렇게 되도록 내버려뒀을까?" 답은 도둑 정치가가 대중의 지지를 얻는 몇 가지 방법을 사용할 줄 알았기 때문이다. 이를테면 소수 지배층을 제외한 나머지 일반 대중의 무장을 금지함으로써 폭력적 충돌을 억제하고 공공질서를 유지하는 것이 그 한 방법이다. 또 다른 방법은 자신의 중앙집권적 권력과 권위를 정당화하는 이데올로기, 초자연적 믿음, 종교 등을 내세우는 것이다. 족장사회에는 족장의 권위를 뒷받침해주는 이데올로기가 특징적으로 나타난다. 그것이 제도화된 종교의 원형이다. 족장은 정치 지도자와 사제 역할을 겸하거나, 아니면 자신의 이념적 정당성을 제공하는 사제를 별도로 내세우고 뒤에서 지원했다. 또한 자신의 권력을 상징적으로 보여주는 사원 건축이나 공공사업에 공물을 바친다.

물론 제도화된 종교나 이데올로기가 도둑정치를 정당화시키는 역할만 한 것은 아니다. 그것은 아무런 친인척 관계로 얽히지 않은 타인들이 살인을 하지 않고 종교적 연대감 속에서 평화롭게 지내는 데 도움을 주기도 했다.

국가 —————

문자의 등장과 함께 사회는 인구가 5만 명이 넘는 더욱 복잡한 형태의 국가로 발전한다. 국가가 등장한 시기는 언제였을까? 메소포타미아 Mesopotamia (티그리스와 유프라테스 강 사이의 지역. 현재의 이라크, 시리아 북동부, 이란 남서부 지역)에서는 기원전 3,700년에, 중앙아메리카는 기원전 300년에, 안데스, 중국, 동남아시아는 지금으로부터 2,000여 년 전에,

그리고 서아프리카에서는 1,000여 년 전에 국가가 생겨났다.

초기 형태의 국가가 되면 대개 노예제가 실시되는데, 그 이유는 대대적으로 경제적 분업, 대량생산, 공공사업이 시행되면서 노예 노동력이 더욱 절실해지기 때문이다. 이 단계에서는 국가 간 전쟁, 즉 피라미드 체제 간 영역싸움이 대규모화되기 때문에 노예 공급도 원활해진다.

이제 국가는 씨족이나 혈연의 범위를 넘어 정치·지리적 경계선을 가진 사회적 단위가 되고, 따라서 다양한 언어를 사용하는 다민족 국민을 통치하게 된다. 그런 만큼 국민 통합에 필요한 국가적 종교와 표준화된 사원이 등장한다. 왕은 성스러운 존재로 승격되고 그에 걸맞은 대우를 받는다. 초기 형태의 국가에서는 왕이 종교의 수장을 겸하기도 한다. 그렇지 않은 경우에는 별도의 고위 사제를 둔다.

더 큰 피라미드가
이기는 게임의 시작 ──────

이 모든 변천 과정, 즉 무리, 부족, 족장사회, 국가로의 진행은 결코 평화롭지 않았다. 대체로 전쟁이나 위협을 통해 강자가 약자를 집어삼키는 정복과 합병 방식으로 진행되었다. 미국의 인류학자 로버트 카네이로Robert L. Carneiro 1927-의 말처럼 전쟁은 작은 자치 집단들을 무너뜨리고 더 큰 정치 단위가 들어서는 메커니즘이었던 셈이다. 피라미드의 규모가 커질수록 전쟁에서 승리할 가능성은 높아진다. 왜냐하면 의사결정권자가 중앙집권화된 권력을 이용해 더 많은 군대와 자원을 집중하기가 쉬워질 뿐 아니라, 구성원들이 자발적으로 목숨 바쳐 싸울 수 있게끔 종교나 애국심 따위의 이데올로기를 강화하기 때문이다. 그래서 더 큰 피라미드 체제가 작은 피라미드 조직을 흡수·합병하기가 대체로 더 쉬워진다.

동물 세계에서는 우두머리 서열이라 해도 가져갈 수 있는 혜택이 한정적이다. 대체로 우두머리는 아래 서열에 비해 더 많은 이동의 자유, 먹이와 번식 상대에 대한 우선적 접근권, 더 좋은 휴식처와 안전한 위치를 차지하고, 덕분에 스트레스나 질병에 대한 저항력이 좀 더 큰 정도를 누린다. 물론 동물은 그것만으로도 우두머리 지위를 차지하기 위해 애쓴다. 그러나 우두머리의 우월성은 거의 신체적 한계로 제한되므로 노쇠하거나 병들면 어쩔 수 없이 새로운 젊은 도전자에게 권좌를 물려주어야 한다. 권력 교체는 자연스러운 현상이다.

그러면 인간 사회의 지배층이 누릴 수 있는 혜택은 어느 정도일까? 그 지점에서 다른 사회적 동물과 결정적으로 다른 특징이 발견된다. 그 혜택이 신체적 한계에 국한되지 않고 지배층이 독점한 도구의 위력에 따라 기하급수적으로 늘어난다는 것이다.

이론적으로 사회가 커지면 자연스럽게 분업이라는 형태로 서로가 서로의 도구로서 기능하게 되지만, 보이지 않는 가운데 수직적인 차원에서도 인간의 도구화가 진행된다. 그 결과, 왕과 귀족은 전 국민을 도구로 사용하고, 평민은 평민대로 그 밑의 노예를 도구로 부리는 거대한 피라미드 구조의 생태계가 형성된다. 맨 꼭대기에 있는 왕은 누구도 쉽게 넘볼 수 없는 궁궐과 호위병에 둘러싸여 대대로 보호된다.

그러므로 계급 질서 속에서 일단 왕과 귀족, 평민, 노예 계급의 간극이 어느 수준 이상으로 벌어져 자리를 잡고 나면, 그 구도를 깨기란 여간해서 쉽지 않다. 이미 지배층이 중앙집권화된 권력을 통해 군사, 정치, 경제, 종교, 문화, 이데올로기 등 거의 모든 분야의 도구를 틀어쥐기 때문이다. 무엇보다도 2부에서 다룬 '3인칭 처벌'의 기준이 될 법을 제정하고 집행하는 주체가 되기 때문이다. 법은 그 사회를 지배하는 규범과 정의의 기준을 제시해주는 역할을 하는데, 그 법을 만들 권한을 지배층이 독점하게 된다. 올바른 행동이란 '강자에게 유리한 것을 하는 것'이라고 설파한 고대 그리스의 철학자 트라시마코스Thrasymachus, BC 459-400의 정의관도 그런 맥락에서 나온 것이다.

그래서 일단 계급 질서가 굳어지고 나면 사회는 더 이상 그 이전의 상태로 돌아가기가 어렵게 된다. 피라미드 시스템은 제도적으로뿐만 아니라 문화적으로도 점점 더 견고하게 강화되기 십상이다. 실제로 그 결과 근대에 이르기까지 수천 년 동안 전 세계에 피라미드 시스템이 이어져오며 사회 깊숙이 뿌리를 내렸다. 동시에 바로 그런 만큼 사회의 저변에서는 고통스러운 불평등의 굴레에서 벗어나고자 하는 많은 사람들의 열망과 저항이 또 하나의 끈질긴 역사의 물줄기를 형성했다.

Chapter 18

함무라비 법전 –
견고한 피라미드 사회의 서막

인간 사회의 피라미드 구조의 원형을 엿보게 해주는 사료가 있다. 인류 역사상 가장 오래된 법전 중 하나인 함무라비 법전이다. 이 법전은 국가가 세력을 확장하기 시작하던 시점인 기원전 1,772년 당시 세계 최대 규모의 바빌로니아 제국Babylonia(현재의 이라크의 대부분과 시리아, 이란의 일부)의 함무라비 왕이 제정한 것이다.

총 282개 조항 중 절반 정도는 상업적 거래 조건과 계약에 관한 내용이고, 3분의 1 정도는 재산상속, 이혼, 아내의 의무 등 가정 문제에 관한 조항이다. 재판관의 의무를 명시한 조항도 하나 있다. 이 법전의 조항들은 고스란히 당대의 정의의 개념을 구성한다고 볼 수 있다. 그 내용을 통해 우리는 피라미드 사회의 지배층에 의해 대행된 '3인칭 처벌'이 어떻게 지배층 자신들의 이익에 봉사했는지를 구체적으로 확인할 수 있다.

함무라비 법전에서 가장 먼저 눈에 띄는 특징은 그 유명한 "눈에는 눈, 이에는 이"라는 원칙이다. 계약 및 거래 조건을 다룬 조항들에는 의사, 건축업자, 경작자 등이 등장하는데 그중 건축업자가 부실공사를 할 경우 어떤 결과가 기다리고 있는지를 보자.

• 건축업자가 집을 지었는데 제대로 짓지 않아 무너지는 바람에 집주

인이 죽었다면 건축업자를 죽인다.(제229조)

- 죽은 사람이 집주인의 아들일 경우 건축업자의 아들을 죽인다.(제230조)
- 죽은 사람이 집주인의 노예일 경우 집주인에게 노예를 제공해 이를 보상한다.(제231조)

미국의 한 토론 사이트에서는 이런 식의 '눈에는 눈, 이에는 이' 방식의 형벌이 필요하다고 생각하느냐는 설문조사가 상시적으로 진행되는데, 때에 따라 약간씩 달라지기는 하기는 하지만 최근 몇 년 동안 계속해서 찬반이 거의 반반으로 갈려 왔다.[75] 현대인의 입장에서도 보편적인 정의의 원리와 관련하여 논란의 여지가 남아 있는 문제임을 보여준다.

그러나 다음 조항은 '눈에는 눈, 이에는 이' 식의 형벌과도 또 다르다.

- 내연관계에 있는 사람이나 매춘부에게서 난 아들이 자신의 양아버지나 양어머니에게 "당신은 내 아버지나 어머니가 아니다"라고 말하면 그의 혀를 자른다.(제192조)
- 아들이 아버지를 후려치면 아들의 손을 자른다.(제195조)
- 노예가 주인에게 "당신은 나의 주인이 아니다"라고 말했다는 사실이 인정되면 주인은 노예의 귀를 자른다.(제282조)

사소해 보이는 언행을 근거로 타인의 신체를 훼손하도록 한 법 조항이 6

---

75 "Is an eye for an eye compensation a just punishment?", http://www.debate.org/opinions/is-an-eye-for-an-eye-compensation-a-just-punishment. 2017년 11월 기준 현재 찬성이 53%, 반대가 47%이다. 대체로 50 대 50에 가까우나 시사적 상황에 따라 다소 오르락내리락한다.

● ● ● 미국 뉴욕 자연사박물관에 전시된 함무라비 법전 돌기둥
(출처: https://en.wikipedia.org/wiki/Code_of_Hammurabi)

개나 된다. 그런데 끔찍한 형벌을 받아야 할 대상을 보면 수직적 주종 관계가 드러난다.

또한 현대인이 이해하기에는 너무나 황당해 보이는 조항도 있다.

누가 어떤 사람을 고소하여 해당 피고인이 강물에 뛰어들었는데 그 후 익사하면 고소인이 피고인의 집을 소유한다. 그러나 피고인이 살아 나와서 강이 그의 무죄를 입증하고 나면 고소인을 죽이고, 고소인의 집을 소유한다.(제2조)

피고인은 왜 강물에 뛰어들었을까? 이유는 그 당시 명확히 입증이 어려운 사안의 경우 강물에 뛰어드는 것이 진실을 가리는 한 방법이었기 때문이다. 여기에서 말하는 강이란 바빌로니아인들이 신성하다고 여겼던 유프라테스 강을 가리킨다. 유프라테스 강의 신이 자신들의 운명을 결정한다고 믿었던 그들은 강물에 뛰어든 피고인이 안전하게 강변으로 살아 돌아오면 무죄이고, 익사하면 유죄라고 믿었던 것이다. 어처구니가 없는 법 조항이 아닐 수 없다. 그런데 이렇게 피고를 강물에 던져서 죄의 유무를 가리거나 형벌을 내리도록 한 조항이 함무라비 법전 속에 7개나 들어 있다. 하지만 어쩌랴, 그 시대 사람들의 믿음을 반영한 게 정의인 것을. 현대라는 시계탑 꼭대기에서 조망해보면 얼토당토않게 비과학적일 뿐 아니라 정의의 개념과도 거리가 멀겠지만 말이다.

바빌로니아인처럼 죄의 유무를 가리기 위해 사람을 강물에 뛰어들게 하는 일은 중세까지 계속되었다. 이를 일컬어 '시련에 의한 심판Trial by ordeal'이라고 한다. 시련ordeal이란 판결judgement, 평결verdict이라는 뜻을 나타내는 고대 영어 단어이다. 중세 유럽으로 가면 이런 식의 심판에 등장하는 메뉴가 불, 끓는 물, 차가운 물, 끓는 기름, 독 등으로 늘어난다. 바빌로니아인처럼 그들 역시 피고가 정말 무고하다면 신이 기적을 내려 살려주리라고 믿은 결과였다.

예를 들어, 중세에 간통은 고문으로 목숨을 잃을 각오가 되어 있지 않다면 절대로 저지르지 말아야 할 행위였다. 간통 혐의를 받은 룩셈부르크의 큐니건드Cunigunde라는 여인의 경우, 자신의 무고함을 입증하기 위해 시뻘겋게 달아오른 쟁기 날 위를 걸어야 했다. 이른바 '불에 의한 심판'을 받기 위해서였다. 그런 경우 통상 3미터 정도 되는 길이의 날 위를 걷게 되는데 그러고 나서도 아무런 상처를 입지 않거나, 상처를 입었더라도 반창고 같은 것을 붙이고 3일 뒤에 재검사했을 때 어느 정도 아문 상태가 되어 있어야 한다. 그렇지 않고 곪았거나 악화되어 있으면 추방 또는 처형을 당했다. 놀라운 일은 큐니건드처럼 실제로 이런 시련을 이겨낸 용감하고 강인한 여인들이 있었다는 사실이다.

기원후 6세기경 서게르만인의 부족법 중에서 가장 오래된 살리카 법전 Lex Salica은 뜨거운 물에 의한 심판 과정을 자세히 들려준다. 이 심판을 받는 사람은 끓는 물주전자 속에 손을 집어넣어 돌을 꺼내야 한다. 물의 온도는 끓는 수준이어야 하고, 꺼내야 할 돌이 놓인 위치는 고발된 혐의의 개수에 따라 팔목과 팔꿈치 사이의 깊이였다. 심판 장소는 참석자가 여럿 있는 교회이어야 하고, 심판에 임하기에 앞서 신에게 진실을 밝힐 수 있게 해달라고 기도를 하도록 되어 있다. 심판을 받는 피고가 돌을 꺼내고 나면 손을 결박한 다음 3일 뒤에 차도를 보고 죄의 유무를 판단한다. 이런 방식의 심판이 12세기까지 대략 600년 동안이나 가톨릭 교회에서 시행되었다고 한다.

중세에 행해진 마녀에 대한 물의 시련 가운데에는 함무라비 법전에서 본 것과는 정반대의 양상을 띤 경우도 있었다. 집행관들은 마녀로 의심되는 여성을 로프로 묶은 다음 배를 타고 강물 한복판에 가서 빠뜨린다. 그런 다음 배 위에서 로프를 잡고 그 여성이 떠오르는지 가라앉는지를 관찰한다. 가라앉는다는 사실이 확인되는 순간 얼른 줄을 잡아당겨 구조하기 위함이다. 그러니까 물에 빠진 후 익사해야 마땅한데 그렇지 않고 살아서 떠오르면 오히려 악마라고 믿었던 것이다. 그런 믿음의 근거가 대체 무엇이었을지는 스코트랜드의 왕 제임스 4세James IV가 자신의 귀신학을 근거로 주장한 다음 내용에서 엿볼 수 있다. "물은 순수한 물질이라 죄를 배격하므로 무고한 여성이라면 강물에 가라앉을 것이고 마녀라면 강물 위로 떠오를 것이다." 헝가리에서는 이런 식의 시련이 1728년까지도 계속되었다.

오늘날의 기준으로는 이런 재판 방식 자체가 끔찍한 범죄행위다. 이것이 정의를 위한 재판이었다면 당시의 정의라는 개념은 오늘날의 그것과 크게 달랐던 셈이다. 다만 이런 식으로 진실을 판별할 수 있다는 믿음이, 적어도 교회 권력을 중심으로 한 가부장적 사회질서 유지에는 대단히 강력한 효과를 발휘했으리라 짐작할 수 있다. 손이나 발 가죽이 홀러덩 벗겨지고 강물 속에서 숨이 막히는 느낌은 상상만 해도 몸서리치니까. 2부에서 다뤘던 '처벌'과 '폭력' 간의 차이에 대해 다시금 생각해보게 만드는 대목이 아닐 수 없다.

이렇듯 정의라는 개념은 그 시대, 그 사회의 구조, 종교적 믿음, 과학적 발전, 그 외의 많은 것들이 뒤섞여 만들어내는 요리 같은 것이다. 공교롭게도 그 요리는 늘 그 사회의 강자의 입맛에 맞아떨어졌지만 말이다.

함무라비 법전은 누구에게 이로운가? ————

지금까지 살펴봤듯이 함무라비 법전의 상당 부분은 오늘날 현대인이 생각하는 정의의 개념에 부합하지 않는다. 당시 시대적 여건이 어떠했든지 간에 "그런 방법밖에 없었을까? 더 나은 방법이 있지 않았을까?"라는 생각을 하게 된다. 수천 년 역사를 조망할 수 있는 전망대 위에 오르게 된 우리는 더 좋은 많은 길들을 바라볼 수 있기 때문이다.

하지만 그들에게 왜 더 좋은 정의, 도덕, 법을 세우지 못했느냐고 비난하는 것은 마치 호모사피엔스에게 왜 농경을 시작하기까지 10만 년 넘게 걸렸느냐고 면박을 주는 것과 같을지 모르겠다.

함무라비 법전의 '눈에는 눈, 이에는 이' 원칙을 현대 법은 인정하지 않는다. 정의에 어긋난다고 규정한 것이다. 이렇게 반문할 현대인도 있을 것이다. 눈을 잃고 평생 살아가야 할 피해자의 억울한 심정과 고통을 이해한다면 함무라비 법이 공정치 않다고 할 수 있을까? 나쁜 범죄자를 감옥에 수용하여 먹여주고 재워주기 위해 우리의 세금을 사용하는 것이 잘 하는 일일까?

이런 질문들에 정답이 있다고 생각하지 않는다. 서로 반대되는 입장에 처한 사람들을 동시에 만족시킬 만한 정답은 없을 것이다. 오죽하면 현대에 와서까지도 논란의 대상이겠는가.

무엇보다 고대 바빌로니아인들에게는 그런 질문들이 지나치게 사치스러울 것이다. 감옥을 짓고 투옥된 범죄자들을 관리하는 데 쓸 유휴 인력이 있다면 그 인력에게 군사훈련을 시키는 일이 더 시급했을 것이다. 크고 작은 도시국가들이 끊이지 않는 전쟁 속에서 명멸하던 시대 아니었던가. 함무라비 역시도 왕이 된 후 정복전쟁을 계속하여 남부 메소포타미아

지역의 10여 개의 도시국가뿐 아니라 동서 지역(오늘날의 이란과 시리아)까지 통일시켰다. 그러나 남부 바빌로니아 지역은 국경 역할을 하는 방어물이 없었기 때문에 언제든 외부의 침략에 취약했고, 실제로 함무라비가 죽은 후 제국이 급격하게 붕괴되었다.

따라서 "바빌로니아가 세금으로 범죄자를 먹이고 재우고 관리하는 데 몇 명 정도의 인력을 할당하는 게 적당할까?"와 같은 질문은 '바빌로니아 시대로부터 수천 년의 시간적 거리만큼이나 우리와는 아주 멀리 떨어진' 이야기이다. 결국 '눈에는 눈, 이에는 이' 원칙이 당시로서는 '경제성' 대비 최고로 '합리적'인 방식이었을지 모른다. 적어도 함무라비 법전의 정의의 원칙은 2부에서 살펴봤던 생물의 필수적 생존 원리인 '보복'의 필요성을 100% 충실히 반영해준 것만은 확실하다. 오늘날 훨씬 정교하게 깎고 다듬어진 정의의 기준과 비교하면 '눈에는 눈, 이에는 이' 원칙이 허술하고 미흡해 보일 수 있으나 어쨌거나 '정의'라는 개념의 원형을 보여주는 것임에 틀림없다.

이번에는 다른 질문들을 던져보자. 이를테면 '누가 왜 이런 법을 만들었을까? 그런 법 제정과 집행의 배경은 무엇인가? 그리고 그 법은 누구에게 이롭거나 영향을 미칠까?' 같은 것들이다.

함무라비 법을 누가 만들었는지는 이미 알고 있다. 함무라비 왕이다. 그런 법 제정과 집행의 배경은 이렇게 알려져 있다. 바빌로니아 지역의 도시국가들을 정복한 함무라비로서는 여러 다양한 종족들을 효과적으로 통치하기 위한 중앙집권적 질서가 필요했고, 통일된 분쟁해결 방안이 필요했다. 이를 위해 그는 법률 전문가들로 하여금 각지를 돌며 기존의 법들을 취합하도록 했고, 이를 수정하여 함무라비 법전을 집대성했다. 이후 이 법전은 천 년 동안이나 영향력을 발휘했다.

그러면 그 법은 누구에게 어떤 도움을 주거나 영향을 미쳤을까? 전체적으로 사회를 안정시키고 질서를 유지하는 데 효과적이었을 것이다. 그러나 안정과 질서라는 이름의 포장지를 걷어내면 지배층과 피지배층으로 나뉜 피라미드 구조가 드러난다. 무거운 짐을 짊어진 자들과 그들 덕분에 홀가분하게 짐을 덜어낸 자들의 계층 구조 말이다.

법전의 내용을 들여다보면 강력한 사유재산 보호(당시 광의의 사유재산에는 사실상 여성, 자식도 포함된다), 신분제, 가부장적 사회질서유지가 주요 목적임을 엿볼 수 있다. 그 밖에도 치안 및 민사·형사적 분쟁 해결에도 도움을 준다.

강력한 '도구 소유권(사유재산)' 보호

오늘날에는 사형제도를 금지하는 나라도 있고, 우리나라처럼 사형제도가 존재하기는 하나 오랫동안 집행하지 않은 나라도 있다. 사형제도를 실시하는 미국 주들의 경우, 사형 판결이 나려면 적어도 1급 살인의 요건에 해당되어야 한다. 1급 살인이란 사전 계획 하에 고의적으로 살인을 한 경우, 또는 미리 계획하지는 않았으나 중범죄를 저지르던 중에 살인을 하게 된 경우를 가리킨다. 함무라비 법전의 사형 요건은 무엇이었을까? 1급 살인 요건과는 상당한 거리가 있어 보인다.

- 도둑질 하다 걸린 사람은 죽인다.(제22조)
- 도둑이 소나 양, 당나귀, 돼지, 염소를 훔치면 그 값의 10배로 보상해 주고 그럴 돈이 없으면 그 도둑을 죽인다.(제8조)

아주 단순하다. 사유재산을 훔친 사람은 곧장 사형에 처해진다. 훔친 대상이 노예인 경우에는 어떠했을까? 마찬가지로 사형이다. 노예도 소와 다름없는 사유재산이었기 때문이다. 노예를 언급한 조항의 개수가 10%가 넘는 것으로 봐서 소보다 더 귀중한 재산이었음을 알 수 있다.

- 노예를 도시 성문 밖으로 내보낸 사람은 사형에 처한다.(제15조)
- 도망친 남녀 노예를 자신의 집에 받아들여 숨겨준 사람은 사형에 처한다.(제16조)
- 도망친 노예를 발견하여 자기 집에 데리고 있다가 들킨 사람은 사형에 처한다.(제19조)

그러니까 노예를 도망치게 하거나, 도망간 노예를 숨겨주거나, 집에 데리고 있는 행위를 사형에 처할 정도의 중죄로 규정한 것이다. 노예 주인에게는 분실한 노예를 되찾을 수 있도록 다음과 같은 지원을 했다.

- 어떤 사람이 도망간 노예를 찾아서 주인에게 데리고 오면 노예의 주인은 2세켈(노예의 일반 가격의 10분의 1에 해당)을 그 사람에게 준다.(제17조)
- 도망간 노예가 주인의 이름을 대지 않을 경우 그 노예를 궁전으로 데리고 간다. 그러면 궁전 측에서 조사를 하여 주인에게 되돌려 준다.(제18조)

이는 노예의 재산적 가치를 보호해주려는 조치이다. 마치 소가 우리를 벗어나 도망칠 경우 그 소를 찾아주어 주인이 원래의 목적대로 경제 활동에 사용할 수 있도록 지원해주는 것과 같다고나 할까.

피라미드식 신분제 및 가부장적 사회질서유지를 위한 행동 기준 공표

함무라비 법전에서 신분이 특정되지 않은 채 '어떤 사람'이나 '모든 사람'이라고만 되어 있는 경우 그 '사람'은 '귀족'을 가리킨다. 왕, 법률가, 고위 관료, 전문직 종사자, 장인이 여기에 포함된다. 자유인은 사실상 평민을 지칭하고, 그 밑의 신분으로는 노예가 있다. 귀족의 경우 출생, 결혼, 사망이 족보에 기록된다. 이들은 조상의 토지를 소유하고 시민권을 가질 뿐 아니라 다양한 특권을 누린다.

함무라비 법전은 법을 어기거나 타인에게 피해를 입힐 경우 신분에 따라 차별적인 형벌을 가하도록 했다. 예를 들면 귀족을 대상으로 피해를 입힌 경우 가해자는 '눈에는 눈, 이에는 이' 수준의 무거운 책임과 처벌을 받게 된다. 하지만 자신보다 신분이 낮은 자에게 피해를 입힌 경우에는 좀 더 가벼운 벌을 받거나 벌금만 내면 된다.

- 어떤 사람이 다른 사람의 눈을 멀게 하면 그의 눈도 멀게 한다.(제196조)
- 그가 다른 자유인의 눈을 멀게 하거나 뼈를 부러뜨렸으면 금 1미나 mina[76]를 물어준다.(제198조)
- 그가 다른 사람의 노예의 눈을 멀게 했거나 뼈를 부러뜨린 경우에는 그 노예 가격의 절반을 물어준다.(제199조)

다음 조항들은 인간 버전의 사회적 서열 질서, 즉 피라미드 질서를 공고히 하려는 의지를 보여준다.

---

76 미나(mina)는 무게를 나타내는 단위로서 1미나는 1.25파운드 또는 0.571킬로그램에 해당했다.

- 어떤 사람이 자기보다 더 높은 신분의 몸을 후려치면 그를 사람들이 보는 앞에서 황소가죽 채찍으로 60대 때린다.(제202조)
- 노예가 감히 주인에게 "당신은 나의 주인이 아니다"라는 말이라도 한 마디 하거나, 자유인의 몸을 후려칠 경우 그 노예의 귀를 자른다.(제205조)

이 같은 질서는 가정 내에서도 적용된다. 다음은 가부장적 사회 질서 속에서 아버지와 아들의 관계가 어떠해야 하는지를 보여준다. 농경사회의 전형적인 특징이기도 하다.

- 아들이 아버지를 후려치면 그 아들의 손을 자른다.(제195조)

여성의 지위는 당연히 남성보다 낮았다. 함무라비 법전에는 결혼, 첩, 자녀, 이혼, 재산 배분 등에 관한 다양한 조항들이 있는데 대부분이 여성에 대한 차별 내용을 담고 있다.

그중 이혼과 관련한 내용을 뽑아보면 이렇다. 남자 쪽에서 아내와 이혼하고 싶으면 이런 말 한마디면 충분했다. "난 당신과 이혼하고 싶다." 단, 아내가 자신의 자식을 낳았느냐 아니냐에 따라 조건이 조금 다르다. 자식을 낳은 경우, 지참금을 돌려주고 밭이나 자산에 대한 사용권도 제공하여 아이들을 기를 수 있도록 해야 한다. 그러다가 남편이 사망하고 나면 아들 한 명과 똑같은 몫의 유산을 상속받고 다른 남자와 결혼도 할 수 있다(제137조). 자식을 낳지 않은 경우, 남편은 처음에 그녀를 사올 때 지불한 비용(또는 금 1미나)과 지참금만 제공하면 친정으로 돌려보낼 수 있다(제137~140조).

반대로, 여성 쪽에서 이혼을 원할 때에는 어떠했을까? 여성은 남편이 자신을 돌보지 않고 책임을 소홀히 했다는 근거를 반드시 제시해야만 했다. 그 근거가 인정되면 지참금을 돌려받고 친정으로 돌아갈 수 있다(제142조). 그러나 아내가 남편과 가정을 잘 돌보지 못한 상태에서 이혼을 원할 경우, 이혼 여부는 전적으로 남편의 뜻에 달려 있었다. 남편이 그녀를 놓아주겠다고 하면 뜻대로 떠날 수 있었지만, 남편이 놓아줄 생각이 없고 그 상태에서 또 다른 아내를 들이게 되면 그녀는 남편의 집에서 노예로 살아야 했다(제141조).

요컨대, 이혼을 한다는 게 남편에게는 쉬웠지만 여성에게는 지극히 어려운 일이었다. 여성은 경제적으로도 아버지나 남편, 자식에게 의존해야 했고, 여차하면 노예 신분으로 떨어져야 했다.

가부장적 문화는 어느 농경사회나 공통된 특성이다. 그러한 문화의 그림자가 뿌리 깊게 드리워졌던 우리나라에서도 불과 몇 십 년 전까지만 해도 여필종부란 표현을 흔하게 들을 수 있었다.

함무라비의 업적 중 하나로 꼽히는 부분은 함무라비 법전을 통해 사회적 정의라는 개념을 확립했다는 것이다. 하지만 그 정의라는 개념이 누구에게 유리하고 누구에게 불리한 것이었는지는 지금까지의 내용을 통해 쉽게 추론할 수 있다. 함무라비 법전을 통해 바라본 바빌로니아 시대의 현실 속 정의正義는 '서열싸움에서 승리한 사자 무리의 우두머리가 정해놓은 규칙'과 유사하다는 인상을 지울 수 없다. 그것은 노예와 여성, 자유인, 귀족, 왕으로 구성된 피라미드 구조 속에서 강자의 뜻을 지배적으로 반영한 것이었다. 그게 당시의 정의의 실체였다.

함무라비 왕 이후 피라미드 간 영역싸움이 계속해서 이어졌고 그와 함께 세력 재편이 이어지는 가운데 계속해서 새로운 '우두머리들'이 배출되었다. 그런 시대의 흐름 속에서 정의의 개념과 원칙은 어떻게 변천해왔을까? 그리고 피라미드의 하위 계층은 과연 그 우두머리들이 정한 '3인칭 처벌 규칙'에 어떻게 반응했을까?

Chapter 19

신이라는 도구 쟁탈전 – 기독교

피지배층의 꿈 – 기독교 ————————

기독교는 노예, 여성, 가난한 사람들의 마음속에 있는 오랜 반란의 꿈이자 위로이자 희망이었고, 실용적으로 의지할 수 있는 지팡이였다. 그것은 로마의 뒷골목과 지하에서 가난한 사람들 사이로 번져나갔다. 고통스러운 현세에 갇힌 가난한 사람들에게 기독교는 또 다른 세계로 도피할 수 있는 출구를 열어주었다. 그것은 바로 영적인 세계였는데, 그곳에서만큼은 이해와 사랑, 존중이 넘쳤다. 그들은 고난을 겪어본 사람 특유의 애틋함으로 결속하고 연대했다.

유대교와는 달리 기독교는 선교에 매우 적극적이었다. 바울은 기독교 선교활동으로 유명한 대표적 인물 중 한 명이다. 그 외에 직선으로 쭉쭉 뻗어있는 로마의 도로망도 기독교가 비유대인에게 널리 전파되는 데 한 몫했다.

로마 제국의 입장에서 볼 때에 초기 기독교는 크게 관심을 끌 만한 종교가 못 되었다. 로마 제국이 북유럽에서부터 북아프리카 사막, 대서양에서 중동에 이르는 넓디넓은 제국이었고, 다신多神을 믿었으며, 제국을 확장하는 동안 각 지역의 문화와 종교에 대해서 너그럽고 개방적인 태도를 보여서 그랬던 것도 있지만, 무엇보다 기독교는 한낱 가난한 소외 계층인 유대인 일파의 종교에 불과해 보였기 때문이다. 유별난 점이 있다면 기독교인들이 유일신을 믿고, 범죄자로 처형당한 예수를 숭배한다는 것이었다. 하지만 기원후 30년경 예루살렘에서 벌어진 예수의 처형 역시 로마 제국의 메인 뉴스에서 헤드라인을 장식할 만한 사건은 아니었으니 예수의 추종자들이 있다는 사실도 그다지 관심을 끌 만한 사안은 아니었다.

기독교의 가장 기본적인 믿음 체계는 이러했다. 신은 오직 하나이다. 세상을 창조한 주인으로서 언제 어디에나 존재하고 전지전능하며 영원하다. 원래 신은 세상을 순결하게 창조했다. 아담과 이브도 마찬가지이다. 그런데 어느 날 그 두 인간이 신의 명령을 어기고 먹지 말라는 '선악의 지식 나무'의 과실을 먹어버리고 말았다 그것을 원죄라고 한다. 진노한 신은 원죄를 지은 아담과 이브에게 저주를 내리고 동산에서 쫓아냈다. 신과 인간의 사이가 틀어지고 만 것이다. 그 형벌로 아담과 이브는 자식을 출산하고, 평생 땅을 일구며 노동을 하다가 죽음이란 것을 맞이해야만 하게 되었다. 둘 사이에서 태어난 자손은 부모인 아담과 이브로부터 원죄를 고스란히 물려받았고, 그렇기 때문에 늘 신의 용서를 빌며 회개해야 한다. 언젠가는 신과 화해를 할 수 있도록 말이다.

다행히도 자비로운 신은 인간을 그냥 방치하지만은 않았다. 인간을 죄와 죽음으로부터 구원해주기 위해 먼저 화해의 손길을 내밀었는데 그것은 황송하게도 자신의 귀한 아들 예수를 지상으로 내려 보내어 인간을 대신해 속죄양이 되도록 한 것이다. 결국 예수는 고통을 짊어지고 십자가에 못 박혀 죽었고, 그로써 인류는 죄를 용서받았다. 신과 화해가 이루어진 것이다.

물론 예수는 사흘 만에 부활하여 천국으로 다시 돌아갔다. 이어 "나를 따르는 사람들 곁에 계속 머물겠다"는 평소의 약속대로 성령을 내려 보내어 어린 양들을 인도하듯 기독교인들을 돌보도록 했다. 성령은 언제 어디에서나 늘 기독교인 곁에 함께한다.

예수의 죽음을 통한 신과 인간의 화해가 처음부터 '속죄'로 불린 것은 아니었다. 1526년 영국의 신학자 윌리엄 틴들William Tyndale 1494-1536이 성경을 번역하던 중 '화해reconciliation'라는 뜻의 라틴어를 옮길 때 '속죄'라는 단어를 최초로 사용한 이후 개정 표준역 성서에서부터 화해가 속죄라는 표현으로 완전히 바뀐 것이다.

기독교가 피지배층에게 어필한 이유 – 피지배층의 마음속 정의

기독교가 최하위 계층을 중심으로 크게 확산되었던 이유는 무엇일까? 한마디로 줄이면, 그들이 원하고 필요로 하는 것을 제공해줬기 때문이다. 이를테면 다음과 같은 것들이다.

첫째, 아무도 돌보지 않는 소외 계층의 눈에 비친 부조리한 세상에 대해 설득력 있는 설명을 제공해준다.

다시 말해 "나는 대체 왜 이토록 고통을 받으며 살아가고 있는가?", "인간 세계는 왜 이토록 사악한 일들로 가득한가?"에 대한 해답을 어려운 철학적 이론이 아닌 쉬운 이야기 형식으로 납득시켜준다.

기독교 교리는 상당 부분 고대부터 이어져 내려온(그리고 아직까지도 남아 있는) 부계사회를 반영한다. 아버지의 족보를 쭉 따라 올라가면 최초의 아버지가 존재한다. 바로 우주만물을 창조한 하나의 조물주인 신이다. 신은 남자의 원조인 아담을 창조했다. 그러고 나서 그의 짝으로 이브를 만들어주었다. 그런데 신과 아담은 평범한 아버지와 아들의 관계와 유사한 점이 있다. 신은 여느 인간 아버지처럼 자식을 사랑하면서도 아주 무섭고 권위적인 존재이고, 아담은 여느 인간 아들처럼 아버지의 뜻을 어기고 잘못을 저지른다는 점이다. 인간이 고난을 겪게 되는 원인은 바로 거기에서 비롯된다. 아담이 아버지의 명령을 어기고 죄의 원조가 된 어떤 짓을 저질렀기 때문이다. 아버지가 먹지 말라는 어떤 과실을 먹은 것이다. 그 과실은 '선악의 지식 나무'의 과실이었다. 아담은 이브의 꼬임에, 이브는 뱀의 꼬임에 넘어갔기 때문이다. 하지만 이 모든 것이 의미하는 바는 인간이 타락하기 쉬운 본성을 가졌다는 것이다.

거대하고 신비한 우주와 인간 세상을 하나의 가족사로 설명하는 이 스토리는 당시 사람들에게 설득력 있는 인식의 틀을 제공했다. 오늘날에도 많은 기독교인들은 당시와 같은 방식으로 세상을 이해하고 있다.

부자지간의 갈등 요소를 중심으로 신과 인간의 관계를 설명하는 대목은 사람들에게 친숙하게 어필했다. 사실 인간이라면 누구나 스스로의 힘만으로는 해결하기 어려운 문제에 부딪히기 마련이고, 그럴 때 도움을 청할 수 있는 아버지 같은 존재를 필요로 한다. 무엇보다 그런 못난 자식을 엄하게 혼내면서도 그 자식을 위해 헌신적으로 희생하는 부모의 존재는 대부분의 사람들이 쉽게 공감할 수 있는 부분이다. 더 나아가, 인간과 세계에 관한 이러한 기독교식 설명은 나의 고통스러운 삶이 나만의 개인적 문제가 아니라 모든 인간의 본질적 문제이며, 비록 세상이 우연하고 부조리한 사건들의 집합장처럼 보일지라도 알고 보면 거룩한 신의 의지가 숨겨져 있는 합리적 공간이라는 믿음을 갖게 해준다.

둘째, 고통으로부터 벗어날 수 있는 쉬운 처방을 제시한다.

내가 이토록 고통받으며 사는 이유는 죄인이기 때문인데, 그 죄는 우리의 시조가 신의 뜻을 거역하고 원죄를 짓는 바람에 저주를 받은 데서 비롯된 것이다. 이 죄는 내가 뭘 어떻게 한다고 씻을 수 있는 게 아니다. 오직 신이 은총을 베풀 때에만 씻기는 것이다. 그런데 다행히도 자비로운 신은 이미 은총을 베풀어 용서해주었다. 내가 미처 그 사실을 모르고 있을 뿐이다. 그러니 이제라도 나는 그 은총을 받아들이기만 하면 된다. 단, 신이 인간의 죗값을 대신 치러줄 속죄양으로 자신의 아들인 예수를 내려보내어 십자가에서 고통스런 죽음을 맞이하도록 했으며, 그로써 인간의 죄가 용서되었다는 사실을 믿어야 한다. 그리고 세례를 통해 신의 큰 사랑과 용서를 받아들여야 한다. 더 나아가, 다른 사람들도 구원을 받을 수 있도록 복음을 전파해야 한다. 그렇게 하면 천국에 가고, 그렇게 하지 않으면 심판을 받아 이단자를 위해 마련된 지옥에 떨어질 것이다.

여기에는 논리상 여러 전제가 깔려 있다. (1) 아담이 최초의 죄를 구성하는 행동을 했다는 사실로 인해 그의 자손들은 모두 자동으로 죄인이 될 수밖에 없다. (2) 누군가를 용서하기 위해서는 제물이 필요하다. 혹은 제물을 바치는 것으로 죄가 용서될 수 있다. (3) 누군가가 (제물이 되어) '나 대신' 처벌을 받을 경우 그로 인해 '나의 죄'가 용서될 수 있다. (4) 신이 나를 용서해주기 위해 친히 자신의 아들을 제물로 내놓았다는 주장은 진실이다.

현대적 정의의 기준에서만 봤을 때 이 가운데 문제의 소지가 있는 부분은 연좌제에 걸리는 (1)과 (3)이다. 왜냐하면 아담과 나는 독립적인 인권을 가진 별개의 존재이며, 따라서 아담이 죄를 지었다는 이유로 나까지 (비非이스라엘인 경우에도) 죄를 지었다는 주장은 인정될 수 없거니와, 누구도 다른 사람을 대신하여 처벌받아서는 안 되기 때문이다.

하지만 기독교가 '원죄'의 개념을 중심에 놓고 제시한 '용서·사랑' 대 '심판·벌'이라는 이분법은 당시 잠재적 신자들을 끌어당기는 흡입력을 발휘했다. 만에 하나라도 그 모든 게 사실이라면(어차피 현세의 삶을 사는 인간이라면 누구나, 의식을 하든 못 하든 간에 크고 작은 죄로부터 완전히 자유로울 수 없을 터이므로) 일단 믿어두는 편이 안전할 것이고, 일단 신자가 되고 나면 기독교 교리상 우리와 그들이 선악으로 이분되는 흑과 백의 세상에서 나는 유리한 백의 편에 속하게 될 것이기 때문이다.

셋째, 가난하고 핍박 받는 소외 계층의 정의감을 대리 만족시켜준다.

신은 자기를 따르는 모든 자들에게 차별 없는 사랑을 골고루 베풀 뿐만 아니라, 특히 예수를 통해 가난하고 핍박받는 자의 편에 서 있음을 보여주었다. 다음은 가난한 사람에 대한 예수의 관심을 엿볼 수 있게 해주는 성경 구절이다.

- 복되도다! 마음이 가난한 사람들이여, 하늘나라가 그들의 것이다.(마태복음 5:3)
- 낙타가 바늘귀로 들어가는 것이 부자가 천국으로 들어가는 것보다 쉽다.(누가복음 18:25)
- 예수께서 대답하셨다. "만일 네가 완전해지고자 한다면 가서 네 재산을 팔아 그 돈을 가난한 사람에게 주어라. 그러면 네가 하늘에서 보물을 얻을 것이다. 그리고 와서 나를 따라라."(마태복음 19:21)
- 주의 영이 내게 내리셨다. 이는 하나님께서 내게 기름을 부으셔서 가난한 사람들에게 복음을 전파하도록 하기 위해서이다. 하나님께서는

포로 된 사람들에게 자유를, 못 보는 사람들에게 다시 볼 수 있음을, 억눌린 사람들에게 해방을 선포하기 위해 나를 보내셨다.(누가복음 4:18)

이렇듯 정의가 가난한 자들의 편이라는 이야기는, 로마시대에 강력한 차별과 착취의 대상이었던 사회적 취약 계층에게는 가히 혁명적인 비전으로 비춰지지 않을 수 없었을 것이다. 특히 신약성서의 예수가 보여준 지극한 사랑과 용서는 그 자체만으로도 울컥한 감동을 줄 만하다. 그들은 미천한 자신들도 신의 사랑과 보살핌을 받을 수 있다는 느낌을 맛볼 수 있었다. 아무것도 가진 게 없는 이들에게 그러한 따뜻한 느낌은 더 없는 위로와 희망은 물론 삶의 의미를 비추는 등대와도 같았다. 또한 현세의 불행과 고통, 가난, 불편을 견딜 힘을 주었다.

한편, 신 앞에 모두가 평등하다는 이러한 믿음은 이후 계몽주의적 평등 사상의 자양분이 되었고, 계급적 자의식을 일깨우는 데에도 일조했다.

넷째, 최하위 피지배층의 무력한 존재성을 반영한다.

기독교적 믿음 체계는 인간을 나약하고 무력할 뿐 아니라 결과적으로 사악한 존재로 규정한다. 그랬기에 뱀의 유혹에 넘어가 먹지 말라는 선악의 지식 열매를 따먹었고, 그로 인해 신의 진노를 샀으나 자신의 힘으로는 그 진노마저 풀 수 없는 존재이다. 오직 신에 대한 무조건적 복종과 신의 자비를 통해서만 구원을 받을 수 있는 것이다.

로마의 취약 계층은 도망갈 데도 숨을 데도 없이 험난한 삶을 받아들이고 견뎌내야만 하는 사람들이다. 그들에게 위안이 될 수 있는 것은 오직 꿈과 소망뿐이다. 그런데 단지 믿기만 하면 신의 자녀에게 부여되는 특권을 손에 넣을 수 있다고 한다. 이 처방은, 무력한 취약 계층이 따르기에 가장 손쉬운 방법이다. 믿음만으로 천국에 갈 수 있다는 것, 그것은 할 수 있는 게 거의 없는 그들에게는 최고로 달콤한 위로이자 희망이지 않을 수 없었을 것이다.

다섯째, 기존의 다른 신들이 자신들에게 해주지 못한 것을 관철시켜줄 더욱 강력한 신이 필요했다.

모든 사람이 신을 믿던 시대였다. 신에게 의지하고 싶은 마음은 다른 어떤 계층보다 하위 계층이 더 간절할 수밖에 없다. 신은 벌을 내리는 무서운 존재이기도 하지만, 내 편이 되었을 때는 소망하는 바를 들어줄 수 있는 든든한 존재이기도 하다. 로마 제국은 황제가 강력한 중앙집권적 권력을 휘두르는 곳이었다. 그런 곳에서 핍박받는 하위 계층 입장으로서는 현실 속 황제처럼 모든 다신을 합체해놓은 듯한 최강의 유일신 개념에 매력을 느끼고 그 신이 내 편이 되어주기를 바라는 것이 어찌 보면 자연스러운 현상 아니었을까?

여섯째, 기독교 공동체와 단체들이 현실적인 자선을 베풀었다.

교회는 가난한 사람들을 받아들이고 돌봐주는 역할을 했다. 실용적 차원에서 보면 복지제도가 존재하지 않는 당시 사회에서 기독교 공동체나 교회는 갈 곳 없는 소외 계층에게 손을 내밀어준 사실상 유일무이한 사회적 자선 기구였다. 이교도인들조차도 기독교인들의 상호 간의 사랑과 공통체를 위한 자선활동에 감동을 받았을 정도이다. 신학자인 테르툴리아누스Tertullian, 160-220는 "기독교인들은 서로를 얼마나 사랑하는지 모른다!"라고 이교도인들이 말한 것을 인용한 바 있다. 또한 그는 기독교인들은 누가 강요하지 않아도 자발적으로 자선기금을 가져왔으며 그 기금은 가난한 사람들에게 음식이나 장례비용을 대는 데 쓰이거나, 돈 없는 고아들, 늙은 노예, 난파된 선원, 광부, 섬이나 감옥에 갇힌 죄수들을 위해 사용되었다고 설명했다.[77]

기독교 – 지배층에게 빼앗긴 도구

로마 제국 시대에 기독교는 250여 년간 불법 종교였으나 기독교인들이 언제나 심한 박해를 받았던 것은 아니었다. 이들에 대한 박해는 간헐적으로 행해졌으나, 네로[Nero, 37-68], 데키우스[Decius, 201-251], 디오클레티아누스[Diocletianus, 245-316] 황제 시대에는 심한 박해를 받았다.

로마 제국의 입장에서 기독교는 대단히 이질적인 측면이 있었다. 대개의 로마인은 자기가 아이시스[Isis](고대 이집트의 풍요의 여신)를 숭배한다고 해서 다른 사람이 주피터[Jupiter](그리스어로는 제우스, 그리스 신화에 나오는 천둥, 번개, 하늘, 왕권의 신)를 숭배하는 걸 가지고 뭐라 하지 않았고, 키벨레[Kybele](오늘날의 터키에 위치했던 고대 프리기아[Phrygia] 왕국에서 유래한 대지의 여신)를 숭배한다고 해서 미트라[Mithra](북유럽 신화에 나오는 광명의 신)를 숭배하는 사람을 비난하지 않았다. 그저 그때그때 처한 장소에 따라 다양한 신을 다양한 목적으로 숭배하면 된다고 생각했고, 따라서 타 종교에 대해서도 관용을 베풀 줄 알았다. 하지만 기독교인은 달랐다. 다른 모든 신들을 거부하고 배척했다. 그게 문제가 되었다.

---

77 폴 존슨, 김주한 역, 『기독교의 역사: 2천년 동안의 정신 1』 (서울: 살림, 2005), pp.204–205(번역 내용의 일부를 보충·수정함).

예를 들어, 250년에 데키우스 황제(249~251년 로마 제국의 황제)가 칙령을 내린 적이 있었다. 로마 제국의 모든 사람들은 로마의 행정관이 보는 앞에서 신에게 제물을 바치고 인증서를 받으라는 것이었다. 딱히 기독교를 표적으로 했다는 증거는 없고, 그저 로마의 전통적 가치관을 복구하려는 데키우스의 노력의 일환이었던 것으로 알려졌다. 하지만 이로 인해 기독교인들은 종교와 목숨 중에서 하나를 선택을 해야만 하는 처지가 되었다. 정확한 숫자는 확인되지 않았지만, 이때 변절하거나 지하로 잠입한 기독교인들도 상당수 있었던 반면 제물을 바치는 행위를 거부함으로써 순교자가 된 유명 인사도 많았던 것으로 알려졌다.

유대교인들은 예외였다. 로마 제국과 타협할 줄 알았던 그들은 황제의 권위를 인정했고, 국가 정책을 거역하지도 않았다. 국가를 거역하는 것처럼 비춰졌던 기독교인들과는 대조되었다.

기독교가 어두운 지하에서 밝은 데로 나올 수 있었던 것은 콘스탄티누스 황제Constantinus, 272-337 덕분이었다. 기독교를 공식적으로 인정한 데 이어 로마의 국교로 선포한 것이다. 이후 4세기에 이르러서 기독교는 로마 제국의 공식적 종교이자 거의 유일무이한 종교로까지 자리를 잡는다. 어떤 일이 벌어졌을까?

역사적으로 기독교인은 로마 제국의 뜻을 거역한 불법 세력이었는데도 콘스탄티누스 황제가 기독교로 개종한 이유는 확실하지 않지만, 어쨌거나 콘스탄티누스의 종교적 성향에 변화가 일어난 시점은 제국을 통일하던 과정에서 밀비우스 다리Ponte Milvio 전투를 벌일 무렵인 것으로 알려져 있다. 예일 대학교Yale University의 폴 프리드먼Paul Freedman, 1949- 역사학 교수는 이와 관련하여 두 가지 이야기가 전해져온다고 설명한다.[78] 이와 관련하여 전해 내려온 두 가지 이야기가 있는데 그중 하나는 이렇다. 그가 꿈을 꾸었는데 천사가 나타나 명령을 내렸다. 군인들의 방패에 그리스의 글자 카이chi와 로rho를 합쳐놓은 상징적 문양을 그려넣으라는 것이었다. 추측하다시피 '카이'와 '로'라는 그리스어의 발음을 합치면 크라이스트Christ(그리스도)와 비슷하다. 이 이야기가 나오기 이전에는 카이와 로가 기독교의 상징으로 등장한 적이 없었다. 그게 당시 예수를 상징하는 글자였는지 아니면 이 이야기가 나온 이후부터 그런 의미로 사용된 건지는 불명확하다.

다른 하나는 콘스탄티누스가 자신의 전기 작가인 에우세비우스Eusebius에게 털어놓은 이야기이다. 콘스탄티누스가 전투를 앞두고 군대를 이끌고 행진하던 중이었다. 우연히 하늘을 봤더니 태양 위에 십자가가 나타났다. 그 위에는 "이 상징 속에서 네가 정복자가 되리라"는 내용이 씌어 있었다. 실제로 그 전투에서 콘스탄티누스가 승리했고 이를 계기로 그는 기독교로 개종했다고 에우세비우스는 전하고 있다.

하지만 흔히 생각하듯 콘스탄티누스가 '하나님의 특별한 계시'를 통해 소위 하나님을 영접하게 되어 완전히 개종하고 독실한 신자에로의 길을 걸었던 것은 아니다. 영국의 역사가 폴 존슨Paul Johnson 1928- 의 『기독교의 역사History of Christianity』에 따르면, 원래부터도 콘스탄티누스는 사람들이 신봉하는 다양한 신과 종교의식들을 존중하는 입장이었지만, 개종한 이후에도 태양신 숭배를 포기하지 않았고, 워낙 미신superstition을 잘 믿는 사람으로서 새로운 수도의 부지를 정하고 건설하는 일 등 주요 국가 정책을 결정할 때마다 미신을 따랐으며, 죽기 직전에야 비로소 기독교식 세례를 받았다. 게다가 당시 사람들 사이에서 기독교 의식과 태양 숭배, 또는 그 밖

---

78 "03. Constantine and the Early Church", https://youtu.be/tcluAJ–jaSg

의 이교도 축제가 구별이 힘들 만큼 뒤섞여 있어서 이교도로 변절하는 일이 그리 어렵지 않았다는 것이다.[79] 그런 점에서 종교적 사상이라는 측면에서만 보면 그에게 일어난 변화가 그리 큰 변화는 아니었을 수 있다. 어쩌면 왕들이 전쟁을 앞두고 흔히 그렇듯, 콘스탄티누스도 단순히 전쟁에서 승리를 안겨줄 신을 찾다가 기독교의 신을 찾았을 가능성도 있다.

어쨌든 전쟁에서 이기자 콘스탄티누스는 우선 311년에 '관용의 칙령Edict of Tolerance'을 공표하며 모든 반기독교 칙령들을 철회했다. 이제부터는 기독교에 대한 박해를 풀겠다는 내용이었다. 2년 뒤인 313년에는 밀라노 칙령Edict of Milan을 통해 기독교를 합법화하고 특혜를 제공하기 시작한다. 로마 제국 전 지역에서 성직자의 세금을 공제해주고, 교회 건물을 지어주고, 기독교인을 고위 공직에 앉히고, 과거에 몰수했던 교회의 재산을 되돌려주고, 황제용 통신 시스템까지 사용할 수 있도록 허가해주었다. 여기서 말하는 통신 시스템이란 말을 타고 릴레이 방식으로 먼 거리까지 소식을 전하는 우편 시스템 같은 것을 의미한다.

그런데 그 이후의 콘스탄티누스의 행보를 보면 그가 기독교를 통해 원한 것이 무엇이었는지를 추정할 단서를 찾을 수 있다. 그것은 황제로서 제국의 안정적 질서를 위해 필요했던 두 가지, 즉 법질서와 종교적 권위를 가진 강력한 중앙집권적 권력이었다. 그런 만큼 그는 325년에 개최된 니케아Nicea 종교회의를 비롯한 교회회의를 직접 이끌고 장엄한 예배를 직접 주도하는 등 교회 문제에 자주 개입했다. 심지어 본인을 마치 하나님의 권위를 대행하는 사도와 같은 존재로 부각시키고자 했다. 에우세비우스Eusebius에 따르면, 콘스탄티누스는 감독bishop들을 접견하는 자리에서

---

79 폴 존슨, 김주한 역, 『기독교의 역사: 2천년 동안의 정신 1』, pp. 181-185.

"여러분이 교회 안의 감독이라면 나는 교회 밖에서 역할을 수행하도록 하나님께서 임명하신 감독이다", 그리고 "제국의 권위는 하나님이 내려주신 것이다"라고 말했다고 한다.[80] 마지막으로 생전에 콘스탄티누스는 양쪽에 12사도의 기념비들을 쭉 세워놓고 그 중심에 자신의 무덤을 배치해놓고 죽었다. 자신이 열세 번째 사도이자 사도 중의 으뜸이라는 의미였다.

결국, 분열된 로마 제국을 통일하려 했던 콘스탄티누스의 입장에서는 기독교의 '유일신' 교리는 '하나의 로마 제국', '하나의 황제'와 공통되게 '단 하나의 최강'이라는 컨셉에 기반한다는 점에서 잘 어울린다고 느꼈을지도 모를 일이다.

폴 프리드먼 교수에 따르면, 흥미롭게도 콘스탄티누스 시대에 발행된 동전의 변천사를 보면 기독교에 대한 입장이 어떻게 변화했는지를 알 수 있다. 처음에는 전통적으로 황제를 뜻하는 태양신이 등장한다. 얼마 후부터는 동전의 한 면에는 태양신, 다른 면에는 십자가가 박혀 있다. 그러다가 집권 후기가 되면 모든 동전에 십자가만 그려져 있다. 결국 그가 사망할 무렵인 337년에는 제국의 거의 절반이 기독교 신자로 바뀌고, 이후 약 50년 후 테오도시우스$^{Theodosius\ 347-395}$ 황제가 사망한 395년 무렵에는 거의 모두가 기독교 신자가 되었다.[81]

이쯤해서 이런 의문이 제기될 만하다. 기독교가 국교로 인정된 후 로마 제국의 소외 계층을 비롯한 피지배층은 마침내 자신들이 바라던 세상을 맞이했을까? 성경에는 그들이 바라던 세상이 한 단어로 응축되어 있다. 천국! 천국은 신과 예수가 거하는 곳이자 오직 신의 축복을 받은 사람들

80 폴 존슨, 김주한 역, 『기독교의 역사: 2천년 동안의 정신 1』, pp. 187–188.
81 "03. Constantine and the Early Church", https://youtu.be/tcIuAJ–jaSg

만 들어가서 죽음과 고통 없이 영생할 수 있는 곳, 박해받고 가난한 자들에게는 문이 활짝 열려 있지만 부자들에게는 아주 비좁아 들어가기 어려운 곳으로 서술되어 있다. 또한 요한계시록에 묘사된 천국의 모습에 따르면, 도로는 금으로, 문은 진주로, 벽은 보석으로 만들어져 있는 것으로 보아 물질적으로도 호화스러운 곳임에 틀림없다.

기원후 1세기에는 실제로 기독교인들이 생전에 그런 왕국이 도래하리라 믿었다는 얘기도 있다. 하지만 기독교인들이 죽고 나서 천국에 발을 들여놨는지는 확인할 수 없는 노릇이고, 우리의 관심사도 아니다. 대신, 앞서 언급했던 세계인권선언을 기준으로 기독교가 국교가 된 후 로마 제국은 과연 얼마나 더 정의로운 사회에 가까워졌는지 가늠해보자. 혹시 첫 2개 조항을 기억하는가?

제1조: 모든 사람은 태어날 때부터 자유롭고, 존엄성과 권리에 있어서 평등하다. 사람은 이성과 양심을 부여받았으며 서로에게 형제의 정신으로 대해야 한다.

제2조: 모든 사람은 인종, 피부색, 성, 언어, 종교, 정치적 또는 그 밖의 견해, 민족적 또는 사회적 출신, 재산, 출생, 기타의 지위 등에 따른 어떠한 종류의 차별도 없이 이 선언에 제시된 모든 권리와 자유를 누릴 자격이 있다.

로마 제국은 정의로운 사회와 더 가까워졌는가에 대한 대답은 "아니다"이다. 기독교를 국교로 선포했다고 해서 로마 제국의 황제와 귀족들이 가난한 소외 계층이나 하층민에게 돈을 나눠주며 사랑을 실천한 것은 아니다. 그렇다고 피라미드식 불평등 구조가 개선된 것은 더더욱 아니다. 교회의 성직자들이 지배 계층에 편입되어 또 다른 압제의 주체로 바뀌었을 뿐 세상은 전에 비해 달라진 게 없었다. 종교의 자유에 대한 탄압도 여전했다. 뒤에서 더 자세히 살펴보게 되겠지만 웃기게도 칼자루를 쥔 쪽이 이교도인에서 기독교인으로 뒤바뀌었을 뿐이다. 그리고 기독교마저 기존의 정치·행정적 사회구조 속에 그대로 흡수되어 로마 제국과 닮은꼴이 되었을 뿐이다.

결국 아이러니컬하게도, 기독교가 로마의 국교가 된 이후 피지배층과 하층민은 자신들이 꿈꾸었던 바대로 사랑과 자유가 넘치는 새로운 세상을 맞이하기는커녕 더욱 폐쇄적이고 불공평한 피라미드 질서의 올가미에 걸려들었다. **한마디로, 그들은 마음속에 의지했던 기독교의 신과 예수라는 지팡이를 지배층에게 빼앗겼고, 그 후 그 지팡이는 철저히 지배층의 편의를 위해 휘두를 수 있는 무섭고도 위험한 도구로 탈바꿈하고 말았다.**

그렇다면 애초 가난한 기독교인들이 바랐던 세상은 과연 오늘날 우리가 생각하는 정의의 기준에 맞을까? 이것 역시 대답은 "아니다"이다. 성경 속에 그려진 신의 왕국은 말 그대로 '왕국'이다. 왜? 당시로서는 왕이 존재하지 않는 사회는 상상할 수 없었기 때문이다. 시대적 한계상 모두가 평등한 사회의 모습은 종교적 상상이나 꿈에서조차 떠올릴 수가 없었을 것이다.

더 본질적으로, 기독교에서 말하는 '천국'이라는 개념 자체가 세계인권선언의 '종교의 자유와 차별 반대' 원칙에 위배된다. 천국이 무엇이건 간에 그것은 타 종교를 가진 지구상의 절대적 다수를 배제한 그들만의 천국이고, 그들만의 특권이기 때문이다. 기독교 이외의 이교도인은 지옥에 떨어진다는 사상은 대단히 폭력적인 차별의 근거가 될 수 있으며, 실제로 특히 중세 유럽에서 그런 결과를 낳았다. 결국 기독교적 이상 세계는 우리가 앞서 현대적 보편적 정의의 기준으로 삼은 세계인권선

언 내용에 어긋난다.

기독교의 돌연변이

기독교는 인간이 발명해낸 그 어떤 추상적 도구보다 더 위험천만하고 무자비한 도구로 변모했다. 그 이면에는 지배 권력층에 영합한 일부 그리스정교회인들이 존재했다. 원래 그리스정교회는 여러 기독교 종파 중 하나에 불과했었으나, 기독교를 로마 제국의 입맛에 맞게 각색해주는 대가로 엄청난 정치적 권력과 특권을 얻었다.[82] 이는 그리스정교회인들의 야망과 정부당국의 이해가 서로 맞아떨어진 결과였다. 지나치게 비대하여 말썽이 끊이지 않던 로마 제국은 사회질서를 확립하고 피지배층의 순응을 이끌어낼 효과적인 수단으로 기독교를 활용했다.

교회의 피라미드 장악

성경은 완벽한 모습으로 하늘에서 뚝 떨어진 게 아니다. 2,000년 넘게 바빌로니아, 팔레스타나, 이집트 등지에서 수많은 사람들을 통해 구전으로 전해 내려온 이런 저런 이야기들을 모세를 비롯한 수십 명의 저자들이 기록한 내용과 이후 로마 제국 시대에 마태, 바울, 베드로 등이 기록한 예수의 삶과 가르침 등에 관한 글들, 그리고 그 밖의 기록들을 '누군가'가 종합적으로 취합하여 한 권으로 제작한 것이다. 또한 450년에 이르러서까지도 시리아 출신의 교부이자 신학자인 데오도르Theodore of Cyrrhus 393-457는 자신의 교구에만 200가지가 넘는 복음서가 돌아다니고 있었다고 말

---

82 Helen Ellerbe, *The Dark Side of Christian History* (San Rafael, CA: Morningstar & Lark, 1995), p.14.

한 바 있으니[83] 지금의 성경은 그 복음서들 가운데에서 선별된 셈이고, 선별에는 어떤 '기준'이 존재했다고 할 수 있다.

그렇다면 꼭 해봐야 할 중요한 질문이 있다. (1) 성경 내용을 취합하여 한 권으로 제작한 그 '누군가'는 과연 누구였을까? 그리고 (2) 그 '기준'을 구성하는 주요 요소는 무엇이었을까?

첫 번째로 '누군가'에 대한 답을 하자면, 최초로 구약과 신약을 모아 하나의 성경으로 만든 것은 콘스탄티누스 황제 때의 일이다. 물론 그의 명령 하에 실제로 일을 맡은 것은 그리스정교회인들이었다.

두 번째 질문의 '기준'에 대한 답은 헬렌 엘러브Helen Ellerbe의 『기독교의 흑역사The Dark Side of Christian History』의 한 구절을 인용하는 것으로 대신하고자 한다.

그리스정교회인들은 로마 제국 정부의 입맛에 맞게 기독교를 손봐주는 대신 전례 없는 권위와 특권을 누렸다. 이들의 교단이 기독교를 대표하는 교회가 되었다. 또한 그러한 권력으로 사람들에게 순응을 강제할 수 있었다. 그러나 순응하지 않는 사람들을 박해하려면 자신들의 교리와 이데올로기를 좀 더 명확히 함으로써 누가 이단이고 누가 아닌지를 정확히 가려낼 수 있도록 해야만 했다. 그 과정에서 교회는 언제나 개인과 사회를 통제하는 데 가장 적합한 것들을 선택했다.[84]

엘러브의 설명을 더 들어보자. 교회는 우선적으로 기독교와 정치적 폭동과의 연관성을 일체 부정했다. 가령 정전正典으로 공식 인정된 복음서는

---

83 Barbara Walker, *The Woman's Encyclopedia of Myths and Secrets* (SanFrancisco: Harper & Row, 1983), p.467.
84 Helen Ellerbe, *The Dark Side of Christian History*, p.2.

예수가 살아 있었을 당시 로마가 고대 유대를 점령했을 때 유대인들의 저항이 늘어나면서 긴장이 고조되었었다는 사실을 노골적으로 외면한다. 예수의 죽음에 대한 책임 소재도 로마인이 아니라 유대인 쪽으로 바꿔놓았을 공산이 매우 크다. 그렇게 하는 게 예수의 정치적 개입 사실도 숨기고, 기독교가 정치적 저항으로 연결될 가능성을 차단하는 데 편리했을 것이기 때문이다. 하지만 히브리어에서나 그리스어에서 모두 크라이스트^{Christ}(그리스도)라는 표현은 왕이나 지도자에게 붙이는 호칭이었고, 당시 로마에서 십자가에 못 박는 방식의 형벌은 일반적으로 반정부 선동죄 사범에게 내려지던 형벌이었다. 십자가가 로마의 점령에 대한 유대인의 저항을 상징했던 이유도 거기에 있었다.[85] 이런 점들에 비춰볼 때, 예수는 영적 지도자로서뿐만 아니라 정치적 지도자로서 당시의 현안들에 관여했을 가능성이 높다.

로마 황제 측도 직접 교리의 일정 부분을 손봤다. 325년에 콘스탄티누스는 교회의 이념분쟁을 해소하려는 목적에서 최초로 니케아에서 세계교회회의를 열고 몸소 주관했는데, 여기에서 그는 오로지 정치적 관점에서 종교 문제를 처리했다. 예컨대 스위스의 신학자 발터 니그$^{Walter\ Nigg,}$ $^{1903\text{-}1988}$의 저서 『이단자$^{The\ Heretics}$』에 따르면 주교들 중에서 새로 제작한 신앙고백 양식을 인정하지 않는 주교들은 그냥 추방해버림으로써 만장일치를 이끌어내는 식이었다.[86]

기독교 교회는 그런 식으로 제작한 성경과 교황이 인정한 그 밖의 4개의 복음서만이 원래의 기독교 견해를 대표하는 것으로 믿게끔 만들고 나

---

85 Joel Carmichael, *The Birth of Christianity* (New York: Barnes Noble, 1992), p.35, pp.177–178.

86 Walter Nigg, *The Heretics: Heresy Through the Ages*, Edited and translated by Richard and Clara Winston (New York: Dorset Press, 1962), p.127. The quoted material is by E. Schwarz and is taken from the same page of text.

머지는 태우거나 금서로 지정했다.

결국 구약과 신약을 엮어 한 권의 성경을 만든 주체는 피라미드의 지배층에 해당하는 사람들, 즉 로마의 황제와, 그 황제와 영합함으로써 새로이 피라미드의 상위 계층으로 편입된 기독교 세력이었던 셈이다.

이후 구텐베르크Gutenberg, 1400-1468가 인쇄기를 발명하기 전까지 중세 시대 동안 성경은 일일이 필사하는 방식을 통해서만 복제될 수 있었던 만큼 비싸기도 비쌌으려니와, 대부분의 사람들이 문맹이었는데 일상어도 아닌 라틴어로 쓰인 까닭에 사실상 성직자와 수도승만이 성경과 그 성경에 담긴 지식을 독점했다. 그런 점에서 교회와 황제를 비롯한 지배층은 성경을 독점함으로써 신을 독점했고, 그럼으로써 신의 이름으로 권위적인 통치를 실행할 권력을 독점했다고도 볼 수 있다. 그럴 때 신은 강력한 피라미드 질서를 강제하는 데 매우 효과적인 도구였다.

392년에 테오도시우스 황제는 최초로 이교를 전면 금지하고, 100개가 넘는 법령을 제정해 이교도에게 무거운 벌금형을 내리도록 했다. 435년에는 심지어 이교도를 처형하도록 한 법이 제정되었다. 더 이상 가톨릭 교인이 아닌 시민은 허용하지 않겠다는 것이었다. 달리 말하면, 제국의 종교를 기독교로 획일화한 것이다. 예외적으로 유대교가 허용되기는 했지만 유대인 역시도 다른 이교도인 못지않게 배척을 당했다. 가령 기독교인이 유대인과 결혼하면 여성 쪽이 처형을 당했는데 그것은 간통죄에 준하는 형벌이었다. 이교도에 대한 강제 개종은 성경의 절대적 권위를 빌려 정당화되었다. 다음은 아우구스티누스Augustinus, 354-430가 남긴 유명한 말이다.

적의 키스보다는 친구의 상처가 낫고, 부드러운 속임수보다는 엄격한 사랑이 낫다. 누가복음 14장 23절에도 "억지로라도 사람들을 끌고 들

어오라!"고 씌어 있다. 아버지는 신이 노여워할 거라는 식으로 위협을
해서라도 아들의 영혼을 일깨우는 법이다.

이런 식의 논리는 단지 종교적 신념을 전파하거나 개종을 촉구하기 위
한 게 아니었다. 진짜 본질은 사랑이라는 이름으로 지배층에 대한 복종을
강요하고, 불복종과 반대에 대한 폭력과 박해를 정당화하기 위해 기독교
의 교리와 성경을 도구로 이용하는 것이었다. 그 외에도 특히 기독교 교
리상의 천국과 지옥 개념은 그러한 목적에 가장 무지막지하게 활용된 정
신적 지배 도구였다.

성경에 나오는 기독교의 신은 양면을 갖고 있다. 하나는 대단히 권위적
인 측면이고, 다른 하나는 특히 예수를 통해 나타나는 대단히 자애로운
측면이다. 어떻게 보면 그 신은 자식을 사랑하면서도 엄하고 무서운 면을
간직한 전형적인 가부장의 모습을 띠고 있다. 이런 양면 가운데 로마의
지배층과 결탁한 기독교 교회 측이 강조한 측면은 권위적이고 엄한 가부
장의 모습이었던 셈이다.

교회는 권력이 원하는 지배 이데올로기에 맞게 기독교 교리와 성경에
대한 해석을 절충해준 대가로 엄청난 이익을 챙겼다. 가령 319년에 콘스
탄티누스는 성직자에 대한 세금 및 군복무 의무 면제를 법제화해주었고,
355년에는 주교가 세속 법정에서 재판을 받지 않아도 되게 해주었다. 중
세가 깊어지자 공짜로 교회에 수여된 세습재산과 토지는 유럽의 4분의
1~ 3분의 1에 이를 정도가 되었다.[87] 그리고 마침내 교회는 부와 권력뿐

---

87 Jeffrey Burton Russell, *A History of Medieval Christianity* (New York: Thomas Y. Cromwell, 1968), p.92;
Lloyd M. Graham, *Deceptions and Myths of the Bible* (New York: Skyhorse Publishing, 2012), p.470.

아니라 종교적 이데올로기를 통해 모든 사람의 출생에서부터 성인으로의 성장 과정 및 늙어죽을 때까지 교육, 의료, 결혼, 장례 등 모든 일상적 공공업무뿐 아니라 문화와 정신을 완전히 장악한 세력이 되었다.

결국 교회 세력은 로마의 지배층과 결탁하여 기독교를 피라미드 지배 이데올로기에 적합한 도구로 다듬었고, 그것을 무자비하게 휘두름으로써 피라미드의 꼭대기로 훌쩍 뛰어오를 수 있었다. 그러면서 기독교는 하층민의 꿈과 소망을 대변하는 종교라기보다는 교조적이고 폐쇄적인 피라미드 체제의 지배 이데올로기로 완전히 변모했다.

중세 피라미드 내부의 헤게모니 싸움과 십자군 전쟁이라는 이름의 영역싸움

기독교가 로마의 지배층의 도구로 채택된 이후 한동안 교회는 지배층과 공생관계를 이어갔다. 물론 그 공생관계는 황제가 우위에 있고 그런 황제를 교회가 효과적으로 뒷받침해주는 역할을 수행함으로써 유지되었다. 이는 황제가 교회를 통제하고 감독하는 실질적 우두머리 자리를 차지함을 의미했다.

가령 샤를마뉴 황제Charlemagne, 800-814는 96대 교황 레오 3세Leo III, 750-816, 재위: 795-816를 교회회의에 불러 심문하고 레오 3세의 교황직을 유지시킨 바 있다. 폴 존슨의 『기독교의 역사』에 따르면, 11세기 초까지만 해도 왕은 성직을 겸하고 있었으며, 교회에서 단순히 상징적인 수준을 넘어 종교회의를 주재하기도 하고 때로는 교회 문제에 무제한적 권력을 행사하기도 하는 등 실질적 역할을 수행했다. 당시 황제는 명실공히 피라미드의 꼭대기에 앉아 사회의 나머지 구성원들을 대상으로 3인칭 처벌 권한, 즉 법과 제도를 제정·집행할 권한을 독점한 최고 권력자였던 셈이다. 신성 로마 제국의 황제였던 하인리히 3세Heinrich III, 1017-1056, 재위: 1039-1056는 이렇게 말하기도 했다. "법을 지배하는 사람은 법의 지배를 받지 않는다. 왜냐하면 법이란 흔히들 말하듯 코에 걸면 코걸이 귀에 걸면 귀걸이 식이라 왕 멋대로 주무를 수 있는 것이기 때문이다."[88]

하지만 로마 제국이 흥망성쇠를 거치며 분열과 통합을 거치는 동안 교회 권력의 위상도 부침을 겪었다. 그러면서 피라미드의 꼭대기 자리를 놓고 교회와 세속 권력 간의 서열싸움, 즉 헤게모니 싸움이 전개되었다.

이는 세속 권력과 마찬가지로 교회 내부에 존재하는 치열한 서열싸움의 연장선상에 있는 현상이기도 했다. 콘스탄티누스가 기독교를 국교로 인정한 이래 성직이 돈과 권력을 쥘 수 있는 유망 직업군으로 부상하자, 교회 내부에서도 신분 상승의 사다리를 오르려는 경쟁자들로 부패가 만연했다. 돈과 권력이 있는 자만 고위직에 오를 수 있는 지경이었다. 실제로 뒷돈을 써서 교황이 된 이도 40명이 넘은 것으로 알려졌는데, 워낙 교황이 자주 교체되다 보니 교회 내의 살인 및 범죄에 대한 고발도 난무했다고 한다. 100년 동안 총 40명의 교황이 교체되었으니 평균 2.5년마다 새 교황이 들어선 꼴이었다. 특히 891~903년에는 불과 12년 사이에 교황이 10명 이상 교체되었다.[89]

그런 가운데서도 교회는 중세의 일상적인 삶 구석구석을 파고들면서 꾸준히 영향력을 확대해간 결과, 교회의 권위가 세속 황제를 굴복시킬 수 있음을 보여준 사례가 등장하기에 이른다. 바로 '카노사Canossa의 굴욕'이라고 불리는 것으로서, 교황이 황제의 권위에 정면으로 도전하여 마침내 승리를 거둔 유명한 사건이다. 신성로마 제국의 황제 하인리히 4세Heinrich

---

88 Paul Johnson, *History of Christianity* (New York: Touchstone, 1995), p.192.

89 Lloyd M. Graham, *Deceptions and Myths of the Bible*, p.464.

IV, 1050-1105, 재위: 1084-1105가 이탈리아 주교의 임명권을 독점한 것을 불만스럽게 여긴 교황 그레고리 7세Gregorius VII, 1015-1085, 재위: 1073-1085가 하인리히 4세에 대한 파문을 선언한다. 그레고리 7세의 논리는 이러했다. 로마 가톨릭 교회는 그리스도께서 설립한 것이므로 잘못을 범한 적도, 범할 수도 없다. 교황의 법정은 최상위의 법정이다. 왜냐하면 교황은 신 이외에는 아무도 책임을 추궁할 수 없는 존재로서 교황을 심판할 수 있는 법정은 천국뿐이기 때문이다. 따라서 오직 교황만이 주교를 해직하거나 복직시키거나 전임시키고, 새로운 법을 제정하고, 공의회를 소집하거나 황제를 폐위시킬 수 있는 권한을 갖는다. 모든 군주들은 교황의 발에 입을 맞추어야 한다.

그러자 분노한 황제가 교황을 폐위시키고 다른 교황을 선출하는 지경에 이른다. 그러나 결국 이 사건은 수세에 몰린 황제가 1077년 1월에 카노사에 있는 교황을 찾아가 나흘 동안이나 눈 속에 꿇어앉아 용서를 비는 것으로 일단 봉합된다. '봉합'되었다고 하는 이유는 그것으로 황제와 교황 간의 헤게모니 싸움이 영원히 끝난 것은 아니었기 때문이다. 카노사의 굴욕이 있은 지 3년 후 하인리히 4세가 군사를 거느리고 쳐들어가 로마를 손에 넣고 자신이 뽑은 대주교인 클레멘스 3세Clement III, 1130-1191, 재위: 1187-1191를 대립교황對立敎皇; anti-pope으로 옹립한다(1084). 교황 그레고리 7세는 망명을 떠나 이듬해인 1085년에 사망한다.

이후 클레멘스 3세와 대립관계였던 3명의 교황 중 한 명으로 우르반 2세Urban, 1035-1099, 재위: 1088-1099가 등장한다. 우르반 2세는, 그레고리 7세가 사망한 후 고작 1년 남짓 교황직을 수행하고 자신에게 자리를 넘겨준 교황 빅토르 3세Victor III, 1026-1087, 재위: 1086-1087에 뒤이어 교황직을 계승했다. 하지만 우르반 2세는 교황직의 상반기 대부분을 이탈리아 남부와 프랑스에서 망명 상태로 보내면서 당시 로마를 장악한 대립 교황 클레멘스 3세 및 신성로마 제국의 황제와 대치해야 했다. 그는 1093년에 가서야 겨우 로마에 거점을 마련하고 점차적으로 힘을 확장해갈 수 있었다.

교황 우르반 2세가 제1차 십자군 전쟁 촉구 연설을 한 것은 2년 후인 1095년의 일이었다. 당시 상황적 배경을 설명하자면, 1071년에 비잔틴 제국이 맨지커트Manzikirt 전투에서 셀주크 터키Seljuk Turks에게 패배하면서 소아시아와 시리아 북부에 있던 비잔틴 영토를 잃고 난 후 알렉시우스 콤네누스Alexius Comnenus, 1056-1118 장군이 남은 비잔틴 제국을 장악하고 황제가 된다. 셀주크 터키에 잃어버린 영토를 되찾기 어렵게 된 그는 1095년에 교황 우르반 2세에게 서방의 용병 지원을 요청한다.

제1차 십자군 전쟁은 종교적인 목적에서 시작된 성전聖戰으로 보는 견해와 세속적 동기를 가진 것으로 보는 두 가지 관점이 존재한다.

일반적으로 제1차 십자군 전쟁의 성전으로서의 측면을 강조하는 쪽에서 내세우는 주장은 이렇다. 우선 첫째로, 십자군 전쟁은 이슬람 세계에서 무함마드Muhammad 570-632가 사망한 후 세력을 확장하기 위해 이슬람 정복자들이 먼저 기독교 땅을 침략했으므로 그에 대한 대응으로 시작된 것이다. 그러니까 십자군 전쟁은 이슬람 정복자들에 대한 방어와 반격일 뿐이다. 둘째로, 십자군은 땅을 갖고 있지 못해 헐벗은 사람들이 먼 이국 땅에서 사람들을 약탈하고 그곳에서 정착하려고 했다는 주장은 주로 나중에 계몽주의시대 사람들이 제기한 것에 불과하다. 계몽주의시대 사람들은 십자군이 보여준 독실한 신앙심, 희생, 신에 대한 사랑을 대단치 않게 여겼다. 그러나 실은 십자군에 참여하는 데에는 큰돈이 필요했기 때문에 많은 사람들이 재산을 처분하지 않으면 돈이 없어 제대로 채비도 갖추지 못한 채 끔찍하리만치 혹독한 고행을 감수해야 했을 뿐 아니라 끝내 부자가 되지도 못했으며, 대개는 빈손으로 돌아왔다. 그럼에도 불구하고 십자군은 예루살렘을 야만적인 이슬람교도들로부터 해방시키고 성지 순례를 계속하기 위해 신에 대한 사랑으로 거룩한 희생을 한 것이다. 물론 잔학한 폭력과 약탈이 자행된 것은 사실이지만 이는 우르반 2세의 뜻과는 거리가 멀었고, 십자군에 참여한 일반인의 수가 불어나면서 통제가 불가능해졌기 때문이며, 일단 전쟁이 시작되고 나면 폭력성은 불가피한 현상이라고 주장한다. 실제로, 제1차 십자군 전쟁 참가자 중 다수는 정식 군인이 아닌 농부였고, 제대로 된 보급 시스템 없이 독자적으로 자립해야 하는 상황이었기 때문에 약탈에 의존하지 않으면 안 되는 측면도 있었다는 점은 일반적으로 인정된다.

반면 제1차 십자군 전쟁을 단순히 순수한 성전으로서가 아니라 그 밖의 다른 세속적 동기를 가진 것으로 바라보는 관점도 있는데, 그들이 내세우는 근거는 앞의 성전론을 반박하는 논거와 겹쳐지기도 한다. 가령 폴 존슨의 『기독교의 역사』에 따르면 이렇다.

첫째, 이슬람교도가 성지Holy Land를 점령한 지 400년이 넘었지만 그동안 ― 일시적으로 충돌이 있었던 경우를 제외하고는 ― 기독교인들이 순례하는 데 큰 문제가 없었다. 800년경부터 전통적으로 서방의 카롤링거 왕조Carolingian dynasty의 국왕들은 예루살렘 성지 자체와 그곳을 방문하는 서유럽의 순례자들을 보호할 의무와 권리를 행사해왔다. 이는 이슬람 최고 지도자들도 익히 인정해주고 있던 바였다. 사실 그들은 11세기 후반까지도 서방 프랑크족(카롤링거 국왕들)이 그런 식으로 개입하는 게 차라리 더 낫다고 여겼다. 비잔틴 제국이 침투하는 게 훨씬 더 위험하다고 봤기 때문이다. 흥미로운 사실은 외형적으로만 보면 이미 10세기부터 그 순례자들의 행렬이 십자군과 별반 다를 바 없는 모습이었다는 것이다. 당시 예루살렘을 방문하는 서유럽 순례자들이 크게 늘어나자, 클뤼니 수도원Cluniac monks(프랑스의 윌리엄 1세에 의해 910년에 지어졌다. 그는 베르노 수도원장을 교황의 인허 하에 클뤼니 수도원의 첫 수도원장으로 임명했다. 수도원에서는 베네딕토 규칙서를 철저히 지켰고, 서양의 군주들이 수도원 생활하는 것을 인정했다. 11세기 베네딕트 회의 설립은 유럽 사회의 핵심이었다) 측에서 순례지로 가는 길목에 순례자들을 접대할 수 있는 사원들까지 지으며 그들을 조직적으로 관리하기 시작했을 뿐 아니라, 이슬람 측에서 서방의 유력 영주들이 순례를 올 경우에는 무장파견단을 수행하여 데려오는 것까지 허용해줬기 때문이다. 예를 들어 1064~1066년에는 7,000명의 독일인이 예루살렘으로 순례여행을 왔는데, 그중 많은 사람들은 무장을 한 상태였다.[90]

둘째, 십자군 전쟁의 실질적 원인은 11~12세기에 서유럽 인구의 폭발적 증가와 그에 따른 토지의 부족에 있었다. 그래서 나온 해결책 중의 하나가 시토 수도원Cistercian(베네딕토회 수사들이 성 베네딕토 규칙을 보다 엄격하게 따르기 위한 목적으로 1098년 프랑스 중동부 디종 인근 시토에 건립한 수도원)이 국경지역의 토지를 개척한 것이었고, 다른 하나는 십자군 전쟁이었다. 십자군은 유럽 최초의 거대한 식민지 이주 물결의 일종이었던 셈이다. 실제로 은둔자 베드로Peter the Hermit, 1050-1115가 이끈 2만 명 정도 되는 사람들은 아주 가난한 백성들로 임대받을 땅은커녕 장기간의 노동력 과잉으로 농사일조차 얻지 못한 사람들이었다. 그들은 분명 새로운 곳에 가서 정착하려는 바람을 갖고 있었다.

셋째, 십자군에 나선 사람 중에서 부자가 된 사람이 거의 없다는 것은

90 폴 존슨, 김주한 역, 『기독교의 역사: 2천년 동안의 정신 Ⅱ』, pp.287-288(번역 내용의 일부를 보충·수정함).

사실이다. 그러나 폴 존슨에 따르면, 그렇게 된 데에도 다른 이유가 존재했다. 로마 가톨릭 교회에서는 동방으로 진출한 기독교인들이 이슬람교도와 결혼하는 것을 허용하지 않았다. 로마 가톨릭 교회에 속한 사람일지라도 이슬람교도의 자녀라면 기독교인들과 결혼할 수 없었다. 이것은 십자군이 12세기 이후로 세력을 확장하지 못한 채 실패로 끝난 이유와 직결된다. 십자군 전쟁이 시작된 후 첫 10년 동안, 즉 1095~1105년 사이에 약 10만 명 정도의 사람들이 성지Holy Land로 이주했으나 자녀들을 거의 낳지 못하는 바람에 십자군의 수가 부족해지고 만 것이다. 특히 남자들의 사망률이 높았으므로 동방 지역에 정착했던 프랑크족 이주민들은 한두 세대가 지나자 다 죽고 사라진 것으로 추정된다. 게다가 서방 기독교계의 지배층은 십자군이 정복한 식민지에 거주하지도 않았고, 그곳을 발전시키려는 노력도 기울이지 않았다. 이 때문에 식민지 국가들은 항상 굶주림에 시달려야 했고 십자군에 참여한 사람들도 부자가 될 수 없었다. 12세기가 지나가자 십자군은 인기가 급속도로 떨어졌고, 이슬람계의 기독교에 대한 부정적 인식만 높인 채 상황을 악화시켰다.[91]

이에 더하여, 앞서 언급했듯이 우르반 2세가 1093년에 겨우 로마에 거점을 마련한 후 1095년에 십자군 전쟁을 불러온 클레르몽Clermont 공의회 연설을 하면서부터 그의 명성과 권력이 극적으로 확대되었다는 점을 고려할 때, 우르반 2세가 외부와의 영역싸움, 즉 전쟁을 통해 기독교 세계 내부의 갈등을 해결하거나 기독교 세계의 헤게모니를 장악하고자 하는 야망을 갖지 않았을까 의심해볼 여지가 있는 것도 사실이다.

이 지점에서 우리가 진실에 좀 더 다가가기 위해서 살펴봐야 할 것이

---

91 폴 존슨, 김주한 역, 『기독교의 역사: 2천년 동안의 정신 II』, pp.296~297.

있다면 교황 우르반 2세가 클레르몽에서 한 연설의 구체적 내용이 아닐까. 영국 노동당 정치가 앨런 존슨Alan Johnson, 1950-은 수사학적인 관점에서 우르반 2세의 당시 연설 내용을 분석했다. 우르반 2세의 설교를 기록한 내용은 다양한 버전으로 남아 있는데, 그가 텍스트로 채택한 것은 프랑스의 사제 푸셰Fulcher of Chartres, 1059-1127가 메모해놓은 버전이다. 분석 내용을 간략히 요약하면 이렇다.[92] 우르반 2세가 연설에서 교묘하게 사용한 수사학적 기법들은 (1) 전쟁의 폭력을 정당화하고, (2) 십자군에 도움을 주지 않을 경우 겁박과 처벌을, 그리고 (3) 십자군에 참여할 경우 보상을 제시하고 있다. 자, 이제부터는 앨런 존슨이 그렇게 주장하는 구체적 이유를 들어보자.

먼저, 우르반 2세는 어떤 식으로 전 세계의 독실한 기독교인들에게 십자군 전쟁의 폭력을 정당화했을까? 그의 연설 첫 부분은 이렇게 시작된다. "나 우르반은 하나님과 최고 주교님과 고위 성직자의 허락을 받아 불가피하게⋯⋯." 자신이 가톨릭교회 내에서 갖는 위상을 통해 마치 하나님으로부터 직접 허락을 받은 것처럼 말한 것이다. 또한 "그런 까닭에 나, 아니 주님은 간청하노라"라고 말함으로써 그는 마치 '실수로' 자신과 주님을 혼동한 것처럼 들리게 만든다. 하지만 이는 자신의 말과 하나님의 말씀 사이의 연결성을 공고히 하려는 수사학적인 수단이다.

그 다음으로 우르반 2세는 공의회에 모인 사람들이 과연 하나님의 사업을 수행하기에 적합한 자격을 갖추었는지를 묻는다. 마태복음 5장 13절 "여러분은 세상의 소금이니라"를 인용한 후 "그런데 만일 소금이 그 맛

---

92 Alan Johnson, "WHEN POPES DECLARE WAR: A RHETORICAL ANALYSIS OF POPE URBAN II'S SPEECH", https://rcl-eportfolio-aoj.weebly.com/rhetorical-analysis.html

을 잃으면 무엇으로 짜게 하리오?"라고 묻는 수사적 방식을 이용함으로써 말이다. 말하자면 공의회에 모인 사람들 자신이 깨끗하지 않다면 어떻게 세상을 정화할 수 있겠느냐고 물은 것이다. 그러고는 그들에게 축복을 내리고 그들의 모든 잘못을 정화해줌으로써 그 대답을 대신해준다. 이제 너희들에게는 자격이 부여되었다. 그러니 더 이상 주저할 이유가 없다.

여기에서 하나님의 사업이란 뭘 가리킬까? 그것은 "그 땅에서 사악한 종족을 파멸시키는 것"이다. 그는 이슬람교인들을 '사악한 종족'이라 지칭함으로써 청중들의 감정에 호소한다. 이는 이슬람교인들에 대해 같은 인간으로서의 동류의식을 느끼지 않아도 되게 만든다는 점에서 폭력과 파괴의 대상으로 삼더라도 죄책감을 느끼지 않게 하는 방법이 될 수 있다.

또한 우르반 2세는 부도덕한 전쟁과 파괴를 정당화하기 위해 청중들의 이성에도 호소한다. 이슬람교도 측에서 기독교인들에게 먼저 폭력을 가했다는 점을 지적한 것이다. "그들은 많은 사람들을 죽이고 잡아갔다. 교회를 파괴하고 제국을 초토화시켰다." 그러면서 성경에 나오는 '눈에는 눈' 부분을 슬쩍 꺼냄으로써 마치 보복이 논리적으로 정당한 조치인 것처럼 보이게 만들었다.

우르반 2세는 사람들이 성스러운 명분에 참여하지 않을 경우 무엇이 기다리고 있는지를 이렇게 설명한다. "너희들은 잘못을 뉘우치면서 쓰라린 고통을 당한 다음 죽음의 집인 지옥에 떨어질 것이다." 더 나아가 기독교계와 궁극적으로는 하나님까지 몰락할 수 있다는 암울한 경고를 보낸다. 이런 말을 듣고 공포에 떨지 않을 기독교인은 없을 것이다.

그렇다면 성스러운 명분에 참여할 경우에는 어떻게 될까? 이에 대해 그는 "형편없는 보수를 받고도 싸워준 용병들은 영원한 영생을 얻으리라"고 말함으로써 낙원에서의 영생이라는 보상을 제공하겠다고 약속한다.

한편 영국의 역사학자 윌리엄 맘스베리William Malmesbury, 1095-1143의 버전에서는 우르반 2세가 보다 노골적으로 식민지 확보, 즉 영역싸움의 필요성을 드러낸 것으로 기록되어 있다.

"지금 우리(유럽인들)가 이슬람교인과 지구를 균등하게 나눠 갖고 있지 못하다는 사실을 이대로 참고 받아들일 수 있는 사람이 어디 있겠는가? 이슬람교인은 세계의 3분의 1이나 되는 아시아를 고국으로 만들었다. (…) 또한 그들은 세계에서 두 번째로 큰 아프리카를 200년 넘게 강점하고 있다. 남아 있는 유럽은 세 번째로 큰 대륙인데 우리 기독교인들이 그 작은 땅덩어리에 모여 살고 있다. (…) 기독교인들에게는 이 세상 전체가 어떤 의미에서 망명지라고 할 수 있겠지만 또 다른 의미에서 보면 그곳이 우리의 조국이다. 유럽만으로는 거주민들을 먹여 살릴 수 없다. 그 때문에 우리는 가진 게 다 소진되자 서로 끝없이 전쟁을 벌이고 있는 것이다.[93]

어쨌거나 우르반 2세는 클레르몽 설교를 통해 종교 지도자로서 다양한 수사적 기법, 이성과 감정에 어필하는 논리를 동원해가며 십자군의 필요성을 설파했고, 정당화했으며, 사람들의 참여를 독려하기 위한 인센티브와 처벌을 제시했음을 확인할 수 있다. 그의 십자군 촉구 설교는 기독교 신자들에게 대규모의 인간을 무자비하게 살해하라고 요청하는 것과 다를 바 없다. 오늘날의 기준으로 볼 때 이는 성전이라는 명분만으로는 설명될 수도, 용서될 수도 없는 명백한 죄악일 뿐 아니라 당시의 예루살

---

93 Paul Johnson, *History of Christianity*, p.244.

렘 성지 문제에 대한 최선의 해결책이었다고도 할 수 없다.

하지만 만약 십자군 전쟁을 유럽 기독교 세계Christian Europe와 이슬람 세계와의 영역싸움이었다고 본다면, 성지나 하나님에 대한 사랑과 같은 종교적 명분이 세력을 결집시키는 도구로서 훌륭한 역할을 수행했다는 점이 분명해진다. 비록 최종적으로는 예루살렘을 탈환하는 데 실패했지만 덕분에 유럽 기독교 세계는 이슬람교도들의 침투를 적어도 막아낼 수는 있었던 것으로 평가된다.[94]

저명한 영국의 역사가 조너선 라일리 스미스Jonathan Riley-Smith, 1938-2016도 말했듯이 십자군 전쟁에 대한 해석은 각 시대마다 학자들마다 다양하여 논란이 그치지 않는 문제이다. 하지만 누구도 외면할 수 없는 한 가지는, 종교적 전쟁이라 불리는 것들이 단지 종교적 문제로 그치지 않고 예외 없이 세속적(경제적 혹은 정치적) 이해관계와 긴밀히 얽혀 있었다는 사실이다. 그런 만큼 십자군 전쟁 역시 다른 모든 전쟁처럼 인간과 사회의 모든 의식·무의식적 다면성이 응축된 사건일 수밖에 없다. 다시 말해 정치·경제적 이해관계, 지배층 내 권력 경쟁, 제국주의, 민족·종교 간 갈등, 개인들의 탐욕과 같은 인류의 보편적인 문제들이 일정 비율로 혼합되어 있었음에 틀림없다.

게다가 십자군 전쟁은 무려 200년이나 지속되었다. 비록 200년 내내 쉬지 않고 싸운 것은 아니었다고는 해도, 만약 그 전쟁이 순수하게 혹은 주로 성스러운 종교적 목적 때문이었다고 주장한다면 그것이야말로 기독교는 위험하기 짝이 없는 종교이며 십자군을 일으키고 참여한 사람들

---

94 Jonathan Riley-Smith, "Holy Violence Then and Now", *Christianity Today*, 1 October, 1993, https://www.christianitytoday.com/history/issues/issue-40/holy-violence-then-and-now.html

은 집단적으로 ― 우리가 상상한 것보다 더 ― 종교적 광신에 빠진 미치 광이들이었다고 말하는 것이나 다름없다.

당시 모든 개개인이 다 의식하지는 못했다 하더라도 오늘날 뒤돌아보면 십자군 전쟁은 인류가 끝없이 지도의 국경선을 업데이트해온 영역싸움의 연속선상의 한 점에 불과하다. 한마디로 어떤 명분을 외피로 걸쳤든 알맹이는 다른 전쟁들과 마찬가지로 세력 확장과 약탈을 위한 영토전쟁이었던 것이다. 더욱이 십자군이 유대인과 비非라틴계 인종에게 무차별적으로 저지른 끔찍한 대학살과 약탈과 강간 등의 만행은, 그것이 방어전이었다거나 소위 '성스러운 목적'('야만적인 이슬람교도들로부터 성지와 기독교인들을 해방시킨다고 하는')에서 나왔다거나 하는 식의 명분만으로 정당화될 수 없다. 특히 오늘날의 기준으로 볼 때 '성스러운 종교적 목적의 전쟁'이란 어떤 경우에도 정당성을 인정받기 어려운 명분이다.

그럼에도 불구하고 십자군 전쟁과 관련하여 가장 눈에 띄는 점은, 그것이 그 이전의 어떤 전쟁에서도 유례를 찾아볼 수 없을 정도로 종교적 명분을 중요한 기치로 내걸었고, 그러한 종교적 명분이 강력한 도화선으로 작용한 전쟁이라는 점이다. 역대 전쟁 중에서 종교를 주요 명분으로 하는 것은 7%에 불과하다는 점에서[95] 이는 매우 독특한 현상임에 틀림없다. 아마도 십자군 대열에 긴 대다수의 사람들도 우르반 2세의 설교를 듣고 자신이 종교적 신념과 동기에서 정의로운 행동에 나섰다고 믿었을 것이다.

---

95 Bruce Sheiman, *An Atheist Defends Religion: Why Humanity is Better Off with Religion than Without It* (New York: Alpha Books, 2009), pp.117–118; Vox Day, *The Irrational Atheist: Dissecting the Unholy Trinity of Dawkins, Harris, and Hitchens* (Dallas, Texas: BenBella Books, 2008), pp.104–106; Alan Lurle, "Is Religion the Cause of Most Wars?", *Huffington Post*, June 10, 2012, https://www.huffingtonpost.com/rabbi-alan-lurie/is-religion-the-cause-of-_b_1400766.html

이것이 의미하는 바는 무엇일까? 그만큼 우르반 2세의 손에 어마어마한 도구가 쥐어져 있었다는 것이다. 그 도구란 종교라는 추상적 도구를 말한다. 우르반 2세는 자신의 연설이 200년간이나 유럽에 피바람을 몰고 올 정도로 가공할 위력을 가진 추상적 도구인 줄을 미처 깨닫지 못한 채 휘두르며 다녔겠지만 말이다.

결국 함무라비 이후 역대 권력층은 '법과 제도'가 사회 전체를 하나의 왕국이나 제국 형태의 피라미드 체제로 만들어 지배할 수 있게 해주는 강력한 도구임을 입증해 보였다면, 중세의 교회는 '종교와 교리'가 기존의 정치권 지배층이 이룩해놓은 피라미드 체제를 통째로 장악하게 해줄 만한 가공할 새로운 도구임을 입증해준 셈이다. 급기야 우르반 2세에 이르러서는 종교적 명분을 내세워 십자군 전쟁에 신자들을 동원해냄으로써 그 새로운 추상적 도구의 힘이 얼마나 센지를 더욱 극적으로 입증해 보였다.

여기에서 대단히 흥미로운 점은, 법과 제도는 3인칭 처벌 기제를, 그리고 종교와 교리는 1인칭 처벌 기제를 통제하기 위한 추상적 도구로 쓰였다는 것이다. 좀 더 풀어서 말하면, 역사적으로 세속 지배층은 '법과 제도'라는 3인칭 처벌 기제를 독점함으로써 인간과 사회를 지배했다면, 기독교계 지배층은 '죄의식과 공포'라는 1인칭 처벌 기제를 통제함으로써 인간과 사회를 지배한 것이다. 물론 두 지배층이 서로 다른 길을 거쳐왔더라도 나중에는 서로 어느 지점에서 상대의 방법을 차용·융합하거나 동맹관계를 맺음으로써 함께 피라미드의 꼭대기에서 어떤 식으로든 공생했지만 말이다.

공포의 도구 – 기독교

기독교계에서 이루어진 폭력에 대한 정당화가 십자군 전쟁 때 처음 생겨난 것은 아니다. 십자군 전쟁사가로 유명한 영국의 조너선 라일리 스미스는 초기 기독교가 평화주의적이었다는 것은 사실이 아니라고 말한다. 가령, 로마서 13장에서 바울은 이교도 황제가 성직자라는 이유로 그의 폭력을 정당화했다. 그리고 2세기부터는 기독교인도 로마 군대에서 복무했다. 황제가 기독교로 개종한 4세기부터는 교회가 폭력 사용에 대해 좀 더 개방적이 된다. 교회 지도자들은 처음에는 충격을 받았지만 이교도에 대해 폭력을 사용하는 데 지지를 보내기 시작했다. 그러다가 아우구스티누스에 의해 '정당한 전쟁just war'이라는 이론이 등장한다. 그것은 사실상 '성전holy war'을 의미했다. 조너선 라일리 스미스는 십자군에 의한 폭력의 정당화와 '성전' 개념이 아우구스티누스Saint Augustine의 이론에서 발전한 것이라고 설명한다. 아우구스티누스가 내린 결론은 "폭력은 도덕적으로 중립적인 것이므로 악이 아니다"라는 것이었다. 그의 설명을 더 들어보자.

어떤 사람의 다리에 괴저가 생겨 곧 죽을 상황이라고 치자. 의사는 사람을 살리려면 다리를 자르는 수밖에 없다고 진단한다. 그래서 강제로 환자를 테이블에 묶고 다리를 절단했다. 이것이 지극히 폭력적인 행위라는 점은 부정할 수 없다. 그렇다고 '악한' 폭력이라고 말할 수 있을까? 아니다. '폭력은 악하다'는 관념을 깨뜨리는 예외가 단 하나라도 있다면 폭력이 본질적으로 악하다고는 할 수 없는 것이다.[96]

중세 신학자들은 위와 같은 근거에 따라 폭력의 옳고 그름 문제는 어디까지나 의도에 달린 문제일 뿐, 상황에 따라 정당화될 수 있는 것으로

---

96 Jonathan Riley-Smith, "Holy Violence Then and Now", Christianity Today, 1 October, 1993, https://www.christianitytoday.com/history/issues/issue-40/holy-violence-then-and-now.html

보았다. 다시 말해, 선한 목적과 의도를 내세워 전쟁을 정당화한 것이다. 이런 논리에 따르면, 이슬람에 대한 십자군의 공격은 이슬람교도가 빼앗아간 땅을 되찾고 이슬람교도의 압제에 시달리는 동방의 형제자매들을 예루살렘에서 해방시킨다는 선한 의도에서 감행된 정당한 행위가 된다.

십자군 전쟁이라는 이름의 영역싸움이 약 200년간이나 지속되면서 당시 서유럽 인구의 4~10%에 해당하는 200만~600만 명이 사망했다. 유럽을 쑥대밭으로 만든 십자군 전쟁은 이교도인들을 끝내 가톨릭교로 개종시키지도 못한 채 유럽 전역에서 적대감만 팽배하게 만들었다. 각종 이단도 생겨났다.

한동안 사람들의 관심이 해외 정복전쟁에 쏠려 있는 동안 가톨릭 교회는 자신의 영향력을 극대화하고, 기독교의 이름으로 유럽을 결속시킨 듯했으나 오랜 십자군 전쟁으로 사람들의 불만이 커져 피라미드 체제의 안정마저 위협받기 시작했다. 그러자 가톨릭 지배층은 공격 방향을 유럽 내부로 돌렸다. 공포를 주입하여 내부의 불복종과 반대를 단속하기 위함이었다.

제일 첫 번째 목표가 된 대상은 유대인이었다. 유대인은 십자군 전쟁이 끝난 이후까지도 요긴하게 활용된 '내부의 적'이었다. 교회가 해결할 수 없는 흑사병과 같은 온갖 문제에 대해 탓을 돌릴 희생양이 필요했기 때문이다. 당시 세간에 회자된 민담 중에는 "유대인은 기독교도 어린아이를 몰래 납치해 잡아먹는 의식을 한다더라", "기독교의 성체를 훔쳐다가 모독을 한다더라" 따위의 이야기가 있었다고 한다. 아이러니컬한 사실은, 과거 로마 시대에는 기독교인들이 그런 유類의 소문의 대상이었다는 사실이다.

유대인은 어떤 식으로 박해를 당했을까? 중세 봉건제 하에서 농노가 되려면 필수적으로 거쳐야 하는 절차가 하나 있었는데, 그것은 다름 아닌 기독교식으로 맹세를 하는 것이었다. 그런 방식에 따를 수 없었던 유대인은 어쩔 수 없이 상업이나 기술직으로 내몰렸다. 하지만 11~12세기에는 많은 사람들이 도시로 유입되어 인구가 증가하면서 길드가 형성되는 바람에 그마저도 빼앗기고 만다. 유대인은 또다시 환전이나 대출을 다루는 은행업 쪽으로 밀려나야 했다.[97] 그런데 그것은 유대인을 더욱 손쉬운 표적으로 만들어주고 말았다. 빚을 진 채무자가 유대인에게 종교적 이유로 시비를 걸어 재산을 몰수하고 지역에서 추방해버리기 딱 좋게 되었기 때문이다.[98] 바꿔 말해, 종교적 박해를 악용해 유대인 채권자들을 제거하기가 쉬워진 것이다. 설상가상으로, 13세기에 교황 이노센트 3세[Innicent III, 1198-1216]는 유대인에게 일반인과 구별되는 옷을 입도록 명령하면서 유대인은 누구나 알아보기 쉬운 표적이 되었다.[99]

교회의 목표는 유대인만이 아니었다. 명단에 오른 또 다른 후보는 템플 기사단[Ordre des Templiers]이었다. 원래 십자군을 위한 후원 단체였으나 정치적 영향력이 커지면서 교회와 왕 모두가 이들을 위협적 대상으로 느끼기 시작한 게 원인이었다. 이제 템플 기사단이 예수, 하느님, 성모 마리아를 부정하는 의식을 거행했다는 둥 십자가에 침을 뱉고 짓밟고 소변까지 눴다는 둥 온갖 해괴한 소문의 주인공이 될 차례였다. 마침내 템플 기사단은 비극적 운명을 피하지 못한 채 동성애, 혼외자식 살인, 마녀 등의 혐의로 사형에 처해졌고, 전 재산마저 몰수당했다.

이런 식의 사건은 중세 내내 대상을 옮겨가며 계속되었다. 가장 손쉬운

---

97 Jeffrey Burton Russell, *A History of Medieval Christianity*, p.155
98 앞의 책, p.157
99 앞의 책, p.157.

명분은 종교재판이었다. 당시 종교재판의 원칙 중의 하나는 '유죄 추정', 즉 "무죄가 인정되기 전까지는 유죄로 추정한다"는 것이었다. 종교재판의 특성상 무죄를 입증할 가능성은 당연히 제로에 가깝다. 따라서 누군가가 어떤 대상을 지목하며 이단이 의심된다고 주장하는 순간 상대는 죽음을 면할 길이 없었다. 어이없게도, 정작 고발을 한 목격자의 이름은 비밀에 부쳐졌지만 말이다.[100]

이런 현실로 인해 돈을 갈퀴로 긁다시피 축재蓄財한 자들은 종교재판관들이었다. 돈 많은 피고에게서 뇌물이나 벌금을 받아먹고, 종교재판에 회부된 사람의 전 재산을 몰수하고, 심지어 사망한 지 70년이나 된 사람을 고발해서 무덤에서 유골을 파내어 불태운 다음 그 상속자들의 재산을 몰수하기도 했다.[101] 대신 경제는 파탄을 맞았다. 쉽게 짐작할 수 있듯이, 정상적인 상업 활동이 점점 더 불가능해졌기 때문이다.

종교재판은 상상을 초월할 정도로 끔찍했다. 비인도적이고 야만적인 고문은 교황 이노센트 4세[Innicent IV, 1195-1254] 때인 1252년부터 현행교회법전이 발효된 1917년까지 약 700년 동안 교회의 합법적 수단이었다.[102] 더 심각한 문제는 고문을 얼마든지 오랫동안 끌 수 있었다는 것이다. 재판관이 고문을 반복하는 행위는 금지되었지만, 교황 이노센트 4세가 자백을 받아내야 할 기한을 무제한으로 연장해주었기 때문이다. 또한 고문 도중에 피고가 사망하더라도 악마가 목을 부러뜨려서 그렇게 되었다고 말하면 아무 문제가 없었다.[103] 상상할 수 없이 잔혹한 고문으로 숱한 사람들이

100 Henry Charles Lea, *The Inquisition of the Middle Ages* (New York: Macmillan, 1961), p.214

101 앞의 책, p.248.

102 Joseph Gaer & Ben Siegel, *The Puritan Heritage: America's Roots in the Bible* (New York: New American Library, 1964), p.31.

103 G. G. Coulton, *Inquisition and Liberty* (Boston: Beacon Hill, 1959), pp.154–155.

희생되었다. 나중에도 종교재판은 전 세계의 식민지에서 선교활동이라는 명분으로 계속되었다.

종교재판에 이어 마녀사냥이 기승을 부렸다. 마녀사냥은 15~18세기 까지 300년간 계속되었다. 그렇게 된 데에는 여성이 사회적 약자였던 탓도 있었지만, 기독교의 권위주의적 교리도 한몫했다. 기독교 교부이자 신학자인 터툴리안Tertullian 160-220은 왜 여성이 경멸스럽고 열등한 신분이어야 하는지에 대해 이렇게 설명한다.

"네년이 이브인 줄을 모르느냐? 신이 이브에게 내린 판결은 오늘날에도 변함없이 유효하다. 이브가 지은 죄도 마찬가지이다. 넌 악마의 출입문이다. 신의 계율을 어기고 선악과를 유출시킨 최초의 탈영병이다. 네년은 악마조차 감히 엄두를 못 낸 아담을 태연히 꼬드겼다. 신의 외양을 본떠 창조한 남자를 허무하게 파멸시켰다. 신의 아드님이 네년 때문에 죽었단 말이다."[104]

여성은 여성이라는 이유만으로도 죄책감과 수치를 느껴야 했던 셈이다. 신학자이며 저명한 스콜라 철학자인 토마스 아퀴나스Thomas Aquinas 1225-1274도 여성은 신의 실수이며, 태어나지 말았어야 할 존재라는 취지로 말한 바 있다.[105]

중세의 마녀사냥은, 내가 상대에게 고통을 가해도 그로 인해 보복을 해올 가능성이 결코 없으리라고 확신할 수 있는 관계나 상황 속에서는 인간이 얼마나 잔인해질

---

104 Joan Smith, *Misogynies: Reflections on Myths and Malice* (New York: FawcettColumbine, 1989), p.66.
105 Saint Thomas Aquinas, *Summa Theologica* (New York & London: Blackfriars, McGraw-Hill, Eyre & Spottiswoode, 1964), Question 92, p.35.

수 있는지를 잘 보여준다. 그것은 모든 피라미드 구조의 본질적인 폐해이기도 하다. 상위 계층이 하위 계층에 대해 냉혹하리만치 무신경해질 수 있는 조건이 마련되기 때문이다. 마귀가 씌었다는 이유로 처형된 사람의 75~80%가 여성이었고, 그중에서도 특히 미망인이나 노파가 많았다는 사실도 그런 측면과 무관하지 않다. 미망인이나 노파는 남성 상속자의 상속을 지연시키는 존재라는 점에서 마녀사냥은 걸림돌을 제거하는 손쉬운 방법이었을 수도 있다고 주장하는 학자들도 있다.

물론 기독교적인 믿음과 비과학적인 미신이 이상하게 뒤섞인 집단적 망상이 작용한 것도 사실이다. 마녀사냥을 위한 교본에 해당하는 『마녀를 심판하는 망치』의 내용을 보면 『해리 포터Harry Potter』와 같은 판타지 소설에나 나옴직한 마녀들과 마법에 관한 온갖 허황된 이야기와 대응법이 '진지하게' 서술되어 있다. 실제로 민간요법으로 질병을 고치는 데 밝은 여성, 따라서 절실한 도움을 필요로 하는 병자에게 따뜻한 호의를 베풀고 치유에 도움을 준 여성일수록 제일 먼저 마녀 혐의를 뒤집어썼다는 사실이 이를 반영한다. 교회의 주장에 따르면, 건강은 신이 내려주는 것이지 인간의 노력으로 얻고 말고 할 게 아닌데, 그런 여성은 신의 뜻에 굴복하지 않고 감히 운명을 스스로 결정할 수 있게 한다는 점에서 신통력을 뿌리고 다니는 존재로 비춰진 것이다. 영국 최고의 기관이었던 런던 왕실의 사대학Royal College of Physicians of London조차도 마녀의 마술을 의학적으로 인정했을 만큼[106] 질병에 대한 의학적 지식이 없었던 시대의 풍경이기도 하다. 그것이 중세였던 것이다. 다음은 마녀사냥을 위한 재판 과정을 묘사한 내용들이다.

---

106 Keith Thomas, *Religion and the Decline of Magic* (London: Penguin UK, 2003), p.537.

집행자는 여성을 완전히 발가벗긴 후 모든 체모를 싹 다 제거하고 은밀한 부위에 악마의 표식이 숨겨져 있는지를 찾아본다. 무사마귀, 주근깨, 모반이 있으면 사탄과 가깝다는 증거로 간주되었다.[107]
마녀의 표식이 전혀 나타나지 않으면 바늘로 눈을 비롯한 여기저기를 찔러댔다. 무감각한 부분이 나타나면 유죄로 확정했다.[108]
열 살 안팎의 딸, 아들마저도 고문하여 어머니가 마녀라는 증언을 받아내기도 했다.[109]

마녀사냥의 잔혹함에 경악을 금할 수 없다. 사회의 모든 문제는 마녀 탓으로 돌려졌다. 사회의 절대적 권위가 위협받거나, 반역행위가 발생해도, 정치적 분규나 종교적 갈등이 생겨도 마녀사냥이 기승을 부렸다. 뿐만 아니라, 사람들은 자신의 개인적 문제조차도 전부 마녀 때문이라고 믿기 시작했다. 마녀 판결을 받은 여성은 결국 고문 끝에 광장에서 화형에 처해졌다. 이때 주변의 군중에게 말을 걸지 못하도록 입에 나무재갈을 물리거나 혀를 잘랐다.

교회 권력이 기독교 신앙과 교리라는 이름으로 휘두른 만행은 추악하기 그지없었다. 그 저변에는 서열싸움과 영역싸움에 열중하는 사자들과 같은 동물적 본능이 맹렬히 맥박치고 있었다. 그 밑에 깔려 신음하는 피지배층의 눈에는 기독교 권력이, 아이러니컬하게도 요한계시록에 등장하는 괴물의 모습처럼 보였을지 모른다.

---

107 Walter Nigg, *The Heretics* (New York: Dorset Press, 1990), p.281.

108 Julio Caro Baroja, *The World of the Witches* (London: Phoenix Press, 2001), pp.168–169.

109 Barbara G. Walker, *The Woman's Encyclopedia of Myths and Secrets* (New York: HarperOne, 1983), p.445.

악의적 쓰임새를 가능하게 한 기독교 교리 내적인 요소

지금까지 살펴본 대로 기독교가 인류에 미친 영향력은 이루 말할 수 없이 컸다. 긍정적 측면도 있었지만 부정적 측면도 못지않았다. 기독교는 누구의 손에서 어떤 도구로 쓰이느냐에 따라 야누스의 두 얼굴을 드러냈다. 기독교는 피라미드 계층 구조를 강화하고 그 꼭대기 계층의 지배 권력을 공고히 다지는 데 효과적인 도구가 되었다. 덕분에 피라미드의 꼭대기에 있는 지배자는 안정적 착취 구조를 유지할 뿐 아니라, 거대한 피라미드 자체를 도구로 삼아 영역 확장을 꾀할 역량을 갖출 수 있었다. 기독교 교리나 성경에는 그런 쓰임새를 가능케 하는 요소가 내재되어 있다. 특히 가부장적 권위주의, 선악이분법, 배타성이 그것이다. 이는 기독교 교리나 성경에 대한 다양한 해석을 위한 노력에도 불구하고 결코 부정할 수 없는 진실이다.

우선, 기독교는 남성적이고 권위적이면서 절대적 힘을 가진 유일신을 갖고 있다. 그 신이 내린 계명은 "나 이외의 신을 섬기지 말라"는 것이었다. 나중에 아들 예수를 내려 보내고는 "나 이외를 통해서는 천국에 가서 영원히 하느님과 함께할 수 없다"고 다시금 못 박았다. 그 계율을 따르지 않는 것은 단순히 천국행 티켓을 놓쳐 아쉬워해야 할 성질의 문제가 아니라, 천국과 지옥 중 지옥을 선택하는 걸 의미한다.

전통적으로 예수는 사랑을 상징하는 존재로 알려졌지만 다음 구절에 따르면 그의 사랑조차도 자신의 가르침을 따르는 자에게만 국한된 특권으로 이해될 수 있다. 동시에, 그 이면에는 특권의 대상에 해당되지 않는 자들을 향한 저주와 협박이 존재했다.

"누구든지 너희를 환영하지 않거나 너희 말에 귀 기울이지 않으면 그

집이나 마을을 떠날 때 네 발에 묻은 그 먼지들을 가차 없이 떨어버리고 나오거라. 내가 진실로 너희에게 말한다. 심판의 날이 오면 그 마을은 소돔과 고모라보다 더 참혹한 멸망을 당하리라."(마태복음 10장 14-15절)

자신을 따르지 않는 사람을 먼지에 비유하며 언젠가 파멸시키겠다는 의미이다. 이처럼 기독교는 기본적으로 세상을 선과 악으로 이분하는 인식 틀을 기반으로 한다. 이에 따라 내가 속한 집단은 선으로 규정되는 반면 타 집단은 악이거나 아니면 기껏해야 포교나 개종을 통해 구원되어야 할 대상으로 규정된다. 그것은 집단 내부자 간에는 특별한 결속을 촉진하지만 외부자, 즉 이교도와는 적대적 갈등과 충돌을 빚기 쉬운 요소임에 틀림없다. 심지어는 종종 외집단(규범이나 가치, 습관, 태도 따위에 있어서 자기와 공통성이 없는 타인으로 이루어져 불쾌감과 대립감을 불러일으키는 집단. 미국의 사회학자 섬너W. G. Sumner가 분류한 집단 개념의 하나이다)에 대한 무자비한 공격성을 정당화하는 근거가 될 수 있다.

이 교리를 받아들이고 나면 다른 종교는 설 자리가 없어질 뿐 아니라 저주스런 존재로 취급되기 쉽다. 신도 입장에서 나와 내가 사랑하고 아끼는 주변 사람의 운명을 생각한다면 당연히 그들을 지옥의 길로 빠지게 할 만한 모든 가능성을 차단해주고 싶지 않겠는가? 따라서 엄밀히 보면, 기독교와 타 종교는 평화로운 공존이 어렵다. 기독교도는 이교도를 위협적인 적敵으로 보거나 아니면 기껏해야 언젠가는 구원받아야 할 가엾은 대상으로 볼 것이기 때문이다.

역사적으로 많은 경우 기독교는 이교도인들을 관용으로 대하지 않았다. 중세가 깊어지면서 그러한 태도는 더욱 강화되었다. 로마 제국으로부터 공식적으로 인정받은 후 기독교가 이교도에게 가한 폭력적 박해는, 과거에 기독교가 이교도로부터 받았던 박해보다 더하면 더했지 결코 덜하지 않았다. 그리고 근대에 들어와서 그러한 교리는 제국주의 침략과 야만적 약탈을 정당화하는 데에도 쓰였다.

1995년 6월 5일자 《시카고 트리뷴Chicago Tribune》은 요한 바오로 2세Pope John Paul II, 1920-2005가 로마 가톨릭 교회에게 새천년을 좋은 기회로 삼아 역사의 어두운 측면을 인정하도록 촉구했다고 보도했다. 나중에 이탈리아 언론에 유출된 1994년 기밀 칙서에서 그는 추기경들에게 다음과 같은 질문을 던졌다. "종교적 신앙전쟁, 종교재판이라는 이름으로 저질러진 수많은 형태의 폭력과 인권 유린에 대해 어떻게 계속 침묵할 수 있겠는가."[110]

기독교는 종교가 얼마나 가공할 위력을 지닌 '추상적 도구'가 될 수 있는지를 입증했다. 기독교는 특히 지배자의 입맛에 맞도록 활용되기에 더없이 좋았다. 지배자가 신의 메신저를 자처함으로써 신의 절대적 권력과 권위를 대행할 수 있게 해주었다.

이후 인류 문명 속에서 추상적 도구는 물리적 도구와 함께 놀랍도록 발전했다. 그러면서 경쟁 세력들 간의 역학관계 속에서 '영향력 있는 추상적 도구'를 획득하는 일이 점점 더 중요해졌다. 다음 장들에서는 피라미드 사회 내에서 지배층과 피지배층이 그 '영향력 있는 추상적 도구'를 차지하기 위해 어떻게 각축전을 펼쳤는지 살펴볼 것이다. 결국 집단 간 경쟁은 누가 어떤 추상적·물리적 도구를 확보하느냐의 문제임을 더욱 명확히 눈치 챌 수 있게 될 것이다. 아울러 거기에 정의의 개념이 어떤 식으로 맞물리는지도 보게 될 것이다.

---

110 Peggy Polk, "Papal State", *Chicago Tribune*, June 5, 1995.

Chapter 20

선악 이데올로기 도구 쟁탈전 – 프랑스 혁명

인간은 잠을 자는 동안 꿈을 꾼다. 꿈은 무의식이 그리는 그림과 같다. 무의식은 꿈속에 있는 그대로의 현실을 투영하기도 하지만 멋대로 소망을 그려넣기도 한다. 인간은 깨어 있는 동안에도 꿈을 꾼다. 무의식을 대신해 그 일을 맡은 것은 바로 상상력이다. 상상력은 꿈이 할 수 있는 것이라면 뭐든 다 할 수 있다. 상상력의 역할 중 하나는, 내가 바라는 세상이 가까운 시일 내에 실현되리라 기대하기 어려울 때 필요한 희망과 위로를 전해주는 일이다.

종교는 집단적 상상력의 산물이다. 같은 꿈을 꾸는 무의식의 주체들이 모여 종교를 잉태하고 키워간다. 그것은 다수의 사람들이 바라는 이상과 현실 간의 격차가 크면 클수록 빛을 발한다. 아울러, 삶 속에 직면하는 주요 난제들의 정체를 명쾌히 밝혀줄 과학적 지식이나 해결책이 결핍되어 있을수록 종교에 의지하여 답을 찾으려는 사람들은 늘어난다.

피라미드식 계급체제, 그것은 고대부터 근대까지 대부분의 인류가 알고 있던 거의 유일무이한 사회조직 틀이었다. 계급이라는 사회구조가 일단 만들어지고 나면 각 계급의 벽을 뛰어넘기가 힘들다. 그것을 공고히 하는 온갖 장치들이 마련되기 때문이다. 그 꼭대기에 있는 우두머리는 난공불락의 궁궐에 둘러싸여 보호된다. 그 궁궐 주인의 권력은 외부의 침략이나 가까운 누군가의 쿠데타에 의해서 빼앗기지 않는 한 대대손손 세습된다. 쿠데타가 일어나더라도 일부 구성원들의 얼굴만 바뀔 뿐 피라미드 구조 자체는 그대로이다.

수천 년 동안 피라미드 체제의 제약을 뛰어넘으려는 하층민들의 시도는 종교적 상상 속에서만 가능했다. 가령 초기 기독교에는 하층민의 소망이 투영되어 있다. 당시의 시대적 상황과 문화적 범위 내에서 하층민이 상상할 수 있었고, 또 상상하고 싶었던 달콤한 꿈이 담겨 있다. 즉, 이곳이 아닌 다른 곳에 이상적인 사회가 마련되어 있다. 바로 천국이란 곳이다. 거기는 세상을 창조한 신이 친히 피라미드의 꼭대기에 앉아서 우리를 통치하는 곳이다. 신은 모든 아버지가 그렇듯이 무섭고 엄하면서도 사랑이 넘치는 존재이므로 우리들 한 명 한 명을 소중히 보살펴주신다.

말하자면, 천국은 하층민이 상상할 수 있는 가장 이상적이고 정의로운 사회의 모습이었다. 그곳으로 가기 위해 요구되는 자격 조건은 하층민들에게도 활짝 열려 있는 것이었다. 그들은 종교적 신앙생활을 통해 자신들이 살아보고 싶은 또 하나의 사회를 꿈꾸고 기다림으로써 하루하루의 고단한 삶을 이어갈 의미와 목적을 얻을 수 있었다.

반면 프랑스 혁명은 감히 현실에서 이상을 실현하고자 나선 사람들이 저지른 사건이다. 근대로 접어드는 이 시기의 혁명가들은 현실 속에서 본격적으로 불평등 피라미드 체제에 도전했다. 어떤 형태의 도전이었을까?

한번 상상해보자. 나는 피라미드의 아래쪽에 있는 피지배층에 속한다. 내가 취할 수 있는 대응 방법으로 어떤 것이 있을까? 논리적으로 보면 여러 경우의 수 가운데 다음 세 가지가 포함된다.

첫째로, 가장 현실적인 방법은 기존의 피라미드 체제 하에서 내가 누릴 수 있는 혜택을 조금이나마 더 증대하기 위해 애쓰는 것으로, 피라미드 질서를 뼛속 깊이 수용하고 상위 계층에게 절대적으로 충성함으로써 그들이 인정과 호의를 베풀어주기를 기대하는 것이다. 물론 대단한 결과를 얻으리라는 보장은 없다. 아주 운 좋게 특출한 재능을 타고났거나 기회주의적 처신에 능할 때에는 신분상승의 기회를 얻는 예외적 소수에 낄 가능성도 있다. 로마시대나 중세의 경우 군인이나 성직자 계열에서 그러한 문이 열리기도 했다. 혹은 외세의 침략과 같은 사회적 대변혁이 일어나는 경우, 가령 한국이나 인도가 일본이나 영국의 식민지에 처하게 되었을 때 적극적으로 반민족적 매국의 선봉에 선 자들이 상대적으로 유리한 경제·사회적 지위를 누린 사례도 있었다.

둘째, 좀 더 획기적인 방법으로 쿠데타가 있다. 기존의 피라미드 체제에서 제일 꼭대기에 있는 우두머리를 제거하고 그 자리를 빼앗는 것이다. 하지만 쿠데타는 아무나 쉽사리 성공시킬 수 있는 일이 아니다. 역사적으로 우두머리의 권력 교체는 주로 더 강한 힘을 가진 외국 우두머리의 침략에 의해서 달성되었다. 자국 내에서의 경우, 보통은 힘없는 피지배 계층 출신은 감히 꿈조차 꾸기 어려운 일이다. 그렇지만 우두머리의 권력이 약화되는 천재일우의 기회가 생긴다면 그 틈을 타 이례적으로 쿠데타를 시도할 가능성이 전혀 없다고만은 할 수 없다(2부에서 "간혹 아래 서열이 위 서열을 처벌할 때도 있기는 하다. 다만 위 서열이 제대로 보복을 할 수 없을 때를 노려야만 한다"고 서술한 동물의 경우와 유사해 보이지 않은가). 대신, 목숨을 걸고 동참할 뜻을 가진 공모자들과 충분한 규모의 지지 세력이 있어야 하고, 호위병을 무찌를 만한 군사력과 무기도 확보해 놓아야 한다. 쿠데타가 성공한 후에도 반대 세력을 설득하던지 억압하던지 아니면 숙청하던지 어떻게든 신속히 정국을 안정시키고, 자신이 기존의 우두머리를 대체할 만한 자질을 갖추었음을 증명하고 또 인정받아야만 한다. 그렇지 않으면 실패한 쿠데타의 비극적 종말을 면키 어려울 것이다.

셋째, 더욱더 획기적이고 근원적인 방법이 있다. 개인적 차원에서는 불가능하고, 오직 대규모 집단적 협력을 통해서만 가능한 방법이다. 그것은 피라미드를 아예 무너뜨려 평평하게 만드는 것이다. 바꿔 말해, 사회 전체의 시스템을 바꾸어 모든 사람이 평등한 사회를 만드는 것이다. 물론 이는 위의 쿠데타보다도 훨씬 더 어려운 전략이다. 말 그대로 '혁명'이 요구된다. 하지만 만일에, 아주 만일에 비록 약자이지만 수적으로 절대 다수를 차지하는 피지배층 전체가 힘을 합칠 수만 있다면 승산이 전혀 없지는 않다. 아니, 이론적으로만 따져보면 해볼 만하다. 가령 18세기 프랑스의 경우처럼 전체 인구의 98%가 피지배층이라는 역학구도가 명확해진 상황이라면 말이다. 성공한 후에는 모두가 혜택을 공유하면 된다(100여 년 뒤 마르크스주의 논쟁 속에서 '어떻게 공유할 것'인지가 전 인류에게 심각한 사회·경제적 화두로 제기될 줄은 누구도 상상하지 못했을 것이다).

긴밀한 협력관계를 통해 삶의 문제를 해결해야 하는 사회적 동물 집단이 적응도를 높여가는 진화 과정에서 보다 원활한 협력을 위해 언젠가 '서열 질서를 허물고 구성원들이 보다 평등해지는' 경우의 수에 도달하는 것은 어쩌면 필연적일지 모를 일이다. 진사회성 종이나 초개체로 진화한 몇몇 다른 동물들처럼 말이다.

하지만 인류가 이 세 번째 방법을 떠올리고 본격적으로 시도한 것은 18세기에 들어와서야 가능했다. 그 이전까지 누구도 감히 피지배층이 지배층의 권력을 무너뜨리고 스스로 새로운 사회를 건설할 수 있다는 상상을 하기 어려웠다. 무엇보다 "모든 인간이 평등하다"는 사상과 믿음을 가질 수 있어야 했는데, 그것이 얼마나 획기적인 발상인지 오늘날의 사람들로서는 상상하기 어려울 것이다. 그러한 발상이 싹트고 어느 정도 충분한

'정족수'를 확보하기까지 수천 년이 걸렸다. 그것을 꽃피워준 것은 계몽주의 철학이었다. 거꾸로, 그만큼 인간이 평등하다는 발상을 가로막는 힘이 수천 년 동안이나 작용해왔다고도 할 수 있다. 가장 대표적인 것이 바로 앞 장에서 논의한 중세의 기독교 사상이라는 '추상적 도구'였다.

18세기의 프랑스 혁명은 "인간은 평등하다"는 발상을 가로막고 있던 구체제의 기독교적 사상과 관습, 피라미드식 정치·경제 권력 구조를 타파하지 않고서는 절대다수가 자신의 삶을 절망에서 건져낼 수 없다는 믿음 속에서 분출했다. 그러한 믿음을 이끌어낸 게 바로 계몽주의 철학이었다. 뿐만 아니라 프랑스 혁명은 피지배층 스스로 프랑스 사회를 재조직할 수 있다는 자신감이 있었기에 가능했다. 요컨대, 프랑스 혁명은 피지배층의 불만에 찬 도전이자 자신감의 표출이었다고 할 수 있다.

프랑스 혁명의 이상 – 불평등 피라미드 구조를 허물고 수평적이고 민주적인 사회 건설하기

그들이 실현하고자 한 이상이 무엇이었는지를 구체적으로 보여주는 사료를 찾는다면 당연히 '인간과 시민의 권리 선언Déclaration des droits de l'Homme et du citoyen'일 것이다. 1789년 8월, 프랑스 혁명 직후에 선포된 것이다. 세계 인권선언과 비슷하게 법 앞의 만인의 평등, 신체, 사상, 양심, 종교의 자유, 언론 표현의 자유, 권력 분립, 조세 부담의 의무 등에 관한 조항들이 들어 있다. 몇 조항만 인용하면 다음과 같다.

제1조: 인간은 자유인으로 태어나서 자유인으로 존속하며, 권리에 있어 평등하다. 사회적 차별은 공동의 이익을 위해서만 허용된다.

제2조: 모든 정치적 결사의 목적은 인간의 천부적이고 소멸될 수 없는 권리를 보존하는 있다. 그 권리는 자유, 재산, 안전, 압제에의 저항이다.

제3조. 모든 주권은 본질적으로 국민에게 있다. 어떠한 단체나 개인도 명백하게 국민에게서 나오지 않은 권위를 행사할 수 없다.

제4조: 자유란 타인에게 피해를 주지 않는 한 모든 것을 할 수 있음을 뜻한다. 그러므로 인간 개개인이 자연권을 행사함에 있어서 사회의 다른 구성원들에게 똑같은 권리를 향유할 수 있도록 보장해야 한다는 것 이외의 다른 제약은 없다. 그 제약은 오직 법에 의해서만 규정될 수 있다.

제5조: 법은 사회에 해로운 행위들에 대해서만 금지할 권리를 갖는다. 법이 금하지 않은 행위는 어떠한 것이든 방해받지 않으며, 누구도 법이 명령하지 않은 것을 하도록 강요당할 수 없다.

제6조: 법은 일반의지의 표현이다. 모든 시민은 직접 또는 자신의 대표를 통해 법을 제정하는 데 참여할 권리를 갖는다. 법은 만인을 대상으로 똑같은 보호를 하거나 처벌을 가해야 한다. 모든 시민은 법 앞에 평등하므로 덕성과 재능 이외의 다른 차별 없이 능력에 따라 평등하게 모든 고위직, 공적 지위, 직무에 오를 수 있다.

오늘날의 입장에서는 너무나 당연해 보이는 내용이다. 다만 특별히 눈에 띄는 표현은 제2조의 압제에의 저항, 제6조의 일반의지라는 표현이다. 일반의지는 제3조의 모든 주권은 국민에게 있다는 내용과 궤를 같이 하는 것으로, 프랑스 계몽주의 철학자 루소Jean-Jacques Rousseau, 1712-1778의 영향력을 반영한다.

이후 우여곡절 끝에 이뤄낸 성과는 다음과 같다. 군주제와 아울러 구

●●● 18세기의 프랑스 혁명은 "인간은 평등하다"는 발상을 가로막고 있던 구체제의 기독교적 사상과 관습, 피라미드식 정치·경제 권력 구조를 타파하지 않고서는 절대다수가 자신의 삶을 절망에서 건져낼 수 없다는 믿음 속에서 분출했다. 프랑스 혁명은 서열 질서에 대한 정면 도전이었다. 기득권을 지키려는 자와 그것을 빼앗으려는 자 간의 상반된 이해가 충돌하는 대사건이었다. 단순히 피라미드 내 서열의 순위를 뒤바꾸려는 것이 아니라 아예 피라미드 자체를 허물어 수평적인 사회를 만들려는 시도였다. (출처: Public Domain)

체제 사회의 특권 시스템과 봉건제를 폐지했다. 민주적 헌법을 채택하고, 보통선거를 실시했다. 생도맹그$^{Saint-Doningue}$(1697년부터 1804년까지 카리브 해의 히스파니올라 섬 서쪽 3분의 1을 차지했던 프랑스의 식민지이다)에서 일어난 봉기를 수용하여 흑인 노예제마저 폐지했다.

이 정도의 사실만 종합하더라도 '인간과 시민의 권리 선언'으로 대표되는 프랑스 혁명의 이상은 구체제의 '피라미드식 집단적 서열 구조'를 허물고 보다 '수평적이고 민주적'인 사회를 건설하는 것이라고 하기에 충분하다.

물론 이러한 혁명의 주체는 피라미드의 아래쪽에 위치한 98%의 피지배층, 즉 제3신분이었다. 구체적으로 말하면, 중하위 계층을 차지하고 있던 부르주아^{bourgeois}, 상퀼로트$^{sans-culotte}$, 농부 계층이었다. 물론 그들이 다 똑같은 생각을 갖고 있었던 것은 아니다. 하지만 거시적인 목표를 위해 손을 잡았다. 이 시점에서 떠오르는 질문은 이것이다. "대체 어떻게 그런 혁명이 가능하게 되었을까?"

폭동이 혁명으로
발전하기 위한 조건

역사적으로 일어난 혁명 중에 무혈혁명도 있기는 했다. 이를테면 인간의 삶을 송두리째 변화시킨 농경혁명과 과학혁명 같은 것이다. 하지만 지금 우리가 논하려는 프랑스 혁명은 그런 것과는 근본적으로 성질이 다른 사건이다. 프랑스 혁명은 유혈혁명이 될 수밖에 없었다. 왜 그럴까?

농경·과학혁명은 인류의 피라미드 서열 구조를 없애지 못했다. 아니, 되레 증폭시키고 극대화시켰다. 반면에 프랑스 혁명은 서열 질서에 대한 정면 도전이었다. 기득권을 지키려는 자와 그것을 빼앗으려는 자 간의 상반된 이해가 충돌하는 대격돌이었다. 일종의 집단적 서열싸움이었다. 다만 프랑스에서 피지배층이 일으킨 서열싸움이 사자들의 서열싸움과 결정적으로 다른 점은 (1) '집단적' 차원의 대응이었고, (2) 단순히 피라미드 내 서열의 순위를 뒤바꾸려는 것이 아니라 아예 피라미드 자체를 허물어 수평적인 사회를 만들려는 시도였다는 것이다. 이제까지 다른 동물은 상상조차 할 수 없었던 경우의 수에 도달한 것이었다.

역사적으로 '폭동'은 수도 없이 일어났었다. 가혹한 불평등이 오래 지속되는 가운데 법과 질서가 압제의 수단이 되고, 군대가 사회구성원들을 오히려 적군처럼 취급할 경우 반발과 저항이 점점 더 거세어져 폭동으로 발전하는 사례는 흔히 있어왔다. 왜 그런지는 앞서 2부에서 '인간은 어떤 존재인가'를 규명하면서 밝힌 바 있다. 인간은 생물이다. 생물의 속성은 기본적인 생물학적 기대와 안락범위가 충족되지 않거나 심각한 위협을 느끼면 능동적으로 문제를 해결하기 위해 움직이며, 그 과정에 자연스럽게 '공포'나 '분노' 감정과 함께 '보복' 본능에 불이 켜진다는 것이다.

여타의 사회적 동물과 마찬가지로 인간에게 불평등은 삶에 위협적인 요소이다. 따라서 불평등 문제가 심각한 수준으로 악화되면 집단적 폭동이 발생할 가능성이 높아진다. 그래서 역사적으로 폭동은 주로 핍박받는 피지배층에 의해 일어났다. 그리고 거의 다 지배층에 의해 강제 진압되었다. 폭동 세력이 비교적 쉽게 진압되고 마는 이유는 무엇일까? 한마디로, 전쟁에서 이기는 데 필요한 모든 것에서 절대적 열세일 수밖에 없기 때문이다. 이를테면 무력적 수단, 온갖 정보와 지식, 물질적 자원, 동조하는 세력의 수적인 규모 등에서 그러한데, 그런 것들은 모두 지배층이 독점하거나 우위를 점하고 있는 것들이다.

지배층은 수적으로만 보면 소수이지만, 피라미드 전체를 장악할 수 있는 정치, 경제, 군사적 권력과 모든 인사권을 독점하고 있다. 따라서 거기에 몸담고 있는 모든 구성원들은 꼼짝없이 그 피라미드 체제에 자신의 운명을 내맡기지 않을 수 없다. 게다가 지배층은 자기들의 특권과 지배를 정당화하고 지속시키는 데 필요한 종교나 이데올로기 등의 '추상적 도구들'까지 손아귀에 틀어쥐고 있다. 그런 것들은 하루아침에 만들어지지 않았다. 오랜 세월 동안 사회 전반의 문화 깊숙이 스며든 것이다.

　이런 말이 있다. 인도가 영국의 식민지였을 때 "인도인들이 모두 다 모래를 한 줌씩만 가져다가 영국인들을 향해 던졌다면 영국인들은 산 채로 모래무덤 속에 묻혀버렸을지 모른다". 그 정도로 영국인 지배층은 소수에 불과했다는 말이다. 그럼에도 불구하고 그들이 절대다수인 인도인을 대상으로 식민지 통치를 계속할 수 있었던 이유가 무엇이었겠는가? 바로 위에서 설명한 피라미드 전체를 장악할 수 있는 정치, 경제, 군사적 권력과 모든 인사권을 독점했기 때문이다.

　따라서 설령 지배층에 일시적으로 내분이 생기거나 약화되더라도 피지배층이 그 권력을 넘보기는 어렵다. 지배층 내부에서 권력교체가 일어날지언정 피지배층에게는 너무나 높은 담 너머의 일일 따름이다. 결론적으로, 기존의 모든 정치·경제·문화·사회적 제도 전반에 변화를 이끌어내기 전에는 폭동은 거의 해보나 마나 한 게임이다. 요컨대 혁명 수준이 되지 않고는 성공하기 어렵다.

　그렇다면 프랑스 혁명의 경우는 어떠했을까? 그것은 어째서 단순한 폭동이 아닌 혁명이 되었을까?

카오스의 역설적 법칙과
르네상스 ─────────

프랑스 혁명에 들어가기에 앞서 그것을 바라보는 데 도움을 줄 다소 색다른 시각으로 잠시 눈을 돌려보자. 오리 브라프먼^{Ori Brafman}과 유다 폴락^{Judah Pollack}의 『카오스의 역설적 법칙^{The Chaos Imperative}』을 보면 이런 내용이 나온다.

세상에는 25만여 종의 씨앗이 존재한다. 이 씨앗들은 각자 자신을 비옥한 땅으로 실어 나르는 다양한 방법들을 진화시켜왔다. 그중 하나는 바람을 타고 공중을 날아가는 것이다. 어릴 적에 훅 불어서 퍼뜨리며 놀았던 하얗고 둥근 민들레 씨를 떠올려보자. 그 씨앗들은 멀리 목초지로 날아가기도 하고, 동물의 털이나 달콤한 열매에 달라붙기도 한다. 때마침 동물이 그 열매를 먹으면 씨앗은 소화기관을 거쳐 숲이나 들판에 배출되면서 퍼지게 된다.

그 25만여 종자들 가운데 극소수는 물 위를 부유할 수 있다. 다시 그중 4분의 1은 물 위에서 일주일 이상 생존이 가능하고, 일부는 염도가 높고 거친 바닷물 환경에서도 살아남는다. 그런 독특한 씨앗이 바로 코코넛이다. 코코넛은 일종의 '색다른 인자^{unusual suspect}'라 할 수 있다.

코코넛 씨앗이 어떤 과정을 거쳐 결실을 맺는지 따라가보자. 코코넛 씨앗은 폭풍이나 높은 파도로 인해 바다에 떨어진 후 이리저리 파도에 휩쓸리다가 우연히 한 섬에 도달한다. 코코넛은 아무 섬에서나 막 자라지 않는다. 열대성 기후와 풍부한 강우량이라는 조건이 갖춰져 있어야 한다. 무엇보다 풍부한 햇빛을 받을 수 있는 널찍한 공간이 필요하다. 햇빛이 가려진 상태에서는 제대로 못 자란다. 야자나무가 해안가에 많은 이유도 바로 그 때문이다. 그런 데는 짜고 거친 바닷물 때문에 식물이나 나무가 자랄 수 없다 보니 넓은 빈 공간이 있기 마련이고, 그 덕분에 코코넛 씨앗은 마음껏 뿌리를 내리고 성장에 필요한 햇빛을 독차지할 수 있게 되는 것이다.

코코넛 씨앗이 섬에 상륙하려면 '우연한 행운serendipity'이 따라야 한다. 자연은 코코넛 씨앗에게 호의적인 섬들의 위치를 알려주는 지도 따위는 배포하지 않기 때문이다. 바다는 그저 늘 움직이는 조류와 흐름, 용승, 파도의 기반일 뿐이고, 코코넛 씨앗 역시 그저 해류를 따라 움직일 뿐이다. 그러므로 코코넛 씨앗이 해안에 닿는 일은 매번 우연의 산물일 수밖에 없다. 그러나 그 우연을 반복적으로 만들어내는 해류가 존재한다는 점에서 100% 무작위 경우의 수인 것만은 아니다. 해류는 생각보다 일을 잘하여 온통 야자나무 투성이인 섬들도 많다.

요컨대, 폭풍이나 높은 파도가 몰아치는 상황과 같이 카오스를 유발하는 조건 속에서 코코넛 씨앗이라는 '색다른 인자'가 바다에 떨어져 부유하다가 해류라고 하는 '우연한 행운'을 만나 먼 바다를 항해한 끝에 열대 해안에 도착하여 뜻밖에도 번성을 하게 된다는 이야기이다.

이것은 저자가 발견한 카오스의 역설적 법칙을 설명하기 위한 한 사례이다. 역설적 법칙이란 이런 것이다. 일단 카오스가 발생하거나 카오스에 직면하게 되면 어떤 '틈white space(공백, 여지)'이 발생한다. 그런 상태에서 새로운 변화의 씨앗이라 할 수 있는 '색다른 인자'가 등장했을 때 만약 해당 사회에 그러한 색다른 인자를 수용할 수 있는 '틈'이 존재할 경우 그 두 가지 요소, 즉 '틈'과 '색다른 인자'가 만나 획기적인 변혁을 촉발할 '우연한 행운'이 발생할 가능성이 높아진다는 것이다. 그 결과, 창조적 아이디어나 이론, 발명, 사회적 변혁 등이 가능해진다고 한다. 이때 각 요소들

— 카오스와 틈, 색다른 인자의 등장, 그리고 이것들이 만나서 뭔가 특별한 일이 일어나도록 행운을 가져다주는 우연 — 이 모두 중요하게 작용한다. 이 책은 카오스의 역설적 법칙이 사회의 변혁과 발전에 핵심적 기여를 해왔다고 주장한다.

오리 브라프먼과 유다 폴락에 따르면, 역사적 사건 중에서도 이에 해당하는 사례를 찾을 수 있다. 흑사병이 중세 유럽을 휩쓴 후 등장한 사회적 대변혁이 그것이다. 이 무시무시한 전염병은 아프리카와 아시아에서 서식하던 벼룩이 무역선貿易船의 쥐를 숙주로 삼아 영국 땅을 밟으면서 유럽 전역으로 전파되었고, 결국 유럽 인구 가운데 절반의 목숨을 앗아갔다. 그 흔한 쥐가 그토록 엄청난 파장을 몰고 올 수 있으리라고는 아무도 짐작하지 못했다. 유럽은 거의 파탄 지경이 나서 역사에 종말을 고할 뻔했다. 당시 유럽은 아시아보다도 가난한 상태여서 몽골이 정복할 필요조차 느끼지 못한 대륙이었다고 한다.

하지만 역설적이게도 이런 절망적 상황이 새로운 시대를 여는 계기가 되었다. 신기하게도 그 후 150년 동안 대변혁이 이어진 것이다. 인쇄술의 발명, 르네상스, 아메리카 대륙의 발견, 유화의 발전, 인류 최초의 안경 제작, 저작권법 제정, 뉴턴의 중력법칙, 근대적 은행 시스템, 산업혁명 등이 잇달았다. 어떻게 이런 일이 가능했을까?

당시 사람들은 모든 면에서 권위적이고 폐쇄적이고 획일화된 사회에서 살고 있었다. 교회의 종교적 교리를 벗어난 일체의 외부적 지식으로부터 차단된 상태였고, 성경 이외의 지식이나 이성은 경시한 채 오직 종교적 믿음만을 중시했다.

그러다가 흑사병이 돌면서 '카오스'와 함께 '틈'이 생겼다. 그것은 모든 것을 180도 바꿔놓기에 충분했다. 성직자의 절대다수가 흑사병으로 사망해 더 이상 의지할 수 없게 되었고, 그 결과 교회에 대한 사람들의 절대적 신뢰와 종교적 믿음마저 금이 갔다.

귀족들은 사람들이 교회 밖에서 새로운 배움을 얻을 수 있도록 대학들을 설립하기 시작했다. 그리스·로마의 철학, 공학, 예술, 건축 등과 관련한 학문적 지식이 다시금 각광을 받았다. 그런 환경 속에서 이전의 기준으로 보면 '색다른 인자'라 할 만한 새로운 유형의 성직자들이 교회에 하나둘씩 등장했다. 그중 한 명이 최초의 인본주의적 교황으로 알려진 니콜라스 5세[Nicolaus V. 1397-1455]였다. 그는 바티칸 도서관을 설립하여 고대 서적들을 수집하도록 했다.

여기까지의 내용을 보면 흑사병 국면에서 '틈'이 벌어졌고 그 틈을 비집고 대학과 도서관을 설립한 귀족, 교황과 같은 '색다른 인자'가 등장했다는 것까지 알 수 있다. 그런데 저자의 법칙에 따르면, 그 '색다른 인자'가 사회변혁을 일으키기 위해서는 도화선에 불을 당겨줄 '우연한 행운'이 필요하다. 그게 뭐였을까? 그것은 바로 인쇄술의 발달이었다.

당시에는 종교를 대신할 새로운 지식에 대한 높은 열망과 수요가 존재했다. 그렇지만 전통적으로 서적은 성직자가 일일이 손으로 베낀 필사본이 전부였는데, 상당수의 성직자가 역병으로 사망한 상태였다. 필사본을 제작해줄 값싼 노동력이 사라진 것이다. 대신 사망자들이 남기거나 버린 다량의 옷가지에서 섬유를 추출하여 만든 종이는 값싸고 풍부해졌다.

그러자 어떤 일이 벌어졌을까? 책에 대한 수요는 높고 값싼 종이 공급은 늘어나자 인쇄 장비와 인쇄술의 발달이 촉진되었다. 그런 와중에 때마침 종교개혁(1517년) 이후 성경이 여러 언어로 인쇄되고 독해가 강조되면서 프랑스의 경우 글을 읽고 쓸 줄 아는 이들이 상당히 늘어났다. 유언장 서명을 연구한 역사학자 다니엘 로슈[Daniel Roche, 1935-]에 따르면 1789년

혁명 이전에, 가령 부유한 동네였지만 주민의 3분의 1이 평민에 속했던 생오노레Saint-Honoré 거리의 경우 글을 읽고 쓸 줄 아는 주민의 비율이 전 주민의 93%에 이르렀다. 몽마르트르Montmartre에서는 유언자의 40%가 장인이나 급여 수급 계층에 속해 있었는데, 그중 74%의 남성과 64%의 여성이 서명을 할 줄 알았다[111](아래 도표 참조). 많은 프랑스인이 프랑스 혁명에 지대한 영향을 끼친 계몽주의 사상가 루소의 책을 읽게 된 것도 이러한 조건 속에서 가능했다. 요컨대 인쇄술은 '코코넛 씨에게 우연한 행운을 가져다주는 해류' 역할을 했다. 바로 그 흐름을 타고 15, 16세기에 꽃핀 것이 르네상스Renaissance(이탈리아어로는 리나시멘토Rinascimento. 유럽 문명사에서 14~16세기에 일어난 문예부흥 또는 문화혁신운동을 말한다)였다.

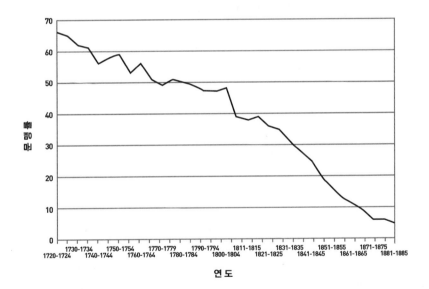

〈 프랑스의 문맹률 〉

(출처: https://commons.wikimedia.org/wiki/File:Illiteracy_france.png)

---

[111] "Astonishing adult literacy rates in France before the 1789 French Revolution", AUGUST 22, 2011, http://www.nobility.org/2011/08/22/astonishing-adult-literacy-rates/

물론 이는 르네상스의 배경에 대한 수많은 설명 중 하나일 뿐이다. 이 이야기를 소개한 취지는, 우리가 살펴보려고 하는 역사적 사건들이 기본적으로 매우 복잡한 요소들이 우연과 필연에 의해 뒤엉킨 결과라는 점을 보여주기 위한 것이다. 나비효과이론(작은 변화가 예측할 수 없는 엄청난 변화를 초래한다는 개념)도 같은 맥락에서 나온 것 아니겠는가. 게다가 역사는 인간의 펜 끝에서 탄생하는 것이다. 역사 서술 자체도 역사를 구성하는 일부분이라는 이야기이다. 다시 말해, 다양한 사람들이 다양한 관점에서 끊임없이 생산해내거나 업데이트하는 다양한 관찰 내용 및 해석 그 자체가 역사를 구성하는 일부분인 것이다.

따라서 역사는 고정된 게 아니라 생물처럼 살아 움직이는 어떤 것일 수밖에 없다. 뿐만 아니라, 역사란 어차피 지구라는 한정된 공간에서 벌어진 일들에 관한 것으로 어떠한 사건이나 개인이든지 간에 서로의 영향권에서 벗어나 있는 대상은 하나도 없다. 시공간적 거리에도 불구하고 과거와 현재의 모든 개인들은 서로 연결되어 있다. 어떤 이는 상대적으로 더 멀리 있고, 어떤 이는 좀 더 가까이 있을 뿐이다. 그렇게 볼 때 어떤 점에서 지금까지 지구상에 존재해왔던 모든 인류는 '역사라고 불리는 나이만큼 늙은' 거대한 하나의 생물체의 세포들에 비유될 수 있을지 모른다.

자, 그러면 이번에는 르네상스가 향후 프랑스 혁명과 어떻게 연결되는지 알아보자.

부르주아와 계몽주의의 출현 ─────────

르네상스가 남긴 것을 크게 세 가지 꼽으라면, 첫째는 과학혁명과 새로운 세계(아메리카 대륙 탐험 등)의 발견이고, 둘째는 부르주아 계층의 성장, 그리고 셋째는 계몽주의라는 형태로 싹튼 인간 자신의 능력에 대한 신뢰와 새로운 사회 질서 구성에 대한 자신감이다.

과학혁명과 새로운 세계의 발견

과학혁명은 새로운 인식 방식과 인식 도구를 제공했다. 기독교적 도그마에서 벗어나 과학적 방법에 입각한 실증적이고 경험적인 탐구를 가능하게 만든 것이다. 덕분에 고대 문명에 대한 관심도 새롭게 제기되었고, 아깝게 묻혀있던 지혜들도 재발굴할 수 있었다.

당대의 과학적 발전과 새로운 세계의 발견을 구체적으로 열거하면 이렇다. 15세기 말엽 콜럼버스Christopher Columbus, 1451-1506가 아메리카 신대륙을 발견하고 탐사(1492-1504) 프로젝트를 진행했다. 16세기 중반 무렵에는 프랜시스 베이컨Francis Bacon, 1561-1626이 세상을 바꾼 세 가지 혁신적인 기술이라고 일컬은 화약, 인쇄기, 나침반이 이미 유럽 전역으로 확산되고 있었다. 17세기로 넘어갈 즈음에는 망원경과 현미경도 등장했다. 이런 시대적 배경 속에서 마젤란Ferdinand Magellan, 1480-1521은 전 세계를 일주했고(1519-1522), 스페인은 아즈텍Aztec 제국/멕시코를 정복했으며(1519-1521), 이어 잉카Inca 제국 페루까지 정복할 수 있었다(1532-1535).

독일의 천문학자 케플러Johannes Kepler, 1571-1630는 태양을 중심으로 도는 행성의 궤도가 타원형이라는 사실을 발견했다. 교회에서 "아니, 신께서 원 하나 정확히 못 그리신다는 말이냐"고 분개하는 바람에 이에 대해 자아비판을 해야 했고, 1613년 "지구는 태양을 중심으로 돈다"는 폴란드의 천문학자 코페르니쿠스Nicolaus Copernicus, 1473-1543의 지동설을 지지하는 편지를 출판한 갈릴레오 갈릴레이Galileo Galilei, 1564-1642 역시 종교재판에 회부되

어 끝내 법정에서 지동설을 부정하는 맹세를 해야 했지만 말이다. 갈릴
레오 갈릴레이는 망원경 설계를 새로 해서 여러 개의 달을 거느린 목성
을 관측했다가 교황의 심기를 건드린 적도 있다. 하늘의 숫자는 7이니까
하늘에는 7개의 천체(태양, 달, 그리고 5개의 행성)만 있어야 하는데 그와
어긋난 사실을 발견했다는 것이 이유였다. 1665년에는 아이작 뉴턴Isaac
Newton, 1642-1727이 만유인력을 발견했고, 1769년에는 제임스 와트James Watt,
1736-1819가 산업혁명의 발단이 된 증기기관을 발명했다.

이 모든 과학혁명은 유럽뿐 아니라 전 세계에 일파만파의 파장을 몰고
왔다. 상업과 경제적 측면에서 일어난 변화를 몇 가지만 정리하면 다음과
같다. 포르투갈은 동부 인도의 향신료 무역을 통제(1498-1511)했을 뿐
아니라 동아프리카 도시국가를 지배(1505-1650)했다. 아프리카 노예무
역이 활발해졌다(1500-1800). 스페인이 정복한 멕시코, 페루에서 금, 은
이 발견(1540)되었으며, 엄청난 자원이 유럽으로 흘러 들어왔다. 포르투
갈의 무역상인은 중국과 일본에서도 활발한 활동을 벌였다(1550-1650).
영국에서 동인도회사가 생겼다(1600). 유럽의 중상주의는 절정에 달했
다(1650-1750).

1769년에 발명된 증기기관과 함께 본격적으로 산업혁명이 시작되었
다. 미국 혁명에 이어 1776년에는 미국이 독립을 선언하고 헌법국가를
탄생(1788)시켰다. 프랑스 혁명(1789)이 발생하기 10여 년 전이었다.

부르주아 계층의 성장

이러한 변화의 흐름을 타고 유럽에 새로운 계층이 등장했다. 바로 프랑스
혁명의 주역이 된 부르주아bourgeois였다. 이들은 전통적 봉건 집단인 귀족,
농부, 성직자와 구별되는 새로운 직업군에 종사한 사람들이었다.

부르주아란 단어는 원래 bourg(시장 마을), burgeis(담벼락으로 둘러 싸인 도시)라는 고대 프랑스어에서 나왔다. 역사적으로 중세에는 시장마을이 담벼락으로 둘러싸여 있었는데, 11세기 무렵 유럽 중·서부의 시장마을들이 상업 중심 도시로 발달하면서 부르주아는 도시에 거주하는 자라는 의미를 띠게 되었다.

중세 도시에는 장인과 상인이라는 두 종류의 주요 사회·경제 집단이 거주했다. 장인은 길드Guild(경제적 자치 조직)에 속하여 공예품을 생산한 자영업자들이었고, 상인은 다른 지역과의 무역을 통해 부유하고 힘 있는 집단으로 성장한 사업가들이었다. 상인들은 특히 해양 무역을 통해 도시의 부를 증대하고 확장하는 데 큰 기여를 했는데, 오늘날의 이탈리아, 스페인, 포르투갈, 프랑스, 영국, 스칸디나비아의 도시 대부분이 해안가에 있는 이유는 그 때문이다.

국가가 등장하기 이전에 중세 유럽의 도시들은 상호 간뿐만 아니라 다른 지역과의 무역 파트너십을 통해 강력한 경제 네트워크를 발달시켰다. 르네상스가 이탈리아의 베니스Venice를 중심으로 탄생한 것도 우연이 아니다. 베니스는 유럽을 콘스탄티노플Constantinople 같은 이슬람 문화권의 도시들과 이어준 무역의 중심지였고, 그러다 보니 다양한 문화와 사상의 교류가 이루어졌다.

근대에 이르러 도시가 확대되고 부르주아가 성장하면서 사회적 지각 변동이 일어났다. 도시의 성장 배경에는 두 가지 요인이 더 있었다. 바로 내륙 농촌 지역으로부터 공급된 '식량'과 '사람들'이다.

만일 농업 생산성이 도시 인구를 먹여 살릴 수 있는 수준까지 증대되지 않았다면 도시가 그렇게 성장하지 못했을 것이다. 농업 생산성이 향상되자 농촌 인구가 증가했고, 그러면서 생겨난 '잉여' 농노들이 살길을 찾아

도시로 탈출해서 다른 직업을 갖는 현상이 증가했다. 반면 도시가 성장할수록 농업의 안정성은 위협받기 마련이다. 그런데도 영주들은 농업 생산성이 상승했다는 이유로 지대를 인상하는 일이 잦아졌다. 그러자 시골을 버리고 도시로 떠나는 농노들이 늘어났다. 일부 시골 지역에서는 농업 인구가 농업 생산성 유지에 필요한 최소한의 수준에도 못 미칠 정도였다.

한편 중세 유럽 서부에 위치한 도시들 간의 무역은 계속해서 늘어났다. 덕분에 무역 요충지였던 런던London, 안트베르펜Antwerfen, 함부르크Hamburg, 쾰른Köln, 마르세유Marseille, 리스본Lisbon 등의 도시에 초기 자본주의 경제가 자리 잡았다. 선박에 돈을 투자하는 상인 자본가가 늘어났고, 정규 해상 무역 루트도 확립되었다. 이들은 초기에 벌어들인 이윤을 더 큰 무역 루트에 재투자했다. 그러다가 흑자 규모가 거대해지면서 또 다른 투자처를 찾아야만 했는데, 그래서 투자하기 시작한 것이 수공예품 생산이었다. 2~3세기가 지나면서 무역에서 나오는 이익률은 점차 감소한 반면, 물품 생산으로 인한 이익률은 점차 증가했다. 경제는 점점 더 상인 자본주의에서 산업 자본주의로 변모해갔다.

그럼에도 당시의 경제·사회·정치 시스템은 여전히 봉건제를 기반으로 하고 있었다. 자연히 신흥 부르주아와 전통적인 봉건귀족계층 간의 갈등이 커졌다. 가령 프랑스의 경우, 부르주아는 역동적인 시대적 변화를 이끌어가는 세력으로서 자신에게 무엇이 필요하고 무엇이 불필요한지를 첨예하게 느꼈지만, 봉건제도로 인한 제약이 많았다. 예컨대 이들은 기업 활동의 성장에 적합한 교육제도와 과학 진흥, 치안을 원했고, 국내 통행세와 관세장벽 문제를 해결하고, 각 지역마다 서로 다른 도량형과 법률 등에 가로막힌 교역을 시원하게 뚫을 수 있도록 개별 지역으로 쪼개진 프랑스를 하나로 통일하는 정책을 원했다. 온갖 봉건 부과금, 수수료, 부

조금, 벌금도 못마땅했다. 하지만 (심지어 그들 중 상당수는 귀족보다도 더 많은 부富를 갖고 있었음에도 불구하고) 봉건제라는 한계에 막혀 뜻을 관철시키기 어려웠다.

그런 와중에 경제가 급격히 기울어지면서 귀족에게 면제된 막대한 세금 부담을 자신들이 짊어지게 되자, 불만이 더욱 높아졌다. 이들은 자신들의 정치적 목소리를 강화함으로써 사회제도에 대한 통제력을 갖고, 봉건적 권위를 시민법으로 대체할 수 있길 열망했다.

비유적으로 표현하자면, 프랑스 사회에서 부르주아는 우두머리를 넘볼 실력을 갖춘 '다크호스dark horse'와 비슷했다. 늙은 우두머리 사자가 자꾸 길을 막아서고 있는 게 영 못마땅하고 거슬리는 젊고 혈기 넘치는 도전자. 실제로 이들은 때가 되자 집단적 서열싸움에 도전장을 던지기 위해 프랑스 혁명의 주역으로 나섰다.

계몽주의 – 인간 자신의 능력에 대한 신뢰와
수평적 사회 질서 구성에 대한 자신감

폭동은 언제든지 발생할 수 있고, 실제로 많이 발생했었다. 그러나 그것이 혁명으로 발전하는 건 또 다른 차원의 문제이다. **혁명이 가능하려면 대규모 집단이 위험을 무릅쓰고 일치단결한 행동을 표출할 수 있어야 한다. 그런 일은 단순히 많은 사람이 사회에 불만을 갖고 있다고 되는 게 아니다. 몇 만, 몇 십만 명이 넘는 사람들을 일일이 찾아다니며 혁명을 통해 그 불만을 해결할 수 있으니 함께 모험을 해보자고 설득할 수는 없는 노릇이기 때문이다.**

한 가지 효과적인 방법이 있기는 하다. 바로 '사상'을 공유하는 것이다. 본능을 제외한다면, 인간의 행동을 지배하는 원리는 생각과 믿음이기 때문이다. 사상은 인간

사이에서만 통용되는 독특한 소통 원리이다. 그것은 다른 동물은 물론 영장류인 침팬지에게서도 찾아볼 수 없는 인간만의 특별한 능력(2부에서 이것을 '인간 고유 영역'이라고 칭한 바 있다)에 기인한다. 물리적으로 서로 떨어져 있는 '대규모'의 인간들이 동일한 목적을 위해 행동에 뛰어들 수 있게 만드는 비결은 '사상을 공유하는 방법' 외에는 없다. 그렇다. 사상은 우발적 폭동을 넘어 보다 조직적이고 지속 가능한 집단적 혁명을 가능하게 한다.

과학혁명은 철학, 사상 분야에서도 획기적인 발상의 전환을 불러일으켰다. 그도 그럴 것이, 상상해보라. "성경에는 바다 건너 사람이 살고 있다는 기록이 없단 말이다"라고 성을 낸 성 아우구스티누스처럼 유럽을 거의 세상의 전부로 알고 있던 당시 사람들이 저 바다 너머 신세계 탐험 소식을 듣고 얼마나 놀라워했을지. 나침반의 도움으로 먼 바다를 건너 어디든 갈 수 있고 — 물론 주로 소수의 지배계층과 부르주아에게만 해당되는 얘기였겠지만 — 금과 은이 넘치는 신세계를 정복할 수 있다는 자신감과 모험심에 얼마나 들떴을지. 인쇄술의 발달로 그 모든 소식들이 널리 전파되면서 얼마나 많은 사람의 머릿속에서 새롭고 창의적인 생각들이 꿈틀거렸을지 말이다.

이때 등장한 사상이 계몽주의였다. 그것이 하나의 통일된 사상이었던 건 아니다. 계몽주의 사상은 매우 다양하다. 하지만 공통점이 하나 있었는데, 그것은 이성을 통한 합리적 추론과 진보에 대한 믿음이었다. 독일 철학자 임마누엘 칸트Immanuel Kant, 1724-1804는 계몽주의 시대의 모토를 이렇게 요약했다. "감히 알려고 해라! 용감하게 자신의 이성을 사용해라!" 그런 측면에서 이 시대는 미신의 시대인 고대古代를 밀어내고 과학의 시대인 근대近代를 여는 분기점이었다.

본격적인 계몽주의 사상의 조짐은 17세기에서부터 찾을 수 있다. 근대적인 과학방법론을 제시한 프란시스 베이컨(1561-1626)은 과학이라는 바다를 항해하기 위해서는 기존의 편견을 버리고 실험과 관찰을 통해서 자연의 원리를 발견하는 귀납적 방법을 사용해야 한다고 주장했다. '예측 가능한 법칙에 따라 작동하는 일종의 기계', 그것이 우주라고 생각했기 때문이다.

이어 "나는 생각한다. 고로 존재한다"라는 말로 유명한 이른바 근대 철학의 아버지 르네 데카르트René Descartes, 1596-1650의 『방법서설Discours de la Méthode』(1637)이 나왔고, 홉스가 『리바이어던Leviathan』(1651)을 통해 사회 계약론을 주장했다. 18세기로 접어들어서는 프랑스 혁명에 영향을 미쳤던 볼테르Voltaire, 1694-1778와 루소의 저술도 등장했다. 토머스 홉스와 존 로크John Locke, 1632-1704에 이어 사회계약론을 주장한 루소의 정치철학은 프랑스 혁명에 결정적인 영향을 끼쳤다. 루소의 『사회계약론Du Contrat Social』은 프랑스 혁명이 일어나기 27년 전인 1762년에 출판되었는데, 프랑스 혁명 지도자들 모두가 읽은 것으로 유명하다. 특히 로베스피에르Robespierre, 1758-1794가 루소의 열혈 신봉자였다는 것은 잘 알려진 사실이다.

이들 사회계약론의 기본 전제는 "모든 인간은 평등하다"는 것이다. 이 전제 위에 구축해야 할 정치 시스템이나 해법들은 계몽주의 사상가들마다 달랐지만 말이다. 예를 들어 『리바이어던』에서 토머스 홉스의 주장을 요약하면 다음과 같다. 인간은 본래 평등하다. (그 근거는?) 인간의 육체적·정신적 능력은 평등하게 창조되었다. (그걸 어떻게 알 수 있을까? 세상에는 엄연히 힘센 사람도 있고 약한 사람도 있는데.) 가령 아무리 힘센 사람도 약한 사람들 몇 명이 공모하면 충분히 죽일 수 있다. 결국 힘센 사람과 약한 사람 간의 차이는 그 둘이 평등하지 않다고 할 정도에는 이르지 못한다. 문제는 이렇듯 인간이 평등한 조건을 갖고 태어났기 때문에 누구나 동일한 수준의 기대와 목적을 갖기 마련이라는 것이다. 게다가 자연 상태에서라면 각자 이기적으로 행동하는 것이 지극히 당연한 권리이다. 하지만 그 때문에 궁극적으로는 '만인의 만인에 의한 전쟁 상태'에 빠질 수밖에 없다. 그런데 인간은 이성적 존재이기도 하다. 전쟁의 공포에서 벗어나 장기적으로 안전한 보호를 받으며 번영을 이룩하기 위해 사회적 계약을 체결할 줄 안다. 사회적 계약이란 정부를 구성하고 법을 제정하여 사람들이 협력하게 만들고 위법자들은 처벌하도록 강력한 권위를 부여해 주는 것이다. 그런데 정부가 효과적으로 기능하기 위해서는 정부의 권력이 분리되어도 제한되어도 안 된다. 따라서 무제한적인 절대군주제가 필요하다. 물론 그런 통치 권력 하에서 사는 것은 고달픈 일이지만 그나마 그게 자연 상태에서 사는 것보다는 훨씬 낫다.

물론 이는 사회적 문제에 대한 홉스 개인의 해법일 뿐이다. 지구상에서 절대적 군주제가 거의 사라진 오늘날의 현실에 비춰보면 그가 제시한 절대적 군주제는 최선의 해법이 아니라는 점이 명백하다.

반면 영국의 철학자 존 로크는 홉스와는 달리 인간의 자연 상태를 그리 절망적으로 보지 않았다. 정부가 없었다고 도덕성까지 없었던 것은 아니라는 이유에서였다. 존 로크 역시 자연법의 존재를 인정한다. 즉, 모든 인간은 자연법에 따라 생명, 자유, 재산에 대한 천부적 권리를 소유한다. 하지만 자연 상태에서는 법률, 불편부당한 재판관, 자연법을 집행해줄 권력이 따로 확립되어 있지 않은 까닭에 특히 재산상의 문제로 어려움을 겪을 수밖에 없다. 그러므로 재산을 효과적으로 보호할 필요성 때문에 사회계약이란 걸 체결하게 되었다.

그러나 정부의 기능과 관련해서 로크는 홉스와 차이를 보인다. 정부는 사회적 계약의 집행에 필요한 일을 '대행'해주는 기관일 뿐, 군주가 개인의 모든 권리를 '이양'받는 것은 아니라는 것이다. 개개인은 여전히 생명, 자유, 재산에 대한 천부적 권리를 보유한다. 그러므로 만약 정부가 개인의 자연권을 보호해주는 역할을 제대로 하지 못할 경우 시민은 정부의 권력을 박탈하고 새로운 정부를 세울 수 있다. 로크는 의회민주주의와 삼권분립의 기초를 세웠으며, 이는 영국과 미국에 큰 영향을 끼쳤다. 특히 미국 혁명은 로크가 제시한 사상이 현실에서 실현 가능함을 입증했다. 그것은 다시 프랑스 혁명에도 큰 영감을 불어넣었다. 실제로 파리 주재 미국 외교관이었던 벤자민 프랭클린Benjamin Franklin, 1706-1790과 토머스 제퍼슨Thomas Jefferson, 1743-1826은 프랑스의 지식층과 자유로이 어울려 지냈다. 미국에 파병되었던 프랑스 군인들도 — 비록 미국에서 미국인과 긴밀히 접촉하지는 못한 것으로 밝혀졌지만 — 미국의 혁명적 이상과 관련한 소식을 전파했다. 이런 가운데 프랑스인들은 그러한 새로운 환경과, 상대적으로 비민주적인 자국의 현실을 비교할 기회를 가질 수 있었다.

프랑스 혁명이 계몽주의 사상에서 비롯되었다는 것은 프랑스의 정치학자 토크빌Alexis de Tocqueville, 1805-1859과 영국의 철학자 에드먼드 버크Edmond Burke, 1729-1797도 인정한 부분이다. 물론 프랑스 혁명이나 구체제의 몰락에는 다른 요인들도 작용했겠지만, 혁명 전개 과정에서 사람들이 실제로 입밖에 낸 생각이나 주장들 속에는 계몽주의자들의 구체적인 정치이론과 용어들이 자주 등장한 것이 사실이다.

프랑스인 중에서 프랑스 혁명의 핵심 이론을 제공한 사상가는 몽테스키외Charles-Louis de Secondat Montesquieu, 1689-1755, 루소, 볼테르 등이다. 영국의 철학자 모리스 크랜스턴Maurice Cranston, 1920-1993에 따르면, 이 세 사상가가 프랑스 혁명 초기부터 나폴레옹 집권에 이르기까지 서로 다른 기간에 지배적인 영향을 미쳤다.[112] 가령 프랑스 혁명 초기에는 『법의 정신De l'Esprit des loix』(1753)에서 몽테스키외의 사상이 주목을 받았다. 가령 당시 혁명세력의 핵심 리더였던 미라보Honoré Gabriel Riqueti, comte de Mirabeau, 1749-1791는 몽테스키외가 주장한 진보적 입헌군주제를 요구했다. 하지만 루이 16세Lois XVI, 1754-1793와 마리 앙투아네트Marie Antoinette, 1755-1793 왕후가 오스트리아로 도주하려다 발각되는 사건이 터진 1791년, 루이 16세가 왕권의 부활을 꾀하기 위해 외국 군대를 이끌고 공격해올 계획이었다는 사실이 알려지면서 혁명의 방향은 입헌군주제에서 공화제로 바뀌자 그때부터 루소의 사상이 더 큰 영향을 미치게 된다.

루소의 사상의 요지는 이렇다. 모든 인간은 평등한 자연권을 갖고 태어난다. 그리고 인간은 자연 상태에서는 본래 자유로운 존재였다. 그러나 문명이 진보하면서 경제 및 사회적 불평등이 생겨났고, 그 때문에 인간은 타인에게 의존하거나 복종하지 않으면 안 되는 부자유 상태에 빠졌다. 좀 더 설명을 덧붙이면, 인간은 자연 상태에서 원래 아무런 경쟁 없이 소박하지만 자유롭고 만족스럽고 도덕적으로도 순수한 삶을 살 수 있었으나, 사유재산, 인구 증가, 노동 분업으로 사회가 복잡해지면서 탐욕과 경쟁, 허영, 불평등, 온갖 불행과 악이 인간의 삶 속으로 들어와 인간을 지배하게 되었다. 그렇다고 자연 상태로 되돌아갈 수도, 되돌아가서도 안 되는 상황인데 그럼 어떻게 해야 할까? 어떻게 하면 타인을 강제하거나 타인으로부터 강제당하지 않은 채 사회 속에서 살 수 있을까? 결국 루소가 『사회계약론』에서 근본적으로 다루고자 한 철학적 문제는 어떻게

---

112 Maurice Cranston, "The French Revolution: Ideas and Ideologies", *History Today*, Volume 39, 5 May, 1989. https://www.historytoday.com/maurice-cranston/french-revolution-ideas-and-ideologies

하면 인간이 이토록 복잡한 사회에 함께 살면서도 본래의 자유를 되찾을 수 있을까 하는 것이었다. 그에 따르면, 이렇듯 역사적 진행 속에서 오염된 인간의 본성을 극복하는 길은, 스스로 자유의지를 다시 일깨우고 모두에게 선한 민주적 원리에 따라 자신들을 정치적으로 재구성하는 것이다. 자연 상태에서는 누구도 타인을 지배할 권리를 갖고 있지 않다. 그런 상태에서 정당한 권리란 오직 사회적 계약에 의해서만 생겨날 수 있다. 그중 가장 기초적인 계약은 사람들이 모여 하나의 집합적 국민을 구성하기로 합의하는 것이다. 자연 상태에서 주어졌던 개인의 권리와 자유를 다함께 포기하고 그것을 하나의 집합체에게 이양하는 것이다. 그러면서도 구성원 전체의 선을 위해 존재하는 그 집합체의 주권자로 남는 것이다. 그렇게 해서 탄생한 집합체는 하나의 새로운 인격체에 비유될 수 있다. 동시에 강력한 직접 민주주의 국가의 형태를 띤다. 이러한 루소의 사상은 나폴레옹이 쿠데타를 일으킨 1799년까지 혁명의 용어를 제공했고, 숭배와 칭송의 대상이 되었다. 하지만 나폴레옹이 집권한 이후에는 볼테르가 나폴레옹의 정책적 근거로 차용된다.

요컨대, 각자의 해법은 조금씩 달랐지만 계몽주의 사상가들에게 공통적인 한 가지 사상은 이런 것이었다 ― 모든 인간은 평등하며, 사회는 계약적 관계에 의해 구성된 것이다. 이것이 갖는 중요한 역사적 의미는, 이제까지 당연시되었던 인간의 불평등에 대해 근본적으로 반론을 제기했다는 것이다. 이는 기존의 구체제를 감싸고 있던 '피라미드 서열 구조의 정당성'을 뒤엎는 것이라는 점에서 대단히 혁명적인 사상이다.

폭동이 혁명으로 발전하려면 사상적 기반이 필수적이다. 다수의 대중이 어떤 사상을 받아들이고 공유하는 데에는 시간이 걸린다. 물론 그에 앞서 그 사상 자체가 보편적 호소력을 지니고 여러 도전을 이겨낼 만한 것이어야 하겠지만, 그 역시도 사상 자체만의 문제라기보다는 종합적으로 시대적 요구와 맞아야 되는 일이다.

"인류는 평등하다"는 사상이 무르익는 데 수천 년이 걸렸다. 그 과정에는 당연히 수만 가지 복잡한 사건들이 뒤얽혀 영향을 주고받았다. 온갖 중첩된 사건들이 시간에 의해 응축되어 나온 결정체가 사상이다. 하지만 일단 무르익고 나자 "인류는 평등하다"는 사상은 힘이 셌다. 근대에 들어오자 불과 몇 백 년 만에 놀라운 속도로 전 세계에 전파되었다. 그리고 기어이 현실 속에서 합리적으로 사회를 재창조하기 위한 실험 무대를 만들어내고 말았다. 그 무대가 바로 프랑스 혁명이었다.

혁명, 왜 프랑스였을까? ────────

프랑스 혁명을 논하기에 앞서 한 번쯤 던져봐야 할 질문은 '왜 하필 프랑스에서였을까?'일 것이다. 유럽 전역의 봉건제 사회의 모습은 상당히 유사했다. 예컨대 프랑스, 영국, 독일을 비롯한 유럽 국가들의 정치, 행정, 사법, 경제, 문화적 제도는 대동소이했다. 저변에 흐르는 정신도 마찬가지였다. 그런데 왜 유독 프랑스에서 혁명이 일어났던 것일까? 이제 그 대답을 찾아보자.

거시적으로 역사를 돌아보면 전쟁이나 폭동의 주요 원인은 인구 증가율과 밀접한 관계가 있다. 인구가 급증한 곳에서는 필히 식량부족현상이 나타났고, 식량부족현상은 전쟁이나 폭동과 상관관계를 보였다. 로마, 영국, 중국의 역사를 심층 연구했던 코네티컷 대학University of Connecticut의 피터 터친Peter Turchin, 1957-과 러시아의 인류학자 안드레이 코로타예프Andrey Korotayev, 1961-도 전쟁과 인구밀도의 증가 사이에 통계적 상관관계가 있음을 입증했다. 전쟁 시기와 평화 시기를 비교해보니 80~90%의 경우 인

구 급증에 이어 분쟁이 발생했고, 그런 다음에는 다시 인구 증가 속도가 감소하는 패턴이 드러났다.[113]

그렇다면 프랑스 혁명은 어떠했을까? 예외였을까? 그렇지 않았던 것으로 보인다. 많은 학자들은 프랑스 혁명기에 사회적 긴장의 주원인으로 인구 증가를 지목한다. 18세기 초반 프랑스 인구는 2,000만 명 정도였다. 그때도 이미 러시아를 뺀 유럽 전체 인구의 20%에 해당하는 대규모였지만, 이후에 전염병이 감소하고 극심한 식량부족현상이 개선되어 치사율이 감소한 결과 800~900만 명의 인구가 더 증가했다. 이는 1600~1700년대 사이에 인구가 100만 명 정도씩 늘어났던 것에 비해 훨씬 큰 폭의 증가였다.

우선, 프랑스의 시골 인구 증가가 문제가 된 이유는 프랑스 농경의 최대 약점과 관련이 있다. 영국에는 대규모 상업적 농경이 발달했던 반면, 프랑스 농장들은 낙후된 소규모 상태로 머물러 있었다. 당시 해외 무역과 상업의 발전으로 자본주의는 일상까지 침투해 들어온 상태였지만, 시골 소작농의 처지는 전과 다를 바 없었다. 그런 까닭에 그나마 소수의 부유한 소농들은 농지를 임대해주고 여유 있게 살 수 있었지만, 대부분의 사람들은 일용직 품삯으로 입에 풀칠이나 하는 정도로 만족해야 했다. 역사가들은 소작농의 90%가 최저생계 수준의 빈민 또는 그만도 못한 생활을 했을 것으로 추정한다.

도시도 문제였다. 도시 생활자 대다수의 주식이 빵이다 보니 빵 가격의 변동에 대단히 민감했는데, 극심한 추위로 1788~1789년 잇달아 흉작이 나는 바람에 빵 값이 천정부지로 치솟았다. 그러다 보니 도시 장인의 임

---

113 말콤 포츠·토머스 헤이든, 박경선 역, 『전쟁유전자』 (서울: 개마고원, 2011) pp.446-447.

금은 22% 오른 데 비해 생활비는 62%나 급등한 것으로 알려졌다.[114] 그야말로 먹고사는 문제가 시급했다.

혁명 전 프랑스 경제가 최악으로 치닫게 된 데에는 또 다른 원인이 있었다. 17세기 말, 18세기 초, 루이 14세Lois XIV, 1638-1715는 선대의 전쟁 빚을 계속해서 갚던 중이었는데 상황이 얼마나 심각했느냐 하면, 기존 부채에 대한 이자 지불액이 재정의 절반이나 차지했다. 그런 와중에 전쟁, 해군, 외교에 대한 지출도 4분의 1이나 되었다.[115] 특히 미국 독립전쟁에 군대를 파견하면서 떠안은 부채의 규모는 프랑스 국왕이 국내에서 거둬들이는 세금의 4년 치에 달해 사실상 프랑스는 파산 상태나 다름없었다.[116] 프랑스 혁명의 직접적인 원인이 미국 독립전쟁이라 해도 과언이 아닐 정도였다.

프랑스는 3개의 계급으로 구성된 사회였다. 제1신분은 고위 성직자, 제2신분은 귀족, 제3신분은 나머지 98%를 차지하는 부르주아, 농민, 도시빈민이었다. 그런데 제1, 2신분에게는 면세 특권이 주어졌기 때문에 무거운 세금 부담은 모두 제3신분의 어깨 위에 떨어졌다. 거기에다 농민은 왕, 교회, 영주에게 바치는 각 세금 외에도 빵, 술, 소금 등에 대한 간접세도 내야 했을 뿐 아니라 의무적으로 영주에게 노동도 제공해야 했다. 한마디로 불공정한 조세제도였다.

하지만 그러한 불공정한 조세제도나 사회 구조가 비단 프랑스만의 일이었던 것은 아니다. 사정은 유럽 전역에서 비슷했다. 가령 1788년 무렵

---

114 "The Origins of the French Revolution", The History Guide: Lectures on Modern European Intellectual History, Lecture 11, http://www.historyguide.org/intellect/lecture11a.html
115 에릭 홉스봄, 정도영 외 역, 『혁명의 시대』 (서울: 한길사, 1998), p.152.
116 앞의 책, p.65.

독일 대부분 지역의 농민들은 마음대로 영지를 떠날 수도 없고, 만일 도주할 경우 어디든 추적해서 강제로 송환될 수 있는 농노 신세였다. 영주 재판권 하에서 사생활까지 감시받았고, 나태와 방종이라는 혐의만으로 벌을 받을 수도 있었으며, 마음대로 직업을 바꿀 수도 없었고, 영주의 허락 없이는 결혼조차 할 수 없었을 뿐 아니라 영주를 위해 가혹한 부역을 해야 했다. 그렇게 거의 전 유럽에서 봉건적 세금이 프랑스보다 훨씬 더 가혹하게 부과되었다. 그러므로 혁명이 일어날 가능성은 유럽 어디에서나 있었다고 봐야 마땅하다.

게다가 프랑스에서는 오히려 위와 같은 농노제도가 이미 오래전에 사라진 상태였다. 프랑스 농민들은 자유롭게 돌아다니면서 뭐든 사고팔고, 계약하고, 일할 수 있었다.[117] 생활수준도 일반적인 유럽 농민들보다는 좀 더 나은 편이었던 것으로 추정된다. 물론 대다수의 농민은 자기보다 더 부유한 농민이나 귀족의 농지를 임대해서 농사를 짓는 입장이었지만, 그나마 인구 증가로 인해 토지 소유 여건이 악화되었던 것은 사실이다. 하지만 전체 농지의 30~40%는 분명 소작농들이 쪼개어 갖고 있었다. 귀족의 영지는 전체 토지의 20%, 성직자의 소유지는 전체 토지의 6% 정도였을 것으로 추정된다.[118]

그렇다면 프랑스 농민만 유달리 불공정한 세금에 증오심을 갖고, 혁명까지 일으킨 이유는 대체 무엇일까? 어째서 애초에 혁명이 발발한 곳이 영국이나 독일이 아니고 프랑스였을까? 이것이 토크빌이 던진 질문이었다.

---

117 알렉시스 드 토크빌, 이용재 역, 『앙시앵 레짐과 프랑스 혁명』 (서울: 박영률출판사, 2006), p.37.

118 에릭 홉스봄, 정도영 외 역, 『혁명의 시대』, p.151.

토크빌은 『앙시앵 레짐과 프랑스 혁명L'Ancien Regime Et La Revolution』에서 프랑스 혁명이 단지 갑작스런 경제 악화만의 문제라기보다는 오랜 시간 축적된 사회적 문제의 연속선상에서만 설명될 수 있는 사건이라고 주장하며 다음과 같은 분석을 내놓았다.

첫째, 역설적이게도 프랑스 농민이 영주의 지배에서 완전히 벗어나 토지 소유농이 되어 있었기 때문이다. 만약 농민이 소작농에 지나지 않았다면 지대가 높든 낮든 상관없을 것이다. 그저 임대지의 생산물 가운데서 일부를 떼어주면 그만일 테니까. 그러나 자신이 소유한 토지에서 경작하는 입장이라면, 온갖 정성과 피땀을 들여 수확한 소유물의 대부분을 빼앗아가는 세력에 대해 더 큰 억울함과 증오심을 갖게 된다.

둘째, 귀족이 원래 담당하던 사회적 의무와 역할은 소홀히 한 채 아래 계층과의 접촉을 끊고 자기들의 특권을 강화하면서 부르주아와 평민의 불만이 고조되었다. 봉건시대에 귀족층은 오늘날의 정부와 비슷한 역할을 수행하는 존재였다. 즉, 그들은 특권과 권리를 소유하는 대신 여러 반대급부를 제공했다. 예를 들면, 공공질서를 확립하고, 재판과 법 시행을 관장하고, 약자를 돕고, 공공업무를 관리하는 사회적 역할을 했다. 민중이 귀족층이 요구하는 온갖 부담을 견뎌냈던 것도 그런 이유에서였다. 영주에게서 토지를 받은 대다수의 봉신들도 비록 귀족 출신은 아니었지만 영지를 통치하는 데 협력했다. 그게 토지 보유의 기본 조건이었다.

프랑스 혁명 이전 시대의 봉건법학자 에듬 드 프레맹빌Edme de Fréminville, 1683-1773에 따르면, "많은 영지들의 증서를 검토해보면 봉신들(봉건 군주에게서 영지를 받은 신하들)은 15일간 영주의 법정에 머물면서 영주나 영주 휘하의 일반 판사들과 더불어 주민들의 분쟁을 해결해주거나, 재판을 주재해야만 했다는 걸 알 수 있다. 한 영지 내에는 80명, 150명, 200명에 달하는 봉신들이 있었는데 대개 평민 출신이었다." 농촌 평민층이 오랫동안 귀족과 매일 한자리에 모여 업무를 처리했다는 것이다.

영주법정이 농촌의 소^토지 소유농들을 위해 했던 역할과 같은 역할을 도시의 부르주아들을 대상으로 수행한 기구는 처음에는 지방신분회 그리고 나중에는 전국신분회였다. 14세기에 제3신분이 전국신분회에서 차지했던 지위와 권한은 괄목할 만한 수준이었다. 부르주아는 통치에 참여할 권리를 갖고 있었고, 정치 의회에서 행하는 역할도 상당했다. 그러나 15세기에 이르면서 상황이 바뀌었다. 영주의 영지 지배권이 해체되고, 전국신분회는 거의 열리지 않아 공공생활에서 부르주아와 문벌 귀족 간의 접촉은 끊어지고 말았다. 부르주아와 귀족이 서로를 가까이 하지 않으니 어떻게 되었겠는가? 완전히 멀어져서 서로를 이해할 필요가 없는 남이 되었다. 그런 와중에 귀족층이 더 이상 공공질서 확립, 재판 관장, 공공업무 관리 등의 업무를 나 몰라라 하자 부르주아와 평민은 귀족의 특권에 대해 참을 수 없는 불만을 느낀 것이다.

셋째, 귀족 계층이 자신의 특권을 더욱 강화한 것이 사람들의 불만을 더욱 자극했다. 18세기로 접어들자 귀족과 그 밑의 나머지 계층은 단지 서로 마주칠 일이 없어진 정도를 넘어 적대자가 되어 있었다. 그 이유는 귀족 계층이 자신과 이해관계가 충돌하는 대중을 점점 더 멀리했을 뿐 아니라 이제껏 누리던 특권을 더욱 강화하고 면세 특권과 같은 새로운 특권까지 추가했기 때문이다. 일단 획득한 특권은 타인에게 양도가 되지 않은 채 가문으로 승계되면서 귀족들은 점점 더 세습 신분으로 변했다.

귀족은 자신이 면제받은 납세 부담을 제3신분에게 전가시켰다. 그러한 조세의 불평등은 해마다 격차를 심화시켜 계급을 분리시켰다. 가장 납세 능력이 우수한 귀족에게는 면세 혜택을, 가장 조세 저항이 큰 하층민에게는 납세 부담을 가중시킨 것이다. 빈익빈 부익부는 필연적 결과였다.

토크빌에 따르면, 이는 유럽에서 유일하게 신분제^{caste}가 완전히 파괴된 영국과 대조된다. 영국은 17세기부터 이미 근대국가로서의 면모를 갖추었다. 산업혁명이 가속화되면서 거의 모든 분야에서 프랑스를 추월했다. 귀족이나 평민 할 것 없이 똑같은 직업과 똑같은 업무에 종사했다. 심지어 통혼까지 가능해 대영주의 딸이 아무 거리낌 없이 평민과 결혼했다.

이런 사회적 변화는 언어 표현에서도 드러난다. '젠틀맨^{gentleman}(신사)'이라는 영어 단어는 프랑스어의 장티욤^{gentilhomme}(문벌귀족)에서 파생되었다. 그런데 영국에서는 이 단어의 뜻이 점차 확대되어 한 세기가 넘어갈 때마다 한 단계씩 낮은 계층 사람에게도 쓰였다. 미국으로 건너간 후에는 무차별적으로 모든 시민을 지칭하는 용어가 되었다. 프랑스에서는 어땠을까? 원래의 뜻에서 아무런 변화가 없었다. 신분제가 그대로 잔존했기 때문에 각 구성원을 지칭하는 용어도 그대로일 수밖에 없었던 것이다.[119]

프랑스 혁명의
등장인물들 간의 역학관계 ———

프랑스 혁명은 처음부터 단일한 주체가 단일한 혁명 목표를 위해 일사불란하게 진행한 거사^{巨事}가 아니었다. 많은 역사적 사건들이 그렇듯이 누구도 결과가 어떻게 될지, 심지어 그렇게까지 커질지 알 수 없는 채로 시작되었다. 돌이켜보면 프랑스 혁명은 주요 등장인물들 간의 역학관계 속에서 역동적으로 전개된 한 편의 비극을 연상시킨다. 그 주요 인물들은 누

---

119 알렉시스 드 토크빌, 이용재 역, 『앙시앵 레짐과 프랑스 혁명』, p.99.

구였고, 혁명을 실패로 막 내리게 한 요인은 또 무엇이었을까?

루이 16세

중세 유럽의 봉건제는 어느 시스템보다도 선명하게 구별되는 피라미드식 계층 구조를 갖고 있었다. 그러한 사회 구조는 기본적으로 착취 시스템이다. 눈에 보이던 보이지 않던, 그것의 목표는 소수가 다수를 안정적이고 지속 가능하게 착취하는 것이다. 이는 오늘날의 민주주의 목표와 대비된다. 민주주의의 목표는 모두가 평등한 상태에서 협력을 통해 안정적이고 지속 가능한 공존을 달성하는 것이다. 그것이 얼마나 실현되고 있느냐는 또 다른 얘기겠지만 말이다.

피라미드 구조 속에서 꼭대기의 지배층이 하위 계층을 어느 한도까지 착취할 수 있을지는 정밀하게 계량하거나 미리 예측하기 어려운 문제이다. 대체로 지배층은 자신의 탐욕이 이끄는 한도의 끝까지 가려 할 것이다. 안타깝지만 결과적으로 그 한계치를 결정하는 것은 당하는 자들의 반응일 수밖에 없다. 다시 말해 그 한계치는 하위 계층이 어떤 강도와 규모로 불만과 저항을 표출하느냐에 달려 있는 것이다. 그것은 기득권 세력이 착취의 한계치를 알아챌 수 있는 가시적 단서이기도 하다. 심각한 수준의 저항, 즉 더 이상의 착취를 불허하는 임계점의 토대는 2부에서도 언급했듯이 생물이 가진 생물학적 기대와 그것이 위협에 처했을 때 작동하게 되어 있는 보복 본능이다.

하지만 불행하게도, 하층민들의 저항에 부딪혔더라도 이 정도면 아직 무력으로 억누를 수 있는 수준인지 아니면 정말로 이 시점에는 멈춰야 할지에 대한 판단은 지배층에 속한 몇몇 소수의 몫인데, 그들이 언제나 그런 일에 능하라는 법은 없다. 설령 비교적 적기에 정확한 판단을 했다

하더라도, 거대한 사회를 움직이는 일이란 그리 단숨에 뜻대로 될 수 있는 것은 아니다. 바로 그런 일이 루이 16세에게 일어났다. 그의 입장에서만 보면 프랑스 혁명은 쉽사리 이해할 수 없는 예기치 못한 현상이었다.

먼저 루이 16세가 처해 있던 상황과 그의 대응 방식으로 이야기를 시작해보자. 그의 대에 와서 프랑스 재정이 파산 위기에 이른다. 그는 이런 저런 재무 개선 노력을 해봤으나 실패로 돌아가자 세제 개혁과 세금 인상 카드를 꺼내 쓸 수밖에 없다고 생각하고 성직자와 귀족층에게 먼저 협조를 요청한다. 하지만 거절을 당하자 궁여지책으로 지난 175년 동안이나 열린 적이 없던 전국신분회라는 것을 소집하기로 결심한다. 전국신분회란 고위 성직자를 대표하는 제1신분회, 귀족을 대표하는 제2신분회, 그리고 국민 98%의 평민(주로 부르주아와 농민)을 대표하는 제3신분회, 이렇게 구성된 자문기구격 의회이다.

전국신분회는 왜 그동안 열리지 않았던 것일까? 미국의 역사학자 폴 핸슨Paul R. Hanson, 1952- 의 『프랑스 혁명 논쟁Contesting the French Revolution』에 따르면, 1614년부터 프랑스 왕의 권력이 강력해졌기 때문이다. 루이 14세는 "짐이 곧 국가이다"라고 했을 정도였다. 다시 말해, 모든 주권은 왕 혼자서 행사하면 그만이었으므로 신분회 따위와 의논할 필요성을 못 느낀 절대주의 왕정 체제가 175년 동안이나 이어져왔었다는 것이다. 1788년 무렵에 이르러 그게 무너진 셈이다. 절대적 권력은커녕 혼자 힘으로는 도저히 국가 위기를 모면할 수가 없었던 루이 16세는 결국 전국신분회를 소집하기로 하고 그에 필요한 의원 선출 및 안건 취합 절차를 밟으라는 명령을 내린다.

그런데 이 결정은 전혀 예상치 못한 정치적 파장을 낳고 만다. 각 지방마다 안건들을 취합하기 위해 불만 목록을 작성하는 과정에서 왕당파, 귀족, 제3신분 등 다양한 집단이 정치 권력 파이를 놓고 자신의 몫을 요구할 장場을 마련해준 꼴이 되었기 때문이다. 무엇보다, 이로 인해 제3신분의 모임이 전례 없이 활성화되어버렸다. 문제는 거기에서부터 시작된다. 혁명 직전까지만 해도 모든 지방마다 "왕이 알게 되면"이라는 표현이 흔하게 회자되고 있었다.[120] 그 속에는 우리의 왕은 절대적 힘을 가진 존재일 뿐 아니라 모르고 계셔서 그렇지 일단 아시고 나면 뭐든 반드시 해결해줄 분이라는 전통적 믿음이 담겨 있었다. 그런데 1789년 봄이 끝나갈 무렵, 전국신분회가 소집되면서 이제는 더 이상 루이 16세가 "미처 몰라서"라는 말은 할 수 없는 상황이 되어버렸다. 그에게 모든 불만사항과 각 집단의 권고 내용을 보고한 게 명백해진 상황이었기 때문이다. 사람들은 이제 머지않아 루이 16세와 전국신분회가 여론에 적절히 응답하리라는 기대를 품었다.[121] 그때까지 프랑스에 피비린내 나는 혁명의 돌풍이 닥치리라 예상한 사람은 거의 없었다.

드디어 전국신분회가 열렸다. 그런데 워낙 오랜만에 열리다 보니 생존 자들 중에 전국신분회가 어떻게 운영되었었는지를 기억하는 사람이 없었다. 기본적으로 각 신분회당 몇 명의 의원을 어떻게 선출해야 할지, 베르사유Versailles에 가서는 어떤 방식으로 의결을 해야 할지조차 결정하지 못해 1788년 8월부터 다음해 초까지 열띤 논쟁이 이어졌다.

특히 각 신분회별로 한 표를 행사해야 할지, 아니면 모든 의원이 한 표씩 행사하여 머릿수대로 집계를 해야 할지에 대해서는 의원들이 5월 베르사유 대회의장에 집합한 후까지도 합의를 도출해내지 못했다. 제3신분

---

120 Peter Jones, *Liberty and Locality in Revolutionary France: Six Villages Compred, 1760–1820* (New York: Cambridge University Press, 2003), p.85.

121 Paul R. Hanson, *Contesting the French Revolution* (Chichester, UK: Wiley-Blackwell, 2009), p.42.

은 국민의 98%를 대표했다. 그런 만큼 제3신분회의 의원수는 제1, 2신분회의 의원수의 두 배인 총 600명으로 하는 데까지는 결정되었다. 그러자 다수의 의석수를 차지하게 된 제3신분회 의원들은 당연히 머릿수로 투표할 것을 요구했다. 하지만 루이 16세는 끝내 신분회별로 투표하도록 명령한다. 급진적 개혁안을 요구하는 대중적 기류를 차단해야 한다고 느낀 까닭이다.

이로 인해 사상 초유의 이변이 일어난다. 1789년 6월 따로 모인 제3신분회 의원들이 국민을 대표할 권리가 자신들에게 있다고 선포하며 독자적으로 '국민의회'를 구성한 것이다. 절대주의적 국왕의 뜻을 거역하는 대사건이었다. 심지어 일부 성직자와 귀족들까지도 여기에 합세했다. 당연히 루이 16세로서는 그들의 행동이 불법이므로 각 신분회별로 투표를 하라고 거듭 명령했다. 국민의회는 이마저도 거역한다.

이제 루이 16세는 어떤 조치를 취했을까? 어이없게도 제3신분 회의장에 자물쇠를 걸어 의원들의 입장을 차단했다. 갑자기 회의장에 들어갈 수 없게 된 제3신분 의원들은 그 다음에 어떻게 했을까? 근처 테니스 코트로 장소를 옮겨 이른바 '테니스 코트의 서약Serment du Jeu de Paume'을 발표한다. "프랑스 헌법을 채택하기 전에는 절대로 해산하지 않겠다"는 서약이었다.

이 서약이 의미하는 바는 무엇일까? 헌법이라는 것은 절대군주국에는 존재하지 않는 것이다. 달리 말해, 헌법은 왕의 권한이 헌법에 의해 제한되는 입헌군주국에나 있는 것이다. 따라서 '테니스 코트의 서약'의 의미는 루이 16세더러 이제 절대군주제는 버리고 입헌군주제로 가라는 제의였던 셈이다.

루이 16세는 당황하지 않을 수 없었다. 그리고 그는 바로 이때 보인 자신의 어정쩡한 행보로 인해 이후의 많은 역사가들로부터 우유부단하고 무능한 왕이라는 평가를 듣게 된다. 그것은 앞에서는 국민의회를 인정하는 듯하면서 뒤로는 파리 주변에 군대를 배치시키도록 지시한 것이다. 그게 역사의 다음 페이지를 어떻게 장식하게 될지 루이 16세로서는 전혀 예측할 수 없었다. 루이 16세의 군대 배치 소문은 파리 시민들을 공포와 불안에 휩싸이게 만들었고, 그 공포와 불안은 다시 파리 시민들로 하여금 자위를 위해 떼 지어 바스티유Bastille 감옥으로 향하게 만들었다. 그리고 바로 그 순간 누구도 걷잡을 수 없는 혁명의 신호탄에 불이 당겨지고 말았다.

그런 점에서 루이 16세는 프랑스 혁명이라는 무대 위의 주요 인물 중한 명임에 틀림없다. 루이 16세가 플롯에 결정적 전환을 가져다준 또 하나의 사건이 있다. 1791년 6월 그가 가족과 함께 몰래 튈르리Tuileries 궁전을 빠져나와 동북 방향의 국경으로 도주하려다 발각된 이른바 바렌Varennes(파리 동쪽 베르됭Verdun 인근) 도주 사건이었다. 이 사건 직후, 왕이 외국과 손잡고 자국민을 상대로 전쟁을 벌이려 했다는 소문이 돌면서 모두가 엄청난 충격에 빠졌다. 이로써 프랑스 왕으로서 루이 16세가 지녔던 선한 아버지로서의 이미지도 심각하게 훼손되었을 뿐 아니라 심각한 사회적 불신이 초래되었다.[122] 거기에다 이젠 오스트리아나 프로이센이 쳐들어올 수도 있다는 현실적 공포까지 겹쳐졌다.

2개월 뒤인 8월에 오스트리아와 프로이센이 필니츠 선언Declaration of Pillnitz을 발표한다. 만약 파리 시민이 루이 16세를 해칠 경우 군사적 개입이 있을 거라는 경고였다. 다음해 4월에는 오스트리아와 프로이센이 다른 나라들에게 반프랑스 동맹을 촉구한다. 이로써 프랑스 혁명 정부는 유럽의 전全 군주국들의 위협을 받는 상황으로 몰렸다. 동시에 루이 16세는

---

122 Paul R. Hanson, *Contesting the French Revolution*, p.86.

공식적으로 프랑스를 배신한 반역자가 되고 말았다.

바렌 사건 이후의 상황을 간략히 요약해보면 이렇다. 프랑스에서는 혁명의 적과 공모세력에 대한 탄압이 시작되었고, 귀족과 성직자들의 외국 망명이 급증했다. 1791년 9월, 루이 16세는 입헌군주국을 선포하는 헌법을 공식 수락하지 않을 수 없었다. 하지만 그것으로 정국을 안정시키지는 못했다. 이미 전쟁의 위협이 가시화된 까닭이다. 1792년 4월 기어이 오스트리아와의 전쟁이 선포되기에 이른다. 그러자 곳곳에서 공포와 분노에 찬 폭력이 난무했고, 9월에는 마침내 구체제가 무너지고 공화국이 선포되었다. 다음해 1월에 루이 16세에 대한 사형이 집행되었다. 이후 전쟁은 허리케인처럼 프랑스 전체를 집어삼켰다. 혁명의 여파는 전쟁이 잦아들고 나서야 겨우 가라앉을 수 있었다.

이 책의 관점에서 보자면 이런 풀이가 가능하다. 당시 프랑스는 생존 환경(경제 상황)의 악화로 인해 어느 때보다 우두머리의 능력이 요구되었다. 그런 시기에 루이 16세가 힘 빠진 무능한 우두머리의 모습을 드러내자 무리 내에 잠복해 있던 경쟁자들 간의 갈등과 혼란이 수면 위로 떠올랐다. 루이 16세는 기존의 우두머리의 방식대로 힘을 통한 억압에 의존하여 문제를 해결하려 시도한다. 그러나 힘 빠진 우두머리답게 제대로 일을 성공시키지 못하고 연달아 실책을 범한다. 그 첫 번째가 제3신분 의원들의 회의장에 자물쇠를 채우는 어설픈 행동이었고, 두 번째는 파리 근교에 군대를 주둔시키려 한다는 소문이 흘러나가도록 한 것이며, 세 번째는 유럽 군주들의 도움을 얻어 혁명을 진압하고자 바렌으로 도주하다 들킨 것이다. 모두 헛발질로 끝났고, 결과적으로 도전자들의 공포와 분노를 자극하여 맹렬한 도전 의지만 키워주고 말았다. **요컨대, 루이 16세는 할아버지였던 루이 14세였다면 어쩌면 먹혔을 우두머리 전략에 의존해 문제를 해결하려**

고 시도했으나 워낙 힘 빠지고 무능한 우두머리이다 보니 되레 도전자(제3신분 계층)에게 도발의 기회만 열어주고, 끝내는 그 도전자에게 우두머리 지위를 빼앗기고 만 것이다. 이것이 루이 16세를 중심으로 본 당시의 역사적 상황이다. 하지만 루이 16세의 우두머리 전략이 성공하지 못한 데에는 또 다른 이유도 한몫했다. 바로 계몽주의 사상이 저변에 확대되면서 시대정신이 변했기 때문이었다.

상퀼로트와 농민

각각 도시와 시골에 거주한 상퀼로트Sans-Culotte("퀼로트를 입지 않은 사람"이라는 의미로, 프랑스 혁명의 추진력이 된 사회 계층이다. 주로 수공업자, 장인, 소상인, 근로자 등 무산 시민으로 당시 파리에서는 빈곤층에 속했다)와 농민은 프랑스 구체제 하에서 부르주아와 함께 제3신분에 속했지만 부르주아보다 더 가난한 계층, 즉 최하위 계급을 대표한다. 이들은 프랑스 혁명에 없어서는 안 될 조연들이었다. 이 두 최하위 계층의 참여가 배제된 프랑스 혁명은 상상하기 어렵다. **부르주아가 프랑스 혁명에 사상적 도구를 제공했다면 이들은 물리적 도구, 즉 '전쟁에서 이기기 위해 필수적으로 요구되는 폭력적 수단'을 제공한 당사자**였기 때문이다. 국민의회(이후 입법회의와 국민공회로 바뀜) 밖에서의 시위, 폭동, 폭력, 일부 반反혁명자들에 대한 처형 등은 대부분 상퀼로트와 농민의 몫이었다. 또한 유럽 군주국들과 맞선 혁명전쟁에 몸을 바친 병사들도 다름 아닌 이들이었다.

물론 부르주아의 참여가 배제된 최하위 계층만의 프랑스 혁명 역시 상상하기 어렵다. 만약 프랑스 혁명이 굶주린 농민이나 도시 빈민만의 봉기였다면 역사에 혁명으로 기록되지 못하고, 한낱 무력 진압된 폭동이나 폭력적 소요 사태로 묻혔을 공산이 크다.

이 최하위 계층을 움직인 동기는 무엇이었을까? 일차적인 동기는 생물학적인 기대와 안락범위의 위협에서 오는 공포와 분노 반응이었다. 극심한 불평등으로 인해 생존에 위협을 받는 지경에까지 이른다면 공포와 분노 반응이 일어나는 것은 자연스러운 현상이다. 그러한 상황에서 다른 유럽 군주국들과의 전쟁의 위협까지 닥치자 이들의 공포·분노의 에너지는 프랑스 혁명이라는 기관차를 폭주시키는 동력으로 작용했다.

1789년 7월 14일 바스티유 감옥이 함락되었다는 소식이 퍼지자 곧바로 프랑스 전역에 '대공포Great Fear'가 번졌다. 사실 대공포는 특권 계급이 사람들을 공포 속에 잠재우기 위해 고의로 꾸민 음모의 결과라는 증거가 나와 있다. 그러나 프랑스 역사학자 조르주 르페브르Georges Lefebvre, 1874-1959의 연구 결과에 따르면, 그것만이 이유의 전부는 아니었던 것으로 보인다. 곡물 부족, 부랑자에 대한 두려움, 수확기 농민들의 비적匪賊에 대한 공포 등이 합세하면서 대공포가 자연스럽게 눈덩이처럼 커졌다는 것이다.

하지만 대공포에서 주목할 부분은 그것이 단순한 생물학적 공포·분노 반응에 그치지 않았다는 점이다. 인간은 공포·분노를 느끼는 반응과, 그것을 외적으로 표출하는 방식 사이에 큰 간극을 보인다는 특징을 갖고 있다. 예컨대 인간도 다른 동물처럼 굶주림 같은 생존 위협에 직면하면 타인의 식량을 약탈할 가능성이 높아지는 게 사실이다. 어쩔 수 없는 본능적 반응이고, 그런 반응이 집단적으로 발생하는 경우를 폭동이라고 부른다. 하지만 동일한 상황에서 사람들이 떼 지어 영주의 저택으로 달려가서 토지임대·소유증서를 불태우고, 영지 수당을 무단으로 갖고 나오면서 '국민'이라는 이름으로 서명된 영수증을 남기고 온다면?[123] 그것은 단

---

123 Philip Dwyer & Peter McPhee, *The French Revolution and Napoleon: A Sourcebook* (London: Routledge, 2002), p.23.

순한 생물학적인 본능의 표출을 넘어 2부에서 다룬 '인간 고유 영역'이 개입한 것이다. 즉, 이들에게까지 알게 모르게 사회·경제적 평등에 대한 기대와 주권의식이 시대정신으로 침투해 있었다는 것을 의미한다. 이 '국민 영수증' 사건은 바스티유 감옥 습격 사건 직후 대공포 기간 중에 일어난 실제 에피소드이다.

이 사건은 전국신분회 소집 당시 아베 시에예스Abbe Emmanuel Joseph Sieyes, 1748-1836(프랑스의 정치가로 프랑스 혁명과 통령정부, 프랑스 제1제국에 대한 핵심적인 사상의 기반을 마련했다)가 뿌린 『제3신분이란 무엇인가?Qu'est-ce que le tiers-état?』라는 소책자의 문제의식과도 맥이 닿는다. 그 문제의식이란 이런 것이다. "제3신분이란(우리가 속한) 무엇인가? 프랑스의 모든 것이다. 이제까지 우리의 정치적 위상은 뭐였나? 아무것도 아니었다. 우리가 요구하는 것은 무엇인가? 이제 뭐라도 좀 되어보자는 것이다." 또한 당시의 특권 계급에 대한 시에예스의 핵심 주장은 이런 것이었다. 실질적으로 프랑스를 책임지고 대표하는 국민은 제3신분이다. 특권계급은 그런 국민에게 쓸모없이 기생하며 살고 있다. 그러니 특권계급은 차라리 없애는 게 프랑스의 자유와 번영에 이롭다.

결국 전국신분회 당시 제3신분 의원들이 독자적으로 국민의회를 구성하기로 한 결정도 이러한 시대적 분위기와 함께 프랑스의 주권은 국민의 98%를 차지하는 제3신분에게 있다는 주권의식의 토대가 마련되었기에 나올 수 있었던 것이다.

그러한 사상적 배경의 존재를 증명하는 데이터가 있다. 1660년대부터 1780년대까지 프랑스에서 발생한 폭동 가운데 약 31%는 봉건제라는 제도 자체에 대해 반대하여 일어난 것이었다는 사실이다. 뒤로 갈수록 그런 사례의 비율은 증가했다(봉건제에 반대하여 일어난 폭동 건수는 1660년대~1750년대에는 10년마다 20~30건, 1760년대에는 54건, 1770년대에는 70건, 1780년대에는 122건으로 늘어나는 추세를 보였다. 해당 기간의 전체 폭동 가운데 30.9%가 반봉건제를 내세운 것이었다).[124]

지금까지의 내용에 비추어볼 때 프랑스 혁명에서 상퀼로트와 농민을 움직인 동력으로 생물학적인 기대와 안락범위의 위협에서 오는 본능적 공포와 분노와 함께 사상의 힘이 컸음을 알 수 있다.

본능적 '공포와 분노 반응'과 '사상', 이 두 가지 요소의 합작품이라고 할 수 있는 또 하나의 사건으로 1792년 8월 10일의 튈르리 궁전 습격 사건이 있다. 1791년 6월에 루이 16세가 외국으로 도망가려다 발각되어 붙잡혀 온 촌극이 벌어졌었고, 프랑스는 그것이 불러온 전쟁의 위협에 선제적 대응을 하기 위해 1792년 4월에 오스트리아에 전쟁을 선포해놓은 상황이었다. 그런데 기대와는 달리 전세가 불리하게 기울었다. 심각한 위기였다. 설상가상으로 그해 8월, 오스트리아·프로이센 연합군 장군이 쓴 선언문이 파리에 전해졌다. "혹시라도 프랑스 왕가에 해를 끼치면 파리를 불바다로 만들겠다"는 협박이었다. 이에 극심한 공포에 사로잡힌 파리 시민들은 튈르리 궁전으로 몰려가서 왕족 일가를 끌어내 요새에 감금시켜버린다. 이것이 튈르리 궁전 습격 사건이다. 그런데 이 일은 한 번 만에 된 게 아니다. 두 번의 시도 끝에 성공한 거였다. 그런 점에서 폴 핸슨도 이 습격은 우발적 사건이라기보다는 조직적 군사행동에 가깝다고 평가한다.[125] 이 사건은 루이 16세가 새 헌법을 승인하는 결정적인 계기가 되었다. 그리고 때마침 그 즈음에 발미 전투Bataille de Valmy(프랑스 혁명 전쟁

---

124 William Doyle, *The Oxford Handbook of the Ancient Regime* (Oxford: Oxford University Press, 2014), p.229.

125 Paul R. Hanson, *Contesting the French Revolution*, p.88.

중 프로이센 왕국의 병력에게 계속 밀리던 프랑스 혁명 정부의 군대가 1792년 9월 20일 프랑스 동북부의 발미에서 결정적으로 승리해 전황을 역전시킨 전투였고, 자원 모집된 의용군들이 당시 유럽에서 가장 강력하다는 프로이센군을 무찌른 기적적인 사건이기도 했다)에서 승전보가 전해진 덕분에 자신감을 회복한 국민공회는 1792년 9월 20일에 공화국을 선포하기에 이른다. **결국 상퀼로트의 튈르리 궁전 습격 사건이 구체제를 무너뜨리고 공화국을 선포하는 데 직접적 영향을 미친 셈이다. 그런 관점에서 볼 때 공화국 선포가 함축하는 바는, 피라미드의 최하층이 피라미드 꼭대기에 있는 우두머리를 끌어내리는 데 성공했다는 것이다. 이는 새로운 사회를 건설해야 한다는 시대적 요구 속에서 최하층과 부르주아 혁명 세력 간의 소통과 협력이 있었기에 가능했다.**

반면, 여러 부르주아 의원들에 의해 상퀼로트가 얼마나 무정부적 혼란을 야기하는 위험한 계층인지를 나타내는 증거로 입에 오르내린 사건이 있었다. 튈르리 궁전 습격 사건이 발생한 지 한 달 뒤인 9월 초, 파리 시민들이 가톨릭 성직자를 비롯한 약 1,200명의 수감자들을 즉결 처형한 '9월 대학살' 사건인데, 반역죄를 처단한다는 게 명분이었다. 바로 이 사건을 구실로 삼아 상퀼로트의 영향력이 커지는 데 대해 경계의 눈초리를 보낸 특히 지롱드파Gidongins(프랑스 혁명 중 중도 우파의 입장을 견지한 프랑스 정치 파벌의 하나. 주요 지도자들은 피에르 베르니오Pierre Victurnien Vergniaud와 자크 피에르 브리소Jacques Pierre Brissot 또는 '지롱드파의 여왕'이라는 별명을 가진 마담 롤랑Madame Roland 등이 있으며, 여러 형태로 '지롱댕'이라고도 한다)는 상퀼로트의 열렬한 지지를 받던 로베스피에르에게 공격을 퍼부었다.

프랑스 혁명 기간 동안 최하층민이 의회에까지 진출하지는 못했다. 하지만 상퀼로트와 농민의 목소리를 대변하는 대표자들의 정치권력을 강화시키기 위해 적극적인 활동을 벌였다. 대표적 사례로, 공화국 선포 다음해인 1793년 6월에 이들이 파리에서 일으킨 또 한 번의 봉기를 통해 지롱드파를 몰아내고 자신들의 입장을 대변해왔던 로베스피에르의 산악파La Montagne(프랑스 혁명 기간 중 프랑스 좌파 성향의 정치 파벌의 하나로, 우파 성향인 지롱드파와 대립했다)를 집권세력으로 앉히는 데 성공한 것을 들 수 있다. 그리고 마침내 그 집권세력을 통해 민중을 위한 전시경제 정책을 시행하고, 유산자와 무산자 할 것 없이 파리의 모든 남성(여성은 빼고) 시민에게 선거권과 피선거권을 부여하게 만드는 쾌거를 이루어냈다.

부르주아와 로베스피에르

앞에서 보았다시피 프랑스 혁명의 발단은 오랜 만에 전국신분회가 소집된 후 제3신분을 대표한 의원들이 감히 절대왕정의 명령에 불복종하여 독자적으로 자신들의 주권을 선언한 데서 비롯되었다. 그 의원들 대부분은 부르주아였다. 이후 들어선 제1공화국의 국민공회 의원들 역시도 극소수의 귀족과 노동자를 빼고는 법조인, 상공인, 전문직, 문필가 등 중산층 부르주아가 압도적으로 많았다. 그런 점에서 부르주아는 프랑스 혁명의 발기인이자 정치적 주도자라 할 수 있다.

루이 16세가 노쇠한 우두머리라면 부르주아는 젊은 도전자, 즉 더 이상불만을 참지 않을 생각으로 도발을 통해 우두머리의 한계를 시험해보고, 할 수만 있다면 그 자리를 빼앗으려는 혈기왕성한 도전자에 비유할 수 있다. 실제로 부르주아는 혁명의 최종적인 수혜자였으며, 이후 나폴레옹 시대뿐 아니라 근대에 실질적으로 자신들의 세상을 열 수 있었다.

이들의 성공 요인은 두 가지였다. 하나는 앞에서 서술한 바와 같이 계몽주의 사상이라는 '추상적 도구'를 잘 활용할 줄 아는 능력이었고, 또 하나는 최하위 계층을 한편으로 끌어들임으로써 '물리적 도구', 즉 전쟁에서 이기는 데 필요한 폭력적 수단을 확보한 덕분이었다. 반면 마르크스Karl Heinrich Marx와 엥겔스Friedrich Engels도 『공산당 선언Manifest der Kommunistischen Partei』에서 "프랑스 혁명 마지막에 뚜껑을 열고 보면 성공을 거둔 쪽은 가난한 농민이나 노동자가 아닌 부르주아뿐이었다"라고 말했듯이 최하위 계층은 혁명의 수혜자 명단에 끼지 못했다. 또한, 정작 본인은 부르주아에 속해 있으면서도 자기보다 더 가난하고 힘없는 하층민을 대표한 로베스피에르와 산악파 역시 명단에서 빠지고 말았다.

혁명을 이끈 부르주아가 동일한 생각을 가진 동질적 집단이었던 것은 아니다. 비록 정치적 신분으로나 경제적 조건 면에서 귀족과는 뚜렷이 구별되는 입장에 있었지만, 사안에 따라 때때로 의견이 다양하게 나뉘었다. 사실, 견해를 달리하는 여러 부르주아 정파들 간의 경쟁과 투쟁은 그 어떤 드라마보다 역동적이었다. 그 중심에는 급진파의 선두에 있던 지롱드파와 산악파, 이 두 라이벌이 있었다. 이들 세력은 끝내 돌이킬 수 없는 적대적 관계로 치달았다.

둘 사이의 초기 입장 차는 전쟁에 대한 논쟁에서 극명하게 갈렸다. 1791년 왕의 바렌 도주 사건 이후 프랑스군 장교단의 3분의 2가 망명했다. 주로 귀족층이었던 그들 상당수는 코블렌츠Koblenz(독일 서부 도시)와 토리노Torino(이탈리아 북서부의 도시) 지방에 집결해 있으면서 프랑스 침략의 선봉장이 될 채비를 갖추고 있었던 것으로 알려졌다. 오스트리아 왕실과 친척관계였던 마리 앙투아네트 여왕은 전쟁을 통해 혁명군을 물리치고 절대왕정을 회복하길 원했다. 그런 만큼 루이 16세에게 전쟁을 선포하라고 부추기고 있던 참이었다.

당시 프랑스의 정치 지형을 살펴보면, 가장 오른쪽에는 군주제를 회복시키려 애쓰며 개혁에 반대한 세력이 있었다. 왕당파이면서도 혁명에 가담했다가 이제는 도가 지나치니 중단해야 한다고 느낀 입법회의 시절의 일부 의원도 여기에 포함된다. 이후 가장 왼쪽에 속한 급진파가 새로이 깃발을 드높이며 등장했다. 이들은 (나중에 입법회의의 후신인 국민공회가 구성된 후) 루이 16세에게 반역죄의 책임을 물어 군주제를 폐지하고 공화정을 건설해야 한다는 주장을 제기했다. 중간에는 입헌군주제를 지지하는 다수파(국민공회 시대에)가 포진했다. 이들은 개혁을 강화해서 왕과 의회 간 균형을 이룬 정부 시스템을 구축해야 한다는 입장에 서 있었다.

그러다 마침내 전통적으로 신권神權의 주체로 여겨졌던 왕이 처형됨으로써 군주제는 막을 내린다. 대신 그것은 전쟁의 빗장을 여는 것이나 다름없었다. 실제로 전쟁이 가시화되자, 각 세력은 저마다 다른 대응방안을 내놓기 시작했다. 의회에서 쫓겨난 보수 왕당파는 신성로마 제국과 오스트리아의 황제인 레오폴트 2세Leopold II(마리 앙투아네트의 형제)의 지원을 받아 구체제를 복구할 반反혁명 음모를 꾀했고, 이곳저곳에서 심각한 반란도 일으켰다.

전쟁은 간단한 문제가 아니므로 공회 내에서 뜨거운 논쟁이 벌어졌다. 그때 나온 이런저런 찬반양론들에 나름대로의 일리가 없다고는 할 수 없을 것이다. 가령, 지롱드파의 자크 피에르 브리소Jaques Pierre Brissot, 1754-1793는 프랑스가 선제적으로 전쟁선포를 해야 한다는 목소리를 낸 대표적 인물이었는데, 그의 논거는 이랬다. "생각해보라, 유럽의 독재자들이 우리를 공격할 준비를 마칠 때까지 기다려야 할지, 아니면 그 전에 우리가 먼저 공격해야 할지." 이론적으로는 틀린 말이 아니다. 체제에 위협을 느낀 군주국들이 주변에 도사리고 있는 한 혁명은 언제든 전복될 위기를 안고 있어 완성되었다고 보기 어려운 상황이었을 것이다. 그런 이유에서 브리소는 혁명을 주변국으로 확대해야만 한다고 주장했다.

또 다른 급진파의 핵심 리더였던 로베스피에르(산악파)의 생각은 달랐다. 그의 연설 내용을 들어보자.

"이게 무슨 국가 대 국가, 아니면 왕 대 왕의 전쟁입니까? 아닙니다. 이건 프랑스 혁명 대 그 적들과의 전쟁입니다. 그러면 가장 위험한 적들이 가장 많이 있는 곳은 어디겠습니까? 코블렌츠에? 아닙니다. 그들은 여기에 우리들과 함께 있습니다……. 전쟁은 힘센 정부가 더 힘세지고 싶을 때나 벌이는 짓입니다……. 우리의 상황을 냉정하게 평가해봅시다."[126]

그의 주장을 이 책의 관점에서 쉽게 풀어보면 이런 얘기이다. 프랑스 혁명은 서열싸움이다. 하지만 여기서 우리가 유럽 군주국들과 전쟁을 한다면 사태가 영역싸움으로까지 번지게 된다. 이제 막 서열싸움의 도전자로 나선 우리가 영역싸움까지 감당할 수 있다고 생각하는가? 그건 오산이다. 우리는 아직 충분히 힘센 우두머리로 자리를 잡은 상태가 아니다. 전쟁은 완벽하게 준비되지도 않은 상태에서 함부로 벌일 일이 결코 아니다. 내심 전쟁을 원했던 루이 16세의 다음 글을 보면 로베스피에르의 판단이 좀 더 정확해 보인다.

"프랑스의 물리적·도덕적 상태로 미루어 볼 때 프랑스가 전쟁을 지탱해내기는 불가능하다."[127]

로베스피에르의 연설을 더 들어보자.

"차분히 우리의 상황을 평가해봅시다. 지금 프랑스 내부는 분열되어 있습니다. '귀족층', '애국자층', 그 중간의 '행정가라고 불리는 위선자층' 이

---

126 Ruth Scurr, *Fatal Purity: Robespierre and the French Revolution* (New York: Henry Holt and Company, 2007), p.182.
127 F. 퓌레·D. 리셰, 김응종 역, 『프랑스혁명사』 (서울: 일월서각, 1990), p.162.

렇게 세 갈래로 나뉘어 있지요. 왕이나 장관들을 도무지 신뢰할 수 없는 상황입니다. 그런데도 우리는 외국과의 전쟁, 내란, 종교전쟁, 이렇게 세 가지나 되는 전쟁을 하겠다고 덤비고 있습니다. 프랑스 혁명을 위험에 빠뜨리는 짓인지도 모르고 말입니다."[128]

이 역시 이 책의 관점에서 보면, 내부의 적과 전쟁을 치러야 하는 마당에 외부의 적을 추가하는 것은 패배를 자초하는 길이라는 주장으로 풀이될 수 있다.

프랑스 혁명과 미국 혁명 간의 가장 큰 차이점이 여기에 있다. 미국 혁명은 본질적으로 서열싸움이라기보다는 영역싸움에 더 가깝다. 신대륙은 영국의 식민지이기는 했지만 무엇보다 지리적으로 너무나 먼 곳에 따로 떨어져 있었다. 같은 공간에서 권력의 우열을 정해야 하는 서열싸움과는 사정이 달랐다. 그렇게 분리된 별개의 공간에 위치한 신대륙의 인구가 폭발적으로 증가하고 경제력도 증대되면서 자신의 영역에 대한 통제권을 스스로 갖겠다고 나선 것이 미국 혁명이었다. 그런 만큼 미국 혁명은 사실상 독립적인 집단 간의 전쟁(영역싸움) 양상을 띠기가 훨씬 더 쉬웠다(아이러니컬하게도, 프랑스는 그런 미국 혁명을 지원하다가 파산지경에 이르러 프랑스 혁명까지 맞이하게 되었다).

브리소의 주장 가운데 로베스피에르가 특히 동의할 수 없었던 대목은 다음이다.

"다른 군주국 밑에서 폭정에 시달려온 국민들은 전부 두 팔 벌려 프랑스 군을 환영할 것이고, 그 나라의 군인들은 자기네 폭군을 뒤로하고 자유의 깃발을 내건 프랑스군에 합류할 것이며, 기꺼이 프랑스의 새로운 제

---

128 Ruth Scurr, *Fatal Purity: Robespierre and the French Revolution*, p.182.

도를 받아들일 것이다."

이에 대해 로베스피에르가 내놓은 반론은 다음과 같다. 첫째, 아무리 프랑스 군대가 자유와 평등을 가져다주기 위해서 왔다고 한들 과연 어느 나라 국민이 브리소의 낭만적 믿음처럼 흔쾌히 침략군을 환영하겠는가? 둘째, 전쟁을 시작했다고 치자. 구체제 하에서 복무했던 우리의 직업군인들이 어느 편에 서서 싸울 것 같은가? 보나마나 반反혁명 세력에 가담할 것이다. 그러고 나면 어떤 결과가 기다리고 있을 것 같은가? 우리의 국민방위대가 필패할 게 뻔하다. 가뜩이나 이민, 탈영, 반란 등으로 입은 타격도 만만치 않은데 제대로 된 훈련 한 번 받지 못한 상태에서 손에 쥐어진 거라곤 고작 변변치 못한 무기뿐일 터이기 때문이다. 그렇게 되면 결국 권력은 군사독재가의 손에 넘어갈 게 뻔하다. 그러므로 군대와 무기가 완비되지 않은 상태에서는 절대로 전쟁을 시작하면 안 된다.

이에 대해 브리소는 다시 다음과 같이 반격했다. 국민방위대는 '자유가 아니면 차라리 죽겠다'는 각오로 임하기 때문에 가장 용맹하게 적극적으로 싸울 수 있다. 직업군인의 군사적 기술은 쉽게 습득이 가능한 것이다. 미국 혁명 때만 봐도, 군인들 대부분 소총조차 다룰 줄 모르는 상인, 농부, 의사들이었지만 그런 열정과 용기 덕분에 승리를 쟁취할 수 있었다.

퓌레François Furet, 1927-1997 와 리셰Denis Richet, 1927-1989 의 『프랑스혁명사』에 따르면, 실제로 1792년 프랑스의 군사력은 우세한 편이 아니었다. 가장 큰 문제는 지휘체계, 군대의 사기, 병력 충원이었다. 1789년 군장교의 대부분은 지방 귀족으로 혁명으로 인해 자신들에게 진급 기회가 생기지 않을까 하는 기대를 품고 있었다. 그러나 귀족 신분이 폐지됨에 따라 고급장교 충원 과정이 시험제도를 통한 방식으로 바뀌게 된다는 것을 알게 되자 1790년 초부터 점점 더 적대적으로 돌아섰다. 결국 9,000명 가운데

약 6,000명이 탈주했고, 이로 인해 생긴 공백은 할 수 없이 하사관들이나 국민방위대에 근무했던 젊은 부르주아들이 메워야 했다. 그러자 '언제 탈주할지 누가 알겠냐'는 의심의 눈초리를 받은 구장교들과 신참 장교들 사이에 불신이 팽배해졌다. 퓌레도 가뜩이나 사병 수도 턱없이 모자라는 판에 군기와 기강을 흐려놓는 그런 요인까지 고려한다면 전쟁은 위험한 베팅이었음에 틀림없다고 썼다.[129]

그럼에도 불구하고 로베스피에르의 외로운 전쟁반대론은 호응을 얻지 못했다. 훗날 실제로 나폴레옹이 황제가 되었으므로 로베스피에르의 선견지명이 옳았던 셈이지만, 혁명가들은 끝내 브리소의 손을 들어주었다.

이 지점에서 퓌레가 제기한 한 가지 의문이 있다. 당시까지만 해도 의원들의 다수는 입헌군주제를 지지한 온건파였는데, 어떻게 그들이 급진파의 전쟁옹호론에 이토록 쉽게 동조할 수 있었는지 의아스럽다는 것이다. 그러고는 다음 두 가지 요인을 대답으로 제시한다.

하나는 급진파와는 또 다른 목적에서 전쟁옹호론을 편 또 다른 일파가 영향을 미쳤다는 점이다. 그 대표적 인물이 라파예트Marie-Joseph-Paul-Roch-Yves-Gilbert du Motier, Marquis de La Fayette, 1757-1834(프랑스 사상가이자 장교로서 남부 프랑스 코뮌 출신 귀족이다. 미국 독립전쟁에 참가한 장군이며, 프랑스 혁명 중에는 국민위병의 지휘를 맡았다)였는데, 브리소 일파(똑같이 전쟁 옹호 입장에 섰던)를 신뢰하지 않은 의원들도 라파예트에 대해서만큼은 깊은 신뢰를 보냈기 때문에 그의 전쟁옹호론이 영향력을 끼칠 수 있었다. 그렇다면 라파예트는 왜 유럽을 상대로 전쟁을 선포하자고 했을까? 그는 전쟁이 선포되어야만 정부의 수반인 왕이 헌법에 따라 군대를 장악할 수 있

---

129 F. 퓌레 · D. 리셰, 김응종 역, 『프랑스혁명사』, pp.160-161.

다는 사실을 알고 있었다. 요컨대, 왕이 군대를 장악해야 왕을 중심으로 프랑스의 단합을 이끌어낼 수 있고, 그래야 더 이상 혁명이 발생하지 않도록 예방할 수 있다고 판단한 것이다. 또한, 그는 지금 전쟁을 선포하면 다른 나라들도 겁을 집어먹고 내정 간섭을 자제할 것이라고 믿었다. 그런 시각에서 이 길만이 자신이 초안을 작성한 새 프랑스 헌법과 자주권을 지키는 길이라고 봤다. 전쟁을 국내외 문제를 해결하는 수단으로 삼으려 했던 것이다.

다수의 온건파가 급진파의 전쟁옹호론에 동조하게 된 또 한 가지 요인은 브리소와 라파예트가 한 마음으로 부추긴 민족주의적 애국심이었다(그것이 19세기 유럽의 민족주의의 전조가 될 줄은 아무도 몰랐다). 브리소는 외국 강국들의 프랑스 내정 간섭은 프랑스에 대한 모욕이라며 감정에 호소했다. 그러자 입법회의 내부의 분위기는 외국의 내정 간섭을 무서워하거나 전쟁 반대 에 투표하는 것은 반애국적 행위라는 쪽으로 점점 더 기울어져갔다. 그 결과 총 745표 중 전쟁 반대표는 10표에도 못 미쳤다. 그마저 브리소는 '만장일치에 따라 통과'한 것으로 둔갑시켜 발표해버렸다.

1792년 4월, 결국 왕은 압력에 못 이겨 전쟁을 선포한다. 브리소와 라파예트는 비록 각기 다른 의도에서였지만 전쟁을 국내의 정치적 목적에 끌어들이는 데 성공한 공모자가 된 셈이었다. 그것이 얼마나 위험한 공모였는지는 이후 25년 동안 이어진 전쟁에 의해 증명되었다. 그 전쟁은 유럽의 수많은 생명과 재산을 휩쓸어갔다.

전쟁을 놓고 의견 충돌을 벌이는 가운데 지롱드파와 산악파 간의 갈등은 점점 더 악화일로로 치달았다. 두 정파의 입장 차를 결정적으로 보여주는 또 다른 대목은 상퀼로트를 대하는 태도였다. 유산 부르주아 계층을 대표한 지롱드파의 경우, 혁명을 위해 상퀼로트의 폭력을 요긴하게 활용하면서도 상퀼로트의 세력이 더 커지는 것은 경계하는 입장이었다. 특히 9월 대학살 사건 이후로는 상퀼로트가 무정부적이고 걷잡을 수 없는 폭력을 행사한다고 비난하기 시작했다. 반면, 로베스피에르와 산악파는 지롱드파가 가난한 자들을 우매한 군중으로만 치부한 채 진정으로 그들의 인권을 지켜줄 뜻이 없으며, 탐욕에 오염되어 있다고 봤다.

둘의 차이는 '프랑스 혁명을 누구를 위한 것으로 보느냐'에 있었다. 부르주아까지를 위한 것이냐 아니면 더 가난한 하층민까지 아우르는 것이냐. 구체적 근거를 살펴보면 다음과 같다.

첫째는 선거권과 관련한 시각차에 있다. 1789년 국민의회에서는 원래 시민을 능동·수동 계층으로 나누는 법을 통과시켜 능동시민에게만 선거권을 부여했었다. 능동시민이란 3일치 임금에 해당하는 세금을 낸 자를, 수동시민이란 그렇게 하지 못한 나머지와 여성, 노예를 가리킨다. 게다가 피선거권은 한술 더 떠서 약 30일치 임금에 해당하는 세금을 낸 사람에게만 주어졌다.

로베스피에르는 이에 반대한 대표적 인물이었다. 인권선언의 기본적 평등 원리에 배치된다는 이유에서였다. 그렇게 되면 실제로 39%가량의 가난한 남성 시민은 투표권을 행사하지 못한다. 지역에 따라서는 대부분의 시민이 그렇게 되는 수도 있다. 그는 이를 막기 위해 보통선거 캠페인을 벌이기 시작했다. 의회 내 고립만 자초하는 일이 되고 말았지만 그는 거기에서 그치지 않고 유대인이나 프랑스 식민통치 하에 있는 아메리카 원주민의 권리까지 옹호했다.

둘째로, 두 정파의 차이는 재산 및 세금과 관련한 문제에서 찾아볼 수 있다. 로베스피에르는 자신보다도 앞서 "부자에게 세금을 거둬 가난한 자를 지원하자"고 한 장 폴 마라Jean-Paul Marat, 1743-1793의 제안을 받아들여 아래와 같은 논지로 누진세를 요청했다.

사회법의 제1조는 사회의 모든 구성원에게 최소한의 생계수단을 보장하는 것입니다. 나머지 법들은 모두 이것에 종속됩니다. 사유재산을 인정하거나 보장해주는 일도 오직 이러한 목적을 위해서 시행하는 겁니다……. 인간의 최소한의 생계를 부정해가면서 사유재산을 인정하는 것은 옳지 않습니다.

또한 그는 누진세로 거둔 돈을 의무교육에 투자해야 한다고 주장했다. 그러면서 국가에서 소년(5~12세), 소녀(5~11세) 전체를 대상으로 의무교육을 제공하고, 더 나이가 많은 청소년의 경우에도 희망자에 한해서는 무상교육을 실시하는 법안을 제안했다. 이에 대한 비난이 쇄도하자 그는 이렇게 대꾸했다.

우리는 오랫동안 기다렸습니다. 이 사회에 없어서는 안 되는 다수의 구성원들에게 도움을 줄 수 있는 이런 기회를 말입니다. 지난 3년 동안 이 혁명은 다른 계급의 시민들을 위해서는 모든 걸 다해줬습니다. 하지만 가장 어려움을 겪는 시민들, 재산이라곤 자신의 노동력밖에 없는 노동자들을 위해서는 아직 해준 게 거의 없습니다.[130]

지롱드파는 명백히 유산 부르주아를 대표했고, 그들이 원한 것은 영국이나 미국과 같이 자유시장경제에 기초한 근대적 공화국이었다. 그들은

---

130 Ruth Scurr, *Fatal Purity: Robespierre and the French Revolution*, p.292.

●●● 유산 부르주아를 대표한 지롱드파는 혁명을 위해 하층민(상퀼로트와 농민)과 손잡았지만 이해 관계가 걸린 문제에 대해서는 이익을 양보해줄 뜻이 없었다. 이에 반해 로베스피에르는 자신보다도 앞서 "부자에게 세금을 거둬 가난한 자를 지원하자"고 한 마라의 제안을 받아들여 누진세를 요청하는가 하면, 누진세로 거둔 돈을 의무교육에 투자해야 한다고 주장하는 등 가난한 자들의 삶을 개선하기 위한 재분배 조치를 촉구했다. 그리고 1793년, 마침내 보통선거를 실시하는 등 과감한 개혁을 펴나갔다. 사상 최초로 보통선거를 통해 누구나 시의회 의원을 선출하는 데 직접 참여할 수 있게 된 것이다. 얼마 안 있어 노예제마저 폐지되었으므로 합법적으로 정치적 '피라미드 허물기'를 실현한 셈이었다. (출처: Public Domain)

혁명을 위해 하층민(상퀼로트와 농민)과 손잡았지만 이해관계가 걸린 문제에 있어서만큼은 이익을 양보해줄 뜻이 없었다. 이에 반해 로베스피에르는 가난한 자들의 삶을 개선해줄 재분배 조치를 촉구했다.

결국 산악파와 지롱드파의 운명은 자신들을 대변할 정파의 손을 들어주기로 한 상퀼로트의 선택에 의해 갈렸다. 1793년 6월 초의 파리 반란이 계기가 되었다. 이 사건은 상퀼로트가 8만의 국민군의 이름으로 국민공회를 포위한 후 지롱드파 의원들을 체포하고 탄핵함으로써 산악파로 권력 교체를 이룬 일종의 쿠데타나 다름없었다. 한 달 뒤 로베스피에르는 공안위원회의 핵심 인물로 부상했고, 지롱드파와 산악파 간의 라이벌 관계는 완전히 적대적 관계로 돌아서고 말았다.

상퀼로트가 이런 반란까지 일으키게 된 배경에는 여러 이유가 있었다. 기본적인 추동력은 생물학적인 기대와 안락범위의 위협에서 오는 공포와 분노였다. 1792년 4월, 전쟁옹호론자들의 주장대로 낙관적인 분위기 속에서 전쟁이 시작되었다. 그러나 곧 프랑스군의 심각한 패배가 이어졌다. 이어 장교들의 탈영이 줄줄이 뒤따랐고, 방데Vendee(프랑스 중서부에 위치한 페이드라루아르Pays de la Loire 지방의 주) 지방에서는 징병에 반기를 든 폭동까지 일어났다. 그 와중에 전쟁은 오스트리아, 프로이센, 영국, 스페인을 비롯한 주요 강국들과의 대결 양상으로 확대되었다. 거기에 반反혁명 귀족세력이 외국과 공모하여 프랑스를 집어삼키려 한다는 소문까지 들려오자, 공포와 분노가 확산되었다.

프랑스의 역사학자 알베르 소불Albert Marius Soboul ,1914-1982은 지롱드파가 축출된 이유와 관련해 다음과 같은 설명을 내놓았다.

공회의 출발 시점부터 경제적 위기가 있었지만, 지롱드파는 유산 계급의 특권 옹호 일변도에만 치우치며 소극적으로 사회 정책에 임하는 바람에 상황을 더욱 악화시켰다. 경제 위기 타개책으로 피정복국에 대한 착취에 기대를 걸었었으나 계산이 완전히 빗나갔다. 끊임없는 새 아시냐assignat(화폐)의 발행으로 경제적 어려움은 악화되었다. 생활비가 갑자기 치솟았다. (…) 그 결과 식량 위기가 악화되었다. (…) 토지 소유자나 소작인들은 쓸모없는 지폐를 받자고 서둘러 밀을 시장에 내놓으려 하지 않았던 것이다. 대도시에서는 빵이 부족했다. (…) 지롱드파는 자유 경쟁을 만능처방이라고 떠들어대며 노동 계급의 고통에는 마냥 무관심했다.[131]

전쟁을 선포해놓고 제대로 대응하지 못했고, 막상 국왕을 고발해놓고는 처형은 원치 않는다 했고, 경제 위기는 해결은커녕 미숙한 대응으로 악화시켜놓기만 했고, 왕권에 반대하며 민중의 지지를 얻으려 애쓰는 듯 보이더니 막상 통치할 때는 민중과 더불어 하지 않았다는 것이다.

이렇게 지롱드파의 총체적 무능이 적나라하게 드러나면서 자연히 그들에 대한 격렬한 책임론이 제기되었다. 그런 와중에 1793년 3월, 지롱드파로 분류되었던 뒤무리에Charles-François du Périer Dumouriez, 1739-1823 장군이 한 전투(네르빈덴 전투Battle of Neerwinden: 1793년 오스트리아령 요시아스Josias 공작령과 프랑스의 뒤무리에 장군의 영토 사이에 있는 오늘날의 벨기에 마을 네르빈덴 근처에서 일어난 전투)에서 패배한 후 끝내 오스트리아로 망명해버리면서 반反혁명가로 변절하는 사건이 터졌다. 설상가상으로, 그 다음 달인 4월에는 지롱드파가, 상퀼로트의 지지를 받고 있던 산악파의 장

---

131 알베르 소불, 전풍자 역, 『프랑스 혁명 1789–1799』 (서울: 종로서적, 1981), pp.149–150.

폴 마라를 반역죄로 고발하면서 상퀼로트의 분노가 폭발했다. 이것이 파리 반란 전후의 배경이다.

지롱드파는 산악파가 상퀼로트의 무정부적이고 걷잡을 수 없는 폭력을 부추겼다고 공격했다. 하지만 영국의 역사학자이자 비평가인 루스 스커Ruth Scurr, 1971-의 다음 주장에 비춰보면 이는 설득력이 떨어진다. 로베스피에르와 산악파가 혁명에 폭력이 불가피하다고 생각한 것은 사실이지만, 그건 지롱드파도 마찬가지였다. 그런 점에서 지롱드파가 산악파(로베스피에르, 당통Georges Jacques Danton, 1759-1794, 마라와 같은)와 적대적 관계로 돌아선 이유는, 공화국을 탄생시키기 위해 폭력을 사용하는 것이 정당하냐, 정당하지 않느냐에 있다고 보기 어렵다. 그보다는 새로운 공화국의 통제권을 누가 소유할 것인가를 두고 벌인 경쟁 때문이었다고 봐야 한다.

산악파의 정치적 영향력이 최고조에 달한 1793년 가을, 마침내 로베스피에르는 최하위 계층에게 실질적으로 도움이 되는 정책을 시행했다. 바로 보통선거였다. 산악파가 국민공회 위원으로 선출된 후 전국에서 새로운 시의회municipal councils 선거가 예정되어 있었다. 대도시의 클럽과 집회에서는 거의 매일 저녁 보통선거 채택 문제를 두고 논쟁이 벌어졌다. 국민에게 주권이 있다는 점에 대해서는 대체로 이견이 없었지만, 국민의 어디까지를 보통선거에 포함시켜야 하느냐가 뜨거운 감자였다.

결론적으로, 무산자를 포함한 모든 사람에게 피선거권을 주기로 결정되었다. 사상 최초로 보통선거를 통해 누구나 시의회 의원을 선출하는 데 직접 참여할 수 있게 된 것이다. 얼마 안 있어 노예제마저 폐지되었으므로 합법적으로 정치적 '피라미드 허물기'를 실현한 셈이었다.

1790년에는 대부분의 도시의 시의원 대다수가 귀족, 고위 성직자와 같은 구체제의 엘리트였으나 점차 의원직을 떠나거나 해외 망명길에 올랐고, 대신 상인, 법률가 등의 직업을 가진 신진 인물들이 그 자리를 차지했다. 미국의 역사학자 린 헌트^{Lynn Hunt, 1945-}의 설명에 따르면, 프랑스 혁명 덕분에 과거에는 사회적 신분상 배제되었던 집단에게도 정치 입문의 길이 트였고, 지방 정부가 좌파 성향을 띨수록 상인, 공예가, 가게 주인 등 하급 직업군 출신이 선출직에 오를 가능성이 높아졌다.

그러나 로베스피에르와 자코뱅파는 마침내 집권세력이 되었지만 새로 제정한 헌법은 시행조차 해보지 못한 채 중지시켜야 했다. 이른바 공포정치 카드를 꺼내 들었기 때문이다. 공포정치란 평화 시의 권리와 혁명의 이상을 일단 무기한 연기하고, '공포'를 주요한 질서 유지 수단으로 삼아 모든 사회·경제적 정책을 펼친 것을 말한다. 공포정치의 법적 근거로 '용의자법'을 통과시키고, 체포권을 비롯한 전권을 독점했다. 용의자법이란 단지 의심만으로 사람들을 단두대로 보낼 수 있도록 용의자를 상당히 폭넓게 규정한 법을 말한다. 이후 10개월 동안 그들은 이 법에 의거하여 혁명의 적으로 의심받을 만한 사람들의 목을 대거 단두대로 밀어넣었다.

그러나 아이러니컬하게도 결국 그로 인해 혁명당원들과 로베스피에르 자신까지 단두대행 대열에 끼고 말았다. 혁명의 선봉에 섰던 모든 정파들은 분열을 겪으며 서로 적이 되었고, 공포와 의심이 팽배한 분위기 속에서 '자기가 일으킨 혁명에 자기가 반대하는 공모를 꾸몄다는 혐의를 뒤집어쓴 채' 잇달아 희생되었다. 1793년 10월 지롱드파, 1794년 3월 에베르^{Jaques Rene Herbert, 1757-1794}(급진적 공화주의를 표방한 자코뱅파에서도 가장 강경파였던 인물. 자코뱅 집권 당시 상퀼로트의 대중적 지지를 받으며 자코뱅 내의 온건파와 대립했으나 결국 로베스피에르에 의해 숙청당했다)파, 일주일 뒤의 당통^{Georges Danton, 1759-1794}(프랑스 혁명기의 정치가이다. 샹파뉴^{Champagne}에서 출생한 그는 로베스피에르, 마라와 함께 '프랑스 대혁명의 3거두'라고 불린다)파, 마지막으로 1794년 7월 28일에는 로베스피에르마저 기요틴^{guillotine}(단두대)에 올라 목숨을 잃음으로써 사실상 공포정치는 비극적인 결말을 맺었다.

이후 로베스피에르를 단두대로 보내고 살아남은 나머지 혁명가들 역시 공포정치를 계속 이어가보려 했으나 실패하면서 대혼란이 다시 찾아왔다. 이때 그 혼란을 평정할 명분으로 등장한 황제가 나폴레옹이며, 그는 프랑스에 피라미드 제국을 다시 건설했다. 이전 구체제 시절의 피라미드와 달라진 점이 있다면 부유한 부르주아가 피라미드의 상층부로 편입되기가 좀 더 쉬워졌다는 것이다.

지금까지의 내용을 돌아보면, **로베스피에르와 산악파는 피라미드를 '완전히 허물어 수평적인' 구조를 만듦으로써 최하위 무산계층인 상퀼로트 농민까지 모두가 평등한 권리를 누릴 수 있는 세상을 만들려 했다면, 지롱드파로 대변되는 부르주아 급진파는 자기네 계층 윗부분의 피라미드만 '깎아냄으로써' 자신들이 중심이 되는 사다리꼴 사회를 만들려 했던 게 아니냐 하는 인상을 받게 된다. 결과적으로는 자기들 위의 피라미드 정점에 나폴레옹과 같은 황제를 앉히는 대신 그 바로 밑자리로 올라선 셈이 되었다.**

결국 제3신분은 피라미드의 굴레에서 벗어나기 위해 힘을 합쳐 피라미드를 허무는 혁명적 해법을 추구했으나, 혁명이 성공하는 듯하자 각자 제3신분 내의 각 세부 계층이 서로 다른 셈법과 사상적 차이 등으로 인해 내부적 갈등과 분열을 맞이했다고도 볼 수 있다.

프랑스 혁명의 종말 -
공포정치는 왜 실패로 끝났을까 ────────

"공포정치는 왜 실패로 끝났을까"라는 질문에 대한 대답의 일부는 앞서 논의한 내용 ─ 폭동 세력이 비교적 쉽게 진압되고 마는 이유 ─ 에 들어 있다. 프랑스 혁명은 비록 경제, 사회, 과학, 사상 분야 등 환경의 변화가 뒷받침되는 가운데 단순한 폭동이 아닌 혁명으로 발전하기는 했지만, 한 가지 결정적인 벽을 넘지 못했다. 그것은 바로 '전쟁에서 이기는 데 필요한 조건'에 있어서의 열세이다.

반反프랑스 연합국들에 의해 사면초가로 에워싸여 있었고, 그들과 공모를 노리는 내부의 적들도 상존하는 상황에서 공안위원회는 공포정치라는 극단적 카드를 꺼내 들지 않을 수 없었다. 공포정치는 비상시국 하에 적은 비용으로 큰 효과를 보기 위해 어쩔 수 없이 부작용을 감수해가며 휘두르는 거대한 칼과도 같다. 반反혁명가를 가려내는 데 섬세한 정확성과 정밀성을 기하기 어렵기 때문에 억울한 희생자를 낼 가능성이 있고, 그 때문에 많은 사람들을 적으로 돌아서게 만들 수 있다. 오래 지속하거나 과열되면 정부에 대한 불신과 분노를 키울 우려가 있다. 그런 점에서 대단히 위험한 수단임에 틀림없다. 실제로 그 칼의 위력 덕분에 혁명 정부는 대외 전쟁에서는 선전할 수 있었으나 내부에 적을 만들어내고 말았다. 알베르 마티에는 이렇게 썼다.

공안위원회가 승리한 것은 공포정치 덕분이었다. 그런데 공포정치가 현실에서 유효한 도구로 판명되었다면, 그것은 집권자들이 국가적 필요라는 공통의식을 품고 단결하고 있었기 때문이다. 어떤 불행한 우연에 의해 그들의 단합이 깨어지거나 개인적 정열이 그들의 마음속에서 공공의 행복보다 위에 올라서게 되는 그날에, 더럽혀진 공포정치는 야비한 무기에 불과하게 될 것이다. 이 무기를 장악한 비열한 자들은 필요하다면 가장 훌륭한 시민들(로베스피에르 등을 가리킨다–역주)까지도 찌를 것이다.[132]

피라미드 간 영역싸움에서 상대를 이기는 전략은 내부 구성원들이 서로 협력하는 것이고, 협력을 위한 최고의 조건은 단합과 결속이다. 구성원 개개인의 힘을 집결시켜 하나의 집단적 힘으로 모으는 것이다. 그 단합의 원리 가운데 하나는 피라미드 외부의 적은 악의 세력으로, 내부 구성원은 선한 세력으로 규정하는 것이다. 동시에, 피라미드 지배 계층의 뜻에 절대적으로 복종하는 것을 선으로 여기도록 하는 것이다.

영역싸움 상황에서는 구성원들이 적으로부터 위협받는 처지를 다 같이 공유하기 때문에 협력이 어렵지 않다. 애초부터 피아의 구분이 명확하므로 자발적으로든 복종에 의해서든 협력이 비교적 쉽게 이루어질 수 있다. 물론 그렇게 외부의 적과 맞서기 위해 협력이 이루어지는 가운데서도 어느 사회나 내부에서는 여전히 이기성의 충돌과 경쟁이 존재하기 마련이지만 힘의 원리에 따른 피라미드 질서에 의해 그러한 문제들이 억제된다.

그러나 프랑스 혁명기의 공회 내부의 사정은 다르다. 공회는 피라미드 구조가 해체된 후 평등이라는 토대 위에 세워졌다. 피라미드 구조의 해체는 무엇을 의미할까? 위에서 내리 누르는 강력한 압력이 사라졌으므로 경쟁적인 이기적 주체들 간에 잠재되어 있던 갈등과 충돌이 수면 위로 떠

---

132 알베르 마티에, 김종철 역, 『프랑스 혁명사 下』 p.581.

오름을 뜻한다. 물론 아주 결정적으로 큰 사안들에 대해서는 민주적 선거를 통해 결론에 도달할 수 있을 것이다. 하지만 그 정도로 크지 않은 사안들도 많다. 그런 것들 전부가 '위 서열에 의한 힘의 개입' 이외의 뭔가 새로운 갈등 해결 방식을 필요로 한다. 이상적으로라면 민주적으로 확립된 3인칭 처벌 규칙, 즉 법과 제도가 그 해결 방식이어야 하겠지만 당시는 그런 규칙조차도 이제부터 만들어가야 할 미완의 것이었다. 그런 상태에서는 설사 거시적으로는 같은 배를 탄 혁명 세력들끼리도 내부적으로 사안마다 각자 조금씩 다른 입장과 견해로 갈릴 수 있으며, 어쩔 수 없이 어느 정도의 혼란이 수반되기 마련이다.

수평적 사회 질서를 수립하는 과정에서 핵심 관건은 이렇듯 이기적 주체들 간의 경쟁에 따른 혼란을 어떻게, 얼마나 잘 해결하느냐이다. 아마도 보다 성숙한 민주적 공동체의 질서가 뿌리내리고 내면화되기 전까지는 계속해서 중요한 난제로 남을 것이다. 그 관문을 통과하지 못하여 사태가 악화될 경우 보통 다음과 같은 현상이 수반된다. 첫째로, 서로 간의 감정의 골이 깊어지고, 둘째로 불신이 위협적으로 커질 수 있다. 프랑스 혁명가들의 경우, 국외뿐 아니라 자국 내에 혁명 정부를 전복하려는 적을 함께 두었던 만큼 불신이 바이러스처럼 증식하기 쉬운 최악의 환경에 놓여 있었다. 그런 환경 속에서는 크고 작은 갈등이나 반대 의견들이 자칫 적을 이롭게 하고 공동체를 위험에 빠뜨릴 수 있는 이적 요인으로 비춰질 수 있고, 그 때문에 갈등의 당사자들이 서로에 대해 "사실상 반역자나 다름없다"는 식의 비난의 화살을 퍼붓기 쉬운 상황이 초래된다.

실제로 바로 그 점이 공포정치의 가장 직접적인 패인이었다. 혁명 세력은 내부에서 독버섯처럼 자라난 불신을 잘 극복해내지 못했다. 극단적인 위협 앞에서 불신은 쉽사리 적대적 행동이나 선제적 공격, 보복의 악순환을 불러왔다. 공포정치의 가장 큰 부작용은 혁명가들 사이에서 "다음에는 내가 단두대로 보내질 수도 있다"는 강박적인 두려움을 갖게 한 것이었고, 그 결과 서로를 쉽게 의심하고 적대시할 뿐 아니라 심지어 숙청하는 악순환이 이어졌다. 로베스피에르 자신도 그 의심의 명단에 올라 끝내 동지들에 의해 처단되고 말았다. 결국 혁명당원들 스스로 서로가 서로를 숙청한 주범이자 희생자가 됨으로써 공멸에 이르는 웃지 못할 결과를 초래하고 말았다. 프랑스 혁명은 그렇게 해서 막을 내렸다.

로베스피에르와 폭력의 선악 문제

폭력의 선악 문제

우리는 폭력은 무조건 나쁜 것이라고 배웠다. 어디까지나 대화를 통해 상대를 설득하거나 타협점을 찾아야지 절대로 폭력을 사용하면 안 된다는 것이 오늘날의 규범이다. 우리의 일상 속에서 이러한 규범은 당연히 바람직하고 이상적이며 추구할 만한 가치임에 틀림없다. 그래서 대부분의 나라의 형법은 함무라비 법전의 눈에는 눈, 이에는 이 식의 처벌을 허용하지 않으며, 손목을 자른다거나 하는 식으로 신체를 훼손하는 방식은 물론 태형 같은 폭력적 처벌도 퇴출시켰다. 사형 역시 많은 나라에서 폐지되었거나 오랫동안 집행되지 않아 사실상 없는 것이나 다름없게 된 실정이다.

　그러면 폭력이 완전히 사라졌는가? 당연히 아니다. 사회적 환경도 바뀌고 처벌 기준도 강화된 만큼 과거보다는 빈도나 강도 면에서 상대적으로 감소되었지만 폭력 사건은 여전히 자주 발생한다. 인간 사회에서 폭력을 아무리 악으로 규정하고 근절하려 해도 폭력은 언제나 존재해왔고 예상컨대 앞으로도 존재할 것이다.

대체로 폭력은 강자의 수단이다. 강자가 약자를 때리기 마련이다. 그런데 우리가 자주 잊고 있는 사실이 있다. 폭력은 약자의 수단이기도 하다는 것이다. 약자에게 아무런 폭력적 수단이 없다고 상상해보자. 폭력은 강자만의 전유물이 되고 말 것이다. 약자는 더더욱 저항 한 번 못 해본 채 늘 강자에게 당하기만 해야 할 것이다. 모든 생물에게 폭력과 보복은 자신의 생존 가능성을 높이기 위해 진화한 자연스럽고도 필수적인 보호 장치이다. 인간도 예외가 아니다. 그런 점에서 폭력을 단순한 선악의 프레임으로 바라보는 것은 타당하지 않다.

인간 사회에서도 폭력 문제는 어떤 형태이든 간에 그것의 발생 원인이나 배경에 대한 본질적 이해 없이 무조건 죄악시하고 억압함으로써 해결할 수 있다고 믿는 것은 환상이다. 현상적으로 일어난 폭력의 한 대목만 떼어놓고 바라보는 것 또한 폭력을 이해하는 데 전혀 도움이 되지 않을 뿐더러 해법도 제공해주지 못한다. 특히 프랑스 혁명과 같은 사회적 폭력 사건을 제대로 평가하기 위해서는 역사적 전후 맥락을 검토하는 자세를 갖는 것이 당연히 요구된다. 가령 그것이 어떤 '또 다른 폭력(눈에 보이는 형태이든 아니면 눈에 잘 보이지 않는 형태이든)의 결과'는 아닌지 면밀히 진단해봐야 한다. 그렇지 않을 경우, 폭력에 대한 위선적 인식 혹은 그러한 인식에 기생하는 부당한 이데올로기에 기만당할 우려가 있다. 또한 그러한 위선적 인식이나 부당한 이데올로기는 사회적 약자의 정당한 저항(외견상 폭력적으로 보이는)을 억압 또는 부정하는 수단으로 악용될 가능성이 있다.

선과 악은 인공적 개념이다. 실체가 없이 추상적 개념상으로만 존재하는 것이다. 현실 속에 순수한 선이나 순수한 악의 형태로 존재하는 게 있는지 진지하게 한 번 자문해보라. 그것은 수학에 나오는 ○○이나 플라톤의 이데아처럼 머릿속에서만 구성되는 추상 개념이지 현실적 실체는 아니다. 현실이 분리되지 않는 온갖 요소들로 구성된 합성물이라면, 선과 악이라는 개념은 그 합성물로부터 몇 가지 순수 물질을 인위적으로 추출하여 정제해놓은 것과 같다. 자연에는 순수한 선도 순수한 악도 존재하지 않는다. 아니, 선악 자체가 성립되지 않는다.

자연에서는 폭력 역시도 애초부터 선악의 틀 속에 있지 않다. 생물들의 뇌가 개념을 구성할 만한 역량이 못 되어서라고 할 수도 있겠지만(직관적으로 공포와 분노, 미움을 느끼는 건 똑같더라도), 설사 그 뇌가 인간만큼 뛰어나다 하더라도 마찬가지이다. 그들은 어차피 거대한 먹이사슬 속에서 서로 먹고 먹히며 살 운명에 처해 있다. 어떠한 경우에도 안 먹고 안 먹히고 살 도리가 없다. 그러므로 생존을 위해서는 예외 없이 다른 동물에게 폭력을 가하고 폭력으로 방어해야 한다. 그러므로 **폭력을 악으로 규정하는 순간 "모두가 악하다"는 결론만 도출될 뿐, 폭력을 악으로 규정하는 일 자체가 무의미해져버린다.** 자연에서 폭력은 그냥 자연법칙의 일부이고, 생물에게는 본능적 생존 기제일 뿐이다.

사실 폭력을 악으로 규정하는 순간, 인간이야말로 지구상에서 가장 사악한 종種임을 우리 스스로 인정해야 한다. 인간은 지구상에 존재하는 거의 모든 생물에게 가장 일방적으로 폭력을 가해온 포식자이다. 소, 닭, 돼지를 비롯해 어류, 갑각류, 패류, 곤충류 등 인간이 잡아먹지 않는 게 거의 없을 정도이다. 뿐만 아니라 그 동물들의 서식지를 파괴함으로써 대량 학살하고 있다. 그렇게 따지면 결국 악하지 않은 인간은 단 한 명도 없게 된다. 같은 인간 사회 내에서 우리가 인지하지 못하는 가운데 경쟁 혹은 이해의 충돌로 인해 서로에게 저지르는 수많은 크고 작은 악행들은 차치하고서라도 말이다.

만일 "자연에서 폭력은 그냥 자연법칙의 일부이고, 생물에게는 본능적 생존 기제일 뿐이다"라는 명제를 인간 사회에 적용하면 어떻게 될까? 당혹스럽게 느껴질지는 몰라도 그동안 지구상에 벌어졌던 수많은 전쟁들 역시 여느 동물들의 영역싸움과 비슷하고, 사회 내부의 계급 간 갈등도 여느 서열싸움과 비슷하다는 결론이 나온다. 그렇다면 그것들 역시도 선악과 전혀 상관없는 단순한 자연현상이라고 봐야 하지 않을까? 당신은 이런 질문을 던져본 적이 있는가?

이를 또 다른 사례에 적용해보자. 프랑스 혁명 당시에 상위 2%의 귀족과 성직자가 하위 98%의 민중을 억압하고 착취하는 일은 그저 자연스러운 서열 질서의 작용일 뿐 선악의 문제가 아니라고 한다면, 거꾸로 하위 98%가 상위 2%를 타도하는 것 역시도 선악의 문제가 될 수 없을 것이다. 단지 서열싸움 중에 역전이 일어난 것에 불과하니까. 마치 우두머리로부터 괴롭힘을 당하던 약한 침팬지들이 힘을 합쳐 우두머리를 역습한 사건과 다를 바 없지 않은가. 우두머리가 약한 침팬지들을 괴롭힐 때 사용한 수단이 폭력이었듯이 약한 침팬지들이 우두머리에게 저항할 때 사용하는 수단도 폭력이었는데, 어찌 똑같은 폭력을 두고 한쪽은 선이고 다른 한쪽은 악이라 할 수 있겠는가.

영역싸움 상황에서의 선악 규범

그런데 인류가 역사 내내 벌인 이런 식의 영역싸움과 서열싸움을 관찰해보면 한 가지 재미있는 특징이 발견된다. 바로 선악 등의 개념을 싸움의 명분으로 내세웠다는 점이다. 더욱 재미있는 특징은, 가령 영역싸움의 경우 누가 누구에게 폭력을 휘두르든지 상관없이 우리 집단은 선으로, 타 집단은 악으로 규정했다는 것이다. 다시 말해, 같은 폭력임에도 우리 집단이 하면 선이고 남의 집단이 하면 악이었던 것이다. 오랜 세월 동안 서로 적대적인 환경 속에서 살았던 인류에게 내 가족, 내 부족, 내 민족, 내 국가와 같은 공동체의 외부에 존재하는 타 집단은

늘 실질적으로나 잠재적으로 위협적인 존재인 게 사실이었던 만큼 "우리
는 선하고 저들은 악하다", "우리는 옳고 저들은 그르다"는 믿음은 너무나
도 자연스럽게 생겨난 당연한 규범이었을 것이다. 바꿔 말해, 인간은 경
쟁이나 이해의 충돌 관계에 있는 상대편을 기본적으로 악으로 규정해왔
다. 각 당사자가 상대편을 악으로 규정하는 것이다. 만일 제3자 입장에서
객관적으로 볼 수 있다면 지구상에 살고 있는 모든 개인이나 집단은 각
자 처한 입장에 따라 서로를 악으로 규정하고 있는 모습을 목격하게 될
것이다.

그렇게 된 보다 근본적인 원인은 2부에서 다룬 생물의 속성에서 찾을 수 있다.
생물의 공통점은 자신의 생존에 적합한 환경 조건(생물학적 기대 또는 안락범위)을
스스로 감지할 수 있는 감각기관을 가졌다는 것이다. 그 감각기관은 주어진 환경
속에서 수집된 정보 가운데 생존에 유리하거나 생물학적 안락범위에 가까운 것은
이를 테면 플러스(+)로, 위협적인 요소는 마이너스(−)로 인식하게 된다. 예를 들어,
생물의 시각이나 촉각기관에 입력된 '크다/작다', '뜨겁다/적당하다/차갑다' 따위의
감각 정보는 '안심할 만하다(+)/위협적이다(−)'와 같은 가치 정보로 변환된 상태와
함께 인식된다. 그것이 인간의 언어에서는 좋다(+)/나쁘다(−)로 표현되는 게 아닐
까. 그리고 그것이 선(+)/악(−) 개념으로 연결된 것이고.

생물의 복잡성이 커질수록 인식되는 가치 정보도 복잡해질 것이다. 인
간의 경우, 추상적 개념을 구상하여 언어적 매개 수단을 통해 소통할 줄
아는 뛰어난 뇌를 가진 만큼 더 복잡하고 미묘한 가치 정보를 처리할 수
있다. 그렇기는 하지만 인간 역시도 모든 사물이나 상황을 인식하고 판
단하는 기준은 "그것이 궁극적으로 나의 생존과 안녕에 유리하냐 불리하
냐"라는 필터를 통해 걸러진다. 그런 다음 좋은 쪽(+)과 나쁜 쪽(−) 중에
어느 쪽에 더 가까우냐를 평가하는 의식/무의식적 과정을 거쳐 나온 것

이 인간의 가치 판단이다. 요컨대, 선악 개념도 그 근원적 뿌리는 이런 생물학적 바탕과 연결된다는 것이다. 바로 그런 맥락에서 인간은 해당 개인이나 집단의 생존에 도움이 되는 상대를 선으로, 위협이 되는 상대를 악으로 규정하는 습성을 보여왔던 것이다. 특히 외부의 집단과 영역싸움이 벌어지는 상황에 처할 경우, 거의 자동적으로 우리 집단(또는 내집단$^{we\text{-}group}$)은 선으로, 타 집단(또는 외집단$^{they\text{-}group}$)은 악으로 치환되고 도식화되었다.

공동체 단위가 더 큰 국가나 제국으로 확대되면서 전쟁의 규모가 커질수록 피아彼我에게 선과 악이라는 색깔을 덧씌우는 원시적 문화는 더욱 정교하게 발달했다. 그 정점에 제1·2차 세계대전이 있었고, 그러한 원시적 문화는 냉전 시대에도 계속 이어져 전 세계를 선악이분법으로 갈랐으며, 냉전 이후의 시대에 와서도 여전히 지구상에서 사라지지 않았다.

피라미드 내부에서의 선악 규범

이렇게 영역싸움 시에는 내집단과 외집단이 선과 악으로 나뉘었다고 한다면, 공동체 '내부'에서는 무엇이 선악으로 규정되었을까?

이를 설명하기 위해서는 우선 1인칭, 2인칭, 3인칭 처벌 기제를 다시 떠올릴 필요가 있다. 사자, 침팬지, 물고기 따위의 사회를 통해 설명했다시피, 사회성 동물의 집단 내에서 인간 사회만큼 복잡하지는 않지만 구성원들끼리 나름대로 기본적인 행동 규칙이 발견된다. 그러한 규칙을 통제하는 가장 기본적 원리 중 하나는 당사자 간에 주고받는 2인칭 처벌이다. 그런데 2인칭 처벌은 주로 강자가 약자에게 하기가 쉽다. 그렇기 때문에 자연스럽게 강자를 중심으로 한 서열 질서라는 게 생겨난다.

인간 사회도 마찬가지이다. 다만 2인칭 처벌 기제뿐만 아니라 1인칭 처벌 기제와 3인칭 처벌 기제가 매우 정교하게 발달했다는 것이 특징이다. 특히 3인칭 처벌 기제는 인간만이 가진 거의 고유한 처벌 방식으로, 폭발적인 인구 증가에도 불구하고 인류가 나름대로 질서를 유지하며 '초거대 사회'를 유지할 수 있었던 비밀은 바로 이 3인칭 처벌 기제의 발달에 있었다. 물론 3인칭 처벌 기제 역시도 대상자에게 고통을 가하는 '폭력'을 수단으로 한다. 반드시 실제로 사용되지 않더라도 여차하면 사용할 수 있는 '폭력'이 궁극적으로 전제되어 있지 않다면 '처벌 효과'는 성립할 수 없다. 하지만 언급했다시피 모든 처벌은 강자가 약자에게 하기가 더 쉬운 것이므로 3인칭 처벌 기제는 사회적 '불평등' 구조를 반영하거나 강화하는 방향으로 작용하기 쉽고, 결국 인간 사회 내에 거대한 피라미드 질서를 구축하는 데 기여했다.

사회의 규모가 커질수록 피라미드 꼭대기에 있는 강자의 특권은 증대되었고, 그 특권 속에는 그 강자들이 특권을 누릴 만한 자격 있는 존재라는 의미, 즉 선과 옳음, 정의, 미덕 따위를 대표하는 존경스러운 존재라는 가치 개념도 포함되어 있었다. 그런 까닭에 이집트, 로마를 비롯해 세계 거의 모든 지역의 왕은 심지어 신격화되어 숭상되기도 했다. 동시에 피라미드의 하위층에 있는 자들에게는 피라미드 질서에 복종하고 충성하는 것이 선이자 옳은 것으로 교육되고 요구되었다. 그리고 그것을 어겼을 때는 자연스럽게 '죄책감'이나 '창피함'과 같은 감정(1인칭 처벌 기제)을 느끼게 되는 사회적 분위기가 형성되었다. 지구상 거의 모든 문명사회의 법률, 관습, 종교, 사상, 문화 등은 이러한 피라미드 질서를 다중적으로 강화해왔다.

그렇게 해서 인간 사회에 뿌리 내린 선악 개념은 가장 원초적이고 강력한 행동 강령으로 작용한다. 이는 의식적으로든, 무의식적으로든 공동체 내부의 수많은 구성원들을 통제하는 강력한 도구가 될 수 있음을 뜻한다. 사회 내에서 일단 "지배층의 뜻은 옳은 것이므로 피지배층이 그것에 복종하는 것은 선이고, 불복종하는 것은 악이다"라는 규범이 폭넓게 형성되고 나면, 감히 그것에 도전하기란 쉽지 않다. 무엇보다도 구성원들에게 이런 규범은 생존과도 직결된 치명적으로 중요한 문제가 된다.

바로 그런 점 때문에 인류는 '인간 고유의 영역'을 발달시키는 과정에서 한편으로는 본질적으로 무엇이 옳고 그르고, 무엇이 선악인가 하는 철학적 문제에 대해 진지한 관심을 가지고 탐구를 계속해오기도 했지만, 다른 한편으로는 **무엇이 선이고 무엇이 악이든 간에 때때로 나 자신이나 나의 행위는 선에 부합하고, 타인이나 타인의 행위는 악에 부합하는 것처럼 꾸미는 속임수들을 발명하는 데에도 많은 노력을 기울여왔다. 내가 선, 옳음, 도덕적임, 정의로움을 나타낸다는 인상을 풍기는 것이 그만큼 사회생활에 중요하기 때문이다. 다시 말해, 선, 옳음, 도덕적임, 정의로움, 미덕 같은 개념이 '사회적 생존 도구'로서 유용성을 갖게 된 것이다.**

속임수의 기법들이 얼마나 교묘하게 발달했는지는 우리가 쓰는 언어에 잘 반영되어 있다. 거짓말, 위장, 사기, 위선, 가식, 합리화, 조작, 허위, 가짜, 날조, 기만, 물타기, 가장, 왜곡, 호도, 반칙, 매도, 모방, 사칭, 궤변, 억지, 억측, 선동, 과장, 적반하장 등 이루 다 헤아릴 수 없을 정도이다. 그러다 보니 많은 경우 무엇이 선이고, 무엇이 악이며, 무엇이 옳고 무엇이 그른지, 진실과 속임수 간의 구별은 점점 더 어려워졌다. 오늘날 TV의 뉴스 채널을 돌리다 보면 정계 인사마다, 정치평론가마다, 심지어는 언론사마다 보수와 진보, 부자와 서민 중 어느 편과 이해를 같이하느냐에 따라 똑같은 주요 정치적 사건이나 사회적 이슈를 놓고도 노골적으로 혹은 미묘하게 다른 해석과 평가를 내놓는 광경을 일상적으로 접할 수 있다. 바로 그런 해석과 평가들 속에는 진실뿐만 아니라 간신히 법에 저촉되지 않는 범위에서 위에서 말한 위선, 가식, 합리화, 기만, 물타기, 왜곡, 호도, 매도, 궤변, 억지, 억측, 선동, 과장, 적반하장 등의 다양한 조합이 가득한 경우가 많다.

이런 현상은 인간의 적응의 산물이자, 우리의 두뇌가 발명해낸 영리한 생존 기제임에 틀림없다. 역으로, 그렇게 뛰어난 두뇌는 그만큼 고도로 복잡한 사회 내에서 살아가는 과정에서 발달했겠지만 말이다. 그러니까 사회의 복잡성과 함께 각종 속임수는 개인은 물론 집단적 차원에서(특히 지배층이 하위계층을 상대로) 변증법적으로 나란히 발달해온 셈이다.

인류는 기존의 피라미드 질서의 도덕적 정당성에 대해 근본적인 의문을 품기까지 수천 년이 걸렸다. 그리고 마침내 그것에 정면으로 반기를 든 것이 바로 프랑스 혁명이다. 프랑스 혁명은 극심하게 불평등한 피라미드 시스템을 통해 지배층이 피지배층을 착취하고 억압해온 것의 부당성에 대한 인식과 불만을 폭발적으로 표출한 사건이다.

프랑스 혁명은 전통적인 계급사회에서라면 상상조차 하기 어려운 집단적 반역행위의 일종이었다. 그럼에도 그러한 반역행위가 민중의 폭넓은 지지 속에 가능했던 배경에는 사회적 규범의 근본적 수정이 존재했다. 그때까지 피라미드식 불평등을 정당화해왔던 구체제의 가치 체계를 부정하는, 이른바 계몽주의 사상의 영향을 받은 새로운 규범이 널리 공감을 얻은 것이다. **소수가 피라미드 꼭대기에서 그 아래에 있는 다수를 지배하는 피라미드 구조를 무너뜨리고 모두가 평등한 수평적 사회를 건설하려면 일단 도덕적 선을 다수의 편으로 '되찾아오는' 과정이 필수적이다. 다시 말해, 이제 '불평등'이 아니라 '평등'이 도덕적으로 옳은 선이 되어야 하는 것이다. 그것이 다수의 약자가 쟁취해야 할 정의 구현 수단 중 하나일 것이다.**

상위 2%의 뜻이 선과 옳음을 대표하도록 구축된 당시 프랑스 사회에서, 그러한 선과 옳음의 개념이 수정되지 않고도 나머지 98%가 구조적 불평등과 착취와 억압에서 벗어날 수 있으리라고 기대하기는 어렵다. "인간은 마땅히 불평등하다"

내지 "특권 계층은 마땅히 특권을 누릴 자격과 가치가 있다"로부터 "모든 인간은 평등하다"로 도덕 원리가 바뀌고 나면 많은 것이 달라진다. 상위 2%의 착취는 더 이상 정당하지 않은 것이 되고, 하위 98%의 피착취에 대한 불만 제기는 정당한 행위가 된다. 상위 2%는 불의한 악을 대표하고, 하위 98%는 정의로운 선을 대표하는 것으로 바뀐다. 도덕의 기준이 상위 2%가 아닌 다수의 98%로 뒤집어지는 것이다.

그렇지만 "인간은 마땅히 불평등하다"와 "인간은 평등하다" 이 두 원리 가운데 '어느 것이 진리이고 정의인지' 혹은 '진리이고 정의이어야만 하는지'는 단지 어느 것이 도덕적으로 옳으냐 혹은 진실이냐의 문제가 아니었다. 사실상 두 진영 중 누가 이겼느냐, 즉 누구의 힘이 더 셌느냐에 따라 결판이 났던 것이다. 결과적으로 루이 16세가 패하고 혁명 세력이 승리했으므로 그 직후부터 짧은 기간 동안이나마 인간은 평등하다는 명제가 진리로 등극할 수 있었다. 하지만 그것이 짧은 기간 동안만 진리로서의 지위를 유지했던 이유 역시, 같은 맥락에서 유럽 구체제와 그 질서의 반동의 힘에 밀렸기 때문이라고 할 수 있다.

근대에 들어와서 왜 인간이 평등한지, 어떻게 불평등한 사회 구조의 문제를 해결해야 할지 이론적 근거들을 제시한 이들이 바로 계몽주의 사상가들이었다. 현대인에게는 "평등이 정의롭다"는 명제가 너무나 당연해 보이지만, 고대나 중세 시대의 인간도 그렇게 생각했던 것은 아니다. **계몽주의 사상가들에 의해 "평등이 정의롭다"는 등식이 그 형체를 드러내고, 많은 사람들의 공감 속에서 확산된 것 자체가 '혁명'이라고 생각한다. 혁명은 근본적으로 거기에서부터 시작되었다.**

요컨대, 폭력은 인간을 비롯한 모든 생물 세계에서는 늘상 존재하는 잠재적 수단이다. 그 자체만으로 좋다, 나쁘다라고 하기 어려운 자연의 일부이다. 그럼에도 오랫동안 인류는 누가 어떤 목적으로 폭력을 사용하느냐에 따라 거기에 선과 악이라는 라벨 가운데 하나를 다르게 붙여주었다. 어떤 것은 선으로 어떤 것은 악으로.

시대에 따라 그 라벨이 뒤바뀌기도 했다. 예컨대, 구체제의 기득권 세력 쪽에서는 프랑스 혁명에 어떤 라벨을 붙였을까? 당연히, 사회 질서를 무너뜨리려는 극악무도한 무정부주의적 폭도들의 폭동이라는 라벨을 붙였다. 반면, 오늘날의 역사책에서는 어떠한가? 프랑스 혁명을 구체제의 계급적 억압과 착취 구조로부터 인류를 해방시키는 데 공헌한 혁명으로 평가한다. 평등이라는 가치의 위대한 승리로 본 것이다. 하지만 **오늘날 그러한 평가를 임의적인 라벨 바꾸기로 보지 않는 이유는, 인류가 수많은 갈등과 전쟁을 겪으면서 심각한 불평등은 심각한 갈등과 싸움의 원인이므로 인간의 평등을 보장하는 길만이 궁극적인 평화적 공존원리라는 인식에 도달했기 때문이다.**

결국 정의라는 개념은 도덕성 및 윤리와 함께 인류가 초거대 사회로 발전하는 과정에 경험적으로 발견하고 수정을 거듭해온 평화적 공존원리라고 할 수 있다. 진화적 관점에서 말하면, 그러한 정의는 사회적 적응의 결과이고, 인류의 적응도를 개선하는 데 효과적인 집단지성의 산물이다. 이것이 도덕, 윤리, 옳고 그름, 정의의 자연스러운 존재 기반이자 정당성이다. 협력을 암묵적 전제로 하는 사회적 동물의 사회는 보다 평등한 협력체로 가도록 하는 내부적 압력을 끊임없이 받게 마련이다. 특히 그 규모가 커져 구성원들을 완벽하게 통제하기가 어려워질수록 사회가 안정적 협력 시스템을 유지하기 위해서는 장기적으로 불평등한 착취 요인과 그 밖의 갈등 요인을 줄여서 구성원들의 관계가 점차 평등해지는 방향으로 수렴해가지 않을 수 없다. 스스로의 삶을 개선하려고 능동적으로 움직이는 각 개체가 그것을 철저히 억압하려는 우두머리 계층의 통제를 뚫고 사회적 협력에 대한 일정 수준의 만족스러운 대가를 받기 위해 애쓸 터이기 때문이다. 이는 세계인권선언도 인정하는 부분이다.

> 인류 가족 모든 구성원의 고유한 존엄성과 평등하고 양도할 수 없는 권
> 리를 인정하는 것이 세계의 자유, 정의, 평화의 기초가 됨을 인정하며,
> 인권에 대한 무시와 경멸은 인류의 양심을 짓밟는 야만적 행위를 초래
> 했으며, 인류가 언론의 자유, 신념의 자유, 공포와 궁핍으로부터의 자
> 유를 향유하는 세계의 도래가 일반인의 지고한 열망으로 천명되었으
> 며, 사람들이 폭정과 억압에 대항하는 마지막 수단으로서 반란에 호소
> 하도록 강요받지 않으려면, 인권이 법에 의한 지배에 의해 보호되어야
> 함이 필수적이며, (…) 따라서 (…) 본 세계인권선언을 선포한다.

인류는 지난 역사 동안 존재했던 불평등을 사회에 대단히 유해한 요소
로 평가하고, 극심한 불평등에 대한 마지막 저항 수단이 폭력일 수밖에
없다는 점을 인정한 것이다. 비록 아직까지 완전히 실천하고 있지는 못하
지만 말이다.

바로 그런 까닭에 폭력에 대해 논의할 때에는 반드시 그것이 어떤 맥
락에서 나왔는지를 주의 깊게 고려할 필요가 있다. 18세기에 프랑스에서
일어난 공포정치 역시 역사적 시간에서 뚝 떼어내어 오늘날의 눈으로 단
죄하는 것은 올바른 접근일 수 없다. 당시의 전후 맥락과 의미를 충분히
검토해보고, 거시적 관점에서 역사적 의미를 평가해야 한다.

로베스피에르는 어떤 사람인가?

로베스피에르는 대체 어떤 인물이었을까? 그는 부르주아에 속한 사람이
었음에도 불구하고 최하층민을 대변하는 목소리를 냈기 때문에 상퀼로

트와 농민들의 지지와 환호를 받았다. 앞에 서술된 내용으로만 보면 구체제의 피라미드식 구조를 허물고 수평적인 사회를 만들자는 혁명정신에 가장 투철했던 인물처럼 보인다.

하지만 오늘날 세간에 회자되는 로베스피에르의 이미지는 사뭇 다르다. 그것은 민중의 영웅은커녕 오히려 공포정치와 기요틴을 애용한 사악한 광신자나 악마에 더 가깝다. 예를 들면, 한 웹사이트에는 그가 이렇게 묘사되어 있다. 로베스피에르는 권력에 대한 야욕에 눈이 먼 미치광이인데 워낙 머리가 좋아서 그럴싸한 사상을 내세워 대중을 조종하는 데 능했다. 덕분에 대중의 지지에 힘입어 핵심 권력의 자리에 올랐다. 하지만 그때부터 본격적으로 본색을 드러내며 폭력과 공포로써 대중을 지배하려 했다. 거의 사이코패스나 반사회적 인격장애자의 특징을 나열해놓은 글과 유사하거나 아니면 할리우드 영화 같은 데서 많이 본 듯한 인물의 프로파일이다. '사악한 악마'와 '권력욕' 이 두 가지 요소가 결합된 전형적인 악인 캐릭터로서 파괴적 방식으로 세계 정복을 꿈꾸는 주요 등장인물처럼 묘사되어 있지 않은가.

이는 프랑스 혁명과 공포정치라는 중요한 역사적 사건의 원인을 통째로 한 개인의 사악한 캐릭터로 돌린 셈인데, 그러나 유감스럽게도 '로베스피에르가 공포정치를 시행했다'는 사실 외에 다른 근거라 할 만한 것은 없었다. 대체로 '로베스피에르는 공포정치를 행했다. 그러므로 그는 세상을 지배하고 싶었던 사악한 인물이다'라는 식의 논리가 지배적이었다. 공포정치는 '원인'이 아니라 '결과'인데, 결과를 원인으로 삼아 로베스피에르의 성격에 대해 임의로 추론을 한 것이다. 이는 선입견의 투사일 뿐, 논리적으로 타당하지 않다.

이렇게 충분히 근거가 제시되지 않은 추론이 일반 대중에게 널리 유통되고 있는 이유는, 아마도 공포정치의 역사적 전후 사정을 떠나 '공포정치'라는 단어가 풍기는 느낌과 관련이 있을지 모르겠다. 사람들은 '공포'나 그 배후에 존재하는 '폭력'이라는 '단어 자체'에 대해 본능적으로 거부감을 갖는다. 모든 생물이 그러하듯이 인간 역시 공포를 기피하는 게 당연하므로, '공포정치' 속에 '공포'라는 단어가 들어 있다는 사실만으로도 일단 그것을 부정적으로 바라볼 이유로 충분하다고 느끼는 것이다. 또한 어떤 경우에든 그런 일이 다시는 재발되지 않도록 경계해야 한다는 경각심이 깔려 있다. 그러면서 로베스피에르와 공포정치에 대한 위와 같은 통념은 어떤 식으로든 불행한 사태에 대한 경각심을 불러일으켜준다는 점만으로도 아무런 의심 없이 유익한 정보인 양 유통되는 경향이 있다.

그런데 로베스피에르에 대한 그런 식의 서술은 일단 그가 원래 사형제도에 반대했었고 혁명 직후에는 유럽의 다른 나라들과의 전쟁에 대해 반대론을 펼친 거의 유일한 사람이었다는 사실과 모순되어 보인다. 아울러, 대다수의 반대를 무릅쓰고 무산자들에게도 선거권과 피선거권을 주고 누진세를 도입함으로써 가난한 자들을 돕고 의무교육을 제공해야 한다고 주장했던 사실과도 배치되지 않은가 하는 의문을 갖게 한다.

세상의 모든 뉴스는 세월이 흐를수록 최소한의 정보와 이미지만 남기고 흐릿해지게 마련이다. 게다가 로베스피에르와 그가 펼친 공포정치의 경우처럼 자세히 알아보려 해도 같은 문제를 둘러싸고 상충하는 여러 주장과 해석들이 잔뜩 쌓여 있는 것을 보는 순간 더 이상 무엇이 진실인지 가려낼 엄두조차 나지 않는다. 그 순간 진실은 불가지의 나락으로 굴러 떨어지고, 대신 개인적이고 자의적인 선호, 선입견, 해석 따위가 인식 속에 자리 잡기 쉽다.

로베스피에르는 과연 진짜로 어떤 인물이었을까 공포정치를 행한 이유는 무엇이었고, 그것이 실패한 이유는 또 무엇이었을까? 공포정치와 프랑스 혁명은 어떤 관계가 있을까? 도덕적으로 공포정치를 비난하는 것은 어느 정도까지 타당할까? 이제 이런 문제들에 대해 살펴보도록 하자.

지금까지 살펴봤듯이, 영역싸움이 벌어진 경우에는 우리의 공동체는 선이고, 외부의 위협적 체제는 악이라는 간단한 도식이 성립한다. 따라서 구성원들이 선악, 옳고 그름의 개념에 아주 쉽게 동의할 수 있다. 그러면 같은 피라미드 체제 내부에서 서열 간 갈등이 빚어졌을 때는 어떨까? 선악, 옳고 그름의 문제가 결코 간단치 않게 된다.

거의 모든 구성원들은 오랫동안 해당 피라미드 체제 하에서 살아왔다. 그 속에 자신의 삶과 관련된 모든 이해관계가 걸려 있는 채로 말이다. 그런 구성원들에게 피라미드 체제의 질서에 순종해야 한다는 것은 뼛속 깊이 스며든 규범일 뿐만 아니라 범사회적으로 모두가 공유하고 있는 이데올로기이다. 프랑스 혁명은 바로 그런 피라미드 질서에 정면으로 도전장을 던지는 일이었다. 감히 중·하위 계층이 최상위 계층에게 덤빈 것이다. 게다가 단지 서열의 순서만 뒤바꾸자는 게 아니라 피라미드 서열 질서 전체를 허물고 새로운 수평적 질서를 세우자는 혁명이었다. 이는 통상적인 세계관의 도식을 완전히 깰 뿐 아니라 기존의 가치관을 근본적으로 위협하는 일이다. 그러므로 일반적으로 그런 일은 상위 계층은 물론 하위 계층 사이에서조차 환영은커녕 도덕적 정당성마저 인정받기가 쉽지 않다.

그럼에도 프랑스 혁명이 가능했던 까닭은 무엇일까? 그런 장벽을 뛰어넘게 해줄 두 가지 도구가 확보되었기 때문이다. 하나는 불평등이 아니라 평등이 도덕적 선이라는 '추상적 도구'이고, 다른 하나는 현실적으로 요구되는 폭력이라는 형태의 '물리적 도구'이다. 프랑스 혁명은 이 두 가지 도구를 무기로 사용한, 그리고 사용해야만 하는 싸움이었다. 때마침 그 두 가지 무기를 모두 획득한 사람이 바로 로베스피에르였다. 이제 그가 어떻게 그 두 무기를 손에 넣을 수 있었는지 살펴보자.

로베스피에르의 성격 자체가 공포정치 하면 떠오르는 이미지처럼 피에 굶주린 냉혈한이 아니었던 것은 명백해 보인다. 성장 과정을 살펴보면 일찍이 부모를 여읜 그는 동생들을 끔찍이 아끼고 사랑했다. 그건 가족이니까 그렇다 치더라도, 그가 사형제도에 반대했던 것 역시 잘 알려진 사실이다. 동생인 샤를로트Charlotte de Robespierre, 1760-1834는 1782년 로베스피에르가 판사였던 시절의 한 에피소드와 관련해 이런 기록을 남겼다.

"오빠는 절망에 빠져 집에 돌아왔다. 이틀이 지나도록 아무것도 입에 대지 않았다. 그러면서 이런 혼잣말을 되뇌고 또 되뇌었다. '알아, 그가 범인이라는 거. 나쁜 놈인 건 맞는다고. 하지만 그렇다고 인간을 죽인다는 건······."

그가 사형제도에 대해 고뇌한 흔적을 엿볼 수 있는 대목이다.[133] 결국 그는 판사직을 그만두고 변호사로 활동했다. 그리고 가난한 약자의 수호자라는 평판을 얻었다.

또한 그는 워낙 청렴해서 모두로부터 '타락하지 않은 자the Incorruptible'라고 불리었다는 사실로도 유명하다. 공직에 있는 동안 그는 오직 봉급에만 의지해 살았고, 뒷돈을 챙기거나 부를 축적하지 않았다. 그냥 어느 목수네 집에 소박한 방을 얻어 독신으로 살았다. 심지어 마차도 이용하지 않고 어디나 걸어 다닐 정도로 금욕적인 생활을 했다.[134]

로베스피에르가 피라미드 구조 하에서 좀 더 상향 이동을 해야겠다거

---

133 James Michael Eagan, *Maximilien Robespierre: Nationalist Dictator* (New York: Farrar, Straus & Giroux, 1978), pp.17-19; Hilaire Belloc, *Robespierre: A Study* (New York: Caxton Press, 1901), pp. 63-64.

134 Marisa Linton, "Robespierre and the Terror", *History Today* Volume 56 Issue 8 August 2006.

나, 야심 차게 자신이 꼭대기에 군림하는 새 피라미드를 구축하려 했다고 할 만한 근거는 찾아볼 수 없다. 반대로, 피라미드를 허물어 만인이 평등한 사회를 만들고자 했다고 할 만한 근거는 충분히 넘쳐난다. 미라보도 다음과 같이 말한 바 있다.

"그의 입 밖으로 나오는 모든 말은 진짜로 본인이 그렇게 믿기에 하는 말이다."[135]

로베스피에르의 인기는 평등사상에 대한 그의 진정성에서 나왔다. 스스로 도덕적 청렴성을 실천함으로써 그것을 입증했다. 바로 그것이 로베스피에르의 손에 도덕적 명분이라는 핵심적 무기를 쥐어주었다. 그는 도덕적 명분이라는 무기를 필요로 하는 싸움에서만큼은 진실로 자타가 공인하는 강자였다. 너무도 완벽하게 언행이 일치했으므로 그를 이길 사람은 아무도 없었다.

우연찮게도, 로베스피에르는 바로 이 도덕적 무기로 말미암아 또 하나의 중요한 무기를 손에 넣을 수 있었다. 그가 대변하고자 했던 하층민 세력의 지지를 받음으로써 '폭력'이라는 수단, 즉 혁명을 지키기 위해 필수적으로 동원해야 할 군사력을 획득한 것이다.

공포정치를 이유로 로베스피에르를 비난하는 것은 어느 정도까지 타당한가?
로베스피에르 자신도 피라미드 구조를 허물고 새로운 질서를 세우는 혁명 과업을 완수하기 위해서는 도덕적 무기와 폭력적 무기로서의 군사력, 이 두 가지 도구가 모두 중요하다는 인식을 갖고 있었다. 실은, 프랑스 혁

---

135 Mirabeau, quoted in Jean Matrat, *Robespierre: Or the Tyranny of the Majority*, trans. Alan Kendall (New York: Charles Scribner's Sons, 1971), p. 51.

명 자체가 애초 그 두 무기 덕분에 가능했었던 것 아닌가. 두 번째 무기인 무력의 중요성에 대한 그의 인식은 무엇보다 공포정치를 변호한 그의 유명한 연설내용에도 잘 드러나 있다.

인민정부가 평화 시에는 덕을 기초로 삼는다면, 혁명의 시기에는 덕과 공포 두 가지 모두를 기초로 통치합니다. 덕이 없는 공포는 흉악하지만, 공포가 없는 덕은 무능하기 때문입니다. 공포는 다름 아닌 신속하고 엄격하며 굳건한 정의입니다.

여기에서 덕이 의미하는 것이 도덕성이라면 공포가 의미하는 것은 무력(군사력, 경찰력)이다. 도덕성의 본질은 덕이지만, 그것을 지켜내는 것이 정의라면 정의를 위해서는 공포가 필요하다고 본 것이다.

많은 사람들은 이 부분과 관련하여 또한 그가 공포정치를 실시했다는 것만으로 그를 원래부터 피에 굶주린 냉혈한으로 보거나, 적어도 공포정치 무렵부터 사람이 미치광이처럼 표변했다고 비난하지만 영국의 역사 저술가 루스 스커는 『치명적 순수Fatal Purity』의 서론에서 이런 논평을 내놓았다.

"공포정치가 끝난 후 로베스피에르에 대한 비방과 비하가 나오는 것은 불가피했겠지만, 그처럼 깐깐하리만치 청렴한 변호사에 대한 만족스러운 설명이라고는 할 수 없다."

로베스피에르의 전기작가인 맥피Peter McPhee, 1948-도 "1789년 5월 이전의 로베스피에르의 행동이나 믿음 어디에서도 반대파에 대해서는 억압과 처형이 답이라고 생각했을 거라는 단서는 찾아볼 수 없다. 어쩌면 로베스피에르가 프랑스 혁명을 망친 게 아니라 프랑스 혁명이 품위 있고 진지하고 성실한 한 민주주의자를 망친 건지도 모를 일이다"라고 썼다. 물론 로베스피에르가 왜 공포정치를 했으며, 그것이 어디까지 정당했느냐는 또 다른 문제로 앞으로 이 책에서 상세히 검토해볼 것이다.

그에 앞서 우선 원론적으로만 볼 때, 덕과 공포가 합법적인 국가 운영 요소라고 한 말은 전혀 틀린 말이라고는 할 수 없다. 사실 오직 덕만을 기초로 삼는 정부가 있다면 그런 정부야말로 유토피아일 것이다. 현실 속의 각종 형법(일부 국가들의 사형제도를 포함하여)은 어느 정도의 공포를 최후의 수단으로 삼는다. 평상시의 무장경찰도 그렇지만, 특히 테러, 폭동, 쿠데타, 내란, 전쟁이 발생한다면 어느 나라든 즉시 무장군인에서부터 전차, 폭격기까지도 동원될 것으로 예상할 수 있다. 오늘날 세계 곳곳에서 벌어지고 있는 대테러 대응 방식이나 전쟁이 잘 말해주고 있다.

어쨌든 로베스피에르는 도덕적 명분과 무력이라는 두 가지 무기를 모두 가진 덕분에 전쟁 시국에 혁명을 지켜낼 임무를 띤 집권 실세로 떠오를 수 있었다.

그렇더라도 혁명은 결코 만만한 일이 아니다. 전국신분회에서 제3신분이 주권을 선언하고, 파리 시민이 바스티유 감옥을 함락하고, 반란이 전국적으로 확산되어 혁명으로 발전하고, 절대군주를 왕위에서 밀쳐내고, 입헌군주국을 거쳐 공화국으로 가기까지 이루 말할 수 없는 혼란과 희생이 따랐다. 어쩌면 거기까지 간 것만도 기적에 가까운 일이었는지 모른다. 무엇보다도, 프랑스 혁명은 프랑스에서만 성공한다고 되는 일이 아니었다. 혁명 세력은 유럽의 여러 군주국들에 의해 포위되어 있었고, 그 군주국들은 프랑스 혁명을 자신들의 체제에 대한 위협으로 받아들이고 있었다. 구체제는 유럽 전체의 체제였던 것이다.

뿐만 아니라, 외국 군주국들과 공모를 꾀하려는 보수 세력이 국내에서 기회를 노리고 있었다. 그 엄중한 상황은 역설적으로 퓌레가 이렇게 썼을 정도이다.

"만일 프랑스가 전쟁을 하지 않았다면 보수적 물결이 승리하지 못했을 거라고 확언할 수 있는 사람이 누가 있겠는가? 좌파로서는 지롱드파의 이상주의가 어쩌면 현실적인 해결책이었을지 모른다."

다시 말해, 만약 혁명 세력이 유럽 군주국들과 전쟁을 하지 않았다면 내부의 적에게 먹혀버렸을 가능성도 부정할 수 없었다는 뜻이다. 이렇듯 혁명의 이상을 지키는 과업은 그 모든 적들과 싸워 이겨야만 가능한 일이었다. 싸우지 않거나, 싸우더라도 지면 모든 게 끝장이었다.

그 싸움은 도덕적 무기만 들이민다고 되는 일이 아니었다. 누가 도덕적으로 옳은 주장을 펴는지와 상관없이 서로 상충하는 이해관계로 얽혀 있기 때문이다. 더구나, 당시는 민주적 선거제도가 확립되기 전이었다. 결국 프랑스 혁명의 승패는 세계관이나 도덕관 따위의 추상적 도구가 아니라 실제로 허리춤에서 꺼내 휘두를 수 있는 무기에 달려 있을 수밖에 없었다.

문제는 역시 뜻을 관철시키는 데 필요한 힘이었다. 프랑스 혁명은 '전쟁에서 이기는 데 필요한 폭력적 도구'를 확보해야 이기는 게임이었다. 그런 점에서 로베스피에르의 딜레마는 세계관을 실현하기 위해서 세계관이 아니라 무력 싸움에서 먼저 이겨야 했다는 것이다. 게다가 내부적으로도 혁명을 지키는 데 드는 비용이 높아지면 높아질수록 그러한 비용을 지불하는 데 불만을 품은 이들은 늘어나게 마련인데, 그런 상황에 전쟁까지 겹쳐지자 지불해야 할 비용이 엄청나게 불어났다.

뿐만 아니라, 혁명이라는 이름으로 구체제를 붕괴시켰다고 해서 금세 그것을 대체할 완벽한 질서가 구축되는 것도 아니다. 공백을 채워야 할 대안 체제는 아직 불명확한 미완이고, 따라서 이제부터 새로 만들어가야 하는 어떤 것일 수밖에 없다. 혁명의 성공 여부는 얼마나 신속히 이 모든 무정부적인 무질서와 대혼란을 다잡고, 명확한 대안을 제시하고, 안착시키느냐에 달려 있을 터였다.

수시로 새로운 선택과 결정이 요구되었지만 그때마다 농민, 상퀼로트, 부르주아로 나뉜 온갖 사회, 경제, 정파적 이해당사자들 간의 갈등과 충돌이 수면 위로 떠올랐다. 하지만 긴급한 정국 상황에서 모두를 만족시키기란 불가능했다.

이런 상황에서 혁명 세력에게 전쟁은 어쩌면 현실적인 해결책이었을 수 있다고 한 퓌레의 말처럼, 외국과의 전쟁은 쓸 만한 새 그릇을 채 구워내기도 전에 혁명의 불이 꺼지지 않게끔 계속해서 불을 지펴줄 땔감 같은 것이었는지 모른다. 하지만 그 때문에 전쟁은 공포정치를 낳을 수밖에 없었고, 공포정치는 많은 혁명가 자신들을 자멸로 이끌고 말았다. 어찌하여 그렇게 되었는지 이제부터 살펴보자.

역사적으로 공포정치는 로베스피에르의 대명사나 다름없게 되었고, 로베스피에르는 공포정치로 인해 뜨거운 논란의 중심에 섰다. 1941년에 한 역사학자는 로베스피에르에 대한 찬반양론 싸움은 지긋지긋하게 했으니 이제 그만 휴전하자고 요청했을 정도이다. 로베스피에르를 훌륭한 정치가로 평가하는 알베르 마티에Albert Mathiez, 1874-1932나 알베르 소불Albert Marius Soboul, 1914-1982 같은 프랑스 역사학자들도 있지만, 반대편에는 그를 가리켜 반대를 용납하지 않는 편협한 성격적 결함을 가진 자라거나 광신적 이데올로기에 빠진 사악한 야심가라는 식으로 부정적으로 평가하는 사람들도 있다.

후자의 대표적 인물이 프랑수아 퓌레Francois Furet, 1927-1997인데, 그는 로베스피에르가 급진적으로 유토피아를 실현시켜야 한다는 광신적 이데올로기에 사로잡혀 과도한 공포정치를 펼쳤다고 주장한다. 퓌레가 제시한 일견 설득력 있어 보이는 근거는 이렇다. 1793년 여름에는 공화국에 대한 내부적 위협이 극에 달했다. 막상 이때에는 혁명 재판소 활동이 최소한에 머물러 있었다. 반면, 1794년 봄 무렵에는 전세가 공화국에게 상당히 유리하게 바뀌었으니까 전쟁과 내란의 위협은 줄어들었다고 볼 수 있는데, 되레 이때에는 공포정치가 더 극에 달했다. 이런 사실은 공포정치가 상황적 산물이었다는 일각의 주장과 모순된다. 그보다는 공포정치가 이데올로기와 담론의 산물이라고 보는 것이 더 어울린다.[136]

퓌레의 주장을 좀 더 부연하면 이렇다. 첫째, 공포정치는 단순히 프랑스 사회를 개혁하자는 수준 이상의 것이다. 그것은 인간의 자유의지로 유토피아적인 사회를 건설하자는 것이다. 로베스피에르의 이런 철학적 야심은 루소의 영향에서 나왔다. 루소는 이 세계를 자유의지들의 집합장으로 보았고, 인간은 자유의지에 따라 합리적인 사회계약을 체결할 수 있다고 믿었다. 다만 그것을 현실화하기는 쉽지 않다고 봤는데, 이유는 지난 역사 동안 인간이 오염되었기 때문이라는 것이다. 바로 이 점이 로베스피에르가 공포를 통해 인간을 '개조'하려 한 이유이다. 둘째, 프랑스 혁명은 민중의 권한을 제한하지 않은 바람에 민중의 무자비한 폭력을 방조했고, 그것은 사실상 민중을 왕의 자리에 앉혀놓은 거나 다름없는 짓이었다.[137]

오늘날의 입장에서 보면, 퓌레의 비판에서 한 가지 시대착오적인 시각이 눈에 띈다. 로베스피에르와 산악파가 감히 신의 전유물이었던 '인간

136 Paul R. Hanson, *Contesting the French Revolution*, p.126.
137 F. Furet & Mona Ozou, *A Critical Dictionary of the French Revolution*, trans. Arthur Goldhammer (Cambridge, MA: Harvard University Press, 1989), p.149.

세상 재창조'를 대행하려 했다고 주장하며, 민중이 자유의지에 따라 세상을 재창조하겠다는 것은 인간이 감히 '신의 영역'을 넘보는 것과 같다고 비판한 대목이다.

영국 킹스턴 대학Kingston University의 마리사 린턴Marisa Linton, 1959- 박사도 로베스피에르를 비롯한 자코뱅파는 혁명사상이 민중의 마음속 깊이 뿌리내리길 원해서 필요 이상으로 계속해서 공포에 의지했다고 설명한다. 이러한 비판들 속에는 로베스피에르가 어떤 '사상'에 경도되어 있었고, 그 사상이 공포정치를 유발한 주범이므로 때로 사상은 위험하고 불온한 것이라는 뉘앙스가 숨어 있다.

로베스피에르와 공포정치에 대한 이러한 비판에 대한 견해를 밝히기에 앞서, 몇 가지 반론부터 짚고 넘어가기로 하자. 먼저 폴 핸슨Paul R. Hanson은 이렇게 반박한다. 첫째, 로베스피에르와 그의 최측근 생쥐스트Louis Antoine Léon de Saint Just, 1767-1794가 공포정치의 정당성을 설득하기 위한 연설을 했던 것은 사실이다. 하지만 당시처럼 반란과 전쟁이 벌어지던 비상시국이 아니었더라도 과연 그런 연설이 통했을까? 둘째, 1793년 여름에 혁명 재판소가 잠잠했던 것은 사실이지만 그렇다고 해서 그 기간 중 공포정치의 희생자가 나오지 않았다는 뜻은 아니다. 수백 명이 넘는 반역자들이 방데 반란Rébellion Vendéenne에서 사망했는데, 대부분의 역사가들은 그들을 공포정치의 희생자에 포함해넣기 때문이다. 상식적으로 그런 반란이 터진 마당에 사법 당국이 다른 반역자들(연방주의자들 같은)에게까지 신경 쓸 수 있으리라 기대하는 건 무리이다. 일반적으로 적을 심판대에 올리는 시점은 전쟁 도중이 아니라 승리한 이후이기 마련이다. 가령 뉘른베르크 국제군사재판Nürnberger Prozess gegen die Hauptkriegsverbrecher(1945부터 1946년까지 연합국이 국제법 및 전시법에 따라 거행한 국제군사재판. 피고들은 나치 독일의 지도층으로, 홀로코스트를 비롯한 여러 전쟁범죄를 계획, 실행 또는 관여한 혐의로 피소되었다. 독일 뉘른베르크 정의궁에서 진행된 이 재판에서 내려진 결정들은 고전 국제법과 현대 국제법의 분기점으로 평가받는다)도 제2차 세계대전 도중에 진행되지 않았다.

그렇다면 객관적 통계자료는 어느 쪽을 가리키고 있을까? 1930년대에 미국의 역사학자 도널드 그리어Donald Greer는 협의의 공포정치 기간으로 알려진 1793년 3월부터 1794년 8월까지 실시된 총 처형자 수를 분석했다. 공식 재판을 거쳐 처형된 이는 약 1만 7,000명이었지만, 재판을 받지 않고 사망한 이까지 합치면 5만 명에 이를 것으로 판단된다. 그런데 지리적 분포를 살펴보니 방데 지방의 반란으로 인한 사망자를 빼고 나면, 처형의 90%는 전국 84개 지역 가운데 파리 외 13개 지역에서, 그리고 70%는 5개 지역에서 실시되었다. 이 같은 통계를 바탕으로 한 그리어의 결론은 이렇다. 주로 파리 아니면 전쟁터 부근의 국경지역 및 반란·내란 지역에서 최다 처형자가 나온 것으로 비추어볼 때 공포정치가 겨냥한 것은 이데올로기 고취라기보다는 당면한 전쟁과 반反혁명 세력이었다고 봐야 마땅하다.[138]

또한 핸슨의 『프랑스 혁명 논쟁Contesting the French Revolution』에 따르면, 공포정치의 폭력성이 어느 정도였는지를 객관적으로 평가하기 위해 혁명기의 사망자 수를 비교해보았더니 혁명 전쟁으로 인한 사망자 수는 1792~1794년 동안에 20만 3,000명, 1795~1799년 동안에 23만 5,000명가량이었다. 혁명 기간에서 나폴레옹 전쟁 기간(1799~1815년)을 빼고 보더라도 공포정치의 희생자보다 전사자 수가 10배 가까이나 된

---

138 Paul R. Hanson, *Contesting the French Revolution*, p.173.

다. 이 역시도 공포정치를 시행하게 된 핵심 요인이 사상이나 이데올로기보다는 전쟁과 반反혁명에 대한 대응이었다는 주장에 설득력이 실리는 대목이다.

로베스피에르가 집권 실세가 된 시점은 1793년 6월 상퀼로트가 쿠데타를 일으켜 지롱드파를 몰아낸 직후였는데, 사실 당시는 한창 전쟁이 진행되던 시국이었다. 그보다 약 1년 전인 1792년 4월부터 오스트리아와 프로이센과의 전쟁이 시작되었고, 로베스피에르가 실권을 잡기 불과 몇 개월 전인 1793년 2월에는 영국과 네덜란드와, 그리고 3월에는 스페인과도 전쟁이 선포된 상황이었다.

산악파는 12명으로 구성된 공안위원회를 임시 내각으로 한 전시 정부를 설립했다. 하지만 이들이 일을 시작하고 난 후 여름이 지나도록 상황은 여전히 악화일로로 치달았고, 내란은 더 많은 지역으로 확대되었다. 구체적으로 말하면, 리옹Lyon과 같은 주요 도시를 포함해 83개 지역 가운데 49개 지역이었다. 그중에는 지롱드파 축출에 충격을 받은 온건파 혁명 세력이 일으킨 반란도 있었다. 그러니까 산악파는 유럽 전체는 물론 국내에 보수적인 왕당파에서부터 온건한 혁명가들에 이르기까지 다양한 적으로 포위되어 있었던 셈이다.

본격적으로 공포정치가 시작된 시점은 바로 이때부터였다. 다시 말해, 오스트리아, 프로이센, 영국, 스페인을 비롯한 주요 강국과 반反혁명 귀족이 동맹을 맺고 프랑스를 침략할 거라는 실질적 위험이 존재하던 때였다. 전쟁의 한복판에 포위된 거나 다름없었던 그들에게 공포를 통한 단호한 진압만이 적으로부터 혁명 정부를 지킬 수 있다고 믿을 만한 이유가 존재했던 것이다.

알베르 소불은 『프랑스 혁명 1789-1799』에서 로베스피에르를 공포정치로 몰아간 또 한 가지 동기를 설명한다. 그것은 혁명 정부가 벼랑 끝에 내몰린 상황에서 당면한 경제적 위기를 안정시키는 게 시급했기 때문이라는 것이다. 경제 문제는 또 다른 폭동의 뇌관이 될지 모르는 대단히 심각한 문제였다. 언급했다시피, 지롱드파의 몰락을 가져온 요인 중 하나도 생활비의 앙등이었다. 그리고 상퀼로트가 지롱드파를 강제로 축출시킨 후 내놓은 요구사항은 최고가격법을 통한 경제 안정이었다. 그런데 최고가격법을 시행하려면 강력한 중앙집권화가 요구된다. 알베르 소불에 따르면, 그것이 공포정치의 결정적 계기였다.[139]

전시에 생활비 앙등 문제는 국가안보와도 직결된 사안이었다. 1793년 7월 말 릴Lille의 성벽에 영국 첩자가 흘린 가방을 공안위원회가 입수한다. 그 가방 속에 있던 서류에는 그해 1월 이후 영국 간첩이 프랑스 전역에 있는 조직원들에게 상당한 액수의 돈을 지불했다는 사실이 담겨 있었다. 실제로 그 돈은 간첩이 작전을 지시한 대로 소요나 화재가 발생했던 곳으로 흘러갔다. 이외에도 "가능한 한 아시냐Assignat[140]의 신용을 떨어뜨려야 하며 (…) 모든 물가를 올리도록 하라. 그래서 상인들에게 생활필수품을 모두 매점하여 시장에 내놓지 않도록 명령하라"와 같은 지시가 담긴 것으로 드러났다. 요컨대, 혁명 정부는 당면한 정치·경제적 요구에 부응하기 위해 용의자법과 최고가격법, 이 두 가지를 내걸고 공포정치를 시행한 것이다.

알베르 마티에의 다음 설명도 당시의 공포정치의 불가피성을 확인시켜준다.

---

139 알베르 소불, 전풍자 역, 『프랑스 혁명 1789–1799』, p.161.
140 프랑스 혁명기의 토지 채권. 1789년부터 1796년 사이에 파산한 프랑스 재정을 구하기 위해 발행된 후 지폐화되었고, 심한 인플레이션을 일으키며 국민의 생활을 압박했다.

공포정치는 이 시대의 상황에서는 너무나 불가피했으므로, 왕당파들도 자신들의 힘이 우세했다면 공화파에 대해 같은 조치를 취했을 것이다. 사실 왕당파는 혁명 제3년(1794년 9월부터 다음해 9월까지, 1794년 로베스피에르가 살해당한 테르미도르thermidor 9일 이후의 반동 쿠데타를 말한다)과 1815년에 같은 짓을 했던 것이다. 망명자들의 편지는 이 점에 관해 전혀 의심의 여지를 남기지 않고 있다. 마리 앙투아네트의 심복이자 재상이었던 몽모랭Armand Marc de Montmorin Saint-Hérem, 1745-1792은 일찍이 1792년 7월 13일 라 마르크La Marck, 1733-1814(뒤무리에의 반역 후 아르덴 군 사령관이 되었다) 백작에게 "파리 시민을 공포정치로 처벌할 필요가 있다고 생각한다"고 써 보냈다. 드 카스트리 공작Duc de Castries, 1727-1801(원수, 해군장관)은 1793년 4월의 비망록에 "더 이상의 유화책도, 더 이상의 미봉책도 있을 수 없다. 프랑스를 황폐시킨 악당들, 유럽 대륙을 혼란에 빠뜨린 도당들, 국왕을 살해한 괴물들은 지구상에서 사라져야 한다"고 썼다. 또 플라크스란덴 백작은 "공회의원 전원을 살해하지 않는 한, 저항이 계속될 것으로 생각한다"고 썼다. 이것이 망명자들의 일반적인 견해였다.[141]

결국 프랑스 국내외 양쪽에 전선을 둔 현실이 공포정치라는 카드를 요구한 셈이다. 이는 로베스피에르를 단두대에 보낸 사람들이 혁명을 이어가는데 실패했다는 사실로 다시 한 번 확인된다. 로베스피에르가 처형당한 후에 경제적 대혼란이 찾아왔고, 백색 테러(1795년, 혁명파에 대한 왕당파의 보복. '백색'을 사용한 기원은 1795년 왕당파가 혁명파에게 보복한

---

141 알베르 마티에, 김종철 역, 『프랑스혁명사 下』 (서울: 창작과 비평사, 1982), p.485.

사건으로부터 비롯되었다. 백색은 프랑스 왕국의 왕권의 상징이었던 백합의 색이었는데, 프랑스에서 백색이란 왕권이나 왕당파를 의미하는 색이었다. 왕당파가 혁명파에게 보복한 사건으로부터 백색 테러라는 말이 기원하게 되었다)가 기승을 부렸으며, 왕당파가 다시 활개를 쳤고, 끝내 극도의 사회적 혼란과 불안정 속에 나폴레옹 같은 군부 지도자가 권력을 잡기에 이르렀다. 그리고 왕이 꼭대기에 앉은 피라미드 질서로 되돌아가고 말았다. 다시금 절대적 권력자 개인의 심성과 자비에 모든 희망을 거는 도리밖에 없는 상황이 된 것이다.

지금까지의 반론들을 종합해볼 때, 로베스피에르가 공포정치를 하게 된 여러 상황적 요인들을 무시한 채 그가 혁명 사상이나 이데올로기에 지나치게 경도된 탓이라는 식으로 비판하는 것에는 동의하기 어렵다.

로베스피에르의 공포정치를 이데올로기의 산물로 보는 식의 공격 —
후대에 겪은 전체주의 경험이 선입견으로 작용한 결과

여기에 몇 가지 견해를 덧붙이면 이렇다. 첫째로, 공포정치를 이데올로기의 산물로 보는 퓌레의 주장은 후대에 겪은 파시즘이나 전체주의의 경험이 선입견으로 작용한 결과일 가능성이 높다. 다시 말해, 후세의 경험을 과거에 역투사한 것이다. 다음 말이 그의 의도를 잘 대변해준다.

"공포정치는 그 속에 내재된 파시즘이나 전체주의와의 공통점으로 인해 무자비한 폭력을 낳았다."

실제로 퓌레는 공산주의자였다가 환멸을 느끼고 우파로 돌아선 학자로, 20세기에 경험한 전체주의적 관점에서 프랑스 혁명을 재고찰한 것으로 유명하다. 공포정치에 파시즘 같은 전체주의와의 공통점이 내재해 있다는 퓌레의 주장은 조심스럽게 다뤄야 한다. 본질을 오도할 위험이 있기 때문이다. 로베스피에르의 공포정치 체제는 처음부터 추구된 것이 아니라 어디까지나 전시 상황에 불가피하게 채택한 임시 비상 체제였다. 그런데 과연 전체주의적이지 않은 전시 체제가 가능할까? 현대라 할지라도 가령 미국 영토에서 전투가 벌어진 상태에서 적국과 밀통하고 있는 잠재적 반역 세력이 자국 내에 광범하게 퍼져 있다면 미국은 과연 전체주의적 태세를 갖추지 않을 수 있을까? 그런 정책을 배제할 수 있을까?

사회적 존재에게 개인이냐 집단이냐, 이기성이냐 협력이냐 간의 갈등은 늘 존재하는 상수이다. 외부에서부터 사회 전체의 존립을 위협하는 전쟁이 닥칠 경우, 이를 막아내는 최선의 길은 집단적 단결을 통해 힘을 결집하여 대응하는 방법뿐이다. 다만 사회가 피라미드식 체제일 때 전쟁을 둘러싼 제반 문제와 관련하여 소수 지배층의 뜻과 이해관계가 지배적으로 반영되기가 더 쉬울 따름이다.

결론적으로, 공포정치의 주요 원인이 위험한 전체주의적 사상이었느냐, 아니면 당시의 전시 상황의 여러 요인들이었느냐를 분명히 구별할 필요가 있는데, 퓌레의 주장은 그것을 구별하지 않은 채 마치 로베스피에르 한 개인의 위험한 사상을 공포정치의 주범으로 지목하는 듯 오해를 불러일으킬 위험이 있다.

사상은 위험한 것이라는 두려움

둘째, 퓌레의 위와 같은 선입견의 바탕에는 기본적으로 '사상은 위험한 것이다'는 두려움이 깔려 있다. 특히 그것이 유토피아적인 이상향과 연관될 때 더 위험하다는 믿음이 깔려 있다. 무모하고 비현실적으로 보이는 것을 믿는 사상은 광신적으로 흐르기 쉽다는 이유에서이다.

사상을 위험하게 여기는 일차적 이유는 사상의 힘이 세기 때문일 것이다. 역사적인 경험으로 보면, 사상은 무모하든 무모하지 않든, 현실적이든 비현실적이든, 심지어 합리적이든 비합리적이든 상관없이 여러 사람들의 소망에 부합하는 것이라면 무엇이나 힘이 셌다.

더욱이 유토피아는 인간의 가슴이 상영하는 꿈이다. 매일 밤 눈꺼풀 너머의 스크린에 어른거리는 또 다른 현실이다. 물론 그것은 그저 인간의 소망, 바람, 희망 따위가 만들어낸 환영에 불과하다. 하지만 인간에게 소망, 바람, 희망만큼 소중한 진실이 있을까? 사실 그것들은 우리가 지금 어디에 와 있고, 어디로 가야 할지를 알려주는 나침반 같은 것이다. 살아 있는 사람 중에 그런 꿈을 헛되다고 쉽게 포기할 수 있는 이가 있을까?

그런데 인간 세상 속에서 가장 오래, 가장 큰 영향력을 발휘해온 유토피아가 있다. 바로 '천국'이다. 그것은 생물학적·심리적 기대가 다 충족되지 못한 현실을 산 수많은 사람들이 수천 년 동안 종교라는 형식으로 함께 꾸어온 꿈이다. 그것은 누가 인위적으로 만들어내어 강요하지 않아도 우리의 가슴이 무의식적으로 공감하는 그림이다. 우리가 어떤 존재이고, 원하는 것은 무엇이고, 행복하게 살 수 있는 조건은 무엇인지 알려주는 계시와도 같은 것이다.

유토피아를 향한 꿈이 아니더라도 가공할 힘을 지닌 사상들은 참 많다. 민족주의 사상, 평등 사상, 민주주의 사상, 자본주의 사상, 공산주의 사상도 있지만 그 외에도 종교, 철학, 과학 등의 분야에 속하는 수많은 사상들이 있다. 어느 사상이든 그 시대에 대중의 눈높이에서 볼 때 그들의 소망에 어필하면서 어느 정도 설득력 있게 들리는 사상은 모두 인기가 있게 마련이고, 인기 있는 사상은 한결같이 힘이 세고, 또 그런 만큼 위험할 수 있다.

사상을 위험하게 여기는 또 한 가지 이유는, 사상은 광범위하게 서로 멀리 떨어져 있는 사람들이 지리적 한계는 물론 심지어 시간적 한계까지 초월하여 일치단결된 행동에 뛰어들게 하는 힘을 갖고 있기 때문이다. 그런 까닭에 역사 내내 지배층은 사상을 한편으로는 도구로 활용하는가 하면, 다른 한편으로는 위험시하고 탄압했다. 소크라테스Socrates, BC 469-BC 399가 독배를 마셔야 했던 이유도, 로마 시대에 한때 기독교인들이 탄압을 받은 이유도 그 때문이었다. 그랬다가 중세로 가면 이교적 사상이 기독교 교회와 로마 권력층에 의해 거꾸로 금기시되었다. 그 과정에 가난한 최하층민의 탈출구였던 기독교 사상이 어떤 식으로 권력자의 손에서 강력한 지배와 탄압의 도구로 변모했는지는 앞에서 확인한 바 있다. 사상의 가공할 힘은 프랑스 혁명을 통해 또 한 번 입증되었다. 뒤에서 더 다루겠지만 20세기에는 세계대전과 대량학살로 세상을 경악하게 만든 히틀러Adolf Hitler와 같은 인물과 함께 민족주의라든가 반유대주의, 나치즘, 파시즘 따위도 위험한 사상 목록에 추가되었다. 제2차 세계대전 이후 냉전 시대에는 공산주의와 자본주의 진영 모두에서 상대의 사상을 위험한 흉기처럼 취급했다. 민주주의의 경우, 얼마나 많은 사람들이 그것을 위해 피를 흘렸는지를 떠올려보면 민주주의 사상의 힘이 어느 정도나 센지, 그리고 누군가에게는 그것이 얼마나 위험하게 보였는지 알 수 있다.

그렇게 해서 특히 지배층에 의해 '사상'은 '위험'을 연상시키는 무서운 단어가 되었다. 심지어 어떤 개인이나 집단을 공격하고 싶으면 특정 사상과의 관련성을 연상시키는 단어(공산주의자, 빨갱이, 종북, 유대인, 나치 등)로 호칭하기만 해도 주술적 효과를 발휘할 정도였다.

하지만 또 하나 간과할 수 없는 역사적 진실은, 한 시대에 위험했던 많은 사상이 다른 시대가 되면 전혀 위험하지 않게 되는 상황이 되풀이되어 왔다는 것이다. 그러면서 인류 문명이 도달한 결론은 '사상과 표현의 자유'를 보장해야 한다는 것이었다. 사상과 표현의 자유는 세계인권선언에도 포함되어 있고, 오늘날 대부분의 국가에서 헌법에 보장하고 있다. 이는 사상이나 유토피아 자체에는 아무 잘못이 없음을 인정한 것이다. 아울러 다양한 사상 자체를 봉쇄하거나 억압하는 것보다는 사상과 표현의 자유에 대해 개방적 자세를 갖고, 차라리 과학적이고 합리적인 근거와 논리에 기반하여 비판적 토론의 장을 활짝 열어두는 편이 사회의 발전에 더 도움이 된다는 데 합의한 것이다. 적어도 '이론적으로는' 말이다. 반대로, 새로운 사상들에 대한 자유로운 토론과 검증의 기회를 차단하는 것이 오히려 그것들을 폐쇄적이고 교조적으로 만든다거나 사람들에게 유해한 쪽으로 흐르도록 할 위험이 있다.

이와 같은 점에서, 로베스피에르 역시 소위 유토피아를 추구했다는 이유만으로 비난받아서는 안 된다. 특히 그가 꿈꾼 평등한 사회에 한 발 더 다가선 오늘날의 관점에서 보면, 그의 사상을 위험시한 시각이야말로 위험했던 것이다.

이 지점에서 또 한 가지 반드시 언급되어야 할 사실은, 루스 스커도 지적했듯이 로베스피에르가 무자비한 폭군으로 낙인찍힌 이유는 그를 처형한 적들이 그에 대한 주요한 역사적 평가를 했기 때문이었다. 그의 적들 가운데 한 명은 이렇게 예측했다. "역사는 이 괴물에 대한 기록을 별로 남기지 않을 것이다. 그저 '당시 프랑스의 국력이 어찌나 추락했던지 로베스피에르 같이 무능하고 비겁하면서도 살인이나 즐기는 사기꾼이 모든 시민을 자기 발밑에서 벌벌 떨게 할 정도였다' 이런 정도 외에는 말이다."[142]

---

142 Ruth Scurr, *Fatal Purity*, p.7.

로베스피에르의 공적 – 구체제의 선악 프레임 뒤집기

셋째로, 로베스피에르와 관련해 한 가지 우리가 인정해야 할 부분은 그가 "소수의 특권 계층이 선을 대표한다"는 이데올로기를 뒤엎고 "다수의 보통 사람이 선을 대표한다", 그러므로 "피라미드를 허무는 것이 선이다"라는 이데올로기를 무기로 꺼내 들어 싸웠다는 점, 그럼으로써 정의의 기준을 오늘날의 상식에 가깝도록 수정하는 데 긍정적 기여를 했다는 점이다.

당초 프랑스 혁명은 선악 프레임을 뒤집었기 때문에 가능했다. 이전에는 피라미드의 꼭대기 계층과 그들에 대한 복종이 선이고, 불복종이 악이었다면, 이제는 거꾸로 그 피라미드 구조를 허무는 것이 선이 되었다. 불평등이 아니라 평등이 선이 될 수 있었던 것이다. 달리 말해, 프랑스 혁명이 선악에 대한 기성관념을 전복하려 했던 도전이자, 선善 재탈환 싸움이었다면 로베스피에르는 그 선봉에 선 사람이었다. 이 부분은 그의 업적으로 남겨져야 할 것이다.

물론 로베스피에르가 꺼내 든 '새로운 도덕 이데올로기'는 오늘날의 도덕관과 비교하면 훨씬 더 선악 이분법적인 것은 분명하다 — '기존 구체제의도덕 이데올로기'가 그랬듯이 말이다! 그가 연설을 통해 계속해서 구체제의 폭군·귀족들의 만행을 가난하고 선량한 시민들과 대조시키는 방식으로 혁명 세력의 결속을 다진 것은 사실이다. 오늘날의 기준으로라면 로베스피에르는 편협하다는 비판을 받아 마땅하다. 실제로도 그러한 비판의 화살이 그에게로 빗발쳤었다.

그럼에도 불구하고 이 지점에서 반문해보고 싶은 게 있다. 과연 로베스피에르와 같은 혁명가에 의해 기존의 선악 구도를 반대로 뒤엎는 '도덕관 전복' 과정을 거치지 않았다면 인류가 곧장 선악 이분법을 극복한, 보다 성숙한 도덕관에 이를 수 있었을까? 그 점을 감안해서 바라볼 필요가 있다. 게다가 당시는 프랑스 혁명이 진행 중인 와중에 외국과 전쟁도 치러야 했던 상황이었다. 그런 전시 국면에서라면 오늘날의 정부라 할지라도 선악 이분법적인 구도를 강조함으로써 세력을 집결시키려 할 것이 틀림없다. 물론 그런 일은 21세기 문명의 수치가 아닐 수 없겠지만 말이다.

로베스피에르의 한계 – 선악 이분법

역사적 경험을 통해 교훈을 얻을 수 있게 된 오늘날의 입장에서라면 어떠한 상황에서도 로베스피에르 식의 선악 이분법은 당연히 오류라는 것을 인정해야 한다. 아무리 또 다른 전쟁 위협이 닥친 상황이었다 하더라도 예외가 될 수 없다. 왜 선악 이분법은 오류인가?

이 세상에 어떤 하나의 개체만 독존하는 상태에서는 선악 개념이 생겨날 수 없다. 무의미하기 때문이다. 선악 개념이 성립하려면 둘 이상의 개체가 상호작용을 주고받는 상황이 전제되어야 한다. 그러나 선악 개념이 구성되는 공간 자체는 '각 인간 개체 내'에 있고, 그 근거는 '각자의 생물학적 기대와 안락범위의 만족·위협 여부'에 있다. 다시 말해, 모든 생물에게 있어서 선은 각 개체 자신의 생존에 적합한 생물학적 기대와 안락범위가 충족되는 것이다. 요컨대 선악은 사회적 개념이지만 그 뿌리는 개별적 개체에게 있다는 말이다.

이 원리는 모든 생물에게 공통적으로 적용된다. 그렇지만 특히 동일한 생물학적 바탕을 공유하는 동일 종끼리라든가, 동일한 혈족 집단 내에서 함께 성장하거나 생활한 개체들끼리는 서로의 기대와 안락범위를 공감하거나 이해하기가 더 쉬운 편이다. 그런 만큼 공동의 이해관계를 가진 개체들끼리 '우리'라는 연대감을 가진 사회가 형성되는 게 상대적으로 수월하다. 대표적으로 인간 사회가 그런 경우인데, 그럴 때는 심지어 공동선公同善이라는 개념도 성립할 수 있다.

하지만 한 사회적 집단 내에서도 각자 처한 상황이 달라 서로의 생물학적 기대와 안락범위에 해를 끼치는 입장에 처하면 서로를 선과 악으로 인식할 수 있다. 내부의 갈등이 극단적으로 첨예해지는 경우에는 선악의 대립도 극단적으로 치닫기도 한다.

결국 선악의 개념은 '나'와 '상대방', '우리'와 '상대 집단' 간의 생존투쟁이나 생존경쟁 속에서 탄생한 임의적이고 상대적이고 가변적인 개념일 뿐이다. 절대적 실체가 없는 것이다. 현실은 선과 악으로 나누기에는 너무나 복잡하다.

물론 외부 집단과의 갈등보다 내부 구성원들 간의 갈등은, 민족이나 인종적 동질감이라든가 정치·경제·문화적 공동체로서 맺게 되는 상호의존적 관계로 인해 상대적으로 온건한 형태의 타협과 조정이 더 쉬운 편이라고 할 수 있다. 하지만 사회의 규모가 커질수록 각종 사회적 문제나 상황에 따라 사회 내 다양한 집단과 개개인의 이해관계가 복잡하게 얽히고 또 변화하므로 모두가 똑같은 것을 선과 악으로 여기기가 더 어려워진다. 그런 만큼 내부 구성원들 간의 선악의 개념은 점점 더 섬세하고 복잡한 형태로 변모한다. 개인적 차원에서는 선악의 문제일 수 있지만 사회 전체적으로 보면 선악을 나누기가 어려운 사안들도 허다해졌다. 이를 테면 낙태나 사형제도, 동성혼 합법화, 기본 소득, 보편적 복지 수준, 적정한 최저 임금, 토지 공개념 등 이루 헤아릴 수 없이 많다.

게다가 인류는 사회적 갈등을 처리하는 능력뿐만 아니라 방법들도 대단히 복잡하고도 다양한(때로는 교묘한) 형태로 발달시켜왔다. 이제 어떤 사안이 선이냐 악이냐 하는 문제는, 단지 감정만이 아니라 사회적·경제적·역사적·과학적 시각에서 바라보며 인류가 그동안 축적한 경험적 지식과 집단지성을 동원해야만 판정을 내릴 수 있는 경우도 많아졌다. 그런 사안들은 선악 개념을 떠나 많은 집단과 개인들 간의 논의와 토론을 거치면서 사회적 차원의 타협 혹은 전략적 선택의 대상으로 다뤄질 수밖에 없다.

이렇듯 선악 개념은 점점 더 종잡기 어려울 만치 복잡하고 혼란스러워졌고, 따라서 많은 경우 명확하게 정의하기가 무척 어려운 개념이 되었다.

선악과 관련해 가장 위험한 오류는 외부의 누군가가 개인이나 집단에게 일방적으로 '무엇이 선이고 무엇이 악이다'라는 기준을 '강요'하는 순간부터 빚어진다. 사회는 각기 다른 이해와 의지를 가진 개인들의 집합체이다. 각 개인 간의 이해는 물론 개인과 사회 간의 이해가 완벽하게 일치할 수 없다. 그러므로 선악의 기준을 외부적으로 강요하는 것은 때로 개인에 대한 폭력이 될 수도 있다. 특히 사회 전체를 기준으로 놓고 사회의 선과 개인의 선을 무조건 동일시하는 전체주의적 발상은 대단히 위험하다. 우리는 지난 역사적 경험을 통해 전체주의의 오류를 교훈으로 되새기고 잊지 말아야 한다.

선악의 진정한 의미는 내면의 양심에 대한 호소와 공감을 통해서만 살아나는 것이다. 물론 내면의 양심에 호소하고 공감을 얻어낸다는 것은 사회의 거대한 규모상 결코 쉬운 일이 아니라는 게 문제이기는 하지만 말이다.

선악 개념을 둘러싼 이러한 논리는 정의의 문제에도 그대로 적용된다. 하지만 정의와 관련한 내용은 여기에서보다는 이 책의 뒷부분에서 본격적으로 다뤄야 할 것 같다.

로베스피에르와 히틀러의 차이점

마지막으로 지적하고 싶은 점은, 로베스피에르를 히틀러와 똑같은 전체주의적 독재자 계보에 넣는 것은 무리라는 것이다. 히틀러와 로베스피에르의 가치관과 세계관은 분명 달라 보인다. 역사적 사료들을 놓고 볼 때 히틀러는 독일인을 가장 우월한 인종으로, 나머지는 열등한 인종으로 여기며 냉혹한 경쟁을 통해 강자가 약자를 짓밟고 세계를 지배하는 게 마땅하다는 권위주의적 세계관을 가진 사람이었던 반면, 로베스피에르는 약자의 입장에 서서 강자와 싸운 사람이었다. 히틀러는 피라미드 질서를 신봉했고, 스스로 그 피라미드의 꼭대기에서 오르고자 하는 야심을 가졌다. 하지만 로베스피에르는 피라미드를 합법적으로 허물 수 있는 보통선거를 법제화한 인물이다. 다만 그의 세계관을 실현할 수 있는 헌법이 전쟁 시국으로 인해 보류되었을 뿐이다.

히틀러는 인종주의를 토대로 독일에 강력한 하나의 피라미드 체제를 건설하고 그것을 기반으로 영역싸움을 통해 피라미드를 넓혀가려는 야욕을 가졌던 반면, 로베스피에르는 외국과의 전쟁에 반대하는 입장이었을 뿐 아니라 해외 정복욕도 갖고 있지 않은 것으로 알려진 사람이었다. 로베스피에르의 정파로 구성된 공안위원회도 점령지역을 합병할 의사가 추호도 없었다. 즉, 언어에 있어서나 풍습에 있어서 동화시키기 어려운 주민들을 애써 합병하려 하지 않았다. 그들은 공화국이 군국주의적 야망 때문에 파멸하는 것을 원치 않았다.[143]

히틀러는 피라미드 체제의 꼭대기에서 군림한 최고의 절대적 권력자였지만, 로베스피에르는 죽기 전까지 12명의 분권형 공안위원회의 일원

---

143 알베르 마티에, 김종철 역, 『프랑스 혁명사 下』 p.580.

으로 남아 있었다.

마지막으로 분명히 짚고 넘어가야 할 사항이 있다. 지금까지의 내용이나 주장은 공포정치 자체를 옹호하려는 의도를 전혀 담고 있지 않다. 인류는 기나긴 역사적 경험과 문명을 통해 지혜를 축적했다. 프랑스 혁명기의 공포정치뿐만 아니라 이후의 잇단 독재정치, 제1·2차 세계대전, 그리고 우리나라처럼 한국전쟁 등의 악몽을 경험한 우리는 과거보다 더 나은 방법을 찾아야 마땅하다. 무엇보다, 불행한 상황이 닥치고 난 후에는 이미 너무 늦을 터이므로 사전에 예방할 수 있는 문명적 해답을 찾아야 한다. 그런 노력을 생략한 채 과거와 똑같은 방식에 의존하는 것은 문명의 후퇴이다.

또한 일부 정치가들이 어떤 식으로든 공포를 정치에 활용할 목적으로 현재의 위기 상황을 과장하도록 허용해서도 안 된다. 이를 위해서 항상 언론의 자유와 토론의 기회를 활짝 열어놓는 일이 매우 중요하다. 언론의 자유와 토론의 기회는 민주주의의 핵심 도구이며, 그것을 보장하는 것은 민주주의 국가의 필수적 의무이다. 충분한 토론만이 인간의 독단을 막고 인류가 이제껏 집단지성을 통해 축적해온 지식과 지혜를 효과적으로 활용하여 문명적 해답을 찾는 최선의 길이다.

Chapter 21

생산 도구의 쟁탈전 –
자본주의와 공산주의

자본주의란 ——————

자본주의란 무엇인가는 한마디로 이렇게 줄일 수 있다.

자본을 투자하여 생산 도구를 사적으로 소유한 사람(들)이 기업을 구성한 다음 임금을 주고 노동자들을 고용하여 이윤 추구를 목적으로 재화와 서비스를 생산·판매하는 경제 시스템이다.

오늘날 우리의 삶 전반을 지배하고 있는 경제·사회적 토대에 관한 묘사치고는 너무 짧은가? 그래도 이 한 문장 속에는 — 마치 하나의 점이 빅뱅을 통해 우주로 확장되듯이 — 자본주의의 가장 기본적인 핵심이 축약되어있다.

'자본주의'라는 개념이 나온 지는 얼마 되지 않았다. 독일의 역사가 위르겐 코카$^{\text{Jürgen Kocka, 1941-}}$의 『자본주의의 역사』에 따르면, 자본주의의 개념은 브리태니커 백과사전$^{\text{Encyclopaedia Britannica}}$ 11판(1910~1911년)의 '자본' 항목에서 짧게만 언급되었다가 12판(1922년)에 가서야 독자적인 항목으로 격상되어 자세히 다루어졌다. 이 12판에는 자본주의가 이런 의미로 규정되어 있다.

"사적인 소유자가 생산 도구를 소유해 생산을 목적으로 관리자와 노동자를 고용하는 체제."

또한 자본주의란 말이 프랑스어, 독일어, 영어에서 본격적으로 사용된 것은 19세기 후반에 와서였고, 영국의 경우 자본주의 개념이 어느 정도 부각되기 시작한 것은 1890년대에 이르러서의 일이다. 1850~1860년대에 칼 마르크스가 "자본주의적 생산 양식"에 대해서는 여러 번 언급했지만 실제로 본격적인 논쟁이 활성화된 것은 제1차 세계대전(1914~1918년) 전후였다.[144] 다시 말해 러시아 혁명(1917)에 이어 공산주의 정권이 들어선 시점 전후였던 것이다. 그러니까 자본주의 개념은 마르크스주의Marxism와 공산주의라는 상반되는 대안과의 비교가 가능해지면서부터 본격적으로 거론된 것이다. 그때는 이미 자본주의의 문제점에 대한 비판적인 시각과 사회적 불만이 고조되던 시점이었다.

또한 오늘날 상식이 된 자본주의라는 개념을 최초로 정립시키고 그 개괄적 지도를 그려준 학자가 마르크스이다 보니, 대부분의 자본주의의 개념에 관한 설명들은 마르크스주의와 겹쳐지는 부분이 많다. 특히 생산 도구의 '사적 소유'냐 '공적 소유'냐라는 기준에서 볼 때 자본주의와 공산주의는 서로 떼어내어 별개의 것으로 설명하기 어렵고, 오히려 반대되는 한 쌍의 개념으로 이해하는 것이 마땅하다.

그런 점에서 여기에서는 우선 공산주의 체제가 붕괴되기 전까지 지구상에 공존했던 자본주의와 공산주의를 함께 엮어 서술하고자 한다. 자본주의의 본질을 이해하기 위해 자본주의의 정의를 다시 한 번 들여다보자. 아래의 문장 속에는 자본주의의 핵심 요소 4가지가 담겨 있다.

자본을 투자하여 생산 도구를 사적으로 소유한 사람(들)이 기업을 구성한 다음

---

144 위르겐 코카, 나종석·육혜원 역, 『자본주의의 역사』 (서울: 북캠퍼스, 2017), pp.15~17.

임금을 주고 노동자들을 고용하여 이윤 추구를 목적으로 재화와 서비스를 생산, 판매하는 경제 시스템이다.

즉 자본, 생산 도구의 사적 소유, 임금노동자 고용, 이윤 추구를 목적으로 한 재화와 서비스 생산·판매가 그것이다. 이제부터는 이 4가지 요소를 중심으로 자본주의의 본질에 대해 알아보도록 하자. 그 과정에서 초기 자본주의가 어떻게 탄생하여 전개되어왔는지도 개괄적으로 이해할 수 있게 될 것이다.

자본주의의 본질적 요소와 자본주의 형성 과정 ──────

자본

자본주의가 가능하려면 먼저 자본이 있어야 하고, 또 그것을 소유한 자본가가 있어야 한다. 자본과 자본가가 있어야 한다고? 그건 늘 있어왔던 것 아닌가? 물론 축적된 부富라는 의미의 자본은 오래전부터 있었던 것이다. 그러나 **자본주의에서 말하는 자본이란 가령 봉건 영주가 성 안에 쌓아놓은 부와는 다른 의미를 갖는다. 그것은 자본이 '더 많은 축적을 위해서' 내지는 '더 많은 부를 만들어내기 위해서' 투자되는 경우를 말하는 것이다.**

그러면 이런 의미의 자본이 생겨나려면 어떤 조건이 필요할까? 바꿔 말해, 왜 어느 특정 시점 이전에는 축적된 부가 '자본'이 되지 못했을까? 그것을 파악하는 쉬운 방법은 현실 속 자본주의에 존재하는 핵심적인 요소들을 기준으로 이전 사회와 비교하는 것이다. 그러면 이전 시대에는 가치 보유·교환 수단으로서의 화폐 사용, 이윤(잉여가치), 임금노동자와 소비자가 미비했거나 일반화되지 않았음을 알 수 있다.

일단 봉건 사회 초기의 경제는 모든 것을 자급자족에 의존하는 방식이었다. 거의 모든 소비 대상은 가내에서 직접 생산했고, 그 외의 것은 물물교환으로 해결했다. 따라서 사고팔 만한 상품 자체가 별로 없었다. 당시 사람들은 썩 많은 '잉여'를 생산할 여유도 없었지만 그럴 이유도 크지 않았다. 설사 꽤 많은 잉여가 생겼다 해도 그걸 상품화하여 거래할 상황이 못 되었다. 그러기에는 우선 도로 조건부터가 열악하여 상품을 먼 곳으로 운반하기가 어렵고 또 위험하므로 너무나 많은 비용을 초래할 터였다. 관련하여 리오 휴버먼Leo Huberman, 1903-1968은 당시의 도로에 두 부류의 강도가 자주 나타났는데 하나는 일반적인 강도였고, 다른 하나는 통행세를 징수한 봉건 영주였다고 지적한다.[145] 또한, 화폐가 많이 쓰이지도 않았지만 지역마다 유통되는 화폐와 도량형도 달랐다. 그렇다 보니 화폐는 유동적으로 움직이는 활력을 가지지 못했다.

당시 부자들이 축적할 수 있는 큰 재산이란 것은 식량과 생필품을 얻을 수 있는 토지, 목초지, 건물 아니면 그 밖의 귀중품들이었다. 물론 금이나 은과 같은 귀금속 형태의 재산도 있었다. 하지만 뭐니 뭐니 해도 가장 중요한 재산은 자신의 토지와 노동력을 제공해줄 농노들이었다고 봐야 할 것이다. 여하튼 어떤 형태로든 축적되어 남아도는 모든 재산은 그저 유휴 자본 상태로 보관된 것일 뿐, 부를 불릴 목적으로 어디에 투자하거나 운용할 수 있는 게 못 되었다. 그럴 만한 상품도 시장도 확대되어 있지 않았기 때문이다. 게다가 중세에는 이자를 받고 돈을 빌려주는 일을 혐오스러운 악덕으로 여겼다. 교회에서도 그것은 남의 불행에서 이익을 얻으려는 짓으로서 죄악에 해당한다고 가르쳤다. 물론 나중에 상업이 발

---

145 리오 휴버먼, 장상환 역, 『자본주의 역사 바로 알기』 (서울: 책벌레, 2000), p.33.

달하자 말을 바꿨지만 말이다.

요컨대 이 모든 이유로 중세 유럽에는 상품화된 물건도 소비자도 충분히 형성되어 있지 않았고, 따라서 이윤이라는 개념이 없었다. 당연히 투자에 사용하기 위해 쌓아놓을 수 있는 화폐 자본도 존재하지 않았다. 또한 화폐로 임금을 받고 일하는 노동자도 없었다. 설사 타임머신이 있어서 현대인 중에 중세 사회에 인기 있을 만한 제조업 아이템을 갖고 중세로 돌아가 공장에서 생산해보겠다는 사람이 있다 해도 당시 도시의 일부 임금노동자들을 제외하고 대부분의 인구가 장원 내 농노로 묶여 있었기 때문에 노동력 부족으로 생산 과정에서부터 좌절을 겪어야 할 것이다.

중세에 지배층이 소유한 부는 시장을 통해 획득한 게 아니었다. 근대 이전의 주요 축재 수단은 토지와 농노라는 생산 도구의 독점 아니면 전쟁이나 약탈이었다. 그 모든 것은 지배층의 권력을 통해 이루어졌다. 그 권력은 어디서 나왔을까? 간단하다. 그들이 그렇게 정한 룰(법과 제도)에서 나온 것이다.

그러한 생활 풍경에 변화의 바람이 일기 시작한 것은 11세기 말 십자군 전쟁 때부터였다. 리오 휴버먼이 『자본주의 역사 바로 알기』에서 서술한 설명은 다음과 같다.

동방 원정에서 돌아온 십자군 전사들은 시장의 탄생에 필요한 한 가지 요소를 함께 가져왔다. 그들이 보고 즐긴 진기하고 사치스런 음식과 옷, 물품에 대한 욕구, 즉 '수요'였다. 그것이 상업을 크게 촉진한 계기가 되었다. 덕분에 베네치아Venezia, 제노바Genova, 피사Pisa와 같은 이탈리아의 무역도시들이 활기를 띠었다. 베네치아의 경우 '하느님의 사랑을 위한' 십자군 전쟁이 한창이던 와중에도 동방의 향료, 비단, 모슬린, 약제, 양탄자를 유럽으로 실어 나를 기회를 결코 놓치지 않았다.

12~15세기에는 일주일에 한 번 열리는 주시週市만으로는 수요를 충족할 수 없어서 대규모 정기시定期市(매년 2회 열리는 시장)가 열렸다. 대상인들은 새로운 유통 중심지로 부상한 정기시들을 이곳저곳 옮겨 다니며 서방, 북방, 남방에서 들어오는 해외 상품들을 도매로 거래했다. 정시기의 중요성에 대한 휴버먼의 말을 직접 들어보자.

정기시는 상업 때문만이 아니라 그곳에서 행해진 금융 거래 때문에도 중요했다. 정기시의 중심에 있었던 환전상의 건물 안뜰에서는 갖가지 주화의 무게를 달고 평가하고 교환했다. 또 대출을 교섭하고, 묵은 빚을 갚고, 신용장을 갱신하고, 환어음을 자유롭게 유통했다. 당시의 은행가들은 이 곳에서 광범한 금융 거래를 했다. 그들은 서로 뭉쳐서 막대한 재원을 마음대로 주물렀다. 그들의 활동은 런던에서 지중해 동부에 이르기까지 전대륙에 뻗어 있는 사업에 영향을 미쳤다. 교황과 황제, 왕과 제후, 공화국과 도시도 그들의 고객이었다. 화폐 거래는 독립적인 직업이 되었을 정도로 매우 중요해졌다.[146]

위 내용은 명백히 자본주의적 개념의 '자본'의 출현을 가리킨다. 다시 말해, 자급자족식의 장원 경제가 화폐 거래 기반의 시장 경제로 변모해가고 있고, 그 속에서 매매라는 새로운 방식으로 살아가는 계층이 나타났음을 나타낸다. 아울러, 이는 토지가 아닌 화폐의 소유가 부의 새로운 원천이 되었음을 의미할 뿐만 아니라 더 큰 자본의 축적과 신흥 부자 계층의 등장을 예고하는 것이기도 하다. 그 자본은 17, 18세기에 일어난 거대한

---

146 리오 휴버먼, 장상환 역, 『자본주의 역사 바로 알기』, p.41.

공업 팽창의 밑천이 되었다.

그러나 소수의 신흥 부자 계층이 단지 돈만 갖고 있었다고 해서 중세의 지배층을 밀어내고 자신들을 중심으로 새로운 근대 피라미드 사회를 구축할 수 있었던 것은 아니었다. 그들은 어떻게 하여 자본주의 사회의 주요 생산 도구를 독점한 지배층이 되었을까?

부르주아 출신의 신흥 부자 계층이 자본주의 지배층의 지위에 오르는 데에는 또 하나의 특별한 사다리가 필요했다. 그렇다. 그들은 국왕이 내민 특별한 권력의 사다리를 이용했다. 흡사 초기 기독교 교회가 로마 황제가 내민 권력의 사다리를 타고 지배층의 지위에 올랐던 것처럼 말이다.

국왕과 신흥 부자들 간의 결탁은 서로의 이해가 맞아떨어진 결과 자연스럽게 이루어진 것이었다. 먼저 그들이 처해 있던 상황을 들여다보자.

프랑스의 정치학자 토크빌^{De Tocqueville, 1805-1859}도 말했듯이, 로마 제국이 무너진 이후 유럽 전역에는 비슷한 규모의 작은 나라들이 들어섰다. 그들은 오랫동안 티격태격 영역싸움을 벌였고, 서로 간의 접촉은 점점 더 어렵고 위험해졌다. 그리하여 각자 서로 다른 종족, 영토, 언어로 분리되며 점차 고립되어갔다. 그 결과, 유럽은 개별적인 소규모 봉건제 사회들로 잘게 쪼개졌다. 당연히 각 지역의 국왕은 로마 시대의 황제와 같은 강력한 중앙집권적 권력을 누릴 수 없었다. 대신 봉건 영주의 역할이 커졌는데, 그 이유는 국왕이 신하들에게 토지를 하사하면 그 신하가 ― 제1차지인^{借地人}이자 봉건 영주가 되어 ― 위임받은 해당 지역을 관리하고 통치하는 대신 국왕에게 충성을 바치는 방식이었기 때문이다. 충성의 주요 항목 중의 하나는 군사력을 제공하는 일이었다. 이러한 시스템 하에서 중세의 국왕은 이론상으로는 권위를 가졌지만, 실제로는 중추적인 봉건 귀족들의 세도에 휘둘리는 처지를 면키 어려웠다.

그런 점에서 중세 사회를 이해하는 데 가장 중요한 열쇠는 국왕보다 '봉건 영주'의 역할에 있다고 할 수 있다. 봉건 영주들은 봉건제를 수호하는 파수꾼과도 같았다. 그들의 모든 이해관계가 걸려 있는 삶의 토대가 봉건제였기 때문이다. 그중에서도 가장 완고하게 봉건 질서를 방어한 파수꾼은 교회였는데, 교회는 유럽 토지의 약 3분의 1을 소유한 최대 봉건 영주이기도 했다.

다른 한편으로, 봉건 영주들은 또 다른 삶의 토대를 넓히려는 다른 누군가의 길을 가로막고 서 있는 장벽이기도 했다. 다른 누군가는 바로 상인 출신의 신흥 부자들, 즉 머지않아 자본주의의 주역이 될 자본가들이었다. 이들의 입장에서 봉건 영주들은 여러모로 걸리적거리는 방해물이었다. 이들의 활동 무대는 농민들과 달리 여러 광대한 지역을 포함한 도시들이었다. 그러므로 그들은 우선 지역마다 다른 수많은 봉건 상전들의 성가신 요구와 횡포, 약탈로부터 벗어나고 싶었고, 더 나아가 지역마다 서로 모순되거나 부당한 수많은 규제가 폐기되는 대신 하나의 통일된 법률이 시행되길 바랐다. 예를 들어 1443년 베를린Berlin의 제화업자들에게 프랑크푸르트Frankfurt의 피혁 장기시가 개방되도록 하려면 영주의 법령이 필요했는데[147] 그들에게는 이러한 장벽이 여간 불편한 게 아니었다.

근대가 다가오면서 이 모든 판도를 바꿔줄 만한 몇 가지 변수가 떠올랐다. 그중의 하나는 상공업의 발전과 화폐 사용의 증가였다. 이제 국왕의 입장에서는 봉건 영주들보다는 신흥 상공업 부자들과 손을 잡는 게 더 좋은 대안이라는 게 점점 더 분명해졌다. 그렇게 하면 국왕은 재정과

---

147 G Schmoller, *The Mercantile System and Its Historical Significance* (New York: The Macmillan Company, 1910), p.22.

332 | 21세기에 새로 쓴 인간불평등사

군사력, 두 가지 측면에서 더 좋은 결과를 기대할 수 있게 된다. 즉, 재정적으로는 상공업에서 들어오는 화폐 형태의 세금으로 국고를 채우고, 군사력 측면에서는 봉신들의 도움에 의존하는 대신 직접 돈을 주고 자신의 명령에 복종하는 군대를 고용하는 게 가능해지므로 보다 강력한 왕권을 획득할 수 있는 길이 열리는 것이다. 게다가 화약과 대포와 같은 무기 제조 기술이 향상된 만큼 언제든 동원할 수 있고 엄한 규율에 따라 잘 훈련되어 있는 상비군이 훨씬 더 효율적일 터였다. 물론 봉건 귀족들에게는 왕권의 강화가 자신들의 세력 약화를 뜻하고, 따라서 심각한 위협으로 느껴질 수밖에 없었겠지만 말이다.

실제로 국왕과 신흥 상공업 부자들은 상호 간의 결탁으로 많은 이익을 얻었다. 국왕은 강력한 중앙집권적 왕권을 얻은 대신 자본을 가진 사람들이 사업을 하기에 유리한 법률을 통과시켜주었다. 예를 들면, 잉글랜드는 1389년에 왕국 전역의 도량형을 하나로 통일시켜주었다. 1436년에는 길드, 공제 조합, 법인 조합의 조합장과 관리인과 평조합원들이 스스로 조례를 만들거나 사용할 수 없도록 하는 대신 중앙 정부에서 임명한 치안 판사의 검토를 거치게 함으로써 각 지역의 독점 조직들의 텃세를 낮춰주었다. 또한 국가는 임금노동자들이 자본가의 룰에 엄격하게 복종하게끔 자본가 밑에 종속시켜주었다. 은행가나 법률가와 같은 부르주아 출신 인사들에게 국왕의 재판관, 장관, 공무원 자리를 내주었다. 이런 식으로 신흥 상공업 부자들은 특권의 사다리를 타고 피라미드의 맨 위층에 점점 더 가까이 접근할 수 있었다.

근대에 나타난 또 하나의 뜻밖의 변수는 각종 과학기술의 발전이었다. 쾌속 범선의 건조建造 기술과 항해술이 발달하면서 소위 '지리상의 발견'이 이어졌다. 지리상의 발견은 단순히 발견에 그치지 않았다. 비슷한 시기에 최초로 대포와 총포가 제조·사용되기 시작하면서 그것은 자본, 상품, 선박, 무기가 결합된 식민지 정복, 파괴, 약탈, 수탈과 아프리카 흑인 원주민에 대한 노예무역을 출범시킨 분수령이 되었다.

갑자기 세계 도처에서 금은을 비롯한 각종 풍부한 자원과 노예 노동력을 발견하게 되자, 유럽 상인들은 그것들을 갈퀴로 긁어오고 싶은 열망과 욕심으로 수단과 방법을 가리지 않았다. 그 결과 그들은 엄청난 부의 원천을 손에 넣었고, 상업은 비약적으로 도약했으며, 경제는 거대하게 팽창했다. 특히 멕시코Mexico와 페루Peru와 같은 남북아메리카 대륙의 스페인 속령의 광산에서 흘러들어온 은으로 인해 1545~1560년까지 15년 동안 스페인의 은화 생산량이 1500~1520년까지 20년 동안에 비해 6배나 증가했고, 1580~1600년까지 20년 동안에는 1520년의 8배에 육박했다.[148] 그것이 서유럽 전역에 퍼져 나가면서 자본주의 생산 시대가 열리는 데 필요한 충분한 양의 자본이 축적되기 시작했다. 이로 인해 비록 물가는 급등했고 토지에서 고정 수입을 얻는 봉건 귀족들이나 임금노동자를 비롯한 많은 사람들이 어려움을 겪었지만, 상인들은 수익이 더 크게 증가했고 갈수록 영향력이 증대되었다.

한편 인도, 아시아, 아프리카, 아메리카 대륙 등지의 식민지들과의 소위 '무역'은 엄청난 수익과 위험이 동시에 따르는 일이었다. 이는 당시에 가장 유명한 회사 중의 하나였던 '미지의 지역, 영토, 섬, 장소를 발견하기 위한 모험상인조합회사'라는 이름에서 알 수 있듯이[149] 미지의 지역으로의 탐험 과정에서 겪을지 모르는 재해뿐 아니라 정복, 해적질, 약탈, 대

---

148 리오 휴버먼, 장상환 역, 『자본주의 역사 바로 알기』, p.127.
149 앞의 책, p.118.

량 학살, 전쟁까지 수반하는 원정대였으니까. 이 문제를 해결하기 위해 유럽 상인들은 주식회사 제도라는 것을 만들어냈다. 돈을 가진 사람은 누구나 주식만 구입하면 주식회사의 주주가 될 수 있게 함으로써 개인적 차원에서는 불가능한 규모의 거금이 드는 방대한 사업을 가능하게 만들었을 뿐만 아니라 그로 인한 위험도 분산시킨 것이다. 예를 들어, 영국 최초의 주식회사인 '모험상인조합'에는 각자 25파운드씩 출자한 240명의 주주가 참여했다.

상인들의 부의 규모는 폭발적으로 늘어났고, 상인들의 영향력은 점점 더 커져갔다. 스페인, 네덜란드, 영국, 포르투갈, 프랑스와 같은 유럽의 왕국들은 흡족한 소득을 가져다주는 상인들과 이익공동체로서 상인들을 다방면에서 적극적으로 뒷받침해주는 역할을 담당했다. 그들이 맡은 역할 가운데에는 특정 지역에 대한 상업 독점권을 인정하는 특허장 수여도 포함되었다. 가장 대표적으로 1600년에 영국의 엘리자베스 여왕은 동인도회사East India Company에게 아프리카 희망봉 동쪽 지역에 위치한 모든 국가들에 대한 무역 독점권을 제공했다. 각국의 국왕들이 맡은 또 다른 역할은 무역 항로상에서 자국의 무역상들을 군사적으로 보호해주는 일이었다. 식민지 무역 경쟁으로 인해 국가 간 패권 충돌도 빈번했으므로 전쟁을 치르는 일도 그 역할의 일부에 속했다. 전쟁은 16세기부터 17세기까지 200년 동안 거의 끊임없이 일어났다.

그런데 전쟁이란 돈이 드는 일이다. 그 돈은 누가 조달했을까? 당연히 상인과 은행가들이었다. 1694년에 잉글랜드 은행이 처음에 창설된 계기도 상인 출신의 금융업자들이 17세기 말 주요 전쟁으로 꼽히는 9년 전쟁(1688-97)에 필요한 경비를 충당하는 데 필요한 자금을 왕실에게 빌려주기로 약속한 데서 비롯된 것이다. 영국 왕실은 이자율 8%를 지급하는 조건으로 돈을 빌렸다. 이제 왕들은 계속해서 상인과 은행가들의 기부와 대출에 의존하지 않으면 안 되는 입장에 처했다. 가령 16세기에 가장 중요한 금융회사였던 독일 푸거 가Fugger Family의 지위가 얼마나 대단했는지에 대해 리오 휴버먼은 이렇게 설명한다.

16세기에는 어떤 식으로든 푸거 가의 그늘에 들어가지 않으면 어떤 중요한 일도 진전될 수 없었다. 그들은 15세기에 양모와 향료를 취급하는 상업회사로 사업을 시작했다. 그러나 그들이 재산을 모은 것은 은행업을 통해서였다. 그들은 다른 상인들, 국왕, 제후에게 돈을 빌려주고 그 대가로 광산, 투기적인 무역 사업, 왕의 영지, 그 밖의 소득을 낳는 거의 모든 종류의 사업에서 이익을 얻었다. 대출금을 상환하지 않을 때는 영지, 광산, 토지 등 담보물로 저당 잡힌 모든 것을 소유했다. 교황조차 푸거 가에 돈을 빚지고 있었다. 그들은 모든 곳에 지점과 대리인을 두었다. 1546년 푸거 가의 대차대조표는 독일 황제, (벨기에의) 안트베르펜 시, 영국과 포르투갈의 국왕, 네덜란드의 여왕이 빚을 지고 있었음을 보여준다. 그해 푸거 가의 자본은 500만 길더였다. 역사 연대표에 이 시대를 아무개 국왕이 통치하던 시대가 아니라 푸거 가의 시대로 기록해야 더 사실에 가까운 것이다.[150]

결국 신흥 부르주아 부자들은 국왕들의 도움으로 더 많은 자유를 얻어낸 다음 자신들의 무기인 돈으로 국왕들의 머리 꼭대기에 올라앉기에 이른 셈이다. 마치 기독교 교회가 지배층에 편입된 다음 자신들의 무기인 종교적 영향력으로 황제를 무릎

---

150 리오 휴버먼, 장상환 역, 『자본주의 역사 바로 알기』, pp.121-122.

꿇린 것처럼 말이다.

생산 도구의 사적 소유와 임금노동자

오늘날과 같은 자본주의는 18세기 중반 서유럽에서 — 특히 영국에서 시작된 산업화와 함께 — 등장했지만 어느 날 갑자기 완전한 모습으로 나타난 것은 아니다. 지금까지 우리는 그 단초들이 무르익는 과정을 살펴보기 위해 16, 17세기로, 더 멀리는 11세기 말까지로 거슬러 올라갔다.

그동안 상인들은 활발한 교역을 통해서 화폐 부자가 되었고, 국왕과의 결탁을 통해 자신들의 상업 활동에 방해가 되는 장벽들을 하나하나 제거해나갔다. 그 후 지리상의 발견과 함께 해외 식민지들을 정복하면서 활동 영역이 세계적으로 확대되었고 시장이 팽창했다. 그런 상황에서 낡은 관습과 규제에 얽매여 있고 배타적이기까지 한 소규모 지역 기반 독점조직인 길드로는 증대된 수요를 감당할 수도 없었고 효율성도 떨어질 수밖에 없었다.

그러자 진취적인 중간 상인들은 자신들이 직접 생산 조직을 만들어 운영하기 시작했다. 나중에 그것은 자본주의식 공장 시스템으로 발전했다. 즉, 자본을 투자하여 공장에 값비싼 기계와 생산 설비를 갖춰놓고 임금노동자를 고용하여 분업 형태로 일을 시킨 것이다. 길드는 프랑스의 경우 혁명 이후 법으로 폐지되었고, 영국의 경우 19세기 초에 모든 특권을 상실하고 말았다. 또한 아무리 숙련된 장인이라 할지라도, 기계를 갖춘 공장에서 훨씬 더 많은 노동자의 최대한 단순화된 작업 과정으로 쪼개진 효율적 분업 시스템을 이길 수 없었다. 그러면서 독립적인 소규모 장인 수공업자들은 갈수록 자본을 가진 기업가에 종속된 임금노동자로 전락해갔다.

중세 길드 제도 하의 장인과 자본주의 시대의 임금노동자는 어떤 점이

다를까? 중세의 장인은 자신의 원자재와 생산 도구로 상품을 생산·판매했다. 생산자는 자신이 생산한 최종 상품이 소비자에게 판매되기 전까지는 당연히 그 상품의 소유자이기도 했다. 그는 분명히 경제적 주체의 일원이었다. 반면에 공장에서 일하는 임금노동자는 원자재, 생산 도구, 자신이 만든 최종 생산물, 그 어느 것도 소유하지 못한다. 그는 사용자의 건물에서, 사용자가 제공하는 원자재와 생산 도구를 이용하여, 사용자의 엄격한 감독과 지시 하에 단지 노동력만을 제공할 뿐이다.

공장 제도와 길드 제도의 중간 단계로 대략 16~18세기까지 가내공업 제도라는 것이 시행된 적이 있는데, 이 방식 하에서는 장인이 자신의 일터에서 자신의 생산 도구로 물건을 생산할 수는 있었다. 다만 기업가가 제공하는 원자재를 사용하여 도급 계약에 따라 일을 맡았으므로 그 역시도 독립적인 지위를 상실한 임금노동자 신세이기는 마찬가지였다.

요컨대, 중세의 장인과 자본주의 시대의 임금노동자 간의 가장 큰 차이는 생산 도구의 소유자가 누구인가, 따라서 생산 주체가 누구인가에 달려 있는 것이다. 자본가는 장인을 생산 도구와 분리시킨 다음 자신이 생산 도구를 독점했다. 그럼으로써 장인을 경제적 주체가 아닌 생산 도구의 일부로 변모시켰다. 생산 도구와 분리된 장인에게 남은 것은 노동력밖에 없었고, 노동력은 생산 도구의 일부로 취급되었다. 반면 자본가는 더 이상 중간 상인에 머물지 않고 자본주의적 생산 도구의 소유자이자 기업가의 위치에 올라서서 상품의 생산에서부터 판매 및 무역에 이르기까지 모든 상공업 활동을 지휘했다.

자본가는 시장의 수요에 부응해 상품을 공급하기 위해 더 많은 사람들에게 원자재를 주고 도급을 맡기거나 직접 고용하기 시작했다. 그러면 그 노동자들은 어디서 왔을까? 중세에는 대부분의 인구가 장원에 매인 농노라고 하지 않았던가? 어떻게 그들을 영주로부터 빼내올 수 있었단 말인가?

이를 설명하려면 상업의 발전과 화폐 거래의 확산 얘기로 다시 거슬러 올라가야 한다. 상업의 발전과 화폐 거래의 확산으로 인해 15세기 중엽에는 서유럽 대부분에서 농민들이 토지 사용 대가로 제공해야 했던 부역은 화폐 지대로 바뀌고, 자유를 쟁취한 농민들도 상당히 늘어났다. 그런 와중에 지리상의 발견과 식민지 수탈이 가능해지면서 이미 언급했듯이 아메리카의 금은이 스페인을 통해 유럽 전역에 유통되었다. 화폐 가치는 하락하고 물가는 엄청나게 급등했다. 일차적으로 토지의 지대로 먹고 사는 상류 계급이 타격을 받지 않을 수 없었다. 그러나 그들의 고통은 두 가지 경로를 통해 곧바로 농민들에게 전가되었다.

하나는 엔클로저 운동Encloser Movement이라 불리는 것으로서, 영주들이 자신의 토지에 울타리를 쳐서 양 치는 목장으로 용도를 변경하고 소작인들을 쫓아낸 것이다. 당시 양털 값이 상승세였던 까닭에 더 많은 화폐 수입을 얻기 위해서 그랬던 것이다. 그들이 공유지에까지 울타리를 치자 가난한 소작인들은 소에게 풀을 뜯게 할 장소마저 잃어버리면서 농사를 포기하지 않을 수 없게 된다. 엔클로저는 18세기와 19세기 초반까지 계속 이어졌다. 또 하나는 토지 소작인들에게 가혹하리만치 높은 지대를 징수해 버린 것이다. 그것을 감당하지 못한 소작인들 역시 쫓겨나야 했다.

그런 식으로 계속해서 길거리로 내몰린 이들은 자신의 노동력 외에는 아무런 생산 도구를 갖지 못한 신세가 되었고, 따라서 쉽게 임금노동자 계층으로 흡수될 수밖에 없었다.

이윤 추구를 목적으로 한 재화와 서비스 생산·판매

처음에 자본주의는 이윤을 추구할 목적으로 생산·판매 활동을 위해 사람들을 조직하고 일을 시키는 여러 방식 중의 하나에 불과했다. 바꿔 말하면, 자본주의는 '이윤 추구'라는 상업적 목적을 달성하기 위한 일종의 제도적 도구일 뿐이다. 하지만 그것은 블랙홀처럼 모든 것을 빨아들이며 점점 더 거대하게 팽창했고, 마치 군주제나 봉건제가 그랬듯이 모든 사회 구성원들이 서로 간에 맺는 사회적 관계와 전반적인 생활상, 문화, 사고방식, 심지어 심리까지 지배하기 시작했다.

바로 그 '이윤 추구'라는 목적이 자본주의의 또 한 가지 본질적 특징이다. 이러한 본질은 — 앞 소제목에서 다룬 '생산 도구의 사적 소유와 임금 노동자 고용'이라는 특성과 더불어 — 무한히 복잡한 의미를 파생시킨다.

자본주의는 이윤을 낼 수 있는 생산물을 만들어내기 위해 생산 도구, 원자재, 노동을 조직하는 데 있어서만큼은 상당히 높은 효율성을 보여줬다. 기술적 혁신과 창의성, 열심히 일하게 만드는 동기부여의 강력한 동력으로 작용해왔고, 그 결과 역사적으로 유례없이 높은 생활수준과 물질적 풍요를 가져다 준 게 사실이다.

그런데 그 이윤이란 누구의 이윤을 말하는 것일까? 풍요란 누구의 풍요를 말하는 것일까? 흔히 자본주의 시스템은 이윤 동기를 자극하기 때문에 모든 사람이 열심히 노력한 결과 오늘날의 물질적 풍요가 달성된 것처럼 얘기된다. 이 부분에서 약간의 오해와 착각이 있는 것 같다. 그러한 풍요가 후에 마르크스가 프롤레타리아라고 부른 임금노동자 계층이든 자본가 계층이든 모두가 공동의 이해관계를 위해 다 같이 협력한 결과인 것이고, 따라서 프롤레타리아와 자본가 모두가 '이윤'을 공유한 것처럼 들리게 하기 때문이다.

임금노동자도 자본주의 시스템 속에서 노동력을 제공한 대가로 어떤 이익을 얻는 것은 사실이다. 바로 임금이라고 하는 것이다. 물론 그것만은 아니다. 자본주의의 이윤 동기가 혁신과 창의성, 효율적 생산성, 과학 발전을 촉진시키는데 능한 만큼 그로 인한 수혜는 모두가 입은 게 맞다. 하지만 그 수혜는 노동자와 자본가 모두가 균등하게 입는 것이 아니다. 사실 그 수혜는 처음부터 그들 사이에서 차등적으로 분배되도록 만들어 졌다. 더 나아가 부의 총량이 늘어나면 늘어날수록 자본가에게 더 많은 부가 집중되도록 만들어졌다. 왜 그럴까?

엄밀히 말해 임금노동자가 자신의 활동에서 얻은 이익은 '이윤'에서 나온 것이 아 니기 때문이다. 자본가가 이윤을 얻기 위해 들이는 비용의 일부를 '인건비' 명목으 로 받을 뿐, 이윤은 사업의 주체인 자본가가 가져가는 것이다. 바로 그렇기 때문에 캐나다의 진보경제학자 짐 스탠포드 Jim Stanford, 1961-**는 "자본주의는 자본을 소유한 자 본가들에게 사적 이윤을 분배하는 제도"라고 표현한 바 있다.[151]**

따라서 자본주의 생산 양식이라는 틀 안에서는 모든 사람들의 열성적 인 노력이 모두의 이윤 추구를 위한 것이라고는 할 수 없다. 오직 자본가 의 이윤 추구를 위한 것이다. 이런 상황은 자본주의가 가진 생산의 사회 적 성격과 생산 도구의 사적 소유 사이의 근본적 모순으로 지적되는 부 분이기도 하다. 생산은 사회적으로 이루어지는데, 생산의 계획과 통제, 그로 인해 얻는 이윤은 소수의 자본가들에게 흘러들어가도록 짜여 있기 때문이다.

한편, 자본주의의 이윤 추구라는 본질 속에는 또 다른 두 가지 측면이 숨어 있다. 하나는 자본주의의 높은 효율성과 기술적 혁신, 창의성, 동기 부여 등의 긍정적 요소는 대체로 이윤과 연결될 때에만 발휘되거나 살아 남는다는 점이고, 다른 하나는 이윤만 얻을 수 있다면 그 외의 다른 가치

---

151 짐 스탠포드, 안세민 역, 『자본주의 사용 설명서』 (서울: 부키, 2010), p.102.

들은 무시하거나 상대적으로 평가절하하게 만들 수 있다는 점이다. 가령 자연 환경이라든가, 자원 낭비, 인권, 건강, 후손들의 미래, 사회적 윤리·도덕과 같은 문제를 희생시킬 수가 있다. 그렇기 때문에 자본가에게 이윤을 가져다주는 것이 반드시 사회 전체에 이익이 되지 않는 경우가 종종 있다. 만약 사회에는 해로우나 이윤을 가져다주는 사업이 가능하다면 ― 달리 강제하지 않는 한 ― 자본주의는 이윤을 선택하는 방향으로 기울기 쉽다. 사회의 이익과 자본가의 이익 사이에서 충돌이 발생할 경우 어느 쪽을 선택해야 할지를 만약 자본주의에게 물을 수 있다고 가정한다면, 자본주의는 '자본가의 이윤을 쫓는 편이 합리적 선택'이라는 답 이외의 다른 답을 애당초 내놓을 수 없는 실체이다. 보통 그런 선택을 우리는 '반사회적' 선택이라고 부른다. 자본주의 자체는 물리학이나 화학 자체가 그렇듯 윤리성과 관련성이 없다고 할지 모른다. 그러나 자본주의가 인간에 의해서, 그리고 인간 사회 속에서 쓰이는 한 '어떻게 쓰이느냐'에 따라 윤리성 문제로부터 결코 자유로울 수 없는 법이다. 뒤에서 살펴보겠지만 마르크스는 자본주의에 대해 윤리성 문제를 제기한 대표적인 사람이다.

자본주의가 단순히 자본가의 이윤 추구를 위한 도구일 뿐이고, 따라서 만약 사회의 이익과 이윤이 충돌하는 경우 ― 달리 강제하지 않는 한 ― 자본주의는 이윤을 선택하는 데 아무런 문제점을 느낄 수 없는 상업적 도구에 불과하다는 점은 대단히 무서운 사실일 수 있다. 자본주의 초기 사례 중에 이를 단적으로 보여주는 것으로 어떤 게 있을까? 영국 맨체스터^{Manchester} 부근의 한 공장에서 하루 14시간씩 방적일을 한 노동자들에게 부과된 벌금을 한번 보라.[152]

---

152 J. L. Hammond and B. B. Hammond, *The Town Labourer, 1760–1832* (London: Longmans, Green and Co., 1932), pp.19–20.

창문을 열어놓았다가 적발된 방적공 ·········· 1실링

자기 제품에서 더러운 것이 적발된 방적공 ·········· 1실링

몸을 씻다가 적발된 방적공 ·········· 1실링

가스등을 켜고 기계를 수리하는 방적공 ·········· 2실링

아침 늦게까지 가스등을 켜고 실을 잣는 방적공 ·········· 2실링

휘파람을 분 방적공 ·········· 1실링

이 내용은 당시에 자본주의 생산 활동의 목적이 인간이 아닌 이윤 추구에 맞춰져 있었음을 잘 보여준다. 1816년 영국 의회 위원회에 나온 한 방적 공장 견습공 책임자의 증언에 따르면, 방적 공장에서 아침 6시부터 밤 8시까지 하루 14시간씩 의자도 없이 선 채로 일을 해야 했던 노동자들 중에는 심지어 7살에서 15살짜리 어린이 견습공들도 상당수 포함되었던 것으로 알려졌다.[153]

그런데 더 놀라운 사실은, 이것이 오늘날 여러 개발도상국들의 저임금 노동자들의 실태와 크게 다르지 않다는 것이다. 세계적인 의류 브랜드 업체들이 캄보디아Cambodia나 방글라데시Bangladesh와 같은 곳에 둔 하청 공장을 통해서 어떤 식으로 인간보다 이윤 추구를 더 우선시했는지 들어봤을 것이다. 2013년 방글라데시 수도의 인근에 있는 사바르Savar의 한 의류 공장 건물(라나 플라자Rana Plaza)이 붕괴한 사건은 동남아시아 의류 하청 공장들의 노동 환경을 잘 대변해준다. 이미 붕괴 징후가 나타났을 정도로 노후한 건물에서 월 38달러(약 4만 원)에 불과한 저임금을 받고 일하던

---

153 Reports of the Minutes of Evidence Taken Before the Select Committee on the State of the Children Employed in the Manufactories, 1816, pp.178–180.

노동자 500여 명이 결국 건물 붕괴로 떼죽음을 당했다. 또한 2013년 캐나다의 한 저널리스트가 방글라데시의 의류 공장에 위장취업하여 취재한 바에 따르면, 9살짜리 밈^{Meem}이라는 어린이도 아침 9시부터 밤 9시까지 1시간의 점심시간을 빼놓고는 쉼 없이 일하여 한 달에 25달러를 벌고 있었다.[154] 참고로, 2016년 전 세계에서는 아직도 1억 5,200만 명 정도의 5~17살짜리 어린이들이 매우 열악한 환경에서 종일 노동에 시달리고 있는데, 농업을 제외할 경우 전체 어린이 노동자의 30%인 약 4,560만 명이 제조업이나 서비스업에 종사한다.[155]

자본주의가 이윤 추구의 도구라는 것은 자본주의의 본질이기 때문에 시대가 바뀐다고 쉽게 달라질 문제는 아닌 듯하다. 오늘날 기업들이 이윤 추구를 위해서 선택한 비윤리적 행동들은 — 차량의 결함을 숨기거나 연비를 조작하기, 시간이 지날수록 휴대폰의 배터리 성능을 고의로 낮추기, 아마존의 열대우림 지역에 수십억 갤런의 유독 폐기물을 고의로 몰래 버리기, 소비자의 건강과 안전을 해치는 원자재나 성분 사용하기, 노동자들의 노조 설립을 막기 위해 온갖 회유책과 협박을 일삼기 등 — 그 종류와 사례가 너무나도 많아 이루 헤아릴 수도 없다.

기업들이 이러한 비윤리적 행동을 하는 가장 기본적인 원인은 자본주의 생산 활동의 목적이 '이윤 추구'에 있기 때문이기도 하고 또 거기에 인간의 추한 탐욕도 분명히 한몫했겠지만, 그러한 행동을 불사하게 하거나

154 Raveena Aulakh, "I got hired at a Bangladesh sweatshop. Meet my 9-year-old boss", THE STAR, Fri., Oct. 11, 2013, https://www.thestar.com/news/world/clothesonyourback/2013/10/11/i_got_hired_at_a_bangladesh_sweatshop_meet_my_9yearold_boss.html

155 ILO, *Global Estimates of Child Labour Results and Trends, 2012–2016* (Geneva: Internation Labour Organization, 2017), https://www.alliance87.org/global_estimates_of_child_labour-results_and_trends_2012-2016.pdf

불가피하게 만드는 또 다른 요인이 작용했기 때문이기도 하다. 자본주의 시스템 하에서 이윤이란 다른 경쟁 업체들과 경쟁하는 가운데 획득되는 것이다. 그런 까닭에 기업은 더 낮은 비용으로 대량 생산하여 더 값싸게 판매하고 그럼으로써 더 많은 자본을 축적하여 더 빨리 경쟁 업체들보다 더 유리한 입장에 서는 것이 이윤 추구 활동을 지속하는 길이라는 압박 하에 놓인다. 그러한 경쟁의 끝없는 순환 속에서 누구라도 비윤리적인 선택의 유혹에 빠지기가 쉬운 것이다.

자본주의 – 기존의 피라미드 체제에서 나온 파생물

지금까지 살펴본 자본주의의 기본 개념과 형성 과정을 종합하면, 자본주의는 기존의 피라미드 체제에서 나온 파생물이라고 할 수 있다. **즉, 근대 자본주의는 기존의 피라미드 체제의 우두머리인 왕실과 국가 권력의 도움으로 탄생했을 뿐 아니라, 그러한 피라미드 체제를 모델로 하여 구성된 새로운 사회적 주요 생산 도구 지배 원리에 해당한다. 이때 '새로운 사회적 주요 생산 도구'란 자본과 생산설비, 공장, 인간의 노동력을 포함한 개념이다.**

부르주아 상인 계층이 형성된 이후 교역으로 꾸준히 부를 모았던 것은 사실이다. 그렇지만 엄격한 중세의 봉건적 피라미드 질서 하의 피지배층 신분에 묶여 있다는 한계를 벗어날 수는 없었다. 변함 없이 특권층으로부터 여러 형태로 착취를 당해야만 했다. 그런 와중에 그들에게 더 큰 교역의 문을 열어준 것은 십자군 전쟁이었다. 기독교 세력권과 이슬람 세력권 간의 피라미드 대결 양상이 장기적으로 지속되는 가운데 대대적인 문화적 접촉이 일어났고, 그 틈바구니에서 상인들은 늘어난 교역을 통해 더 많은 부를 축적할 수 있었다.

그 덕분에 드디어 신흥 상인 부자 계층은 봉건제 피라미드의 우두머리인 국왕과의 결탁 기회를 얻어냈고, 이를 통해 자신들을 옥죄던 여러 제약과 규제의 사슬을 풀 수 있었다. 이후 국왕은 신흥 상인 부자 계층과 하나의 이익공동체로서 그들이 더 큰 부를 획득·축적하는 데 국가적 피라미드 질서를 동원해주었다. 거기에는 해외 식민지 수탈 및 상권 독점권, 투기적인 무역 사업, 금융업 등이 포함되었다.

하지만 그들이 새로운 자본주의 체제의 지배층으로 올라서는 마지막 관문을 넘게 해준 것은 따로 있다. 그것은 토지와 농노 형태의 생산 도구를 독점했던 봉건제라는 기존의 피라미드 모델을 본받아 새로운 시대의 생산 도구를 독점하는 '룰'을 쟁취한 것이다. 즉, 자본주의를 법제화하는 각종 제도를 쟁취한 것이다.

이때 "자본주의가 기존의 피라미드 모델을 본받았다"는 이야기는, 말 그대로 아래쪽에 있는 사람들의 노동의 결실이 위쪽 사람들에게 점점 더 많이 흘러들어가 축적되게끔 짜놓은 시스템을 모델로 했다는 뜻이다. 맨 위에 있는 소수의 사람들은 아래쪽의 다른 더 많은 사람들의 노력 덕분에 자신의 정당한 몫보다 더 풍족한 보상을 받도록 한 것, 그리하여 실제로 많은 몫을 거저 얻도록 한 것이다. 더 쉽게 말하면, 다른 사람들이 생산한 것으로 그냥 먹고 살 수 있는 일부의 사람들을 만들어내는 분업 시스템인 것이다(물론 그런 생활을 지속하기 위해서도 '관리 활동'은 필요하다).

부유한 부르주아 상인 계층이 자본주의 지배층으로 올라서는 과정은 한편으로는 국가 권력의 지원을 받으면서 다른 한편으로는 국가 권력을 차츰차츰 잠식하고 장악해가는 과정이기도 했다. 국가 권력은 모든 사회적 룰, 즉 제도와 법을 통제함으로써 사회 전체를 통제하는 지름길이기 때문이다. 미국의 사회학자 이매뉴얼 월러스틴Immanuel Wallerstein, 1930-은 국가가 자본주의 기업가를 위해 수행하는 역할을 다음과 같이 정리했다.

주권국가는 기업의 이해와 직접적으로 관련되어 있는 적어도 7가지 주요 영역에서 힘을 발휘한다. ① 국가는 상품, 자본, 노동이 국경을 넘나들 수 있는지, 그리고 어떠한 조건이 충족되어야 이것이 허용되는지를 결정하는 규칙들을 제정한다. ② 국가는 자국 내부의 재산권에 관한 규칙을 제정한다. ③ 국가는 고용과 피고용자의 보상에 관한 법률을 제정한다. ④ 국가는 기업이 어떤 비용을 내부화해야 하는지 결정한다. ⑤ 국가는 어떤 종류의 경제 과정이 독점화될 수 있으며, 또 그 독점화는 어느 정도까지 가능한지 결정한다. ⑥ 국가는 세금을 거둔다. ⑦ 마지막으로, 다른 국가의 결정에 의해 자국의 국경 내부에 자리 잡고 있는 기업들이 영향받을 때 국가는 다른 국가들의 결정에 영향을 끼칠 수 있는 자국의 힘을 외적으로 사용한다.[156]

그런데 위에 나열된 국가의 역할들은 "모든 국민은 평등하며 국가의 주권은 국민에게 있다"는 원칙이 공식적으로 인정되기 오래전부터 이미 수행되기 시작한 것들이다. 따라서 국가 권력은 자신과 이익공동체이자 주요 경제적 주체 집단인 자본가와 기업가의 관점에서 대부분의 사안들을 결정하고 추진하는 것을 당연시했다.

국가 권력은 이후 자본가와 기업가가 세계무대에서 외국 기업들과의 치열한 경쟁 속에 더 많은 자원과 시장을 확보하는 데 결정적으로 중요한 지렛대였다. 이는 국내적으로도 마찬가지였다. 자본가와 기업가 집단 내부에는 서로의 이해가 상충하는 경쟁적 관계나 상황이 존재하므로 국가가 그들 사이에서 언제까지나 중립적인 입장으로 남기란 불가능하다. 그럴 경우 자본가와 기업가들은 너도나도 국가 권력을 자신들에게 더 유

---

156 이매뉴얼 월러스틴, 이광근 역, 『세계체제 분석』(서울: 당대, 2005), pp.110-111.

리하게 끌어오기 위해 각축전을 벌일 수밖에 없고, 국가도 때때로 어느 한쪽 편을 들어주지 않으면 안 된다. 국가가 누구의 편에 설 것이냐는 힘, 영향력, 로비, 뇌물 등에 따라 결정되기 쉽다(물론 그런 가운데서도 자본가들은 자신들에게 대항하는 노동자 집단이라든가 외국의 경쟁 상대와 맞서야 하는 상황에 처할 때에는 공동의 이해를 위해 언제든 협력하고 연합할 준비가 되어 있었다). 그러므로 어떤 집단·계층이든 국가 권력을 자기편으로 끌어들이거나, 가능하면 자신들의 영향력 하에 두는 일이 대단히 절실한 과제였고, 또한 그러기 위해서 힘을 키우는 게 무엇보다 중요했다.

실제로 국가 권력은 근대 자본주의가 시작된 이래 자본가들의 훌륭한 도구 역할을 자임해왔다. 가령 어디에 도로나 철도, 교량, 운하, 공항과 같은 인프라가 필요하다고 하면 공적 세금을 들여서 해당 지역에 인프라를 건설해주었고, 막대한 비용이 드는 생산설비나 기술 개발 등에 국가의 각종 보조금 지원, 세제 혜택, 법과 제도 마련 등에 있어서 특혜가 필요하다고 하면 그러한 것들을 제공했으며, 중상주의나 자유방임주의 이데올로기가 필요하다고 하면 중상주의나 자유방임주의를 내세웠고, 보호무역이나 자유무역이 필요하다고 하면 보호무역이나 자유무역을 실시했으며, 전쟁이 필요하다고 하면 전쟁을 했다.

공산주의 실험 ─────────

인류의 긴 역사로 보면 아주 최근이라 할 지난 약 300년간 자본주의 시대가 펼쳐지던 사이에 잠시 공산주의적 실험이 출몰했었다고 볼 수 있다. 공산주의 체제는 한동안 자본주의 체제와 동시대에 지구상에 존재하면서 여러 형태로 상호작용을 주고받았다. 그 후 공산주의 체제는 자본주의 체제와의 경쟁에서 패했고, 오늘날 전 세계는 자본주의의 절대적 힘에 의해 지배되고 있다.

여기에서는 다음과 같은 관점에서 내용을 다룰 것이다. 첫째, 공산주의 체제의 이념적 기반을 제공한 마르크스주의는 무엇이고, 그것은 왜 나왔으며, 그것이 제시한 비전은 대체 무엇이었기에 그토록 인기를 끌었는가? 둘째, 마르크스주의는 공산주의 체제에 의해 어떤 식으로 도구화되었는가? 다시 말해, 마르크스가 말한 공산주의 사회 구현을 이념적 도구로 삼아 국가 권력을 쟁취하려 한 세력과, 극심한 가난과 착취에서 벗어나고자 하는 다수 대중의 소망이 어떻게 만나서 공산주의 체제라는 인류의 실험을 가능하게 했는가? 셋째, 공산주의 체제는 왜 실패했는가?

주지하다시피 프랑스 혁명이 실패한 이후 프랑스는 나폴레옹이 맨 꼭대기에 앉은 피라미드 왕정 체제로 돌아갔다. 피라미드를 허물자는 프랑스 혁명의 취지와는 정반대 모습이 된 것이다. 다만, 부르주아 입장에서 보면 나폴레옹에게서 커다란 타협을 얻어냄으로써 중요한 진전을 이루었다고 할 수 있다. 리오 휴버먼의 표현을 빌리면, 부르주아는 마침내 "자기가 바라는 시간과 장소에서, 자기가 원하는 방법으로, 자신이 원하는 물품을 제조하고 판매할 수 있는 권리를 획득했다."[157] 봉건 부담금과 납부금은 폐지되었고, 상인과 제조업자는 이전의 봉건적 제한과 규제로부터 풀려났다. 비록 나폴레옹 법전의 약 40%가 재산 소유자들의 재산을 보호하기 위한 조항들임에도 노동조합과 파업은 금지되었을 뿐만 아니라 노동 관련 조항도 겨우 7개밖에 안 되었지만 말이다. 그런 까닭에 리버먼은 나폴레옹 법전을 가리켜 "부르주아가 부르주아를 위해 만든" 법

---

157 리오 휴버먼, 장상환 역, 『자본주의 역사 바로 알기』, p.191.

전이라고 칭했다.

이러한 토대 위해 과학기술이 덧붙여지면서 지리상의 발견(실제로는 그로 인한 자원과 시장의 발견)과 산업혁명이 이어졌고 유럽은 본격적인 자본주의 시대를 맞이했다. 지리상의 발견, 산업혁명, 자본주의, 이 세 인자嗣子의 만남은 또 다른 의미에서 진정한 혁명을 일으켰다. 그것이 가져온 경제적 발전상만 보면 인류로 하여금 장밋빛 세상을 꿈꾸게 하기에 충분했다.

하지만 자본주의 현실은 곧 극명한 명암을 드러내기 시작했다. 자본을 가진 부르주아가 피라미드의 상층부로 오르는 동안, 피라미드의 중하부에 있던 절대 다수의 민중은 하나둘씩 기존의 소농, 농노, 장인 등의 이름표를 떼어내고, 마르크스·엥겔스 식의 용어대로 프롤레타리아라는 새로운 이름표로 바꿔 달아야 했다. 이들은 부르주아가 원했던 대로 농촌에서부터 철제 기계장치의 덜커덩거리는 소리를 따라 도시로 발길을 옮겨 제강업이나 면직업에 종사하기 시작했다. 심지어 전문직 부르주아조차도 자본가들에게 노동력을 파는 프롤레타리아 노동자로 전락해갔다. 점점 더 많은 이들이 도시 빈민이 되어 자본주의의 그늘 속에 갇혔다.

1844년 엥겔스는 영국의 맨체스터에서 자신이 직접 목격한 노동계급의 생활상을 이렇게 묘사한다.

"좁아터진 집들은 낡고 누추하다. 도로는 포장이 안 되어 있는데 하수구 시설마저도 없다 보니 노면 여기저기에 파인 자국들이 있고 고르지 않다. 사방의 웅덩이마다 쓰레기와 썩은 고기, 역겨운 오물이 잔뜩 쌓여 있다. 그런 웅덩이에서 풍기는 악취뿐만 아니라 10여 개의 높은 공장 굴뚝에서 뿜어져 나오는 시꺼먼 연기로 대기가 오염되어 있다. 누더기를 걸친 여자들과 아이들이 떼 지어 몰려다니는데, 쓰레기 더미나 진 흙탕에서 뒹구는 돼지만큼이나 더러운 몰골이다."[158]

이것이 산업혁명기의 자본주의가 가져다준 삶의 질이었다. 1842년 한 정부 보고서에 따르면 맨체스터의 기계공, 일반 노동자, 그들의 가족의 평균 수명은 17세였다고 한다. 산업병인 폐결핵이 번졌고, 콜레라 발병도 빈번해서 유아 3명당 1명꼴로 첫돌을 못 넘기고 사망하는 지역도 있었다.[159] 하루 14시간씩 열악한 환경에서 노동에 시달린 대가가 이렇다니 충격적이지 않을 수 없다.

자연히 사람들은 저항하기 시작했다. 영국에서 최초로 노동자의 정치적 권리를 쟁취하기 위해 차티즘Chartism이라는 운동이 벌어졌다. 참여자들이 수십 만 명에 이르렀다. 이들은 평화로운 방법으로 사회의 지도층을 설득하려고 애썼고, 폭력적 물리력도 동원해봤지만 전부 실패로 돌아갔다. 1842년 영국 북부의 산업 단지에서는 세계 최초로 수만 명의 노동자들이 총파업을 벌여 4주 정도를 버텼지만 결국 굶주림을 모면하기 위해 일터로 돌아가지 않을 수 없었다.

유럽의 부르주아 계층은 산업혁명이라는 색다른 혁명을 딛고 산업자본주의라는 새로운 도구를 이용해 국가 피라미드 조직을 재편한 뒤 스스로 그 꼭대기에 앉음으로써 구체제와 프랑스 혁명을 흘러간 옛 노래로 만들어버렸다. 그로 인해, 마르크스·엥겔스 식의 용어를 빌리자면 '생산양식'만 바뀐 채 불평등한 피라미드 경제 구조는 그대로였던 것이다.

---

158 Friedrich Engels, *Condition of the Working Class in England*, https://www.marxists.org/archive/marx/works/download/pdf/condition-working-class-england.pdf
159 데이비드 보일, 유강은 역, 「세계를 뒤흔든 공산당 선언」 (서울: 그린비, 2005), p.20.

마르크스의 『공산당 선언Manifest der Kommunistischen Partei』은 1848년에 나왔다. 그는 사회가 점점 더 부르주아와 프롤레타리아 계급으로 이분되리라 예측했다. 그리고 『자본론Das Kapital』을 통해 자신이 경험한 당시의 산업자본주의를 비판적으로 분석했다. 이후 그는 역사상 가장 큰 영향력을 미친 인물 중 한 사람이 되었다.

경제 시스템과 자유, 인권, 평등 문제가 서로 연결되어 있다는 생각은 이미 프랑스 혁명 중에도 태동했었다. 프랑스 혁명이 한창이던 1793년에 급진적 가톨릭 성직자이면서 혁명에 적극적으로 가담한 자크 루Jacques Roux, 1752-1794의 말을 들어보자.

한 계급이 다른 계급을 굶어 죽게 만들어도 제재를 받지 않는다면 그런 자유는 빈껍데기와 다름없다. 또한 부자가 경제적 독점권을 이용해 공동체의 다른 구성원의 생사여탈권을 쥐고 있다면 그런 평등 역시 빈껍데기와 다름없다.[160]

경제적 문제를 해결해주지 않는 자유나 평등은 무의미하다는 결론에 이른 것이다. 실제로 프랑스 혁명 세력은 전시경제 체제라는 특수한 상황이이라 어쩔 수 없이 그랬긴 했지만 한동안 가격 통제와 생산 분배 통제를 실행한 바 있다.

이후 1827년 영국에서 사회주의라는 용어가 인쇄물에 처음 등장했고, 5년 후 프랑스의 출판물에서 다시 사용되었다. 영국과 프랑스에서 처음

---

160 Jacques Roux, "Manifesto of the Enragés", translated by Mitchell Abidor, 1793, https://www.marxists.org/history/france/revolution/roux/1793/enrages01.htm

으로 사회주의 사상(그리고 사회주의 운동)이 등장한 것은 결코 우연이 아니다. 사회주의는 영국의 산업혁명과 프랑스 혁명 사상의 만남에서 배태된 아이디어였기 때문이다.

마르크스주의란 ──────

사회, 경제, 정치에 관한 마르크스·엥겔스의 이론들을 마르크스주의라고 하는데, 이제 그 구체적인 내용을 살펴보기로 하자.

마르크스주의 개요

마르크스·엥겔스는 인류의 지난 역사를 살펴본 결과, 어떤 특징적 패턴을 발견하고 다음과 같은 주장을 펼쳤다. 인류의 역사는 진보해왔다. 그 추동력은 무엇이었느냐? 계급 간 투쟁이었다. 계급 간 투쟁은 무엇 때문에 일어났느냐? 사회의 경제적 조건, 즉 생산 양식이라는 하부 구조 때문이었다. 바꿔 말하면, 역사는 생산 양식과 함께 변화해왔다. 그 변화는 다음과 같은 변증법적 방식에 따른다. 먼저 각 단계의 사회 내부에 계급 간 이해의 충돌로 인해 갈등이 쌓인다. 그런 다음 하위 계급이 점차 힘을 길러 다크호스로 부상하고, 결국 투쟁을 통해 나름대로 문제가 해결된 새로운 사회를 만든다. 대표적으로 봉건사회에 살던 부르주아 계급이 자본주의 국가를 건설한 사례가 그것이다. 이러한 패턴을 통해 예측할 수 있는 바는 무엇인가? 이제 다음번에는 프롤레타리아 계급이 다크호스로 부상하여 투쟁을 통해 근본적으로 문제를 해결한 사회를 만들 차례가 올 것이다. 다시 말해, 노동자들이 자신의 계급을 의식하고 힘을 길러서 사회를 사회주의 체제로 변화시킬 것이다. 궁극적으로는 공산주의 사회를 건설하기에 이를 것이다. 그 단계가 되면 생산 양식으로 인한 계급 간 대립적 갈등이 사라지게 될 터이므로 더 이상 역사적 변화가 일어날 이유도 없을 것이다.

마르크스주의의 구체적 내용과 근거

그러면 마르크스·엥겔스는 사회의 하부 구조가 구체적으로 어떻게 변천해왔다는 것일까? 자본주의에 대해서는 어떤 분석을 내놓았을까? 무슨 근거로 언젠가 피라미드 계급 구조가 완전히 허물어진 사회가 도래할 것이고, 그 사회의 경제 시스템은 공산주의가 될 거라는 가설을 제시했을까?

그 내용을 간략히 요약하면 다음과 같다. 하나의 사회를 이해하는 데 있어서 가장 중요한 핵심은 경제 조건, 그중에서도 특히 생산 양식이 어떠하냐이다. 생산 양식이란 '생산력'과 '생산관계'를 포괄한 개념이다. 생산력이란 생산 도구(건물, 농기구, 토지, 기계설비, 원자재, 기술, 지식 등)와 결합된 인간의 노동력을 가리키고, 생산관계란 생산 과정에서 인간이 다른 인간과 맺게 되는 사회적 관계를 말하는 것으로, 주로 누가 생산력을 소유하고 어떻게 생산력을 통제하느냐에 따라 결정된다. 사회의 상부 구조, 즉 온갖 사회제도, 정치, 법률, 사상, 도덕, 교육 체계 등은 이러한 경제 구조의 기반 위에서 구축된다. 요컨대, 한 사회의 생산 양식이 바뀌면 구성원들 간의 사회적 관계에서부터 문화 전반이나 관습, 사상까지도 전부 바뀌게 된다는 이야기이다.

이제까지 인류의 역사적 흐름 저변에 생산 양식의 변화가 있었던 것은 사실이다. 예를 들어 인류 문명의 초창기부터 시작된 농경사회에서는 생산력이 주로 농지와 인간의 노동력에 달려 있었다. 고대의 노예제 사회에서는 주요 노동력 제공자가 노예였고, 중세 봉건제 사회에서는 농노였다. 이때 농지와 노동력을 통제한 사람은 노예의 주인과 영주였다. 노예는 주인의 사유재산이었다. 그들은 주인의 집에서 생활하며 노동일을 맡았고, 그들의 생산물은 모두 주인이 소유했다. 집에서 키우는 젖소의 우유를 젖소 주인이 소유하는 것과 똑같은 이치였다. 대신 노예는 먹고 자는 문제만큼은 걱정하지 않아도 되었다. 주인이 마련해줬기 때문이다. 오늘날로 치면 자동차 주인이 자동차에 연료를 공급해야 하는 이유와 똑같다. 즉, 자동차를 굴리는 데 필요한 것을 투입하고, 재산 가치를 양호한 상태로 유지할 필요가 있기 때문이다.

이제 중세로 넘어가보자. 중세의 농노는 고대의 노예와 다소 차이가 있다. 농노는 따로 주어진 토지에서 각자 집을 짓고 살면서 생산물을 생산·소유할 수 있었다. 대신 일주일에 며칠씩 영주의 농지나 영지에서 의무적으로 일을 해줘야 했다. 영주는 그런 식으로 농노의 노동에서 나온 산물로 생활을 영위했다. 만일 농노가 일하기를 거부할 경우 태형이나 수감 혹은 그 이상의 형벌을 내릴 수 있었다. 말하자면 농노에게 토지를 대여해주고 토지 임대료를 농노의 노동력으로 받은 셈이다. 농경이 사회의 주요 산업 기반이었으므로 농지에 매인 구성원들은 모두 농지를 소유한 영주의 농노로서 예속된 삶을 살 수밖에 없었다. 고대와 중세 공히 이러한 생산 양식을 유지시킨 조건은 '엄격한 신분제'였음은 물론이다.

중세 후반으로 접어들면서 도시에서는 또 다른 계층이 성장해갔다. 이른바 부르주아라고 불리는 중산층 시민이었다. 도시에서라면 이들이 소유하고 통제한 생산력이 농지는 아니었을 테고 그럼 뭐였을까? 이들은 농산물 이외의 공업 물품을 대공업 방식으로 제작하여 판매하거나 멀리 동인도, 중국, 아메리카를 비롯한 여러 식민지의 시장, 그 밖의 도시나 지역과 교역을 함으로써 부를 쌓았다. 노동자는 주로 시골에서 탈출한 농노들이 많았다. 부르주아는 노동자에게 일당이나 주급을 주고 일을 시켰다. 부르주아는 노동자들에게 일을 강제할 법적 수단을 갖고 있지 않았고, 노동자 역시 일을 하고 나면 언제든 자유로이 떠날 수 있었다. 다만 도시 노동자들은 일감을 못 구하면 꼼짝없이 굶어 죽어야 했기 때문에 부르주아와 노동자는 공생관계를 유지할 수 있었다.

이렇게 부의 원천(생산 양식)이 크게 다른 부르주아와 영주는 사회가 어떤 식으로 돌아가기를 원했을까? 그들이 원하는 사회는 당연히 달랐다. 영주들의 입장에서 분명한 점은 세상이 달라지기를 원할 이유가 없었다는 것이다. 아니, 달라지면 안 되었다. 모두가 대대로 부모의 신분을 물려받고, 그럼으로써 자신들은 계속해서 농노에게 절대적 권한을 행사할 수 있어야 하고, 농노들이 계속해서 토지에 매여 주어진 의무를 다하도록 해야만 했다. 달리 말하면, 기존의 생산 양식이 지속되어야만 했다.

반면 신흥 부르주아의 입장에서는 세상이 달라져야 했다. 자유로이 고용할 수 있는 노동자가 점점 더 많이 필요했고, 왕이나 영주가 권력을 이용해 자신들의 무역이나 사업에 간섭을 하거나 부를 빼앗아가는 것을 탐탁지 않게 여겼기 때문에 그들의 권력을 제한해야 한다고 느꼈다. 또한 일반적으로 영주는 중세 교회를 운영하는 주교나 수도원장이기도 했는데, 문맹률이 높았던 당시에는 교회의 설교가 민중들에게는 거의 유일한 사상적 출처였던 만큼, 부르주아는 영주들이 장악하고 있는 가톨릭 교회가 자신들의 여러 관행을 마뜩찮게 보며 공격하는 상황도 불만일 수밖에 없었다.

그리하여 16, 17세기에 독일, 네덜란드, 영국, 프랑스의 중산층을 중심으로 주교와 수도원장으로부터의 독립을 강조하고, 근면한 노동과 검약을 통해 자유로이 부를 얻기 위해 경제 활동을 하도록 가르치는 프로테스탄티즘Protestantism이 확산되었다. 영국의 사회주의 정치운동가이자 언론인 크리스 하먼Chris Harman, 1942-2009은 프로테스탄티즘을 "중산층이 중세의 신에 반대하여 자신들의 이미지를 본뜬 신을 새롭게 창조해낸 것"에 비유했다.[161]

이렇듯 사회에 새로운 생산 양식이 생겨나고, 그것을 소유·통제하는 신흥 부르주아 세력이 부상하는 과정에서 여러모로 기득권 세력과 이해관계의 충돌이 빚어졌다. 부르주아는 사회 변혁을 열망했고, 기득권 세력은 그 반대였다. 당초 그런 흐름 속에서 일어났던 사건이 앞서 다뤘던 프랑스 혁명이었지만, 프랑스 혁명이 부르주아를 위해 미처 해주지 못한 사회 변혁을 본격적으로 실현해준 것은 산업혁명이었다.

산업혁명은 증기기관, 방적기, 직조기와 같은 기계의 발명으로 시작되어 인쇄, 도자기, 금속 제품 생산 부문 등 거의 모든 산업 부문에 걸쳐 급속히 파급되었다. '발명'이란 문자 그대로 "원래는 존재하지 않았던 것이 생겨남"을 의미한다. 오늘날 흔하디 흔한 기계류가 당시에는 최초로 등장했다는 말이다. 마치 최초의 농경기술의 출현이 정치, 경제, 사회, 문화, 계급 질서 등에 지각변동을 가져왔듯이, 기계는 사회 전반에 변화를 예고했다. 컴퓨터와 인터넷이 현대의 세상에 일으킨 지각변동처럼 공장의 기계는 단순한 기계 이상의 것을 의미했던 것이다.

우선 공장들이 생겨났다. 노동자는 예전처럼 각자의 삶의 터전에서 혼자 작업 전체를 도맡지 않게 되었다. 대신 기계설비가 갖춰진 공장으로

---

161 Christ Harman, *How Marxism Works* (London: Bookmarks Publications, 1979), p.18, https://www.marxists.org/archive/harman/1979/marxism/

이동하여 각각 전체 작업의 일부분을 담당하게 되었다. 소위 분업 시스템이라는 것인데, 이 방식은 수공업자들이 종전에 원시적 물레나 직기 따위의 도구로 생산해내는 것보다 훨씬 더 질 좋은 상품을 더 빨리, 더 많이, 더 값싸게 생산할 수 있게 해줬다. 그런데 공장 한복판에 놓인 기계들은 매우 비쌌기 때문에 아무나 들여놓을 수 없었다. 주로 자본력을 가진 부르주아만이 그런 설비들을 갖추고 공장을 운영할 수 있었다.

봉건제 사회의 영주와 귀족들에게 토지가 생산도구였다면, 이들 신흥 부르주아 계층에게는 기계, 공장, 광산 등이 그것이었다. 이것의 의미는 사회의 주요 생산 도구를 소유·통제하는 세력이 봉건 영주, 성직자, 귀족에서 자본가로 바뀌었음을 뜻한다. 곧 부르주아가 사회의 중추 산업들을 선점하면서 사실상 사회적 관계 전반에서 주도권을 쥔 것이다. 자본주의는 신분제의 굴레로부터 벗어나고자 했던 부르주아의 소망을 실현시켜 줬다. 더 나아가 자기들을 중심으로 한 새로운 피라미드를 구축할 수 있게 해주었다. 그 모든 것이 생산 양식의 변화로 인해 가능했다.

하지만 부르주아들에게는 아직 해결해야 할 문제들이 많이 남아 있었다. 일례로, 공장에서 일해줄 노동자들이 더 많이 필요한데, 노동력은 대부분 토지·영주에게 예속되어 있었다. 그들을 도시로 이주시킬 필요가 있었다. 부르주아 계층은 자신들을 가로막고 있는 규제들을 하나씩 하나씩 제거해나갔다. 예를 들면 재산의 세습을 없앴을 뿐 아니라 토지를 매매 대상으로 만드는 식으로 당시의 지배계급인 귀족의 특권들을 폐지했다. 대신 자유 경쟁 속에서 누구나 어떤 산업이든 마음대로 진출할 권리를 갖게 했다. 자유경쟁의 도입은 자본 소유자에게 결정적인 힘이 실리는 것을 의미했다. 그런 식으로 부르주아는 자본가가 사업을 경영하는 데 걸림돌이 될 만한 요소들이 제거된 사회를 만들어갔다. 덕분에 그들은 사회적 최강자가 되었고 자신들의 시대를 맞이했다. 마르크스는 『공산당 선언』에서 이들이 한 일에 대해 다음과 같이 썼다.

부르주아는 백 년도 채 안 되는 지배 기간에 과거의 모든 세대가 만들어 낸 것을 다 합한 것보다 더 엄청나고 더 거대한 생산력을 만들어냈다. 자연력의 정복, 기계 장치, 산업과 농업 분야의 화학 응용, 기선, 철도, 전신, 세계 각지의 개간, 운하 건설, 마치 땅에서 솟아난 듯한 폭발적인 인구 증가 — 이런 생산력이 사회적 노동의 품에서 잠자고 있었다는 사실을 앞선 어느 세기가 예감이나 했겠는가?

우리는 이제 알게 되었다. 부르주아를 양성한 토대인 생산 도구와 교환 수단은 봉건사회 안에서 생성되었다. 이 생산 및 교환 수단이 어느 일정한 발전 단계에 이르자, 봉건사회에서 생산과 교환이 이루어지는 조건, 즉 봉건적인 농업 및 제조업 조직, 한마디로 말해 봉건적인 소유관계가 이미 발전한 생산력과 더는 양립할 수 없게 되었다. 생산력을 가로막는 무수한 족쇄들이 되어버린 것이다. 이러한 족쇄들은 깨뜨려져야 했고, 깨뜨려지고 말았다.

그 대신 자유 경쟁과 이에 걸맞은 사회제도와 정치제도 및 부르주아 계급의 경제적·정치적 지배가 들어섰다.

이런 내용은 부르주아의 계급투쟁 성공담이나 다름없다. 전통적인 봉건제 사회에서 기존 체제의 한계를 뛰어넘어 우두머리 세력으로 성장한 부르주아 계층의 이야기 말이다. 그래서인지 자본주의 사회의 부르주아는 봉건제 사회의 귀족과 매우 다른 계층처럼 보이고, 이들이 선호하는 가치관도 매우 다르다고 생각할지 모른다.

그런데 두 계층은 한 가지 흥미로운 공통점을 갖고 있다. 양쪽 모두의 가치관을 지탱하는 원리가 같다는 것이다. 다음 두 가지다. 첫째, 사회가 피라미드 구조로 조직되고 유지되어야 한다는 데 동의한다. 둘째, 그 꼭대기에 자기들이 앉는 데 유리한 방식을 고수한다. 결국 양쪽 모두 자신들이 피라미드 지배층으로 남을 수 있는 조건을 지키거나 창출하려 한 것이다.

봉건제 사회에서 강자는 농지 소유자이지만, 자본주의 사회에서의 강자는 자본 소유자이다. 그러므로 귀족의 입장에서는 변화를 부정하고 전통을 계승하는 게 강자로 남는 길이고, 부르주아 입장에서는 반대로 변화를 수용하고 자유 경쟁을 도입하는 게 강자가 되는 길이다. 물론 귀족과 자본가가 겹치는 경우도 있었기는 하지만 말이다.

거시적으로 보수와 진보를 가르는 한 가지 기준은 '피라미드 질서를 지키려 하느냐' 아니면 '그것을 허물고 수평적 질서를 세우려 하느냐'에 있다. 그런데 피라미드 질서를 지키려 한다는 점은 구체제의 귀족층이나 신흥 부르주아 계층이나 하등 다를 게 없다. 각자 자신들이 그 피라미드의 상층부에 남으려 한다는 점만 다를 뿐이다. 그런 점에서 결국 양측 다 보수적 특권층이기는 마찬가지이며, 전자를 전통적 보수라고 한다면 후자는 신흥 보수에 해당한다고 할 수 있다.

그런데 마르크스는 다음번에는 프롤레타리아 계층이 부르주아 계층을 누르고 세상의 주인이 될 거라고 주장했다. 그 근거는 대체 무엇일까? 어떻게 해서 프롤레타리아 계층이 언젠가 자신들을 중심으로 새로운 사회 질서를 구축할 날이 오리라는 것일까? 또한 왜 그 형태는 공산주의 사회가 될 거라고 말했을까? 그의 주장은 봉건제 하의 사회 내부에서 발생한 계급 간 대립적 갈등으로 인해 투쟁이 발생했고, 거기에서 승리한 부르주아가 세상을 지배했듯이, 부르주아 자본주의 사회 내에 발생하는 계급 간 대립적 갈등으로 인해 또다시 투쟁이 발생할 것이고, 거기에서 프롤레타리아가 승리함으로써 더 이상 계급 없는 세상을 만들고 유지하리라는 것인데, 도대체 어떻게 그런 일이 가능하다는 것일까?

부르주아 계층과 프롤레타리아 계층이 공생적 관계라면 계급투쟁은 일어나지 않을 것이다. 그러나 유감스럽게도 두 계층의 이해관계는 대립적이다. 자본가의 이윤과 자본의 축적이 늘어나면 노동자의 임금도 비례해서 늘어날 거라 기대할지 모르지만 현실은 그렇지 않다. 자본주의 원리상 임금을 높이면 이윤이 줄어들고, 임금을 줄이면 이윤이 늘어나도록 되어 있다. 사실 자본가는 노동자가 생존을 이어가고 종족번식을 하는 데 필요한 최소한의 생활수준까지만 제공한 채 이윤을 극대화하기를 원한다. 이는 실제로 근대 산업자본주의 하에서 벌어진 현실이었다. 오늘날에도 저임금 노동력에 의존하는 산업현장에서는 여전히 똑같은 일이 일어나고 있다.

자본가가 모두 악덕 업주라서 그런 것은 아니다. 보다 근본적인 원인은 근대 산업자본주의 자체의 속성에서 나온다. 구체적으로 설명해보자. 봉건 영주는 농노가 생산해 가져온 고기, 빵, 치즈, 와인 등을 직접 먹고 살았다. 하지만 자본가의 사정은 다르다. 노동자가 생산한 물품을 소비자에게 판매한 수익으로 살아간다. 그러므로 시장 원리에 종속되어 있는 처지이다. 경쟁이 심하지 않다면 괜찮겠지만 현실은 그렇지 않다. 하루가 다르게 기계 문명이 발전하는 산업혁명 속에서 경쟁에서 살아남으려면 가능한 한 값싸게 대량생산을 해야 하는 압력에 쫓긴다. 마르크스는 『공산당 선언』에서 이를 "자기가 주문으로 일깨운 지하 세계의 힘을 제어할 수 없게 된 마법사와 같다"고 비유했다.

예를 들어 내 공장에서 면직물을 일정 수량만큼 생산하는 데 10시간이 걸렸다고 치자. 옆 공장에서 같은 수량의 면직물을 생산하는 데 5시간밖에 안 걸렸다면 어떻게 될까? 나는 기계를 돌려봤자 물건을 팔 수 없다. 경쟁 공장에서 비용을 반으로 줄인 셈인 만큼 우리보다 더 낮은 가격으로 물량 공세를 퍼부어 시장을 싹쓸이할 터이기 때문이다. 그렇다고 나도 가격을 낮춘다? 그러면 이윤이 남지 않게 된다.

자본가는 시장 시스템에서 자유롭지 못하다. 항상 경쟁 공장보다 낮은 가격을 유지하기 위해서는 노동생산성을 올려야 한다. 막대한 돈을 투자해서 기계를 업그레이드해야 하고, 속히 더 많은 자본을 축적해야 한다. 높은 마진율을 유지해야 하고, 그러려면 노동자의 임금을 가능한 한 최저로 낮출 필요가 있다.

자, 이렇게 해서 막대한 자금을 설비에 투자했다고 치자. 이제 높은 노동생산성으로 엄청난 양의 물건을 생산할 수 있게 되었다. 문제가 다 풀렸을까? 그렇지 않다. 엄청나게 늘어난 생산량을 사줄 소비자가 존재해야 한다. 만약 소비자들이 물건을 다 사주지 못한다면? 도산의 위험이 기다린다. 그러므로 설비 투자에 거는 판돈이 커질수록 생산성은 증가하겠지만 동시에 위험성도 커지게 된다.

문제는 물건을 사줘야 할 소비자의 절대다수가 임금노동자라는 사실이다. 그들의 임금은 최저 수준으로 유지된다. 그들은 자신의 노동력을 투입해서 산출된 그 많은 물건을 다 소비해줄 형편이 못 된다는 의미이다. 결국 문 닫아야 하는 공장이 생겨나고 노동자 해고 사태가 벌어지고, 총임금은 또 떨어지고, 그것은 다시 다른 기업들의 줄도산을 낳고……. 그렇게 된다. 그게 소위 '과잉 생산의 위기'라는 것이다.

경제 위기가 닥치면 정치가는 보통 이렇게 말한다. "자본가들이 공장을 짓고 설비 투자를 해서 일자리를 창출해주는 것만이 효과적인 해결책이다." 이는 뭘 모르고 하는 기대이다. 자본가는 '합리적인 이윤'이 보장된다는 확신이 있을 때만 투자를 한다. 이윤이 남을 전망이 보이지 않으면 차라리 돈을 은행에 쟁여둘지언정 투자에 나서지 않는다. 그것이 자본가의 속성이다.

자본가의 유일한 투자 기준은 향후의 경제 상황이다. 전망이 좋아 보일 때는 앞다퉈 투자하고, 건축 부지를 알아보고, 기계를 들여놓고, 지구 끝까지 뒤져서라도 원자재를 확보하고, 임금을 더 주고서라도 숙련된 노동력을 구하려 한다. 바로 그런 시기를 일컬어 '경제 붐'이라고 한다.

하지만 그 과정에 부지, 원자재, 숙련 노동력에 대한 경쟁은 치솟기 마련이고, 자연스럽게 물가는 상승하고, 이윤 폭은 하향세를 보이기 시작한다. 그런 추세는 더 이상 이윤을 남기기 어려울 때까지 지속된다. 그러면 결국 어떻게 될까? '경제 붐'은 다시 '경제 슬럼프'로 바뀐다. 공장은 하나둘씩 문을 닫기 시작하고, 위기가 기계 및 원자재 산업들로 확산되고, 다른 노동자들마저 일자리를 잃는다. 그 결과 여타 산업의 상품에 대한 노동자들의 구매력이 감소한다. 이런 식으로 해서 자본주의는 정기적으로 과잉생산의 위기를 만들어낸다. 이른바 공황이다. 이것이 마르크스가 말한 자본주의 내적 모순의 단면이다.

마르크스는 시간이 지나면서 거시적으로 이런 위기가 악화되리라 예측했다. 그 과정에 부르주아와 프롤레타리아 간의 이해관계의 대립으로 인해 계급 간 갈등이 고조된다고 주장했다. 한쪽은 착취자 입장에, 그리고 다른 한쪽은 피착취 입장에 놓이게 되기 때문이다.

그러면 마르크스가 이 두 계급 간의 투쟁에서 프롤레타리아가 승리할 거라고 전망한 근거는 무엇일까? 어째서 프롤레타리아가 부르주아에 뒤이어 부상할 새로운 다크호스라는 것일까? 그것은 바로 산업의 발전과 더불어 수적으로도 엄청나게 증가할 뿐만 아니라, 대도시에서 조직적으로 모여 있게 되므로 그 어느 때보다 자신들의 동질성을 의식하고, 계급의식에 눈뜨고, 힘을 자각하고, 단결하기 좋은 조건을 갖고 있기 때문이다. 게다가 마르크스가 『공산당 선언』에서 사용한 표현을 그대로 빌리면 "철도와 같이 발달된 교통수단으로 인해 현대의 프롤레타리아는 중세의 도시민들이 수백 년에 걸쳐 이룩한 단결을 불과 몇 년 만에 이룩하기"[162] 때문이다. 이들은 사회의 압도적 다수를 구성하는 만큼 언젠가 "자신의 강한 팔로 모든 바퀴를 멈추게 할" 힘을 갖게 될 것이다. 다수가 연대하면 힘이 막강하게 커질 거라는 말이다. 이 모든 것은 자본주의 체제가 필연적으로 배태할 수밖에 없는 요소이다. 부르주아를 양성한 토대인 생산 교환 수단이 봉건사회 안에서 생성되어 우세해졌듯이, 프롤레타리아를 양성한 생산 교환 수단이 자본주의 사회 안에서 생성되어 우세해지고 있다는 것이다.

그 사회가 공산주의일 수밖에 없는 이유에 대해서는 이렇게 설명한다.

프롤레타리아는 자기 자신이 속해 있던 기존의 소유권 획득 양식을 폐지하고, 나아가 지금까지 존재한 다른 모든 소유권 획득 양식을 폐지하지 않고서는 사회적 생산력을 장악할 수 없다. 프롤레타리아는 자기 것으로 보호하고 강화할 만한 게 아무것도 없으며 그들의 사명은 지금까지 사적 소유를 보호하고 보장해온 일체의 장치를 파괴하는 데 있다.[163]

---

162 Marx & Engels, *Manifesto of the Communist Party*, 1848, https://www.marxists.org/archive/marx/works/1848/communist-manifesto/ch01.htm#007

163 Marx & Engels, *Manifesto of the Communist Party*, 1848, https://www.marxists.org/archive/marx/works/1848/communist-manifesto/ch01.htm#007

근본적인 발상은 부르주아의 소유 형태가 이전의 봉건적 소유 형태와 마찬가지로 또 다른 계급 피라미드를 구성하게 만드는 원리이므로, 그런 식의 소수의 다수에 대한 착취 구조는 그만 철폐하고 그 자리에 진정으로 수평적인 새로운 질서를 세워야 한다는 것이다.

또한 계급 피라미드는 국가나 민족을 구성단위로 하므로 국가나 민족이라는 개념은 계급 피라미드를 허무는 데 있어서 가장 결정적인 장애물이자 위협적 요소이다. 그러므로 언젠가는 그러한 개념들도 벗어던지는 게 필요하다. 다시 말해, 국가나 민족 상호 간의 적대를 종식시키고 노동계급끼리 국제적 연대를 해야 한다.

마르크스와 엥겔스가 언젠가 사유재산이 폐지된 세상이 올 거라고 예측하는 데에는 또 다른 이유가 있다. 이들은 인간의 궁극적인 소망이 자아실현이라고 믿었다. 자아실현이란 각자 개인의 잠재적 소질을 개발하고 개성에 맞는 활동을 하는 가운데 성취감을 느끼는 것인데, 그것은 물질에 대한 예속으로부터 해방되어야만 경험할 수 있으리라고 본 것이다. 이들이 꿈꾸는 이상적 사회의 단면은 다음과 같다.

공산주의 사회에서는 누구도 생업을 위해 꼭 독자적인 영역에 구속되어야 하는 게 아니므로 각자 원하는 분야에서 원하는 바를 성취할 수 있다. 사회가 생산 전반을 통제하고 있기 때문에 내가 오늘 이 일을 하고 싶으면 이 일을 하고, 내일 저 일을 하고 싶으면 저 일을 하는 게 가능하다. 그러니까 반드시 사냥꾼이나 어부, 목동, 비평가가 되지 않고도 마음 가는 대로 아침에는 사냥을 하고 오후에는 낚시를 하며 저녁에는 가축을 치고 저녁을 먹고 난 후에는 평론을 쓰며 지낼 수 있는 것이다. 비록 지금까지의 역사 발전 동안에는 그런 식의 사회 활동이 고착화되어왔었지만 말이다. 다시 말해 우리가 생산해낸 것이 우리의 통제에서 벗어나 어떤 권력을 가진 실체가 되어 우리 위에 군림하고, 그럼으로써 우리의 예상이나 기대를 좌절시켜왔었다.[164]

하지만 봉건제의 경우도 수천 년간 지속된 끝에 자본주의 시스템에 무대를 내어주고 퇴장한 만큼 공산주의 사회가 도래한다고 해도 그 시기가 몇 백 년 뒤가 될지 아니면 몇 천 년 뒤가 될지는 알 수 없는 일이다. 그 사이에 다양한 사회주의적 정책들은 — 실제로 북유럽을 비롯한 여러 나라에서 도입해 실행하고 있듯이 — 더 확대되어갈 수도 있겠지만 말이다.

마르크스주의는 왜 인기를 끌었을까?

우리가 마르크스주의의 영향력과 비판적 논의를 하기에 앞서 짚고 넘어가야 할 사항이 몇 가지 있다. 하나는 마르크스가 19세기의 인물이라는 것이다. 비록 그가 20세기를 완전히 바꿔놓았을 뿐 아니라 아직까지도 영향력을 발휘하고 있기는 하지만, 그렇더라도 마치 한때 획기적이었던 프로이트Sigmund Freud, 1856-1939도 오늘날의 심리학적 지평에서 보면 구시대의 인물로 느껴질 때가 있듯이, 마르크스는 지난 세기의 사람일 수밖에 없다. 특히 역사철학적 측면에서 마르크스의 사고를 특징짓는 틀은 명백히 19세기적이다. 예를 들어, 역사를 유물론적으로 바라본 것은 당시로서는 획기적이었지만 헤겔식의 결정론적 사고決定論, determinism(과거의 원

---

164 Marx & Engels, *The German Ideology*, 1932, https://www.marxists.org/archive/marx/works/1845/german-ideology/

인이 미래의 결과가 되며, 이 세상의 모든 사건은 이미 정해진 곳에서 정해진 때에 이루어지게 되어 있었다는 이론)의 틀을 벗어나지는 못했다. 결정론적 사고가 그의 역사관의 기본 전제로 깔려 있었다는 사실은 매우 중요한 결점이다. 이 점에 대해서는 뒤에서 좀 더 상세히 알아볼 것이다.

또 한 가지는 마르크스주의가 오랫동안(심지어 아직까지도) 순수한 학술적 이론이나 예측으로 남을 수 없었다는 점이다. 마르크스주의는 러시아의 공산주의 정권의 손아귀에 들어가 이념적 도구로 채택되었고, 이후 공산주의 체제와 경쟁관계에 있던 자본주의 체제와의 냉전이 시작되면서 냉전 이데올로기에서 벗어날 수 없었다. 한때 매카시즘McCarthyism(1950년부터 1954년까지 미국을 휩쓴 공산주의자 색출 열풍)의 광기가 불거졌을 정도로 심각한 때도 있었을 뿐 아니라 이후로도 오랫동안 마르크스주의는 거의 금기어나 다름없었다. 2008년 세계경제위기 이후 급속히 재부상한 마르크시언 학자 중 한 명인 울프Richard Wolff, 1942- 박사의 진술에 따르면, 그가 수학했던 예일 대학교Yale University, 하버드 대학교Harvard University, 프린스턴 대학교Princeton University, 세 곳 모두에서 경제학 필수 과목에 마르크스 경제학이 들어 있지도 않았을 정도이다. 미국과 같은 선진국에서조차 그것은 우리나라의 '빨갱이', '종북' 못지않은 저주의 딱지이기도 했다. 그런 만큼 마르크스주의에 대한 여러 논의는 보이지 않는 가운데 냉전 이데올로기적 프리즘을 거치면서 묘한 보호색을 띠고 있기 일쑤였다.

하지만 이제 우리는 마르크스주의가 인기와 비판을 얻게 된 요인들을 보다 객관적으로 바라볼 수 있게 되었다.

마르크주의 도식

마르크스주의가 대중적으로 인기를 끌 수 있었던 데에는 간단한 도식으로 정리되어 유통된 덕이 크다. 좀 더 간편한 분석을 돕기 위해 도식화된 마르크스주의의 핵심 내용을 다음과 같이 정리해봤다.

(1) 역사는 변증법 원리에 따라 움직인다.

(2) 그것은 사회 내 모순으로 인한 계급 간 갈등을 통해 드러난다.

(3) 계급투쟁에서 아래 서열이 승리함으로써 갈등을 해소한다.

(4) 부르주아가 귀족을 물리치고 승리했다.

(5) 현재 자본주의 사회에 프롤레타리아와 부르주아 간의 계급 간 갈등이 존재한다.

(6) 언젠가는 이 계급투쟁에서도 역시 아래 서열인 프롤레타리아가 승리할 것이다. 그렇더라도 프롤레타리아의 승리를 위해 의식적으로 노력하는 일은 필요하며, 그것은 역사적 행진과 보조를 같이하는 것이다. (프롤레타리아가 승리하는 이유는? 『자본론』에서 상세히 설명한 바와 같다. 언젠가 자본주의가 발전하면 물질적으로는 충분히 풍요로워짐에도 불구하고 자본주의 자체적 모순으로 인해 심각한 부의 불평등과 양극화에 빠지고 그 상태에서 프롤레타리아가 생산 활동의 중요한 축을 형성하고 있는 절대적 다수로서 계급의식에 눈을 떠 협력한다면 막강한 힘을 발휘하여 승리할 수밖에 없다.)

(7) 계급투쟁의 원인이 되는 계급이 사라진다. 따라서 역사도 변증법적 움직임을 멈추고, 그 후에는 매우 평등한 유토피아적 공산주의 사회에서 모두모두 행복하게 살아가게 될 것이다. (어떻게? 프롤레타리아는 공산주의를 채택하는 것이 부르주아적 소유 양식으로부터 해방하는 길이므로 공산주의를 실시함으로써 더 이상 계급이 없는 사회를 만들 것이다.)

유토피아적 비전

마르크스가 『자본론』에서 보여준 자본주의에 대한 비범한 분석도 사람들에게 큰 영향력을 끼쳤지만 뭐니 뭐니 해도 그의 가장 큰 파급력은 위의 (7) 항목, 즉 언젠가 모두가 평등한 사회가 도래할 것이라는 유토피아적 비전을 제시한 데서 나왔다고 생각한다. 물론 (6)과 (7), 즉 "계급투쟁에서 프롤레타리아가 승리할 것이다"와 "그 후 매우 평등한 유토피아적 공산주의 사회가 도래할 것이다" 사이에는 엄청난 비약이 존재한다.

그럼에도 (7)의 메시지가 강력한 울림을 준 이유는 유토피아에 대한 메시아적 희망의 메시지였기 때문이다. 한 계급이 다른 계급을 억압하고 착취하는 시스템이 사라져 더 이상 투쟁이 없는 사회가 도래하리라는 마르크스의 미래 전망은 다수의 피지배 계층의 소망과 일치했다. 따라서 한 줄기 희망의 복음으로 받아들여질 만했다.

게다가 마르크스가 말하는 미래의 사회상에는 인간이 궁극적으로 원하는 삶이 어떤 삶인가에 대한 이해도 담겨 있다. 모든 물질적 예속으로부터 벗어나 자아실현과 자기완성과 같은 인간다운 욕구를 충족시킬 수 있는 조건 속의 삶 말이다. 마르크스의 이러한 비전과 함께 어렴풋이 암시된 공산주의 사회는 새로운 버전의 천국과도 같다. 그 때문에 사람들은 마르크스 자신의 의도와 관계없이 특히 공산주의 비전에 대해 종교에 가까운 열광을 보낸 측면이 있다.

종교에서 말하는 천국과 마르크스의 공산주의 비전에는 한 가지 공통점이 있다. 둘 다 막연한 유토피아로 그려졌다는 것이다(정작 마르크스가 강조하고 싶었던 것은 공산주의 비전이 아니라 민주주의, 프롤레타리아의 권력 쟁취 등이었지만 대중은 유토피아적 비전에 시선을 집중했고 열광했다). 사실 천국을 구체적으로 상술해놓은 종교는 어디에도 없다. 그저 수

●●● 마르크스가 제시한 "언젠가 모두가 평등한 사회가 도래할 것"이라는 유토피아적 비전이 가
장 강력한 울림을 준 이유는 유토피아에 대한 메시아적 희망의 메시지였기 때문이다. 한 계급이 다
른 계급을 억압하고 착취하는 시스템이 사라져 더 이상 투쟁이 없는 사회가 도래하리라는 마르크스
의 미래 전망은 다수의 피지배 계층의 소망과 일치했다. 따라서 한 줄기 희망의 복음으로 받아들여
질 만했다. (출처: Public Domain)

사적이고 상징적인 표현들을 사용해 인간이 지극한 행복을 느끼며 살 수 있는 어떤 곳을 막연히 상정해놓았을 뿐이다. 그런 상태에서 그곳으로 가려면 어떻게 '행동'해야 하는지에 관한 준칙이나 규범을 강조할 뿐이다. 많은 사람들은 천국이 구체적으로 어떤 곳인지 알 수 없음에도 그곳으로 가길 열망하고 희구한다. 공산주의 비전을 대하는 태도도 이와 상당히 유사하다. 사실 마르크스가 말하는 공산주의 사회 역시 어느 정도의 논리적인 추론과 소망이 뒤섞인 상상 속의 세계에 불과하다. 그것은 막연히 이상적인 유토피아로 그려진 것이다.

하지만 설사 정말로 그런 사회가 도래할 가능성이 있다 해도 그 속에는 당연히 이런 전제가 숨어 있다. 즉, 그런 사회는 그 사이에 닥쳐올 무수히 많은 미지의 변수, 난제, 도전 따위를 극복한 후에 기대할 수 있는 무수히 많은 경우의 수 중 하나일 뿐이라는 것이다. 본래 미래란 그런 것이다.

하지만 **유토피아나 이상적인 사회에 대한 비전이 가진 힘은, 그 모든 것을 초월해 사람들의 마음을 먼저 끌어당긴다는 데 있다. 그 이유는 그것이 사람들의 욕망과 소망의 대상이기 때문이다.**

직선적 · 목적론적 세계관

마르크스의 사상에는 헤겔Friedrich Hgel, 1770-1831, 포이에르 바하Ludwig Feuerbach, 1804-1872, 찰스 다윈 등 많은 사람들로부터 받은 영감이 혼합되어 있다. 특히 마르크주의의 대전제라고 할 수 있는 앞의 (1) 항목, 즉 "역사는 변증법 원리에 따라 움직인다"는 부분은 헤겔의 결정론적 역사관에 기반을 둔 것이다. 헤겔은 세계가 절대정신에 의해 만들어졌으며, 세계의 역사는 바로 이 절대정신이 세상만물 특히 인간을 통해 자신의 완전한 모습을 점차적으로 드러내고 구현해가는 과정이라고 믿었다. 다시 말해, 세계는 어떤 특정한 방향으로 나아가도록 미리 정해져 있다는 것이다. 이것이 이른바 관념론적 변증법 이론에 담긴 내용의 일부분이다.

좀 더 넓게 보면 헤겔의 이러한 사상은 기독교적 창조론의 연장선상에 있다. 그것은 인간 외부에 신이 존재하고 그 신이 자신의 뜻에 따라 인간과 세상을 창조하여 움직이고 있으며 그 움직임의 맨 끝에는 인간이 기꺼이 도달해야 할 천국이 존재한다는 발상이다. 창조론에는 시공時空의 시작과 끝이 전제된다. 논리적으로 그럴 수밖에 없다. 누군가로 인한 시작점이 존재한다는 명제 속에는 이미 그 누군가로 인한 종료점이 존재할 수 있다는 의미가 내포되어 있다. 그러면 맨 끝 지점에는 뭐가 기다리고 있을까? 기독교적 전통에서는 그곳을 천국 아니면 지옥으로 묘사했다. 이 모든 것은 직선적이고 결정론적 세계관이자 역사관을 반영한다. 어떻게 보면 마르크스가 상상한 유토피아적 공산주의 사회는 그 천국의 세속 버전에 해당한다.

시간의 맨 처음과 끝에 있는 것이 뭐라고 믿었든 대부분의 서양인은 알게 모르게 직선적 역사관의 유산에서 벗어나는 데 어려움을 겪었다. 그중에는 헤겔도 예외가 아니었으며, 헤겔의 영향을 받은 마르크스 또한 마찬가지였다. 그의 머릿속에도 '인간 외부에는 어떤 불변의 법칙이나 원리가 존재하고, 세상은 그것에 따라 움직이며, 역사는 유토피아라는 종점에 이르러 멈추도록 미리 정해져 있다'라고 하는 관념이 선입견으로 자리 잡고 있었던 것이다.

또한 마르크스는 동시대인이었던 다윈의 진화론을 접한 후 진화론이야말로 자신의 결정론적 역사발전이론을 뒷받침하는 또 하나의 증거라고 생각했다. 지구상의 생명체는 낮은 단계에서 더 높은 단계로 진보하며 진화한다는 가설을 입증한 게 다윈의 진화론이라고 믿었던 것이다. 그러나 정작 다윈의 진화론은 목적론이나 결정론과는 거리가 먼 것이다. 오늘날에는 진화란 아무것도 미리 결정된 바 없고 아무런 목적도 없는 상태에서 생물이 임의대로 환경에 적응한 결과 생겨난 현상이라는 데 이견이 없다.

하지만 마르크스가 제시한 변증법적 역사관과 현실 버전의 천국, 즉 유토피아적 공산주의 사회는 이러한 직선적이고 목적론적인 세계관을 가진 서양 사람들의 마음속에 상당히 설득력 있고 과학적인 이론으로 비춰질 수 있었다.

인간 세계 내에서 어느 정도 직선적인 패턴과 인과관계가 발견되는 것은 사실이다. 오랜 진화 끝에 인류는 그러한 경험적 지식을 선험적 이성이라는 형태로 두뇌에 축적해놓았다. 그 산물 중 하나가 수학적 능력이다. 수학적 원리들이 우리의 경험적 세계나 이성에 부합하지 않았다면 수학은 성립할 수 없다. 수학이 존재하는 이유도 실은 그 때문이다.

하지만 수학은 제한적 조건 하에서만 타당한 규칙이다. 모든 상황에서 일관된 규칙이란 존재하지 않는다. 인간 사회의 제반 현상들뿐만 아니라 인류의 역사는 수학적 공식에 들어맞기에는 너무나도 복잡하고 광범하다. 수학은 역사라는 큰 덩어리의 일부가 될 수는 있어도 결코 그 반대가 될 수는 없다.

그럼에도 불구하고 수학적 패턴을 발견하려는 노력은 인간이 시도할 수 있는 가장 빠르고 효과적인 문제해결 방법 중 하나인 것도 사실이다. 따라서 보다 나은 미래를 만들기에 앞서 현재까지의 문제를 진단하기 위해 일차적으로 수학적 접근을 시도하는 것은 자연스럽다. 아마도 그런 시도를 거친 후에는 실제로 현실과 들어맞는 부분은 어디이고, 들어맞지 않는 부분은 어디인지 가려내기가 더 쉬워지고, 그럼으로써 해결책에 더 가까이 접근할 수 있을지 모른다. 그런 점에서 보더라도 모종의 '패턴'을 발견하려는 시도는 분명코 가치가 있다.

마르크스가 한 시도 역시 이런 것이었다. 그의 공산주의 비전은 별다르게 나온 게 아니다. 그가 한 일은 첫째, 과거 역사 속에서 하나의 반복적인 특징(변증법적인 역사 진보 원리)을 찾아내고 그것을 하나의 패턴으로 인식한 다음, 그것을 일직선으로 쭉 늘린 연장선상에 있는 미래에 그 패턴을 투사한 것이다. 그러면 지난번 부르주아 계급이 했던 역할을 이번에는 프롤레타리아 계급이 할 것으로 예상할 수 있고, 그들이 만들 사회는 현재의 사유화된 생산 도구에 기초한 자본주의의 문제점이 근원적으로 제거된 방향으로 갈 것이라고 추정할 때 공산주의 사회가 될 수도 있다는 간단한 상상이 가능하다.

오늘날 우리는 역사의 흐름에 어떤 목적이나 방향이 정해져 있는 것은 아님을 알고 있다(가령 기독교적 믿음체계를 갖고 있지 않다면). 역사가 늘 일직선상이나 또는 일정한 패턴대로 움직인다는 '결정론'은 명백히 잘못되었다. 실제로 마르크스 자신도 중국과 인도와 같은 곳에서 발전했던 대규모 관료제적인 제국들의 경우 인류가 거쳐온 직선적 진보상의 어느 대목에 해당한다고 설명하기 어렵다는 점을 스스로 인정하고, 그러한 제국들의 생산 양식을 '아시아적 생산 양식'이라는 예외적 범주에 넣은 바 있다. 뿐만 아니라 이매뉴얼 월러스틴Immanuel Wallerstein에 따르면, 1930년대 소련의 통치자였던 스탈린은 아시아적 생산 양식이라는 개념이 과거 러시아뿐만 아니라 당시의 소련에까지도 적용될 수 있다는 것을 알게 된 후 공식적인 토론에서 그 개념을 제거해버렸다.

그렇더라도 역사적 현상 가운데 일부 지역에서 일시적으로나 제한적으로 어떤 패턴에 가까운 특징이나 경향성을 전혀 발견할 수 없는 것 역시 아니다. 그런 경우에는 한정된 범위에서나마 과학적으로 분석 가능한 내적 원리가 논의될 가능성이 있다.

같은 맥락에서, **마르크스가 말한 역사적 패턴에 완벽히 들어맞지는 않더라도**

어느 정도 부합하는 현상이 미래에 전혀 전개되지 않으리라고 단언하기에는 아직 이를 수도 있다.

그 이유는 첫째로, 꼭 공산주의가 아니더라도 어떤 형태로든 정치·경제·사회적으로 좀 더 평등한 사회를 기대하는 많은 사람들이 존재하는 한 그들 스스로 장기적으로 그런 평등한 사회를 만들어가기 위해 애쓰리라 예상할 수 있기 때문이다. 무엇보다도 이러한 내적 요인이 역사의 방향을 결정짓는, 결코 무시할 수 없는 힘이라는 점은 역사적으로 증명되었다.

둘째로는, 인류사 전체를 커버하는 거대한 스케일에서의 변화는 애당초 고작 몇 백 년의 기간을 놓고 논하기 어렵다. 몇 천 년이라 해도 마찬가지다. 또한 미래는 수많은 미지의 변수들이 작용하는 영역이므로 언제나 맞는 예측을 한다는 건 불가능하므로 모든 예측은 어차피 오류의 가능성을 무릅쓰는 행위일 수밖에 없다. 그러나 그럼에도 불구하고 일정한 조건 하에서는 어떤 결과가 나올 가능성이 있다고 가설을 세우고 실제 결과와 비교해보는 일은 인류의 발전에 대단히 큰 공헌을 한다. 그것이야말로 2부에서 말한 '인간 고유 영역'에 속하는 능력이기도 하다.

엄밀히 따지자면, 마르크스가 도서관에 앉아서 지난 역사를 돌아보면서 발견한 패턴을 입증해주는 사례는 고작해야 단 한 번 존재했다. 부르주아가 귀족계급을 물리치고 승리하여 자신들의 세상을 만들었다는 것. 여기에다 자본주의 사회가 돌아가는 꼴을 보니 프롤레타리아의 힘은 점점 커질 수밖에 없는 상황인데 열악한 삶의 처지는 그만큼 점점 더 악화될 공산이 크므로 다음번 계급투쟁에서 프롤레타리아의 승리 가능성을 점쳐볼 수 있다는 기대가 더해졌을 뿐이다. 이 정도만 갖고 앞의 (1)에 나온 바대로 역사는 직선적이고 결정론적으로 진보한다는 전제를 입증할 충분한 근거라고는 할 수 없다.

그렇지만 마르크스 자신은 인간 특유의 직관력으로 역사에 이런 변증법적 원리가 적용될지 모른다는 영감을 받고 흥분했을 것이다. 영감에 의해서든 다른 무엇에 의해서든, 혹은 그 근거가 많든 적든 일단 어떤 미지의 현상에 대해 가설을 세워보고 그것이 맞는지 틀리는지 알아보는 시도는, 거듭 말하지만 과학적 발전의 출발이자 토대임에 틀림없다. 실제로 마르크스의 그런 가설은 어쨌거나 전 세계적인 열광을 불러일으켰고, 어마어마한 역사적 나비효과의 진원지가 되었다. 그렇게 된 이유는 그것이 전 세계의 많은 인간들이 공유한 소망과 일치했기 때문이다. 피라미드식 계급 구조가 사라져 모두가 평등하고 행복하게 사는 사회를 바라는 소망 말이다.

삶의 명확한 목적성 제시

이와 같이 (1)과 (7), 즉 세계의 시작과 끝이 결정되어 있다는 결정론적 세계관과 그 끝 지점에 천국과 같은 유토피아적 세계가 존재한다는 믿음, 그 두 요소의 융합으로 인해 마르크스주의는 사람들에게 명확한 목적성을 제시해주는 효과를 냈다. 마르크스주의는 인간 사회가 총체적으로 어디에서 와서 어느 방향으로 가고 있는지, 역사의 최종 목적지는 어디인지를 알려준 셈인데, 이런 설명은 당시 사람들에게는 대단히 신선했고 설득력이 있었다. 현실을 살아가는 인간에게 세계에 대한 명확성과 목적성은 심리적으로 절실히 요구되는 요소임에 틀림없다. 특히 자본주의 체제 하에서 불평등의 피해자 처지에 놓인 사람들에게 공산주의 비전은 실현 가능한 단계적 로드맵을 상상 속에서나마 그릴 수 있게 해주었다. 비록 언제가 될지는 모르지만 공산주의 유토피아 시대로 조금이라도 다가가기 위해 최소한 그들이 목표로 삼아야 할 다음 단계는 무엇이며, 거기로 가기 위해서 어떤 행동을 해야 할지를 알려주었다.

마르크주의는 왜 비판받았을까?

도식화 비판

모두가 평등한 유토피아 사회를 꿈꾸고 그런 사회를 이룩하기 위해 노력하는 것은 인간으로서 자연스럽다. 하지만 앞에서 언급한 (1)의 결정론적 역사관에 (6)의 내용, 즉 프롤레타리아의 승리는 필연이며, 그것을 위해 노력하는 것은 역사적 행진과 보조를 같이하는 일이라는 강한 믿음을 갖는 순간 문제가 생길 수 있다. 그러한 믿음이 충분한 과학적 근거에 기반을 둔 것이 아님에도 불구하고 그것을 절대적 당위(혹은 진리)로 여기는 순간 교조적으로 흐를 위험이 있기 때문이다.

앞서 말했듯이 마르크스는 사회적 문제에 가치중립적인 태도를 취하지 않았다. 『공산당 선언』과 같은 글은 그 목적부터가 학술적이기보다는 정치적이었다. 당시 마르크주의에 공감한 독자들도 마찬가지였다. 역사의 흐름상 공산주의 사회가 필연적으로 도래하리라는 비전을 믿고 희망을 품은 이들에게는 그곳이 가도 그만 안 가도 그만인 곳이 아니라 꼭 가야만 하는 목적지가 된다. 그리고 그곳을 향한 한 걸음 한 걸음마다 의미가 부여된다.

특히 '공산주의 운동이 우리의 절박한 삶의 문제를 해결해줄 수 있다'는 믿음이 '권력 쟁취'라는 구체적 목표와 만나는 순간 그것은 투사들의 정치적 도구가 될 우려가 있다. 그때부터 사상은 교조적으로 변질되어, 투쟁에 방해가 되는 것들은 극렬히 반대하고 배격해야 할 적대적 대상으로 비춰지기 쉽다. 그렇게 되면 과학적 반론이나 합리적 비판도 잘 먹히기 어렵다. 사람들의 마음속에 투쟁해야 할 이유가 사라지지 않는 한 투쟁의 무기가 버려지는 일은 없다. 가슴 기저에서 진실로 받아들이는 것은 설사 거기에 웬만큼 결함이 있더라도 쉽게 부정되거나 포기되지 않는 법이다. **인간에게 간절한 소망보다 더한 진실은 없기 때문이다.** 게다가 공산주의 사회의 도래는 워낙 장기적인 문제라서 누구도 과학적으로 논박하기가 쉽지 않은 사안이다.

바로 이런 점으로 인해 열린 논의가 어렵고 그 때문에 쉽게 도그마화되어 권력의 도구로 변질될 가능성이 있다. 도그마가 얼마나 큰 효과를 발휘하느냐는 얼마나 많은 수의 사람들이 그것을 설득력 있게 여기느냐에 달려 있다. 여기에는 두 가지가 작용한다. 하나는 쉽고 단순한 도식일수록 민중을 결집시키는 힘이 커진다는 점이고, 다른 하나는 불충분한 근거와 결함에도 불구하고 어떤 도식이 설득력을 얻느냐 마느냐는 전적으로 사람들의 무지에 달려 있다는 점이다. 오늘날 상식을 가진 사람이라면 앞의 (6)과 (7), 즉 "언젠가는 계급투쟁에서 프롤레타리아가 승리할 것이다"와 "매우 평등한 유토피아적 공산주의 사회에서 모두가 행복하게 살아갈 것이다" 사이에 크나큰 논리적 비약이 있다는 것을 즉각 알아챌 수 있을 것이다. 하지만 그러한 치명적 허점에도 불구하고 마르크스주의 도식은 많은 민중에게 명확한 행동강령을 알려주는 교리문답 역할을 했다. 그 밑바닥에 깔린 결정론적 요소에 대해서 스웨덴의 총리였던 잉바르 카를손Gosta Ingvar Carlsson, 1934-과 스웨덴의 저술가 안네마리 린드그렌Anne-Marie Christina Lindgren, 1943-은 다음과 같이 논평한다.

마르크스주의 내의 이러한 결정론적 요소 — 즉 역사의 발전은 특정한 방향으로 나아가도록 미리 정해져 있다는 생각 — 는 불행하게도 사회주의 사상에 치명적 손해를 끼치게 되었다. 만약에 발전이 이미 예정된 것이라면, 이를 이해하고 따라서 '진리'를 대변하는 사람은 다른 사람의 견해와 판단에 귀 기울일 필요가 없게 된다. 다른 사람들은 당연히 틀렸으며 따라서 하찮은 존재일 뿐이다.

이런 생각이 극단적으로 가면 사상의 자유를 억압하게 된다. '진정한' 노선으로 결정된 것에 대해 반대하는 사람들은 사회의 적으로 낙인찍히게 된다.

모든 결정론적 견해, — 또는 다른 식으로 말한다면 — 좋은 사회에 도달하기 위해서는 우리가 가야만 할 길이 오직 한 가지밖에 없다는 생각을 부추기는 모든 근본주의적 이데올로기들은 말 그대로 비민주주의적이다. 즉, 모든 사람들이 하나의 유일한 방법을 따라야 한다는 요구는 자유로운 토론과 자유선거 속에서 자신들의 정책을 선택할 수 있도록 허용하는 민주주의적 요구보다 우세해지게 된다. 게다가 역사의 진리를 해석하는 데 있어서 지도 계급이 독점했던 이론에만 기반하여 세워진 것이 분명한 소비에트 공산주의에서는 반민주주의적 요소들이 사회를 황폐화시킬 정도로 강해지게 되었다. 그리고 이것은 자유와 평등이라는 사회주의적 가치들과 직접적인 갈등을 빚는, 매우 부정적인 발전을 낳고 말았다.[165]

본성론 비판 – 인간의 본성에 맞지 않으므로 비현실적인 유토피아 이론이다

마르크스주의에서 가장 많은 비판을 받는 부분은 인간의 이기적 본성과 관련이 있다. 생산 도구의 사유화를 철폐하고 경제적 피라미드 구조를 허물기만 하면 자동으로 사람들이 이기적 본능을 억누르고 서로 협력할까?

---

165 잉바르 카를손 · 안네마리 린드그렌, 윤도형 역, 『사회민주주의란 무엇인가』 (서울: 논형, 2009), pp.62–63.

남보다 더 많이 가지려는 욕심을 그냥 포기해버릴까? 생물이 한정된 자원을 놓고 경쟁하는 것은 자연의 이치가 아닌가? 이기심은 인간의 본성이므로 완전히 제거될 수 없는 것 아닐까?

마르크스도 이 점을 잘 알고 있었다. 그 때문에 이렇게 주장했다. 사적 소유 폐지와 같은 혁명은 멋대로 의도한다거나, 어느 한 당파나 계급이 의지를 보인다고 가능한 게 아니다. 정세의 필연적 결과로서 일어나는 것이다. 그러려면 먼저 모든 사람에게 풍족한 물자를 생산할 수 있을 정도로 생산력이 발전한 상태라야 한다. 생산성 높은 자본주의 과정을 거쳐 물질적 풍요가 달성된 후라야 공산주의 시스템이 제대로 작동할 날이 오리라고 생각한 것이다.

그러나 높은 생산성과 물질적 풍요가 존재한다고 해서 인간의 이기적 본성이 사라지는 것은 아니다. 혹여 물질이 대기 중의 공기만큼이나 풍족해진다면 또 모르겠다. 그러나 이제까지의 현실을 볼 때, 물질적 풍요는 남보다 더 많이 갖고 싶어하는 욕심을 없애주기는커녕 오히려 물질만능주의를 더 부추기고 탐욕을 증대시켰을 뿐이다.

마르크스는 인간이 어느 정도의 생활필수품과 사치품만으로도 만족하리라 생각했던 모양이다. 아마도 그로서는 훗날 과학기술의 비약적 발전과 부의 폭발적 증대로 인해 어떤 생활수준과 소비 세계가 펼쳐질지 상상도 하지 못했을 것이다. 하지만 오늘날 시장에 홍수처럼 쏟아져 나오는 상품들을 보면 물질적 수요에 끝이 없음을 확인할 수 있다. 기업들은 TV 광고를 통해 사람들로 하여금 끝없이 더 많은 상품과 서비스를 구매하고, 더 자주 신상품으로 바꾸고, 더 상류 특권층처럼 꾸미도록 이기적 욕망을 자극하고 증폭시킨다. 그 결과, 많은 사람들은 수백, 수천 명을 기아와 질병의 고통에서 구제하고도 남을 금액을 들여가며 취미 삼아 고급

자동차를 수집하거나 호화스런 파티를 열기도 한다. 수백만 달러에서 수천만 달러의 비용을 들인 결혼식과 생일 파티도 줄을 잇는다. 그중 최고 기록은 7,000만 달러(약 700억 원)짜리 결혼식이었다. 또한 남보다 더 많은 부를 소유하기 위해 온갖 착취 수단을 합리화하길 주저하지 않을 사람들도 많다. 그러므로 아무리 풍요로운 사회라 할지라도 더 많은 부를 차지하고자 하는 경쟁과 분배의 갈등은 여전히 남는 문제일 수밖에 없다.

게다가 오늘날 선진국들의 물질적 풍요는 기본적으로 자국민뿐만 아니라 타 국민과의 착취적 관계를 기반으로 달성된 것이다. 따라서 그런 착취적 관계를 지속시키기를 원하는 사람들이 존재한다.

우선 자국민에 대한 착취적 관계와 관련한 예를 하나 들어보자. 2017년 20일 미국 경제 전문방송 CNBC에 보도된 내용인데, 아베 신조安倍晉三 정부의 최초의 과로사 조사 보고서에 따르면, 월간 100시간 이상의 초과 근무를 시키는 기업이 전체의 12%에 달하고 월간 80시간 이상의 시간외 근무를 요구하는 기업은 23%나 되며, 2015년에만 일본에서 2,000여 명이 과로사 등 근무 스트레스로 스스로 목숨을 끊은 바 있다. 이에 대하여 일본 정부가 기업들의 초과 근무 관행에 제동을 걸고 나서자, 독일의 투자은행 도이체 방크Deutsche Bank는 "초과 근무시간을 줄이면 가계 소득과 기업 수익이 감소해 (일본) 경제의 잠재 생산성이 낮아질 수 있다"는 보고서를 발표했다.[166] 가계 소득과 기업 수익이 노동자들의 과로사나 자살을 초래할 정도의 노동을 통해 얻어졌다면 그것은 노동 착취임에 틀림없다. 그럼에도 잠재 생산성을 이유로 내세워 노동 착취 관행이 계속되어야

---

166 "Japan's Move to End 'Death by Overwork' Will Drag Economic Growth: Deutsche Bank", https://www.cnbc.com/2017/02/19/japans-move-to-end-death-by-overwork-will-drag-economic-growth-deutsche-bank.html

한다는 취지의 보고서를 낸 것이다.

그 다음으로 타 국민에 대한 착취적 관계에 대해 말하자면, 오늘날 선진국들의 풍요는 식민제국주의와 신식민주의를 통해 제3세계의 노동력, 원자재, 에너지 자원을 값싸게 취하고 그곳의 시장을 확보했기 때문에 가능했던 것이다. 부가 선진국 자본가들에게로 흘러가도록 판이 짜여 있는 국가 간 다단계 피라미드 구조가 작용한 것이다.

그러므로 아무리 일국의 프롤레타리아 계층의 힘이 증대된다 해도 세계적 자본주의의 기득권층을 이기기란 거의 불가능에 가깝다. 기득권층이 공산주의를 쉽사리 허용할 리는 더더욱 없고, 프롤레타리아 계층의 움직임에 대응하기 위해서 자신들의 힘을 더더욱 증대시키려 할 가능성이 높다. 자본주의는 처음부터 자본가의 이기성을 충족시키기 위한 도구로서 탄생한 것이었다. 이에 대해서는 뒤의 '자본주의의 암적 돌연변이' 장에서 다시 상세히 다룰 기회가 있을 것이다.

결국 마르크스의 공산주의 비전은 한 가지 가정을 전제로 한다. 피라미드 질서를 허물고 나면 그것을 완벽히 대체할 만한 수평적 협력 질서가 곧 생기리라는 것이다.

우리는 2부에서 동물 집단 내의 서열 질서를 힘의 불균형이 존재하는 개체들이 협력을 통해 비록 불공정한 형태로나마 공생효과를 얻을 수 있게 해주는 사회 질서라고 규정한 바 있다. 다시 말해, 그것은 강자가 집단 내에 서열 질서를 강제함으로써 구성원들 간의 갈등을 억제하고 집단적 협력을 촉진하여 사회적 집단의 이점을 얻도록 하는 대신 나머지 구성원들보다 더 많은 보상을 가져가는 형태의 집단적 생존 전략이다.

우리는 프랑스 혁명 때 일시적으로 피라미드 질서를 무너뜨리고 수평적 협력 질서를 세우려는 실험적 도전을 했던 것을 다룬 바 있다. 그때 우리는 수평적 협력 질서라는 것이 얼마나 어려운 미완의 과제인지를 지켜봤다. 절대군주를 밀쳐내고 수평적인 토대 위에 세워진 공회의 상황을 기억하는가? 권력을 독점한 강자가 권위적으로 내리 누르는 압력이 사라지고 나니 그동안 잠재되어 있던 경쟁자들 간의 갈등이 수면 위로 떠올라 혼란이 끊이지 않았다. 언젠가 프롤레타리아가 권력을 잡아 공산주의 체제를 출범시키면 과연 그러한 대혼란과 분열상을 피할 수 있을까? 어떻게 해야 그러한 사태를 막을 수 있을까? 마르크스는 그런 문제까지는 다루지 않았다.

정치적으로뿐만 아니라 경제·사회적 차원에서도 수평적인 사회가 공산주의 이상향이라면 그런 사회는 유사 이래 존재해본 적이 없다. 부의 불평등과 양극화가 심화된 오늘날의 지표들이 그것을 입증한다. 그것은 현실적으로 개인 대 사회, 이기성 대 협력 간에 존재하는 갈등이라는 매우 어려운 장벽을 뛰어넘어야만 가능한 일이다. 구성원 수가 많아지고 다양해질수록 더더욱 어려운 과제일 수밖에 없다.

궁극적으로는 전 세계인의 실질적 평등과 민주주의가 달성되어야만 가능한 일이다. 외부에 위협적인 피라미드 경쟁자가 존재하는 한 이쪽 역시 피라미드 조직 구성으로 대응할 수밖에 없어 체제 경쟁이 불가피하다. 이 때문에 마르크스주의자들도 어디서든 일단 사회주의 혁명이 시작되어야 하겠지만 결코 일국의 경계 안에서는 완성될 수 없다고 한 것이다.

그렇다면 마르크스의 취지에 걸맞은 진정한 공산주의 사회는 어쩌면 인류가 하나의 거대한 초개체가 되어야만 가능할지 모를 일이다. 그런 만큼 앞에서도 말했듯이 (6)과 (7), 즉 "언젠가는 계급투쟁에서 프롤레타리아가 승리할 것이다"와 "그 후에는 매우 평등한 유토피아적 공산주의 사회에서 모두모두 행복하게 살아가게 될 것이다" 사이에는 생물학적 진화가 요구될지 모를 정도로 엄청나게 큰 간극이 존재한다. 그런 점에서 공산주의 비전은 비현실적이라고 하지 않을 수 없다. 적어도 현재의 진화적 단계에서는 인간의 이기성이라는 장벽에 부딪혀 실현이 쉽지 않으리라는 점은 명백하다.

집단 내 다양한 개체들이 서로 협력하는 것은 결코 만만한 일이 아니다. 물론 인간이 사회 속에 살고 있는 한 협력의 기술을 익힐 필요가 있고 실제로 이제껏 많은 시행착오를 거치면서 꾸준히 그러한 기술을 발달시켜온 것은 사실이다. 인류는 과거보다는 상대적으로 긴밀한 상호작용을 주고받으며 사실상 지구 전체를 하나의 초거대 지구촌으로 변모시켰다. 그럼에도 불구하고 전 세계적 협력 뒤에는 여전히 굳건한 서열 질서가 작용하고 있다. 정치, 외교, 경제, 문화적인 측면에서 은연중에 힘의 원리가 작동하고, 지역이나 국가 간 심각한 갈등과 전쟁은 사라지지 않고 있다. 이에 대해서는 뒤의 자본주의 편에서 자세히 살펴보도록 하자.

그렇다고 수평적인 협력 질서란 영원히 불가능하다고 단언하려는 것은 아니다. 협력적 상호작용을 더 발전시켜나가다 보면 몇 백 년쯤 뒤에는 지구촌 전체가 그러한 질서를 통해 보다 평화로워질지도 모른다는 희망 정도는 품어도 괜찮을 것이다. **또 언젠가는 인류가 습득한 협력적 공존 기술 중에 점점 더 많은 부분이 '생물학적' 형태로 저장되어 후손들에게 전수될지도 모른다는 상상조차 못 할 이유도 없다.** 이를테면 수천 년 뒤, 혹은 수만 년 뒤에도 인간이 아직 존재한다면 그럴 가능성은 얼마든지 생각해볼 수 있다.

그런 점에서 '유토피아적'이라는 말은 부정적이기도 하고 긍정적이기도 하다. **인간은 허황되어 보이는 꿈이라 하더라도 그런 꿈을 위해 행동을 변화시키는 존재이다. 실제로 그러면서 무수히 많은 불가능한 일들을 현실로 만들어왔다.** 비행기, 달 탐사, 스마트폰, 장기 이식, 3D 프린터, 인공지능AI 등을 생각해보라. 그렇게 볼 때 유토피아에 대한 꿈을 꾸는 사람이 많다면 그게 무엇이든 그것을 향해 다가가려는 인간의 노력이 전에는 불가능해 보였던 많은 것들을 실현해주리라 믿을 수 있다.

물론 '유토피아를 꿈꾸는 것'과 '이것이야말로 유토피아를 실현하는 방법이라는 특정 주장에 동조'하는 것은 또 다른 문제이다. **이상적인 사회를 만드는 이런저런 방법들보다 더 앞선 요소는 이상적인 사회를 바라는 사람들의 소망 그 자체이며, 그런 소망이 존재하는 한 방법들은 어떻게든 찾아나가게 될 부차적인 것이다. 다양한 형태의 이상적 사회와 그곳에 이르는 수많은 방법론들이 등장하는 가운데 그중 어떤 것이 채택될지는 아마도 자연선택이 결정해줄 것이다.** 자연선택은 해당 방법론들이 각 사회 형태나 충분히 많은 사람들의 소망과 일치하느냐 여부, 그리고 그 시대 사람들의 집단적 이성에 수긍될 만하느냐 여부, 그 두 가지 요소에 따라 사회적 공감과 인정을 획득함으로써 결정될 것이다. 바꿔 말하면, 이상적 사회에 대한 어떤 가설·이론이 당대 사람들의 소망과 일치하고 이성의 범위 내에서 유효하다고 인정될 때, 사람들은 그것을 확대 재생산하고 그런 사회를 만들기 위해 열정을 쏟을 것이다. 그중에 포함되었던 것이 기독교적 천국관이었고, 마르크스주의였다.

뿐만 아니라, 이상적 사회에 대한 과거의 믿음이나 가설들은 새로운 시대의 사람들 사이에서도 공감과 인정을 받을 수 있도록 변신을 거듭하며 진화해왔다. 가령 오늘날의 기독교는 초기나 중세의 모습과 상당히 달라져 있는 모습이다. 지난 세월 동안 수없이 많은 사람들에 의해 가필되고 윤색되고 수정되어온 것이다. 마르크스주의 역시 마찬가지이다. 그것은 여러 변종으로 진화했고, 그중 일부는 멸종하지 않은 채 아직까지 살아 있다. **그 핵심적 이유는 마르크스가 자본주의의 문제를 진단함으로써 인간이 '원하는 삶의 모습'이 무엇인지, 그러한 삶을 살리려면 사회가 어떻게 바뀌어야 하는지 커다란 '방향'을 가리켰는데 그것이 엄청나게 많은 사람의 소망과 일치했고, 또 성찰**

의 기회를 제공했기 때문이다. 그는 인간의 총체적 해방의 비전을 제시했다. 그가 어렴풋이 제시한 이상적 공산주의 사회라는 그림은 인간 존재가 물질적 예속으로부터 벗어나 자유롭고 인간답게 자아실현을 할 수 있는 삶이었다. 게다가 이성적으로도 마르크스주의의 상당 부분이 유효하다고 느끼는 사람들이 여전히 많이 남아 있다. 이것은 왜 마르크스가 제시한 공산주의 내지 사회주의적 해법이 사라지지 않고 나름대로 진화해가며 아직까지도 유효한 선택지로 남아 있는지를 설명해준다. 심지어 공산주의나 사회주의라는 단어가 금기시되거나 부정적인 용어로 쓰였던 미국에서조차 지난 대선에서 자칭 사회주의자인 버니 샌더스^{Bernie Sanders, 1941-} 열풍이 불면서 유럽이나 스칸디나비아 국가들의 사회주의 프로그램에 대한 관심이 고조되었을 정도였다. 이렇듯 인간은 소망이 있는 한 그것을 이루기 위해 능력껏 이런저런 길을 모색해나갈 것이다. 다른 모든 생명들처럼 말이다.

피라미드 지배 도구로 변질된 마르크스주의 ——————

새로운 사상은 새로운 종^種의 씨앗과 같다. 예를 들면 프랑스 혁명의 경우, 비록 그 자체는 비극으로 막을 내렸지만 인류에게 하나의 새로운 씨앗을 남겼다. 그것은 피지배층이 자신들이 원하는 새로운 사회를 설계하고 또 그것을 실현하기 위해 사회를 대개혁하는 게 가능하다는 인식과 희망의 씨앗이었다. 그것은 다시 무수한 사람들의 마음을 거치면서 다양한 사회·경제·문화적 토양에 뿌려져 알게 모르게 여러 변종들을 싹 틔웠다. 그중의 하나가 마르크스주의였다.

마르크스주의와 공산주의 비전이라는 씨앗 역시 주변으로 퍼져나가 뜻밖의 결과를 만들어냈다. 마르크스의 예상과는 달리 미처 자본주의가 발달하지 못한 러시아에서 소련 공산주의 정권의 이데올로기적 도구라는 또 다른 변종을 탄생시킨 것이다. 오죽하면 그 훨씬 이전부터 마르크스 자신이 "그런 게 마르크스주의라면 나는 마르크스주의자가 아니다"라고 말했을 정도였다. 하지만 역설적이게도 그로 인해 마르크스주의는 더욱 폭발적으로 증식되어 더 널리 전파될 수 있었다. 그러고는 다시 동유럽, 중국, 쿠바, 베트남, 북한 등 여러 지역에서 그곳의 현실과 필요에 맞는 더 다양한 변종을 낳았다. 그리고 지구상에 공산주의 체제와 자본주의 체제 간 경쟁 구도가 짜이면서 마르크스주의와 공산주의 정권의 이데올로기 간의 구별은 종종 무시되거나 혼동되었다. 나중에는 공산주의 정권들의 실패가 마르크스주의의 실패와 동일시되기도 했다.

지극히 역설적인 사실은 마르크스주의가 소련이나 동유럽, 중국, 쿠바, 베트남, 북한 등의 공산주의 체제의 손에 들어가면서 원래의 취지와는 정반대의 모습을 띠었다는 것이다. 마르크스주의의 취지는 피라미드 계급 구조를 허물고 수평적인 사회를 건설하는 데 필요한 실질적 조건을 마련하자는 것이었다. 그는 자본주의가 어떻게 피라미드식 착취 시스템을 구축해나가는지를 분석하고, 피라미드를 허무는 열쇠가 경제 시스템의 개혁에 있음을 밝혀냈다. 마르크스가 공산주의라는 미래의 체제에게 기대한 것은 자본주의의 구조적 불평등 문제가 완전히 해결되어 모두가 인간다운 잠재력을 발휘하며 살 수 있도록 보장하는 것이었다. 그리고 『공산당 선언』에서 말했듯이, "개인의 자유로운 발전이 사회 전체의 자유로운 발전을 위한 조건이 되는" 사회였다. 하지만 러시아의 혁명적 분위기 속에서 쿠데타를 통해 들어선 레닌·스탈린 정권은 정반대의 결과를 만들어내고 말았다. 다른 지역에 들어선 공산주의 정권들도 마찬가지였다. 그것은 한마디로 이렇게 요약할 수 있다.

부실화된 기존의 피라미드 체제가 와해될 위기에 처한 곳에서 기존의 것을 대체할 새 피라미드 체제를 구축하는 데 필요한 명분으로 마르크스주의와 공산주의가 이용되었다.

레닌Vladimir Lenin, 1870-1924의 마르크주의에 대한 깊은 이해와 헌신을 고려하건대 그가 궁극적으로 러시아에서 만들고 싶었던 사회가 단지 자신이 그 꼭대기에 앉아 군림할 수 있는 독재적 권력 체제, 즉 또 하나의 피라미드였다고는 보지 않는다. 하지만 결과적으로 그렇게 되었고, 결국 그렇게 될 수밖에 없는 운명이었다고 생각한다. 실제로, 제대로 뜻을 펼쳐보기도 전에 일찍이 죽음을 맞이한 레닌의 뒤를 이은 스탈린Iosif Stalin, 1879-1953은 소련을 피라미드 철권 체제로 완전히 굳혀놓고 말았다. 결과적으로 동유럽, 중국, 쿠바, 베트남을 비롯한 모든 공산주의 국가에 독재 정권이 들어선 것 역시 이와 비슷한 맥락에서 이해할 수 있다.

피라미드를 허물고 수평적 사회 질서를 세우자는 마르크스주의나 공산주의 혁명의 취지에만 비춰보면, 이는 프랑스 혁명에 이은 또 한 번의 실패라고도 할 수 있다.

러시아에서의 혁명의 발생 조건 문제

그러면 왜 그렇게 되었을까? 마치 하층민의 이상향을 제시한 기독교를 로마 황제가 빼앗아 더 가혹한 피라미드 계급 사회의 도구로 변질시켰듯이, 그리고 수평적 사회를 건설하려는 프랑스 혁명이 공포정치로 변질된 채 실패로 끝난 뒤 나폴레옹이 등장해 피라미드를 구축하고 스스로 그 꼭대기에 올라앉았듯이, 경제적 착취 구조를 허물고 수평적 사회를 건설하려 했던 마르크스주의와 공산주의 비전은 왜 또다시 피라미드 정권의 지도자에 의해 이데올로기적 도구로 전락하고 말았을까? 혁명이 성공하기 위한 필수적 조건들 가운데 무엇이 부족해서 실패한 걸까? 프랑스 혁명의 실패와 어떤 점이 비슷하거나 달랐을까? 자연히 이런 질문들이 쏟아진다.

이에 대답하기 위해서 앞서 나왔던 혁명의 발생 조건들을 다시 상기해보자. 첫째, 힘 빠진 권력, 둘째, 폭동을 일으킬 준비가 된 대중, 셋째, 그런 대중에게 일치된 행동 방향을 제시할 사상이 그것이다. 프랑스 혁명 당시 프랑스는 앞의 세 가지 조건을 모두 갖춘 경우였다. 그렇다면 당시 러시아는 이것들을 얼마나 갖춘 상태였을까?

첫 번째 조건이 갖춰져 있었음은 확실하다. 제1차 세계대전이 끝난 뒤 경제의 붕괴와 함께 러시아는 피라미드식 구체제가 사실상 와해된 상태였다. 권력의 힘이 다 빠져 있었다. 그러므로 누가 되었든 어쨌거나 차르Tsar의 권력을 승계할 새로운 세력이 시급했던 때였다. 요컨대, 결국 독재가 발생하기 쉬운 조건 하에서 그리고 독재국가(왕조)의 권력에 공백이 생겨 그것을 메워줄 새로운 권력이 필요할 때 그 새로운 권력을 세우고 유지하는 데 필요한 사상적 도구로 공산주의가 채택된 것이다.

두 번째 조건인 '폭동을 일으킬 준비가 된 대중'은 어떤가? 현상적으로만 말하면 역사적으로 대규모 폭동이 일어난 시기는 공통적으로 심각한 식량문제나 경제악화 문제가 대두될 때였다. 뻔히 예상되는 무력 진압에 '무모하게도' 죽기 살기로 저항하는 이유는 생물학적 기대와 안락범위가 위협받아 이래저래 생존의 위협에 직면했기 때문이다.

보통 그렇게까지 사태가 악화되는 원인은 다음 세 가지로 분류할 수 있다. 인구가 폭증했거나, 자연재해나 전쟁 등으로 식량 생산에 차질이 생겼거나, 아니면 식량이 극도로 불평등하게 분배된 경우이다. 식량이 극도로 불평등하게 분배된 원인은 당연히 사회가 피라미드식 시스템, 즉 소수의 기생적 생활방식을 위해 다수가 착취당하도록 만들어진 구조로 되어 있기 때문이다. 바로 그러한 불평등한 분배가 임계점을 넘으면서 극심한 불만과 분노가 행동으로 표출되는 것이 폭동이다. 폭동은 단순한 필요에서 나온 약탈과는 다르다. 거기에는 공동체 내부의 다른 구성원들을 향한 분노가 끼어 있다. 만약 그 대상이 외부의 집단이라면 폭동이 아니라 전쟁이라 불릴 것이다. 그렇지만 어쨌든 폭동과 전쟁 모두 '생물학적 기대,' 즉 생존의 위협에 대한 반응이라는 점은 본질적으로 같다. 러시아의 경우, 제1차 세계대전을 겪으면서 생존을 위협하는 파국적 경제 상황을 맞이한 데다가 무능한 지배층에 대한 민중의 불안까지 겹쳐지면서 폭동이 일어날 조건이 마련되어 있었다고 볼 수 있다.

그러면 이번에는 혁명 발생의 세 번째 조건, 즉 '대중에게 하나의 통일된 목표와 행동 방향을 제시할 사상'은 당시 러시아에 마련되어 있었는지 짚어보자. 프랑스 혁명의 경우 폭동을 혁명으로 발전시키는 데 필요한 사상적 기반이 존재했다. 계몽주의 사상에서 나온 '만인의 평등이 선이고 정의이다'라는 명분이 그것이었다. 사상은 효과적으로 다수의 민중을 결집시켜 일치된 행동을 이끌어내는 인간 고유의 소통 방식이다. 그것은 무질서한 폭동을 혁명으로 도약시킨다. 그렇다면 러시아에는 폭동을 혁명으로 발전시키는 데 필요한 사상적 기반이 있었을까?

당시 러시아는 유럽 제국주의 피라미드 국가들 간의 토너먼트가 벌어지던 국제 정세 변화에 대응하기 위해서 힘을 가져야만 했고, 그러려면 집단적 결집이 필요한 상황이었다. 보통 그럴 때 가장 손쉬운 전략은 민족이나 인종, 지역에 대한 소속감이나 정서에 호소해 정신적·심리적 결집을 부추기는 것이다. 대표적으로 민족주의 사상이 바로 그런 것이다. 실제로 유럽에는 민족이나 인종을 구심적으로 삼아 피라미드 체제를 강화함으로써 제국주의적 피라미드 경쟁에 대응하려는 바람이 휘몰아쳤다. 그 결과, 유럽 대다수의 국가에 대동소이하게 전체주의적이고 권위적인 체제들이 들어섰다. 그러고는 너도나도 힘닿는 한 최대한 남의 것을 빼앗으려는 영역싸움에 뛰어들었다. 그것이 제2차 세계대전의 배경이었다.

그런데 러시아에서는 민족주의적 응집력이 힘을 발휘하지 못했다. 차르가 제1차 세계대전을 앞두고 수도의 이름을 상트페테르부르크^{Saint} ^{Petersburg}로부터 좀 더 러시아다운 페트로그라드^{Petrograd}로 바꿔가면서까지 러시아 국민에게 민족주의 바람을 일으키려 애를 써보기는 했다. 그러나 열악한 군대가 제1차 세계대전에서 거의 모든 전투마다 대패한 데다가, 러시아 전체가 경제적 대재앙을 맞이하면서 민족주의는 영 맥을 못추었다.

우연히도 바로 그런 상황으로 인해 마르크스주의라는 씨앗이 러시아에 뿌리내리고 싹을 틔울 여지(틈)가 생겼다. 그 틈을 비집고 활동한 사람이 레닌이었다. 레닌이 평생을 바친 역할은 러시아에서 폭동을 혁명으로 발전시키는 데 필요한 사상으로 마르크스주의를 확산시키고자 애쓴 것이다.

문제는 당시 러시아에 이른바 마르크스가 말한 공산주의 국가 건설에 필요한 조건이 무르익지 않은 상태였다는 것이다. 마르크스가 말한 혁명이나 공산주의 사회로의 이행은 자본주의가 어느 정도 발전한 다음 프롤레타리아 계층이 민주적 시민으로서 자본주의의 모순에 눈뜨는 과정을 전제로 한다. 하지만 당시는 그러한 마르크스주의에 공감할 프롤레타리아 계층이 턱없이 '정족수'에 미치지 못한 때였다.

제1차 세계대전 중의 러시아 상황이나 국제 정세로 볼 때 레닌으로서는 자본주의가 자생적으로 발전한 다음 프롤레타리아 계급의식이 성숙할 때까지 기다릴 수 없었을 거라는 점은 쉽게 짐작할 수 있다. 대신 레닌은 전문적인 엘리트 혁명가 조직을 육성해놓은 상태였다. 혁명까지는 아니더라도 쿠데타를 성공시킬 정도의 정족수는 확보해놓은 것이다. 그는 이렇게 결론 내렸다. 마르크스가 말한 대로 언젠가 필요한 과도기를 거쳐야 하겠지만, 우선은 급한 대로 엘리트가 나서서 사회주의 체제를 구축한 다음 나중에 공산주의를 실행할 수 있도록 과도기를 주도적으로 이끌어야 한다는 것이었다.

그 때문에 레닌의 집권을 10월 혁명의 승리로 봐야 하느냐, 아니면 쿠데타로 봐야 하느냐를 놓고 의견이 분분하다. 하지만 당시 러시아에 피라미드 기득권에 대한 광범한 저항운동(농민에서부터 군인, 소비에트 등)이 존재했던 게 사실이고, 또한 거시적 역사 흐름의 관점에서 조망해볼 때 레닌이 피라미드를 허물고 수평적 사회를 건설하려는 혁명 정신을 계승하여 쿠데타를 성공시켰다 정도로 보는 데는 무리가 없을 것이다.

그러나 결과적으로 그는 기존의 차르 피라미드를 밀어내고 당분간 또 다른 형태의 피라미드 체제를 세울 수밖에 없었다. 아직은 레닌의 공산당 체제가 형식적으로뿐만 아니라 내용적으로도 국민의 절대적 합의와 지지 속에서 민주적 방식으로 선택된 것이 아니라 소수의 쿠데타에 의해 들어선 것이었다는 점에서 강력한 중앙집권적 권력을 갖추지 않으면 안 되었을 것이다. 레닌이 차르보다는 더 공공의 선을 목적으로 새로운 피라미드 체제를 운영할 마음을 먹었을 수는 있으나, 피라미드 체제임으로 인해 필연적으로 요구되는 중앙집권적인 — 상황에 따라서는 독재적인 — 체제 유지 및 운영 원리를 거스르기는 어려웠을 것이다. 바꿔 말해, 러시아에서는 앞에서 언급한 혁명이 성공하는 데 필요한 세 가지 조건이 어느 정도 마련되어 있었던 것은 사실이나, 결정적으로 사상적 성숙이 마련되지 못하여 대중의 자발적 참여를 이끌어낼 만한 정족수를 확보하지 못한 까닭에 성공적으로 혁명의 취지를 살리지 못했다고 할 수 있다.

하지만 그렇게 될 수밖에 없었던 더 큰 이유는 이번에도 역시 프랑스 혁명 때와 마찬가지로 거시적 환경 때문이었다. 혁명의 이상을 실현시키는 데 충분한 정족수가 확보될 때까지 기다릴 수 있을 만큼 한가한 상황이 못 되었다. 제1차 세계대전이 끝나고 제2차 세계대전을 앞둔 시점에서 외부의 피라미드 국가들의 위협으로부터 러시아를 방위하려면 그와 대적할 만한 강력한 힘을 긴급히 갖추는 것이 필수적이었다. 즉, 러시아에서도 피라미드 체제를 갖추지 않으면 안 되는 상황이었던 것이다. 그것은 소수 엘리트가 정보와 권력, 자원 등을 독점하고 효율적으로 관리하며 거대한 사회 전체를 움직이는 시스템을 의미한다. 결국 그것은 국가자본주의의 한 형태를 띠게 될 터였다.

뒤집어서 보면, 이상적 공산주의나 사회주의 국가는 적어도 주변에 다른 피라미드 국가들의 강력한 위협이 도사리고 있지 않을 때라야만 가능하다는 의미이기도 하다. 주변에 강력한 피라미드 국가들이 잠재적 위협으로 남아 있는 한 우리 편에서도 시급하게 강력한 피라미드 체제를 갖춰놓을 수밖에 없다. 결국 러시아에서 마르크스의 공산주의 비전을 실현하는 일은 현실적으로 가장 중요한 도구인 국가 권력부터 잡고 난 후 수정하고 보완해야 할 과제로 남겨질 수밖에 없었던 것이다.

게다가 마르크스의 공산주의적 비전은 실제로 시도된 적도, 검증된 적도 없는 사상초유의 실험이자 모험이었다. 자본주의 사회 현실과, 그곳의 문제점이 해소된 먼 미래의 공산주의 사회 간에는 몇 백 년이 될지, 몇 천 년이 될지 아무도 알 수 없는 간극이 존재한다. 많은 사람들은 그 간극이 몇 십 년에 그치길 바랐겠지만 말이다. 또한 마치 누군가의 일생을 다룬 1시간짜리 영화와 그 사람의 실제 일생 사이에는 엄청난 차이가 있듯이, 설령 이상적인 공산주의 사회가 실현된다 할지라도 그것은 우리가 상상하는 모습과 같을 수 없을 것이다. 그래서 레닌은 머릿속 로드맵에 과도적 이행기라는 것을 그려놓았다.

마르크스주의 및 공산주의 변종의 승리

결정적으로 레닌이 설정한 과도적 이행기를 영구적 종착지로 바꿔놓은 사람은 스탈린이었다. 스탈린에 의해 마르크스주의와 공산주의는 완전히 새로운 변종으로 탈바꿈했고, 점점 더 피라미드 체제를 위한 도구에 적합하게끔 도식화되었다. 그러니까 '마르크스주의 및 공산주의 변종'이란 마르크스의 본래 취지에 반하는 불평등 피라미드 형태의 정치·경제적 시스템을 구축한 새로운 지배층이 그 꼭대기에서 특권적 권력을 유지하기 위해 내세운 마르크스주의와 공산주의 이데올로기를 말한다.

아이러니컬하게도, 냉정하게 전 세계적인 피라미드 간 경쟁 구도의 관점에서만 보면 스탈린의 전략이 먹혔다고 할 수 있는 대목이 있다. 비록 스탈린은 어느 독재자보다 더 가혹한 독재자였지만 그런 만큼 당시의 상황 속에서 대단히 강력한 피라미드를 구축할 수 있었고, 그런 덕분에 히틀러가 이미 『나의 투쟁Mein Kampf』을 쓰던 1920년대 중반부터 소련을 쳐부술 생각으로 야심 차게 계획하고 치열하게 준비했던 또 한 번의 세계적 피라미드 간 영역싸움(제2차 세계대전)에서도 승전국으로 살아남았을 뿐 아니라, 훗날 미국이라는 패권국의 유일한 라이벌로서 세계적 세력권을 거느린 초강대국이 되었다는 사실이다! 다른 한편으로 그것은 마르크스가 원했던 수평적 사회를 향한 진정한 의미의 혁명이 또다시 실패했음을 의미했지만 말이다.

같은 맥락에서 결과적으로 또 하나의 '마르크스주의 및 공산주의 변종의 승리'를 보여준 사례로 중국을 꼽을 수 있다. 이른바 '대약진운동'과 '문화대혁명'과 같은 정책의 대실패로 5,000만 명 이상으로까지 추산되는 아사자餓死者와 사망자를 내고 사망한 마오쩌둥毛澤東, 1893-1976의 뒤를 이어 주석의 자리에 오른 덩샤오핑鄧小平, 1904-1997이 1978년에 사유재산권, 이윤 추구, 자유시장경쟁을 허용하는 경제 개혁을 단행한 이후 중국 경제는 급속도로 발전했다. 2016년 기준, 중국은 명목 국내총생산 기준으로 세계에서 두 번째로 큰 경제대국이 되었고, 구매력 평가 기준으로는 세계 최고를 자랑한다. 금세기 내로 중국은 강대국으로서 미국을 따라잡을 거라는 전망마저 나올 수준에 이르렀다.

한편 소련의 경우 1991년에 고르바초프Mikhail Gorbachev, 1931- 대통령이 공식적으로 마르크스-레닌주의 포기를 선언함에 따라 15개의 국가로 해체되어 당시 러시아 대통령이었던 보리스 옐친Boris Yeltsin, 1931-2007에게로 권력이 넘어가면서 붕괴를 맞이한 데 반해, 중국은 공산당 일당 체제를 계속해서 유지하고 있다. 중국 공산당이 명목상으로만 사회주의를 표방할 뿐 실질적으로는 자본주의를 하고 있는 셈이다. 이러한 형태의 자본주의를 '국가자본주의'라고 한다.

국가자본주의란 일부 사회주의 학자와 언론인들이 1950년에 소련의 스탈린 정권을 비판하기 위해 처음 만들어낸 용어이다. 당시 소련에 자본주의 방식에 따라 사업을 운영하는 민간 기업은 존재하지 않았지만 대신 스탈린 정권의 관료 조직이 노동자로부터 잉여 가치를 착취해 가져가고 있으니 자본주의 체제의 여느 자본가들과 다를 바가 없다는 점을 꼬집기 위해 쓴 표현이었다.

가장 극단적인 개념의 국가자본주의란 정부가 하나의 거대한 기업처럼 행동하며 시장과 국가 경제 전체를 지배하는 형태일 것이다. 다시 말해, 정부가 직접 자본을 투자해 국가적 주요 자원과 생산 도구를 소유하고 노동자를 고용하여 이윤 추구 활동을 하고 잉여 가치를 창출해낸 다음 부의 증식을 위해 재투자를 하는 등 제반 자본주의 경제 활동의 주역을 맡는 것이다.

하지만 현실 속 국가자본주의는 이보다 훨씬 더 다양하고 복잡한 형태를 띠고 있다. 각 나라의 상황에 따라 조금씩 다르게 진화한 것이다. 그러므로 국가자본주의의 보다 현실적인 의미는 '국가가 자본주의 시스템을 굴리는 데 다양한 방식으로 지대한 영향력을 발휘하는 것'이다. 본질적으로는 정부가 다음 두 가지 측면에서 국가 경제에 적극적으로 개입하는 것이다. 하나는 자본주의 시스템상의 경제 주체인 자본가와 기업가를 육성·보호해주는 정책을 펴며, 시장을 통해 사업을 운영하는 데 걸림돌이 될 만한 문제들을 해결해주고, 필요한 경우 관련 법과 제도를 마련해주는 것이다. 다른 하나는 그 경제 주체에게 필요한 인적 도구인 노동자들이 그들 자신에게 부과된 두 가지 역할(생산 도구로서의 역할과 소비자로서의 역할)을 충실히 수행하도록 관리해주는 것이다.

국가자본주의의 한 예로 중국의 경우, 외국과의 합작 기업은 정부의 간섭과 부패로부터 비교적 자유로운 편이지만 중국 경제 성장의 상당 부분은 지역 사회의 성장을 촉진하고자 하는 지방 정부 지도자들에 의해서 이룩된 것이다. 정부가 전부 혹은 부분적으로 소유 또는 운영하는 기업을 보통 국영기업state-owned enterprises이라고 할 때, 뉴욕의 투자회사인 위즈덤트리WidsomTree에 따르면 시가 총액 기준으로 중국의 국영기업이 전 세계 국영기업의 50% 이상을 차지한다. 중국 내에서는 시가 총액 기준으로 약 70%가 국영기업의 소유이며, 그 국영기업의 절반 이상은 금융 부문에 속한다.[167]

이와 같이 국가자본주의는 한때 공산주의 체제였던 국가들이 자본주의적 요소를 도입하기 시작하면서 나타난 과도기적 자본주의 경제이기도 하지만, 거의 모든 독재국가나 권위적인 정부가 추진해온 자본주의 경제 운영 방식이기도 하다. 가령 히틀러 치하에서 추진된 자급자족 경제가 그렇다. 또한 1960~1970년대에 박정희(1917~1979년) 정권이 수출 기업들에게 적극적으로 자금을 지원하고 산업 공단을 만들고 임금을 통제하여 재벌기업들을 육성함으로써 철강, 시멘트, 조선, 기계 산업에 이어 화학, 자동차, 전자 분야에 이르기까지 발전을 이룩한 것도 그에 해당한다.

그런데 이런 활동들은 모든 자본주의 국가의 정부가 거쳐왔거나 늘 해왔던 것으로 전혀 새삼스러운 일이 아니다! 지금까지 어느 자본주의 국가도 경제에 개입하지 않은 채 모든 것을 자유시장경쟁에 내맡겨본 적도 없을 뿐 아니라 그렇게 하는 게 가능하지도 않다. 그런 점에서 스탈린 체제 하의 소련이나 중국의 국가자본주의 체제가 마르크스주의 및 공산주의의 변종이라고 한다면, 현실 속에 존재하는 자본주의 체제들 역시 그동안 내세워온 이론과는 달리 '자유로운 시장의 원리'만이 아니라 국가의 적극적이고 불공정한 개입에 의존해왔다는 점에서 일종의 '자본주의의 변종'이라 할 수 있다.

---

167 Tripp Zimmerman, "China and State Owned Enterprises", WisdomTree, June 30, 2015, https://www.wisdomtree.com/blog/2015-06-30/china-and-state-owned-enterprises

노엄 촘스키[Noam Chomsky, 1928-]가 국가자본주의에 미국 경제를 포함시킨 이유도 같은 맥락에서다. 뒤에서 더 살펴보겠지만 국가는 국민의 세금으로 거둬들인 막대한 공적 자금을 특정 민간 생산업체에 투입하지만 그로 인한 수익은 사회 전체가 아닌 민간 기업 소유자들이 가져가도록 한다든지, 아니면 2008년 경제 위기 때 적나라하게 드러났듯이 거대 금융 기업들이 문제를 발생시켰을 때 "너무 커서 실패하게 내버려두면 안 될 것 같다"는 이유로 적절한 책임을 묻는 대신 시장의 법칙을 훼손해가며 정부의 공적 구제금융을 제공함으로써 리스크와 손해를 사회가 대신 짊어지게 한다든지 하는 결정들이 모두 국가자본주의적 행태에 해당한다는 것이다.

니얼 퍼거슨[Niall Ferguson, 1964-]도 2012년에 《포린 폴리시[Foreign Policy]》라는 잡지에 낸 "지금은 우리 모두가 국가자본주의자이다[We're All State Capitalists Now]"라는 글에서 이렇게 썼다. **더 이상 세계를 '국가자본주의'와 '시장자본주의'로 나누는 것은 도움이 되지 않는다. 실제로는 모든 국가가 국가자본주의라는 하나의 스펙트럼 속에 분포되어 있는 실정으로, 각자가 경제에 개입하는 의도와 정도만 다를 뿐이다.**[168]

이를 뒷받침하는 근거로 그는 각 정부가 국가 경제에 어느 정도나 개입하는지를 보여주는 한 지표를 소개한다. IMF에서 발표한 GDP(국내총생산) 대비 각 정부의 총지출 점유율이다. 아주 예외적인 경우(정부 지출이 GDP를 초과하는 동티모르와 이라크, 반대로 정부 지출이 GDP에 비해 터무니없이 적은 몫을 차지하는 방글라데시, 과테말라, 미얀마)를 제외하면,

---

168 Niall Ferguson, "We're All State Capitalists Now", *Foreign Policy*, Feb. 09, 2012, https://foreignpolicy.com/2012/02/09/were-all-state-capitalists-now/

총 183개 나라 중 독일은 48%(24위), 미국은 44%(44위)인 데 비해, 중국은 23%로 147위에 해당한다. 정부 지출이 독일보다 더 높은 나라들로는 오스트리아, 벨기에, 덴마크, 핀란드, 프랑스, 그리스, 헝가리, 이탈리아, 네덜란드, 포르투갈, 스웨덴이 있다.

또 한 가지, GDP에서 정부의 용역 및 서비스 구매가 차지하는 몫을 비교해봐도 결과는 비슷하다. 이 경우에도 역시 예외적인 사례를 빼고 본다면, 구매자로서 국가가 경제에서 차지하는 역할이 가장 큰 나라는 유럽 국가들이다. 중국(13%)은 오히려 덴마크(27%), 독일(18%), 미국(17%)보다 더 적다.

물론 스웨덴, 노르웨이, 덴마크를 비롯한 일부 유럽 국가들의 경우, 노조에 기반을 둔 강력한 사회민주주의 정당들의 영향으로 비교적 후한 자녀 양육비, 유급 출산 휴가, 실업수당, 의료보험, 퇴직급여 등을 통해 상대적으로 불평등을 줄인 복지국가형 국가자본주의 모델에 해당한다고 할 수 있다.

요컨대 우리 모두 다 국가자본주의자이고, 따라서 문제는 어떻게 하면 국가가 경제적 효율은 높이면서 지대 추구 행위(부패)를 최소화시키는 역할을 수행하고, 부를 창출하는 경제 기관들과 그 부를 통제하고 재분배하는 정치 기관들 간의 올바른 균형을 맞출 수 있느냐뿐이라는 것이다. 기존의 어느 모델로든 아니면 미지의 또 다른 모델로든.

그러나 적어도 절대다수의 프롤레타리아의 입장에서 보다 더 근본적인 해결책은 자본주의 시스템에 내재된 착취적 구조로부터 해방되는 것이다. 국가자본주의가 근본적으로 그러한 해결책을 제공해줄지에 대해서는 다음 장에서 더 깊이 생각해볼 기회를 갖도록 하자.

소련 공산주의 체제, 왜 실패했나?

1991년 소련이 해체되면서 공산주의 체제는 자본주의 체제와의 경쟁에서 패배하고 역사의 저편으로 거의 사라진 듯하다. 왜 그렇게 되었을까? 미국과의 냉전과 대결 구도 속에서 레이건 정부의 주도 하에서 우주전쟁 수준으로까지 치닫는 군비 경쟁으로 인해 과도하게 늘어난 소련의 경제적 부담이라거나, 역시 레이건^{Ronald Reagan, 1911-2004} 정부 시절인 1981년부터 시작된 오일 가격 폭락으로 인해 석유 수출에 의존했던 소련 경제가 치명타를 입은 상황 등과 같은 외부적 요인 — 사실 이 두 가지 요인은 소련이 공산주의 체제였든 자본주의 체제였든 상관없이 단지 '대결과 경쟁'으로 인한 문제일 뿐이다 — 을 제외하고 내재적으로만 접근해볼 때, 소련 공산주의 체제의 일반적 패인은 첫째 공산주의 경제 시스템 자체의 한계, 둘째 독재체제의 한계, 이렇게 두 가지 측면에서 찾을 수 있다.

공산주의 경제 시스템 자체의 한계

공산주의 중앙경제계획 시스템에 내재적 결함이 있다고 지적한 사람 중 한 명으로 오스트리아 학파의 경제학자 루트비히 폰 미제스^{Ludwig von Mises, 1881-1973}가 있다. 그가 1920~1930년대에 주장했던 내용과 그 밖의 공산주의 계획경제의 문제점들 가운데 일부를 간추리면 대략 다음과 같다.

자본주의 공동체나 사회주의 공동체에게 공통된 목적은 국민들의 가장 긴급한 욕구들을 충족시키는 것이다. 그러려면 그 욕구가 무엇인지, 어느 것이 가장 긴박한지, 그리고 그것을 충족시키기 위해 어떤 방식으로 생산을 조정해야 할지를 결정해야 한다. 사회주의 방식이란 중앙의 공동체가 모든 생산 활동을 독점적으로 계획·통제하는 것이다. 그런데 이 제도의 가장 큰 역설은 '계획을 잘 해낼 수 없으므로 자원을 효율적으로 사용하기 어렵다'는 것이다. 자유시장의 가격 메커니즘과 같은 객관적 경제 계산 수단이 결여되어 있기 때문이다. 말이 중앙계획이지 그것은 사실상 암흑 속에서 손을 더듬어 뭔가를 찾아내는 일만큼이나 비효율적일 수밖에 없다. 경제성이 떨어진다. 그것이 사회주의를 필패로 이끈 원인이다.

가격 메커니즘은 각각의 사람들이 어떤 재화나 서비스에 대해 얼마의 돈을 지불할 의향을 갖고 있는가에 기초한다. 그것은 뭘 어떻게 생산하고 분배해야 할지를 결정하게 해주는 주요 단서이다. 가령 신발을 팔려고 내놓았는데 사는 사람이 없다면 그것은 일반적으로 상품을 바꿔야 한다는 신호이다. 거꾸로 시장에서 어떤 상품의 가격이 치솟는다면 그것은 해당 상품에 대한 수요가 많다는 신호이다. 이렇듯 유용한 신호를 보내주는 시장 덕분에 소비자는 여러 이질적인 재화와 서비스의 생산·공급 조건을 세세히 알지 못하더라도 돈이라는 교환수단을 통해 편리하게 비용을 비교할 수 있다. 또한 생산자 입장에서도 그 때문에 경제적이고 효율적인 자원 사용이 가능해진다.

공산주의 경제 시스템 하에서는 어떨까? 시장의 가격 메커니즘이 부재한 상태에서 국가가 가격을 결정하는 주체가 된다. 소비자가 합리적인 경제 주체로서 내릴 수십억 가지의 결정을 소수의 권력자가 대신 하는 것이다. 그 상황에서 소비자는 어떤 물건의 품질이나 스타일이 마음에 안 들어도 선택의 여지가 없으므로 그냥 살 수밖에 없다.

문제는 어떤 계획가도 사람들이 뭘 진정으로 소중하게 여기는지 알 수 없다는 것이다. 가치 평가는 매우 개인적이고 주관적인 행위일 뿐 아니라 언제든 변덕스럽게 바뀔 수 있는 것이다. 시장가격 시스템이 작동하지 않는 사회주의 하에서는 다양한 사람들의 여러 사물에 대한 평가를 일일이 반영할 도리가 없다. 그러므로 국가는 비록 수요가 높은 상품과 낮은 상품이 뭔지를 알아낼 길이 없고, 따라서 어디에 투자해야 좋고 나쁜지도 파악할 길이 없음에도 무조건 공장을 세우고 상품을 생산해야 한다. 이는 여러 측면에서 엄청난 비효율과 관리상의 어려움을 초래할 수밖에 없다.

또 한 가지 문제는 생산 투자 과정이란 각 단계마다 끊임없이 변화·발전하는 다른 수많은 과정들로 구성되는 것인데 각 단계마다 여러 가능한 생산 공정들 가운데 어느 것이 가장 값싸고 효율성이 높은지를 파악하기가 어렵다는 사실이다. 인간의 두뇌가 감당하기에는 너무나 복잡한 계산이기 때문이다. 그런 상태에서 누가, 무엇을, 언제, 어떻게 생산·소비하는 것이 합리적이고 효율적인지를 무슨 수로 결정할 수 있겠는가?

미제스 연구소Mises Institute의 선임연구원이자 오스트리아 학파(19세기 오스트리아의 멩거Carl Menger가 발전시킨 근대 경제학파. 이후 슘페터Joseph Alois Schumpeter], 미제즈, 하이예크Friedrich Hayek 등의 학자들이 계획경제를 부정하고 자유경쟁의 우위를 주장)의 경제학자인 유리 니콜라비치 말세프Yuri N. Maltsev, 1950-의 예시를 인용하자면, 바로 그렇기 때문에 소련 정부에서 1억 1,000명의 피고용자에 대해 2,200만 개의 가격, 46만 종류의 임금을 결정하고, 9,000만 개의 일자리를 할당해야 할 때 대혼란이 불가피했던 것이다.[169]

이런 이의를 제기할 사람이 있을지 모른다. 사회주의 경제라고 해서 화폐가 전혀 사용되지 않는 것은 아니다. 근로자들은 여전히 화폐로 급료를 받고, 소비재들도 현금으로 매매되지 않느냐. 이에 대한 미제스의 대답은

---

[169] Yuri N. Maltsev, "Economic Calculation in the Socialist Commonwealth", Forword, Mises Institute, https://mises.org/library/economic-calculation-socialist-commonwealth/html/c/6

이렇다. "사회주의 시스템 하에서 생산 도구와 생산재들은 국가적인 공동 소유물이므로 거래되지도 매매되지도 않는다. 당연히 가격이 형성되지 않는다. 그러므로 설사 다른 영역에서 돈이 사용된다 하더라도 생산을 결정하는 데에는 아무런 역할을 하지 못한다."

이러한 문제들은 곧바로 인센티브와 혁신의 부재로 이어진다. 공산주의 체제 하에서는 공장이 비효율적이든 어떻든 상관없이 계속해서 돌아가고, 손실이 발생하더라도 국가가 보상해주므로 파산이나 부도에 직면할 위험이 없다. 그러니 관리자는 낡은 생산 방식이나 구조를 혁신하여 경제적 효율성을 높여야 할 인센티브가 없다. 그런 만큼 경영적 차원에서 품질보다는 양적인 목표에만 치중하게 된다.

그렇게 동유럽을 비롯한 공산주의 진영이 수십 년간 써먹은 기술과 한물간 방식을 고수하며 침체를 면치 못하는 동안 서구에서는 번영이 이어졌다. 1980년대 들어 미국을 중심으로 IT 분야가 발전하면서 그러한 현상은 더욱 두드러졌다. 20세기 후반의 주요 발명품과 기술적 발전 가운데 공산주의 국가에서 만들어진 것은 거의 없다. 공산주의 하에서 이루어진 혁신은 주로 군사, 우주 분야에 집중되었을 뿐이다.

공산주의의 실패 원인을 분석한 저널리스트 로버트 닐슨Robert Nielsen, 1922-2009은 어디에 투자를 해야 좋은지에 대한 시장의 지침이 없는 상황에서 사업의 성공 여부는 경제적 요인보다는 정치적 요인에 달려 있었다는 점을 문제로 지적한다. 시장이 없으니 의사결정자들에게 책임을 물을 근거가 없고, 실패나 무능을 처벌할 방법도 없으며, 그러다 보니 관리자와 행정가의 발탁 기준은 경제 지식이나 검증된 능력보다는 정치적 인맥과 충성도에 따라 결정되기 일쑤였다. 경영의 투명성도 떨어져 거액의 돈이 어디로 새는지도 쉽사리 알 수 없었다. 그런 분위기 속에서 자원의 향방을 결정한 것은 정치적 인맥과 뇌물인 경우가 많았다. 결국 부패가 만연하는 것은 당연했고 경제는 실종될 수밖에 없었다.[170]

독재체제의 한계

국민의 성숙한 시민의식과 민주적 참여가 부재한 상태에서 소수 권력자에 의해 장악된 정권은 독재로 흐르기 마련이고, 독재국가는 때로 단기적으로는 높은 효율성을 보여주는 경우도 있으나, 장기적으로는 여러 가지 단점을 드러내게 마련이다. 이는 비단 공산주의 국가만의 문제는 아니다.

레닌의 사망 이후 피라미드 꼭대기 자리를 놓고 권력투쟁이 벌어졌다. 이런 권력투쟁은 여느 왕권을 놓고 벌어지는 싸움과 본질적으로 다를 바 없다. 그것은 피라미드 아래쪽의 절대다수와는 아무 상관없는 사건이다. 결국 스탈린이 그 자리에 올라 수많은 정적과 반대파를 제거해가며 권력을 유지했다. 모든 독재자는 항시 자신의 안전에 불안을 느끼게 되므로 권력을 유지하기 위해서 반대파를 숙청하고 정적의 싹마저 잘라버리려 애쓰게 되고, 그 때문에 악명을 뒤집어쓰기 마련이다. 그것은 독재자라면 어쩔 수 없이 지불해야 하는 비용이다.

독재자는 국민에게도 다음과 같은 형태로 비용을 청구한다. 즉, 공포와 억압이 깃든 문화를 조성함으로써 사상이나 표현의 자유를 억압하는 것이다. 그런 분위기 속에서는 사람들 간의 자유로운 의사소통이나 건설적인 비판, 독립적인 사고, 새로운 사상이나 창의성이 막혀버려 혁신이나 과학적 발전이 점점 더 불가능하게 된다. 가뜩이나 정보도 제한되어 있는

---

170 Robert Nielsen, 'Why did communism fail? #2 – Absence of the Market", April 17, 2013, Whistling in The Wind, https://whistlinginthewind.org/2013/04/17/why-did-communism-fail-2-absence-of-the-market/#more-1249

데 적절한 소통이나 논쟁마저 없으니 문제가 있어도 파악되지 않고, 수정되지 못한다. 그것은 정권 차원에서도 나쁜 정책이나 실수, 실패를 발견하고도 수정하기 힘듦을 의미한다. 독재 정권 하에서는 충성이 가장 중요한 자질이다 보니 충성스러우나 무능한 관료가 활개 치고, 아랫사람들은 자리보전을 위해 진실한 보고보다는 아부에 치중하기 십상이다. 그런 식으로 장기적으로 가다 보면 부패가 만연한 가운데 모든 분야에서 발전이나 개선이 이루어지기 어려워져 사회 전체가 점점 더 침체되고, 낙후되는 악순환에 빠질 가능성이 높다.

Chapter 22

자본주의의 암적 돌연변이

자본주의의 현주소 –
또 다른 피라미드 시스템 ─────────

마르크스주의 및 공산주의와 관련하여 한 가지 명확한 사실은 그것이 자본주의 폐해와 모순에 대한 반작용에서 나온 것이라는 점이다. 자본주의가 발흥한 후 그 폐해를 목격한 마르크스가 내놓은 자본주의 비판과 유물론적 역사관이 마르크스주의였고, 그 마르크스주의의 인기가 확산된 끝에 러시아에 들어선 게 공산주의 체제였던 것은 분명하다. 마르크스주의는 소련 공산주의 체제로 인해 더욱 전 세계로 확산되는 효과를 누렸다. 사실 그것은 마르크스주의라기보다는 마르크스주의의 변종이라 해야 하겠지만 말이다.

그렇더라도 우리가 살펴본 긴 역사적 추이 속에서 마르크스주의나 사회주의 혁명은 어쨌든 피지배층의 오랜 열망의 표출이라는 흐름 위에 있었던 것임에 틀림없다. 현실 정치에서 마르크스주의가 어떻게 변형 또는 왜곡되었느냐는 또 다른 문제이다.

이후 소련 공산주의는 무너졌고 중국과 동유럽을 비롯한 전 세계 공산권 국가들에 자본주의 시스템이 도입되면서 자본주의는 사실상 지구에서 유일무이한 시스템으로 남았다. 공산주의가 완전히 사라졌다고는 할 수 없지만 거의 흔적만 남아 있는 꼴이다. 결국 자본주의가 승리한 셈인데, 그렇다면 이것이 자본주의의 위대성을 의미한다고 봐야 하는 걸까? 공산주의나 마르크스주의는 역사의 유물로 완전히 퇴장해버려야 할까? "대안은 없다"고 한 대처Margaret Thatcher, 1825-2013의 말대로 자본주의만이 인간의 본성에 부합하는 절대적이고 유일한 사회 시스템이라고 인정하고 받아들여야 할까?

공산주의 체제가 실패로 돌아간 후 자본주의는 어떤 모습이 되었을까? 한때 마르크스 비판자들이 가장 흔히 제기했던 반론 중 하나는, 자본주의 하에서 프롤레타리아의 처지가 점점 더 악화될 거라고 예측했는데 그렇지 않았던 시기가 현실에 존재했다는 점이었다. 이를 내세워 자본주의에 대한 낙관적 시각을 강조한 사람 중 한 명이 미국의 경제학자 쿠즈네츠Simon Smith Kuznets, 1901-1985였다. 그는 산업화와 경제발전 초기에는 불평등이 커지지만 나중에는 종 모양의 커브를 그리며 결국 줄어들게 될 것이라는 '쿠즈네츠 이론'을 내놓았다. 하지만 오늘날 현실은 쿠즈네츠의 예측 모델이 완전히 빗나갔음을 확인시켜준다.

프랑스의 경제학자 토마 피케티Thomas Piketty. 1971-는 『21세기 자본Le Capital au xxie siècle』에서 쿠즈네츠 이론의 배경이 되었던 1913~1948년의 불평등 감소 현상이 "대부분 1930년대의 대공황과 제2차 세계대전의 충격이 겹친 데 따른 것"으로 일반화하기 어려운 현상이었음을 쿠즈네츠 자신도 알고 있었으며, 이 이론이 냉전 프로파간다를 위한 도구로 쓰였다고 시사했다.

자본주의 체제가 산업기술의 진보와 생산성 향상을 가져옴으로써 사회의 경제적 수준을 크게 향상시킨 것도, 그리고 노동자의 요구를 일부

수용해가며 유연하게 변화할 수 있는 능력을 보여준 것도 사실이기는 하다. 가령 미국의 경우, 프랭클린 D. 루스벨트Franklin Delano Roosevelt, 1882-1945 집권 시절에 기업과 부자들에게서 세금을 걷거나 돈을 빌려 새로운 사회보장 시스템, 전국실업보험, 광범한 연방고용 프로그램의 기금으로 사용하는 등 복지국가 형태로의 대전환을 보여준 바 있다.

하지만 그런 일이 언제든 쉽게 가능한 것은 결코 아니다. 루스벨트가 대통령에 당선되고(1932년) 뉴딜 정책(1933~1940년)을 실행했던 당시의 상황을 보면, 우선 1933년은 루스벨트가 대공황 속에서 공식적으로 국가적 파산을 선언한 비상시국이었다. 1931년에 영국이 금본위제를 버리면서 외국인들이 미국으로 몰려들어 금 인출 사태를 일으키는 바람에 달러를 뒷받침하는 금이 줄면서 통화가 완전히 붕괴될 위험에 빠졌고, 이 위기를 극복하기 위해 루스벨트는 달러의 금본위제를 철폐하기로 한 상태였다.

더 심각한 문제는 따로 있었다. 『좋은 전쟁이라는 신화The Myth of the Good War』와 『거대한 계급 전쟁The Great Class War』를 쓴 자크 파월Jacques R. Pauwels, 1946-에 따르면, 그것은 제1차 세계대전이 막바지에 이를 무렵인 1917년에 러시아에서 발생한 볼셰비키 혁명으로 인해 지구상에 소련이라는 '공산주의' 국가가 출현했다는 점이다. 그 무렵 미국에서는 가뜩이나 대공황 이후 산업별 노동조합Congress of Industrial Organizations이 수백만 명의 노동자들을 조직해 최초의 노동조합을 결성하고 극렬한 집단행동에 나서고 있었던 터라, 미국의 기득권 세력은 자국에서 비슷한 혁명이 일어나 자본주의 체제가 전복될지 모른다는 두려움에 사로잡혔다. 당시 공산주의 체제라는 대안 시스템이 스탈린 치하에서 경제적 발전을 이루며 건재하고 있다는 사실은, 그 자체만으로도 미국을 비롯한 자본주의 국가나 제3세계의 노동자들에게 자본주의 전복을 꿈꾸게 하기에 충분했다. 그런 만큼 루스벨트 집권 당시 강력한 정치적 영향력을 갖고 있던 노조와 사회주의 및 공산주의 세력의 압력이 없었더라도 과연 루스벨트의 강력한 복지정책이 가능했을까에 대해서는 회의적인 시각이 많다. 결국 루스벨트의 정책은 전후 전 세계에 새로운 영감을 불어넣은 공산주의 혁명의 물결 위에 노동자들과 노동조합의 힘겨운 투쟁이 가해진 결과로 인해 가능했다고 볼 수 있다.

제2차 세계대전 종전 이후 일부 선진국의 경우, 황금기를 맞이하면서 자본주의 사회 내에 폭넓은 중산층이 등장한 것도 사실이다. **실은 어느 나라든 자본주의 경제 규모가 커지고 국내총생산이 늘어나면 예외 없이 중산층이 나타나기 마련이다. 하지만 그렇다고 해서 그것이 사회가 탈脫피라미드 구조의 보다 수평적인 사회로 이행할 가능성을 보여주는 근거라고 할 수는 없다.** 물론 탈피라미드 사회로 이행하려면 중산층의 규모가 극적으로 확대되는 과정을 거쳐야 하겠지만, **어느 시점까지 중산층이 늘어나는 추세가 나타났다고 해서 그것이 반드시 '앞으로도 계속되어 언젠가는 결국 수평적 사회에 도달할 것'이라고 판단할 근거가 되는 것은 아니다. 그런 식의 예측은 직선적 사고방식의 전형적 오류일 뿐이다.**

중산층이 존재한다는 사실과 보다 수평적인 사회로의 이행 가능성은 서로 별개의 문제임을 보여주는 사례는 많다. 예를 들면 근대 이전 사회에서도 비교적 유복한 부르주아나 상공업 계층은 존재했다. 현대의 여러 독재국가들에서도 각각의 경제 수준에서 나름대로 중산층은 존재한다. 그렇다고 해서 그것이 피라미드 구조가 탈피라미드 구조로 바뀌어가고 있음을 의미하지는 않는다. 오히려 일정 규모의 튼튼한 중산층은 피라미드의 안정성을 나타내는 증거에 불과할 수 있다. 중산층은 피라미드를 지탱하는 중추 역할을 하기 때문이다.

　사실 어떤 피라미드 사회도 소수의 부유한 지배층을 제외한 나머지 전체가 가난한 하위계층인 상태로는 오래갈 수 없다. 피라미드란 말 그대로 다수의 아래 계층이 만들어낸 경제적 과실을 흡수하여 더 상위에 있는 소수에게 상납하는 중간 계층을 전제로 성립한다. 경제적으로 뿐만 아니라 이데올로기적 측면에서도 피라미드가 유지되려면 피라미드의 정당성에 동조하는 일정 정족수 이상의 중산층이 있어야 한다. 특히 세습적 신분이라는 제약에 갇힌 이전의 봉건적 피라미드 체제와는 달리 **자본주의 피라미드의 중산층은 자신도 언젠가는 피라미드의 상위 계층으로 올라가리라는 희망을 품고 피라미드 구조의 멋진 수혜자가 되기 위해 열심히 노력한다는 특징을 보인다. 그런 식으로 피라미드 질서에 순응하는 동안 부지불식간에 그들은 피라미드 구조를 떠받쳐주는 지지대 역할을 담당한다. 뿐만 아니라 피라미드 체제를 긍정적으로 받아들이고 그 정당성을 전파함으로써 실질적으로 하위 계층의 불만과 저항을 억제하는 역할까지도 수행한다.**

　그러면 실제로 오늘날 자본주의는 과연 어떤 모습일까? 그것을 단적으로 보여주는 그래프가 있다. 411쪽 위에 있는 〈2013년도 전 세계 부의 분포〉를 나타낸 그래프이다.[171]

　상위 1%와 하위 80%가 가진 부를 비교해보라. 이런 현상이 가능하다는 게 믿어지지 않을 정도로 '그로테스크'하다. 하위 80%가 소유한 부의 총합은 전 세계 부의 고작 6%에 불과함을 확인할 수 있다.

　이번에는 이 그래프의 오른쪽 끝의 1%가 소유한 부를 들여다보자. 411쪽 아래 그래프에는 상위 1%가 전 세계 부의 43%를 차지하고 있는

---

171 "Global Wealth Inequality", https://www.youtube.com/watch?v=uWSxzjyMNpU

전 세계 부의 6%를 소유한 하위 80%

빈자   부자

〈2013년도 전 세계 부의 분포〉

2013년 전 세계 부의 43%를 차지하는 상위 1%
(2017년 현재 전 세계 부의 50% 초과)

960조

950조

모습이 드러난다.

2017년에 크레디트 스위스Credit Suisse의 데이터를 인용한 옥스팜Oxfam의 발표에 따르면, 상황이 더 악화되어 상위 1%가 차지한 부는 이미 전 세계 부의 50%를 넘었다. 즉, 상위 1%가 전 세계의 나머지 인구 99%가 가진 것만큼의 부를 소유하고 있는 셈이다. 한마디로 전 세계에 사상 유례가 없는 불평등이 실현된 것이다.

또한 전 세계의 절반인 약 37억 명의 부를 합쳐놓은 것과 맞먹는 부를 소유한 부자 수는 2000년에 388명이었다가 2013년에는 85명[172], 2015년에는 62명으로[173], 그리고 2017년에는 다시 42명으로 줄어들어 부의 집중도가 점점 더 커지고 있는 것을 확인할 수 있다. **2017년도에 대한 옥스팜 보고서를 보면 전 세계에서 새로이 창출된 부의 82%가 상위 1%의 부자에게로 흘러들어간 것으로 나타났으며[174], 결국 최근 전 세계인은 1%를 위해 경제를 창조해온 셈이다.**

토마 피케티가 저술한 『21세기 자본』의 통계에 따르면, 2010년대 초 전 세계적인 부의 불평등은 제1차 세계대전이 일어나기 직전인 1900~1910년의 유럽 수준과 비슷하다. 부유한 선진국이나 가난한 신흥 경제국들이나 모두 마찬가지이다.

그 책에 기술된 내용을 일부 옮기자면, 1900~1910년 당시 유럽의 모

---

172 "WORKING FOR THE FEW: Political capture and economic inequality", 178 OXFAM BRIEFING PAPER, https://www.oxfam.org/sites/www.oxfam.org/files/bp-working-for-few-political-capture-economic-inequality-200114-summ-en.pdf

173 "Oxfam says wealth of richest 1% equal to other 99%", BBC NEWS, 18 January 2016, http://www.bbc.com/news/business-35339475

174 "Inequality gap widens as 42 people hold same wealth as 3.7bn poorest", The Guardian, https://www.theguardian.com/inequality/2018/jan/22/inequality-gap-widens-as-42-people-hold-same-wealth-as-37bn-poorest

든 국가에서 자본의 집중은 매우 극단적이었다. 이 시기에 프랑스, 영국, 스웨덴뿐만 아니라 다른 여러 국가에서는 가장 부유한 10%가 국부의 거의 전부나 다름없는 90%를 소유했고, 가장 부유한 1%가 단독으로 소유한 부는 전체 부의 50% 이상에 달했다. 중간의 40%는 국부의 겨우 5%(국가에 따라 5~10% 사이)를 조금 넘게 소유했는데, 가장 가난한 50%도 전체 부의 5% 미만을 소유했으니 가난한 정도에 있어서 별반 차이가 없었다고 봐야 한다. 가난한 50%의 몫은 오늘날까지도 변하지 않았다.[175]

또한 당시 유럽의 부의 불평등 상황은 프랑스의 구체제 때와도 비슷하다. 프랑스 혁명이 발생했던 1789년 직전에도 역시 상위 10%의 부유층은 전체 부의 90% 이상을 차지했고, 상위 1%의 몫은 60% 이상에 달한 것으로 추정된다.[176]

그런데 2010년대 초에도 최상위 0.1%에 속하는 사람들은 세계 총자산의 거의 20%, 상위 1%는 50%, 상위 10%는 80~90% 정도를 소유하고 있으니, 오늘날 글로벌 부의 불평등이 거의 100년 전 유럽과 프랑스 혁명 직전의 수준에 근접한 것이다.

절망적인 사실은 토마 피케티가 아는 한 자본 소유의 불평등이 '완만하다'고 표현될 수 있는 사회는 존재한 적이 없었다는 것이다! 부가 가장 평등하게 분배된다고 하는 사회들(1970~1980년대의 스칸디나비아 국가들)조차도 가장 부유한 10%가 국부의 절반가량 혹은 50~60%를 소유한 반면, 인구 절반의 개개인은 거의 아무런 부도 소유하지 못했다. 가장 가

---

175 토마 피케티, 장경덕 외 역, 『21세기 자본』(파주: 글항아리, 2014), p.313.
176 앞의 책, pp.409-410.

난한 50%는 예외 없이 국부의 10% 이하를 소유했고, 일반적으로는 5% 이하를 소유했다.

이러한 흐름은 우리나라도 예외가 아니다. 2017년 2월 5일 한국노동연구원의 노동리뷰 2월호에 실린 홍민기 연구위원의 '2015년까지의 최상위 소득 비중' 보고서에 따르면, 2015년 국내 소득 상위 10%가 전체 소득에서 차지하는 비중이 48.5%까지 치솟았다.[177]

더욱 절망적인 사실은 유럽에서 소득불평등이 극적으로 축소되었던 시기가 있기는 했지만 그것은 1914~1945년 양차 세계대전 때였다는 것이다.

이에 대한 피케티의 해석은 20세기의 전쟁의 혼란과 그에 뒤따른 경제적·정치적 충격, 즉 두 차례의 세계대전으로 인한 파괴와 대공황에 따른 파산에 대해 유럽의 각 정부가 새로운 공공정책(임대료 규제정책부터 국유화, 국채에 이르기까지) 실시로 대응했고, 그것이 자본/소득 비율을 급격하게 떨어뜨리면서 총소득에서 상위 10% 및 1%의 소득이 차지하는 몫이 최하점에 이르렀다는 것이다.

하지만 세계대전 이후 약 몇 십 년 동안 유럽과 미국에서 나타난 소득불평등의 상대적 감소 현상과 관련하여 빼놓을 수 없는 또 다른 요인은 앞서 언급했듯이 자크 파월이 내놓은 해석에서 찾을 수 있다. 즉, 공산주의 시스템이 자본주의에 대한 새로운 대안으로 급부상함에 따라 공산주의 혁명 가능성이 현실적 위협으로 다가왔기 때문이라는 것이다. 알다시피 세계대전 도중에 러시아에서 볼셰비키 혁명이 성공했고, 이후 스탈린

---

177 "소득집중도 역대 최대 … 상위 10%가 48.5% 차지", 한국일보, 2017년 2월 5일자, http://www.hankookilbo.com/v/180b0459069547aabcf5990a3ac7c1bc

치하의 공산주의 소련이 제2차 세계대전에서 독일을 패배시키는 데 훌륭한 역할을 수행했다. 그 결과, 공산주의 시스템은 자본주의 시스템에 하나의 위협적인 대안 모델로 부각되었다. 그러면서 이후 계속된 미국과 소련 간의 냉전과 체제 경쟁 속에서 자본가 계층은 상당한 수준의 양보안을 내놓을 수밖에 없었고, 바로 그 때문에 유럽과 미국에서는 인류 역사 최초로 '폭넓은 중산층'이라는 것이 생겨날 수 있었다는 것이다.

하지만 오늘날은 어떤가? 소득 불평등은 다시금 역대 최고치를 향해 다가가거나 심지어 넘어서고 있다. 예나 지금이나 극심한 불평등의 정도는 비슷하다고 할지라도 과거에 비해 지금의 경제 규모는 인구 규모만큼이나 폭증한 만큼 불평등의 규모는 그 어느 때보다 상상을 초월한다. 세계 100대 부자 명단에 오른 기관들 중 50여 개는 국가가 아닌 기업이다. 마이크로소프트Microsoft의 경우 시가 총액이 인도네시아보다 더 크다.《포브스Forbes》지에 따르면, 세계 10대 부자가 소유한 금액은 대부분의 국가의 GDP보다도 더 많다. 여느 국가의 국민 전체가 연간 생산하는 재화와 서비스를 합친 액수보다 더 많은 것이다.

오늘날 자본주의는 매우 심각한 결함과 문제를 드러내고 있다. 자본주의 사회 내에서 부의 양극화가 너무 심화되어 전 세계 전체에 계속해서 경고등이 깜박이고 있다. 어디서든 그것은 더 이상 일부 가난한 소외 계층만의 문제가 아니고 중산층을 비롯한 사회 전체의 문제로 확산되었다. 학자들 사이에서 자본주의의 종말과 새로운 대안 시스템의 필요성이 예고되고 있는 정도에 이르렀다. 따라서 현 자본주의 시스템 하에서의 문제점에 대한 해결책을 시급히 찾아내지 않으면 안 될 처지이다.

이것이 자본주의의 최근 성적표이다! 부와 기회의 불평등 측면에서 현대 사회가 과거의 봉건적 계급사회보다 썩 나아졌다고 하기 어렵지 않은

가. 어째서 이렇게 되었을까? 정말 이럴 수밖에 없었던 것일까?

　세계 상위 1%에 속한 자들의 부가 그들 개인의 생산력만으로 창출되지 않았다는 것은 자명하다. 그러기에는 그 규모가 너무나도 상상을 초월한다. 당연히 사회적 생산력의 산물이 소수에게 흘러드는 메커니즘이 가동된 결과이다. 즉, 거대한 집단적 협력에 의해 생산된 가치가 체계적으로 소수에게 집중되는 모종의 '다단계 피라미드식' 축적 원리가 개입되었기 때문이다. 그것도 전 세계적 차원에서!

오늘날 전 지구화된 피라미드 꼭대기에는 누가 앉아 있을까?

이 전 지구화된 불평등 피라미드의 꼭대기 층에 앉은 사람들은 과연 누구이며 어디에 있을까?

　다들 알다시피 피라미드식 부의 축적이 전 지구적 차원으로 확대되기 시작한 것은 근대 제국주의 시대였다. 피케티의 『21세기 자본』에 따르면 제1차 세계대전 직전까지 세계 최고의 식민제국을 건설했던 영국의 해외 보유 자산은 국민소득의 약 2배에 달했다. 20세기까지도 많은 사람들이 여기에서 나오는 배당금, 이자, 임대료 형태의 투자 수익으로 생활했다. 영국 다음으로 많은 주요 식민지를 거느렸던 프랑스 역시 국민소득의 1년 치보다 더 많은 규모의 해외 자산을 보유했고, 그 덕분에 1900~1910년 기간 동안의 국민소득이 매년 국내생산보다 5~6% 정도씩 높았다. 1913년 기준으로 아시아와 아프리카의 국내 자본 중 3분의 1~2분의 1, 그리고 산업 자본의 4분의 3 이상은 영국, 프랑스, 독일과 같은 유럽 강대국의 소수 부자들 손아귀에 있었다.[178]

---

178 토마 피케티, 장경덕 외 역, 『21세기 자본』, p.88, p.147.

오늘날은 어떠할까? 10만 달러를 부자의 기준으로 삼을 경우 2015년에 세계 인구 중 부자의 인구 비율은 고작 8.1%이지만 세계 부의 84.6%를 차지하고 있는데, 이들의 주요 분포 지역은 다음과 같다.

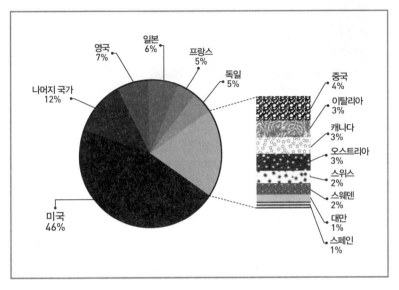

〈2015년 세계 부자 국가별 점유율〉

(출처: Credit Suisse Research Institute,Global Wealth Report 2015, October 2015)

앞 도표에서 보다시피 이들의 78%는 유럽이나 북미에서 거주하고 있으며, 특히 가장 많은 거부들이 몰려 있는 곳은 단연코 미국이다. 그 다음이 영국, 일본, 프랑스, 독일, 중국 순이다. 비서양 국가는 산업 강국인 일본과 중국뿐이다.

이 중에서도 피라미드의 제일 꼭대기에 앉아 있는 나라는 누가 뭐래도 세계 거부들의 절반이 몰려 있는 미국인 듯 보인다. 거액의 순자산 보유 인구 면에서도 미국은 타의 추종을 불허한다. 또한 미국에서 5,000만 달러 이상의 순자산을 보유한 성인의 수는 차상위 5개국을 다 합친 것보다도 2배 이상이나 많다.

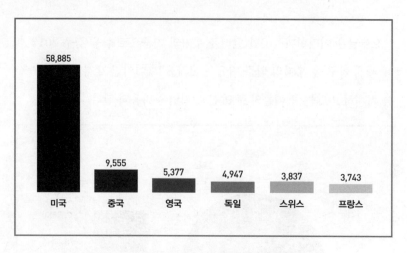

〈2015년 5,000만 달러 이상의 순자산을 소유한 성인 수〉
(출처: Credit Suisse Research Institute,Global Wealth Databook, 2015)

또한 미국은 세계 최대의 천연자원소비국이고, 세계 오염 유발국 2위
이다. 세계 평균보다 3배나 더 많은 육류를 섭취하고, 자국보다 인구가 3
배나 더 많은 인도보다도 더 많은 시리얼, 곡류, 밀, 쌀을 소비한다. 미국
의 석유 및 가스 소비는 전 세계의 다른 모든 국가를 능가한다.[179]

결국 예전에는 각 대륙, 각 지역마다 따로따로 독자적인 피라미드가 존
재했다면, 놀랍게도 오늘날에는 국가나 기업 단위의 작은 피라미드들로
구성된 '전 지구적 메가 피라미드'의 정점에 미국이 올라서 있는 형국이
지 않은가. **인류가 그토록 오랫동안 의식·무의식적으로 벗어나고자 했던 '피라미
드'의 단위가 사상초유로 전 지구화된 것이다!**

우리는 당장 "이런 정도의 가파른 불평등이 정당할까"라는 질문부터
하지 않을 수 없다. 이에 대해 "그렇다"고 대답할 사람은 아무도 없을 것

---

179 "U.S. consumes more cereals than India", May 09, 2008, http://www.thehindu.com/todays-paper/tp-
national/lsquoU.S.-consumes-more-cereals-than-Indiarsquo/article15218975.ece

이다. 과거 중세시대까지의 계급 피라미드 사회를 정당하다고 생각하지 않는다면 말이다. 인류의 역사와 문명이 아주 멀리 달려왔고 그만큼 꽤 진보했다고 생각했는데 여전히 극심한 피라미드에 갇혀 있다니? 나무 수레가 지구를 뒤덮은 자동차로, 배로, 기차로, 지하철로, 비행기로 바뀌었고, 파발이 전신, 전화, 인터넷, 핸드폰, 스마트 폰으로 바뀌며 문명이 진보하는 동안에도 사회의 불평등 구조나 정도는 여전히 그대로라니.

그런데 다음 도표는 놀라운 반전을 드러낸다. 미국 내부를 들여다보면 미국 국민 전체가 수혜자인 것은 아니다. 거기에서도 부는 소수에게 집중되어 있다! 아래 도표에서 1%가 가진 부와 나머지 80%의 부를 비교해보라.

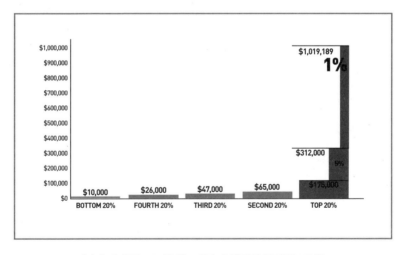

〈점점 더 최악으로 치닫는 미국 내 불평등 실태(2016년)〉

(출처: Heather Long, "U.S. inequality keeps getting uglier", CNN, December 22, 2016, http://money.cnn.com/2016/12/22/news/economy/us-inequality-worse/index.html)

그런데 그 1% 내에서도 부는 0.1%에게 아주 집중적으로 몰려 있다는 것을 다음 도표로 확인할 수 있다. 앞서 나온 전 세계의 부의 불평등을 보여주는 '그로테스크'한 도표와 유사한 모습이다.

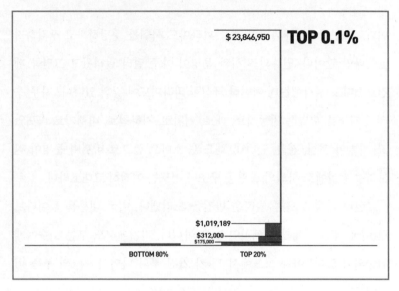

$ 23,846,950   **TOP 0.1%**

$1,019,189
$312,000
$175,000

BOTTOM 80%   TOP 20%

〈미국 최상위 0.1%의 부(2016년)〉

(출처: Heather Long, "U.S. inequality keeps getting uglier", CNN, December 22, 2016,
http://money.cnn.com/2016/12/22/news/economy/us-inequality-worse/index.html)

2015년 현재 미국의 부자 20명이 가진 부가 미국 전체 인구의 50%
(약 1억 5,200만 명)의 부를 합친 것보다 더 많다. 2006년에는 미국 부자
400명의 총자산(약 1조 5,700억 달러)이 미국 전체 인구의 50%의 것을
합친 것보다 많았었다.[180] 부가 점점 더 소수에게 극단적으로 집중되는 이
러한 현상은 전 세계적인 흐름이고 그러한 소수가 가장 많이 몰린 곳이
미국이기는 하지만, 대부분의 미국인에게도 그것은 그저 남의 이야기인
셈이다.

그렇다면 우리가 던져보고 싶은 질문들은 이런 것들일 것이다. 미국은
대체 어떻게 해서 그 꼭대기에 올라갔을까? 자본주의 하에서 이런 전 지

---

180 Chuck Collins & Josh Hoxie, "Billionaire Bonanza: The Forbes 400 and the Rest of Us — Wealthiest
20 people own more wealth than half the American population", Institute for Policy Studies, December 1,
2015, http://www.ips-dc.org/billionaire-bonanza/

구적 피라미드식 축적이 가능하게 된 원인은 무엇이었을까? 그런데도 정작 미국 내에서 부의 양극화가 이토록 극심한 현상은 또 어떻게 설명해야 할까? 피라미드가 아닌 보다 평등한 사회에서 살고자 하는 다수 인류의 오랜 꿈은 어떻게 해야 이룰 수 있을까?

우선 이런 전 지구적 피라미드가 탄생하게 된 가장 근본적 요인부터 단도직입적으로 지적하자면, 그것은 애당초 '자본주의' 자체가 '자본가'에게 유리한 시스템이라는 데 있다. 초기 산업자본주의 시스템이 사회를 인구통계학적으로 완전히 재편했을 뿐만 아니라 삶의 모든 양식을 뒤흔들기 시작했을 때 주도적으로 그 변화를 이끈 주체는 자본가였고, 그런 만큼 자본주의는 본질적으로 자본가가 중심에 서서 자본가에게 유리하게 세상의 판을 다시 짠 혁명적 게임의 룰이었다.

마르크스도 자본주의 체제 하에서 불평등을 발생시키는 가장 근본적 요인을 자본주의의 본질적 속성에서 찾았다. "자본가는 노동자가 생존을 이어가고 종족번식을 하는 데 필요한 최소한의 생활수준까지만 제공하고 나머지는 계속해서 자본 증식에 투자할 유인을 갖고 있다." 따라서 자본가가 망하지 않는 한 계속해서 자본을 증식해나가고, 그런 만큼 노동자와의 격차는 계속해서 벌어지게 되어 있다.

토마 피케티 역시 자본주의 시스템의 불평등 문제를 제기한 바 있는데, 그는 『21세기 자본』에서 자본주의 시스템에는 자본이 소수의 손에 집중되는 거스를 수 없는 경향이 내재한다는 마르크스의 결론이 21세기에도 유효하다는 통계적 근거를 밝혔다.

대체 자본주의 시스템이 어떤 시스템이기에 그런 것일까? 앞의 '생산도구 쟁탈전 - 자본주의와 공산주의' 장에서 간략히 소개한 자본주의의 개념과 자본주의 형성 과정에 이어 좀 더 자세히 자본주의의 특성들을 들여다보자.

자본주의, 어떤 시스템이길래?

인간 간의 불평등 창출 구조

우선 자본주의 시스템 하에서 자본가는 기업이라는 조직을 만들고 상품 생산에 필요한 도구들에 자본을 투자하여 수익을 얻는 생산경제활동의 '주체'이다. 그러한 자본가가 수익 창출을 위한 상품 생산 및 판매에 사용하는 '도구'에는 공장 건물, 사무실, 광산, 각종 설비와 기계, 수송 장비, 유통 매장, 컴퓨터 따위만 있는 게 아니다. 바로 다른 인간들의 노동력이 포함된다. 물론 그 노동력은 인간에게서 나오므로 결국 적어도 노동시간 동안만큼은 노동력을 제공하는 다른 인간들이 그 '도구'가 되는 셈이다. 이를 분명히 확인해주는 근거는 그 노동력 제공자들이 자본가의 회계장부에 기계, 공장, 사무실, 비품, 집기와 마찬가지로 '비용'으로 처리된다는 사실이다(그러므로 이들이 직장에서 인간으로서의 존엄성과 가치를 인정받으려는 노력은 밥줄을 포기할 각오로 '도구'로서의 한계를 무릅써야만 하는 일이기 일쑤이다). 다시 말해 노동력을 제공하는 노동자는 수익 창출을 위한 '도구'이자 '비용'에 속한다. 그리고 자본가는 이러한 도구들에 비용을 들여서 생산활동을 하면 수익으로 연결되는 잉여가치를 얻을 수 있다는 예상이 될 때 기업을 설립하여 사업을 개시한다. 그런 다음 거기에서 나오는 수익은 자본가가 몽땅 챙겨가도록 룰이 짜여졌다.

이것이 자본주의 시스템 하에서 불평등이 초래될 수밖에 없는 기본 토대이다. 사업체 내에서 자본가와 노동자는 단순히 분업 시스템에 따라 각자 맡은 바 일을 하는 평등한 관계라고 보기 어렵다. 그보다는 한쪽은 주체적 사용자, 다른 한쪽은 사

용자가 비용을 부담하여 사용하는 피사용자, 즉 도구에 해당한다. 설령 기업 경영 과정에 자본가가 노동자로부터 어느 정도 의견과 조언을 들을 수는 있다 하더라도 최종적인 결정권자는 노동자가 아니라 자본가이며, 경영의 결과로 얻은 수익은 많든 적든 모두 자본가의 몫이다. 이것이 자본주의 시스템 하에서 "모든 인간은 평등하다"는 원칙을 위배하는 출발점이다.

회사에 처음으로 취직한 사람이라면 아마도 제일 먼저 받는 인상은 "아, 여긴 여전히 엄격한 계급 사회로구나!"일 것이다. 회사 조직 내에서는 노사 간의 관계도 불평등하지만, 같은 노동자라 할지라도 직급이 올라갈수록 수는 줄어들면서 책임과 임금은 상승한다. 결국 맨 꼭대기에서 기업 전체는 물론 수백, 수천, 수만 명의 노동자의 중요한 문제들을 결정하는 자들은 극소수의 대주주들 아니면 그 대주주들에 의해 선출된 CEO나 중역들뿐이다(노동자 주주제도가 있기는 하지만 일반적으로 노동자 주주들에게 기업의 중요한 문제들을 결정할 수 있는 권한이 주어진다고 볼 수는 없다). 바로 이런 구조 속에서 노동자들이 생산한 잉여가치는, 마르크스가 말한 대로 꼭대기에 있는 이들 소수에게 계속해서 집중되고 축적된다. 바꿔 말해, 기업 밖에서 바라보면 기업은 전형적인 피라미드 구조에 해당한다.

미국의 경제학자 리처드 울프Richard Wolff, 1942- 박사는 자본주의의 속성을 다음과 같이 꼬집었다. "당신이 직장에 취업하는 한 가지 조건은 고용주가 당신에게 주는 돈의 가치보다 더 많은 것을 고용주를 위해 생산해내야 한다는 것이다. '내가 일한 만큼 돈 안 주는 고용주 밑에서는 절대로 일 안 할 거야'라고 말한다면 당신은 자본주의를 이해하지 못하고 있는 것이다. 역사적으로 잘못된 시대에 잘못된 장소에 있는 것이다. 자본주의 하의 직장에서 당신은 언제나 착취를 당하게 되어 있다. 시스템이 원래 그렇다."[181]

이렇듯 거시적으로 보면 자본주의는 하나의 거대한 피라미드 구축 시스템인 셈인 까닭에 노동자 계층에게 유리한 시스템이라고는 할 수 없다.

반론

물론 이런 반론은 가능하다. 자본가는 성공이 보장되지 않은 상태에서 손해를 볼 위험을 감수하고 투자를 한다. 그러므로 성공하여 큰돈을 벌 수도 있지만 거꾸로 큰돈을 잃을 가능성도 존재한다. 게다가 자본가들은 사업을 하는 동안 많은 사람들에게 일자리를 제공하므로 그 공헌을 인정한다면 사업에서 얻은 수익은 보상으로 가져가도록 해주는 것이 필요하다.

이에 대해 재반론하자면, 그렇다 해도 자본주의가 자본가를 중심으로 판을 짜는 규칙이라는 점은 달라지지 않는다. 자본가는 사회의 경제적 주체이다. 적어도 '도구'는 아니므로 비록 사업에 실패할 가능성도 있지만, 자본가 집단 전체적으로 볼 때에는 실패를 통해 배워나감으로써 더 크게 성공할 기회를 누린다고 할 수 있다. 더 중요한 점은 자신에게 유리하도록 사회의 규칙을 바꿔나갈 수 있는 힘을 갖는다는 것이다.

그들이 원하는 규칙은 어떤 규칙일까? 앞에서 언급한 '손해를 볼 위험'을 피해갈 수 있는 규칙일 것이다. 투자에 따르는 위험부담과 책임은 줄이고 돈은 마음껏 벌 수 있는 규칙. 그러면 그런 규칙을 실현시킬 수 있는 효과적인 방법은 무엇일까? 뒤에서 얘기하게 될 법인이라든가 주식회사 제도 등 여러 가지가 존재하지만 무엇보다 가장 효과적인 방법은 독점적

---

181 Richard D Wolff, "Crisis and Openings: Introduction to Marxism", http://www.youtube.com/watch?v=T9Whccunka4 Richard D Wolf

지위에 오르는 것이다. 현실에서 독점이 점점 더 만연하게 되는 이유가 여기에 있다. 휴버먼이 지적한 대로, 독점이 만연한 경제 시스템에서는 자본가들이 위험을 노동자, 농민, 소비자들에게 떠넘기는 방법들이 횡행하게 마련이다.[182] 이 때문에 구조적으로 노동자는(예외적 소수를 제외하고) 자본가의 도구이자 비용으로서의 기능을 계속하며 피라미드의 아래쪽에 남게 된다.

피라미드 간 경쟁을 통해 강자가 독식하는 구조

자본가의 경쟁 상대는 누구일까? 자본가이다. 노동자가 아니다. 노동자는 자본가의 도구일 뿐 경쟁 상대가 못 된다. 자본주의는 각 산업의 기업이라는 피라미드 조직의 수장인 자본가들끼리 경쟁하여 더 강한 자본가가 살아남아 시장을 독식하는 게임이다. 그 과정에 만약 다른 조건이 같다면 일반적으로 더 많은 수익을 남기는 피라미드 조직, 그리하여 먼저 더 큰 피라미드 조직을 확보한 자가 유리하게 마련이다. 결국은 어떤 식으로든 자신의 사업체를 크고 강한 피라미드 조직으로 키우는 자가 결국 경쟁에서 승리하여 자본주의 시스템 전체의 피라미드 꼭대기에 오르기 쉽다. 바꿔 말하면, 자본주의는 각각의 자본가들이 다수의 사람들을 도구로 삼아 피라미드 조직을 구축하고, 그 조직의 효율을 극대화하는 자가 경쟁에서 승리하여 전소 사회적 메가 피라미드의 우두머리로 등극하는 시스템이다.

따라서 기업과 자본가가 세워야 할 목표는 명약관화하다. 자신의 피라미드를 키워 전 세계적 자본주의라는 메가 피라미드 체제에서 점점 더

---

182 리오 휴버먼, 김영배 역, 『휴버먼의 자본론』 (서울: 어바웃어북, 2011), p.74.

높은 위치로 올라가는 것이다. 궁극적으로는 무적의 최강자가 되어 나 이외의 도전자를 용납하지 않는 독점적 지위를 차지하는 것이다. 그것이 보다 많은 자유와 안전을 확보하는 최선의 길이다.

이를 달성하는 아주 영리한 방법이 자연스레 등장했다. 그것은 바로 각 영역의 강자들끼리 힘을 합치는 것이다. 기업의 입장에서는 피라미드 간의 합병, 통합, 트러스트, 위탁 등의 형태로 여러 피라미드들을 합치면 더 강력하고 거대한 기업을 건설할 수 있다. 그렇게 해서 독점적 지위를 확보하고 나면 모든 면에서 유리해진다. 규모의 경제를 통해 생산원가는 줄이고 이윤은 늘릴 수 있으며, 연구개발이나 기술적 우위를 유지하기 위한 막대한 자금 투자가 용이해지고, 시장점유율을 선점할 수 있고, 그러고 나면 다른 잠재적 경쟁자들의 진입 장벽을 높여 경쟁구도를 통제할 수도 있다. 그 결과, 잠재적 경쟁자들과 더욱 격차를 벌려나갈 수 있을 뿐만 아니라 여러모로 대마불사大馬不死의 이점을 누릴 수 있다. 이렇게 특정 산업이 소수의 대기업에 집중되면서 경쟁이 독점으로 바뀌어가는 현상은 자본주의 시스템 안에서는 너무나 자연스러운 귀결이다.

휴버먼에 따르면, 미국의 자본주의 시스템의 경우 이미 1870년대 이후부터 자유경쟁 시스템이라고 할 수 없게 되었다. 제휴, 합병, 통합, 트러스트, 위탁 등을 통한 독점이 워낙 만연했기 때문이다. 미국의 22대 클리블랜드 대통령Grover Cleveland, 1837-1908도 이미 19세기 말에 트러스트와 독점이 미국 경제 시스템을 장악하다시피 하는 현상을 놓고 이렇게 말했을 정도이다. "자본 집중으로 인해 트러스트, 결합, 독점 등이 초래됨을 알 수 있다. 일반 시민은 (자본 집중으로 대규모화한 기업들로부터) 멀찍이 떨어져 힘겹게 살아가거나 그에 맞서다가 그들의 '강철군화'에 죽도록 짓밟히기까지 한다. 엄격한 제약을 받는 법적 존재여야 하는 기업은, 인간에게 봉사하는 머슴이어야 함에도 불구하고 오히려 빠른 속도로 인간의 주인 자리를 차지하고 있다."[183]

문제는 자본주의 시스템 하에서 적어도 자본가에게는 이런 식으로 점점 더 큰 피라미드를 축조해가는 것이 선택의 여지가 없는 일이라는 점이다. 실제로 결국에는 소수의 거대 피라미드로 산업이 집중될 수밖에 없다. 아마도 이를 규제할 규칙을 강제하지 않는다면 말이다.

이것이 자본주의 사회 전체를 불공평하게 만드는 구조적 요인이다. 기업은 이윤을 내고 경쟁에서 살아남기 위해서 점점 더 생산시설을 대형화·최첨단화하고, 그러기 위해 최대한 저임금으로 생산비용을 낮추고 더 거대 자본을 축적하고, 더 많은 원료를 더 값싸게 확보하고, 거듭해서 다른 피라미드 강자들과 결합하면서 끝없이 피라미드를 거대하게 확장하고, 산업을 독점하기 위해 애쓰게 된다.

자본주의 시스템 하에서 이런 식으로 산업이 발달할수록 사회 전체적으로 회계장부의 '비용' 계정에 올라가는 노동자 수는 늘어나기 마련이고, 따라서 마르크스가 프롤레타리아라고 부른 계층은 늘어날 수밖에 없다. 그 결과, 피라미드의 아랫부분은 넓지만 위로 갈수록 좁아지면서(비록 그 경사의 가파르기는 사회마다 다를 수 있겠지만) 소수의 경영자와 대주주가 꼭대기를 차지하는 메가 피라미드 시스템이 구축되는 것, 이것이 자본주의 사회의 풍경이다. 다시 말해, 자본주의 시스템 자체에는 피라미드 사회를 구성하는 원리가 내재한다.

---

183 리오 휴버먼, 김영배 역, 『휴버먼의 자본론』, p.61.

유사인간의 탄생 - 주식회사와 법인 ───

자본주의의 속성 가운데 하나는 주식회사 제도에서 발현된다. 주식회사 제도란 여러 사람들이 자금을 출자하여 사업비를 마련하는 방식이다. 또한 주식회사를 하나의 법인으로 인정해줌으로써 주식회사는 법적으로 주식 소유자와는 별개의 독립된 존재로 인정됨과 동시에 여러모로 사실상 사람과 똑같은 법적 권리와 특권을 부여받게 되었다. 즉, 사회의 한 구성원처럼 취급되는 법인^{法人}이 된 것이다.

이러한 제도가 생겨나면서 주식회사는 매력적인 투자처로 떠올랐다. 개인이 모든 사업비용을 감당할 때와는 달리 주식회사의 투자자, 즉 주식 소유자는 기업에 문제가 생긴다 해도 거액의 개인 재산을 날릴 위험에서 벗어나 단지 투자한 주식 금액만큼의 유한 책임만 지면 되고, 그런 와중에서도 해당 기업은 계속해서 투자자들과 별개로 법적인 권리를 보호받을 수 있기 때문이다.

이는 기본적으로 자본가에게는 기업에 대한 책임과 위험부담을 크게 감소시켜주면서, 기업에게는 인간과 대등한 권리를 누리도록 보장해줌으로써 기업에 대한 자유로운 투자와 이윤추구 행동을 활성화하는 조치라고 할 수 있다. 덕분에 오늘날 웬만한 국가보다 더 막강한 힘을 가진 대기업들과 다국적 기업들이 등장할 수 있었다. 다시 말해 기업이 역사상 전대미문의 초거대 피라미드로 성장하는 계기가 마련되었다.

기업이 시민과 같은 취급을 받게 된 일은 자본주의의 돌연변이에 견줄 만한 충격적 사건이다. 이는 기업을 인간의 도구라는 굴레에서 해방시킨다는 의미를 띤다. 기업이 더 이상 한정된 법적 권한만 가진 '도구적' 존재가 아니라 '시민'으로 격상된 것이다. 그것도 수백, 수천, 수만, 심지어 수십만 명의 노동자뿐만 아니라 그 가족

들의 삶까지 좌지우지할 수 있는 막강한 시민이 된 것이다. 그러니까 자본가의 또 다른 도구였던 기업은 이제 더 이상 도구가 아니라 자본가를 대리하는 '주체'가 되었다.

문제는 자본주의 시스템 하에서 노동자는 여전히 자본가의 '도구'로 남아 있다는 사실이다. 물론 주주들에게는 기업이 자신들의 도구로 남을 수 있겠지만, 노동자나 사회 전체의 입장에서 봤을 때 기업은 엄연히 '사용자', 즉 인간과 대등한 권리를 행사하지만 일개 개인에 비하면 초인적인 힘을 보유한 주체가 된 것이다.

그러나 더 큰 문제는 이 초인적 존재에게 도덕성이나 양심 따위는 내장되어 있지 않다는 점이다. 인간을 이해하고 공감할 감각기관 자체가 없고, 따라서 감정도 느낄 줄 모른다. 이런 상태에서 오직 이윤 축적이라는 목표만을 추구하도록 설계되었다. 이제 어떤 일이 벌어지리라 예상할 수 있을까? 이러한 '인조인간'은 필연적으로 '진짜 인간' 시민들과 갈등을 일으킬 수밖에 없지 않을까.

'기업Corporation'이라는 다큐멘터리에서는 심리학자의 입장에서 지금까지 나타난 이런 '인조인간들'의 여러 가지 행동 특성을 근거로 성격 진단을 해본 결과 전형적인 사이코패스의 특징을 나타낸다는 소견을 내놨다. 구체적인 내용은 다음과 같다.

타인의 감정에 무관심하다. 지속적 관계를 유지하는 게 불가능하다. 무분별하게 타인의 안전을 무시한다. 이익을 위해 반복적으로 거짓말을 하거나 남을 속인다. 죄의식이 없다. 법을 존중하는 사회적 규범을 준수하지 않는다.

이쯤에서 이렇게 반문할 사람이 있을지 모른다. "기업은 진짜 인간이 아니지만 그것을 소유한 소유자와 경영자는 진짜 인간이잖은가? 그들이 기업의 비도덕적인 행태를 통제하지 않고 그냥 놔두겠는가?" 이런 질문에 대해 미국의 저술가 데이비드 니오스David Niose, 1962-는 "왜 기업은 사이코인가Why Corporations Are Psychotic"라는 기고문을 통해 이런 대답을 내놓았다.

우선, 기업을 운영하는 임직원들은 기업의 재정적 이익을 위해 행동해야 한다는 의무에 묶여 있다. 다시 말해, 법 테두리 내에서 돈을 벌기 위해 할 수 있는 것은 무엇이든 해야만 한다는 뜻이다. 따라서 수탁받은 의무에 따라 기업 경영진은 만약에 윤리적 문제가 수익에 지장을 초래할 경우 가능하면 그냥 무시하고 밀어붙일 수밖에 없다. 이 때문에 담배회사가 할 수만 있다면 청소년에게도 담배를 판매하는 것이다. 이들은 그런 행위를 금지하는 법이 있을 때만 그런 일을 그만둘 것이다. 상장된 대기업의 경우에는 특히 더 그렇다. 작은 기업의 경우라면 소유자와 경영자가 대개 현지인이고, 상황에 따라서는 지역사회가 기업의 이윤만을 위한 활동에 반발하고 나설 수도 있겠지만, 주식회사의 경우 기관 투자자들에게 거의 언제나 부응해야 하고, 단기적 수익을 내야 한다는 엄청난 압박에 시달린다.
따라서 기업은 자신을 대중에게 홍보·판매하고, 필요에 따라 대중의 의견에 영향을 미치거나 소송하거나 로비를 할 각 전문가를 고용하고, 마구잡이식으로 소득과 이윤 목표를 달성하고, 개인이나 공익 단체들의 반대를 물리치기 위해 기업이나 산업 협회와 결탁할 수 있는 어마어마한 자원을 보유한 이기적 '인간'이다.[184]

제도는 인간이 만들어낸 도구임에도 불구하고 그 힘이 너무나 막강하여 도리어 인간 위에 군림하며 인간을 지배해왔다. 하지만 그런 일은 전혀 새삼스럽지 않은 지 오래되었다. 아마도 인간의 타고난 도덕성이 더 강력했다면 자본주의 시스템의 원리에도 불구하고 양심 있는 행동을 했겠지만, 그마저도 그리 강력하지 않기 때문에 대주주들이 주식회사 제도 뒤에 숨어 스스로에게 어느 정도 도덕적 해이를 허용하고 있는 경우가 많다.

설사 어느 기업의 대주주나 경영자가 남들보다 좀 더 도덕적일 수 있다 하더라도 그것은 우연에 맡겨진 일일 뿐, 그것과 상관없이 "기업의 목적은 이윤 창출이다"라는 본질은 달라지지 않는다. 또한 임금을 받고 일하는 모든 임직원은 기업의 주인이 아니라 도구에 불과하고, 도구로서 채용된 목적에 맞게 기업의 이윤을 위해서 일을 해야만 하는 처지라는 점도 마찬가지로 달라지지 않는다.

결론적으로, 역사의 어느 시점에 일부 자본가와 엘리트 권력계층은 기업을 유사인간으로 변모시킴으로써 인류의 대다수를 무지막지한 사이코패스의 지배 하로 밀어넣고 만 셈이다.

자본주의 시스템의 모순 ────

자본주의에는 만성적 모순 내지는 문제가 내재한다. 그것은 기본적으로 자본주의가 사회에 이른바 '과잉생산over-production'을 야기하는 방식으로 수익을 얻는 시스템

---

184 David Niose, "Why Corporations Are Psychotic", Psychology Today, March 16, 2011, https://www. psychologytoday.com/blog/our-humanity-naturally/201103/why-corporations-are-psychotic

이라는 것이다. 무슨 말일까? 앞서 공산주의 부분에서 다뤘듯이, 자본주의란 자본가가 끊임없이 자본을 축적하여 더 효율적인 생산시설을 갖춘 뒤 거기에 가능한 한 '최저가'의 노동력을 투입해 상품을 대량생산하면 그것을 대량의 소비자가 소비해줌으로써 굴러가는 시스템이다. 기본적으로 대량생산과 대량소비를 향해 끝없이 질주하도록 되어 있다. 하지만 그러한 과정을 거쳐 만들어진 잉여가치의 대부분은 노동자가 아닌 자본가의 호주머니에 차곡차곡 축적되게끔 설계된 것이 이 게임의 룰이다. **요컨대 자본주의 시스템은 사회의 대다수 구성원들을 노동자이자 소비자로 만들어야 하지만, 노동자는 공장에서 생산된 그 물건들을 충분히 구매하기가 애당초 불가능하다는 말이다.** 따라서 사회의 생산능력과 소비능력 간에는 항상 격차가 존재하고, 그 격차는 보통 호황과 불황 사이를 진동하는 파동 형태로 나타난다. 처음에는 기업 집단들이 성장의 탄력을 받다가 어느 한계점에 이르러 성장세가 둔화되기 시작하고 그 다음부터는 과잉생산 형태로 점점 더 심각한 위기로 빠져든다.

　따라서 자본주의 시스템은 일차적으로는 상대적으로 값싼 원자재와 노동력을 구하기 위해서라도 그렇지만 만성적으로 동반되는 '과잉생산'의 문제를 해결하기 위해서라도 새로운 시장, 즉 소비자를 찾아 끊임없이 외부로, 외부로 팽창해나가지 않으면 안 된다. 새로운 시장이 없으면 억지로 만들어내기라도 해야 한다. 마치 엄청나게 거대한 위장을 채우기 위해 전 세계를 시장으로 만들어 먹어치워야만 하는 괴물과도 같다. 그뿐인가. 그 거대한 위장을 가진 괴물들은 좀비처럼 세계 곳곳에 늘어나고, 그것들은 다시 자신의 배를 채우기 위해 기를 쓰고 덤빈다. 경제적 불황과 호황의 사이클을 거치는 동안 이들 가운데 배를 채운 강한 놈은 살아남고 그렇지 못한 놈들은 나가떨어질 것이며, 그때마다 해당 지역에서 노동자들은 해고될 것이고 경기침체나 공황은 번질 것이다.

궁극적으로 이런 방식의 자본주의는 언제까지나 지속 가능한 게 못 된다. 그동안은 더 넓은 세계로 시장을 확대함으로써 노동자의 생산능력과 소비능력 간의 격차를 메워왔고, 또 세계 인구의 폭발적 증가로 총소비량이 어마어마하게 증가함으로써 어느 정도 문제가 해소되어왔지만, 결국 지구가 감당할 수 있는 인구에도 한계가 있다. 뿐만 아니라, 적어도 지금 같은 방식대로라면 언젠가는 소비를 위해 투입할 수 있는 자원이나 환경이 한계점에 이르리라 예상할 수 있다. 그럼에도 현재의 자본주의 체제는 이렇다 할 대비 없이 계속해서 단기적 목표만을 위해 질주하고 있는 형국이다.

결국 자본주의의 가장 본질적인 모순은 자본가와 노동자가 하나의 지구촌 안에서 상호의존적 관계일 수밖에 없음에도 그 둘이 서로 대결관계가 되도록 게임의 룰이 설정되어 있다는 것이다. 노동자에게 일어나는 일이 언젠간 자본가에게도 파장을 일으키게 되어 있다. 노동자가 소비자로서의 역할을 충분히 할 수 없게 되는 것은 자본가에게도 치명적인 일이며, 궁극적으로 자본주의의 총체적 위기를 부를 수 있다. 언제까지나 일방적으로 한쪽이 다른 쪽을 도구로 이용할 수 있는 게 아닌 것이다. 사회의 구성원들 서로가 서로의 협력자로서 기능하지 않고서는 사회가 지속 가능하지 않다. 적어도 지구라는 한계에 갇혀 있는 한 인류는 궁극적으로 서로에게 유기적 관계일 수밖에 없다. 전 지구적으로 볼 때 자연만물이나 자연현상이 유기적인 것과 똑같은 이치이다. 그러므로 지속 가능한 지구촌 사회 시스템은 결국 착취가 아닌 협력적 관계 위에서만 가능하고, 협력적 관계는 호혜성 존중에 기초할 수밖에 없다는 점을 인식하지 않고서는 해법을 찾기 어렵다. (혹시 외계의 다른 행성에 소비자가 될 만한 생명체가 존재한다면 그 유기성에 작은 구멍이 생길지도 모르겠다. 그런 의미에서, 여담이지만 SF 영화들은 외계 생물체를 인류에게 위험한 존재로 그리는 스토리보다는 인류를 다른 행성의 외계 생물체에게 위험한 존재로 서술하는 내용을 내놓는 편이 현실에 대한 통찰을 더 잘 보여주는 일일지 모른다.)

자본주의 기업의 사이코패스다운 돌파구

기업이 자본주의의 이런 근본적 딜레마에 대한 해결책을 찾아내리라 기대하기는 어려울 것이다. 애초부터 자본주의 방식으로 이윤을 추구하도록 설계된 조직이기 때문이다.

이제껏 그들은 이윤 창출을 어떻게든 지속시키기 위해 가능한 모든 수단과 방법을 찾아왔다. 한편으로는 새로운 기술을 발명하고 사람들의 소비지상주의적 행동 패턴이나 라이프스타일을 끌어내려는 노력을 기울였다. 하지만 다른 한편으로는 도덕적 양심이 내장되어 있지 않은 '사이코패스'답게 사회를 숙주로 삼은 기생충이나 암처럼 행동하는 방식으로 독자적 생존의 길을 터온 것도 사실이다. 다시 말해, 기업과 자본가 계층이 유기적 사회의 일원답게 책임 있는 행동을 하기보다는 다른 구성원들의 희생을 바탕으로 자신만의 이기적 목적을 달성하려는 성향을 보였다는 의미이다. 무엇보다 그들의 행동을 기생충이나 암에 비유하는 이유는, 궁극적으로는 자신이 몸담고 있는 집단 전체(숙주)를 파괴하고 그럼으로써 자신마저 파괴할 가능성이 있음에도 불구하고 코앞의 단기적 이익을 위해 그런 행태를 불사하는 모습을 드러냈기 때문이다.

구체적으로 그들이 어떻게 기생충이나 암과 같은 방식으로 이윤 창출을 지속시키는 행동을 취했다는 말일까? 자본주의는 두 종류의 조직적 약탈에 의존한 전적이 있다. 그중 하나는 전통적 의미의 전쟁이고, 다른 하나는 금융 거품과 같은 거품경제였다. 두 종류 모두 정상적인 방식의 거래가 아닌 약탈을 위한 것이고, 가장 이기적 방식으로 과잉생산 문제를 해소하려는 노력이라는 공통점을 갖고 있다. 포식과 함께 약탈은 원래 동물들이 자연 상태에서 자원 문제를 해결하는 가장 일반적인 방법이다. 인간 종種에 이르러 그러한 약탈이 보다 조직적이고 집단적 형태로 행해지면서 그것을 전쟁이라고 칭해왔다. 오늘날의 도덕적 기준에 따르면, 전쟁은 그 자체로 원시적이고 야만적인 약탈행위로 경멸되어야 마땅하다. 그럼에도 전쟁은 계속되어왔고 지금도 계속되고 있는 실정이다.

다른 동물들의 '약탈'이나 '포식'과 비교해볼 때, 인류의 '전쟁'에서 나타나는 가장 큰 차이점은 무기라는 도구를 사용한다는 점, 그리고 그 도구의 발달 정도가 전쟁의 규모와 상관관계를 드러내곤 했다는 점이다. 그 도구는 물리적 도구와 추상적 도구, 이렇게 두 가지로 분류될 수 있다. 무기는 그중 전자에 해당하는데, 맨몸으로 싸우는 것과 칼, 화살, 총 따위를 들고 싸우는 것 간에는 당연히 큰 차이가 날 수밖에 없다. 특히, 과학기술의 발달을 바탕으로 막대한 자본 및 대량생산시설을 갖춘 자본주의 시대에 와서는 가공할 파괴력을 자랑하는 첨단무기들이 대량생산되면서 전쟁으로 인한 인명 및 재산 피해의 규모가 상상을 초월할 지경으로 증폭되었다. 예를 들어 제2차 세계대전에서 전투기를 통해 대량 투하된 폭탄이나 미사일은 수천 명에서 수만 명까지 살해할 수 있었다. 원자폭탄의 경우, 단 한 발만으로도 그보다 훨씬 더한 효과를 낼 수 있었다. 사실 자본주의는 전쟁 규모만이 아니라 그 외의 많은 것을 증폭시킨다. 만사를 대량생산·대량소비 시스템에 맞춰 돌아가게 만들기 때문이다.

자본주의 시스템이 발명해낸 또 다른 형태의 전쟁 도구는 금융 거품과 같은 거품경제이다. 뒤에서 더 자세히 다루겠지만, 그것은 자본, 은행, 통화 시스템 등 전대미문의 첨단 도구를 사용한 일종의 신종 약탈법이다. 하지만 물리력에 의존한 전통적 전쟁이든 신종 금융 전쟁이든 그 전쟁에 쓰인 도구들의 성질과 위력이 달라졌다는 점 외에는 태곳적에 존재했던 전쟁이나 자본주의 이후의 새로운 형태의 전쟁 간에 본질적인 차이는 없다. 자원을 얻기 위한 조직적 약탈이기는 매한가지이고, 그 자원에 의존해 살아가는 다른 이들의 생명과 삶의 질을 직간접적으로 크게 파괴한다는 점도 똑같다.

요컨대 인류는 다른 포식 동물들과 마찬가지로 여전히 자원을 획득하기 위해 약탈이라는 방식에 의존하는 습성을 버리지 못하고 있는데, 다만 그 방식과 도구만 문명화된 셈이다. 바로 정치·경제·사회적 법과 제도, 이데올로기, 사상, 종교, 문화 등 '인간 고유의 영역'을 총동원함으로써 말이다. 현대의 시점에서 한 가지 더 차이를 찾는다면 그 약탈과 전쟁을 요구하고 추동하는 주체가 왕실에서 기업으로 바뀌었다는 정도일 것이다.

고전적 돌파구 — 전쟁

이윤 창출을 지속시키기 위한 자본주의의 사이코패스다운 첫 번째 해결책

자본가들이 자본주의의 모순 내지 만성적 문제를 해결하기 위해 두 종류의 전쟁에 눈을 돌렸다고 서술했다. 전통적 의미의 전쟁과 금융 경제가 그것이었다. 이번에는 미국이 전 지구적 피라미드의 우두머리가 되는 과정에 전쟁이 어떤 역할을 했는지 살펴보자.

사실 자본주의에는 전쟁이 수반될 수밖에 없다. 이를 두고 프랑스의 사회주의자 조레스Jean Jaures, 1859-1914는 "마치 먹구름에서 폭풍우가 쏟아지는 것과 같다"고 표현한 바 있다. 가장 근본적인 이유는 앞에서 '거대한 위장을 채워야 하는 괴물'에 비유한 것처럼 자본주의 자체가 자원과 시장을 찾아 계속해서 외부로 외부로 팽창해나가지 않으면 안 되도록 운명 지워졌기 때문이다. 동시에 다른 피라미드 조직(기업)들과의 토너먼트에서 끊임없이 승리해야만 살아남을 수 있는 시스템이기 때문이다.

기업이 덩치가 커지다 보면 어느 시점에 더 넓은 세계로 활동 범위를 넓혀가야 할 단계에 이른다. 국제적 무대로 경쟁이 확대될 경우(국내 무대에서도 마찬가지이지만), 기업가들의 입장에서 동원해야 할 가장 유용한 수단은 무엇일까? 다름 아닌 국가 권력이다. 국가의 정부는 모든 제도뿐만 아니라 군사력과 외교적 권한을 보유한다. 그러므로 상대편 국가라는 벽을 뚫고 들어가기 위해서는 국가의 권력을 지렛대로 삼지 않으면 안 된다.

그런데 자본가를 중심으로 피라미드 형태를 구축하게 되어 있는 자본주의에는 이미 그런 일을 하기에 좋은 장치가 장착되어 있다. 자본가들은 어차피 경제 권력뿐 아니라 정치적 권력을 획득하기가 수월하다. 직접 정계로 진출하거나 아니면 암암리에 정계와 호혜적 관계를 맺음으로써 영향력을 행사하면 된다. 원래 피라미드의 상층부는 각 분야의 강자들끼리 힘을 합침으로써 권력을 유지하는 경향이 있다.

경제·정치계의 강자끼리의 결탁은 원래부터 피라미드 구조의 공통된 속성이다. 전근대적 왕·귀족 피라미드 체제와 근대 이후의 자본가·정치가 피라미드 체제 간에 차이가 있다면 그 꼭대기에 앉은 지배 연합 집단이 농업 경제 시스템에서 산업·금융자본주의 경제 시스템이라는 신종 수단으로 갈아탔다는 사실뿐이다.

그렇게 해서 유럽의 몇몇 국가들은 국가적 지원을 등에 업고 제국주의라는 방식으로 자본주의의 촉수를 전 지구로 뻗칠 수 있었다. 아주 간략히 말하면, 제국주의는 산업자본주의를 먼저 시작한 유럽의 자본가 계층이 계속해서 자원(원자재와 노동력. 노동력도 비용 계정에 속하는 일종의 자원으로 취급된다)과 시장을 제공해줄 식민지들을 개척하기 위해 국가적 무력을 빌려서 아프리카, 남미, 아시아, 태평양 지역을 폭력적으로 약탈한 것이다.

그리고 제1·2차 세계대전은 20세기 초에 뒤늦게 독일, 일본 같은 후발 주자들이 제국주의 경쟁에 뛰어들면서 주요 식민지 재분배 쟁탈전을 위해 역시 국가적 무력을 빌려서 자국 국민을 강제 징병하고 손에 무기를 쥐어준 뒤에 영역싸움의 도구로 사용한 사건이라고 할 수 있다.

이때 대규모 강제 징병이란 (그 목적이 침략이든 방위이든 어쨌거나) 자국의 국민을 살인 및 파괴의 도구로 삼는 정치적 수단으로서, 국가권력을 통하지 않고는 실행 불가능한 일이다. 제1차 세계대전과 제2차 세계대전 간의 차이점이 있다면 국민에게 쥐어준 무기가 칼이나 총, 대포에서 점점 더 무시무시한 전차, 비행기, 전함, 원자폭탄으로 교체되었다는 사실 정도일 것이다.

전쟁 상황만큼 피라미드의 극단적 불평등성을 확인시켜주는 경우도 드물다. 중하층에 있는 국민은 전쟁의 극단적 공포 속에 내몰려 굶주림과 죽음, 사지가 잘리는 등의 고통을 감내하는 동안 상층에 있는 이들은 애당초 전쟁의 목적이었던 전리품을 크게 한몫 챙길 수 있다. 좀 더 구체적으로 들어가보자.

제1차 세계적 피라미드간 영역싸움
– 유럽의 자본주의 강국들이 세계를 놓고 벌인 영역싸움

1914년 6월 사라예보에서 오스트리아–헝가리 제국의 왕위 후계자인 프란츠 페르디난트^{Franz Ferdinand, 1863-1914} 대공이 암살당한 사건이 제1차 세계 대전의 직접적인 원인이라고 알려져 있다. 그러나 과연 이것이 유럽 전역에 수천만 명(사망자만 해도 군인 900만 명, 시민 700만 명이 넘는다)의 사상자를 낸 전쟁의 진정한 원인이라고 할 수 있을까? 그렇게 생각한다면 코미디일 것이다. 실은 영국, 프랑스, 러시아 등이 속한 연합국과 독일, 오스트리아 등의 동맹국, 이렇게 양 진영에 속한 국가들 대부분이 자국의 자본주의 시스템을 위해서 전쟁을 불사해야 한다고 믿었거나 원했기에 가능했다.

19세기 말로 갈수록 유럽 식민지 제국들의 이해관계가 충돌하며 갈등이 고조되었다. 그중에서도 가장 중심이 된 주축은 영국과 독일이었다. 1871년부터 급속한 산업화를 실시한 독일이 1890년경 영국 제조업체들과 세계 곳곳에서 경쟁관계에 돌입하면서 독일과 영국 간에 갈등이 생겨났다. 해상에서도 양국은 가장 강력한 라이벌이었다. 자크 파월은 『거대한 계급 전쟁 1914~1918』에서 보다 상세한 배경을 다음과 같이 설명한다.

독일은 석유 산업이 가장 발달한 열강치고는 고무와 석유로 가득한 식민지를 갖고 있지 못하다는 사실이 큰 좌절이었다. 독일은 고무와 석유뿐 아니라 구리와 같은 다른 여러 핵심 원자재를 비교적 높은 가격을 주고 수입해와야 했기 때문에 독일 산업의 완제품은 국제 시장에서 가격적 측면에서 경쟁력이 떨어졌다.

대단히 높은 산업 생산성과 상대적으로 제한된 시장이라는 불균형 속에서 수많은 독일 기업가들(그리고 독일의 엘리트층)의 눈에는 오직 전쟁만이 진정한 해결책으로 보였다. 그 방법만이 독일 제국이 마땅히 보유해야 하고 또 생존에 필요한 해외 식민지와 유럽 내 영토를 확

보해줄 수 있었다.[185]

독일은 세계적 강국이 되기 위해 군사력을 증강했다. 1910년부터 1914년까지 프랑스는 방위비를 10%, 영국은 13%, 러시아는 39% 올린 데 비해 독일은 73%나 올린 것은 주목할 만하다.[186]

자크 파월의 설명을 더 들어보자. 독일에게 무엇보다 시급한 자원은 역시 석유였다. 1885년에 독일의 공학자인 고트리프 다임러Gottlieb Daimler, 1834-1900가 세계 최초로 차량 구동용 석유 모터를 개발한 이후 석탄보다 석유가 군사 및 상업용 차량 및 선박에 훨씬 더 효율적인 연료로 부상한 것이다. 그러던 차에 오늘날 쿠웨이트와 이라크가 있는 중동 지역에서 상당한 양의 석유가 발견되자, 독일은 1903년 당시 중동 지역을 지배하고 있던 오스만Osman 제국으로부터 베를린Berlin부터 바그다드Baghdad까지를 잇는 철도 공사를 허가받는 데 성공한다.

그러자 러시아, 프랑스, 영국 등은 모두 이를 그 지역에 대한 자신들의 지배에 위협적인 요소로 받아들였다. 영국의 경우, 언젠가 이 철도가 메소포타미아 지역에서 교역 경쟁을 불러올 것이고, 그 과정에 영국의 관세 수입에 차질을 빚으리라는 것을 뻔히 예상할 수 있었다.

영국 해군 역시도 계속해서 바다에서 무적의 헤게모니를 이어가려면 연료를 석탄에서 석유로 전환해야 했는데, 문제는 영국에 석탄은 풍부하지만 석유는 나지 않는다는 것이다. 영국은 세계 최고의 해양국이었음에도 제1차 세계대전 직전까지도 석유를 외국에 의존해야 했다. 그중 65%

---

185 Jacques R. Pauwels, *The Great Class War 1914–1918* (Toronto: Lorimer, 2016), p.112.

186 The First World War, http://www.funfront.net/hist/wwi/index.htm

는 당시 세계 최대의 석유 생산국이었던 미국에서, 그리고 20%는 러시아에서 수입했다. 대량의 석유를 확보해야 하는 영국으로서는 당연히 이런 상황이 불편했다. 미국과는 제국주의 경쟁도 가열되고 라틴 아메리카에 대한 영향력을 놓고도 첨예한 의견 충돌이 잦아지면서 석유를 구할 새로운 대안처가 필요했다. 그 일은 영국의 국가적 안보 차원에서도 최우선 사항이 아닐 수 없었다. 그런 배경 속에서 중요하게 부각된 곳이 중동이다. 1899년 즈음 영국은 석유 자원을 제공할 쿠웨이트를 손에 넣는다. 하지만 그것만으로 부족하여 메소포타미아의 깊은 내륙에 위치한 모술Mosul(이라크 제2의 도시)에도 관심을 가졌다. 20세기 초에 그곳 주변에서 상당한 석유 매장량이 발견되었던 것이다.

바로 이때 부딪힌 문제가 독일의 베를린-바그다드 철도 공사였다. 그 철도로 인해 중동의 석유가 조만간 독일로 수송되어 독일의 군사 및 상업함대에 쓰일 수 있게 된 것이다. 실은 제1차 세계대전 이전에 이 철도 프로젝트와 관련하여 단독으로 재원을 마련할 수 없었던 독일은 영국에 협상 의사를 밝힌 바 있지만, 영국은 메소포타미아의 석유를 독점하길 원했다. 다음은 윈스턴 처칠Winston Churchill, 1874-1965이 어떻게 전쟁에 대한 채비를 갖췄는지에 대한 설명이다.

윈스턴 처칠은 앞으로는 석유 엔진이 달린 함선으로 전쟁을 치를 때가 오리라고 '예상'하고 제1차 세계대전이 발발하기 불과 며칠 전인 1914년 6월 17일에 영국 정부로 하여금 앵글로 페르시안 정유 회사의 주식을 200만 파운드어치나 사들여 최대 주주의 자리에 앉도록 만들었다. 그중 일부 자금은 자신의 부친의 오랜 친구인 로스차일드Rothschild 은행이 댔다.《런던 석유 리뷰London Petroleum Review》지는 1914년 5월 23일 영국이 끝내 획득하고 싶어하는 유전을 보여주는 메소포타미아 지도를 공표했다. 이제 영국과 앵글로 페르시안 정유 회사의 이해는 불가분이 되었다. 따라서 영국의 해외 정책과 로스차일드의 해외 정책은 일심동체가 되었다.[186]

영국이 어떤 동기와 목적으로 전쟁을 대비하고 있었는지에 대한 자크 파월의 설명은 이렇다.

영국은 필요하다면 무력 개입을 통해서라도 메소포타미아를 직간접적으로 영국의 지배 하에 두기 위해 힘썼다. 그리하여 이미 1911년에는 만일에 있을 오스만 제국과의 전쟁에 대비하여 전략적으로 중요한 바스라Basra 시를 점령하여 그곳을 메소포타미아 정복을 위한 발판으로 삼으려는 계획을 수립했다. 1914년 제1차 세계대전이 발발하자 영국이 이집트와 인도 양쪽에서부터 중동을 침공할 준비가 갖춰졌음이 입증되었다. 목표는 바그다드였다. 바스라와 티그리스Tigris 강을 통해서 아니면 예루살렘Jerusalem과 다마스쿠스Damascus를 통해서 도달하려는 계획이었다. 유명한 아라비아의 로렌스Lawrence of Arabia는 어느 날 갑자기 하늘에서 뚝 떨어진 존재가 아니다. 그는 중동에서의 영국의 이익 — 주로 석유 — 을 '방어'하기 위해 1914년까지 신중하게 선발되고 훈련된 숱한 영국인 중 한 명에 불과했다.[188]

---

187 "Hidden Motives: An Exotic Railroad and a rapidly expanding Global Oil Economy", http://www. revisionist.net/hysteria/baghdad-bahn.html

188 Jacques R. Pauwels, *The Great Class War 1914–1918*, pp.109–110.

독일의 킬Kiel 운하 확장 공사의 완공 시점을 코앞에 둔 1914년 여름, 마침내 영국은 시급히 군사행동을 개시하지 않으면 안 된다고 느끼게 된다. 이 공사가 완료되면 독일의 드레드노트급Dreadnought-class(20세기에 널리 제작된 전함의 형태) 거대 전함이 맘껏 발트 해와 북해 사이를 왕래할 수 있게 될 터였기 때문이다.

그러면 영국은 어떤 이유를 들이대며 제1차 세계대전의 시작종을 울리는 행동에 뛰어들었을까? 제1차 세계대전과 관련해서 영국이 대외적으로 내건 명분은 다름 아닌 '민주주의와 자유 수호를 위해서'였다. 하지만 1916년 5월 영국, 프랑스, 러시아가 비밀리에 체결한 '사이크스-피코 협정Sykes-Picot Agreement'은 이 전쟁의 목적이 제국주의적 이익을 위한 것이었음을 잘 보여준다. 처음부터 메소포타미아 지역의 유전에 눈독을 들였던 영국은 이라크, 쿠웨이트, 팔레스타인, 요르단을, 프랑스는 시리아와 레바논을, 그리고 터키의 동부 지역은 러시아가 지배하기로 한 것이다(이때 그 지역 주민들의 의사는 물론 인종적·종교적·역사적 정체성과 상관없이 지도상에 선을 긋듯 국경을 정했던 일로 인해 중동은 오늘날까지도 수많은 분쟁과 혼란을 겪고 있다).

미국의 대외적 참전 명분과 실질적 동기

제1차 세계대전은 영국의 예상대로만 흘러가지 않았다. 영국을 비롯한 3국 협상국들(러시아는 도중에 볼셰비키 혁명이 일어난 후 전쟁을 포기했다)이 고전을 면치 못하는 가운데 전쟁을 끝내는 데 결정적인 역할을 한 나라는 거의 막바지에 참전한 미국이었다.

미국은 왜 국민 다수가 원치 않고 또 수많은 사상자를 낼 게 뻔한 남의 대륙의 전쟁에 뛰어들었을까? 우드로 윌슨Woodrow Wilson, 1856-1924이 루스벨트Theodore Roosevelt, 1858-1919 대통령을 누르고 후임 대통령에 당선된 이유가 반전을 약속했기 때문이었을 정도로 미국 국민들 사이에서 반전 여론이 비등했음에도 불구하고 말이다. 결국 우드로 윌슨은 자신의 공약을 뒤집고 참전하기로 한 셈이 되었다. 그가 내세운 명분 역시 '민주주의의 수호'였다. 그리고 그러기 위해서는 '모든 전쟁을 끝내기 위한 전쟁'을 해야 한다는 것이었다.

그러나 자크 파월은 미국의 이러한 참전 명분이 완전히 틀렸을 뿐만 아니라 가소롭기까지 하다고 말한다. 왜냐하면 당시 독일은 미국이나 영국보다도 오히려 더 민주적인 편이었기 때문이라는 것이다. 독일은 이미 보통 선거를 실시하고 있었던 데 반해, 미국의 소위 민주주의는 인구의 상당 부분을 차지하는 인디언과 흑인은 무자비하게 배제한 채 '백인'이라는 엘리트 인종만을 위한 것이었다. 정확히 말하면, 흑인과 인디언에 대한 명백한 인종차별정책을 실시하고 있었다.[189] 따라서 이탈리아의 철학자인 도메니코 로쉬르도Domenico Losurdo, 1941-의 말마따나 "윌슨이 정말로 민주주의를 증진시키기 위해 뭔가를 하길 원했다면 아직도 갈 길이 먼 자국에서부터 시작했어야 했다"는 것이다.

만약 미국이 참전하지 않았더라면 어떻게 되었을까? 영국, 프랑스, 독일, 러시아와 같은 유럽 국가들이 식민지 재분할을 하겠다고 밥상을 차렸는데 미국이 거기에 숟가락을 얹지 않는다면 나중에 유럽 국가들끼리 아프리카, 석유가 풍부한 중동, 중국 등지의 전리품을 꿀꺽 삼키는 것을 보고만 있어야만 했을 텐데 그걸 과연 용납할 수 있었을까? 자본주의 시스템상에 해외의 원자재와 시장이 필요하다는 점은 미국도 마찬가지였을

---

189 Jacques R. Pauwels, *The Great Class War 1914-1918*, pp.445-446.

텐데 말이다.

미국의 엘리트 계층의 입장에서 식민지 획득 못지않게 중요하게 생각한 것은 전쟁 중에 얻을 수익이었다. 실제로 미국은 유럽에서의 전쟁 덕분에 1914년 이전 몇 년 동안 자신들을 심각하게 괴롭혔던 경기 침체에서 벗어날 수 있었다. 교전국에 대한 수출이 급격하게 늘면서 1914~1917년 사이에 미국의 기업 생산은 32% 이상 폭증했다. 비록 이 전쟁으로 매일같이 평균 6,000명의 사망자가 발생했지만 말이다.

제1차 세계대전에 참전한 미국의 해병대 소장인 스메들리 버틀러Smedley Butler, 1881-1940가 『전쟁은 사기이다War Is a Racket,』에서 쓴 말을 빌리자면, 이 전쟁으로 인해 미국에는 적어도 2만 1,000명의 새로운 백만장자와 억만장자가 생겨났다. 미국 기업들의 영업이익은 통상 6~10%, 경우에 따라 12% 정도였으나, 전시가 되자 20~300%, 심지어 1,800%까지 급등했다. 예를 들어 화약 제조업체를 운영하는 듀퐁Dupont의 연평균 영업이익은 1910~1914년에 600만 달러였지만, 1914~1918년 전쟁 기간 동안 연평균 영업이익은 무려 5,800만 달러, 그러니까 이익이 평상시의 거의 10배인 950% 이상 증가했다. 이런 식으로 미국 군수품 회사들은 총, 대포, 탄약, 곡물, 말, 석유, 독가스, 하다못해 군인이 입는 군복 한 벌 한 벌에 들어가는 단추까지 전쟁에 필요한 엄청난 양의 물자를 주문받으며 수혜를 톡톡히 입었다. 최고의 알짜 이득을 본 이는 세계대전에 돈줄을 댄 은행이었지만, 그들의 이득은 상원조사위원회 앞에서조차 전혀 공개된 적이 없는 비밀이었던 터라 그들이 얼마를 벌어들였는지 알 길조차 없다.[190]

---

190 스메들리 버틀러, 권민 역, 『전쟁은 사기다』(서울: 공존, 2013), p.88.

미국이 연합군 쪽에 선 이유

그렇게 해서 제국주의 전쟁에 숟가락을 얹기로 하고 난 후에는 중요한 선택이 기다린다. 이제 누구 편에서 서서 싸워야 하지? 영국과 프랑스? 아니면 독일? 자크 파월은 미국이 처음부터 꼭 독일을 상대로 싸워야 했던 것은 아니었다고 설명한다. 왜 그런지 이유를 들어보자.

우선 프랑스는 전에 영국으로부터의 독립전쟁 때 프랑스가 미국에 군사적 지원을 했던 적이 있으므로 이번에는 미국이 제1차 세계대전에서 프랑스를 지원해 싸울 차례라고 생각할 만했다. 그러나 프랑스에 대한 보은은 미국의 제1차 세계대전 참전 이유와는 아무 관련이 없다.

영국의 식민지였던 미국의 입장에서는 전통적으로 독일보다는 오히려 영국이 적이자 경쟁상대였었다. 1770년대부터 독립을 위해 싸웠던 미국은 이를테면 영국령 북아메리카(캐나다 및 뉴펀들랜드Newfoundland)와 미국 사이의 국경 문제, 태평양, 남미, 카리브해 지역, 남북전쟁 동안 영국이 남부에 지지를 보낸 문제 등과 관련하여 19세기 내내 영국과 긴장관계를 유지했다. 심지어 1930년대까지 미국은 영국과 있을지 모를 전쟁을 위한 대비책까지 마련해놓고 있었던 것으로 알려졌었다. 물론 많은 영국계 미국인은 영국과 그 동맹국을 지지했겠지만, 다수의 미국인은 '앵글로색슨족'이 아니라 유럽 전역에서 온 사람들이었고 그중 대다수는 아일랜드와 독일 출신이었다. 미국은 독일과 오랫동안 우호관계를 지속해왔다.

파월의 설명에 따르면, 미국이 제1차 세계대전에서 어느 진영 편에 서서 싸워야할지를 가른 분수령은 영국의 봉쇄령이었다. 이 봉쇄령으로 인해 미국은 동맹국Central Powers(제1차 세계대전 중에 연합국에 대항해서 공동으로 싸웠던 독일과 그의 동맹국들로서 오스트리아-헝가리, 불가리아, 오스만 제국을 포함)에게 물자를 공급할 길이 사실상 막혀버렸다. 그 결과 제

1차 세계대전 중 미국의 독일-오스트리아-헝가리에 대한 수출은 고작 100~200만 달러로 급감한 반면, 1914~1916년에 영국과 프랑스에 대한 수출 총액은 약 8억 달러에서 30억 달러로 크게 뛰어올랐다. 대부분의 실적이 결국 이들 연합국들에게서 나오게 된 것이다.[191]

또 한 가지 결정적 요인 역시 돈과 관련된다. 미국의 우선적 사업 상대는 영국과 프랑스였는데, 이들의 구매활동은 상당 부분 미국 은행의 신용과 대출을 통해 이루어지고 있었다. 이때 중요한 역할을 한 측이 월가에 본거지를 두고 런던과 파리에 사무소를 개설한 제이피모건JP Morgan이었고, 그것이 세계 금융의 중심이 런던에서 뉴욕으로 이동한 계기이기도 했다. 그런데 문제가 생겼다. 전쟁이 장기화되면서 영국의 빚이 무섭게 폭증하고 있던 참에 1917년 초에 일어난 볼셰비키 혁명으로 러시아가 전쟁에서 발을 빼기로 결정한 것이다(연합국 진영에 영국, 프랑스만을 남겨둔 채). 이것은 적국인 독일의 승리 가능성이 높아졌다는 것을 의미한다. 제1차 세계대전이 끝난 지 한참 뒤인 1930년대에 미국 의회의 나이 위원회Nye Committee(군수산업에 대한 특별조사위원회라는 공식 명칭을 가진 나이 위원회는 미국 상원의원 제럴드 나이Gerald P. Nye를 의장으로 하는 한 상원위원회였다)가 내놓은 보고서에 따르면, 1915년부터 1917년 1월까지 미국이 독일에 빌려준 돈은 2,700만 달러인 데 비해, 같은 기간에 영국과 그 동맹국에게 빌려준 돈은 그 100배나 되는 23억 달러였다. 자, 그러면 이제 영국과 프랑스에게 신용대출을 해준 모건은 어떻게 되는 걸까? 금융 재앙을 맞이할 게 뻔했다. 이제 모건으로서는 자신의 고객이자 채무국이 패망하는 것을 그냥 보고만 있을 수 없게 되었다. 그래서 모건과 영향

---

[191] Jacques R. Pauwels, *The Great Class War 1914–1918*, p.451.

력 있는 은행 일당은 참전 로비에 착수했고, 1917년 4월 초, 마침내 독일에 대한 미국의 선전포고를 이끌어냈다.[192] 이와 관련해 자크 파월이 덧붙인 인용구를 옮기면 다음과 같다.

윌슨의 열혈 비판자들은 "미국이 우방의 승리를 위해 싸운 진짜 이유는 영국과 프랑스에게 대준 거액의 전쟁 대출금을 갚을 수 있도록 하기 위해서였다"고 확신했다고 애덤 혹스차일드Adam Hochschild(미국의 저술가, 1942-)는 썼다. 이와 관련해 니얼 퍼거슨Niall Ferguson(영국의 역사학자, 1964-)은 이렇게 덧붙였다. 이 결정으로 윌슨은 영국과 연합국 전체를 구해냈을 뿐 아니라 모건 하우스J. P. Morgan & Co.에게 긴급구제bail-out를 제공한 셈이었다.[193]

나이 위원회가 내린 결론도 미국의 제1차 세계대전 참전 동기 중의 한 가지를 확인시켜준다. 단적으로 말하면, 영국이 전쟁에서 질 경우 빌려준 돈을 떼이게 될 판이므로 국가적으로 손해이기 때문이라는 것이다.

제1차 세계대전 중에 미국의 경제적 영향력은 크게 강화되었고, 종전 이후에는 세계 제일의 경제대국이 되었다. 그런데 이때 "미국이 세계 제일의 경제대국이 되었다"는 문장의 의미는 우리가 생각하는 것과 다소 차이가 있다. 그것은 억만장자의 수가 늘어났다는 사실을 가리킬 뿐, 국민 모두가 골고루 수혜를 입었다는 의미는 아니다. 전쟁 명세서를 자세히 뜯어본 스메들리 버틀러는 앞에서 언급했다시피 소수의 대기업가나 은

192 Jacques R. Pauwels, *The Myth of the Good War* (Toronto: Lorimer, 2016), p.55.

193 Jacques R. Pauwels, *The Great Class War 1914–1918*, pp. 452–453.

행들은 전장에 뿌려진 피에서 달러를 쥐어짜냈지만, 그동안 나머지 국민들은 빚 문서와 전쟁 비용을 떠안았다는 사실에 주목을 촉구했다.

알다시피 전쟁에는 엄청난 비용이 든다. 전쟁에 드는 가장 큰 비용은 돈 이전에 사람의 목숨이다. 제1차 세계대전으로 인한 총사망자 수는 약 1,500만~1,800만 명으로 추산된다.[194] 그중 미국인은 총 11만 6,000여 명 정도이며, 부상자를 포함한 총 사상자는 32만여 명으로 추산된다.[195] 이 모든 비용은 누가 지불했을까? 예외 없이 바로 군대에 징병된 일반 국민과 그들의 가족들이었다. "굶주림을 안고 질척질척한 참호 속에서 자고 일어나면 사람을 죽이고 또 죽이고 계속 그런 일을 하다가 본인도 죽임을 당하거나 아니면 신체적·정신적 불구가 되거나 부상을 당함으로써." 또한 다음과 같은 방식으로 말이다.

묘비가 세워지고, 육신이 부서지고, 정신이 산산조각난다. 사랑이 깨지고, 가족이 파괴된다. 경제가 불안해지고 경기가 침체되어 온갖 고난이 닥치며, 가혹한 세금의 고통이 누대로 이어진다.[196]

이는 돈으로 환산될 수 없는 뼈아픈 비용이다. 그렇다면 금전적으로는 총경비가 얼마나 들어갔으며 그 경비는 또 어떻게 충당되었을까? 영국은 국가 총자산의 32%, 프랑스는 30%, 독일은 22%가 들어갔다. 미국의 경우 이보다는 훨씬 적지만 어쨌든 4%가 들어갔다.[197] 패전국인 독일에게는

194 https://en.wikipedia.org/wiki/World_War_I_casualties

195 https://en.wikipedia.org/wiki/United_States_military_casualties_of_war

196 스메들리 버틀러, 권민 역, 『전쟁은 사기다』, p.72.

197 미셸 보, 김윤자 역, 『자본주의 역사 1500~2010』 (서울: 뿌리와이파리, 2015), p.299.

1921년에 엄청난 배상금까지 청구되었다. 전쟁 비용을 마련하기 위해 유럽 교전국들은 자국민에게 국채를 발행하거나, 아니면 특히 미국으로부터 외채를 끌어다 썼다. 미국 역시도 자국민에게서 거둔 세금의 비중보다(약 45%) 더 많은 비중의 빚(약 55%)으로 전쟁 비용을 충당했으니 국민의 후대에까지 그 부담을 지운 셈이다.[198] 이처럼 이전의 전쟁 때와 마찬가지로 제1차 세계대전 때 빚이 급격히 늘어났다.[199] 그 이후의 두 번째 세계대전에서는 말할 것 없이 더 빚이 늘어났다.

반면, 전쟁으로 얻은 막대한 수익은 과연 누구에게 돌아갔을까? 이 질문에 스메들리 버틀러는 일반 국민이 아니라 오히려 "어떤 위험도 무릅쓰지 않고, 죽임을 당할 위험도, 몸뚱아리가 부서질 위험도, 정신이 파괴될 위험도, 진흙투성이 참호 속에서 잠을 자지도, 굶주리지도 않는" 대기업 자본가들, 은행들, 정치인들이었다고 답한다. 그리고 결국 "전쟁을 선동하고 자국에서 안전하게 이득이나 챙길 자들만이 전쟁을 벌이려 하고 있다"고 덧붙였다.[200] 부와 권력을 가진 그들 자신이나 그 가족들은 대체로 전쟁으로부터 안전한 곳에 있었다는 것이다.

사실 다른 사람들을 전쟁에 도구로 동원하여 큰 경제적 이익을 챙길 수 있다는 것, 그게 바로 지금까지의 인류 역사 동안 피라미드 사회의 꼭대기에 있는 이들이 누릴 수 있는 가장 극적인 장점이자, 피라미드 아래쪽에 있는 이들이 견뎌내야 하는 가장 극적인 단점이었다.

---

198 Jacques R. Pauwels, *The Myth of the Good War*, p.88.

199 Max Galka, "The History of U.S. Government Spending, Revenue, and Debt (1790-2015)", Metrocosm, February 16, 2016, http://metrocosm.com/history-of-us-taxes

200 스메들리 버틀러, 권민 역, 『전쟁은 사기다』, p.73.

제2차 세계적 피라미드 간 영역싸움

자, 이제 제2차 세계대전 얘기로 넘어가보자. 제2차 세계대전은 왜 또 일어났던 것일까? 사라예보에서 프란츠 페르디난트 대공이 암살당한 사건이 제1차 세계대전의 원인이라고 믿는다면 코미디인 것과 마찬가지로, 1939년 9월 1일 독일 군대가 폴란드를 공격함으로써 폴란드의 독립에 위협을 가했다는 사실 때문에 이튿날인 9월 3일 영국과 프랑스가 독일에 대한 전쟁선포를 하면서 제2차 세계대전이 발발했다는 말을 액면 그대로 받아들인다면 그 역시 코미디일 것이다.

순수하게 남의 나라의 독립을 위해 그토록 많은 경제적 손실과 인명 피해를 낼 전쟁에 뛰어들 나라가 어디 있을까? 그런데 순수하게 남의 나라의 독립을 위해 전쟁에 뛰어든 그 나라가 다름 아닌 제국주의 강국인 영국과 프랑스라면 앞뒤가 맞는 논리일까?

제1차 세계대전은 애당초 그 전쟁이 일어나야 했던 문제, 즉 영역(식민지) 재조정의 필요성을 근본적으로 해결해주지 못했다. 베르사유 조약 Treaty of Versailles 이후 영국 군대가 오늘날 이라크로 불리는 새로운 보호령 League Protectorate을 통해 메소포타미아의 유전 전체를 독차지하면서 독일이 힘들여 건설한 베를린-바그다드 철도는 헛수고가 되었던 것이다. 독일의 경우 1914년 때와 똑같이 제국주의적 전쟁이 아니고서는 해결할 수 없는 문제를 여전히 떠안고 있었을 뿐 아니라 사정은 다음과 같이 더 악화되어 있었다.

(독일은) 베르사유 조약으로 인해 상당한 영토, 식민지, 재정적 손실을 입었다. 이 조약 하에서 독일은 자국 영토의 13%와 모든 해외의 식민지를 잃었고, 다른 나라를 합병하지 못하도록 금지당했으며, 배상금이 부

과되었고, 독일의 군사력의 규모와 능력이 제한되었다.[201]

당시의 상황에 대한 설명을 더 인용하면 다음과 같다.

영국의 경제학자인 케인즈John Maynard Keynes, 1883-1946조차 1919년 베르사유 조약은 독일과 세계의 번영을 망쳐놨다고 비난했다. 제1차 세계대전과 베르사유 조약에 바로 뒤이어 1920년대 초에는 최악의 인플레이션이 닥쳤다. 독일의 사회구조와 정치적 안정성은 완전히 파괴되었다. 이 인플레이션이 계속되는 동안 독일의 통화인 라이히스마르크reichsmark의 가치는 1918년 미화 1달러당 8.9에서 1923년 11월에는 4.2조로 완전히 붕괴했다. 이후 1920년대 중반 들어서서 일시적으로 반짝하고 번영기가 찾아왔다가 대공황이 닥쳤고, 그것은 그나마 남아 있던 독일의 중산층을 붕괴시켰다.[202]

국민 전체적 차원에서 독일은 거대한 위장을 채우려고 욕심을 부리는 자본주의 '괴물들' 사이에서 '그냥 이대로 죽을 참'이 아니었다면 생존을 위해 악착같이 국가라는 피라미드를 다시 부강하게 만들어 지렛대로 활용할 필요가 있었다. 그것이 나치즘과 같은 전체주의에 공감하기 쉬운 토양을 만들어냈고, 그 속에서 히틀러Adolf Hitler, 1889-1945 같은 사람이 출현할 수 있었다. 아니, 어쩌면 히틀러 같은 사람의 출현이 절박하게 요구되었다고 해야 할지 모른다. 왜 그런지 다음을 보면 짐작할 수 있다.

201 "Treaty of Versailles", https://en.wikipedia.org/wiki/Treaty_of_Versailles
202 "The Germany Economy Under Hitler", http://www.globalsecurity.org/military/world/europe/de-drittes-reich-economy.htm

당시 독일 경제는 미국으로부터의 단기 대출에 크게 의존해 있던 상황이었다. 그러던 중에 1929년 10월 월스트리트 주식시장이 붕괴되며 대공황이 닥치자 곧바로 직격탄을 맞았다. 은행들은 외채를 회수했고, 독일의 경제는 마비되었다. 자연히 실업률이 치솟았다. 1929년 8.5%였던 실업률이 1930년에는 14%, 1931년에는 21.9%, 1932년에는 29.9%가 되었다.[203] 사회 전체가 절망과 비참함에 신음했지만 바이마르 정부는 무능하고 나약한 모습만 드러냈다. 온갖 사회적 문제가 심각한 지경으로 치닫는 가운데 불만이 극심해진 독일의 유권자들은 극단적인 해결책을 받아들일 마음이 되었다. 히틀러의 집권은 바로 이러한 분위기 속에서 가능했다.

히틀러가 한동안 독일을 소생시켰던 것은 사실이다. 미국의 저명한 경제학자인 존 케네스 갤브레이스John Kenneth Galbraith, 1908-2006는 "대공황 시절에 독일에서 인플레이션 없이 실업을 없앤 것은 — 그리고 초기에 필수적인 시민운동에 의지해서 — 귀중한 성과였다. 이에 대해서는 칭찬은커녕 언급하는 사람조차 거의 없었다. '히틀러는 쓸모없는 인간'이라는 개념이 히틀러의 경제정책을 비롯한 모든 것에 적용되었다"라고 평가했다. 갤브레이스의 설명을 더 소개하면 이렇다. 히틀러 정권은 거액의 공공 지출용 자금 대출을 통해 경제정책을 시행했다. 초기에는 주로 철도, 운하, 아우토반Autobahn(고속도로망)과 같은 민간 공사에 투자했다. 그 결과, 다른 어떤 산업국보다 더 효과적으로 실업 문제 해결에 효과를 거두었다. 또한 1935년 후반기에는 독일에서 실업이 없어졌다. 1936년 무렵 고소득이 물가를 끌어올렸거나, 물가를 올려도 될 만큼 소득이 늘어났다.[204]

203 "The Germany Economy Under Hitler", http://www.globalsecurity.org/military/world/europe/de-drittes-reich-economy.htm

204 J. K. Galbraith, *The Age of Uncertainty* (Boston: Houghton Mifflin Harcourt, 1977), p.214.

미국의 역사가인 마크 웨버[Mark Weber]도, 1930년대 후반에 독일에서 안정된 물가 속에서 완전고용이 달성되었는데, 산업계에서 이는 절대적으로 독보적인 업적이라고 평가했다.[205] 히틀러가 이렇게 주목할 만한 경제적 성공을 거두는 사이에 미국은 여전히 대공황의 늪에서 벗어나지 못하고 있었다. 역사가인 니얼 퍼거슨에 따르면, "1932~1938년에 독일의 국민총생산[GNP]이 평균적으로 매년 11%씩 성장하는 기염을 토했다. 그것도 인플레이션은 별로 상승하지 않은 가운데 말이다. (…) 1939~1942년 사이에 독일 산업계는 이전의 50년간 확대되었던 규모만큼이나 확대되었다."[206] 히틀러의 경제 정책이 어찌나 성공적이었는지 저명한 독일 언론인이자 역사가인 요하임 페스트[Joachim Fest, 1926-2006]는 "히틀러가 만약 1938년 말에 암살되었거나 사고로 사망했다면 그를 독일 역사를 완성한 가장 위대한 정치가로 칭하는 데 주저할 사람이 거의 없었을 것이다"라고 논평했을 정도이다.[207]

흔히 독일이 다시 전쟁을 시작한 일을 두고 그 원인을 히틀러라는 일개 사악한 광인의 권력욕과 세계정복 야욕 탓으로 돌리는 경향이 있지만(그렇다면 세계정복을 하려 나선 영국, 프랑스, 미국 등도 같은 비난의 화살을 받아야 마땅할 것이다) 그런 식의 접근만으로는 역사를 종합적으로 이해하기에 부족하다. 영국의 역사학자인 애덤 투즈[Adam Tooze, 1967-]는 1939년부터 독일 경제가 동부로부터의 수입 물자에 의존하게 된 것이 결정적

205 Mark Weber, "How Hitler Tackled Unemployment And Revived Germany's Economy", INSTITUTE FOR HISTORICAL REVIEW, http://www.ihr.org/other/economyhitler2011.html

206 Mark Weber, "How Hitler Tackled Unemployment And Revived Germany's Economy", INSTITUTE FOR HISTORICAL REVIEW, http://www.ihr.org/other/economyhitler2011.html

207 J. Fest, *Hitler: A Biography* (New York: Harcourt, 1974), p.9. Quoted in: S. Haffner, The Meaning of Hitler (1979), p.40.

으로 히틀러가 소련을 공격한 이유라고 봤다.[208] 바르바로사 작전Barbarossa Operation(1941년 독일이 소련을 침공한 작전명) 직전까지도 독일은 소련의 석유, 곡물, 금속 합금이 없으면 살 수 없었던 상황을 한 근거로 들었다.[209]

독일 내에 강력하고 효율적인 수직 구조의 피라미드를 건설한 히틀러는 제1차 세계대전 때 제국주의 강국들에게 빼앗긴 식민지와 유럽 내 영토를 되찾고, 동유럽과 러시아로 영토를 확장할 준비를 착실히 갖춰나갔다(그는 마치 영국이 인도를, 그리고 미국이 서부를 가졌듯이 비옥한 러시아를 독일의 거대한 식민지로 삼을 작정이었다).[210] 그리고 폴란드를 침공함으로써 마침내 제2차 세계대전의 시작종을 울렸다.

미국이 전쟁을 필요로 했던 이유

한편, 유럽 강국들은 제1차 세계대전으로도 아무것도 해결하지 못한 채 오히려 대재앙만 떠안았던 반면, 미국 산업계만은 대호황을 맞았다. 전후 폐허가 된 채 복구와 재건을 필요로 한 유럽은 미국에게 훌륭한 시장이 되어주었다. 게다가 헨리 포드Henry Ford, 1863-1947가 개발한 조립 라인과 같은 효율적인 생존 조직 방식으로 인해 생산성은 더욱 높아졌다. 영화 〈모던 타임스Modern Times〉 속의 찰리 채플린Charlie Chaplin, 1889-1977처럼 "노동자들은 10초마다 똑같은 동작을 반복해야 했으므로 하루에 9시간 동안 똑같은 동작을 3천 번 이상 반복했다."[211] 이전까지 경험해보지 못한

208 Adam Tooze, *The Wages of Destruction: The Making and Breaking of the Nazi Economy*, (London: Penguin Books, 2006), p.420.

209 Edward E. Ericson, *Feeding the German Eagle: Soviet Economic Aid to Nazi Germany, 1933–1941* (Connecticut: Greenwood Publishing Group, 1999), pp.202–205.

210 Jacques R. Pauwels, *The Great Class War 1914–1918*, p.546.

211 미셸 보, 김윤자 역, 『자본주의 역사 1500~2010』, p.313.

새로운 방식으로 이런 가혹한 노동 환경에 시달려야 했던 많은 노동자들이 중도탈락하거나 반발하는 일이 빈번했다. 전체적으로 1913~1919년 사이에 미국의 노동자 계급의 실질임금은 하락했다. 하지만 포드 자동차 회사의 경우처럼 노동시간을 8시간으로 줄여주고 임금을 5달러로 올려주는 등의 타협책이 제시되면서 다시금 일부 대기업들의 생산성은 높아졌다. 노동자의 일부 계층이 대량소비를 떠받쳐주기도 했다. 그리하여 1921~1929년에 공업생산은 90% 증가했고, 투자는 GNP(국민총생산)의 20%를 상회했으며, 노동생산성은 47%가 올랐다.[212]

이렇듯 전후 호황기를 되찾은 미국에서의 광적인 대량생산은 자본 축적을, 그리고 자본 축적은 자본 집중과 독점을 낳았다. 앨빈 토플러Alvin Toffler, 1928-2016의 통찰대로 제2의 물결 속에서 대형화, 표준화, 전문화, 동시화가 진행되면 모든 방면에서 독점이 생겨나기 마련이고, 그것은 다시 그만큼 더 높은 생산성으로 연결되기 마련이다.

그 후에는 어떤 일이 벌어졌을까? 자본주의의 필연적 속성이 모습을 드러냈다. 공급은 나날이 늘어만 가는데 수요는 그걸 따라가지 못하면서 약 10년 만에 다시 과잉생산 증상이 나타난 것이다. 1920년대 말이 되자 생산성 증대는 다시 둔화되고 이윤은 떨어졌으며 창고에는 팔지 못한 상품이 쌓였고, 노동자는 해고되어 소비는 더욱 위축되는 위기의 악순환이 이어졌다. 이런 상황이 되면 늘 그렇듯이 과열되었던 주가도 폭락했다. 대공황이었다. 하지만 대공황을 야기한 진정한 주범은 주가 폭락이라기보다는 그에 앞서 나타난 과잉생산이라는 자본주의의 만성적 합병증이라고 해야 할 것이다. 1929년 가을, 검은 목요일Wall Street Crash이라는 악명

---

212 미셸 보, 김윤자 역, 『자본주의 역사 1500~2010』, p.317.

을 지어내며 주가가 곤두박질친 사태는 과잉생산 상태에서 더 이상 산업이 성장을 계속해나가리라는 기대가 떨어지면서 투자 전망이 어두워졌기 때문에 나타난 시장의 반응이었을 뿐이다.

설상가상으로, 대공황이라는 경제 위기를 거치면서 독점은 한층 더 가속화되었다. 약한 놈은 나가떨어지고 강자는 살아남아서 약한 놈들을 인수합병함으로써 더욱 커다란 기업 피라미드를 건설한 것이다. 『자본주의 역사』에 따르면, 미국에서 "자본의 집중은 제1차 세계대전 이후 1920년대 전반에 걸쳐 진행되어 1929년의 기업합병은 1,245건으로 기록되었다. 그리하여 1930년에는 200개의 대기업이 비금융(실물) 자산의 거의 절반(사업 투자 자본의 약 38%)을 장악하고 공업 관련 기업 수입의 43.2%를 차지했으며, 불과 2,000여 명의 개인에 의해 운영되고 있었다." 그리고 체이스 내셔널 뱅크Chase National Bank, 뉴욕 내셔널 시티 뱅크New York National City Bank, 개런티 트러스트Guaranty Trust 등 3대 은행의 지배체제가 성립했다."[213] 그렇게 해서 사회 전체의 피라미드의 기울기도 더욱 가팔라지는 조건이 마련되었다.

그런 경제 위기 속에서 루스벨트Franklin Roosevelt, 1882-1945가 미국 대통령에 취임했다. 획기적인 뉴딜 정책을 폈지만 명성과는 달리 공급과잉, 수요 부족 문제를 해결하기에는 턱없이 부족했다. 이 문제를 완전히 해소해준 것은 불행하게도 이로부터 다시 10년이 지난 1939년에 독일이 폴란드를 침공하는 순간부터 시작된 또 한 번의 대규모 전쟁, 바로 제2차 세계대전이었다. 같은 맥락에서 미국 작가인 스터즈 터켈Studs Terkel, 1912-2008은 전쟁은 마치 20세기판 연금술처럼 미국의 불황기를 호황기로 확 바꿔놓았다고

---

[213] 미셸 보, 김윤자 역, 『자본주의 역사 1500~2010』, p.312.

말한 바 있다.[214]

프랭클린 루스벨트의 삶과 이력에 관한 책으로 잘 알려진 미국의 저명한 역사학자인 윌리엄 루텐버그[William Leuchtenburg, 1922-] 교수는 널리 호평을 받은 한 연구에서 루스벨트 대통령의 평가에 대해 이렇게 결론 내렸다.

"뉴딜 정책은 끝내 많은 문제를 해결하지 못했을 뿐만 아니라 새로운 난제를 안겨주었다. 뉴딜 정책은 평화 시기에도 번영을 이룰 수 있다는 것을 입증하지 못했다. 1941년이 되어서도 여전히 실업자 수는 600만을 기록했고, 1943년 전쟁이 터지고 나서야 실업자가 사라졌다."[215]

이와 관련하여 자크 파월의 말을 들어보자.

이 전쟁으로 인해 경제적 수요는 늘어났고, 미국 산업은 헤아릴 수 없이 많은 전쟁 물자를 생산해댔다. 1940년부터 1945년 사이에 미국이 전쟁 물자에 쓴 돈은 1,850억 달러를 웃돌고, 1939년과 1945년 사이에 국민총생산에서 군사 지출이 차지하는 몫은 약 1.5%에서 40%로 치솟았다. (…) 대공황의 핵심 문제, 즉 수요·공급 간 불균형은 군사용 목적의 주문에 따른 경제 수요 덕택에 해소되었다. 또한 미국 산업계는 무기대여법을 통해 영국과 소련에게까지 엄청난 양의 장비를 공급했다(한편 독일에서는 포드, GM, ITT와 같은 미국 기업의 자회사들이 나치를 위한 온갖 비행기, 전차, 전쟁용 물자를 생산해줬고, 진주만 폭격 이후에도 그랬다). 대공황의 핵심 문제, 즉 수요·공급 간 불균형은 그렇게 군사적 목적의 막대한 주문량에 따른 경제 수요에 국가가 마중물을 부

---

214 Studs Terkel, *The Good War: An Oral History of World War II* (New York: The New Press, 1997), p.86.
215 William E. Leuchtenburg, *Franklin Roosevelt and the New Deal* (New York: Harper & Row, 1963), pp. 346-347.

음으로써 해결되었다.[216]

두 차례에 걸친 세계대전은 미국에 두 가지 본질적 변화를 가져다주었다. 그중 하나는 곧 살펴보겠지만 영국을 밀어내고 전 세계의 절반가량을 자신의 세력권으로 가져오는 우두머리(패권국가)가 되었다는 것이고, 다른 하나는 자크 파월이 지적한 대로 경제적으로 전쟁에 대한 의존성이 강해졌다는 것이다.

자크 파월은 "왜 미국은 전쟁을 필요로 하는가Why America Needs War"라는 글에서 미국이 전쟁에 중독된 경제라고 꼬집으며 그 이유를 이렇게 설명한다. 미국 자본주의의 최대 강점이자 최대 약점은 극도로 높은 생산성이다. 높은 생산성은 자본주의의 모순인 '과잉생산'을 낳기 마련인데, 특히 제1차 대전과 같은 전쟁을 산실로 하여 태어난 미국의 고생산성 산업 및 자본가 계층은 어떻게든 생존을 이어가기 위해 전쟁을 달콤한 유혹으로 여기지 않을 수 없게 되었다. 다시 말해, 미국은 끊임없이 전쟁을 필요로 하는 상황에 빠졌다는 것이다. 그것이 미국이 제1·2차 세계대전 이후 패권국이 된 다음에도, 그리고 소련과 동유럽의 공산주의 체제가 무너지고 난 다음에도 계속해서 끊임없이 베트남, 이라크 등지에서 전쟁을 벌여야만 했던 이유라는 게 그의 분석이다. 다시 말해, 제일 처음 미국에 거대한 위장을 가진 대기업을 탄생시킨 주범은 제1·2차 세계대전으로 인한 특수였고, 그로 인해 태생적으로 전쟁에 대한 의존성을 가진 대기업들이 대거 출현했으며, 이들이 미국 경제 전반에 미치는 커다란 영향으로 인해 종전 후가 되면 미국은 또 다른 전쟁이 아니고서는 해소될 길이 없는 수

---

216 Jacques R. Rauwels, "Why America Needs War", Global Research, November 09, 2014, http://www.globalresearch.ca/why-america-needs-war/5328631

요·공급의 불일치 상태에 빠진다는 것이다. 파월의 설명을 더 들어보자.

스튜어트 D. 브랜즈Stuart D. Brandes는 1942년부터 1945년 사이에 미국의 2000대 대기업의 수익이 1936~1939년보다 40% 이상 뛰었다고 썼다. 그런 이윤 뻥튀기가 가능했던 이유는 정부가 수십억 달러치의 군용물자를 주문했고, 가격 통제를 하지 못했고, 이윤에 세금을 받지 않았거나 받았더라도 미미한 정도로 받았기 때문이라고 그는 설명한다. 이것이 미국 기업계 전반에 도움이 되었으나 특히 '빅 비즈니스'나 '미국 재계'로 알려진 대기업의 소수 엘리트에게 특히 그러했다. 전쟁 중에 총 60개도 안 되는 회사가 황금알을 낳는 군사 및 기타 정부 물품 주문의 75%를 챙겼다. 포드, IBM 등의 대기업은 국가의 군용 지출을 통해 폭식했다고 브랜즈는 썼다. 예를 들어 IBM은 전쟁 관련 주문으로 인해 1940년부터 1945년까지 연간 매출이 4,600만 달러에서 1억 4,000만 달러로 뛰었고 이윤도 그만큼 치솟았다.[217]

전쟁을 산실로 태어난 산업계와 대기업들은 여러 특별대우를 받았다. 대표적인 일례는 기업의 자유를 구속하고 있던 반트러스트법이 폐지된 것이다. 또한 대기업 대표들이 정부의 중요 요직에 앉으면서 민간 대기업의 영향력은 대단히 막강해졌고, 결과적으로 정부와 민간 대기업 간의 파트너십은 돈독해졌다.

뿐만 아니라, 파월에 따르면 정부에서 방위 프로젝트를 위해 지원한 돈

---

217 Jacques R. Rauwels, "Why America Needs War", Global Research, November 09, 2014, http://www.globalresearch.ca/why-america-needs-war/5328631

으로 민간 기업들은 새로운 기술을 개발하고 공장을 확충했고, 전후에는 일시적으로 임대받았던 공공 생산시설을 2분의 1이나 3분의 1 가격에 인수할 수 있었다. 이는 말하자면 가뜩이나 큰 위장을 갖고 태어난 괴물의 위장을 전쟁 덕에 더 크게 확대해준 꼴이었다.

대기업이라는 괴물의 덩치가 거대해질수록 거기에 고용된 경영진이나 노동자들은 더 많아지겠지만, 자신들의 생존이 그 괴물에게 달려 있는 만큼 그들은 어떻게든 그 괴물이 죽지 않도록 생명을 유지시키기 위해 사력을 다하지 않으면 안 된다. 바로 그런 경영진과 노동자들로 인해 괴물은 마치 살아 있는 생명체처럼 움직인다.

Chapter 23

전 세계의 우두머리가 된 미국 – 메가 피라미드의 탄생

인류의 영역싸움은 단지 영역싸움으로 그치지 않았다. 특히 근대 제국주의 시대에 이르러 영역의 범위가 전 지구로 확대되면서 영역싸움은 국가 간 힘의 우열을 가르는 서열싸움의 양상까지 함께 띠었다. 이를 가능케 한 것은 '도구'였다. 인류가 각종 영역싸움과 서열싸움에 사용해온 도구를 크게 물리적 도구와 추상적 도구로 구별하고자 한다.

먼저 무기라는 물리적 도구의 발전으로 인해 인류의 영역싸움의 규모와 범위는 무기의 파괴력에 비례하여 커졌다. 또한 각국이 보유한 무기의 우열로 인해 영역싸움은 서열싸움의 의미까지 동시에 띠게 되었다. 이제 전쟁의 핵심 변수는 기관총, 대포, 전차, 비행기, 잠수함, 미사일, 핵무기 등을 포함한 무기이고, 군인들은 대개 그 무기를 사용하는 데 필요한 보조수단으로 전락했다고 해도 과언이 아니다.

무기의 우열은 기본적으로 그 무기를 제조하는 데 필요한 자원(석유, 철광, 고무 등)과 과학기술력에 달려 있다. 거기에 자본주의 대량생산 시스템이 가세하면서 무기의 파괴력은 폭발적으로 증폭되었다. 스웨덴의 작가인 페테르 엥글룬드[Peter Englund, 1957-]가 제1차 세계대전을 "경제력의 경쟁, 즉 공장과 공장의 대결"이라고 한 것은 그런 의미에서 옳은 말이다. 이 '공장과 공장의 대결'은 이후의 모든 전쟁에 적용된다.

그 다음으로, 인류의 영역싸움이나 서열싸움에서는 '사상'이나 '이데올로기'와 같은 추상적 도구가 활용되기 마련인데, 대규모 집단적 싸움을 위해서는 다수의 군인은 물론 공동체 전 구성원의 참여와 협력, 희생이 요구되므로 효과적으로 자발적 동의를 이끌어내는 게 필수적이었기 때문이다.

실제로 소련과 미국은 제2차 세계대전에서 최강의 경제력을 바탕으로 이 두 가지의 도구, 즉 무기와 이데올로기의 게임의 강자였던 까닭에 승리를 거두었고, 최종적으로는 미국이 소련을 누르고 단독으로 세계 최강의 우두머리가 되었다. 그 과정을 좀 더 구체적으로 들여다보기로 하자.

지리적 행운아 ────────

먼저, 빼놓을 수 없는 중요한 우연적 요소는 지리적 측면에서 미국이 여러모로 행운아였다는 것이다. 이는 두 차례의 세계대전을 겪으며 거듭 입증되었다. 미국은 대서양 너머에서 일어난 전쟁의 포화가 자신의 앞마당까지 미치지 않은 덕분에 남의 집(유럽과 아시아) 싸움에 필요한 전쟁 물자를 원활히 공급함으로써 막대한 경제적 이익을 챙길 수 있었다. 그리고 그것을 바탕으로 더 큰 횡재를 챙길 수 있었는데, 그것은 전 세계가 양대 영역권(소련권과 미국권)으로 재편된 가운데 그중 하나의 영역권에 우뚝 선 메가 피라미드의 꼭대기에 오른 것이다. 전쟁에서 린치를 당하고 비실거리는 왕년의 최강자 영국을 누르고서 말이다.

그것이 의미하는 바는 뭘까? 자본주의 시스템이 필요로 하는 자원과 더 넓은 시장(뒤에서 다루겠지만 '자유무역'을 강제함으로써)을 확보했다는 것이다. 그 구체적 과정에 대해 자크 파월은 『좋은 전쟁이라는 신화The Myth of the Good War』에서 다음과 같이 설명한다.

제2차 세계대전이 시작되자 미국에서 이른바 캐시앤드캐리법^{Cash and} ^{Carry}(전쟁 물자 구입 시 해당국이 선불로 지불하고 직접 운송하도록 요구한 법)이 나왔다. 이에 따라 교전국의 경우 오직 현금으로만 물자를 구매할 수 있고, 배송도 각자 스스로 해결해야만 했다. 그런데 당시에는 영국 해군이 대서양을 지배하고 있었으므로 독일군으로서는 미국으로부터 전쟁 물자를 구입할 길이 막혀버리고 말았다. 유럽의 서부 전선에서 전쟁이 벌어지고 난 후에는 제1차 세계대전 때도 그랬듯이 영국만이 미국 산업의 잠재 시장으로 남았다.[3]

미국이 현금 지급을 요구했던 이유는 제1차 세계대전 때 배운 교훈 때문이었다. 원래 영국에게는 신용 판매가 허용됐었다. 1917년 영국과 프랑스가 전쟁에서 패배할 위기에 처하자, 미국은 자신의 고객이자 채무국이 패망하는 것을 방지하기 위해 어쩔 수 없이 군사 개입을 하지 않을 수 없었다. 그러므로 제2차 세계대전이 발발했을 때는 중립적인 미국이 좀 더 신중하게 현금 지급을 요구하는 것은 당연했다.

그러나 영국이 곤경에 빠져 현금 부족에 시달리기 시작하자 미국의 지도자들은 영국과의 수익성 높은 거래가 중단될 위기를 모른 척할 수 없었다. 영국은 전쟁이 끝나기 전까지 높은 관세에도 불구하고 미국 수출품의 40% 이상을 흡수한 나라인 만큼 미국으로서는 중요한 파트너를 놓치고 싶지 않았다. 특히 이 전쟁 중의 거래가 미국 경제를 대공황의 슬럼프에서 건져내는 데 도움을 줄 수 있기 때문이었다.

어쨌거나 영국은 비록 지불준비금이 고갈되었더라도 어떤 면에서 신용할 만한 나라였다. 왜냐하면 해외의 식민지라는 엄청난 지정학적 자산을 자랑하는 제국이었기 때문이다. 결국 그렇게 해서 미국은 영국 해군의 노후한 구축함들 대신 1940년 9월에 카리브해와 뉴펀들랜드

^{Newfoundland}(1949년 캐나다로 합병된 영국의 자치령)의 영국 영토에 있는 수많은 해군 및 공군 기지들을 인수했다.

마침내 루스벨트 대통령은 의회를 설득해 무기대여$^{Lend-Lease}$ 시스템의 지급 조건을 모호하게 완화할 수 있도록 허가를 받아냈다. 그 조건은 마치 순수한 상호 비즈니스 협의인 듯한 인상을 주었다. 1941년 3월에 공식적으로 도입된 무기대여법으로 영국은 사실상 무제한의 신용을 제공받았고, 그 신용으로 영국은 미국의 무기, 탄약, 그 밖의 긴급물품들을 구입했다. 따라서 미국의 대영국 수출품 총액은 1939년 5억 500만 달러에서 1940년 10억 달러, 1941년 16억 달러, 1942년 25억 달러, 1943년 45억 달러, 그리고 1944년에는 52억 달러를 상회하는 금액으로 기가 막히게 치솟았다(약 10배 정도). 미국의 사업 측면에서, 무기대여법은 꿈의 실현이나 다름없었다. 왜냐하면 미국 수출품에게 어마어마한 시장을 열어줬기 때문이다.

무기대여법은 영국으로부터 '고려사항$^{the\ consideration}$'으로 알려진 중요한 양보를 이끌어냈다. 전후에 영국은 대영제국 내 특혜관세라는 보호무역 시스템을 해체했다. 이 관세는 미국의 대영 수출과 의존을 가로막지는 않았지만 확실히 제한했었다.[218]

무기대여법 덕분에 미국 산업의 수출 상품은 향후에 더 이상 비교적 폐쇄적인 영국의 무역장벽에 부딪히지 않고, 이른바 시장개방 효과를 누릴 수 있게 되었다. 이로써 대공황 위기에 대한 해법 전망이 열렸다. 미국 상품이 영국 시장에 자유로이 접근할 수 있게 된다는 것은 결국 전 세계의

---

218 Jacques R. Pauwels, *The Myth of the Good War*, pp.56–57.

대영제국의 시장에 접근할 수 있게 되었다는 것을 의미한다. 요컨대 미국은 무기대여법을 통해 영국의 보호무역 시스템을 해체함으로써 사실상 전 세계의 시장개방, 즉 자유무역을 강제할 효과를 얻게 된 것이다. 이제 국제무역의 급증으로 수요 부족이라는 핵심 문제가 제거될 것으로 기대할 수 있었다.

뿐만 아니라 1944년에 미국은 영국과 체결한 석유협정을 통해 영국으로부터 중동의 석유에 대한 지배적 영향력마저 넘겨받았다. 그만큼 영국은 낡은 제국을 더 이상 유지하기 어려울 정도로 쇠약해진 상태였다. 영국의 저술가 앤서니 샘슨Anthony Sampson, 1926-2004은 국제 석유 사업에 관한 한 연구에서 이런 결론을 내놓았다.

전쟁이 종결될 무렵, 미국이 사우디아라비아에 대한 지배적인 영향력을 넘겨받았다는 것은 의심할 나위가 없다. 압둘아지즈 알사우드Ibn Saud, 1875-1953 왕은 더 이상 거친 사막의 전사로 인정받지 못한 채, 그저 파워 게임의 핵심 요소로서 서방측이 서로 끌어당기려 애쓰는 대상 정도로 전락하고 말았다. 1945년 2월, 얄타에서 귀국하기 전에 루스벨트는 사우드 왕과 50명의 수행원을 함께 순양함 퀸시호로 초대해 성대하게 대접했다.[219]

이제 미국은 마치 한 침팬지 무리 내의 우두머리가 관할 영역 내에서 여러 자원에 대해 우선적 접근권을 갖듯이, 자본주의가 필요로 하는 '자

---

219 Anthony Sampson, *The Seven Sisters: The Great Oil Companies and the World They Shaped* (New York: Viking, 1975), p.99.

원'과 '시장'을 확보했다. 다시 말해 전 세계의 상당 부분을 자신의 자본주의 시스템을 돌리기 위한 도구로 활용할 수 있는 위치에 올라선 것이다. 이는 거대한 위장을 가진 괴물이 지구의 절반이 넘는 지역을(공산주의 권역을 뺀 나머지 지역) 세력권으로 획득했으므로 꽤 오랫동안 먹을거리를 보장받은 셈이며, 따라서 자본주의의 필연적 과잉생산의 문제를 그만큼 지연시키고 대번영을 구가할 시기를 맞이했음을 의미하는 것이기도 하다.

미국의 물리적 지배 도구 – 무력

미국이 영국에 이어 이렇게 전 세계적 패권국으로 등극하여 오늘날까지 그 지위를 유지하기까지에는 우연한 지리적 요소 외에도 당연히 앞서 언급한 두 가지 도구, 즉 무기와 이데올로기의 활용이 결정적이었다. 이 가운데에 무기에 대해 먼저 살펴보자.

미국은 제2차 세계대전 이전에도 이미 전 세계에서 가장 발전한 산업 국가였지만 유럽에서 일어난 전쟁으로 인해 막대한 수익을 긁어모으면서 원자폭탄이라는 첨단 신형 무기를 개발할 정도로 과학 발전을 꾀할 수 있었다. 트루먼^{Harry S. Truman, 1884-1972} 대통령이, 뉴멕시코^{New Mexico}에서 원자폭탄에 대한 테스트를 성공적으로 마쳤다는 소식을 들은 것은 1945년 7월 16일이었다. 그 다음날인 7월 17일에는 8월 2일까지 예정된 포츠담^{Potsdam} 회담이 열리기로 되어 있었다. 트루먼 대통령이 히로시마^{廣島}에 첫 번째 원자폭탄을 투하하라고 명령한 것은 회담이 끝난 지 나흘 뒤인 8월 6일이었다. 그것으로도 모자라 다시 사흘 뒤인 8월 9일에는 나가사키^{長崎}에 두 번째 원자폭탄을 떨어뜨리도록 했다.

원자폭탄은 가공할 위력을 입증했다. 대략 히로시마에서는 14만 명,

나가사키에서는 7만여 명을 죽음으로 몰아넣었고, 이후에도 수십만 명이 방사선 피폭으로 질병을 얻거나 사망에 이르렀다. 그야말로 온 세계를 경악하게 만들기에 충분했다. 단 하나의 폭탄이 그토록 막대한 피해를 입힐 수 있으리라고는 그 누구도 상상하지 못했다. 1945년 8월 6일 오전 8시 15분에 미국의 B-29 폭격기에 의해 히로시마에 떨어진 원자폭탄은 '리틀 보이^{Little Boy}'라는 이름과는 어울리지 않게 8만 명을 '즉사'시킨 것으로 알려졌다.

왜 그런 원자폭탄을 트루먼 대통령은 2개나 연달아 투하했을까? 그 이유와 관련하여 트루먼은 "더 이상의 미국인 희생자가 나오지 않도록 신속히 전쟁을 끝내고", 그럼으로써 "하루속히 미국의 군인들이 고국으로 돌아올 수 있도록" 하기 위함이었다고 발표했다. 하지만 오늘날 많은 역사학자들이 내린 결론은 이와 다르다. 다른 정치적 목적이 있었다는 것이다.

파월이 『좋은 전쟁이라는 신화』에서 내놓은 설명에 따르면, 우선 원자폭탄이 사용된 시점에 주목할 필요가 있다. 먼저 첫 번째 원자폭탄이 투하된 시점은 1945년 8월 6일이었다. 그해 5월에는 이미 독일이 항복을 하여 7월 17일부터는 포츠담에서 전후 독일 문제에 대한 논의가 시작된 상황이었다. 그곳에서 스탈린은 독일이 항복하면 3개월 이내에 일본에 전쟁을 선포하겠다고 한 이전의 약속(1943년 테헤란 3국회담^{Conference of the Big Three}에서 한 약속)을 재차 천명해두기까지 한 상태였다. 다시 말해 8월 중순 이전에는 소련이 일본을 침공하기로 이미 예정되어 있었던 것이다. 그렇지 않더라도 독일에 이어 악전고투를 면치 못하던 일본이 곧 항복하리란 것은 예상된 바였고, 미국은 벌써부터 일본이 항복 준비를 하고 있다는 것도 파악하고 있었다. 다만 일본은 무조건적인 항복으로 인해 히로히토 황제가 강제 퇴위되는 수치만큼은 면하고 싶었으므로 유일한 조건인 황제의 면책을 관철시키기 위해 시간을 끌고자 했을 따름이었다. 하지만 소련이 개입할 경우 그마저도 포기할 수밖에 없을 뿐만 아니라, 미 해군이 마음만 먹으면 해상 봉쇄만으로도 일본으로 들어가는 식량과 연료 따위의 필수품 보급을 막아 항복을 얻어낼 수 있었다. 요컨대, 트루먼은 일본의 항복을 얻어낼 만한 매력적인 카드들을 충분히 쥐고 있었던 것이다. 전쟁이 끝난 후 미국 전략폭격조사단The U.S. Strategic Bombing Survey이 내놓은 결론도 이를 뒷받침한다.

"현재까지 생존해 있는 일본의 관련 지도자들의 증언과 모든 사실에 대한 세부적인 조사를 토대로 본 조사단이 내린 견해는 다음과 같다. 설사 원자폭탄이 투하되지 않았고, 러시아가 전쟁에 개입하지 않았고, 일본에 대한 침공이 계획되거나 고려되지 않았다 해도 일본은 1945년 12월 31일 이전에 틀림없이 항복했을 것이고, 어쩌면 1945년 11월 1일 이전에 항복했을 개연성도 상당히 높다."[220]

그런데도 워싱턴은 수십만 명의 사상자를 초래할 원자폭탄을 2개나 떨어뜨렸다. 대체 왜 그래야만 했을까? 이러한 의문에 대한 한 가지 단서를 배너바 부시Vannevar Bush, 1890-1974(미국 과학연구국 장관)의 말에서 찾을 수 있다. **"원자폭탄은 전쟁이 끝나고 소련에게 양보를 내어주지 않아도 될 만한 시간에 딱 맞춰서 사용되었다."** 독일과 동유럽뿐만 아니라 일본과 아시아·태평양 지역의 전리품을 소련과 나눠 가지고 싶지 않았던 것이다.

---

220 "United States Strategic Bombing Survey", https://en.wikipedia.org/wiki/United_States_Strategic_Bombing_Survey

그렇다 해도 군이 두 번째 원자폭탄까지 투하해야 했을까? 왜 꼭 그래야만 했을까? 자크 파월은 그 이유를 이렇게 설명한다. 1945년 7월 중순에서야 테스트를 마친 미국은 소련이 앞서 약속한 대로 8월 중순에 일본을 공격하기 전에 원자폭탄의 위력을 보여줄 필요가 있었다. 그래서 8월 6일에 부랴부랴 첫 번째 원자폭탄을 투하했지만 소련의 개입을 막기에는 이미 늦고 말았다. 일본 지도자들이 피해의 실상을 파악하는 데 시간이 걸렸던 때문인지 즉각적으로 백기 투항을 하지 않은 바람에 이틀 뒤인 8월 8일에 소련이 일본에 전쟁을 선포하고 바로 다음날인 8월 9일에는 중국 북부에 주둔해 있던 일본 부대를 공격하기 시작했다. 이에 너무나 초조해진 미국은 바로 같은 날인 8월 9일에 두 번째 원자폭탄을 나가사키에 투하한 것이다. 그렇게 해서 일본으로부터 무조건적인 항복을 얻어낸 미국은 소련을 극동에서 몰아내고 워싱턴의 뜻을 크렘린Kremlin에 강요할 수 있게 되었다.

달리 말하면, 미국 정부는 자신들이 보유한 무기의 가공할 파괴력을 시연해 보임으로써 서열 질서의 기본 원리인 '폭력적 힘의 우위'를 증명한 것이다. 이는 유럽 강국들 간의 영역싸움을 서열싸움으로 변모시켜 우두머리가 되겠다는 강한 의지를 드러낸 최후의 결정타이기도 했다.

제2차 세계대전을 계기로 미국은 사실상 영국으로부터 세계적 제국을 인수했다. 말하자면 전 세계적인 질서의 한 축에서 서열의 우두머리가 되었다. 이는 앞서 언급했듯이 원자폭탄과 같은 우월한 '무력적 도구'를 선점한 덕분이었다. 기본적으로 무력이란 것은 폭력을 전제로 공포를 유발시킴으로써 복종을 강제하는 수단이다. 그것은 냉전이 시작된 이후 오늘날까지도 세계적 헤게모니를 유지하는 데 핵심적 역할을 하고 있다.

이를 단적으로 보여주는 한 증거는 미국의 방위비 규모이다. 미국의 실제 연간 방위비는 1조 달러에 달하는 것으로 추정되는데, 이는 전 세계의 국방비 총액의 절반이 넘는 액수이다. 쉽게 말해 미국은 러시아와 중국은 물론 그 밖의 모든 나라들의 국방비를 다 합친 것보다도 더 많은 액수를 방위비로 쓰고 있는 것이다. 2010년 방위 예산만 해도 6,980억 달러인데, 이는 2위인 중국의 6배, 러시아의 11배나 되는 금액이다.

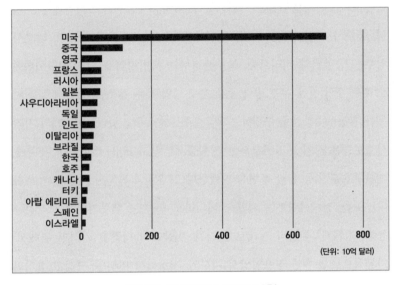

〈2010년 세계 각국의 국방비 지출〉

(출처: http://www.rickety.us/2011/06/2010-defense-spending-by-country/)

또한 미국은 전 세계의 70%에 해당하는 130개국에 군대를 주둔시키고 있다. 미국 국방부 기록에 따르면, 2008년 현재 39개 국가에 761군데나 되는 부지를 '미군 기지'로 사용하고 있다.[221] 하지만 이 수치에는 이라크, 아프가니스탄, 이스라엘, 코소보, 쿠웨이트, 키르기스스탄, 카타르, 우

---

221 Department of Defense Base Structure Report, Fiscal Year 2008, httep://www.acq.osd.mil/ie/download/bsr/BSR2008Baseline.pdf.

즈베키스탄에 있는 수십 개의 미군 기지가 포함되지 않은 것이므로 그것들까지 다 넣는다면 1,000개 가까이 된다. 명실상부 전 세계적 제국의 면모라 하지 않을 수 없다. 참고로 로마 제국은 한창 전성기에 37개의 주요 군사기지를, 영국 제국은 36개의 식민지에 주요 군사기지를 갖고 있었다.

펜타곤Pentagon은 지구 전체를 몇 개의 관할 사령부로 나누고 4성 장군들을 통해 그 사령부들을 지휘해왔다. 태평양사령부는 아시아태평양 지역, 중부사령부는 중동 지역, 아프리카사령부는 아프리카 지역, 남부사령부는 중남미와 키리브해, 북부사령부는 북미지역을 담당한다(이외에도 우주 병력 지원, 우주 병력 증강, 우주 병력 적용, 우주 병력 관제 등을 비롯한 '합동우주작전'을 수행하는 우주사령부까지 두고 있다). 이 6개의 지역 사령부들은 각기 모의전쟁훈련, 지휘통제훈련, 워크숍, 컨퍼런스, 세미나, 재난구호훈련 등 온갖 훈련을 진행한다(그 훈련의 목적은 '개입engagement'이다). 또한, 전략사령부는 지구상 어디라도 언제든 "핵무기와 정보작전을 통해 (적에게) 통합적 형태로 물리적·비물리적 타격을 가하기 위해서" 자체적으로 보유한 잠수함발사 미사일, 지상발사 미사일, 그리고 장거리 폭격기들의 즉각적 출격 태세를 유지하고 있다.[222]

미국은 중국의 동쪽에 2개, 남쪽에 4개, 서쪽에 4개의 군기지와 군시설로 사실상 중국을 완전히 포위하고 있다. 미 해군 함대는 남중국해를 정기적으로 순찰하고 늘 중국 국경을 따라 스파이 비행을 한다.

블라디미르 푸틴Vladimir Putin, 1952-이 "세계지도를 펼쳐놓고 미군 기지를 표시해봐라. 러시아와 미국의 차이가 보일 것이다"라고 했을 정도이다. 2011년 11월에 미국이 중국을 보다 완벽하게 에워싸기 위해 오스트레

222 앤드루 바세비치, 박인규 역, 『워싱턴룰』 (서울: 오월의봄, 2013), p.46.

일리아의 다윈 지역에도 새로운 해군기지를 구축할 예정이라는 발표가 나온 이래 미군은 현재까지 그곳에 주둔 중이다.[223] 이와 관련해 제리 크로스[Jerry Kroth] 박사는 다음과 같이 꼬집는다. 만일 중국이 미국을 상대로 이런 일을 한다면 — 가령 중국 주석이 멕시코 대통령과 악수를 하며 캘리포니아 반도에 거대한 중국 군사기지를 세우고 거기에 항공모함, 잠수함, 군 병력을 투입하기로 한다면 — 결코 허용하지 않을 그런 일을 미국은 중국에게 '일상적으로' 하고 있다.[224]

"미국은 도대체 왜 이토록 많은 군사기지가 필요한 걸까"라는 질문에 대한 대답은, 본질적으로 다른 동물들의 영역 관리와 서열 관리를 합쳐놓은 것과 유사한 활동을 위해서라고 할 수 있다. 최종적인 목적은 자신이 우두머리로 있는 미국권 내 피라미드 질서를 유지하고, 그럼으로써 그 속에서 우선적으로 자원과 시장에 접근할 특권을 계속해서 누리는 것이다. 노엄 촘스키[Noam Chomsky, 1928-]도 이와 비슷한 의견을 피력한 바 있다.

제2차 세계대전 중에 미 국무부 연구진과 외교관계협의회는 소위 '주요 지역[Grand Area]'이라는 개념을 써서 전후 세계에 대한 지배 계획을 발전시켰다. 여기서 주요 지역이란 미국의 경제적 요구에 종속되어야 할 곳을 말한다.

주요 지역은 서반구, 서유럽, 동남아시아, 이전의 대영제국, 어느 곳에도 비할 수 없이 무한한 에너지 자원이 풍부한 서남아시아, 그 밖의 제

223 David Nakamura, "Obama: U.S. to send 250 Marines to Australia in 2012", *The Washington Post*, November 16, 2011, https://www.washingtonpost.com/blogs/44/post/obama-us-to-send-250-marines-to-australia-in-2012/2011/11/16/gIQAO4AQQN_blog.html?utm_term=.dff1d453a342

224 Jerry Kroth, "The American Empire: Denial, Delusion & Deception", https://youtu.be/Uh-D5LJzrX8

3세계 국가들을 포함한다. 가능하다면 지구 전체까지도 포괄할 생각이었다. 그리고 이 계획은 기회가 되는 한, 그대로 실행되었다.

미국은 전후 세계 질서를 재편하면서 각 지역에 고유한 기능과 역할을 부여했다. 전쟁 중에 이미 '거대한 공장great workshop'으로서의 능력을 입증한 독일과 일본은 산업국가들을 지도해야 했다. 단, 이번에는 미국의 감독을 받아야 한다는 조건으로.

제3세계의 경우, 1949년 국무부의 한 메모에 기록되었듯, 자본주의 산업국들을 위해 "천연자원의 공급처와 시장으로서의 주된 역할을 충실하게 해야" 했다.[225]

미국의 군사기지들과 병력은 당연히 단순한 과시용이 아니다. 언제든 여차하면 전쟁을 통해 꺼내어 휘두를 준비가 된 카드이다. 다만 자신을 '경제 저격수economic hit man'로 소개한 존 퍼킨스John Perkins, 1945-가 『경제 저격수의 고백』에서 밝힌 바에 따르면, 전쟁은 다른 수단이 먹히지 않았을 때 취하는 최후의 수단이다. 그는 수십 년 간에 걸친 자신의 경험을 바탕으로 어떻게 미국의 은행과 기업, 정부가 결탁하여 전 세계 국가들을 미국 경제에 종속시켜왔는지를 폭로했다.

경제적 저격수들이 하는 일은 이런 것이다. 미국 기업들에게 필요한 자원이 있는 나라로 간다. 그것은 석유가 될 수도 있고, 운하와 같은 전략적으로 중요한 부동산일 수도 있다. 그곳에서 해당 국가의 지도자를 이렇게 설득한다. 당신이 이 나라에 발전소, 항만, 고속도로, 산업 공단 등 거대한 인프라 시설을 건설할 수 있도록 우리가 세계은행을 비롯한 각종 국제기

225 노엄 촘스키, 문이얼 역, 『미국이 진정으로 원하는 것』 (서울: 시대의창, 2013), p.22.

구로부터 거액의 외자를 빌리게 해줄 수 있다. 그러니 인프라 구축 사업을 한번 해보지 않겠느냐.

이제 그 나라는 엄청난 규모의 채무를 끌어다가 개발 사업을 벌인다. 그러면 그 정권의 권력자들이나 몇몇 현지 기업가들은 막대한 부를 거머쥔다. 하지만 그 대신 국민들은 빚더미에 올라앉는다든지, 그 대출금의 대부분은 인프라 구축을 담당할 미국 기업들에게로 되돌아간다든지 하는 사실 따위는 일러주지 않는다. 이런 식으로 미국 기업들은 귀중한 자원을 가진 제3세계 국가에서 해당 국민들이 진 빚으로 사업을 하여 수익을 벌어들일 뿐만 아니라 그 빚에 대한 이자 놀이까지 한다.

몇 년 후 경제 저격수는 대출금의 이자와 원금을 상환하는 데 어려움을 겪으며 허덕이는 그 나라를 다시 방문하고는 이런 해결책을 내놓는다. "걱정 마세요. 저희가 모든 문제를 다 해결해 드릴 수 있습니다. 석유(혹은 다른 자원)를 우리에게 싸게 팔고, 우리 회사의 업무 진행을 어렵게 만드는 환경법과 노동법을 폐지하고, 미국에서 생산된 제품에 다시는 관세를 부과하지 않겠다고 약속하고, 우리가 원하는 조건에 따라 귀국에서 생산되는 제품에 무역 장벽을 세우고, 공익시설, 학교, 기타 공공기관을 민영화하여 미국 기업에 매각하고, 이라크 등지에서 활동하는 미군을 지원하기 위해 군대를 파견하면 됩니다."[226]

어쩔 수 없이 그 나라는 자주적으로 결정해야 할 중요한 문제마저 미국 정부의 손아귀에 넘겨주고 만다. 아울러, 자국의 시장을 내어준 채 무방비 상태로 미국 경제에 예속되고 만다. 어쩌면 서류상으로는 경제성장률이 높아지고, 새로 건설된 인프라로 인해 제법 그럴듯한 외관을 갖추

---

226 존 퍼킨스, 김현정 역, 『경제 저격수의 고백 2』 (서울: 민음인, 2010), p.37.

어나가므로 나라가 발전해가는 것처럼 보일지 모른다. 하지만 그렇다 하더라도 국민의 대다수는 대출금을 되갚아야 하는 부담을 짊어진 채 가난에 허덕이며, 교육제도나 의료 등 다른 사회적 혜택마저 희생당한다. 사회 전체적으로는 빈부 격차가 점점 더 심화된다. 퍼킨스에 따르면, 이는 "권력을 가진 모든 사람은 부패하기 쉽다"는 점을 이용한 전략으로서 지도자를 타락시켜 그 지도자에게 부를 안겨주는 대신 그 지도자가 이끄는 나라는 무자비하게 착취하는 방법이다.

존 퍼킨스는 경제 저격수들이 실패할 경우 '자칼'이라고 부르는 더 사악한 무리가 개입하며, 이들이 모습을 드러내면 한 나라의 정부가 전복되거나 정부 수반이 우연을 가장한 사고로 사망한다고 진술한다.

바로 그런 일이 파나마의 지도자 오마르 토리호스^{Omar Torrijos, 1929-1981}에게 닥쳤다. 파나마는 1903년 루스벨트 대통령이 미국 군함을 파견하여 독립시킨 후 사실상 미국이 이곳의 괴뢰 정부를 통해 수십 년간 통치권을 행사해온 나라였다. 미군은 1968년까지도 십여 차례나 괴뢰 정부를 이끄는 가문을 위해 내정 간섭을 해왔으나 쿠데타를 통해 오마르 토리호스가 새로운 지도자가 되었다. 토리호스는 1977년, 카터^{Jimmy Carter, 1924-}·대통령과 새로운 협정을 체결하여 파나마 운하를 파나마 국민에게 되돌려준다. 그러고는 국민들을 '양키의 족쇄'로부터 자유롭게 만들고, 운하 관리권을 빼앗기지 않고, '약탈 자본주의'로부터 남미가 자유로워질 수 있도록 돕는 것을 자신의 목표로 삼고, 부패해지기를 거부했다.[227] 그런 토리호스는 결국 1981년 7월 31일, 비행기 사고로 사망한다. 각종 신문 기사와 사설에는 "미 중앙정보국 암살!"이라는 제목이 떴다.

---

227 존 퍼킨스, 김현정 역, 「경제 저격수의 고백 2」, p.41.

오마르 토리호스를 오랫동안 지켜봤던 존 퍼킨스는 비행기 사고가 일어나기 몇 달 전부터 이미 그가 자칼에게 목숨을 잃는 사태가 오지 않을까 우려했다고 고백한다. "이란의 민족주의 지도자 모하메드 모사데그Mohammad Mossaddegh, 1882-1967, 과테말라의 하코보 아르벤스Jacobo Arbenz Guzmán, 1913-1971 대통령, 인도네시아의 아흐마드 수카르노Achmad Sukarno, 1901-1970 대통령, 콩고의 독립운동가 파트리스 루뭄바Patrice Émery Lumumba, 1925-1961, 칠레의 살바도르 아옌데Salvador Guillermo Allende Gossens, 1908-1973 대통령, 에콰도르의 하이메 롤도스Jaime Roldós, 1940-1981 대통령 등 수많은 제3세계 지도자들이 그랬던 것처럼" 말이다.[228]

만일 자칼마저 실패하면 군인들이 투입된다. CIA(중앙정보국)나 미군 특수부대를 통해 훈련을 받은 특공대나 현지인을 통해 간접 지원하거나, 더 심각한 경우에는 미국이 직접 참전하기도 한다.

이를테면 노엄 촘스키의 『미국이 진정으로 원하는 것What Uncle Sam Really Wants』에 보면, 엘살바도르에서 근무했던 한 가톨릭 신부가 증언을 하는 장면이 나오는데 바로 그런 증언에 나오는 바와 같은 짓을 저지르는 것이다. 그 신부에 따르면 "교회가 가난한 사람들을 조직화하기 위해 농민 조합과 자립 단체를 구성하기 시작하고서부터" 이런저런 소름끼치는 장면들이 드물지 않게 자행되었다고 한다. 미군 특수부대에서 훈련을 받은 엘살바도르 특공대가 어떤 일을 벌였는지 한번 들어보자.

어느 날 어떤 여인이 밭일을 마치고 집으로 돌아와 보니 어린 자식 셋과 자신의 어머니와 자매가 식탁에 빙 둘러 앉아 있었다. 그런데 그들

---

228 존 퍼킨스, 김현정 역, 『경제 저격수의 고백 2』, p.42.

은 모두 식탁 위에 놓인 자신의 잘린 머리 위에 손을 얹고 있는 모습이었다. "마치 몸뚱아리들이 자신의 잘린 머리를 어루만지고 있기라도 한 듯한" 자세였다.[229]

한 탈영병의 진술에 따르면, 특수부대에 징집된 훈련병들은 실제로 이 같은 무자비한 만행을 저지르기 이전에 "개와 콘도르 같은 새의 목을 이로 물어뜯거나 머리를 비틀어 죽이고", "반대파 혐의자들의 손톱을 뽑아내고, 목을 자르고, 죽은 시체를 토막 내거나 잘려진 팔을 가지고 장난을 치며 놀기도 하는" 훈련 과정을 거쳤다고 한다. 다른 동물들이나 인간이나 '영역 관리 활동'의 가장 궁극적인 도구는 역시 폭력과 폭력으로 인해 유발되는 원초적 공포임에 틀림없는 모양이다. 심지어 문명이 발달한 현대인 사이에서도!

이런 경우, 미국의 행동은 한마디로 '서열 질서'를 보여준 것, 즉 폭력과 위협을 통해 영역 내 강자의 규칙에 대한 복종을 강요한 것에 상당히 가까워 보인다. 물론 그 서열 질서란 앞에서도 언급했듯이 미국의 영역권 내의 국가들이 미국의 경제적 요구에 맞게 자원과 시장을 공급하는 종속적 역할을 충실히 해야 한다는 것을 뜻한다.

미국은 이러한 질서를 유지하기 위해 세계의 다른 사소한 지역에서조차 '사과 궤짝 전체를 오염시킬 수 있는 썩은 사과가 나오지 않도록' 감시·예방하는 데 철저했다. 썩은 사과란 종속적 역할을 거부하고 자주적으로 자국의 경제에 이익이 되는 방향으로 힘을 모으는 민족주의 혹은 민주주의의 움직임이 감지되는 지역을 가리킨다. 병원균이란 표현이 대

---

229 Noam Chomsky, *What Uncle Sam Really Wants* (Berkeley: Odonian Press, 2002), p.39.

신 사용되기도 했는데, 만일 그런 병원균이 발생할 경우 무자비하게 박멸함으로써 주변으로 전염되지 않도록 철저히 신경 썼다. 그것이 이란, 과테말라, 브라질, 칠레, 아이티, 엘살바도르, 인도네시아, 남아프리카공화국 등 세계 곳곳에서 미국이 민주 정부 대신 무자비한 독재 정권을 지지하고 지원한 이유였다.

이라크는 미국이 직접 참전해야 했던 사례에 속한다. 이라크는 석유, 수자원, 지정학적 요인, 이 세 가지 측면에서 매우 중요한 나라이다. 이라크를 가지면 중동 전체를 지배할 수 있다고 할 정도의 중요성을 갖고 있다. 구체적으로 설명하면 첫째, 이라크가 가진 석유 자원은 에너지원이나 공업 원료로서도 중요할 뿐만 아니라 잠재적 블루오션을 열어준다. 그런 만큼 미국의 경제 저격수가 해야 할 일이 있게 마련인데, 그 일은 한마디로 거액의 자금을 빌려주는 대신 인프라 구축이나 산업화에 필요한 사업을 수주하고, 그럼으로써 막대한 수익과 이자를 한꺼번에 빼먹을 수 있는 잠재적 시장을 창출하는 것이다. 둘째, 이라크는 티그리스 강과 유프라테스 강에 대한 통제권을 쥐고 있다. 이는 아프리카, 남미, 중동 지역의 수자원 운영 시스템이 민영화되기만을 손꼽아 기다리고 있는 대기업들에게는 엄청난 이권이 달린 문제이다. 셋째, 이라크는 주변에 6개나 되는 나라(터키, 시리아, 요르단, 사우디아라비아, 쿠웨이트, 이란)와 직접적으로 국경을 맞대고 있을 뿐만 아니라 페르시아 만과도 면해 있고, 이스라엘과 소련이 미사일 사정거리 안에 있는 곳이라는 점에서 전략적으로 요충지이기도 하다.[230]

그런데 1980년대 말, 존 퍼킨스에 따르면, 이라크의 지도자 사담 후세

230 존 퍼킨스, 김현정 역, 『경제 저격수의 고백』(서울: 황금가지, 2005), pp.306-307.

인$^{Sadam\ Hussein,\ 1937-2006}$이 미국이 원하는 시나리오를 받아들일 가능성이 없다는 사실이 분명해졌다. 그러던 중 1990년 8월, 때마침 이라크가 쿠웨이트와의 갈등 끝에 쿠웨이트를 침공하는 사태가 벌어지자 부시$^{George\ W.}$ $^{Bush,\ 1946-}$ 대통령이 이 기회를 놓칠세라 군사 개입에 돌입한다. 다국적군에게 이라크에 대한 전면적 공격을 명령한 것이다. 그것이 제1차 이라크 전쟁이다.

제2차 이라크 전쟁의 경우, 부시 전 대통령이 존재하지도 않는 대량살상무기를 핑계 삼아 이라크를 공격했다는 것은 이미 전 세계인이 알고 있는 사실이다. 이는 미국이 이라크를 지키기 위해서라면 어떤 핑계까지 불사할 것인지를 분명히 보여줬다고 할 수 있다.

미국은 이라크뿐만이 아니라 다수의 국가에 크고 작은 규모의 군사적 개입을 한 것으로 밝혀졌는데 캄보디아의 경우, 영국의 저술가 윌리엄 쇼크로스$^{William\ Shawcross,\ 1946-}$가 『사이드쇼^{Sideshow}』에서 밝힌 바에 따르면 미국이 1969년부터 1973년까지 캄보디아에 떨어뜨린 폭탄의 수는 미국이 제2차 세계대전 때 유럽에 투하한 것보다도 더 많았다.

이러한 역사는 앞서 자크 파월이 지적한 대로 끊임없이 전쟁을 필요로 하는 미국의 경제 상황을 설명해주며, 그 저변에는 자본주의의 본질적 문제와 아울러 강력한 군사력을 기반으로 한 세계 지배 질서가 서로 맞물려있다. 그 중심에 있는 세력이 미국의 거대한 군산복합체이다. 이와 관련하여 1961년 아이젠하워$^{Dwight\ Eisenhower,\ 1890-1969}$ 대통령은 대통령으로서의 마지막 연설에서 다음과 같이 경고의 목소리를 낸 바 있다.

제2차 세계대전이 일어나기 전까지는 미국에 군수산업이라는 게 존재하지 않았습니다. 쟁기 만들던 업체들이 나중에 필요에 따라 칼도 제조하고 그런 식이었습니다. 하지만 더 이상 국방을 소홀히 할 수 없어서 불가피하게 영속적인 군수산업을 대거 조성했습니다. 현재 350만 명의 미국 국민이 방위산업에 직접적으로 종사하고 있습니다. 우리는 미국의 기업 전체의 순이익을 합친 것보다 더 많은 액수의 돈을 매년 군사안보에 쓰고 있습니다. 대규모 군대조직과 거대한 군수산업 간의 결합은 전례 없는 새로운 현상입니다. 이제 경제, 정치, 심지어 정신적인 측면에서 이것의 영향력은 어느 도시, 어느 의회의사당, 어느 연방정부 관청을 가나 느낄 수 있습니다. 우리는 이런 발전이 꼭 필요하다는 것은 알고 있습니다. 하지만 그 엄중한 의미도 반드시 이해해야 합니다. 우리의 땀과 자원, 삶이 관련된 문제이고, 우리 사회의 구조와도 관련된 문제이기 때문입니다. 우리는 군산복합체가 각 지방 의회에서 고의이든 우연이든 부적절한 영향력을 갖는 것을 경계해야 합니다. 부당한 권력이 증대될 가능성은 늘 존재합니다. 그러한 가능성은 미래에도 존재할 것입니다.

군산복합체가 우리의 자유와 민주적 절차를 위험에 빠뜨리도록 허용해서는 안 됩니다. 어떤 것도 당연시해서는 안 됩니다. 깨어 있고 지식을 갖춘 시민만이 이 거대한 군산복합체가 평화적인 방법과 목표에 맞춰 운영되도록 함으로써 안보와 자유를 함께 누릴 수 있을 것입니다.

지금까지 나온 내용으로 볼 때 미국이 자신의 영역권 내에 예속된 국가들, 특히 제3세계 국가들에 대해 취한 행동이나 정책 방향은 자유민주주의적 가치와는 본질적으로 배치된다. 그럼에도 미국은 전 세계에 자유민주주의적 가치를 확산시키기 위해 애쓴다고 내세운다. 이를 어떻게 설명할 수 있을까?

미국의 추상적 지배 도구 –
민주주의와 선악 이데올로기(냉전 기간) ─────

미국이 전 세계적 패권국의 지위에 오르고 또 그 지위를 유지하는 데 이용해온 두 번째 도구인 이데올로기로 넘어가보자.

서열 질서란 기본적으로 힘의 원리에 기초한 동물적 유산이다. 인간 사회 역시 그러한 유산을 물려받았고 그것은 아직도 남아 있다. 그런데 힘은 비자발적 '복종'만을 강제할 수 있을 뿐이므로 '자발적 협력'을 이끌어낼 만한 '뭔가'가 없다면 사회가 부드럽게 돌아가기 어렵다. 대규모 인구로 구성된 인간 사회의 경우 특히 더 그렇다. 바로 그 '뭔가'의 역할을 해줄 수 있는 것이 사상이나 이데올로기와 같은 추상적 도구이다.

인간은 생각과 믿음에 따라 행동에 영향을 받는 존재이므로 사람들에게 어떤 생각과 믿음을 자연스럽게 받아들이게 할 수 있다면 그들의 행동을 어느 정도 통제하는 것이 가능하다. 만일 어떤 생각이나 믿음을 사람들의 일상적인 문화, 관습, 종교, 제도 등에 깊숙이 침투시킬 수 있다면 더욱 효과적일 것이다. 사람들 스스로가 그러한 생각과 믿음에 따라 자신들을 통제할 테니까.

앞에서 우리는 제2차 세계대전 이후 미국을 우두머리로 하는 전 세계적 서열 질서가 출현했다는 점에 대해 살펴봤다. 미국은 자신의 영역권 내의 여러 나라들로 하여금 자신이 원하는 세계 질서에 순순히 복종하게 만드는 추상적 도구를 활용했다. 그들이 제일 먼저 써먹은 것은 고전적인 '선악' 이데올로기였다.

가령 제1차 세계대전 참전 이전 당시, 우드로 윌슨 대통령은 스스로 반전을 공약으로 내건 덕분에 대통령에 당선되었음에도 불구하고 결국 참전을 강행해야 할 상황에 맞닥뜨렸다. 그는 어떻게 국민을 설득했을까?

그것은 '민주주의를 위한 전쟁', '모든 전쟁을 끝내기 위한 전쟁'이라는 아름다운 참전 명분을 내세우는 것이었다. 미국은 선의 수호자로서 악을 물리치기 위해 세계대전에 뛰어들어야 한다는 논리였다. 곧바로 미국 정부는 제2차 세계대전에서도 선악의 대결 구도로 조명하는 프로파간다를 전개한다. 독재자 히틀러가 지배하는 나치 독일은 전 세계를 집어 삼키려는 악으로, 미국을 그런 악에 맞서 인류를 구원하고 민주주의를 지키기 위해 온갖 희생을 무릅쓰고 용감하게 싸우는 선으로 묘사한 것이다. 그리고 전쟁에 반대하는 자는 선에 반대할 뿐만 아니라 선을 행하는 미국에 반기를 드는 반역자로 취급해 처단했다. 이를 위해 엄격히 적용한 법이 1917년과 1918년에 각각 공표된 '간첩법Espionage Act'과 소요죄법Sedition Act 이었다.

왜 그랬을까? 이에 대한 대답 중 하나는 뻔하다. '있는 그대로의 진실을 내보일 수 없었기' 때문이다. 알다시피 미국은 영국 제국의 식민지였다가 민주주의를 표방하며 독립한 연방국이다. 그런 미국이 식민지 파이에 눈독을 들여 제국주의 쟁탈전에 뛰어들고 그럼으로써 수많은 미국인에게서 피와 눈물을 짜내려 한다고 하는 진실은 너무나 추하다. 나중에는 파이를 혼자서 독차지할 욕심으로 무시무시한 원자폭탄 개발에 박차를 가하고, 불필요하게 일본의 도시 두 군데에나 떨어뜨려 수십만 명의 사상자까지 냈다는 사실은 더더욱 추하다. 이는 미국의 건국정신이나 정체성과 정면으로 배치된다.

인간 사회의 모든 피라미드 질서의 우두머리는 자신의 특권에 정당성을 부여하는 근거로 '자신은 선함과 옳음을 대변한다'는 믿음을 내세워왔다. 실제로 그것이 구체제, 즉 근대 이전까지 서양 지배층의 이데올로기였다. 근대로 접어들면서 그러한 이데올로기에 비로소 의문이 제기되었다. 계몽주의 사상가들과 로베스피에르 같은 프랑스 혁명가들로 인해 상황이 뒤바뀌면서 거꾸로 '다수의 피지배층이 선함과 옳음을 대변한다'는 믿음의 신봉자들이 지배의 정당성을 획득하기 시작했다. 현대로 넘어와서는 한 걸음 더 나아가, 적어도 '정치적'으로는 만인의 평등을 신봉하는 자들이 권력을 위임받는 새로운 시대로 전환되었다. 다시 말해 민주주의 시대가 열린 것이다. 미국은 바로 그러한 민주주의 시대의 맏아들을 자처한 독립국이었다.

그런 미국이 제국주의 전쟁에 뛰어들었다는 사실은 그 정당성을 인정받기 어려운 불의한 짓이었다. 그 때문에 이때 나치 독일로 표상되는 악과 맞서 싸우기 위해 '선한 목적'으로 미국이 전쟁에 뛰어들었다는 논리, 다시 말해 "미국은 자유와 민주주의의 수호자로서 선과 도덕적 우월성을 대표한다"와 같이 진실을 호도해줄 만한 그럴싸한 이데올로기가 필요했다. 이후로 미국의 여러 지도자들이나 기득권층의 입에서 이러한 레퍼토리는 수도 없이 반복되었다.

하지만 미국이 패권국이 된 진짜 이유는 도덕적 우월성 때문이 아니다. 우월한 '도구'의 활용 덕분이다. 그 도구에는 원자폭탄과 같은 무력적 도구뿐만 아니라 방금 말했다시피 도덕적 우월성을 가장하는 추상적 도구가 포함된다.

"미국은 자유와 민주주의의 수호자로서 선善과 도덕적 우월성을 대표한다"는 이데올로기와 관련해서 한 가지 대단히 특이한 점은, 그것이 객관적으로는 "지배층은 선과 옳음을 대변한다"라는 고전적이고도 전형적인 '지배자의 이데올로기'임에도 불구하고 교묘하게도 '피지배층의 이데올로기'인 '민주주의'와 융합된 형상을 하고 있다는 것이다. 지배층의 '지배 이데올로기'와 피지배층의 '민주주의 이데올로기'의 하이브리드hybrid 버전인 셈이다. 그러나 이런 일은 모든 생명이 환경에 적응하는 과정에서 가장 흔히 발달시키는 위장술camouflage이라고 할 수 있을 것이다. 역사적으로도 곧잘 발견되었던 현상이다. 로마 시대에 황제가 피지배층의 신앙이었던 기독교를 탈취하여 보다 진화한 지배 논리로 탈바꿈시킨 것이 대표적 일례였다.

어쨌거나 이 소위 '선한 민주주의의 수호자'는 제2차 세계대전이라는 '선악 대결'에서 최종적으로 승리함으로써 세계 질서의 우두머리에 등극했다. 그리고 '선하고도 힘 센 나라'라는 이미지를 브랜드로 삼아 전후의 새로운 시대를 열 수 있었다(그러한 모습을 가장 극적으로 대변해주는 할리우드 캐릭터가 바로 온갖 수퍼맨들이다. 실제로 영화 〈수퍼맨Super Man〉은 제2차 세계대전 발발 무렵인 1940년대에 처음 나왔다). 그리고 이후 현재까지 미국은 신으로부터 지구상의 악의 무리를 물리치라는 미션을 부여받은 존재처럼, 다시 말해 어떤 의무와 권리를 가진 지도자처럼 행동해왔다.

미국은 영국의 제국주의와는 외견상 달라 보이는 보다 진화된 방식의 제국주의적 지배 원리를 창안해냈다. 이른바 신식민주의 정책이다. 신식민주의 정책이란 해당 국가의 영토를 직접적으로 침략하거나 군사적으로 장악하는 대신(일부 국가들에 대해서는 필요에 따라 그마저도 불사했지만) 보다 간접적인 수단을 통해 신식민지의 경제가 제국의 이익에 봉사하도록 영향력을 행사하고 조종하는 방식을 가리킨다. 그 간접적 수단에는 정치, 경제, 사회, 문화적(언어, 교육, 예술, 종교 따위) 영향력의 행사가 포함된다. 보통은 강압이나 보상을 통해, 현지 국가의 구성원들 가운데 정치적 영향력을 가진 엘리트 집단을 양성하거나 그들과 결탁하는 과정이 수반된다.

이러한 간접적 신식민주의 정책이 가능했던 배경에는 전후에 미국이 월등한 경제력과 군사력으로 세계의 패권국이 되었다는 사실 외에도 또 한 가지 결정적인 역사적 상황이 존재했다. 미국이 '선악의 대결'로 규정한 제2차 세계대전에서 소련도 승전국의 명단에 함께 오른 것이다. 이것이 어떻게 미국의 신식민주의 정책과 관련된다는 말일까?

소련은 연합국의 승리에 결코 무시할 수 없는 공을 세웠다. 그렇다면 미국은 소련도 '선악의 대결'에서 함께 승리한 '선하고 힘센' 국가로 인정해주어야만 하지 않았을까? 아니다. 대신 소련과 새로운 형태의 전쟁인 냉전에 돌입했다. 왜 그랬을까? 그것은 처음부터 예고되었던 것이나 다름없었다. 이유는 너무나 자명하다. 자본주의와 공산주의는 서로 대척점에서 서로를 부정하는 시스템이기 때문이다. 그런 만큼 그 존재만으로도 서로에게 위협이 되는 적대적 관계일 수밖에 없다. 그것은 이미 제1차 세계대전이 한창이던 와중에 볼셰비키 혁명이 성공을 거둔 시점부터 시작된 것이다. 그런 미국과 소련이 제2차 세계대전에서 한 팀에 속해 공동의 적국(독일 등)을 상대로 싸우게 되었다는 사실은 역사적 아이러니라고 할 수 있다.

냉전으로 전 세계의 거의 모든 국가들은 미국권과 소련권이라는 2개의 거대한 적대적 피라미드 우산 밑으로 재편되었다. 두 번의 세계적 전쟁 토너먼트를 거치면서 지구상에 존재하던 여러 크고 작은 국가 피라미드들이 2개의 제국 피라미드로 인수합병된 것이다. 이제 자본주의 영역권에 속한 국가라면 기본적으로 해당 우두머리인 미국의 뜻에 따를 수밖에 없다. 일차적으로는 경제적 지원도 받아야 할뿐더러, 소련 공산주의의 위협으로부터 자본주의 체제를 수호하는 데 필요한 군사적 협력도 얻어야 한다.

이는 고전적인 선악 이데올로기를 작동시키기 좋은 구도가 아닐 수 없다. 실제로 미국권에서는 '자본주의 체제는 선'을, '공산주의 체제는 악'을 대표하는 것이었고, 그 근거로 자본주의 체제는 자유민주주의를 추구하는 반면 공산주의 체제는 독재를 추구한다는 특징이 제시되었다. 자본주의를 자유민주주의와, 공산주의를 독재와 동일시한 것이다. 이는 당연히 자본주의 체제가 경제적으로뿐만이 아니라 '도덕적'으로도 공산주의 체제보다 우월하다는 의미를 내포한다.

하지만 공산주의와 독재와의 관계를 떠나서, 일단 자본주의와 자유민주주의, 이 둘은 원래 서로 상관없는 별개의 개념이다. 오히려 실제로는 자본주의에는 불평등한 피라미드 축조 원리가 내재해 있으므로 수평적 평등의 원칙을 지향하는 자유민주주의와는 모순된 측면이 있다. 하지만 지금껏 봤듯이 이데올로기와 진실이 서로 별개인 경우는 얼마든지 많다.

자본주의 강자인 미국은 자유무역이 필요했다. 전후 미국의 자유무역의 필요성과 관련하여 자크 파월은 다음과 같이 썼다.

당시 미 국무부의 부장관이자 유력 정치가였던 딘 애치슨Dean Acheson, 1893-1971은 1944년 11월에 의회 위원회에게 이렇게 강조했다. 미국은 "해외 시장 없이는 완전 고용과 번영을 이룩할 수 없다." 미국의 정치 및 산업계 지도자 다수가 이 견해를 공유했다. 미국의 엘리트 권력층의 대변인들은 미국의 자본주의 시스템을 지킬 수 있느냐 없느냐는 상당한 정도의 해외 무역 확장에 달려 있다고까지 할 정도였다.

1930년대에는 모든 나라가 고율의 관세와 기타 보호 조치를 통해 자국의 허약한 산업을 보호하려 했다. 앞서 언급했듯이 영국의 영연방특혜 관세제도British imperial preference tariffs가 대표적 사례이다. 그러나 1930년의 스무트-홀리 관세법Smoot-Hawley Act으로 미국 자신도 50% 이상 관세를 올린 바 있다. 만약에 전후에 그런 관행을 제거할 수만 있다면 미국 산업계가 전 세계에서 날아오를 수 있을 터였다. 그 한 이유는 미국 산업이 규모의 경제 측면에서 경쟁력의 우위를 점하고 있었기 때문이다. 뿐만 아니라, 전쟁 중에 요구되었던 근대화와 합리화로 인해 미국 산업은 고효율적이 되었고 따라서 지극히 경쟁력이 셌기 때문이다.[231]

이런 배경 속에서 **자본주의 = 자유민주주의 = 자유무역이라는 새로운 도식이 출현한다. 미국권 피라미드의 질서 속에서 이 세 가지는 하나의 패키지로 묶여 선善이라는 라벨이 붙은 바구니에 담겨 팔려나갔다. 그것이 냉전 기간 동안 미국이 주도한 자본주의 이데올로기의 실체였다. 과거 제국주의 강국들이 기독교 전파를 명분으로 제국주의를 정당화했듯이, 미국은 자유민주주의 전파를 명분으로 자유무역을 정당화하려 한 것이다.** 어쨌거나 그로 인해 자유민주주의에 대한 일반 대중의 관심과 요구가 보다 넓은 세계로 확산된 결과가 초래된 것은 사실이다. 이와 관련해 자크 파월의 설명 내용을 더 들어보자.

19세기에 영국 제국은 적극적으로 자유무역을 전파했는데, 그 이유는 산업 최강국으로서 자유무역 원칙을 시행하는 게 유리했기 때문이다. 100년 뒤인 제2차 세계대전 말에 미국 정부가 세계적 자유무역의 복음을 열렬히 설파한 것도 똑같은 이유에서였다(누구보다도 코델 헐Cordell Hull, 1871-1955 국무장관이 전형적으로 본보기를 보였듯이). 미국인들은 자유무역이야말로 세계의 모든 경제적, 심지어 정치적 골칫거리에 대한 치료법이라는 듯이 설명했다. 아주 단순하게, 자유무역은 국가 간 평화와 동일시했고, 보호주의는 갈등, 위기, 전쟁과 동일시했다. (…) 전쟁 중에 영국처럼 경제적으로 곤경한 처지에 놓여 미국의 원조에 의존했

---

231 Jacques R. Pauwels, *The Myth of the Good War*, p.196.

던 다른 많은 나라들도 미래의 경제적 세계 질서의 규칙을 받아들이도록 설득되었다.[232]

하지만 결과적으로 자유무역은 신식민지 국가들로부터 미국의 거대한 자본주의 괴물의 배를 채우는 데 필요한 원자재, 시장, 값싼 노동력, 투자 기회 따위를 빼먹는 목적에 적합한 수단일 뿐이다.

물론 공산주의 진영에서도 마찬가지로 그쪽 나름대로 공산주의 체제의 도덕적 우월성을 내세워 체제 유지에 힘썼다. 어차피 적대적인 관계일 수밖에 없었던 두 진영은 서로를 선악 구도로 채색함으로써 피차의 진영을 단속했다.

그런데 한번 상상해보자. 만약 양 진영의 국민들이 자기가 속한 체제를 선으로, 그리고 상대 체제를 악으로 인식하지 않아도 되었다면 어떻게 되었을까? 선택의 여지와 혼란이 생겨났을 것이다. 자본주의 진영에서는 공산주의에서 영감을 받은 사회주의적 부의 재분배, 경제민주화, 완전고용, 노동조합의 요구는 물론 사회보장연금이라든가 의료보험, 초중고 학생들에 대한 의무교육·급식을 비롯한 각종 복지 혜택 등을 위한 개혁을 요구하는 급진주의적 사상의 확산을 막기가 어려웠을 것이다. 그것은 기본적으로 피라미드 시스템을 통해 굴러가도록 짜인 자본주의 체제의 지배 계층의 특권을 위협한다. 그런 측면에서 미국의 입장에서는 공산주의 시스템을 선악 구도로 조명하는 것이 매우 유용했다. 그렇게 해야 혹시라도 금지된 선택을 시도하는 자들이 있을 경우 그들을 박해하고 처벌할 근거가 마련된다. 결국 이런 식의 선악 이데올로기는 체제 유지에 가장 강력한 도구가 될 수 있었던 셈이다.

---

232 Jacques R. Pauwels, *The Myth of the Good War*, pp.196-197.

그렇다면 우리는 이런 생각도 해볼 수 있다. 만약 양측이 실제로 무력 충돌을 하여 불필요하게 에너지를 낭비하지만 않기로 한다면 '내부적인' 통치 차원에서 적대적 공존만큼 편리한 게 없으리라는 것이다. 피라미드 체제에는 구조적으로 불공평이 내재하기 때문에 늘 하위층의 불만이 존재할 수밖에 없으므로 체제 유지를 위해서는 그 불만을 억제해야 한다. 그럴 때 내부의 위협 요인을 억제하는 가장 효과적인 명분은 외부의 더 큰 잠재적 위협 요인이다. 그것은 내부의 불평등을 합리화해주거나 불가피한 필요악 정도로 용인하게 해주기도 한다.

미국의 사회학자 이매뉴얼 월러스틴Immanuel Wallerstein, 1930-이 지적한 대로 냉전이 대략 1960년대까지는 '요란한 수사적 전쟁'에 가까웠던 이유도 여기에 있다. 실제로 전후 미·소 간의 냉전 구도는 양국이 전 세계를 2개의 영역권으로 분할·지배하는 데 대단히 효율적이었다. 이매뉴얼 월러스틴은 얄타 회담이 어떻게 냉전 기간, 특히 대략 1960년대까지의 세계질서를 빚어냈는지 다음과 같이 풀이한다.

첫째, 양 진영은 세계를 소련권과 미국권, 이렇게 2개의 세력권으로 나눴다. 그리고 무력으로 그 경계를 변경하려 하지 않는다는 데 암묵적으로 합의했다.

둘째, 양 진영은 서로를 경제적으로 침해하지 않기로 했다. 미국은 서구 유럽과 일본에게 전후 재건을 위한 지원을 제공함으로써 그들 모두가 미국의 충실한 우방으로서뿐 아니라 초효율적 미국 산업을 위한 시장으로서의 역할을 수행하도록 만들었다. 그리고 소련권은 소련권대로 자체적인 경제 시스템을 운영하기로 했다.

셋째, 양측은 '냉전'이라는 요란한 수사적 전쟁을 지속했다. 상호 비방을 쏟아내면서도 지정학적 경계선을 변화시킬 뜻은 없었다. 그러한 수사적 전쟁을 통해 정치적으로 각자 자신의 권역을 통제하고, 각 진영에 대한 충성도가 높은 정부가 정권을 잡거나 유지하는 데 도움을 얻었을 뿐이다. 바로 이러한 기반 위에서 미국권의 경우, 중남미, 유럽 동남부, 중동, 아시아 등 세계 곳곳에 권위주의적 친미 정권이 들어설 수 있었다. 끝내 이들 정권에서 말썽이 일어나기는 했지만, 그것은 미국과 소련 당국의 견해가 바뀐 탓이라기보다는 양측의 통제 밖의 광범한 지정학적 변화로 인한 것이었다.[233]

미국의 역사학자 하워드 진Howard Zinn, 1922-2010은 『미국 민중사A People's History of the United States』에서 이렇게 썼다.

승리자는 소련과 미국이었다(영국, 프랑스, 중국도 승전국이었지만 이들은 힘이 약했다). 양국은 인종주의가 아닌 '사회주의'와 '민주주의'라는 옷을 뒤집어쓰고 각자의 제국적 영향력을 나눠 갖는 작업에 들어갔다. 이들은 세계 지배권을 공유하고 경쟁을 벌이며 파시스트 국가들이 구축한 것보다 더 막강한 군사력을 구축하고, 히틀러, 무솔리니, 일본이 할 수 있었던 것보다 더 많은 나라들의 운명을 좌지우지했다. 또한 양국은 각자 자기만의 테크닉을 사용해(소련에서는 노골적으로, 미국에서는 교묘하게) 자국민을 통제함으로써 자신들의 정권의 안정성을 유지했다.[234]

---

233 Immanuel Wallerstein, "The World-System After the Cold War", Journal of Peace Research, Vol. 30, No. 1 (1993, 2).

234 H. Zinn, *A People's History of the United States* (New York: HarperCollins/ Perennial, 2001), pp. 424-425.

냉전을 통해 확인된 역사적 진실은 이쪽 못지않게 막강한 위력을 가진 (혹은 그러한 것으로 과장된) 외부의 경쟁자와 세력 균형을 유지하며 적대적 공존을 지속해나가는 것이 거대한 피라미드 질서를 유지하는 최고의 비결이라는 것이었다. 동시에 피라미드 질서는 내부적으로는 복종을 강제함으로써 유지된다. 그런데 봉건주의 시대도 아닌 민주주의 시대에서는 그러한 강압적 수단을 순순히 받아들이도록 할 명분으로 '외부의 적' 만한 것이 없다. 결론적으로, **냉전은 자본주의 = 자유민주주의 = 자유무역 = 선善으로 등치시키는 전략을 완성시키는 토대를 제공해줬다.**

상대를 적으로 규정하는 냉전 속에서 실제로 미국은 자신이 원하는 것에 반하는 모든 것에 대해 공산주의 위협이라는 빨간 딱지를 붙임으로써 편리하게 탄압을 할 수 있었다. 이와 관련해서 노엄 촘스키는 『미국이 진정으로 원하는 것』에서 이렇게 썼다. 미국의 정책 담당자들은 실제 정치적 견해가 무엇이든 상관없이 라틴아메리카 전체에 퍼져 있는 '정부가 국민의 복지에 직접적 책임을 져야 한다는 사상'을 지지하면 무조건 공산주의자라고 부른다. 설령 교회에 소속된 자립단체의 일원일지라도 이 사상을 지지하면 공산주의자가 된다는 것이다. 또한 촘스키는 같은 책에서 공산주의 세력이 가하는 본질적 위협(공산주의라는 말이 현실적으로 갖는 실제 의미)은 서방 산업 경제를 보완하는 종속적 역할을 거부하는 것이라고 1955년의 한 권위 있는 연구 단체의 공문서 내용을 인용했다.

오늘날 현실은 '자본주의는 선, 공산주의는 악'이라는 단순한 도식과 거리가 멀다는 것을 분명히 보여준다. 개념적으로 봐도 자본주의는 자유민주주의와 동의어라거나, 공산주의는 독재와 동의어라는 것은 틀린 말이다. 뿐만 아니라 자유민주주의 국가와 독재 국가 사이에는, 미국의 저널리스트 파리드 자카리아Fareed Zakaria, 1964-가 '비자유민주주의'(일명 편협한 민주주의, 저강도 민주주의, 공허한 민주주의, 혼합 민주주의)라고 명명한 다양한 스펙트럼의 국가들이 존재한다. 예를 들면, 싱가포르와 같은 비자유민주주의 국가도 있고, 홍콩과 같은 자유 독재 국가도 있으며, 블라드미르 푸틴의 러시아 연방도 형식적으로는 정기적으로 선거를 실시한다는 점에서 제한적 민주주의 국가로 분류할 수 있다. 파리드 자카리아에 따르면, 서유럽 대부분의 국가들은 20세기까지만 해도 자유 독재 국가였거나 기껏해야 준민주주의 국가에 해당된다.

새로운 추상적 지배 도구의 출현 – 신자유주의 이데올로기 (냉전 이후)

1990년대 초 소련과 동유럽의 공산주의 체제가 무너졌다. 자본주의에 위협이 될 만한 대안 시스템이 사라진 것이다. 이는 "다른 대안은 없다"고 한 대처의 말마따나 자본주의의 절대적 우월성을 입증하는 증거로 받아들여졌다. 자연스럽게, 적대적 공존 파트너가 사라진 세계에 적합한 새로운 셈법과 이데올로기가 전 세계를 휩쓸기 시작했다. 대략 1980년대 초부터 시작된 이른바 신자유주의의 물결이었다. 하지만 신자유주의 이론은 미국과 영국을 중심으로 한 자본주의 강대국들의 정치적 힘에 의해 전파되고 강요된 경향이 있다. 그런 면에서 이론이라기보다 이데올로기라고 부르는 것이 더 적당해 보인다. 신자유주의는 신보수주의 또는 기업을 위한 자본주의로 불리기도 한다.

　장하준은 신자유주의자들의 주장을 대략 이렇게 정리한 바 있다. 부를 창출하려는 인간의 동기에서 자유로운 경제 활동, 즉 자유 시장이 생겨난다. 자연히 그로 인해 경제가 발전한다. 경제가 발전하면 부를 축적한 이들이 늘어나는데, 그들은 자신의 재산을 보호하고 생활수준을 향상시키는 데 관심을 가지므로 민주주의를 요구하기 마련이다. 그 결과 민주주의가 확대된다. 그러면 독재 국가에서나 볼 수 있는 사유재산권 침해나 과도한 세금 부과와 같은 행태가 근절되므로 다시 자유시장은 더 활성화되고, 경제도 더 촉진되고, 민주주의도 더 발전한다. 요컨대 자유시장을 통한 경제 발전과 민주주의는 선순환 관계이다.

하지만 이는 제2차 세계대전 이후부터 냉전 기간 중에 봐왔던 대로, 세계적 경제 질서로 자유무역을 요구하는 자본주의 강자의 논리와 다르지 않다. 다만, 공산주의 체제가 사라지자 공산주의 체제에는 없었던 '시장'의 기능에 새삼 스포트라이트를 비추며 시장만능주의적인 주장이 더욱 노골화되었을 뿐이다. 바로 다음과 같이 말이다.

시장은 현명하고 효율적이다. 시장은 시민, 기업, 정부에게 대중이 무엇을 원하고 필요로 하는지를 알려준다. 시장은 가능하면 최대한 정부의 규제와 개입으로부터 독립적으로(이상적으로라면 완전히 자유롭게) 기능하도록 허용되어야 한다. 시장의 정의 자체가 '자율적'이란 뜻이다. 신자유주의의 용어로 하면 규제는 '일자리를 죽이는 것'이고, 노조는 신규 노동자의 취업을 막고, 외국인들이 일자리를 갖지 못하도록 하고 싶어하는 불량배들이다. 공공서비스는 민간화하는 게 바람직한데, 그 이유는 사기업이 언제나 공공 서비스보다 효율성, 품질, 가용성, 가격 면에서 좋은 성과를 내기 때문이다. 자유무역이 일시적으로는 일부 사람들에게 손해를 끼칠지 모르나 궁극적으로는 모든 사람들에게 더 많은 좋은 일자리와 부를 가져다 줄 것이다. 무역과 해외 직접 투자에 대한 관세 및 비관세 장벽은 제거되어야 한다. 정부의 지출은 그 자체로 나쁜 것이므로(방위나 국가안보용 예산 정도만 제외하고) 최소한으로 제한해야 한다. 정부의 빚과 예산 적자는 가능한 한 조속히 없애야 한다. 필

요하다면 국민에 대한 긴축 조치를 통해서라도.[235]

신자유주의 주장에 대한 반론 (1)
– 경제 발전이 반드시 민주주의의 선행조건이 아닌 이유

이러한 신자유주의자들의 주장과 관련해 먼저 지적해야 할 사항은, 경제 발전이 꼭 민주주의의 선행조건이라는 도식은 성립하지 않는다는 것이다. 일시적으로나 부분적으로 그런 사례가 있기는 하지만 그렇지 않은 경우도 많다. 물론 일단 재산을 소유한 계층이 형성되고 나면 그들이 자신의 재산을 보호하기 위해 어떤 식으로든 사회적으로 목소리를 높이기 마련인 것은 맞다. 그러나 그들이 요구하는 것이 꼭 민주주의라는 법은 없다. 이를 입증하는 사례는 얼마든지 널려 있다. 예를 들어 고대에서부터 중세까지의 역사만 보더라도 재산을 축적한(생산 활동을 통해서든 아니면 약탈, 강탈, 상속에 의해서든) 사람들이 자신의 부를 계속해서 독점하기 위해 어떤 방식으로 민주주의와는 거리가 먼 불평등한 차별 구조를 만들어냈는지 쉽게 확인할 수 있다. 그들은 계급이라는 정치적 칸막이 장치를 마련함으로써 다른 사람들이 자신들만큼 부를 갖지 못하게 막고, 그들의 신분 상승 기회를 영속적으로 차단해버렸다. 그러니까 일정 수준의 유산자 계층이 함께 결탁하여 신분 칸막이를 칠 수 있다면 모두를 위한 민주주의로 갈 이유가 없다. 심지어 프랑스 혁명 직후 혁명가들 사이에서조차 피라미드를 어느 계층까지 허물어야 할지에 대한 의견이 갈렸던 전례를 기억할 것이다.

---

235 Susan George, "State of Corporations - The rise of illegitimate power and the threat to democracy", https://www.tni.org/files/download/state_of_corporation_chapter.pdf

가령 처음에 투표권이 도입되었을 때에도 이 권리는 모두에게 평등하게 부여되지 않았다. 재산의 규모나 교육, 나이, 성별에 따른 차별을 두었다. 예를 들어 1815~1830년에 프랑스에서는 최소한 300프랑의 직접세를 납부한 30세 이상의 남성만 투표권을 가졌다. 이는 당시 프랑스 인구의 0.25~0.3%에 불과했다.

미국의 경우, '인종, 피부색 또는 이전에 노예 신분이었는지 여부에 따라' 투표권이 부정되었었다. 수정 헌법 15조로 인해 1870년부터 흑인 남자들에 한해 겨우 투표권이 인정되었지만, 그마저도 남부의 몇 주에서는 식자識字 능력 시험이나 인두세, 재산 요건 등으로 실질적으로 행사하기가 어려운 실정이었다. 이런 상황은 투표권법Voting Rights Act이 제정된 1965년까지 계속되었다.

여성의 경우, 미국은 1920년, 그리고 영국은 1928년에 들어와서야 선거권이 부여되었다. 독일, 이탈리아, 핀란드, 프랑스, 벨기에 같은 국가들이 여성에게 선거권을 인정한 것은 제2차 세계대전 이후에 와서의 일이다.

정리하자면, 자유시장이 경제 발전을 가져오고, 경제 발전이 민주주의를 불러온다는 주장은 명백히 허점이 많은 논리적 비약이다.

신자유주의 주장에 대한 반론 (2)
– 재산 소유자의 증가가 반드시 민주주의로 연결되지 않는 이유

다음으로, 재산 소유자의 증가가 민주주의로 연결되느냐 마느냐는 애초 재산 축적 방식이나 규칙이 어떠냐에 따라 다를 수 있다. 가령 "국가의 영토 전체를 소유하는 주권자는 세습 군주이고, 세습 귀족은 군주로부터 토지의 일부를 위탁받아 운영하며, 해당 토지에서 농사를 지어 먹고 사는 세습 농노에 대한 권리를 행사한다"라고 하는 불공평한 사회적 규칙 위에서 재산을 축적한 세습귀족들은 민주주의를 환영할 하등의 이유가 없다. 그보다는 나머지 다수를 영구히 농노로 부릴 수 있는 봉건제를 선호하는 게 당연하다. 혹시라도 당시 선택지 가운데에 민주주의가 있었다 해도 유산자는 민주주의에 반대했을 것이고, 무산자들이나 민주주의를 원했을 것이다. 이렇듯 재산이 구조적인 불평등에 기반하여 형성된 것이라면 그러한 불평등으로 이익을 보는 자들은 절대로 민주주의를 원하지 않게 된다. 오히려 불평등 구조를 영속화하려 할 가능성이 높다.

자본주의 역시, 지금까지 살펴봤다시피 근본적으로 불공평을 야기하는 규칙을 기반으로 한다. 일단 인간을 경제적 생산의 주체(사업가)와 도구(생산비용이 드는 노동자)라는 불평등한 관계로 나눠놓고 출발한다는 점에서도 그렇거니와, 앞서 살펴봤듯이 피라미드 구조를 가진 기업들끼리 경쟁하면서 계속해서 강자가 약자를 흡수해나가기 쉽도록 되어 있고, 그러면서 부의 불평등이 극한까지 증대되는 원리가 내재되어 있다는 점에서도 그렇다. 그러므로 기본 속성상 자본주의는 민주주의적 평등 개념과 잘 어울리는 시스템이라고는 할 수 없다.

기업이나 자본 시장에서는 1인 1표가 아니라 1달러 1표의 원칙이 통용된다. 더 많은 지분을 가진 주주가 더 많은 결정권을 가진다. 실제로 오늘날 자본주의는 부의 양극화로 인해 민주주의가 후퇴되는 징후들을 드러내고 있다. 자본주의가 민주주의를 낳기는커녕 정반대로 어렵게 획득한 민주주의를 우회하고 훼손하는 방향으로 이끌고 있는 것이다.

그도 그럴 것이 민주주의와 자본주의는 완전히 별개의 원리이고, 운영 방식도 다르다. 민주주의는 사회가 정의의 문제에 대해 내놓은 정치적 해법이자 합의라면, 자본주의는 경제활동 조직 원리이다. 그렇기 때문에 많은 독재 국가에서도 자본주

의는 얼마든지 성행할 수 있다. 또한 자본주의의 다국적 기업들은 제3세계나 개발
도상국 내에 자기들에게 유리한 착취적 노동 조건과 투자 환경을 유지시키기 위해
해당 국민의 민주주의에 대한 요구를 억압해줄 독재적 정부를 지지하기도 한다.

신자유주의 주장에 대한 반론 (3)
– 자유시장이 어느 나라에나 반드시 경제 발전을 가져오지는 않는 이유

세 번째로, 경제 발전이 민주주의로 이어지든지 이어지지 않든지 간에 자
유시장이 누구에게나 꼭 경제 발전을 가져오는 것도 아니다. 특히 개발도
상국이나 제3세계의 경우 자유시장, 즉 자유무역이 경제 발전으로 이어
진다는 주장은 타당하지 않는 것으로 드러났다. 산업의 규모나 경쟁력이
상대적으로 떨어지는 나라에게는 자유시장이 손해가 될 수 있다. 그 때문
에 관세나 기타 보호 조치를 통해 자국의 허약한 산업을 보호해야 할 필
요성이 있는 것이다.

장하준은 실제로 "경제 발전에 있어서 가장 좋은 성과를 올린 나라들
은 선택적으로, 그리고 점차적으로 경제를 개방했던 나라들"이며, "경제
개발에 성공한 개발도상국들은 거의 모두 정부가 보호관세와 보조금을
비롯한 갖가지 형태로 개입하는 민족주의적 정책"을 펼쳤다는 점을 지적
한다.[236] 게다가 정작 신자유주의 이론을 표방하는 영국과 미국조차도 오
랫동안 가장 보호주의적인 나라들이었다. 그럼에도 서구 산업 강국들은
개발도상국들이나 제3세계에게 과거에 자기 나라에서 시행해 성공을 거
둔 전략은 권하지 않은 채, 지금의 자신들에게 유리한 자유무역을 칭송하
는 신자유주의를 퍼뜨리려 한다는 것이다. 왜 그럴까?

---

236 장하준, 이순희 역, 『나쁜 사마리아인들』(서울: 부키, 2007), p.37, p.54.

이 질문에 대한 대답으로 장하준은 『사다리 걷어차기』에서 "정상의 자리에 도달한 사람이 다른 사람들이 뒤따라올 수 없도록 자신이 타고 올라간 사다리를 걷어차버리는 것은 아주 흔히 쓰이는 영리한 방책"이라는 프리드리히 리스트Friedrich List, 1789-1846(19세기 독일의 경제학자)의 말을 인용했다. 리스트는 "영국이 자신들은 높은 관세와 광범위한 보조금을 통해서 경제적인 패권을 장악해놓고서 정작 다른 나라들에게는 자유무역을 권장하고 있다"고 질타했었다. 그러니까 신자유주의에서 주장하는 자유시장이라는 것은 사실, 자본주의 강국들이 자신들의 그 자리에 오르기 위해 썼던 산업 및 무역 정책을 다른 후발 주자들이 쓰지 못하도록 기회를 차단하고 자신들에게 유리한 정책을 추진하기 위해 마치 그것이 후발주자들에게도 바람직한 것인 양 호도하며 권장하는 전략적 이론이라는 것이다.

신자유주의는 자유무역을 칭송하지만, 자유무역은 누가 뭐래도 강자가 약자에게 요구하기에 유리하고 또 쉬운 방식이다. 자국의 허약한 산업을 보호해야 할 약자의 입장에서는 자유무역보다는 보호무역을 선호할 수밖에 없다. 약자에게 자유무역이란 자유와 거리가 먼 것이다. 리스트도 말했듯이 더 발전된 나라가 존재하는 한, 덜 발전된 나라는 보호관세와 같은 정부의 개입 없이는 새로운 산업을 발전시키기 어려운 것이다.

정리하면, 자본주의 선진국들은 자국을 위해서는 보호무역을 실시했으면서, 자신들의 자본주의에 필요한 자원과 시장을 제공해줄 다른 개발도상국들이나 제3세계에게는 일차적으로는(제국주의 시대와 냉전 시대) 군사력을 기반으로 자유무역을 강요했고, 그 다음에는(신자유주의 시대) 자발적인 복종을 촉진하기 위해 그것이 그 개발도상국들이나 제3세계의 경제 발전에 도움이 된다는 식의 신자유주의 이론을 만들어 전파한 셈이다. 바꿔 말하면, 영국과 미국 같은 자본주의 강국들은 신자유주의 이론을 이데올로기적 도구로 사용해 전 세계의 노동자 계층으로 하여금 잘못된 정책을 합리적인 선택이라고 착각하고 순응하게 만든 것이다.

신자유주의 주장에 대한 반론 (4) – 자유시장 자체가 허구

마지막으로 짚고 넘어가야 할 것은, 지금까지 언급된 '자유시장'이라는 것 그 자체가 허구라는 사실이다. 헝가리의 경제사학자 칼 폴라니Karl Polanyi, 1886-1964를 비롯해 많은 사람들이 주장하고 있듯이, 완전한 자유시장이라는 것은 망상으로서만 존재하는 이데올로기일 뿐 실체가 없는 것이다. 이제까지 있어본 적도 없고, 있을 수도 없는 것이다.

자유시장이란 정부의 개입이 전혀 없어 아무런 제약 없이 상품과 용역을 거래하고 돈을 벌 수 있는 곳을 의미한다. 하지만 칼 폴라니에 따르면, 우선 정부와 시장은 서로 분리되어 있는 별개의 실체가 아니다. 따라서 정부가 시장에 개입하지 않는 일 자체가 불가능하다. 그리고 애당초 정부의 규칙과 규제, 제도, 권한의 실행 없이는 경제라는 것이 성립할 수 없다. 그러므로 아마도 암시장black market을 제외한다면 자유시장이라는 개념은 '유토피아'적 발상일 뿐이다. 어떤 형태로든 '규제되지 않은' 또는 '비정치적인' 시장은 존재하지 않으며 다만 어떤 규제가 누구에게 더 유리하냐만 다를 뿐이다.

신자유주의 주장에 대한 반론 (5) – 신자유주의적 자유 개념의 모순

민주주의란 국가의 권력이 소수의 특권층의 전유물이 아닌 국민 모두의 것임을 가리킨다. 국민 개개인이 주권자라는 뜻이고, 그 기본 정신은 자유와 평등이다. 그런데 여기서 말하는 자유와 평등이란 개념은 구체적인 역사적 맥락 속에서 탄생한 것임을 이해해야 한다.

프랑스 혁명 당시 혁명가들이 '자유, 평등, 형제애'를 외쳤을 때 자유의 의미는 다수의 피지배층이 소수의 지배층의 족쇄로부터 풀려나 천부적으로 타고난 자유를 되찾아야 한다는 의미였다. 프랑스 혁명은 "인간은 본래 평등하게 태어났다"는 자각에서 출발했으며, 사회에 구조적 불평등을 만들어내는 온갖 정치·종교·경제·사회적 굴레를 타파하자는 운동이었다. 그러한 자유가 보장되도록 헌법에 법치, 분권, 기본적인 표현, 집회 결사, 종교의 자유, 재산에 대한 권리의 보호 조항이 명시되었다. 이는 수천 년 동안 임의로 특권을 독점한 소수의 착취적 지배 시스템(피라미드 구조)을 허물고, 모두가 평등한 수평적 관계 속에서 진정한 의미의 '협력적' 사회를 운영하자는 목적과 취지에서 나온 것이다. 부르주아 상인들이 봉건적 신분제의 속박으로부터의 자유를 요구한 것이 강한 설득력을 가질 수 있었던 것 역시도 그와 같은 명분이 바탕에 있었기 때문이다. **그러니까 민주주의에 있어서 자유와 평등의 개념은 사실상 불가분의 관계로서 동전의 양면과 같은 것이다.**

하지만 신자유주의자들이 말하는 자유는 평등과 상관없는 자유, 개인의 무제한적인 자유에 가깝다. 그것은 결국 소수의 무제한적인 자유를 위해 다수의 자유를 억압하는 불평등 구조에 연막을 씌우는 언어의 속임수일 뿐이다. 앞서 논했듯 자본주의는 그 자체가 신종 피라미드(불평등한 착취 구조) 구축 원리이고, 본질적으로 자유와 평등을 침해한다는 점에서 앞에서 말한 민주주의 원칙과 근본적으로 충돌하는 부분이 있다. 자유시장은 다름 아닌 그런 자본주의 피라미드의 강자에게 유리하므로 그 강자가 선호하는 규칙이다.

역사적으로 민주주의 사회에서의 진정한 자유의 의미는 평등과 통하는 것이었다면, **오늘날 신자유주의자들이 가리키는 자유는 말 그대로 사전적 의**

미의 절대적 자유, 즉 사회라는 환경을 무시하고 개인의 자유를 극한까지 끌어올릴 수 있는 이기적 자유를 의미한다. 그러한 자유를 누릴 수 있는 자는 강자뿐이며, 강자의 자유는 사회의 기본적 협력의 원칙을 위배하고 이기적이고 착취적인 관계를 남긴다.

아이러니컬하게도, 원래 계몽주의 사상과 프랑스 혁명에서 주창한 자유민주의 개념의 취지는 구체제의 불평등한 피라미드 구조를 허물어 평등한 사회를 만들고자 한 것이었던 반면, 1980년대 이후 자본주의는 '신자유'라는 이름 하에 기존의 '자유'라는 개념을 변형시켜 전 세계적으로 불평등한 자본주의 피라미드 체제를 유지하는 데 유용한 이데올로기적 도구로 차용했다고 볼 수 있다.

민주주의를 위협하는 초국가적 기업

오늘날 신자유주의는 민주주의를 심대하게 위협하고 있다. 따지고 보면 자본주의의 부작용이 신자유주의 형태로 나타났고, 신자유주의의 부작용이 민주주의를 위협하고 있다고도 할 수 있다.

가령 자본주의 사회에서 '법인'은 한 명의 개인과 같은 자격을 가진 존재로 인정받는다. 그러므로 넓은 범주에서 개인의 자유의 개념에는 기업의 자유도 포함된다. 하지만 많은 경우, 특히 노동자 계층의 경우, 개인의 자유는 기업의 자유와 상충한다. 게다가 법인으로 격상되고 난 후 기업은 초인적 힘을 가진 인조인격체로서 사실상 인간 위에 군림할 수 있게 되었다.

기업의 주인은 주주이다. 기업은 주주를 위해 존재한다. 주주가 되는 방법은 기업에 자본을 출자하거나 주식을 사들이면 된다. 결국 실질적으로 기업의 주인이 되는 이들은 주로 자본가 계층이다. 대주주일수록 주인으로서의 권한이 커진다. 즉 1달러 1표의 원리에 따른다. 이들의 궁극적인 목표는 다른 기업들과의 무한 경쟁에서 이겨 이익을 극대화하는 것이다.

반면 정부의 주인은 적어도 명목상으로는 모든 국민이다. 정부는 모든 국민을 위해 존재해야 한다. 이를 위해 1인 1표, 자유롭고 공정한 선거, 헌법 가치 준수, 법 앞의 평등, 삼권분립 등을 원칙으로 삼는다. 정부가 추구해야 할 궁극적 목표는, 사회 구성의 원래의 목적이 협력인 만큼 협력 시스템으로서의 효과를 증진하고 그 혜택을 공유하는 것이다. 협력 시스템으로서의 효과를 증진하는 것과 그 혜택을 공유하는 것은 선순환적 관계에 있다. 그렇지 않게 된다면 그것은 협력 시스템이 아니라 착취 시스템이 되고 말 것이다. 그러므로 정부의 주요 임무는 이기적 주체들 간의 경쟁과 협력의 균형을 유지하는 일이어야 한다.

하지만 현실에서 과연 정부는 모든 국민을 위해 존재하고 있을까? 자본가들이 주체가 되어 끌어가고 노동자는 생산 도구인 자본주의 사회에서? 사실상 자본가 계층만이 한 사회의 경제 중추인 기업들을 소유·통제하는 세상에서?

자본주의는 필연적으로 무한 경쟁과 착취의 토너먼트 양상을 띠게 되어 있다. 한때 20세기 초반 제2차 세계대전 이후 미국과 유럽에서 자본주의의 속성이 무분별하게 팽창하지 않게 하는 조처들이 취해진 적이 있었다. 가령 거대 석유 재벌인 록펠러 그룹Rockefeller Group을 강제로 분사分社시킨다든지, 금융자본과 산업자본의 결탁을 방지하는 '글래스-스티걸법 Glass Steagal Act'을 제정하는 등 독점 기업의 시장 지배를 막기 위한 각종 규제책들이 시행되었다. 또한 근로자들에 대한 착취를 줄여가기 위한 노력들과 함께 사회보장제도도 실시했다.

그런데 1990년대부터 이러한 정책들이 힘을 잃어가는 가운데 다시 세상은 영국의 사상가 홉스가 지적한 대로 '만인에 대한 만인의 투쟁'이 벌어지는 신자유주의식 시장 논리 속에서 독점 기업들의 지배력이 커지고 있다.

설상가상으로 최근 들어 법인은 다국적 기업으로 진화함으로써 스스로를 한 단계 더 격상시켰다. 이제는 개인뿐만 아니라 국가보다도 더 위에 군림할 수도 있게 되었다. 좀 더 구체적으로 들여다보자.

오늘날 여러 다국적 기업은 사실상 이렇다 할 국적이 없어 초국가적 기업이라는 표현이 더 어울린다. 영국의 NGO 단체인 글로벌 저스티스 나우Global Justice Now가 발표한 '2015년 수익 세계 100대 국가/기업'에 따르면(오른쪽 505쪽 표 참조), 초국가적 기업들의 수입 규모는 웬만한 국가의 수입보다도 많다. 세계 100대 경제 주체 중 69개가 기업이다. 세계 200대 경제 주체를 살펴보면 상황은 더 심해서 153개가 기업이다.[237]

수익을 기준으로 볼 때 1위 미국, 2위 중국, 3위 독일, 4위 일본, 5위 프랑스, 6위 영국, 7위 이탈리아, 8위 브라질, 9위 캐나다에 이어 월마트Wallmart가 10위를 차지했다. 월마트는 스페인, 오스트리아, 네덜란드, 대한민국, 멕시코, 스웨덴, 인도, 벨기에, 스위스, 노르웨이, 러시아, 베네수엘라, 사우디아라비아, 오스트리아 등의 국가들보다도 수익이 더 많다. 한국의 삼성전자는 터키, 덴마크, 아르헨티나, 핀란드, 인도네시아, 아랍에미리트, 포르투갈 등의 국가들보다 수익이 더 많다. 월마트, 셸Shell, 애플Apple 같은 상위 10대 기업의 수익은 하위 180개국의 수익을 합친 금액보다 많다.

---

237 "10 biggest corporations make more money than most countries in the world combined", Global Justice Now, Monday September 12, 2016, http://www.globaljustice.org.uk/news/2016/sep/12/10-biggest-corporations-make-more-money-most-countries-world-combined

2015년 수익 세계 100대 국가/기업

	국가/기업	수익 (US$, bns)		국가/기업	수익 (US$, bns)		국가/기업	수익 (US$, bns)
1	United States	3,251	35	Austria	189	69	Ping An Insurance	110
2	China	2,426	36	Samsung Electronics	177	70	United Arab Emirates	110
3	Germany	1,515	37	Turkey	175	71	Kroger	110
4	Japan	1,439	38	Glencore	170	72	Société Générale	108
5	France	1,253	39	Industrial & Commercial Bank of China	167	73	Amazon.com	107
6	United Kingdom	1,101	40	Daimler	166	74	China Mobile Communications	107
7	Italy	876	41	Denmark	162	75	SAIC Motor	107
8	Brazil	631	42	United Health Group	157	76	Walgreens Boots Alliance	103
9	Canada	585	43	CVS Health	153	77	HP	103
10	Walmart	482	44	EXOR Group	153	78	Assicurazioni Generali	103
11	Spain	474	45	General Motors	152	79	Cardinal Health	103
12	Australia	426	46	Ford Motor	150	80	BMW	102
13	Netherlands	337	47	China Construction Bank	148	81	Express Scripts Holding	102
14	State Grid	330	48	AT&T	147	82	Nissan Motor	102
15	China National Petroleum	299	49	Total	143	83	China Life nsurance	101
16	Sinopec Group	294	50	Argentina	143	84	J.P. Morgan Chase	101
17	Korea, South	291	51	Hon Hai Precision Industry	141	85	Gazprom	99
18	Royal Dutch Shell	272	52	General Electric	140	86	China Railway Engineering	99
19	Mexico	260	53	China State Construction Engineering	140	87	Perobras	97
20	Sweden	251	54	AmerisourceBergen	136	88	Trafigura Group	97
21	Exxon Mobil	246	55	Agricultural Bank of China	133	89	Nippon Telegraph & Telephone	96
22	Volkswagen	237	56	Verizon	132	90	Boeing	96
23	Toyota Motor	237	57	Finland	131	91	China Railway Construction	96
24	India	236	58	Chevron	131	92	Microsoft	94
25	Apple	234	59	E.ON	129	93	Bank of America Corp.	93
26	Belgium	227	60	AXA	129	94	ENI	93
27	BP	226	61	Indonesia	123	95	Nestlé	92
28	Switzerland	222	62	Allianz	123	96	Wells Fargo	90
29	Norway	220	63	Bank of China	122	97	Portugal	90
30	Russia	216	64	Honda Motor	122	98	HSBC Holdings	89
31	Berkshire Hathaway	211	65	Japan Post Holdings	119	99	Home Depot	89
32	Venezuela	203	66	Costco	116	100	Citigroup	88
33	Saudi Arabia	193	67	BNP Paribas	112			
34	McKesson	192	68	Fannie Mae	110			

(출처: Duncan Green, The world's top 100 economies: 31 countries; 69 corporations
https://blogs.worldbank.org/publicsphere/world-s-top-100-economies-31-countries-69-corporations)

이들은 한 국가의 한계를 벗어나 전 세계에서 자기들의 사업에 유리한 요소들만 뽑아서 쓸 수 있을 뿐만 아니라 어마어마한 규모의 경제를 운영할 수 있다는 점에서 무적의 최강자들이다. 그만큼 이들이 갖가지 방식으로 행사하는 영향력도 어마어마하다. 과연 어떤 방식들이 동원되고 있을까?

이들의 가장 심각한 문제는 우리가 앞에서 '3인칭 처벌 기제'로 분류한 '사회의 공동 규칙'을 자기들에게 일방적으로 유리하도록 바꾸는 데 손을 뻗친다는 것이다. 가령 이들은 워싱턴과 EU가 있는 브뤼셀Bruxelles 지역을 점령하다시피 한 로비스트들을 기용해 입법자들을 움직인다. 실제로 썬라이트 재단Sunlight Foundation에서 실시한 한 설문조사에 따르면, 로비 활동에 투자한 미국 기업들은 그렇지 않은 기업들보다 상대적으로 세금을 적게 낸 것으로 밝혀졌다.[238]

다국적 기업들은 때로 이론적으로는 헌법을 포함한 국내법보다 상위에 놓이는 국제법이나 국가 간 협정에 영향을 미친다. 예를 들어, 2016년 당시 버락 오바마Barack Obama, 1961- 대통령은 하노버Hannover에서 열린 산업무역박람회에서 논란 많은 범대서양무역투자동반자협정TTIP을 연내에 체결해야 한다고 연설했는데, 이 협정의 목적은 미국과 유럽 연합 양측의 시장에 존재하는 규제나 관세를 철폐하는 것이다. 이 협정은 정부 조달 계약 체결 시에도 외국 기업보다 국내 기업을 선호하는 일을 금지하는 것을 포함하여 투자자를 우선적으로 보호하는 데 중점을 두고, 공공 서비스 분야에 대한 민영화를 종용하여 투자자들에게 먹잇감을 확대해주는 것까지 포함되어 있다. 비밀에 부쳐졌던 이 협정의 문구를 준비한 범대서양 비즈니스 회의(나중에 범대서양 경제위원회Transatlantic Economic Council로 명

---

238 Susan George, "State of Corporations" in "State of Power 2014, Exposing the Davos Class"

칭 개정)는 "민간 부문이 유럽연합/미국의 공공 정책 결정에 공식적 역할을 수행한 최초의 경우"라고 밝혔다.[239]

이러한 무역 및 투자 협정들은 거의 대부분, 외국 정부의 조처가 다국적 기업에게 혹은 심지어 그 다국적 기업의 '예상' 수익에 손해를 끼칠 것으로 여겨질 경우 기업이 해당 정부를 상대로 소송을 제기할 수 있도록 하는 조항을 포함하고 있다. 이런 사건은 국내 법정에서가 아니라 특별 중재 기관에서만 재판을 받을 수 있는데, 그곳의 변호사와 판사는 주로 영국과 미국의 최고 민간 로펌 출신이다. 실제로 오스트레일리아와 우루과이 정부가 담뱃갑에 건강에 대한 경고 표시를 한 것을 두고 거물급 담배 회사인 필립 모리스[Philip Morris]가 소송을 제기한 바 있다. 유엔[UN]의 자료에 따르면, 미국의 기업들은 이런 식으로 이와 유사한 자유무역협정에 의거하여 지난 15년 동안 거의 130회 가까이나 다른 나라 정부에 소송을 제기하여 수십억 달러를 긁어냈다.[240]

문제는 이것이 해당 정부의 자주권을 짓밟고 그보다 상위의 권력을 휘두르는 행위라는 사실이다. 자본가들과 사기업 경영자들은 국민으로부터 선출된 권력이 아니다. 그럼에도 이들이 공무원이나 입법자의 권한을 무력화시키고 그 위에 올라앉아 국가적 입법안이나 예산, 노동, 사회, 환경 등의 정책에 관여하거나 영향력을 미치고 있다. 이는 수전 조지[Susan George]의 지적대로 민주주의에 대한 중대한 도전이고 위협이다.

또한, 돈 많은 초국가적 기업들은 온갖 다양한 제품에 대한 '기관', '재

---

239 Susan George, "State of Corporations" in "State of Power 2014, Exposing the Davos Class"
240 Hazel Sheffield, "TTIP: Barack Obama says trade deal should be signed by the 'end of the year'", Independent, Monday 25 April 2016, http://www.independent.co.uk/news/business/news/ttip-obama-says-trade-deal-should-be-signed-by-the-end-of-the-year-a6999456.html/

단', '센터', '협회' 등을 통해 말 잘 듣는 과학자들을 고용하여 '연구서'나 기사들을 작성하는 식의 보다 포괄적 접근 방식으로 자기네 제품에게 유리하도록 대응 전략을 짜서 관련 정부나 기관들을 설득한다. 이것들은 역시 초거대기업들이 소유한 언론사를 통해 원활하게 유통·배포된다. 알코올, 담배, 정크 푸드, 화학물질, 의약제품, 온실가스 배출, 규제완화 등 사회에서 논란이 되는 문제들이 이들의 손을 거쳐 이른바 마사지되기도 한다. 이들은 전문적 지식을 도구 삼아 뉴스와 프로파간다 사이의 모호한 경계선을 넘나들며 활약한다. 초국가적 기업들의 사업에 유리한 신자유주의적 이데올로기의 생산도 이들의 몫에 포함된다.

민주주의라는 도구의 소중함

우리가 분명히 인식해야 할 게 있다. 자본주의와 민주주의는 별개의 사회조직 원리이며, **현대에 들어와서 자본주의 곁에 불완전하게나마 민주주의를 함께 두게 된 것은 우리에게 그나마 다행스러운 사실이라는 점이다. 왜 그런지는 자본주의 곁에 민주주의마저 없던 때를 되돌아보면 쉽게 이해할 수 있다. 그때의 자본주의는 원래의 속성대로 극심하게 불평등한 피라미드를 만들어낸 상태에서 경제적 불평등이 정치적 불평등으로 넘쳐흐르는 것을 막아줄 아무런 제어 장치가 없었다. 일단 자본주의가 생겨났다면 그 독주를 막을 모종의 장치가 필요하다.** 그렇지 않다면 그것은 자본주의 피라미드의 꼭대기에 있는 소수에게는 더 없는 횡재이고 다수에게는 더 없는 비극일 것이다. 한때 자본주의 시스템에 대한 경쟁적 대안 시스템으로 존재했던 공산주의 체제가 쇠퇴한 오늘날, 자본주의라는 경제 시스템을 견제해줄 민주주의라는 정치 시스템이 유산으로 남아 있다는 것은 참으로 다행스러운 일이다.

신자유주의자들은 모든 것을 시장에 맡겨야 한다며 탈정치화를 외친다. 이는 인류의 오랜 꿈을 위해 피로써 어렵게 쟁취한 민주주의라는 정치 시스템을 몰아냄으로써 아무런 방해를 받지 않고 자본주의라는 경제 시스템을 착취적 도구로 삼으려는 노력의 일환이다. 이런 상황에서 (이미 상당히 잠식되어가고 있는) 민주주의라는 정치적 도구마저 빼앗긴다면 피라미드 중하층을 구성하고 있는 구성원 대다수의 미래는 새로운 버전의 '계급적 왕조시대'와 다르지 않게 될 것이다.

인간뿐 아니라 모든 사회적 동물의 사회의 특징은 개체와 집단 간의 긴장된 균형 상태를 유지한다는 것이다. 개체의 이기성을 충족시키기 위한 '경쟁 원리'와 사회의 구성 요건인 '협력' 간의 적절한 균형을 이룰 수 없다면 그 사회는 유지될 수 없다. 본질적으로 자본주의는 이기성(경쟁)의 원리를, 민주주의는 협력의 원리를 추구한다. 그러므로 우리가 민주주의라는 도구를 더욱 예리하게 갈고 벼르지 않는다면 이기적 경쟁의 원리에 충실한 자본주의 시스템의 횡포를 막을 무기를 잃게 될 것이고, 결국 사회는 사실상 호랑이식의 각자도생의 정글로 후퇴할지 모른다. 반대로, 여기에서 협력의 길을 더 닦는다면 보다 유기체적인 사회로 진화하여 오래도록 지구를 지키며 생존을 이어갈 것이라 기대할 수 있다. 과연 우리는 민주주의를 점점 더 잠식해가는 자본주의의 힘을 막아낼 수 있을 것인가?

신 종 돌 파 구 – 거 품 경 제 ────────

자본주의의 핵심적 모순을 상기해보자. 자본주의는 과잉생산을 야기하는 방식으로 수익을 얻는 시스템으로서 끝없이 새로운 시장을 찾아 팽창하지 않으면 안 된다. 그런 와중에 자본주의 체제는 도덕적 양심이나 감각기관이 내장되어 있지 않은 기업을 인간의 도구에서부터 인간과 대등한 법인으로 격상시켜줌으로써 사실상 사이코패스 시민을 사회에 풀어준 셈이 되었고, 실제로 이 법인들은 자본주의의 고질적 문제인 자원과 시장 문제를 해소하고 계속해서 높은 수준의 이윤을 획득하기 위해 사이코패스 시민다운 돌파구를 찾아가고 있다. 그 돌파구 중 하나는 '전쟁'이고, 또 하나는 현대적 방식의 약탈에 해당하는 '거품경제'이다. 앞에서 전쟁에 대해서는 다뤘으므로 이제 후자인 거품경제에 대해 살펴볼 차례이다.

거품경제 − 자본주의 시스템에 기생하는 거대한 암세포

지금부터 할 이야기는 자본주의가 어떻게 거품경제라는 새로운 약탈법을 진화시켰는지에 관한 것이다. 거품경제는 기생충이나 암처럼 사회를 숙주로 삼아 행동하는 방식으로 이윤 획득을 지속해가는 한 방식으로서 일종의 '지대 부풀리기' 기법이라고도 할 수 있다.

기생충과 숙주는 쌍방향으로 소통하는 호혜적 관계나 유기적 관계가 아니다. 기생충이 일방적으로 숙주에 기생해 이기적 필요를 충족시키며 살아가는 관계이다. 자신으로 인해 숙주가 죽음에 이르기 전까지 말이다. 숙주 입장에서 기생충은 박멸하거나 어느 수준 이하로 억제시키지 못하면 언젠가 큰 피해를 입게 되는 적대적 상대이다.

참고로 캘리포니아 버클리 대학교University of California, Berkele의 분자 및 세포 생물학 교수인 피터 듀스버그Peter Duesberg, 1936-에 따르면, 암도 기생충의 일종이라고 한다. 기생충이 진화하여 생겨난 일종의 신종 기생충이 암이라는 것이다.[241] 어쨌거나 기생충과 암은 우리의 몸 안에서 기생하고 성장

---

241 Rebecca Boyle, "Cancers Are Newly Evolved Parasitic Species, Biologist Argues", POPULAR SCIENCE, July 28, 2011, http://www.popsci.com/science/article/2011-07/cancers-are-newly-evolved-parasitic-species-biologist-argues

하며 우리의 건강과 활기를 빼앗아간다는 점에서 공통점이 있다. 암세포는 몇 가지 특징을 갖고 있다.

우선 첫째로, 암세포와 우리 몸을 구성하는 정상세포는 세포 핵 내에 존재하는 유전자의 염기서열의 아주 작은 일부가 다르다는 점 외에는 외형적으로 큰 차이를 보이지 않는다.

둘째, 그러나 정상세포와 달리 암세포는 몸이라는 유기체에 기여하는 일정한 기능을 전혀 갖고 있지 않다. 물리적으로는 인간의 몸이라는 거대한 숙주 내부에 거주하고는 있지만 유기적 시스템의 일부로 편입된 공생자로서가 아닌 이질적 외부자로서 그곳에 있는 것이다. 이놈은 오직 자신만의 이기적 목적을 위해 숙주로부터 영양분을 빼앗아가는 독특한 능력을 바탕으로 몸 속에서 독자적 생존을 이어간다. 다시 말해, 암세포는 숙주와 생명 정보를 소통하며 호혜적 이득을 주고받는 협력자로서가 아닌 일방적인 착취자로서 그곳에 있다.

셋째, 몸속에서 특별히 주어진 역할을 하며 매어 있어야 할 자기 자리가 없다 보니 혈관이나 림프액을 통해 몸속 다른 장소로 자유로이 이동할 수 있다.

마지막으로, 암세포의 더 큰 문제는 누구의 통제도 받지 않고 무한히 세포분열을 하며 증식하는 능력을 지녔다는 점이다. 정상세포는 일정 회수에 걸쳐 분열을 한 뒤 자연사하도록 만들어졌지만, 암세포는 영양공급이 가능한 한 반영구적으로 살아갈 수 있다. 그 결과, 암세포가 증식할수록 우리 몸의 건강은 점점 더 심각한 위협을 받는다.

그렇게 해서 끝내 우리의 몸이 암세포로 인해 생명을 잃는다면 이는 암세포로서도 자신의 삶의 터전인 숙주를 잃게 되는 일이므로 장기적으로 지속 가능한 생존 방식은 아니다. 그런 의미에서 논리적으로만 따져볼 때, 혹시 암세포가 인간의 몸과 공존할 수 있는 길을 찾아낸다면, 즉 인체와 모종의 이득을 주고받을 수 있는 쌍방향 소통 수단을 찾아내어 호혜적 관계를 맺거나 하나의 유기체로 편입될 수 있다면 그편이 보다 바람직한 전략일 텐데 하는 상상을 우리로서는 해볼 수 있다. 물론 그것은 상상 속의 일일뿐 현실 속 암세포는 자신의 일방적 착취 기술을 통해 당장의 생존과 증식을 이어가는 시한부 전략에 의존한다. 동시에 거꾸로 암세포의 이런 전략이 먹히는 이유는, '다른 생명체의 희생을 바탕으로 자신의 이기적 목적을 달성하려는' 암세포의 행태를 제어하거나 처벌하는 인간(숙주) 자신의 능력이 충분히 크지 않기 때문이라고 해야 할 것이다.

그런데 바로 암세포와 비슷한 현상이 자본주의 시스템에 생겨났다. 사회를 숙주로 삼아 암세포처럼 행동하는 방식으로 사회의 다른 구성원들로부터 이윤을 빼앗아가는 착취적 집단이 세력을 키워가고 있다.

자본주의 사회가 불평등한 피라미드식 착취 구조가 될 요인은 처음부터 자본주의 원리에 내재해 있었다는 점은 이미 다뤘다. 자본주의 사회에 불평등이 심화되면서 과잉생산의 문제가 결국에는 어떤 식으로든 오늘날의 양상을 낳는 방향으로 돌파구를 찾으리라는 것은 결과적으로는 그럼직한 일로 이해될 문제인지 모른다.

어쨌든 2008년 경제 위기와 현재까지도 잠재적 시한폭탄이나 다름없는 것으로 예상되고 있는 파생상품의 위기 등 오늘날의 규모와 같은 엄청난 거품경제가 만연할 수 있었던 계기 중 하나는 사실 자본주의에 일어난 또 한 번의 돌연변이까지 거슬러 올라간다. 다름 아닌 주식회사의 유한책임제도의 출현으로 자본의 대규모 축적이 가속화된 데 이어 마침내 인류 최초로 '자본 시장'이라는 것이 탄생한 것이다. 이후 자본 시장, 즉 금융시장이 암세포와 같은 방식으로 행동할 수 있었던 배경은 무엇이었는지부터 살펴보자.

자본주의의 암적 돌연변이

일반적으로 주주와 경영자들이 분리되어 있고 '주주 가치의 극대화'를 기업 경영의 최우선 목표로 삼는 오늘날의 현실에서 대부분의 기업들을 소유하고 또 그 기업들의 수익을 전유하고 있는 이들은 다름 아닌 주주들이다. 문제는 이 주주들 대부분이 기업 내부에 있지 않은 부재자들, 즉 외부자들이라는 사실이다. 이것은 무엇을 의미할까?

장하준의 설명을 빌리면 이렇다. 우선, 기업 내부의 이해당사자들, 즉 노동자나 납품 업체들은 해당 기업의 장기적인 생존 여부에 매우 민감할 수밖에 없다. 노동자의 경우 생계가 달린 직장이니까 당연히 그럴 것이고, 납품 업체들의 경우 해당 기업의 요구에 특화된 기술을 축적했거나, 설비 투자를 해놓은 상태인 만큼 해당 기업에서 벗어나 대안을 찾기가 더 어려운 입장이기 때문이다. 반면, 주주들은 비록 법적으로는 기업의 주인일지 몰라도 몇몇 대주주 외에는 언제든 주식을 팔고 떠나면 그만이라는 점에서 이해당사자치고는 기업의 장기 전망에 가장 관심이 없는 집단에 속한다.[242]

이와 관련해서 커팅 엣지 캐피탈Cutting Edge Capital 컨설팅 그룹의 소유 전략 부문 이사인 마조리 켈리Marjorie Kelly도 『주식회사 이데올로기The Divine Right of Capital』에서 한 가지 심각한 문제를 지적한 바 있다. 그것은 주주라고 불리는 투자자들의 상당수가 단지 외부자라는 데 그치지 않고, 자본 투자 중개소 같은 역할을 하는 금융회사를 통해서 언제든 투기꾼이 될

---

242 장하준, 김희정·안세민 역, 『그들이 말하지 않는 23가지』 (서울: 부키, 2010), p.33.

준비가 되어 있는 자들이라는 것이다. 사실 아무 일도 하지 않은 투기꾼들이 기업의 부를 빨아먹는 일은 종종 벌어진다. 주주들이 앞서 언급한 암세포의 두 번째 특징과 비슷한 속성을 나타낸다고 볼 만한 대목이다.

설상가상으로, 이들 '투기꾼들' 밑에서 일하는 전문적 최고경영자들은 회사에서 창출한 수익을 뺑튀기해 부풀리는 식으로 투기적 이윤을 극대화할 수 있는 '특권'까지 독점한다. 그 특권이란 어떤 특권이냐? 이와 관련해서 일찍이 미국의 경제학자 소스타인 베블런Thorstein Veblen, 1857-1929도 뛰어난 통찰을 보여준 바 있다. 관련 내용을 간략히 요약하면 이렇다. 본래적 의미에서 자본이란 산업 장비, 원자재, 고용한 노동자들의 임금 등 산업 활동을 진행하기 위해 들어가는 비용의 총계를 가리키는 것이었으나, 주식회사의 출현으로 자본 자체가 상품화된 현대에 와서 자본은 그 회사의 유가증권 시장가치와 같은 의미를 지니게 되었다. 설사 그 회사의 자본이 시장에 상장되어 있지 않다 할지라도 어쨌든 시장가치 평가 작업을 통해 액수가 산출된다.

그렇다면 자본의 시장가치를 산출하는 근거는 무엇일까? 이 질문에 대답하려면 먼저 현대적 자본 시장에서 자본을 매입하는 주된 이유부터 살펴봐야 한다. 소스타인 베블런의 설명을 빌리자면, 그것은 그 자본이 향후 창출할 것으로 기대되는 수익 전망으로, 일반적으로 산업 활동을 통해서 창출될 수익보다는 지금 샀다가 나중에 되팔았을 때 남길 수 있는 차액을 의미한다. 이는 그 기업의 미래 가치를 어떻게 평가하느냐에 달린 문제이다. 그러나 그것은 말 그대로 알 수 없는 미래의 변수들에 달린 만큼 어림짐작의 한계를 벗어나기가 어렵다. 시장의 평가는 "투자자들이 보내는 신뢰의 정도, 재계 인사들의 움직임에 대한 세간의 추측, 정치권 동향에 대한 예상, 대중의 정서나 의견의 추이(확실히는 알 수 없고 그저 본능적 예감에 맡길 수밖에 없는) 따위에 의해서 끊임없이 등락한다. 그러므로 현대적 조건 하에서 영리 자본의 크기와 그 매일매일의 변동은 물질적 사실보다는 대중 심리학의 문제에 훨씬 더 가깝다."[243]

사정이 이렇다 보니 어떤 자본매물의 수익 창출 능력을 놓고 외부 투자자들이 어림짐작하는 바와 내부 경영자들이 알고 있는 실제의 모습 사이에는 상당한 불일치가 일어날 수 있는데, 바로 그 점을 경영자 측에서 악용할 소지가 있다.[244] 경영 목표를 '장래에 기업을 더 번창시킨다거나, 자본을 산업적으로 활용해 재화와 용역을 생산·판매하여 이익을 남기는 것'보다는 기업의 '자본 매매를 통해 이익을 남기는 것'에 둘 수가 있는 것이다. 심지어 실제 수익 창출 능력과 외부의 추측 간의 격차가 나도록 아예 적극적으로 유도할 가능성도 배제할 수 없다. 이는 그 주식회사가 영속 기업으로서 갖게 되는 영구적 이해와 어긋나고, 또 그 기업이 산업을 관장하는 기업으로서 효율적으로 경영되기를 바라는 사회 전체의 이익과도 어긋난다.[245]

이러한 주식회사 금융활동의 기초가 되는 자본의 주요 요소에는 기업 이미지(영업권goodwill)와 같은 무형 자산도 포함되는데 이 역시 소유자들에게는 경쟁자들을 앞설 수 있는 차등적 이점을 가져다주지만, 공동체나 전체의 부 차원에서는 아무런 이점도 가져다주지 않는 요소이다.

그럼에도 오늘날의 대자산가들은 주식회사 증권의 시가 변동을 노린 거래들로 사상 유례 없이 효과적으로 재산을 축적하고 있다. 필요하다면 영리 기업들을 인수합병하는 데 손을 뻗치기도 하고 여러 주식회사들의

243 소스타인 베블런, 홍기빈 역, 『자본의 본성에 관하여 외』 (서울: 책세상, 2009), p.111.
244 앞의 책, p.115.
245 앞의 책, p.117.

부를 마음대로 주무른다.

하지만 이와 같이 해서 부풀려진 돈은 회사를 위해 노동력을 바친 직원들, 즉 시스템의 내부인들에게는 거의 돌아가지 않는다. 애초부터 노동자는 기업의 수익 창출에 얼마나 기여하든 상관없이 그저 비용으로 처리될 뿐 수익의 배분 대상조차 되지 못한다.

아주 극단적인 경우에는 회사 전체와 임직원의 운명이 기업담보차입매수LBO, Leveraged Buyout라는 이상한 돈놀이의 먹잇감이 되기도 한다. 기업담보차입매수LBO란 외부인이 거의 대부분 차입한 돈(그것도 매수 대상이 되는 회사의 자본을 담보로)으로 기업을 인수한 후 이른바 '경영효율화'(대체로 종업원 대량 감원, 임금 삭감, 노조 파괴 등을 통한 원가절감, 혹은 자산매각 방식의 구조조정을 함으로써)를 단행하여 자산 가치를 높인 후 되팔아치움으로써 그 차액을 이윤으로 획득하는 방식이다.

그 밖에도 주주를 위한 이윤 극대화라는 경영 목표가 어떤 문제를 낳을 수 있는지 장하준의 이야기를 더 들어보자.

최악의 문제는 주주 가치 극대화가 심지어 해당 기업에도 전혀 이롭지 않다는 것이다. 기업이 수입을 늘리기는 대단히 어렵다. 따라서 이윤을 극대화하는 가장 손쉬운 방법은 고용을 줄여 임금 지출을 삭감하고, 투자를 최소화하여 자본 지출을 줄이는 식으로 비용 지출을 최대한 낮추는 것이다. 하지만 이런 식의 이윤 창출은 주주 가치 극대화의 시작일 뿐이다. 이렇게 해서 창출된 이윤을 주주들에게 최대한 배당해야 한다. 아니면 이윤의 일부를 자사주 매입에 사용하여 주가를 높게 유지해야 한다. 그렇게 되면 주주들은 보유 주식 일부를 내다팔아 더 많은 자본이득을 실현할 수 있고, 이는 더 많은 이윤이 (간접적으로) 주주에게 돌

아감을 의미한다. (…) 이 모든 것은 장기적으로 기업에 해를 입힌다.[246]

오늘날 기업 피라미드의 최상층부에 있는 최고경영자들은 다른 노동자들과는 달리 주주들과 공동의 이해를 가진 특권층으로 부상했다. 그렇게 된 배경에는 1890년대부터 대세가 된 소유·경영 분리형 기업지배구조corporate governance structures가 작용했다. 전문경영자들이 실적에 따라 보너스나 스톡옵션stock option 등의 보상을 받는 조건으로 주주의 이익 극대화를 위해 기업의 경영을 맡은 동맹자가 된 것이다. 그 결과, 미국의 경우 1965년에 일반 노동자 임금의 24배였던 최고경영자의 임금이 2000년에는 300배로 뛰어올랐다.

문제는 그런 보너스나 스톡옵션의 규모가 주로 단기적 수익 결과에 따라 결정된다는 것이다. 경영진으로서는 장기적인 경영 목표에 충실하기보다는 단기 수익을 최대한 부풀리는 데 집중하는 쪽이 합리적이 되고 만다. 장기적으로 이런 행동은 기업과 사회 모두에게 해를 끼칠 위험이 높다. 가장 대표적 사례가 월스트리트에서 드러나는데, 이에 대해서는 뒤에서 더 자세히 들여다보기로 하자.

회사는 엄연히 여러 사람들이 자신의 삶의 많은 부분을 바치고 나누는 '공동체'임에도 불구하고, 결국 엉뚱한 외부자들이 와서 모든 것을 장악하고 공동체의 등골을 빼먹으며 쇠락의 길로 이끄는 형국이다. 마치 암세포들처럼 말이다. 외부자들이 이런 식으로 행동하도록 허용하는 것은 사회의 경제 전반에도 도움이 되지 않는다.

한 가지 더, 마조리 켈리가 지적하는 부분이 있다. 오늘날과 같은 정보화 시대에는 기업의 부의 원천이 직원의 머릿속에 있는 지식과 창의성인

---

246 장하준, 김희정·안세민 역, 『그들이 말하지 않는 23가지』, p.42.

경우가 많다. 주주가 돈을 주고 산 물적 자산이 아니고 말이다. 그런 경우 기업은 사람들로 구성된 '무형의 공동체'에 가까워 소유의 대상이 되기 어렵다. 부를 창출하는 기반이 획기적으로 변한 것이다. 그런데도 이익의 분배 방식은 여전히 달라지지 않은 채 오직 주주만이 주식회사의 소유주로서의 권리를 갖는 것이 오늘날의 현실이다.

주식회사 제도에서 가장 결정적으로 암세포적 특징을 갖는 대목은, 역시 마조리 켈리가 문제를 제기한 바대로 이 유사 인간(법인)에게는 자연사라는 것이 없으므로 주식회사 제도가 영구적 계약을 구성한다는 점이다. 진짜 인간은 죽어도 유사 인간은 개인으로서의 권리를 영구적으로 누리며 존속하는 것이다. 그리고 그 과정에 진짜 인간 개개인과는 게임이 되지 않을 정도로 막강한 힘을 축적해나간다. 그렇게 해서 창출된 부는 당연히 그 주식회사 뒤에 있는 주주들의 지갑으로 흘러가고, 그러고는 다시 상속을 통해 그들의 후손의 지갑으로 흘러가 끝없이 축적되고 증식된다. 이런 점은 앞서 언급한 대로 암세포의 네 번째 특징, 즉 아무런 통제를 받지 않고 무한 증식을 하는 속성과 유사하다.

마조리 켈리는 자본주의 사회에서는 주주가 회사의 소유주라는 계약이 영구적인 것 아니냐며 "왜 그것이 영구적 계약이어야 하며, 어떻게 영구적일 수 있는가?"라고 의문을 제기한다. 한마디로 부당하다는 것이다. 이는 한때 "왕은 법 위에서 나라의 주인으로서 통치할 왕권을 가지며 그것은 영원히 대대손손 이어진다"고 하는 일방적 선포에 따라 군주제가 성립했던 것과 하등 다를 바 없다는 것이다. 바꿔 말해, 오늘날 뒤돌아보면 군주제의 존립 근거가 "짐과 짐의 자손이 이 나라의 소유자이다"라는 엉터리 선언에 불과했듯이, 주식회사의 주인은 주주라는 선언은 영구적 계약이어야 할 아무런 이유가 없는 천부당만부당한 규칙이라는 것이다. 더구나 유산을 물려받은 주주의 자손이 주주의 지위를 이어가는 것도 왕권이 세습되는 방식과 본질적으로 다르지 않다.

이런 일이 당연하다는 듯이 인식될 이유가 없다. 군주제가 영구불변의 자연법칙일 수 없듯이 자본주의의 기본 규칙들 역시 영구적일 수 없다. 오늘날에 와서까지 허구적인 규칙인 왕권을 믿는 사람은 대부분 사라진 것처럼 '주주가 회사의 소유주'라는 규칙은 언젠가 바뀔 수 있는 것이다. 단, 그것이 마땅히 바뀌어야 한다고 생각하는 사람이 충분히 많다면 말이다.

세상에 영구적 계약이란 것은 성립될 수 없다고 주장한 또 한 사람이 있다. 미국의 사상가 토머스 페인Thomas Paine, 1737-1809이다.

모든 시대와 세대는 그 이전의 모든 시대와 세대가 그랬듯이 자유로이 행동해야 한다. 무덤에 들어가고 나서도 계속해서 세상을 지배하겠다는 생각은 오만방자하기 짝이 없다. 인간은 누구의 소유물이 아니다. 마찬가지로 후세도 내 세대의 소유물이 아니다.[247]

자본주의 규칙들은 인간이 만들어낸 도구일 뿐이다. 정확히 말하면 과거의 어느 시점에 특정한 입장에 있는 특정인들이 만들어낸 수단일 뿐이다. 아마도 당시의 자본가와 그들 편에 서 있던 그 밖의 사람들이 그 '특정인들'에 해당되었겠지만 오늘날 우리는 그걸 동의해준 적이 없다. 또한 동의해줄 필요도 없다. 민주주의 사회에서라면 당연히 변화하는 시대의 합리적 필요와 정의의 기준에 따라 계약을 수정하거나 개혁해가야 한다.

사실, 자본주의의 모든 규칙들뿐만 아니라 자본주의 자체도 인간이 만들어낸 도구일 뿐이다. 우리가 잊지 말아야 할 점은, 인간은 도구의 지배

---

247 Thomas Paine, *Rights of Man*, pp.11–12, https://www.ucc.ie/archive/hdsp/Paine_Rights_of_Man.pdf

를 받아야 할 대상이기 이전에 도구를 지배하는 주체이며, 그렇다면 보다 효과적으로 그 도구를 지배할 수 있도록 방법을 찾아나가야 한다는 것이다. 일차적으로 이는 얼마나 많은 사람들이 그 도구에 대해 잘 이해하고 있느냐에 달려 있는 문제이다. 그런 의미에서, 자본 시장에서 벌어지고 있는 그 밖의 실상에 대해서도 더 자세히 알아볼 필요가 있다.

금융화

금융 산업은 실물 부문의 산업 발전에 없어서는 안 될 요소임에 틀림없다. 그러나 신자유주의 시대에 와서 경제의 중심이 실물 부문에서 금융 부문으로 옮겨가는 금융화financialization가 진행되면서, **금융 산업의 상당 부분은 실물 부문과의 관계가 끊어진 채 단지 돈으로 돈을 만들어내는, 자기네들끼리의 독자적 게임으로 변모했다. 마치 암세포가 우리 몸과의 유기적 관계가 끊어진 채 멋대로 증식을 해나가듯이. 그 게임의 주도자는 거대 자본을 가진 은행가들이다.**

오른쪽 521쪽의 위 그래프는 미국의 경제 금융화의 정도를 나타낸다. 미국은 경제의 금융화가 세계에서 가장 빠르게 진행된 나라다.

521쪽의 아래 그래프는 미국 경제에서 금융자산과 실물자산의 비율을 나타낸 것이다. 이 그래프에 대한 짐 스탠포드Jim Stanford의 설명은 이렇다.

1970년대 후반까지 미국의 실물자산(건물, 장비 등)은 금융자산과 비슷한 수준이었다. 기업이나 개인이 금융자산을 가지고 있다면 그만큼의 실물자산도 함께 소유했다고 할 수 있다.

하지만 신자유주의와 함께 금융자산의 비율이 증가하기 시작했다. 실물 부문에서 부를 축적하기가 어려워지고 금융 부문이 확대되었기 때문이다. 오늘날에는 실물자산 1달러당 금융자산은 2달러가 넘는다. (…)

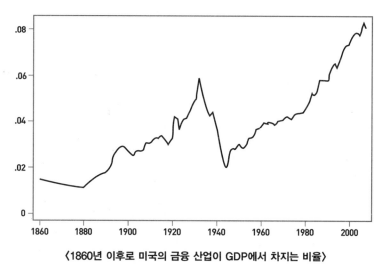

〈1860년 이후로 미국의 금융 산업이 GDP에서 차지는 비율〉

(출처: Financialization (Wikipedia), https://en.wikipedia.org/wiki/Financialization
Thomas Philippon (Finance Department of the New York University Stern School of Business at New York
University). The future of the financial industry. Stern on Finance, November 6, 2008.)

〈금융자산과 실물자산의 비율〉

(출처: 짐 스탠포드, 안세민 역, 『자본주의 사용 설명서』 (서울: 부키, 2010) p.262.)

이제는 금융시장이라는 꼬리가 경제의 몸통을 좌지우지하고 있다.[248]

이렇게 신자유주의 시대에 들어서면서 금융시장에서 거래되는 금융자산은 그 종류로 보나 거래량으로 보나 엄청난 증가세를 보이며 경제 전반을 지배할 정도에 이르렀다.

하지만 금융 부문에서의 투기는 여러 잠재적 문제점들을 안고 있다. 그것들은 비유적으로 말하면 앞서 언급한 암의 몇 가지 특징들과도 공통점을 드러낸다. **첫째, 그러한 투기 거래는 다른 산업들처럼 생산이나 대규모 고용을 창출하지 않는다는 점이다(거래를 담당하는 중개인을 빼고).** 더군다나 제2금융권에서 처음 채권이나 주식이 발행되어 거래되는 때를 제외하고는 이후부터 발생하는 **2차적 거래는 기업이나 실물 부문과는 무관한 채 대체로 매매차익을 노린 투기적 목적으로만 이루어진다.** 다시 말해, 2차적 거래에서 벌어들인 돈은 기업이 노동자들을 고용하여 재화나 서비스를 생산·판매하는 데 쓰이지 않는다(암의 두 번째 특징 참조).

둘째, 금융자본은 단기적 이익을 위해서 어디든 가리지 않고 자유롭게 옮겨 다니는 유동성을 갖고 있다는 것이다(암의 세 번째 특징 참조). 기업(산업)의 생산성을 높이려면 장기적이고 안정적으로 자금이 조달되어야 한다. 하지만 유동성이 높은 금융자본이 끼어들게 되면 장기 투자 계획을 세우고 실행하기가 오히려 더 어려워진다. 그렇기 때문에 지난 수십 년간 국민총생산[GNP]에 대한 금융자산 비율이 높아졌음에도 실질적인 경제 성장은 오히려 더뎌지는 결과가 초래되었다.

셋째, 이렇게 투자자들이 기업의 생산활동보다는 금융자산에만 관심을

---

248 짐 스탠포드, 안세민 역, 『자본주의 사용 설명서』 (서울: 부키, 2010), p.262.

갖게 되면서 가장 심각하게 생겨나는 문제는 **거품산업의 성장이다(암의 네 번째 특징 참조. 뒤에서 자세히 살펴보겠지만 특히 금융 부문에 대한 규제 완화 환경 속에서 암의 네 번째 특징이 더욱 두드러진다). 이들은 주로 돈으로 돈을 만들어 낼 뿐, 노동력으로 인간에게 필요한 부가가치를 창출해내는 다른 산업과는 차이가 있다.** 주식 시장과 부동산 시장에 이어 잠재적으로 엄청난 파장을 예고하고 있는 파생상품 시장 등에서 보듯이 실질적으로 거품경제를 유발하는 주범이기도 하다.

왜 그럴까? 일차적으로는 자본 시장이라는 것이 등장하여 하나의 독립적인 산업으로 자리를 잡고 나면 여느 생명체처럼 생존을 위한 자체적 동력을 갖게 되기 때문이다. 앞서 괴물에 비유된 자본주의 기업과 마찬가지로 이들도 이윤을 획득하기 위해 어떻게든 시장을 확보하려고 발버둥친다. 그런 의미에서, 거품경제는 기본적으로는 금융 산업 자체의 생존 투쟁의 부산물이라고 볼 수 있다.

금융화가 촉진된 원인

이매뉴얼 월러스틴은 신자유주의 시대에 나타난 금융화 현상에 대해 콘드라티에프 주기Kondratieff Wave 내에서의 변이라는 관점에서 설명한다. 그에 따르면, 자본주의는 독점이 무르익어가다가 1960년대 말 1970년대 초에 들어서서 상당히 약화되면서 세계 경제 확장의 전성기가 끝나는 단계에 이르렀다. 그러면서 세계 시스템은 콘드라티에프 주기 A 국면(경기 확장기, 경기 상승기)에서 콘드라티에프 주기 B 국면(경기 수축기, 경기 하강기)로 진입했고 아직까지도 우리는 이 단계 속에 남아 있다. 콘드라티에프 B 국면이란, 선두적 제품들을 생산하는 준독점 기업들의 성적이 부진해짐에 따라 생산 기업들의 수익이 급감하는 단계이다(많은 사람들은 이 시기에 수익이 급감하게 된 주요한 요인 중 하나로 제2차 세계대전으로 인한 경제적 피해가 완전히 복구되면서 유럽과 일본이 새로운 경쟁상대로 성장한 것을 꼽는다). 그러자 기업들이 수익을 얻을 새로운 돌파구를 찾았는데 그것이 바로 제2금융권을 중심으로 한 온갖 투기적 금융거래라는 것이다.

1980년까지 성장 둔화가 계속되다가 1979년과 1980년에 영국과 미국에서 각각 마가렛 대처 총리와 로널드 레이건Ronald Wilson Reagan, 1911-2004 대통령이 집권하면서 이른바 신자유주의 논리를 내세운 보수 세력이 힘을 얻기 시작했다. 이때부터 성장의 혜택이 주로 소득 수준의 맨 꼭대기에 있는 사람들에게만 쏠리는 소득 상향 재분배가 두드러졌다.

미국의 경제학자 딘 베이커Dean Baker, 1958-는 이런 역재분배가 대부분 의도적인 정책 변화로 인한 것이었다고 지적한다. 예를 들면, 레이건 행정부는 노조 약화 정책을 통해 노조의 협상력을 상당한 정도로 상실시켰고, 자신의 임기 동안 최저임금 인상을 억제했다. 그 결과 인플레이션으로 인한 최저임금의 실질 가치는 매년 줄어들어서 레이건이 대통령에 취임한 1981년보다 퇴임 때인 1989년의 최저임금은 실질가치 면에서 26% 하락했다. 이 시기의 연방준비제도 이사회는 높은 이자율 정책으로 달러 가치를 올려놓았고, 그 때문에 미국 회사들의 해외 수출은 더 어려워져서 특히 자동차와 철강 부문 같은 제조업 분야의 고임금 노동자들이 대거 실업 상태에 빠지고 말았다. 이후 1990년대에는 북미자유무역협정 NAFTA, North American Free Trade Agreement과 그 밖의 조약들 때문에 미국의 제조 설비는 멕시코와 같은 해외로 이동하는 한편, 느슨한 이민 법률 집행으로 불법 이민자들이 미국으로 쏟아져 들어오면서 저임금 노동력 공급이 늘어나자 미국의 제조업 노동자들은 개발도상국의 저임금 노동자들과의 경쟁에서 밀려나 일자리를 잃는 처지가 되었다.

이러한 정책 변화로 인해 파괴된 것이 있었다. 생산성 증가가 임금, 소비, 투자로 이어지던 과거의 선순환 사이클이었다. 그런 상황에서 미국 기업들은 자유무역이다 세계화다 하여 전 세계로 공장과 시장을 옮기면 그만이었지만, 가령 미국 내의 노동자들의 처우는 계속해서 악화되었고, 그 결과 노동자들의 소비 여력은 하락했다.

금융 분야에서의 창의적인 이윤 창출 기법이 빛을 발하기 시작한 것은 이때부터였다. 빚으로 소비를 진작시키는 거품 의존형 경제가 펼쳐졌다. 기업들도 국내에서의 이윤 감소 문제를 해결하기 위해 금융 투기 쪽으로 눈을 돌렸다.

실제로 1970~2010년은 투기 수익이 근대 세계 시스템 사상 최대로 확대된 시기이다. 점점 더 거대 은행들은 대부분의 영업을 기존의 은행 업무 보다는 금융 투기에 의존했다. 예를 들어 미국 최대 은행인 뱅크 오브 아메리카Bank of America는 2010년의 자산 총액 가운데 전통적인 은행 예금에서 나온 금액은 10%에도 못 미치는 것으로 나타났다.[249] 그리고 월러스틴의 표현에 따르면, 장기적 콘드라티예프 B 단계의 정점에 세계 경제의 금융 위기가 모습을 드러냈다.

부동산 거품

가령 2000년대 부동산 거품을 들여다보자. 미국의 기업인 윌리엄 플렉켄스타인William Fleckenstein은 『그린스펀 버블Greenspan's bubbles』에서 실제로 부동산 버블이 어떤 식으로 사회 전반의 소비 진작 효과를 냈는지를 아래의

---

[249] WashingtonsBlog, "Less Than a Tenth of Bank Of America's Assets Comes From Traditional Banking Deposits", January 13, 2010, http://www.washingtonsblog.com/2010/01/less-than-a-tenth-of-bank-of-americas-assets-comes-from-traditional-banking-deposits.html

도표들을 통해 설명한다.

먼저 아래의 그래프는 평균 소득으로 나눈 평균 주택가격이 얼마나 급등했는지를 보여준다.

평균 주택가격/평균 소득

주택가격이 정상적인 수준으로 돌아가려면 당장 25%가 떨어지거나 5년 동안 그 상태를 유지해야 한다.

3표준편차

2표준편차

1표준편차

〈미국의 주택 버블〉

(출처: 미 통계국 2007년 7월 31일 자료, 윌리엄 플렉켄스타인·프레드릭 쉬핸, 김태훈 역,
『그린스펀 버블』 (서울: 한스미디어, 2008), p.199.)

하지만 이 시기 동안 GDP 대비 가구 부채의 비중도 크게 늘어났다. 이는 너도나도 빚내서 집을 샀으며, 그것은 곧 부동산 가격을 올리는 투기의 대열에 끼어들었음을 의미한다는 걸 의미한다.

뿐만 아니라 다음 그래프는 사람들이 주택 자산을 얼마만큼 돈으로 유동화하여 인출해 썼는지를 보여준다.

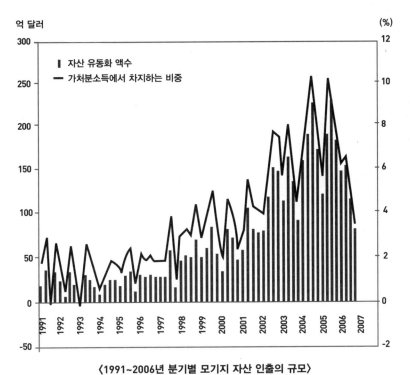

억 달러

(%)

〈1991~2006년 분기별 모기지 자산 인출의 규모〉

(출처: 윌리엄 플렉켄스타인·프레드릭 쉬핸, 김태훈 역, 「그린스펀 버블」, p.200.)

보다시피 대략 주택가격의 급등 곡선과 궤를 같이한다. 윌리엄 플렉켄
스타인William Fleckenstein과 프레더릭 쉬핸Frederick Sheehan의 표현대로 주택을
'현금 인출기'처럼 사용했음을 확인할 수 있다. 저축률은 현저히 떨어진
반면, 집값이 계속 오를 거라는 기대 속에 많은 사람들은 추가로 2순위
주택담보대출을 받거나 기존의 대출보다 더 큰 액수의 주택담보대출을
받아 자동차를 사고 휴가를 가는 등 소비자금으로 썼다. 그런 식으로 나
중에 돌아보면 분에 넘쳤던 소비가 증가했고, 소비의 증가 덕분에 이 시
기의 경제 성장이 이루어졌다.

  문제는 그 경제 성장이 지속 가능하지 않은 거품에 불과했다는 사실이
다. 다시 말해 고공행진을 한 부동산 가격은 빚내서 집 투기를 한 사람들

이 인공적으로 쌓아올린 신기루에 불과했다.

그러한 신기루에 의존한 경제가 바로 거품경제이다. 다시 말해 거품경제란 '거품이 만연한 경제,' 그런데 거품은 필연적으로 꺼지게 되어 있으므로 결과적으로 '거품의 생성과 붕괴에 의존한 경제'이다.

언젠가는 터질 거품이 터지고 나니 수백만 명의 사람들이 집과 평생 모은 재산을 잃거나 그 위에 빚까지 떠안고 말았다. 실업 상태에 빠진 사람 수는 수천만 명에 이른다. 대재앙이 닥쳤다.

그런데 이는 전혀 새삼스러운 사태가 아니다. 딘 베이커Dean Baker가 "숙취를 해장술로 해소하는 알코올 중독자처럼, 미국인들은 '주식' 버블의 붕괴 여파에서 경제를 회복시키기 위해 '주택' 버블을 이용했다"고 지적했듯이[250] 주택 거품은 애초 주택 시장을 띄워 경기를 부양하려는 미국 정부의 의지와 연방준비은행의 저금리 정책에서부터 발단했다. 닷컴 거품이 빠진 데다가 9·11 사태까지 겹쳐 경제 불황이 닥친 직후였다.

우리는 교통신호를 상식으로 공유하고 있다. 파란불일 때는 차량을 앞으로 움직이고 빨간불일 때는 멈추라는 신호에 따라 움직인다. 미국의 연방준비위원회는 미국의 경제학자 브라이언 S. 웨스베리Brian S. Wesbury, 1958-도 말했듯이 교통신호를 지배하는 당국과 같다. 신호등을 마음대로 켜고 끌 수 있는 권한을 행사한다. 연방준비은행에게 신호등이란 다름 아닌 금리이다. 오직 자신의 권한에 따라 금리를 올리고 내림으로써 세계의 돈의 흐름을 지배할 수 있다. 그런 면에서 연방준비은행이 쥐고 있는 금리 조절 권한은 무시무시하리만치 강력한 도구이다.

연달아 일어난 경제 거품들이 연방준비은행의 금리 변동과 밀접하게

---

250 딘 베이커, 하아람·이재익 역, 『약탈과 실책』 (서울: 휴먼앤북스, 2009), p.131.

연동된 듯 보였던 이유가 여기에 있다. 둘의 관계는 결코 우연일 수 없다. 특히 전前 연방준비은행 의장이었던 그린스펀Alan Greenspan, 1926- 재임 기간 동안 미국의 주식 시장과 부동산 시장에 채 10년이 되지 않는 간격으로 두 번의 거대한 거품이 연달아 형성되었다.

『그린스펀 버블』을 쓴 윌리엄 플렉켄스타인과 프레더릭 쉬핸의 말을 들어보자.

그린스펀이 연방준비은행 의장을 맡기 전에는 1979년 말과 1980년 초에 잠시 상품과 귀금속 시장이 과열된 때를 제외하고 50년 이상 한 번도 버블이 없었다.[251]

플렉켄스타인과 프레더릭 쉬핸은 그린스펀이 "지속적으로 너무 낮은 금리를 설정했고 그에 따라 생긴 위기를 다시 너무 낮은 금리로 해결해온" 것이 그 거품들의 원인이라고 진단했다. 실제로 연방준비은행은 2001년 봄 금리를 6.5%에서 1.75%까지 인하했고, 2003년에는 1%까지 낮췄다. 이러한 결정은 2001~2003년의 전례 없는 모기지론Mortgage Loan 열풍에 직접적 영향을 미쳤다. 투자자들은 수익이 낮은 미국 국채에서 빠져나와 보다 나은 고소득 투자처를 찾아 주택 시장으로 몰려들었다.

정부의 여러 정책들도 영향을 미쳤다. 예를 들어, 1997년에 통과된 납세자 구제법이 그중 하나이다. 이로 인해 부부의 경우 50만 달러까지, 싱글인 경우 그 절반까지 집을 팔고도 아무런 양도소득세를 납부할 필요가 없게 되어 집을 사고팔기가 쉬워졌다. 또 하나는 1999년에 글래스-스티

---

251 윌리엄 플렉켄스타인·프레드릭 쉬핸, 김태훈 역, 『그린스펀 버블』, (서울: 한스미디어, 2008), p.15.

걸법Glass-Steagall Act의 대부분의 조항을 폐지함으로써 상업은행과 투자은행의 경계를 허물어 겸업이 가능하도록 만들어준 것이다. 쉽게 말해, 은행이 고객으로부터 예금을 받고 대출을 해주는 통상적 업무뿐만 아니라 주식, 채권, 보험, 인수합병, 투자 컨설팅, 다양한 시장에서의 투기 활동까지 할 수 있도록 온갖 규제를 없앤 것이다. 이렇게 되면 상업은행과 보험회사, 투자회사가 한 지붕 아래에 모일 수 있게 되므로 강자들끼리 뭉쳐서 독점적 지위에 오를 수 있도록 길을 열어준 것이나 다름없다.

2000년에는 상품선물현대화법CFMA, Commodity Futures Modernization Act을 제정하여 장외 파생상품 거래에 대한 규제를 철폐했다. 덕분에 거대 은행들은 여러 대출이나 모기지들을 한데 모아 규제되지 않은 파생상품 형태로 재포장해서 판매할 수 있는 길이 열렸다.

부시 행정부도 2003년부터 주택 구입 시 계약금과 부동산 매매 수수료까지 지원해주는 프로그램을 가동해가며 더 많은 사람들에게 주택 보급을 확대하는 정책을 대대적으로 펼쳤다.

이런 환경 속에서 거대 금융기관들의 손에 쥐어준, 대단히 위험하지만 대단히 강력하기도 한 도구가 바로 '레버리지leverage'라는 것이다. 레버리지란 쉽게 말해 남의 돈을 끌어다가 돈을 버는 방법이다. 가령 수중에 있는 내 돈 1만 원으로 물건을 사서 1만 1,000원에 팔면 나는 1,000원만큼의 수익을 번다. 이때 똑같이 수중에 1만 원을 가진 누군가가 만약 남의 돈 99만 원을 더 빌려 100만 원으로 같은 물건을 같은 방식으로 100개 팔았다면 그는 얼마를 벌었을까? 빌린 돈 99만 원에 1만 원의 이자를 붙여 갚는다고 해도 10만 원이 남는다. 내가 1,000원을 버는 동안 그는 10만 원이라는 거금을 번 것이다. 이것이 레버리지라는 것이다.

물론 이것은 물건을 다 팔 수 있는 조건 하에서만 효용이 있는 것으로,

만약 다 못 팔게 되면 큰 낭패만 보고 말 것이다. 레버리지가 커질수록 수익은 커지지만 위험도 함께 커지기 때문에 어느 수준 이상이 되면 도박이나 다름없음은 물론 무책임한 사기행각이 될 수 있다. 그러나 이러한 위험성에도 불구하고 레버리지가 유혹적인 도구인 까닭은 자본주의 시스템 자체가 결국에는 가장 큰 놈이 이기고, 이긴 자가 다 잡아먹기 좋게 짜인 게임이기 때문일 것이다.

요컨대 미국 정부와 의회, 연방준비은행이 일련의 법안들을 통과시키고 금리를 낮춘 행보는 한마디로 '아주 강력하고도 위험천만한 도구들을 은행과 금융기관들에게 안겨준 것'과 다르지 않다.

레버리지를 이용한 신종 파생상품들

주택가격이 상승일로를 달리는 동안 게임은 당연히 강력한 레버리지를 가진 자에게 유리하게 돌아갔다. 이들을 막을 수 있는 것은 아무것도 없어 보였다. 월스트리트의 거대 금융 자본과 글로벌 투자자들은 레버리지를 활용한 각종 새로운 파생상품들을 거래하기 시작했다. 예를 들면, 모기지담보증권MBS, Mortgage Backed-Securities이나 자산담보부증권CDO, collaterialized debt obligations 같은 것들이다.

모기지담보증권MBS은 모기지들을 한데 모아 증권화한 것이다. 증권화란 한마디로 원래는 거래가 불가능한 형태의 어떤 것을 거래 가능한 증권 형태로 만들어 사고파는 것을 말한다. 모기지담보증권을 예로 들면 이렇다. 원래 은행들은 주택 구입자들에게 대출을 해주고 일정 기간에 걸쳐 다달이 원금 분납금과 이자를 받아 수익을 챙겨왔다. 이 과정은 그 자체로는 매매가 불가능한, 그야말로 긴 시간이 걸리는 수익 획득 '과정'이다. 그런데 거대 투자 은행이 대출기관으로부터 이런 모기지들을 수백 개

혹은 수천 개 사들여 상자에 담은 다음 그 상자를 가상으로 조각내어 투자자들이 원하는 만큼씩 팔 수 있다고 상상해보자. 실제로 그런 일이 컴퓨터의 발달 덕분에 가능해졌다. 이제 투자자가 모기지담보증권을 사면 그 상자 조각으로 매달 들어오는 대출금의 원금과 이자를 챙겨감으로써 투자 수익을 얻을 수 있게 된 것이다. 일단 증권화라는 수단이 등장하고 나자 이를 응용한 온갖 종류의 복잡한 금융상품들이 만들어졌다.

자산담보부증권CDO의 경우, 하나의 가상 상자에 모기지담보증권뿐만 아니라 다른 다양한 증권들(자동차 대출, 학자금 대출, 신용카드 대출 등)도 담을 수 있다. 그러고 나서 그것을 신용등급별로 나눠 차등적으로 수익률을 정한 뒤 투자자에게 팔기 쉽게 조각낸 것이다. 이 금융 상품을 구입한 투자자들 역시 각 채권으로 매달 들어오는 원금 분납금과 이자를 수익으로 챙기도록 되어 있다.

이런 식으로 모기지를 증권화하고 또 그것을 거래해 돈을 버는 일을 남의 돈을 빌려서 했다면 그게 바로 앞에서 말한 '레버리지'를 이용한 경우이다. 기본적으로 레버리지를 위해 빌리는 돈의 액수가 어마어마하리라는 것은 두말하면 잔소리이다.

은행 입장에서도 이런 모기지담보증권이나 자산담보부증권 같은 파생 상품은 큰 장점을 지녔다. 채권을 그때그때 필요에 따라 단번에 유동화할 수 있을 뿐만 아니라, 만에 하나 주택소유자가 낼지 모르는 잠재적 부도 위험을 일찌감치 털어버릴 수 있다는 것이다. 일단 증권을 팔고 나면 부도 걱정은 모기지담보증권을 사간 사람에게로 넘어가버려, 주택소유자가 부도를 내거나 말거나 실질적으로 더 이상 상관할 바가 아니게 된다.

주택 시장의 열기가 치솟으면서 모기지담보증권에 대한 수요는 계속해서 급증했다. 수요에 부응하기 위해서는 더 많은 모기지가 필요했다.

대출 및 투자은행들은 계속해서 높은 수익률을 유지할 욕심으로 대출 기준을 느슨하게 완화했고, 저소득층에까지 대출을 권장하기에 이르렀다. 이른바 서브프라임 모기지subprime mortgage였다. 심지어 대출자가 대출금을 갚을 능력이 있는지 여부는 문제 삼지 않고 대출을 해주는 일도 비일비재했다. 또한 소위 '약탈적 대출'이라 하여 처음에는 부담 없는 저리를 적용받지만, 시간이 지나면 금리가 높아질 위험이 있는 변동금리 모기지 상품을 만들어 마구 팔아댔다.

이제 자산담보부증권의 주재료는 서브프라임 모기지로 채워지게 되었다. 그런데도 민간신용등급 기관들은 이런 위험성 높은 투자 상품에 안전한 투자임을 나타내는 AAA 등급을 부여해줬다. 한 가지 이유는 아무리 잠재적 위험성을 안고 있는 서브프라임 모기지들이라 해도 상자 안에 대량으로 모아놓았을 경우 그것들이 모두 다 한꺼번에 부실화될 가능성은 적다고 보았기 때문이다. 적어도 자산담보부증권을 발행한 투자은행들은 그렇게 주장했다. 또 다른 이유는 민간신용등급 기관들이 금융기관들로부터 요금을 받고 신용등급을 매겨주는 입장이었다는 데 있다. 금융기관의 입맛에 맞도록 일을 해야 밥그릇을 지킬 수 있는 상황이었던 것이다. 여기에다 정부의 규제 기관마저도 이를 눈감아주면서, 투자자들은 투자 상품의 구체적 내용을 파악하기 어려운 상태에서 겉에 붙여진 신용등급만 믿고 계속해서 돈을 쏟아부었다. 모기지 관련 투자 상품이 안전한 것으로 여겨진 가장 큰 이유는 뭐니 뭐니 해도 집값이 계속 가파른 상승세를 보였기 때문이다. 그러므로 설사 일부 주택소유자가 부도를 내더라도 집을 압류해 팔면 여전히 수익을 남길 수 있다는 계산을 할 수 있었다.

모기지 관련 채권을 거래하는 투자은행들이 자산담보부증권의 잠재적 리스크에 대응하기 위한 일종의 보험이 있기는 했다. 신용부도스왑 CDS, Credit Default Swaps이라는 것인데, 원리는 여느 보험과 비슷하다. 투자자 는 AIG 같은 보험사에서 이 신용부도스왑CDS이라는 보험 상품을 구매하 고 일정 기간 동안 보험료를 지불한다. 만약의 경우 약정 기간 중에 자신 의 투자 상품인 자산담보부증권의 기초 재료가 되는 주택담보대출(특히 서브프라임 모기지)에 부도가 나서 해당 자산담보부증권에까지 큰 타격 이 미칠 경우 AIG가 손실을 보전해주도록 한 것이다.

일반적인 보험 상품의 경우, 회사에서 보험금을 지불해야 하는 상황이 발생할 가능성은 그리 높지 않다. 예를 들어 화재보험의 경우, 화재 사건은 그렇게 자주 발생하지 않을뿐더러 많은 곳에서 한꺼번에 발생하는 경우 는 더더욱 드물다. 그러므로 보험사는 매달 들어오는 화재보험료로 현금 을 챙기고 그 금액의 일정 부분을 실제로 일어난 화재에 대한 손실을 보전 해주는 데 할애함으로써 회사를 운영한다. 신용부도스왑도 똑같은 논리에 기반을 둔다.

그런데 신용부도스왑이 일반적 보험과 다른 점이 있다. 그중 하나는 보 험사는 법적으로 손해를 보상해줄 만큼의 준비금을 마련해놓아야 한다는 미국 연방 및 주 차원의 규제를 받지만 신용부도스왑을 취급하는 회사는 그런 규제에서 벗어나 있다는 점이다(2000년에 상원에서 신용부도스왑을 규제대상에서 제외한다는 법안이 만장일치로 통과되었다). 바로 이 때문에 애초부터 보험으로서의 역할을 제대로 수행할 조건을 갖추지 못했다.

알다시피 부실한 서브프라임 모기지로 말미암아 마침내 주택 거품에 구멍이 뚫리고 금리가 인상되면서 변동금리 모기지에 대한 월 납입액이 뛰어오르자 이를 갚지 못한 대출자들의 모기지 부도 사태가 속출했고, 그 때문에 압류된 많은 집들이 매물로 쏟아져나오면서 집값이 폭락하는 악순환이 이어졌다. 그러다 보니 수많은 모기지 관련 파생상품들까지 덩달아 휴지조각이 되고 말았다. 하지만 이럴 때 최종적으로 손실을 보전해주어야 할 보험사들은, 특히 AIG의 경우처럼 무책임하게도 그럴 만한 자금을 전혀 보유하고 있지 않았으므로 부도 위기에 내몰렸다. 납세자들의 혈세로 구제금융을 제공받지 않았다면 그냥 나자빠졌을지 모른다.

또 한 가지 신용부도스왑이 일반적인 보험과 다른 점이 있었다. 일반적 보험과 달리 신용부도스왑은 내 것이 아닌 남의 증권을 대상으로도 얼마든지 들 수 있다는 점이다. 쉽게 말하면 이런 것이다. 나는 어떤 자산담보부증권이 휴지조각으로 변한다 해도 아무 상관이 없는 제3자이다. 그런데도 나는 그 자산담보부증권에 대한 보험격인 신용부도스왑을 구입할 수 있다. 그러므로 그걸 구입하고 계약 기간 동안 분기별로 보험료를 내고 있으면 어느 날 실제로 그 자산담보부증권에 부도가 났을 때 내 호주머니로 보험금이 들어오게 된다. 다시 말해, 남의 집을 대상으로 화재보험을 들어놓았다가 그 집에 불이 나면 내가 보험금을 타먹을 수 있도록 설계되었다는 이야기이다. 한마디로 카지노에서의 도박과 다를 게 없는 투기 목적으로 신용부도스왑을 거래하도록 허용해준 셈이다.

이렇게 제3자들 간에 투기 목적으로 거래가 가능하다 보니 신용부도스왑의 거래량은 무한정 늘어났다. 실제로 2007년 말 기준 신용부도스왑 시장 규모는 62.2조 달러 정도로, 2010년 26.3조 달러에 비해 2배가 넘는 수치였는데, 이 중 80%가량이 이런 '투기'용이었던 것으로 추산된다.[252]

---

252 Dawn Kopecki & Shannon D. Harrington, "Banning 'Naked' Default Swaps May Raise Corporate Funding Costs", Bloomberg, Retrieved March 31, 2010; Andrew Leonard, "Credit default swaps: What are they good for?", Salon.com. Salon Media Group, Retrieved April 24, 2010.

2006년 무렵이 되자 일부 투자은행과 헤지펀드 등의 눈에 대량의 모기지 부도 사태가 일어날 가능성이 보이기 시작했다. 그들은 지금 모기지 관련 증권의 가치 '하락' 쪽에 베팅을 해두면 머지않아 큰돈을 벌 수 있겠다는데 생각이 미쳤다. 다시 말해, 이 집 저 집 많은 집에서 화재가 발생할 만한 단서들이 눈에 띄기 시작했으므로 미리 그런 집들을 대상으로(제3자임에도 투기적 목적으로) 보험을 들어두면 머지않아 거액의 보험금을 타먹을 수 있겠다고 머리를 굴린 것이다. 그리하여 많은 신용부도스왑을 사들이기 시작했다.

바로 이 대열에 앞장서서 기막히게 큰돈을 번 헤지펀드 매니저가 존 A. 폴슨John A. Paulson이다. 2007년에 그가 벌어들인 액수는 37억 달러에 이른 것으로 알려졌다.[253] 그는 골드만삭스Goldman Sachs를 통해 '애버커스 2007-AC1'라는 합성 CDO(자산담보부증권)을 만들었다. 이 역시 신용부도스왑과 같은 보험상품을 거래하는 형식인데, 다만 앞에 나온 대로 자기가 소유하고 있지도 않은 어떤 증권의 미래 가치를 놓고 양측의 투자자가 서로 반대되는 베팅을 하도록 설계된 일종의 내기 상품이다. 이 거래에는 보험 구입자와 보험 판매자, 이렇게 양측이 들어간다. 합성 CDO의 재료를 구성하는 기초 자산에 문제가 생겨 가치가 하락하면 보험 판매자는 보험 구입자에게 손실을 보전해주어야 한다. 그렇지 않고 만약 계약 만기일까지 별 문제가 없다면 보험 판매자는 보험 구입자가 송금하는 보험료를 수익으로 챙기게 된다. 이 거래를 중개한 골드만삭스는 어느 쪽이 이기든지 상관없이 중간에서 상당한 액수의 수수료를 먹으면 그만이다.

---

253 Louise Story & Gretchen Morgenson, "S.E.C. Accuses Goldman of Fraud in Housing Deal", http://www.hilderlaw.com/Related-News/US-Accuses-Goldman-Sachs-of-Fraud.pdf/

'애버커스 2007-AC1'의 경우, 주택담보증권들을 기초 포트폴리오로 구성되었다. 보험 구입자로 나선 폴슨 앤드 코Paulson & co는 머지않아 주택소 유자들이 모기지를 갚지 못해 부도가 나는 사태가 벌어질 것이고, 그렇게 되면 해당 합성 CDO(자산담보부증권)의 가치가 폭락할 것이라고 예상했다.

2007년 10월 무렵 실제로 애버커스 포트폴리오에 담겨 있던 모기지 담보증권의 83%의 등급이, 그리고 2008년 1월에는 99%의 등급이 하향 조정되면서 모두 휴지조각이나 다름없게 되었다.[254] 폴슨의 예상대로 된 것이다. 이 내기 게임에서 승리한 그는 10억 달러라는 천문학적인 돈을 갈퀴로 긁어갔고, 상대측은 그만큼의 돈을 날렸다. 골드만삭스는 어느 쪽이 내기에서 이기고 지든 상관없이 1,500만 달러의 수수료를 챙겨갔다.

그러나 2010년 4월 골드만삭스는 이 거래로 미국 증권거래위원회SEC 로부터 사기 혐의로 기소를 당했다. 무엇이 잘못되었던 것일까? 문제는 사전에 폴슨앤코 측이 이 합성 CDO의 설계 과정에 직접 관여했다는 사실을 숨겼다는 데 있었다. 실은 애초 이 합성 CDO가 만들어진 계기가 폴슨앤코 측에서 대량 부도 사태가 날 것으로 예상되는 지역의 BBB등급 주택담보증권MBS들만 뽑아서 골드만삭스에게 가져와서는 그것들에 대한 신용부도스왑을 구입할 수 있도록 거래를 중개해달라고 요청했던 데서부터 비롯되었던 것이다. 말하자면 화재가 날 가능성이 높은 집들을 면밀히 조사한 후 보험사와 짜고 그 집들을 콕 찍어서 화재보험 상품을 만든 다음 그것을 자기가 구입했던 것이다. 물론 골드만삭스는 이러한 사실이 알려

---

254 "SEC Charges Goldman Sachs With Fraud in Structuring and Marketing of CDO Tied to Subprime Mortgages", https://www.sec.gov/news/press/2010/2010-59.htm; "The Goldman Sachs Abacus 2007-ACl Controversy: An ethical case study", http://www.e-ir.info/2012/01/19/the-goldman-sachs-abacus-2007-aci-controversy-an-ethical-case-study/

지면 투자자들이 나서지 않으리라는 것을 알고 있었다. 따라서 독립적인 재무건설팅 회사인 ACA Management LLC가 형식적으로 포트폴리오 선정 에이전트 역할을 맡도록 했다. 그렇지만 실제로는 폴슨이 포트폴리오 선정 과정에 깊이 관여했고, 골드만삭스는 이런 사실을 상대측 투자자들에게 알리지 않았던 것이다. 심지어 포트폴리오 선정 에이전트로 참여했던 ACA마저도 이런 사실을 알지 못한 채 애버커스 파생상품에 직접 투자하기로 결정하고 4,200만 달러를 집어넣었다가 폴슨에게 약 9억 달러를 내어주어야 했다.[255] 투자자의 이해와 충돌하는 정보였던 만큼 골드만삭스의 비윤리적이고 악의적인 동기를 의심하지 않을 수 없는 정황이다.

이런 식의 거래의 규모는 과연 얼마나 되었을까? 국제결제은행[BIS]은 2007년 하반기 장외 파생상품 거래의 명목 가치가 596조 달러에 달한다고 발표했다. 이렇게만 말하면 어느 정도나 되는 금액인지 가늠이 잘 안 될 수 있는데, 아마도 그해의 세계 GDP 총액과 비교해보면 좀 더 쉬울지 모르겠다. 그것은 77조 달러 남짓의 규모였다.[256] 참고로, 세계은행에서 발표한 미국의 GDP 총액은 14.48조 달러였다. **결국 생산과 아무 상관없이 돌아가는 '내기' 경제의 규모가 세계 GDP보다도 몇 배나 더 컸다는 이야기이다.**

다음의 그래프는 당시 주택 값 거품의 비현실적인 단면을 그대로 보여준다. 미국의 집값은 2006년을 정점으로 하락했음을 알 수 있다. 2000년을 기준점으로 삼아 산출한 주택가격 지수[housing price index]의 추세를 나타낸 것이다(노벨 경제학상을 수상한 미국의 로버트 쉴러[Robert Shiller]의 그래프이다).

---

255 "The Goldman Sachs Abacus 2007–ACI Controversy: An ethical case study", http://www.e-ir. info/2012/01/19/the-goldman-sachs-abacus-2007-aci-controversy-an-ethical-case-study/
256 http://www.economywatch.com/economic-statistics/year/2017/

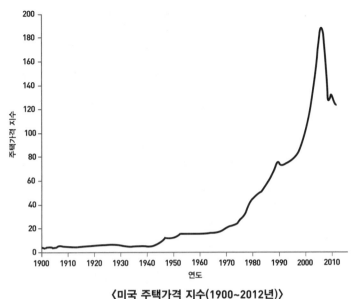

〈미국 주택가격 지수(1900~2012년)〉

(출처: 100-Year Housing Price Index History,
http://observationsandnotes.blogspot.kr/2011/07/housing-prices-inflation-since-1900.html)

그런데 위의 그래프는 인플레이션을 감안하지 않은 것이다. 실제로 인

플레이션을 반영한 그래프 모양은 다음과 같다.

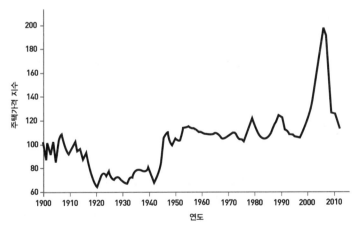

〈인플레이션을 반영한 미국 주택가격 지수(1900~2012년)〉

(출처: Real, Inflation-Adjusted, Housing Prices Since 1900
http://observationsandnotes.blogspot.kr/2011/07/housing-prices-inflation-since-1900.html)

이해를 돕기 위해 앞의 그래프를 올린 블로거의 분석을 덧붙이면, 1914~1918년 동안 지속된 제1차 세계대전과 1918년의 스페인독감의 영향으로 1916년 이후 집값이 하락했다. 제2차 세계대전이 발발하자 심각한 물자 부족으로 인해 집값은 상승하기 시작한다. 전쟁이 종료된 1945년 이후에는 모든 물자에 대한 수요가 급증하고 베이비붐을 맞이하면서 집에 대한 수요 역시 뛰어올랐다. 뿐만 아니라 제대군인원호법G. I. Bill에 따라 수백만 명의 퇴역 군인들이 주택 구입 시 계약금을 내지 않아도 되도록 하고 거기에 융자까지 저금리로 제공함에 따라 주택 소유율이 크게 높아졌다. 덕분에 집값도 큰 폭의 상승압력을 받았다.

그러고는 1996/1997년부터 집값이 다시 폭등하기 시작한다. 이때는 전혀 전쟁과 같은 극적인 사건이 일어나지 않았다. 가장 직접적이고 명백한 원인은 역시 "사상 최저의 금리, 위험한 신규 모기지 상품(변동금리 저당대출 등)의 성장, 매우 허술한 대출 기준, 위험한 모기지들을 증권화하고 이것들을 묶어서 리스크를 모호하게 분산시킨 패키지 투자 상품으로 탈바꿈시키는 새로운 능력으로 꼽을 수 있다"는 게 이 블로거의 설명이다.

이렇게 인플레이션을 반영해놓고 보니 놀랍게도 앞의 그래프에서 나타나듯이 1900년부터 2012년까지 미국의 연간 주택가격 지수 상승 평균치는 0.1%밖에 되지 않는다. 오늘날 주택가격도 다시 100~120지수 범위로 수렴했다!

주택가격이 평균적인 실물 가치에 가까운 수준으로 복귀했다는 얘기이다. 말하자면 거품이 터지면서 가상세계에서 현실로 돌아온 것이다. 하지만 그 현실은 예전과 다르게 더 참혹했다. 우선 2008년을 기점으로 리먼 브라더스Lehman Brothers를 비롯한 수많은 금융기관들이 도산하기 시작했다. 2008년 이전의 5년 동안에 문 닫은 은행이 10개뿐이었던 데 반해

2008년부터 2012년까지는 총 465개의 은행이 문을 닫았으니 대공황 이후 미국 최대의 금융 위기로 여겨질 만하다.

그러나 여기서도 이 책에서 말한 자본주의의 특징, 즉 피라미드 강자 끼리의 경쟁에서 더 큰 피라미드 강자가 살아남아 독점적 지위에 오르는 원리가 끼어든다. 많은 은행들이 문을 닫은 만큼 그 속에서 살아남은 거대 은행들은 더 큰 강자로 등극했다.

게다가 거대 은행들이 경제에 미치는 영향이 너무 커서 이대로 실패하게 내버려두면 금융 부문뿐만 아니라 경제 전반이 심각한 위기에 처한다는 논리에 따라 미국 정부는 이들에게 구제금융까지 제공했다.

대체 얼마나 받았을까? 원래는 2008년 10월 통과된 부실자산구제 프로그램Troubled Asset Relief Program에 따라 미 재무부가 거대 은행들의 구제금융으로 7,000억 달러를 쓰기로 한 것으로 알려졌었다. 그런데 2011년 11월 도드-프랭크 금융개혁법Dodd-Frank Wall Street Reform and Consumer Protection Act에 의거하여 의회가 연방준비은행에 대해 회계감사를 실시해보니, 연방준비은행은 거대 은행들에게 7,000억 달러 규모의 첫 구제금융만 퍼준 게 아니라 이후에도 계속해서 비밀리에 구제금융을 집행했으며, 결과적으로 2007년부터 2010년까지 쏟아부은 구제금융 총액이 무려 16조 달러가 넘었던 것으로 밝혀졌다.[257] 이는 2010년 한 해 미국의 GDP인 14.58조 달러보다도 더 많은 금액이다. 미국에서 일 년 내내 생산해낸 총가치보다 더 많은 것을 구제금융에 쏟아부은 셈이다. 이 보고서가 미국 의회의 의원들에게 공개되었는데도 버니 샌더스Bernie Sanders, 1941- 상원의원 외

---

257 Rex Dexter, "Have You Heard About The 16 Trillion Dollar Bailout The Federal Reserve Handed", http://investmentwatchblog.com/have-you-heard-about-the-16-trillion-dollar-bailout-the-federal-reserve-handedmore-dots-connected-on-fed-and-its-sacking-of-american-taxpayers/

에는 아무도 이에 대해 입도 뻥긋하지 않았다.[258]

또 다른 문제는 은행에게 돈을 어디에 어떻게 쓸지에 대한 조건을 요구하지 않은 채 구제금융을 제공했다는 것이다. 그러다 보니 그 자금을 인수합병 목적에 사용하여 더 큰 독과점으로 성장한 은행들도 있었다. 제이피모건체이스J P Morgan Chase & Co와 베어스턴스The Bear Stearnes Companies, Inc , 웰스파고Wells Fargo & Company와 와코비아Wakobia, 뱅크오브아메리카와 메릴린치Merrill Lynch가 그런 경우였다.[259] 2012년 9월 15일자 《허핑턴 포스트The Huffington Post》의 기사를 읽어보자.

웰스파고의 경우 와코비아를 삼키면서 크기가 2배로 커졌다. 현재 7,000만 명의 고객을 두고 있고, 모기지 대출 6건 중 1건을 관리한다. 뱅크오브아메리카의 자산은 2008년 1조 8,000억 달러에서 2조 1,000억 달러로 증가했다.
2조 3,000억 달러 자산 규모의 미국 최대 은행인 제이피모건체이스는 2002년 때보다 거의 3배의 상태를 유지하고 있다.[260]

현재 은행 총자산의 70%는 거대 은행 12개에 의해 지배된다. 다음 543쪽 도표들의 추이를 보면 은행들의 독과점은 더 심화되어 실패하게 내버려두기에는 '너무 크다'고 했던 때보다도 오히려 '더 커진' 상태임을 알 수 있다.

---

258 버니 샌더스가 이와 관련해 자신의 홈페이지에 올린 글. "The Fed Audit", July 21, 2011, http://sanders. senate.gov/newsroom/news/?id=9e2a4ea8-6e73-4be2-a753-62060dcbb3c3

259 Mike Collins, "The Big Bank Bailout", July 14, 2015, http://www.forbes.com/sites/mikecollins/2015/07/14/the-big-bank-bailout/#1b080c6d3723

260 Ben Hallman, "Four Years Since Lehman Brothers, 'Too Big To Fail' Banks, Now Even Bigger, Fight Reform", September 15, 2012, https://www.huffingtonpost.com/2012/09/15/lehman-brothers-collapse_n_1885489. html

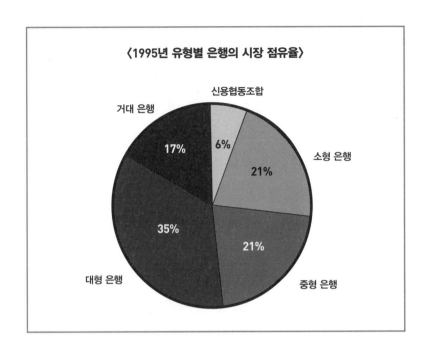

〈1995년 유형별 은행의 시장 점유율〉

신용협동조합

거대 은행

소형 은행

6%

21%

17%

35%

21%

대형 은행

중형 은행

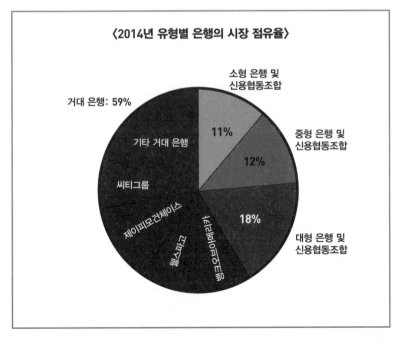

〈2014년 유형별 은행의 시장 점유율〉

소형 은행 및
신용협동조합

거대 은행: 59%

중형 은행 및
신용협동조합

기타 거대 은행

11%

12%

씨티그룹

18%

제이피모건체이스

웰스파고

뱅크오브아메리카

대형 은행 및
신용협동조합

(출처: https://ilsr.org/bank-market-share-by-size-of-institution/)

이런 결과는 당연히 자유시장의 원리를 거스를 뿐만 아니라 전도된 보상에 따른 것이 아닐 수 없다. 2008년 11월 24일 미국의 공화당 하원의원인 론 폴Ron Paul, 1935-은 이렇게 썼다.

"실패한 회사들에게 구제금융을 제공해주는 것은 생산적인 자한테서 돈을 강탈해서 실패한 자에게 갖다 주는 것과 같다. 다시 말해, 다른 기업들이 자원을 보다 생산적인 데에 더 잘 쓸 수 있는 기회를 뺏어다가 쓸모없고 지속 불가능한 사업 모델에 몰두하는 기업에게 제공해준 것이다. 자유시장의 건강에 필수적인 요소는, 성공이든 실패든 다 자기가 자초한 대로 가도록 내버려둬야 한다는 것이다. 하지만 구제금융을 제공해주면 보상을 거꾸로 해주는 꼴이 되고 만다."[261]

이러한 상황을 빗대어 마이크 콜린스Mike Collins는 《포브스Forbes》 지에서 "주택 거품 기간 동안, 월스트리트는 '자유시장' 자본주의의 심장부로 여겨졌었으나, 완전히 붕괴될 위험에 처하자 정부와 납세자들에게 무릎 꿇고 긴급 구제를 구걸하는 '사회주의자'가 되었다"고 비꼬았다.[262]

반면, 주택시장 거품 붕괴로 인해 파산했거나 파산 직전으로 내몰린 수백만 가구는 이렇다 할 구제를 받은 바가 없다. 오바마 행정부가 끝날 때까지도 대출금 상환을 못 해 주택 압류의 위기에 처한 일반 국민(주택 소유자)들을 돕는 조치는 전혀 취해지지 않았다. 이런 걸 보면, 마틴 루터 킹Martin Luther King, 1929-

---

261 Ron Paul, "The Bailout Surge", November 24, 2008, https://www.ronpaul.com/2008-11-24/oh-no-not-another-bailout/

262 Mike Collins, "The Big Bank Bailout", http://www.forbes.com/sites/mikecollins/2015/07/14/the-big-bank-bailout/#1b080c6d3723

¹⁹⁶⁸ 때부터 얘기되었던 바대로 부자에게는 사회주의, 중하위층에게는 개인주의적 자유경쟁이 시행된 셈이다.

다음은 미국의 재정 상태를 보여주는 그래프이다.

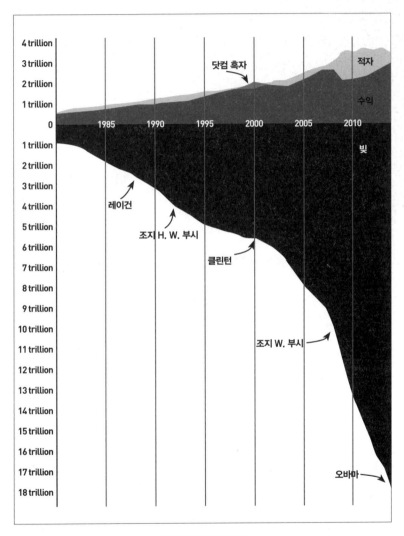

〈미국의 재정 상태〉

(출처: Prepared by: on Gabriel, Richchet.com / Source: U.S. Treasury, June 2015)

2017년 미국의 빚은 19.85조 달러로 거의 20조 달러에 육박한다. 참고로 2016년 미국 GDP는 18.03조 달러였다. 현재 미국 정부는 이자만 갚는 데에도 세입의 15%를 써야 한다. 그나마 제로 금리가 유지되어온 상태에서 그렇다.

지난 과거의 역사를 돌아보면 오늘날의 이 빚의 규모가 상대적으로 어느 정도인지를 가늠할 수 있다.

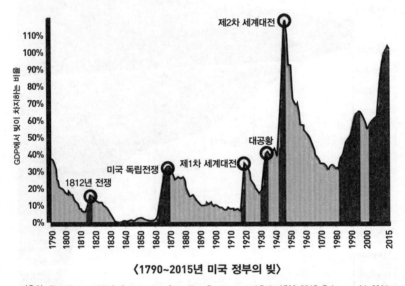

〈1790~2015년 미국 정부의 빚〉

(출처: The History of U.S. Government Spending, Revenue, and Debt 1790-2015, February 16, 2016, http://metrocosm.com/history-of-us-taxes/)

위 그래프의 추이를 보면 전쟁 때 많은 돈을 빌렸다가 갚아나가고 그러다가 또다시 전쟁이 발발하면서 돈을 빌리는 패턴을 반복하고 있다. 미국 정부가 1946년에 제2차 세계대전을 위해서 진 빚은 GDP 대비 약 118%였다. 그런데 최근 미국의 빚 규모는 그때 빌렸던 금액 수준에 버금간다. 이미 2012년부터 국가 부채가 GDP 대비 100%를 넘어섰고 이후에도 계속해서 늘고 있다. 대규모 세계적 전쟁이 난 것도 아닌데 빚이 급격히 늘고 있는 것이다. 이는 거품이 꺼지면 또 다른 거품으로 경기를 부양하고 그것이 꺼지면 또다시 더 큰 거품으로 경기를 부양해온 결과로 분석된다.

국가 부채가 GDP 대비 100%가 넘는 나라는 미국뿐만이 아니다. 아래의 그래프에서 확인되듯이 2016년 기준, 일본, 그리스, 레바논, 이탈리아, 포르투갈, 싱가포르, 스페인 등 세계의 약 17개국이 여기에 속했고, 이 수준에 근접한 나라들도 많다. 영국, 프랑스, 캐나다 같은 부유한 나라도 포함된다.

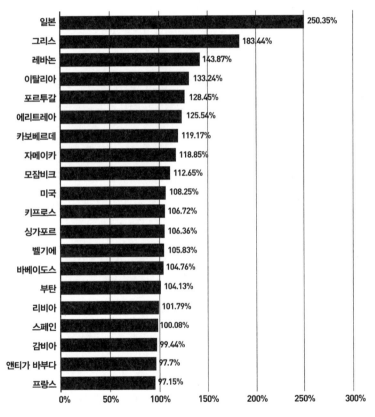

〈2017년 GDP 대비 국가 빚이 많은 20개 국가〉

(출처: The 20 countries with the highest public debt in 2017 in relation to the gross domestic product
https://www.statista.com/statistics/268177/countries-with-the-highest-public-debt/)

월러스틴의 표현대로 이제 "세계는 줄을 이은 채무자들을 통해서 돌아간다. 채무자들을 찾을 가능성이 소진될 때까지. 바로 그 시점이 현재 상황이다." 개인과 국가를 가릴 것 없이 말이다. 더 나아가 **세계는 점점 더 빚이라는 이름으로 미래의 부를 당겨서 쓰는 방식으로 자본주의의 생명을 연장하는 중이다. 다름 아니라, 살아 있는 사람들로도 모자라 아직 태어나지도 않은 후대의 어깨 위에 빚을 전가해가면서까지 현재의 소비를 진작함으로써 말이다. 장차 태어날 후대, 즉 미래에 기생하여 경제를 운영할 수 있다니 얼마나 기상천외한 방식인가.** 이 장의 첫머리에 소개된 그로테스크한 부의 불평등 그래프가 어떻게 가능하게 되었는지 비로소 완전히 납득이 간다.

그러나 이로 인해 이득을 보는 자들은 소수에 국한된다. 미국을 비롯한 앞의 그래프에 나온 여러 국가들은 국가 부채의 원금은 고사하고 '이자'를 갚는 데에만도 천문학적인 액수의 세금을 들이고 있다. 그 이자는 자본주의 시스템상 중요한 소비자로서의 역할을 수행해야 하는 국민의 소비 자금이 아니라 소수의 금융계 자본가들의 지갑 속에 점점 더 쌓이게 된다. 그 결과가 앞에 소개된 전 세계 부의 불평등 그래프에 그대로 나타나 있는 것이다. 이런 식의 자본주의는 이론적으로 언제까지나 지속 가능하지 못하다. 물론 최후의 순간까지도 소수의 특권층은 다른 나머지보다 상대적으로는 더 유리한 생존 조건을 누리겠으나 그것은 그 소수에게도 최악의 상황일 것이며, 정말로 그 지경으로 갈 각오가 아니라면 그 사이에 더 좋은 방법을 선택하는 게 현명하다.

이 모든 것은 거대 은행들이 우리 모두의 '게임의 룰'을 자기들 필요에 따라 멋대로 주무를 수 있었기에 가능했다. 규칙을 자기 입맛대로 바꾸는 일은 과거의 왕에게나 부여되었던 특권이다. 그런데 오늘날 국민 전체가 갖고 있어야 할 민주적 권한을 거대 은행들이 독점적으로 휘두르고 있는 것이다.

사실 피라미드 구조가 존재하는 한, 그 꼭대기에 있는 자들은 누구든 멋대로 규칙을 바꿀 수 있고 또 그렇게 해왔다. 자본주의 피라미드의 꼭대기에 오른 자들 역시 갖가지 이데올로기를 그럴싸하게 포장하여 내세웠지만 여하간 결과적으로 그들이 성공시킨 것은 자신들의 부와 권력을 늘리거나 유지하는 데 유리하게끔 사회 시스템을 설계하는 일이었다. 가령 이럴 땐 자유시장 원리를 내세우고, 저럴 땐 사회주의 원리도 슬쩍 가져와서 명분으로 내세웠었다. 하지만 '자유시장이냐 사회주의냐', 혹은 그중 '어느 쪽이 더 좋으냐'나 그중 '어떤 조합이 더 좋으냐' 식의 논란으로 빠지는 것은 문제만 호도할 뿐이다. **지금쯤 우리가 깨달아야 할 것은 자유시장에 대한 찬양이나 사회주의에 대한 이념적 비판 같은 것들은 어차피 상관없는 한낱 '도구'였을 뿐이라는 점이다. 그것이 먹힐 만한 상대에게 휘두르는 일종의 무기들이고, 그것이 먹히지 않는 상대에게는 또 다른 무기를 꺼내들면 그만이다.** 다시 말해, 상대편의 무지 내지 비대칭적 정보에 의존한 전략이다. 그런 도구에 휘둘리는 것은 무의미한 짓이다. 이제는 도구가 아니라 그 도구로써 누군가가 손에 넣고자 하는 것이 무엇인지를 직시해야 할 때이다.

오늘날 거대 은행들이 손에 넣은 것은, 여러 규제완화를 통해서 규칙을 무력화시킴으로써 암세포처럼 통제력 밖으로 벗어나 멋대로 증식해나갈 길을 뚫는 도구이다. 사실 연방준비은행 자체가 그 직접적 증거이기도 하다.

1913년에 설립된 연방준비은행은 연방과는 아무런 관련이 없는 민간 법인, 그러니까 민간인이 소유한 사기업이다. 연방준비은행의 웹사이트에 "주주들은 6%의 연간 배당금을 받는다"고 나온 문구가 이를 증명한다. 그렇지만 주식거래소에서 지분이 거래되지는 않기 때문에 현재 누가 소유하고 있는지는 정확히 추적이 되지 않은 채 철저히 은폐된 비밀로 남아 있다. 다만 엘렌 H. 브라운Ellen H. Brown의 『달러Web of Debt』에 따르면, 민간 은행 컨소시엄이 소유하고 있으며 그중 시티뱅크Citybank와 제이피모건 체이스가 대주주로 알려져 있다.[263]

연방준비은행은 연방준비은행폐(달러 지폐)를 보증해줄 금이나 은도, 준비금도 가지고 있지 않음에도 천문학적인 돈을 그냥 찍어낼 수 있다. 컴퓨터에 숫자를 입력하는 간단한 방식으로. 그러고는 미국 정부에게 그 돈을 대출해준다. 그리하여 말 그대로 무에서 돈을 만들어낸 다음 거기에서 나오는 이자로 끝없이 돈을 축적해나갈 수 있는 마술사 같은 존재가 되었다.

연방준비은행은 의회의 감독과 통제도 받지 않고, 아무에게도 책임지지 않는다. 다시 말해, 미국 국민에 의해 선출된 미국 정부의 대통령이나 의회보다 더 높은 곳에서 초법적인 권력을 갖고 있으며, 달러를 통해 전 세계의 경제를 좌지우지한다.

도대체 미국의 중앙은행이 어떻게 민간 기업의 손에 들어가게 되었는지, 바꿔 말해 왜 미국 정부가 직접 통화를 발행해 사용하지 않고, 또는 왜 지폐 발행권을 의회에게 맡기지 않고, 정체를 알 수 없는 민간 은행에게 가서 이자를 주고 빚을 내어 쓰게 되었는지 그 탄생 비화와 몇 백 년에 걸친 역사적 배경에 대해서까지는 여기에서 다루지는 않겠다.

문제는 연방준비은행의 배후에 있는 거대 민간 은행들이 대중이 속속들이 알기 어려운 신종 금융 기법들을 무기 삼아 거품경제를 형성했고, 중산층의 계좌에 있는 돈뿐만 아니라 놀랍게도 미래의 돈까지 약탈해가고 있다는 것이다. 이런 식의 '지배력 부풀리기'로 이윤 창출을 지속시키는 행

---

263 엘렌 H. 브라운, 이재황 역, 『달러』 (서울: AK, 2009), p.56.

태는 앞서 말한 대로 기생충이나 암처럼 사회를 숙주로 삼는 짓이다.

정부의 요직과 의회를 장악한 금융계

이 모든 현상의 원인이자 결과는, 돈이면 거의 뭐든지 할 수 있는 자본주의 사회에서 금융계의 거대 자본가들이 가진 영향력이 일반인들의 상상을 초월할 정도로 커지고 있다는 것이다. 그중 몇 가지만 살펴보면 이렇다.

우선 금융계의 거대 자본가들이 미국 대통령 주위의 중요 자리를 차지하고 있다. 미국에서 개인은 특정 후보에게 일정 금액 이상을 기부할 수 없도록 되어 있지만, 대신 이런 제도를 무력화시킬 수 있는 옆문이 활짝 열려 있다. 이익단체들이 만드는 선거운동 조직을 뜻하는 슈퍼팩PAC, Political Action Committee을 통하면 개인과 기업들로부터 무제한으로 자금을 모금해서 특정 후보를 지원하거나 반대하는 데 쓸 수 있는 것이다. 이 때문에 돈만 있으면 1인 1표가 아닌 1달러 1표식으로 미국 대선후보의 당락뿐 아니라 정책 방향을 좌우할 정도의 영향력을 행사할 수 있다. 현실적으로 대선 후보는 슈퍼팩에 의존하지 않으면 안 될 뿐 아니라 대통령이되고 나서도 슈퍼팩에 기부한 후원자들의 영향력에서 벗어나기가 대단히 어려운 구조이다. 미국의 저술가 미셸 말킨Michelle Malkin, 1970-은『기만의 정권Culture of Corruption』에서 오바마의 사례를 통해 그 실상의 단면을 다음과 같이 보여준다.

오바마는 2009년 3월에 구제금융을 받은 AIG가 임직원에게 보너스를 주었다고 비판했다. 구제금융을 승인한 사람은 다름 아닌 오바마가 직접 뽑은 팀 가이스너Timothy Geithner, 1961- 재무장관이었지만 지엽적인 문제는 잠시 접어두자. (…) 재미있는 사실은 그렇게 돈을 번 AIG가 2008

년 대선 기간에 오바마에게 10만 4,332달러나 후원했다는 것이다. 또한 AIG는 2004년 이후로 민주당이 후원금으로 받은 260만 달러의 60%를 냈다. (…) 그러나 현재 대통령 주위에 포진한 거물 금융인 출신들을 보면 '탐욕의 윤리'가 그의 세계에 얼마나 깊이 뿌리 내렸는지 알 수 있다. 오바마 부부가 대선 기간 동안 비난했던 월스트리트의 도박꾼들은 거침없이 후원금을 퍼주었다. 민의부응정치센터에 따르면 헤지펀드와 사모펀드들은 2008년 대선 기간에 299만 2,456달러의 후원금을 오바마에게 건넸다. 모금책을 통한 후원관행을 비판했던 오바마는 억만장자 헤지펀드 매니저인 제임스 토리James Torrey, 폴 튜더 존스Paul Tudor Jones, 케네스 C. 그리핀Kenneth C. Griffin이 같은 방식으로 모은 35만 달러가 넘는 돈을 기꺼이 받았다.

오바마 진영에 후원금을 모아준 모금책 중 100명 이상이 투자회사 CEO이거나 펀드매니저였고, 20여 명은 리먼브라더스, 골드만삭스, 시티그룹 같은 거대 금융사 소속이었다.[264]

미셸 말킨에 따르면, 오바마는 대선 유세 연설에서 부시의 실패한 경제정책을 1년도 더 지속할 수 없다고 말해놓고 정작 대통령이 되고 나서는 부시와 다름없이 정부가 나서서 국민의 세금으로 위태로운 기업들을 구제해주는 일을 월스트리트의 유력인사들에게 맡겼다. 이와 관련된 부연설명을 들어보자.

오바마 정부에는 항상 골드만삭스의 심부름꾼들이 들어올 자리가 마련

---

264 미셸 말킨, 김태훈 역, 『기만의 정권』(서울: 시그마북스, 2010), pp.200–201.

되어 있다. 로비스트를 멀리하겠다던 오바마의 공약은 깨어진 지 오래이다. 팀 가이스너 재무장관은 2009년 1월에 골드만삭스의 로비스트였던 마크 패터슨Mark Patterson을 7,000억 달러의 부실자산 구제자금을 감독하는 비서실장에 앉혔다. 7,000억 달러 중 100억 달러는 골드만삭스에 지원되는 돈이었다. 정부 감시단체인 '책임과 윤리를 위한 시민들'은 "정부는 말과 다른 행동을 하고 있는 것으로 보인다"라는 심히 얌전한 논평을 내놓았다.[265]

도널드 트럼프Donald Trump, 1946- 대통령 역시 주요 경제 부처 장관에 골드만삭스와 월스트리트 부호를 임명했는데, 재무부 장관인 스티븐 므누신Steven Mnuchin, 1962-은 헤지펀드 매니저이자 골드만삭스 트레이더 겸 은행 최고책임자 출신으로서 트럼프의 캠페인 선거 자금 모금 담당자 역을 맡았던 사람이다. 그는 앞서 이 책에서 서브프라임 모기지 사태 때 일확천금을 번 당사자로 언급되었던 존슨 A. 폴슨을 트럼프의 기부자로 끌어들일 수 있었다. 《워싱턴 포스트Washington Post》는 2016년 11월 30일자 보도에서 트럼프 정부의 초대 내각은 미국 근현대 역사상 가장 부유한 행정부가 될 것으로 보인다고 지적했다.

금융계의 거대 자본가들의 영향력은 정부의 요직에만 국한되지 않는다. 미국의 의회는 누가 장악하고 있을 것 같은가? 이를 한눈에 보여주는 도표가 있다. 554쪽의 도표는 상원의원을 정당별로가 아니라 산업별로 앉혀놓아서 어느 산업이 각 의원들에게 이제껏 가장 많은 돈을 댔는지를 나타낸 것이다. 압도적으로 높은 비율을 차지하는 게 금융, 보험, 부동산

---

265 미셸 말킨, 김태훈 역, 『기만의 정권』, p.227.

이고, 그 다음이 변호사, 로비스트이다. 하지만 오늘날 보험, 부동산은 금융계와 서로 엮여 있고, 변호사와 로비스트 역시 그 고용주는 대기업이고 그 대기업을 움직이는 소유자들은 대주주들, 즉 대투자자들인 만큼 결국 금융계와 한 무대 위에서 활동하는 사람들이라 할 수 있다.

미국에서 법이 만들어지려면 상·하원의 동의와 대통령의 승인이 필수적으로 요구되는데, 이렇게 상원의원의 절대적 다수가 금융계로부터 가장 많은 후원을 받는 이들로 채워져 있는 것이다.

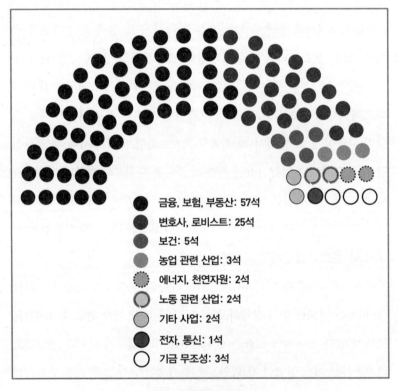

〈미국 상원의원 구성〉

(출처: Who Owns Congress? A Campaign Cash Seating Chart, Mother Jones,
http://www.motherjones.com/politics/2010/10/congress-corporate-sponsors/#)

실물 경제에까지 손을 뻗친 금융계

이렇게 정부와 의회를 장악한 거대 은행들과 금융계는 경제의 근간인 실물 경제에까지 손을 뻗치고 있다. 거대 은행들은 우라늄 광산, 석유 제품, 알루미늄, 공항, 유로 도로, 항만, 전기 소유권 및 운영까지 실물 경제의 중요한 측면까지 좌지우지하고 있다. 가령 모건 스탠리는 석유 저장 역량을 갖춰놓고 유조선과 파이프라인을 통제한다. 골드만삭스는 우라늄 무역회사와 석탄 광산을 소유한 바 있다.

이들은 심지어 다양한 상품 가격을 조작까지 한 것으로 밝혀졌다.《뉴욕타임즈The New York Times》의 보도에 따르면, 골드만삭스는 알루미늄을 사재기한 후 이 창고 저 창고로 돌리며(일일 창고 배출량 3,000톤 규정을 피해가기 위해) 시중으로의 알루미늄 출고를 지연시키는 방식으로 알루미늄 값을 폭등시켜 소비자로부터 수십억 달러를 뜯어냈다. 로이터Reuter의 "골드만의 새로운 수익 모델: 창고"라는 기사 제목이 말해주듯 이 거대 은행은 쌓인 게 돈이다 보니 알루미늄을 사서 쟁여둘 창고 하나만 갖고도 이 원자재를 필요로 하는 음료 캔에서부터 비행기 관련 산업까지 갖가지 산업을 쥐고 흔들 수 있었던 것이다. 알루미늄뿐만 아니라 다른 각종 원자재에도 이와 같은 방식을 적용하면 거의 모든 산업을 한 손에 쥐고 흔들 수 있다는 이야기가 된다. 그게 자본 집중에 의한 독과점의 대표적 폐해이다. 실제로 제피이모건도 구리에 대해서 똑같은 짓을 했던 것으로 알려졌다. 그래서 그로 인해 손해를 봤다고 주장하는 일본의 스미토모 종합상사Sumitomo Corporation가 제이피모건을 상대로 소송을 제기하기도 했다.[266]

---

[266] http://www.reuters.com/article/us-lme-warehousing-idUSTRE76R3YZ20110729; http://www.washingtonsblog.com/2013/07/big-banks-busted-manipulating-aluminum-and-copper-prices.html; http://www.nytimes.com/1999/08/14/business/sumitomo-sues-j-p-morgan-for-role-in-copper-debacle.html

다음은 이런 문제와 관련해 미국의 의원 4명이 연방준비위원회에게 보낸 경고장의 일부이다.

제이피모건 같은 거대한 기업이 여러 나라에서 신용 카드와 모기지도 발행하고, 지방 채권도 관리하고, 휘발유와 전력도 판매하고, 대형 유조선도 운영하고, 파생상품도 거래하고, 공항도 소유·운영한다는 것은 엄청난 경제적 위험 요인으로 보인다. 금융 시스템이 산업 경제 및 공급망과 깊이 연결되면 시스템 리스크라는 것이 발생한다. 이런 거대 글로벌 기업 내에서 일어나는 일을 감독할 만한 규제 기관이 사실상 존재하지 않기 때문이다.[267]

거대 은행들은 상품을 대상으로 투기까지도 일삼았다. 1990년대 초, 거대 금융 기업들은 상품 생산자도 구매자도 아닌데도 마치 '실제' 상품 생산자나 소비자인 것처럼 취급받을 수 있는 허가를 상품선물거래위원회로부터 받아냈다. 이로써 거대 은행들은 자신이 소유하지도 않은 상품의 손실에 '대비'를 할 수 있게 되었다. 쉽게 말해 남의 상품의 가격 등락을 놓고 투기를 하는 게 가능해진 것이다. 이후 상품 투기는 폭발적으로 늘어났다. 2003년에는 상품 시장 부분에서 투기 규모가 290억 달러 정도였으나 2007~2008년에는 3,000억 달러가 넘었다.[268]

레빈Carl Levin, 1934- 상원의원도 관련 조사결과를 발표하면서 이렇게 말했다.

---

267 "Big Banks Busted Manipulating Aluminum and Copper Prices", July 21, 2013, http://www.washingtons blog.com/2013/07/big-banks-busted-manipulating-aluminum-and-copper-prices.html
268 "The Big Banks and Commodities Future Trading Commission Conspired to Hide Speculation from Congress", June 3, 2013, http://www.washingtonsblog.com/2013/06/the-big-banks-and-commodities-future-trading-commission-conspired-to-hide-speculation-from-congress.html

월스트리트가 대대적으로 현물 상품에 관여하는 것이 우리의 경제, 제조업, 시장을 위험에 빠뜨리고 있다. 이제 은행업과 상업을 다시 분리시킴으로써 월스트리트가 사적인 정보를 이용해 이득을 취하면서 산업과 소비자에게 피해를 입히지 못하도록 막아야 할 때이다.[269]

미국이 민주주의 국가인지에 대한 의문

이런 일은 진정으로 민주적인 사회에서라면 일어나지 않거나 일어났더라도 진작 더 쉽게 개선되었어야 할 일이다. 같은 맥락에서 미국이 진정한 의미에서 민주주의 국가인지에 대해 의문을 제기하는 목소리가 늘어나고 있다. 그중 한 사람인 제리 크로스Jerry Kroth 박사는 자신의 저술인 『속았다!: 망상, 부정, 그리고 아메리칸 드림의 종말Duped!: Delusion, denial, and the end of the American dream』을 통해 미국이 현재까지 240여 년 동안 다수가 통치하는 민주주의 국가였다는 믿음 전체가 착각에 불과하다는 근거를 제시한다.

우선 헌법 수정 제19조가 통과된 1920년까지 인구의 절반인 여성에게 투표권이 없었다. 1872년 뉴욕의 여성 운동가 수전 B. 앤서니Susan B. Anthony, 1820-1906는 미국 대통령 선거에 투표하려 했다는 이유로 경찰에 체포되었다. 여성의 투표는 불법이었던 것이다. 이로써 1920년까지는 미국이 민주주의 국가가 아니었음을 확인할 수 있다.

그렇다면 과연 여성에게 투표권이 부여된 이후에는 민주주의가 실현되었다고 말할 수 있을까? 이에 대한 답을 찾기 위해 제리 크로스 박사는

---

269 "Big Banks Take Huge Stakes In Aluminum, Petroleum and Other Physical Markets ... Then Manipulate Their Prices", November 27, 2014, http://www.washingtonsblog.com/2014/11/big-banks-take-huge-stakes-aluminum-petroleum-physical-markets-manipulate-prices.html/

미국의 상원의원제도가 다양한 유권자를 대표하는지 확인해봤다. 결과는 아래의 표와 같았다.

분류	미국	상원의원 점유율
여성 비율	50%	17%
흑인 비율	13%	1%
히스패닉 비율	14%	2%
억만장자 비율	1%	66%

여성, 흑인, 히스패닉 출신의 상원의원 비율이 모두 현실과 맞지 않는다. 더 눈에 띄는 항목은 억만장자의 비율이다. 미국 인구의 1%가 채 안 되는 억만장자가 상원의석의 66%나 차지하고 있다. 미국 상원의원의 재산은 평균 1,400만 달러인데, 이는 상위 1%의 부자에 드는 조건과 일치한다. 그러니까 평균적인 상원의원은 상위 1% 출신이라는 얘기이다.

미국에서 법이 만들어지려면 상·하원의 동의와 대통령의 승인이 필요하다. 그러므로 1%의 갑부에 속하는 상원의원들의 동의 없이는 결국 어떤 법도 만들어질 수 없다는 논리가 성립한다.

게다가 상원의원들은 다른 어느 누구에게도 허용되지 않은 특권도 누린다. 그중 하나가 내부자 거래이다. 내부자 거래란 기업 내부의 거물이 직위로 인해 얻은 내부 정보를 이용하여 부당 이득을 취하는 것을 말한다. 미국의 상·하원이 승인해야만 통과될 수 있는 법에 따르면 내부자 거래는 불법이다. 그런데 상원의원들 자신만은(하원의원들과 함께) 예외인 것이다. 그런 점에서 미국은 민주주의 국가라기보다는 금권정치 국가라 보는 게 더 정확하다고 제리 크로스 박사는 결론 짓는다.

이러한 사실은 미국 프린스턴 대학교Princeton University에서 발표한 한 연구 결과를 이해하는 데 도움을 준다. 1981년부터 2002년 기간을 대상으로 프린스턴 대학교에서 실시한 방대한 연구 결과, 부유층은 자신들이 선호하는 법안의 상당수는 통과시키고 선호하지 않는 법안의 상당수는 막아냈던 반면, 평균적인 다수의 시민은 경제적 엘리트 계층이나 이해 집단의 뜻에 반대를 표하더라도 대부분 뜻을 이루지 못한 것으로 드러났다. 심지어 압도적 다수가 정책 변화를 원하는 경우에도 미국 정치 시스템 자체가 기본적으로 현상 유지 쪽으로 기울어 있는 까닭에 대체로 소용이 없었던 것으로 나타났다. 한마디로 정책 입안이 힘 있는 기업 조직과 소수의 부자에 의해 좌지우지되고 있다는 것이다. 이 연구의 결론에서는 "민주주의 사회라는 주장은 심각한 위협을 받고 있다"는 점잖은 표현이 사용되었지만 좀 더 노골적으로 말하면 미국은 민주주의가 아니라 과두정치 내지 금권정치 국가라는 얘기이다.[270]

전 지구화된 자본주의 피라미드의 실체

지난 2011년에 전 지구화된 자본주의 피라미드의 진짜 비밀을 밝혀준 연구결과가 나왔다. 스위스 취리히 연방공과대학의 복잡계 이론가 3명은 전 세계의 모든 다국적 기업들의 세계를 지도로 만드는 연구를 수행했다. 각 기업의 영업 수익과 아울러 출자 네트워크를 통해 기업들의 지배 구조를 보여주는 모델을 구축하여 경제 권력의 구조를 지도로 만들기 위한 것이었다. 여기에는 수백만 개의 행성 및 별의 카탈로그를 제작하는 데 사용되었던 것과 똑같은 컴퓨터 프로그램과 수학 기술이 응용되었다.

---

270 "Study: US is an oligarchy, not a democracy", April 17, 2014, http://www.bbc.com/news/blogs-echochambers-27074746

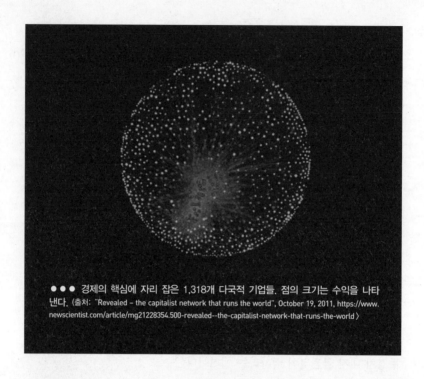

●●● 경제의 핵심에 자리 잡은 1,318개 다국적 기업들. 점의 크기는 수익을 나타 낸다. (출처: "Revealed – the capitalist network that runs the world", October 19, 2011, https://www. newscientist.com/article/mg21228354.500-revealed--the-capitalist-network-that-runs-the-world〉

    연구팀이 전 세계에 존재하는 기업들 가운데 상위 4만 3,060개의 다국적 기업들만 뽑아서 분석해본 결과 놀라운 사실이 발견되었다. 최종적으로 상위 147개의 다국적 기업이 전 세계의 1,318개 기업들의 지분을 소유하고 있고, 그 1,318개 기업들이 다시 전 세계의 4만 3,060개 기업들의 지분을 소유하고 있었던 것이다. 더욱 놀라운 사실은 이들 147개의 다국적 기업들이 서로 분리되어 경쟁을 벌이고 있는 것처럼 보이지만 사실 한 몸이나 다름없다는 것이다. 연구팀은 이들을 하나의 '초거대 실체super entity'라고 불렀는데, 이들이 보유한 소유권은 전부 초거대 실체의 멤버들끼리 상호 연결되어 있었다. 이들의 부는 전 세계의 부의 40%를 지배한다. 그중에서도 상위 49개 기업은 모두 다 은행 아니면, 보험, 투자, 지주 회사 같은 금융계이다. 제이피모건체이스나 골드만삭스 그룹도 여기에 포함된다. 결국 서로 동맹관계에 있는 소수의 금융계가 일종의 연합체처럼 전 세계의 산업계 전반을 지배하고 있다는 근거가 제시된 셈이다.

■ 상호 연결된 세계 50대 초대형 기업(NewScientist.com):

1. 바클레이스 은행Barclays plc (은행)

2. 캐피탈 그룹 컴퍼니스Capital Group Companies Inc (금융)

3. FMR 코퍼레이션FMR Corporation (금융)

4. AXA (보험)

5. 스테이트 스트리트 코퍼레이션State Street Corporation (금융)

6. 제이피 모건 체이스JP Morgan Chase & Co (은행)

7. 리걸 앤드 제너럴 그룹Legal & General Group plc (보험)

8. 뱅가드 그룹Vanguard Group Inc (금융)

9. UBS AG (금융)

10. 메릴 린치 앤드 컴퍼니Merrill Lynch & Co Inc (금융)

11. 웰링턴 매니지먼트Wellington Management Co LLP (금융)

12. 도이체 방크Deutsche Bank AG (은행)

13. 프랭클린 리소시즈Franklin Resources Inc (금융)

14. 크레딧 스위스 그룹Credit Suisse Group (금융)

15. 월튼 엔터프라이지즈Walton Enterprises LLC (지주회사)

16. 뱅크 오브 뉴욕 멜론Bank of New York Mellon Corp (은행)

17. 나티시스Natixis (은행)

18. 골드만삭스 그룹 (금융)

19. 티 로우 프라이스 그룹T. Rowe Price Group Inc (금융)

20. 레그 메이슨Legg Mason Inc (금융)

21. 모건 스탠리 (금융)

22. 미쓰비시 UFJ 파이낸셜 그룹Mitsubishi UFJ Financial Group (금융)

23. 노던 트러스트Northern Trust Corporation (금융)

24. 소시에테 제네랄$^{Société Générale}$ (은행)

25. 뱅크 오브 아메리카$^{Bank of America Corporation}$ (은행)

26. 로이즈 TSB 그룹$^{Lloyds TSB Group plc}$ (금융)

27. 인베스코$^{Invesco plc}$ (금융)

28. 알리안츠 에스이$^{Allianz SE}$ (금융)

29. 미국 교직원 퇴직 연금기금^{TIAA} (금융)

30. 올드 뮤추얼 퍼블릭 리미티드$^{Old Mutual Public Limited Company}$ (금융)

31. 아비바$^{Aviva plc}$ (금융)

32. 슈로더스$^{Schroders plc}$ (금융)

33. 닷지 앤드 콕스$^{Dodge \& Cox}$ (금융)

34. 리먼 브라더스 홀딩스$^{Lehman Brothers Holdings Inc*}$ (금융)

35. 썬 라이프 파이낸셜$^{Sun Life Financial Inc}$ (금융)

36. 스탠다드 라이프$^{Standard Life plc}$ (금융)

37. CNCE (금융)

38. 노무라 홀딩스$^{Nomura Holdings Inc}$ (금융)

39. 예금신탁회사$^{The Depository Trust Company}$ (금융)

40. 매사추세츠 상호생명보험$^{Massachusetts Mutual Life Insurance}$ (보험)

41. ING 그룹$^{ING Groep NV}$ (금융)

42. 브랜디스 인베스트먼트 파트너스 $^{Brandes Investment Partners LP}$ (금융)

43. 우니크레디토 이탈리아노 SPA$^{Unicredito Italiano SPA}$ (은행)

44. 일본예금보험공사$^{Deposit Insurance Corporation of Japan}$ (보험)

45. 에이혼$^{Vereniging Aegon}$ (지주회사)

46. BNP 파리바스$^{BNP Paribas}$ (은행)

47. 아이앤씨 어필리에이티드 매니저스 그룹 Inc$^{Affiliated Managers Group Inc}$ (금융)

48. 레소나 홀딩스 Resona Holdings Inc (금융)

49. 캐피탈 그룹 인터내셔널 Capital Group International Inc (금융)

50. 중국석유화학그룹회사 China Petrochemical Group Company

(* 리먼 브러더스가 아직 존재했던 2007년 데이터가 사용되었음)[271]

이로써 세계적 피라미드의 구조와 그 꼭대기의 비밀이 실증적으로 밝혀진 것이다. 제임스 예거 James Jaeger 감독의 〈기업 파시즘 Corporate Fascism〉이라는 다큐멘터리 영화에서는 이러한 현상을 다음과 같이 서술했다. "오늘날 국가보다 더 커진 다국적 기업이 생겨나 국가와 결탁하면서 전례 없이 새로운 형태의 파시즘이 출현했다. 바로 기업 파시즘이라고 불리는 것이다." 그의 표현을 빌리면 오늘날은 전 세계적 기업 파시즘의 시대인 셈이다.[272]

271 "Revealed – the capitalist network that runs the world", October 19, 2011, https://www.newscientist.com/article/mg21228354.500-revealed—the-capitalist-network-that-runs-the-world
272 Corporate Fascism: The Destruction of America's Middle Class

PART 4
보다 정의로운
수평적 대안 질서를 위하여

Chapter 24
불평등 문제는 정의의 문제이다

개요 ————

지금까지 우리는 정의는 가능한 것인지, 우리 주변에 존재하는 극심한 경제적 불평등과 전쟁, 착취, 차별 등의 원인과 해결책을 알아보기 위해 2부와 3부의 여정을 지나왔다. 2부에서 인간은 근본적으로 어떤 존재이고, 사회란 어떤 원리에 따라 작동하는지를 이해하기 위해 인간이 속한 '생물'의 공통적 특성까지 거슬러 올라갔었다. 그 결과 인간은 다른 생물과 마찬가지로 생물학적인 기대와 안락범위를 타고난 존재일 뿐만 아니라, 다른 사회적 동물 종種들의 집단이 안고 있는 몇 가지 공통적 난제와 사회 질서를 공유한다는 점을 발견했다. 거기에서 얻은 지식을 바탕으로 3부에서는 지난 인류의 역사를 되돌아보았다.

이제 2부와 3부에서 살펴본 내용을 근거로 정의라는 개념이 탄생하기 위한 네 가지 조건은 무엇이고, 그 개념은 어떻게 해서 생겨났는지를 설명하고자 한다. 그런 다음 동물의 서열 질서의 확대 버전인 피라미드 질서가 인간 사회를 지배하는 질서로 유지되어오는 과정에서 어떤 방식으로 지배층과 피지배층을 각각 중심으로 한두 가지 거시적 역사 흐름이 생성되었는지를 규명해볼 것이다.

이어 오늘날 자본주의와 민주주의 시대에 이르러서까지도 그러한 피라미드 질서가 여전히 사라지지 않고 있을 뿐 아니라 경제적 측면에서만큼은 더욱 심화되고 있는 원인을 분석할 것이다. 아울러 앞으로 다가올 4차 산업혁명 시대에 인류에게 닥칠 문제들 역시도 근원적으로는 자본주의식 피라미드 질서의 모순과 맞물려 있는 이유를 밝힐 것이다.

마지막으로 그럼에도 불구하고 언젠가 보다 더 높은 수준의 정의가 자연선택될 가능성이 있는 공존원리라고 보는 이유와, 그러한 보다 정의로운 사회를 이룩하기 위해 우리가 유념해야 할 점은 무엇인지를 제시하겠다.

정의라는 개념이 탄생하기 위한 네 가지 조건 ————————

정의란 개념은 대체 뭣 때문에 어떻게 존재하게 되었을까? 이에 대한 답을 찾기 위해 정의라는 개념의 탄생 조건부터 파헤쳐봐야 할 것이다.

도덕성

정의라는 개념이 탄생하기 위한 첫 번째 조건은 도덕성이다. 정의는 도덕성과 깊은 관련성이 있다. 도덕성은 내면화된 정의이다. 그 뿌리는 생물학적으로 타고난 공감·감정이입과 같은 능력이다. 최소한의 도덕성마저 없는 상태에서는 비록 개별적으로 한시적인 협력이 발생할 수는 있다 하더라도 사회 내 다수 구성원들 사이에서 정의가 수용되어 지속적으로 작동하기는 어렵다. 단지 힘의 원리에 따른 강요와 착취, 흥정, 계산에 따른 거래와 배신만이 판치는 '정글'과는 다르게 공동체다운 '사회'가 구성되고 유지되기 위해서는 기본적으로 구성원들에게 사회적 본능·감정에 기반을 둔 최소한의 도덕성이라도 존재해야 한다.

자연 속에서도, 특히 자식을 양육하는 동물이나 사회적 동물 세계에서도 부모자식이나 가까운 혈연 간에 다양한 정도의 보호 본능과 이타성, 사회성 등은 관찰된다. 앞에서 일부 조류나 펭귄 등의 사례를 통해 부모가 힘을 합쳐 헌신적으로 자식을 돌보는 동물 종들을 살펴봤는데, 자식의 생명이나 굶주림에 대해 공감하고 보살펴주려는 부모의 본능, 그리고 그러한 귀중한 보살핌을 제공하는 부모에 대해 따뜻한 정서적 유대를 맺어본 경험은 도덕성이라는 의식의 발달에 꼭 필요한 근원적인 요소이다. 그 부모와 자식 간에는 도덕성의 원초적 형태 내지 근원적 뿌리라고 인정할 만한 어떤 것이 존재한다고 할 수 있다.

어떤 사람들은 조류나 펭귄의 헌신적인 모성 및 부성 행동은 도덕성보다는 본능에 더 가까운 행동이므로 그것을 인간의 도덕적 행동과 같은 범주의 것으로 보는 것은 무리라고 주장할지도 모른다. 그런 주장 속에는 본능적 행동이 무의식적이고 단순하고 자동적인 것이라면, 도덕적 행동은 그러한 본능만으로 처리하기 어려운 보다 복잡한 사회적 상황 속에서 후천적인 경험, 지식, 갈등, 판단, 선택 따위가 작용한 의식적 행동이라는 의미가 깔려 있다. 물론 옳은 말이다. 우리의 도덕적 행동은 이를테면 온갖 개인적 경험, 정체성, 그때그때의 상황, 사회적 입장 차이, 이해관계, 장단기적 손익 계산, 사회적 평판에 대한 고려, 공동체 의식, 문화, 관습, 규범, 선악 관념, 지식, 헌법이나 민형사상의 법률, 가치 판단, 사리분별 따위가 개입된 의식의 결과물임에 틀림없다.

하지만 위에 언급한 동물의 도덕적인 듯 보이는 본능적 행동이 상대적으로 더 단순한 반응처럼 보인다고 해서 그 도덕적 가치가 덜하다고 보여지지 않는다. 반대로 인간의 도덕적 행동이 반드시 도덕적 우월성을 의미한다고 보지도 않는다. 단지 인간이 처한 사회적 상황이 더 복잡한 만큼 무엇이 도덕적 행동이고 무엇이 비도덕적인 행동인지에 대한 정답을 찾기 어렵거나 아예 정답이 없는 경우도 많아 최종적으로 어떤 행동이 도덕적인가에 대한 판단이나 평가 과정이 더 까다로울 뿐이라고 생각한다.

사실 인간의 도덕성은 상황에 따라 대단히 가변적이고 불완전하기 짝이 없을 뿐만 아니라 아주 형편없는 경우도 허다하다. 가령 민형사법이나 아니면 사회적 평판이나 비난과 같은 처벌 기제에서 조금만 벗어난 곳에 놓이더라도 도덕성이 보잘것없는 수준으로 떨어지는 경우를 종종 볼 수 있다.

깊이 들여다보면 인간의 도덕적 행동을 지배하는 가장 궁극적 요소 역시 무의식적이고 본능적이고 강박적인 어떤 기분, 즉 막연히 느끼는 죄책감이나 양심의 가책 따위의 불편한 마음이다. 만약 인간이 이러한 감정적 상태를 느낄 수 없다면 설혹 무엇이 도덕적 행동인지에 대한 이성적 판단은 가능하다 하더라도 '실천'까지 가기는 어려운 것도 그 때문이다.

이렇듯 인간의 도덕성이라는 것이 알고 보면 궁극적으로는 본능적인 어떤 기분이나 감정과 연결된 것이라면, 동물의 '도덕적인 듯 보이는' '본능적 행동' 역시 실제로 인간의 도덕성과 같은 범주의 것인지 모른다. 만약 인간 사회에서 오래도록 축적된 경험을 통해 공동체 생활에 유용하거나 필수적인 어떤 도덕적 관습이 구성원들의 뼛속 깊이 박힐 경우, 그것이 본능이라는 형태의 생물학적 지식으로 유전자 속에 저장되어 후대에게 전수되지 말라는 법도 없다. 그럴 때 그러한 도덕적 본능이 더 발달된 형태의 도덕성이 아니라고 볼 이유도 없을 것이다. 같은 맥락에서, 조류나 펭귄의 자식에 대한 헌신(인간을 능가할 정도의) 역시 생물학적으로 진화한 도덕성의 발현으로 봐야 할 사안인지도 모른다.

지구상에 생명이 처음 탄생한 그 순간 도덕성이 함께 출현한 게 아니라면 도덕성 자체도 동물이 오랜 세월 동안 가족을 단위로 사회적 생활을 하면서 진화시킨 사회적 본능의 일종일 것이다. 동물의 눈이, 오랫동안 빛을 사용하는 데 적응해온 결과 진화한 생물학적 지식의 발현인 것과 같은 이치로 말이다.

결국 정의가 탄생하기 위해서는 기본적으로 최소한의 도덕성이 존재해야 하는데, 도덕성이 생물학적으로 타고난 것이고 사회와 함께 점점 더 발달해온 것이라면, 정의 역시 그 뿌리는 생물학적 바탕에 있다는 점을 인정하지 않을 수 없다.

생물 간의 호혜적 협력이 이루어지는 상황

정의가 탄생하기 위한 두 번째 조건은, 생물 간의 협력이 이루어지는 상황이다. 좀 더 엄밀히 말하자면 생물 간의 호혜적 협력이 이루어지는 상황이라고 해야 할 것이다. 암묵적으로든 명시적으로든, 협력이란 호혜성을 전제로 발생하는 것이기 때문이다.

생물은 '생물학적인 기대'와 생존에 필요한 '안락범위'를 타고난 존재로서 그러한 기대와 범위의 한계선을 벗어나는 순간 사멸의 위기가 닥쳐오므로 스스로 그러한 기대와 범위를 충족시키는 일에 이기적으로 힘쓰게끔 만드는 '이기적 본능'을 갖고 있다. 이기적 본능은 크게 두 가지 측면으로 발휘된다. 바로 능동성과 보복이다.

우선, 이기적 본능은 생물로 하여금 스스로 생물학적 기대와 안락범위를 유지하는 데 어려움을 안겨주는 문제를 해결하기 위해 능동적으로 움직이게 만든다. 가령 생존을 위협하는 환경에 처했다는 신호가 감각기관을 통해 감지되는 순간 필사적으로 생존에 적합한 환경을 찾아 움직이거나 혹은 만들어내는 데 최우선적으로 자신의 타고난 능력을 발휘한다. 그 다음으로, 이기적 본능은 자신의 생물학적 기대와 안락범위를 해치거나 (실제로 혹은 잠재적으로) 위협하는 상대를 만날 경우 재빨리 공격적인 보복이나 방어 조치(2인칭 처벌)를 취하게 만든다.

협력의 필수 요건 중의 하나는, 아이러니컬하게도, 바로 이 '이기적 본능'이다. 그도 그럴 것이 협력의 목적이 무엇이란 말인가? 협력은 이기성 충족을 위한 전략의 일종으로 발생한다. 혼자서도 이기적 욕구를 충족시킬 수 있다거나, 협력을 통해 서로의 이기성이 충족되지 않는다면 협력이 일어날 하등의 이유가 없다. 다시 말해, 언뜻 이기성과 협력은 서로 모순된 관계로 보이지만 사실은 이기성이 존재하기에 협력도 가능한 것이다.

실제로 게임 이론을 통해 이기적 존재들 사이에서라 할지라도 협력적 행동이 우세할 수 있음이 밝혀진 바 있다. 미국의 정치학자 로버트 액설로드Robert Axelrod, 1943- 가 죄수의 딜레마 상황에서 취할 수 있는 다양한 전략 가운데 가장 성공적인 것을 뽑는 두 토너먼트 대회에서 미국의 수학심리학자 아나톨 레포포트Anatol Rapoport가 제안한 팃포탯Tit for tat 전략이 우승한 사실이 이를 증명한다. 팃포탯 전략이란 상대가 이전에 내게 협력을 했으면 나도 협력하고, 배반을 했으면 나도 배반하되 한 번 응징하고 난 후에는 용서해주는 원칙을 따르는 것이다. 이 대회의 결과는 적당한 조건 하에서는 이기적 개체들 사이에서 자연스럽게 협력이 이루어지고, 그런 다음에는 배반이 난무하는 환경 속에서도 꾸준히 협력적 상호작용이 명맥을 유지하여 끝내 호혜주의로 진화될 수 있음을 보여주었다. 특히 협력으로 인한 생태학적 이익이 존재하는 상태에서 반복적 상호작용이 발생할 경우 효과가 높았다. 영장류, 참새목 새, 고래목과 같이 수명이 길고, 안정적인 집단생활을 하며, 높은 인지력을 가진 동물 분류군에서 전형적인 비

혈연 개체 간의 협력이 나타나는 것도 그런 까닭에서이다.[273]

이와 같이 협력의 목적이 이기성의 충족에 있는 한, 둘 이상의 이기적 당사자들 간에 협력이 이루어지기 위해서는 호혜성이 전제되지 않을 수 없다. 그런데 호혜성이란 당사자들 모두가 호혜성에 불만이나 이의를 제기하지 않을 수 있을 때라야 만족되는 것이므로 결국 호혜성 속에는 공정함에 대한 요구가 내재한다. 이론적으로 따지면, 공정함이란 호혜성이 가장 극대화된 상태를 의미한다. 그리고 정의란 협력에 참여한 당사자가 공정성을 놓고 문제를 제기할 때 생겨나는 가치 개념이다. 그러므로 인간을 비롯하여 모든 생물 개체 간의 협력이 이루어지는 모든 상황에는 잠재적으로 정의의 문제가 대두된다.

무생물이 아닌 생물 사이에서만 정의가 문제로 제기되는 이유 역시 생물의 본질적 속성과 관련이 있다. 동물은 마치 빛을 발하며 타 들어가는 양초처럼 한정된 생애 동안 한정된 에너지를 발휘하다가 죽게끔 되어 있는 존재이다. 또한 각 종마다 다양한 생물학적 기대와 안락범위를 가진 몸을 갖고 태어나는데 그 몸을 작동시키기 위해서는 외부에서 끊임없이 자원을 공급받아 에너지원을 뽑아내는 대사활동을 해야만 한다. 또 그런 가운데서도 다른 천적의 먹이가 되지 않도록 매순간 긴장도 늦추지 말아야 한다. 결국 동물 개체가 다른 개체와 협력을 한다는 것은 한정된 에너지의 일부를 비용으로 지불해야 하는 일이다. 따라서 협력의 대가로 생존이나 생물학적 기대 충족 면에서 이익을 얻을 수 없다면 소중한 에너지를 낭비하거나, 자신의 생명을 치명적인 위험에 노출시키는 꼴이 될 수

273 Lucio Vinicius, *Modular Evolution: How Natural Selection Produces Biological Complexity* (New York: Cambridge University Press, 2010), p.172.

있다. 그런 만큼 의식하든 의식하지 못하든 협력은 경제성과 관련된 문제일 수밖에 없다. 그런 까닭에 협력을 위해 생명 에너지라는 비용을 지불한 대가로 보상을 기대하거나 요구하는 것은 자연스러운 일인데, 바로 그 순간 제기되는 문제가 바로 정의이다.

요컨대 생물에게는 충족되어야 할 이기적 본성이 있기에 서로 간 협력이 가능하다. 그런데 상식적으로 그런 이기적 동물들 사이에 협력이 가능한 경우는 양측 모두에게 협력의 이익이 만족할 만큼 돌아갈 때일 수밖에 없다. 즉, 호혜성이 어느 정도 충족될 때이어야 한다. 어린 자식에 대한 비교적 일방적이고 본능적인 사랑을 제외한다면 호혜성은 협력의 대전제이다.

결국 사회적 협력 관계를 맺는 모든 생물에게 있어서 (1) 이기성과, (2) 협력, (3) 협력으로 인한 이익을 호혜적으로 공정하게 나눠야 한다는 요구, 이 세 가지는 필연적으로 맞물려 있는 것이다. 다시 말해, 정의에 대한 요구는 모든 생물에게 잠재된 어떤 본능적인 경향일 수밖에 없다. 이는 정의가 생물학적 바탕 속에 뿌리를 내리고 있음을 뒷받침한다.

처벌 가능성

여기서 우리는 다시 이런 질문을 하지 않을 수 없다. 그토록 서슬 퍼런 약육강식 법칙의 지배를 받는 이기적 동물 세계에서도 사회 집단은 존재하고 있지 않는가. 사회란 협력을 전제로 이기적 개체들이 형성한 집단인데, 협력을 해야 하는 상황에서는 자연히 정의의 문제가 대두된다고 했으니 당연히 동물 사회에도 정의가 존재해야 하지 않을까? 적어도 원초적 형태의 정의라도 실재하고 있다고 해야 하는 것은 아닐까? 앞서 원초적 형태의 도덕성이 존재한다고 말했듯이 말이다.

이에 대한 대답은 자연스럽게 정의의 탄생의 세 번째 조건인 '처벌 가능성'과 연결된다. 이 역시 생물학적 바탕인 보복 기제에 뿌리를 두고 있다.

자연에서 둘 이상의 생물이 협력할 때에 그로 인한 이익이 각 당사자에게 어느 정도씩 돌아가야 공정한지에 대한 객관적인 정답은 없다. 오직 각자의 자의적 판단에 맡겨질 문제이다. 문제는 어디까지가 공정한지에 대해 서로의 판단이 반드시 일치하란 법도 없는 데다가, 협력을 주고받는 방식이나 내용에 따라서는, 특히 인간 사회의 경우에 그렇듯 장기적으로 지극히 복잡한 고차방정식이 요구될 수 있다는 것이다.

그래서 때로는 뒤늦게야 그것이 불공정한 협력이었음을 알아차리는 경우도 있을 수 있다. 상대가 속임수를 썼거나 중간에 배반을 해서 자기만 일방적으로 이득을 보고 나에게는 손해만 입히는 경우 말이다(물론 내 쪽에서 상대에게 그렇게 할 가능성도 있다). 다시 말해 어떤 식으로든 협력의 호혜성을 해치는 상대, 즉 게임 이론의 용어를 빌려 말하자면 배반자를 만날 가능성이 있는 것이다.

그런데 진정한 의미의 호혜적 협력은 기본적으로 대등한 관계이거나, 아니면 서로를 대등한 관계로 인정하고 존중해주는 이들 사이에서만 가능하다. 똑같은 논리가 정의에도 적용된다.

그러면 기본적으로 대등한 관계란 어떤 관계일까? 그것은 서로가 자신이 협력에 기여한 부분에 대한 적당한 보상을 요구하거나 배반행위를 처벌할 '힘'이나 '보복 수단'을 갖고 있으므로 불의가 적절히 예방되고 통제될 수 있는 관계를 의미한다. 역으로 말하면 협력에 대한 적당한 보상을 요구하거나 배반자를 처벌할 '힘'이나 '수단'을 갖고 있지 않을 경우에는 호혜적 협력이 제대로 이루어지기 어렵고, 따라서 정의는 실현될 수 없다는 것이다. 정의에 대한 잠재적 요구가 존재하는 것과 그것이 현실에서 실현되는 것은 별개의 문제인 것이다.

이것이 의미하는 바는 정의는 흥정과 협상의 산물이라는 것이다. 흥정과 협상이란 당사자들의 행동이 어느 균형점이나 안정 상태로 수렴할 때까지 잠재적으로 무한정하게 행동이나 신호를 교환해가는 작업이다. 그런 흥정과 협상을 위해 사용할 수 있는 최종적 수단, 즉 협력에 대한 자신의 적당한 지분을 요구하기 위해 사용할 힘이나 처벌 수단은 결국 폭력이다. 아니면 그러한 폭력을 사용할 수 있다는 사전 경고로서의 위협이다.

앞에서 언급한 대로 모든 생물, 그중에서도 특히 동물의 이기적 본능속에는 생존에 직간접적 위협을 받았을 때 공격적 보복이나 방어조치를취하는 기제가 포함되어 있다. 바로 그런 점에서 정의라는 개념은 생물의본능적 보복 기제가 있기에 성립할 수 있다고 한 것이다.

자연 속 동물 세계에는 정의가 존재할 수 없다고 하는 이유도 같은 맥락 속에 있다. 동물 세계에서 거의 유일한 처벌 방식은 당사자 간의 보복행위, 즉 폭력적 공격이나 위협 형태의 2인칭 처벌인데, 그것은 강자가약자에게 행하는 것은 쉬워도 약자가 강자에게 하기는 어렵다. 약자는 강자에게 협력에 대한 자신의 적당한 지분을 요구할 '힘'이나 '보복 수단'을갖고 있지 않기 때문이다. 흥정과 협상이 제대로 이루어질 리 없다. 따라서 협력의 이익을 공정하게 나누는 것, 즉 정의는 실현되기 어렵다.

그런 식의 힘의 불균형 속에서는 설사 협력이 이루어지더라도 대단히불공정한 형태의 협력이 될 수밖에 없다. 동물 사회에서 그런 식의 협력을 유지시키는 질서가 바로 '서열 질서'이다. 서열 질서란 상대적 강자와약자 사이에서 2인칭 처벌의 역학관계에 따라 임의대로 형성된 질서이다. 그럼에도 불구하고 동물 개체들이 그러한 불공정한 질서를 받아들이고 사회를 유지시키는 이유는 비록 협력으로 인한 이익이 호혜적으로 공정하게 나눠지지는 않더라도 불공정하게나마 나에게도 어느 정도 돌아오기 때문이다. 2부에 나온 물고기 집단의 사례에서 봤듯이 적어도 어느 한도까지는 서열 질서가 주는 이익이 불편보다 조금이라도 더 크기 때문이다.

그러나 엄밀히 말하면, 이러한 서열 질서는 협력의 이익을 호혜적으로 공정하게 나눠주지 못한다는 점에서 정의의 원칙에 위배된다. 정의의 원칙을 위배하는 정도가 얼마나 크고 작은지는 인간 사회에서의 경우 일차적으로, 협력의 이익이 얼마나 불공정하게 나눠졌느냐에 따라 각 당사자가 본능적으로 달리 느끼게 되는 '기분'이나 '감정'이 알려줄 것이다. 분노, 짜증, 신경질, 불만, 불쾌 등의 단어로 표현되는 것들이다. 그리고 이차적으로는, '법률'에 정해진 바에 따라 결정되게 된다. 그것은 자연스럽게 정의의 개념이 탄생하기 위한 네 번째 조건인 3인칭 처벌 기제의 존재로 연결된다.

3인칭 처벌 기제의 존재

정의의 개념이 탄생하기 위한 네 번째 조건은 3인칭 처벌 기제의 존재이다. 3인칭 처벌 기제는 거의 인간에게만 고유하게 발달한 처벌 기제이다. 이것이 어떻게 정의의 개념과 연관되는지 살펴보자.

일반적으로 서열 질서를 가진 사회적 동물의 세계에서는 집단의 규모가 일정 수준 이상으로 넘어가기 어렵다. 환경이 바뀌거나 아니면 어린 수컷이 청소년기에 이르면 무리를 떠나 독립하여 새로운 무리를 형성한다든지 하여 결국 사회의 규모가 비교적 작은 상태로 유지되기 마련이다. 사회적 동물이라도 자기가 태어난 무리와 평생을 같이 보내는 종 자체가 극히 드물다. 가장 큰 이유는 집단의 규모가 커지면 먹이 자원과 번식 자원을 둘러싸고 경쟁이 치열해져서 하나의 집단에 속해 있을 만큼 우호적인 관계로 남기가 어렵기 때문이다.

반면 같은 사회적 동물인 인류의 경우, 지난 1만여 기간 동안 인구가 폭발해 전 지구를 뒤덮기에 이르렀다. 각 국가별 인구 규모도 동물 집단과는 비교할 수 없을 정도로 엄청나다. 농경 기술의 발달로 인한 높은 생산성 덕분이다. 그렇다면 서열 질서가 미치기에는 지나치게 초거대 규모인 인간 사회는 과연 어떤 질서에 의해 유지될까?

일단 이 정도의 대규모 인구가 모인 곳에서는 사회적 협력이 도덕성에만 맡겨질 일이 못 된다. 도덕성은 사회적 본능·감정과 1인칭 처벌 기제에 기반하는데, 이는 부모자식이나 혈연, 그 외의 아주 가깝게 지내는 사람들의 한도를 넘어서 무한정 확대될 수 있는 게 못 되기 때문이다. 가족과 같은 친밀한 공동체의 문턱을 넘어서는 순간부터 우리 앞에는 2인칭 처벌이 난무하는 위험한 정글의 세계가 펼쳐진다. 도덕성만으로는 그곳의 수많은 개인들 간의 경쟁이나 입장 차이로 인해 어쩔 수 없이 발생하는 갖가지 이해의 충돌과 갈등을 해결하는 데에 명백히 한계가 있다.

그러므로 인구가 증가할수록 어떻게든 서로가 평화적으로 공존할 수 있는 장치가 마련되지 않으면 안 된다. 그렇지 않으면 홉스가 말한 대로 만인의 만인에 대한 전쟁 상태에 빠져 모두가 피차 불행한 삶을 살 수밖에 없다. 그런데 홉스도 말했듯이 인간 개인들 간의 신체적 차이는 아무리 힘센 강자라도 약자 몇 명이 힘을 합치면 제압하여 죽일 수 있는 정도에 불과하다. 인간은 필요하다면 그런 목적을 위해 협력을 할 줄 아는 뇌도 갖고 있다. 그렇기 때문에 개별적 인간의 신체적 능력 차이는 불평등하다고 할 만한 정도에는 미치지 못하며, 신체적 조건에 기반한 서열 질서만으로 평화를 유지하기란 불가능한 상황이다.

그럼에도 불구하고 인간 세계에는 오랫동안 서열 질서와 유사한 질서가 자리를 잡았다. 서열 질서의 확장 버전인 피라미드식 계급 질서이다. 대체 어떻게 그런 질서가 가능했을까?

한마디로 도구 때문이다. 그 양상은 오늘날의 온라인 게임과 유사하다. 온라인 게임에서는 누가 어떤 무기 아이템을 얼마나 많이 획득하느냐에 따라 플레이어의 레벨이 달라진다. 마찬가지로, 인간이 도구를 발명한 이래부터는 누가 어떤 도구를 얼마나 먼저 많이 확보하느냐가 사회적 강자와 약자를 가르는 관건이 되었다. 인간이 자연계의 강자로 등극한 요인 자체부터가 신체적 힘이 아니라 뛰어난 두뇌로 만들어낸 도구 덕분이었으므로, 그러한 도구를 획득하고 잘 활용하는 자가 피라미드의 위쪽으로 올라가는 것은 자연스러운 귀결이었을 것이다. 가령 인류 역사의 상당한 기간 동안 더 강력한 무기를 소유한 집단이 타 집단의 영토나 생산물을 약탈하여 더 큰 국가, 더 큰 제국을 건설할 수 있었다.

하지만 단지 무기라는 물리적 도구의 힘만으로 그들이 초거대 인구를 가진 인간 사회에 피라미드 질서를 구축할 수 있었던 것은 아니다. 인간은 그 외에도 수많은 도구들을 발명해냈다. 그중에서 가장 핵심적인 것이 3인칭 처벌 권한이라는 것이다. 피라미드 질서는 이 3인칭 처벌 권한을 독점한 소수의 집단이 출현하면서부터 생겨났다.

인간 사회에서 3인칭 처벌은 특정 당사자들 간에 주고받아야 할 2인칭 처벌을 힘센 제3자가 대행해주는 경우가 이따금 있었다는 정도를 의미하는 데 그치지 않았다. 주로 지배계층에 의해 일반적으로 어떤 경우에 어느 수준의 처벌을 받을지 법으로 정하여 다 같이 따르도록 강제하는 수준의 것이었다. 인류 최초의 법전 중의 하나로 꼽히는 함무라비 법전이 대표적인 예이다. 함무라비 법전은 돌에 문자 형태로 새겨넣음으로써 널리 공유될 수 있었다. 그렇게 되면 법은 공동체 구성원에게 법 테두리 안에서 어떤 의무뿐만 아니라 권리를 공식적으로 인정해주는 기능을 한다. 이로써 해당 공동체 내에 비로소 원시적인 형태이나마 공식적인 '정의의 개념'이 성립되고 공유될 수 있게 되었다.

3인칭 처벌의 대행은 사회 내에서 서로에게 피해를 입히는 2인칭 처벌 행위들이나 폭력적 행위가 자의적으로 행해지지 못하도록 억제한다는 측면에서 사회적 치안과 안정성을 높이는 데 큰 역할을 한다. 바로 그런 이로움 때문에 3인칭 처벌 권한을 가진 소수의 지배자들의 권한은 정당화될 수 있었고, 사회적으로 대단히 우대를 받을 수 있었다.

하지만 이러한 3인칭 처벌의 규칙을 정하고 실행할 수 있는 권한의 독점은 그 이전과 이후를 가르는 불가역적인 변화의 시발점이 되었다. 사회적 강자와 약자로 나눠진 거대한 계급 질서, 즉 피라미드 질서를 만들어낸 것이다. 3인칭 처벌을 독점했다는 것은 오늘날의 용어를 사용해서 말하자면 입법권, 사법권, 행정권뿐 아니라 군대 통수권을 아우르는 모든 권력을 장악했다는 의미이다. 특히 법과 제도는 사회를 지배하는 규칙인 만큼 법과 제도를 독점한다는 것은 사회를 지배한다는 의미나 다름없다. 그 결과, 법과 제도는 한 사회 내에서 인간이 가질 수 있는 가장 강력한 도구가 되었으며, 사회는 그 도구를 손에 쥔 지배자를 중심으로 한 소수의 귀족 지배계층과 그렇지 못한 여러 층의 피지배계층으로 사회적 서열이 나뉘었다. 비슷한 입장에 속한 이들을 레벨별로 묶어 일컫는 용어가 바로 계급이다. 지배층은 피라미드 시스템의 꼭대기에 앉음으로써 다단계 피라미드 구조를 통해 막대한 자원을 지배하고 특권을 챙길 수 있게 되었다.

피라미드의 규모가 커질수록 자원이나 집단적 생산물의 크기가 커지고, 상위 계급이 누리는 부, 권력, 자유는 더 늘어난다. 그러므로 그들은, 마치 장기를 두듯이 영역 확대 전쟁에 백성을 동원하여 피라미드를 더욱 크게 확장하기 위해 애쓴다. 또는 그런 시도를 하며 침략해오는 외부의 피라미드 국가에 대응하기 위해서라도 자신의 피라미드를 더욱 크게 확장하기 위해 애써야 한다.

반면 하위 계급은 피땀 어린 노동의 산물을 착취당하며 빈곤, 무기력, 구속을 감수하며 살아가야 한다. 피라미드 시스템은 상위층에게는 협력 시스템이지만, 하위층에는 착취 시스템인 것, 그것이 인간 사회의 거대한 피라미드 질서의 정체이다.

또한, 이러한 피라미드 질서는 강자에 의한 강자를 위한 강자의 정해진 규칙이 정의의 개념으로 통용되기 시작했음을 뜻한다. 귀족계급에 속한 구성원들은 그러한 규칙을 환영할 만한 정의의 개념으로 받아들였겠지만, 중하위나 노예 계층의 입장에 선 자들에게 그것은 그저 강자를 위한 규칙이었을 뿐이고, 따라서 불의한 것이었다. 사회적 정의의 개념 뒤에는 이러한 모순적인 비밀이 숨어 있다.

물론 그러한 정의의 개념이 피지배층 모두에게 전적으로 불의하기만 한 것이었다는 얘기는 결코 아니다. 어쨌거나 피라미드 시스템 하에서나마 사회적 협력에 따른 편익이, 비록 계급에 따라 차등적이게나마 비교적 상당한 다수에게(공동체 전체까지는 아니더라도) 미쳤기 때문에 사회가 유지되었다는 점에서 초거대 규모의 인간 사회에 나름대로 효과적인 사회 질서로서 기능한 것은 사실이다. 그러니까 피라미드 사회 내에는 불의와 정의가 어느 정도 혼재해 있는 셈이다. 하지만 그럼에도 불구하고 피라미드 질서 자체는 불평등한 기틀 위에 세워진 것이기 때문에 그것이 단단히 자리를 잡을수록 상위 계층이 하위 계층의 정당한 요구를 억압하기가 쉬워지고, 따라서 불의한 요소를 개선하기가 점점 더 어려워지는 구조임에 틀림없다.

그런 까닭에 사회의 구성원들이 지배층과 피지배층으로 나뉜 피라미드 구조가 수천 년 동안이나 유지되었으며, 그 속에서 피지배층은 출구 없는 피라미드 구조에 갇힌 채 지배층이 강요한 불의를 정의로 받아들이며 살 수밖에 없었다. 저항할 경우에는 무자비하고 가차 없는 진압을 피할 도리가 없었다. 사실 좀 더 정확히 말하면, 피라미드 구조 하에서는 거의 모두가 정도의 차이만 있을 뿐 하나같이 상대적으로 불의를 당함과 동시에 불의를 끼치는 이중성에서 자유로울 수 없다. 그게 피라미드의 구조적 속성이다.

Chapter 25
불평등 피라미드 – 소수를 위한 유토피아

모든 생물은 생물학적 기대와 안락범위를 옥죄는 외부적 위협으로부터 완전히 해방된 환경에서 살고 싶어 한다. 생물의 꿈은 안전하고 풍요로운 곳에서 자유로이 놀고먹는 삶이다. 그것은 생물이 누릴 수 있는 최고의 만족과 자유를 의미한다.

자연계는 다단계 피라미드 구조의 먹이사슬로 형성된다. 동물 세계의 경우 피라미드의 상위에 있다는 것은 하위에 비해서, 더 풍요롭다고까지는 할 수 없다 하더라도 대체로 '더 안전한 생존지대'에 놓임을 의미한다. 가령 최고의 포식자인 사자는 사슴을 두려워할 이유가 없다. 사자는 사슴을 잡아먹을 수 있지만 그 반대가 되기는 어렵다. 사슴이 사자에게 덤비는 경우 따윈 존재하지 않는다. 혹시 사슴이 집단적으로 힘을 합친다면 가능성이 있지 않을까 상상해볼 수는 있지만 그런 일은 절대 일어나지 않는다. 그런 일이 가능했다면 어쩌면 사슴이 먹이사슬의 더 높은 위치에 올랐을지 모른다. 사슴은 사자와의 신체적인 차이를 극복하지 못한 채 피라미드 계층상의 위계에서 사자보다 낮은 지위에 남아 있고 앞으로도 오랫동안 계속 그러리라 예상할 수 있다.

언제부터인가 인간은 자연계의 먹이사슬 피라미드의 꼭대기에 등극했다. 다시 말해, 덩치(체구)를 막론하고 여타의 거의 모든 동식물을 밑에 두고 있어서 어떤 대상이든 식용 및 온갖 생필품의 대상으로 삼으며 지낸다. 인간은 자신들의 사회 내부에 또 하나의 피라미드를 만들어냈다. 그 피라미드는 처음 농경 기술을 발견한 이래 수천 년 동안 지속되어왔다. 다른 동물 종 가운데에도 어느 정도 서열 구조가 존재하기는 하지만, 인간이 도구를 이용해 창조한 새로운 버전의 서열 구조, 즉 피라미드 구조는 그 거대한 규모나 수천 년에 달하는 지속성, 복잡한 역학관계 등의 면에서 타 동물의 추종을 불허한다.

인간 사회 내에 구축된 피라미드는 '안전할' 뿐 아니라 '풍요로운' 곳에서 놀고먹는 삶이라는 모든 생물의 꿈을 인간에게 이뤄주었다. 꼭대기에 앉은 소수에게만 말이다. 현실에서 실현 가능한 천국이나 유토피아가 있다면 그중 한곳은 바로 피라미드의 꼭대기일 것이다. 그곳에 앉은 사람의 입장에서 볼 때 피라미드는 구조적으로 다수의 헌신과 희생을 바탕으로 지상에서 유토피아를 세우는 최고의 방법이다.

예를 들어 2017년 옥스팜Oxfam 보고서에 따르면, 세계 최고 부자 8명의 재산이 지구상의 인구 절반의 재산을 합친 것과 맞먹는다. 2017년 《포브스》지의 세계 최고 부자 리스트에는 이들의 재산이 대략 500억 달러(대략 56조 원)부터 800억 달러(대략 90조 원)가 넘는 것으로 나타났다. 그런데 2018년 7월 21일 현재 실시간으로 업데이트된 내역을 다시 보니 세계 최고 부자 순위 1, 2위를 차지한 제프 베조스Jeff Bezos와 빌 게이츠Bill Gates의 재산은 각각 1,490억 달러(대략 169조 원)와 938억 달러(대략 106조 원)로 더 뛰어올랐다. 부질없는 가정이겠지만, 이자가 한 푼도 안 붙는다고 쳐도 본인들이 그 돈을 다 쓰려면 매일같이 1억 원씩 물 쓰듯

써도 대략 2900년~4600년이 걸린다. 한마디로 자기 밑으로 몇 십 세대가 될지 모를 후손들까지 아무 걱정 없이 살 수 있는 재산을 확보해놓은 꼴이다. 그러니 물론 행복을 결정하는 요소가 돈만은 아니겠으나 적어도 경제적 측면에서만큼은 유토피아를 실현한 것이나 다름없다고 할 수 있지 않을까.

그러한 피라미드 구축 원리가 지난 역사에 존재했던 노예제와 봉건제, 공산주의 그리고 현존하는 자본주의 시스템이다. 지구상에 잠시 등장했다가 거의 자취를 감춘 공산주의 시스템도 실은 마찬가지였다. **지금까지 실행되었던 노예제와 봉건제, 공산주의, 자본주의 모두에 한 가지 공통점이 있다면 그것은 소수로 하여금 다수에 대한 구조적 기생을 가능하게 해주는 피라미드 원리였다는 점이다. 쉽게 말해 다수의 노동력 덕분에 놀고먹을 수 있는 소수를 만들어내는 시스템이라는 점이다.**

그 비결은 '지대'라는 제도에 있다. **지대란 기본적으로 잉여 생산물이나 잉여 가치를 생산하는 자와 그것을 소유하는 자를 분리시키는 데서 출발하는 것으로, 생산 수단이나 도구가 되는 토지, 건물, 산업 시설, 기계류, 원자재 등을 소유하는 것만으로 타인들이 그것에 노동력을 들여 생산해낸 가치의 상당 부분을 가만히 앉아서 가져가도록 만든 룰이다. 지배층은 바로 그런 지대를 독점·통제하는 제도를 손에 넣음으로써 어떤 면에서 인간의 생물학적 한계를 초월한 초인적 결과물을 획득할 수 있었다.**

피라미드 시스템은 위로 올라갈수록 나보다 밑에 있는 더 많은 사람들의 헌신과 희생의 열매를 따먹을 수 있고, 따라서 일개인의 한계를 초월하여 점점 더 큰 권력과 자유를 획득할 수 있도록 해준다. 그게 이른바 사회적 성공의 의미이다. 상황이 이러하므로 피라미드 구조 하에서 대부분의 구성원들은 어떻게든 상향 이동을 하고 싶다는 욕망과 의지를 갖게 된다. 하지만 상향 이동을 하려면 위에서 언급한 대로 토지, 산업 생산 시설, 자본 등의 생산 도구나 3인칭 처벌 권한(법), 계급 등의 제도적 도구를 획득해야 하는데, 이미 확고하게 자리 잡은 피라미드 구조 속에서 기존의 위 서열들이 자신의 특권들을 절대로 내어줄 리 만무하다. 그러므로 하위 서열이 그걸 획득할 만한 위치에 오르기는 대단히 어렵다. 현실적인 방법이 있다면 그것은 상위 서열과 피라미드 조직 전체에 충성하고 공헌도를 높여 인정을 받음으로써 현재보다 조금이나마 더 높이 올라가는 길뿐이다. 그것이 피라미드 지배층이 제한적으로 허용하는 합법적인 신분 상승의 길이다.

피라미드 구조가 견고해질수록 상위 서열과 하위 서열 간의 관계는 인간과 소의 관계와 흡사해진다. 그래서 지배층은 피라미드 질서를 자연의 이치라고 여기면서 별다른 죄책감을 느끼지 않고 때로는 잔인하게 아래 서열을 도구로 사용할 수 있다.

그럼에도 불구하고, 불행하게도 피지배층 개개인에게는 주어진 피라미드 이외의 대안이 없다. 생사는 물론 삶과 관련된 대부분의 문제를 절대적으로 그 피라미드 질서에 의존할 수밖에 없다. 피라미드는 너무도 거대하고 힘이 세다. 그것을 거슬러서 찾을 수 있는 다른 길은 없다. 따라서 매우 이례적인 경우가 아니라면 비교적 소수에 한한 구성원의 교체만 이루어질 뿐 피라미드의 전체적인 형태는 안정적으로 유지되는 게 보통이다. 그리하여 피라미드는 억압·복종을 사회 질서의 근간으로 한 안정적 착취 시스템으로 유지된다.

Chapter 26
두 가지 거시적 흐름의 역사

물리적인 형태이든 추상적인 형태이든 인간의 '도구'라는 것은 자연에는 존재하지 않는 인공물이다. 처음으로 도구가 발명된 이후 그것은 인류 전체의 운명을 결정지었다. 제일 먼저 불가역적인 비약을 가져온 도구는 앞에서 살펴봤듯이 언어와, 3인칭 처벌 체계의 연장선상에 있는 법률과 제도였다. 그것은 동물적 유산인 서열 질서를 인간의 초거대 사회의 질서로 확장시킬 수 있는 길을 터주었고, 그 결과 피라미드 질서를 탄생시켰다. 그것은 집단적 힘의 응집을 의미했다.

한번 생겨난 피라미드 질서가 몰고 온 미래는 어떤 의미에서 물리적 법칙에 따라 미끄러지듯 자동으로 연쇄반응을 일으키는 도미노와 비슷한 측면이 있었다. 왜냐하면 피라미드 질서는 거대한 집단적 힘을 결집시켰으므로 세계 내의 힘의 불균형을 가져왔고, 그것은 기류가 고기압에서 저기압으로 흐르듯 세계 이곳저곳에 경쟁과 대결의 바람을 일으켰기 때문이다. 우선 하나의 피라미드는 주변에 다른 피라미드들의 생성을 촉진했다. 어딘가에 피라미드 질서를 가진 효율적인 집단 조직이 생겨나고 나면 다른 지역의 주민들도 그 위협에 대응하기 위해 어떻게든 유사한 조직을 갖춰놓지 않으면 안 된다. 그렇게 해서 자연스럽게 피라미드들 간의 끝없는 토

너먼트가 펼쳐졌고, 그것을 기록한 것이 역사의 근간이 되고 말았다. 토너먼트 게임은 선택의 여지가 없는 문제였다. 일단 어디선가 피라미드 강자가 출현하고 나면 주변의 다른 집단들에게는 자신의 이름을 대진표에 올리고 말고 할 선택권이 주어지지 않는다. 그것은 오직 피라미드 강자가 결정할 사안이다. 달리 말해 주변의 다른 집단들은 게임을 거부하거나 피해갈 도리가 없으며 오직 이기거나 지는 것 중 하나만 선택해야 한다. 거시적으로 이것은 하나의 세계사적 흐름을 만들어냈다. 그것은 각 지역·국가별 피라미드의 지배층이 경쟁적으로 타 피라미드를 흡수하면서 점점 더 거대한 제국을 건설해온 역사이다.

다른 한편으로, 외부의 피라미드는 내부의 질서를 공고히 유지시키는 하나의 압력으로 작용했다. 즉, 외부의 '국가'나 '제국'은 우리 국가나 제국 내부의 불공평한 피라미드 질서를 정당화시켜주는 주요 근거가 되었다. 피라미드 간의 영역싸움이 발생할 경우 무기 못지않게 중요한 도구는 우두머리의 명령에 자발적으로 일치단결하여 복종하도록 훈련된 피라미드 조직이다. 그런 조직의 우두머리에게는 피라미드 전체를 손아귀에 쥔 패처럼 마음대로 부릴 권한이 부여된다. 그는 필요하다면 기꺼이 자신의 목숨을 바칠 각오가 된 충성스러운 구성원들을 원한다.

한편 피지배층, 특히 사회적 약자나 하층민 역시 세계가 거대한 약육강식의 정글이라는 것을 누구보다 더 잘 알 수밖에 없는 처지이므로 자신의 운명을 피라미드 강자의 우산 밑에 의탁하여 살아가지 않으면 안 된다는 믿음을 갖기 쉬웠다. 만약 외부의 타他 피라미드들과의 거대한 영역싸움이 벌어진다면 그들은 아마도 제일 먼저 생명을 잃거나 인권을 유린당하는 일을 겪을 것이다. 이런 점에서 그들 역시도 그런 사태를 막으려면 자신이 속한 피라미드가 강력한 형태로 유지되어야 한다는 데 동의할 만한 유인을 갖고 있다. 따라서 외부에 강력한 피라미드를 적으로 둔 집단의 구성원들은 지배층의 전체주의적 이데올로기에 영향을 받기가 쉬워진다. 개개인보다 집단 전체 및 피라미드 질서의 중요성이 더 크게 부각되고, 조국, 애국, 충성, 민족, 사회 안정, 질서, 복종 따위의 단어가 강조된다. 전체주의적 이데올로기는 적의 위협과 공포의 크기에 비례하여 증대된다.

그런 까닭에 피라미드 내부에 심각한 갈등이 확산되는 국면에 피라미드 꼭대기에 있는 우두머리 세력이 흔히 던지는 묘수 중의 하나는 외부의 피라미드와 영역싸움에 돌입하는 것이다. 그럴 경우 피라미드 내부의 구성원들은 외부의 적과 맞서 싸우기 위해 일제히 피라미드 대형으로 뭉치지 않으면 안 된다. 모든 구성원에게는 적이냐 아군이냐, 둘 중 하나만 고르는 선택지가 강요되고, 제3의 선택지 따위를 거론하는 일은 반역자의 음모로 치부되기도 한다. 따라서 누구도 흑과 백을 가르는 필터에서 자유롭지 못하게 된다. 집단 전체의 생존이 위협을 받는 비상시국에 혹시라도 이적 분자로 몰리고 싶지 않다면 무조건 아군의 지시에 복종해야만 한다. 이런 분위기가 사회 전체로 확산되었다면 이미 그 순간부터 우두머리의 노림수는 성공한 것이나 다름없다. 즉, 피지배층의 저항을 억누르고 복종을 강제하기로 한 계획대로 된 것이다. 사람들의 시선이 외부의 적에게 향해 있는 동안 우두머리의 영향력은 다시 회복되어 막강해진다. 그리고 피라미드를 지탱할 힘이 충전된다.

결국 피라미드의 상위 계층의 입장에서 외부의 적은 동시에 두 가지 의미를 띤다. 하나는 공동체의 생존과 안녕을 위협하는 존재라는 것이고, 다른 하나는 역설적으로 공동체 내부의 피라미드 질서를 합리화하고 권위적 지배 권력을 극대화하는 데 필요한 최상의 조건과 명분을 제공해준다는 사실이다. 외부의 적은 특히 권위주의적 독재국가들(왕국, 제국 포함)의 존립 기반인 경우가 많다. 이를 일컫는 말이 적대적 공존이다. 피라미드의 꼭대기에 오른 자를 위협할 수 있는 상대는 오직 다른 피라미드의 꼭대기에 있는 자뿐이다. 그런데 아이러니컬하게도 그 상대가 자신의 피라미드 지배를 정당화시켜준다.

긴 진화적 시간으로 보면 지난 1만 년도 안 되는 기간 동안 인류는 지구상에 소위 피라미드 질서를 통해 다이내믹하고 폭발적인 연쇄반응을 일으켜왔다. 수없이 많은 국가들의 탄생과 소멸을 거치는 가운데 여러 제국들이 탄생했고, 그 제국들이 다시 갖가지 방식으로 토너먼트를 펼친 끝에 오늘날 지구상에 거의 단일한 자본주의 피라미드 시스템이 구축되기에 이르렀다. 피라미드 질서는 역학관계만 복잡해졌을 뿐 현재까지도 세계 곳곳에 그 어느 때 못지않게 뚜렷이 존재하고 있다. 얼마 동안이 될지는 모르지만 가까운 미래에도 쉽게 사라지기는 어려울 것이다. 소수 엘리트 계층의 도구의 독점이 계속되는 한은 그럴 것이다. 그것이 피라미드의 위력이기도 하다.

반면, 그럼에도 불구하고 피라미드의 구조는 그 자체가 가진 불평등한 속성으로 인해 자연스럽게 피라미드에 저항하는 세력들을 만들어냈다. 피라미드의 저변에 놓인 피지배층 사람들은 지배층이 정한 피라미드 질서와 규칙으로 인해 고통을 느끼고 삶에 위협을 당했다. 그래서 뭔가가 잘못되었다고 느끼며 저항하고 새로운 대안을 찾으려 애쓰지 않을 수 없었다.

요컨대 그 동안의 역사는 크게 두 갈래의 흐름으로 요약될 수 있다. 하나는 피라미드 질서를 통해 공동체를 유지하면서 그 협력의 산물을 전유하고 착취하여 초월적인 자유와 권력을 누리려는 소수의 지배 계층의 야망과 패권 쟁탈을 위한 영역싸

움의 역사라면, 다른 하나는 불평등과 차별의 고통으로부터 벗어나서 자유롭고 행복하게 살기 위해 피라미드식 착취 질서를 허물고 좀더 수평적인 대안적 협력 질서를 찾고자 애쓴 피지배층의 열망과 투쟁의 역사, 그리고 그러한 과정에서 조금씩 민주적 시민 의식을 성숙시켜온 역사였다.

정의의 관점에서 보면, 지배층이 피라미드 질서에 기반을 두어 법을 통해 설정한 정의의 기준에 대해 피지배층이 이의와 의문을 제기하고 새로운 대안을 제시하고 흥정을 요구해온 도전의 역사라고도 할 수 있다.

Chapter 27
피라미드 상위층의 지배 도구

그 도전, 즉 정의의 표준에 대한 새로운 흥정의 요구가 쉽지 않았다는 것은 역사적으로 익히 알려진 바이다. 왜 그럴 수밖에 없었는지는 한마디로 지배층이 3인칭 처벌이라는 핵심적 도구를 독점함으로써 나머지 더 많은 주요 도구들까지도 한꺼번에 독점할 수 있었다는 데 있다.

이제부터는 지배층이 피라미드를 세우고 유지하기 위해 독점했던 것으로 또 어떤 것들이 있었는지 살펴보자.

생 산 도 구 의 독 점 ───────────

인간 사회에서 3인칭 처벌 기준에 해당하는 법률을 독점한 자는 나머지의 거의 모든 걸 소유할 수 있게 된 것이나 다름없다. 법으로 자신들에게 유리한 제도를 만들면 되기 때문이다. 사회에 서열 질서의 확장 버전인 피라미드 질서 속에서 맨 꼭대기 자리를 차지하는 최고의 지름길은 사회적 룰을 자신들에게 유리하게 정해버리는 것이다. 그중의 가장 핵심은 경제 제도를 통해 '주요 생산 도구'를 독점하는 것이다. 지난 역사 동안 생산 도구의 독점 없이 구축된 피라미드는 없었다. 지금까지 독점의 대상이 된 주요 생산 도구에는 고대의 노예, 중세의 토지, 근대 이후의 대량 생산·판매를 위한 설비, 그리고 지대를 낳는 자본이 있었다. 그런 까닭에 고대에는 노예제, 중세에는 봉건제, 근대 이후에는 산업자본주의에 이어 이른바 금융자본주의가 시행되었다. 그것들을 독점한 주체는 어김없이 피라미드의 꼭대기에 올랐다.

좀 더 구체적으로 들여다보자. 노예제를 통해 사람이 소유의 대상으로 바뀌면서 지구상에 계급 피라미드라는 것이 등장했다. 족장사회와 초기 국가가 등장할 때부터 노예의 노동력이 생산 도구로 쓰이기 시작했다. 주인은 농사를 지을 때 소를 이용하듯이 노예를 먹이고 입히고 재우고 아무데도 도망가지 못하게 감시하면서 일을 시켰다. 함무라비 법전은 그러한 노예에 대한 주인의 재산권을 강력하게 보호해주는 조항들로 가득 차 있다.

그 다음으로 중세 유럽에서는 사실상 유일한 생산 도구인 농토와 노예가 하나의 패키지로 묶인 상태로 소유의 대상이 되었다. 명목상 전국의 토지의 주인인 왕으로부터 토지를 하사받은 봉신들이 영주로서 각 지역을 지배하도록 한 법과 제도가 만들어졌다. 바로 봉건제라는 것이다. 이 사회 제도 하에서는 토지를 소유한 자가 권력을 손에 쥔 자였고, 주로 세속 귀족과 교회가 그 지배 계층을 구성했다. 그리고 이때에는 노예 대신 농노라 불리는 신분이 존재했다. 농노가 노예와 다른 점은, 영주에게 온갖 부역을 제공하고 또 영주의 경작지에서 각종 농작물과 포도주, 빵, 버터, 치즈, 그 밖의 온갖 생필품을 생산하여 바치는 대신에, 영주의 집에서 벗어나 독립적인 거처에 살면서 주어진 농노용 농토에서 자신의 먹거리를 스스로 경작하는 방식을 따른다는 것이다.

소수의 지배층이 여기저기 흩어져 있는 광대한 토지를 소유한 시대였으므로, 그러한 토지를 소유한 영주 입장에서는 많은 수의 노예를 자신의 수하에 두고 일일이 부역을 시키는 것보다 이 같은 방식이 여러모로 더 효율적이었다. 바로 그렇기에 중세의 지배층은 봉건제라는 룰을 통해 그 많은 농노들로 하여금 스스로 알아서 노동하고 먹고 자고 자식 낳고 살면서 자신들을 위한 생산 도구로서(농토와 함께 하나의 패키지로 묶여) 역할을 하게끔 만든 것이다. 대신 영주는 농노들과 함께 하나의 지역 공동체 내에서 생활하면서 농노들의 종교, 문화, 관습, 공공 행정 등을 통제하고 절대적 영향력을 행사함으로써 농노들을 관리했다.

근대 산업자본주의 시대에 들어와서 사회의 주요 생산 도구가 바뀌면서 지배층의 구성원들도 새로운 세력으로 교체되었다. 이제는 기계가 들어선 공장과 같은 생산 시설, 그리고 그곳에서 노동력을 제공할 노동자가 주요 생산 도구로 부상했으므로 그러한 생산 도구를 독점한 자본가가 사회 전체 시스템을 지배하는 방식으로 판이 재편되었다.

봉건제 하에서 영주가 농토를 소유함으로써, 땅을 일구어 먹고 살아야 하는 농노들의 노동력과 생산물을 소유하고 그럼으로써 사실상 농노들까지 소유했듯이, 자본가는 적어도 근무 시간 동안에는 산업 생산 시설에서 생산 활동을 해야 먹고살 수 있는 노동자들의 노동력과 생산물을 소유할 수 있었다. 다만 그럼으로써 '노동자까지' 소유했다고 주장하기에는 어려운 측면이 있다. 노동자는 언제든 자의에 따라 사표를 내고 그만둘 수 있을 뿐 아니라 근무 시간이 끝나고 직장 밖으로 발을 내딛는 순간부터는 모든 것을 스스로 자유롭게 결정할 수 있고, 자본가 역시 직장 밖의 노동자에 대해서는 책임이 없는 만큼 관심을 갖지 않는 게 일반적이다. 특히 제1·2차 세계대전 이후 몇몇 선진국들의 경우 여러 우여곡절 끝에 노동자에게는 과거보다 비교적 더 많은 자유와 권리가 법적으로 인정된 것이 사실이다(그러나 아직까지도 그 실태는 세계의 각 나라와 지역에 따라 큰 차이를 보인다).

하지만 노동자가 어느 자본가 밑에서 일하다가 사표를 던지고 나오더라도 대부분은 어차피 또 다른 자본가 밑에서 일을 할 수밖에 없으므로 결국에는 자본가 계층의 생산 도구로 지낼 수밖에 없다. 다시 말해 마르크스도 지적했듯, 자본주의 사업주나 자본가 개개인이 노동자를 소유하는 것은 아니지만 집단적 차원에서 자본가 계층 전체가 노동자(프롤레타리아) 계층 전체를 사실상 소유·지배하고 있다고 볼 수 있다.

그런 까닭에 많은 사람들은 봉건제의 농노나 자본주의의 노동자의 처지는 방식만 좀 바뀌었을 뿐 거시적으로 보면 지배층을 위한 생산 도구라는 점에서 공통된다고 지적한다. 자본가 계층이 노동자 계층으로 하여금 생산 도구로서의 역할을 하게만 만들 수 있다면, 노예제 때처럼 반드시 노동자 개개인의 신상을 소유할 필요는 없는 것이다. 풀타임 노동자든 시간제 노동자든 모든 노동자는 정해진 근무 시간에 생산 도구로서(생산 활동에 대한 주권을 갖지 못한) 역할을 맡지 않으면 안 된다. 그리고 그 나머지 시간의 대부분은 어차피 다음날 일을 재개하기 위해 휴식을 취하고 에너지를 충전하고 가족을 돌보는 활동에 매어 있을 수밖에 없다. 그러한 활동은 농노들도 다 하고 지낸 것이다.

자본주의 시스템에서 한 가지 본질적인 문제는, 자본가와 노동자의 관계는 명백히 기업 소유주와 도구, 즉 사업 주체와 생산 비용의 관계라는 것이다. 게임의 룰 자체가 애초부터 그렇게 설정되었다.

게다가 적어도 직장 내에서의 노동 시간 동안만큼은 자본가가 노동자의 노동력 자체를 소유할 수 있으므로 노동자의 다양한 재능과 능력 심지어 창의력까지도 대부분 소유할 수 있다. 또한 노동자가 어떤 생각과 태도, 가치관, 목표를 가져야 하는지까지도 사실상 통제할 수 있다. 그런 다음 생산 활동을 통해 얻어진 순이익은 자본가에게 귀속되어 꾸준히 그들의 호주머니에 축적된다.

마지막으로 정의의 관점에서 보자면, 자본가와 노동자 사이에 설정된 '사용자'와 '도구'로서의 관계는 근본적으로 계급의 차이를 의미할 수밖에 없다. 따라서 둘의 관계는 2부에서 언급된 대로 대등한 관계, 즉 "각자 자신이 제공한 협력의 대가로 상대에게 적당한 보상을 요구하거나 상대의 배반행위를 처벌할 '힘'이나 '보복 수단'을 갖고 있으므로 상대의 불의한 처사를 적절히 예방하고 통제할 수 있는" 그런 관계가 못 된다. 노동자는 협력에 대한 적당한 보상을 요구하거나 배반자를 처벌할 '힘'이나 '수단' 면에서 절대적 열세이다. 그러므로 노동자와 자본가 간의 협력은 불공평한 형태가 될 수밖에 없고, 정의는 실현될 수 없다. 요컨대 본질적으로 자본주의는 민주주의나 정의의 원칙과 상충하는 시스템으로서, 과거의 노예제, 봉건제에 뒤이어 계급사회를 조직하는 또 하나의 법칙과 다르지 않다.

지식(과학기술 포함), 이데올로기의 독점 ────

앞서 살펴봤듯이 지배층은 주요 생산 도구를 소유함으로써 피라미드 질서를 만들어내고 사회의 다수를 피지배층으로 변모시켰다. 그런데 엘리트 지배 계층이 자신들의 특권적 지위를 유지하기 위해서는, 주요 생산 도구를 다루거나 피라미드 질서를 유지하는 데 필요한 정보와 지식(과학기술 포함)까지 독점할 필요가 있다. 물론 지배층에게 그런 일은 더 없이 쉬운 일이다. 첫 번째 이유는 생산 도구를 독점함으로써 쌓은 부 덕분에 여타의 다른 도구들을 독점하기에도 더 유리하다는 것이다. 두 번째 이유는 좀 더 긴 설명이 필요하다.

정보와 지식은 인간에 의해 잉태되지만 일단 세상에 나오고 나면 그것 자체로 독자적인 생물처럼 진화하는 듯 보일 때가 있다. 어쩌면 지식을 증식하고 있는 주체가 인간인지 지식 자체인지 의심스러울 때마저 있을 정도이다. 마치 영국의 진화생물학자 리처드 도킨스^{Richard Dawkins, 1941-}의 주장처럼 유전자가 인간을 숙주로 삼아 자신을 증식하고 생명을 이어나가듯이, 지식이 인간을 매개로 끊임없이 다른 지식들과 결합하여 더 복잡하거나 정교한 지식들을 낳으며 스스로 증식 활동을 해나가고 있는 것처럼 느껴질 때가 있다.

생각해보면 사실 개개인의 인간은 사멸해도 대부분의 지식은 영생을 누린다. 가령 수천 년 전 고대 바빌로니아나 마야, 인도인들이 사용했던 0에 해당하는 기호나 아니면 그 밖의 숫자들이라든지, 기원전 6세기 말에 살았던 피타고라스^{Pythagoras}의 정리, 각종 신화 등의 지식은 오늘날까지 우리 주변에서 면면히 살아 숨 쉰다. 그것들은 심지어 온갖 새로운 '도구들'을 통해 확대·재생산되고 있다. 우리의 생필품을 생산하는 공장에서도 컴퓨터에서도 우주 로켓에서도 흥행에 성공한 영화에서도 마치 유전자처럼 하나의 구성 요소로서 존재한다. 학습 능력을 가진 인간이 사라지지 않는 한 아마도 많은 지식은 영생을 누릴 것이다. 적어도 현재 수준의 문명이 붕괴되지 않은 채 인간 종^種이 유지되는 한, 과학적인 지식뿐만 아니라 대부분의 지식은 끊임없이 책, 디지털 콘텐츠, 인터넷, 방송, 사진, 그림, 영화, 음악, 지도, 컴퓨터 언어 등 다양한 형식의 소프트웨어를 통해 언어, 영상, 소리, 기호의 형태로 저장되고 재생산되거나 응용되면서 증식을 계속할 것이다. 동시에 책, 컴퓨터 하드 디스크나, 인터넷 서버, 방송물 저장소 아니면 사진, 그림, 영화, 악보, 예술작품, 지도 자체 따위의 거대한 '외장하드'에 끝없이 저장될 것이다. 아니, 사실은 우리의 눈eyes이 빛에 관한 생물학적 지식을 구현한 생물학적 하드웨어인 것처럼 우리 주변에 있는 볼트 하나, 나사 하나를 포함한 온갖 기계에서부터 세탁기, 냉장고, TV, 자동차 등의 전기·전자제품이며 건축물에 이르는 모든 인공물은 모두 인류의 지식을 저장해놓은 외장하드이다!

현재까지 이미 인간은 유전자나 뇌와 같은 생물학적 형태에 다 담을 수 없으리만치 엄청난 양의 정보와 지식을 위에 언급한 '외장하드'에 축적해놓고 있다. 삼손의 힘의 원천이 머리카락이었다면 인류의 놀라운 능력의 원천은 바로 그 외장하드인 셈이다. 하지만 인간 개개인이 수용하거나 경험하거나 관심 가질 수 있는 정보나 지식의 양은 극히 제한적이다. 게다가 순전히 후천적으로 획득해야 하는 만큼 개인마다 축적한 정보와 지식의 분야, 범위, 양이 천차만별이 될 수밖에 없다.

예를 들어, 우리는 지금으로부터 2700여 년 전에 『일리아스Ilias』와 『오디세이아Odysseia』를 쓴 고대 그리스의 시인 호메로스Homeros가 알던 것 외에 더 많은 것을 추가하여 알고 있을까? 그렇지 않다. 그저 다른 것을 알고 있을 뿐이다. 또한 대부분의 평범한 현대인들은 호메로스가 구사할 줄 알았던 놀라운 언어적 연금술보다 결코 더 발전된 언어 구사력을 갖고 있지도 못하다. 2600~2500년 전쯤에 살았던 부처나 노자와 비교해서도 마찬가지이다. 인간의 삶과 존재에 대한 깨달음에 있어서 우리 중 대다수는 결코 그들보다 더 뛰어나다고 느끼지 않을 것이다. 지금까지 역사적으로 인간과 삶과 관련해 축적된 지식은 기하급수적으로 늘어났지만 현대인 모두가 그것을 획득한 것은 아니다. 그렇게 몇 천 년 전까지 갈 것도 없다. 같은 현대인들끼리도 분야별 정보와 지식의 차이는 천양지차이기 일쑤이다. 웹 사이트나 스마트폰 앱을 만드는 데 필요한 컴퓨터 프로그래밍 지식을 섭렵하고 있는 사람이 있는가 하면 스마트폰 기능조차 제대로 활용할 줄 모르는 사람도 있다. 이런 예는 무한정 들 수 있다.

그것은 무엇을 의미할까? 여러 가지가 있겠지만, 그중의 하나는 **만일 누군가가 그 정보와 지식을 후천적으로 획득하는 과정을 '통제'할 수 있다면, 정보와 지식을 소유의 대상으로 삼을 수 있다는 것이다. 그것도 무한히 증식하며 나날이 힘이 커져가는 초인적인 도구를 소유의 대상으로 삼을 수 있게 되는 것이다.**

방법은 다양하다. 예를 들면, 과거의 성경의 경우처럼 정보와 지식에 접근할 수 있는 권한을 소수에게만 제한적으로 허용하거나 혹은 정보와 지식에의 접근에 필요한 문자를 귀족만 읽고 쓸 줄 알게 하거나, 오늘날처럼 비싼 사립 고등학교를 만들어서 좋은 대학교로 가기에 특별히 더 유리한 교육을 제공하거나, 판검사나 변호사가 되기 위해서 다녀야 하는 로스쿨이나 고등 교육을 받을 수 있는 대학교의 학비를 보통 사람은 엄두도 못 낼 정도로 비싸게 받도록 한다든가, 지식이나 정보를 가르치거나 유통시키는 대학이나 언론사의 고위직에 대한 인사권을 엘리트 지배 계층이 소유하여 영향력을 행사하거나, 아니면 아예 그러한 대학과 언론사 자체를 엘리트 지배 계층이 소유하는 등의 조치를 취하면 된다. 그리하여 과학기술과 고급 지식을 갖춘 엘리트들이 피라미드 상층부에 흡수되어 자본가들을 호위하고 보위하는 구조로 만들면 된다. 좀 더 직접적으로는 자본가에게 일방적으로 유리하게끔 특허법이나 지적 재산권 제도를 법제화하면 된다.

대부분의 정보와 지식은 인류가 수많은 세대에 걸쳐 생활 속에서 만들어내고 발전시켜온 공동의 성과이자 유산이지만 지배층은 이와 같은 방법으로 그것들을 독점하고 사실상 사유화할 수 있는 것이다. 그렇게 해서 지배층과 나머지 계층 사이에 정보와 지식의 비대칭성이 만들어지고 나면 바로 그 **'무한히 증식하며 성장해가는' 강력한 도구를 이용해 피라미드 질서를 더 효과적으로 작동시킬 수 있다.** 과거처럼 대놓고 법적으로 계급을 나눠놓지 않아도 된다. 앞에 제시된 바대로 몇 가지 경제적 장치만 마련해두면 끝나는 것이다.

사회 전체적으로뿐만 아니라 더 작은 단위에서도 마찬가지이다. 예를 들어, 각 기업이나 사회 조직에서는 피라미드식 권력 구조 하에서 복잡한 분업 시스템에 따라 일이 진행된다. 이곳에서 말단부터 중간 직급 정도까지의 직원들은 각자가 맡은 협소한 범위의 업무에 필요한 정보만 습득한 채 바쁘게 일을 한다. 단순 업무뿐 아니라 전문적인 업무일 경우에도 마찬가지이다. 기업의 중요한 의사결정에 필요한 정보를 종합적으로 알 수 있는 사람은 제일 꼭대기에 있는 일단의 고위급 경영진이나 대주주들뿐이다. 이러한 상황에서는 하위의 노동자는 자신이 하고 있는 업무가 사회에 미치는 종합적 의미를 파악하기 어렵다. 그렇다 보니 본인의 의사와 무관하게 조직 속에서 사회적으로 무책임하거나 유해한 행동을 하고도 인지하지 못하는 경우가 많다. 설사 인지하더라도 그 기업에 의지해 먹고 살아야 하는 일원으로서는 달리 어쩔 도리가 없다고 체념해버리기 쉽다. 사실 그러한 무력감이 피라미드를 떠받치는 하나의 기둥이고, 이처럼 상향식 정보 수집만 가능하고 쌍방향 정보의 소통은 차단된 상태가 피라미드 구조를 떠받치는 또 하나의 기둥이다.

일단 정보와 지식을 비대칭적으로 소유하고 나면 지배층은 그 다음에는 한 걸음 더 나아가 그것을 더욱 어마어마한 힘을 가진 도구로 변모시킬 수 있다. 이를테면 정보와 지식을 자기들의 입맛에 맞게 해석하거나 편집하여 체계적인 이론이나 가치관, 세계관, 이데올로기 형태로 유포하면 대중의 사상과 믿음까지 지배할 수 있게 된다. 피지배층을 정신적으로도 복속시킬 수 있는 것이다. 예를 들면, 인종적 우월주의를 내세운 사회진화론, 신식민주의, 신자유주의 등이 포함된다.

물론 정보와 지식은 진지하고 정직하게 진리를 탐구하는 여정의 족석이 될 수도 있다. 하지만 그것이 가진 도구로서의 잠재성으로 인해 정보와 지식은 누구의 손에서 어떻게 사용되느냐에 따라 미묘한 양날의 칼이 될 가능성을 언제나 갖고 있다.

이와 같이 자본주의 엘리트 지배 계층이 부와 지식을 독점하면서 지난 몇 십 년 동안 자본주의 사회에 보이지 않게 유통된 이데올로기 중의 하나는, 부자와 가난한 자들에 대한 편견이다. 그것은 부자가 되기 위해서는 어떻게 생각하고 행동해야 하는지에 관한 조언을 담은 자기계발서들에 잘 나타나 있다. 나폴레온 힐Napoleon Hill, 1883-1970이 (자신의 주장에 따르면) 백만장자들을 연구한 끝에 1937년에 출간한 『부자가 되려면 부자처럼 생각하라Think and Grow Rich』의 경우, 사람들이 부자가 되지 못하는 다음 17가지 이유를 서술한 바 있다. 하지만 그것은 거꾸로 가난한 자들에 대한 편견으로 해석될 위험이 있다.

가난한 자들은 명확한 목적이 없다, 야망이 없다, 학교에서 배운 것을 제대로 응용하지 않는다, 자기 훈련이 결여되어 있다, 자신의 몸을 돌보지 않는다, 나중으로 미룬다, 끈기가 없다, 부정적이다, 결단이 부족하다, 배우자를 잘못 선택한다, 모험을 하지 않는다, 없는 사람들끼리 어울려 지낸다, 싫어하는 직업을 고수한다, 하나의 목표에 집중하지 않는다, 마음이 닫혀 있다, 사람을 대하는 기술이 부족하여 사람들과 협력을 잘 못한다.

이런 식의 믿음은 가난한 자와 부자를 태생적으로 서로 다른 인종처럼 분류한 다음 인종차별을 하는 것과 다를 바 없다. 부자 중에서와 마찬가지로 가난한 자 중에 이러한 특징을 가진 개인이 있을 수는 있겠지만, 그것을 일반화시켜 대다수의 가난한 자들에게 투사하는 것은 비합리적인 편견이다. 이 같은 설명은 과거 흑인 노예들을 가리켜 노예다운 근성을 타고난 인종이라고 손가락질했던 식의 편견을 연상시킨다.

반대로 부자는 보통 사람과 다른 어떤 특별한 자질을 갖췄기에 부자가 되었는지에 대한 신화를 널리 퍼뜨리는 데 일조한 비즈니스 인사이더 Business Insider의 기사 내용은 다음과 같다.

1. 보통 사람은 만악의 근원이 '돈'이라고 생각하지만, 부자는 '가난'이라고 생각한다.

2. 보통 사람은 이기심을 '사악'하게 여기지만, 부자는 '덕목'으로 여긴다.

3. 보통 사람은 '일확천금'을 꿈꾸지만 부자는 '행동'한다.

4. 보통 사람은 부자가 되려면 '공교육'을 받아야 한다고 생각하지만, 부자는 '특정한 지식'을 습득해야 하다고 생각한다.

5. 보통 사람은 '과거'를 그리워하지만, 부자는 '미래'를 꿈꾼다.

6. 보통 사람은 돈을 '감정적'으로 대하지만, 부자는 '논리적'으로 대한다.

7. 보통 사람은 '즐겁지 않는 일'을 하면서 돈을 벌지만, 부자는 '열정'을 따른다.

8. 보통 사람은 기대치가 낮아 실망할 일이 없지만, 부자는 과감히 도전한다.

9. 보통 사람은 부자가 되려면 '무엇인가'를 해야 한다고 생각하지만, 부자는 '어떤 사람'이 되어야 한다고 생각한다.

10. 보통 사람은 자기 돈이 있어야 돈을 벌 수 있다고 생각하지만, 부자는 남의 돈을 써서라도 어떤 것을 '사거나 투자할 만한 가치가 있는지'를 먼저 따져본다.

11. 보통 사람은 자신의 동기를 '논리와 전략'이라고 생각하지만, 부자는 '감정과 탐욕'이라고 생각한다.

12. 보통 사람은 자녀에게 '생존하는 법'을 가르치지만, 부자는 '부자가 되는 법'을 가르친다.

13. 보통 사람은 자신이 돈 때문에 스트레스 받도록 내버려두지만, 부자는 돈으로 마음의 평화를 얻으려 한다.

14. 보통 사람은 교육을 받느니 유흥을 즐기지만, 부자는 유흥을 즐기느니 교육을 받는다.

15. 보통 사람은 부자를 속물로 여기지만, 부자는 그저 비슷한 생각을 가진 사람들과 어울려 지내고 싶은 것뿐이다.

16. 보통 사람은 '저축'에 신경 쓰지만, 부자는 '돈 버는' 데 신경 쓴다.

17. 보통 사람은 돈의 안전에만 신경 쓰지만, 부자는 언제 모험을 해야 하는지를 안다.

18. 보통 사람은 편안함을 느끼길 원하지만, 부자는 불확실성 속에서 위로comfort를 찾는다.

19. 보통 사람은 '앞으로 고생하겠구나'라고 예상하지만, 부자는 '더 많은 돈을 벌겠구나'라고 기대한다.

20. 보통 사람은 중독을 나쁘게 여기지만, 부자는 성공에 중독된다.

21. 보통 사람은 돈을 적으로 여기지만, 부자는 친구로 여긴다.

22. 보통 사람은 부자가 되는 것과 단란한 가정을 꾸리는 것 중 하나만 골라야 한다고 생각하지만, 부자는 둘 다 가질 수 있다는 사실을 알고 있다.[274]

---

274 Mandi Woodruff, "21 Ways Rich People Think Differently", *BUSINESS INSIDER*, Aug. 31, 2012, http://www.businessinsider.com/how-rich-people-think-differently-from-the-poor-2012-8

언뜻 들으면 일리가 있어 보이고 사람들의 성공에 대한 욕망을 일깨우며 긍정적 자극을 주는 듯하지만, 찬찬히 뜯어보면 서로 모순되는 단편적 편견들과 오해들의 짜깁기에 불과한 어처구니없는 허구이다.

이 모든 내용 속에 어떤 이데올로기가 녹아 있는지는 명백하다. "부자는 자본주의 사회에서 성공할 만한 탁월한 자질과 능력이 있었기에 부자가 된 것이다. 당신이 부자가 되지 못했거나 가난하다면 그 이유는 십중팔구 그만한 자질과 능력을 기르지 못한 때문이다. 누구나 그런 자질과 능력만 갖춘다면 부자가 될 수 있겠지만 실제로 그러한 자질과 능력을 갖추려는 노력으로 부자가 되는 데 성공한 사람은 소수이다. 따라서 그 소수는 존경받아 마땅한 훌륭한 사람들임에 틀림없다." 이런 유의 부자에 대한 신화는 각 나라의 사정이나 문화에 따라 조금씩은 다르지만 일반적으로 공통된다.

그런데 나폴레온 힐의 신화도 다음 인터뷰 내용에 비하면 한참 약과로 보인다. 캐나다 출신의 유명한 사업가 겸 투자자, 방송인인 케빈 오리어리Kevin O'Leary, 1954-가 한 말이다. 전 세계의 85명의 부자가 가난한 35억 명이 소유한 것과 맞먹는 부를 갖고 있다는 옥시팜의 보고서 내용에 대한 질문에 그는 이렇게 대답했다.

> "멋지군요. 대단히 좋은 뉴스입니다. 모든 사람들이 그 1%를 존경하면서 '나도 저런 사람이 되고 싶다, 저 꼭대기로 올라가기 위해 열심히 노력하고 싶다'는 마음을 먹게끔 동기부여를 해주니까요. 정말이지 박수 쳐줄 만한 사실입니다." [275]

---

275 "What this Millionaire Thinks of Poverty Will Make Your Blood Boil", https://youtu.be/IeV4BthtlQ4

이보다 더 자본주의 이데올로기의 정곡을 잘 보여주는 것은 아마 없을 것이다. 이 모든 내용들에는 한결같이 자본주의 현실에 존재하는 불평등이 왜 정당하고 심지어 바람직한지를 설득하는 이데올로기가 녹아 있다. 하지만 유감스럽게도 자본주의의 구조적 피라미드 원리라든가 지배층에 의한 갖가지 도구의 독점 문제 따위는 깡그리 누락되어 있다.

사실 기득권층이 애써 유포하고자 하는 이런 믿음들은, 왜 귀족과 왕이 고귀한 존재이고 그들의 특권이 정당한지를 강조했던 전근대적 이데올로기와 다를 바 없다. 자본주의가 전 세계적으로 확대되고 난 후에도 이와 비슷한 논리는 신식민주의나 신자유주의 이데올로기 등의 망토를 바꿔 입은 채 계속해서 전파되어왔다. 물론 이외에도 그간 활용되어왔던 추상적 도구들은 다양하다. 기독교, 선악 개념, 공산주의, 자본주의, 자유민주주의, 공리주의 등 거의 모든 개념은 그때그때 상황에 따라 피라미드 질서를 위한 정교한 도구로 다듬어져서 사용되었음은 이미 살펴보았다.

이러한 믿음과 생각을 받아들인 중하위 계층 사람들은 '어떻게 하면 이 피라미드 질서에 순응하여 더 높은 위치로 올라갈까'에만 관심을 갖게 마련이다. 그럼으로써 피라미드 자체가 지닌 근본적인 불의를 없애거나 줄이려는 의지를 스스로 포기한다. 바로 그렇기 때문에 민주주의라는 훌륭한 정치적 도구가 있음에도 정의의 원칙을 우회하는 자본주의적 부정행위(피라미드 구축 행위)는 교정되거나 예방되지 못한다. 그래서 피라미드 질서는 질기다.

Chapter 28
불평등 피라미드 없는 세상 – 다수가 꿈꾸는 또 하나의 유토피아

지금은 세계인권선언이나 각 나라의 헌법에 "모든 인간은 평등하다"고 명시되어 있고, 법으로도 인간의 평등을 보장하도록 되어 있다. 하지만 어처구니없게 들릴지 모르겠지만 처음 인간이 평등하다는 생각을 주장한 것은 혁명적인 사고의 전환이었다. 왕조 시대에 그런 생각을 발설한 자가 있다면 목이 잘렸을지 모른다. 하지만 오늘날 그런 일은 "그때는 사람들이 참 어리석었다"고 말하며 웃어넘길 정도로 시대착오적인 일이 되었다.

따져보면 사람들이 "모든 인간은 평등하다"는 헌법 조항을 당연하게 여기기 시작한 것은 그리 오래되지 않았다. 군주제가 사라진 게 언제인지 생각해보라. 심지어 아직도 일부 국가에서는 상징적으로든 실질적으로든 왕의 존재가 완전히 사라지지 않고 남아 있다.

나는 지난 인류의 역사를 지배층이 서열 질서의 확장 버전인 피라미드 질서에 기반을 두어 법(3인칭 처벌 기준)을 통해 설정한 정의의 기준에 대해 피지배층이 이의와 의문을 제기하고 새로이 흥정을 요구하며 대안을 모색하고 제시해온 역사로 규정했다.

그 흥정이 결코 쉽지 않았던 배경에는 지배층이 사회의 주요 도구들을 독점한 탓도 있지만, 그 외에도 피라미드의 안정을 해치는 것을 불의로 규정했다는 점도 또 다른 원인으로 꼽을 수 있다. '피라미드의 안정을 해치는 것'을 불의로 규정했다는 말은 '지배층의 안녕과 이익을 해치거나 그것에 도전하는 것'을 불의로 규정했다는 말이나 다름없다(반체제, 반정부란 표현은 범죄, 즉 불의와 동의어처럼 취급되었다).

결과적으로, 피라미드 질서에 도전을 한다는 것은 피지배층 스스로 상상하기조차 어려운 일이었을 뿐만 아니라 지배층이 절대로 용납할 리 없는 지극히 위험한 일이었다. 이러한 관점은 정치, 경제, 종교, 문화, 관습, 사상, 교육, 이데올로기 등 삶의 모든 영역에 깊이 침투하여 구성원들의 몸과 마음을 지배해왔다.

그럼에도 불구하고 오랜 역사 동안 지배층이 피라미드 체제를 통해 자기들을 위한 지상낙원을 세우는 동안 불평등의 고통에 시달려야 했던 특히 최하위층의 피지배층은 불평등 피라미드 없는 세상을 꿈꾸기 시작했다. 피지배층이 피라미드 체제에 내재한 불평등으로부터 벗어나 자유롭게 살고 싶다는 열망을 품은 것은 너무나 자연스럽고 필연적인 현상이다. 불평등이 확산될수록 피지배층 사이에서 거센 저항과 함께 "모든 인간이 평등하다"는 사상이 번지기 시작했다. 그리고 마침내 불평등 피라미드를 허물어 새로운 수평적인 사회를 건설할 수 있다는 사상에 공감하는 사람들이 많아졌다. 사상은 다수의 피지배층을 결집시키는 데 그 무엇보다도 효과적이었다.

마침내 불평등 피라미드를 지키려는 자들과 그것을 허물려는 자들 간의 대격돌이 벌어졌다. 애초 불평등 피라미드 구축을 가능케 한 핵심 기둥이 갖가지 주요 추상적·물리적 도구였던 만큼 불평등 피라미드 체제를 놓고 그것을 지키려는 자와 허물려는 자들 간에 벌어진 대결은 당연히 그러한 도구들의 쟁탈전 양상으로 전개되었다.

피지배층이 처음부터 감히 지배층에 도전할 엄두를 낼 수 있었던 것은 아니었다. 처음에는 그저 종교적 신앙 속에서나 보다 자유롭고 행복한 삶을 살고 싶다는 소망을 표출할 수 있었다. 가령 기독교의 경우, 그들은 자신들을 사랑으로 돌봐주고 위로해줄 든든한 가부장 같은 존재로 유일신을 신봉했고, 이 세상 너머에나 있는 천국을 꿈꾸었다. 하지만 이들은 자신들의 유일신과 기독교라는 종교를 통째로 지배층에게 빼앗기고 만다. 종교는 지배층에게 있어서도 절대로 포기할 수 없는 가장 중요한 지배 도구 중의 하나였을 뿐만 아니라 절대적 유일신이라는 컨셉을 가진 기독교는 더더욱 매력적이었기 때문이다. 로마의 황제가 기독교를 훔쳐다가 지배층의 최강의 지배 이데올로기로 변모시킨 것은 단지 우연이라고만은 볼 수 없다.

르네상스로부터 시작된 근대에 들어와서 본격적으로 인간의 평등을 둘러싼 사상이 지배층과 피지배층 간의 대결의 도구로 사용되었다. 이때부터 처음으로 '인간의 불평등이 정당하다'는 신화가 깨지기 시작했다. 그것을 깨어준 것은 계몽주의 사상가들이었다. 계몽주의의 대전제는 '인간은 평등하다'는 생각이었다.

되돌아보면 '인간은 평등하다'에 기반한 계몽주의 사상은 사람들이 보편적으로 갖고 있던 잠재적 생각이나 소망을 보다 체계적으로 발전시킨데 불과한 것으로 그리 놀랄 만한 게 아니다. 일반적으로 사람들은 어릴적 형제자매를 두루 보살피고 아꼈던 부모나 양육자를 마음속에 기억하고 있다. 그래서인지 여러 종교적 신도 그러한 부모의 사랑에 초월적 힘이 보태어진 특징을 보이는 경우가 많다. 부모나 신의 사랑 속에서는 우리 모두가 소중한 존재라는 믿음은 대단히 뿌리 깊고 보편적이다.

그럼에도 불구하고 '인간은 평등하다'는 생각을 감히 품기가 왜 그토록 어려웠고, 또 왜 그토록 오랜 시간이 걸려야 했는지는 단순한 인과관계로 설명하기 어렵다. 이와 관련한 보다 상세한 내용은 앞의 프랑스 혁명 장의 계몽주의 사상의 배경 부분에서 다룬 바 있다.

그런데 실은, 역사적 변화에 있어서 누가 어떤 배경 속에서 '인간은 평등하다'고 하는 획기적인 사상을 품었는지는 그다지 중요하지 않다. 더 중요한 것은 그러한 사상을 다수가 어떻게 받아들이느냐이다. 가령 누군가 처음으로 어떤 생각을 갖기 시작해서 책을 낸다 하더라도 그것에 다른 사람들이 동의하지 않으면 그냥 묻혀버리고 말 것이다. 반대로 많은 사람들이 믿거나 환영한다면 대유행을 할 것이다. 사상은 그런 의미에서 사회 내에서 그때그때의 여러 조건에 따라 자연선택되는 측면이 있다. 많은 경우, 옳고 그름이나 좋고 나쁨과 무관하게.

계몽주의 사상이 그토록 강력한 영향력을 갖게 된 것도 결국 그 사상에 동의할 준비가 된 다수의 대중이 있었기에 가능했던 것이다. 아마도 시대적 상황과 아울러 무엇보다도 사람들의 소망과 맞아떨어졌기 때문일 것이다.

'인간은 불평등하다'에서 '평등하다'로 관점이 바뀌고 나면 사회를 바라보는 시각도 달라진다. 사회란 '대등한 개체들 간의 협력을 위해 구성된 모임'이라는 생각에 도달하는 것이다. 실제로 계몽주의 사상가들의 사상이 그러했다. 이런 관점에서 보면 피라미드 구조와 지배층의 착취는 일종의 부정행위이자 배반행위가 된다. 이전에는 당연했던 것이 더 이상 당연하지 않은 게 된다.

사상의 힘은 셌다. 그 이유는 무엇일까? 피라미드의 꼭대기에 있는 소수의 기득권 세력은 당근과 채찍을 동원하여 피라미드의 하위에 있는 다수를 얼마든지 통제할 수가 있다. 반면 다수의 힘없는 피지배층이 기득권 세력과 맞서서 피라미드 구조를 허물고 평등한 세상을 만들 수 있는 유일한 길은 서로 연대하여 힘을 합치고 일치된 행동에 뛰어드는 방법밖에는 없다. 그런데 **머릿속의 생각과 믿음에 따라 행동하게 되어 있는 인간의 특성상 다수의 개인들이 서로 연대하도록 하는 최고의 방법은 사상을 공유하는 것이다. 그리고 사상의 기초가 된 정보와 지식을 공유하는 것이다. 사상, 정보, 지식은 '대규모'의 인간들이 서로 물리적으로뿐만 아니라 심지어 시간적으로조차 멀리 떨어져 있다고 하더라도 일치단결하여 조직적이고 지속적으로 집단적 행동에 뛰어들도록 할 수 있는 인간 고유의 소통 원리이다.** 그러한 사상에 강렬한 생명력과 에너지를 불어넣는 가장 큰 원동력은, 같은 인간으로서 혹은 같은 입장에 처한 사람으로서 타인의 고통과 눈물에 대해 느끼는 감정이입, 동정심, 더 나은 세상에 대한 소망, 그리고 그러한 세상을 만들기 위해 자신을 헌신하고 희생한 사람들에 대한 깊은 감동과 감사, 존경인 법이다. 사실 그러한 감정들이 중첩되는 어느 순간 우리 내면에서 폭발적 에너지가 불가항력적으로 솟구치는 경험을 누구나 한 번쯤은 겪었을 것이다. 그러한 에너지가 집단적으로 분출되는 현상도 여러 중요한 사회적·역사적 사건이나 행사가 있을 때마다 목격해왔다. 예를 들어 크게는 불의에 항거하는 집단적 시위나 폭동의 현장에서부터 작게는 가족이나 공동체를 위해 헌신적인 사랑을 보여주며 고난이나 희생을 감수한 존경스런 인물들을 봤을 때라든지, 아니면 보다 일상적으로는 감동에 부풀게 하는 교회나 절, 콘서트장, 강연회, 영화관 등에 이르기까지 다양하다.

　요컨대, **사상과 그것의 기초가 되는 정보와 지식, 그리고 그 모든 것을 강렬하게 소생시키는 감정적 공감 능력이 만나면 초공간적·초시간적 소통이 가능해진다.** 개

미의 소통 원리가 페로몬이라면, 인간의 그것은 사상과 공감인 셈이다.

18세기 후반이 되면 계몽주의 사상의 위력에 힘입어 단순한 폭동이 아닌 혁명이 일어나게 된다. 피지배층이 최초로 현실에서 불평등 피라미드 없는 세상, 즉 구체제의 피라미드 질서를 허물고 수평적인 새로운 사회 질서를 구축하려는 프랑스 혁명을 일으킨 것이다.

프랑스 혁명에 사용된 가장 센 무기 중 하나는 "불평등이 아니라 평등이 옳은 선^善이다"라는 새로운 도덕 이데올로기였다. 이는 구체제 기득권의 선악 이데올로기를 뒤집은 데서 나온 것이다. 프랑스 혁명 당시 대표적 혁명가였던 로베스피에르는 불평등 피라미드와 그 불평등 피라미드의 꼭대기에 앉은 지배층이 선과 옳음을 대표한다는 오랜 선악 프레임을 뒤집어서, 불평등 피라미드의 착취 구조를 허물고 평등한 세상을 세우려는 다수의 피지배층이 선과 옳음을 대표한다는 주장을 설파했다. 이런 식으로 선악 프레임을 뒤집은 것은 피라미드식 불평등을 정당화하는 구체제의 중요한 이데올로기 도구를 피지배층의 것으로 탈환하는 데 기여했다. 이외에도 당시 혁명가들은 피라미드식 불평등을 정당화시켜주는 구체제의 주요 가치 체계 전반(기독교 포함)을 적극적으로 부정하고 대안을 제시하려 했다.

오늘날의 기준으로 보면 선악 이데올로기의 탈환은 '흑백 논리'를 뒤집어 '백흑 논리'를 세운 것과 다르지 않겠지만, 어쨌거나 전도된 선악 이데올로기라는 이 신무기는 특권층의 부도덕성을 비판할 근거를 제공해줬을 뿐 아니라 피지배층의 의식을 일깨워 힘을 결집시켜주었다. 그것이 프랑스 혁명의 주요 동력이었다. 요컨대 다수의 피지배층이 실제로 현실에서 감히 피라미드를 허물기 위해 혁명에 몸을 던질 수 있었던 것은 '인간의 불평등이 정당하다'는 신화를 깨뜨리고 인간의 정신을 지배하고 있던 지배층의 선악 이데올로기의 사슬을 벗어던질 수 있었기 때문에 가능했던 것만은 분명하다.

그러나 안타깝게도 프랑스 혁명 세력은 주변국들과의 전쟁이라는 위험천만한 관문을 통과하던 도중에 스며든 공포와 불안 속에서 내분에 굴복하고 말았다.

19세기와 20세기에 전 세계를 휩쓴 마르크스주의는 사상의 힘이 얼마나 센지를 증명한 또 하나의 사례이다. 또한 마르크스주의는 사상이 가진 강력한 힘의 근원이 인간의 소망임을 입증했다. 인간의 소망과 일치하지 않는 사상은 널리 확산되지 못한다. 달리 말하면 자연선택되지 못한다. 마르크스주의의 위력이 그토록 셌던 이유 역시 그것이 다수의 소망에 부합했기 때문이다.

마르크스는 자본주의의 피라미드 구축 원리를 밝혀낸 철학자이다. 마르크스가 자본주의 시대뿐만 아니라 모든 시대의 불평등 피라미드와 관련하여 알아낸 핵심적 비밀은 이런 것이다. 전에는 세상의 불평등이 정치적 신분제에서 생겨났고, 신분제는 그것을 정당화해주는 믿음 체계, 기독교적 전통이나 관습, 문화, 세계관 따위에서 생겨났다고 여겼는데, 알고 보니 이 모든 것은 그 밑바닥에 있는 하부구조, 즉 경제 구조에서부터 발생했다는 것이다. 요컨대 마르크스주의의 전제는 '경제 시스템'이 구조적으로 불평등을 발생시키도록 짜여 있다면 사회 내 불평등 피라미드를 막지 못한다는 것이다. 이는 아무리 헌법에 만인의 평등한 인권이 보장되어 있는 오늘날이라고 해도 매한가지이다.

마르크스는 이러한 유물론적 관점에서 역사적으로 사회의 하부구조가 어떻게 변화해왔는지를 살펴보고, 사회적 하부구조에 해당하는 자본주의 시스템을 면밀히 분석했다. 그 결과 세계는 변증법적으로 발전하며,

그러한 원리에 따라 인류는 계급 간 서열싸움을 하다가 언젠가는 결국 서열 자체를 없애는, 다시 말해 불평등 피라미드를 완전히 허문 수평적 사회 질서를 만들어내리라고 예측했다. 그런데 자본주의의 피라미드 구축 원리는 생산 도구의 사적 소유에 기인하므로 피라미드가 사라진 시대의 경제 시스템은 생산 도구의 사적 소유가 제거된 시스템, 즉 공산주의가 될 수밖에 없다는 결론을 내놨다.

그러나 공산주의 시스템은 한때 소련 세력권의 나라들에 의해 도입되었지만, 오늘날에는 거의 사라지고 없다. 공산주의 실험은 실패로 끝났다. 왜 그렇게 되고 말았을까? 앞에서 여러 이유들을 분석했지만 결국 그 모든 이유들은 다음 한마디로 귀결된다.

공산주의와 자본주의의 싸움은 어느 쪽이 옳으냐 그르냐의 이념적 대결 이전에 경제적 생산성 대결에서 누구의 도구가 더 강했냐로 결판나는 싸움이었기 때문이다.

물론 공산주의의 이념적 배경에는 불평등과 평등 중 어느 쪽이 옳으냐 하는 가치관이 깔려 있었다. 하지만 소련의 공산주의 시스템은 진정한 민주주의와 민주적 시민이 준비되지 않은 가운데 제1차 세계대전이라는 국제적 상황과 혁명적 분위기 속에서 갑작스럽게 쿠데타로 집권한 레닌 정권에 의해 채택된 이후 스탈린 시대에 접어들면서 결과적으로는 과거의 차르 시대 못지않게 강력한 불평등 피라미드를 세우는 데 오히려 더 큰 기여를 하고 말았다. 그 이유 중 하나는 제2차 세계대전뿐만 아니라 그 이후에 이어진 미·소 간의 냉전 상황에서 소련 공산주의 체제가 시급히 강력한 권력 구조를 갖춰놓지 않으면 안 되었기 때문이다.

하지만 그렇게 해서 링 위에 오른 미·소 간의 피라미드 체제 대결은 결국 각자의 경제적 시스템이라는 도구의 위력에서 결판이 날 수밖에 없었다. 그것이 본래 피라미드 간 대결의 속성이다. 경제적 경쟁력과 생산성 촉진 면에서는 자본주의가 공산주의보다 더 효과적인 도구였던 만큼 공산주의 시스템이 자본주의 시스템과의 대결에서 밀리는 것은 당연했다. 그렇게 해서 공산주의 체제는 하나의 실험으로 막을 내리고 만 것이다.

물론 자본주의가 공산주의보다 더 효과적인 경제적 생산성 도구였다는 서술은 자본주의 피라미드의 지배층에게나 옳은 말이다. 그러한 생산성의 수혜를 제대로 받지 못한 하위 계층의 관점에서 바라본 실상은 또 다르다.

지난 역사 동안 인간 사회 내에는 두 가지 상반된 꿈이 존재했다. 하나는 거대한 피라미드 조직에서 조금이라도 더 상향 이동하여 더 많은 자유와 권력을 누리고 싶다는 꿈이고, 다른 하나는 그 피라미드를 허물어 좀더 수평적인 사회를 만들어 강자로부터 억울한 일을 당하지 않고 남들과 동등한 기회를 누리며 살고 싶다는 꿈이다. 아이러니컬하게도 두 꿈이 향하는 종착지 모두 인류의 오랜 꿈인 천국이나 유토피아를 닮았다. 누구를 위한 천국 혹은 유토피아냐만 다를 뿐이다. 어쩌면 그 두 가지 꿈은 적어도 불평등 피라미드가 존재하는 한 영원히 사라지지 않을 꿈일 것이다. 어쨌거나 마르크스는 프랑스 혁명의 혁명가들에 이어서 후자에 관심을 가진 또 한 명의 사상가였다.

Chapter 29

불평등 피라미드 구축 원리인 자본주의와 평등을 전제로 하는 민주주의의 기묘한 병존

그러면 오늘날은 어떤가? 현실에서 실제로 인간이 평등해졌다고 생각하는가? 그래서 차별이 존재하지 않는다고 생각하는가? 오늘의 사회 현실은 이 책에서 여태껏 짚어봤듯이 여전히 피라미드 모양이다. 인간은 실질적으로 평등하지 않다. 경제적 불평등 구조 속에서 정치·사회적 평등이 가능하다는 생각은 망상이다.

그럼에도 불구하고 과거와 달라진 점이 전혀 없지는 않다. 과거에는 자유와 평등이 투쟁을 통해 획득해야만 했던 대상이라면, 오늘날 그것은 거의 모든 자본주의 국가에서 헌법과 법률에 명시된 공식적 정의가 되었다. 이른바 민주주의가 보장되어 있다.

그런데 지금껏 살펴봤듯이 자본주의는 불평등 피라미드의 구축 원리인 반면, 민주주의는 평등을 위한 원칙이라는 점에서 둘은 서로 모순된다. 그런 둘이 도대체 어떻게 지구상에 널리 병존하게 되었을까? 기묘한 일 아닌가? 물론 불평등 피라미드 구축 원리인 자본주의를 제어하기 위한 견제 장치로 그나마 민주주의라도 있는 걸 다행으로 여겨야 하겠지만 말이다.

더 기묘한 역사적 아이러니는 민주주의가 자본주의 국가에 의해 전파되었다는 사실이다. 여러 우연과 필연이 중첩되어 나타난 재미있는 현상이 아닐 수 없다. 그렇게 된 그 역사적 배경을 추적해보자.

자본주의는 각 산업의 기업 피라미드 조직의 수장인 자본가들끼리 경쟁하여 더 강한 자가 살아남아 시장을 독식하는 게임이다. 그들은 무적의 최강자가 되기 위해서 기업을 점점 더 큰 피라미드로 키워야 한다. 그러기 위해서는 끊임없이 값싼 자원(노동력 포함)과 더 넓은 시장을 확보해야 한다. 그런 배경 속에서 유럽 자본가들은 각 정부를 치열한 제국주의적 식민지 경쟁으로 내몰았고, 기어이 제1·2차 세계대전의 주범으로 만들고 말았다. 그 결과 유럽의 자본주의 강국들을 참혹한 불행에 빠뜨렸다.

그런데 뜻밖에도 두 차례의 세계대전은 저 멀리 대서양 건너에 있는 한 나라를 세계 유일의 핵무기 소유국으로 만들어줬을 뿐 아니라 대박 횡재까지 덤으로 안겨준다. 바로 민주주의를 주장하며 영국으로부터 독립한 미국을 전 세계적 자본주의 피라미드의 꼭대기에 앉힌 것이다. 소련을 공산주의 진영의 수장으로 앉힘과 동시에 말이다.

미국이 자본주의의 세계 최강자가 되자마자 한 일은 무엇이었을까? 그것은 자신의 세력권 전체에 새로운 자본주의 피라미드 질서를 세우는 것이었다.

그러나 '선한 민주주의의 수호'라는 명분을 내걸고 제2차 세계대전이라는 '선악 대결'에 뛰어들어 영웅적인 승리를 거둔 미국이 영국과 똑같은 방식으로 제국주의의 발톱을 드러낼 수는 없었다. 그래서인지 제3세계에 '민주주의 수호 및 전파'를 명분으로 미국에 필요한 시장 개방과 자유무역을 이끌어내는 방식으로 접근했다. 이른바 '신식민주의' 정책이었다. 신식민주의 정책이란 해당 국가의 영토를 직접적으로 침략하거나 군사적으로 장악하는 대신(일부 국가들에 대해서는 필요에 따라 그마저도 불사했지만) 간접적인 수단을 통해 신식민지의 경제가 제국의 이익에 봉사하도록 영향력을 행사하고 조종하는 방식을 가리킨다. 그 후 신식민주의 정책은 1980년대를 지나면서 신자유주의로 대체되었지만, 그 목표는 일관되게 제일 꼭대기에 미국이 앉아 있고, 선진 자본주의 국가들이 그 밑을 지키고, 제3세계 국가들이 그보다 더 밑 자리에서 값싼 자원 및 노동력과 풍부한 시장을 제공하는 전 세계적 자본주의 피라미드 질서의 유지에 있었다.

또 하나의 역사적 아이러니는 그것이 결과적으로는 어쨌거나 민주주의 전파에 기여했다는 사실이다. 민주주의 원칙은 세계인권선언에뿐만 아니라 각국의 헌법과 법률에 반영되었다. '형식적으로나마' 민주주의라는 소중한 도구가 많은 나라의 피지배층의 손에 쥐어진 것이다. 물론 실제로 현실에서 민주주의가 어느 정도나 작동되었는지는 또 다른 문제이지만, 그것과 상관없이 어쨌거나 그로 인해 민주주의라는 사상의 씨앗이 다수의 마음속에 뿌려졌다는 사실은 그 자체만으로도 역사를 추동하는 또 하나의 동력이 되었다.

한국의 민주화 운동도 그런 맥락에서 볼 수 있다. 한국에서는 1953년에 한국전쟁(6·25 전쟁) 종전 후 이승만 대통령이 장기 집권을 획책하고자 1960년에 3·15 부정선거를 일으키자 학생들과 시민들이 4·19혁명을 일으켜 그를 하야시키는 데 성공한 바 있다. 그러나 다음 해인 1961년에 박정희 당시 육군 소장이 5·16 군사 쿠데타로 집권함으로써 실질적으로 민주주의 실현에 좌절을 겪었다. 하지만 이후 18년 동안 장기 집권을 이어갔던 박정희 독재 정권 하에서조차 명목상으로는 미국에서 전파된 민주주의 원칙을 내세웠으므로 유년기에 학교에서 민주주의 교육을 받은 세대들 가운데에서 비민주적 현실에 저항하고 더 많은 민주주의를 실현하고자 민주화 투쟁에 나선 사람들이 생겨났다. 그들의 주장에 동의하는 시민들의 수가 점점 더 늘어난 결과, 1972년 10월 박정희의 '유신헌법'으로 대통령 간선제가 실시된 지 십수 년 만인 1987년에는 마침내 '6월 항쟁'을 통해 민주적 대통령 직선제를 되찾는 데 성공했다. 그것은 한국 국민이 보다 성숙한 민주적 주체로 성장해가는 긴 여정에 중요한 하나의 토대를 마련해주었다.

Chapter 30
자본주의의 모순과 반사회적 돌파구

그러나 그렇다고 해서 민주주의가 자본주의에 내재한 피라미드 축적 원리를 모두 극복할 수 있었던 것은 아니다. 민주주의는 기껏해야 자본주의의 견제 장치가 될 수 있을 뿐이거니와, 그나마 그 역할조차도 제대로 하기가 대단히 어려웠다. 게다가 자본주의는 자본주의 나름대로 일종의 생명체처럼 능동적으로 상황 변화에 적응하고 진화해왔기 때문이다.

자본주의의 근본적 모순은 대량 생산과 대량 소비가 순환되어야 하는 시스템인데도 불구하고 궁극적으로 소비가 생산을 따라잡을 수 없다는 것이다.

왜 그럴까? 거시적으로 자본주의란 자본가가 자본가를 위해 자본가 중심으로 판을 짜놓은 경제 시스템이기 때문이다. 자본주의는 사회의 구성원들을 (1) 사업 주체와 (2) 생산 및 소비 도구, 이렇게 두 종류로 재편한다. 자본가는 사업 주체, 그리고 노동자는 비용 항목에 속하는 생산 도구이자 소비 도구가 되도록 역할이 정해져 있다. 그렇다. 사업가나 자본가 계층 입장에서 사회의 나머지 구성원들은 자본주의 시스템을 돌리는데 필요한 생산 도구이자 소비 도구라 해도 과언이 아니다. 문제는 노동자의 임금은 시장 원리에 따라 원가 절감을 위해서 가급적 최저 수준으로 제한되어야 하는 만큼 구조적으로 노동자가 소비자로서 모든 생산물을 소비해줄 수 없게끔 되어 있다는 것이다. 바로 그런 이유에서 이른바 사회 전체적으로 과잉생산(과잉공급, 공급 과잉)이라는 문제가 야기된다.

기업들은 더 넓은 세계로 시장을 확대함으로써 문제를 피해왔지만 지구는 한정된 공간이다. 그 때문에 자본주의에는 바이러스처럼 라이프사이클이 있어서 일정한 주기를 거치고 나면 쇠퇴기를 맞이할 것이라는 예측들이 나오는 것이다.

그런데 만일 자본주의의 라이프사이클이 종말을 맞이하기 전에 다른 대안 시스템이 나타나지 않는다면, 돌파구를 찾으려는 압력이 어딘가에서 전쟁으로 터져나올 가능성이 있다고 예측하는 것은 그다지 어려운 일이 아니다.

실제 사례를 되짚자면, 미국의 경우, 자본주의 선진국으로서 높은 생산성을 자랑했던 만큼 당연히 과잉생산 문제를 피해갈 수 없었다. 과잉생산 문제를 해소할 유일한 해법은 수요 증가이다. 한동안 이 문제를 해결해준 대사건은 유럽에서 일어난 제1차 세계대전이었다. 그러나 전쟁은 엄청난 비용과 피해를 발생시키는 사건인 만큼 무한정 끌 수 있는 게 못 된다. 게다가 문제는 가뜩이나 높았던 미국의 생산성이 유럽의 전쟁 덕분에 한층 더 높아졌다는 사실이다. 그리하여 제1차 세계대전이 끝난 지 약 10년 후 자본주의의 고질적 문제인 과잉생산 문제가 또다시 발생했고 그것은 끝내 대공황을 낳고 말았다. 결과적으로 이 문제를 해결해준 것은 이번에도 역시 다름 아닌 제2차 세계대전이었다. 자크 파월은 이렇듯 그 두 차례의 세계대전을 모태로 탄생한 기업들이 전쟁이 끝나는 순간 생존의 위기를 맞이했으며, 또다시 전쟁이 아니고서는 해소할 길이 없는 수요공급의 불일치 상태에 빠졌다는 분석을 내놓았다. 전후 미국 자본주의는 쑥대밭이 된 서유럽, 중동, 아시아를 비롯한 전 세계의 절반가량이 미국의 피라미드 세력권 아래로 유입되었으므로 한동안 번영을 누릴 수 있었다. 하지만 소련과 냉전 상황이 아니었다고 해도 태생적으로 전쟁에 대한 의존성을 갖고 출현한 군산복합체들과 대기업들이 필요로 하는 수요를 계속해서 맞춰줄 수 있었을지는 의문이다.

요컨대 애당초 제1차 세계대전 자체부터가 유럽의 자본주의 시스템이 돌파구를 찾아 외부로 눈을 돌린 결과 초래된 지구적 영역싸움이었고, 그것이 뜻밖에 대서양 너머에 있는 미국 자본주의에게 돌파구를 열어줬다.

이와 같이 자본주의 시스템은 언제든 가능하면 민주주의를 무력화시키고 전쟁을 불사해서라도 거대한 위장을 채우려는 속성을 갖고 있다. 자본주의는 양날을 가진 도구이다. 그것은 한편으로 높은 생산성과 경쟁력 촉진 효과로 인간의 물질적 삶을 풍요롭게 해주지만, 다른 한편으로 사회를 거대한 피라미드 시스템으로 만들 뿐 아니라, 마치 생존 본능을 가진 생명체처럼 그 피라미드 시스템을 존속시키기 위해 수단과 방법을 가리지 않는 경향이 있다. 필요에 따라서는 인간의 폭력성에 터보 엔진을 달아 전쟁마저 불사하도록 부추긴다. 전쟁의 잠재적 규모는 자본주의 공장의 높은 생산성과 비례관계이다. 자본주의는 인간, 아니 자본가들에 의해 만들어진 도구이지만 그것은 인간과 사회를 지배하는 원리가 내장된 가공할 도구임이 밝혀졌다.

자본주의 기업들이 과잉생산 문제를 해결하기 위해 돌파구로 찾은 것은 전쟁만이 아니었다. 그들은 계속해서 수익 증대를 꾀해 나갈 방법으로 거품경제를 만들어내는 능력을 개발했다. 그것은 일종의 암세포로의 변이에 비유될 수 있는 사건이다. 암세포로의 변이라는 표현을 사용한 이유는 거품경제가 기존의 산업자본주의의 운영 체계와는 별개로 단지 지대 부풀리기 식의 생산 없는 수익 증대를 꾀하기 때문이다. 말하자면 마치 암세포가 우리 몸과의 유기적 관계를 끊은 채 몸의 영양분을 일방적으로 빼앗아 먹으면서 증식해나가듯이, 금융 산업의 일부가 우리 사회를 숙주로 삼아 기생함으로써 독자적으로 번성할 방법을 찾아냈다는 뜻이다.

전후 번영기를 지내는 동안 미국의 자본주의 시스템 내에서는 치열한 강자독식배 쟁탈전이 계속되었다. 자본주의 특유의 독점 현상은 더욱 심화되었다. 자, 그 다음에 어떤 일이 벌어졌을까? 1970년대 초에 들어서면서 선두적 제품들을 생산하는 준독점 기업들의 성적이 부진해지면서 생산 기업들의 수익이 급감하는 단계로 진입했다. 이때부터 자본주의는 급격하게 금융화되기 시작한다. 그러면서 기업들이 수익 급감 문제를 해결하기 위한 돌파구로 투기적 금융 거래 쪽으로 눈을 돌리면서 소위 거품경제를 만들어냈다. 1970~2010년에는 전 세계적으로 투기 수익이 사상 최대로 확대되었다. 거품경제는 돈 놓고 돈 먹기 식으로 결국 돈 가진 자를 위한 게임이다. 물론 그 게임은 여러 법 개정이나 규제 완화와 같은 정부의 역할 없이는 불가능했고, 그 뒤에는 금융계의 로비와 연방준비은행이라는 초법적 민간은행이 존재했다.

금융계는 막대한 자금을 레버리지 삼아 온갖 내기 형태의 파생상품을 만들어 2008년에는 서브프라임 모기지 금융 위기를 야기했고, 이를 통해 중산층의 돈을 싹쓸이해갔다. 또한 우라늄 광산, 석유 제품, 알루미늄, 공항, 유료 도로, 항만, 전기 소유권 및 운영 등 실물 경제의 중요한 측면에까지 손을 뻗쳐 쥐락펴락하기에 이르렀다.

금융화가 진행된 결과는, 기생충이나 암덩어리가 숙주를 집어삼킬 듯 거대해진 모습과 비슷했다. 알파벳 엘(L)을 좌우로 반전시켜놓은 것과 가까운 형태의 기괴한 부의 분포 그래프가 이를 증명한다. 스위스 취리히 연방공과대학에서 나온 연구 결과에 따르면, 서로 얽히고설킨 지분 관계로 사실상 하나의 '초거대 실체'를 구성하는 147개 다국적 기업들이 전 세계 부의 40%를 지배하고 있다. 그중 상위 49개 기업은 서로 동맹관계에 있는 은행, 보험, 투자, 지주 회사 등의 금융계이다. 한마디로, 금융계가 지구적 피라미드의 꼭대기에 올라 세계를 지배하고 있다는 얘기이다.

그 결과, 오늘날 우리는 어떤 상황에 처해 있을까? 자본주의 시스템이 순환하는 데 필요한 소비 여력은 더욱 더 약화되었다. 자본주의의 지속 가능성 자체가 위협을 받는 상황이다. 결국 거품경제는 중산층뿐만 아니라 자본가를 포함한 모두에게 장기적 해결법이 되지도 못할 뿐 아니라 끝내는 숙주까지 죽이고 마는 암세포처럼 단기적·자멸적 해결책일 뿐이라는 것이 현실로 드러나고 있다.

Chapter 31

왜 민주주의는 이보다 더 나은 변화를 만들어내지 못할까

'협력 활동이 어느 일방을 위해 불공정하게 이용되는 것을 막고, 협력에 따른 이익이 참여자 모두에게 호혜적으로 공정하게 돌아갈 수 있도록 부정행위나 착취적 속임수를 방지하기 위한 처벌 시스템'을 정의justice라고 한다면, 한 가지 분명한 진실은 오늘날의 자본주의는 정의롭지 않다는 것이다. 호혜적인 협력 원칙과 정의의 기준에 비춰보면 저 그로테스크하리만치 경사가 가파른 세계적 불평등 피라미드는 명백히 부정행위의 산물이다. 또한 민주주의는 제대로 작동되고 있지 못하다. 정치적으로는 민주주의를 내세우고 있지만 실제로는 우리가 민주주의보다는 민주주의를 위협하는 자본주의식 피라미드식 경제 원리에 더 지배되고 있는 셈이다.

그럼에도 불구하고 여전히 떨쳐버릴 수 없는 의문은 이런 것이다. 그래도 오늘날엔 민주주의적 제도가 공식적으로 각국의 헌법과 법률에서 인정되고 있지 않은가? 민주주의라는 도구가 이미 많은 나라의 국민에게, 예전 같으면 피지배층이라 불리었을 다수에게 주어져 있지 않은가? 그런데 왜 사람들은 민주주의라는 도구를 이용해 자본주의의 독주를 좀 더 효과적으로 막지 못하는가? 아무리 자본주의가 자체적 불평등 피라미드 축조 원리에 따라 움직이고, 또 능동적으로 시대적 상황 변화에 적응하며 진화해왔다지만 왜 사람들은 민주주의라는 훌륭한 도구를 손에 쥐고도 자신들의 이익에 맞게 지금보다 더 잘 문제를 해결하지 못하고 있는가? 왜 피라미드의 중하위에 있는 다수는 민주주의의 다수결의 원칙에 따라 자본주의의 문제들을 해결하기 위해 지금보다 더 나은 선택을 하지 않는가? 왜 전 세계적으로 민주주의의 효능이 이것밖에 안 되는 걸까?

민주주의와 정의의 원칙을 우회하는 속임수는 대중의 무지에 의존하여 작동한다

민주주의의 효능이 기대에 못 미치는 이유 중 하나는, 자본주의가 처음부터 민주주의와 정의의 원칙을 거스르는 시스템이었을 뿐 아니라 민주주의가 확립되고 난 후에도 자본주의는 민주주의와 정의의 원칙을 우회하는 숱한 속임수와 부정행위에 능했다는 것이다. 하지만 우리가 주목해야 할 점은, 그 모든 것이 절대적으로 대중의 무지에 의존하여 작동한다는 것이다.

소련의 대중이 공산주의라는 도구를 쥐고도 공산주의와 상반된 불평등 피라미드의 존재를 막지 못한 것이나, 자본주의 국가의 국민들이 민주주의라는 도구를 쥐고도 민주주의와 상반된 불평등 피라미드의 존재를 막지 못한 것이나 불평등 피라미드를 막지 못했다는 점에서는 차이가 없다. 민주주의라는 도구를 갖고도 그 도구를 제대로 활용하지 못한 것이다. 결국 민주주의가 올바로 작동하기 위해서는 시민이 민주적 책임과 의무를 다하는 데 필요한 소양과 지식을 충분히 갖춰야만 하는데 현실은 그렇지 못했다는 얘기이다. 원인이 뭘까? 몇 가지를 꼽을 수 있다.

첫째, 가장 근본적인 원인은 민주주의 자체의 난점에 있다. 거대한 자본주의 시스템 하에서 99%의 대중이 불평등 피라미드를 상대할 수 있는 길은 민주적 다수결의 원칙에 따라 정족수를 만들어내는 것뿐이다. 그러려면 다수의 대중이 사상을 공유하고 연대하여 힘을 모아야 한다. 하지만 그것은 원래부터 쉽지 않은 일이다.

비이성적인 지역감정이나 소^집단적 이기주의의 충돌 따위는 빼고 합리적인 이유만 보더라도 우선은, 앞서 짚어본 대로 인간은 후천적으로 각자의 경험이나 '외장하드'에의 접속을 통해서 많은 지식을 획득해야 하는 존재이다. 그러다 보니 한편으로는 똑같은 현상을 놓고도 해석이나 견해가 다양하게 갈릴 수 있고, 다른 한편으로는 각자 접한 정보와 지식 자체의 내용과 범위와 깊이에도 차이가 나서 또다시 다양한 견해가 발생하게 된다. 그러한 해석과 견해의 차이가 연대를 어렵게 만든다.

그 다음으로, 개인 간 소통 능력에 있어서도 격차가 크다. 인간의 경우, 후천적으로 익혀야 할 정보의 양도 많고 내용도 복잡미묘한데 그것을 소통하는 일 역시도 언어와 같은 도구를 매개로 해야만 한다. 그러려면 적절한 말재주나 논리적인 문장력, 합리적 논증 능력 등 고도의 언어구사능력이 필요한데, 그 역시 후천적 훈련을 통해서만 길러지는 것이다. 그뿐이 아니다. 대화에는 에티켓, 감정 조절 능력, 상대의 비언어적 신호까지 파악할 수 있는 감수성 등 수많은 어려운 기술이 요구된다. 결국 소통 능력에 있어서도 후천적인 개인차가 날 수밖에 없다.

예를 들어보자. 한 사회가 코끼리 문제를 해결하기 위해 토론을 한다고 치자. 일단 각기 다른 사람마다 후천적으로 획득한 정보의 내용과 범위와 깊이부터가 다를 것이다. 어떤 사람은 코끼리의 코만 보고 그것이 코끼리의 실체라고 믿은 채 코끼리에 대한 주장을 펼치고, 다른 사람은 다리만 보고 코끼리에 대한 주장을 내세우게 된다. 그 과정에 의견의 불일치뿐만 아니라 소통상의 문제가 발생한다. 심지어 감정을 상하게 만들어 얼굴을 붉히는 일까지 빚어지기도 한다. 그러다 보면 코끼리를 전체적으로 이해해야만 얻을 수 있는 해결책에 합의하기가 더더욱 어려워진다. 결국 이같은 문제들로 인해 다수가 생각을 공유하고 연대한다는 것은 원래부터 결코 만만한 일이 못 된다.

그래서 브렉시트^{Brexit}, 도널트 트럼프, 북부 리그, 마린 르 펜$^{Marin\ Le\ Pen,}$ $^{1968-}$의 국민전선당$^{National\ Front}$ 등이 답이라고 믿는 사람들과, 버니 샌더스 $^{Bernie\ Sanders,\ 1942-}$, 제러미 코빈$^{Jeremy\ Corbyn,\ 1949-}$, 대안정당^{Alternativet}, 그 외 좌파 정당이 답이라고 믿는 사람들이 서로 심각한 감정적 갈등을 빚기도 한다. 우리나라의 경우 여당과 여러 야당의 지지자들이 그런 입장에 있었다.

요컨대, 인간의 인식의 범위와 소통 능력이 제한적이고 비효율적일수록 힘에 의존하여 사회적 갈등을 해결하려고 하기 쉽다. 그래서 피라미드 질서는 상대적으로 쉬운 반면 민주주의는 어렵다.

하지만 비록 사람들의 지식의 내용, 범위, 깊이, 견해가 다르더라도 만약 그들이 뛰어난 소통 능력을 갖고 있다면 서로 성급히 대립각을 세우기 전에 보다 거시적이고 장기적인 안목에서 각자 획득한 정보의 내용과 범위와 깊이를 한데 모아 마치 코끼리 퍼즐을 완성하듯 전체적인 실상에 좀 더 가까이 다가갈 수도 있을 것이다. 그것이 집단지성의 힘이다.

어차피 우리는 인식 능력의 한계상 모든 현상의 입체적 실체를 한꺼번에 이해하는 것은 불가능하다. 그렇다면 가능한 다양한 관점에서 바라본 내용을 종합해가려는 노력이 필요할 것이다. 보다 넓고 깊은 이해에 이르는 것만이 진실에 다가가는 유일한 길이 아닐까. 예를 들면 사람들이 다음 두 가지 주장을 갖고 있다고 치자.

인간의 본성은 원래 이기적이고 탐욕적이다. 인간이 일을 열심히 하는 동기는 남보다 더 부자가 되기 위해서이므로 불평등은 누구도 막을 수 없는 필연적 현상이다. 심지어 인간의 이기성과 탐욕은 더 열심히 노력하고 끊임없이 자기계발을 도모하게 만드는 원동력이므로 사회 발전을 위해 바람직하기까지 하다. 그러므로 세상을 지금보다 더 평등한 곳으로 만들어놓아 봤자 인간의 이기성과 탐욕으로 인해 언젠가는 도로 불평등한 곳으로 바뀌고 말 것이다.

인간에게는 이기성만 있는 것이 아니라 이타성이나 협동심, 타인에 대한 배려, 존중, 존경, 희생, 헌신도 존재한다. 그렇기 때문에 지금과 같은 여러 크고 작은 사회 속에서 공동체의 일원으로서 서로 협동하며 생활할 수 있는 것이다. 우리의 사회·경제 시스템과 문화가 개인의 이기성이나 경쟁보다는 전 인류의 평등과 협력, 공존의 가치를 더욱 강조하는 방향으로 바뀐다면 대다수의 사람들은 평화로운 공동체적 삶에서 행복을 찾으며 살아가려고 할 것이다. 인간의 이기성만을 강조하는 것은 인간의 본성에 대한 충분한 이해가 되지 못한다.

두 주장은 상반되어 보이지만, 그렇다고 서로 언제까지나 평행선을 달리며 마치 누구는 승자가 되고 누구는 패자가 되어야만 결판이 날 것처럼 치고 박고 싸워야만 할 사안은 아닐 수 있다. 어쩌면 인간의 '이기적 경쟁'이나 '사회적 협력'은 마치 코끼리의 여러 측면처럼 인간의 사회적 삶의 여러 측면 가운데 한 단면일 수 있다. 실제로 앞에서 언급한 바대로 이기성과 협력은 대립적인 관계만은 아니다. 실은 이기성이야말로 협력의 필수 조건이며, 이기적 주체들 간의 협력을 통해 얻은 과실을 공평하게 그 이기적 주체들에게 돌려주는 것이 장기적으로는 사회 전반에 더 좋은 결과를 가져다줄 수도 있다.

이를 가로막는 가장 큰 장벽 중의 하나는 아마도 개인 및 집단의 단기적 이익에 치중한 이기주의일 것이다. 그러한 이기주의에 빠지면 애초부터 장기적으로 모두에게 더 좋은 방법이 무엇인지에 대해 관심을 기울이거나 진지하게 고민하지 않게 된다. 하지만 그것은 협력을 통해 굴러가게 되어 있는 사회 전체에 비효율과 해로움을 낳고, 결과적으로 언젠가는 그게 자신들에게도 부메랑이 되어 돌아올 수 있다. 하지만 이를 다수가 인식하기까지는 시간이 걸리기 마련이고, 그 과정에 많은 시행착오와 실패의 경험도 쌓여야만 할 것이다. 그것이 우리 사회에 민주주의가 기대치만큼 작동하지 못하는 또 한 가지 원인이다.

인류의 정보와 지식이 담긴 '외장하드'에 대한 접근성에 격차가 존재한다 ———————

둘째, 자본주의는 다수의 개인들을 먹고살기 바쁜 프롤레타리아로 만드는데 그들은 이른바 '외장하드'에 담긴 정보와 지식을 습득할 시간적·재정적 여유가 덜하다. 그렇기 때문에 정보와 지식을 공유하고 연대하고 힘을 모으기가 상대적으로 더 어렵다. 그에 반해 지배층은 사회의 주요 생산 도구와 아울러 정보와 지식을 독점하거나 접하기가 상대적으로 더 쉽고, 따라서 집단적 차원에서 그것을 활용하여 피라미드 유지에 필요한 이론이나 사상, 이데올로기를 생산하여 유포하기에 더 유리한 입장에 있다.

어떤 이유로든 민주적 시민보다는
노동자·소비자 역할에 더 충실했다 ──────

셋째 원인은, 어떤 이유에서든 많은 사람들 스스로 민주적 시민보다는 노동자·소비자라는 역할에 더 충실한 존재로 살아왔기 때문일 것이다. 다시 말해, 몇 년에 한 번씩 투표만 했다 뿐이지 평소에는 '이유를 막론하고' 결과적으로 민주적 시민으로서 책임과 의무를 충분히 이행하지 못한 채 잘 길들여진 자본주의식 노동자·소비자로서의 삶에 더 매몰되어온 것이다. 또한 새롭게 획득한 수평적 협력 질서인 민주주의보다는 피라미드의 더 위쪽으로 올라갈 목적에서 피라미드 질서에 충실히 복종해왔다. 많은 경우, 사회의 불평등 구조에 대한 근본적인 성찰과 인식을 충분히 갖지 않은 채 거의 자동적으로 말이다.

그게 그들만의 탓이라는 얘기는 결코 아니다. 사실 자본주의는 시민들의 긴 민주화 투쟁 과정을 거쳐 초보적 민주주의가 쟁취되고 더욱 높은 단계로 발전해가기 '한참 전'부터 이미 존재했었다. 민주주의 역사보다 자본주의(신종 피라미드 구축 시스템)의 역사가 훨씬 더 오래되었고, 그 이전의 봉건적 피라미드의 역사는 그보다도 더 까마득히 오래되었다. 현재 우리가 아는 민주주의는 탄생한 지 얼마 안 된 것으로 완성된 상태와는 거리가 멀다. 반면에 그 기나긴 피라미드 질서의 역사 동안 지배층은 피지배층을 무지의 장막 너머에 가두기 위해 정보의 비대칭성을 유지하고, 끊임없이 자신들에게 유리한 이데올로기나 프레임을 제작하여 유포하고, 대중의 종교, 문화, 사상에 영향을 미치면서 끈질기게 피라미드 질서를 수호해왔으며 지금 이 순간도 계속해서 그렇게 하고 있다.

Chapter 32

4차 산업혁명 시대 – 자본주의 시스템 내에서 비약적으로 진화해가는 더 엄청난 도구들

자본주의를 굴리는 2개의 바퀴는 자본과 과학기술이다. 둘의 공통점은 자연 상태에서는 저절로 만들어질 수 없는 인공물로서, 적어도 이론적으로는 그리고 모종의 임계점에 도달하기 전까지는 '기하급수적' 축적 원리를 따른다는 것이다. 개별적 인간과 달리 그 자본과 과학기술은 인간이 발명한 각종 '외장하드' 덕분에 죽음을 겪지 않고 후세의 인간들을 통해 무한히 성장해나갈 수 있기 때문이다.

바로 그런 점에서 그 둘은 점점 더 무섭도록 막강한 도구로 성장해가고 있다. 마치 과거에 인류가 자신이 만들어낸 주식회사를 법인으로 격상시키는 바람에 인간의 도구에서 해방시킴으로써 일개 개인과는 비교할 수 없을 만큼 초인적 힘을 가진 인조인간을 세상에 풀어놓은 격이 된 것처럼, 특히 인류가 공동으로 이룩해온 4차 산업혁명 기술은 점점 더 인류 전체를 집어삼킬 수 있을 정도의 가공할 힘을 키워가고 있다. 그것은 인공지능^AI, 로봇, 사물 인터넷, 자율주행차, 3D 프린팅, 나노, 바이오, 재료공학, 에너지 저장, 양자 컴퓨팅, 드론 등과 관련한 과학기술의 발전과 함께 세상의 모든 것을 연결하고 융합시켜 우리 앞에 내놓을 것이다. 일개

개인은 감히 넘볼 수 없는 막강한 힘을 가진 독립적 실체가 되어가고 있는 것이다.

그렇게 4차 산업혁명 기술들은 그러한 자본과 과학기술이라는 2개의 바퀴 위에 우리 모두를 태운 채 무서운 속도로 어딘가를 향해 질주하고 있다. 그곳이 어디이든 그 새로운 기술은 지금까지 우리가 다뤘던 모든 유무형의 도구가 그렇듯 일종의 양날의 칼로 작용할 것이다. 누가 어떻게 사용하느냐에 따라 인류에게 대단히 유용할 수도, 대단히 위험할 수도 있다는 뜻이다.

그런데 앞에서 '기하급수적 축적 원리'라는 표현 앞에 '이론적으로는'이라는 수식어를 붙인 이유는 자본과 과학기술이 인간 없이 독자적으로 존재할 수 있는 게 아니기 때문이다. 다시 말해, 생물학적 한계를 지닌 인간과 사회의 운명에 종속되어 있기 때문이다. 말하자면 자본과 과학기술이란 부동산이나 기계 이상의 것으로서 상당 부분은 비물질적 형태로 존재한다. 가령 오늘날 전 세계에 유통되는 화폐는 약 8%만이 실제 현금으로 존재하고 나머지 92%는 컴퓨터에 회계상으로만 보이는 수치에 불과하다. 과학기술 역시도 많은 부분은 무형의 지식 형태로 존재할 뿐으로, 오직 후천적인 교육을 통해서만 인간에게서 인간에게로 전수될 수 있는 것이다. 그러므로 만일 지금까지의 자본주의와 과학기술과 아울러 4차 산업혁명 기술의 오남용이나 부작용 또는 심각한 전쟁이나 전염병, 환경적 재앙 등으로 많은 인류가 사망하거나, 현재 수준의 자본주의나 문명이 붕괴 혹은 크게 후퇴할 경우, 자본이나 과학기술의 상당 부분은 역사 속의 유물 신세가 될 수도 있다.

반면, 만약 그 엄청난 잠재력을 가진 자본과 과학기술이 단지 소수에게만 접근 가능한 '외장하드'로 남지 않고 모두가 자유롭게 이용할 수 있는 '외장 공동 신경망'

으로 발전할 수 있다면 인류가 보다 평화로운 방식으로 서로 간의 협력을 통해 지속 가능한 번영을 누리는 데 유용한 도구로 활용될 가능성이 있지 않을까.

4차 산업혁명 기술이라는 도구의 '유용한' 측면 ————————

자본가와 기업들은 자본주의 바퀴가 더 이상 느려지거나 멈춰버리는 사태를 막기 위해서 4차 산업혁명을 통해 시장에 새로운 돌파구가 열리기를 기대하고 있다. 4차 산업혁명 기술은 우리의 삶을 획기적으로 변혁시킬 무한한 잠재력을 가진 것처럼 보인다.

가령 인공지능의 경우, 물론 '주어진 빅 데이터와 알고리즘에 기반하여'라는 조건이 붙기는 하겠지만 인간 뇌의 신경계와 유사한 방식으로 스스로 분석하고, 추리하고, 예측하고, 학습이 가능할 정도로 뛰어난 능력을 보이고 있다. 인간이 만든 인공지능이지만 이미 여러 분야에서 웬만한 인간보다 더 뛰어난 실력을 발휘한다. 예를 들면, 포커와 바둑과 같은 게임에서 이미 세계 최고의 인간 플레이어들을 제쳤다. 그뿐인가. 시도 쓰고, 작곡도 하고, 반 고흐의 그림도 그리고, 로고 디자인도 하고, 스포츠 기사도 쓰고, 영화 대본까지도 만들 수 있다. 이미지나 사람의 얼굴, 심지어 그 얼굴에 담긴 감정까지도 인식한다. 사람의 음성 내용을 인식하여 거의 정확하게 받아 적기도 할 수 있다. 이외에도 일일이 열거하기 어려울 정도로 많다. 머지않아 인공지능이 우리의 일상으로 공상과학 영화에서나 나옴직한 미래의 풍경을 배달해줄 것이라고 믿기에 충분해 보인다.

일부 사람들은 벌써부터 이 도구들이 새로운 차원의 문명과 함께 장밋빛 세상을 열어줄 것처럼 광고한다. 한때 산업혁명에 대해 그랬듯이 말이다. 예를 들면 직장이나 캠핑에 가서도 집의 조명을 마음대로 끄거나 켤 수 있게 해주고, 마크 저커버그Mark Zuckerberg, 1984-의 인공지능 비서의 경우처럼 아침에 일어나면 모건 프리먼Morgan Freeman, 1937-의 목소리가 오늘의 스케줄을 알려주고, 누가 집으로 찾아오면 현관에서 누구인지 알아보고 자동으로 문을 열어줄 수도 있다. 아마존Amazon에서 나온 에코 닷Echo Dot이라는 스마트 스피커를 사용하면 목소리 명령 하나만으로 온갖 조명, 팬, TV, 스위치, 자동온도조절장치, 차고 문, 스프링클러, 잠금장치 등을 작동시킬 수 있을 뿐 아니라 아마존에서 물건까지 주문해줄 수 있다.

또한 사람이 번거롭게 운전하지 않아도 어디든 자율주행차를 타고 이동할 수 있을 뿐만 아니라 테슬라Tesla의 오토파일럿Autopilot 8.0에서 보듯이 앞에 있는 차 두 대의 운전 패턴을 레이더로 추적해서 교통사고도 예방해줄 수 있다. 실시간으로 대화를 통역해주는 스카이프Skype로 멀리 떨어진 곳에 있는 외국인과 영상 통화도 가능하다.

몸에 부착할 수 있는 건강 관련 기기들이 평소 우리의 건강을 체크해주고 문제가 있으면 알려주며 관련 전문가를 안내해줄 수 있다. 현재 활발하게 진행 중인 뇌-컴퓨터 인터페이스(인간의 뇌와 외부 시스템을 연결해 서로 정보를 교환하게 해주는 장치 및 기술) 연구 덕분에, 사고로 몸을 다쳤거나 사지가 마비된 사람도 오직 생각만으로 휠체어나 로봇 팔을 움직인다거나 컴퓨터 모니터상의 커서를 움직이고, 경주용 자동차까지도 운전하는 일이 가능해졌다.

심지어 신경보철neuroprosthetics(인공 손·눈·피부·신경 등을 이식해 신체 능력을 향상시키는 기술) 장비를 인체 내에 삽입하는 기술의 발전 덕분에, 2014년에 스웨덴의 차머스 공대Chalmers University of Technology에서는 사고로 한쪽 팔의 팔꿈치부터 그 아래를 전부 잃은 42세의 화물차 운전사한

테 인공 팔을 시술하고, 안정적으로 전기적 신호를 주고받을 수 있는 전극 장치를 그 화물차 운전사의 뼈와 신경·근육에 직접 연결하는 데 성공하여 1년 넘게 별 문제 없이 일터에서 짐을 올리고 기계를 조작하고 아이를 보살피는 등의 일상 활동을 할 수 있게 되었다.

미국 오하이오 주의 클리블랜드의 한 제조업 노동자인 이고르 스페틱 Igor Spetic도 신경보철 기술을 적용한 의수를 착용하는 수술을 받았는데, 이 의수는 일반적인 의수가 아니라 20개의 압력 센서가 장착되어 있는, 말 그대로 신경의 기능까지 제공하는 특별한 의수였다. 덕분에 이 사람은 체리의 꼭지까지 딸 수 있을 만큼 정확하게 감각을 조절하며 자신의 의수를 사용할 수 있게 되었다. 미래에는 의수뿐 아니라 인공 손·눈·피부·신경·각종 장기 등을 편리하게 이용할 수 있을지도 모른다.

이런 식으로 물질, 디지털, 생물학의 영역을 넘나드는 기술의 융합이 가능해지면 인간 대 인공지능 로봇, 사물과 현실 대 가상현실 간의 경계까지 허물 수 있게 될 것이라는 전망도 나온다. 덕분에 전대미문의 편익뿐만 아니라 심지어 초인적 능력까지 인간에게 부여될 가능성이 나오면서 앞으로 인간의 개념마저도 수정되어야 할지 모른다는 얘기까지 거론된다.

4차 산업혁명 기술이라는 도구의 '위험한' 측면

하지만 새로운 4차 산업혁명 기술이 좋은 면만 갖고 있는 것은 아니다. 그 반대편에는 어두운 면이 도사리고 있다. 가령 모든 것이 인터넷에 연결된 세계에서 사생활이 침해될 우려가 있고, 해킹으로 인한 피해도 쓰나 미처럼 커질 수 있다. 2022년까지 1조 개가 넘는 센서들이 인터넷에 연결될 것으로 전망된다. 2020년까지 전 세계 자동차의 22%에 해당하는 2억 9,000만 대가 인터넷에 연결되고, 2024년까지 가정 인터넷 트래픽의 50% 이상은 개인 간 커뮤니케이션이나 오락용이 아닌 가전제품에 의해서 유발될 것으로 전망된다. 여기에서 쏟아져나온 엄청난 양의 데이터가 수집·공유·저장될 터인데 그게 누군가에 의해 해킹되거나 원래의 취지와는 다른 목적에 악용될 가능성이 없으리라고 장담할 수 없다.

최근의 얼굴 인식 기술은 군중 속에 있는 개인들의 얼굴까지 식별할 수 있는 수준까지 왔다. 실제로 2016년 여름 러시아 최대의 전자 음악 페스티벌 주최측은 관객들이 카메라나 휴대전화를 휴대하지 않아도 편리하게 자신이 찍힌 사진을 휴대전화로 받아볼 수 있는 서비스를 제공했다. 모스크바에 본사가 있는 엔테크랩NTechLab이라는 개발사의 얼굴 인식 기술을 사용해 관객의 사진을 찍고 전송까지 해준 것이다. 아직은 관객이 사전에 자신의 셀카 사진을 주최측에 보내어 등록해둬야 했지만 말이다.[276]

반면 이 기술은 윤리적인 문제를 야기할 수도 있다. 실제로 러시아판 페이스북 격인 브콘탁테VKontakte에서 사진 데이터베이스를 검색한 후 그 중 포르노 영화에 출연했던 여성들을 찾아내어 친구나 친척에게 메시지나 사진을 보내 협박하는 사건이 발생한 적이 있다.[277] 맷 데이먼Matt Damon, 1970-)이 주연으로 나온 영화 〈제이슨 본Jason Bourne〉을 보면 정부가 수많은 CCTV를 이용해 주인공의 얼굴을 인식하고 사생활을 침범하며 통제하

276 Laura Mills, "Facial Recognition Software Advances Trigger Worries", *The Wall Street Journal*, Oct. 10, 2016, https://www.wsj.com/articles/facial-recognition-software-advances-trigger-worries-1476138569
277 우예진, "얼굴 인식 소프트웨어 발전 속도 빨라지고, 우려도 커져", 베타뉴스 2016년 10월 12일, http://www.betanews.net/article/646285/

는 장면들이 자주 나오는데 이제 실제로 그런 일이 기술적으로 가능해진 것이다.

또한 최근 딥러닝Deep Learning 기술은 인터넷이나 SNS에 올라온 공개 포스트, 기사, 답글에서부터 역사적 데이터까지 검사하여 사회적 불안이나 소요를 3~5일 전에 미리 예측할 수 있는 데에까지 이르렀다. 실제로 2016년 여름 미국의 여러 주에서 일어난 다양한 시위와 관련해 CIA에서 이를 통해 얻은 정보로 엄청난 이점을 얻었던 것으로 밝혀졌다.[278] 그렇다면 CIA든 아니면 다른 기관이든 누군가가 이 안면인식 기술을 이용해 또 다른 뭔가를 사전에 예측하려 하지 않으리라는 보장이 있을까? 그러한 예측이 공익적인 목적에만 쓰이리라고 장담할 수 있을까?

구글Google은 2004년에 이메일 서비스인 지메일Gmail을 선보인 이래 사용자들의 모든 이메일 내용을 검색해왔다. 이메일 서비스를 공짜로 제공하는 대신 사용자들의 이메일 내용을 분석해 맞춤형 광고를 게재해왔던 것이다. 가령 내가 이메일로 신발과 관련된 메시지를 많이 받았다면 신발 브랜드 광고가 노출되는 식이다. 2017년 6월에는 프라이버시 논란에 따라 이메일 내용을 기반으로 맞춤형 광고를 게재하던 관행을 곧 중단하겠다고 발표했다. 대신 구글 검색이라든가 웹사이트 방문, 유튜브 동영상, 휴대폰에서 사용하는 앱 등의 여타의 구글 활동에 기반하여 맞춤형 광고를 제공하기로 방침을 바꾸겠다는 것이다. 물론 사용자가 그런 광고를 원치 않을 경우 그 기능을 끄도록 설정을 바꿀 수는 있다.

구글의 전 회장이었던 에릭 슈미트Erick Emerson Schmidt, 1955-에 따르면, 문

---

278 Mary-Ann Russon, "CIA using deep learning neural networks to predict social unrest five days before it happens," *International Business Times*, October 6, 2016, http://www.ibtimes.co.uk/cia-using-deep-learning-neural-networks-predict-social-unrest-five-days-before-it-happens-1585115/

명 초기부터 2003년도까지 생성된 정보가 5엑사바이트^{Exabyte}(1,024의 6승 바이트) 정도 되는데, 오늘날에는 그만큼의 정보량이 격일마다 생성되고 있다. 정보가 이렇게 폭발적으로 늘어나는 가장 큰 이유는 사용자들이 그만큼 엄청나게 많은 콘텐츠를 생성하고 있기 때문이다. 사람들은 자신이 어디에서 무엇을 하고 있으며, 어디로 가서 무엇을 먹고 마시고 쇼핑할지, 무슨 생각을 갖고 어떤 행동을 할지에 대한 정보를 스마트폰과 이메일, 소셜 미디어 등을 통해 스스로 널리 알리고 공유한다.

그런데 그 많은 정보가 안드로이드 시스템, 구글 검색 엔진, 유튜브, 지메일 등을 소유한 구글이나, 컴퓨터 운영 체제인 마이크로소프트 윈도우와 웹 브라우저인 인터넷 익스플로러 등을 소유한 마이크로소프트 ^{Microsoft}, 세계 최대의 소셜 네트워크 서비스인 페이스북^{Facebook} 등과 같은 소수의 중앙 플랫폼을 통해 생성되고 유통된다. 개개인은 그 정도로 엄청난 양의 정보를 다 접근할 수도 소화할 수도 없지만, 소수의 기술 회사와 정부가 인간보다 훨씬 더 똑똑한 인공지능의 도움을 받아 그러한 정보를 가지고 할 수 있는 일은 무한히 많다.

기본적으로 이들은 미국의 애국자법의 적용을 받으므로 미국 정부가 요구하면 모든 정보를 당국에 제공해야 한다. 뿐만 아니라, 실제로 구글의 투자자 가운데에는 미국 CIA도 포함되어 있다. 2004년 10월에 구글이 키홀^{Keyhole}이라는 회사를 인수했는데, 키홀은 2004년 2월에 CIA가 설립한 비영리 투자회사인 인큐텔^{In-Q-Tel}이 투자자로 참여한 회사이다. 2010년 7월에는 CIA의 인큐텔과 구글 모두 빅데이터 회사인 리코디드퓨처^{Recorded Future}에 투자한 것으로 보도되었는데, 리코디드퓨처는 실시간으로 웹사이트, 블로그, 트위터 계정 등의 인터넷 활동을 모니터링하고 거기에서 얻은 정보(이를테면 수많은 사람, 조직, 행동, 사건들 간의 관련성)에 인공지능 기술을 적용하고 분석하여 미래를 예측하는 일을 전문으로 하는 업체이다.

영국 BBC의 보도에 따르면, 전 세계적으로 개인정보보호권을 방어하고 증진하는 활동을 벌이고 있는 영국의 자선단체 프라이버시 인터내셔널Privacy International이 2007년 자문보고서Consultation Report에서 구글을 '개인정보 보호에 적대적인' 등급으로 평가했다.[279] 이에 대한 구글 측의 반응은 "우리의 서비스에 대한 수많은 부정확한 오해들에 기반한 프라이버시 인터내셔널의 보고서에 실망했다"는 것이었다.

2013년에 가디언Guardian은 자신들이 입수한 기밀문서를 근거로 미국 국가안보국NSA이 프리즘Prism이라는 소프트웨어 프로그램을 통해 구글, 페이스북, 애플을 비롯한 미국의 인터넷 거대 기업들의 시스템에 직접 접속할 수 있는 권한을 가져왔다고 보도했다.[280] 프리즘은 정보요원들이 위 기업들의 서비스 사용자들의 검색 기록, 이메일 내용, 파일 전송, 실시간 채팅 등을 포함한 데이터를 수집할 수 있게 해주는 프로그램이다. 한편 위의 기업들은 그러한 프로그램의 존재를 알지 못했다고 주장했다.

하지만 구글의 전 회장인 에릭 슈미트는 한 토론회에 나와서 "여러분의 메시지와 위치 정보를 충분히 살펴보고 거기에 인공지능까지 사용하면 우리는 여러분의 다음 행선지가 어디인지를 예측할 수 있습니다. 여러분의 사진 14개만 있으면 우리는 당신이 누구인지 신원도 파악할 수 있습니다. 인터넷에 여러분의 사진이 14개나 있을 리 없다고요? 페이스북

---

279 "Google ranked 'worst' on privacy", BBC NEWS, Monday, 11 June 2007, http://news.bbc.co.uk/2/hi/technology/6740075.stm

280 "NSA Prism program taps in to user data of Apple, Google and others", *The Guardian*, Friday, 7 Jun 2013, https://www.theguardian.com/world/2013/jun/06/us-tech-giants-nsa-data

에 올린 사진 있잖아요"라고 말했다. 그는 인터넷 세상에서 위험을 예방하기 위해서는 결국 진정한 투명성과 익명성 배제가 불가피하다며 "다른 사람에게 알리고 싶지 않은 게 있다면 처음부터 (인터넷을) 하면 안 되는 거죠"라는 의견을 피력했다.[281]

한편, 인공지능 로봇의 경우도 인간의 실수로 인해 미처 상상치 못한 재앙을 초래하거나, 사악하고 파괴적인 목적에 이용되지 말라는 법이 없다. 아니면 인공지능 로봇이 비약적으로 발전하다 못해 마침내 자의식을 갖거나 혹은 자신보다 더 뛰어난 인공지능 로봇 후손을 만들어낼 능력까지 갖게 되면 언젠가 인간의 통제에서 벗어나 거꾸로 인간을 지배하려고 덤비지는 않을까 하는 등의 두려움도 존재한다. 진작부터 이는 영화의 인기 소재가 되었을 뿐만 아니라 스티븐 호킹Stephen Hawking, 1942-2018 교수도 2014년 12월 BBC와의 인터뷰에서 "완전한 인공지능의 개발은 인류를 멸종에 이르게 할 수도 있다"고 우려를 표명한 바 있다. 당연히 우리는 이 모든 가능성들을 전적으로 무시해서는 안 될 것이다.

이 대목에서 두 가지 점에 주의를 환기하고 싶다. 첫째, **인간이 인간에 의해 발명된 도구에 의해 거꾸로 지배를 당하는 일이 결코 새삼스러운 일은 아니라**는 것이다. 그런 일은 이미 아주 오래전부터 흔한 일이었다. 예를 들어 상상 속의 인공지능 로봇 못지않게 신, 이데아, 종교적 미신, 봉건제, 자본주의, 공산주의, 신자유주의 등의 개념과 제도라는 추상적 도구들은 인간들을 완벽히 지배해왔다. 다만 명확히 해둬야 할 점은 그 뒤에는 거의 항상 그 도구들을 자신들에게 더 유리하게 활용함으로써 다수를 지배하는 위치에 올라선 어떤 소수의 사람들이 존재했었다는 것이다. 예를 들어 봉건제와 같은 도구는 그 자체 내에 인간을 지배하는 원리

---

281 https://youtu.be/UAcClsrAq70 Eric Schmidt at Techonomy by Google

가 내장되어 있어서 영주와 농노 양쪽 모두 그 도구의 지배를 받은 듯 보이지만, 실상은 그 도구를 통해 영주가 농노를 지배한 것이었다. 모든 도구는 인간에 의해 발명되었지만 많은 경우 다른 인간을 지배하는 데 활용되어왔다. 우리는 기본적으로 그러한 사실을 인정할 필요가 있다. 요컨대 인공지능이 자의식을 갖기 시작해 인간을 오히려 우습게 보고 지배하려고 덤빌지 모른다는 문제를 걱정하기에 앞서, 소수의 인간이 인공지능을 이용해 다른 인간들을 지배할 가능성에 대해 먼저 걱정해봐야 한다는 것이다. 뿐만 아니라, 사람들이 '정말로 머지않아 특이점이라는 것이 닥칠까'와 같은 주제에 관심을 쏟는 동안 그보다 훨씬 먼저 우리 곁에 바짝 다가올 대량 실업과 그로 인해 더 공고해질 우려가 있는 부의 불평등 문제에 대해 좀 더 진지하게 논의할 기회를 스스로 놓치고 있지는 않은지 돌아봐야 한다.

둘째, 그럼에도 불구하고 우리가 망각하지 말아야 할 또 한 가지 사실은 도구란, 설사 단숨에 되긴 어렵더라도, 인간의 의지에 따라 언제든 바꾸거나 고칠 수 있는 대상에 불과하다는 것이다. 실제로 인류는 위에 언급한 도구들 — 신, 이데아, 종교적 미신, 봉건제, 자본주의, 공산주의, 신자유주의 등 — 로부터 점차적으로 스스로를 해방시켜온 역사를 갖고 있다. 4차 산업혁명의 도구들과 관련해서도 우리가 그것을 불가항력적인 일로만 여긴다면 더 이상의 논의가 무의미해진다. 우리 자신의 선택과 의지가 여전히 가장 중요한 변수라는 신념이 필요하다.

4차 산업혁명의 문제는
여전히 자본주의 시스템의 문제 ————

사실 4차 산업혁명 뒤에 가장 먼저 드리워질 어두운 그림자는 부의 불평등이다. 가장 근본적인 원인은 인공지능이든 로봇이든 4차 산업이든 모두 자본주의라는 운영 시스템 내에서 사용될 것이라는 사실이다.

생각해보라. 주로 누가 4차 산업혁명을 주도하게 될지. 결국은 기업과 자본가들이다. 그러면 그들은 왜 4차 산업에 촉각을 곤두세울까? 그 첫 번째 이유는 새로운 시장을 창출하기 위해서이다. 그것은 기업들이 지금 껏 해온 행동 패턴으로 전혀 새로울 것이 없다. 기업은 언제나 소비자가 무엇을 원하는지 알고 싶어 하거나, 아니면 소비자가 무엇을 원해야 하는 지 알려주고 싶어 한다. 그래야 소비자로 하여금 전에 구매한 상품을 빨리 치워버리고 새로운 상품을 구매하게 할 수 있다. 지금처럼 자본주의 바퀴의 속도가 느려지고 있는 상황에 어떻게든 소비를 지속적으로 촉발시킬 새로운 시장을 창출해가지 않으면 자본주의 시스템 자체가 위협을 받을 판이다. 그러한 위기의식 속에서 4차 산업혁명은 자본주의 위기 타개를 위한 돌파구이자 유력한 신성장 동력으로 여겨지고 있다.

문제는 아이러니컬하게도 4차 산업 기술이 생산성을 크게 높여준다는 사실이다. 기업들의 입장에서는 바로 그것이 4차 산업에 촉각을 곤두세우는 두 번째 이유이기도 하다. 자본주의가 시작된 이래 자본가와 노동자는 임금을 놓고 끊임없이 씨름해왔다. 기업은 원가 절감을 위해 인건비를 줄이고 싶어 한다. 노동자는 적은 임금으로는 인간다운 삶을 누리기 어려우므로 임금을 올리고 싶어 한다. 그러나 이 게임의 승자는 처음부터 정해진 것이나 다름없다. 기업은 사업의 주체인 반면 노동자는 사업 도구일 뿐이고, 도구는 사업 주체의 협상 상대가 될 수 없다. 그 협상을 가능하게 할 유일한 기구는 정부이지만 자본주의 하에서 정부는 거의 언제나 사업 주체와 더 가깝게 지냈다.

게다가 기업에게는 노동자를 대체할 기계와 로봇이라는 대체재까지 있었다. 노동자는 이미 오래전부터 기계와 경쟁해야 했을 뿐만 아니라, 대규모의 '산업예비군' 속에서 자국이나 외국의 다른 노동자들과도 또 경쟁을 해야 했다. 그런 가운데 이번에는 머리까지 더 뛰어난 인공지능 로봇이 나타나서 더 많은 노동자의 역할을 대신할 수 있다고 한다면 그 다음에 어떤 일이 벌어지리라 예상하는가?

뱅크오브아메리카Bank of America에서는 제조업에서 로봇이 차지하는 비중이 2016년 10%에서 2025년에는 45%까지 증가할 것으로 전망했다. 제조업뿐만이 아니다. 택시 운전기사, 어부, 패스트푸드 요리사, 관광 가이드, 제빵사, 푸줏간, 약사, 보험 판매원, 소매 판매원, 세수 수집가, 텔리마케터, 회계사, 사무원 등의 직업군에서 80~90% 이상의 일자리가 사라질 것이라고 한다. 옥스포드 대학교의 전문가들에 따르면, 2020년 무렵까지 미국 일자리의 거의 절반은 컴퓨터에게 자리를 뺏기고 말 것이고,[282] 2016년 1월에 발표된 "기술 V2.0"이라는 보고서에 따르면 앞으로 영국의 일자리 35%, 미국의 일자리 47%, 평균적으로 OECD 국가 전체의 일자리 57%가 위험에 처할 것이다. 중국의 경우, 77%의 일자리를 자동화된 기계가 대신하게 될 것이다.[283] 조언자 로봇roboadvisors이 더 발전하면 숙련된 전문가들도 직장에서 밀려날 판이다. 그렇다면 도대체 4차 산업의 물결은 누구를 위한 장밋빛 혁명이라는 것일까?

이렇듯 기업의 높은 생산성이 사회에 명암을 드리우는 이유는, 여러 번 말했듯이 자본주의가 자본가와 기업가에게는 생산 주체로서의 역할

---

282 Ivana Kottasova, "Smart Robots Could Steal Your Job", CNN Money, 2016. 1. 15

283 Oscar Williams-Grut, "Robots will steal your job: How AI could increase unemployment and inequality", Business Insider, Feb. 15, 2016. http://uk.businessinsider.com/robots-will-steal-your-job-citi-ai-increase-unemployment-inequality-2016-2/

을, 그리고 나머지 구성원들에게는 생산 도구(노동자)이자 소비 도구(소비자)로서의 역할을 하도록 룰이 짜인 시스템이기 때문이다. 사회의 대다수 구성원들은 자본주의 시스템을 돌리는 데 필요한 그 두 가지 기능을 잘 수행해야 한다. 그런데 노동자의 생산적 역할을 인공지능 로봇이 더욱 값싸고 효율적으로 대신하게 되면, 이제 대다수의 인간들에게는 소비 도구로서의 역할만이 남게 된다. 하지만 실직 상태에 빠진 그들이 대체 무슨 돈으로 그 역할을 수행한단 말인가?

결국 4차 산업 시대의 자본주의의 문제는 인간이 생산에서 배제되고 나면 소비자로서의 구실마저 제대로 할 수 없어 유휴 '산업예비군' 신세가 되고 만다는 데 있다. 이는 결국 자본주의의 고질적 문제인 과잉생산(수요 부족) 문제의 악화로 귀결된다. 자본주의의 지속 가능성에 중대한 위협이 닥치게 되는 것이다.

게다가 인공지능 로봇이든 사물 인터넷이든 그 엄청난 기술들 뒤에는 엄연히 자본주의 방식대로 그것에 대한 소유권을 가진 이들이 존재하기 마련인데, 그 핵심 기술들은 지금까지의 어떤 것보다도 훨씬 더 진입 장벽이 높으므로 소수의 자본가 계층이 독점하게 될 것이다. 결국 지금까지와 다름없이 4차 산업 시대 역시 핵심적 생산 도구를 가진 자와 갖지 못한 자로 나뉜 피라미드의 모습을 띠게 될 수밖에 없다. 이것이 4차 산업 혁명이 가져올 새로운 문명의 뒷면에 도사리고 있는 재앙의 얼굴이다.

이렇듯 4차 산업은 자본주의라는 운영 시스템 내에서 사용되는 것으로 인공지능 로봇 기술이 자본주의라는 틀 자체를 바꿔놓지 않는 이상 자본주의 자체의 문제는 사라지지 않을 뿐 아니라 더욱 악화될 가능성이 높다. 여전히 문제의 본질은 인공지능 로봇 기술이 아니라 자본주의 그 자체인 것이다.

Chapter 33
보다 높은 수준의 정의는 가능한가? – 가능하다!

보다 높은 수준의 정의 – 언젠가 자연선택될 만한 공존원리라고 보는 이유 ─────

장기적으로 지금보다 훨씬 더 높은 수준의 정의가 자연선택될 가능성은 언제나 존재한다. 지금껏 살펴봤듯이 이기적 존재들 간에 긴밀한 협력이 요구될 때 모두에게 가장 경제적인 협력 원리로서 수렴되는 지점을 정의라고 일컫는다면, 사회의 질서가 정의에 가까워지리라고 예상하는 것이 합리적이다.

물론 그런 일이 쉽게 가능하리라는 얘기는 아니다. 수천 년 전부터 현재까지도 소수의 지배층은 인류가 발명한 갖가지 '유무형의 도구들'을 독점함으로써 이상적인 정의의 원칙을 우회하여 사회를 피라미드 착취 구조로 만들고 그 위에 군림해올 수 있었다. 그 도구들 덕분에 지배층은 개별적 인간의 한계를 초월하여 사회의 피라미드 시스템 전체를 지배할 수 있는 막강한 힘을 손에 넣었다.

하지만 그럼에도 불구하고 정치적으로뿐만 아니라 경제적으로도 명실상부하게 보다 높은 수준의 정의가 사회적 공존원리로서 자연선택될 가능성이 여전히 없지 않다고 볼 근본적인 이유는, 첫째로 피라미드 중하위에 있는 사람은 다수인데, 그들 한 명 한 명 모두 자신의 삶의 조건을 개선하기 위해 능동적으로 움직이는 생물의 일종으로서 언제까지나 피라미드 하에서 가만히 앉아 불이익을 당하고 있을 존재가 아니기 때문이다. 그들은 자신을 옥죄는 주요 도구들의 지배로부터 벗어나고 싶다거나, 그것들에 대적할 만한 대안적 도구를 손에 넣고 싶다는 욕망을 갖지 않을 수 없으므로 어떻게든지 그 욕망을 실현시키기 위해 노력할 것이다. 특히 사회가 긴밀한 협력을 요하는 형태로 발전할수록 다수의 집단적 역할의 가치는 커지게 마련이다. 그들이 함께 힘을 모을 수만 있다면 결코 무시할 수 없는 존재감을 발휘할 수밖에 없다.

둘째로, 지배층이 소유해온 갖가지 도구들은 전적으로 외부에 존재하는 대상이다. 다시 말해 누군가가 원래부터 내재적으로 갖고 태어나는 게 아니다. 그러므로 조건만 갖춰진다면 누구나 후천적으로 획득할 수 있는 것이다. 혹은 기존의 소유권자들의 소유권을 박탈하거나 다른 이들에게 소유권을 이전하는 일도 가능하다. 이것이 언젠가 더 높은 수준의 정의가 사회적 공존원리로서 자연선택될 가능성이 존재한다고 주장하는 두 번째 이유이다. 물론 거듭 말하지만 그 일이 결코 쉽고 만만하다는 이야기는 아니다. 오랜 세월이 걸릴 수도 있다. 그럼에도 불구하고 개조나 대체가 가능한 도구에 불과하다는 사실은 명심할 만하다.

실제로 민주주의도 그런 까닭에 쟁취될 수 있었던 것 아닌가. 비록 오랜 역사 동안 여러 중첩된 요인들이 만나고 흩어진 끝에 매직 퍼즐처럼 맞춰진 결과였지만, 어쨌거나 인류가 세계인권선언이나 각국의 헌법과 법률에 인간의 평등을 명시하는 데 이른 것은 다수의 피지배층이 힘을 합쳐 '주권'이라는 '도구'를 지배층으로부터 탈환해왔음을 의미한다. 그렇게 하는 데 가장 결정적인 요인은 인간의 평등에 대한 집단적 자각과 인식이었다.

마찬가지로, 지금은 비록 자본주의라는 신종 피라미드 원리가 견고하기 짝이 없어 보이지만 충분히 많은 사람들이 그 실체를 알아채고 또 그것을 허무는 경제 민주화를 소망한다면 그것을 쟁취하려는 사람들의 도전이 늘어날 것이고, 언젠가는 어떤 형태로든 경제 민주화가 확산될 가능성을 배제할 수 없다. 그 역시 다수의 자각과 인식에 달린 문제이다.

세 번째 이유는 피라미드의 꼭대기에 앉은 지배층이라고 해서 스스로를 사회로부터 분리시키거나 독립시켜 홀로 초월적인 삶을 살 수 있는 존재는 아니라는 데 있다. 그들도 사회 전체의 운명에 종속된 처지이다. 무슨 말이냐 하면, 자본주의 시스템은 사회의 구성원들을 사업 주체와 생산·소비 도구로 나누는 근본적인 모순과 결함을 안고 있다. 그 속에서 사업 주체들 역시도 자신들의 기업 피라미드의 몸집을 점점 더 키움으로써 다른 기업 피라미드들을 제치고 독과점의 지위에 올라야만 살아남을 수 있는 입장이다. 그런데 이론적으로 보나 현실적으로 보나 그 끝에는 막다른 골목이 기다리고 있다는 게 분명해지고 있다.

그동안 일부 거대 기업들은 자본주의의 모순을 근본적으로 해결하려 하기보다는 전쟁이나 거품경제 같은 이기적이고 반사회적인 방식에 의존해 돌파구를 찾아왔다. 하지만 이는 마치 암세포처럼 사회를 숙주로 삼아 단기적 이익을 추구하려는 것과 다를 바 없다. 사회 전체를 자멸의 위기로 몰아넣는 생존 연장책에 불과한 것이다. 그 결과, 오늘날 부의 불평등은 과거 제1차 세계대전 직전 때만큼이나 극심해지고 말았다.

가뜩이나 그런 와중에 과학기술의 발전으로 인해 기득권층의 손에 쥐어진 4차 산업혁명 도구들의 위력은 나날이 막강해지고 있는 반면 소비 기능을 담당해야 할 노동자 수는 급격히 줄어들 것으로 예상된다. 피라미드의 중하위층이 생산 기능에서 배제됨으로써 자동으로 소비 능력을 상실하게 된다면 꼭대기 층이라고 멀쩡할 수 있을까?

물론 미래란 늘 불확실한 요인이 존재하기 때문에 누구도 확정적으로 예단할 수 없는 문제이다. 하지만 지금 그렇지 않아도 부의 불평등 그래프가 그로테스크한 지경인데 점점 더 대량 실업이라든가 자본주의 시스템 자체에 적신호가 켜질 가능성이 뻔히 내다보이는 미래가 우리에게 성큼성큼 다가오고 있다. 이런 상황에서 자본주의 기득권층은 기존의 피라미드를 지속적으로 유지할 수 있는 수준까지만 불평등 문제를 관리하고 싶겠지만, 그게 생각만큼 쉽게 통제 가능한 일은 아닐 것이다.

이제 우리는 어떻게 해야 할까? 미래가 스스로 모습을 드러낼 때까지 기다릴 것인가, 아니면 자신과 전 세계인의 안전을 보장하기 위해 좀 더 선제적이고 적극적으로 나설 것인가? 아니면 이런 상상도 해볼 수 있다. 만약 자본주의 시스템의 붕괴를 막기 위해서 남은 선택지가 경제 민주화를 수용하는 일뿐이라면 지금보다 더 높은 수준의 정의가 실현된 사회로 이행할 가능성이 있을지도 모르겠다. 실제로 세계인권선언과 각국의 헌법에 명시된 오늘날의 정의의 기준도 한때 최후의 궁지에 쫓겨 어쩔 수 없이 채택되었듯이 말이다. 비록 그때쯤에는 이미 화염에 휩싸인 전쟁터처럼 많은 희생이 따르고 난 후일 테지만.

블록체인 기술 –
주목할 만한 반피라미드적 도구의 출현 ────

2008년 10월 가치를 교환하는 방식을 근본적으로 바꿔줄 수도 있는 혁신적인 발명품이 세상에 소개되었다. 바로 블록체인Blockchain이라는 것인데, 이것은 또 하나의 '기초 기술', 즉 완전히 새로운 경제 및 사회 시스템의 기초를 창조할 잠재력을 지닌 기술로 인정받고 있다. 현재 우리가 블록체인과 관련해 관심 있게 바라봐야 할 대목은 아마도 다음 질문이 아닐까 싶다. 블록체인은 불평등 피라미드를 허물어줄 대안적 도구가 될 만한가?

블록체인의 원리

블록체인은 가상통화 시스템인 비트코인Bitcoin의 운영 시스템이자, 중개인 없이도 개인들끼리 안전하게 직접적인 거래를 할 수 있게 해주는 기술이다. 거래는 인터넷으로 연결된 전 세계의 컴퓨터 네트워크 공간에서 이루어진다. 거래 당사자는 인터넷상의 새로운 정체성identity을 부여받아 익명으로 활동한다. 자신이 누구인지를 알 수 있는 증거를 제공하는 것은 본인의 선택이다. 그 정체성은 신원을 식별해주는 알파벳 30자 이상으로 된 고유한 주소로 표시된다.

어떻게 인터넷 공간에서 익명의 개인들이 안전한 거래를 할 수 있다는 말일까? 기본적인 원리는 간단한 데서부터 출발한다. 모두가 모두의 거래를 볼 수 있도록 무조건 투명하게 공개하고 공유하게 만드는 것이다. 단, 보안을 위해 각 거래 내역(블록)은 고유하게 식별 가능한 형태로 암호화한 후 용도에 따라 적절한 암호 키를 사용하도록 한다. 그리고 그 거래 내역의 사본은 네트워크 시스템에 접속한 다른 수백만, 수천만 대의 컴퓨터들에게 피투피 방식으로 자동 전송되도록 만든다. 그러면 그 수백만, 수천만 대의 컴퓨터들은 결제 인증을 위해 해당 사본을 서로 대조하여 합의에 이르는 과정을 진행한다. 그런 다음 해당 거래 내역의 사본 중 하나를 공동거래장부(블록체인)에 공식적으로 등록하고 그 등록 시점을 기록하기 위해 시간도장을 찍는 임무를 그중 어느 한 컴퓨터에게 맡기게 된다. 등록 작업은 이전에 생성된 일련의 블록들에 새 블록을 링크 거는 방식으로 수행된다(그래서 '블록체인'이다. 그리고 이 때문에 나중에 누가 변조하거나 수정하는 일이 불가능하다. 각 블록마다 시간도장까지 찍힌 그 블록체인의 사본이 이미 수백만, 수천만 대의 컴퓨터에 뿌려졌을 터이기 때문이다). 네트워크상의 컴퓨터들은 매우 난해한 수학 문제를 풀어야만 새 블록을 등록할 기회를 쟁취하게 되며, 대신 보상으로 비트코인을 제공받는다. 어느 한 컴퓨터가 해당 등록을 마치는 순간 나머지 컴퓨터들에서는 자동으로 똑같은 공동거래장부(블록체인)에 대한 업데이트가 진행된다.

요컨대, 블록체인이란 서로 네트워크로 연결된 수많은 컴퓨터들이 집단적으로 단일한 거래장부를 끝없이 업데이트해가도록 만든 시스템이다. 그 공개 장부는 모든 사용자들의 자산과 거래내역을 기록한 것으로 피투피 방식을 통해 네트워크상에 탈중앙화된 데이터베이스 형태로 저장된다. 다시 말해, 은행 같은 중앙의 어떤 기관이나 서버에 저장되어 있는 게 아니다. 이 거래장부는 오직 네트워크상에 있는 수백만, 수천만 대의 컴퓨터 하나하나 속에 서로의 사본으로서 존재할 뿐이므로 데이터를 통제하는 중앙의 누군가도, 서버도 있을 수 없다. 뿐만 아니라 각 컴퓨터들이 저마다의 사본을 서로 대조함으로써 마치 다수결 투표처럼 집단적 합의에 따라 거래를 인증하고 기록하기 때문에 위조 자체가 불가능하고,

동일한 비트코인의 중복 사용도 사전에 예방되어 매우 안전하다. 이 모든 과정은 프로그래밍을 통해 구현된다. 이는 인류 최초로 완벽하게 합의 가능한, 탈중앙화된 분산 거래장부이다.

블록체인 - 탈脫피라미드적 도구?

블록체인과 관련해 흥미로운 부분은 두 가지다. 바로 신뢰라는 문제에 대한 접근법과 자율적 지배구조governance이다.

우선 블록체인에서 놀라운 점은 사회적 '신뢰' 문제를 해결해준다는 데 있다. 사회 내 모든 협력이나 가치 거래의 전제는 신뢰이다. 블록체인이 등장하기 전에 인간과 같은 사회적 동물 사이에서 100% 완벽한 신뢰란 거의 없다고 볼 수 있지만 어느 정도 기대할 수 있는 신뢰는 두 가지였다. 낮은 단계(단기적)의 신뢰와 높은 단계(장기적)의 신뢰가 그것이다.

낮은 단계의 신뢰의 경우, 상대방과 내가 단기적으로 어떤 구체적 사안에 한해서나마 협력을 통해 서로에게 이득을 안겨주리라는 것을 상대방도 인지하고 있다는 것을 알고 있으므로 협력에 응하리라는 계산을 할 수 있을 때 발생할 수 있다. 어떤 거래에 대한 당사자들 간의 합의는 암묵적으로든 명시적으로든 계약을 구성한다. 물론 이후 상황의 유불리에 따라 어느 일방이 그 계약을 깨뜨릴 가능성은 존재한다. 그 순간 신뢰도 함께 깨지겠지만 말이다.

더 높은 단계의 신뢰의 경우, 비록 낮은 단계의 신뢰에서 출발했더라도 장기적으로 상호작용을 반복하면서 거래와 협력의 이득이 쌓이는 가운데 서로에 대한 깊은 이해와 돈독한 인간관계와 함께 형성되는 게 일반적이다.

높은 신뢰를 공유하는 사람들끼리는 대체로 구체적인 목표와 신념, 더 나아가 정체성이나 공동체 의식, 규범, 가치관을 공유하고, 서로에 대해 소속감까지 느끼는 경향이 있다. 심지어는 자발적이고 긍정적인 애착, 존경심, 애정 같은 감정을 느끼기도 한다. 이러한 신뢰 단계에 이르면 겉으로 드러난 서로의 행동 하나하나보다도 그 너머의 마음속에 있는 동기나 의지에 대한 믿음의 비중이 더 커진다.

문제는 아직까지는 사회 전체가 그러한 높은 수준의 신뢰를 바탕으로 돌아가길 기대할 순 없다는 것이다. 이제껏 인간은 고도의 협력에 의존하여 문명을 이룩해왔으므로 인간 사회 내에 상당한 정도의 신뢰가 작동하는 것은 사실이지만, 그렇다고 속임수나 부정행위를 저지르는 배반자를 완벽히 예방하거나, 혹은 잘 모르거나 먼 거리에 있는 사람과 마음 놓고 거래를 할 정도까지는 이르지 못했다.

더 큰 문제는 이제까지 인류는 지배층이 주도하는 피라미드 질서에 의존하여 사회적 신뢰 문제와 관련한 불확실성을 줄여왔다는 것이다. 동물들의 서열 질서와 마찬가지로 피라미드 질서 하에서는 사회적 강자의 역할이 중요하다. 사회적 강자란 주로 입법, 사법, 행정, 무력 통수권, 부, 자원 등을 소유한 권력 집단이자 지배층을 의미했다. 그런데 피라미드 질서는 치명적인 단점을 갖고 있다. 힘의 불균형 하에서 불공정한 형태로 협력적 관계를 지속시키는 사회 질서인 만큼 말 그대로 '피라미드'를 존속시킨다는 것이다. 달리 말하면, 많은 사람들에게 불평등의 굴레를 씌워 특권층을 위한 수레를 끌게 만든다는 것이다(특권층에게는 그것이 장점으로 보이겠지만).

그 이유는 지금껏 살펴봤듯이 피라미드 질서는 지배층이 자신들에게 유리한 게임의 룰을 만들고, 구조적으로 주요 정보와 도구에 대한 지배력 면에서 비대칭성을 유지함으로써 사회적 협력 내지는 분업의 산물이 불공정하게 자신들에게 집중되도록 만들기 때문이다.

요컨대 피라미드 사회에는 구조적으로 다음과 같은 특징이 나타남을 알 수 있다. (1) 지배층과 중·하위층 간의 긴밀한 쌍방향 정보 소통이 억제되어 정보의 비대칭성이 유지되고, (2) 긴밀한 협력이 이루어지기는 하지만 호혜적이지 않아 착취적 관계를 낳으며, (3) 결국 자원 분배는 공정하지 않고 불공평하게 이루어진다. 뒤에서 더 자세히 살펴보겠지만, 이는 유기체나 유기체적 집단의 특징과 상반된다.

역으로 말하면, 어떤 사회 내에서 (1) 자유로운 정보 소통이 억제되어 집단 간에 정보의 비대칭성이 유지되고, (2) 착취적 관계 하에 협력이 이루어지고, (3) 자원과 생산물이 불공정하게 분배되는 사회는 피라미드 사회가 될 수밖에 없다.

그러한 사회에는 구조적으로 불공평이 내재하므로 갈등과 투쟁이 끊이지 않는다. 갈등과 투쟁은 보다 효율적인 협력과 발전을 가로막거나 심지어 파괴하는 심각한 요인으로 발전할 수 있고, 실제로 수많은 역사적 사례들이 이를 증명한다.

반면 블록체인은 강자에게 의존하지 않고도, 다시 말해 피라미드 질서에 의존하지 않고도 모두가 참여하여 안전한 가치 거래를 할 수 있는 대안을 제시한다. 이는 블록체인과 관련해 두 번째로 흥미로운 부분으로 직결된다. 바로 자율적 지배구조를 위한 기술적 기반을 제공한다는 사실이다. 그런 점에서 블록체인 기술에는 명백히 반反피라미드적 도구로서의 속성이 내재해 있는 것이 사실이다.

이렇게 한번 상상해보자. 한 무리의 침팬지들이 있다. 우두머리 침팬지가 3인칭 처벌 기제와 유사한 감시활동이라는 것을 통해 사회적 기강과 질서를 유지시켜주는 대가로 특권이라는 비용을 제 멋대로 챙겨갔다. 어차피 침팬지 사회를 유지하기 위해서 서열 질서가 불가피하다면 힘센 놈이 규칙을 정하고 감시와 처벌을 수행해야 효과적일 테니까 그런 일은 자연스러운 관행으로 자리를 잡았다. 하지만 언제부턴가 힘센 우두머리 없이도 구성원들끼리 아무런 마찰 없이 거래를 하고 협력을 할 줄 알게 되었다면 어떻게 될까? 물론 저마다 이기성을 타고난 개체들의 집합이다 보니 사회 내에 경쟁과 이해의 충돌은 불가피하겠지만, 그럼에도 불구하고 힘센 우두머리의 명령이나 강제력, 공격, 혹은 잠재적 위협이 아니고서도 그렇게 서로를 신뢰하며 상호작용할 수 있는 비결을 찾아냈다면? 힘센 놈의 감시활동도 필요 없고, 따라서 힘센 놈에게 특권이라는 비용도 지불할 필요가 없게 된다.

인류의 경우는 어떤가? 유사 이래 지금까지 지구상에 존재한 사회는 한결같이 피라미드 구조를 띠어왔다. 그러한 피라미드가 '불공정한 사회적 가치 거래들이 누적되어 나온 결과'임은 의심할 나위 없는 진실이다. 한 사회의 피라미드 구조는 그 자체로 그 사회의 협력과 거래의 규칙이 얼마나 불공정한지를 나타내는 증거일 수밖에 없다. 오늘날도 예외가 아니라는 것은 앞의 도표('자본주의의 현주소 – 또 다른 피라미드 시스템')에 나타난 가파른 기울기로 한눈에 알 수 있었다.

피라미드 구조는 인간 버전의 서열 질서라 해도 과언이 아니다. 피라미드 꼭대기에 있는 지배 계층은 늘 자신들에게 유리하도록 정치·경제 활동의 핵심 룰을 결정했고, 그 이행 여부를 감시했으며, 특권을 비용으로 청구했다. 20세기 이후 점차 정치적 민주화를 양보해온 후에도 어떻게든 경제적 피라미드 시스템만큼은 끈질기게 수호해왔다.

생각해보면 모든 사회적 가치 거래에 대한 중개자 역할을 그들이 도맡아왔고, 그 역할은 결코 '순수하게 이타적'이지만은 않았다. 그런 사실이 좀 더 노골적으로 드러난 게 2008년 미국발 세계 경제 위기 때였다. 수 많은 사람들이 은행에, 금융 투자 회사에, 모기지 담보 채권에 투자했다 가 하루아침에 재산과 집과 직장을 날린 경험을 겪었다. 그런데도 금융 위기에 책임이 있는 거대 은행 및 금융 회사 관련자 중에 책임을 지고 감 옥에 간 사람은 한 명도 없을 뿐만 아니라, 미국 정부는 오히려 그들에게 천문학적인 금액의 구제금융을 제공했고, AIG 같은 회사는 그 돈으로 임 직원에게 보너스 잔치를 베풀었다. AIG는 2008년 미국 대선 기간에 오 바마에게 10만 4,332달러나 후원했을 뿐만 아니라, 2004년 이후로 민주 당이 후원금으로 받은 260만 달러 중 60%를 낸 기업이었다.[284] 금융계의 거대 자본가들은 정부 요직뿐 아니라 의회까지 장악한 채 상상을 초월할 정도로 영향력을 키워왔다.

이 모든 사실은 연준, 은행, 금융 시스템, 정부, 법을 제정하는 입법부 등 기득권 전반에 대한 불신을 확산시켰다. 소중한 재산과 집을 날린 채 절망에 빠진 다수의 중·하위층 사람들 사이에서 세상은 1% 내지 10% 가 지배하고 있으며, 나머지 99% 내지 90%에 속한 사람들은 불공정한 거래를 강요당하고 있다는 인식이 팽배해졌다.

실제로 블록체인 개념이 백서 형태로 발표된 2008년 무렵은 금융 위 기의 충격이 미국을 비롯한 전 세계를 강타했던 때였다. 기득권 세력이 장악한 당시의 경제·사회적 구조에 대한 불신과 절망에서 그러한 기술 이 출현했다는 게 일반적인 해석이다. 적어도 비트코인에 대한 전 세계 적 인기의 배경에는 그러한 대중의 반작용이 일부 작용했던 것으로 평가 된다. 지금까지 우리가 알고 있던 금융계와 정계의 거물들은 우리를 위해

---

284 미셸 말킨, 김태훈 역, 『기만의 정권』 (시그마북스, 2010), pp.200-201.

봉사하는 종복이 아니라 '침팬지 무리의 우두머리'와 다름없는 존재였다는 것이다.

블록체인의 기발한 점은 기존의 거래 관련 제도와 그 제도를 운영하는 중개자들에 대한 신뢰마저 깨진 사회에서 아예 신뢰 자체를 불필요하게 만드는 방식으로 거래 과정에서 불확실성을 제거해준다는 것이다. 그러면서 어느 누구도 '개별적'으로는 달성할 수 없는 해법을 '집합적'으로 실현해낸다.

흥미롭게도 블록체인이 갖고 있는 이 두 가지 특성, 즉 신뢰 문제를 해결하는 새로운 접근법과 자율적 지배 구조는 — 뒤에서 더 자세히 살펴보겠지만 — 유기체적 집단에 속하는 곤충 군집의 다음 두 가지 성공 비결과 일맥상통한다.

첫째, 사회적 곤충 군집이 우월한 경쟁력을 갖는 이유 중 하나는, 분산된 개체들의 집단적 '상호작용'을 통해서 개별 곤충의 지능이나 정보만으로는 닿을 수 없는 지식에 도달한다는 것, 그럼으로써 높은 단계의 지능으로나 가능할 법한 지적인 의사 결정을 해낼 수 있다는 것이다. 인간의 집단지성과 흡사하게 말이다. 둘째, 더욱 중요한 사실은 이 모든 일이 소수의 지배자의 지시에 따라 행해지고 그로 인한 이익도 그 지배자에게 우선적으로 돌아가는 피라미드식의 리더십이 아니고도 얼마든지 가능하다는 것이다. 모든 구성원의 자발적이고 능동적인 참여만으로도 효과적으로 돌아간다. 바로 그 점이 유기체나 유기적 집단의 성공 비결이다!

유기체적 집단은 블록체인 기술이 낳을 것으로 기대되는 분산형 자율 조직DAO, Distributed Autonomous Organization, 즉 중앙의 관리자가 존재하지 않고 자동적이며 자율적으로 운영되는 분산형 조직 개념과 닮은 데가 있어 보인다.

그렇다고 해도 지금으로서는 분산형 자율 조직이 지금의 피라미드식 조직보다 더 좋을지 나쁠지는 예단할 수 없다고 생각한다. 어떻게 운영하느냐에 따라 크게 달라질 문제이기 때문이다.

다만 주목할 만 한 점은 적어도 이론적으로 블록체인에는 시간이 흐르면서 그 속에서 강자와 약자를 만들어내는 다단계 피라미드 게임의 원리가 내재되어 있지 않다는 것이다. 그런 점에서 언젠가 블록체인은 사회적 강자에 의해 쓰여 사회를 피라미드 구조로 조직하는 함무라비 법전에 대한 미래의 대체물(제한적으로라도)이 될지도 모른다는 기대감을 불러일으킨다. 피라미드 강자에 의해 쓰여 강자 중심의 피라미드식 사회 질서를 유지시킨 것이 고대 함무라비 법전이었다면, 블록체인 류의 기술은 인류의 미래를 지배할 완전히 새로운 개념의 법전을 낳지 않을까 하는 상상을 자극한다. 혹시 그것은 피라미드 체제 내 권력자가 3인칭 처벌자로서 법 위반자에 대한 처벌을 대행하도록 한 기존의 법전과는 완전히 달리, 사회적 부정행위나 속임수에 대한 비처벌적 자동 예방 시스템 개념의 법전이 되지는 않을까. 물론 아직까지는 이는 재미있는 상상 중 하나일 뿐이다.

현재 블록체인은 실험 단계에 머물러 있는 것에 불과하다. 예를 들어 블록체인 기반의 가상화폐 같은 경우 많은 문제점과 한계를 노출하고 있다. 하지만 벌써부터 블록체인의 단점을 보완한 막강한 변종 기술들(예를 들면 해쉬그래프Hashgraph)이 출현하고 있으니 앞으로 더 많은 놀라운 기술적 발전이 이루어질 가능성은 있다고 봐야 할 것이다. 그것들이 어떤 미래를 몰고 올지는 누구도 쉽게 예측하기 어렵다.

다만 그것 때문에 세상이 하루아침에 바뀌리라 기대하는 것은 무리일 것이다. 아무리 대단한 신종 기술이라 할지라도 지금의 피라미드 구조를 변혁한다는 것은, 기존의 경제 및 사회 인프라를 잠식하여 제도적 혁명을 불러와야 하는 일인 만큼 꽤 상당한 시간을 요하는 일임에 틀림없다. 아마도 기존의 피라미드식 조직 운영 방식이 마치 현대적 자동차 앞을 가로막고 있는 사륜마차처럼 불편하게 느껴질 때가 온다면 자연스럽게 사회 전반에 제도적 변화가 수반될 것이다.

또한 늘 그랬듯이 이 새로운 도구를 피라미드 사회 존속·강화라는 목적에 쓰려는 측과 탈脫피라미드 사회 구축을 위해 쓰려는 측 사이의 불가피한 격돌도 예상할 수 있다.

뿐만 아니라 인간 사회 내에는 분산형 자율 조직에 요구되는 종류의 프로토콜(사전에 결정되어 자동으로 작동되도록 만든 계약 사항)에 구속받지 않고 끊임없이 융통성 있게 흥정과 협상을 통해 풀어나가야 하는 문제들은 여전히 너무나 많다.

따라서 지금으로서 할 수 있는 말은, 한때 인터넷이 그랬듯이 블록체인은 단순한 결제 시스템을 넘어서서 사회적 대변혁을 불러올 가능성이 있는 획기적 발명품이라는 것, 그리고 그것이 어떻게 활용될지는 전적으로 우리의 몫으로 남아 있다는 것 정도이지 않을까.

다만, **자본주의는 과학기술을 통해 가능해진 경제 시스템이자 정치·사회·법률·문화적 틀이다. 산업혁명의 출현으로 대량 생산의 길이 뚫리면서 생겨난 자본주의식 경제·사회 조직 방식은 수천 년 동안의 농업 기반형 구질서를 역사의 뒤안길로 밀어냈다. 자본주의에 근본적 변화가 생겨야 한다면 그것을 가능하게 할 수 있는 것 역시 새로운 과학기술일 거라 상상하는 것, 아니 새로운 과학기술이 아니고서는 어려울 거라 상상하는 것은 매우 자연스럽다.**

자본주의 문제에 대한 현실적 개선책 ——————

안타깝게도 오늘의 현실은 각 정파의 세력 경쟁이나 이해 당사자들의 대립과 충돌로 인해 작은 변화조차 만들어내기 쉽지 않은 실정이다. 지금까지의 정치 시스템 하에서는 각 정당이나 의회 내부의 정파들 사이에서 정치공학적 흥정을 통해 미미한 조정안을 채택하는 일조차도 더딘 속도로 진행되기 일쑤였다.

경기가 확장되고 성장이 지속되는 시기에는 사람들이 저마다의 경제 상황이 앞으로 현재보다는 조금이라도 더 나아질 거라는 기대를 갖기 때문에 불만을 드러내지 않는 편이다. 하지만 요즘처럼 전 세계적으로 경기가 수축하고 성장이 둔화되는 시기에는 서로의 파이를 놓고 각축전을 벌이거나 사회의 구조적이고 근원적인 불평등에 불만을 제기하는 사람들도 늘어나고, 또 그런 만큼 자기 것을 빼앗기지 않으려는 목소리도 강해지게 된다. 상황이 그렇다 보면 마치 거대한 거미줄의 일부인양 서로 밀고 당기기만 할 뿐 실제로는 제자리를 크게 벗어나지 못하기 쉽다. 어쨌든 전체적인 피라미드 구도를 손보는 데까지 이르기는 대단히 어렵게 된다. 그럴수록 상황을 전체적으로 조망할 수 있는 거시적 관점이 필요할 것이다. 이 책이 한 번쯤 그러한 관점을 가져보는 데 도움이 될 수 있길 희망한다.

대표적으로 최저임금 협상 문제가 그렇다. 최저임금을 올려달라는 요구가 커지면 소상공인과 중소기업은 우는 소리를 하며 아우성을 치지만 그러면서도 막상 구조적으로 그들의 생존에 더 큰 위협을 가하는 대기업과 지대 추구자의 횡포나 불공정 룰 자체에 대해서는 대항하기가 어렵다. 그리하여 다수를 차지하는 최저임금 생활자와 소상공인은 적은 파이를 놓고 서로 밀고 당기는 싸움에만 매몰되기 쉽다. 그러나 그들이 다 같이 고개를 돌려 더 큰 불평등 피라미드 그림 전체를 함께 바라보고 연대하여 그 피라미드 구조 자체를 개선한다면 훨씬 더 큰 이익을 쟁취할 가능성이 있다. 그리고 그것이 사회 전체에게도 더 이로울 것이다.

우리는 당장 자본주의를 대체할 더 좋은 대안을 만들어낼 수는 없다 하더라도 자본주의의 문제점을 보완할 차선책마저 없지는 않다는 것을 알고 있다. 소득세나 법인세, 상속세, 보유세 등의 세제나 최저임금, 의료 보험, 연금을 포함한 복지 체계와 관련한 경제 정책을 잘 활용하면 지금보다 부의 불평등을 크게 줄일 수 있다는 것을 알고 있다. 실제로 미국과 유럽의 경우, 비록 제2차 세계대전 직후라는 특수한 상황에서였기는 하지만 정부의 강력한 세제 및 복지 정책 등을 통해 부의 불평등을 훨씬 더 감소시켰던 사례도 있었다.

위에 언급된 현실적 정책들 외에도 최근 기본소득제가 전 세계적으로 논의되고 또 실험되기 시작했다. 지금부터는 과연 그것이 부의 불평등 문제를 해결해줄 수 있는 대안일지 간략히 살펴보자.

기본소득제가 부의 불평등 문제를 해결해줄 수 있을까?

자본주의의 문제점 중 하나인 부의 불평등 문제를 보완하기 위해 등장한 것 중의 하나가 기본소득제이다. 테슬라의 창업자이자 최고경영자이면서 보편적 기본소득제를 지지하는 대표적 인물 중 한 사람인 엘론 머스크Elon Musk, 1971-의 말을 들어보자. "인간보다 로봇이 더 일을 잘하는 직업이 늘어난다면 그로 인한 대량 실업은 어떻게 해야 되나? 누가 봐도 이 문제가 엄청난 사회적 난제가 될 것은 뻔하다. 결국 어떤 식으로든 보편적 기본소득제를 실시하지 않으면 안 될 것이다. 보편적 기본소득제는 선택이 아니라 필연의 문제가 될 것이라고 생각한다."[285]

다만 기본소득제는 자본주의 사회의 다수의 구성원들이 로봇에 밀려 생산도구로서의 기능에서는 배제되더라도 소비 도구로서의 기능을 계속해줘야만 자본주의가 굴러갈 수 있기 때문에 소비 도구로서의 역할을 계속할 수 있게 만들어주기 위한 고육지책의 성격이 짙다. 그런 점에서 기본소득제로 기대할 수 있는 것은 현재와 같은 피라미드형 자본주의 시스템의 일시적 수명 연장에 불과할 공산이 크다. 물론 기본소득제가 현재나 미래에 닥칠 자본주의의 위기를 일부 완화하는 데 도움을 줄 수 있기는 하겠지만 분명히 한계가 있을 수밖에 없다. 장기적으로 볼 때에는 근본적인 해결책이라 할 수 없다.

기본소득으로 어디까지 보장해줄 수 있겠는가? 평생 동안 기본적인 주거비와 생활비는 물론 대학교 학비나 평생교육비까지를 기본소득으로 제공할 수가 있을까? 그렇게만 된다면 인류뿐만이 아니라 모든 생물이 꿈꿔왔던 이른바 유토피아가 지상에 건설되는 일일지 모른다. 실제로 겪어보지 못한 채 막연히 동경해왔던 그 유토피아가 반드시 우리를 행복하게 해주리라고 단언할 수는 없을 테지만 말이다. 왜냐하면 그렇게 되면 엘론 머스크도 얘기했듯이 할 수 있는 일이 없어진 상태에서 자신을 쓸모없는 존재로 여기거나 삶의 의미를 잃게 만들어 많은 사람들에게 더 감당하기 힘든 정신적 문제를 안겨줄 가능성도 있기 때문이다.

실제로는 그마저도 근거 없는 백일몽에 불과하지만, 설사 대학교나 평생교육의 기회가 공짜로 제공된다 해도 그것만으로 여타의 막강한 도구들, 예컨대 사회의 주요 생산 도구를 움켜쥔 거대 자본이나 자본주의 제

---

285 "Elon Musk says Universal Basic Income is 'going to be necessary'", https://www.youtube.com/watch?v=e6HPdNBicM8

도를 상대해 이길 수 있는 것은 아니다. 뿐만 아니라, '생산적 일자리' 개수 자체가 지금보다 절대적으로 줄어들어 소수의 사람들에게만 그러한 일자리에 취업할 기회가 주어지는 한 피라미드 구조 자체가 달라지기는 어렵다.

현실적으로 기본소득제는 당장 피라미드의 하부가 붕괴하면 피라미드 전체가 한꺼번에 붕괴할 위험이 있기 때문에 하부가 완전히 붕괴하지 않을 정도로만 도입되어 유지될 공산이 크다. 그렇게 되면 장기적으로는 한정된 일자리 속에서 신분 상승 사다리마저 끊긴 채 경제적 계급 사회가 고착화되는 결과를 피하기 어려울 것이다. 그것은 소수에게는 축복일 수 있지만 다수에게는 암울한 일이 아닐 수 없다. 물론 그마저도 없는 자본주의는 더 암울할 터이므로 아마도 복지정책의 일환으로서라도 일단 시도해야 할지 모르겠지만 말이다.

노동자자주경영기업

4차 산업혁명과는 별개로 보다 근본적으로 자본주의 자체의 문제를 극복하기 위한 방안으로 제안된 것들도 있다. 예를 들어 리처드 울프Richard Wolff 박사는 『직장 민주주의Democracy at Work』라는 저서에서 자본주의의 근본적 모순을 해결하기 위한 방안으로 '노동자자주경영기업Workers' Self-Directed Enterprises'이라는 것을 제안한다. 이는 잉여가치를 생산하는 자와 전유하는 자 간의 구별을 없애기 위한 것으로, 상품을 생산하는 노동자가 직접적으로 기업 운영에 참여하는 직장을 만드는 것이다. 이를테면 월요일부터 목요일까지는 각자 맡은 바 일을 하고, 금요일에는 자기들이 집합적으로 구성한 이사회에 직접 참여하여 뭘 어디에서 어떻게 생산할지, 이윤을 어떻게 할지 따위에 대해 민주적으로 의사결정을 내리도록 하자는 것이다.

노동자자주경영기업은 인간을 사용자와 도구로 나누는 현재의 자본주의 룰 자체를 뜯어고쳐 사용자와 도구의 구별을 없애자는 발상이다. 다른 말로 하면 직장에서부터 경제 민주화를 꾀함으로써 진정한 민주주의로 가자는 것이다. 생각해보면 시민은 민주주의의 적용을 받지만, 그 시민이 회사의 직원이 되어 직장의 문지방을 넘는 순간 그는 예외적으로 민주주의가 적용되지 않는 계급사회로 발을 딛는 것이나 다름없다. 비용 계정에 속하는 생산 도구에 불과한 노동자가 그곳에서 요구할 수 있는 것은 민주주의보다는 인도주의에 더 가깝다고 해야 할 것이다. 기업은 민주주의가 제대로 닿지 않는 성역과 같다. 사용자와 도구 간에 정의를 논한다는 것부터가 어불성설이다.

노동자자주경영기업이 자본주의 시스템 내에서도 경쟁에서 성공적으로 살아남을 수 있다는 것을 보여준 대표적 사례로 몬드라곤^{Mondragon}이 꼽힌다. 현재 8만 5,000명의 노동자로 구성된 이 기업은 1956년에 스페인의 한 성직자에 의해 시작된 이래 지금까지 세계 최대의 노동자자주경영기업으로서 건재하고 있다. 이외에도 앞서 언급한 리처드 울프의 책에는 100여 개의 현존하는 노동자자주경영기업들이 소개되어 있다.

이러한 아이디어는 기존의 공산주의 실험의 실패에서 얻은 교훈에 기반한다. 마르크스주의를 비판적으로 계승하려는 이들은 소련에 존재했던 공산주의 시스템에서 한 가지 치명적인 문제점을 발견했다. 그것은 소련의 직장이 노동자에 의해 민주적으로 통제되지 못했을 뿐 아니라 노동자가 생산한 이윤 역시 노동자에게 공평하게 분배되지 못했다는 사실이다. 바꿔 말해, 공산주의의 원래의 취지인 경제 민주화를 성공적으로 실현시키지 못했다. 리처드 울프 박사의 설명에 따르면, 소련의 공산주의 시스템은 단지 서구의 자본주의를 소련식 국가자본주의로 바꾼 것, 즉 민간 자본가 대신 국가가 대규모 생산 도구를 소유·통제하고 모든 이윤을 챙겨가는 고용주 역할을 대신한 것뿐이다. 기업 차원에서 보면, 현실은 여전히 '잉여가치를 생산하는 노동자 따로, 그 잉여가치를 소유하고 분배하는 자 따로'인 시스템이었던 것이다. 잠깐 리처드 울프의 말을 들어보자.

소련에는 이런 농담이 있다. 우리는 혁명 후에도 여전히 8시에 직장에 가서 등골이 빠지게 일해서 '잉여가치', 즉 이윤을 창출하면 관료가 와서 다 가져간다. 전에는 이사회가 가져갔었는데. 우리는 그때나 지금이나 등골 빠지게 일만 하긴 마찬가지이다.[286]

그러므로 진정으로 마르크스의 취지를 살리려면, 기업 차원에서 노동자들이 직접 자신이 생산한 잉여가치를 소유·분배하도록 해야 한다는 게 리처드 울프의 제안이다. 그것은 개인적 차원이 아니라 사회적 차원에서 시스템의 규칙을 손보지 않고서는 해결될 수 없는 일임에 틀림없다. 애당초 자본주의식 피라미드란 자본주의 시스템의 룰에서부터 시작된 것이므로 그것을 허무는 일 역시 자본주의 시스템의 룰을 수정하지 않고서는 불가능하리라 생각하는 것이 논리적일 것이다.

노동자자주경영기업 모델이 자본주의 시스템 내에서 앞으로 얼마나 더 확산될 수 있을지, 혹은 그것이 과연 자본주의의 모순을 해결해줄 정답일지에 대해서는 아무도 예단할 수 없다. 자본주의의 근본적인 모순과

---

286 "Capitalism in Crisis: Richard Wolff Urges End to Austerity, New Jobs Program, Democratizing Work", DEMOCRACY NOW, March 25, 2013, http://www.democracynow.org/2013/3/25/capitalism_in_crisis_richard_wolff_urges

결함을 해결할 만한 경제 시스템이라는 게 그리 단번에 그릴 수 있는 그림은 아니기 때문이다.

그러나 점점 더 많은 사람들이 자본주의의 핵심적 모순과 폐단을 인식하고 자각한다면 자연히 문제를 해결하기 위해 노동자자주경영기업 모델과 같은 실험을 시도한다든지 아니면 그 밖의 새로운 해법을 모색할 터이고, 그러다 보면 언젠가는 이런저런 시행착오 끝에 훌륭한 대안이 자연선택될 가능성이 있다는 정도까지는 말할 수 있을 것이다.

인간이 자연에서 얻을 수 있는 한 가지 교훈 – 유기체적 집단의 성공 비결 ———————

유기체란 부분과 부분, 부분과 전체가 불가분의 관계 속에서 최고의 호혜적 안정을 이룬 상태를 의미한다. 다시 말해, 원활한 소통을 통해 각 부분들의 이기적 욕구의 충족과 그 각 부분 상호 간의 협력, 이 두 요소가 가장 경제적이고 적정한 균형을 이루어 착취가 존재하지 않을 뿐 아니라 전체 중의 어느 한 부분이라도 빠지면 완전하지 않은 상태이다. 역으로 말해, 유기체 중에 각 부분이 전체를 위해 서로 협력하지 않고, 전체와 부분 간의 소통과 분배가 쌍방향으로 흐르지 않는 유기체는 있을 수 없다.

우리와 가장 가까이 있는 유기체는 다름 아닌 우리 자신의 몸이다. 인체는 뇌, 척추, 심장, 간, 폐, 쓸개, 내장, 팔, 다리, 피부, 근육 등 다양한 조직과 기관들로 구성되는데 이들은 서로 정보를 주고받으며 저마다 다른 방식으로 인체 시스템에 필수적인 역할을 하고, 동시에 저마다 필요한 것을 필요한 만큼 가져간다. 마르크스가 말한 바처럼 말이다!

자연에는 비록 하나의 유기체는 아니지만 모든 구성원들이 유기체적 조화를 이룬 집단 형태가 존재한다. 이른바 유기체적 집단이라는 것이다. 대표적 사례로 사회적 곤충 군집이 있다. 이들 군집의 구성원들은 각자 독립적인 별개의 존재로서 물리적으로는 분산되어 있지만 서로 간의 협력 질서를 아주 긴밀하게 발전시킨 결과 전체적으로 보면 마치 하나의 유기체처럼 상호작용하는 듯 보인다. 미국의 진화인류학자인 데이비드 슬론 윌슨David Sloan Wilson, 1949- 은 『진화론의 유혹Evolution for Everyone』에서 그런 식의 상호작용의 이점이 얼마나 큰지에 대해 이렇게 설명한다.

유기체로 이루어진 집단에서 유기체로서의 집단으로 넘어가는 문지방을 통과하기는 쉽지 않다. 현재까지의 계산에 따르면 이러한 비약적인 진화는 곤충의 진화에서 단지 15번 밖에 일어나지 않았다. 그러나 협력의 이점은 매우 커서 이러한 15번의 도약은 각각 수천 종의 흰개미, 개미, 말벌, 꿀벌 등을 낳았는데, 모두 합치면 전체 곤충 생물량의 절반을 차지할 정도이다. 실제로 우리가 지나다니는 숲과 들판을 살펴보면 최상품 부동산의 대부분은 사회적 곤충 군집들이 차지하고 군집을 이루지 않는 곤충들은 그 틈새를 차지한다. 이와 관련해 에드워드 윌슨Edward Wilson 1929- 은 사회적 곤충 군집을 숲속의 공장으로 기술하면서 군집을 이루지 않는 곤충들은 결코 이들과 경쟁해서 이길 수 없다고 주장했다. 즉, 썩은 통나무로 이동하는 개미 군집은 동네 슈퍼마켓이 도저히 경쟁할 수 없는 월마트가 동네에 개장한 것과 다름없다. 그러니 알아서 피할 수밖에 없지 않은가!

앞서 언급했듯이, 사회적 곤충 군집이 이토록 경쟁력 면에서 유리해질 수 있었던 비결 중 하나는, 분산된 개체들의 집단적 '상호작용'을 통해서 개별 곤충의 지능이나 정보만으로는 닿을 수 없는 지식에 도달하고 그럼으로써 높은 단계의 지능으로나 가능할 법한 지적인 의사결정을 해낼 수 있다는 데 있다.

구체적인 사례로 미국의 생물학자 토머스 실리$^{Thomas\ Seeley,\ 1952-}$의 연구 결과를 소개하면 이렇다. 꿀벌 집단에는 꿀을 모으러 다니는 벌과 꿀을 벌집에 저장하는 벌이 분업 형태로 일을 한다. 꿀을 모으러 다니는 벌은 벌집으로 돌아오자마자 꿀을 벌집에 저장하는 벌에게 자신이 모아온 꿀을 토해내고, 그러면 꿀을 벌집에 저장하는 벌은 그것을 벌집에 저장하는 식으로 일이 진행된다.

꿀벌 집단은 꿀 저장량이 적을 경우 더 많은 일벌들을 들판에 파견해 꿀을 모아오게 한다. 그런데 꿀 채집 벌들은 얼마나 많은 꿀을 모아 와야 하는지를 어떻게 아는지 살펴봤더니, 그것을 결정하는 것은 개별 벌들 자신이 느끼는 허기에 있지 않았다. 대신 꽃이 귀해 꿀 저장량이 적을 때와 꽃이 흔해 벌집에 꿀이 넘칠 때에 꿀 채집 벌이 벌집으로 들어와 꿀을 토해내기까지 대기 시간이 다르다는 것이 하나의 신호로 작용했다. 가령 꿀 저장량이 적을 때에는 즉석에서 꿀을 전달할 수 있다. 그럴 때 꿀 채집 벌은 흥분해서 더 오랜 시간 춤을 추는데, 그러한 신호가 더 많은 일벌들을 밖으로 끌어내어 채집 벌이 되도록 한다는 게 토머스의 설명이다. 반대로 벌집에 꿀이 넘칠 때에는 저장 벌들에게 꿀을 전달하려는 채집 벌들의 줄이 밀려 기다려야만 하는 상황이 벌어진다. 그럴 때에는 꿀 채집 벌은 짧은 시간 동안만 춤을 추고는 더 이상 꿀을 모으러 나가지 않는다.[287] 이런 식의 집단적 상호작용을 통하면 낮은 단계의 기계적 과정만으로도 높

---

287 데이비드 슬론 윌슨, 김영희·정지영·이미정 역, 『진화론의 유혹』 (서울: 북스토리, 2009), p.232–233

은 단계의 지적 의사결정이 가능하다는 얘기이다.

이러한 유기체나 유기체적 집단의 성공이 우리에게 말해주는 바가 무엇인지 한 번쯤 따져볼 만한 가치가 있다. 그중의 하나는 가장 정의로운 사회가 가장 성공적이고 지속 가능한 사회의 모델이라는 것이다. 이들이 자연에서 강력한 종으로서 살아남아 번성할 수 있었던 것은 유기체 집단의 장점 덕분이다. 그것은 무엇보다 정보 소통의 높은 효율성에서 나온다. 그런 정도의 효율성은 힘이 세거나 똑똑한 우두머리 개체나 소수의 개체가 상대적으로 무능한 다수의 개체들에게 어떻게 행동해야 할지를 지시 또는 명령하는 방식으로는 결코 획득될 수 없다.

그러려면 두 가지 문제가 해결되어야 하는데 첫째, 정보의 구조적 비대칭성이 없어야 한다. 누군가가 지시 명령을 할 위치에 오를 만큼 구조적으로 더 많은 정보나 지식을 독점하는 일이 없도록 해야 하고, 누구도 자신에게 유리한 불평등 구조를 유지하기 위해 법이나 제도와 같은 추상적 '도구'의 힘을 빌려 다수를 무지와 무능의 벽 너머 가두는 일이 불가능하도록 해야 한다. 그리하여 실질적으로 모든 집단 및 개체들 간에 수평적인 소통이 가능하도록 해야 한다. 그리고 구성원 전체가 고르게 능력을 발휘할 수 있도록 평등한 기회가 주어져야 한다.

둘째, 자신의 생명 에너지라는 비용을 들여 공동체에게 정보와 지식을 공유하고 협력을 제공한 구성원들에게 공평한 보상과 자원의 분배가 이루어지는 구조가 마련되어야 한다.

인류의 오래된 이상향(이상적인 가정의 확대 버전)을 넘어 집단지성으로

지난 역사를 돌아보면 피라미드 중하위층이 집단적으로 꿈꾼 이상향에서 한 가지 본질적인 공통점을 발견할 수 있다. 무엇일까?

마르크스가 막연히 머릿속에 그린 이상적인 대안적 사회, 즉 공산주의 사회의 모습은 사회적 협력을 통해 어느 정도 물질적인 풍요를 얻게 된 다음 각 구성원들이 "각자의 능력대로 일하고 필요한 대로 가져갈 수 있는" 곳이었다. 그런데 세상에 그런 곳이 있을 수 있을까? 아마도 그와 가장 가까운 곳이 있다면 그곳은 물질적으로도 넉넉할 뿐 아니라 화목함마저 넘치는 아주 이상적인 형태의 가정밖에 없을 것이다. 생각해보면 마르크스가 꿈꾼 곳은 그러한 가정 외에는 지상 어디에서도 찾기 힘든 곳이다. 그러니까 마르크스는 이상적인 가정의 확대 버전을 이상적인 사회의 모델로 꿈꿨다고 할 수 있다.

그보다 더 먼 옛날, 사람들이 마음속에서 오직 종교적 상상을 통해서만 보다 정의로운 대안적 사회를 그릴 수 있었던 시대에는 어떤 사회를 이상적인 모델로 꿈꾸었던가? 이미 살펴봤듯이 기독교의 경우, 비록 전근대적인 가부장적 시대에 형성된 종교인 만큼 그들이 천국이라는 이름으로 부른 곳 역시 썩 민주적인 곳은 아닌 듯 보이지만 어쨌든 그곳을 그들은 이상향으로 꿈꾸었다. 천국은 세상의 창조주이자 인류의 아버지인 신이 친히 자식들을 돌보는 곳, 즉 거대한 가정이다. 생각해보면 당시에 사람들이 상상할 수 있었던 가장 정의로운 이상향은 아버지와 그 자식들로 구성된 하나의 가정이었던 것이다. 그리고 그 아버지는 오늘날의 기준으로 보면 비록 엄하고 무서운 가부장에 해당하지만 모든 자식을 고르게 사랑하고 보살펴주리라는 기대만큼은 확실히 할 수 있는 존재이므로 마음으로부터 의지하고 절대적으로 복종함으로써 따뜻한 보호를 구할 수 있는 한 가정의 어른이었다.

그뿐인가. 프랑스 혁명 때 혁명가들이 외친 구호에도 형제애brotherhood가들어간다. 결국 지난 역사 동안 사람들이 마음속에서 보편적으로 꿈꾼 가장 정의롭고 이상적인 사회의 원형은 이상적인 형태의 가정의 확대 버전이었음을 알 수 있다.

사실 정의justice는 단지 부의 분배에 국한된 문제가 아니다. 정의라는 개념은 삶 속에서 다양한 형태로 생명 에너지를 주고받으며 상호작용해야 하는 사회적 관계 전반에 적용되는 개념이다. 거기에는 당연히 가족, 연인, 친구와 같은 모든 사적인 관계도 포함된다. 사실 정의라는 개념은 부모와 자식 또는 형제자매 같은 원초적인 가족 관계에 뿌리를 둔 것이다. 왜냐하면 애초 그 관계 속에서 공감, 감정이입, 유대감, 이타심, 사랑, 관심, 책임감, 도덕성 등과 같은 사회적 본능·감정이 창발하고 발달해왔기 때문이다.

그렇기 때문에 인류가 집단적 무의식 차원에서 이상적 가정의 확대 버전을 이상향에 가까운 사회의 모습으로 상상한 것은 어쩌면 자연스러운 현상일 수 있다. 인류의 보편적 경험 속에서는 정글처럼 약육강식이 판치는 이 세상에서 그곳이 그나마 원초적 정의라도 요구해볼 수 있는 유일무이한 곳으로 여겨졌을 터이기 때문이다. 사람들이 꿈꾸는 이상적 가정이란 구성원들이 유기체적 집단의 몇 가지 특징, 즉 (a) 긴밀한 상호작용 및 정보 소통, (b) 호혜적 기여, (c) 자원의 적절한 분배를 수행하는 곳을 의미한다. 다시 말해, 사람들이 꿈꾸는 이상적인 형태의 가정에서는 다음과 같은 특징을 기대할 수 있다.

(a) 서로에 대해 많은 부분을 알고 지내며 고통과 기쁨이 상당한 정도로 서로에게 전달되어 교감되고,

(b) 서로가 서로의 삶의 의미와 행복에 기여하는 공동체이며,

(c) 가진 것을 비교적 적절히 나눈다.

하지만 유감스럽게도 이러한 특징은 친밀한 관계를 넘어 더 넓은 사회적 단위에서도 똑같이 기대할 수 있는 바는 못 된다. 2부에서 살펴봤듯이 인간의 사회적 본능·감정이나 1인칭 처벌 기제는 아주 가깝고 친밀한 관계의 문지방을 넘어 무한히 확장될 수 있는 게 아니기 때문이다.

뿐만 아니라, 과거뿐만 아니라 현재까지도 가정이라고 해서 모두 그렇게 사랑과 우애가 넘치고 서로 돕고 원만하게 갈등을 해결할 줄 아는, 완벽히 이상적인 사회인 것은 아니다. 현실에서는 인간의 가정에도 동물의 서열 질서가 여전히 남아 있을 뿐 아니라, 문명의 발달과 함께 피라미드 질서가 공고해질수록 가정 내에서도 권위적인 가부장적 질서가 점점 더 공고하게 내면화되었다. 권위주의란 '지배'와 '복종'을 전제로 하는 것이다. '지배-복종'의 관계는 '사랑-우애'와는 본질적으로 모순되고 상충하는 관계이다. 따라서 지배-복종은 사랑-우애를 방해하고 가로막는다. 정도에 따라 다소 차이는 있겠지만 진정한 의미에서 사랑-우애는 오직 서로를 진심으로 평등한 존재로서 존중해주는 관계에서만 피어날 수 있는 감정이기 때문이다. 그런 점에서 예나 지금이나 '사랑과 우애가 넘치는 가정'을 유지한다는 것은 결코 쉬운 일이 아니며, 그런 가정은 대단히 축복받은 가정에 속한다.

요컨대 아직까지도 가정이라고 해서 모두 완벽히 정의로운 사회인 것은 아니며, 특히 피라미드 질서가 강력한 지배력을 발휘하는 사회일수록 가정이야말로 오히려 정반대로 불평등과 불의한 사회의 온실 내지 축소판이라고 말하는 편이 더 정확할 수 있다. 그런 점에서 사회가 가족과 같은 친밀한 관계의 확대 버전처럼 된다는 것은 어쩌면 생물학적 차원에서 또 다른 진화의 문턱을 넘어야만 가능한 일일지도 모른다.

물론 인류는 가깝고 친밀한 가족이나 연인, 친구, 동료들과 지금보다 더 평화롭고 정의로운 관계를 유지할 수 있기 위해서라도 지금보다 더 사랑과 이해, 관심, 감정이입, 공감, 공동체 의식, 도덕성, 책임감, 이타심, 의사소통 기술과 같은 사회적 능력을 발달시킬 필요가 있다.

하지만 인류는 자연의 유기체적 집단의 성공 모델에서 장점을 본받아 가정이라는 울타리를 넘어서 모두가 보다 평등하고 높은 신뢰를 공유할 수 있는 정의로운 사회로 더욱 발전해갈 필요가 있다. 만일 우리가 피라미드 질서의 문제점을 인식하고 보다 유기체적이고 수평적인 '문화'를 발전시키는 데 지속적으로 더 많은 관심을 가진다면, 반드시 생물학적인 진화가 아니더라도 그러한 '문화'만으로도 상당히 큰 효과를 얻을 가능성은 얼마든지 있다. 아니, 실은 그것이 순서상 먼저일 것이다. 아주 오랜 문화적 성숙 끝에 비로소 생물학적인 수준의 변화까지도 수반될 수 있을 터이기 때문이다.

다만 지금으로서는 그러한 문화적 노력을 통해 점진적으로 더욱 정의로운 사회로 나아가서 자본주의 시스템 문제까지 극복할 정도의 결실을 볼지, 아니면 지금 우리가 우려하는 바대로 4차 산업혁명이 불러온 심각한 재앙 앞에서 — 마치 제2차 세계대전 직후에 맞이한 처참한 상황 그리고 자본주의 체제의 정당성을 위협하는 공산주의 진영과의 대립 속에서 어쩔 수 없이 획기적인 사회주의적 복지 시스템과 정책들을 도입하지 않을 수 없었던 경우처럼 — 불가피한 상황에 몰려 급진적으로 변화가 촉발될지는 알 수 없다. 아니면, 정반대로 인류 전체가 불행한 역사로의 퇴행을 맞이하게 될지도 실은 알 수 없다.

유기체적 집단 — 착취적 피라미드 구조라는 장벽 넘어야 가능

지난 역사를 보면 인류 역시, 마치 단세포들이 결합하여 유기적 다세포가 되고 다세포들이 또 다른 세포들과 결합하여 점점 더 복잡한 유기적 다세포 동물이 되었듯이, 최소의 사회 단위인 가족과 혈연으로 된 일단의 무리들이 점차 이웃과 하나의 공동체가 되고, 그 공동체들이 — 전쟁을 통해서든 무역을 통해서든 문화적 방식을 통해서든 — 다시 또 다른 공동체와 결합하는 과정을 계속해서 거치며 점점 더 초거대 규모의 공동체를 형성해왔다. 그러는 동안 점점 더 서로 간의 유기적인 협력과 분업에 의존하는 삶의 양식도 발전시켜왔다.

다만 그런 일들이 수직적 피라미드 지배 체제에 의해 주도되었기 때문에 지배층과 피지배층 간의 정보 소통과 분배가 쌍방향으로 흐르지 못했고, 그 결과 긴밀한 협력의 산물이 불공평하게 피라미드 위쪽으로 더 집중되었다. 바꿔 말해, 효율적인 착취 구조가 되고 말았다. 인간 사회의 아주 독특한 특징은, 도구를 이용한 '피라미드 구조'의 축조가 가능해짐으로 인해 개인 및 계층 단위의 구조적 불평등을 유지하면서도 고도의 협력을 이끌어낼 수 있었다는 것이다.

다만 그 때문에 다른 유기체적 집단에서는 볼 수 없는 수준의 내부적 갈등과 불안 요인이 끊이지 않는다는 문제를 안고 있다. 무엇보다 지금의 자본주의 체제 하에서 극심한 불평등을 초래했다. 그리고 그것은 경제 성장을 가로막고 전쟁이나 거품경제와 같은 부작용을 낳았으며, 미래로 향한 우리의 발목을 잡는 비효율적인 족쇄가 되고 있다. 심지어 잠재적인 내부적 붕괴 요인이 될 수 있다는 우려까지 사고 있는 실정이다.

이제까지 전 세계는 한편으로는 계속해서 점점 더 하나의 유기체처럼 변해가는 흐름을 보여왔지만, 다른 한편으로는 극심한 불평등을 초래하는 피라미드식 경제 구조로 인해 건강한 유기체적 사회가 되는 데 방해를 받고 있다.

물론 정의란 개인과 개인, 개인과 집단, 이기적 욕구와 공익, 경쟁과 협력 등과 같이 서로 충돌하는 가치들 사이에서 모두가 승복하고 따를 만한 규칙과 질서를 만들어내는 일인 만큼 대단히 어려운 일임에 틀림없다. 완벽하게 정의로운 사회는 존재하지 않을 것이다. 하지만 거듭 강조하건대 다수의 대중이 이러한 상황을 깊이 인식하고, 유기체의 장점인 쌍방향 정보 소통을 활발히 한다면 피라미드를 허물고 보다 정의로운 사회 시스템을 구축하는 일이 훨씬 앞당겨지리라 예상할 수 있다.

요컨대 가장 핵심적인 열쇠는 '소통'과 '인식'의 공유이다. 세상을 바꾸는 일은 피라미드 아래쪽 99%가 연대하여 스스로의 힘으로 하기 전에는 불가능하고, 어찌되었든 그들 자신이 스스로 무지의 장막을 뚫고 나오지 않으면 안 된다. 이는 꼭 99%에 속한 개개인 모두가 스스로 모든 걸 다 인식하고 알고 있어야 한다는 의미는 아니다. 그것은 개개인더러 초인이 되라고 요구하는 것이나 다름없다. 하지만 99%끼리의 정보와 지식의 소통이 원활하다면 초인이 부럽지 않을 정도의 훌륭한 집단지성을 작동시킬 수 있다.

그러한 집단지성이 활발하게 작동되는 한 많은 사람들이 힘을 합쳐 이런저런 실험을 시도하기 마련이고, 수많은 시행착오를 거친 끝에 언젠가 좋은 대안을 찾아낼 가능성이 있다. 그리고 그것을 받아들일 준비가 되어 있는 정족수가 ― 원활한 소통의 결과로 ― 채워진다면 좋은 대안이 널리 확산되고 실현되리라 기대할 수 있을 것이다. 한때 '인간은 평등하다'는 사상이 그랬듯이 말이다.

보다 높은 수준의 정의는 다수의 당사자들의 자각과 인식이 존재하는 토양 속에서 이런저런 시행착오 끝에 당사자 자신들에 의해 자연선택될 사안이다. 그런 만큼 그게 몇 십 년 뒤가 될지, 몇 백 년 뒤가 될지, 혹은 지금까지 정치적 민주주의가 이만큼이라도 실현되기까지 반만 년이 걸렸듯이 더 오랜 시간이 걸릴지는 알 수 없는 노릇이다. 다만 문명의 진화의 속도가 빨라지고 있는 추세로 볼 때 그보다는 더 앞당겨질 가능성이 높다고 보는 것이다.

무엇을 할 것인가 ───────

보다 정의롭게 세상을 바꾸는 일은 피라미드 중·하위에 속한 다수가 연대하여 스스로의 힘으로 달성하는 방법 외에는 없다. 그러려면 어쨌든 그들 자신이 스스로 무지의 장막을 뚫고 중요한 정보, 지식, 사상을 충분히 공유하지 않으면 안 된다. 왜냐하면 세상이 살 만한 곳이라고 느끼는 가령 1%나 10%에 속한 사람들은 세상을 지금 이대로 유지하고 싶어 할 가능성이 높을 터이기 때문이다. 그러면 우리는 이제 무엇을 해야 할 것인가?

불평등 피라미드의 실체와 원인 인식하기

피라미드 중하위층이 제일 먼저 해야 할 일은 지금까지 살펴본 바와 같이 불평등 피라미드의 실체와 그 원인을 인식하는 것이다. 우리는 세상이 99%와 1%로 혹은 90%과 10%로 분류될 수 있다고 인식하게 된 지 얼마 되지 않았다. 사람들은 투잡, 쓰리잡을 뛰어도 자녀들 교육비, 의료비 걱정을 해야 하는 처지로 살면서도 세상의 부와 권력이 어떻게 그렇게 그로테스크한 모습으로 배분되었는지를 명확하게 인식하지 못했다. 최상위 1%가 전 세계 부의 50% 이상을 소유한 실상이 그래프로 사람들의 눈앞에 등장하기 전까지는 말이다!

우리나라의 경우도 마찬가지다. 1997년 IMF 위기 이후로 많은 사람들이 영세 자영업자로 내몰려 온 가족이 잠자는 시간만 빼고 매달려도 집세, 자녀들 교육비, 의료비 걱정을 해야 하고, 젊은이들은 좁은 취업의 문을 뚫기가 어려워 연애, 결혼, 출산 등을 포기하고 생활하면서도 많은 사람들은 세상이 왜 이렇게 되었는지, 무엇을 어떻게 해야 문제를 해결할 수 있을지를 명확하게 인식하지 못했다. 사회 전반적으로 부의 불평등이 극심하게 악화되고, 그러한 사실을 한눈에 알 수 있는 데이터를 통해 직접 확인하고, 선진국이라는 미국에서조차 "월가를 점령하라"와 같은 운동이 벌어지고, 버니 샌더스 같은 정치인이 미국 대선에 등장해 현실 인식을 확대 재생산해주고, 『88만원 세대』와 같은 책들이 우리 주변에 회자되고서야 우리가 속한 숲 전체의 모습을 바라볼 수 있게 되었다.

그 전까지는 눈에 보이지 않는 자본주의 피라미드 질서에 매몰된 채로 그래도 이 정도면 전보다는 세상이 훨씬 더 진보하고 있는 중이라는 설명만 들으며 스스로를 위로해왔다. 즉, 인간의 수명이 늘어났고, 의학의 발달로 많은 사람들이 질병의 위협에서 벗어났으며, 두 세기 전만 해도 세계 인구의 85%가 극심한 빈곤 속에서 살았다면 지금은 그 수치가 10%로 내려갔고, 전쟁의 횟수가 줄면서 전쟁으로 인한 연간 사망자 수가 크게 감소했고, 폭력과 범죄율도 줄어들었으며, 세상에는 과거만큼 야만적인 인권 유린 관행들(식인 풍습, 이단자 화형, 고문 집행, 공개 교수형, 노예, 결투 등)이 이루어지지 않고, 여성의 교육 수준과 함께 지위도 향상되어가고 있으니 양성 간의 평등도 높아졌다는 주장 말이다.[288]

---

288 알랭 드 보통·매트 리들리·말콤 글래드웰·스티븐 핑커, 전병근 역, 『사피엔스의 미래』 (서울: 모던아카이브, 2016), pp.34-39. 스티븐 핑커(Steven Pinker)가 "인류는 진보하고 있는 것일까?"라는 토론 주제에 대해 내놓은 의견.

하지만 이제는 부의 불평등 문제가 전 세계적인 화두가 되었고, 더 많은 대중 스스로 서로가 연대의 대상이라는 것을 깨닫고 있다. 그런 맥락에서 이 책이 불평등 피라미드의 실체와 역사에 대한 이해와 통찰을 조금 더 넓히는 데 도움이 되길 바란다.

보다 수평적인 세상은 어떤 모습이어야 할지 의견 활발히 나누기

피라미드 중·하위층이 그 다음으로 해야 할 일은 피라미드를 허문 다음의 보다 수평적인 세상은 어떤 모습이어야 좀 더 정의로울지 의견을 활발히 나누고 인식을 넓히는 것이다.

정의란 무엇인지, 그것은 과연 가능한지를 찾아내는 여행을 하는 동안 깨달은 점은, 정의로운 사회를 위해서 필요한 구체적인 제도나 방식을 논하기에 앞서 기본적으로 '인간이 바라는 바가 무엇인지'에 대해 성찰하고 깨닫는 것이 먼저라는 것이다. 우리가 바라는 바가 무엇이라거나 무엇이어야 한다는 정답이 있다는 말은 아니다. 그것은 사람마다 각자의 인생에서 바라는 바도 다를 수 있고, 한 개인이라도 시점에 따라 시시때때 변하기도 한다. 그러므로 늘 내면을 들여다보고 대화를 하는 것이 필요하다. 사회적 차원에서 사람들이 바라는 사회가 어떤 사회인지는 어떻게 알 수 있을까? 그것을 알아내는 가장 좋은 방법은 인간이란 어떤 존재이고, 사회는 어떤 곳인지 스스로 자문해보고, 또한 거시적으로 역사를 돌아보고 거기에서 얻은 교훈을 발판으로 미래를 어떻게 설계할 것인지 활발한 논의를 펴는 것이다.

도구를 어떻게 사용할지에 대한 우리의 선택과 의지가 열쇠이다

4차 산업혁명의 길목에 서 있는 지금 우리는 지난 역사를 돌아보며 인간의 도구들이 설사 선한 목적을 내세웠다 할지라도 실제로는 결코 그러한 목적이나 공익을 위해서만 쓰이지 않은 경우가 비일비재하다는 교훈을 깊이 새겨야 한다(선한 목적이라는 단어 자체부터가 혼란스럽고 모호하고 오해를 야기할 수 있는 표현임에 유의하자). 막강한 파워를 가진 도구일수록 누군가의 사적인 욕망과 이익을 위해, 다시 말해 전체가 아닌 소수의 이기성을 충족시키기 위해 교묘히 악용될 가능성이 있다. 4차 산업혁명을 이끌고 있는 도구들 역시 마찬가지이다. 게다가 그것들이 실험실 속처럼 완벽하게 인간의 통제 하에서 예측된 바대로만 작동하리라고 장담할 수도 없다.

4차 산업혁명은 물질, 디지털, 생물학의 영역을 넘나드는 기술의 융합, 즉 인간과 사물과 컴퓨터의 협업을 통해서 지구상에 존재하는 인류 전체가 정보의 생산자이자 이용자가 되는 '외장 공동 신경망'을 구축하는 일에 비유될 수 있다. 그러나 이는 아무도 '외장 공동 신경망'에 대한 모두의 자유로운 접근을 방해하거나 악용하지 않을 때의 얘기일 것이다. 외장 공동 신경망은 말 그대로 우리 외부에 있어 누가 어떻게 쓰느냐에 따라 용도가 달라질 수 있는 강력한 '도구'이다.

그것이 인류의 집단지성을 효율적으로 활용하게 하여 보다 행복한 유기체 집단으로의 이행을 촉진하는 데 쓰일지, 아니면 사회의 대다수 사람들이 자기도 모르게 거대한 사물 인터넷 세계의 일부분으로서 기능하면서 인공지능에 의해 일거수일투족이 빅데이터로 저장되고, 분석되고 그럼으로써 일정 정도 거대 기업들이나 정부에 의해 감시되거나 조종되는 존재로 살아가게 될지, 그리하여 지금보다 더 견고한 피라미드 사회로의 이행을 촉진할지 아직은 아무도 알 수 없다. 지금도 여권 스캔, 슈퍼마켓이나 마트에서의 바코드 읽기, 온라인 쇼핑몰 사용 내역, 심전계 기록, 텔

레비전 시청 기록, SNS 등을 통해 우리의 삶의 궤적이 데이터화되고 있
는 실정이다.

다른 한편으로 고무적인 측면은 그럼에도 불구하고 현대인에게 전례
없이 전방위적이고 쌍방향의 정보 공유와 수평적 소통이 가능한 도구들
이 주어졌다는 것이다. 개개인들의 손에 쥐어진 스마트 폰, 컴퓨터와 그
속에 깔려 있는 인터넷과 이메일, 메신저 프로그램, 카카오톡, 유튜브, 페
이스북, 트위터, 블로그, 밴드 등의 소셜 미디어나 각종 정보 소통용 소프
트웨어, 피투피P-to-P 어플리케이션이 그것이다. 구글의 전 회장이었던 에
릭 슈미트의 말대로 "우리 살아생전에 세상은 소수만이 정보에 접근하던
곳에서 50억 명의 사람들이 전 세계의 정보를 각자의 모국어로 접하는
곳으로 바뀌게 될 것이다."[289]

그렇게 대중적 소통 수단이 발달할수록 사회 질서가 보다 정의로운 방
향으로 수렴하는 것을 막기가 더 어려워질 가능성은 분명히 존재한다.
단, 정의의 문제에 대한 자각과 인식이 확산된다면 말이다.

TV나 영화가 등장한 이후 소파에 누워 TV 화면 속의 외국 드라마나
영화를 보면서 이질적인 인종이나 민족의 삶을 엿보고 그들의 감정을 이
해하고 공감할 뿐 아니라 심지어 사랑에 빠지는 경험을 하게 된 것은 불
과 100년 전까지만 해도 상상조차 할 수 없었던 일이다. 그러한 경험이
세계를 얼마나 놀랍도록 비적대적이고 우호적으로 만들었는가! 실제로
우리가 삶의 많은 부분에서 누리고 있는 현재 수준의 정의는 그러한 환
경 속에서 현실화된 것이다.

그런데 이제는 진입 장벽이 한층 더 낮은 소셜 미디어를 통해 대중 스

---

289 https://youtu.be/UAcClsrAq70 Eric Schmidt at Techonomy by Google

스로 콘텐츠나 메시지를 만들어 전 세계인과 직접 소통할 수 있게 되었다. 만일 이런 식으로 소셜 미디어와 같은 새로운 소통 도구들이 개개인의 정보와 지식을 활발하게 공유하게 할 뿐 아니라 서로 간의 연대감을 고조시키고, 또 그럼으로써 개인의 도덕성, 공감 능력, 사랑, 공동체 의식, 책임감, 이타심, 소통 능력 등을 더 넓게 확장시키는 데 도움을 준다면 지금의 피라미드 질서를 대체할 보다 수평적인 대안 질서가 확산되는 데 큰 기여를 할 수도 있을 것이다.

그러다 보면 어쩌면 아주 먼 훗날에는 인류가 유기체 집단으로 넘어가는 비약적 진화의 문지방을 넘을지도 모르는 일이다. 이미 1968년에 나온 스탠리 큐브릭 감독의 영화 〈2001: 스페이스 오디세이^{Space Odyssey}〉에서부터 시작하여 오늘날의 다양한 SF 영화에 등장할 뿐만 아니라 과학계 일각에서도 실제로 우려를 나타냈듯이 인공지능 로봇에 자의식이 생겨 인류를 위협하는 일이 먼저 일어나지 않는다면 말이다.

그렇지만 거듭 강조하건대 어떤 도구이든 도구는 도구일 뿐이므로 누가 그것을 어떻게 활용하느냐에 따라 그 쓰임새는 정반대로 달라질 수 있다. **우리의 중요한 의무는 주요한 사회적 도구들이 어떻게 쓰여왔는지 그리고 어떻게 쓰이고 있는지 올바로 인식하고 소통함으로써 그것들이 가능한 한 지금보다 더 정의롭게 쓰일 수 있게 만드는 것이다. 그리고 우리 앞에 등장할 도구가 그 어느 때보다 어마어마한 위력을 가진 도구라는 사실을 엄중히 인식하는 것이다.**

우리는 중대한 기로에 서 있다. 미래가 우리를 어디로 인도할지 알 수 있는 사람은 아무도 없다. 미래는 미지의 변수들이 끊임없이 파트너를 교체하며 춤을 추는 불확실성의 무도회장과 같다. 그럼에도 불구하고 우리가 한 가지 확신할 수 있는 것은, 어떠한 상황에서도 미래를 결정하는 가장 중요한 변수는 우리 자신의 소망과 의지라는 점이다. 그것은 우리와 파트너가 되기 위해 우리 앞에 다가온 수많은 변수들 가운데서 더 나은 것을 선택할 수 있게 해주는 가장 믿을 만한 나침반이다.

그 나침반을 올바로 사용하기 위해서라도 우리는 지난 역사를 돌아보고 또 우리 자신의 내면을 더 깊이 들여다보면서 우리가 궁극적으로 원하는 사회가 어떤 사회인지를 곰곰이 살피는 것이 중요하다. 그럼으로써 우리 사회에 주어진 유용하고도 위험천만한 도구들을 어떻게 사용할지를 좀 더 주체적으로 결정해야 한다.

국내 단행본

노엄 촘스키, 문이얼 역, 『미국이 진정으로 원하는 것』, 서울: 시대의창, 2013.

데이비드 보일, 유강은 역, 『세계를 뒤흔든 공산당 선언』, 서울: 그린비, 2005.

데이비드 슬론 윌슨, 김영희·정지영·이미정 역, 『진화론의 유혹』, 서울: 북스토리, 2009.

딘 베이커, 하아람·이재익 역, 『약탈과 실책』, 서울: 휴먼앤북스, 2009.

리오 휴버먼, 김영배 역, 『휴버먼의 자본론』, 서울: 어바웃어북, 2011.

리오 휴버먼, 장상환 역, 『자본주의 역사 바로 알기』, 서울: 책벌레, 2000.

말콤 포츠·토머스 헤이든, 박경선 역, 『전쟁유전자』, 서울: 개마고원, 2011.

미셸 말킨, 김태훈 역, 『기만의 정권』, 서울: 시그마북스, 2010.

미셸 보, 김윤자 역, 『자본주의 역사 1500~2010』, 서울: 뿌리와이파리, 2015.

소스타인 베블런, 홍기빈 역, 『자본의 본성에 관하여 외』, 서울: 책세상, 2009.

스메들리 버틀러, 권민 역, 『전쟁은 사기다』, 서울: 공존, 2013.

알렉시스 드 토크빌, 이용재 역, 『앙시앵 레짐과 프랑스 혁명』, 서울: 박영률출판사, 2006.

알베르 마티에, 김종철 역, 『프랑스혁명사 下』, 서울: 창작과 비평사, 1982.

알베르 소불, 전풍자 역, 『프랑스 혁명 1789-1799』, 서울: 종로서적, 1981.

앤드루 바세비치, 박인규 역, 『워싱턴룰』, 서울: 오월의봄, 2013.

에릭 홉스봄, 정도영 외 역, 『혁명의 시대』, 서울: 한길사, 1998.

엘렌 H. 브라운, 이재황 역, 『달러』, 서울: AK, 2009.

오바라 요시아키, 신유희 역, 『이기적 본능』, 서울: 휘닉스드림, 2010.

위르겐 코카, 나종석·육혜원 역, 『자본주의의 역사』, 서울: 북캠퍼스, 2017.

윌리엄 플렉켄스타인·프레드릭 쉬핸, 김태훈 역, 『그린스펀 버블』, 서울: 한스미디어, 2008.

유발 하라리, 조현욱 옮김, 『사피엔스』, 파주: 김영사, 2015.

이매뉴얼 월러스틴, 이광근 역, 『세계체제 분석』, 서울: 당대, 2005.

잉바르 카를손·안네마리 린드그렌, 윤도형 역, 『사회민주주의란 무엇인가』, 서울: 논형, 2009.

장하준, 김희정·안세민 역, 『그들이 말하지 않는 23가지』, 서울: 부키, 2010.

장하준, 이순희 역, 『나쁜 사마리아인들』, 서울: 부키, 2007.

존 퍼킨스, 김현정 역, 『경제 저격수의 고백』, 서울: 황금가지, 2005.

존 퍼킨스, 김현정 역, 『경제 저격수의 고백 2』, 서울: 민음인, 2010.

짐 스탠포드, 안세민 역, 『자본주의 사용 설명서』, 서울: 부키, 2010.

토마 피케티, 장경덕 외 역, 『21세기 자본』, 파주: 글항아리, 2014.

폴 존슨, 김주한 역, 『기독교의 역사: 2천년 동안의 정신 1』, 서울: 살림, 2005.

폴 존슨, 김주한 역, 『기독교의 역사: 2천년 동안의 정신 II』, 서울: 살림, 2005.

F. 퓌레·D. 리셰, 김응종 역, 『프랑스혁명사』, 서울: 일월서각, 1990.

국내 기사

"소득집중도 역대 최대 … 상위 10%가 48.5% 차지", 한국일보, 2017년 2월 5일, http://www.hankookilbo.com/v/180b0459069547aabcf5990a3ac7c1bc

우예진, "얼굴 인식 소프트웨어 발전 속도 빨라지고, 우려도 커져", 베타뉴스, 2016년 10월 12일, http://www.betanews.net/article/646285/

해외 단행본

Adam Tooze, *The Wages of Destruction: The Making and Breaking of the Nazi Economy*, London: Penguin Books, 2006.

Anthony Sampson, *The Seven Sisters: The Great Oil Companies and the World They Shaped*, New York: Viking, 1975.

Barbara G. Walker, *The Woman's Encyclopedia of Myths and Secrets*, New York: HarperOne, 1983.

Bartolome de Las Casas, *A Brief Account of The Devastation of the Indies*, Baltimore, Maryland: Johns Hopkins University Press, 1992.

Bong Lee, *The Unfinished War: Korea*, New York: Algora Publishing, 2003.

Bruce Sheiman, *An Atheist Defends Religion: Why Humanity is Better Off with Religion than Without It*, New York: Alpha Books, 2009.

C. Boesch and H. Boesch-Achemann, *The Chimpanzees of Tai Forest: Behavioral Econology and Evolution*, New York: Oxford University Press. 2000.

C. Boesch, *Hunting strategies among Gombe and Tai chimpanzees. In Chimpanzee Cultures*, R. W. Wrangham, W. C. McGrewe, Frans de Waal, and P. G. Heltne, Eds., Cambridge, MA: Harvard University Press, 1994.

Charles Darwin, *The Descent of Man and Selection in Relation to Sex*, London: John Murray, 1871.

Christ Harman, *How Marxism Works*, London: Bookmarks Publications, 1979.

Conway W. Henderson, *Understanding International Law*, New York: John Wiley & Sons, 2010.

Douglas P. Fry, *Beyond War: The Human Potential for Peace*, Oxford: Oxford University Press, 2009.

Edward E. Ericson, *Feeding the German Eagle: Soviet Economic Aid to Nazi Germany, 1933-1941*, Connecticut: Greenwood Publishing Group, 1999.

F. Furet & Mona Ozou, *A Critical Dictionary of the French Revolution*, trans. Arthur Goldhammer, Cambridge, MA: Harvard University Press, 1989.

G Schmoller, *The Mercantile System and Its Historical Significance*, New York: The Macmillan Company, 1910.

G. G. Coulton, *Inquisition and Liberty*, Boston: Beacon Hill, 1959.

H. Zinn, *A People's History of the United States*, New York: HarperCollins/ Perennial, 2001.

Helen Ellerbe, *The Dark Side of Christian History*, San Rafael, CA: Morningstar & Lark, 1995.

Henry Charles Lea, *The Inquisition of the Middle Ages*, New York: Macmillan, 1961.

Hilaire Belloc, *Robespierre: A Study*, New York: Caxton Press, 1901.

J. Fest, *Hitler: A Biography*, New York: Harcourt, 1974.

J. Goodall, *Chimpanzees of Gombe Patterns of Behavior*, Cambridge, MA: The Belknap Press of Harvard University, 1986.

J. K. Galbraith, *The Age of Uncertainty*, Boston: Houghton Mifflin Harcourt, 1977.

J. L. Hammond and B. B. Hammond, *The Town Labourer, 1760-1832*, London: Longmans, Green and Co., 1932.

Jacques R. Pauwels, *The Great Class War 1914-1918*, Toronto: Lorimer, 2016.

James Michael Eagan, *Maximilien Robespierre: Nationalist Dictator*, New York: Farrar, Straus & Giroux, 1978.

Jeffrey Burton Russell, *A History of Medieval Christianity*, New York: Thomas Y. Cromwell, 1968.

Joan Smith, *Misogynies: Reflections on Myths and Malice*, New York: FawcettColumbine, 1989.

Joel Carmichael, *The Birth of Christianity*, New York: Barnes Noble, 1992.

Joseph Gaer & Ben Siegel, *The Puritan Heritage: America's Roots in the Bible*, New York: New American Library, 1964.

Julio Caro Baroja, *The World of the Witches,* London: Phoenix Press, 2001.

Keith Thomas, *Religion and the Decline of Magic*, London: Penguin UK, 2003.

Kirkpatrick Sale, *The Conquest of Paradise: Christopher Columbus and the Columbian Legacy*, New York: Alfred A. Knopf Publishers, 1990.

Lloyd M. Graham, *Deceptions and Myths of the Bible*, New York: Skyhorse Publishing, 2012.

Lucio Vinicius, *Modular Evolution: How National Selection Produces Biological Complexity*, New York: Cambridge University Press, 2010.

Marc Bekoff & Jessica Pierce, *Wild Justice*, Chicago: University Of Chicago Press, 2009.

Melanie Killen, Judith G. Smetana, *Handbook of Moral Development*, London: Psychology Press, 2013.

Mirabeau, *Robespierre: Or the Tyranny of the Majority*, trans. Alan Kendall, New York: Charles Scribner's Sons, 1971.

Morris B. Hoffman, *The Punisher's Brain*, New York: Cambridge University Press, 2014.

Noam Chomsky, *What Uncle Sam Really Wants*, Berkeley: Odonian Press, 2002.

Paul Johnson, *History of Christianity*, New York: Touchstone, 1995.

Paul R. Hanson, *Contesting the French Revolution*, Chichester, UK: Wiley-Blackwell, 2009.

Peter Jones, *Liberty and Locality in Revolutionary France: Six Villages Compred, 1760–1820*, New York: Cambridge University Press, 2003.

Philip Dwyer & Peter McPhee, *The French Revolution and Napoleon: A Sourcebook*, London: Routledge, 2002.

R. Hager, C. B. Jones, & A. J. Young, *The causes of physiological suppression in vertebrate societies: a synthesis. In Reproductive skew in vertebrates proximate and ultimate causes*, New York: Cambridge University Press, 2009.

Reports of the Minutes of Evidence Taken Before the Select Committee on the State of the Children Employed in the Manufactories, 1816.

Ruth Scurr, *Fatal Purity: Robespierre and the French Revolution*, New York: Henry Holt and Company, 2007.

Saint Thomas Aquinas, *Summa Theologica*, New York & London: Blackfriars, McGraw-Hill, Eyre & Spottiswoode, 1964.

Studs Terkel, *The Good War: An Oral History of World War II*, New York: The New Press, 1997.

Vox Day, *The Irrational Atheist: Dissecting the Unholy Trinity of Dawkins, Harris, and Hitchens*, Dallas, Texas: BenBella Books, 2008.

Walter Nigg, *The Heretics*, New York: Dorset Press, 1990.

Walter Nigg, *The Heretics: Heresy Through the Ages*, Edited and translated by Richard and Clara Winston, New York: Dorset Press, 1962.

Walter Sinnott-Armstrong, *Moral Psychology: The Neuroscience of Morality: Emotion, Brain Disorders, and Development*, Cambridge, Massachusetts: MIT Press, 2007.

William Doyle, *The Oxford Handbook of the Ancient Regime*, Oxford: Oxford University Press, 2014.

William E. Leuchtenburg, *Franklin Roosevelt and the New Deal*, New York: Harper & Row, 1963.

해외 기사 및 인터넷 사이트 글

"A Few Questions For Douglas P. Fry", OUPblog, February 28, 2007, http://blog.oup.com/2007/02/a_few_questions_15

"Astonishing adult literacy rates in France before the 1789 French Revolution", AUGUST 22, 2011, http://www.nobility.org/2011/08/22/astonishing-adult-literacy-rates/

"Big Banks Busted Manipulating Aluminum and Copper Prices", July 21, 2013, http://www.washingtons blog.com/2013/07/big-banks-busted-manipulating-aluminum-and-copper-prices.html

"Big Banks Take Huge Stakes In Aluminum, Petroleum and Other Physical Markets ⋯ Then Manipulate Their Prices", November 27, 2014, http://www.washingtonsblog.com/2014/11/big-banks-take-huge-stakes-aluminum-petroleum-physical-markets-manipulate-prices.html/

"Capitalism in Crisis: Richard Wolff Urges End to Austerity, New Jobs Program, Democratizing Work", DEMOCRACY NOW, March 25, 2013, http://www.democracynow.org/2013/3/25/capitalism_in_crisis_richard_wolff_urges

"Google ranked 'worst' on privacy", BBC NEWS, Monday, 11 June 2007, http://news.bbc.co.uk/2/hi/technology/6740075.stm

"Inequality gap widens as 42 people hold same wealth as 3.7bn poorest", The Guardian, https://www.theguardian.com/inequality/2018/jan/22/inequality-gap-widens-as-42-people-hold-same-wealth-as-37bn-poorest

"Is an eye for an eye compensation a just punishment?", http://www.debate.org/opinions/is-an-eye-for-an-eye-compensation-a-just-punishment

"Japan's Move to End 'Death by Overwork' Will Drag Economic Growth: Deutsche Bank", https://www.cnbc.com/2017/02/19/japans-move-to-end-death-by-overwork-will-drag-economic-growth-deutsche-bank.html

"NSA Prism program taps in to user data of Apple, Google and others", The Guardian, Friday, 7 Jun 2013, https://www.theguardian.com/world/2013/jun/06/us-tech-giants-nsa-data

"Oxfam says wealth of richest 1% equal to other 99%", BBC NEWS, 18 January 2016, http://www.bbc.com/news/business-35339475

"Researchers for suit on Japanese war crimes of cannibalism", UCA News, March 30, 1993. https://www.ucanews.com/story-archive/?post_name=/1993/03/30/researchers-for-suit-on-japanese-war-crimes-told-of-cannibalism&post_id=43057

"Revealed the capitalist network that runs the world", October 19, 2011, https://www.newscientist.com/article/mg21228354.500-revealed--the-capitalist-network-that-runs-the-world

"SEC Charges Goldman Sachs With Fraud in Structuring and Marketing of CDO Tied to Subprime Mortgages", https://www.sec.gov/news/press/2010/2010-59.htm

"Study: US is an oligarchy, not a democracy", April 17, 2014, http://www.bbc.com/news/blogs-echochambers-27074746

"The Big Banks and Commodities Future Trading Commission Conspired to Hide Speculation from Congress", June 3, 2013, http://www.washingtonsblog.com/2013/06/the-big-banks-and-commodities-future-trading-commission-conspired-to-hide-speculation-from-congress.html

"The Fed Audit", July 21, 2011, http://sanders.senate.gov/newsroom/news/?id=9e2a4ea8-6e73-4be2-a753-62060dcbb3c3

"The Germany Economy Under Hitler", http://www.globalsecurity.org/military/world/europe/de-drittes-reich-economy.htm

"The Germany Economy Under Hitler", http://www.globalsecurity.org/military/world/europe/de-drittes-reich-economy.htm

"The Goldman Sachs Abacus 2007-ACI Controversy: An ethical case study", http://www.e-ir.info/2012/01/19/the-goldman-sachs-abacus-2007-aci-controversy-an-ethical-case-study/

"The Origins of the French Revolution", The History Guide: Lectures on Modern European Intellectual History, Lecture 11, http://www.historyguide.org/intellect/lecture11a.html

"Treaty of Versailles", https://en.wikipedia.org/wiki/Treaty_of_Versailles

"10 biggest corporations make more money than most countries in the world combined", Global Justice Now, Monday September 12, 2016, http://www.globaljustice.org.uk/news/2016/sep/12/10-biggest-corporations-make-more-money-most-countries-world-combined

"United States Strategic Bombing Survey", https://en.wikipedia.org/wiki/United_States_Strategic_Bombing_Survey

"U.S. consumes more cereals than India", May 09, 2008, http://www.thehindu.com/todays-paper/tp-national/lsquoU.S.-consumes-more-cereals-than-Indiarsquo/article15218975.ece

"WORKING FOR THE FEW: Political capture and economic inequality", 178 OXFAM BRIEFING PAPER, https://www.oxfam.org/sites/www.oxfam.org/files/bp-working-for-few-political-capture-economic-inequality-200114-summ-en.pdf

Alan Johnson, "WHEN POPES DECLARE WAR: A RHETORICAL ANALYSIS OF POPE URBAN II'S SPEECH", https://rcl-eportfolio-aoj.weebly.com/rhetorical-analysis.html

Alan Lurie, "Is Religion the Cause of Most Wars?", Huffington Post, June 10, 2012, https://www.huffingtonpost.com/rabbi-alan-lurie/is-religion-the-cause-of-_b_1400766.html

Andrew Leonard, "Credit default swaps: What are they good for?", Salon.com. Salon Media Group, Retrieved April 24, 2010.

Andy Gardner & Stuart A. West, "Spite", Current Biology, Volume 16, Issue 17, September 2006; Stuart A. West & Andy Gardner, "Altruism, Spite, and Greenbeards", Science, Vol. 327, 12 March 2010, pp.1341-1344.

Ben Hallman, "Four Years Since Lehman Brothers, 'Too Big To Fail' Banks, Now Even Bigger, Fight Reform", September 15, 2012, https://www.huffingtonpost.com/2012/09/15/lehman-brothers-collapse_n_1885489.html

Benedikt Herrmann et al., "Fair and unfair punishers coexist in the Ultimatum Game", Scientific Reports, August 12, 2014, https://www.nature.com/articles/srep06025

Bonnie Bassler, "How Bacteria Talk", TED, February 2009, https://www.ted.com/talks/bonnie_bassler_on_how_bacteria_communicate

Charles A. Ellwood, "The Origin of Society", https://www.brocku.ca/MeadProject/Ellwood/Ellwood_1909c.html

Christopher M. Anderson & Louis Putterman, "Do non-strategic sanctions obey the law of demand? The demand for punishment in the voluntary contribution mechanism", Games and Economic Behavior Volume 54, Issue 1, January 2006, pp.1-24, https://doi.org/10.1016/j.geb.2004.08.007;

Chuck Collins & Josh Hoxie, "Billionaire Bonanza: The Forbes 400 and the Rest of Us - Wealthiest 20 people own more wealth than half the American population", Institute for Policy Studies, December 1, 2015, http://www.ips-dc.org/billionaire-bonanza/

Clynn Custred, "The Forbidden Discovery of Kennewick Man", in Academic Questions13(3): 12-30, April, 2012, doi:10.1007/s12129-000-1034-8, http://en.wikipedia.org/wiki/Kennewick_Man/

David Nakamura, "Obama: U.S. to send 250 Marines to Australia in 2012", The Washington Post, November 16, 2011, https://www.washingtonpost.com/blogs/44/post/obama-us-to-send-250-marines-to-australia-in-2012/2011/11/16/gIQAO4AQQN_blog.html?utm_term=.dff1d453a342

David Niose, "Why Corporations Are Psychotic", Psychology Today, March 16, 2011, https://www.psychologytoday.com/blog/our-humanity-naturally/201103/why-corporations-are-psychotic

David P. Barash, "Is There a War Instinct?", https://aeon.co/essays/do-human-beings-have-an-instinct-for-waging-war

David Quammen, "The Short Happy Life of a Serengeti Lion", National Geographic, August, 2013, http://ngm.nationalgeographic.com/2013/08/serengeti-lions/quammen-text

David Tenenbaum, "Fish phishing attack explained!", The Why Flies: The science behind the news, January 7, 2010, http://whyfiles.org/2010/fish-phishing-attack-explained/

Dawn Kopecki & Shannon D. Harrington, "Banning 'Naked' Default Swaps May Raise Corporate Funding Costs", Bloomberg, Retrieved March 31, 2010.

Department of Defense Base Structure Report, Fiscal Year 2008, httep://www.acq.osd.mil/ie/download/bsr/BSR2008Baseline.pdf.

Douglas P. Fry & Patrik Soderberg, "Lethal Aggression in Mobile Forager Bands and Implications for the Origins of War", Science, 19 Jul. 2013 Vol. 341, Issue 6143, pp.270-273, https://www.ncbi.nlm.nih.gov/pubmed/23869015

Friedrich Engels, Condition of the Working Class in England, https://www.marxists.org/archive/marx/works/download/pdf/condition-working-class-england.pdf

H. Meffert, V. Gazzola, J. A. den Boer, A. A. J. Bartels, & C. Keysers, "Brain research shows psychopathic criminals do not lack empathy, but fail to use it automatically", July 24, 2013, Oxford University Press, https://www.sciencedaily.com/

releases/2013/07/130724200412.htm

Hare krishna, "McDonalds responsible for the slaughter of 67 thousand cows per day!",
http://iskconbirmingham.org/mcdonalds-responsible-for-the-slaughter-of-
67-thousand-cows-per-day

Hazel Sheffield, "TTIP: Barack Obama says trade deal should be signed by the 'end of
the year'", Independent, Monday 25 April 2016, http://www.independent.co.uk/
news/business/news/ttip-obama-says-trade-deal-should-be-signed-by-the-
end-of-the-year-a6999456.html/

Herrmann B et al. "Antisocial Punishment Across Societies", NCBI, 2008 Mar 7,
https://www.ncbi.nlm.nih.gov/pubmed/18323447

http://www.economywatch.com/economic-statistics/year/2017/

http://www.reuters.com/article/us-lme-warehousing-idUSTRE76R3YZ20110729;
http://www.washingtonsblog.com/2013/07/big-banks-busted-manipulating-
aluminum-and-copper-prices.html; http://www.nytimes.com/1999/08/14/
business/sumitomo-sues-j-p-morgan-for-role-in-copper-debacle.html

http://www.swarthmore.edu/SocSci/rbannis1/AIH19th/Sumner.Forgotten.html

https://en.wikipedia.org/wiki/United_States_military_casualties_of_war

https://en.wikipedia.org/wiki/World_War_I_casualties

https://www.marxists.org/archive/harman/1979/marxism/

ILO, Global Estimates of Child Labour Results and Trends, 2012-2016 (Geneva: Interna-
tion Labour Organization, 2017), https://www.alliance87.org/global_estimates_of_
child_labour-results_and_trends_2012-2016.pdf

Immanuel Wallerstein, "The World-System After the Cold War", Journal of Peace Re-
search, Vol. 30, No. 1 (1993, 2).

Ivana Kottasova, "Smart Robots Could Steal Your Job", CNN Money, 2016. 1. 15

Jacques R. Rauwels, "Why America Needs War", Global Research, November 09, 2014,
http://www.globalresearch.ca/why-america-needs-war/5328631

Jacques Roux, "Manifesto of the Enragés", translated by Mitchell Abidor, 1793, https://
www.marxists.org/history/france/revolution/roux/1793/enrages01.htm

Jessica C. Flack et al., "Policing stabilizes construction of social niches in primates", Na-
ture, Volume 439, January 26, 2006, pp.426-429, https://www.ncbi.nlm.nih.
gov/pubmed/16437106

Jonathan Riley-Smith, "Holy Violence Then and Now", Christianity Today, 1 Octo-
ber, 1993, https://www.christianitytoday.com/history/issues/issue-40/holy-
violence-then-and-now.html

Katrin Riedla, Keith Jensena, Josep Calla, & Michael Tomaselloa "No third-party punishment in chimpanzees", PNAS, September 11, 2012, https://doi.org/10.1073/pnas.1203179109

Keith Jensen et al., "Chimpanzees Are Vengeful But Not Spiteful", PNAS, August 7, 2007, https://doi.org/10.1073/pnas.0705555104

Keith Jensen, "Punishment and spite, the dark side of cooperation", The Royal Society Publishing, 2 August, 2010, http://rstb.royalsocietypublishing.org/content/365/1553/2635

Keith Jensen, Josep Call, Michael Tomasello, "Chimpanzees Are Rational Maximizers in an Ultimatum Game", Science, 5 Oct 2007, http://science.sciencemag.org/content/318/5847/107

Laura Mills, "Facial Recognition Software Advances Trigger Worries", The Wall Street Journal, Oct. 10, 2016, https://www.wsj.com/articles/facial-recognition-software-advances-trigger-worries-1476138569

Louise Story & Gretchen Morgenson, "S.E.C. Accuses Goldman of Fraud in Housing Deal", http://www.hilderlaw.com/Related-News/US-Accuses-Goldman-Sachs-of-Fraud.pdf/

Maaike Cima, Franca Tonnaer, & Marc D. Hauser, "Psychopaths know right from wrong but don't care", Social Cognitive and Affective Neuroscience, Volume 5, Issue 1, 1 March 2010, pp.59-67, https://doi.org/10.1093/scan/nsp051

Mandi Woodruff, "21 Ways Rich People Think Differently", BUSINESS INSIDER, Aug. 31, 2012, http://www.businessinsider.com/how-rich-people-think-differently-from-the-poor-2012-8

Marc Bekoff & Jessica Pierce, "The Ethical Dog", March 1, 2010, http://www.scientificamerican.com/article/the-ethical-dog

Marc D. Hauser & Peter Marler, "Food-associated calls in rhesus macaques (Macaca mulatta): II. Costs and benefits of call production and suppression", Behavioral Ecology. 4, 206-212 (1993), https://doi.org/10.1093/beheco/4.3.206 as cited in T. H. Clutton-Brock & G. A. Parker, "Punishment in animal societies", http://altruism.i3ci.hampshire.edu/files/2009/10/punishment-in-animal-societies.pdf

Marc D. Hauser, "Costs of deception: cheaters are punished in rhesus monkeys(Macaca mulatta)", PNAS U.S.A. Vol. 89 (24), 12137-12139 (1992), https://doi.org/10.1073/pnas.89.24.12137 as cited in T. H. Clutton-Brock & G. A. Parker, "Punishment in animal societies", Nature 373, pp.209-216, http://altruism.i3ci.hampshire.edu/files/2009/10/punishment-in-animal-societies.pdf

Marian Y. L. Wong, Philip L. Munday, Peter M. Buston, & Geoffrey P. Jones, "Fasting or feasting in a fish social hierarchy", Current Biology Volume 18, Issue 9 ,May 6, 2008, pp.372-373, https://doi.org/10.1016/j.cub.2008.02.063

Marisa Linton, "Robespierre and the Terror", History Today Volume 56 Issue 8 August

2006.

Mark Kinver, "Meerkats 'pay rent' to dominant female to stay in group", http://www.bbc.com/news/science-environment-24479274

Mark Weber, "How Hitler Tackled Unemployment And Revived Germany's Economy", INSTITUTE FOR HISTORICAL REVIEW, http://www.ihr.org/other/economyhitler2011.html

Martijn Egas & Arno Riedl, "The economics of altruistic punishment and the maintenance of cooperation", The Royal Society Publishing, 22 April 2008, http://rspb.royalsocietypublishing.org/content/275/1637/871.article-info

Marx & Engels, Manifesto of the Communist Party, 1848, https://www.marxists.org/archive/marx/works/1848/communist-manifesto/ch01.htm#007

Marx & Engels, The German Ideology, 1932, https://www.marxists.org/archive/marx/works/1845/german-ideology/

Mary-Ann Russon, "CIA using deep learning neural networks to predict social unrest five days before it happens," International Business Times, October 6, 2016, http://www.ibtimes.co.uk/cia-using-deep-learning-neural-networks-predict-social-unrest-five-days-before-it-happens-1585115/

Matt Walker, "Lion prides form to win turf wars", BBC, June 29, 2009. http://news.bbc.co.uk/earth/hi/earth_news/newsid_8120000/8120712.stm

Maurice Cranston, "The French Revolution: Ideas and Ideologies", History Today, Volume 39, 5 May, 1989, https://www.historytoday.com/maurice-cranston/french-revolution-ideas-and-ideologies

Max Galka, "The History of U.S. Government Spending, Revenue, and Debt (1790-2015)", Metrocosm, February 16, 2016, http://metrocosm.com/history-of-us-taxes

Michael A. Cant, "The role of threats in animal cooperation", Proceedings of the Royal Society B, August 26, 2010, DOI: 10.1098/rspb.2010.1241, http://rspb.royalsocietypublishing.org/content/278/1703/170

Michael Kosfeld & Arno Riedl, "Order without law? Experimental evidence on voluntary cooperation and sanctioning", KritV. Vol. 90, No. 2, 2007, pp. 140-155, https://www.jstor.org/stable/43202900?seq=1#page_scan_tab_contents

Mike Collins, "The Big Bank Bailout", July 14, 2015, http://www.forbes.com/sites/mikecollins/2015/07/14/the-big-bank-bailout/#1b080c6d3723

Niall Ferguson, "We're All State Capitalists Now", Foreign Policy, Feb. 09, 2012, https://foreignpolicy.com/2012/02/09/were-all-state-capitalists-now/

Oscar Williams-Grut, "Robots will steal your job: How AI could increase unemployment and inequality", Business Insider, Feb. 15, 2016, http://uk.businessinsider.

com/robots-will-steal-your-job-citi-ai-increase-unemployment-inequality-2016-2/

Patrick Dale, "Agriculture: How many chickens are slaughtered per year around the world", May 21, 2016, https://www.quora.com/Agriculture-How-many-chickens-are-slaughtered-per-year-around-the-world

Peggy Polk, "Papal State", Chicago Tribune, June 5, 1995.

Raveena Aulakh, "I got hired at a Bangladesh sweatshop. Meet my 9-year-old boss", THE STAR, Fri., Oct. 11, 2013, https://www.thestar.com/news/world/clothesonyourback/2013/10/11/i_got_hired_at_a_bangladesh_sweatshop_meet_my_9yearold_boss.html

Rebecca Boyle, "Cancers Are Newly Evolved Parasitic Species, Biologist Argues", POPULAR SCIENCE, July 28, 2011, http://www.popsci.com/science/article/2011-07/cancers-are-newly-evolved-parasitic-species-biologist-argues

Redouan Bshary & Alexandra S Grutter, "Punishment and partner switching cause cooperative behaviour in a cleaning mutualism", Biology Letters, December 22, 2005. DOI: 10.1098/rsbl.2005.0344. http://rsbl.royalsocietypublishing.org/content/1/4/396

Reports of the Minutes of Evidence Taken Before the Select Committee on the State of the Children Employed in the Manufactories, 1816.

Rex Dexter, "Have You Heard About The 16 Trillion Dollar Bailout The Federal Reserve Handed", http://investmentwatchblog.com/have-you-heard-about-the-16-trillion-dollar-bailout-the-federal-reserve-handedmore-dots-connected-on-fed-and-its-sacking-of-american-taxpayers/

Rob Williams, "North Korean cannibalism fears amid claims starving people forced to desperate measures", The Independent, January 28, 2013.

Robert Forsythe, Joel L. Horowitz, N. E. Savin, & Martin Sefton, "Fairness in Simple Bargaining Experiments", Games and Economic Behavior. Volume 6, Issue 3, May 1994.

Robert Nielsen, "Why did communism fail? #2 - Absence of the Market", April 17, 2013, Whistling in The Wind, https://whistlinginthewind.org/2013/04/17/why-did-communism-fail-2-absence-of-the-market/#more-1249

Ron Paul, "The Bailout Surge", November 24, 2008, https://www.ronpaul.com/2008-11-24/oh-no-not-another-bailout/

Rossella Lorenzi, "Blow to head, not arrow, killed Otzi the iceman", ABC Science, August 31, 2007, http://www.abc.net.au/science/news/stories/2007/2020609.htm?health

Sandra Blakeslee, "Cells That Read Minds", New York Times, Jan. 10, 2006, http://www.nytimes.com/2006/01/10/science/10mirr.html?pagewanted=print&_r=0

Sigal Balshine-Earn, Franics C. Neat, Hannah Reid, & Michael Taborsky, "Paying to stay or paying to breed? Field evidence for direct benefits of helping behavior in a cooperatively breeding fish", Behavioral Ecology Volume 9, Issue 5, January 1998, pp.432-438, https://doi.org/10.1093/beheco/9.5.432

Susan George, "State of Corporations – The rise of illegitimate power and the threat to democracy", https://www.tni.org/files/download/state_of_corporation_chapter.pdf

T. Friend, "Iceman was murdered, science sleuths say", USA Today, 2003. See the same story at www.sciscoop.com/story/2003/8/12/7419/29586

T. H. Clutton-Brock & G. A. Parker, "Punishment in animal societies", http://altruism.i3ci.hampshire.edu/files/2009/10/punishment-in-animal-societies.pdf

Tania Singer et al., "Empathic neural responses are modulated by the perceived fairness of others", Nature volume 439, 26 January 2006, pp.466-469, https://www.nature.com/articles/nature04271

The First World War, http://www.funfront.net/hist/wwi/index.htm

Thomas Paine, Rights of Man, pp.11-12, https://www.ucc.ie/archive/hdsp/Paine_Rights_of_Man.pdf

Tripp Zimmerman, "China and State Owned Enterprises", WisdomTree, June 30, 2015, https://www.wisdomtree.com/blog/2015-06-30/china-and-state-owned-enterprises

Ward Churchill, "Deconstructing the Columbus Myth", The Anarchist Library, Summer 1992, https://theanarchistlibrary.org/library/ward-churchill-deconstructing-the-columbus-myth

WashingtonsBlog, "Less Than a Tenth of Bank Of America's Assets Comes From Traditional Banking Deposits", January 13, 2010, http://www.washingtonsblog.com/2010/01/less-than-a-tenth-of-bank-of-americas-assets-comes-from-traditional-banking-deposits.html

Yuri N. Maltsev, "Economic Calculation in the Socialist Commonwealth", Forword, Mises Institute, https://mises.org/library/economic-calculation-socialist-commonwealth/html/c/6

동영상

"I Am Alive: Surviving the Andes Plane Crash", 2010, https://youtu.be/Sr4FPKztwIw

"03. Constantine and the Early Church", https://youtu.be/tcIuAJ-jaSg

"Elon Musk says Universal Basic Income is 'going to be necessary'", https://www.youtube.com/watch?v=e6HPdNBicM8

"Global Wealth Inequality", https://www.youtube.com/watch?v=uWSxzjyMNpU

"What this Millionaire Thinks of Poverty Will Make Your Blood Boil", https://youtu.be/IeV4BthtIQ4

https://youtu,be/UAcCIsrAq70 Eric Schmidt at Techonomy by Google

Jerry Kroth, "The American Empire: Denial, Delusion & Deception", https://youtu,be/Uh-D5LJzrX8

Richard D Wolff, "Crisis and Openings: Introduction to Marxism", http://www.youtube,com/watch?v=T9Whccunka4 Richard D Wolf

21세기에 새로쓴

인간불평등사
THE TRUE HISTORY OF
Inequality
FOR THE 21st CENTURY

초판 1쇄 인쇄 2018년 7월 23일
초판 1쇄 발행 2018년 7월 27일

지은이 이선경
펴낸이 김세영

펴낸곳 프리스마
주소 04035 서울시 마포구 월드컵로8길 40-9 3층
전화 02-3143-3366
팩스 02-3143-3360
블로그 http://blog.naver.com/planetmedia7
이메일 webmaster@planetmedia.co.kr
출판등록 2005년 10월 4일 제313-2005-00209호

ⓒ 이선경, 2018

ISBN 979-11-86053-09-6 03900

TAP DANCING
TO WORK 포춘으로 읽는
워런 버핏의
투자 철학

캐럴 루미스 엮음 | 박영준 옮김

비즈니스맵

나의 가족
존 루미스,
바바라, 톰, 존 T., 그레이슨,
마크, 스테피, 제니, 벤…
그리고
가끔 나를 힘들게 하면서도
끝없는 재미를 선사했고,
지난 60년간 내 삶의 일부였던
〈포춘〉에게 이 책을 바칩니다.

■ FILLING TOMORROW'S JOBS • TOKYO'S STOCK MARKET • THE EASTERN AIR LINES MESS ■

APRIL 11, 1988 $3.50

FORTUNE

THE INSIDE STORY OF WARREN BUFFETT

The legendary investor is also an ace at running businesses. Here's how he does it.

그동안 〈포춘〉은 열세 차례에 걸쳐 워런 버핏의 기사를 커버스토리로 다뤘다.

왼쪽: 1988년 오늘의 버크셔 해서웨이를 일구어 낸 (그리고 브리지 플레이어인) 버핏.
아래 왼쪽: 2006년 엄청난 돈을 기부한 자선 사업가 버핏.
아래 오른쪽: 2008년 버핏은 경제적 난국을 극복해낼 수 있는 미국의 능력을 믿는다.

FORTUNE

WARREN BUFFETT GIVES IT AWAY

The bulk of his fortune, now worth $44 billion, will become the biggest charitable gift ever. His chief beneficiary? The Bill & Melinda Gates Foundation. Buffett reveals an extraordinary plan.

A FORTUNE EXCLUSIVE

GOING GREEN SPECIAL REPORT

FORTUNE

What Warren Thinks...

ABOUT THE CREDIT CRISIS, THE ECONOMY, AND MORE

PLUS Where to Invest Now!

THE BEST STOCKS AND BONDS TO BUY TODAY

Bob Iger on Where He's Taking Disney

Guy Gillette

위: 1969년 후반 오마하에서의 버핏. 그는 혼란에 빠진 주식시장에 환멸을 느낀 나머지 13년간 눈부신 실적을 올리며
운영한 헤지펀드를 연말까지만 운영하고 문을 닫기로 한다.
아래: 1985년 사무실에서(그때나 지금이나 같은 사무실이다) 포즈를 취하고 있는 버핏. '움스' 채권 매입이라는 그의
독창적 투자를 다룬 〈포춘〉의 기사 중간에 실린 사진이다.

Mark Hanauer / Corbis Outline

Michael O'Neill / Corbis Outline

왼쪽 위부터 시계방향으로:
- 1998년 빌 게이츠의 권유로 여행에 나선 버핏. 눈앞에 펼쳐진 올드페이스풀 간헐천의 멋진 경치는 아랑곳없이 롱텀
캐피털 인수 건을 전화로 논의하느라 바쁘다.
- 2002년 페블비치에서의 버핏. 그는 이 여행에서 어깨 부상 때문에 친구들과 함께 골프를 치지 못했다.
- 2008년 금융 위기의 혼란기에 오마하를 방문한 와튼스쿨 학생들과 질의응답 시간을 가지고 있는 버핏.

Ben Baker / Redux

위: 버크셔 해서웨이의 부회장 찰리 멍거. 다방면에 박식하기로 소문난 그는 버핏이 내리는 중요한 사업적 의사 결정에 종종 큰 영향력을 발휘한다.

아래 오른쪽: 25년간 버핏의 비서로 일한 글래디스 카이저.

아래 왼쪽: 카이저의 뒤를 이어 20년 가까이 비서 업무를 담당한 데비 보사네크. 버핏은 이 세 사람이 "나를 더욱 나은 사람으로 만들어주었다"라고 말한다.

왼쪽 위: 친구이자 비즈니스 스타인 아지트 자인.

오른쪽 위: 버크셔 해서웨이의 보험 전문가이자 캐피털시티즈/ABC의 의장을 지내다 은퇴한 토마스 머피. 버핏은 그를 "미국에서 가장 우수한 경영자"라고 평가했다.

아래: 버크셔의 연례 주주총회 기간에 오마하의 네브래스카 퍼니처 마트로 몰려든 총회 참석자들.

위: 버핏의 아내 수지가 세상을 떠나기 전 선 밸리에 모인 가족들. 앞줄 왼쪽부터 버핏, 수지, 장남 하워드. 뒷줄 왼쪽부
터 아들 피터의 아내 제니퍼, 피터, 하워드의 아내 데본, 그리고 딸 수지.
아래: 2006년 곧 두 번째 아내가 될 애스트리드 맹크스를 동반해서 다시 선 밸리를 찾은 버핏.

Photo by Albert Watson

위: 2006년 게이츠 부부와 함께 포즈를 취하고 있는 버핏. 그는 이 사진이 촬영되기 몇 달 전 자신의 재산을 바로 기부하기 시작할 것이며, 그중 대부분을 게이츠 재단에 보내겠다고 발표했다.
아래: 2010년 오마하 근교의 레스토랑 할리우드 다이너에서 더기빙플레지의 계획을 논의 중인 버핏과 게이츠.

Mark Peterson / Redux

왼쪽 위부터 시계방향으로:
- 1999년 지미 버핏과 함께 익살스런 포즈를 취하고 있는 버핏.
- 2000년 오마하 로얄스의 야구 경기에 등장한 버핏.
- 2006년 110억 달러 상당의 버크셔 주식 보유 증명서를 손에 든 버핏.
- 2008년 골드만삭스에 버크셔의 자금 50억 달러를 투자한 버핏이 이 회사의 CEO 로이드 블랭크페인의 손에 자신의 지갑을 덤으로 쥐여주고 있다.

CONTENTS

들어가는 말

감사의 말

들어가는 말

〈포춘〉은 지난 수십 년간 워런 버핏을 가장 가까이에서 취재한 비즈니스 매체였고, 나는 〈포춘〉의 취재진 중에 버핏에 관한 글을 가장 많이 쓴 기자였다. 그러다 보니 가끔 지인들에게서 버핏의 전기를 써볼 생각이 없느냐는 질문을 받곤 했다. 그러나 내 대답은 항상 '노(no)'였다. 전기의 주인공과 가까운 친구는 절대 좋은 작가가 될 수 없다는 신념 때문이었다. 나는 지난 40년 동안 워런과 막역한 친구 관계를 유지해왔으며, 꼭 그만큼의 시간 동안 그가 운영하는 회사 버크셔 해서웨이의 주주로 활동했다. 또 과거 35년간은 버핏이 주주들에게 보내는 연례 서한의 무료 편집자로서 그를 돕기도 했다. 나는 그동안 〈포춘〉에 기고한 대부분의 버핏 관련 기사에 이 모든 사실을 적어 넣으며 독자들에게 나와 버핏의 관계를 분명히 밝혔다. 하지만 특정인의 개인적·사업적 전기를 포괄적으로 집필하려는 작가에게 이런 사실은 결코 유리한 조건이 될 수 없다. 작가와 주인공 사이에는 반드시 일정한 거리가 주어져야 하기 때문이다. 말하자면 내가 사람들의 권유를 거절한 주된 이유는 우리 두 사람 사이에 그런 거리감이 존재하지 않은 데 있다.

그러나 언젠가부터 내 머리에는 그동안 〈포춘〉이 발표한 수많은 버핏 관런 기사들이 그 자체로 하나의 비즈니스 전기이며, 책으로 펴내기에도 완벽한 자료가 아닐까 하는 생각이 떠올랐다. 그래서 세상에 빛을 보게 된 책이 이《탭 댄싱 투 워크(Tap Dancing to Work, 이 책의 원제)》다. 책의 제목은 버핏이 버크셔를 운영하는 일을 얼마나 사랑하는지 강조할 때마다 그가 즐겨 사용하는 표현이다. 기본적으로 이 책은 〈포춘〉이 워런 버핏을 주제로 발표한 중요한 기사(개중에는 '지미 버핏과 워런 버핏은 친척일까?'처럼 가볍고 짧은 기사들도 포함되어 있다)들을 시대순으로 엮은 모음집이다. 나는 그중 40여 개 기사에 소개글 또는 후기를 곁들이며 각 기사에 얽힌 중요한 이야기, 워런의 예측이 들어맞았는지의 여부, 오늘날 그가 해당 기사의 논점을 어떻게 판단하는지 등에 관한 해설을 제공했다. 이 책에서 펼쳐지는 역사적 시간(47년)은 버핏 개인뿐만 아니라 그에게 큰 성공을 안겨준 미국의 경제에 있어서도 매우 의미 깊은 기간이라고 할 수 있다(버핏은 "음, 47년이라. 미국 전체 역사의 5분의 1에 해당하는 꽤 긴 시간이군요"라고 말한다).

이 책에 실린 기사 또는 기사 발췌본은 대부분 나를 포함한 40여 명의 〈포춘〉 언론인(그중 존 휴이, 리처드 커클랜드, 앤드류 서워는 이 잡지의 편집장이 되었으며, 존은 나중에 〈타임〉의 편집장으로 옮겨 갔다)이 작성했지만, 버핏 자신이 쓴 글도 여러 편이 포함됐다. 그는 우리 잡지사를 위해 특별히 세 편의 주요 기사를 기고했고 자신의 연례 주주서한에도 다양한 주제에 관한 논평을 실었다. 우리는 그 논평 부분을 따로 발췌해서 기사화했다. 또 다른 대표적인 기고자는 유명한 비즈니스 작가 빌 게이츠다.

이 책이 다루는 내용은 저자들만큼이나 다양하다. 우리는 책을 편집하는 과정에서 내용상의 지나친 반복을 피하기 위해 세심한 주의를 기울였으며, 만일 중복된 기사가 발견되면 대부분 걸러냈다. 사실 중복을 피하는 일은 그다지 어렵지 않았다. 워런은 항상 새로운 일을 시도하는 사람이었기 때문이다.

독자 여러분이 이 책을 읽고 나면, 워런이 평생에 걸쳐 걸어온 비즈니스의 여정을 한눈에 파악할 수 있을 것이다. 우리가 기사에서 그를 처음으로 언급한 것은 1966년이었다. 당시 내가 어떤 투자자(알프레드 윈슬로우 존스)를 주제로 쓴 기사에서 버핏을 언급한 딱 한 줄의 문장이 등장한 것이다. 하지만 나는 그 기사에서 버핏의 이름 철자를 잘못 쓰는(즉 't'를 하나만 쓰는) 실수를 범했다. 그 실수를 두고 굳이 변명을 하자면, 1966년 당시 버핏은 오마하(이곳의 투자자들 몇몇은 버핏을 알고 있었는데, 자신들을 부자로 만들어주었기 때문이다) 이외의 지역에서는 거의 무명에 가까운 인물이었다. 그리고 그로부터 시간을 크게 건너뛴 1980년대 초까지도 그는 결코 엄청난 명성을 누리는 사람이라고 할 수 없었다. 1983년 〈포춘〉이 앤드류 토비아스라는 프리랜서 작가에게 버핏의 연례 주주서한을 주제로 한 기사를 의뢰했을 때도(92페이지 참조), 토비아스는 그때까지 이 사내에 대해 전혀 들어본 바가 없었다. 그 말은 워런이 1977년 〈포춘〉에 기고한 인플레이션 관련 특종 기사(44페이지 참조)를, 토비아스가 참고할 기회를 안타깝게 놓쳤다는 뜻이다. 워런은 이 기사를 두고 아직도 독자들에게 메일을 받는다고 한다. 책의 중간 부분은 내가 1988년에 쓴 '워런 버핏의 인사이드 스토리'라는 프로필 기사로 시작된다. 이 기사에서는 워런이 투자자라는 원래 직업에 이어 경영자라는 두 번째 직업을 자신의 경력에 추가한 일, 그리고 그가 버크셔 해서웨이를 미국의 핵심 기업으로 키워내는 과정이 펼쳐진다. 버크셔가 매우 보잘것없는 위치에서 출발한 회사였다는 사실을 아는 사람은 드물다. 1965년 버핏이 버크셔를 인수했을 때만 해도 이 회사는 〈포춘〉500대 기업과는 한참 거리가 먼 뉴잉글랜드 지역의 일개 섬유 제조업체에 불과했다. 그랬던 버크셔가 2012년에 500대 기업 중 5위에 오른 것이다. 그러나 이는 500대 기업의 주된 선정 기준인 매출액 기반의 순위였다. 버핏이 더 중요하게 여기는 시가총액을 기준으로 했을 때 버크셔는 전체의 4위를 차지했다.

게다가 이 모든 일은 한 사람의 일생 동안 일어났으며, 물론 그의 삶은 아직도 끝나지 않았다.

책에서 그려지는 버핏의 여정 후반부에는 그가 투자와 비즈니스의 세계를 넘어 기부에 뛰어드는 모습이 담겨 있다. 그는 이 마지막 단계의 여정을 밟기 위해 굳이 새로운 철학을 창안할 필요가 없었다. 자식들에게 거액의 유산을 물려주는 일을 극구 반대하는 버핏은(130페이지 참조) 재산 대부분을 자선단체에 기부하겠다는 의사를 줄곧 밝혀왔다. 그는 아내 수지(워런보다 두 살 어리다)가 자기보다 오래 살아서 본인의 유산을 기부하는 역할을 맡을 거라고 믿었다. 그러나 2004년 수지가 갑자기 세상을 떠나자 기부의 숙제는 모두 워런의 몫으로 되돌아왔다. 그에게는 결코 가벼운 문제가 아니었다. 그는 2006년 자신의 재산을 곧바로 기부하기 시작하겠다고 발표했으며, 2010년에는 빌 게이츠 부부와 함께 '더기빙플레지'라는 캠페인을 출범시켰다. 〈포춘〉은 이 모든 상황이 벌어질 때마다 관련 뉴스를 커버스토리로 독점 보도했다. 책의 후반부에 이 기사들이 실려 있다.

이 페이퍼백판의 마지막 기사 '워런 버핏의 여성관… 그들은 우리의 미래다'는 버핏이 〈포춘〉에 직접 기고한 글로, 이 책의 양장본이 출간된 2012년 말에서 몇 달이 지난 뒤에 발표됐다. 따라서 이 기사는 페이퍼백판에 새롭게 추가됐으며, 출판사는 책이 출간되는 2013년에 맞춰 제목을 살짝 수정했다. 버핏의 독특한 주장을 담은 이 훌륭한 글은 '비즈니스 세계의 여성'이라는 주제를 두고 그해 세간의 뜨거운 논쟁을 불러일으켰다.

또 이 페이퍼백판에는 양장본이 나온 이후에 발생한 버핏과 버크셔 관련 주요 사건과 그 이후의 주가 변동 상황도 새롭게 추가됐다.

나에게도 이 책을 편집하는 여정은 그동안 〈포춘〉과 함께한 내 삶(1954년부터 현재까지)을 돌아볼 수 있는 계기가 되었으며, 또한 버핏의 이름에 두 개의 't'를 붙여야 한다는 사실을 나 자신에게 끊임없이 각인시킨 시간이기도 했다. 더욱 중요한 점은 이 작업의 과정이 투자와 비즈니스에 관한 버핏의 천재성과 창의력, 그리고 그의 일관된 사고방식을 모든 사람에게 다시 한번 상기시킬 수 있는 의미 깊은 기회가 되었다는 것이다.

그런 면에서 나는 윌리엄 버클리(William Buckley)라는 유명한 작가의 친구가 버클리에 대해 쓴 글을 흉내 내어 버핏에 대해 말하고 싶다. 〈포춘〉과 나는 워런 버핏이라는 사람이 워런 버핏이 되어가는 과정을 옆에서 늘 관찰할 수 있어 행운이었다고.

누구도 흉내낼 수 없는 존스

1966년 4월 | 캐럴 루미스

어떤 특정한 사람(워런 버핏)에 대한 책을 다른 사람(알프레드 윈슬로우 존스)에 대한 기사로 시작하는 것은 좀 의아한 일일지도 모른다. 그러나 1966년 존스에 관해 작성된 이 기사는 책의 첫머리를 장식할 자격이 충분하다. 무엇보다 〈포춘〉이 사상 처음 버핏에 대해 언급한 글이기 때문이다. 문제는 이 기사에 나오는 버핏의 이름 철자가 'Buffett'이 아닌 t가 하나밖에 없는 'Buffet'으로 되어 있다는 점인데, 그 민망한 실수를 저지른 사람은 이 책의 엮은이이자 본 기사를 포함해 책 속에 나오는 여러 글을 직접 쓰기도 한 친애하는 캐럴 루미스 여사, 바로 나 자신이다. 당시 기관투자자 담당 증권 세일즈맨으로 일하던 내 남편 존 루미스가 버핏을 만난적이 있었는데, 버핏은 그 직후 내게 전화를 걸어 잘못된 철자를 두고 우스갯소리를 했다. 그리고 버핏과 그의 아내 수지는 존과 나를 뉴욕에서점심 식사에 초대했다. 그들과 우리 부부 사이에 그렇게 시작된 우정이결국 이 책이라는 결과물로 이어졌다고 해도 좋을 것이다.

이 기사의 두 번째 중요한 의미는 이것이 알프레드 윈슬로우 존스(Alfred Winslow Jones)라는 사람과 그의 유명한 '헤지드(hedged)' 펀드 개념을세상에 처음으로 소개한 글이라는 점이다. 물론 존스가 월스트리트에서그런 종류의 펀드를 처음으로 설계한 사람은 아니다. 벤저민 그레이엄(Benjamin Graham)이라는 투자자가 그보다 한발 앞서 헤징 전략을 바탕으로 투자자들의 파트너십을 주도한 바 있다. 하지만 존스의 엄청난 성공은 〈포춘〉 독자들에게 마치 천상의 계시처럼 다가왔고, '존스 방식'으로 자신만의 펀드를 서둘러 출범시킨 여러 투자자에게 이 기사는 일종의 비공식적인 지침서의 역할을 했다. 헤지펀드 산업의 역사를 이끈 많은 사람들이 이 글을 그들의 세계에 대한 이정표 삼아 늘 참고했다.

이 기사를 주의 깊게 읽은 독자들이라면 "아마……일 것이다"로 시작하는 첫 문장을 보고, 이 글이 단호하고 확신에 넘치기보다는 뭔가 조심스럽고 망설이는 느낌을 준다는 사실을 깨달았을 것이다. 그 이유는 당시 내가 A. W. 존스 앤 컴퍼니(A. W. Jones & Co.)라는 개인 투자자의 재무 기록을 바탕으로 이 회사에 대해 누구보다 더 많은 사실을 파악하고 있었지만, 다른 개인 투자자들의 실적에 대해서는 정보가 불완전했던 탓이다. 만일 그때 우리가 오마하에 소재한 버핏 파트너십(Buffett Partnership Ltd.)의 재무 기록을 손에 넣을 수 있었다면, 버핏과 존스의 회사를 흥미롭게 비교하는 작업이 가능했을 것이다. 그럼에도 거기서 뭔가 뚜렷한 결론을 이끌어내기는 어려웠을 듯하다. 당시 우리는 A. W. 존스 앤 컴퍼니의 10년 치 재무 기록을 보유하고 있었지만, 버핏 파트너십의 장부는 역년(曆年)에 맞춰 작성되었으며 그것도 9년 치 기록이 전부였다. 5년간의 실적을 놓고 봤을 때 1965년 5월에 그해의 회계연도를 마감한 존스는 그 전 5년 동안 325퍼센트의 수익을 기록했고, 1965년 12월이 회계연도 마감일이었던 버핏은 5년간 334퍼센트의 수익을 올렸다.

하지만 그런 상황은 과거의 일이 되어버렸고 두 사람의 행보는 곧 엇갈리기 시작한다. 다음 기사에서 언급되다시피 버핏은 자신의 투자회사인 버핏 파트너십의 문을 닫아버렸지만, 존스는 헤지펀드 입장에서 매우 다루기 어려운 주식시장의 성장(잠깐 동안이지만)이라는 상황에 맞서 힘겨운 싸움을 이어나갔다. - 캐럴 루미스(이하 'CL')

요즘 투자자들의 돈을 관리해주는 데 있어 최고의 전문가는 아마 조용한 말투를 구사하며 좀처럼 카메라에 노출되지 않는 펀드매니저 알프레드 윈슬로우 존스일 것이다. 그는 사업가들 사이에서 거의 알려지지 않은 인물이지만, 기억력이 좋은 사람이라면 1940년대 초 〈포춘〉의 전속 기고자 중 한 명이었던 존스가 쓴 기사들을 떠올릴 수 있을 것이다. 그는 최근 수년간 주식시장에서 눈부신 실적을 올리며 월스트리트의 총아로 떠올랐으며, 자신의 투자자 여러 명을 백만장자로 만들었다. 작년 5월 31일(그의 1965년 회계연도 마감일)을 기준으로 과거 5년간의 투자 실적을 보면, 존스는 이 기간에 325퍼센트의 수익을 거두어들였다. 같은 기간 뮤추얼펀드 중에서 최고의 실적을 올린 피델리티 트렌드 펀드(Fidelity Trend Fund)는 '겨우' 225퍼센트의 수익을 기록하는 데 그쳤다. 또 지난 10년간의 재무 기록을 살펴봤을 때도 존스는 670퍼센트의 수익을 달성한 반면, 이 10년 동안 줄곧 뮤추얼펀드의 선두를 유지한 드레이퍼스 펀드(Dreyfus Fund)는 358퍼센트에 머물렀다.

존스의 사업 방식은 뮤추얼펀드가 아니라 소수의 투자자를 대상으로 하는 합자조합(limited partnership, 조합의 부채에 대해 무한책임을 부담하는 무한책임조합원과 유한책임조합원으로 이루어진 조합 — 역자주)이다. 그는 이런 방식의 투자조합을 두 개 운영 중인데, 두 조직의 투자 목표는 조금 다르다. 하지만 그들의 투자 전략은 기본적으로 동일하다. 펀드의 자본금을 레버리지(수익 증대를 위해 부채를 끌어다가 자산 매입에 나서는 투자 전략) 및 '헤지'한다는 것이다. 즉 펀드의 이익을 극대화하는 방향으로 자본을 레버리지하고, 적절한 쇼트 포지션(short position, 시세가 내릴 것으로 예상하고 공매도로 주식을 파는 일 — 역자주)을 통해 리스크를 헤지하는 것이 그들의 포트폴리오 전략이다. 두 개의 펀드는 각각 60여 명의 투자자로 구성되어 있으며, 1인당 평균 투자액은 46만 달러에 달한다.

존스가 달성한 성과로 인해 다른 수많은 '헤지펀드'가 우후죽순처럼 탄생했다. 지난 2년 동안 존스와 함께 일했던 동료 두 명이 그의 회사를 떠나 직접 합자조합을 설립했다. 그중 하나가 1,750만 달러의 자본금을 모집한 시티 어소시에이츠(City Associates)이며, 다른 하나는 자본금 1,400만 달러의 페어필드 파트너스(Fairfield Partners)로, 두 회사 모두 눈부신 실적을 기록 중이다.

이번 달 새롭게 문을 열 예정인 헤지펀드 플레쉬너 베커 어소시에이츠(Fleschner Becker Associates)의 주요 직원들은 지난 수년간 존스와 비즈니스를 해온 월스트리트의 주식 중개인들이다. 이들 외에도 여러 헤지펀드가 소규모로 영업을 진행 중이다.

또 그동안 존스와 거래해온 소형 증권회사 L. 허브슈만 앤 컴퍼니(L. Hubshman & Co.)는 조합 방식을 지양하고 허브슈만 펀드라는 개방형 투자회사(즉 뮤추얼펀드)를 설립해, 헤지펀드 방식으로 투자를 할 계획이다. 정부의 규제를 받는 투자회사가 개인 조합처럼 존스의 자본 운영 기법을 효과적으로 구사할 수 있을지는 더 두고 봐야 하겠지만, 어쨌든 허브슈만의 행보 덕분에 많은 투자자에게는 헤지펀드의 아이디어를 기반으로 주식에 투자할 수 있는 길이 열렸다.

올해 65세인 존스는 생애 대부분을 주식시장보다 사회학과 글쓰기에 몰두하며 보냈다. 1938년 컬럼비아대학에서 사회학 박사 학위 과정을 시작한 그는 학위를 취득하는 동안 '컬럼비아 응용사회 분석 연구소(Columbia's Institute for Applied Social Analysis)'의 이사를 지냈고, 그곳에서 미국의 계급 차별에 관한 연구 프로젝트를 수행했다. 그리고 이 프로젝트는 결국 그의 박사 학위 논문 주제가 되었으며, 그 논문은 나중에 《삶, 자유, 소유물(Life, Liberty, and Property)》이라는 제목의 책으로 발간되었다(2년 전 옥타곤 출판사가 재출간했다). 〈포춘〉은 존스에게 이 책을 기사로 축약해달라고 요청했고(1941년 2월) 결국 그를 전속 기고자로 받아들였다. 그는 다음 5년

동안(이 기간 중 일부는 〈타임〉에서 일하기도 했다) 대서양 호송대, 농업협동
조합, 남학생을 위한 예비학교 등 금융과는 관계가 없는 주제로 다양한 글
을 기고했다. 1946년 〈타임〉을 떠난 존스는 1949년 3월 프리랜서 작가로
〈포춘〉에 복귀해 주식시장에 대한 다양한 기술적 접근 방법을 서술한
'최근 유행하는 예측 기법들'이라는 제목의 기사를 썼다.

이 기사를 쓰기 위한 조사 과정에서 자신이 주식시장에서 충분히 성공할
수 있겠다고 생각한 그는 1949년 초에 4명의 친구와 함께 A. W. 존스 앤
컴퍼니라는 무한책임조합(general partnership)을 설립했다. 초기 자본금은
10만 달러였으며 그중 4만 달러는 존스 자신이 직접 출자한 금액이었다.
설립 첫해 그들은 자본금의 17.3퍼센트에 달하는 만족스러운 수익을 냈
다. 하지만 이는 그가 나중에 이루어낼 더욱 큰 성공의 서막에 불과했다.
이 파트너십의 최초 자본금이 지금까지 전부 남아 있지는 않겠지만 만약
그렇다면, 오늘날의 가치로 환산했을 때 492만 789달러(파트너들이 내야 할
세금을 공제하지 않고)에 해당한다.

창업 초기에 존스는 많은 투자 기법을 실험했는데, 그중의 하나가 존스 자
신이 고안한 '헤지'라는 아이디어였다. 언제부터인가 그는 이 새로운 투자
기술을 활용하고 개선하는 일에 빠져들기 시작했다.

존스는 헤지의 개념 덕분에 주식시장이 상승 국면에 있을 때나 하락세에
놓였을 때 모두 수익을 올릴 수 있었으며, 부분적으로 시장의 흐름을 잘
못 판단했을 때도 큰 손해를 피할 수 있었다. 그는 신중한 투자자라면 누
구나 잘못된 판단으로부터 자신의 돈을 지키기를 원한다고 믿는다. 따라
서 그들은 주로 현금 보유고를 높이거나 채권에 투자함으로써 위험에 대
한 방어막을 친다는 것이다. 반면 존스가 리스크를 방어하는 방법은 바
로 공매도다.

존스는 공매도라는 전략에 대해 의심의 눈길을 거두지 못하는 투자자들에

게 자신이 '보수적 성과를 위한 투기적 기법'을 구사하고 있다고 말한다. 그리고 그의 투자 방법론을 설명하기 위해 다음과 같은 사례를 들어 어떤 가상의 투자자와 자신을 비교한다. 예를 들어 10만 달러의 자본금을 보유한 그 투자자는 10만 달러 중 8만 달러를 주식에 투자하고 나머지 2만 달러를 '안전한' 채권에 투자한다. 반면 존스는 10만 달러를 이용해 5만 달러를 추가로 빌리는 길을 택한다(현재 주식 증거금률이 70퍼센트라 상장 주식을 사들이는 데 그렇게 많은 돈을 빌릴 수는 없다. 하지만 전환사채나 비상장 주식을 구입하면 5만 달러보다 더 많은 금액을 빌리는 일도 가능하다). 존스는 그렇게 손에 쥔 15만 달러 중 11만 달러로 원하는 주식을 사들이고, 나머지 4만 달러를 가치가 과대평가되었다고 판단되는 주식들을 공매도하는 데 사용한다. 이로써 그는 자신이 사들인 주식 중 4만 달러만큼의 리스크를 '헤지'한 셈이므로(쇼트 포지션으로 상쇄함으로써), 완전히 리스크에 노출된 금액은 7만 달러로 줄어든다.

이 금액은 최초 자본금의 70퍼센트에 해당하는 액수이기 때문에 존스는 자신의 '리스크'를 70으로 표현한다. (실제로는 이 숫자를 도출하는 과정이 좀 더 복잡하다. 존스는 다른 주식들에 비해 시장 변동성이 큰 고위험 주식들을 계산에 넣어 금액을 조정한다. 즉 자신의 투자 포트폴리오에 포함된 모든 종목의 주식에 '주가 변화 속도[velocity]' 점수를 매기고[예를 들어 신텍스는 6.61, 커맥기는 1.72 등], 각 종목에 투자된 금액을 이 점수와 곱해서 나온 숫자로 리스크를 평가한다.) 존스의 리스크 측정 방법에 따르면, 앞서 말한 보수적인 투자자는 8만 달러어치 주식을 사고 남은 2만 달러를 채권에 투자한 뒤 추가로 돈을 빌리거나 공매도를 하지 않았기 때문에 그 사람의 리스크는 80이다. 만일 주식시장이 10퍼센트 하락한다면 여기서 예를 든 두 가지 포트폴리오에 포함된 주식들도 모두 같은 비율로 가격이 떨어질 것이다. 하지만 존스의 포트폴리오에서 그가 헤지한 주식(4만 달러)은 손실과 이익이 평형을 이룸으로써 본전을 기록할 것이고, 헤지되지 않은 주식은 보수적인 투자자에 비해 더 적은 손실(즉 8천 달러가 아닌 7천 달러)을 입게 된다. 반대로 모든 주식의 가격이 10퍼센트 상승한다면 존스는 다른 투자자에 비해 더 적은 이익을 보게 될 것이다.

그러므로 그가 지닌 문제는 항상 시장의 평균에 비해 더 많이 오를 주식을 구입해야 하고, 평균보다 더 적게 오를(또는 떨어질) 주식을 공매도해야 한다는 점이다. 만일 그가 이런 노력에 성공한다면 그로 인해 얻어지는 보상은 원래의 가치보다 훨씬 클 것이다. 왜냐하면 존스가 자신의 최초 자본금을 넘어 그 금액의 150퍼센트에 해당하는 액수를 운용하기 때문이다. 요컨대 헤지라는 아이디어가 제공하는 가장 큰 이점은, 공매도 전략을 바탕으로 투자자가 최대한 공격적으로 주식을 사들일 수 있는 상황을 만들어준다는 것이다.

그동안 존스가 시장의 방향을 예측한 실적은 꽤 평범했다. 1962년 초, 그는 자신의 투자 포트폴리오 리스크를 고위험 수준인 140까지 끌어올렸다. 시장이 하락세로 전환하면서 공매도의 비율을 점차 높이기 시작했으나 그 속도가 너무 느렸다. 그해 봄 그는 꽤 큰 손해를 봤으며, 투자자들도 소규모의 손실을 입은 채로 회계연도를 마감했다(이는 존스의 투자 역사상 유일하게 손해를 입은 해로 기록됐다). 게다가 잠시 숨 고르기가 이어진 뒤 그는 매도 전략으로 돌아섰다. 이 때문에 시장이 회복 장세로 전환됐을 때도 초반에는 그렇게 큰 이익을 보지 못했다. 그러다 작년 5~6월 주식시장이 하락할 때 주식을 사들이는 전략을 유지했고, 주식시장이 큰 상승 가도를 달리기 시작한 시점에 오히려 주식을 내다 팔았다. 8월에 주가가 상승했을 때 존스의 리스크 지수는 −18을 기록했다. 다시 말해 헤지되지 않은 공매도 분량이 전체 자본금의 18퍼센트에 달하면서 공매도한 금액이 사들인 주식의 가치를 넘어서는 상황이 벌어진 것이다.

이따금 시장의 방향에 대한 계산 착오를 겪기는 했지만, 존스는 개별적인 주식을 선택하는 데 줄곧 뛰어난 능력을 발휘했다. 그해 가을 존스는 매수 전략으로 방향을 선회하고 신텍스(Syntex), 내셔널 비디오(National Video), 페어차일드 카메라(Fairchild Camera), 그리고 항공사 등의 '우량' 주식들을 대량으로 사들였다. 그는 2월 말까지 두 개 펀드 중 하나에서 38퍼센트의 수익을, 그리고 다른 펀드에서 31퍼센트의 수익을 올렸다. 반면 같은 기간 다우존스 산업평균지수는 6퍼센트(배당금을 포함해서) 상승에 그쳤다.

어떤 헤지펀드 관리자가 "헤지 덕분에 발을 뻗고 잠을 잘 수 있다"라고 털어놨을 정도로 투자에 있어 헤지가 필수적인 전략임은 분명하다. 그러나 헤지펀드를 운영하는 사람이라면 누구나 자신의 진정한 성공 비결이 주식에 대해 좋은 정보를 입수하고 그 정보에 입각해 신속하게 행동을 취할 수 있는 능력이라고 대답할 것이다. 조합의 형태로 조직을 구성하는 일은 그 두 가지 측면에 모두 도움을 준다. 그런 점에서 존스의 투자 운영 방식을 자세히 살펴볼 필요가 있을 것 같다.

존스는 1952년 자신이 운영하는 조직의 형태를 무한책임조합에서 합자조합으로 바꾸었다. 그에게 돈을 맡기고 싶어 하는 몇몇 친구를 투자자로 받아들이기 위해서였다. 새로운 조합원들은 매년 회계연도가 마감되는 시점에서만 투자금을 회수하거나 추가적인 금액을 투자할 수 있다는 조건으로 조합의 가입이 허용됐다. 이 규정은 오늘날까지 변하지 않았다. 존스를 포함한 업무집행조합원(general partner, 합자조합의 무한책임조합원을 다른 말로 업무집행조합원이라고 부름 — 역자주)들은 조합의 돈을 투자해서 실현된 이익의 20퍼센트(손실분을 공제한 후)를 보수로 받는다. 이 비율은 모든 헤지펀드에서 비슷하며, 존스가 처음으로 고안한 아이디어는 아니다. 일례로 벤저민 그레이엄도 유사한 방식으로 합자조합을 운영한 바 있다. 요즘에는 오펜하이머 펀드(Oppenheimer Fund), 에퀴티 펀드(Equity Fund), 레온

B. 앨런 펀드(Leon B. Allen Fund) 같은 뮤추얼펀드의 펀드매니저들도 (존스의 회사만큼 높은 비율은 아니지만) 수익금을 기반으로 보수를 수령한다. 허브슈만 펀드 역시 비슷한 규정을 바탕으로 운영된다.

합자조합의 일반 투자자들, 즉 유한책임조합원들은 존스가 달성한 막대한 수익을 생각하면 그에게 돌아가는 보수를 두고 불평할 이유가 없을 것이다. 특히 이 조합이 이루어낸 환상적인 성과는 업무집행조합원들이 자신들의 몫으로 챙긴 보수를 공제한 뒤에 계산된 것이다. 다시 말해 존스가 거둔 포트폴리오 실적은 피델리티 트렌드나 드레이퍼스 펀드 같은 회사가 달성한 숫자에 비해 훨씬 과소평가되어 있다고 봐야 한다.

당연한 일이지만, 몇 년의 시간이 흐르면서 많은 투자자가 존스의 조합에 가입하기를 원하게 됐다. 그러나 존스의 회사는 펀드회사로 등록되지 않은 사적인 조합이므로 주로 기존 투자자들의 친인척이나 가까운 친구 같은 몇 명의 파트너만을 매년 추가로 받아들인다.

그럼에도 불구하고 이제 조합원의 구성은 다양하게 바뀌었다. 그중 지분이 가장 큰 파트너는 멕시코시티에 거주하는 사업가 루이스 스티븐스(Louis E. Stephens)다. 제너럴 프로덕트 S.A.(General Products S.A.)라는 화학회사의 사장을 지내다 은퇴한 그는 이번 회계연도가 시작될 때 존스의 조합 한 곳에 226만 달러를 투자했다. 또 다른 주요 투자자인 A. 앨리 시나이코(A. Arlie Sinaiko)는 의사에서 조각가로 전업한 인물로, 가족들과 함께 존스에게 2백만 달러를 투자했다. 그런가 하면 제약회사 리처드슨-머렐(Richardson-Merrell)과 관련된 리처드슨 가문의 여러 인물(이 회사의 대표 스미스 리처드슨 주니어[Smith Richardson Jr.]를 포함해)도 존스의 조합에 돈을 투자하고 있다. 또《레닌의 생애(The Life of Lenin)》등의 책을 낸 작가 겸 언론인 루이스 피셔(Louis Fischer), 그리고 브리지 게임 전문가인 사무엘 스테이먼(Samuel Stayman)도 존스의 투자자다. 주로 양모 사업으로 많은 부를 축적한 스테이먼은 시티 어소시에이츠와 페어필드 파트너스라는 두 대형 헤지펀드와 자본금 4천5백만 달러 규모의 버핏 파트너십에도 자금을 투자했다. 네브래스카주 오마하에 소재한 버핏 파트너십은 헤지 기법을 일부 활용하지만 주로 장기적인 투자에 집중하며 큰 성공을 거두고 있다. 그 밖에 헤지펀드에 투자한 유명 사업가들로는 극장 체인 로이스(Loew's Theatres)의 대표 로렌스 티쉬(Laurence Tisch)와 의류기업 켈우드 컴퍼니(Kellwood Company)의 사장을 지낸 모리스 펄스타인(Maurice Perlstein) 등을 들 수 있다.

오늘날 존스의 합자조합이 보유한 투자액은 6월 1일 현재 4,489만 8천 달러에 달한다. 이 중 5백만 달러는 10명의 업무집행조합원들의 직계 가족이 투자했다. 또한 개인적으로 소유한 모든 투자 자금을 이 조합에 맡기겠다고 동의한 업무집행조합원들의 몫도 5백만 달러에 달하며, 그중 2백만 달러는 존스가 직접 출자했다(이곳의 유한책임조합원인 존스의 두 자녀도 250만 달러를 투자했다). 이번 회계연도에 벌어들인 수익금을 포함하면 존스가 운영 중인 총자금은 7천만 달러 정도다. 여기에 대출로 끌어들인 돈까지 더한다고 해도 그가 손에 쥔 전체 금액은 중간 규모 뮤추얼펀드의 자본금을 넘지 않는다.

하지만 존스의 조합이 월스트리트의 증권가에 가하는 무게감은 그보다 몇 배는 더 크다. 다른 모든 헤지펀드 매니저처럼 그 역시 막대한 중개 수수료를 지불하는 사람이기 때문이다. 기본적으로 공매도는 단기적 수익이나 손실만을 창출하기 때문에, 헤지펀드 매니저들은 주식을 수시로 사고팔기를 반복한다. 공매도에서 손해를 봤을 때도 매수한 주식의 단기적 수익으로 손실분을 쉽게 상쇄해낸다. 일반적으로 헤지펀드는 포트폴리오의 턴오버(turnover), 즉 주식을 매수 및 매도하는 빈도수가 대단히 높을 수밖에 없다.

헤지펀드가 주식시장에 수없이 들어가고 나오는 일을 자연스럽게 지속할 수 있는 비결은 주식에 대한 참신한 고급 정보를 다른 어떤 펀드보다도 초기에 얻어낼 수 있는 특별한 능력 덕분이다. 대부분의 뮤추얼펀드는 자사의 주식을 시장에 팔아주는 증권회사에게 중개 수수료의 상당액(거의 90퍼센트)을 지급한다. 따라서 그 기업들이 시장 조사에 전문화된(뮤추얼펀드 전문은 아니라도) 중개인들에게 지불하는 수수료는 매우 적다. 반면 조합 형태의 펀드는 회사의 주식을 내다 팔 일이 없으므로 수수료 중 많은 부분을 시장 조사 기업에 제공할 수 있다. 존스의 경우는 우회적인 형태로 이 금액을 지불한다. 존스의 모든 매수 및 매도 주문을 처리하는 누버거버먼(Neuberger & Berman)이라는 증권사는 수수료의 50퍼센트만을 챙기고 나머지 50퍼센트는 존스가 지정한 다른 증권사에게 위탁자 명시 거래(give-up)의 형태로 보낸다. 존스의 시장 조사를 돕는 증권사는 한 해 5만 달러를 이 방식으로 벌어들인다. 그리고 존스에게 좋은 아이디어를 제공한 해당 증권사의 영업사원은 그중 3분의 1이나 그 이상의 금액을 받는다. 따라서 그 직원은 매우 협조적인 태도로 존스에게 시장의 최신 정보를 알려주기 마련이다.

존스의 조합에서는 위원회의 협의 과정 없이 주식을 사고파는 모든 의사결정이 즉시 내려진다. 이곳에서 일하는 다섯 명의 포트폴리오 매니저는 모두 업무집행조합원으로서 조합 자본금의 일정 비율을 스스로 판단해서 투자할 수 있는 권한을 부여받는다. 또 여기에는 몇 명의 외부 '자문역'들도 있다. 그중 한 명은 투자상담사이며 나머지는 증권사의 애널리스트와 영업사원들로, 그들 역시 자본금의 일부를 자신의 재량으로 관리한다. 존스와 이 회사의 이인자인 도널드 우드워드(Donald Woodward)는 모든 투자 주문을 들여다보기는 하지만, 두 사람이 실제로 투자 과정에 개입하는 것은 특정한 주식에 대해 조직 내에서 과부하가 걸리거나(다시 말해 여러 포트폴리오 매니저가 동시에 단일 주식의 거래에 몰리거나), 그 주식이 바람직하지 않은 형태로 '리스크'의 국면에 놓였다고 판단될 때에 한해서다.

주식시장이 장기적으로 상승 가도에 놓이면 포트폴리오 매니저 입장에서 가장 어려운 일은 공매도하기 좋은 주식을 골라내는 작업일 것이다. 월스트리트의 애널리스트들은 대체로 주가가 상승세인 기업들에만 집중하기 때문에, 그들이 공매도 전망이 좋은 주식의 정보를 존스에게 제공하는 경우는 드물다. 따라서 존스를 포함한 헤지펀드 매니저들은 자신들의 공매도 포트폴리오를 활용해 본전치기라도 하면 다행이라고 생각한다. 지난달 초, 존스는 코벳(Korvette), 브리스톨-마이어스(Bristol-Myers), 애드머럴(Admiral), 듀폰(Du Pont) 등을 포함한 60여 종목의 주식을 공매도했다. 또 대형 헤지펀드 모두가 콘트롤데이타(Control Data) 주식의 공매도에 나서기도 했다.

요즘 존스는 더 많은 시간을 여행과 자선 사업에 투입하고 있다. 자선 사업 프로젝트의 대부분은 자신이 직접 설립한 자원봉사 서비스 재단을 통해 수행한다. 평화봉사단(Peace Corps, 미국의 자원봉사자를 개발도상국에 보내 도움을 주기 위해 청년으로 구성된 봉사단을 훈련 및 파견하는 단체 — 역자주)을 위해 몇 차례 현지 견학에 나서기도 했던 그는 최근 미국에서 활동하는 인도 출신 사회복지사 5명을 자신의 재단을 통해 지원하는 일종의 '역방향' 평화봉사단 업무를 수행 중이다. 또 미국에서 빈곤을 퇴치하는 방안에 대해 책을 쓰는 일도 검토하고 있다고 한다.

"헤지펀드, 고난의 시기를 맞다"에서

1970년 1월 | 캐럴 루미스의 기사에서 발췌

몇 년간 환상적인 수익을 올린 헤지펀드 업계는 1968년의 극도로 투기화된 시장에서도 대부분의 업체가 이익을 봤다. 그러나 1969년 시장이 요동치며 하락세로 접어들자 투자업계의 신참 참가자인 헤지펀드들은 된서리를 맞았다. 자신들의 자금을 보호해주리라 기대했던 헤징 전략은 거의 실패했다. 대부분의 펀드가 손실을 기록했고 일부는 자본금이 대량으로 빠져나가는 사태를 겪었다. 몇몇 업체는 파산을 선언하기도 했다.

그러나 이 기사에서 짧은 단락으로 다뤄지는 버핏 파트너십은 1969년에도 돈을 벌어들이며 버핏의 연속 수익 달성 기록에 한 줄을 보탰다. 그리고 그사이에 자산을 1억 달러까지 불렸다(반면 존스는 1억 6천만 달러를 A. W. 존스 앤 컴퍼니가 운영하는 두 펀드에 나누어 운용했다).

하지만 당시 39세였던 버핏은 그런 투자의 세계가 못마땅했다. 그는 과도한 투기의 열풍이 불었던 1968년의 주식시장이 절대 정상이 아니라며 이렇게 말했다. "나는 이 시장을 도저히 이해할 수 없습니다." 그는 앞으로 주식을 통해 돈을 버는 일이 점점 어려워질 거라고 내다봤다. 결국 1969년 버핏은 13년 동안 이끌었던 버핏 파트너십을 연말까지만 운영하고 문을 닫겠다고 선언했다.

이 기사에서 버핏에 관해 쓰인 두 단락은 바로 그 시점의 이야기다. 이 발췌본에서는 버핏이 자신의 유한책임조합원들을 위해 달성한 놀라운 실적이 언급된다. 그는 13년간 연평균 23.8퍼센트의 수익을 올렸다. 게다가 이 펀드의 '총' 수익(즉 버핏에게 돌아간 인센티브를 공제하기 이전의 수익)은

연 29.5퍼센트로 더욱 대단한 기록이다. 반면 이 기간 전체에 걸쳐 다우 존스의 상승률은 연 7.4퍼센트에 그쳤다. 버핏 자신은 이 조합을 운영하면서 2천5백만 달러의 부를 축적했다.

버핏이 조합의 문을 닫아야 했던 이유는 돈과는 별로 관계가 없었던 것으로 드러났다. 물론 그 이후로 주식시장은 잠시 침체기를 겪었고 특히 1973년에서 1974년에 걸쳐 어려움이 심화됐다. 하지만 주식 자체는 그로부터 수십 년간 투자자들에게 많은 돈을 벌어주었다. 아무튼 그를 따르는 투자자들 입장에서는 다행스럽게도 버핏은 투자업계에 계속 남아 버크셔 해서웨이(Berkshire Hathaway)의 최고경영자이자 이 회사의 넘쳐 나는 현금을 손에 쥔 주(主)투자자로서의 역할을 수행 중이다.

버핏이 조합의 간판을 내린 또 다른 이유(즉 무작정 돈을 쌓아두는 일을 멈추고 다른 일을 할 때가 왔기 때문이라는 이유)는 그 뒤에 벌어진 실제 상황과 잘 부합되지 않는다. 물론 그는 돈에 목을 매고 살아가는 사람이 아니며, 오늘날에도 매우 검소하고 수수한 삶의 방식을 유지하고 있다. 그러나 버핏에게 부를 축적하는 일은 언제나 환상적인 게임이다. 그가 조합의 문을 닫으면서 게임의 한 회가 마무리됐을 뿐이다. 그리고 버크셔 해서웨이에 안착하며 또 다른 게임이 시작됐다. - CL

1970년대가 되면 성공적이지 못한 많은 헤지펀드가 몰락하고 다른 업체들도 큰 어려움을 겪을 것으로 전망된다. 심지어 미국에서 가장 역사가 깊고 규모가 크며 가장 성공적인, 오마하 소재의 버핏 파트너십도 곧 문을 닫을 예정이다. 이 조직을 헤지펀드라고 부르는 것은, 이곳의 업무집행조합원인 39세의 워런 버핏이 유한책임조합원들의 자금을 운영한 수익으로부터 일정액을 자기 몫으로 뗀다는 점에서 아주 틀린 말은 아니다(그가 세운 독특한 규정에 따르면 조합원들은 본인의 투자액에 대해 연수익 6퍼센트까지는 전액을 챙기고, 6퍼센트가 넘는 부분에 대해서는 버핏에게 4분의 1을 떼어주어야 한다). 그러나 그는 일반적인 헤지펀드 매니저와 달리 장기적인 '가치' 투자에 거의 모든 자산을 투입해왔다. 그동안 버핏이 거둔 실적은 참으로 놀랍다. 지난 13년간 조합을 운영해온 그는 매년(1969년을 포함해) 이익을 거두면서 연평균 24퍼센트의 수익을 투자자들에게 돌려주었다.

하지만 이제 버핏은 조합원들의 엄청난 아쉬움을 뒤로하고 이 게임에서 철수하겠다고 선언했다. 그가 밝힌 사업 중단의 이유는 여러 가지다. 특히 그는 자신의 시간과 재산을(버핏은 이미 보통의 백만장자보다 몇 배는 더 부자다), 단순히 더 많은 돈을 버는 일이 아니라 무언가 다른 목표를 위해 쓰고 싶다는 강한 충동을 느낀다고 한다. 그와 동시에 버핏은 이제 주식시장이라는 곳의 밑천이 거의 다 드러났으며, 앞으로는 이 시장에서 그런 큰돈을 벌기가 어렵다고 생각하고 있는 듯하다. 그는 자신의 투자자들에게 '소극적' 전략으로, 시장에서 빠져나와 조합에 투자했던 돈을 주식이 아닌 지방채(地方債) 같은 곳으로 돌리라고 권한다.

인플레이션은 어떻게 주식 투자자들을 궁지에 몰아넣나

1977년 5월 | 워런 버핏

이 책에는 워런 버핏이 직접 쓴 열세 편의 글을 실었다. 그중 세 편은 버핏이 〈포춘〉만을 위해 직접 기고한 글로 첫 번째가 바로 이 기사다. 또 그가 행한 연설을 기사로 옮긴 두 편의 글과 어느 하원의원에게 쓴 중요한 편지 및 자선 사업에 대한 버핏의 신념을 담은 글도 각각 한 편씩 담았다. 그리고 그가 버크셔 해서웨이의 주주들에게 매년 보내는 서한에서 발췌한 글도 여섯 편이 포함됐다.

〈포춘〉의 선임 편집자 다니엘 셀리그먼(Daniel Seligman)은 이 첫 번째 기사를 우리 잡지에 게재하기 위해 직접 오마하로 출장을 갔다. 그리고 버핏이 작성한 초벌 원고를 수정하는 문제를 두고 그와 협상을 벌였다. 셀리그먼은 공짜로 글을 써주기로 한 이 작가가 기사의 분량을 줄이는 데 거부감이 크고, 어떤 식으로든 내용을 바꾸는 일도 못마땅하게 생각한다는 사실을 깨달았다. 결국 좌절감에 빠진 셀리그먼은 〈포춘〉의 편집장 밥 루바(Bob Lubar)에게 전화를 걸어 버핏의 기사를 싣는 일을 그만두자고 이야기했다. 그러나 루바는 이 기사가 충분히 가치가 있기 때문에 포기해서는 안 된다고 생각했다.

덕분에 세상에 빛을 보게 된 이 기사(물론 셀리그먼의 편집을 어느 정도 거쳤을 것이다)는 복잡한 문제들의 핵심을 꿰뚫어 보는 버핏의 탁월한 분석력을 잘 보여주는 초기 사례라고 할 만하다. 이 기사에 담긴 그의 박학다식함과 거침없는 논리를 아직도 기억하는 사람이 많으며, 오늘날까지 이에 대해 다양한 관점으로 논하는 편지가 〈포춘〉과 버핏 자신에게도 답지하고 있다.

그러나 이 기사의 내용 중에는 추후 오류로 판명된 대목이 일부 등장한
다. 우선 버핏은(그리고 당시의 사업가 대부분은) 앞으로도 높은 비율의 인플
레이션이 지속될 것이며 이로 인해 투자자들이 큰 곤경에 빠질 거라고 생
각했다. 하지만 그는 1979년 연방준비제도이사회 의장으로 선임된 폴
볼커(Paul Volcker)의 천재적인 재능과 단호한 정책 덕분에 인플레이션의
허리가 꺾일 거라고는 예상하지 못했다.

둘째, 버핏은 향후 법인세율의 변동 추이를 예측하는 데도 실패했다. 그
는 앞으로 법인세가 내릴 가능성이 '거의' 없다고 내다봤지만, 현실은 달
랐다. 1979년부터 하락하기 시작한 법인세율은 이 기사가 쓰일 당시의
48퍼센트에서 오늘날에는 35퍼센트까지 떨어졌다. (도널드 트럼프 행정
부에서 21퍼센트로 더 내려갔다. ― 역자주)

이 때문에 버핏은 주요 대기업들의 자기자본이익률이 12퍼센트 근처에
서 머물 거라고 빗나간 예측을 했다. 나는 1981년에 '끝도 없이 치솟는
수익성'이라는 제목의 기사를 썼는데, 이 글에서는 그동안의 높은 인플
레이션에도 불구하고 과거 5년간 〈포춘〉 500대 기업이 달성한 수익의
중위값이 14.8퍼센트까지 상승했다는 대목이 나온다. 나는 이 기사에서
수익성의 증가 원인이 대기업들의 레버리지 비율 확대, 법인세율 감소,
세전 순이익의 향상 등에 있다고 지적했다.

최근 버핏은 만일 자본주의라는 시스템이 완벽하게 작동됐다면 시장의
치열한 경쟁으로 인해 기업들의 수익이 하락했을 거라고 말했다. 그리고
이렇게 덧붙였다. "어쩔 수 없는 거죠. 내 예상이 틀렸네요. 특히 법인세
율이 내려갈 거라고는 생각지도 못했어요."

지금도 그는 높은 인플레이션 비율로 인해 주식 투자자들이 곤경에 빠진
다는 주장을 굽히지 않으며, 과거 인플레이션이 통제 불능의 상태로 치

달았던 시기를 그 논리의 증거로 제시한다. 버핏에 따르면 1977년에 주식을 샀던 사람들은 1982년 볼커가 인플레이션을 8퍼센트 이하로 끌어내리기 전까지 구매력에 분명한 손실을 입었다고 한다. – CL

인플레이션이 지속되는 환경하에서는 채권과 마찬가지로 주식의 수익률도 부진에 빠진다는 것이 이제 공공연한 비밀이 됐다. 우리가 지난 10년간 경험한 극심한 인플레이션의 시기는 주식 투자자들에게 큰 시련의 세월이었다. 하지만 인플레이션이 주식시장에 정확히 어떤 문제를 야기하는지 완벽하게 이해하는 사람은 드문 것 같다.

인플레이션이 채권 보유자들을 어려움에 빠뜨린다는 사실은 더 이상 신비로운 지식이 아니다. 매달 달러 가치가 떨어지면 원금과 이자가 달러로 명시된 증권의 수익성이 하락한다는 것은 경제학 박사가 아니더라도 누구나 알 수 있다.

그러나 우리는 오랫동안 주식이 채권과는 다른 그 무엇이라고 생각해왔다. 종전의 통념에 따르면 주식은 오히려 인플레이션이라는 리스크를 헤지하는 용도로 사용될 수 있다고 한다. 주식이 채권과 달리 구체적인 금액으로 표시되지 않고, 단지 생산 시설을 보유한 특정 기업의 소유권을 대표할 뿐이기 때문이다. 따라서 정부가 돈을 얼마나 찍어내는지에 관계없이 투자자들이 소유한 주식의 실질적 가치는 그대로 유지되리라는 것이다.

하지만 현실의 상황이 그런 식으로 돌아가지 않는 것은 왜일까? 내 생각에 가장 중요한 이유는 주식이 채권과 매우 유사한 종류의 경제적 재화이기 때문이다.

물론 이를 말도 안 되는 소리라고 치부하는 투자자들도 많으리라 믿는다. 그들은 채권의 수익(coupon, 이자 교환권이라는 의미로 쿠폰이라고 불림 ― 역자 주)은 정해져 있는 반면, 주식 투자의 수익(해당 기업이 벌어들이는 돈)은 해마다 달라진다고 대답할 것이다. 물론 그 말이 거짓은 아니다. 그러나 제2차 세계대전이 끝난 후 지금까지 기업들이 거둔 실적을 종합적으로 살펴보면 뜻밖의 사실이 드러난다. 실제적인 자기자본이익률이 그리 큰 폭으로 변동하지 않은 것이다.

전쟁 후의 10년(즉 1955년까지의 10년)간 다우존스 산업평균지수에 속한 기업들은 매년 연말 기준으로 연평균 12.8퍼센트의 자기자본이익률을 기록했다. 그다음 10년 동안은 10.1퍼센트였으며, 세 번째의 10년간은 10.9퍼센트를 기록했다. 〈포춘〉 500대 기업(이를 선정하기 시작한 것은 1950년대 중반부터다)의 실적 역시 비슷해서 1965년까지의 10년간은 11.2퍼센트를, 1975년까지는 11.8퍼센트를 기록했다. 물론 개중에는 유달리 실적이 높거나(1974년의 14.1퍼센트) 낮았던(1958년과 1970년의 9.5퍼센트) 해도 있었지만, 그동안의 데이터를 종합적으로 검토해보면 주식의 장부가액에 대한 연평균 자본이익률이 대개 12퍼센트 전후로 형성되어 왔다는 사실을 알 수 있다. 인플레이션이 심했던 시기에도 그 수준을 크게 벗어나지 않았으며 물가가 안정적이었을 때도 마찬가지였다.

이제 이런 기업들을 상장된 주식으로 바라보기보다는 구체적인 가치를 생산해내는 회사라는 측면에서 생각해보자. 그리고 이런 기업의 소유주가 장부가로 회사를 인수했다고 가정해보자. 이 경우에도 소유주 자신이 투자한 돈에서 창출되는 수익률은 역시 12퍼센트 전후일 것이다. 수익이 매우 일관성 있게 발생한다는 점에서, 주식을 일종의 '지분 쿠폰(equity coupon)'으로 봐도 무방할 것이다.

물론 현실 세계에서는 투자자들이 주식을 매입해서 차분히 소유하지만은 않는다. 그들은 회사가 거두어들인 수익을 자기 몫으로 더 많이 챙기려고 주식을 사고팔기를 반복하며 다른 투자자들을 앞서기 위해 안간힘을 쓴다. 그러나 이런 이전투구는 결과적으로 모두 헛수고에 불과하고 지분 쿠폰의 가치에도 아무런 영향을 주지 못한다. 게다가 그 과정에서 자문료나 증권 거래 수수료 같은 비용만을 발생시킴으로써, 회사의 수익에 대한 투자자 자신의 몫을 더욱 줄이는 결과를 낳는다. 여기에 기업의 생산성에 아무런 도움이 되지 않는, 도박판 같은 옵션시장까지 가세하면 쓸모없는 비용은 더욱 늘어난다.

또한 현실에서는 투자자들이 장부가로 주식을 사지 않는다. 가끔 그보다 싼 가격에 매입하기도 하겠지만, 대부분은 장부가 이상을 지불하고 주식을 사들인다. 물론 이 경우에도 12퍼센트라는 수익성에 또 다른 차질이 발생한다. 잠시 후에 이 내용을 더 자세히 다루겠지만, 지금은 이 글의 핵심 주제에 집중해보자. 인플레이션은 물가를 끌어올리지만, 자기자본이익률을 증가시키지는 못한다. 따라서 주식을 구입하는 일은 기본적으로 채권처럼 금리가 정해진 증권을 사들이는 일과 다를 바가 없다.

물론 채권과 주식 사이에는 몇몇 큰 차이점이 존재한다. 우선 채권에는 만기일이 명시되어 있다. 다시 말해 채권을 현금화하려면 만기까지 일정 시간을 기다려야 하지만, 투자자가 계약서의 조건을 두고 발행자와 재협상을 벌이는 일이 가능하다. 가령 조만간 인플레이션으로 인해 쿠폰의 수익성 악화가 예상될 때, 투자자는 자신의 관심을 끌 만한 새로운 제안이 제시되지 않는 한 만기일에 현금을 회수하면 그만이다. 요즘에도 그런 일이 실제로 계속 벌어지고 있다.

반면 주식의 기한은 영구적이다. 말하자면 만기일이 무한대인 증권인 셈이다. 주식에 투자한 사람들은 해당 기업이 기록한 수익에 종속된다. 가령 그 회사가 12퍼센트의 수익을 올린다면 투자자는 어떻게든 그 숫자에 만족하며 살아갈 방도를 찾아야 한다. 주식 투자자라는 그룹 전체를 놓고 보면 그들은 선택을 취소하거나 수익의 조건을 재협상할 수 없다. 그럼에도 갈수록 더 많은 사람이 투자의 세계에 발을 담그는 추세다. 물론 개인 기업이 매각이나 파산을 겪기도 하고 대기업이 자사주를 매입하는 일도 종종 벌어지지만, 전체적으로 기업이라는 시스템에 묶인 주식 자본은 신주 발행이나 유보이익(기업의 순이익 가운데 기업 안에 적립되는 금액) 같은 과정을 통해 계속 늘어날 것이다.

이런 점에서 채권은 주식에 비해 한 표를 더 얻을 수 있는 상품이 분명하다. 채권의 이자 쿠폰은 나중에 재협상의 대상이 될 수 있지만, 주식의 지분 쿠폰은 그렇지 못하다. 물론 그동안 시장이 조정의 과정을 거치며 12퍼센트의 수익률을 보장하는 이자 쿠폰이 우리 앞에 꽤 오랫동안 등장하지 못한 것은 사실이다.

채권과 주식의 또 다른 중요한 차이점은 채권 투자자는 쿠폰에 명시된 금액을 전액 현금으로 수령한 후 그 금액을 자신의 의지에 따라 적절한 곳에 재투자할 수 있다는 것이다. 반면 주식 투자자의 지분 쿠폰 중 일부 금액은 회사에 유보되어 재투자된다. 다시 말해 기업이 거두어들인 연 12퍼센트의 수익 중 일부는 배당금의 형태로 투자자에게 주어지지만 나머지는 또다시 12퍼센트를 벌어들이기 위해 회사의 금고로 돌아간다.

주식의 이런 특징(쿠폰의 일부를 재투자하는 일)은 12퍼센트라는 수익률의 상대적인 매력에 따라 장점일 수도 있고 단점일 수도 있다. 1950년대에서 1960년대 초까지 12퍼센트는 꽤 매력 있는 숫자였다. 당시 채권의 수익률이 3~4퍼센트에 불과한 상황에서 지분 쿠폰의 일부를 12퍼센트의 수익을 위해 또 다른 곳에 자동적으로 재투자할 수 있는 권리에는 매우 커다란 가치가 내포되어 있었다. 투자자들이 단지 본인의 돈만을 투자해 12퍼센트의 수익을 올리지는 않는다는 사실을 기억해야 한다. 이 기간 내내 주가는 장부가를 훨씬 상회하는 수준에서 형성됐다. 따라서 투자자들이 어떤 기업의 주식을 사려면 (그 기업이 얼마를 버는지에 관계없이) 원래보다 할증된 금액을 내야 했기 때문에, 회사의 실적을 통해 직접적인 수익을 내기는 어려웠다. 말하자면 12퍼센트의 이자를 제공하는 채권을 원래 가격보다 훨씬 비싸게 산 사람이 궁극적으로 12퍼센트의 이익을 거두기 불가능한 것과 같은 이치이다.

그러나 당시 투자자들이 12퍼센트의 수익을 올릴 수 있었던 방법이 바로 유보이익이었다. 즉 유보이익이라는 제도를 통해 해당 기업의 추가 지분(당시의 경제 상황에서 장부가보다 훨씬 가치가 높았던 지분)을 '장부가'로 구입할 수 있었던 것이다.

그때는 현금배당보다 유보이익에 세간의 관심이 쏠리던 시절이었다. 투자자들은 기업이 12퍼센트의 수익을 위해 더욱 많은 금액을 재투자할수록 자신들이 소유한 재투자의 '특권'에 대한 가치가 더욱 높아진다고 생각해, 자기 몫의 수익을 기꺼이 유보이익으로 돌리는 데 동의했다. 1960년대 초, 투자자들은 여러 성장 지역에 자리 잡은 전력회사들이 수익을 재투자하는 데 뛰어난 재주가 있다는 사실을 깨닫고 이 기업들의 주식을 너도나도 최고가에 사들였다. 반대로 현금배당을 많이 하는 공익 기업들의 주가는 오히려 더 낮았다.

만약 그때 12퍼센트의 수익을 보장하는 만기상환형 장기 우량채권이 시장에 존재했다면 액면가보다 훨씬 높은 가격에 거래됐을 게 분명하다. 게다가 그 채권이 현금화되는 시점에서 비슷한 종류의 채권에 자동적으로 재투자되는(그것도 액면가로) 조건이라면 프리미엄은 더욱 커졌을 것이다. 당시 성장주(growth stock)에서 발생하는 수익의 대부분은 재투자를 위해 기업에 유보됐다. 시중 금리가 4퍼센트 전후인 상황에서 주식의 재투자 수익률이 12퍼센트에 달한다는 사실은 투자자들을 매우 만족하게 해주었다. 하지만 그들은 만족감에 대한 대가를 톡톡히 치러야 했다.

주식 투자자들은 1946년에서 1966년 사이에, 다음 세 가지 시대적 상황 속에서 진정한 풍요로움을 누렸다. 첫째, 평균 금리를 훨씬 뛰어넘는 기업 수익률의 수혜자가 됐다. 둘째, 그 수익의 상당 부분이 다른 시장에서는 달성하기 어려운 높은 비율로 해당 기업에 재투자됐다. 셋째, 이 두 가지 혜택이 널리 입소문을 타면서 주식 자본에 대한 시장의 평가가 높아졌다. 다시 말해 투자자들은 12퍼센트의 수익뿐만 아니라 주식 가치 상승이라는 보너스를 받은 것이다. 다우존스 산업평균지수는 1946년 장부가의 평균 133퍼센트에서 1966년에는 220퍼센트로 상승했다. 투자자들은 이런 주가 인상의 과정을 통해 해당 기업의 경영 실적을 능가하는 수익을 달성할 수 있었다.

1960년대 중반, 이런 꿈같은 세계가 드디어 주요 투자기관들에 의해 '발견'됐다. 하지만 이 대형 금융업체들이 주식시장에 몰려들어 사생결단의 경쟁에 뛰어들면서 높은 인플레이션과 고금리의 시대가 찾아왔다. 이에 따라 주식의 가치도 하락의 길을 걷기 시작했다. 고금리 정책 탓에 투자자들이 소유한 모든 확정금리 채권의 가치도 급격하게 떨어졌다. 그런 과정 속에서 장기채의 이자율이 상승 곡선을 그리며 반등에 나서자(결국에는 10퍼센트까지 올랐다), 주식을 통한 12퍼센트의 수익과 재투자의 '특권'에 대한 시장의 평가는 달라지기 시작했다.

대체로 주식은 채권에 비해 위험한 상품으로 여겨진다. 지분 쿠폰의 수익률이 장기적으로는 큰 차이가 없다고 해도 해가 바뀌면서 오르내리는 모습을 보이는 것은 사실이기 때문이다. 그러다 보면 투자자들은 특정한 시기에 발생한 주가의 변화를 바탕으로 미래를 내다보는 오류를 저지르기 쉽다. 주식이 위험해 보이는 또 하나의 이유는 만기가 무한정이기 때문이다(심지어 당신의 친절한 중개인조차도 100년짜리 채권을 '안전'하다고 팔 만한 배짱은 없을 것이다). 투자자들은 이런 위험 요소들을 감안해서 주식의 수익률이 당연히 채권의 수익률보다 높아야 한다고 생각한다. 만일 어떤 기업에서 발행한 주식의 기대수익률이 12퍼센트이고 같은 기업에서 발행한 회사채의 이자가 10퍼센트라면, 그 주식의 매력도는 그리 높지 않을 것이다. 그리고 그 격차가 더욱 줄어들면 투자자들은 주식을 팔아치우고 시장에서 빠져나갈 길을 궁리하기 시작할 것이다.

그러나 주식 투자자들 전체로 보면 그들은 결코 주식시장을 떠나지 못한다. 그러기는커녕 끊임없이 주식을 사고파는 과정에서 막대한 비용을 떠안고, 인플레이션 환경하에서 주식 가치의 평가절하를(수익률이 12퍼센트에 불과한 지분 쿠폰의 매력도 하락으로 인해) 겪는다. 채권 투자자들 역시 지난 10년간 자신의 쿠폰이 도깨비방망이가 아니라는 사실을 깨달았다. 금리가 몇 퍼센트든(6퍼센트, 8퍼센트, 10퍼센트) 채권의 가격도 무너지는 것은 순식간이었기 때문이다. 하지만 자기가 손에 쥔 물건 역시 일종의 '쿠폰'이라는 사실을 깨닫지 못하는 대부분의 주식 투자자는 그런 점에서 여전히 배움의 과정에 놓여 있다.

지분 쿠폰의 12퍼센트 수익률이란 절대 변경이 불가능할까? 기업들이 고도의 인플레이션에 대응해서 주식의 자기자본이익률을 상향 조정하면 안 된다는 법이라도 있는 걸까?

물론 그런 법이 있을 리 없다. 미국의 기업은 회사의 희망이나 법률에 따라 수익률을 높이는 일이 불가능하다. 자기자본이익률이 상승하려면 해당 기업의 상황이 적어도 다음 중 하나의 경우에 속해야 한다. ① 자산회전율 증가, 즉 사업에 투입된 총자산 대비 매출 비율 증가, ② 더 저렴한 레버리지, ③ 레버리지의 양 증가, ④ 더 낮은 소득세, ⑤ 영업 마진 확대. 이게 전부다. 이 밖에 주식의 자기자본이익률을 끌어올릴 수 있는 다른 길은 존재하지 않는다. 그렇다면 이 방법들을 어떻게 활용할 수 있을지 하나씩 살펴보자.

먼저 자산회전율(turnover)이다. 이 숫자를 논할 때 고려해야 할 세 가지 형태의 자산은 매출채권, 재고자산, 그리고 공장이나 기계 같은 고정자산이다.

매출채권은 영업 매출이 늘어나는 데 비례해 증가한다. 매출액의 증가 요인이 판매 수량의 물리적 증가로 인한 것이든 인플레이션 때문이든 관계없다. 매출채권을 조정해서 자산회전율을 개선할 수 있는 여지는 거의 없다.

재고자산으로 넘어가면 이야기가 좀 복잡해진다. 장기적으로 재고자산의 회전율은 매출액의 추이를 따라가는 경향을 보이지만, 단기적으로는 미래의 기대비용이나 재고의 병목현상 같은 특별한 변수들로 인해 재고의 물리적 회전율이 등락하기도 한다.

인플레이션이 진행되는 시기에 재고자산의 가치를 후입선출(재고자산이 출고될 때 장부상 나중에 입고된 상품부터 출고된 것으로 간주하는 방식 — 역자주)법으로 평가하면 장부상의 재고자산회전율을 높이는 데 도움이 된다. 인플레이션으로 인해 매출액이 증가할 때, 후입선출 방식을 도입한 기업에서는 재고자산의 가치가 기존과 동일하게 유지되거나(판매 수량이 늘어나지 않은 경우), 매출액을 따라 증가(판매 수량이 늘어난 경우)한다. 어느 경우든 자산의 회전율은 상승한다.

1970년대 초 많은 대기업이 너도나도 후입선출 방식의 회계기준을 도입하고 장부상 이익을 줄여 세금을 절감하는 길을 모색했다. 최근에는 이 방식을 사용하는 기업이 점점 줄어드는 추세지만, 여전히 많은 회사가 후입선출 방식의 회계기준을 바탕으로 재고자산회전율의 증가를 꾀하고 있는 실정이다.

고정자산의 경우에는 인플레이션 비율이 상승하면 처음 얼마간 회전율이 증가(모든 제품이 인플레이션에 동일한 영향을 받는다고 가정할 때)한다. 영업 매출액에는 인상된 가격이 즉시 반영되지만, 장부의 고정자산 항목에는 자산에 대한 새로운 가격이 서서히 계상되기 때문(즉 해당 자산의 감가상각이 완료되어 장부에서 소멸된 후에 새로운 자산이 인상된 가치로 장부에 대체 기록되기 때문)이다. 따라서 기업이 자산의 대체 과정을 천천히 진행할수록 고정자산회전율은 높아진다. 물론 대체 주기가 끝나면 이런 상황이 종료된다. 일반적으로 물가가 일정한 비율로 오른다고 가정할 때, 매출액과 고정자산회전율은 물가인상률에 따라 증가하기 시작한다.

정리하자면, 전체적으로 인플레이션은 자산회전율을 어느 정도 증가시키는 효과를 낳는다. 후입선출 방식의 회계기준을 도입하면 재고자산 회전율이 다소 오를 수 있고, 물가인상률이 높은 상황에서 고정자산의 가치보다 매출액이 더 빠르게 증가해도 고정자산회전율이 어느 정도 높아진다. 문제는 그 효과가 주식의 자기자본이익률을 획기적으로 개선할 만큼 크지 않다는 것이다. 1965년에서 1975년까지의 10년간 진행된 인플레이션의 가속화와 후입선출 방식의 회계기준 도입 열풍에도 불구하고, 이 기간에 〈포춘〉 500대 기업의 자산회전율은 1.18에서 1.29로 소폭 상승하는 데 그쳤다.

더 저렴한 레버리지? 별로 가능성이 없는 얘기다. 일반적으로 인플레이션이 가속화될 때는 돈을 빌리는 데 들어가는 비용이 더 커진다. 물가인상률이 치솟으면 자본에 대한 수요도 함께 증가하기 마련이다. 그런 상황에서 장기 계약의 실효성에 회의를 갖는 채권자들은 돈을 빌리는 사람에게 갈수록 더 많은 비용을 요구하게 된다. 설사 기존의 부채에 대한 금리가 오르지 않는다고 하더라도, 새로운 부채를 차입하는 일은 갈수록 더욱 비싼 과정이 될 수밖에 없다. 왜냐하면 장부에 기록된 기존 부채의 금융 비용보다 이를 대체하는 새로운 부채의 차입 비용이 더욱 크기 때문이다. 기존 차입금의 상환 기간이 만료되면 이를 새로운 부채로 대체해야 한다. 전체적으로 레버리지 비용의 증가는 자기자본이익률에 부정적인 효과를 미칠 가능성이 크다.

더 많은 레버리지? 미국의 기업 대부분은 더 많은 돈을 빌릴 수 있는 능력이 거의 고갈된 상태다. 지난 1975년까지의 20년 동안 〈포춘〉 500대 기업들에 대한 통계를 들여다보면 그 증거를 발견할 수 있다. 이 기간 동안 자기자본비율 즉, 투자자들의 주식이 전체 자산에서 차지하는 비율은 63퍼센트에서 50퍼센트로 줄었다. 다시 말해 주식 자본에 대한 부채비율이 과거 어느 때보다 높아졌다는 뜻이다.

인플레이션이 탄생시킨 재무적 아이러니 중 하나는, 수익성이 좋은 기업(즉 신용도가 높은 기업)일수록 부채를 차입할 필요가 적고, 반대로 수익성이 저조한 기업들은 더욱 많은 돈을 필요로 한다는 것이다. 10년 전에 비해 이런 문제를 더 확실히 깨닫게 된 채권자들은, 수익성이 바닥을 치면서도 늘 새로운 자본을 찾아 헤매는 기업들에게 돈을 빌려주는 일을 꺼린다. 그럼에도 대다수의 대기업은 이 고도의 인플레이션 환경에서도 더욱 많은 부채를 끌어들임으로써 자기자본이익률을 증가시킬 수 있다고 믿는 듯하다. 기업의 경영진은 막대한 돈을 끊임없이 필요로(단지 전과 비슷한 규모로 비즈니스를 수행하기 위해) 하면서도, 인플레이션을 이유로 배당금을 줄이거나 증자를 하면 모양새가 좋지 않다고 여긴다. 따라서 그들은 금융비용이 얼마든 개의치 않고 스스로 빚더미 위에 올라앉는 것으로 상황에 대응한다. 결국 이 기업들은 예전의 그 공익 기업들, 즉 1960년대만 해도 대출이자의 소수점 몇 자리까지 따지다가 1974년에는 12퍼센트의 이자로도 감지덕지하게 된 그 회사들과 비슷한 모습으로 바뀔 가능성이 크다.

물론 현행 금리로 부채를 차입하면 1960년대 초 4퍼센트 이자로 돈을 빌리던 때에 비해 자기자본이익률에 미치는 영향이 적을 수 있다. 하지만 기업이 부채비율을 증가시키는 일에 따르는 또 하나의 문제점은 신용도의 하락으로 인한 금리 할증이다.

이는 앞서 말한 부채 조달 비용의 또 다른 상승 요인으로 작용한다. 요컨대 높은 레버리지 비용은 더 많은 부채의 차입에 따르는 혜택을 희석시킬 공산이 크다.

그뿐만이 아니다. 대다수의 미국 기업은 전통적인 재무상태표에 기록된 부채보다 훨씬 큰 빚을 지고 있다. 바로 현재 근무 중인 노동자들에게 은퇴 후 지급해야 할 엄청난 금액의 연금이다. 게다가 지급 시점의 액수가 정확히 얼마가 될지는 아무도 모른다. 물가인상률이 상대적으로 낮았던 1955년에서 1965년 사이에는 직원들의 퇴직연금으로 인한 기업의 채무를 합리적으로 예측 가능했다. 그러나 오늘날에는 기업들이 궁극적으로 책임져야 할 금액을 산정하기가 거의 불가능하다. 예를 들어 앞으로 물가인상률이 연평균 7퍼센트 수준을 유지한다면, 현재 연봉 1만 2천 달러를 받는 25세의 노동자가 65세가 되어 은퇴할 때(앞으로 급여가 물가인상률을 넘지 않는 선에서 인상된다는 가정하에), 그 직원은 18만 달러를 지급받게 된다. 물론 기업들의 연례 보고서에는 매해 놀라울 만큼 구체적인 금액이 비적립식 연금부채(unfunded pension liability, 장기적인 충당금 적립 없이 해당 연도의 당기순이익에서 지급하는 방식의 연금 — 역자주)의 항목에 보란 듯이 기재되어 있다. 만일 그 숫자가 정말 믿을 만하다면 회사는 그 합계 금액을 뚝 떼어 기존의 연금 펀드 자산에 보태고, 그 돈을 몽땅 보험회사에 맡기면서 자신들의 연금 채무를 이관시킬 수 있을 것이다. 하지만 현실 세계에서 그런 거래에 귀를 기울일 보험사를 찾기는 불가능하다.

미국의 기업에서 근무하는 회계 책임자들은 직원들의 노후를 위한 '생계비' 채권, 즉 물가지수 연동 방식의 이자 쿠폰이 첨부된 만기상환형 채권을 발행한다는 아이디어에 거부감을 느낀다. 하지만 기업들은 이미 사적 형태의 연금 시스템을 통해 그 채권에 못지않은 막대한 금액의 부채를 짊어지고 있는 셈이다.

따라서 주주들은 전통적인 형태의 부채든 물가지수와 연동된 '연금부채' 든, 기업의 레버리지를 늘리는 데 회의적이다. 부채로 넘쳐 나는 회사가 달성한 12퍼센트의 수익보다 빚이 전혀 없는 회사에서 발생한 같은 비율의 수익이 훨씬 바람직한 것은 당연한 일이다. 그 말은 오늘날의 12퍼센트 수익이 20년 전의 12퍼센트에 비해 훨씬 가치가 적다는 뜻이다.

소득세 감소도 가능성이 희박하다. 미국의 기업에 투자한 사람들은 모두 'D등급'의 주식을 소유하고 있다고 보면 된다. 반면 A등급, B등급, C등급의 주식이란 각각 연방, 주, 지방자치단체가 부과하는 소득세를 의미한다. 물론 이 주식을 보유한 '투자자'들이 기업의 자산에 대해 직접적인 청구권을 지니지는 않지만, 이들은 D등급 주주들의 수익이 재투자되어 창출된 새로운 지분을 포함해 기업이 거둔 수익에 대해 적지 않은 몫을 챙겨 간다. 이렇게 환상적인 프리미엄을 지닌 A등급, B등급, C등급 주식의 또 다른 특징은 기업의 수익에 대한 그들의 몫이 엄청난 비율로 즉시 증가한다는 것이다. 더구나 그 '주주' 집단 중 어느 하나가 투표를 통해 일방적으로 자기 몫을 늘리겠다고 결정해도(가령 연방의회의 결정에 따라 연방 세금이 늘어나더라도), 이를 상쇄할 만한 다른 보상은 제공되지 않는다. 더 재미있는 사실은 그 주주 집단 중 하나가 자신의 몫을 과거로 소급해서 추가로 떼어 가는 경우도 종종 발생한다는 것이다(1975년 뉴욕에 소재한 기업들이 그런 황당한 일을 겪었다). A, B, C등급 주식을 소유한 '주주'들이 투표를 통해 기업의 실적에서 그들의 몫을 더 많이 가져갈 때마다, D등급 주식(보통의 투자자들이 소유한 주식)에 돌아가는 액수는 줄어들 수밖에 없다.

그러므로 이 A, B, C등급 주식 소유자들이 자기 몫을 줄이기로 투표를 통해 결정할 가능성은 앞으로도 거의 없다고 해도 과언이 아니다. D등급 주식 투자자들은 자신들의 몫을 조금이라도 더 늘리기 위해 악전고투를 이어가야 할 것으로 보인다.

자기자본이익률 증가 요인 다섯 가지 중 마지막은 영업 마진의 확대다. 일부 낙관론자들은 이를 통해 기업의 수익률 대부분을 달성할 수 있다고 기대한다. 물론 그들이 틀렸다는 명백한 증거는 없다. 그러나 영업 매출액이 장부상의 세전 수익금으로 남기까지 사방에서 떼어 가는 비용이 너무 많은 게 문제다. 그중 가장 많은 비중을 차지하는 항목이 인건비, 자재비, 연료비, 그리고 다양한 종류의 비(非)소득세다. 인플레이션이 높은 비율로 진행되는 시기에 이 주요 비용들이 줄어들 가능성은 거의 없다.

더구나 최근에 나온 각종 통계 자료를 바탕으로, 인플레이션의 시대에는 영업 마진의 확대가 어렵다는 증거가 속속 제기되고 있다. 물가인상률이 상대적으로 낮았던 1955년에서 1965년 사이의 10년 동안 연방거래위원회(Federal Trade Commission)가 분기별로 발표한 제조기업의 세전 영업 마진은 연평균 8.6퍼센트였으며, 그다음 10년 동안은 8퍼센트였다. 그사이 물가인상률이 대폭 증가했음에도 영업 마진은 오히려 줄어든 것이다. 만일 기업들이 대체원가(replacement cost, 기존에 조달한 설비나 재고를 현재 또는 장래의 어느 시점에서 다시 조달할 때 필요한 비용 — 역자주)를 기반으로 상품의 가격을 책정한다면 인플레이션 상황에서 영업 마진의 확대가 가능할지도 모른다. 그러나 이는 막강한 시장 장악력을 지닌 기업들조차 쉽지 않은 일이다. 과거 10년 동안 대체원가 방식의 회계기준을 도입한 대다수 기업의 수익률은 현저히 감소했다. 석유, 철강, 알루미늄 같은 분야에서 시장을 독점하다시피 하는 기업들도 가격 정책에 있어서는 매우 제한적인 상황에 놓여 있다.

지금까지 자기자본이익률을 개선할 수 있는 다섯 가지 요인을 모두 살펴봤다. 내 분석에 따르면 인플레이션의 시기에는 그 어느 요인도 우리에게 수익률의 획기적인 증가를 제공하지 못한다. 독자 중에는 나에 비해 훨씬 낙관적인 관점에서 이 논의를 지켜보는 사람도 있으리라 믿는다. 하지만 우리는 12퍼센트라는 수익률이 우리 곁에 오랫동안 존재했다는 사실을 기억해야 한다.

물론 지분 쿠폰의 수익률이 12퍼센트로 계속 유지돼도 좋다고 동의하는 사람들은 앞으로도 그와 비슷한 규모로 수익이 창출되기를 기대하며 살아갈 것이다. 과거에도 많은 투자자가 그런 식으로 잘 지내왔기 때문이다. 그러나 문제는 투자자들의 미래 수익성이 다음 세 가지 변수에 의해 좌우될 가능성이 크다는 사실이다. 바로 주식의 장부가와 시장가의 관계, 세율, 물가상승률이다.

주식의 장부가와 시장가의 관계를 살펴보기 위해서는 약간의 수학적 분석이 필요하다. 만일 주식이 시장에서 항상 장부가로 판매된다면 계산이 간단하다. 예를 들어 장부에 100달러로 기록된 주식 한 주가 시장에서도 100달러에 팔린다면, 해당 기업이 12퍼센트의 수익을 올릴 경우 투자자 역시 12퍼센트의 수익을(물론 '마찰비용'으로 인해 수익은 더 줄겠지만, 여기서는 일단 무시하자) 얻게 될 것이다. 그 기업의 배당금 분배율이 50퍼센트일 때, 투자자에게는 6달러의 배당금이 지급되고, 나머지 6달러는 기업의 장부가에 더해짐으로써 주식의 장부가가 106달러로 바뀐다. 물론 시장가도 같은 금액으로 오른다.

그런데 그 주식이 시장에서 150달러에 판매될 때는 이야기가 약간 다르다. 투자자는 앞선 경우와 마찬가지로 6달러의 배당금을 현금으로 지급받는다. 이는 그가 투자한 150달러의 4퍼센트에 해당하는 금액이다. 동시에 그 주식의 장부가는 6퍼센트(106달러로) 늘어나고 장부가의 150퍼센트에 해당하는 시장가치도 6퍼센트(159달러로) 증가한다. 결과적으로 그 기업이 장부가의 12퍼센트에 해당하는 수익을 올렸음에도 투자자의 총수익, 즉 주식의 시장가치 증가분과 배당금을 합한 금액은 전체 투자액의 10퍼센트로 줄어들었다.

만일 투자자가 장부가보다 더 낮은 가격으로 주식을 사들일 때는 이 상황이 반대가 된다. 예를 들어 그 주식이 장부가의 80퍼센트로 시장에서 팔린다면 장부가 대비 6퍼센트의 배당금은 구입가의 7.5퍼센트의 수익(즉 80달러로부터 6달러의 수익 창출)에 해당하며, 여기에 주식의 시장가치 증가분 6퍼센트가 더해지면 투자자에게는 도합 13.5퍼센트의 총수익이 돌아간다. 투자자가 할증이 아니라 할인된 금액으로 주식을 구입할 때 더 높은 수익률을 기대할 수 있다는 것은 상식적인 이야기다.

2차 대전이 끝난 후 다우존스 산업평균지수는 줄곧 장부가격의 100퍼센트를 훨씬 넘어서는 수준으로 유지됐다. 가장 낮았던 해는 84퍼센트를 기록한 1974년이었고, 1965년에는 232퍼센트로 최고를 찍었다(올봄에는 110퍼센트 전후로 형성됐다). 미래에 이 비율이 100퍼센트에 근접한 선에서 유지된다고 가정해보자. 그 말은 투자자가 기업의 12퍼센트 수익률과 같은 비율로 자본 수익을 올린다는 뜻이다. 적어도 세금을 내거나 인플레이션이 발생하기 전에는 그 수준의 이익을 내는 일이 가능할 것이다.

그렇다면 12퍼센트의 수익에 대해 세금이 얼마나 될까? 개인 투자자의 경우 연방, 주, 지방자치단체에서 징수하는 세금을 모두 합한 총세율이 배당금의 50퍼센트, 그리고 새로 취득한 주식 자본의 30퍼센트 정도라고 생각하면 큰 무리가 없다. 물론 그보다 적은 세금을 납부하는 개인 투자자도 많겠지만, 규모가 큰 자산운용사들은 훨씬 높은 세율을 적용받는다. 새로 제정된 세법에 따르면, 세율이 높은 도시에서 활동하는 고소득 투자자들은 자본 수익의 최대 56퍼센트를 세금으로 내야 한다.

따라서 여기서는 개인 투자자의 예를 들어 각각 50퍼센트와 30퍼센트의 세율을 사용해보자. 또한 최근의 경험을 바탕으로 12퍼센트의 수익을 기록한 기업들이 5퍼센트를 현금으로 배당하고(세후 2.5퍼센트), 7퍼센트를 유보이익으로 돌림으로써(세후 4.9퍼센트) 해당 주식의 시장가치를 상승시킨다고 가정해보자. 따라서 세금 납부 후 투자자에게 돌아가는 수익은 합해서 7.4퍼센트다. 여기에 각종 비용을 공제하면 투자자의 최종 소득은 소수점 이하를 생략한 7퍼센트 정도가 될 것이다. 결국 '주식의 탈을 쓴 채권'이라는 누군가의 말처럼, 그 주식은 7퍼센트 금리의 면세 무기한 채권과 다를 바가 없다.

그렇다면 우리 앞에 중대한 질문이 하나 제기된다. 앞으로 인플레이션 비율이 얼마나 될 것인가 하는 문제다. 하지만 정치가, 경제학자, 각 기관의 전문가를 포함해 그 누구도 이 문제에 시원한 답을 내놓지 못한다. 그들은 불과 몇 년 전까지 손가락 하나만 까딱해도 실업률이나 물가상승률을 길들인 물개처럼 좌지우지할 수 있다고 큰소리친 사람들이다.

그러나 미래의 물가가 안정적이지 못할 거라는 부정적 조짐은 차고 넘친다. 오늘날 인플레이션은 전 세계적 문제로 떠올랐다. 우리 사회를 이끌어가는 유권자들은 투표권을 통해 경제적 문제를 해결하기보다 이를 피하려 하며, 이 시대의 가장 중차대한 문제들(에너지나 핵 문제 등)에도 정면으로 맞서지 않고 될수록 해결을 미룬다. 정치 시스템은 차후에 장기적 고통을 불러오게 될 정책을 통해서라도 일단 단기적 혜택을 생산해내는 입법자들에게 재선이라는 보상을 제공한다.

정치가들 대부분은 인플레이션에 확고한 반대 입장을 취하면서도 인플레이션을 야기하는 정책을 지지하는 이중성을 보인다. (이렇듯 정신분열 양상을 보이는 정치인들도 현실 감각을 완전히 상실하지는 않은 듯하다. 하원의원들은 민간 부문의 근로자들과 달리 본인의 연금은 은퇴 후의 생계비 물가지수에 연동되도록 만들었다.)

물론 미래의 물가상승률을 논의하는 데 통화정책이나 재정정책 같은 세부적 요소들을 검토하는 일은 필수다. 인플레이션이라는 방정식의 답을 얻어내는 과정에서 계산에 넣어야 할 중요한 변수들이기 때문이다. 하지만 평화 시기의 인플레이션이란 본질적으로 경제적 문제보다 정치적 문제에 가깝다. 즉 재무적 행위가 아닌 인간적 행위가 그 현상의 핵심이다. 지극히 '인간적인' 정치인들이 다음번 선거를 이기는 일과 다음 세대를 위하는 일 중에 하나를 고를 때 대체로 무엇을 선택할지는 보지 않아도 뻔하다.

물론 그렇게 포괄적인 일반화를 통해서는 인플레이션 예상치를 정확히 도출해낼 수 없다. 하지만 나는 미래의 물가상승률이 평균 7퍼센트에 달할 거라는 예측을 조심스럽게 해본다. 나는 이 예상이 맞지 않기를 바란다. 아니, 틀릴 가능성도 크다. 어떤 사람이 미래를 예측했을 때는 대개 예측의 내용보다 누가 그 예측을 했느냐에 세간의 관심이 쏠리는 법이다. 누구나 투자자의 관점에서 자신이 중요시하는 변동 요인을 고려해 미래의 인플레이션 비율을 예상할 수 있다. 다만 그렇게 도출된 숫자가 2퍼센트나 3퍼센트에 그친다면, 그 사람은 미래를 내다보는 데 있어 나와는 다른 종류의 안경을 쓰고 있는 것이다.

자, 그렇다면 결론적으로 투자자들에게 돌아가는 것은 세금을 떼기 전, 그리고 인플레이션이 없는 상황에서 발생한 12퍼센트의 수익이다. 세금을 납부한 상태에서 인플레이션이 아직 시작되지 않았다면 7퍼센트로 줄어든다. 세금을 낸 뒤에 인플레이션까지 진행되면 당연히 0퍼센트가 될 것이다. 수많은 투자자를 증권사 객장으로 몰려들게 할 매력적인 수익률 공식과는 거리가 멀다.

물가가 오르면 투자자들 주머니에 더 많은 달러가 쌓일 수도 있겠지만 그렇다고 구매력이 늘어나지는 않는다. 이제 "한 푼을 절약하면 한 푼을 버는 것과 마찬가지다"라고 말한 벤저민 프랭클린(Benjamin Franklin)의 교훈에서 벗어나 "투자보다는 소비가 더 낫다"라고 주장한 밀턴 프리드먼(Milton Friedman, 자유시장경제를 옹호한 미국의 경제학자 — 역자주)의 논리에 귀를 기울일 때가 됐는지도 모른다.

앞서 예를 든 수학적 계산에 따르면, 인플레이션은 이 나라의 입법자들이 고안해낸 그 어떤 형태의 조세보다 더욱 잔인하고 파괴력이 강한 세금이다. 모든 사람의 돈을 눈 녹듯 사라지게 만드는 놀라운 능력을 지녔기 때문이다. 가령 어떤 미망인이 연 5퍼센트의 이율을 보장하는 은행의 저축 상품에 가입했다고 해보자. 만일 현재의 인플레이션 비율이 5퍼센트라면, 그녀가 5퍼센트의 이자소득에 대해 세금을 전혀 내지 않는다 해도 인플레이션이 없을 때 해당 소득의 100퍼센트를 몽땅 소득세로 납부하는 것과 다를 바가 없다. 어떤 경우든 강제로 세금을 '징수'당한 그녀의 손에는 실질소득이 한 푼도 남지 않는다. 그녀가 소비하는 돈은 모두 원금에서 나온 것일 수밖에 없다. 게다가 그 미망인이 이번에는 이자소득의 120퍼센트를 세금으로 내야 한다면, 그녀는 놀라서 펄쩍 뛸 것이다. 그러나 물가상승률이 6퍼센트가 될 때 그것과 똑같은 경제적 효과가 발생한다는 사실을 그녀가 알 리는 없다.

만일 내 가설이 틀리지 않다면, 투자자들 입장에서 인플레이션은 주식시장이 하락할 때뿐만 아니라 상승세인 상황에서도 좌절감을 안겨주는 현상일 수밖에 없다. 지난달 초, 다우존스는 10년 전에 비해 55포인트 상승한 920포인트를 기록했다. 그러나 인플레이션을 반영한 수치로 실질 주가지수를 환산해보면 다우존스는 10년 전의 865포인트에서 520포인트로 오히려 345포인트나 하락한 셈이다. 그나마 기업들이 수익의 절반가량을 떼어 재투자를 해왔기 때문에 그 정도 실적이라도 거둘 수 있었던 것이다. 앞으로 10년 뒤 다우존스는 지금보다 2배 정도 상승하리라 예상된다. 12퍼센트 수익률의 지분 쿠폰, 40퍼센트 내외의 배당금, 장부가의 110퍼센트에 달하는 현재의 평균 주가 같은 요인이 종합적으로 작용한 결과일 것이다. 하지만 내가 앞서 예측한 대로 향후의 물가상승률이 연 7퍼센트에 달한다면, 투자자들은 오늘 바로 주식을 매도하고 수익분에 대해 세금을 납부해버리는 편이 10년 뒤 주가가 1,800포인트로 올랐을 때 파는 것보다 훨씬 유리할지도 모른다.

물론 이런 비관적인 전망에 일부 투자자들의 반응이 어떨지 눈에 선하다. 그들은 새로운 투자의 시대에 어떤 어려움이 닥칠지라도 자신만은 훌륭한 실적을 얻어낼 거라고 장담할 것이다. 하지만 그들이 투자에 성공할 확률은 희박할 뿐 아니라 불가능하기까지 하다. 만일 주식을 수없이 사고팔며 인플레이션을 극복할 수 있다고 믿는 투자자가 있다면, 나는 그의 파트너가 아니라 중개인이 되고 싶다.

심지어 연금기금이나 대학교 기부금 펀드 같은 소위 면세 투자자들도 인플레이션이라는 세금의 함정에서 벗어나지 못한다. 물가가 매년 7퍼센트의 비율로 오르는 경우, 대학의 재무 담당자는 한 해 기부금 펀드에서 발생한 7퍼센트의 수익까지는 그해에 인플레이션으로 상실된 구매력을 보충하는 금액에 불과하다고 여겨야 할 것이다. 그 펀드에서 인플레이션이라는 쳇바퀴를 벗어날 만큼 수익이 발생하지 않는다면 대학은 단 한 푼의 실질소득도 거둘 수 없다. 가령 물가상승률이 7퍼센트인 상황에서 그 펀드가 8퍼센트의 투자 수익을 올렸을 때, 자신들이 세금을 한 푼도 내지 않는다고 믿는 이 대학은 사실상 87.5퍼센트의 고액 '소득세'를 납부하고 있는 것이다.

문제는 고도의 인플레이션으로 인한 문제가 투자자라는 특정 집단뿐 아니라 우리 사회 전체에 영향을 미친다는 사실이다. 투자 소득이 국가 소득 전체에서 차지하는 몫은 극히 일부에 불과하다. 만일 투자자들의 소득이 제로에 그친다고 해도, 그 과정에서 형성된 자금이 일반 국민들의 1인당 실질소득을 풍요롭게 해주는 데 쓰인다면 이를 사회적 정의의 진보라 불러도 좋을 것이다.

시장경제는 참가자 일부에게 부(富)가 몰릴 수밖에 없는 구조로 되어 있다. 국가 경제 산출량의 상당 부분은 우월한 해부학적 구조, 체력, 성대, 정신력 등을 지니고 태어난 사람들이 생산해낸 막대한 양의 권리증(주식,

채권, 기타 형태의 자본들)으로 채워진다. 부모를 잘 만난 사람들 역시 태어났을 때부터 그런 권리증을 평생 공급받는다. 만일 투자자들의 소득이 제로가 됨으로써 국가 경제 산출량에서 주식 투자자들이 차지하는 몫이 근면한 일반 국민들(주식으로 대박을 터뜨릴 능력이 부족한 사람들)에게 고르게 돌아간다면, 주식의 세계에 닥친 이 재앙이 어쩌면 신의 섭리일 수도 있을 것이다.

하지만 부유한 주식 투자자들의 돈으로 수많은 노동자들의 복지를 실질적으로 개선할 수 있는 여지는 그리 크지 않다. 기업의 직원들이 가져가는 급여나 기타 복지 혜택은 이미 주식 배당금의 28배를 넘는다. 그리고 그 배당금 중 상당 부분은 연금기금, 대학교 같은 비영리단체, 그리고 일반 개인 주식 투자자들의 몫이다. 이런 상황에서 우리가 부유한 주주들에게 돌아갈 '모든' 배당금을 직원들의 급여로 투입한다면(물론 이런 일은 소를 잡아먹어 버리는 것처럼 오직 한 차례밖에 할 수 없다), 거기서 파생되는 실질임금 증가 효과는 과거 우리가 단 1년 치의 경제 성장을 통해 얻어낸 것보다 크지 않다.

따라서 인플레이션의 충격으로 부자들의 수익이 줄어든다 해도 이 때문에 부유하지 않은 보통 사람들에게 유의미한 '단기적' 혜택조차 돌아갈 가능성은 거의 없다. 일반 시민들의 경제적 행복은 인플레이션이 경제에 미치는 영향에 따라 오르내릴 것이다. 그 영향은 결코 긍정적이지 못하다.

사회 구성원들의 경제적 행복은 현대적 생산 시설에 투자된 실질자본이 수익으로 환원되는 과정에서 비로소 실현 가능하다. 아무리 노동력이 풍부하고, 소비 수요가 높고, 정부가 거창한 약속을 앞세우는 국가라 해도, 경제 시스템 내에서 지속적인 창조와 새로운 자본의 도입이 이루어지지 않는다면 오직 커다란 좌절만이 따를 뿐이다. 록펠러(Rockefeller) 같은 사업가는 물론이고 러시아 사람들도 그 점을 잘 알고 있다. 이는 서독과 일본이 달성한 놀라운 성공의 비결이기도 하다. 높은 자본축적률을 자랑하는 이 나라들은 이미 우리를 훨씬 뛰어넘은 속도로(아직 에너지 분야에서는 미국이 우월한 위치를 점하고 있지만) 고도의 생활 수준을 달성해냈다.

인플레이션이 실질자본 축적에 어떤 영향을 미치는지 이해하려면 다소의 수학적 계산이 필요하다. 잠시 12퍼센트의 수익률 이야기로 돌아가보자. 기업의 수익은 고정자산에 대한 감가상각비를 제외한 뒤에 공시된다. 다시 말해 기업은 미래의 어느 시점에 공장이나 기계 장비와 같은 생산 설비를 현재의 생산 능력을 유지할 수 있는 새로운 자산으로 (원래의 비용과 비슷한 가격을 치르고) 대체하게 된다.

기업이 거둔 12퍼센트의 수익 중 절반이 배당금으로 지급된다고 가정할 때, 나머지 6퍼센트는 미래의 성장을 위해 기업이 활용할 수 있는 자본이 된다. 만일 인플레이션이 2퍼센트의 낮은 비율로 진행된다면 수익 중 상당 부분을 물리적 실체를 갖춘 실질 수익으로 돌릴 수 있을 것이다. 즉 기업들은 내년에도 올해와 동일한 수준의 물리적 산출량을 얻기 위해 수익의 2퍼센트를 재고나 고정자산 같은 곳에 투입하고, 남은 4퍼센트를 '현재보다 더 많은' 가치를 생산하는 데 필요한 각종 자산에 투자할 수 있다. 말하자면 앞의 2퍼센트 수익은 인플레이션으로 생겨난 착시 현상에 불과하고, 나머지 4퍼센트는 실질적인 성장 수익인 셈이다. 이런 상황에서 국가의 인구가 1퍼센트 늘었다면, 4퍼센트의 실질소득은 국민 1인당 소득이 3퍼센트 증가한 것과 같은 결과를 가져온다. 다소 엉성한 예를 들었지만, 과거 우리 경제에서 실제 일어났던 일이다.

그렇다면 물가상승률이 7퍼센트로 뛴다고 가정할 때, 인플레이션으로 인해 기업이 치러야 할 강제적 비용 요소를 제외한 실질 수익은 얼마나 될까? 배당금 정책과 부채 비용에 변화가 없다면, 답은 당연히 제로다. 회사는 12퍼센트의 절반을 배당금으로 지급한 뒤 남은 6퍼센트 전부를 작년과 동일한 양의 비즈니스를 수행하기 위한 자금으로 쏟아부어야 한다. 그러므로 낭패에 빠진 많은 기업, 즉 배당금을 지급하고 나면 사업의 물리적 확장을 위한 실질소득이 한 푼도 남지 않는 기업들은 이런 상황에서 임시변통의 방법을 궁리할 수밖에 없다. 그들은 스스로 이렇게 물을 것이다. 주주들의 심기를 건드리지 않고도 배당금 지급을 멈추거나 액수를 줄일 수 있는 방법은 없을까? 그런 회사를 위해 좋은 해결책을 하나 알려주고 싶다. 바로 기업의 앞날에 대해 화려한 청사진을 제시하는 것이다.

최근 주주들에게 배당금을 지급할 수 있는 여력을 거의 상실한 전력 산업 소속의 여러 기업들은 투자자들이 해당 기업의 주식을 구입한다는 조건으로 배당금을 지급한다. 1975년 전력기업들은 도합 33억 달러의 보통주 배당을 한 뒤 투자자들에게 34억 달러를 되돌려받았다. 그들이 이런 '돌려 막기'식 기술들을 복합적으로 구사하는 이유는 과거 전력회사 콘솔리데이티드 에디슨(Consolidated Edison)에게 쏟아졌던 세간의 악평을 피하기 위해서다. 기억하는 사람도 있겠지만, 지난 1974년 이 회사는 돈이 없어 배당금을 지불하지 못하겠다고 주주들에게 선언해버리는 현명치 못한 일을 저질렀다. 물론 이런 무모한 솔직함으로 인해 이 회사는 시장에서 커다란 곤욕을 치렀다.

좀 더 세련된 수법을 사용하는 기업은 전과 동일한(또는 증가된) 금액의 배당금을 분기별로 지불한 뒤에 주주들에게 돈을 다시 송금해달라고 요청한다. 다시 말해 신주를 발행하는 것이다. 그리고 이 과정을 거치며 막대한 금액이 세금으로 빠져나가고, 보험사에도 적지 않은 돈이 지불된다. 그럼에도 모든 사람이(특히 보험사가) 이런 상황에 흡족해한다.

이런 식의 성공에 고무된 다른 공익 기업들은 더 빠른 지름길을 찾아내기도 했다. 회사가 배당금을 지불했다고 공표하고, 주주들은 배당금에 대한 세금을 납부하는 것이다. 그리고 회사에서 새로운 주식이 즉시 발행된다.

그 과정에서 현금은 한 푼도 오간 적이 없지만, 미국 국세청은 (언제나 그렇듯이) 실제 거래가 발생한 것으로 간주하고 세금을 떼어 간다.

일례로 AT&T는 지난 1973년 배당금 재투자 프로그램을 발표했다. 주주의 입장을 잘 대변한다고 알려진 이 기업이 본 프로그램을 도입한 것은 업계의 관행을 고려해볼 때 충분히 이해가 가는 일이었다. 그러나 막상 뚜껑을 열어보니 프로그램의 실체는 주주들이 꿈꿨던 모습과 사뭇 달랐다. 1976년 AT&T는 290만 명의 보통주 주주들에게 23억 달러의 배당금을 지급했다. 그리고 그해 말 64만 8,000명의 주주(1975년에는 60만 1,000명)가 4억 3천2백만 달러(1975년에는 3억 2천7백만 달러)를 재투자해서 회사로부터 추가 주식을 직접 제공받았다.

그런데 한번 재미 삼아 상상해보자. 만일 AT&T의 모든 주주가 이 프로그램에 가입한다면 어떤 일이 벌어질까? 회사는 예전에 배당금을 못 주겠다고 버틴 콘솔리데이티드 에디슨처럼 주주들에게 한 푼의 돈도 송금하지 않을 것이다. 그럼에도 290만 명의 주주 전원은 어느 날 자신이 새로운 주식을 취득하기 위해 회사에 되돌려준 소득, 즉 '배당금'에 대한 세금을 내야 한다는 통보를 받는다. 1976년 당시 23억 달러였던 그 '배당금'으로 인해 주주 한 명이 평균 부담해야 하는 소득세가 30퍼센트라고 가정하면, 그들은 이 꿈같은 프로그램의 대가로 7억 달러에 가까운 세금을 납부해야하는 셈이다. 그런 상황에서도 이 회사가 배당금을 두 배로 지급하겠다고 발표하면 주주들은 뛸 듯이 기뻐할 게 뻔하다.

기업들이 실질 수익을 통해 자본을 축적하는 데 어려움을 겪을수록 이렇게 비정상적인 지급액 절감 방식은 더욱 기승을 부릴 전망이다. 하지만 주주들에게 지급할 돈을 잠시 미룬다고 해서 모든 문제가 해결되지는 않는다. 기본적으로 자기자본이익률이 12퍼센트인 상황에서 인플레이션의 비율이 7퍼센트에 달한다면, 기업의 실질 성장을 위한 자본의 흐름은 그만큼 저해될 수밖에 없다.

민간 기업들의 전통적인 자본 축적 방식이 인플레이션으로 인해 뿌리째 흔들리면, 정부는 더 많은 자본이 산업계로 흘러 들어갈 수 있도록 여러 방법을 강구할 것이다. 물론 그 시도는 일본처럼 성공할 수도 있고 영국의 경우와 같이 실패로 이어질 가능성도 있다. 지금 이 나라에는 정부, 기업, 노동자 사이에 일본 스타일의 열정적인 동반자 관계를 구축할 수 있는 문화 및 역사적 기반이 절대적으로 부족하다. 만일 우리가 운이 좋다면, 나라 전체가 각 분야의 에너지를 결집 및 확대하려는 노력을 도외시하고 자기 몫의 파이를 차지하기 위해 너도나도 싸움판에 뛰어들었던 영국의 전철을 피해 갈 수 있을지 모른다.

아무튼 이 모든 사실을 감안할 때, 향후 몇 년간 저투자, 스태그플레이션, 민간 기업들의 경영 침체 같은 소식이 우리 귀에 훨씬 많이 들려올 것으로 보인다.

　　　추가하는 말: 원래 이 기사 옆에는 버핏이라는 사람을 소개하는(1977년 당시 그는 별로 유명한 인물이 아니었다) 사이드바(sidebar, 신문이나 잡지의 주요 기사 옆에 짤막하게 곁들이는 관련 기사—역자주)가 붙어 있었다. 하지만 이 기사에서 상세하게 다루어진 내용은 오늘날 대부분 널리 알려져 있기 때문에 기사 자체를 이 책에 옮겨 싣지는 않으려 한다. 이 글에서는 당시 버핏의 버크셔 해서웨이의 기업가치가 3천5백만 달러, 그리고 블루칩 스탬프(Blue Chip Stamps)의 가치가 천만 달러에 육박하며 이 두 회사가 다른 기업들에 대해서도 적극적인 투자를 한다고 언급하는 대목이 나온다. 이 사이드바 기사는 마지막 대목에서 이렇게 묻는다. 주식의 미래를 그토록 비관적으로 보는 사람이 왜 그렇게 많은 주식을 소유하고 있는 걸까? "부분적으로는 내 버릇이기 때문입니다." 버핏의 답은 이렇다. "또

다른 이유는 주식이 바로 기업 자체를 의미해서죠. 기업을 소유하는 일은 금이나 농장을 갖는 일에 비해 훨씬 재미있으니까요. 게다가 주식은 이 인플레이션의 시대에서 최선의 대체품일지도 모릅니다. 적당한 가격에 사기만 한다면 말이죠." – CL

투자 게임에서 큰 성공을 거둔 작은 대학교

1978년 12월 18일 | 리 스미스(Lee Smith)

〈포춘〉에서 이 기사를 내보내기 전까지는 그리넬칼리지(Grinnell College)가 버핏의 지원을 등에 업고 이 대학의 기부금 펀드를 통해 이루어낸 놀라운 성공 사례가 나라 전체에 거의 알려지지 않았다. 이 글은 그들의 성공을 뒷받침한 주요 요인, 특히 1976년 오하이오주 데이턴(Dayton)시에 소재한 텔레비전 방송국을 그리넬칼리지가 사들인 특이한 의사 결정의 과정을 상세히 다룬다. 그리고 이 '굉장히 훌륭한 자산'을 학교가 계속 보유해야 한다고 주장한 버핏의 이야기로 마무리된다. 그러나 이 방송국의 가치가 계속 오르자 버핏은 그리넬칼리지를 설득해 이를 매각하게 했다. 그리넬이 1,290만 달러에 사들인(2백만 달러는 현금으로 나머지는 대출로) 텔레비전 방송국은 인수 4년 만인 1980년 언론 재벌 허스트(Hearst)에 5천만 달러에 팔렸다.

버핏을 그리넬칼리지의 이사회로 끌어들인 조셉 로젠필드(Joseph F. Rosenfield)는 2000년 세상을 떠날 때까지 자신이 사랑했던 이 대학교와 긴밀한 관계를 유지했다. 버핏은 1987년까지 이곳의 이사로 활발하게 활동했으며, 2011년까지 종신이사직을 수행했다.

버핏은 이사회 멤버로서의 자신의 능력에 다소 회의를 품었던 것 같다. 그는 자신과 로젠필드가 그리넬 기부금 펀드를 위해 이루어낸 막대한 실적(최초 금액의 60배가 넘는다)이 의외로 학교에 별로 도움이 되지 못한 것 같다는 사실 때문에 자책감을 느꼈다고 한다. 오늘날 버핏은 이렇게 말한다. "이 대학은 1,200명의 학생과 8백만 달러의 기금을 보유했을 때도 훌륭한 학교였고, 1,200명의 학생과 5억 달러짜리 기금을 보유했을 때도 훌륭한 학교였습니다."

그리넬칼리지의 최근 현황을 얘기하자면, 지난 2012~2013학년도 기준으로 1,600명의 학생이 등록한 이 대학의 기부금 펀드 규모는 현재 14억 달러다. - CL

그리넬칼리지는 언제나 조금 특이한 느낌을 주는 대학이다. 36만 제곱미터 넓이의 이 학교 캠퍼스는 중부 아이오와 지방의 전형적인 농촌 지역 경계 부분에 자리 잡고 있다. 가장 높은 건물이라고 해 봐야 대형 곡물 창고가 고작인 이 고장의 주민들은 대학이라면 인문학 따위보다 축산업이나 열심히 가르쳐야 한다고 생각한다. 하지만 그리넬칼리지는 평범한 대학이 아니다. 학생 수 1,200명 내외인 이 대학의 전통적이고 엄격한 커리큘럼은 미국의 식민지 시대 역사, 존 밀턴(John Milton)의 시, 양자론(量子論) 같은 수준 높은 교양 과목으로 빼곡하게 채워져 있다. 이곳이 미국에서 가장 우수한 인문(人文) 대학 중 하나라는 명성을 이어온 것은 우연한 일이 아니다. 그런데 요즘 그리넬은 전혀 다른 이유로 세상을 놀라게 하고 있다. 콘벨트(Corn Belt, 미국의 중서부에 걸쳐 있는 세계 제1의 옥수수 재배 지역 — 역자주) 한복판에 놓인 이 작은 대학은 학교의 기부금 펀드를 운영하는 데 탁월한 솜씨를 발휘하며, 지난 5년간 기금의 규모를 원래의 두 배가 넘는 3,750만 달러로 키워냈다. 게다가 이 액수도 매우 보수적으로 평가한 금액이다. 만일 이 펀드가 보유한 자산을 실질 시장가치로 따진다면 6천만 달러에 가까울 것이다. 과거 5년 동안 펀드에 모금된 순수 기부금은 540만 달러에 불과했다. 그럼에도 이 펀드가 이토록 크게 성장할 수 있었던 이유는 보유 자산의 시장가치 평가액이 놀라울 정도로 증가했기 때문이다. 즉 상승된 자산가치 덕분에 지난 5년간 연평균 16.2퍼센트의 수익을(보수적으로 평가

해서) 올릴 수 있었다는 얘기다.

반면 이 기간에 미국의 대학 기부금 펀드는 전반적으로 침체기를 겪었다. 투자은행 A.G.베커(A.G. Becker)의 조사에 따르면, 미국 내 150개 기부금 펀드가 5년간 기금을 운영해서 달성한 수익률의 중위값이 연평균 1.7퍼센트에 불과하다고 한다.

그리넬이 그토록 큰 성공을 거둘 수 있었던 이유는 과감한 투자 전략을 바탕으로 대부분의 교육기관이 투자를 꺼리는 분야에 용감하게 손을 댔기 때문이다. 예컨대 이 대학은 예전처럼 주식이나 채권이라는 이름의 수많은 바구니에 달걀을 조심스럽게 나누어 담기보다는, 한두 개의 바구니에 달걀을 몰아넣거나 심지어 다소 투기적인 형태의 투자 방식까지 서슴없이 구사하는 과감함을 보였다. 그리고 그중에서도 가장 독특하고 획기적인 의사 결정은 어느 텔레비전 방송국을 1,290만 달러에 사들인 일이었다. 그리넬칼리지의 이사들은 다른 학교와 달리 기부금 펀드의 일상적 의사 결정을 은행이나 외부 포트폴리오 매니저, 또는 내부 직원 같은 사람들에게 맡기지 않는다. 대신 이 학교의 재무 위원회를 통해 펀드를 자체적으로 운영하는데, 이 위원회의 두 핵심 멤버는 그동안 개인적으로 쌓아 올린 막대한 부를 통해 자신들이 그 자리에 적임자라는 사실을 스스로 입증한 사람들이다. 그중 한 명은 아이오와주 디모인(Des Moines) 출신의 변호사 겸 투자자 조셉 로젠필드로, 미국 중서부 지역 다섯 개 주에서 성공적으로 영업 중인 백화점 체인 영커스 브라더스(Younkers Brothers)의 회장을 지낸 인물이다.

두 번째 핵심 멤버는 워런 버핏이다. 오마하 출신의 투자자로 명성을 쌓은 버핏은 가족과 친구들로부터 조성된 소규모의 자금으로 투자조합을 설립한 뒤 13년간 연평균 29.5퍼센트의 눈부신 수익을 올렸다. 그리고 1969년 조합을 접을 때까지 자본금을 1억 달러로 늘렸다. 그는 개인적으로 소유한 자산을 통해 금융기관과 신문사를 포함한 많은 기업에 여전히 영향력을 행사하고 있다.

그리넬칼리지를 1925년도에 졸업한 로젠필드가 1941년 이 학교 이사회에 합류했을 때만 해도 기부금 펀드가 보유한 총자산 규모는 학교 소유의 농장 몇 개와 25만 달러의 유가증권을 합해 총 백만 달러에 불과했다. 그러던 중 1950년 프레드 다비(Fred Darby)라는 석유 사업가가 5백만 달러 상당의 자산을 기부하면서 이 펀드는 최초로 도약의 기회를 맞았다. 그리고 두 번째 행운은 60년대 초에 찾아왔다. 포드재단(Ford Foundation)이 그리넬칼리지 자체적으로 4백만 달러의 기금을 조달한다면 이 펀드에 2백만 달러를 기부하겠다고 약속한 것이다. 그리넬은 결국 그 금액을 모금하는 데 성공했다. 그중 40만 달러는 로젠필드의 주머니에서 나왔다.

로젠필드는 오래전부터 이 학교에 꾸준히 기부를 해왔다. 그가 출연한 기금은 이 펀드 내에서 J.F.로젠필드 펀드라는 이름으로 별도로 관리된다. 버핏과 로젠필드는 바로 이 기금을 활용해서 상대적으로 소액의 돈을(즉 전통적인 블루칩 주식이나 채권에 투자했다면 거의 수익을 내지 못했을 돈을) 리스크가 높은 곳에 투자해 큰 수익을 올리곤 했다. 그동안 이 두 투자자가 달성한 실적은 가히 충격적이다. 만일 이 펀드가 일반 기업이었다고 가정하면, 이곳의 '주식' 가격은 지난 15년 사이에 18배 증가한 셈이다.

로젠필드 펀드가 투자에서 최초로 괄목할 만한 성공을 거둔 것은 10년 전의 일이었다. 당시 페어차일드 반도체(Fairchild Semiconductor)의 공동 설립자 로버트 노이스(Robert N. Noyce)도 그리넬칼리지 출신으로 이 학교의 이사회 멤버였다(그는 재학 시에 이웃 농장의 돼지를 몰래 잡아 바비큐를 해 먹는 바람에 정학 처분을 받기도 한 장난꾸러기 학생이었다). 로젠필드와 이 학교의 또 다른 이사인, 시카고의 변호사 사무엘 로젠탈(Samuel R. Rosenthal)은 언젠가 노이스의 사업적 재능이 이 대학을 위해 유용하게 쓰일 거라고 선견지명 있는 예측을 했다. "우리는 밥(Bob, 로버트 노이스의 애칭 — 역자주)에게 나중에 회사를 차리면 우리 학교도 투자자로 끼워달라고 했습니다." 로젠필드는 이렇게 회고한다. 마침내 1968년 페어차일드를 떠나 컴퓨터용 반도체 메모리칩 제조업체 인텔(Intel)을 설립한 노이스는 그리넬칼리지에게 30만 달러 상당의 인텔 전환사채를 살 기회를 주었다. 로젠필드와 로젠탈은 이 돈을 마련하기 위해 각자의 주머니에서 10만 달러씩을 부담했으며 나머지는 로젠필드 펀드에서 끌어왔다. 인텔의 사업이 번창하면서 이 학교가 보유한 채권의 가치도 46배나 상승했다. 그리넬은 이 전환사채를 주식으로 교환한 뒤 수년간 주식 대부분을 내다 팔아 천2백만 달러가 넘는 수익을 챙겼다. 이 학교는 아직도 인텔의 주식 3만 7,000주(시장가치 2백만 달러 정도)를 보유 중이다.

한편 버핏은 그리넬칼리지 졸업생이 아니다. 그는 펜실베이니아대학 와튼스쿨을 거쳐 네브래스카대학에서 학사 학위를 받았고 컬럼비아대학 경영대학원에서 경제학 석사 학위를 취득했다. 버핏을 그리넬칼리지 이사회로 데려온 사람은 다름 아닌 로젠필드였는데, 두 사람은 친구의 소개로 알게 된 사이라고 한다. 그들은 한 세대 이상 나이 차이가 나는데도(로젠필드는 74세, 버핏은 48세) 매우 가깝게 지낸다. 버핏은 로젠필드의 권유에 따라 1968년 그리넬의 이사회에 합류했다. "조(로젠필드)에게는 '노(no)'라는 답을 할 수가 없어요." 버핏의 말이다. "어쨌든 한 가지는 확실합니다. 내 주위에서 자기 재산에 손을 대면서까지 기부를 하는 사람은 조가 유일해요. 보통 사람들의 기부금 한계는 대개 세금 혜택을 받을 때까지만이죠." 두 사업가는 항상 서로에게 적극적으로 조언을 제공한다. 때로 재무 위원회 소속의 다른 멤버가 두 사람의 대화에 참여하기도 한다. 그중 대표적인 인물이 이사회 의장이자 디모인 출신의 부유한 투자상담사인 38세의 톰 허치슨(Tom Hutchison)이다. 반면 버핏과 로젠필드가 32명의 이사회 멤버

전체와 대화를 나누거나 회의를 하는 일은 거의 없다. 특히 독불장군 성향의 버핏은 1년에 세 차례 그리넬 도서관에서 하루 종일 열리는 이사회 정기 모임에 참석하는 일을 매우 지루해하고, 위원회의 업무 추진 방식에 대해서도 답답함을 호소한다.

버핏과 로젠필드의 투자 전략은 비슷하지만, 가끔 어느 한 사람이 특정한 아이디어를 더 강하게 밀어붙일 때가 있기는 하다. 일례로 인텔의 전환사채를 사들이는 문제를 논의하는 회의에 참석한 버핏은 한쪽에 앉아 조용히 지켜보기만 했다. "그렇다고 내가 그 결정에 반대한 것은 아닙니다." 버핏의 말이다. "단지 반도체 사업은 내가 잘 모르는 분야였던 겁니다. 나는 나 자신이나 내 누이가 이해하지 못하는 사업에는 진출하지 않으니까요." 컬럼비아대학에서 자신을 지도했던 벤저민 그레이엄을 열렬히 지지하는 버핏은 가치가 저평가된 기업을 찾아내어 그곳에 집중적으로 투자하는 일을 무엇보다 중요시한다. 사실 버핏은 그레이엄의 철학을 당사자보다 훨씬 더 철저히 행동에 옮기고 있는 듯하다. 그레이엄은 자기가 사들인 주식이 적정 가격으로 올랐다고 판단하면 기꺼이 내다 팔았지만, 버핏은 원하는 주식을 매입한 후에 무기한 소유하는 방식을 선호한다. 요즘 그가 의미하는 이상적인 투자란 실질가치 2백만 달러의 회사를 백만 달러에 인수해서 5년 뒤에 4백만 달러로 가치를 끌어올리는 것이다. 물론 버핏도 그런 기회를 발견하기가 쉽지 않다는 사실을 인정한다. "우리에게는 좋은 아이디어가 많지 않아요." 그는 이렇게 말한다. "그래서 많은 일을 벌이지 않는 겁니다."

1976년 버핏은 거의 우연에 가까운 계기를 통해 그리넬칼리지의 성공 기회를 포착했다. 당시 그는 뉴올리언스에서 신문 경제학에 관련된 콘퍼런스에 참가 중이었는데, 거기서 캐피털시티즈 커뮤니케이션즈(Capital Cities Communications)의 대표이자 절친한 친구인 토마스 머피(Thomas S.

Murphy)를 만났다. 머피는 아침 식사 자리에서 항공 및 전자기기 제조업체 애브코(Avco Corporation)가 자사 소유 텔레비전 방송국들을 매각할 계획이라고 귀띔했다. 만일 다른 기업과 이해관계 충돌이 없었다면 이는 버핏 자신이나 버크셔 해서웨이에게 귀가 솔깃한 소식이었을지도 모른다. 당시 버크셔는 워싱턴포스트 컴퍼니(Washington Post Co.)의 지분 12퍼센트를 보유한 주주였다. 그때의 법률에 따르면 어느 한 기업이 텔레비전 방송국을 다섯 개(투자자들이 선호하지 않던 UHF[극초단파] 방송국이 두 개 이상이면 일곱 개) 이상 소유하는 일이 금지되어 있었다. 워싱턴포스트는 이미 VHF(초단파) 방송국을 네 개 거느린 상태였기 때문에, 만일 버크셔가 해당 방송국을 인수했을 때 정부 관리들이 이를 워싱턴포스트가 사들인 것으로 간주해서 다섯 개의 한도가 다 찼다고 주장할 가능성도 없지 않았다. 이 때문에 애브코의 방송국 매각 소식을 그냥 잊어버리려던 버핏은 로젠필드와 전화 통화를 하던 도중 갑자기 그리넬칼리지가 이 방송국을 인수하면 어떨까 하는 아이디어를 생각해냈다. 당시 자금 문제를 겪고 있던 애브코는 회사 산하의 방송국들을 정리할 계획을 하고 있었다. 버핏 생각에 이 방송국은 자신이 평소에 강조하던 '저평가' 자산의 기준에 꼭 들어맞는, 그리넬에게는 안성맞춤의 투자 대상이었다. 과거에도 대학교가 텔레비전 방송국을 소유했던 적이 없지는 않았다(뉴올리언스의 어느 주요 방송국은 로욜라대학의 한 부서로 되어 있다). 그러나 대학교가 시장에서 방송국 인수 경쟁에 직접 뛰어드는 일은 드물었다.

그리넬칼리지는 이사회를 개최해 이 사안에 대해 논의를 거듭했다. 하지만 인수 자금조달에 대한 문제를 논의하는 데 시간을 너무 소비한 나머지 애브코의 신시내티 방송국 인수라는 첫 번째 거래의 기회를 놓쳐버렸다. 결국 멀티미디어(Multimedia Inc.)라는 미디어기업이 이 방송국을 천6백만 달러에 인수했다(얼마 후 그리넬은 31만 5천 달러어치의 멀티미디어 주식을 사들여 아쉬움을 달랬으며 이 주식은 그 뒤로 3배가 올랐다). 곧바로 애브코의 데이턴 방송국을 두 번째 인수 목표로 삼은 버핏은 먼저 협상을 시작하고 자금조달 문제는 나중으로 미루는 길을 택했다. 그는 NBC의 자회사이기도 한 WLWD-TV 2 방송국의 연매출 2.5배에 해당하는 1,290만 달러를 인수 가격으로 제시했다. 당시 방송국들의 시장 거래액이 대개 매출액의 3배 전후로 결정되던 관행을 고려해보면 그렇게 후하게 부른 가격이라고 볼 수는 없었다. 하지만 애브코는 버핏의 제안을 받아들였다.

오하이오주 데이턴시 외곽의 모레인(Moraine)이라는 곳에 소재한 이 방송국은 롤러스케이트장을 개조한 건물에 자리 잡고 있다. 3개의 텔레비전 방송국이 활동 중인 이 지역에서는 두 번째 규모의 회사다. 그리넬은 이 방송국의 호출 부호를 WDTN으로 바꾸고, 그리넬 커뮤니케이션즈(Grinnell Communications)라는 회사를 별도로 설립해 운영을 맡겼다(이 회사는 학교가 아니라 영리를 위한 조직처럼 방송국의 수익에 대한 소득세를 낸다). 그리넬 커뮤니케이션즈는 이곳에 130만 달러의 자본을 투입했는데, 그중 75만 달러는 방송탑을 두 배 높이로 올려 시청자를 더 많이 확보하기 위한 용도로 쓰였다. 지금까지 이 방송국은 별다른 문제없이 잘 굴러가고 있다. 이곳이 애브코의 소유였을 때부터 사장으로 일해 온 레이 콜리(Ray W. Colie)는 회사의 주인이 바뀐 후에도 같은 자리에서 근무 중이다. 이사회 멤버 여섯 명은 대부분 그리넬의 이사들이지만, 그들은 콜리와 직원들에게 최대한의 업무적 재량을 허용한다.

그리넬은 방송국 인수 자금을 마련하기 위해 로젠필드 펀드에서 2백만 달러를 가져오고, 나머지 천백만 달러는 다른 곳에서 빌렸다. 그중 절반은 외부에서 차입했으며 나머지는 학교의 기부금 펀드로부터 빚을 내는 형태로 가져왔다. 이 투자 결정을 눈여겨봐야 하는 이유는 인수 뒤에 해당 자산의 시장가치가 대폭 상승했기 때문이다. 미국의 상위 50개 TV 방송국(데이턴 방송국은 46위)은 최근 연매출액의 4배 정도에 시장에서 거래된다. WDTN은 올해 9백만 달러의 매출액을 예상하기 때문에, 이 방송국의 현재 시장 가치는 대략 3천5백만 달러가 될 것으로 보인다. 이 학교가 치른 가격의 2.5배가 넘는 금액이다.

하지만 그리넬칼리지의 장부에는 이 방송국의 가치가 실제보다 훨씬 적게 잡혀 있다. 원래의 지분 투자액 2백만 달러는 비용으로 처리했고 기부금 펀드에서 지출한 5백만 달러도 부채로 남겨 두었다(일부 부채는 상환했다). 만일 WDTN 방송국의 가치를 현실적으로 반영한다면(즉 외부에서 빌린 470만 달러를 제외한 시장가치를 반영한다면), 장부상으로 7백만 달러에 불과한 이 방송국의 가치는 획기적으로 증가할 듯하다. 또 그리넬의 기부금 펀드 규모 역시 이 학교가 자체적으로 평가한 3,750만 달러를 훨씬 능가하는 6천만 달러에 육박할 것으로 보인다.

버핏은 막대한 규모의 기부금 펀드를 보유한 큰 대학들도 투자 포트폴리오를 몇몇 분야에 한정하는 대신, 그리넬과 같은 전략을 과감하게 구사해야 한다고 믿는다. 만일 하버드대학이 ABC 방송국을 인수한다면 어떤 일이 벌어질까? 1978년 초 ABC의 시가총액은 하버드 기부금 펀드의 절반인 7억 달러 정도였다. 허황된 생각일지는 몰라도 하버드가 ABC에 7억 달러만 투자하면 그리넬과 마찬가지로 방송국 사업에 뛰어들 수 있다는 것이다.

물론 큰 대학들이 그리넬처럼 과감한 투자에 나설 가능성은 희박하다. 심지어 그리넬의 일부 이사진조차 학교의 투자 포트폴리오에 우려를 나타내기 시작했다. 그들은 WDTN 방송국의 시장가치가 상승할수록 역설적으로 더욱 불편함을 느낀다. 물론 이해할 수 있는 일이다. 현재 이 방송국의 가치는 그리넬 기부금 펀드가 보유한 총자산의 절반에 달한다. 그러므로 펀드의 자금을 이렇게 단일 자산에 집중적으로 몰아넣은 일이 과연 신중한 행동인지 의문이 제기되는 것은 당연한 일일지도 모른다. "만일 방송국의 시장가치가 곤두박질쳤을 때 어떤 일이 벌어질지 눈에 선합니다." 그리넬의 이사 한 명은 이렇게 털어놨다. "일단 학생들이 벌 떼처럼 들고일어나겠죠. 방송국을 제때 팔았다면 수업료가 줄었을 거라면서요."

버핏은 학교의 이사들이 끝내 방송국을 팔겠다면 그건 그들의 권리이기 때문에 어쩔 수 없다고 말한다. 하지만 적어도 현재 시점에서는 매각안에 찬성표를 던지지 않을 거라는 것이다. "나는 언제나 모든 물건의 가치를 재평가합니다." 그는 이렇게 말하고 잠시 틈을 두었다. "현재로서 그 방송국은 굉장히 훌륭한 자산입니다." 버핏이 미래를 내다보는 방법은 법적 소송 따위에 신경을 쓰기보다 또 다른 가능성을 상상하는 것이다. 그는 한 대학이 투자를 통해 소유하게 된 여러 기업의 총자산가치가 학교 운영비의 20배에 달하는 상황을 상상해본다. 만일 그런 일이 가능하다면 기부금 펀드에서 연 5퍼센트의 실질소득만 발생해도, 이것만으로도 영구적으로 학교 운영이 가능할 것이다. 한마디로 수업료가 전혀 없는 대학이 되는 것이다.

버크셔 해서웨이의
주주 기부

이 책에 수록된 글들은 대개 시간순으로 나열되어 있지만, 여기서는 책의 구성 방식과 상관없이 서로 관련 깊은 두 기사를 연이어 소개하고자 한다. 1981년에 나온 첫 번째 기사는 버크셔 해서웨이가 보내는 자선 기부금의 수령자를 주주들이 지정하게 만든 버핏의 혁신적 조치를 담은 글이다. 그리고 그로부터 22년 뒤에 쓰인 두 번째 기사는 버핏의 회사가 낙태 찬성 단체에 기부금을 보냈다는 이유로 낙태 반대론자들이 들고일어난 일, 그리고 그로 인해 결국 버핏이 회사의 기부 프로그램을 모두 중단하는 과정을 다뤘다.

물론 버크셔 해서웨이가 그동안 많은 곳에 기부를 해왔다는 사실만으로 화를 낼 사람은 없을 것이다. 이 회사는 지난 2002년 한 해에도 790개 학교와 437개의 교회 및 유대교 회당에 기부금을 전달했다. 버핏은 그해의 연례 주주서한에서 이 숫자를 보고하며 낙태 문제를 언급했다. 즉 미국 전체 인구가 낙태에 대해 찬반으로 나뉜 비율만큼 버크셔의 주주들도 비슷하게 나뉘어 있을 거라는 얘기였다. 그러나 버핏과 그의 첫 번째 아내 수지(지금은 고인이 됐다), 그리고 버크셔의 부회장이자 또 다른 대주주 찰스 멍거(Charles Munger)는 내심 낙태에 찬성하는 사람들로 알려져 있었다. 따라서 낙태 반대론자들은 미국 가족계획협회(Planned Parenthood)처럼 그들이 반대하는 단체에 버크셔의 기부금 상당액이 흘러들어갔으리라 추측한 듯하다(만일 그 말이 사실이라면 버핏 자신의 기부금은 내가 이사로 있는 버핏 부부의 재단을 통해 전달됐을 것이다).

낙태 반대론자들의 분노가 주로 버핏과 멍거를 향했던 초기만 해도 버핏은 그런 상황 앞에서 그다지 동요하지 않았다. 그러나 버크셔의 자회사인 팸퍼드셰프(Pampered Chef)와 이 회사의 주방용품을 판매하는 독립 '컨설턴트'(주로 가정주부)들이 애꿎게 집중포화를 받는 사태가 벌어지자, 버핏은 그 여성들이 이런 문제로 생계를 잃으면 안 된다고 판단해 결국 버크셔의 기부 프로그램을 중단하는 결정을 내렸다.

일종의 '자선 배당금'이라 부를 수 있는 이 프로그램은 22년간 1억 9천7백만 달러의 기부금을 수많은 단체에 나누어주며 주주들을 흐뭇하게 만들었다. 이 프로그램이 종료되면서 버크셔의 주주들이 개인적으로 자선단체에 기부하는 돈은 다소 늘어났을 것이다. 물론 그 액수가 사라진 버크셔의 기부금을 대체할 정도는 아니었기 때문에, 전체적으로 버크셔 주주들의 기부금은 전보다 훨씬 줄어들었다고 봐야 할 것이다. - CL

주주들의 자선 투표

1981년 11월 30일 | 리스미스

대체로 대기업의 주주들에게는 회사의 기부금을 누구에게 보낼지 결정할 권한이 없다. 주로 회사의 경영진이 기부금의 향방을 좌우하고, 직원들은 요즘 한창 인기를 끄는 매칭 기부(matching gift, 사원이 자선 기부금을 내면 기업도 같은 액수를 출연하는 제도 — 역자주) 같은 프로그램을 기획해서 나름대로 목소리를 낸다.

버크셔 해서웨이의 투자자이자 회장인 워런 버핏은 회사의 소유권을 지닌 주주들에게 그런 권한이 없다는 사실에 오랫동안 불편함을 느꼈다. 그는 지난달 2백만 달러의 회사 기부금을 주주들이 원하는 대학, 교회, 박물관, 사회단체, 기타 비영리 기관 등에 보낼 수 있도록 새롭게 규정을 만들었다. "주주들이 원하는 단체에 돈을 보내기 위해 내 은행 계좌로 수표를 끊어야 하는 상황을 만들고 싶지 않습니다." 버핏의 말이다. "내가 원하는 곳에 기부하려고 주주들의 은행 계좌로 수표를 끊으면 안 되듯이 말이죠." 버핏 생각에 대기업의 경영자들은 큰 고민 없이 대체로 동료들이 지지하는 단체에 기부금을 보낸다.

그러나 올해 51세의 버핏은 자신의 길을 꿋꿋하게 가는 경영자다. 그는 대학을 졸업한 직후에 친구와 친척들로 이루어진 조합을 만들어 10만 달러의 자본금을 조성했다. 그리고 지속적으로 자본을 축적한 끝에 결국 1억 달러 규모로 펀드를 키워냈다. 버핏은 1965년 버크셔 해서웨이를 인수해 회사의 구조를 완전히 뜯어고쳤다. 현재 이 회사는 씨즈캔디(See's Candies), 블루칩 스탬프, 그리고 10여 개의 보험회사를 포함해 많은 기업을 자회사로 거느리고 있다. 또한, 식품회사 제너럴푸즈(General Foods)의 지분 5퍼센트, 그리고 워싱턴포스트 컴퍼니의 지분 13퍼센트를 보유 중이다. 수익 역시 눈부셔서 작년 기준 총수익 5천3백만 달러, 그리고 주당순이익 51.72달러를 기록했다. 버크셔 해서웨이의 주식은 장외시장에서 500달러 전후에 거래된다. 1967년 이후로 배당금을 지급하지 않는 이 회사는 그동안 연평균 순자산 20퍼센트 증가라는 놀라운 실적을 거두었다. 하지만 버크셔는 그동안 축적한 막대한 부(富)에도 불구하고 자선에는 소극적인 모습을 보였다. 1년에 평균 20만 달러 내외인 버크셔의 기부금은 1980년 기준 이 회사 세전 순이익의 0.2퍼센트에 불과하다. 반면 미국 기업의 평균 기부액은 순이익의 1퍼센트 정도다.

버핏이 기부에 인색한 모습을 보인 이유 중 하나는 그동안 기업들이 활용해온 기부금 수령자 결정 절차를 개선할 방안을 찾지 못했기 때문이다. 그가 새롭게 고안한 방법은 공정하면서도 실용적이다. 원래 이 프로그램은 소수의 주주로 구성된 기업에서 투표를 통해 주주들이 선호하는 정책을 결정하는 방식에서 착안했지만, 버핏은 수십 명이 아니라 1,500명을 접촉해서 여론을 수렴하는 길을 택했다.

그리고 이달 들어 주주들에게 투표지가 발송됐다. 그동안 버크셔가 발행한 주식은 100만 주에 달하는데, 모든 주주는 한 주당 2달러를 자신이 원하는 자선단체에 보낼 권리를 부여받는다. 예컨대 1,000주를 보유한 주주는 회사에서 기부하는 2,000달러를 받게 될 단체를 직접 지정할 수 있다. 물론 이 회사의 가장 중요한 주주들에게는 따로 투표지를 발송할 필요가 없다. 버크셔의 지분 47퍼센트를 보유한 버핏과 그의 아내 역시 자신들이 선호하는 자선단체에 93만 5천 달러를 배정할 권리가 있다. 그 돈은 15년 전 설립된 버핏 재단(Buffett Foundation)으로 옮겨진 뒤 산아 제한을 장려하는 단체에 전달될 예정이다.

버핏이 고안한 방법을 사용하면 세금을 면제받을 수 있다. 만일 버크셔 해서웨이가 주주들에게 배당금을 지급하고 난 뒤에 주주들이 그 돈을 자선 단체에 보낸다면, 주주들은 자신이 받은 수익금에 대해 먼저 세금을 내야 한다. 반면 대기업의 기부금은 업무상 비용으로 처리되기 때문에 세금이 붙지 않는다. 따라서 버크셔 해서웨이가 직접 기부금을 보내는 경우, 세무서보다 자선단체로 더 많은 돈이 가게 될 것은 분명하다.

그러나 사무실이 네 개에 불과한 오마하 본사의 전 직원 다섯 명은 이 프로그램 탓에 엄청난 양의 서류 더미에 깔릴 듯하다. 버크셔의 주주들은 회사의 기부금을 전달받을 단체의 이름과 주소를 지정된 양식에 따라 최대 3개까지 기재해 보낼 수 있다. 만일 기부금 수령자가 국세청의 면세 요건을 충족하지 않는다면, 버핏의 직원들은 해당 주주에게 이를 소명하는 자료를 요구하게 된다(가령 위네카[Winnetka]에 거주하는 어느 미망인에게 돈을 보내는 것도 자선 행위의 일부겠지만, 버핏의 관점에서 명백한 면세 기부 대상은 아닐 수 있다).

직원들은 해당 주주가 보유한 주식 수를 파악하여 수표를 끊고, 우편으로 보낼 예정이다. 그리고 이 기부금이 아무개 주주의 요청에 따라 발송됐다는 메모도 첨부할 것이다. 모든 주주는 본인이 보낸 기부금이 특정한 보상이나 약속 이행을 위한 것이 아니라고 서약해야 하며, 국세청이 이 돈을 배당금으로 인식해 추후 세금을 부과할 수도 있다는 점에도 동의해야 한다. 이런 복잡한 업무 과정에도 불구하고, 버핏은 이 프로그램으로 인한 서류 작업이, 연례 주주총회에 앞서 우편으로 밀려든 대리 투표를 처리하는 업무량보다 많지 않을 거라고 예상한다. "만일 내 예상이 틀렸다면, 나는 이번 토요일과 일요일 사무실에서 밤을 새워야 하겠죠."

이 기부 프로그램으로 버크셔 해서웨이의 순수익은 100만 달러 정도 감소할 것으로 예상된다(46퍼센트의 세율을 고려하면, 버크셔가 200만 달러를 기부했을 때 세후 이익이 108만 달러로 줄어든다). 하지만 모든 기부금에 주주의 이름이 붙지는 않는다. 투자자들이 증권업자 명의로 산 주식에는 투표권이 없으며, 일부 주주는 투표를 원치 않거나 기부 행위 자체를 꺼리기도 하기 때문이다. 수령자가 지정되지 않은 돈은 회사 금고로 돌아와 수익으로 잡힌다.

버핏은 이 프로그램에 대한 주주들의 초기 반응을 바탕으로, 전체 주주의 85퍼센트 정도가 투표지에 응답할 거라고 예상한다. "주주 여러분이 꽤 열성을 보입니다." 버핏의 말이다. "아주 신앙심 강한 어느 할머니 한 분은 소득이 별로 없어서 교회에 매달 5달러밖에 기부하지 못했다고 합니다. 다행히 그분은 우리 회사의 주식을 조금 가진 덕분에 이제 한 달에 60달러에서 70달러를 헌금하실 수 있죠."

로체스터대학의 총장인 로버트 스프로울(Robert A. Sproull)도 버핏과 비슷한 제도를 구상했다. 그러나 그의 아이디어에는 다소 문제의 소지가 있었다. 그는 주주들이 배당금의 거의 두 배에 달하는 돈을 아무런 추가 비용 없이 누구에게나(미국 재무부를 제외하고) 보낼 수 있는 방법을 고안해냈다. 예컨대 어느 주주의 3분기 배당금 100달러 및 그 수익에 부과되는 소득세 전액을 회사가 미국 적십자든 로체스터대학이든 적당한 단체에 기부한다면, 그 주주가 배당금을 포기하겠다고 선언하는 것이다. 어차피 소득의 46퍼센트를 세금으로 내야 하는 대기업 입장에서, 배당금 100달러를 주주에게 지급하고 85달러를 정부에 내는 일과 세전 185달러를 모두 자선단체에 보내는 일 사이에는 별 차이가 없으리라는 게 스프로울의 생각인 듯하다. 스프로울의 방법이 기발하기는 해도 현재로서는 불법이다. 다니엘 패트릭(Daniel Patrick) 상원의원이 이 제도를 합법화하기 위해 의회를 설득하고는 있지만, 재정적자가 불어나고 있는 현 상황에서 법안 통과의 가능성은 크지 않다. 게다가 대기업들도 이 아이디어에 대해 미온적인 태도를 보이는 듯하다. 예를 들어 주주의 배당금을 자동으로 재투자하는 프로그램을 운영 중인 AT&T는, 이 기부금 제도가 회사의 재투자 프로그램과 경쟁하게 될지도 모른다고 우려한다. 이 회사는 1980년에만 배당금 재투자를 통해 10억 달러를 끌어들였다.

다른 기업들도 버핏이 고안한 제도를 모방할지는 아직 미지수다. 버크셔 해서웨이보다 주주의 수가 훨씬 많은 대기업은 한둘이 아니다. 게다가 그런 회사들은 서류 업무를 담당할 인력도 풍부하다. 〈포춘〉의 취재진이 몇몇 대기업 담당자에게 버핏의 아이디어를 어떻게 생각하느냐고 묻자, 그들은 창의적인 제도라고 인정은 하면서도 썩 내키지 않는 듯한 모습을 보였다. 어느 담당자는 일부 주주가 보낸 기부금이 종교단체로 전달되었을 때 다른 주주들의 반발을 초래할지도 모른다며 우려를 나타냈다. 버크셔 해서웨이처럼 기부금 제도를 운영한다면 분명 상당액의 돈이 종교단체로 흘러가리라는 것이다(미국 내에서 모든 개인 기부금의 절반 이상은 교회로 향한다). 대다수의 대기업은 이런 상황을 피하려고 오직 비(非)종교단체에만 기부금을 보낸다.

어떤 면에서는 버크셔 해서웨이야말로 버핏의 아이디어를 행동으로 옮기기에 가장 적당한 기업일지도 모른다. 버핏에 따르면 2백만 달러의 기부금 수령자를 주주가 아닌 경영진이 반드시 결정해야만 달성 가능한 목표 따위는 이 회사에 없다고 한다. 그러나 다른 기업들에게는 분명 그런 목표가 있는 듯하다. 엔지니어를 많이 고용하는 기업은 엔지니어 양성 교육기관에 자금을 지원해 연구 조사를 촉진하고, 졸업생을 회사로 유혹하려 한다. 정유회사가 공공 TV 방송국에 돈을 기부하는 이유는, 회사의 구성원들이 책임감 있는 시민이며 단지 '터무니없는' 수익만을 탐하는 사람이 아니라는 사실을 일반 국민과 입법자들에게 보여주기 위해서일 것이다. 물론 앞으로 수익성이 높고, 회사의 평판이 좋고, 기부에 대한 의욕이 강한 많은 기업이 버크셔 해서웨이의 사례를 따라 이런 식의 제도를 도입할지도 모른다. 버핏은 전에도 자선 활동에 관한 아이디어가 넘치던 사람이었다. 그는 몇 년 전 아이오와주의 그리넬칼리지를 설득해 어느 TV 방송국을 인수하도록 했다. 대학이라는 조직 입장에서 결코 평범한 결정은 아니었지만, 그리넬은 데이턴에 소재한 이 방송국을 1,290만 달러에 매입해서, 2개월 전 5천만 달러에 팔았다. 따라서 버핏이 뭔가 파격적인 모습으로 자신만의 길을 걷기 시작한다면, 그가 어디로 향하는지 지켜볼 가치는 충분하다.

버크셔, 자선을 포기하다

2003년 8월 11일 | 니콜라스 바체이버(Nicholas Varchaver)

그동안 워런 버핏은 낙태 찬성 단체를 지원한다는 이유로 세간의 비판을 받아왔지만, 그 속에서도 버크셔 해서웨이의 자선 활동은 중단 없이 이어졌다. 이를 멈춘 사람은 애리조나주 피오리아(Peoria)에 거주하는 34세의 가정주부 신디 코플론(Cindy Coughlon)이다. 낙태 찬성 단체에 기부를 중지하라고 호소한 그녀의 캠페인으로 인해, 오늘날 비즈니스 세계에서 가장 강력한 권력을 지닌 한 사람이 버크셔 해서웨이의 기부 프로그램을 전면적으로 폐지하는 결단을 내렸다. 지난 20년간 이 프로그램 덕분에 학교를 포함한 수많은 사회단체, 그리고 낙태에 대해 찬반 입장을 지닌 여러 단체에 2억 달러 가까운 기부금이 제공된 바 있다.

소위 '자선 배당금'이라고 불리는 이 독특한 프로그램은 버크셔의 모든 주주가 자신이 직접 선택한 단체 세 곳에 주당 연 18달러까지 기부금을 보낼 수 있도록 만든 제도다. 버핏을 포함한 일부 주주는 이 메커니즘을 활용해 (버핏은 자신이 설립한 재단을 통해) 미국 가족계획협회 같은 낙태 찬성 단체에 기부금을 전달했다(〈포춘〉의 선임기자 캐럴 루미스는 버핏 재단의 이사다). 이번 겨울, 세 명의 자녀를 둔 코플론은 팸퍼드셰프(최근 버크셔가 7억 4천만 달러에 인수)라는 회사의 주방용품을 팔아 돈을 벌기 위해 나섰다. 이 회사에 소속된 7만 명의 프리랜서 컨설턴트들은 타파웨어(Tupperware, 방문판매에 특화된 미국의 주방용품 전문기업 — 역자주)와 비슷한 방식으로 각자의 집에서 소규모 요리 파티를 열고, 이를 통해 제품을 판매한다. 코플론이 팸퍼드셰프를 선택한 이유는 가족을 중시하는 자신의 기독교적 가치와 이 회사의 분위기가 잘 어울린다고 생각했기 때문이라고 한다. 일례로 이 회사의 사훈은 '신께서 부여한 재능을 개발하는 것'이다.

그러나 코플론은 버크셔가 팸퍼드셰프를 인수함으로써 자기가 이 회사를 통해 벌어들인 수익금의 일부가 낙태 찬성 단체에 돌아가게 됐다는 사실 앞에서 당황했다. 그녀는 올해 1월, 버크셔 해서웨이와 버핏에게 그런 종류의 단체에 기부를 멈추라고 호소하는 탄원서를 작성해 100여 명의 친지에게 이메일로 돌렸다. 그러자 '삶의 결정권을 위한 세계인의 모임(Life Decisions International)' 같은 낙태 반대 단체들이 이 탄원서를 세상에 알리기 시작했다.

팸퍼드셰프의 회장 도리스 크리스토퍼(Doris Christopher)는 올 4월 컨설턴트들에게 발송한 이메일에서 다음과 같이 말했다. "비록 일부 사안에 관한 저의 견해가 워런 버핏과 다르다고 해서 …… 제가 그에게 뭔가를 요구하거나 판단할 위치에 있지는 않습니다." 하지만 그녀의 메시지는 소동을 가라앉히기에 역부족이었다. 코플론에 따르면, 많은 컨설턴트가 일자리를 내던졌고 고객들도 불평을 시작했다고 한다(코플론은 자신의 탄원서에 동참한 컨설턴트의 수가 '천 명 미만'이라고 추산했다). 6월이 되면서 더는 견딜 수 없을 만큼 압박이 심해지자, 크리스토퍼는 다시 이런 이메일을 보냈다. "저는 무거운 마음으로 워런을 만나러 갔습니다. 워런은 버크셔 해서웨이의 자선 프로그램으로 인해 여러분이 어려움을 겪고 있다는 사실 앞에서 무척 곤혹스러워했습니다." 7월 3일, 버크셔 해서웨이는 기부 프로그램의 전면 폐지를 선언했다.

올해 이전만 해도 버크셔는 그런 압박에 별로 개의치 않았다. 과거에도 이 회사의 연례 주주총회가 열릴 때마다 낙태 반대를 부르짖는 운동가들이 시위에 나서거나 불매 운동을 벌이곤 했다. 작년에는 기부 프로그램의 폐지 여부를 두고 실시된 주주 투표가 97퍼센트의 압도적인 반대로 부결된 바 있다. 2001년 버크셔의 연례 보고서에서 앞으로도 이 프로그램을 계속 운영할 예정이라고 분명하게 밝힌 버핏은, 버크셔 해서웨이는 주주들이 지정한 단체를 제외한 다른 어느 곳에도 기부금을 보내지 않을 것이며, 미국의 인구가 낙태에 대해 찬반으로 나뉜 만큼 회사의 주주들도 비슷하게 나뉘어 있을 것이라고 주장했다.

그렇다면 버크셔는 왜 프로그램을 중단했을까? 그들의 발표에 따르면, 이 제도로 인해 버크셔 해서웨이의 자회사뿐 아니라 그와 관련된 개인들에게까지 피해가 돌아가는 상황이 초래됐기 때문이라고 한다. 과거 불매 운동에서 오는 피해를 이사회 멤버들이 기꺼이 감수했던 이유는, 그 소동에 따른 비용이 버크셔라는 대기업 전체에 분산되었기 때문이었다. 하지만 이번 경우에는 버크셔의 정책과 전혀 관련 없는 팸퍼드셰프의 컨설턴트들에게도 영향이 미치고 있었다.

한편 코플론은 "이 의사 결정으로 인해 매우 기쁘다"라고 말했다. 그러나 자신이 깍듯하게 '버핏 씨(Mr. Buffett)'라는 호칭으로 부르는 그 사람이 낙태 찬성 단체에 기부를 완전히 멈출 때까지 만족하지 않을 것이라고 한다. "이제 초점은 그분에게 맞춰져 있습니다."

버핏 의장의 주주서한

1983년 8월 22일 | 앤드류 토비아스(Andrew Tobias)

버핏은 1966년부터 버크셔 해서웨이의 연례 주주총회가 열릴 때마다 '주주들에게 보내는 의장 서한'을 작성했다. 그로부터 10년 뒤 미국 증권거래위원회 소속의 패널로 '기업과 주주의 소통 개선 방법'을 연구하게 된 그는, 이를 계기로 연례 주주서한을 개선하기로 마음먹고 1977년을 기점으로 해마다 편지를 조금씩 바꿔나갔다. 1980년대 초에 접어들면서 지적인 주제, 풍부한 유머, 독특한 개성 등으로 가득 찬 그의 주주서한은 세간의 관심을 끌기 시작했다.

그러자 〈포춘〉도 버핏의 주주서한을 다룬 기사를 (책 리뷰 형태로) 게재하기로 결정했다. 하지만 나는 그 글을 쓰기에 적당한 후보자가 아니었다. 1977년 버크셔의 연례 보고서를 작성할 시기가 다가오자, 당시 나와 이미 10년 이상 친분을 유지해온 버핏은 자신이 초벌로 작성한 주주서한을 내게 보내주며 검토를 부탁했다. 기억하기로 그때 내가 조언한 것은 어떤 문장의 'the'를 'a'로 바꾸라는 것뿐이었다. 어쨌든 나는 그때부터 버핏의 무료 편집자 노릇을 하게 됐다. 1977년의 첫 번째 편지 이후로 내가 그에게 제공하는 조언의 양이 부쩍 늘긴 했지만, 우리 두 사람의 역할이 바뀐 적은 없다. 그는 글을 쓰고, 나는 수정을 하는 것이다(문장을 어떻게 작성할지를 두고 둘 사이에 벌어지는 논쟁에서 이따금 내가 지기도 했다).

그런 이유로 1983년 〈포춘〉이 기획한 기사를 내가 쓰지 않겠다고 사양하자, 회사는 앤드류 토비아스라는 외부 작가를 섭외해서 일을 맡겼다. 그는 몇 년 전 잡지업계에서 일하게 될 뻔했으나(우리로서는 그렇게 되지 않아 유감이다), 대신 《당신에게 필요한 오직 하나의 투자 지침서(The Only Investment Guide You'll Ever Need)》라는 책을 발표하며 작가의 길로 접어든 프리랜서 기고자다. 토비아스에 따르면 〈포춘〉의 편집자가 전화를 걸어 이 기사를 의뢰했을 때만 해도 자기는 버핏이라는 사내에 대해 전혀 들어본 바가 없었다고 한다. 그런데 알고 보니 이 사람이 거의 '광신적인 지지자'들을 거느린 인물이었다는 것이다. 그렇게 해서 토비아스가 쓰게 된 이 기사(책 리뷰보다 훨씬 내용이 풍부한)에는 그의 유머와 개성이 잘 드러나 있다.

그런데 토비아스는 당시 주당 1,000달러 정도에 거래되던(요즘은 1주에 17만 달러가 넘는다) 버크셔 해서웨이의 주식을 샀을까? 그는 이렇게 대답한다. "나는 주변 사람들에게 내 생애 최악의 투자 결정은 버크셔의 주식을 사지 않은 거라고 말하곤 합니다. 그때 〈포춘〉에서 이 기사의 원고료로 나에게 1,500달러 정도를 지급한 걸로 기억하는데, 거기에 조금 더 보탰으면 그 회사 주식 2주를 살 수 있었어요. 하지만……" 토비아스는 당시 버크셔의 주가가 다소 과대평가됐다고 느꼈기 때문에 가격이 조금 내려가면 사려고 마음먹었다고 한다. 그는 나중에 이 회사의 주가가 1만 달러, 3만 달러가 됐을 때도 똑같은 생각을 했다.

아쉬움은 남지만, 대신 토비아스와 버핏은 가까운 친구가 됐다. 이 기사를 쓰기 위한 취재의 과정에서 오랜 대화를 나누었기 때문만이 아니라, 두 사람 모두가 같은 민주당 후보자를 지지했기 때문이다. - CL

버크셔 해서웨이의 주주들은 이 회사의 연례 보고서가 나올 때마다 두 가지를 기대한다. 하나는 물론 좋은 실적에 관한 소식(이 회사의 주식 장부가는 지난 18년 사이 주당 19달러에서 737달러로 올랐다)이고, 다른 하나는 회장 워런 버핏(이 회사를 18년 전에 인수했다)이 주주들에게 보내는 특별한 편지다. 사실 이 주주서한이 버크셔 해서웨이의 연례 보고서 그 자체라고 해도 과언이 아니다.

버핏이 주주들에게 보내는 편지에는 그림이나 사진이 없다. 컬러 잉크나 양각으로 새겨진 글씨는 물론이고, 막대그래프 같은 도표도 사용되지 않는다. 심지어 회사 로고조차 찍혀 있지 않다. 마치 한동안 좋은 시절을 보내다 거품이 꺼져버린 회사에서 작성된 연례 보고서처럼 보인다. 하지만 여러 산업 분야에 걸쳐 수많은 기업을 거느린 보험회사 버크셔 해서웨이는 결코 거품이 아니다. 이 회사의 주가는 6년 전 85달러에서 현재 955달러로 치솟았지만, 거품이 꺼질 조짐은 어디에도 보이지 않는다.

사람들은 어느 기업의 연례 보고서를 받으면 으레 감사의견서를 먼저 읽기 마련이다. 그리고 재무 성과를 들여다보고 주석을 확인한다. 의장의 편지? 시간 낭비다. 반면 버핏이 작성한 주주서한은 그동안 수많은 팬을 탄생시켰다. 심지어 재판을 찍어달라는 요청도 쇄도했다. 버크셔는 그런 요구에 응하기 위해 지난 5년 치 주주서한을 하나로 묶어 요약본을 펴내기도 했다.

"그 편지는 정말 굉장해요." 오디세이 파트너스(Odyssey Partners)의 레온 레비(Leon Levy)는 이렇게 말한다. 본인이 월스트리트의 전설 중 한 명인 레비는 버핏의 지난번 주주서한에서 가장 큰 감명을 받았던 구절을 이야기한다. 1982년에는 기업을 사들일 생각을 하지 말았어야 했다고 버핏이 언급한 대목이다. "이 인수 건들을 추구하는 과정에서 경영자의 지성은 그 자신의 아드레날린 앞에 무릎을 꿇었습니다. 목표를 추적하는 데서 오는 짜릿한 흥분감은 이를 좇는 사람의 눈을 멀게 해, 거래의 결과 따위는 아랑곳하지 않도록 만들었습니다. 파스칼(Pascal)은 이런 상황을 두고 매우 적절한 지적을 한 바 있습니다. '놀랍게도 모든 사람의 불운은 그가 방 안에 차분히 머물지 못했다는 단 한 가지 이유로 인해 생겨났다.'(지난해 여러분의 의장은 너무 자주 방을 비우고 돌아다니면서 1982년판 '인수합병 코미디'라는 풍자극의 주연 역할을 맡았습니다. 돌이켜보면 작년 이 회사의 가장 큰 업적은 우리가 엄청난 열정을 쏟았던 대형 인수 거래를 스스로 통제할 수 없는 이유로 무산시킨 일입니다. 이 거래가 성사됐을 경우 우리는 확실치도 않은 대가를 위해 막대한 시간과 에너지를 쏟아부어야 했을 겁니다. 제가 이 연례 보고서에서 그림을 이용해 우리가 작년에 거둔 가장 긍정적인 사업 실적을 표현한다면, 그 불발된 거래를 상징하는 두 장의 빈 페이지를 센터폴드[잡지 중간에 그림이나 사진 등을 접어 넣은 페이지 — 역자주]로 만들어 보고서 한가운데 끼워 넣고 싶습니다.)"

"정말 멋진 글이죠." 레비가 활짝 웃는다.

버핏은 자신의 주주서한을 통해 마치 회사의 파트너들에게 이야기하는 것처럼 주주들과 대화를 나누려고 노력한다고 한다. "어느 영리한 파트너 하나가 자리를 비웠다가 회사로 돌아왔을 때 그 사람에게 그동안 있었던 일을 설명한다고 가정합니다." 그는 2천여 명에 달하는 버크셔 해서웨이의 주주들이 이 회사의 주식을 사고파는 빈도수가 상대적으로 낮을 거라고 짐작한다. "그러므로 매년 똑같은 얘기를 늘어놓기보다는 주주들에게 한 단계 발전된 교육의 기회를 제공하려고 해요." 그는 이 작업을 즐기는 게 분명하다. 현재 12페이지 정도의 주주서한은 매년 길어지는 추세다. (버핏과는 반대쪽 극단에서 또 다른 파격을 실천에 옮기는 사람은 위스콘신주의 은행가이자 CEO인 잭 퓨엘리처[Jack Puelicher]다. 그가 마셜 앤 일슬리[Mashall & Ilsley]의 주주들에게 보낸 편지의 전문[全文]은 이렇다. "우리 회사는 1982년에 매우 좋은 한 해를 보냈습니다. 일부는 행운 덕분이었으며, 일부는 훌륭한 계획과 관리 덕분이었습니다. 이 보고서에 담긴 숫자와 그림을 즐기시길 바랍니다.")

버핏은 1976년 미국 증권거래위원회의 기업 공시에 관한 연구 패널(이 위원회는 1,200페이지의 문건을 통해 미국의 공시 제도가 기본적으로 건실하다고 결론 내렸다)로 참가하면서 자신의 주주서한을 개선하는 일에 관심을 두기 시작했다. 전 증권거래위원회 위원장으로 이 위원회를 이끈 A. A. 소머 주니어(A. A. Sommer Jr., 그는 버크셔 해서웨이의 주주이기도 하다)는 패널로 참가한 사람들 모두 주주서한을 중요하게 여겼다고 말한다. 그리고 이렇게 덧붙인다. "하지만 워런의 편지는 특별합니다. 그 사람처럼 다방면에 지식을 갖춘 CEO는 거의 없어요. 다른 사람들과 그런 수준으로 대화할 만한 CEO를 찾기는 정말 쉽지 않죠."

버핏이 주주서한에서 특별하고 이례적인 주제를 다루기도 할까? 그렇다. 무엇보다 그는 본인의 실수를 서슴없이 털어놓는다.

"지난해 우리의 섬유 사업은 매우 부진했습니다." 그는 1977년의 보고서에서 이렇게 밝혔다. (버핏이 1965년 버크셔 해서웨이를 인수했을 때 이 회사의 비즈니스는 섬유 사업이 '전부'였다. 버크셔는 원래 매사추세츠주 뉴베드퍼드에 소재한 섬유 제조업체였다.) "우리는 지난 2년간 앞으로 더 나은 실적을 거둘 수 있을 거라고 예상하는 실수를 저질렀습니다. 물론 업계의 환경 탓에 닥친 어려움도 컸지만, 일부 문제는 우리 스스로 만들어냈습니다."

그는 또 1979년 주주들에게 이런 내용의 편지를 보냈다. "우리는 보험 사업을 성장시킬 방법을 줄곧 모색해왔습니다. 하지만 주주 여러분은 그 시도 앞에서 마냥 좋아할 수가 없을 겁니다. 사업 확대를 위한 우리의 노력(대부분 여러분의 의장이 주도한 노력) 중 일부는 기대에 못 미치는 결과를 낳았으며, 일부는 비싼 실패로 마무리됐습니다."

버핏은 자신의 성과는 대수롭지 않게 넘어가면서도, 선수들을 자랑스러워하는 코치처럼 동료의 실적에는 큰 찬사를 보낸다. 버크셔 해서웨이는 자동차 보험회사인 가이코(GEICO)의 대주주다. 버핏은 편지에서 가이코의 경영진을 이렇게 치켜세웠다. "잭 번(Jack Byrne)과 빌 스나이더(Bill Snyder)는 가장 불가능해 보이는 목표를 성취하고 있습니다. 바로 업무를 단순하게 만드는 일, 그리고 고객들이 원하는 것을 상세히 기억하는 일입니다."

또 81세의 어느 자회사 대표가 세상을 떠났을 때도 그는 이렇게 말했다. "우리의 경험에 따르면 이미 고비용을 바탕으로 운영되는 조직의 경영진은 비용을 더 보탤 방법을 찾는 데 탁월한 재주를 발휘합니다. 반대로 자금의 여유가 없는 조직의 임원들은 조금이라도 더 비용을 줄일 방법을 찾아 나섭니다. 이미 자신의 비용이 경쟁자들보다 한참 낮은 데도 불구하고 말이죠. 진 어벡(Gene Abegg)처럼 그 능력을 잘 입증한 사람은 없었습니다."

편지를 읽다 보면 버핏이 열세 살 때 〈워싱턴포스트〉 신문을 배달했고, 스무살 때 가이코라는 멋진 회사를 처음 알게 됐다는 등의 다소 감상적인 대목이 여기저기 등장하기도 한다. 그러나 우리가 동시에 기억해야 할 점은 버크셔 해서웨이가 소유한 워싱턴포스트 컴퍼니의 지분 가치가 천백만 달러에서 1억 3백만 달러로 뛰었고, 가이코의 가치는 4천7백만 달러에서 3억 천만 달러로 증가했다는 사실이다. 그것도 불과 10년 사이에 벌어진 일이다. 그는 자신이 원하는 어떤 이야기라도 할 만한 자격이 충분하다.

그는 또 유머 감각을 발휘해 이렇게 말했다. "우리는 버크셔 해서웨이의 세계 본사 사무실의 임대를 5년 연장하는 계약에 도장을 찍으며 사무실의 면적을 무려 23제곱미터(17퍼센트) 더 확장하는 무모한 조치를 단행했습니다." 오마하에 소재한 세계 본사에는 버핏 외에 다섯 명의 직원이 근무한다("조직을 간소하게 운영하면 직원들이 서로를 관리하기보다 비즈니스를 관리하는 데 더 많은 시간을 쏟을 수 있습니다").

대부분의 대기업 의장들은 주주서한을 통해 모든 비즈니스가 잘 수행됐다는 사실만 늘어놓으며 주주들을 설득하려 한다. 하지만 버핏은 회사의 부족한 측면을 강조한다고 해서 주주들이 이를 액면 그대로 받아들이지 않을 거라는 사실을 잘 안다.

버핏은 최근에 작성한 보고서에서 버크셔 해서웨이의 주식 장부가가 과거 18년간 매년 22퍼센트씩 올랐다는 사실을 언급하며 이렇게 덧붙였다.

"이 비율이 미래에 감소할 거라는 사실은 확실합니다. 기하급수적 성장은 언젠가 멈추기 마련입니다."(물론 그의 말이 옳다. 앞으로 18년 동안 같은 비율로 성장이 계속된다면 이 회사 주식의 총장부가는 220억 달러에 달하고, 다시 18년 후에는 주당 가격이 백만 달러에 육박할 것이다.) 그는 버크셔 해서웨이의 회계 이익(1982년에 비해 40퍼센트 증가)을 언급할 때도, 만일 이 이익이 실현된다면 세금을 먼저 공제해야 한다고 신중하게 말했다.

물론 그가 놀라운 실적을 거두었다는 사실을 바보라도 알 수 있는 상황에서, 스스로 소탈하고 겸손하게 행동하는 것은 그리 어려운 일이 아닐지도 모른다. 그러나 버핏이 종종 동료 사업가들을 곤혹스럽게 만드는 이유는 그의 편지가 본인의 성과나 실수만을 지적하는 것뿐만 아니라 이 나라의 다른 경영자들을 겨냥하고 있기 때문이다. "1982년에 사업을 시작한 대형 보험사 중에는 주력 사업의 침체를 은폐할 목적으로 모호한 회계 방식이나 은밀한 술책을 구사하는 업체가 일부 있는 듯합니다. 다른 산업도 마찬가지겠지만, 보험 산업에서는 취약한 경영진이 취약한 사업 운영을 가리기 위해 종종 취약한 회계를 활용합니다." 그가 끝없이 부르짖는 주제 중 하나는 경영자들에 의해 짓밟힌 주주의 권리를 되찾자는 것이다.

파격적인 공개매수 공세에 맞서 회사를 영웅적으로 지켜낸 경영자들의 이야기는 많이 알려져 있지만, 다른 기업을 인수하는 일에 지나치게 많은 돈을 쏟아부어 결과적으로 회사의 성장을 저해한 경영자에 대해서는 누구도 관심을 두지 않는다. 버핏은 이렇게 비꼰다. "회사의 소유자들이 투자한 돈을 이용해 자신의 입지를 확대하고 싶은 사람은 차라리 정부에서 일자리를 알아보는 편이 좋을 듯합니다."

게다가 어느 경영자가 기업을 사들일 때 자기 회사의 주식으로 인수 대금을 치르는 것은 더 좋지 않은 경우다. 인수자의 주식이 회사의 실질가치보다 훨씬 낮은 가격으로 시장에서 팔리는 경우가 많기 때문이다. "기업을 인수하는 사람은 가치가 저평가된 화폐(자기 회사의 주식)를 제공하고 물건은 고스란히 제값에 사들이는 잘못을 저지릅니다. …… 그러나 친절한 투자은행가들은 오히려 그 결정이 옳았다고 안심시킵니다(이발사에게는 내가 머리를 잘라야 하는지 묻지 마세요)."

버핏은 어떤 회사를 '전부' 사들이기 위해서는 막대한 프리미엄을 치러야 한다는 사실을 잘 알기 때문에, 대신 부분 인수 전략을 구사한다. 보통의 투자자는 주가가 25달러인 기업 전체를 인수하기 위해 주당 48달러를 제시하는 반면, 버핏은 25달러에 조용히 그 회사의 지분 일부를 사들이는 데 만족한다. 물론 그 기업의 지분 100퍼센트를 저렴한 가격에 사들인다면 더할 나위 없이 좋겠지만 그런 행운은 좀처럼 찾아오지 않는다. 지난해 말 기준으로 버크셔 해서웨이가 소유한 주요 기업의 지분은 블루칩 스탬프(60%), 가이코(35%), 제너럴푸즈(4%), 귀금속 제조업체 핸디 앤 하맨(17%), R.J. 레이놀즈(2.7%), 인터퍼블릭(15%), 오길비 앤 매더(9%), 〈포춘〉을 발행하는 타임(2.7%), 그리고 워싱턴포스트(13%) 등이다.

버크셔 해서웨이의 회계 이익에는 블루칩 스탬프(버크셔와 합병 예정)의 수익 중에 버크셔에게 할당된 금액이 포함되어 있다. 하지만 버크셔의 투자 포트폴리오에 속한 다른 기업들로부터 공식적으로 들어오는 돈은 배당금뿐이다. 따라서 버핏은 버크셔의 회계 이익이 회사의 진정한 수익 창출 능력을 반영하지 못한다는 사실을 매년 주주들에게 상기시켜야 한다. "그렇다고 회계 절차가 잘못되었다고 탓하는 것은 아닙니다." 버핏은 이렇게 덧붙인다. "우리는 굳이 더 나은 회계 시스템을 설계하고 싶지 않습니다. 단지 경영진과 주주 여러분에게 회계 숫자란 기업의 가치를 평가하는 일의 시작일 뿐이며 끝이 아니라는 사실을 말씀드리고 싶을 뿐입니다."

그는 회계라는 제도의 복잡성을 한탄하며 이렇게 말한다. "야노마모(Yanomamo) 인디언들은 오직 세 종류의 숫자만 사용한다고 합니다. 하나,

둘, 그리고 둘보다 큰 것. 아마 우리 모두 그 사람들을 본받아야 할 때가 됐는지도 모릅니다."

버핏은 이 회사가 소유한 비(非)합병 주식들의 중요성이 점점 증가하고 있으므로, 이제 주주들이 버크셔의 주가에 대한 회계 이익의 비율로 회사의 실적을 단순 평가하는 방법(최근까지 버핏은 이 방법을 사용해야 한다고 주주들에게 조언했다)이 더는 적절하지 않다고 주장한다. 그리고 이렇게 말한다. "만일 어느 기업이 특정한 측정 방법만을 고집한다면 일단 의심해볼 필요가 있습니다. 그들은 어떤 잣대를 이용해 사업 실적을 평가할 때 자신에게 유리한 결과가 나오면 그 잣대를 버리지 않습니다. 하지만 실적이 좋지 않을 때는 경영자를 포기하기보다 잣대를 내다 버리는 길을 선택합니다. 그리고 이를 만회하려고 보다 '융통성 있는' 측정 시스템을 찾아냅니다. 말하자면 아무것도 없는 흰색 캔버스에 사업 실적이라는 이름의 화살을 쏘아 맞히고, 화살이 박힌 곳을 중심으로 과녁을 그리는 겁니다. 그러나 우리에게 진정으로 필요한 것은 미리 정해지고, 오래 지속되고, 범위가 좁은 과녁입니다."

그렇게 멋대로 만들어진 과녁 중에 대표적인 사례가 기업들이 걸핏하면 떠들어대는 소위 '사상 최고 실적'이라는 것이다. 그는 이렇게 설명한다. "심지어 완전히 휴면 상태로 남아 있는 예금계좌에서도 복리 계산 덕분에 이자수익이 계속 상승할 수 있습니다."

그가 주주의 권리를 강조하는 것은 놀랄 일이 아니다. 올해 52세인 버핏은 그 자신이 오랫동안 전문적인 주주로서 활동해왔다. 그와 그의 아내가 소유한 버크셔 해서웨이의 지분 가치는 최근 평가액 기준으로 4억 6천만 달러에 달한다. 또한, 버크셔 해서웨이의 주요 사업 중 하나가 다른 기업에 지분을 투자하는 것이다.

버핏을 '우리 시대 최고의 자산 관리자 중 한 명'이라고 극찬한 《슈퍼머니(Supermoney)》의 저자 제리 굿맨(Jerry Goodman)은 1956년 버핏에 의해 설립된 조합이 1969년 그의 탁월한 선견지명으로 문을 닫을 때까지 매년 31퍼센트의 성장을 거듭했다고 밝혔다. 굿맨은 이렇게 말했다. "더욱 놀라운 사실은 그가 자신보다 훨씬 앞선 세대의 철학을 바탕으로 이 실적을 달성했다는 점이다. …… 그는 벤저민 그레이엄의 사상을 모든 곳에 철저히 적용하는 절대적인 일관성을 보였다." 고(故) 벤저민 그레이엄이 1949년에 출간한 저서《현명한 투자자(The Intelligent Investor)》는 아직도 절판되지 않고 인쇄되어 나온다. 버핏은 자신의 멘토로 그레이엄을 선택했다(몇 년 뒤 그레이엄은 자신의 책 개정판 출간을 도울 사람으로 버핏을 선택했다). 그레이엄과 버핏이 모든 면에서 의견이 일치하지는 않았지만, 그들의 공통점은 값이 저렴하면서도 시간이 흐른 뒤에 반드시 수익이 날 수 있는 자산을 사들여야 한다고 생각하는 것이다. 물론 이를 위해서는 냉정한 판단과 엄청난 노력이 필요하다. 버핏은 이렇게 말한다. "시장은 신(神)과 같이 스스로 돕는 사람을 돕습니다. 하지만 시장이 신과 다른 점은 자기가 무슨 일을 하는지 모르는 사람을 절대 용서하지 않는다는 겁니다."

목표 기업의 일부만을 인수하는 버핏의 전략은 해당 기업의 주식이 시장에서 실질가치보다 훨씬 낮은 가격에 팔릴 때는 타당할 수 있다. 그러나 주가가 폭등하는 시기에는 그렇지 못하다. 1972년 에이본(Avon)을 포함한 여러 기업의 주식이 수익의 60배가 넘는 가격으로 팔려 나가던 시기에, 버크셔의 투자 포트폴리오에서 주식의 비율은 15퍼센트에 불과했다. 1982년에는 80퍼센트로 뛰었다. "물론 1972년에도 1982년에도 투자할 만한 훌륭한 기업은 많았습니다." 버핏은 이렇게 설명한다. "하지만 1972년의 주가는 터무니없을 정도로 높았습니다." 그리고 이렇게 경고한다. "만일 주식시장이 상승세를 이어간다면 버크셔가 회사의 자본을 활용해 다른 기업의 소유권 일부를 사들이는 전략의 실효성은 감소하거나 사라질 겁니다.

우리는 이런 문제의 발생 조짐을 조기에 검토하고 있습니다."

버핏이 주주서한에서 반드시 다루고 넘어가는 주제 중 하나가 버크셔의 핵심 사업 영역인 손해보험과 상해보험 산업의 현황이다. "지난 한 세기 동안 보험 산업에 속한 기업들은 대부분 규제기관의 권고에 따라 형성된 가격 체계를 바탕으로 영업을 했습니다. 일부 가격 경쟁은 존재했지만, 대형 보험사들 사이에서 그렇게 보편적인 현상은 아니었습니다." 그러나 버핏에 따르면 이제 그런 신사적인 대결의 시절은 지나갔다. "아직도 과거의 체계가 부분적으로 남아 있기는 하지만 …… 요즘 시장에 새로 참가한 기업들은 가격이라는 무기를 휘두르는 데 거침이 없습니다. 심지어 그런 전략을 즐기는 모습입니다. 그런 과정을 통해 고객들은 보험이 결코 단일 가격 체계를 기반으로 한 비즈니스가 아니라는 점을 알게 됩니다. 그리고 앞으로 그 사실을 절대 잊지 않을 겁니다."

버핏의 전략은 비즈니스의 규모를 작게 유지하면서 시장이 조정의 국면을 거쳐 주가가 안정될 때까지 기다리는 것이다.

한편 섬유 산업의 전망에 대한 그의 자신감은 주주서한이 한 편씩 이어질 때마다 점점 줄어드는 모습이다. 과거 공급이 풍부하지 않았던 시대에 시작된 이 자본집약적 비즈니스는 높은 상품 가격과 소수의 경쟁자라는 혜택을 마음껏 누리던 산업이었다(한때 사업가에게 '좋은 아침을 선사하는' 단 하나의 비즈니스이기도 했다). 하지만 버핏은 직원들에 대한 자신의 의리를 입증하기 위해(그리고 버크셔라는 회사의 뿌리에 대한 향수 때문에), 이 사업의 포기를 단호히 거부한다. 어쩌면 버크셔 해서웨이의 이익을 침해하는 행위일 수도 있지만, 회사 지분의 47퍼센트를 보유한 버핏은 이 정책을 포함해 그 어떤 결정도 본인 뜻대로 내릴 자격이 있다. 물론 버핏은 앞으로 이런 종류의 사업에 뛰어들지 않을 거라며 주주들을 안심시킨다.

버핏의 주주서한 마지막 부분에는 '투자 대상 기업'을 찾는 일종의 광고가 등장한다. 그리고 워런 버핏이 어떻게 사업을 운영하는지에 대한 설명이 상세히 제공된다. 버핏에 따르면 버크셔 해서웨이가 투자를 원하는 기업은 규모가 크고, 사업의 내용이 단순하고("우리는 복잡한 기술을 이해하지 못합니다"), 지속적인 수익을 낼 능력이 있고, 부채가 적고, 관리가 잘 되며("우리는 관리자를 공급할 능력이 없습니다"), 인수를 원하는 가격이 구체적인("우리는 가격을 모르는 상태에서는 아무리 협상 초기라도 구매자와 판매자의 시간을 낭비하지 않습니다") 회사다. "우리는 우호적이지 않은 인수 거래에는 참여하지 않습니다. 어떤 경우에도 비밀 보장을 약속하며, 제안에 대한 답변을 신속하게 제공합니다. 필요하다면 5분 이내에도 답을 할 수 있습니다." 흥미로운 아이디어로 가득한 회장이 흥미로운 주주서한을 보낸다면 회사를 경영하는 데 많은 도움이 될 것이다. 버핏의 비즈니스 방식은 그가 쓴 글의 스타일만큼이나 참신하다.

"당신은 주식시장을 이길 수 있나?"에서

1983년 12월 26일 | 다니엘 셀리그먼의 기사에서 발췌

이 기사에서 중점적으로 다루어지고 있는 효율시장가설(Efficient Market Hypothesis)이라는 이론에 따르면 "인간은 절대 주식시장을 이길 수 없다 (개인 투자자가 주식시장 전체의 수익률을 능가하는 수익을 달성하기가 불가능하다는 의미 — 역자주)"라고 한다. 따라서 이 가설의 지지자들에게는 버핏이 장기간에 걸쳐 쌓아 올린 주식 투자의 성공 기록이 불편하게 느껴질 수밖에 없다. 그런 사람들의 일반적인 반응은 버핏이 그동안 엄청나게 운이 좋았을 뿐이라고 단정해버리는 것이다.

그러나 버핏의 명성이 높아지면서, 그가 단지 행운 덕분에 놀라운 실적을 쌓은 투자자가 아니라 일종의 '변칙(anomaly)'에 해당하는 인물이라고 생각하는 사람이 늘어나기 시작했다. 이 기사를 쓴 〈포춘〉의 다니엘 셀리그먼은 그런 인식에 부정적이었다. 내 멘토이자 친구인 셀리그먼은 효율시장가설에 강력하게 공감하던 인물이었기 때문에 누군가 이 학설의 타당성을 먼저 검증해주기를 기다렸다. 그러나 정직한 언론인이자 늘 새로운 뉴스에 목이 마른 기자였던 그는 여기에 뭔가 드러나지 않은 이야깃거리가 있다고 판단해 이 기사를 쓰기로 마음먹었다.

이 책에서는 기사의 전문 대신 첫머리와 핵심 부분만을 소개한다. 또 이어지는 사이드바에서는 버핏과 그의 오랜 친구 세 사람, 즉 찰스 멍거, 고 (故) 빌 루안(Bill Ruane), 고(故) 월터 슐로스(Walter Schloss)에 대해 간략하게 기술한다. 이를 읽는 독자들은 요즘 효율시장가설의 상당 부분이 과거의 유물로 바뀌었다는 사실을 염두에 두면 좋을 듯하다.

이 기사의 중요한 후일담을 하나 이야기해야 할 것 같다. 1984년 5월, 컬럼비아대학에서 워런 버핏과 로체스터대학의 경제학 교수 마이클 젠슨(Michael Jensen)을 초청해 효율시장가설을 주제로 토론회를 열었다. 이 행사에서 먼저 발언에 나선 젠슨은 효율시장가설에 대한 확고한 신념을 바탕으로 이 가설의 이론적 타당성을 설득력 있게 주장했다. 그리고 〈포춘〉에 실린 셀리그먼의 본 기사를 인용하며 효율시장가설에 대한 '훌륭한 리뷰'라고 칭찬했다. 하지만 이 기사에서 버핏과 다른 세 사람의 탁월한 투자 성과가 그들의 능력 덕분일지도 모른다고 의구심을 나타낸 대목은 오류라고 말했다. 그 투자자들의 실적은 동전을 던졌을 때의 확률처럼 순전히 행운에 따른 결과였다는 것이다.

버핏은 마치 오래전부터 이 토론을 기다려왔다는 듯이 젠슨의 의견에 반론을 제기했다. 그는 자신과 세 명의 친구 외에도 다섯 명의 '동전 던지는 사람'을 추가로 언급하며 이 아홉 명을 '그레이엄과 도드빌의 슈퍼 투자자들(The Superinvestors of Graham-and-Doddsville)'이라고 불렀다. 버핏은 그 아홉 사람 모두가 벤저민 그레이엄이라는 유명 투자자 겸 저술가를 공통의 '지적 아버지'로 두고 있다고 말했다. 그레이엄의 핵심 신념 중 하나는, 어느 기업의 전체 가치와 그 기업의 작은 '조각'이 시장에서 거래되는 가격 사이에 존재하는 차이를 잘 포착해야 한다는 것이다.

버핏은 이 아홉 명의 투자자가 거둔 실적이 매우 광범위한 영역에 걸쳐 있기 때문에 그들의 투자 포트폴리오가 겹치는 경우는 거의 없다고 말했다. 말하자면 그들은 같은 '지적 마을'의 주민들이지만 서로 다른 거래 방식을 구사한다는 것이다. 버핏은 그들의 우월한 성과를 단지 '행운'으로 치부해버리는 것은 터무니없는 논리라고 역설했다.

그 자리에 참석했던 나는 버핏이 젠슨을 철저하게 압도한 토론회였다고 느꼈다. 이는 다른 사람들의 공통적인 의견이기도 했다. 버핏은 그동안 자기가 서면과 구두로 참가했던 모든 프레젠테이션 중에 그때가 가장 논리 정연하게 진행한 최고의 발표였다고 술회했다. – CL

주식시장에 관심을 보이는 사람은 대체로 다음 세 부류 중 하나다. ① 특정한 개인이 절대 시장을 이길 수 없다고 믿는 학자, ② 그 관점에 반기를 드는 전문투자자, 그리고 ③ 자신이 시장을 이길 수 있다고 믿으면서도 그 믿음이 얼마나 큰 논란의 대상인지 모르는 아마추어 투자자. 내 경우를 말하자면, 나는 오랫동안 첫 번째 그룹의 열정적인 지지자였다. 적어도 작년까지는 그들의 논리에 전혀 빈틈이 없다고 믿었다.

첫 번째 그룹에 속한 교수들이 내세우는 학설이 이른바 효율시장가설이다. 이 가설을 현실 세계에 적용해서 한마디로 표현한다면 인간은 절대 주식시장을 이길 수 없다는 것이다. 그렇다면 효율시장가설은 얼마나 정확하게 현실을 반영할까? 그동안 나는 여러 경영대학원에서 이 가설을 증명하기 위해 만든 사례들을 재검토하고, 동시에 이 이론에 배치되는 일부 현상들에 관한 최근의 연구 결과를 살펴보기도 했다. 그 결과 나는 효율시장가설이 주식시장을 이해하는 데 여전히 훌륭한 도구라고 결론 내렸지만, 그와 함께 이 이론이 내가 예전에 생각한 만큼 현실을 완전히 설명하지는 못한다는 의구심을 갖게 됐다. 일부 우수한 투자자들이 시장과의 승부에서 체계적인 승리를 거두고 있음이 명백했기 때문이다. (중략)

효율시장가설을 지지하는 다른 많은 사람처럼 나 역시 현실 세계에 많은 '변칙'(교수들은 이 가설에 어긋나는 소식이 주식시장에서 들려올 때면 주로 이 용어를 사용한다)이 존재한다는 사실 앞에서 당황하게 된다. (중략)

그중에서도 가장 눈에 띄는 사례는 그동안 놀라운 투자 실적을 쌓아온 어느 유명 투자자 그룹이다. 사람들에게 가장 잘 알려진 워런 버핏을 포함해 서로 긴밀한 유대 관계로 뭉친 이 투자자들을 소개하자면 대략 다음과 같다. (중략) 버핏은 자신의 눈부신 실적이 효율시장가설이라는 이론을 얼마나 궁지에 몰아넣는지 잘 알고 있다. 그에 따르면 시장에는 개발이 가능한, 즉 돈이 될 만한 '비효율적인 주머니(pockets of inefficiency)'가 분명히 존재한다. 버핏은 자신이 자문위원회 멤버로 있는 스탠퍼드경영대학원에서 여러 차례에 걸쳐 이 논리를 주장했다. 스탠퍼드의 스타 학자이자 효율시장가설의 교과서나 다름없는 여러 저서의 저자 윌리엄 샤프(William F. Sharpe) 교수는 언젠가 이 위원회에 참가해서 버핏의 사례를 '5시그마 사건(five-sigma event)'이라고 불렀다. 경영대학원의 용어를 빌어 설명하자면, 그가 거둔 성과가 발생할 확률이 평균으로부터 표준편차의 5배 떨어져 있다는 의미다. 이를 문자 그대로 해석했을 때(그럴 사람은 없겠지만), 그동안 버핏이 달성한 투자 실적이 시장에서 우연히 발생할 확률은 무려 350만분의 1이다.

3볼 0스트라이크에서만 스윙하라

다니엘 셀리그먼의 사이드바

효율시장가설에 따르면 어떤 개인도 주식시장과 대결해서 체계적인 승리를 거둘 수 없다. 그런데 우리가 이 이론을 워런 버핏, 찰스 멍거, 빌 루안, 월터 슐로스 네 명의 투자자에게 적용하다 보면, 다음과 같은 세 가지 문제에 맞닥뜨리게 된다. ① 그들은 모두 오랜 기간에 걸쳐 시장의 평균 수익률을 훨씬 뛰어넘는 실적을 올렸다. ② 그 실적은 주식시장이 약세일 때와 강세일 때 비슷하게 발생했다. 그러므로 그들이 단지 남들보다 큰 리스크를 감수해서 이익을 냈다고 할 수 없다. ③ 모두가 고(故) 벤저민 그레이엄의 이론을 기반으로 공통적인 전략을 구사한다는 점에서 그들의 성과를 우연한 사건으로 보기 어렵다. 버핏, 루안, 슐로스는 그레이엄 문하에서 공부했으며, 네 사람 모두 1934년 그레이엄이 데이비드 도드(David L. Dodd)와 함께 펴낸 저서 《증권분석(Security Analysis)》의 영향을 받았다. 그레이엄의 핵심 학설은 저평가된 기업의 주식을 사고 시장에서 그 회사의 가치가 제대로 인정받을 때까지 장기적으로 보유하라는 것이다. 물론 그런 기업을 찾기가 쉽지는 않다. 버핏은 이렇게 말한다. "그래서 타석에 들어서면 볼카운트가 3볼 0스트라이크가 될 때까지 기다려야 하는 겁니다." 버핏이 기다림의 보답을 얻은 사례 중 하나가 워싱턴포스트 컴퍼니에 투자한 일이다. 1974년 이 회사의 시가총액은 8천만 달러에 불과했다. 자사 소유의 TV 방송국 가치에도 못 미치는 금액이었다. 현재 워싱턴포스트의 시가총액은 10억 달러에 달하며, 버크셔 해서웨이는 그중 13퍼센트의 지분을 보유 중이다.

지난 1969년 버핏은 14년 가까이 운영해온 버핏 파트너십의 문을 닫은 이후로 공식적으로는 자산운용 사업에서 손을 뗐다. 그가 비즈니스를 중단한 이유 중 하나는 저평가된 주식을 찾아 나서는 일을 그만두었기 때문이다. 버핏 파트너십은 설립 이후로 매년 평균 29.5퍼센트의 수익을 올렸으며, 같은 기간 S&P500 지수는 연평균 8.2퍼센트 상승했다(배당금 재투자분을 반영한 수치로, 아래 언급되는 수치도 그러함).

찰스 멍거는 1962년부터 1975년까지 휠러 멍거 앤 컴퍼니(Wheeler Munger & Co.)라는 투자조합을 운영했으며, 그동안 19.8퍼센트의 연평균 수익을 올렸다. 같은 기간 S&P500 지수 상승률은 연 5.3퍼센트였다. 빌 루안은 세쿼이아 펀드(Sequoia Fund)라는 매우 성공적인 펀드를 운영 중이다. 1970년 7월 대중 앞에 처음 선을 보인 이 펀드는 설립 이후 18.6퍼센트의 연평균 수익률을 달성했다. 이 기간에 S&P500의 상승률은 10.6퍼센트였다. 현재 3억 3천3백만 달러의 자산을 보유한 세쿼이아는 요즘 새로운 투자자를 받지 않는다. 루안은 "내가 아이디어를 생각하는 속도보다 돈이 더 빠르게 들어오기 때문"이라고 그 이유를 설명한다.

월터 슐로스가 1956년부터 운영해온 투자조합은 그동안 21.3퍼센트의 연평균 수익을 기록했다. 같은 기간 S&P500의 상승률은 8.7퍼센트에 그쳤다. 슐로스는 최근 자신의 파트너들에게 보낸 편지에서 그레이엄과 그의 저서《증권분석》을 향해 경의를 표하며, "우리가 거친 길을 헤쳐 가는 데 커다란 도움이 되었다"라고 말했다.

버핏과
캐피털시티즈/ABC

1985년, 캐피털시티즈 커뮤니케이션즈가 ABC 방송국을 인수했다. 이 거래에서 중요한 역할을 담당한 버핏은 이 투자의 내용과 투자 파트너를 처음부터 모두 마음에 들어 했는데, 무엇보다 자신의 오랜 친구이자 캐피털시티즈의 이사회 의장인 토마스 머피와 관련된 비즈니스였기 때문이다. 그래서인지 이 거래는 버핏을 실망시키지 않았다. 캐피털시티즈/ABC는 성장을 거듭해서 1996년 원래 투자액의 4배에 달하는 금액으로 월트디즈니 컴퍼니(Walt Disney Co.)에 팔렸다. 그리고 이때 버크셔 해서웨이가 보유한 캐피털시티즈/ABC 주식도 함께 매각됐다. 이 과정을 다룬 〈포춘〉의 기사 발췌본 4편을 소개한다. – CL

"캐피털시티즈의 캐피털 그룹"에서

1985년 4월 15일 | 스트랫퍼드 셔먼(Stratford Sherman)의 기사에서 발췌

버핏은 머피를 두고 이렇게 말한다. "내 생각에 그는 미국에서 가장 우수한 경영자입니다." 그 자신이 대단히 훌륭한 경영자 중 한 명인 버핏은 최근 머피의 손에 자신의 미래를 맡기는 과감한 결단을 내렸다. 합병 기업 캐피털시티즈/ABC의 지분 18퍼센트를 5억 천8백만 달러에 사들이는 우호적 인수 계약에 합의한 것이다. (중략) 더 놀라운 소식은 버핏이 향후 11년간 경영진에게 자신의 의결권을 위임했으며(머피 또는 다니엘 버크 회장이 경영을 맡는다는 조건으로), 이 회사의 주식을 매각하거나 인수할 자유를 엄격히 제한하는 조건에도 동의했다는 것이다.

"기업의 허리가 휘는 인수합병 수수료"에서

1986년 1월 20일 | 피터 페트레(Peter Petre)의 기사에서 발췌

요즘 투자은행의 수수료가 하늘로 치솟다 보니 일부 경영자는 아예 외부의 도움 없이 자체적으로 인수합병 거래를 진행하기도 한다. (중략) 이런 자체 협상에서 좋은 성과를 거두는 경영자들은 대부분 거래의 가치를 가늠하는 데 뛰어난 안목을 지닌 금융 전문가들이다. (중략) 최근 그런 인물 중 하나가 월스트리트에서 가장 유명한 인수합병 전문가 두 사람의 코를 납작하게 했다.

지난 3월 워런 버핏은 캐피털시티즈 커뮤니케이션즈를 대신해서 ABC 방송국 인수를 위한 협상을 시작했다. 그는 법률회사 와텔 립턴 로젠 앤 카츠(Wachtell Lipton Rosen & Katz)의 인수 전문 변호사 마틴 립턴(Martin Lipton)만을 대동하고 협상장을 찾았다. 테이블 맞은편의 두 사람은 투자은행 퍼스트보스턴(First Boston)의 인수합병 부문 이사 브루스 워서스타인(Bruce Wasserstein)과 스캐든 압스(Skadden Arps Slate Meagher & Flom)라는 로펌의 인수합병 전문가 조셉 플롬(Joseph Flom)이었다.

양측이 합의에 가까워지면서 ABC 측의 거래 전문가들은 인수 금액을 조금이라도 더 올리기 위해 버티는 전략으로 나왔다. 워서스타인은 당시를 이렇게 기억한다. "버핏은 매우 영리한 사람이었기 때문에, 우리는 그에게 발목을 잡힐 빌미를 만들지 않기 위해 조심해야 했습니다." 워서스타인과 플롬은 캐피털시티즈가 제시한 현금 이외에 이 회사의 주식을 추가로 요구했다. 하지만 그들의 밀어붙이기 작전에 동요할 이유가 없었던 버핏은 결국 잔돈푼을 던져주는 것으로 거래를 마무리했다. 인수 가격의 3퍼센트에 해당하는 신주인수권증권(회사의 보통주를 일정한 가격에 살 수 있는 권리를 부여한 증권 — 역자주)을 추가로 제공하기로 한 것이다. 버핏은 이 거래를 두고 언급을 피했다.

"타임 워너의 인사이드 스토리"에서

1989년 11월 20일 | 빌 사포리토(Bill Saporito)의 기사에서 발췌

1980년대 중반, 타임(Time Inc.)의 CEO J. 리처드 먼로(J. Richard Munro)는 회사에 닥친 여러 문제를 단번에 해결할 방법을 고민 중이었다. 그러다 인수합병을 통해 다른 미디어 대기업과 회사를 합치면 어떨까 하는 생각을 했다. (중략)

1988년 가을, 워런 버핏은 자신이 투자한 캐피털시티즈/ABC의 친구들과 타임을 찾았다. 먼로와 타임의 회장 니콜라스 주니어(Nicholas Jr.)는 캐피털시티즈/ABC의 CEO 토마스 머피 및 다니엘 버크(Daniel Burke) 회장, 그리고 버핏과 처음 회동했으며, 이 만남은 그해 12월까지 지속적으로 이어졌다.

니콜라스의 말에 따르면, 인수합병이 어떤 형태로 이루어지든 캐피털시티즈가 타임보다 한두 석의 이사회 의결권을 더 가져야 한다는 조건을 머피가 제시하면서부터 양측의 협상에 금이 가기 시작했다고 한다. 먼로는 자신의 좋은 친구이기도 한 머피에게, 제안을 해줘서 대단히 고맙지만 타임은 팔지 않겠다고 말했다. 캐피털시티즈의 한 소식통은 두 사람 사이에서 향후 누가 경영의 주도권을 쥘 것인지에 대한 의견이 일치하지 않았던 것 같다고 귀띔했다.

타임은 예전에도 버핏의 인수 제안을 거절한 적이 있다. 1984년 버핏은 타임의 지분 10퍼센트를 인수하고 싶다는 의사를 먼로에게 비공식적으로 전달했다. 버핏의 경영 방식은 기업의 주식을 대량으로 사들인 뒤 몇 년 또는 몇십 년간 이를 보유하면서 신뢰받는 이사회 멤버이자 고문으로

활동하는 것이다. 그러나 먼로가 자기 회사의 이사회에 버핏의 의사를 전달하자, 이사들은 (먼로의 안타까움에도 불구하고) 그 제안을 거부했다.

"디즈니로 돌아간 버핏, 엄지를 치켜세우다"에서

1996년 4월 1일 | 캐럴 루미스의 기사에서 발췌

올해 3월 5일, 버크셔 해서웨이의 회장 워런 버핏은 오마하에서 도착한 직후 거래 상대에게 손수 서류를 전달하기 위해 맨해튼 시내의 해리스 신탁 회사(Harris Trust) 건물로 성큼성큼 걸어 들어갔다. 그리고 해리스의 직원에게 봉투 두 개를 넘겼다. 첫 번째 봉투에는 버크셔가 보유한 캐피털시티즈/ABC의 주식 2천만 주(25억 달러 상당)가 들어 있었다. 이 회사를 인수할 월트디즈니 컴퍼니에 전달될 예정이다.

밀봉된 두 번째 봉투의 겉면에는 "3월 7일 오후 4시 30분까지 열지 마시오."라고 적혀 있었다. 버핏은 첫 번째 봉투에 담긴 내용물을 월트디즈니에 넘기는 대가로 자신이 무엇을 원하는지를 두 번째 봉투에 적어 넣었다. 하지만 봉투를 개봉할 시간이 되기 전까지는 누구에게도(심지어 디즈니와 캐피털시티즈의 경영진에게도) 그 내용을 공개하기를 원하지 않았다. 캐피털시티즈의 다른 주주들처럼 버핏에게도 몇 가지 옵션이 주어져 있었다. 첫째, 디즈니의 주식과 현금으로 나누어 받는다. 둘째, 전부를 현금으로 받는다. 셋째, 전부를 주식으로 받는다.

과연 두 번째 봉투 안에는 어떤 글이 담겨 있었을까? 디즈니라는 회사에 대해 기대가 높았던 버핏은 캐피털시티즈/ABC의 주식을 넘긴 대가를 모두 디즈니의 주식으로 지불해달라고 요청했다. 그는 3월 7일 오후 디즈니의 CEO 마이클 아이스너(Michael Eisner)를 만난 자리에서 버크셔의 자금을 맡아주어 감사하다는 인사를 회사의 임직원 모두에게 전해달라고 부탁했다. 아이스너는 버핏의 결단이 옳은 의사 결정이 될 수 있도록 최선을

다하겠다고 약속했다. (중략)

버핏은 곧 발표될 버크셔의 1995년도 연례 보고서에서 자신이 인수합병이라는 전투 현장에 다시 돌아왔음을 주주들에게 알릴 예정이다. 1966년, 버핏은 월트디즈니의 환상적인 필름 라이브러리, 급성장 중인 테마파크 사업, 그리고 상대적으로 낮은 주가(당시 디즈니의 시가총액은 9천만 달러 미만이었다)에 이끌려 버핏 파트너십의 자본금 상당액을 투자해 디즈니의 주식을 액면분할 가격 기준 주당 31센트로 사들였다. 최근 이 회사의 주식은 주당 65달러까지 올랐다. 그런데 버핏은 그 주식을 오래 보유했을까? 그렇지는 않다. 그는 1967년 주당 48센트에 전부를 매각해버렸다. "아, 그거요." 약간 당황한 표정의 버핏은 이렇게 말한다. "어쨌든 이제 다시 돌아와 기쁩니다."

> 편집자 노트: 버핏이 돌아온 것은 사실이지만, 그리 오래 머물지는 않았다. 그는 원래 디즈니라는 회사를 좋아했다. 심지어 이 거래가 마무리된 이후에도 디즈니의 주식 상당량을 추가로 매입하기도 했다. 그러나 그 이후로 디즈니 사장이었던 프랭크 웰스(Frank Wells)가 사망하고, 마이클 오비츠(Michael Ovitz)가 회사의 CEO로서 낙제점을 받는 등 디즈니의 경영진은 큰 혼란기를 겪었다. 버핏은 자신의 투자 결정에 대해 치켜세웠던 엄지손가락을 다시 접을 수밖에 없었다. 1999년, 버크셔는 디즈니의 주식을 전부 매각하고 이 회사를 완전히 떠났다.

"자사주 매입으로 시장을 이기다"에서

1985년 4월 29일 | 캐럴 루미스의 기사에서 발췌

과거 〈포춘〉은 자사주 매입이라는 전략에 관한 획기적인 연구를 통해 특정 회사가 자사주를 대량으로 매입하는 경우 주주들에게는 대체로 큰 혜택이 돌아간다는 결론을 내렸다.

이 기사에는 자사주 매입에 대한 다양한 찬반 의견이 담겨 있는데, 그중 일부를 차지하는 것이 버핏의 견해다. 지금도 그렇지만 버핏은 과거에도 '적절한 사유'로 자사주를 매입하는 경영진을 매우 높이 평가했다. 그들은 본인 회사의 주가가 저평가되어 있다는 사실을 적절히 인지하고 있는 사람이라는 것이다. 반면 스톡옵션의 효과에 대응하기 위해서나 기존의 주가를 지킬 목적으로 자사주를 사들이는 경영자들은 그럴수록 자기 회사의 주식이 시장에 더 많이 쏟아져 나오게 만들 뿐이라며 그들에게 경멸의 눈길을 보냈다. 버핏은 종종 이렇게 말한다. "기업이 자사주를 매입하는 유일한 이유는 그 주식이 본래의 가치에 비해 너무 낮은 가격에 팔리기 때문이어야 합니다."

하지만 자사주 매입에 대한 버핏의 확고한 입장이 알려지면서, 버크셔의 연례 주주총회에서는 정작 버핏 자신이 그 일을 실천하지 않는다고 생각한 주주들이 가끔 당혹감에(심지어 분노에) 찬 질문을 쏟아내곤 한다. 그들은 이렇게 묻는다. 왜 버크셔 해서웨이는 회사의 가치가 저평가됐을 때도 자사주를 매입하지 않았나? 2009년 주주총회에서 질문에 나선 어떤 사람은 이 기사의 내용(특히 자사주를 매입할 상황에서 이를 실행하지 않은 기업의 주식은 시장가격이 하락할 거라고 버핏이 언급한 대목)을 인용하며, 이에 대

한 설명을 요구했다.

지난 몇 년 동안 버핏은 그런 질문을 받을 때마다 몇 가지 이유를 들어 답변했다. 과거 닷컴 열풍이 한창이었을 때, 낡아빠진 구시대 기업으로 치부되던 버크셔의 주가는 4만 달러 선까지 추락했다. 버핏은 예전에 자신이 자사주를 제때 매입하지 않는 '실수'를 저지른 적이 있었다고 인정했다. 그는 1999년의 주주서한에서 이렇게 말했다. "당시 제가 평가한 버크셔의 가치가 너무 보수적이었거나, 아니면 제가 회사의 자금을 다른 곳에 활용하는 일에 지나친 열정을 보였는지도 모릅니다." 그는 이 편지에서 앞으로 버크셔의 주식을 회사에 판매하고자 하는 주주들을 위해 언제든 문을 열어두겠다고 말했다. 다시 말해 버크셔의 주주들이 자사주 매입에 대한 논의를 충분히 숙지하고 이에 관련된 문제들을 이해했다면, 회사는 주식을 되팔고자 하는 주주의 요청을 기꺼이 수용하겠다는 것이었다.

그리고 무슨 일이 생겼을까? 버크셔는 단 한 주의 주식도 매입하지 못했다. 버핏에 따르면 극히 소수의 주주가 회사로서는 수용 불가능한 금액으로 판매를 제안해온 것이 전부였다고 한다.

어쨌든 그런 해프닝이 벌어진 뒤에 버핏은 자사주를 매입하려는 시도가 오히려 자기 발목을 잡는 결과로 되돌아올지 모른다고 몇 차례 발언하기도 했다. 즉 버크셔가 자기 회사의 주식을 매입하겠다고 발표하는 순간(즉 자사주 매입이 필요하다는 사실이 밝혀지는 순간) 주식의 가격이 갑자기 치솟아 회사로서는 자사주를 매입할 이유가 사라진다는 것이다. 다시 말해 (이 대목은 버핏의 말이 아니라 내 말이다) 저평가된 주식을 찾아내는 데 천재적인 능력을 지닌 워런 버핏이라는 사람이 버크셔의 주가가 지나치게 낮아 회사가 자사주를 매입해야겠다고 선언하는 순간, 주식의 가격이 더는 낮지 않은 수준으로 즉시 뛰어오를 거라는 말이다.

버크셔의 자사주 매입 정책이 본격적으로 실험대에 오른 것은 2011년 9월 26일의 일이다. 당시 9만 6천9백 달러였던 버크셔의 A주식 가격(버크셔의 주식은 클래스 A와 클래스 B의 두 종류다. 처음 상장된 A주식의 가격이 너무 높아 일반 투자자의 구매가 어려워지자 버크셔는 1996년 A주식의 30분의 1 가격으로 B주식을 신규 발행했다 — 역자주)은 한동안 10만 달러 아래를 맴돌던 참이었다. 버핏은 버크셔 해서웨이가 자사주(A와 B 모두)를 장부가의 110퍼센트 한도로 매입하는 안을 이사회가 승인했다고 발표했다. 그러자 그날이 채 가기 전에 버크셔의 주가는 버핏이 언급한 한계선을 넘어 폭등했다. 물론 회사로서는 그 가격에 단 한 주도 매입하기 어려웠다. 그런 상황에서 몇몇 주주가 버핏이 제안한 한도 아래로 주식을 팔겠다고 내놓았다. 버크셔는 A주식 98주, B주식 8만 2,000주를 합해 도합 6천7백만 달러 상당의 자사주를 사들였다. 물론 수십억 달러의 자사주를 매입할 능력과 의사가 있는 이 회사로서는, 이 주머니에서 저 주머니로 잔돈푼을 옮긴 것과 다름없었다.

버핏이 발표한 110퍼센트의 매입 가격은 곧 변경의 과정을 거쳤다. 2012년 12월, 버크셔는 최근 회사의 오랜 주주로부터(소문에 따르면 버크셔의 자회사 플라이트 세이프티 인터내셔널의 전 CEO 앨버트 웰치였다고 한다) A주식 9,200주를 장부가의 120퍼센트(주당 13만 천 달러)에 매입했다고 발표했다. 총매입액은 12억 달러였다. 버크셔는 회사의 이사회가 이 거래를 승인하면서 다른 자사주도 매입하기 위해 장부가의 120퍼센트를 새로운 한도로 설정했다고 밝혔다. 그 뒤로 2013년 6월 현재까지 버크셔가 자사주를 추가로 매입한 기록은 없다. – CL

오마하 출신의 유명 투자자 워런 버핏은 기업의 자사주 매입을 열렬히 옹호하는 사람이다. 그가 운영하는 회사는 캐피털시티즈와 ABC의 인수합병 거래(캐피털시티즈가 ABC를 인수하는 거래)가 완료된 이후 합병회사의 지분 18퍼센트를 보유하게 되었다. 이는 그의 경력 최대의 투자 건으로 기록될 전망이다. 현재 그가 가장 많은 주식을 소유한 기업들, 즉 가이코, 제너럴 푸즈, 엑슨(Exxon), 워싱턴포스트 컴퍼니 등은 모두 캐피털시티즈 못지않게 그동안 상당량의 자사주를 매입한 회사들이다. 특히 그가 최근 새롭게 투자를 시작한 엑슨은 1983년 이 회사가 자사주 매입을 시작한 뒤에야 비로소 투자 결정을 내렸다. 버핏은 이렇게 말한다. "내가 이 회사에 투자한 가장 큰 이유는 그들이 자사의 주식 가치를 평가한 뒤 자사주를 매입하는 현명하고 친(親)주주적인 결정을 내렸기 때문입니다." 반대로 버핏은 어떤 기업이 자사주를 매입할 기미가 보이지 않는다는 이유로 그 회사의 주식을 처분해버리기도 했다.

그는 기업이 자사주를 매입해야 할 상황에서 이를 실행에 옮기지 않고 대신 다른 회사를 인수한다거나 가치가 훨씬 낮은 곳에 투자하며 자금을 낭비한다면, 시장에서 그 회사의 주가는 하락할 수밖에 없다고 주장한다. 반면 자사주를 매입하는 기업의 주가가 상승하는 이유는 경영진이 주주의 이익에 부합하는 방향으로 회사를 운영한다고 주주들이 인식하기 때문이라는 것이다. "경영자들은 누구나 자기 회사가 주주의 이익을 위해 일한다고 주장해요." 그는 이렇게 말한다. "하지만 그 말이 진실인지 알아내려면 거짓말 탐지기를 작동해봐야 합니다. 거짓말 탐지기로 사용할 만한 적당한 도구가 없을 때는 자사주 매입(그 회사의 주가가 저평가됐다면)이 주주 이익 중심의 경영 철학을 판단할 수 있는 가장 좋은 표지판입니다. 일종의 거짓말 탐지기 대용품인 셈이죠."

누가 '웁스'의 채권을 샀을까

1985년 4월 29일 | 케네스 라비치(Kenneth Labich)

1980년대 중반으로 접어들면서 버핏의 투자 관련 일거수일투족이 뉴스가 될 정도로 그의 명성이 높아졌다. 그러던 1985년 초, 그동안 투자자들이 걸핏하면 조롱의 대상으로 삼던 이른바 '웁스(Whoops, 사람이 무언가에 놀랐거나 실수를 했을 때 지르는 감탄사 — 역자주)'의 채권을 버크셔가 사들였다는 소식이 전해졌다.

이 기사가 나오기 며칠 전 발간된 버크셔의 1985년도 연례 보고서에서 버핏은 이 파격적인 투자의 경과를 보고하고 채권을 매입하는 데 따르는 일반적 고려 사항(일례로 인플레이션을 조심해야 한다는 등)을 주주들에게 설명하느라 애를 먹었다. 투자자가 항상 증권의 가격을 세심히 살펴야 한다고(더 정확히 말하자면 가격이 잘못 붙은 증권을 찾아내어 이로부터 수익을 거두어야 한다고) 강조한 버핏은 편지에서 다음과 같이 말했다. "찰리 멍거와 저는 우리가 채권을 매입한 시점과 지불한 가격(지금보다 훨씬 낮은 가격)을 바탕으로 리스크를 계산해서, 애초에 예상했던 수익보다 훨씬 큰 보상을 얻었습니다."

버핏은 또 이 주주서한에서 어느 기업의 '전부'를 사들일 것인가, 아니면 주식(때로는 채권)으로 대표되는 그 기업의 '조각'을 사들일 것인가에 대한 견해를 이렇게 밝혔다. "만일 우리가 어느 기업 전체를 사들일 때 부담해야 하는 주당 가격에 비해 훨씬 경제적이고 만족스러운 가격으로 그 기업의 일부를 사들일 수 있다면, 앞으로 우리에게 매우 좋은 일이 생길 겁니다."

바로 '웁스' 채권의 경우가 그랬다. 결론부터 말하면 버크셔는 도합 2억 6천만 달러 가치의 웁스 채권을 매입해서, 1983년부터 1990년대 초반에 걸쳐 수량을 증감해가며 보유했다. 버크셔는 이 투자 덕분에 2억 6천 3백만 달러의 면세 이자소득을 올렸으며, 채권을 모두 처분하는 시점에서 6천8백만 달러의 자본이익을 기록했다. – CL

미국에서 가장 영리한 투자자 중 하나라는 명성을 쌓은 워런 버핏은 이따금 대담하고 예상치 못한 행동으로 월스트리트를 놀라게 한다. 지난 2주 사이에도 그는 또다시 파격적인 행보를 선보였다. 캐피털시티즈 커뮤니케이션즈가 ABC 방송국을 인수하는 거래에서 중요한 역할을 담당한 올해 54세의 버크셔 해서웨이 회장은 또 한 번 세상에 놀라움을 선사했다. 버크셔의 연례 보고서에서 회사가 워싱턴 공공 전력공급시스템(Washington Public Power Supply System, WPPSS)의 장기채를 1억 3천9백만 달러어치나 사들였다고 밝힌 것이다. 워싱턴주에 소재한 이 악명 높은 핵발전소 건설기관은 1983년 22억 5천만 달러 상당의 채권에 대해 채무불이행을 선언함으로써 WPPSS 대신 '웁스(Whoops)'라는 별명을 얻게 된 곳이다.

도시 사업부문과 공익 사업부문으로 구성된 지방자치기관 WPPSS는 1970년대부터 다섯 개의 거대한 핵발전소 건설을 시작했다. 물론 버핏이 구입한 채권은 이 기관이 4, 5호기 핵발전소 자금조달 목적으로 발행한 뒤 채무불이행을 선언한 바로 그 채권은 아니다. WPPSS는 이 두 발전소의 건설 초기에 예산 대비 실제 비용이 한참 초과된 데다 이 지역의 전력 수요량이 과대평가됐다는 증거가 나오자 결국 4, 5호기의 건설을 중단해버렸다. 버핏이 사들인 채권은 WPPSS가 1, 2, 3호기 건설을 위해 발행한 것이다. 그들이 이 채권에 대해 계속 이자를 지급할 수 있는 이유는 이 발전소들이 4, 5호기와 달리 지역에서 활동하는 연방 전력기관의 지원을 받기 때문이다.

지금까지만 보면 버핏은 이 투자 덕분에 또 한 차례의 승리를 이루어낸 듯 보인다. 그가 이곳의 채권을 사들이기 시작한 시점은 WPPSS의 채무불이행 소식이 세상에 전해진 직후인, 이 단체가 발행한 모든 채권의 가격이 바닥을 칠 때였다. 덕분에 그는 앞으로 매년 16.3퍼센트의 면세 이자, 즉 연 2,270만 달러의 매력적인 이자수익을 거두어들일 수 있다. 게다가 그가 소유한 1, 2, 3호기 채권의 가격은 1984년 말 현재 13퍼센트가 올랐다. 물론 WPPSS 채권을 손에 쥔 버핏의 아슬아슬한 줄타기는 이제부터 시작일 뿐이다. 보험업, 소매업, 출판업을 망라하는 거대 기업집단 버크셔 해서웨이는 대량의 채권을 보유한 회사이기도 하다. 그러나 버핏의 특기는 역시 주식시장에서 가치가 저평가되었다고 판단되는 주식을 사들이는 데 있다. 그는 자신이 WPPSS 채권을 사들인 행위가 위험한 결정이었다고 빠르게 인정한다. 채권으로 건설 자금을 조달한 3개의 원자로 중 제때 가동이 예정인 곳은 한 기뿐이다. 나머지 두 기가 생산하는 전기가 필요해질 시점은 1990년대 중반이 될 듯하다. 그렇다면 WPPSS가 그때까지 재정적 안정 상태를 유지할 수 있을까? 게다가 예전 채무불이행 채권 소유자들을 포함해 여러 곳에서 WPPSS를 상대로 수십 건의 소송을 걸어둔 상태다. 그러다 보면 정상적인 채권의 이자 지급에도 차질이 발생할지 모른다. 버핏 자신도 주주들에게 이렇게 경고하곤 한다. "아주 작은 위험 요소 하나가 불과 한두 해 안에 그 '비즈니스'의 가치를 제로로 만들 수도 있습니다." 하지만 버핏은 그런 최악의 결과를 별로 우려하지 않는 듯하다. 게다가 그는 이 한 건의 투자에 대한 의사 결정을 기준으로 자신의 능력을 스스로 평가하거나 남에게 평가받고 싶어 하지도 않는다. 중요한 것은 종합적인 실적이다. 아닌 게 아니라 그동안 버핏은 놀라운 투자 실적을 거두었다. 버크셔 해서웨이의 지분 41퍼센트를 소유한 그는 이 회사가 수많은 곳에 투자한 17억 달러 가치의 자산을 관리하는 중이다. 10년 전 40달러에 거래되던 버크셔 해서웨이의 주가는 최근 1,800달러를 넘었다.

온화한 표정의 이 네브래스카주 토박이는 자신의 수수한 사무실 소파에 앉아 WPPSS 투자 건과 예전에 자신이 단행했던 또 다른 파격적인 투자의 사례들을 비교해서 설명했다. 그중 가장 유명한 일화는 1963년 티노 드 안젤리스(Tino De Angelis)라는 희대의 사기꾼이 벌인 사기극으로 아메리칸 익스프레스(American Express)의 주가가 곤두박질쳤을 때, 버핏이 이 회사의 주식을 대량으로 사들인 이야기다. 소위 '샐러드 오일 스캔들(Salad oil scandal)'로 알려진 이 사건에는 아메리칸 익스프레스의 창고업 전문 자회사 하나가 관련되었음이 밝혀졌다. 이 자회사가 보관증서를 발행한 엄청난 양의 목화씨 기름과 콩기름이 애초에 존재하지도 않았다는 사실이 드러난 것이다. 월스트리트의 많은 투자자는 이 사건으로 아메리칸 익스프레스가 파산할지도 모른다고 우려했으나, 버핏은 그 틈을 타 이 회사의 지분 5퍼센트를 헐값에 사들였다. 결국 아메리칸 익스프레스가 그 사기 사건으로 부담해야 할 채무가 원래 예상보다 훨씬 적은 금액으로 결정되자 이 회사의 주가는 다시 치솟기 시작했고, 버핏의 파격적인 투자는 승리로 마무리됐다. "대중적이지 않다는 말이 옳지 않다는 의미는 아닙니다." 버핏이 웃으면서 말했다. "아무도 찾지 않는 연못이 오히려 고기를 낚기에는 훨씬 좋아요. 월스트리트 사람들이 모두 훌륭한 투자처라고 동의하는 곳에는 비싼 가격을 치러야 합니다."

그런 면에서 WPPSS는 역(逆)투자자들의 천국이라고 할 만하다. 1, 2, 3호기 채권 소유자들은 최근 피 말리는 법적 분쟁의 소용돌이에서 겨우 빠져나왔다. 그들이 계속 이자를 받을 수 있는 이유는, 미 중서부의 여러 도시와 공익 기업들에게 수력 전기를 판매하는 연방정부 소속 보네빌 전력청(Bonneville Power Administration)이 매출의 일부를 떼어 1, 2, 3호기 채권 보유자들에게 이자를 지급하고 있기 때문이다. 하지만 WPPSS의 원자력 발전소와 전력 공급 계약을 맺은 오리건주 스프링필드시는 납세자들의 이의 제기에 따라 그 일이 정당한지 법원이 판단해달라고 요구했다. 올 2월, 샌프란시스코의 항소 법원은 보네빌 전력청이 WPPSS의 채권 보유자들에게 이자를 지급해도 문제가 없다고 판결했다.

그러나 앞으로 더 많은 소송이 제기될 가능성이 있는 데다 그 밖에 우려스러운 점도 한둘이 아니다. 보네빌 전력청이 이자를 계속 지급하기 위해서는 현금 유동성이 안정적이어야 한다. 하지만 이는 전기를 판매하는 발전소 댐의 인근 지역에 비가 많이 내려 발전에 충분한 저수량이 꾸준히 확보되어야만 가능한 일이다. 게다가 생산한 전기를 모두 적정가에 판매할 수 있는 것도 아니다. 이 지역의 대표적인 기업 고객인 알루미늄 제련업자들이 최근 외국 제품과의 경쟁 탓에 경영에 어려움을 겪자, 보네빌 전력청은 이 기업들에게 전기 요금을 깎아줘야 하는 처지에 놓였다. 또한 4, 5호기 채권을 보유한 사람들도 보네빌 전력청이 지급하는 이자를 나누어 받을 자격이 있는지에 대한 법정의 판단이 곧 나올 거라는 점도 1, 2, 3호기 채권 보유자들에게는 또 다른 걱정거리다. 그동안 WPPSS의 상황을 지켜본 사람들은 이 두 채권을 보유한 투자자들 사이에 마치 만리장성이 가로놓여 있는 것 같다고 말한다. 1, 2, 3호기 채권에 투자한 사람들에게 가장 위험한 것은 WPPSS가 파산을 선언할 가능성이다. 물론 미국에서 이런 대형 공공기관이 파산한 전례는 거의 없지만, 앞으로 1, 2, 3호기 채권이 어떤 운명을 겪을지는 아무도 모른다.

대부분의 지방채 투자 전문가는 이런 불확실성을 고려해 WPPSS 채권을 사지 말라며 고객들을 말린다. 미 서부 해안 지역의 어느 채권 전문가는 WPPSS에 투자하는 일을 제2차 세계대전 때 미 해군의 호송선단을 타고 북대서양을 건너가는 일에 비유했다. "당신이 있는 방향으로 적군이 어뢰를 발사할 것은 분명합니다." 그는 이렇게 말한다. "하지만 그 어뢰에 당신이 맞을지는 알 수 없습니다." 월스트리트의 대표적인 두 신용평가기관 무디스(Moody's)와 스탠더드 앤드 푸어스(Standard & Poor's)는 모두 WPPSS 1, 2, 3호기 채권에 대한 신용 등급 평가를 거부했다.

그러나 일부 채권 전문가 사이에도 버핏처럼 WPPSS의 높은 수익률에 공감하는 사람이 있다. 시어슨 리먼 브라더스(Shearson Lehman Brothers)에서 지방채 부서 부사장으로 근무하는 로버트 애들러(Robert Adler)는 이렇게 말했다. "그 채권은 투자등급에 속하지도 않고 우량채도 아니지만, 그 리스크를 잘 이해하는 개인 투자자에게는 높은 수익을 돌려줄 수도 있습니다." (시어슨 리먼을 소유한 아메리칸 익스프레스는 애들러에 비해 훨씬 비관적인 전망을 가진 듯하다. 아메리칸 익스프레스의 어느 보험업 자회사는 1984년 7천 6백만 달러 상당의 WPPSS 1, 2, 3호기 채권을 모두 처분했다.) 톰슨 맥키넌 시큐리티스(Thomson McKinnon Securities)의 지방채 연구 담당 이사 하워드 시처(Howard Sitzer)는 고객들에게 WPPSS의 1, 2, 3호기 채권에 투자하라고 권한다. 그는 1984년도 총매출액이 27억 달러에 달하는 보네빌 전력청은 5억 7천만 달러 정도의 WPPSS 이자를 감당할 능력이 당분간 충분하다고 주장한다. 또 시처는 WPPSS의 파산 가능성도 적다고 내다봤다.

버핏은 자신이 WPPSS의 채권을 사기로 한 것은 다른 투자에 있어서와 마찬가지로, 그 투자의 기본 가치를 냉정하게 분석해서 내린 의사 결정이었다고 강조한다. 예를 들어 그 채권에서 발생하는 세후 수익금은 일반적으로 현재 투자액의 2배가 넘는 돈을 쏟아부어야 얻을 수 있는 금액이다. 그는 이 투자를 진행하기 전에 모든 위험 요소를 세밀하게 살펴봤다고 말한다. "우리 회사는 신용 등급을 바탕으로 투자 결정을 하지 않아요. 만일 우리가 무디스나 스탠더드 앤드 푸어스 같은 회사에게 돈을 맡기길 원했다면, 진작 가져다줬을 겁니다." 버핏은 버크셔의 오마하 본사에는 컴퓨터가 없으며, 자신은 어떤 전자 데이터의 도움 없이 스스로 투자 분석을 한다고 자랑스럽게 말한다. "대신 많이 읽어요. 그게 전부죠."

버핏은 버크셔 해서웨이가 작년 말 이후로 WPPSS의 채권을 더 매입했는지 아니면 일부를 처분했는지에 대해서는 말을 아꼈다. 그가 ABC에 5억 1,750만 달러를 투자하기로 약속했다고 해서 WPPSS의 채권을 처분해 자금을 조달해야 할 이유는 없을 것이다. 그는 회사에 넘쳐나는 현금과 유동자산을 활용할 수도 있고, 아니면 자신의 막강한 대출 능력에 의지할 수도 있을 것이다. 버크셔 해서웨이는 〈포춘〉의 발행자인 타임 주식회사의 주식 4퍼센트를 포함해 매스컴 분야에도 다량의 주식을 보유하고 있는 중이다. 그러다 보니 미 연방통신위원회(Federal Communications Commission)에서 그에게 ABC에 투자한 조건에 맞춰 타임의 지분 일부를 매각하라고 압력을 넣을 가능성도 없지 않다.

버핏은 자신이 채권에 다시 투자할 일은 거의 없을 거라고 말한다. 연방 정부의 재정적자 확대에 따라 인플레이션이 심해지고 금리가 치솟을 경우, 채권 보유자들에게는 재난이나 다름없는 상황이 되리라는 것이다. "인플레이션이 걷잡을 수 없이 진행되면 당신이 사들인 채권이 순식간에 휴지 조각으로 변할 수도 있습니다."

최근 버핏이 뉴스에 오르내리기는 했지만, 그가 많은 투자 건을 집행하는 것은 아니다. 그는 이렇게 말한다. "문제는 내 머리에 1년에 50개씩 투자 아이디어가 떠오르지는 않는다는 거예요. 고작 한두 개면 운이 좋은 거죠." 하지만 그는 일단 어느 곳에 투자를 결심하면 큰 규모로 베팅을 한다. 버핏은 최근의 연례 보고서에서 몇몇 아이디어에 과도하게 돈을 쏟아부으면 한 해 사업을 망칠 수도 있다고 주주들에게 경고했다. 물론 그럴 수도 있을 것이다. 하지만 버크셔의 주주들은 버핏 덕분에 이미 깜짝 놀랄 일을 많이 겪은 듯싶다.

"여러분, 잘 들으세요!"에서

1986년 4월 28일

"지난해 우리 회사는 순자산이 6억 1,360만 달러 증가한 48.2퍼센트의 수익률을 기록했습니다. 우리가 이런 놀라운 수익을 올리는 사이 핼리혜성이 지구를 스쳐 지나갔습니다. 두 사건 모두 내 남은 인생에서 다시는 경험하지 못할 일일 듯합니다."

- 워런 버핏, 55세, 버크셔 해서웨이 회장,

1985년 회사 연례 보고서에서

편집자 노트: 버핏의 예상은 빗나갔다. 그로부터 13년 뒤인 1998년, 비록 핼리혜성은 없었지만 버크셔는 1985년의 실적을 살짝 넘는 48.3퍼센트의 수익을 올렸다. 하지만 버핏은 1998년도 연례 보고서에서 이 실적의 가치를 높이 평가하지 않았다. 수익 대부분이 버크셔가 기업들을 사들이기 위해 (대표적으로 넷젯과 제너럴 리) 신주를 발행한 데서 오는 효과로 발생했으며, 이 기간 버크셔의 주식은 장부가를 훨씬 상회하는 높은 프리미엄으로 시장에서 거래됐기 때문이다.

물론 주가보다 더 중요한 지표인 회사의 내재가치 역시 높았던 해에 버핏이 주식을 발행한 일이 우연이라고는 할 수 없다. 그는 버크셔 주식의 내재가치가 '낮을' 때 시장에 판매하는 것을 죄악이라고 여긴다.

"자식에게 전 재산을 물려주어야 할까?"에서

1986년 9월 29일 │ 리처드 커클랜드(Richard I. Kirkland Jr.)의 기사에서 발췌

이 기사는 버핏을 사상 처음으로 〈포춘〉의 표지에 등장하게 만든 글이다. 물론 그가 이 긴 이야기의 주연을 맡기는 했지만 여러 부유한 인물도 여기에 조연으로 등장한다. 따라서 이 책에서는 기사의 머리 부분을 포함해 버핏과 관련된 단락만을 추려서 소개한다.

애초에 이 기사가 기획된 이유는 평소 버핏이 자식에게 큰 재산을 상속하는 일에 매우 부정적인 견해를 (특히 내게) 밝혔기 때문이다. 기사 작성자인 리처드 커클랜드(그는 나중에 〈포춘〉의 편집장이 된다)는 취재 도중 다른 부유한 사업가들도 이 주제에 관해 기탄없이 의견을 말해주었다고 기억한다. 그의 기사는 독자들의 흥미를 크게 자극했다. 연방준비제도이사회 의장 폴 볼커는 워싱턴의 어느 파티에서 만난 〈포춘〉의 편집장에게 "모든 사람이 당신이 쓴 기사에 대해 이야기합니다"라고 말했다. 기사가 나온 지 25년이 지난 오늘날에도 버핏은 이따금 기사의 내용에 관한 질문을 받는다. 그 독자들은 마치 이 기사를 잡지에서 오려서 지금껏 고이 간직하고 있는 듯하다. 그의 딸 수잔(Susan, 버핏의 자녀 중 가장 나이가 많으며 나머지는 두 아들 하워드와 피터다)에게는 이 기사에 나오는 일화 때문에 더욱 많은 질문이 쏟아졌다. 수잔은 자신을 만난 사람들이 의아한 표정으로 이렇게 묻는다고 말했다. "아버지가 정말 주방 수리할 돈도 안 보태주시나요?"

과거 버핏은 자식들에게 '수십만 달러'만 상속해도 충분하다고 생각했다. 오늘날에도 그는 여전히 구두쇠다. 하지만 세월이 흐르고 물가도 오르면서 그가 자식들에게 물려주겠다는 '수십만 달러'는 다소 상향 조정이 된 듯하다.

그 뒤로 오랜 시간이 흘렀지만, 버핏은 자신의 속내를 공식적으로 털어놓지 않았다. 그러다 2010년 뉴욕에서 개최된 부자들과의 만찬에서 자기 자녀들이 그동안 아버지로부터 어느 정도의 돈을 지원받았고, 본인이 세상을 떠나면 아이들에게 얼마나 많은 재산이 돌아갈지 처음으로 공개했다. 2004년에 세상을 떠난 그의 아내 수지가 세 자녀에게 천만 달러씩을 물려주겠다고 유언장에 썼고, 버핏도(마침 그는 이 만찬이 있기 직전 유언장을 다시 고쳐 썼다) 세 명의 자식에게 각각 천5백만 달러를 상속할 예정이라는 것이다.

버핏의 세 자녀가 물려받게 되는 돈은 도합 7천5백만 달러 정도다. 반면 버핏의 재산 총액은 5백억 달러에 육박한다. 버핏은 부모의 재산을 자식들에게 몽땅 물려주는 일에 여전히 부정적인 입장이다.

또, 그는 버크셔 해서웨이의 경영도 자식들에게 맡길 생각이 없다. 그런데 이는 다소 미묘한 문제다. 버핏은 자신의 가족 구성원이 회사의 문화를 가장 잘 보존할 거라고 믿기 때문에, 추후 그럴 필요가 있다면 자신의 장남인 하워드(Howard)에게 버크셔의 회장 자리를 물려주고 싶어 한다. 물론 그때도 회사의 실질적인 운영을 주도하는 사람은 가족 외부의 경영자가 될 것이다.

이런 점들을 고려하면 버핏의 수정된 유언장에는 자선 기부금과 관련된 내용이 대폭 반영되어 있을 듯싶다. 수지 버핏 여사가 세상을 떠나기 전인 1999년, 워런과 수지는 세 자녀에게 천만 달러씩을 주면서 각자 자선재단을 세우게 했다. 이 재단들은 수지가 유언장을 통해 남긴 추가 기부금 덕분에 모두 1억 달러 이상의 규모로 성장했다. 그리고 버핏의 아들이자 작가인 피터 버핏(Peter Buffett, 이 책의 616페이지에 그에 관한 기사가 나온다)의 표현대로 마치 '빅뱅' 같은 일이 벌어졌다. 2006년 워런 버 핏이 ((포춘)의 기사를 통해) 자녀들이 운영하는 3개 재단을 포함한 5개 재 단에 자신의 재산 대부분을 점차적으로 기증하겠다고 발표한 것이다. 그 뒤로 자녀들이 운영하는 재단 세 곳은 버핏에게서 각각 4억 달러 가까운 주식을 수령했다.

그리고 이 금액은 더 불어났다. 2012년 8월 30일, 버핏은 자신의 82번 째 생일을 축하하는 자리에서 자녀들이 운영하는 재단에 기증할 주식의 양을 두 배로 늘리겠다고 발표했다. 기부금의 정확한 액수는 향후 몇 년 간 버크셔 해서웨이 주가에 따라 결정되겠지만, '빅뱅'같이 제공된 기부 금과 2012년 버핏이 추가로 기부한 금액을 합하면 재단 하나에 최소 20 억 달러 또는 그 이상의 돈이 돌아갈 것이 확실하다(버핏의 막대한 기부금에 대한 〈포춘〉의 기사는 이 책의 508페이지에 실려 있다). - CL

기사 첫머리

올해 56세의 워런 버핏은 매우 성공적인 지주회사 버크셔 해서웨이를 이 끄는 천재 투자자로, 재산 총액이 15억 달러에 달한다. 그러나 그의 세 자 녀를 별로 부러워할 필요는 없을 듯하다. 자식들에게 막대한 부(富)를 상 속하는 것이 그리 현명한 일이 아니라는 신념을 지닌 버핏은 재산 대부분 을 자신이 설립한 자선재단에 기부할 예정이다. 딸 하나와 아들 둘을 대 학에 보낸 이 오마하의 투자자는 크리스마스를 맞아 집에 모인 자녀들에 게 각각 몇천 달러를 주는 것으로 스스로 만족해한다. 그 밖에 자식들에게 돌아가는 것은 아무것도 없다. 그의 딸 수잔(33세)은 이렇게 말한다. "만약 제가 아버지에게 20달러짜리 수표를 쓰면, 아버지는 그것을 현금으로 바 꾸시죠." 그가 자식들을 집안 재산에 손을 못 대게 하는 이유는 그들이 게 으름뱅이거나 난봉꾼이어서가 아니다. 또는 가업을 물려받는 일(부유한 집안이 대개 부를 쌓는 방법)을 거부하기 때문도 아니다. 버핏은 이렇게 말한다. "우리 애들은 세상에서 담당할 몫은 따로 있습니다. 그리고 이 아이들은 본인이 어떤 일을 하든 아버지가 자기편이라는 사실을 잘 알아요." 그는 '오직 부자 부모를 두었다는 이유로 평생 공짜로 먹고살게 만들어주는 일'이 아이들에게도 해로울 뿐 아니라 나아가 '반(反)사회적 행위'라고 믿는다. 그의 생각에 자식들에게 남겨주기에 가장 적당한 돈은 '어떤 일이든 시도해보기에는 충분하면서도, 아무 일도 안 하고 놀고먹기에는 부족한' 금액이다. 버핏은 자식들을 대학까지 보내줬으니 각자에게 '수십만 달러' 정도만 물려줘도 충분할 거라고 생각한다.

우리는 자식들에게 얼마나 많은 재산을 물려주어야 할까? 이는 특히 많은 미국인을 고민에 빠뜨리는 문제다. 대부분의 국가에서는 관습과 법률을 바탕으로 부모가 사망하면 고인의 재산 대부분이 자식들에게(그들이 커다란 범죄를 저지르지 않는 한) 자동 상속된다. 오직 영국과 영국의 옛 식민지 국가들(주로 관습법 국가들)만이 자녀에게 상속할 재산을 결정할 권리를 재산 소유자, 즉 부모에게 부여한다.

기사중간

일부 부유한 사람들은 자식에게 재산을 전혀 물려주지 않는 일에도 문제가 없지 않다고 주장한다. 어떤 사람은 이렇게 묻는다. "부모에게 재산이 많다는 사실을 아이가 아는데도 정작 아이에게 쥐꼬리만큼만 물려준다면 나중에 부모를 원망하지 않을까요?" 버핏의 딸 수잔은 〈유에스 뉴스 & 월드 리포트(U.S. News & World Report)〉 편집자의 행정 업무 담당 비서로 일한다. 남편은 공익 변호사다. 수잔은 그동안 아버지의 방식에 맞춰 살아가기가 힘들었다고 털어놓는다. "아버지가 매우 정직하고, 원칙적이고, 훌륭한 분이라는 사실은 잘 알아요. 그리고 저도 아버지의 입장에 기본적으로 동의하죠. 하지만 부모들은 대개 자식을 위해 뭔가를 사주고 싶어 하지 않나요? 게다가 아이들이 원하는 것은 아주 적은 돈이에요. 예를 들어, 6개월 동안 바닷가에 놀러 가지 않은 대신 주방 수리비를 보태달라는 식이죠. 그러나 항상 원칙에 따라 살아가는 아버지는 그 돈을 주시질 않아요. 아버지는 제가 태어나서 지금까지 저에게 뭔가 교훈을 주시기 위해 노력했다고 생각해요. 이제 교훈은 얻을 만큼 얻었으니 좀 그만하셨으면 좋겠어요."

계속되는 글

워런 버핏은 기업의 소유자들이 자기가 사랑하는 회사의 경영권을 가족에게 넘길 생각을 하지 말아야 한다고 주장한다. 그는 현재 버크셔 해서웨이를 이끄는 가족 외부의 경영자들이 버핏이 세상을 떠난 뒤에도 계속 회사를 맡아 운영하게 될 거라고 한다. 물론 자신의 상속자 중에서 회사를 경영하기에 가장 뛰어난 후보자가 나올 수도 있겠지만 그럴 가능성은 매우 희박하다는 것이다. 버핏은 이렇게 말한다. "올림픽 대표팀을 선발할 때 20년 전에 금메달을 딴 선수의 아들딸을 뽑는 건 좋은 방법이 아니잖아요. 아버지가 뛰어난 업적을 거둔 사람이라고 해서 그 자녀를 높은 자리에 올려주는 일은 이 경쟁 사회에서 말도 안 되는 미친 짓이죠."

회사 파실 분 연락 주세요

1986년 12월 22일 | 뉴스트렌드 섹션 기사

최근 〈월스트리트저널〉에 특이한 광고 하나가 눈에 띄었다. 버크셔 해서 웨이의 회장인 56세의 워런 버핏이 기업가치가 1억 달러 이상인 회사를 1986년 12월 31일 이전까지 인수하고 싶다는 광고를 게재한 것이다. "우리에게는 자금이 충분합니다." 광고비가 4만 7천 달러에 달하는 전면 광고에는 이런 문구가 쓰였다. "우리는 매우 신속한 속도로 인수 업무를 진행할 수 있습니다. …… 관심 있는 기업은 빨리 연락 주세요."

버핏이 이토록 서두르는 이유는 내년 1월 1일부터 발효되는 새로운 세법 때문이다. 개인에게 부과되는 자본이득세(capital gains tax, 주식의 양도 차액에 부과하는 세금으로 양도소득세와 비슷한 개념 — 역자주)가 20퍼센트에서 28 퍼센트로 인상된다는 소식이 버핏에게 경고음을 울린 것이다. 그는 기업의 소유주들이 12월 31일 이후에 회사를 매각한다면 새로운 세법의 적용을 받아 최대 52.5퍼센트의 자본이득세를 내야 할 수도 있다고 경고한다. 기업을 매각하는 회사가 부담하는 34퍼센트의 세금, 그리고 주주들이 자본이득 잔여분에 대해 납부하는 28퍼센트를 함께 계산하면 그 정도 숫자가 나온다는 것이다. "모든 기업은 서둘러야 할 겁니다." 버핏의 말이다.

하지만 기업의 사장들은 전화 앞으로 달려가기에 앞서 버핏이 아무 회사나 인수하지는 않을 거라는 사실을 알아야 한다. 광고에 따르면 인수 대상 기업은 '적어도 천만 달러 이상의 세후 수익'을 기록했어야 하고, 자기자본이익률이 높아야 하며, 부채가 없거나 적고, 경영진이 탄탄한 회사여야 한다. 또한, 비즈니스도 단순해야 한다. "복잡한 기술은 우리가 이해하지 못합니다."

편집자 노트: 버핏은 이 광고를 통해 아무 회사도 인수하지 못했다.

주가지수 선물시장의 문제를 예견한 버핏

1987년 12월 7일 |
워런 버핏이 존 딩겔 주니어(John Dingell Jr.) 하원의원에게 보낸 경고 편지

1987년 10월 중순, 한 주간 엄청난 규모의 매도세에 휩싸였던 주식시장은 결국 그달 19일 다우지수가 22.6퍼센트 대폭락한 블랙먼데이(Black Monday)를 맞았다. 시장의 붕괴 원인을 두고 강도 높은 조사를 진행하던 전문가들은 당시 몇 년 전에 거래가 허가된 'S&P 주가지수 선물'이라는 파생상품에 주목했다. 일부 기관투자자가 '포트폴리오 보험(portfolio insurance)'이라는 컴퓨터 기반의 자동화된 트레이딩 전략을 도입하면서 프로그램이 S&P 주가지수 선물을 계속 기계적으로 매도했고, 다른 기관투자자들이 이에 동조하면서 시장의 공황 상태가 확대됐다는 것이다. 그런 상황에서 몇 년 전(1982년) 워런 버핏이 미 하원의 감독 및 조사 분과위원회 위원장이었던 존 딩겔 주니어 의원(미시간주, 민주당)에게 보낸 편지 한 통이 갑자기 세간의 관심을 끌었다. 버핏이 이 편지를 보낸 그해에 하원은 시카고 소재 세계적 선물시장인 시카고상업거래소(Chicago Mercantile Exchange)에 주가지수와 연동된 선물계약의 거래를 허용할지 여부를 두고 논쟁을 벌이던 참이었다. 딩겔은 이를 허가하지 말자고 주장했으며 버핏도 같은 의견이었다. 그들은 아주 오래전부터 조금 안면이 있었다. 두 사람 모두 아버지가 하원의원이면서 친구였기 때문이었다. 비록 하워드 버핏(네브래스카주, 공화당)은 골수 보수주의자였고 아버지 존 딩겔(미시간주, 민주당)은 반대편 극단에 선 인물이었지만, 아들 존 딩겔 주니어는 그런 배경에도 불구하고 워런 버핏에게 먼저 편지를 보내 버핏이 왜 주가지수 선물거래를 반대하는지 물었다. 버핏은 세심하고 논리적으

로 작성된 답장에서 이렇게 말했다. "우리에게는 이 나라의 주식시장에 아무런 도움이 되지 않는 파생상품에 뛰어들어 도박판을 벌일 사람도, 뒤에서 이를 부추길 중개인도 필요하지 않습니다."

하지만 버핏과 딘겔은 자신들의 주장을 관철하는 데 실패했다. 시카고 상업거래소에서는 1982년 4월부터 S&P 주가지수 선물거래가 시작됐다. 그 뒤 1987년의 블랙먼데이와 같은 위기가 몇 차례 닥쳤음에도 불구하고 이 시장의 규모는 급격히 확대되어 갔다. 그로부터 25년 뒤, S&P 주가지수 선물은 'S&P E-미니 선물(S&P E-mini futures)'이라는 선물계약으로 대체됐다. 투자자들에게 비교적 적은 금액으로도 상품을 거래할 수 있도록 만든 이 새로운 계약은 순식간에 선물시장의 왕좌에 올랐다. 2010년 5월 수많은 투자자를 공포에 몰아넣은 플래시 크래시(Flash Crash, 주가나 채권 금리 등 금융상품의 가격이 일시적으로 급락하는 현상을 일컫는 용어로, 2010년 5월 6일 다우지수가 불과 몇 분 사이 1,000포인트 이상 급락했다가 회복된 사건을 계기로 사용되기 시작했음 — 역자주)가 발생했을 때, 엄청난 E-미니 투매 물량이 시장에 쏟아져 나온 것이 주요 원인 중 하나로 꼽혔다.

버핏이 1982년 딘겔 의원에게 보낸 편지를 소개한다. – CL

이 편지는 향후 미국에서 주가지수에 연동된 선물 상품의 거래가 시작될 가능성이 있다는 소식을 접하고 그에 관한 의견을 제시하기 위해 보내는 서한입니다. 저는 몇 년간 증권 판매직원으로 일한 경력을 포함해 지난 30년 동안 다양한 방면에서 투자 비즈니스를 경험한 사람입니다. 특히 지난 25년간은 금융 애널리스트로서 경력을 쌓았으며, 현재 6억 달러가 넘는 주식 포트폴리오를 단독으로 책임지고 있습니다.

투자 또는 투기 시장에서 향후 어떤 일이 발생할지 미리 내다보기는 불가능합니다. 그러므로 자신이 정확한 예측을 한다고 주장하는 사람을 조심해야 합니다. 제 생각에 주가지수 선물의 미래에 대해서는 대체로 아래와 같은 합리적인 예상을 할 수 있을 듯합니다.

1. 주가지수 선물계약이 수행할 수 있는 역할은 실투자자의 리스크를 줄여주는 일일 것입니다. 그동안 많은 투자를 관리하는 과정에서 형성된 저의 견해에 따르면, 저평가된 주식을 찾아내는 데 뛰어난 능력을 보유한 투자자라도 주식시장의 단기적인 움직임을 정확히 예측하기는 어렵습니다. 따라서 논리적인 투자자라면 당연히 시장의 변동에 따른 리스크를 '상쇄'하고 싶어 합니다. 이 경우 그 투자자가 주식시장을 대표하는 지수에 연동된 선물을 계속 매도한다면 리스크를 상쇄할 수 있을 것입니다. 가령 천만 달러의 저평가 주식을 소유한 어떤 투자자가 천만 달러의 주가지수 선물을 계속 매도했을 때, 그에 따르는 이익이나 손해의 규모는 주식을 선택하는 능력에 따라 달라지겠지만, 적어도 시장 전체의 변동성에 따라 투자 실적에 막대한 지장이 초래될 우려는 하지 않아도 좋을 것입니다. 물론 이 과정에는 적지 않은 비용이 수반되기 때문에(또한 투자자들 대부분은 장기적으로 주가가 상승한다고 믿기 때문에), 이런 헤지 전략을 바탕으로 계속 투자를 관리할 수 있는 전문가는 많지 않을 것입니다. 그러나 자신의 투자 포트폴리오를 항상 '시장 중립적' 상태로 유지하고자 하는 소수의 투자 전문가는 이 전략을 통해 목표를 달성할 수 있을지도 모릅니다.

2. 위에서 언급한 바와 같이 주가지수 선물계약을 지속적으로 매도하는 것만이 논리적으로 리스크를 줄일 수 있는 전략입니다. 이 선물 상품을 사들이는 방법으로는 어떤 경우에도 위와 같은 투자 및 헤징 전략의 수행이 불가능합니다. 그러므로 시장 전체적으로는 리스크 개선 차원

의 선물거래 비중이 최대 50퍼센트, 리스크 확대나 도박의 형태로 이루어
지는 선물거래(즉 매수) 비중이 50퍼센트를 넘지 않는 것이 바람직합니다.

　　3. 그러나 리스크 개선과 리스크 확대 전략의 이상적 비율 50 대
50은 현실에서 전혀 다른 수치로 바뀔 것입니다. 대중의 도박 성향을 부추
기는 가장 중요한 요인은 막대한 보상과 낮은 진입 비용(실제 성공 확률이
아무리 떨어진다고 해도)입니다. 라스베이거스의 카지노들이 대형 잭 팟이
터졌다고 떠들썩하게 광고를 하고, 미국의 여러 주가 큰 상금이 걸린 복권
을 발행하는 이유가 바로 이 때문입니다. 증권의 세계는 언제나 똑같은 수
법을 다양한 형태로 구사하면서 어리석은 대중을 유혹합니다. ⓐ 도박 기
획자들이 1달러 미만의 '투기적 저가주'를 '제작'해서 순진한 사람들에게
막대한 보상이라는 헛된 꿈을 불어넣습니다. 물론 투자자 집단 전체의 실
적은 처참할 수밖에 없습니다. ⓑ 거래 증거금률을 낮춤으로써 투자자들
이 적은 돈으로도 큰 금액 베팅이라는 재무적 경험을 할 수 있게 해줍니다.

　　4. 과거 우리는 소액의 착수금으로 큰 액수의 투자를 약속할 수
있는 제도가 문제로 이어진 상황을 여러 차례 경험했습니다. 대표적인 사
례가 투자자들이 10퍼센트의 증거금만으로 주식을 살 수 있었던 1920년
대 말의 극도로 과열된 주식시장이었습니다. 당시 이성적인 판단력을 소
유했던 사람들은 그토록 적은 증거금으로 주식을 사들일 수 있는 투기성
시장이 사회적으로 전혀 이익이 없으며, 자본시장에도 도움이 되기는커
녕 반대로 피해를 줄 거라고 판단했습니다. 이에 따라 주식 증거금률을 법
으로 규정하는 제도가 도입되어 결국 투자 세계의 일부로 자리 잡았습니
다. 그러므로 10퍼센트의 증거금만으로 주가지수 선물 투기에 뛰어들 수
있는 제도는 투자자들이 증거금 제도를 피해 가도록 만들어주는 편법에

불과하며, 이 소식은 결국 나라 전체의 도박사들에게 순식간에 퍼져 나갈 것입니다.

　　5. 물론 중개인들은 이런 종류의 새로운 거래 방식을 환영합니다. 그들이 지닌 열정의 크기는 자신들이 기대하는 거래의 양에 비례합니다. 더 많은 거래가 발생할수록 대중의 비용 부담이 증가하고, 이에 따라 중개인들에게 돌아가는 금액은 더욱 커집니다. 어떤 계약서가 만료될 때 발생하는 유일한 비즈니스는 패배자가 승리자에게 돈을 지급하는 일입니다. 그러나 선물시장이라는 주연과 중개인이라는 조연으로 이루어진 이 카지노는 모든 거래가 일어날 때마다 요금을 징수하기 때문에, 도박장을 운영하는 사람들은 더 많은 승리자와 패배자를 만들어내는 일에만 온통 관심을 쏟게 됩니다. 그러므로 카지노에 입장한 고객들은 이 게임이 가장 명백한 종류의 '네거티브섬 게임(negative sum game)'이라는 사실을 기억해야 합니다. 다시 말해 이 거래에서 비용이 발생하지 않으면 승자와 패자의 득실이 서로 상쇄되어 참가자들의 손익 합계가 0이 되지만, 여기에 비용이 추가되면 거래 전체적으로 막대한 순손실이 발생할 수밖에 없다는 것입니다. 만일 이 비용이 그렇게 크지 않다면 카지노는 영업을 중단해야 합니다. 게임 참가자의 순손실이 그 카지노의 유일한 매출원이기 때문입니다. 이 '네거티브섬'은 지난 수십 년간 일반적인 주식시장에서 진행된 '포지티브섬 게임(positive sum game)'과 극명하게 비교됩니다. 시장에 참가한 기업들이 훌륭한 수익을 올렸고, 이는 결국 회사의 주인인 주주들에게 혜택으로 돌아갔기 때문입니다.

　　6. 제가 판단하기에 주가지수 선물계약을 통해 이루어지는 거래의 절대 다수(적어도 95퍼센트 이상)는 본질적으로 도박의 속성을 보일

것입니다. 투자자들이 주가의 단기적 변동에 목을 맬 것이며, 비교적 적은 돈으로 큰 베팅을 할 수 있을 것이기 때문입니다. 게다가 고객 자본의 신속한 회전을 노리는 중개인들도 더욱 많은 거래가 성사되도록 뒤에서 부추길 게 뻔합니다. 이는 중개인들에게 즉시 소득을 가져다준다는 점에서 그들에게는 가장 이상적인 상황입니다. 95퍼센트의 도박 참가자들은 엄청난 돈을 잃을 것이고, 카지노는 거래가 발생할 때마다 자기 몫을 챙겨 갈 것입니다.

　　7. 결국 전통적인 자본시장의 일부로 여겨지는 곳에서 도박과 다름없는 거래가 벌어지고 이로 인해 참가자 대부분이 손해를 보게 되면, 자본시장에는 큰 피해가 닥칠 겁니다. 비록 이 도박판에 뛰어든 사람들이 진정한 투자자가 아니고 그들이 산 것이 진짜 주식은 아니지만, 그들 모두가 주식시장에서 나쁜 경험을 했다고 느끼게 됩니다. 자본시장의 가장 추악한 단면을 목격한 그들은 시장을 향해 부정적인 견해를 표출할 수밖에 없습니다. 이 모두가 예전에 몰아쳤던 투기의 광풍 속에서 우리가 실제 경험한 일입니다. 그렇다면 주식 중개인들은 모두 스스로의 장기적 이익을 돌아보지 않을 정도로 멍청하다는 말일까요? 역사를 돌아보면 중개인들은 대체로 매우 근시안적인 시야의 소유자였습니다(지난 60년대의 사례를 보면 그 증거가 분명합니다). 그들은 고객들의 가장 바보 같은 행동 앞에서 가장 즐거워합니다. 대다수의 중개인은 이번 달 자신의 총수익이 얼마인지만 생각하며, 고객이나 증권 산업 전체가 궁극적으로 발전하는 방안에 대해서는 아무런 관심이 없습니다.

그러므로 우리에게는 이 나라의 주식시장에 아무런 도움이 되지 않는 파생상품에 뛰어들어 도박판을 벌일 사람도, 뒤에서 이를 부추길 중개인도 필요하지 않습니다. 이 나라에 필요한 것은 기업의 장기적 미래를 내다보고 자금을 투자하는 진정한 투자자와 조언자들입니다. 우리에게는 적은 돈으로 큰 베팅을 할 수 있는 시스템이 아니라 현명하고 이성적인 투자를 약속할 수 있는 제도가 있어야 합니다. 그러므로 우리가 평소 자본을 거래하는 바로 그 현장에서 같은 인력들이 같은 언어를 사용해 카지노와 다름없는 게임을 주선하게 될 때, 지혜롭고 친(親)사회적인 자본시장의 발전은 저해될 수밖에 없을 겁니다.

그뿐만 아니라, 이 주식 파생상품 시장에서 적은 증거금만으로 거래가 이루어진다면 애초에 주식의 증거금률을 법적으로 규정한 정책의 취지 자체가 훼손될 것입니다. 비록 주가지수 선물이 시장을 '헤지'하고자 하는 투자 전문가들에게 다소의 혜택을 제공해줄 수 있다 해도, 이 상품이 시장에서 대량으로 거래되는 경우 주식을 구매하는 대중에게 커다란 피해가 돌아갈 것이며, 결과적으로 자본시장 전체에도 막대한 지장이 초래될 것이 분명합니다.

워런 버핏의 인사이드 스토리

1988년 4월 11일 | 캐럴 루미스

먼저 내가 이 기사를 쓰게 된 내력을 좀 짚고 넘어가야 할 것 같다. 나는 워런 버핏과 처음 친분을 맺은 뒤 20년이 흐르는 동안 버크셔 해서웨이의 주주가 되고 버핏의 연례 주주서한 편집자 노릇을 하게 되었지만, 정작 내가 일하는 〈포춘〉에는 그에 관한 기사를 몇 단락 이상 써본 적이 없었다. 그러다 버핏의 명성이 높아지면서 나는 그와 관련된 기사(예를 들어, 그리넬칼리지나 웁스 채권 기사)를 싣자고 회사에 몇 차례 제안하기도 했다. 하지만 그 기사를 쓴 것은 우리 회사에 근무하는 다른 기자들이었다. 나로서는 그 점에 전혀 불만이 없었다.

그러던 1988년 초의 어느 날, 〈포춘〉의 편집장 마샬 로엡(Marshall Loeb)이 자기 방으로 나를 부르더니, 이제 버핏이라는 사람의 모든 것을 상세하게 다룬 프로필 기사를 실을 때가 된 것 같다고 말했다. 그리고 내가 이 기사를 맡을지 말지 분명히 해달라고 부탁했다. "내 생각에는 당신이 적임자인 것 같습니다." 그는 내가 버핏과 가까운 사이라는 사실을 잘 알고 있었다. "만일 쓰지 않겠다면 다른 사람에게 넘기지요."

나는 하루 종일 고민한 끝에 결국 이 기사를 맡기로 결정했다. 〈포춘〉의 독자들을 위해서는 그것이 옳은 일이라고 판단했기 때문이다. 즉 세상에는 버핏의 세계를 나만큼 잘 아는 사람도 드물기 때문에, 내가 직접 기사를 쓴다면 버핏에 관한 진정한 '인사이드 스토리'가 될 수 있으리라 생각한 것이다. 게다가 독자들은 이 기사를 통해 내가 버핏의 친구이고, 버크셔의 주주이며, 그가 매년 주주들에게 발송하는 서한을 뒤에서 편집해주는 사람이라는 사실도 자연스럽게 알게 될 터였다. 물론 이 모든 사실은 본 기사를 포함해 그 뒤로 내가 버핏에 대해 쓴 모든 글에 빠짐없이 등장한다.

마샬이 버핏에 대한 프로필 기사를 기획한 타이밍은 절묘했다. 내가 쓴 기사는 그때까지 일반인들의 레이더에 잡히지 않았던 중요한 문제를 수면 위로 끄집어냈다. 탁월한 투자자 버핏은 어떻게 탁월한 경영자가 됐을까? 버핏 옆에서 핵심적인 조언을 제공하는 사람 중 하나가 그의 영리한 친구 찰리 멍거다. 외부인들에게는 잘 알려지지 않았지만, 버크셔 해서웨이의 놀라운 사업적 성공은 바로 그 두 사람의 노력이 합쳐진 결과물이었다. – CL

버크셔 해서웨이의 회장인 워런 버핏은 자신이 운영하는 대기업을 '캔버스'라고 부른다. 이제 곧 발표될 이 회사의 연례 보고서에서 이 전설적인 투자자가 1987년이라는 격동의 시기에 그 화폭에 어떤 그림을 그렸는지가 밝혀진다. 그 보고서의 일부를 살짝 들여다본다면, 버핏은 지난 한 해에도 본인의 예술적인 투자 능력을 바탕으로 결코 만만치 않은 실적을 올렸다. 버크셔(내가 이 회사의 오랜 주주라는 사실이 자랑스럽다)의 순자산은 전년 대비 4억 6천4백만 달러 증가했으며 수익률은 19.5퍼센트에 달했다. 이는 버핏이 23년 전 이 회사를 인수한 뒤 줄곧 유지해온 평균 수익 23.1퍼센트에 비해 낮은 수치다. 그러나 수많은 전문투자자조차 머리를 감싸 쥘 정도로 혼란스러웠던 시장의 상황을 감안하면, 버핏이 가장 최근에 그린 그림 역시 또 하나의 걸작이라 부르지 않을 수 없다.

지난 1년간 버핏이 증권시장에서 거둔 실적을 주주들에게 낱낱이 공개하게 될 올해의 연례 보고서에는 두 가지 주요 뉴스가 등장한다. 첫째, 버크셔 해서웨이는 주식시장에 블랙먼데이가 닥치기 직전, 투자은행 살로몬

(Salomon Inc.)의 상환전환우선주(채권처럼 만기에 투자금 상환을 요청할 수 있는 상환권과 우선주를 보통주로 전환할 수 있는 전환권이 부여된 주식 — 역자주) 7억 달러어치를 인수했다. 버핏은 이 연례 보고서에서 살로몬의 회장 존 굿프렌드(John Gutfreund)에 대한 확고한 지지 의사를 밝힘으로써 두 사람 사이에 틈이 벌어졌다는 세간의 소문에 종지부를 찍을 예정이다. 둘째, 지난해 석유기업 텍사코(Texaco)가 파산을 선언한 뒤 투자자들이 채권을 처분하기 위해 나섰을 때 버크셔가 이 회사의 단기 채권을 사들이기 시작한 사실도 공개될 것이다. 작년 연말 버크셔는 텍사코의 증권을 통해 어느 정도의 미실현이익을 거두었다. 그러나 텍사코의 채권과 살로몬의 우선주(작년 말 기준 6억 8천5백만 달러 정도) 관련 수치는 버크셔의 장부에서 차기 연도 비용으로 이월될 예정이기 때문에 1987년도 기록에는 공식적으로 반영되지 않을 것으로 보인다.

그런데 이 모든 실적의 이면(즉 버핏의 이면)에는 두 갈래의 이야깃거리가 존재한다. 그동안 버핏이라는 사람에 관해 쓰인 수많은 글은 오직 한 가지 측면에만 초점이 맞춰졌다. 즉 비즈니스의 세계에 알려진 버핏은 오로지 투자자 버핏뿐이다. 오마하의 현인. 신문 배달로 번 돈 9천8백 달러를 16억 달러의 자산으로 키워낸 주식 선택의 귀재. 장기간에 걸친 탁월한 투자 실적을 바탕으로 효율시장가설 학파를 곤경에 몰아넣은 사내 등등. 투자자 버핏에게 1987년 주식시장의 붕괴는 마치 딴 나라 이야기 같았다. 지난 2년간 버크셔가 사들이기에 적당한 가격의 주식이 없다고 불평한 버핏은 10월 19일 완전 무장을 하고 전쟁터에 뛰어들었다. 당시 그는 버크셔 포트폴리오의 '영원한' 일부라는 세 회사를 제외하고 다른 기업의 보통주를 거의 소유하지 않은 상태였다. 세 회사들 역시 일시적으로 주가 폭락 사태를 겪기는 했지만, 한 해 전체로는 가이코 12퍼센트, 워싱턴포스트 20퍼센트, 캐피털시티즈/ABC 29퍼센트 상승으로, 하나같이 발군의 실적을 거두었다.

물론 '투자자 버핏'은 훌륭하다. 그러나 버크셔에 근무 중인 또 한 사람의 장인(匠人), 즉 이 회사의 바이어, 관리자, 직원을 겸하고 있는 '경영자 버핏'의 능력은 세상에 잘 알려지지 않았다. 사실 투자자 버핏이 투자를 단행한 뒤에 이를 통해 수익을 창출하는 것은 경영자 버핏의 몫이다. 1987년 버크셔가 취한 공세는 양쪽의 균형이 잘 맞았다. 투자자 버핏은 실현소득과 미실현소득을 합해 2억 4천9백만 달러(세금 공제 후)를 벌었으며, 경영자 버핏은 버크셔의 안정적인 비즈니스를 바탕으로 2억 천5백만 달러의 세후 영업이익을 올렸다. 이는 다우존스(Dow Jones), 필즈버리(Pillsbury), 코닝 글래스 웍스(Corning Glass Works)의 수익을 능가하는 기록이다.

버핏에게 이 모든 실적을 안겨준 버크셔 해서웨이의 주가는 1965년 버핏이 인수했을 때 12달러에 불과했다. 1987년에는 4천2백 달러까지 올랐으며, 최근에는 3천백 달러 선에서 거래된다. 재치가 넘치면서도 담백한 성격의 소유자인 57세의 버핏은 버크셔의 주식 42퍼센트를 보유 중이며, 그의 아내 수잔(55세)도 3퍼센트를 가지고 있다. 1987년 20억 달러 이상을 기록한 버크셔의 매출액은 〈포춘〉이 선정한 다각화 서비스기업 중 30위 정도에 랭크될 것으로 보인다. 이 회사의 포트폴리오는 대단히 특이하다. 버크셔의 핵심이라고 할 수 있는 손해보험과 상해보험 사업부문은 세간에 잘 알려지지 않은 여러 회사(일례로 내셔널 인뎀니티)로 구성된다. 보험 사업에서 발생하는 수익은 버핏의 투자 활동에 요긴한 '플로트(float, 보험사에서 계약자에게 받은 보험료처럼 이자비용 없이 활용 가능한 레버리지 — 역자주)'가 되어준다. 버크셔는 보험사 이외에도 버핏이 하나하나 인수한 꽤 큰 규모의 기업들을 여러 개 거느리고 있는데, 버핏은 이 7개 회사를 묶어 '성스러운 일곱(Sainted Seven)'이라고 부른다. 이들을 하나씩 살펴보면 뉴욕주에 소재한 신문사 버팔로뉴스(Buffalo News), 신시내티의 유니폼 제작업체

페치하이머 브라더스(Fechheimer Brothers), 오마하에 소재한 미국 최대의 가정용 가구업체 네브래스카 퍼니처 마트(Nebraska Furniture Mart), 캘리포니아의 캔디회사 씨즈캔디, 버크셔가 1986년에 클리블랜드(Cleveland)의 스코트 페처(Scott Fetzer)를 사들이며 함께 인수한 세 자회사, 즉 백과사전 전문기업 월드 북(World Book), 진공청소기 제조업체 커비(Kirby), 그리고 압축기나 버너 같은 산업용 제품을 생산하는 어느 종합 제조기업이다. 언뜻 보기에는 전혀 일관성이 없는 조합처럼 느껴진다. 그러나 1987년 연례 보고서에 등장한 '경영자 버핏'은 이 회사들과 그곳의 경영진이 얼마나 훌륭한지 입에 침이 마르도록 칭찬을 했다. 만일 1987년에 이 '성스러운 일곱'이 단일 기업으로 경영 활동을 했다면, 1억 7천5백만 달러의 지분 투자를 유치한 이 회사는 오직 2백만 달러의 이자비용만 지불하면서 세후 1억 달러의 수익을 거둔 셈이다. 이는 무려 57퍼센트의 자기자본이익률에 해당하는 놀라운 수치다. 버핏은 편지에서 이렇게 말했다. "여러분은 다른 어느 곳에서도 이런 수익률을 목격하지 못할 겁니다. 게다가 이토록 크고, 다각화되고, 부채도 적은 회사가."

몇 년 전 어느 경영대학원의 교수는 효율시장가설과 버핏의 성공을 비교해서 연구한 끝에 그의 사례를 '5시그마 사건'이라고 표현했다. 발생 가능성이 매우 희박한 통계적 일탈이라는 것이다. 그러나 버핏이 기업을 관리하는 데서 드러내는 경영적 능력 역시 다른 어디에서도 흔히 목격할 수 없는 희귀 현상임에 분명하다. 그가 투자에서 보여주는 예리한 판단력과 엄격한 원칙은 기업을 사들이고 운영하는 과정에서도 그대로 적용된다. 경영자 버핏은 형식이나 관습을 무시하고 '단순하고, 전통이 깊고, 희소성을 갖춘' 비즈니스라는 뚜렷한 사업적 원칙만을 고수한다.

버크셔 해서웨이는 무슨 일을 시도하든 절대 한눈을 파는 법이 없다. 버핏은 이렇게 말한다. "우리는 일단 뉴욕에서 시카고로 향하는 기차에 오르면 중간에 앨투나(Altoona) 같은 곳에 내려 관광을 즐기지 않습니다. 비즈니스의 논리를 일관성 있게 지키려는 거죠. 그렇다고 우리의 능력이 다른 사람들에 비해 우월하다는 말은 아닙니다. 나는 기업을 관리할 때도 투자에서 활용한 원칙을 똑같이 적용합니다. 특별한 성과를 내기 위해 꼭 특별한 일을 벌일 필요는 없으니까요."

그동안 나는 좀 특이하게 투자자 버핏과 경영자 버핏 양쪽을 두고 글을 써 왔다. 나는 〈포춘〉에서 30년을 근무하는 동안 버핏과 20년 넘게 친분 관계를 유지했고 그의 연례 주주서한 편집자로서 그를 도왔다. 따라서 그가 편지에서 무슨 말을 할지 미리 알고 있다. 물론 나는 버핏을 존경하는 사람 중 하나다. 그런 점에서 그의 친구에 의해 쓰인 이 기사는 버핏이라는 사람의 속사정을 보다 자세하게 알려줄 수도 있겠지만, 반면 다소 객관성을 상실한 글이 될 가능성도 없지 않을 것이다.

그러나 누구에게도 논란의 여지가 없는 사실 중 하나는 버핏이 어떤 일에서든 놀라운 지적 능력을 발휘한다는 점이다. 버크셔 해서웨이에서 보험 사업을 총괄하는 41세의 마이클 골드버그(Michael Goldberg)는 오마하 본사의 버핏 사무실 바로 옆방에서 일한다. 골드버그에 따르면 버핏이 주변 사람들을 모두 브롱스과학고등학교(10여 명의 노벨상 수상자를 배출한 뉴욕의 명문 과학고등학교 — 역자주)의 학생들처럼 똑똑하다고 생각하는 것 같다고 한다. "그러나 그 학생들이 공부하는 것은 수학이나 물리학뿐이죠." 반면 버핏의 지적 능력은 전적으로 비즈니스에 맞춰져 있다. 그는 비즈니스에 대해 강렬한 지적 욕구를 드러내며, 이미 엄청난 양의 지식을 소유하고 있다. 골드버그는 이렇게 말한다. "버핏은 자신이 들은 모든 것을 자세히 검토합니다. '그 일은 일관성과 타당성이 있나? 뭔가 잘못된 점은 없나?' 그는 마치 머릿속에 세상 전체의 모델을 미리 넣어둔 것 같아요. 그의 머릿속에서 돌아가는 컴퓨터는 자신이 이미 경험했거나 알고 있는 것과 새롭

149

게 발견한 사실을 비교해서 이렇게 질문합니다. '이것은 우리에게 어떤 의미가 있나?'" 물론 우리란 버크셔를 의미한다. 버핏은 개인적으로도 다른 회사의 주식을 조금 소유하고 있지만, 여기에 신경 쓰느라 시간을 낭비하지는 않는다. 그는 이렇게 말한다. "나의 에고는 온통 버크셔로 둘러싸여 있습니다. 그건 누구도 부인할 수 없어요."

그러나 버핏을 만나본 사람 대부분은 그에게서 그렇게 강한 에고를 느끼지 못한다. 그는 세상 물정에 밝고, 평범한 외모를 지니고, 중서부 지방의 특징이 강한 사람(사적으로는 어떤 사람들과도 잘 어울린다)이다. 옷을 그리 말쑥하게 입는 편도 아니다. 맥도날드와 체리콕을 좋아하지만 거창한 파티나 잡담을 즐기지 않는다. 하지만 적절한 조건만 갖춰지면 대단히 사교적인 인물로 변하고, 심지어 아마추어 배우처럼 익살스러운 역할까지 해낸다. 올겨울 캐피털시티즈의 경영진 회의에 참석한 버핏은 구세군 복장을 하고 호른을 불며 이 회사의 회장인 토마스 머피를 위해 '머피는 나의 참된 친구'라는 자작시가 담긴 세레나데를 불렀다.

특히 버핏은 지적인 주제에 관한 토론이 벌어질 때면 자신의 두뇌가 엄청난 속도로 회전하며 쏟아내는 아이디어를 놓치지 않기 위해 고도의 집중력을 발휘해서 빠른 속도로 말을 잇는다. 버핏도 어린 시절에는 사람들 앞에서 말하기를 두려워했다. 그래서 '자신과 똑같이 초라한 사람들에게 둘러싸여' 데일 카네기(Dale Carnegie, 미국의 작가 및 대학교수로 성인을 대상으로 대화 및 연설 기술을 전파했음 — 역자주)의 대중 연설 강좌 과정을 이수하기도 했다. 오늘날 그는 어떤 연설이든 매우 쉽게 해내고 대본이나 메모조차 없이 머리에 든 내용을 즉석에서 꺼내어 이야기한다. 그의 연설은 재치가 넘치며 수많은 사례와 비유로 가득하다(버핏 같은 사람만 있으면 연설문 작성 전문가들은 곤경에 빠질 것이다).

버핏은 매우 복잡한 사고를 소유한 사람이기 때문에 결코 단순한 관점에서 삶을 바라보지 않는다. 하지만 투자자 버핏과 경영자 버핏의 핵심적인 공통점은 기업을 소유하는 일에 대해 가치관이 똑같다는 것이다. 다시 말해 투자자 버핏은 주식시장에서 어떤 기업의 '일부'를 그 기업의 내재가치보다 낮은 가격, 즉 합리적인 구매자가 그 회사 전체를 사들일 때의 비용에 비해 더 저렴한 가격에 사들일 수 있는 기회를 노린다. 반면 경영자 버핏은 그 기업 '전체'를 내재가치보다 낮은 가격에 사들일 기회를 포착하기 위해 노력한다.

버핏은 본인이 원하는 물건을 매우 간단하게 표현한다. 즉 '좋은 회사'다. 그에게 있어 좋은 회사의 의미란 인지도가 높고, 자기자본이익률이 평균 이상이고, 자본 투자의 필요성이 상대적으로 적고, 현금 유동성이 풍부한 회사다. 어떤 면에서는 모든 회사가 당연히 갖춰야 할 조건처럼 보인다. 그러나 현실에서 그런 회사를 찾아내고 사들이기는 쉬운 일이 아니다. 버핏은 좋은 회사를 찾아 나서는 일을 '희귀하면서도 동작이 빠른 코끼리를 사냥하는 일'에 비유한다. 그는 이 원칙을 철저하게 지키려고 노력한다. 그런 점에서 '성스러운 일곱'은 모두 좋은 회사의 특징을 완벽히 갖춘 기업이며, 그가 지분의 일부를 소유한 가이코, 워싱턴포스트, 캐피털시티즈도 마찬가지다.

버핏은 버크셔의 연례 보고서에서 이 기업들의 경영진을 향해 극도의 찬사를 보낸다. 그들 대부분은 버핏 못지않게 일을 즐기는 사람들이다. 버핏은 그들이 비즈니스에 대한 열정을 잃지 않기를 희망한다. 그가 버크셔해서웨이의 최고책임자로서 회사가 거느린 모든 기업에 바라는 이상적인 모습은 '멋진 사람들이 운영하는 멋진 기업'이다.

그러나 버핏은 자신이 지난 몇 년간 투자에서 저지른 가장 큰 실수가 '좋은 회사'의 주식을 사지 못한 것이라고 생각한다. 그 회사 경영진의 낮은 자질을 견디지 못했기 때문이다. "그동안 나는 회사를 남에게 맡겨서 더 좋은 실적을 냈습니다." 그는 이따금 어떤 기업의 주식을 사들인 뒤에(직접 소유권을 넘겨받지는 않았지만) 그곳에서 일하는 경영자들의 어리석은 행태를 참기 위해 이를 악물어야 하는 상황에 빠지기도 했다. 몇 년 전 지금보다 훨씬 많은 기업의 주식을 보유하고 있던 버핏은 어느 친구를 만난 자리에서 자기가 방금 읽은 어떤 회사의 연례 보고서가 정말 한심했다고 불평했다. 경영진에 대한 자화자찬과 말도 안 되는 내용으로 가득한 이 보고서를 읽으니 '속이 뒤집어질' 지경이라는 것이다. 친구는 이렇게 물었다. "그런데 자네는 이 회사의 주식을 가지고 있지 않나?" 버핏은 그렇다고 대답하며 이렇게 말했다. "나는 얼간이를 데려다 놓아도 돈을 벌 수 있는 사업을 하고 싶다네."

물론 좋은 회사를 싸게 사기는 어렵다. 특히 세상 사람 모두가 우량 기업의 특징을 잘 파악하고 있는 오늘날에는 더욱 그렇다. 그러나 바이어 버핏은 언제나 매우 신속하게 움직이고(그는 단지 더 많은 돈을 지불함으로써 거래를 성사시키지는 않는다), 필요하면 끈질기게 때를 기다린다. 그는 연례 보고서의 마지막 부분에 항상 '광고'를 싣고 자신이 어떤 회사를 인수하고 싶은지 설명한다. "우리는 훌륭한 기업(그리고 훌륭한 사람)에게 든든한 집이 되어줄 수 있습니다." 그 광고를 읽은 사람 중 하나가 바로 헬드먼(Heldman)이라는 경영자였다. 그는 1986년 자신이 운영하는 유니폼 제조회사 페치하이머를 인수해달라고 버핏에게 제안했다. 당시 6백만 달러에 불과했던 그 회사의 수익은 버핏이 제시한 기준과 다소 거리가 있었다. 그러나 헬드먼은 버핏이 생각하던 이상적인 경영자의 기준, 즉 '성품이 훌륭하고, 재능이 뛰어나며, 정직하고, 목표 지향적인' 인간형에 완벽하게 들어맞는 사람이었다. 버핏은 결국 이 회사를 인수했으며 자신의 결정에 만족했다. 버핏이 특히 장기적인 통찰력을 발휘해서 인수한 기업 중 하나가 버팔로 뉴스다. 1977년 이 회사가 워싱턴포스트 컴퍼니와 시카고트리뷴 컴퍼니

152

(Chicago's Tribune Co.)에 인수를 제안했을 때, 두 기업 모두 이를 거절했다. 이 매체가 당시 하향세를 보이던 석간신문이었기 때문이었을 것이다. 게다가 버팔로뉴스는 일요일판 없이 일주일에 여섯 차례만 신문을 발행했기 때문에 그만큼 매출도 적었다. 반면 경쟁사인 버팔로 커리어익스프레스(Buffalo Courier-Express)는 일요일판을 포함해서 일주일 내내 신문을 찍었다. 그러나 버팔로뉴스는 평일의 발행 부수에서 경쟁사를 능가했다. 버핏은 이 신문사가 일요일판을 발행한다면 더 나은 실적을 올릴 수 있는 여지가 있다고 생각했다.

버팔로뉴스를 3,250만 달러에 인수한 버핏은 즉시 일요판 발행을 시작했다. 이 신문이 독자 및 광고주를 대상으로 일요판 출간 기념 특별 할인 프로그램을 내놓자 버팔로 커리어익스프레스는 독점금지법에 저촉된다는 이유로 소송을 제기했다. 버핏은 이 재판에서 이겼다. 두 신문사 모두 몇 년간 손해를 보며 운영하다, 1982년 버팔로 커리어익스프레스가 결국 손을 들고 문을 닫았다. 그렇게 이 지역의 독점 신문사가 된 버팔로뉴스는 작년 한 해 3천9백만 달러의 세전 영업이익을 올렸다. 이런 실적의 비결은 기사를 줄이고 광고를 더 많이 실었기 때문이 아니었다. 오히려 이 신문은 광고 한 페이지에 기사 한 페이지꼴로 게재했는데, 이는 이 회사와 규모가 비슷하거나 더 큰 다른 어떤 신문사와도 비교가 안 될 정도로 높은 기사 비율이었다. 언론이라는 분야에 대해 깊은 호감을 지닌 버핏(그는 자신이 투자 일을 하지 않았으면 언론인이 됐을 거라고 한다)에게 버팔로뉴스는 가장 선호도가 높은 자산임이 분명하다.

이렇듯 '좋은 회사'에 집착하는 버핏의 독특한 기업 철학은 수십 년간 여러 종류의 사업에 투자를 하고 엄청난 부를 축적하는 과정에서 서서히 형성되었다. 오마하에서 태어난 그는 어릴 때부터 숫자와 돈에 관련된 모든 것에 깊은 흥미를 느끼는 조숙한 아이였다. 버핏은 주식 중개인이었던 아

153

버지 하워드를 유난히 따랐는데, 아버지는 그를 '파이어볼(Fireball)'이라는 애칭으로 불렀다. 버핏은 도서관에서《1,000달러를 벌 수 있는 1,000가지 방법(One Thousand Ways to Make $1,000)》이라는 책을 발견하고 거의 외우다시피 했다. 특히 이 책에 나오는 동전 무게를 재는 저울 이야기에 흠뻑 빠진 버핏은 언젠가 자신이 기계를 하나 발명하고, 이를 통해 수천 종류의 다른 기계들을 새롭게 개발해서 결국 세계에서 가장 나이 어린 백만장자가 되는 꿈을 꾸었다. 그는 장로교회 찬송가 작곡가들의 수명을 계산해서 그들이 종교적 소명 덕분에 남들보다 장수했는지 계산하기도 했다(결론은 그렇지 않았다). 11살이 되는 해에는 자기 친구와 보다 세속적인 곳으로 눈을 돌렸다. '마부의 선택(Stableboy Selections)'이라는 이름으로 경마 경기의 핸디캡(경주마들의 능력을 고려하여 말들에게 부과하는 부담중량 — 역자주) 현황지를 작성한 것이다.

이런 성장 과정 속에서 버핏은 오직 주식만을 생각했다. 그는 8살 때 처음 주식시장에 관한 책을 읽었고, 11살 때 최초로 주식을 샀으며(시티즈 서비스의 우선주), 그때부터 모든 거래 방법론을 실험했다. 그는 십 대의 나이로 주식시장 분석 전문가에서 마켓타이머(market timer, 주식을 사고파는 시점을 잘 파악하는 사람 — 역자주)로 진화했다. 그의 아버지 하워드 버핏이 하원의원으로 당선되면서 버핏의 가족은 1943년부터 워싱턴에서 살게 되었다. 그러나 아직 어렸던 워런 버핏은 고향 오마하에 대한 깊은 향수 때문에 집을 나간 적도 있었고, 그의 중학교 성적(그가 타고난 재능을 보이던 수학까지)이 한때 바닥을 헤매기도 했다. 아버지가 워런의 신문 배달 일(그에게 짭짤한 수익을 올려준)을 못하게 하겠다고 협박을 하고 나서야 겨우 성적이 회복될 수 있었다. 16살에 고등학교를 졸업한 버핏은 펜실베이니아대학에서 2년간 공부한 뒤 네브래스카대학으로 옮겼다. 그는 이 대학 4학년에 재학 중이던 1950년 초, 벤저민 그레이엄이 새롭게 출판한《현명한 투자자》를 읽었다. 버핏은 투자자들이 기업의 내재가치에 주의를 기울임으로써 충분한 '안전마진(margin of safety, 벤저민 그레이엄이 이 책에서 처음 제시한 개념이며, 기업의 시장가치와 내재가치의 차이를 의미함 — 역자주)'을 확보해야 한다는 이 책의 내용에 깊이 공감했다. 오늘날까지 그레이엄의 향기가 가장 강하게 느껴지는 버핏의 투자 원칙은 다음과 같다. "첫 번째 원칙은 절대 손해를 보지 말라는 것이고, 두 번째 원칙은 첫 번째 원칙을 잊어버리면 안 된다는 것이다."

1950년 여름, 하버드경영대학원에 지원한 버핏은 기차를 타고 시카고로 가서 이 지역 동문과 졸업생 인터뷰(alumni interview, 미국의 대학 입시 과정 중 하나로 학교를 졸업한 동문이 미리 지원자를 면접하는 절차 — 역자주)를 했다. 버핏의 말에 따르면 이 명문 대학에 진학하기 위해 면접관 앞에 앉은 자신은 '12살의 사회적 태도에 외모는 16살로 보이는 19살의 바짝 마른 소년'에 불과했다. 면접은 10분 만에 끝났고 하버드를 향했던 버핏의 꿈도 그렇게 마무리됐다. 거절은 뼈아팠다. 하지만 오늘날 버핏은 그것이 자신에게 일어났던 가장 큰 행운이라고 말한다. 오마하로 돌아온 뒤 벤저민 그레이엄이 컬럼비아경영대학원에서 학생들을 지도하고 있다는 사실을 알게 됐기 때문이다. 버핏은 곧바로 이 학교에 지원했고, 다행히 이번에는 합격했다. 그레이엄의 교실에서 만난 동료 중 한 명이 바로 빌 루안이었다. 오늘날 최고의 실적을 자랑하는 세쿼이아 펀드를 운영 중인 루안은 버핏의 가장 가까운 친구이기도 하다. 루안에 따르면, 그레이엄과 버핏 사이에는 처음부터 불꽃 튀는 토론이 벌어졌으며 나머지 학생들은 마치 관객처럼 그 모습을 바라보았다고 한다.

대학원 과정을 마칠 무렵, 버핏은 그레이엄의 투자회사 그레이엄 뉴먼(Graham-Newman)에서 무급으로 일하게 해달라고 그레이엄 교수에게 부탁했다. 그러나 그레이엄은 이를 거절했다. 버핏은 이렇게 말한다. "아마도 벤저민은 습관적으로 내 제안의 가치와 비용을 계산해서 '노(no)'라고 한 거겠죠." 1954년이 되어서야 비로소 그레이엄 뉴먼에서 일하게 된 버핏은 모든 잡다한 일을 처리하는 직원이자 가치 지향적 투자 기법을 배우는 제자로서 사회 경력을 시작했다. 그레이엄이 말하는 소위 '저렴한 물건(bargains)'은 시가총액이 순운전자본(net working capital, 기업의 유동자산에서 유동부채를 뺀 금액을 의미하지만, 그레이엄은 현금성 자산에서 우선주와 장기부채를 포함한 총부채를 모두 차감한 것으로 순운전자본을 정의했다 — 역자주)의 3분의 2를 넘지 않는 가격으로 거래되는 주식을 의미한다. 대다수 기업이 영업을 중지하고 청산 절차를 밟더라도, 주주 입장에서 최소한 순운전자본은 건질 수 있다. 따라서 순운전자본보다 낮은 가격으로 주식을 매입한 사람은 적절한 '안전마진'을 구축했다고 할 수 있는 것이다. 오늘날에는 그레이엄의 기준을 충족하는 주식이 별로 없지만 1950년대 초에는 시장에 수두룩했다.

1956년 버핏은 25살의 나이로 오마하에 돌아왔다. 그레이엄의 이론으로 단단히 무장한 그는 부와 명예를 향한 여정을 시작할 준비를 마쳤다. 그는 가족 몇 명과 친구들로부터 10만 5천 달러를 모아 버핏 파트너십을 열었다. 이 파트너십의 운영 방식은 간단했다. 유한책임조합원들은 본인이 투자한 돈에서 발생한 수익의 6퍼센트까지는 전액을 챙기고, 그 이상의 수익금에서는 75퍼센트를 가져가는 것이다. 나머지 25퍼센트는 업무집행조합원인 버핏에게 돌아갔다. 이 파트너십은 처음부터 굉장한 수익을 거두었기 때문에, 이곳의 젊은 투자자에 관한 소문을 들은 새로운 파트너들이 사방에서 돈을 싸들고 몰려들었다.

극도로 투기화된 주식시장에 환멸을 느낀 버핏이 1969년 조합을 해체하겠다고 결심했을 때, 그가 관리하는 총자산은 1억 달러로 불어나 있었다. 그중 2천5백만 달러는 조합의 투자 수익금에 대한 버핏의 몫이었다. 그는

13년간 조합을 운영하면서 연평균 29.5퍼센트의 수익을 올렸다. 이는 그가 나중에 버크셔에서 거두게 될 연 23.1퍼센트라는 엄청난 수익의 전주곡이기도 했다. 버핏이 버크셔에서 써낸 드라마의 핵심은 이 회사가 거둔 엄청난 자본이익과 그 수익의 100퍼센트를 배당금 지급 없이 유보시킨 정책이었다. 그 말은 버핏이 차고 넘치는 현금을 손에 쥐고 투자할 기업을 항상 호시탐탐 찾아다녔다는 뜻이다. 그동안 놀라운 속도로 성장을 거듭한 이 회사의 자본금은 작년 말 기준으로 28억 달러를 돌파했다.

버핏은 과거 파트너십에서 눈부신 실적을 기록했음에도 불구하고, 돌이켜보면 본인의 능력을 최대한 발휘해서 자금을 관리하지는 못한 것 같다고 느낀다. 그는 1987년의 연례 보고서에서 자신이 버핏 파트너십을 운영하던 시기 전체를 포함해 지난 20년을 잘못된 투자로 낭비했다고 탄식했다. '저렴한 물건'을 찾아 헤매던 끝에 '불행히도 그런 회사를 몇 개 찾아냈다'는 것이다. 그리고 그 대가로 수익성이 극히 낮은 몇몇 기업, 즉 '어느 농기구 제조회사, 삼류 백화점, 그리고 뉴잉글랜드 지역의 섬유 제조업체'를 인수해서 수업료를 톡톡히 치렀다고 했다. 농기구 제조회사는 네브래스카주의 뎀스터 밀(Dempster Mill Manufacturing)이었고, 백화점은 볼티모어의 혹스차일드 콘(Hochschild Kohn)이었으며, 섬유 제조업체는 바로 버크셔 해서웨이였다.

1960년대 버핏 파트너십은 뎀스터 밀과 혹스차일드 콘을 인수했다가 얼마 뒤에 매각했다. 반면 버핏이 조합의 돈 천백만 달러를 들여 인수한 섬유업체 버크셔 해서웨이는 훨씬 오랫동안 그의 속을 썩였다. 버핏은 한때의 잘못된 선택으로 인해 남성용 양복의 안감이나 만드는 사업에서 20년씩이나 발을 빼지 못하는 자신의 처지를 한탄하곤 했다. 그로 인해 아무런 경쟁우위도 없는 제조업체의 운영자가 되어버렸다는 것이었다. 버핏은 이따금 연례 보고서를 통해 그가 왜 이토록 수익성이 낮은 사업을 계속 유지하는지 주주들에게 설명했다. 무엇보다 이 회사는 한때 매사추세츠주 뉴베드퍼드(New Bedford) 지역에서 꽤 많은 일자리를 제공하던 고용주였다. 그리고 경영진도 솔직한 사람들이었으며 버핏이 투자한 다른 기업들의 경영자 못지않게 능력도 있었다. 노동조합도 비교적 합리적으로 행동했다. 그러나 1985년 버핏은 결국 이 사업을 접었다. 그는 전혀 수익이 나지 않는 비즈니스의 수명을 연장시키기 위해 더 이상의 자본을 투자할 의사가 없다고 밝혔다.

그 일이 있기 몇 년 전, 버핏은 이런 유명한 글을 쓴 적이 있다. "다 그렇지는 않겠지만, 똑똑하기로 명성이 자자한 어느 경영자가 수익이 바닥을 친다고 악명이 높은 회사를 인수하면, 나중에 죽지 않고 살아남는 것은 그 회사의 명성뿐이다." 이로써 버핏의 섬유 산업 경력은 막을 내렸지만 아마도 속은 후련했을 것이다. 그의 생각에 이 투자 건은 비교적 적은 돈으로 사들인 어느 회사가 좋지 않은 결과로 마무리된 단순한 사건이 아니었다. 버핏의 계산에 따르면 버크셔가 섬유 산업에 투자함으로써 상실한 기회비용이 적어도 5억 달러는 될 거라고 한다.

그러나 버핏은 자신이 헛되게 보냈다고 자책하는 그 20년 동안에도 이따금 '좋은 회사'를 발견하면 한꺼번에 큰 금액을 쏟아붓는 남다른 행동력을 보였다. 그가 본인의 돈으로만 투자를 집행하던 1951년에는 의류기업 타임리 클로즈(Timely Clothes)나 디모인 철도회사(Des Moines Railway)처럼 '저렴한 물건'만을 찾아다녔다. 그러다 버핏이 푹 빠진 회사가 바로 가이코였다. 그는 이 보험사의 저렴한 유통비용과 우량 고객 확보 능력이 다른 보험사에 비해 절대적인 경쟁우위 요소라고 생각했다. 비록 일부 경영적 수치가 벤저민 그레이엄의 계산에서 다소 어긋나긴 했지만, 버핏은 자신의 순자산 3분의 2에 해당하는 1만 달러를 들여 가이코의 주식을 샀다. 1년 뒤 50퍼센트의 수익을 올리고 가이코의 주식을 처분한 그는 1976년까지는 가이코의 주식을 다시 매입하지 않았다. 그동안 이 회사는 엄청나게 커진 덩치에도 불구하고 고객들의 보험금 청구 규모에 대한 경영진의 계산 착오와 지나치게 낮은 보험료 등으로 인해 파산 위기에 시달리고 있었다. 하지만 버핏은 가이코의 경쟁우위 요소가 그대로 남아 있는 데다 새로 CEO 자리에 오른 존 번(John J. Byrne)이 회사의 재정을 건전하게 만들어줄 거라고 확신했다. 과연 번은 자신의 임무를 충실히 수행했으며, 그 과정에서 버핏의 가까운 친구가 되었다. 그는 지금도 버핏에게 자주 조언을 구한다. 오늘날 가이코는 자동차보험 분야의 스타로 떠올랐으며, 버크셔가 보유한 이 회사의 지분은 8억 달러에 달한다.

1964년에도 비슷한 일이 벌어졌다. 당시 투자조합을 운영 중이던 버핏은 소위 '샐러드 오일 스캔들'로 휘청거리던 아메리칸 익스프레스의 주식을 과감하게 사들였다. 이 회사의 어느 창고업 전문 자회사는 존재하지도 않는 엄청난 양의 기름에 대해 보관증서를 발행했다. 아메리칸 익스프레스는 이 사건으로 인해 순자산이 전무한 상황에 빠질 수도 있는 최악의 위기를 맞았으며 주가도 하루아침에 폭락했다. 벤저민 그레이엄이었다면 '안전마진'이 전혀 없는 이 회사의 주식을 매우 부정적으로 평가했을 것이다. 그러나 버핏은 아메리칸 익스프레스 신용카드와 여행자수표 사업의 높은 인지도를 고려할 때 이 회사가 어떻게든 살아남을 거라고 판단했다. 그때까지 버핏은 단일 종목의 주식에 조합의 자금 25퍼센트 이상을 투입하지 않는다는 불문율을 지키고 있었다. 하지만 그는 이 규칙을 스스로 깨고, 전체 자본금의 40퍼센트에 달하는 천3백만 달러를 들여 아메리칸 익스프레스의 주식을 매입했다. 그리고 2년 뒤 2천만 달러의 수익을 내고 모두 처분했다.

버핏에 따르면 그동안 '좋은 회사'에 대한 안목을 기르는 데 가장 큰 도움을 제공한 사람은 버크셔 해서웨이의 부회장이며, 버핏의 연례 보고서에

'찰리'라는 이름으로 등장하는 올해 64세의 찰스 멍거(Charles Munger)라고 한다. 미국의 대기업 제도하에서는 부회장이라는 직책이 별로 중요하지 않은 경우가 많지만, 버크셔 해서웨이에서는 절대 그렇지 않다.

멍거의 지적 능력은 버핏과 거의 비슷하기 때문에 두 사람은 항상 대등한 위치에서 대화를 나눈다. 그러나 그들의 정치적 취향(멍거는 전통적인 보수주의자고, 버핏은 경제 정책에 대해서는 보수적이지만 민주당을 지지한다)과 성격은 약간 다르다. 버핏은 이따금 연례 보고서에서 누군가를 비판하는 경우에도 완곡하게 넘어간다. 반면 멍거는 매우 직설적인 편이다. 지난해 버크셔가 80퍼센트의 지분을 소유한 캘리포니아의 저축대부조합(savings and loans, 조합원들의 저축을 이용하여 주로 주택저당대출을 하는 일종의 협동저축기관 — 역자주) 웨스코(Wesco)의 연례 주주총회를 공동 의장 자격으로 주재한 멍거는 이렇게 말했다. "나는 지금껏 살아오면서 누구에게도 겸손하다는 소리를 듣지 못했습니다. 물론 나 역시 겸손함을 훌륭한 덕목으로 존중합니다. 그러나 내 생각에 이 회사는 내가 당연히 받아야 할 몫을 제대로 돌려주지 못한 것 같습니다."

멍거 역시 버핏처럼 오마하 토박이지만 두 사람은 어린 시절에 서로를 알지는 못했다. 미 육군 항공대(Army Air Forces)에 복무하며 대학 졸업장과 동등한 자격을 얻은 멍거는 그 뒤 하버드대학 로스쿨을 졸업했다. 그리고 로스앤젤레스로 가서 나중에 멍거 톨스 앤 올슨(Munger Tolles & Olson)이 된 로펌을 설립했다. 1959년 고향 오마하를 방문했을 때 어느 저녁 식사 자리에 초대받은 멍거는 거기서 버핏을 처음 만났다. 멍거 역시 오마하의 투자업계를 들썩이게 만든 이 29살 청년의 이야기를 듣기는 했지만 별로 대수롭지 않게 생각했다. 대신 그는 버핏의 지적 능력에 감탄했다. 멍거는 이렇게 말한다. "나는 워런을 만나자마자 그가 얼마나 대단한 친구인지 바로 알게 됐습니다."

한편 버핏은 마치 종교의 개종을 강요하듯 멍거에게 직업을 바꿀 것을 제안했다. 그는 법률가 일을 해서는 부를 얻기에 너무 오랜 시간이 걸린다며 변호사를 그만두고 별도로 투자조합을 설립하라고 권했다. 결국 버핏의 권유를 받아들인 멍거는 1962년 자신의 조합을 열었지만 위험을 '헤지'하는 차원에서 한쪽 발은 변호사 사업에 걸쳐두었다. 그의 조합은 버핏에 비해 작았고 몇몇 분야에 투자가 집중되었기 때문에 훨씬 위험도가 높았다. 그럼에도 멍거는 1975년까지 13년간 조합을 운영하며 연평균 19.8퍼센트의 수익을 올렸고, 버핏의 예상대로 많은 돈을 벌었다. 그가 소유한 버크셔 해서웨이 지분 2퍼센트의 가치는 최근 주가 기준으로 7천만 달러에 달한다.

멍거는 버핏을 처음 만났을 때부터 이미 '좋은 회사'와 그렇지 못한 회사에 대한 기준이 확고했다. 한때 베이커즈필드(Bakersfield)에서 농기구 제작업체 인터내셔널 하베스터(International Harvester)의 대리점 이사로 근무했던 멍거는 내재가치가 떨어지는 회사를 뜯어고치기가 얼마나 어려운지 잘 알고 있었다. 또 그는 로스앤젤레스에 거주하며 로스앤젤레스타임스(Los Angeles Times)의 놀라운 성장 과정을 지켜봤다. 멍거는 단순히 '저렴한 물건'에 집착하지 않았다. 그는 수년간 버핏과 대화를 나누며 제값을 주고라도 '좋은 회사'를 인수하는 편이 낫다고 상대를 꾸준히 설득했다. 그리고 버핏은 멍거의 논리를 전적으로 수용했다. 1972년 블루칩 스탬프(이때부터 모기업인 버크셔와 합병이 진행된다)가 씨즈캔디의 주식을 장부가의 3배로 사들이면서 두 사람에게는 바야흐로 '좋은 회사'의 시대가 열렸다. "그동안 찰리는 내게 엄청난 영향을 주었습니다." 버핏의 말이다. "내가 만일 벤저민 그레이엄의 말만 들었다면 지금보다 훨씬 가난했을걸요." 멍거가 작년 로스앤젤레스에서 개최된 어느 파티에 참석했을 때, 함께 자리했던 어떤 사람이 그에게 이렇게 단적으로 물었다. "당신에게 이토록 엄청난 성공을 가져다준 본인의 특성을 하나만 든다면 무엇일까요?" 멍거는 나중에 그 순간을 회고하며 이렇게 말했다. "그토록 멋진 질문이 또 있을까요? 그래서 나는 질문한 사람을 한참 바라봤습니다. 그가 모든 저녁 파티에 참석해주기를 바라면서 말이죠. 그리고 이렇게 말했어요. '나는 합리적입니다. 바로 그게 대답이에요. 나는 합리적인 사람이라는 거죠.'" 이 일화가 버핏과도 무관하지 않은 이유는, 그 역시 버크셔를 운영하면서 발휘하는 자신의 가장 차별화된 경영 스타일을 합리성이라고 생각하기 때문이다. 그는 다른 기업의 경영자들에게 이 자질이 부족하다고 종종 지적한다. 버핏은 회사의 최고경영자로서 자신이 남다른 능력을 지녔다고 생각하는 분야, 즉 자산 배분, 특별한 상황에서의 가격 결정, 사업부에서 도출된 숫자 분석 같은 일을 직접 해낸다. "워런은 매달 사업 실적에 관한 숫자를 받아 보지 못하면 마치 숨을 쉬지 못하는 것 같을걸요?" 멍거의 말이다. 버핏은 일단 사업부의 숫자에 문제가 없다고 판단하면 그 조직의 운영에 시시콜콜 관여하지 않고 경영자들이 지성을 발휘해 비즈니스를 자유롭게 이끌도록 맡긴다. 그는 자신이 인수를 원하는 기업에는 반드시 좋은 경영자가 있어야 한다고 말한다. "우리는 경영자를 공급할 만한 능력도, 그럴 의사도 없습니다." 그는 자기 밑에서 일할 인재를 열심히 찾아다닌다. 그의 조직에서 일하는 사람 대부분은 높은 소득을 올릴 뿐만 아니라 은퇴할 때까지 근무할 수 있다. 그는 직원들의 노력이 버핏 자신의 삶에 가장 큰 보상이라는 점을 말과 글을 통해 항상 강조한다.

버크셔가 거느린 기업들의 고위 임원은 다른 회사와 비슷한 체계로 급여를 받는다. 그 외에 특별한 보상은 없다. 모든 고위 경영자에게는 조직의 목표 달성을 위해 버핏이 세심하게 설계한 인센티브 제도(예를 들어 높은 수익률 달성, 비용 절감, 보험계약 증가 및 '플로트' 확대 등)를 통해 보상이 제공된다. 인센티브 금액에는 상한선이 없다. 보험 사업을 총괄하는 마이클 골드버그는 1986년에 260만 달러, 작년에는 310만 달러를 챙겨 갔다. 반면 1983년과 84년 보험 사업이 바닥을 쳤을 때는 기본급인 10만 달러만 받았다. 골드버그는 현재 보험 산업의 상황이 빠르게 악화되고 있다는 점을 감안하면 1990년에는 다시 기본급만 받게 될 것 같다고 말한다. 버핏 자신은 인센티브 없이 1년에 10만 달러의 연봉만 수령한다.

버핏은 그 대가로 모든 관계사에 세계 최고 수준의 컨설팅을 제공한다. 자회사의 경영자들은 언제든지 버핏에게 전화를 걸어 각종 현안에 대해 논의하고 비즈니스의 백과사전 같은 지식을 얻어낼 수 있다. 버팔로뉴스의 발행인인 스탠퍼드 립세이(Standford Lipsey)는 매주 한두 차례, 주로 늦은 밤에 버핏에게 전화를 걸어 이야기를 나눈다. 스코트 페처의 이사회 의장 랄프 셰이(Ralph Schey)는 버핏에게 물어볼 내용을 미리 메모했다가 한두 주에 한 번꼴로 버핏과 대화를 한다. 그런가 하면 버핏이 '놀라운 블럼킨(Blumkin) 가족'이라고 부르는 네브래스카 퍼니처 마트의 경영진은 몇 주에 한 번씩 오마하의 레스토랑에서 버핏과 저녁 식사를 한다. 여기에 주로 동석하는 사람들은 루이(Louie, 68세), 그의 아들 론(Ron, 39세), 어브(Irv, 35세), 스티브(Steve, 33세) 등이다.

이 가족의 우두머리이자 퍼니처 마트 이사회 의장인 로즈 블럼킨(Rose Blumkin) 여사는 젊은 시절 러시아에서 미국으로 이민을 온 뒤 작은 가구점을 시작해서 매우 싼값에 물건을 팔기 시작했다. "싸게 팔고 진실만을 말합니다"라는 모토로 영업을 시작한 이 가구점은 작년 매출이 1억 4천만 달러에 달하는 회사로 성장했다. 올해 94세인 그녀는 아직도 카펫 부서에서 일주일에 7일을 손수 일한다. 버핏은 버크셔의 연례 보고서에서 이렇게 말했다. "로즈의 회사는 갈수록 성장에 박차를 가하고 있습니다. 앞으로 5년에서 10년 사이 그녀의 잠재력은 최고조에 달할 것입니다. 저는 직원을 100세에 강제로 퇴직시키는 회사 규정을 없애달라고 이사회를 설득 중입니다."

물론 농담으로 한 말이지만 버핏은 경영자의 능력과 나이가 아무런 관계가 없다고 믿는다. 그는 우수한 경영자들이 있는 기업을 인수해서 그들에게 계속 회사의 운영을 맡긴다. 그래서인지 버핏의 주위에는 유달리 나이 지긋한 임원들이 많다. 그리고 그는 그들의 능력을 매우 소중히 여긴다. "좋은 경영자가 갈수록 귀해지는 요즘, 나이 한 살 더 먹었다고 일을 그만두게 할 만큼 우리에게 여유는 없습니다." 웨스코의 의장 루이스 빈센티(Louis Vincenti)는 79세에 세상을 떠나기 전까지 이따금 버핏에게 자신도 후계자를 키워야 하지 않겠냐고 묻곤 했다. 그럴 때마다 버핏은 미소를 지으며 이렇게 말했다. "루이, 요즘 당신 어머니는 좀 어떠신가요?"

버크셔 해서웨이에는 사람들이 함께 몰려다니며 일하는 문화가 없다. 전사적으로 열리는 경영자 회의 같은 것은 아예 없고, 사업부의 최고책임자들도 서로를 잘 모르거나 이따금 만나도 몇 마디 인사를 주고받는 게 고작이다. 버핏은 신시내티의 페치하이머를 방문한 적이 없으며, 버크셔가 인수한 지 16년이 지난 씨즈캔디의 회장 찰스 허긴스(Charles Huggins)도 한번도 오마하를 찾지 않았다.

그러다 보니 버핏은 버크셔 자회사의 경영자들에게 특정한 관리 시스템을 도입하라고 강요하지 않는다. 조직적이고 빡빡하게 회사를 운영하든, 느슨한 관리를 하든 모두 경영자가 알아서 할 일이다. 스코트 페처(1987년도 매출 7억 4천만 달러)의 CEO 랄프 셰이(63세)는 하버드경영대학원을 졸업한 사람으로 상세한 예산 계획, 전략 기획, 연간 임원 회의 등 온갖 종류의 관리 도구를 즐겨 사용한다. 반면 이 회사에서 불과 몇백 마일 떨어진 신시내티에서 페치하이머(1987년도 매출 7천5백만 달러)를 운영하는 로버트 헬드먼(Robert Heldman, 69세)과 조지 헬드먼(George Heldman, 67세) 형제는 매일 아침 어수선한 회의실에 앉아 본사로 배달된 우편물을 하나하나

읽는다. "그래도 봉투를 대신 열어주는 사람은 있어요." 로버트의 말이다. 버크셔가 비교적 최근에 인수한 스코트 페처와 페치하이머는 오마하에 거주하는 이 독특한 상사를 상대하는 일에 어느덧 익숙해졌다. 버크셔가 스코트 페처를 인수하기 직전, 셰이는 경영자매수(management buyout, 경영진이 회사의 전부나 일부를 직접 인수해 신설 법인으로 독립하는 구조조정 방법 — 역자주)를 통해 이 상장회사를 개인 기업으로 바꾸려고 시도했다. 그러나 이반 보스키(Ivan Boesky, 1970~80년대 투기적 기업인수로 악명 높았던 월스트리트의 기업사냥꾼 — 역자주)가 거래에 끼어들면서 회사의 운명이 불투명해졌다. 바로 그때 버핏이 셰이에게 회사의 매각 의사를 타진하는 편지를 보냈다. 어느 화요일, 버핏과 멍거는 시카고에서 셰이와 마주 앉아 즉석에서 인수 제안을 했다. 그리고 인수자들이 흔히 요구하는 '현장 실사' 같은 요식 행위는 생략해버렸다. 1주일 뒤, 스코트 페처의 이사회는 매각을 승인했다.

셰이는 이 일화를 두고 버핏이 얼마나 관료주의를 싫어하는 사람인지 잘 입증하는 사례라고 생각한다. "내가 스코트 페처를 직접 소유할 수 없다면 버핏에게 넘기는 것이 가장 훌륭한 차선책이라고 판단했습니다." 그는 회사를 버핏에게 맡기는 편이 상장회사로 남겨두는 것에 비해 더 나을 것 같다고 느꼈다. 기관투자자들의 압력과 중요한 의사 결정 앞에서 번번이 몸을 사리는 이사회 때문에 평생을 힘들어한 그로서는 어쩌면 당연한 일이었다. 셰이가 버핏에게 회사를 넘기면서 얻게 된 대표적인 혜택 중 하나가 오랫동안 시카고의 머천다이즈 마트(Merchandise Mart) 건물을 떠나지 못했던 월드 북의 본사를 조직 분권화 차원에서 다른 곳으로 옮기기로 결정한 일이다. 예전의 이사회였다면 이런 구조 개편에 당연히 반대했겠지만, 버핏은 그의 계획에 흔쾌히 동의했다. 그 밖에도 셰이는 버핏 덕분에 자신의 고질적인 문제가 또 하나 해결되었다고 웃으며 말한다. 자회사 중 실적이 좋은 기업에서 거둬들인 현금을 적절한 곳에 투자하는 문제였다. "이제는 그냥 워런에게 돈을 보냅니다."

페치하이머를 운영하는 헬드먼가(家)는 1981년 어느 벤처캐피털 그룹에 회사의 지분 80퍼센트를 팔았다. 그리고 투자상담사의 조언에 따라 매각 대금 일부로 버크셔 해서웨이의 주식을 샀다. 1985년 그 벤처캐피털 그룹이 회사의 지분을 정리하겠다는 의사를 표시하자, 밥 헬드먼(Bob Heldman)은 버핏이 보낸 주주서한의 기업인수 광고를 기억해내고 협상의 과정을 거쳐 결국 버크셔의 자회사로 편입됐다. 헬드먼이 벤처캐피털과 불편한 관계였던 것은 아니지만 그는 1년에 여섯 차례씩 뉴욕에서 열리는 이사회에 참가하기를 싫어했고, 호화로운 회의에 예산을 낭비하는 일도 못마땅해했다. 그런 점에서 그는 버핏을 '멋진 사람'이라고 칭한다. 그런데 그가 버핏에게 바라는 점은 없을까? "글쎄요." 헬드먼은 이렇게 말한다. "그는 우리 일에 이러쿵저러쿵 개입을 하지 않아요. 내 생각에 조금쯤은 개입을 해도 되지 않나 싶습니다." 버핏은 이 불만을 전해 듣고 발끈한다. "만일 그들이 개입을 바란다면(절대 아닐 거라고 확신하지만), 그렇게 해주죠."

사실 버핏은 꽤 엄격한 사람이기도 하다. 그는 몇 년 전, 어느 자회사가 '인력 절감'을 위해 컴퓨터를 도입하고도 오히려 회계 부서의 인력을 16.5명에서 22.5명으로 늘린 일로 경영진을 크게 나무란 적이 있다. 그는 평소 느긋한 스타일로 조직을 관리하는 편이지만, 그 숫자가 무엇을 의미하는지 잘 알기 때문에 화를 낸 것이다. 비즈니스의 실적이 좋든 나쁘든 회사마다 적정 규모의 인력이 있다고 생각하는 버핏은 불필요한 비용을 낭비하는 조직이나 이를 방치하는 경영진을 참지 못한다. "나는 어떤 회사가 비용 절감 프로그램을 시작했다는 소식을 접할 때마다, 그 회사가 비용이 무엇인지 제대로 알고나 있을까 하는 생각을 해요. 비용이란 그렇게 하루 아침에 줄일 수 있는 게 아닙니다. 훌륭한 경영자는 어느 날 아침 자리에서 일어나서 '오늘부터 비용을 줄여야겠어'라고 느닷없이 말하지 않습니다. 지금부터 숨쉬기를 연습해야겠다고 마음먹는 일과 무엇이 다를까요?"

버크셔의 임원들은 버핏의 단점이 지나치게 합리적이고 숫자에 대한 요구가 강한 것이라고 조심스럽게 말한다. 그는 미래에 대한 전망만 있고 현재 실적이 전무한 '신생' 기업에는 절대 투자하지 않는다. 버핏과 멍거는 동물적 감각을 발휘해 돈을 쏟아붓는 종류의 투자자가 아니다. 또한, 그들은 경제적으로 아무 이득이 없는 곳(예를 들어 화려한 사무실)에 쓸모없이 비용을 낭비하지 않는다. 두 사람 모두 무에서 유를 창조하는 발명가가 아니다. "우리는 발명가가 될 능력이 없어요. 무엇보다 우리는 스스로의 한계를 잘 알죠."

그렇다고 그들이 상품의 가격을 책정하는 데 소심한 모습을 보이는 것은 아니다. 버핏은 씨즈캔디 및 버팔로뉴스의 경영진과 1년에 한 차례 가격 관련 회의를 할 때마다 매우 공격적으로 높은 가격을 제시한다. 사업부 임원이 보지 못하는 측면을 회사 전체를 총괄하는 최고경영자가 볼 수 있다는 것이 버핏의 생각이다. "특정 사업부의 임원에게는 당면한 비즈니스가 하나뿐입니다. 따라서 그 사람 입장에서는 상품 가격이 너무 낮더라도 별로 심각한 문제가 생기지 않지만, 가격을 너무 높게 책정하면 자기 삶의 전부인 비즈니스를 망칠 수 있는 거죠. 하지만 가격을 높였을 때 시장에서 정말 어떤 일이 생길지는 아무도 모릅니다. 그 임원 입장에서는 러시안룰렛 같은 복불복 게임과 다름없어요. 하지만 여러 사업을 책임지고 있는 최고경영자는 그렇지 않아요. 나는 때에 따라 비즈니스의 현장을 멀리 떨어져 바라볼 수 있는 경험이 풍부한 사람에게 가격 결정을 맡겨야 한다고 생각합니다."

버핏이 가격 결정에 있어서 자신의 경험을 십분 활용하는 분야 중 하나가 제조물 배상책임보험(product liability insurance, 제조물의 결함으로 소비자나 제3자가 손해를 입게 될 경우 보상하는 보험 — 역자주)처럼 리스크가 큰 보험 상품의 요율을 결정하는 일이다. 이는 수백 수천만 달러의 보험료, 확률, 장기적인 투자 '플로트' 등이 걸린 중요한 게임이기도 하다. 말하자면 버핏에게는 안성맞춤의 게임인 셈이다. 그는 순전히 암산으로 몇 차례 계산한 뒤에 바로 가격을 제시한다. 버핏은 계산기를 사용하지 않는다. "컴퓨터나 주판도 없어요." 앞으로도 그가 계산 보조 도구를 사용할 일은 전혀 없을 듯하다. 모르긴 해도 전 세계에서 자신의 소득세를 직접 계산하는 유일한 억만장자가 바로 버핏 아닐까 싶다.

그런 버핏도 평소에는 오마하의 사무실에서 자기가 좋아하는 일을 하며 느긋하고 여유 있는 시간을 보낸다. 하루의 스케줄도 별로 빡빡하지 않다. 본사 직원은 버핏 자신을 포함해 11명이 전부지만, 그는 이 사람들만 해도 너무 많다고 생각한다. 사무실이 효율적으로 돌아가도록 모든 일을 조율하는 사람은 버핏의 비서 글래디스 카이저(Gladys Kaiser, 59세)다. 버핏은 이곳에서 20년을 근무한 그녀가 오래오래 살았으면 좋겠다고 생각한다. "글래디스가 오래 살지 못하면 나도 오래 살지 못할 것 같네요."

그는 사무실에 있을 때면 몇 시간씩 쉬지 않고 책을 읽거나 전화 통화를 하곤 한다. 특히 12월에서 다음 해 3월까지는 연례 보고서를 작성하느라 씨름을 한다. 이 보고서에 쏟아지는 세간의 갈채는 그가 삶에서 누리는 큰 즐거움 중 하나다. 그는 감정 기복이 심한 편이 아니다. 씨즈캔디의 찰스 허긴스는 이렇게 말한다. "그는 전화 통화를 할 때 항상 적극적이고 긍정적인 분위기로 이야기합니다." 하지만 버핏은 친구들이나 자회사 경영진과 대화할 때가 아니면 대체로 혼자 있기를 좋아한다. 다른 사람들과 말을 잘 섞거나 친화력이 좋은 편도 아니다. 멍거에 따르면 버핏과 같은 공간에 근무하는 사람들이 꽤 힘들 거라고 한다. "워런은 엄청나게 영리하고 빠른 사람이기 때문에 주변 사람들이 그에게 맞추려면 심리적 압박이클 겁니다. 자아가 강한 사람만이 본사에서 견딜 수 있어요." 골드버그도 자신의 자아를 시험대에 올려놓은 사람 중 하나다. 그 역시 이곳에서 일하는 게 쉽지 않다고 털어놓는다. "업무 중에 남들의 믿음을 얻지 못하는 사람을 가끔 볼 기회가 있어요. 이곳에서 근무하는 일의 단점이 그겁니다. 워런 버핏 바로 옆에서 일하면서 자신의 능력 따위를 돌아볼 수 있는 사람이 있을까요?"

버핏이 주식을 사들일 때면 한 번에 전화기를 세 대 연결해서 여러 중개인과 동시에 통화하는 모습도 종종 눈에 띈다. 하지만 그는 곧 발간될 연례 보고서에서 최근에는 살만한 주식을 별로 발견하지 못했다고 밝힐 예정이다. "10월 블랙먼데이가 닥친 뒤 우리가 관심을 가질 만한 여러 종목의 주식들도 가격이 하락했습니다. 그럼에도 우리는 주가가 회복될 때까지 의미 있는 규모로 매입을 해내지 못했습니다." 1987년 말 현재 버크셔 해서웨이가 보유한 전체 주식의 가치는 5천만 달러를 넘지 않는다. 물론 회사가 '영구적'으로 보유하고 있는 여러 기업의 지분은 제외한 수치다. 그밖에는 대대적 구조조정에 따른 단기적 차익을 노리고 매입한 알레지스 (Allegis, 유나이티드항공 그룹의 모기업인 UAL이 사명을 바꾼 이름. 1년 만에 다시 UAL로 사명을 원상 복구함 — 역자주)의 주식 7천8백만 달러어치가 전부다.

버핏이 평소 통화를 하거나 만나는 친구들은 주로 캐피털시티스의 토마스 머피나 워싱턴포스트의 캐서린 그레이엄(Katharine Graham) 같은 다른 기업의 경영자들이다. 지난 몇 년간 버핏에게 의지하며 많은 조언을 얻은 그레이엄은 이렇게 말한다. "저는 지금 버핏 경영대학원에서 학위 과정을 밟고 있다고 생각해요." 버핏이 미국에서 가장 유능한 경영자라고 생각하는 머피 역시 버핏에게 자주 조언을 구한다. "사업적으로 중요한 일은 모두 워런과 상의합니다." 머피의 말이다. "그는 한 번도 거부하지 않고 언제나 도움을 아끼지 않죠. 사고방식이 매우 훌륭한 데다 정보를 받아들이는 능력도 뛰어난 사람이에요. 보세요, 우리도 이 분야에서는 나름 괜찮은 경영자라고 생각하지만, 워런이 소유한 신문사는 이미 우리 실적을 능가하잖아요."

버핏은 자기가 사업체를 운영하며 축적한 경험이 투자의 능력을 개발하는 데 많은 도움이 된다고 생각한다. 물론 그 반대로도 마찬가지다. "투자를 하다 보면, 어디에서도 직접 얻기 힘든 다방면의 경험을 쌓게 됩니다. 무엇보다 시장에 충격을 주는 일이 주로 어떤 곳에서 생기는지 알게 되지요. 예를 들어 소매 산업에서는 하루아침에 회사가 증발해버리기도 하잖아요. 좋은 투자자라면 50년 전으로 되돌아가 선배들의 다양한 경험을 간접적으로나마 익혀야 합니다. 또 자본을 배분하는 법도 배워야 하죠. 양동이 하나에만 물을 가득 담기보다, 다른 양동이들을 사용해서 무엇을 얻어낼 수 있을지 고민해야 합니다."

그는 또 이렇게 말을 잇는다. "반면 당신은 물고기에게 육지를 걷는 것이 어떤 기분인지 설명할 수 있을까요? 천 년 동안 이야기를 해도 단 하루 동안 땅 위에 있느니만 못 하듯이, 하루만 기업을 운영해도 똑같은 가치를 얻게 되는 겁니다. 회사를 경영하면 땅에 직접 발을 딛는 게 어떤 기분인지 느낄 수 있는 거죠." 버핏의 결론. 자신이 투자와 경영 양쪽에 몸담고 있어 매우 행복하다는 것이다.

버핏과
살로몬

버핏이 살로몬 브라더스(Salomon Brothers)에서 겪은 일을 영화로 만든 사람은 아직 없지만, 이는 영화 소재로 쓰고도 남을 만큼 흥미진진한 이야깃거리가 분명하다. 그 영화에는 '투 빅 투 페일(Too Big To Fail)' 같은 제목이 제격일 것이다. 하지만 스토리의 결말은 2011년에 나온 동명의 영화(HBO에서 제작한 영화로 2008년의 금융 위기 이후 6개월간의 상황을 배경으로 했음 — 역자주)와 전혀 다르다.

버핏은 버크셔 해서웨이의 1997년 연례 보고서에서 살로몬이 트래벌러스그룹(Travelers Group, 곧 시티그룹으로 바뀜)에 매각됐다는 사실을 밝히며, 이로써 자신이 주연을 맡은 스탠드업 코미디 한 편이 막을 내렸다고 말했다. "돌이켜보면 살로몬에서의 경험은 멋지고 유익했습니다. 그러나 1991년에서 1992년 사이에 벌어진 드라마에는 누군가 이런 비평을 달아도 마땅하다고 봅니다. '만일 내 의자만 제대로 놓였다면 그 연극을 좀 더 즐겼을지도 모르겠다. 하필 의자가 무대 쪽을 향해 있는 게 아닌가.'"

여기에 소개되는 살로몬 관련 기사 두 편은 발표 시점이 9년이나 차이가 난다. 첫 번째 기사인 '살로몬의 지혜?'는 독자 여러분이 방금 읽은 '워런 버핏의 인사이드 스토리'의 사이드바로 작성된 짧은 글로, 버핏이 1987년 이 회사에 7억 달러를 투자하면서 살로몬의 이야기가 시작되는 과정을 기술했다.

하지만 그때는 불과 몇 년 뒤에(특히 앞서 버핏이 언급한 1991년에서 1992년 사이에) 살로몬이 미국의 국채를 불법적인 방식으로 거래했다는 이유로 큰 곤경에 빠지고, 버핏이 그 현장에 뛰어들어 회사를 건져내리라고는 누구도 상상하지 못했다. 그 일을 자세히 다룬 기사가 두 번째인 '워런 버핏의 살로몬 구하기 대작전'이다. 하지만 이 기사는 그로부터 몇 년이 지난 뒤에야 빛을 볼 수 있었다. 기사의 도입부에 발표가 늦어진 이유를 설명했다.

오늘날 이 1997년의 기사를 읽다 보면 살로몬이 1991년 당시 파산 직전이었다는(적어도 버핏이 보기에는) 대목에서, 그로부터 오랜 시간이 흐른 뒤 실제로 파산해버린 리먼 브라더스(Lehman Brothers)를 떠올리지 않을 수 없다. 이 기사에는 살로몬 브라더스가 몰락할 경우 발생할 수 있는 혼란에 대해 버핏이 워싱턴 정가에 경고를 보내는 대목이 나온다. "(버핏은) 살로몬의 파산으로 야기된 도미노 효과로 인해 신속한 지불 시스템을 기반으로 유지되는 전 세계의 금융 시스템이 붕괴되는 재앙이 발생할지도 모른다고 말했다."

살로몬이 무너졌다면 어떤 일이 생겼을지 우리는 알 수 없다. 버핏의 간절한 탄원이 이 회사를 구했기 때문이다. 그러나 위의 문장은 2008년 리먼 브라더스의 파멸 사태를 너무도 완벽하게 묘사하고 있는 듯하다. - CL

살로몬의 지혜?

1988년 4월 11일 | 캐럴 루미스

"우리는 투자은행이 나아갈 방향이나 미래의 수익성에 대해 특별한 통찰력을 가지고 있지 않습니다." 워런 버핏은 버크셔 해서웨이의 1987년도 연례 보고서에서 이렇게 말했다. "단지 살로몬의 CEO 존 굿프렌드의 능력과 진실함을 굳게 믿을 뿐입니다." 버핏은 이렇게 선언하며 지난 수개월간 월스트리트를 떠돌았던 소문, 즉 그가 굿프렌드를 축출하고 윌리엄 사이먼(William Simon) 같은 경영자를 영입하려 한다는 소문을 일축했다. 그동안 버핏은 자신이 인수한 기업의 경영자에 대해 적대적인 조치를 취하지 않는다는 원칙을 견지했음에도 불구하고 이 루머는 늘 그의 주변을 맴돌았다. 그러나 버핏이 작년 살로몬에 투자한 시기를 기점으로 그런 소문은 사라질 것으로 보인다. 버핏은 지난해 10월 1일 7억 달러에 달하는 버크셔의 자금으로 살로몬의 상환전환우선주를 사들임으로써 자신의 최대 투자 기록을 새롭게 세웠다. 이 우선주에는 매년 9퍼센트의 배당금이 지급되며, 3년 후에는 주당 38달러에 살로몬의 보통주로 전환할 수 있는 자격이 부여된다. 만일 버핏이 전환을 원치 않는다면 1995년부터 5년간 현금으로 상환된다. 문제는 38달러라는 금액이다. 버핏이 이 계약을 맺을 때 33달러 선이었던 살로몬 주가는 10월 19일 이후 16달러까지 떨어졌다가 최근 23달러로 회복됐다.

주식시장의 붕괴는 버핏의 투자 행보에 대한 월스트리트의 관점을 달라지게 했다. 얼마 전까지는 버핏이 치른 가격보다 훨씬 가치가 높은 꿈의 주식을 매입했다고 생각하는 사람들이 많았다. 로널드 페렐만(Ronald

Perelman)이라는 전문투자자의 적대적 인수 가능성으로 공포에 질린 살로몬의 경영진이 버핏에게 회사를 넘기는 길을 택했다는 것이다. 그러나 주식시장에 큰 혼란이 닥친 뒤에 쏟아져 나온 기사들에 따르면 살로몬이란 회사의 여러 단점과 내부적 혼란을 감안했을 때 버핏이 골칫덩어리를 인수했음이 분명하며, 이 때문에 투자자로서의 그의 신뢰에도 위기가 닥칠 것이라고 한다.

버핏은 살로몬의 상환전환우선주를 매입한 이유 중의 하나가 투자은행의 수익성이 일반 기업들에 비해 훨씬 예상하기 어렵기 때문이라고 버크셔의 연례 보고서에서 밝혔다. 그러면서도 그는 이 투자의 앞날을 긍정적으로 전망했다. "살로몬처럼 시장을 선도하는 우수한 금융기업은 평균적으로 높은 자기자본이익률을 달성할 수 있을 거라 믿습니다. 이 경우 우리의 지분에 부여된 전환권은 결과적으로 높은 가치를 발휘할 것입니다." 그는 앞으로도 살로몬의 우선주를 추가로 매입하고 싶다는 의사도 내비쳤다.

버핏이 살로몬에 투자한 일이 흥미로운 이유는 과거 그 자신이 탐욕스럽다고 비판해 마지않던 월스트리트의 금융회사와 한솥밥을 먹게 됐다는 사실 때문이다. 그는 1982년의 연례 보고서에서 어떻게든 자신들의 소득을 극대화하는 방향으로 고객에게 조언을 제공하는 투자은행가들을 조롱했다. "이발사에게는 내가 머리카락을 잘라야 하는지 묻지 말아야 합니다." 그러나 그는 올해 발표한 연례 보고서에서 굿프렌드가 보통 이발사와는 다르다고 입장을 표명했다. 버핏에 따르면 이 살로몬의 CEO는 회사의 수수료 수입에 차질을 초래하는 한이 있더라도 고객에게 불리한 투자를 권하지 않는다고 한다.

버핏이 주주서한에서 기술한 살로몬의 여러 비즈니스 중에는 요즘 월스트리트에서 유행 중인 '머천트뱅크(merchant bank, 19세기 영국에서 발달했던 금융기관의 한 형태로 여수신 업무를 제외한 투자, 어음발행, 증권발행 등을 종합적으로 수행하는 상업은행 ― 역자주)' 사업이 포함되지 않았다는 점을 주목할 필요가 있다. 특히 투자자들이 대규모로 돈을 빌려 기업을 사들일 때 많이 활용하는 브리지론(bridge loan, 수요자가 일시적인 자금난에 빠졌을 때 자금을 연결해주는 단기 대출 ― 역자주)은 상환 우선순위가 극도로 낮은 하위부채이기 때문에 머천트뱅크 상품 중에서도 매우 위험한 종류에 속한다는 것이 버핏의 생각이다. 살로몬의 이사진에 합류한 버핏과 버크셔의 부회장 찰스 멍거는 살로몬이 브리지론 판매를 가급적 피해야 한다고 주장할 것으로 보인다. 버핏은 이렇게 말한다. "그러나 존 굿프렌드가 이 상품의 판매가 필요하다고 생각하면 우리는 그를 지지할 것입니다. 우리는 다른 기업에 투자를 했다고 해서 조직에 대대적인 변화를 꾀하지 않습니다. 결혼이라면 모르지만 투자에 있어서는 그 방법이 잘 통하지 않기 때문입니다."

워런 버핏의 살로몬 구하기 대작전

1997년 10월 27일 | 캐럴 루미스

살로몬을 벼랑 끝으로 몰고 간 아찔하고 돌발적인 비행(非行)과 실수, 그로 인해 버핏이 '인생에서 가장 중요한 날'을 경험한 이야기

트래블러스그룹의 CEO 샌포드 웨일(Sandford I. Weill, 64세)이 살로몬 주식회사를 90억 달러에 매입하는 자신의 경력 최대의 인수 계약에 도장을 찍으면서, 월스트리트의 유명 인사 중 하나인 워런 버핏(67세)은 마침내 살로몬을 떠났다. 버핏이 이 회사와 인연을 맺은 것은 10년 전인 1987년 가을, 그가 운영하는 버크셔 해서웨이가 살로몬의 최대 주주가 된 뒤 자신이 이 회사의 이사회에 합류하면서부터였다. 물론 이때는 공중에 걸린 줄에서 외발자전거를 타는 것 같은 버핏의 아슬아슬한 모험이 시작되기 한참 전이었다. 그는 불법적인 방식으로 미국의 국채를 거래했다는 혐의를 받고 곤경에 처한 이 회사로 아예 자리를 옮겨, 1991년부터 1992년 사이의 9개월간 살로몬을 실제로 운영했다.

그동안 버핏과 살로몬의 이야기를 다룬 글이 많이 발표됐지만, 이 기사에서는 새로운 사실이 적지 않게 공개된다. 나는 지난 30년간 버핏과 친구 관계를 유지했으며, 오랫동안 버크셔의 주주로 활동했다(살로몬의 주주였던 적은 없다). 나는 버핏의 친구로서 그가 매년 주주들에게 발송하는 연례 보고서의 편집을 돕고 있으며, 언젠가 버핏의 비즈니스와 삶을 다룬 책을 그와 공동으로 펴낼 계획도 하고 있다. 때문에 나에게는 버핏의 생각을 파악할 수 있는 기회가 많았다. 그동안 내가 수집한 이야기의 일부는 〈포춘〉

을 통해 기사화됐다. 대표적인 글이 1988년 4월 11일에 실린 '워런 버핏의 인사이드 스토리'와 이 기사의 사이드바로 작성된 '살로몬의 지혜?'였다. 물론 나는 1991년에도 버핏이 살로몬에서 어떤 일을 겪고 있는지 그에게 들어 자세히 알고 있었지만, 당시 버핏이 그 이야기를 공개하는 일을 금했기 때문에 기사로 발표하지는 못했다. 어떻게든 다시 일어서기 위해 악전고투 중인 살로몬이 중대한 법적 문제까지 안고 있던 상황을 감안하면 어쩔 수 없는 일이었다. 얼마 후 위기 상황이 지나고 버핏의 공개 금지령이 해제된 뒤에는 정작 이 기사를 서둘러 게재할 필요가 없어졌다. 그러다 최근 트래벌러스그룹이 살로몬을 인수한다는 소식이 전해진 것이다. 1991년에 벌어진 이 드라마는 갈수록 복잡해지는 현대의 금융 시스템 뒤에 도사리고 있는 위험에 대해 우리에게 중요한 메시지를 던져준다.

버핏이 살로몬에서 보낸 10개월은 삶에서 줄곧 유지해온 리듬을 가장 극적으로 바꾼 시기였으리라 생각된다. 원래 워런 버핏은 큰 투자에 관한 의사 결정을 1년에 한 번 할까 말까 한 경영자였다. 그랬던 그가 살로몬에서 하루에 25차례의 경영적 결정을 해야 하는 상황에 놓였던 것이다. 그중에는 버핏이 '내 인생에서 가장 중요했던 날'이라고 부르는 하루가 포함되어 있었다. 1991년 8월 18일 일요일, 미국 재무부는 살로몬의 국채 경매 입찰을 금지한다고 발표했다. 그리고 몇 시간 뒤 버핏의 절실한 노력 덕분에 결국 금지 조치는 해제됐다. 이 두 조치가 연이어 발동된 4시간 동안 버핏은 이로 인해 닥칠지도 모르는 파국적인 결과를 막기 위해 그야말로 혼신의 힘을 쏟았다. 만일 살로몬이 끝내 입찰에서 배제되었다면, 오늘날 기업 가치가 90억 달러에 달하는 이 회사는 곧바로 파산의 위험에 빠졌을지도 모른다. 더 중요한 사실은 살로몬이 무너지면서 전 세계 금융 시스템의 중심이 휘청거리는 일이 벌어졌을지도 모른다는 것이다.

그 아찔했던 여름날의 일요일에서 시계를 거꾸로 돌려 또 다른 일요일의 이야기를 해보자. 1987년 9월 27일 일요일, 워런 버핏과 살로몬의 CEO 겸 이사회 의장인 굿프렌드는 버크셔 해서웨이가 7억 달러 상당의 살로몬 상 환전환우선주(살로몬 전체 지분의 12퍼센트)를 사들이는 계약에 합의했다. 이로써 굿프렌드는 로널드 페렐만이라는 기업인수 전문가의 적대적 인수 공세를 막을 수 있게 됐다. 당시 페렐만은 남아프리카공화국의 어느 투자 자로부터 대량의 살로몬 보통주를 사들이고자 하는 움직임을 보이고 있 었다. 굿프렌드는 버크셔가 투자한 7억 달러로 남아프리카의 투자자에게 자사주를 매입하겠다고 제안했으며, 페렐만은 결국 싸움터에서 물러났다. 굿프렌드가 버핏이라는 백기사(white knight, 매수 대상 기업의 경영권 방어를 돕는 투자자 — 역자주)를 환영한 이유는 상상하기 어렵지 않다. 그러나 버 핏이 왜 7억 달러를 살로몬에 쏟아부었는지는 여전히 미스터리다. 그는 그때까지 단일 기업에 그런 엄청난 금액을 투자한 적이 없었다. 버핏은 예 전부터 투자은행가들을 경멸했다. 고객에게 손해를 끼치면서도 막대한 수 수료를 벌어들이는 방향으로만 거래를 추진하는 그 사람들이 못마땅했기 때문이다. 또한, 그는 주로 자기가 좋아하는 사람들과 일을 하는 스타일이 다. 그런 버핏이 오랫동안 허리띠를 졸라매고 모은 거액의 자금을 나중에 《라이어스 포커(Liar's Poker)》(살로몬 브라더스에서 근무했던 마이클 루이스가 이 회사의 경험을 기록한 책 — 역자주)에서 악명을 떨치게 될 사람들, 즉 호 화로운 생활을 하고, 시가를 빼물고, 갖은 편법을 일삼는 이 월스트리트의 속물들에게 넘겨준 것이다.

버핏의 파격적인 행보에 대해 다음과 같은 몇 가지 추측이 제기되기는 했 지만, 그 어느 것도 그때의 상황을 완벽하게 설명하지는 못한다. 첫째, 당 시 몇 년 동안 합리적인 가격의 주식을 발견하지 못한 버핏이 지속적인 수 입을 보장해주는 대안을 선택했을 수 있다. 둘째, 살로몬 투자를 버핏에게 권한 굿프렌드가 버크셔의 자회사 사이코(현재는 버크셔가 지분 100퍼센트 소유)를 원칙적이고, 탐욕스럽지 않고, 고객 중심적으로 대하는 모습을 지켜본 버핏이 그 점을 높이 평가했다는 것이다. 버핏은 실제로 굿프렌드를 좋아했으며, 지금도 마찬가지다.

세 번째는 단순히 거래의 조건이 버핏에게 수용 가능했기 때문이라는 설이다. 사실 상환전환우선주는 복권이 첨부된 채권과 다를 바 없다. 이 계약에 따르면 버크셔에게는 매년 9퍼센트의 배당금이 지급되고 3년 뒤에는 살로몬의 보통주를 주당 38달러(계약 당시 30달러 선)에 살 수 있는 권리가 주어진다. 만일 버핏이 보통주로 전환을 원치 않는다면 1995년부터 5년에 걸쳐 현금으로 상환된다. 버핏에게는 그리 나쁘지 않은 제안이었을 것이다. 그는 1987년에 내게 이렇게 말한 바 있다. "비록 우리가 늘 바라던 '3루타'까지는 아니지만, 그럭저럭 괜찮을 듯합니다."

만일 살로몬에 근무 중인 똑똑하고 계산에 밝은 임원들이 버핏의 이 말을 들었다면 너무 과소평가된 표현 아니냐고 생각했을지도 모른다. 애초에 그들은(그리고 언론은) 버핏이 페렐만의 적대적 인수 공세에 대한 굿프렌드의 공포를 틈타 꿈의 주식을 사들였다는 입장이었다. 그들 생각에 배당금 액수는 너무 큰 데다가 보통주 전환비용은 지나치게 낮았다. 그 뒤 몇 년이 흐르는 동안에도 살로몬 임원들 사이에서는 그런 견해가 남아 있었다. 심지어 일부 임원(굿프렌드는 아니다)이 버핏을 찾아가 우선주를 포기하라고 몇 차례 제안하기도 했다.

만일 버핏이 향후 회사의 운명과 수익에 막대한 위협을 초래할 1991년의 그 스캔들을 미리 알았더라면, 살로몬에 대한 투자를 심각하게 고려했을 게 분명하다. 그리고 그 후 살로몬과 버핏의 세계는 매우 달라졌을 것이다. 그때의 이야기를 시작하기 위해서는 무대의 상황을 잠시 설명해야 할 것 같다. 위기가 닥치기 전 살로몬은 매우 실적이 좋은 한 해를 보냈다. 다만 이 회사가 미국 단기재정증권(Treasury bill, 미국 재무성이 발행하는 만기 1년 미만의 국채 — 역자주) 경매에서 쇼트 스퀴즈(short squeeze, 주식이나 채권 등의 가격 하락을 예상하고 매도 포지션을 취한 투자자들이 가격 상승으로 손실이 발생해 추가 손실을 예방하기 위해 경쟁적으로 현물을 사들여 가격이 급등하는 현상 — 역자주)를 초래했다는 이유로 재무부의 조사가 시작된 것이 옥에 티였다. 이런 문제에도 불구하고 살로몬의 주가는 버핏의 전환비용 38달러에 근접한 37달러까지 올랐다.

이야기는 버핏이 네바다주 리노(Reno)를 방문한 날부터 시작된다. 버핏은 이곳에서 버크셔의 자회사 임원 두 사람과 매년 정기적으로 만나 업무를 논의했다. 8월 8일 목요일 오후 리노에 내린 버핏은 도착하자마자 자신의 사무실에 전화를 했다. 그러자 비서는 존 굿프렌드가 현재 런던에서 뉴욕으로 날아오는 중이며, 그날 저녁 버핏과 상의할 게 있다는 메시지를 남겼다고 전했다. 굿프렌드의 사무실로 전화해보니 그는 당일 저녁 법률회사 와텔 립턴 로젠 앤 카츠에 있을 예정이라고 했다. 그래서 버핏은 뉴욕 시간으로 오후 10시 30분에 자신이 법률회사로 전화하겠다고 약속했다. 굿프렌드가 무슨 이야기를 하려는 걸까? 버핏은 곰곰이 생각한 끝에 나쁜 소식은 아닐 거라고 결론 내렸다. 전에는 굿프렌드가 뉴욕의 로펌을 직접 찾은 적이 없었기 때문이었다. 아마도 그가 살로몬을 매각하기 위한 거래 협상을 마치고 이사진에게 구두 승인을 받으려는 것일 수도 있다. 버핏은 타호 호수(Lake Tahoe) 주변의 저녁 식사 장소로 향하는 자동차 안에서 자기가 오늘 안에 '좋은 소식'을 듣게 될지도 모른다고 동승한 사람들에게 말하기도 했다. 버핏은 4년 전 이 회사와 맺은 계약에서 기꺼이 발을 뺄 준비가 되어 있었다.

저녁 식사 중간에 약속 시간이 되자, 버핏은 공중전화로 가서 다이얼을 돌렸다. 잠시 통화가 지체된 뒤에 살로몬의 회장 톰 스트라우스(Tom Strauss)와 이 회사의 사내 변호사 도널드 퓨어스타인(Donald Feuerstein)이 전화를 받았다. 그들은 굿프렌드가 아직 비행기에서 내리지 못해 로펌 사무실에 도착을 못 했으니, 그를 대신해서 최근 발생한 모종의 '문제'에 대해 버핏에게 보고하겠다고 했다. 왁텔 립턴이 살로몬의 요청에 따라 수행한 내부 조사에 따르면, 이 회사에서 국채 입찰을 담당하는 두 트레이더가 1990년에서 1991년 사이 재무부의 입찰 규정을 수차례 위반하고 경매에 참가했다는 것이다. 그중 한 명이 이 회사의 최우수 딜러이자 이사인 폴 모저(Paul Mozer)였다. 버핏은 잘 모르는 이름이었다.

두 사람은 모저와 그의 동료가 이미 정직 처분을 받았으며, 회사는 이 일을 관계 당국에 신고하고, 언론 보도 자료를 준비하고 있다고 말했다. 퓨어스타인은 작성 중인 보도 자료의 초안을 버핏에게 읽어주면서, 그날 오후 살로몬의 또 다른 이사 찰스 멍거(버크셔의 부회장이자 버핏의 조언자)에게도 이 문제의 개요를 전달했다고 덧붙였다.

그 보도 자료에는 모저가 저지른 불법 입찰 행위의 일부만이 적혀 있었다. 그러나 다음 며칠 동안 과거 그가 어떻게 재무부의 규정을 우습게 여기고 경매 현장에서 불법적인 행위를 했는지에 대한 자세한 내막이 세상에 낱낱이 공개됐다. 1990년에 새로 공포된 미 재무부의 규정에 따르면 한 회사가 단일 경매에 나온 미국 국채의 35퍼센트 이상을 대상으로 입찰하는 일이 불가능했다. 살로몬 같은 대기업이 시장을 독점하는 일을 막기 위한 조치였다. 하지만 모저는 1990년 12월과 1991년 2월 두 차례에 걸쳐 살로몬에 부여된 35퍼센트 한도 내에서 먼저 입찰에 참여한 다음, 살로몬의 여러 고객 명의로(물론 그들의 허락 없이) 별도의 입찰 서류를 작성해서 제출하는 방식으로 이 규정을 피해 갔다. 그리고 낙찰받은 채권을 살로몬의 계좌로 보냈다. 물론 명의를 도용당한 고객들에게는 단 한마디의 설명도 없었다. 결과적으로 살로몬은 대기업의 권력을 남용해서 경매에 나온 35퍼센트 이상의 채권을 쓸어 담은 셈이 되었다.

그러나 목요일 저녁 공중전화를 통해 이 이야기를 듣고 있던 버핏은, 주위의 소음 탓에 통화 내용을 자세히 알아듣지 못한 데다 스트라우스와 퓨어스타인이 사무적인 목소리로 상황을 설명했기 때문에 이 사안에 대한 특별한 경고의 느낌을 받지 못했다. 그래서 다시 저녁 식사 자리로 돌아갔다. 버핏은 그 주 토요일 멍거(그는 미네소타 북쪽의 섬에서 휴가를 즐기고 있었다)와 통화한 뒤에야 비로소 문제의 본질을 깨달았다. 이틀 전 퓨어스타인으로부터 이 일을 전화로 보고받은 변호사 출신의 멍거는(당시 퓨어스타인은 미리 작성한 '보고 요점'을 전화기에 대고 읽었다) "이 사안은 지난 4월 말 이후 회사에 의해 부분적으로 인지되었다"라는 수동태 형식의 문장에 상대방의 말을 끊지 않을 수 없었다. 멍거는 곧바로 되물었다. "누가 알았다는 말인가요?"

멍거는 퓨어스타인을 추궁한 끝에 모저가 자신의 2월 불법 입찰 건을 두 달 뒤인 4월 말 상사인 존 메리웨더(John Meriwether)에게 보고했다는 사실을 알아냈다. 메리웨더는 스트라우스, 굿프렌드, 퓨어스타인에게 즉시 모저의 비위 사실을 알리고 '모두의 경력을 위협할 만한' 이 엄청난 문제를 어떻게 처리할지 물었다. 퓨어스타인에 따르면 모저의 행위는 '범죄'였다. 게다가 뉴욕 연방준비은행이 조만간 이 사실을 알게 되리라는 것도 분명했다. 그럼에도 그들 모두는 4월이 지나고 5, 6, 7월이 가도록 이 일에 대해 입을 꾹 다물었다. 나중에 버핏은 "이해할 수도 없고 용납할 수도 없는" 그들의 무대책과 침묵이 결국 이 위기를 극단으로 몰고 갔다고 탄식했다. 멍거는 토요일에 버핏과 전화 통화를 하며 살로몬의 경영진이 마치 '손가락을 빨 듯' 이 사안에 너무 안이하게 대처하는 것 같다고 말했다. 버핏 자신도 며칠 전 스트라우스 및 퓨어스타인과 전화로 대화할 때 비슷한 생각을 했다. 그 두 사람은 버핏에게 보고하는 자리에서 최고 경영진이 이 문제의 해결을 위해 어떤 역할을 하고 있는지 정확히 알리려는 노력을 전혀 하지 않았다. 살로몬의 비즈니스를 감독하는 관계 당국에서도 후에 비슷한 불만을 제기했다. 이 회사 최고 경영진의 직무유기를 언뜻 보고받기는 했으나 애매모호한 문장 때문에 문제의 핵심이 분명하게 전달되지 않았다는 것이었다.

8월 9일자 신문 기사에는 이 회사의 경영진이 직원의 잘못을 미리 알았다는 사실이 전혀 언급되지 않았다. 애초에 멍거는 퓨어스타인과의 처음 통화에서 그 내용이 보도 자료에서 빠졌음을 지적한 바 있었다. 그러나 퓨어스타인은 너무 많은 문제를 외부에 노출할 경우 회사의 '자금조달' 능력, 즉 매일 수십억 달러씩 결제일이 도래하는 단기부채 상환 능력에 지장이 초래될 수 있다는 경영진과 변호사들의 우려를 대신 전달했다. 결론적으로 살로몬은 경영진이 모저의 부당 행위를 미리 알았다는 사실을 이사회와 관계 당국에만 알리고 외부에는 공개하지 않을 작정이었다. 멍거는 그것이 정직하지도 현명하지도 않은 생각이라며 반대했지만, 자신이 자금조달 전문가가 아니라는 생각에 더 이상 밀어붙이지 않았다.

그러나 멍거와 버핏은 토요일에 통화하는 과정에서(그때는 이미 〈뉴욕타임스〉에 살로몬의 기사가 대서특필된 뒤였다) 경영진이 모든 사실을 신속하게 공개해야 한다는 데 의견을 모았다. 다음 주 월요일, 멍거는 굿프렌드의 친구이자 고문인 왁텔 립턴 법률회사의 마틴 립턴을 통해 두 사람의 확고한 입장을 전달했다. 그리고 그 주 수요일 오후로 예정된 이사회 전화 회의에서 이 문제가 논의될 거라고 통보받았다. 한편 버핏은 굿프렌드와 전화로 대책을 논의했다. 굿프렌드는 이 모든 일이 '주가 몇 포인트' 떨어질 정도의 문제에 불과하다고 큰소리쳤다.

수요일에 개최된 이사회에서는 회사가 내보낼 두 번째 보도 자료가 발표됐다. 3페이지에 달하는 이 자료에는 사건의 상세한 전후 관계와 지난 4월 회사의 경영진이 직원의 불법 행위를 알았음을 인정하는 내용이 적혀 있었다. 그러나 그다음 문장이 공개되자 전화기 저편의 이사들은 난리가 났다. 경영진이 '다른 업무에 쫓겨' 이 문제를 관계 당국에 미처 보고하지 못했다고 쓴 것이다. 당시 오마하에서 전화 회의에 참석했던 버핏은 "어처구니가 없을 정도로" 한심한 핑계였다고 기억한다. 결국 이 문장은 나중에 다음과 같은 말을 삽입하는 것으로 바뀌었다. "이 사안에 대한 충분한 주의가 부족했던 탓에 신속한 조치가 단행되지 못했습니다." 역시 수동태 형식으로 쓰인 이 문장은 좀 덜 한심하게 다듬어졌지만, 자신들의 과오를 인정하려 들지 않는 경영진의 태도는 여전했다.

그러나 수요일 이사회에서 있었던 정말로 큰 잘못은 언어적인 문제가 아니라 중요한 보고를 의도적으로 누락한 일이었다. 그 전날 굿프렌드는 뉴욕 연방준비은행에서 마치 저승사자가 보낸 것 같은 편지 한 장을 받았다. 서명자는 부총재로 되어 있었지만, 편지를 읽어본 사람은 그 뒤에 2미터에 육박하는 키와 아일랜드인 특유의 다혈질적인 성격의 소유자 제럴드 코리건(Gerald Corrigan) 총재가 버티고 있다는 사실을 알 수 있었다. 코리건은 자신의 재임 중에 이런 일이 일어났다는 데 대해 분노를 감추지 못했다. 그는 이 편지에서 살로몬의 '불법' 입찰로 인해 이 회사와 연방준비은행의 '지속적인 비즈니스 관계'에 회의론이 제기되고 있으며, 살로몬의 경영진이 모저의 비행을 즉시 신고하지 않았다는 사실은 자신들에게 '매우 큰 우려'를 안겨주었다고 밝혔다. 그리고 살로몬이 그동안 파악한 회사의 모든 '불법, 위반, 실수'에 대한 상세한 보고서를 작성해서 10일 내에 제출하라고 요구했다.

버핏도 나중에 안 일이지만 코리건은 이 편지가 살로몬의 이사회에 신속히 전달될 것이며, 이에 따라 이사들이 회사의 경영진을 곧장 교체할 거라고 믿었다. 그러나 이사회가 아무런 조치를 취하지 않자 코리건은 그들이 자신에게 반항하는 거라고 생각했다. 물론 이사들은 그런 편지가 존재했다는 사실 자체를 몰랐다. 버핏 역시 그 주의 후반부에 코리건과 대화를 나누면서 연방준비은행이 회사에 모종의 편지를 보냈다는 사실을 알게 됐지만, 이 사건에 관한 보다 자세한 정보를 요구한 편지 정도라고만 생각했다. 버핏이 그 편지를 실제로 목격한 것은 그로부터 한 달이 지난 뒤에 열린 의회 청문회에서 코리건이 그 편지에 대해 자세히 언급한 뒤였다. 버핏은 이 편지가 무시당한 데서 온 연방준비은행의 분노가 그로부터 며칠 뒤 관계 당국을 통해 살로몬에 엄청난 후폭풍을 몰고 온 거라고 생각한다. 버핏이 기억하기로 굿프렌드, 스트라우스, 퓨어스타인 세 사람은 그 전(前)달까지만 해도 경영상의 '중요한 사안'에 대해 이사회에 아무것도 숨기지 않은 듯 평상시처럼 행동했다. 그러나 연방준비은행의 편지를 이사들에게 전달하지 않은 일은 그야말로 '핵폭탄' 같은 충격을 불러일으켰다는 것이다. 그는 조금 속된 표현을 써서 이렇게 말한다. "당연한 일이지만, 연방준비은행은 살로몬의 이사회가 경영진과 작당해서 자신들의 얼굴에 침을 뱉었다고 느꼈겠죠."

이런 일이 벌어지는 동안 솔로몬의 주가는 어떻게 됐을까? 36달러가 넘던 이 회사의 주식 가격은 두 번째 보도 자료가 시장을 발칵 뒤집어놓은 목요일 27달러로 급락했다. 그러나 주가는 단지 겉으로 드러난 현상에 불과했다. 더 큰 문제는 목요일을 기점으로 살로몬에 대한 업계의 신뢰도가 약화되면서 이 회사의 재무적 구조에 서서히 금이 가기 시작했다는 사실이었다. 증권을 거래하는 기업은 절대 세상의 신뢰를 잃어버려서는 안 된다. 그중에서도 신용 의존도가 극단적으로 높았던 살로몬은 회사에 대한 외부의 인식이 부정적으로 바뀌면 이를 견뎌낼 재간이 없었다. 버핏 생각에 살로몬은 마치 생물이 공기를 필요로 하는 것처럼 신용을 필요로 했다. 신용이 있을 때는 느끼지 못하지만, 없으면 그 필요성이 곧바로 체감되기 때문이었다.

안타까운 일은 이 회사가 양적으로 한껏 성장했을 때 신용에 타격을 받기 시작했다는 사실이었다. 1991년 8월 총자산이 천5백억 달러(물론 재무상태표에 반영되지 않은 엄청난 기타 항목을 제외하고)에 달하던 살로몬은 당시 미국에서 가장 큰 5대 금융기관 중 하나였다. 이 회사 재무상태표의 오른쪽 항목을 살펴보면(잠시 회계 공부를 해보자), 주식 자본은 40억 달러에 불과한 반면, 그 위쪽에 기재된 중기채(만기가 1년 이상에서 최대 5~10년인 중기성 채권 — 역자주), 은행 부채, 기업어음 등이 160억 달러에 달했다. 이 회사의 재무구조는 이 두 가지를 합한 2백억 달러의 기초 자본이 나머지 천3백억 달러의 단기성 채무(대부분 하루 뒤부터 6개월 사이에 만기가 도래하는 채무)를 지탱하는 형태로 유지되고 있었다.

이 단기성 채무의 가장 특기할 만한 사항은 채권자들이 자기가 빌려준 돈의 움직임을 24시간 눈에 불을 켜고 감시한다는 점이었다. 그들은 자신의 자금에 미세한 위기라도 감지되면 아무리 많은 이자를 주는 곳이라 해도 절대 돈을 맡기지 않았다. 그러므로 그들에게 프리미엄 이자를 제안하는 일은 오히려 역효과를 낳는 행위일 수 있었다. 뭔가 숨겨진 위험이 있다고 생각할 수 있기 때문이었다. 게다가 시중은행에 돈을 맡긴 채권자들은 최악의 경우 미 연방예금보험공사(FDIC)의 보호를 받거나 국가 정책의 도움을 기대할 수도 있다. 그러나 살로몬 같은 증권회사들에게는 존재만으로 고객들의 자금 인출 사태를 막아줄 수 있는 '연방정부'라는 방어막이 없었다.

아닌 게 아니라 살로몬은 목요일부터 자금 인출 사태를 겪기 시작했다. 그리고 그 사태는 예상치 못한 곳으로부터 터져 나왔다. 투자자들이 너도나도 이 덩치 큰 트레이더이자 마켓메이커(market maker, 주식시장에서 선택된 주식의 거래량을 인위적으로 늘리고 유동성을 공급함으로써 거래를 활성화하는 투자전문기관 — 역자주)인 살로몬의 부채 증권(특히 만기가 도래하지 않은 이 회사의 중기채)을 팔겠다고 내놓은 것이었다. 과거에도 살로몬의 채권시장이 늘 존재하기는 했지만 거래는 거의 이루어지지 않았다. 아무도 이를 팔고 싶어 하지 않았기 때문이다. 하지만 이제는 매도자들이 쏟아지기 시작했다. 살로몬의 트레이더들은 자사의 채권에 대한 입찰가를 낮추며 매도 물량의 폭주를 저지하기 위해 안간힘을 썼다. 하지만 이는 결과적으로 자기 발등을 찍은 셈이었다. 왜냐하면 자사의 채권을 매입하면 할수록 살로몬을 지탱하던 재무적 기반을 무너뜨리는 결과를 낳을 뿐이기 때문이었다. 결국 트레이더들이 7억 달러 상당의 자사 채권을 사들인 뒤, 이 회사는 상상할 수도 없는 조치를 취했다. 자기 회사의 채권 매입을 중지해버린 것이다. 그러자 월스트리트 전체에서 살로몬의 채권 거래가 멈췄다. 살로몬이 자사에서 발행한 채권을 사지 않는다면 다른 누구도 살 이유가 없었던 것이다.

목요일 저녁에 신문들이 살로몬 관련 소식(이 회사가 창구를 닫았다는 이야기는 이미 사방팔방에 퍼졌다)을 한바탕 쏟아내고 난 뒤, 존 굿프렌드와 톰 스트라우스는 연방준비은행의 제랄드 코리건과 전화로 대화를 나누었다. 회사가 처한 문제는 한둘이 아니었다. 굿프렌드와 스트라우스는 통화 도중 자신들이 과연 살로몬을 계속 이끌고 갈 수 있을지 스스로 의문을 나타냈다. 다음날 오전 6시 45분(오마하 시간), 버핏은 전화벨 소리에 잠에서 깼다. 수화기 저편의 사람들은 굿프렌드, 스트라우스, 그리고 마틴 립턴이었다. 굿프렌드는 자신과 스트라우스가 회사를 떠나기로 했다고 말하며 후임자로 어떤 사람이 좋을지 의견을 물었다. 그리고 잠시 후에 굿프렌드는 버핏에게 그 자리를 맡아달라고 부탁했다. 버핏은 이를 선선히 승낙했다. 집에서는 절대 회사 일을 하지 않는 버핏은 집에서 5분 거리의 사무실로 가서 뉴욕으로 다시 전화하겠다고 말했다. 버핏이 사무실에 도착하자 그날 〈뉴욕타임스〉에 실린 기사가 팩스로 들어와 있었다. 헤드라인에는 이런 글이 보였다. "심각한 위기를 맞은 월스트리트의 살로몬 브라더스, 고위층의 잇따른 사임과 고객 이탈의 공포" 오마하 시간으로 오전 7시 45분, 버핏은 살로몬 그룹에 전화를 걸어 상황이 진정될 때까지 자신이 굿프렌드의 자리를 대신하겠다고 말했다.

오늘날까지 언론들은 버핏이 살로몬으로 들어간 이유가 자기가 투자한 7억 달러를 지키기 위해서라고 믿는다. 하지만 이는 지나치게 단순한 시각이다. 물론 그가 버크셔의 돈이 안전하기를 바란 것은 사실이었지만, 동시에 버핏은 깊은 곤경에 빠진 한 기업의 이사로서 (보통의 이사들과 달리) 주주들에 대한 막중한 의무감을 느꼈다. 게다가 기존에 맡고 있던 일(버크셔 해서웨이의 CEO)과 이 회사를 어려움에서 구출하는 업무를 병행할 수 있다는 자신감도 있었다. 그는 살로몬에서 연봉을 1달러만 받기로 했기 때문에 고용계약 따위에 시간을 낭비할 필요도 없었다. 문제는 그 일을 맡으면 당분간 자신의 삶이 달라질 것이(그것도 좋지 않은 방향으로) 분명하다는 사실이었다. "그래도 누군가는 그 일을 했어야 했습니다." 버핏은 그때나 지금이나 이렇게 말한다. "그리고 나는 꽤 논리적인 사람이었죠."

금요일 오전, 버핏은 바로 뉴욕으로 날아가려 했다. 그러나 살로몬 사람들은 제럴드 코리건이 버핏에게 전화를 할 예정이라며 잠시 사무실에서 기다려달라고 했다. 전화는 그로부터 한참 뒤에 걸려왔다. 버핏이 전화를 기다리는 사이에 주식시장이 개장됐으나 살로몬의 주식은 아직 거래가 시작되기 전이었다. 마침내 코리건이 전화를 했다. 그는 짧고 냉랭한 말투로 버핏이 살로몬의 최고경영자를 맡게 되면 자기가 편지로 요구한 '10일'의 기한을 연장해줄 수 있다고 말했다. 연방준비은행이 보낸 편지의 존재를 모르는 버핏은 코리건이 무슨 말을 하는지 알 수 없었다. 하지만 전후 맥락을 고려해볼 때 그가 회사에 뭔가 정보를 요구했음이 분명하다고 짐작했다. 전화 통화를 마친 뒤 곧장 비행기에 오른 버핏은 오후 4시 뉴욕에 도착했다. 살로몬이 이미 보도 자료를 내보내, 버핏이 이 회사의 임시 CEO 겸 이사회 의장이 될 거라고 발표한 뒤였다. 그리고 뉴욕증권거래소에서는 살로몬의 주식이 거래되기 시작했다. 잠깐 사이에 집중적으로 많은 양의 거래가 이루어진 이 회사의 주식은 전날보다 1달러 오른 28달러에 마감됐다.

버핏은 그날 저녁 굿프렌드와 스트라우스를 대동하고 연방준비은행으로 코리건을 만나러 갔다. 세 사람이 참석한 회의는 버핏에게 언제나 익숙했던 화기애애한 분위기와는 거리가 멀었다. 코리건은 그동안 자신의 경험에 비추어볼 때 임시 이사회 의장 선임으로 좋은 결과가 나온 적이 없었다고 딱딱한 어조로 말했다. 그리고 버핏이 '워싱턴 친구들'의 도움으로 코리건을 설득할 생각은 하지 않는 게 좋을 거라고 경고했다. 그리고 뜻 모를 말을 덧붙였다. '만일의 사태'에 대비하라는 것이었다.

코리건은 버핏과 대화를 마친 뒤 자기가 굿프렌드, 스트라우스 두 사람과 (그들은 코리건과 친구 사이였다고 한다) 할 얘기가 있으니 버핏에게 자리를 잠시 비켜달라고 부탁했다. 잠시 후 굿프렌드가 사무실에서 나오면서 두 사람이 자기로 인해 경력을 끝내게 되어 유감이라는 코리건의 말을 전했다. 대단히 괄괄한 성격의 굿프렌드는 코리건을 절대 '용서'할 수 없다고 격앙된 목소리로 말했다. 지금도 버핏은 그 낯설었던 순간을 되돌아보며, 조지 워싱턴이 영국 스파이였던 안드레 소령의 사형집행 영장에 눈물을 흘리며 서명했다는 이야기를 떠올린다. 어쨌든 당시에는 코리건과 버핏 두 사람 모두 조지 워싱턴과 비슷한 입장이었다.

버핏은 금요일 저녁과 토요일 하루 내내 회사의 중요한 의사 결정을 하느라 정신없이 보냈다. 그중 하나가 존 메리웨더의 거취 문제였다. 모저의 상사였던 메리웨더는 부하 직원의 비위 사실을 알아낸 순간 이를 지체 없이 경영진에 보고한 바 있다. 하지만 그 역시 자의 반 타의 반으로 더 이상은 다른 사람에게 그 일을 알릴 수 없는 입장이었다. 이 위기 속에서 부쩍 존재감이 커진 마틴 립턴은 메리웨더를 해고해야 한다고 주장했다. 회사를 살리기 위해서라면 지푸라기라도 잡으려는 운영위원회의 임원들도 대부분 의견이 같았다.

그러나 메리웨더를 해고하는 것이 과연 옳은 일인지 확신이 없던 버핏은 4월 이후 이곳에 무슨 일이 있었는지 좀 더 자세히 들여다보기 시작했다. 그는 토요일에 왁텔 립턴의 변호사 두 명을 들어오게 해 그들과 한 시간 넘게 대화하며 자료를 수집했다. 또 이번 소동에서 살아남은 살로몬 운영위원회 소속의 몇몇 임원도 7월 초부터 시작된 위원회 조사 결과를 버핏에게 보고했다. 그러나 토요일 오후, 메리웨더가 자신이 그만두는 게 가장 좋은 방법인 것 같다고 사직 의사를 밝히면서 그를 해고하는 문제는 없던 일이 되었다.

버핏에게 더 중요한 의사 결정은 굿프렌드와 스트라우스의 뒤를 이어 증권 사업부문을 총괄할 사람을 살로몬 브라더스의 임원진 가운데서 선택하는 문제였다. 토요일 왁텔 립턴 법률회사로 이동한 버핏은 그곳에서 살로몬의 운영위원회 소속 임원 10여 명을 번갈아 인터뷰하며 어떤 사람이 그 자리에 가장 적임자인지 물었다. 그들 대부분은 43세의 데릭 모건(Deryck Maughan)을 후보자로 꼽았다. 모건은 당시 살로몬 도쿄 지사에서 막 돌아와 이 회사의 투자은행 부문 공동 대표를 맡고 있었다. 버핏이 모건에게도 후임자에 대한 의견을 구하자 그는 이렇게 미묘한 답을 했다. "다른 사람들에게 누가 그 자리에 적당한지 물으시면, 아마 저라는 대답을 많이 들으실 겁니다." 굿프렌드 역시 모건을 마음에 두고 있다는 사실을 알고 있던 버핏은 그날부터 그를 후임자로 내정했다. 그러나 아직은 바깥세상이나 모건 자신에게 그 일을 알릴 때가 아니었다. 다음 날인 8월 18일 일요일 오전 10시로 예정된 살로몬 긴급 이사회에서 그 결정을 승인받아야 했으며,

버핏 자신의 의장 임명 동의안도 통과시키는 절차가 남았기 때문이었다. 만일 정부의 규제기관이 주말에 아무 일도 하지 않았더라면 그 이사회는 나름 기념비적인 행사가 되었을 것이다. 그러나 관계 당국이 토요일에 마지막으로 쏘아 올린 유도 미사일은 일요일 오전 10시를 불과 몇 분 남기고 살로몬의 맨해튼 사무실을 강타했다. 그건 다름 아닌 한 통의 전화였다. 재무부에서 걸려온 전화에 따르면 앞으로 모든 미국 국채 경매에서 살로몬의 입찰(회사 계좌와 고객 계좌 모두에 대해)을 금지하는 조치가 몇 분 뒤에 발표될 예정이라는 것이었다.

버핏은 작은 회의실에서 굿프렌드와 스트라우스(잠시 후 개최될 이사회에서 사임 인사를 할 예정이었다)를 포함한 몇몇 임원과 대화를 나누던 중 그 소식을 들었다. 세 사람은 그 말을 듣자마자 이 조치로 인해 회사가 파산할지도 모른다고 생각했다. 재무부 입찰에 참가하지 못하게 된 데서 오는 경제적 손실이 문제가 아니었다. 세상 사람들이 이 뉴스를 "재무부가 살로몬에 사형 선고를 내렸다"라고 해석할 것이 분명했기 때문이었다. 이는 그동안 이미 큰 타격을 입고 가까스로 절벽에 매달려 있는 회사의 신용도를 완전히 나락으로 떨어뜨리는 조치임이 분명했다.

게다가 뭔가를 해볼 만한 시간도 부족했다. 버핏은 그날 오후 2시 30분 수많은 언론인이 참석한 가운데 기자 회견을 열 예정이었다. 그뿐만 아니라 전 세계 주식시장도 곧 개장을 앞두고 있었다. 이제 늦은 오후가 되면 일본을 시작으로 런던과 뉴욕 시장이 연이어 문을 열 터였다. 한 시장에 전해진 나쁜 소식은 순식간에 다른 시장으로 퍼져 나가기 마련이었다. 물론 그 소식의 핵심은 간단했다. 살로몬의 신용이 추락했다는 것이다. 오로지 신용에 목숨을 걸어야 하는 회사 입장에서는 그 밖에 다른 어떤 것도 별로 문제가 되지 않았다. 신용이 떨어졌다는 사실 하나만으로도 회사는 곧바로 무너질 수 있기 때문이었다.

버핏과 다른 임원들은 그 작은 회의실에서 머리를 맞대고 자신들 앞에 어떤 선택지가 있는지 고민했다. 그리고 대체로 세 가지 방법 정도가 선택 가능하다고 결론 내렸다. 첫째, 재무부를 설득해 입찰 금지 조치를 철회 또는 수정하도록 만든다. 둘째, 회사에 아무런 문제가 없다고 자신감 넘치는 성명서를 발표함으로써 세상 사람들이 그 조치에 대해 수긍하게 만든다. 다시 말해 거짓말을 한다. 셋째, 파산을 선언하고 회사를 청산하는 명예로운 패배를 선택한다. 그리고 재무적인 손해를 최대로 줄여 살로몬의 채권자들에게 그 효과가 고르게 돌아가도록 한다.

두 번째 옵션은 곧바로 고려 대상에서 제외됐다. 그들은 이제 나머지 두 종류의 선택지를 동시에 검토하기 시작했다. 그러기 위해서는 파산 전문 변호사가 필요했다. 잠시 후 완텔 립턴에서 불려온 파산 변호사 팀은 이 거대한 덩치의 세계적 투자은행이 파산을 선언하면 어떤 일이 벌어질지 분석에 들어갔다. 일요일에 야구 경기를 보듯 팝콘을 먹으며 이 뉴스를 지켜볼 미국의 시민들은, 살로몬의 자산이 천5백억 달러라는 소리에 타이피스트가 실수로 0을 하나 더 붙였나 의아해할 것이다. 그들은 파생상품이니, 환매조건부채권이니, 계약불이행이니 하는 말을 대부분 들어보지도 못한 사람들이다. 한마디로 살로몬이 파산을 선언하는 극단적인 상황이 발생한다면, 세상은 순식간에 악몽으로 변할 게 분명했다.

악몽은 버핏 자신에게도 마찬가지였다. 만일 회사가 파산한다면 그가 더 이상 이곳에 있을 이유도 없어질 터였다. 그는 살로몬을 구하기 위해 여기에 왔다. 회사를 파산이라는 끝이 보이지 않는 수렁으로 인도하기 위해 온 것이 아니다. 파산을 처리할 수 있는 사람은 세상에 수도 없이 많다. 이것이 그가 내린 결론이었다.

버핏은 그 일요일 오전, 회사가 결국 파산으로 치닫는다면 자신은 이사회 의장 선임을 거절하겠다고 결심했다. 물론 이 상황에서 버핏이 회사를 떠난다면 엄청난 비난이 뒤따를 것은 자명한 일이었다. 세상 사람들은 그를 가라앉는 배에서 탈출하는 선장으로 바라보거나, 더 심하게는 배를 가라앉게 만든 당사자로 여길 수도 있을 것이다. 그가 자신의 세 아이에게 틈만 나면 들려주던 교훈 중 하나는 "명성을 쌓는 데는 평생이 걸리지만 잃는 데는 5분도 걸리지 않을 수 있다"라는 것이었다. 버핏은 모든 일이 정신없이 돌아가던 일요일에 자신이 바로 그 5분을 향해 가고 있는지도 모른다는 생각을 했다.

버핏은 그런 상황 속에서도 입찰 금지 조치를 되돌려놓는다는 첫 번째 옵션에 모든 에너지를 쏟았다. 그는 재무부에 전화를 걸어 관계자와 통화를 시도했으며 연방준비제도이사회 의장 앨런 그린스펀(Alan Greenspan)과도 한 차례 대화를 나누었다. 굿프렌드와 스트라우스는 제럴드 코리건의 행방을 수소문했지만 좀처럼 연락이 닿지 않았다. 메리웨더도 힘을 보태서 증권거래위원회 위원장 리처드 브리든(Richard Breeden)과 어렵사리 전화 연결을 했다. 하지만 브리든은 전혀 도움이 되지 않았다. 그는 자신도 재무부의 결정에 동의한다는 말과 함께 살로몬을 '속속들이 썩은' 회사라고 비난했다. 그리고 자신에게서 어떤 지원도 기대하지 말라고 했다. 한편 재무부 쪽은 전화 사정이 속을 썩였다. 버핏은 입찰 금지 조치를 통보한 재무부 담당자에게 곧바로 전화를 걸려 했으나 계속 통화 중이었다. 통신회사가 전화 회선을 중간에 가로채서 통화를 할 수 있도록 해주겠다고 약속했지만 계속 혼선이 되고 오류가 발생하면서 연결이 지체되었다. 결국 버핏이 재무부 대변인과 가까스로 통화에 성공했을 때는 재무부의 입찰 금지 소식이 이미 전 세계에 퍼져 나간 뒤였다.

재무부 대변인은 뉴욕주의 새러토가스프링스(Saratoga Springs)에서 경마 경기를 즐기고 있던 니콜라스 브래디(Nicholas Brady) 재무부 장관에게 연락을 취해 버핏에게 전화를 걸어달라고 부탁했다. 브래디와 버핏은 오랫동안 친분이 있던 사이였지만, 일요일 오전에 이런 일로 통화를 하게 되리라고는 두 사람 모두 상상하지 못했다. 버핏은 긴장되고 갈라진 목소리로 장관에게 현 상황을 설명했다. 그리고 살로몬은 입찰 금지 조치를 도저히 감당할 수 없고 이로 인해 파산할 가능성이 크다고 내다봤다. 특히 버핏은 이 회사의 엄청난 규모와 세계적인 영업망을 강조하면서, 살로몬의 파산으로 야기된 도미노 효과로 인해 신속한 지불 시스템을 기반으로 유지되는 전 세계의 금융 시스템이 붕괴되는 재앙이 발생할지도 모른다고 말했다.

그러나 그런 파국적인 시나리오를 장관에게 설득시키기는 쉽지 않았다. 브래디는 우호적이고 이해심 있는 태도로 버핏의 말을 받아주면서도 파산이나 금융 위기는 얼토당토않은 이야기라고 생각하는 듯했다. 그는 버핏이 살로몬의 CEO 자리를 거절한다거나 직무를 제대로 해내지 못할 거라고는 상상하지 않았다. 게다가 브래디는 당시의 상황을 정확히 이해하고 있었다. 살로몬에 대한 입찰 금지 조치는 이미 발표가 끝났기 때문에 이를 되돌리는 일은 보통 문제가 아니라는 것이었다.

그러나 버핏의 입장에서는 정말로 다행스럽게도 브래디는 버핏과의 대화를 끊지 않았다. 그는 여기저기 전화를 걸어 관계자들과 이 문제를 협의하고 그때마다 버핏에게 계속 결과를 알려주었다. 그날의 여담 한 가지를 소개하자면, 버핏이 일요일 내내 사용하던 전화기는 전화가 오면 벨이 울리는 대신 작은 녹색 불빛이 깜빡이도록 프로그램이 되어 있었다. 그날 버핏은 온종일 눈이 빠져라 전화기를 바라보며, 재무부 장관의 전화가 회사의 앞날에 녹색 불빛이 되어주기를 기다렸다.

버핏은 브래디와 통화할 때마다 사안의 심각성을 몇 번이고 강조했다. 살로몬이라는 기차가 선로 위에서 제동 장치도 없이 질주하고 있었다. 누군가는 그 기차를 세워야 했다. 그리고 이를 멈출 수 있는 유일한 방법은 재무부의 조치가 결코 일어나서는 안 될 일이라는 사실을 모든 사람이 깨닫게 만드는 것이었다. 버핏은 브래디와 대화하던 도중 고뇌와 허무감에 가득한 목소리로 이렇게 말했다. "닉, 오늘은 내 인생에서 가장 중요한 날입니다."

브래디는 이렇게 말했다. "걱정 말아요, 워런. 잘 될 거예요." 그렇다고 그가 자신의 생각을 바꿨다는 의미는 아니었다.

그날 오후 코리건이 전화를 걸어오면서 분위기가 달라지기 시작했다. 이 사람이야말로 버핏에게 '만일의 사태'를 대비하라고 경고했으며, 살로몬에 대한 입찰 금지 조치를 주도한 바로 그 인물이었다. 하지만 그는 예전보다 한결 신뢰감이 쌓인 태도로 버핏이 주장하는 살로몬의 파산 가능성, 그리고 그럴 경우 회사를 떠나겠다는 버핏의 개인적인 결심을 주의 깊게 들었다. 코리건은 브래디를 포함해 함께 전화 회의에 참가한 관계 당국의 인사들에게 이렇게 말했다. "우리끼리 얘기를 좀 해보는 게 좋을 듯합니다."

버핏은 다른 이사들과 함께 이사회실로 돌아갔다. 아래층에서는 100여 명의 기자(이 기사를 쓴 사람을 포함해)와 사진기자들이 오후 2시 30분으로 예정된 기자 회견을 기다리고 있었다. 이사회실 밖에서는 버핏이 토요일에 면담을 했던 임원들 몇몇이 대기 중이었다. 그중 한 사람이 사업 총괄책임자로 선임될 예정이었기 때문이었다.

2시 30분 정각, 제롬 파월(Jerome Powell) 재무부 차관이 버핏에게 전화를 했다. 그리고 재무부가 곧 발표할 성명서의 일부를 읽어주었다. 살로몬이 회사의 계좌를 사용해서 국채 경매에 입찰할 수 있지만, 고객의 계좌로는 입찰이 불가능하다는 내용이었다. 어쨌든 버핏이 기대했던 목표의 절반 내지 3분의 2는 달성한 셈이었다. "이 정도면 됐나요?" 파월이 물었다. "예, 그런 것 같습니다." 버핏이 대답했다. 잠시 뒤 이사회는 버핏을 살로몬 주식회사의 임시 의장 겸 CEO로, 데릭 모건을 살로몬의 이사 겸 사업 총괄책임자로 선임하는 안을 통과시켰다. 버핏이 모건에게 말했다. "어려울 때 큰일을 맡았네." 그리고 두 사람은 기자 회견장으로 입장했다. 그때가 2시 45분이었다.

기자 회견은 급하게 시작됐다. "워런 버핏이라고 합니다. 오늘 오후에 살로몬 주식회사 이사회의 임시 의장으로 선임됐습니다." 몇 분 뒤, 버핏은 방금 전 새로 발표된 재무부의 조치를 낭독했다. 그가 낭독을 마치자마자 기자 회견장 뒤쪽에서 사람들이 지르는 환호성 소리, 그리고 이 구원의 종소리를 들은 직원들이 우르르 몰려다니는 발소리가 들려왔다. 버핏은 두 시간 동안 기자들의 질문을 받았다. "오마하와 이곳의 업무를 어떻게 동시에 처리할 생각이신가요?" 그는 질문을 받자마자 곧장 대답했다. "어머니가 제 속옷에 저의 이름을 바느질로 새겨주셨습니다. 그래서 문제없을 겁니다."

월요일 신문의 헤드라인에서는 재무부가 사형 선고를 내렸다는 이야기는 찾아볼 수 없었으며, 대신 살로몬에 대한 입찰 금지 조치가 발표되었다가 해제됐다는 소식만이 보도됐다. 살로몬의 주식은 정각을 시작으로 전과 다름없이 거래가 이루어지다가 전날에 비해 1.5달러 내린 채로 마감됐다. 요즘에도 가끔 그날을 회상하는 버핏은, 재무부의 조치 때문에 잠시 고통의 시간을 겪기는 했지만 그로 인해 오히려 살로몬의 상황이 더 좋아지는 역설적인 일이 벌어졌다고 말한다. 다시 말해 오후 2시 30분에 새롭게 내려진 조치는 미 재무부라는 막강한 정부기관이 살로몬에 별문제가 없음을 인정하는 메시지와 다름없었다는 것이다. 만일 재무부의 조치가 없었다면 월요일의 채권시장에서는 살로몬의 신용도가 또다시 도마 위에 올랐을 것이고, 그 뒤로 어떤 일이 생겼을지는 아무도 모른다.

어쨌든 그 주말을 무사히 버텨낸 살로몬의 임직원들은 다음 날부터 어느 때보다 힘든 시간을 보내야 했다. 임시 CEO 버핏은 상부를 쥐어짜서 부채를 줄였고, 회사에 긴급히 필요한 자금을 수혈하느라 은행을 전전했다. 무엇보다 그는 모저의 잘못(그는 이 사건으로 유죄를 선고받고 교도소에서 거의 4개월을 복역했다)으로 회사가 형사 고발당하지 않도록 갖은 애를 쓴 덕분에 살로몬이 2억 9천만 달러의 벌금을 납부하는 것으로 일은 마무리됐다. 이 모두가 버핏이 관계 당국으로부터 최대한의 협조를 이끌어내고 법률적인 문제를 깨끗이 정리했기 때문에 가능했던 일이었다.

법률적인 문제를 정리하는 과정에서 큰 역할을 한 사람이 캘리포니아의 변호사 로버트 데넘(Robert Denham)이었다. 버핏은 예전에도 버크셔를 위해 종종 일했던 이 변호사를 아예 살로몬의 임원으로 데려왔다. 1992년 5월로 접어들면서 회사에 산적했던 커다란 문제들이 어느 정도 해결되자 버핏은 오마하로 돌아갔다. 그리고 데넘은 뒤를 이어 살로몬 주식회사의 이사회 의장 겸 최고경영자로 취임해 주주들의 이익을 돌보는 역할을 맡았다. 이제 90억 달러 가치의 트래벌러스 주식 소유자들의 이익을 관리 중인 그는 곧 또 다른 경력을 향해 발걸음을 옮기리라 생각된다.

그 90억 달러 중에 버크셔의 몫은 얼마나 될까? 어림잡아 17억 달러 정도로 보면 될 것 같다. 버크셔가 받게 될 트래벌러스의 주식 중 일부는 버크셔의 전환사채 소유자들에게 제공될 전망이다. 그 밖에 버핏이 살로몬의 주식으로 벌이는 복잡한 곡예 같은 게임은 우리가 더 자세히 알 필요도 없고 분석할 수도 없다. 다만 한 가지만 기억하자. 살로몬의 주식은 트래벌러스 주식으로 바뀌면서 현재 주당 81달러에 거래된다. 버크셔는 1987년 38달러에 사들인 살로몬의 주식을 아직도 일부 소유하고 있다. 그리고 그 뒤에 평균 48달러를 주고 꾸준히 매입한 주식들도 일부를 여전히 보유 중이다.

버핏은 지난 1987년 살로몬의 투자가 '3루타'까지는 아닐 거라고 내다봤다. 물론 그의 예상은 맞았다. 그렇다고 이 투자 건을 완전한 스트라이크아웃이라고 부를 수도 없다. "내 생각에 우리가 1루타 정도를 쳤다고 보면 될 겁니다." 버핏은 이렇게 말한다. "단지 볼카운트가 0볼 2스트라이크까지 몰린 뒤에 친 거죠."

버핏은 자신이 즐겨 쓰는 표현을 통해 살로몬에서의 경험을 이렇게 철학적으로 요약한다. "끝이 '있다면' 다 좋다(All is well that ends, '끝이 좋으면 다 좋다[All is well that ends well]'라는 속담을 바꾼 말 — 역자주)."

"여러분, 잘 들으세요!"에서

1994년 1월 10일 | 살로몬의 위기가 터지고 2년 반이 흐른 뒤 버핏이 내놓은 논평

버크셔 해서웨이의 회장이자 살로몬 주식회사의 대주주인 워런 버핏(63세)은 살로몬 국채 경매 규칙 위반 스캔들의 주범인 폴 모저가 벌금과 징역형을 선고받은 소식을 듣고 이렇게 말했다. "모저는 3만 달러의 벌금을 내고 4개월 동안 교도소에서 복역하게 됐습니다. 살로몬의 주주들은(나를 포함해서) 2억 9천만 달러를 냈으며, 나는 10개월 동안 그곳의 CEO로서 일해야 하는 형을 선고받았습니다."

네브래스카주 특급열차

1988년 9월 26일 | 테렌스 페어(Terence Pare)

오마하의 투자자 워런 버핏은 평범한 일을 통해 평범하지 않은 결과를 만들어내는 데 자부심을 느끼는 사람이다. 그런 그가 이제 평범한 결과를 거두기 위해 평범하지 않은 일을 시작한다. 올해 58세의 버핏은 자신의 고향에 소재한 대기업 버크셔 해서웨이의 주주들에게 보낸 연례 서한에서, 그동안 장외시장에서만 거래되던 이 회사의 주식을 뉴욕증권거래소에 상장할 계획이라고 발표했다.

그의 계획이 이례적인 이유는, 어떤 기업이 이 증권거래소에 상장하기 위해서는 최소한 2천 명 이상의 주주가 적어도 '100주' 단위로 주식을 소유해야 하기 때문이다. 그러나 버크셔의 경우는 좀 다르다. 현재 주당 4천3백 달러 정도에 거래되는 이 회사의 주식을 100주 단위로 살 수 있는 일반 구매자는 거의 없으며, 버크셔는 발행주식수 자체도 그리 많지 않다(뉴욕증권거래소 상장 기업의 평균 발행주식수 3퍼센트에도 미치지 못한다). 주식의 액면분할을 거부하는(부분적으로 투기 세력의 방지를 위해) 버핏은 뉴욕증권거래소가 상장 규정을 바꿔주기를 기다려왔다. 최근 이 증권거래소는 버크셔 해서웨이가 10주 단위로 주식을 거래할 수 있도록 규정을 고치기로 했다. 버핏은 미국 증권거래위원회가 이 안을 승인하는 대로 상장을 신청할 예정이다.

버핏이 주식시장 상장을 계획한 이유는 이미 엄청난 가격으로 형성되어 있는 회사의 주가를 더욱 끌어올리기 위해서가 아니다. 그는 주주들에게 보낸 서한에서 이렇게 말했다. "저는 버크셔의 주식이 장외시장에서 거래되는 가격과 비슷한 수준으로 (경제 여건이 비슷한) 뉴욕증권거래소에서도 매매되기를 희망합니다." 그가 상장을 통해 달성하려는 목표는 의외로 평범하다. 뉴욕증권거래소에서 활동하는 마켓메이커의 범위가 다른 시장에 비해 대체로 좁은 편이기 때문에, 이곳에 상장해서 주식을 거래하면 수수료가 조금 적게 든다는 것이다.

워런 버핏의 주식 구입 팁: 지금은 프레디맥을 살 때다

1988년 12월 19일 | 브렛 듀발 프롬슨(Brett Duval Fromson)

이 기사는 주식 구입에 관한 버핏의 조언이라는 매우 희귀한 주제를 다룬 글이다. 평소 버핏은 자기가 사고파는 주식에 관해 이러쿵저러쿵 말을 하는 편이 아니기 때문에 어디서도 이런 글을 찾아보기가 쉽지 않다. 그가 이렇게 이례적인 언급을 한 이유는 버크셔 해서웨이(즉 프레디맥의 주식을 우선적으로 사들일 수 있는 권리를 지닌 저축대부조합의 소유주)가 보유할 수 있는 프레디맥(Freddie Mac)의 주식 수가 이제 최대한도에 이르렀기 때문이었다.

그렇다면 그의 조언은 얼마나 정확했을까? 그야말로 탁월하다고 표현할 수밖에 없다. 어느 투자자가 1988년 12월 초에 프레디맥의 주식을 구입했다면(다시 말해 그가 12월 19일자 〈포춘〉의 기사를 읽은 구독자라면), 액면분할 방식으로 거래가 시작된 이 회사의 주식을 주당 4달러에 구입했을 것이다. 그리고 이 주식을 10년간(즉 1998년 12월까지) 보유했을 경우 주당 60달러에 매각할 수 있었다. 버핏이 시장에 보내는 신호를 주의 깊게 관찰한 투자자라면 그 주식을 오래도록 유지했을 게 분명하다. 왜냐하면 버크셔는 그동안 매입한 프레디맥의 주식 거의 전부(약 6천만 주)를 1990년대가 지나도록 계속 보유했기 때문이다.

그러나 1990년대 말로 접어들면서 버핏은 이 주식에 대해 매도 포지션으로 돌아섰다. 프레디맥의 주가가 37달러에서 70달러를 오르내리던 2000년, 버핏은 버크셔가 보유 중이던 이 회사의 주식 95퍼센트를 매각해서 30억 달러의 큰 자본이익을 거두었다. 버크셔는 증권거래위원회의 허가를 얻어 이 매각 건이 완료될 때까지 거래 사실을 비밀로 했기 때문에(즉 증권거래위원회 사이트의 13-F[운용자산이 1억 달러가 넘는 헤지펀드나 기관투자자들은 의무적으로 매 분기마다 보유 지분 변동 사항을 13-F라는 보고서 양식을 통해 보고해야 함] 파일링 페이지에서 프레디맥 거래의 내용을 빼도 좋다고 허락받았기 때문에), 일반인들은 그 사실을 알지 못했다. 버핏은 어느 정도 시간이 흐른 뒤 수정된 13-F 페이지와 버크셔의 2000년 연례 보고서를 통해 회사가 프레디맥의 주식을 처분했다고 밝혔다. 하지만 그 이유에 대해서는 구체적인 언급을 피했다.

그러다 프레디맥 쪽에서 여러 가지 복잡한 일이 터지면서 버핏이 주식을 처분한 이유가 비로소 밝혀졌다. 2003년, 그동안 프레디맥이 회사의 수익을 정확히 보고하지 않았다는 회계 스캔들이 터지면서 세상이 발칵 뒤집혔다. 그리고 2007년 프레디맥의 감독기관인 연방주택기업감독국 (Office of Federal Housing Enterprise Oversight, OFHEO)은 이 회계부정 사건으로 사임한 프레디맥의 전 CEO 릴랜드 브렌드셀(Leland Brendsel)에게 그가 회사에서 받기로 되어 있는 경영 보상금을 포기하라고 압력을 가했다. OFHEO는 이 재판 과정에서 버핏을 증인으로 소환해, 그가 2000년에 프레디맥의 주식을 매각한 이유가 이 회사의 경영진에 대한 신뢰가 훼손됐기 때문이라는 사실을 증언하도록 했다.

버핏은 증언을 통해 자신이 브렌드셀을 여러 차례 만났으며, 그가 두 자리 숫자의 수익(일례로 15퍼센트)을 얻는 데 지나치게 집착한다는 느낌을 받았다고 말했다. 버핏에 따르면 이런 수익률은 금융기업들이 쉽게 달성할 수 있는 목표가 아닌 데도 불구하고, 그가 만난 이 회사의 경영진이 그 숫자를 '만들어내기 시작했다'는 것이다. 또한 프레디맥은 버핏이 선호하지 않는 방향으로 대대적이고 변칙적인 투자를 여러 차례 집행하기도 했다. 버핏은 이 회사에 자신이 모르는 비리 사실이 얼마나 많을지 궁금했다고 증언했다. "주방에 바퀴벌레가 한 마리만 있는 경우는 없습니다." 결국 이 감독기관은 재판에서 승소했으며, 브렌드셀은 천6백만 달러의 벌금형에 처해졌다.

버핏이 프레디맥의 주식을 조금 더 오래 보유했어도 무방했을 것이다. 주택시장의 거품 속에서 승자로 떠오른 이 회사는 버크셔의 주식 매각, 회계부정 사건, 경영진의 파동 같은 혼란 속에서도 2007년 10월까지 승승장구했다. 그러다 2008년의 금융 위기로 직격탄을 맞아 주가가 폭락했다. 한때 주당 25센트까지 떨어졌던 프레디맥의 주식은 최근 1.55달러 정도에 거래된다. 그나마 정부가 이 회사를 개편할 거라는 기대에 찬 투기 세력이 이 회사의 보통주에 어느 정도 가치를 부여했기 때문에 그 수준에 머물고 있는 셈이다. - CL

훌륭한 회사가 이례적인 환경에 놓임으로써 주식 가치를 제대로 평가받지 못했을 때 훌륭한 투자의 기회가 찾아온다.

버크셔 해서웨이의 회장이자 주식 선택의 귀재 워런 버핏의 선지자 같은 말이다. 그는 연방주택금융저당회사(Federal Home Loan Mortgage Corporation), 줄여서 '프레디맥'이라고 불리는 이 회사의 주식이야말로 바로 그런 투자의 기회라고 생각한다. 프레디맥은 이 회사의 사촌 격인 연방저당권협회(Federal National Mortgage Association), 즉 페니메이(Fannie Mae)처럼 준(準)공공기관에 속하는 기업이다. 프레디맥의 자기자본이익률은 23퍼센트에 달하며 회사의 시가총액은 1988년 수익의 8배 미만이다. 버핏은 이렇게 말한다. "프레디맥은 훌륭한 실적과 낮은 주가수익비율(PER, 주가를 주당순이익으로 나눈 값 — 역자주), 수익률의 지속적인 증가, 그리고 회사에 대한 주식 투자자들의 인지도 상승 전망 이렇게 세 가지 장점을 고루 갖춘 기업입니다."

버크셔 해서웨이가 자회사로 거느린 어느 저축대부조합은 현재 1억 8백만 달러어치의 프레디맥 주식을 이미 구입했거나 구입 계약을 체결함으로써 한 기업에 할당된 프레디맥 주식의 보유 한도를 다 채웠다. 그러자 버핏의 친구들과 관계사들도 이 회사의 주식에 투자를 시작했다. 대표적인 사람들이 가이코의 부의장 루이스 심슨(Louis Simpson)과 세쿼이아 펀드의 의장 빌 루안이다. 그렇다면 일반 투자자들도 그 무리에 합류하는 편이 좋을까? 답은 한마디로 '예스(yes)'이다.

프레디맥은 내 집 마련이라는 아메리칸 드림의 성취를 돕기 위해 설립된 기업이다. 1970년 하원에서 설립 허가를 받은 이 회사는 주택담보대출 채권을 보유한 은행 및 기타 금융기관들로부터 저당권(모기지)을 사들이고 이를 증권으로 만들어 저축대부조합을 포함한 투자자들에게 판매한다. 1970년부터 1987년까지 전통적인 주택담보대출 증권시장은 매년 13퍼센트 이상의 눈부신 성장세를 보였으며, 성장률이 5.5퍼센트 미만으로 내려간 적이 한 차례도 없다. 실적도 훌륭하지만 이 회사의 더 큰 장점은 경쟁이 거의 없다는 것이다. 이 시장의 다른 유일한 참가자는 페니메이뿐인데, 두 기업의 가장 큰 차이점은 프레디맥이 자사가 사들인 모기지(Mortgage)를 모두 판매하는 반면, 페니메이는 이를 상당 부분 보유하고 있다는 사실이다.

프레디맥과 페니메이 두 회사는 주택담보대출 증권시장의 90퍼센트를 점유 중이다. "독점은 아니지만 그다음으로 좋은 거죠." 버핏은 이렇게 말한다. 앞으로도 시장의 꾸준한 확대가 예상된다는 점에서 두 회사의 미래는 밝은 편이다. 주택담보대출 모기지가 증권화된 비율은 아직 33퍼센트에 불과하므로 성장의 여지는 충분하다. 게다가 저축기관들에게는 더 많은 주택담보대출 증권을 사들일 수 있는, 또 다른 강력한 인센티브가 제공될 전망이다. 1990년부터 저축은행이나 저축대부조합은 일반 담보대출에 대한 대손충당금(기말까지 미회수된 매출채권 중 회수가 불가능할 것으로 예상되는 금액을 비용으로 처리하기 위해 설정하는 계정)을 더 많이 확보해야 한다. 반면 증권화된 모기지처럼 다양한 포트폴리오를 소유한 경우에는 그 요건이 완화된다.

투자자들 입장에서 두 회사 중 더 유리한 투자처는 프레디맥인 듯하다. 지난 10년간 프레디맥의 자기자본이익률은 페니메이의 두 배가 넘었다. 프레디맥의 관리자들이 최고 등급의 모기지만 사들인 덕분에 2천3백억 달러의 포트폴리오를 운영하는 이 회사의 고정 이율 주택담보대출 연체율은 0.4퍼센트를 넘지 않는다. 반면 포트폴리오의 규모가 비슷한 페니메이의 연체율은 1.1퍼센트 정도다. 프레디맥의 CEO 릴랜드 브렌드셀과 그가 이끄는 경영진은 회사가 금리 상승에 따른 위험에 노출될 수 있는 여지를 최소한으로 줄이려고 노력한다. 모기지업체는 금리가 오를 경우 자금조달 비용 상승과 증권 유통시장에서의 모기지 가격 하락으로 인해 피해를 입을 수밖에 없기 때문이다. 현재 프레디맥의 재무상태표에 기록된 모기지는 150억 달러에 불과하며, 페니메이는 1,020억 달러다.

얼마 전 버크셔 해서웨이가 페니메이의 주식을 처분하고 대신 프레디맥의 주식을 더 많이 사들인 이유 중 하나도 프레디맥 쪽이 금리 상승에 대한 리스크가 더 적다고 판단했기 때문이다. 버크셔의 부회장 찰리 멍거는 이렇게 말한다. "어떤 주식을 향해 보낼 수 있는 최고의 가시적 찬사는 그 주식을 매입이 허락된 한도 내에서 끝까지 사들이는 겁니다." 현재 단일 기업이 프레디맥의 발행주식 4퍼센트 이상을 사들이는 일은 법으로 금지되어 있다.

프레디맥의 주식에는 몇 가지 특징이 있다. 첫째, 이 주식은 '참가적우선주(participating preferred stock)'다. 우선주를 소유한 주주들은 대개 정해진 비율로 배당금을 받지만, 프레디맥의 참가적우선주 소유자들은 1년에 천만 달러 한도 내에서 배당금을 우선적으로 지급받고 잔여 이익의 90퍼센트에 대해서도 추가 배당에 참여할 수 있다. 둘째, 프레디맥의 주식은 뉴욕증권거래소에 상장되는 내년 1월 3일 이전까지 장외시장에서 '발행일결제거래(when-issued, 신규로 증권이 매출되거나 새 주식이 발행될 때, 증권거래소가 지정하는 날에 수도[受渡] 가격으로 결제하는 거래 방법 — 역자주)' 방식으로 거래된다. 지금까지 연방주택대부은행(Federal Home Loan Bank)의 이사회는 프레디맥이 설립되는 과정에서 종잣돈을 투자한 멤버 기관들에만 이 회사의 참가적우선주를 소유할 수 있는 권리를 부여했다. 그러나 이 은행의 이사회는 본 규제에 따른 유동성 부족 현상으로 인해 자유 시장에 상장된 프레디맥의 주가가 낮아질 수도 있다고 판단해 이 규정을 없애기로 결정했다. 이 조치 덕분에 자본 부족 상태에 놓인 저축대부조합들에게 20억 달러 이상의 자본 증식 효과가 발생하리라 예상된다.

프레디맥의 발행일결제거래 주식은 지난 10월부터 거래되기 시작했다. 대부분의 기관투자자들은 이 회사의 주식에 대한 장점을 파악하지 못했거나 발행일결제거래 주식 매입을 금지하는 기관들의 자체적인 규칙 때문에 아직 프레디맥의 주식을 사들이지 않고 있다. 뮤추얼펀드와 보험회사들은 발행일결제거래 주식을 거의 보유하지 않는다. 그러므로 전문 투자기관들이 시장을 지배하는 상황에서도, 프레디맥 주식의 경우는 개인투자자가 더 유리할 수 있다. 그리고 여기에는 한 가지 보너스가 더 있다. 발행일결제거래 주식은 구매자가 곧바로 수령할 수 없기 때문에 우선 구입 금액의 30퍼센트만 돈을 내고 나머지는 나중에 지불해도 무방하다. 그 말은 프레디맥 주식의 경우 내년 1월 10일 전까지 대금을 완납할 필요가 없다는 뜻이다.

브리지 테이블에서
무슨 일이 생겼을까

영리한 사람들

1989년 6월 5일 | 줄리아 리블리히(Julia Lieblich)

미국 콘트랙트 브리지 연맹(American Contract Bridge League)은 얼마 전 〈포춘〉이 커버스토리로 다룬 억만장자 브리지 선수 워런 버핏의 기사에서 영감을 얻어, 버핏을 포함한 기업인 팀과 선출직 정치인들로 구성된 정치인 팀의 친선 브리지 경기를 개최했다. 경기 결과 기업인 팀이 정치인 팀을 54 대 39로 물리쳤다. 워싱턴에서 열린 이 게임을 관전하기 위해 경기장에 입장한 관객들은 한 사람당 100달러를 입장료로 지불했다. 이 경기의 수익금은 브리지 연맹에서 운영하는 교육재단과 아동 문맹 퇴치를 위한 프로그램 '리딩 이즈 펀더멘털(Reading is Fundamental)'에 기부될 예정이다. "모두들 실력이 대단했습니다." 기업인 팀의 주장을 맡았던 CBS의 최고경영자 로렌스 티쉬의 말이다. 그의 팀 구성원으로는 버핏 외에도 투자은행 베어스턴스(Bear Stearns)의 회장 앨런 그린버그(Alan Greenberg), 베어스턴스의 사장 제임스 케인(James Cayne), 포브스(Forbes) 잡지의 최고경영자 말콤 포브스(Malcolm Forbes), 유명 로펌 크라바스 스웨인 앤 무어(Cravath Swaine & Moore)의 파트너 조지 길레스피 3세(George Gillespie Ⅲ)가 있다. 정치인 팀의 주장 알란 스탱걸랜드(Arlan Stangeland, 미네소타주, 공화당)는 게임의 최종 스코어가 "최악"이었다고 말했다.

케인을 어쩌나

1990년 1월 15일 | 앨런 도이치만(Alan Deutschman)

최근 베어스턴스의 사장 제임스 케인이 브리지 국내 토너먼트에서 우승했다. 그러나 이 직설적인 말투의 월스트리트 증권중개인은 브리지 게임에 대한 그의 열정을 취재하기 위해 방문한 어느 남성 잡지와의 인터뷰에서 다소 지나친 모습을 보인 것 같다. 〈엠(M)〉지의 기자가 케인에게 그가 속했던 '6인의 미국 기업가(Corporate America's Six Honchos, CASH)' 팀의 멤버들(티쉬, 그린버그, 포브스, 길레스피, 버핏)에 대해 질문하자, 그는 팀원들의 실력이 형편없었다("그들은 훌륭한 브리지 선수가 갖춰야 할 점에 대해 전혀 모른다")고 불평했다. 그뿐만 아니라, 그는 여성들에게는 우수한 브리지 선수(또는 주식 투자자)에게 요구되는 정서적 냉정함이 부족하다고 주장했다. 올해 52세의 케인은 여성 플레이어들이 "게임 중에 화장실에 가서 눈물을 훔쳐야 할 것"이라고 말하기도 했다. 그의 발언은 이미 두 건의 성차별 스캔들(그중 하나는 여성 트레이더로 인해 불거진 사건)로 곤경에 빠진 베어스턴스에 전혀 도움이 되지 않을 듯싶다.

그러나 케인은 〈엠〉에서 보도한 자신의 발언이 허구적이고, 왜곡되고, 전후 관계를 무시한 인용이라고 주장했다. 그는 베어스턴스의 직원들에게 보내는 편지에서 이렇게 말했다. "저의 발언에 대해 완전히 잘못된 내용을 보도한 기사를 읽고 불편함을 느끼셨을 모든 분께 사과드립니다. 분명히 말씀드리지만, 그 기사의 내용은 절대 사실이 아닙니다." 그러나 이 기사를 쓴 던컨 크리스티(Duncan Christy)는 기사에 나오는 케인의 발언(테이프에 녹취한 내용)이 '단어 하나까지' 정확하다고 주장했다.

무엇이 케인을 그토록 흥분하게 만들었을까? 변호사 조지 길레스피는 다른 팀원들에 비해 실력이 부족했다는 데 대해 '유죄'를 선고받아야 마땅할 듯하다. 그러나 케인은 최고 수준의 여성 브리지 선수를 적어도 한 사람은 알고 있다. 바로 팀의 코치이자 브리지 그랜드 마스터인 올해 39세의 주디 라딘(Judi Radin)이다. 그녀는 이렇게 말한다. "아마도 지미(케인)가 지나치게 게임에 몰두했던 것 같습니다. 그는 좋은 사람이지만 이따금 너무 진지해요. 그 기사가 나오기 전부터 지미는 별로 좋은 얘기가 나오지 않을 거라고 예상했죠." 요즘 라딘은 영국 의회의 의원들로 구성된 브리지 팀과 그녀가 이끄는 팀 사이에 예정된 경기를 위해 선수들을 열심히 훈련하고 있다. 이 경기에 마가렛 대처 수상은 참가하지 않을 예정이다.

편집자 노트: 미국 팀은 영국 하원 팀에 승리했지만, 상원 팀에는 졌다.

"억만장자가 사는 법"에서

1989년 9월 11일 | 앨런 판햄(Alan Farnham)의 기사에서 발췌

36억 달러의 자산가 워런 버핏은 여전히 하루에 10시간씩 일한다. "내가 이 세상에서 가장 하고 싶은 일을 합니다. 스무 살 때부터 줄곧 그렇게 해오고 있어요." 그를 늘 열심히 일하게 만드는 것은 동료들에 대한 존경심이라고 한다. "같이 일하는 모든 사람을 내 손으로 직접 선택했어요. 결국 그게 가장 중요한 겁니다. 좋아하지 않거나 존경할 수 없는 사람과는 아예 교류를 시작하지 않아요. 그건 마치 결혼 같은 거죠." (중략)

개인적인 기부에 대해 말을 꺼낸 버핏은 주식을 고르는 것보다 기부의 목표를 선택하는 것이 훨씬 어렵다고 밝힌다. "우리가 주식을 거래할 때는 분명하고 쉬운 투자 대상을 찾습니다. 즉 쉽게 뛰어넘을 수 있는 30센티미터 높이의 바를 고르는 거죠. 그러나 자선이라는 행위는 인류 역사상 가장 다루기 힘들고 난해한 문제들과 싸우는 거예요. 말하자면 2미터가 넘는 장애물인 셈이죠." 요즘 버핏 재단은 인구 조절과 핵무기 위협 감소라는 두 가지 목표를 바탕으로 기부를 실천한다. "하지만 그 바는 너무 높아서 내게 잘 보이지 않아요. 대단히 이상적인 목표입니다."

그동안 버핏이 기부한 금액은 천만 달러에서 천5백만 달러 정도에 불과하지만, 그는 앞으로 더 많은 돈을 자선에 쏟아부을 생각이다. 《황금의 기부자(The Golden Donors)》를 쓴 작가이자 자선재단 전문가 발데마르 닐슨(Waldemar Nielsen)에 따르면, 버핏의 기부가 아직 몸풀기도 끝나지 않았다고 한다. "그는 훌륭한 기업가이면서 동시에 훌륭한 자선 사업가의 면모를 갖춘 아주 드문 사람 중 한 명입니다. 우리가 그런 사람을 본 지는

꽤 오래됐어요."

버핏이 세상을 떠나면 그가 소유한 주식 대부분은 버핏 재단에 기부될 것으로 보인다. 그러나 그는 자신의 유산을 위탁받은 사람들에게 기부의 범위를 협소하게 제한하는 것은 현명치 못한 일이라고 믿는다. "그건 내가 죽고 나서 10년 뒤 어디 어디에 투자하라고 말하는 것과 같은 거죠. 나는 지혜롭고 선한 의도를 지닌 우수한 인재가 열린 눈으로 현재의 문제를 봐주기를 바랍니다. 이미 관 속에 들어간 내 눈은 쓸모가 없으니까요. 그동안 사업을 하면서 깨달은 것은 뛰어난 능력을 지닌 사람들이 자발적으로 일할 때 가장 좋은 결과가 나온다는 사실입니다. 열심히 하세요. 당신이 아직 젊다면 언젠가 세상의 문제를 풀 수 있는 길이 보일 겁니다."

편집자 노트: 책 후반부의 기사 '워런 버핏, 기부하다'(508페이지)에서 다시 설명하겠지만, 2004년 첫 번째 부인 수지가 사망한 이후 버핏은 자신의 유산을 버핏 재단에 보낸다는 계획을 바꿨다. 대신 그는 빌 앤 멜린다 게이츠 재단(Bill and Melinda Gates Foundation)에 재산 대부분을 점차적으로 기부할 생각이다.

"여러분, 잘 들으세요!"에서

1989년 10월 23일

버크셔 해서웨이의 회장이자 억만장자 투자자인 워런 버핏(59세)은 자신
이 4억 달러를 빌려서 미국 국채를 사들인 이유를 이렇게 설명한다. "자산
을 매입하기 가장 좋은 시기는 자금을 조달하기 가장 어려운 때입니다."

차세대 워런 버핏들,
그리고 오마하의 현인

제목만 봐도 구미가 당기는 이 기사는 글쓴이 브렛 프롬슨이 버핏과 거의 대등한 투자의 재능을 소유했다고 판단한 12명의 젊은 자산 관리자들에 대해 쓴 글이다. 그리고 버핏이 들려주는 지혜의 말도 기사에 함께 포함되어 있다.

프롬슨의 안목은 대단했다. 이 기사가 발표된 지 20년이 넘었지만, 그가 글에서 다룬 12명 중 다음 9명은 여전히 투자의 세계에서 활발히 활동 중이다. 짐 차노스(Jim Chanos), 짐 크레이머(Jim Cramer)와 카렌 크레이머(Karen Cramer)(당시 부부였지만 지금은 이혼), 글렌 그린버그(Glenn Greenberg)와 그의 파트너 존 샤피로(John Shapiro)(2009년에 결별), 세스 클라만(Seth Klarman), 에디 램퍼트(Eddie Lampert), 리처드 페리(Richard Perry), 마이클 프라이스(Michael Price). 참고로 나머지 사람들도 소개하자면, 필라델피아 교외에서 성공적인 자산관리회사를 운영 중인 존 콘스터블(John Constable), 프롬슨의 기사 덕분에 세상에 알려진 투자자로 현재 선 밸리에서 투자조합을 운영 중인 랜디 업다이크(Randy Updyke), 기사가 발표됐을 때는 피델리티(Fidelity)의 펀드매니저였지만 현재는 투자업계에서 은퇴한 톰 스위니(Tom Sweeney) 등이다.

물론 이 책은 버핏에 대한 글을 엮은 모음집이기 때문에, 여기서는 그 12명의 자세한 프로필은 생략하고 버핏과 관련된 대목만 발췌해서 소개하려 한다.

두 번째 기사 '오마하의 현인을 돌아보다'는 호머 도지(Homer Dodge)라는 이름의 물리학 교수가 오마하로 직접 버핏을 찾아가 본인의 자산 관리를 부탁하면서 시작되는 이야기를 담은 글이다. 여기서 한 가지 덧붙이고 싶은 것은 호머 도지의 아들 노턴(Norton)에 대한 후일담이다. 그가 2011년 84세로 세상을 떠나자 〈뉴욕타임스〉에는 세상에 잘 알려지지 않은 교수(경제학)였던 그의 죽음에 대해 의외로 긴 부고 기사가 실렸다. 이 부고의 내용 중에는 그의 아버지가 오래전에 워런 버핏을 찾아가서 투자를 의뢰한 사람이며, 노턴 도지가 부친으로부터 물려받은 유산의 상당 부분을 어떻게 썼는지 설명하는 대목이 나온다. 그는 소련의 개혁주의 미술가들, 즉 크렘린의 정치적 압제에 맞서 비밀리에 활동한 반체제 미술가들의 작품을 열정적으로 사 모았다. 그리고 자신의 귀중한 수집품 거의 전부를 럿거스대학(Rutgers University)에 기증했다. 그의 여동생 앨리스(Alice) 역시 일생 동안 교육 부문에 많은 기부를 했다.

여기서 내가 말하고자 하는 요점 중 하나가 바로 이것이다. 그동안 버핏은 문화나 교육기관에 기부한 적이 거의 없지만 버크셔의 주주들은 그 분야에 아낌없이 재산을 헌납했다. 몇 가지 사례만 들어보면, 네브래스카주 토박이인 브루클린폴리테크닉대학(현재는 뉴욕대학으로 편입)의 도널드 오스머(Donald Othmer) 교수와 그의 부인 밀드레드(Mildred)는 이 학교에 7억 5천만 달러의 유산을 기증했다. 또 보석 유통업체 대표(지금은 버크셔가 인수) 바넷 헬츠버그(Barnett Helzberg)와 셜리 헬츠버그(Shirley Helzberg)는 캔자스시티에 새로 들어선 공연예술센터에 헬츠버그홀(Helzberg Hall)을 건립했다. 오마하의 홀랜드 공연예술센터 역시 리처드 홀랜드(Richard Holland)와 메리 홀랜드(Mary Holland)의 이름을 딴 건물이다. 그리고 빌 스콧(Bill Scott)과 루스 스콧(Ruth Scott)은 네브래스카 의과대학 산하의 소렐 의료과학 교육센터(Sorrell Center for Health Science Education)를 설립하는 데 주도적인 역할을 했다. 홀랜드가(家)와 스콧가는 버핏이 파트너십을 운영하던 시절부터(빌 스콧은 조합에서 증권 바이어로 일한 적도 있다) 버핏에게 꾸준히 투자를 했다.

2012년 초 기준으로 버크셔 해서웨이의 기업가치는 2,020억 달러로 〈포춘〉 500대 기업 중 9위에 해당한다. 버핏이 보유한 지분(4백억 달러 이상으로 추산되며, 그중 수십억 달러는 이미 다른 곳에 기부됐다)의 거의 대부분은 자선단체에 돌아갈 예정이다. 버크셔의 주주 중에 얼마나 많은 사람이 기부를 하고 있는지 자세히 알 수는 없지만, 아마 적지 않은 숫자일 것으로 보인다. – CL

"그들은 차세대 워런 버핏일까?"에서

1989년 10월 30일 | 브렛 듀발 프롬슨의 기사에서 발췌

어떤 사람이 자신의 돈을 3~4년에 두 배씩 무한정 불려준다면, 그 사람의 파트너가 되지 않으려는 투자자가 있을까? 다시 말해 어딘가에 차세대 워런 버핏이 있다면 누구든 그에게 투자하고 싶어 하지 않을까? 젊은 시절 큰 부를 축적한 투자자들은 대개 훌륭한 자산 관리자를 일찌감치 찾아낸 사람들이다. 버핏은 그중에서도 단연 최고의 자산 관리자였다. 그에게 돈을 맡긴 초기 투자자들은 오늘날 대부분 수천만 달러의 부자로 변신했다. 버핏이 연평균 25퍼센트에 달하는 투자 수익을 지속적으로 돌려준 덕분이다. 이제 독자들에게 소개할 젊은 투자자들 역시 버핏에 버금갈 정도로 뛰어난 재능을 지닌 사람들이다. 그들이 기록한 연평균 수익률을 20퍼센트(그들 대부분이 최소한 이 정도 실적을 올렸다) 정도라고 가정하면, 오늘 당신이 1만 달러를 투자했을 때 2025년에는 590만 달러를 돌려받을 수 있다.

그들의 잠재력을 입증할 수 있는 첫 번째 증거는 물론 우수한 투자 실적일 것이다. 하지만 그것만으로는 그들이 뛰어난 능력을 지녔다고 결론짓기에 부족하다. 이 젊은 자산 관리자들의 투자 경력은 대부분 10년 미만이기 때문이다. 더욱 중요한 것은 그들이 투자 과정에서 드러내는 태도와 자질이다. 버핏은 '어떤 상황에서도 고객의 이익을 최우선으로 고려하는 높은 수준의 도덕성'을 초보 투자자의 가장 중요한 덕목으로 꼽는다. 또한 자산 관리자들은 자신의 개인적인 이익과 고객들의 이해관계가 상충되지 않는 방향으로 투자를 집행해야 한다. 여기서 소개하는 젊은이들은 대부분 본

인의 자산을 고객들이 투자한 돈과 함께 운용한다. 버핏이 돈을 맡기고자 하는 사람도 고객의 돈과 자기 어머니의 돈을 함께 투자할 수 있는 사람이다(예전에 버핏도 그랬다).

머리가 좋으면 투자에 유리할 수 있겠지만, 일정 수준 이상의 지적 능력은 투자자들 사이에서 그다지 핵심적인 차별점이 아니다. 버핏은 이렇게 말한다. "투자자가 로켓 과학자일 필요는 없습니다. 투자란 아이큐 160이 아이큐 130을 이기는 게임이 아닙니다." 우수한 두뇌보다 더욱 중요한 것은 감정에 휘둘리지 않고 두뇌를 사용할 수 있는 능력이다. "수많은 사람이 눈앞의 욕심과 공포에 따라 투자 결정을 내리는 상황에서 합리성은 가장 중요한 경쟁우위 요소입니다." 버핏은 이렇게 말을 잇는다. "그렇게 해서 부가 만들어지는 겁니다."

오마하의 현인을 돌아보다

1989년 10월 30일 | 브렛듀발프롬슨

1956년의 어느 무더운 여름날, 지프를 몰고 버몬트(Vermont)를 출발한 67세의 물리학 교수 한 사람이 길옆에 가로수가 늘어선 오마하의 거리에 도착했다. 미국에서 가장 우수한 차세대 투자자를 찾고 있던 호머 도지 교수는 올해 25살의 워런 버핏에게 가족의 돈을 맡아달라고 설득하기 위해서 홀로 2,400킬로미터를 달려 이곳에 도착한 것이다. 원래 도지는 버핏의 스승 겸 상사이며 현대 금융 분석의 아버지인 벤저민 그레이엄의 고객이었다. 그러나 당시 그레이엄은 자기가 운영하던 투자회사를 막 접은 상태였다. 버핏은 이렇게 회고한다. "호머는 나에게 '자네가 내 돈을 맡아주었으면 좋겠네'라고 말했습니다. 나는 '제 가족들의 돈으로만 파트너십을 운영 중입니다'라고 대답했죠. 그러자 그는 '나와 하나를 더 만들어보면 어떨까?' 하고 제안했어요. 그래서 나는 호머, 그의 부인, 자녀, 손자들의 돈으로 다른 파트너십을 설립했습니다." 도지 가족은 버핏에게 10만 달러를 투자했다. 호머 도지가 1983년에 세상을 떠났을 때, 그 돈은 수천만 달러로 불어나 있었다.

사람들 대부분이 모르고 지나쳤던 이 투자의 천재를 도지는 어떻게 찾아냈을까? 그의 아들 노턴은 이렇게 말한다. "저의 아버지는 워런이 금융을 분석하는 데 탁월한 재능이 있다는 사실을 금방 알아차리셨죠. 하지만 그게 전부가 아니에요." 호머 도지는 이 특별한 능력을 지닌 장인이 투자라는 과정 자체를 즐기는 데다 모든 투자 도구를 완벽하게 마스터했다는 점을 높이 샀다.

도지는 친구들에게도 버핏에 관해 입소문을 냈다. 그리고 1960년대 초반이 되면서 버핏의 조합에 가입한 여러 파트너들이 버핏을 칭찬하는 소리가 방방곡곡 퍼져 나가기 시작했다. 심지어 그 소문에 감동한 어떤 사람은 이 젊은 마법사를 만나지도 않고 30만 달러의 수표를 보내기도 했다. 그는 자신의 명함과 함께 이런 메모를 봉투에 넣었다. "나도 끼워주세요." 이 신뢰의 화신이 바로 미래의 억만장자 로렌스 티쉬였다. "워런의 명성은 대단히 높았습니다. 그는 가치투자의 신봉자였고 매우 정직한 사람이기도 했습니다." 티쉬의 말이다. "내가 아무 생각 없이 돈을 보낸 게 아닙니다. 당시 30만 달러는 매우 큰돈이었어요. 특히 나에게는 더욱 그랬죠." 버핏은 이미 주식 선택의 달인이 될 조짐을 보이고 있었다. 그는 기업의 유명세보다 가치를 바탕으로 주식을 매입하는 견실한 투자 기법을 구사했다. 버핏의 고향 오마하는 그가 원하는 모든 것(가족, 친구, 일에 집중할 수 있는 환경, 그리고 맛있는 햄버거)을 제공해주었다. 버핏은 대단히 뛰어난 지적 능력을 소유한 사람이었다. 그의 오랜 동료이자 버크셔 해서웨이의 부회장인 찰스 멍거는 이렇게 말한다. "내가 다닌 하버드대학 로스쿨은 학생 수가 1,000명이 넘었습니다. 나는 그중에서도 성적이 뛰어났던 친구들을 다 알고 있어요. 그러나 워런처럼 똑똑한 사람은 없었습니다. 그의 두뇌는 매우 합리적인 메커니즘을 바탕으로 작동되죠. 워런이 무언가에 대해 의견을 표명할 때마다 그의 두뇌가 엄청나게 빠른 속도로 돌아가는 소리가 들리는 것 같아요."

버핏은 투자자들의 개입을 최대한 줄이는 방향으로 파트너십의 운영 방침을 정했다. "나는 고객들에게 이렇게 말했습니다. '앞으로 설립될 파트너십에서는 제가 포트폴리오를 직접 관리할 겁니다. 거기에는 제 돈도 함께 들어갈 거예요. 저는 여러분에게 6퍼센트의 수익까지는 전액을 돌려드리고, 그 이상의 수익에서 20퍼센트를 가져갈 겁니다. 그리고 돈이 얼마나 남았는지 그때그때 말씀드리지는 않을 거예요. 일하는 데 방해가 되거든요. 대신 골프 코스에서 스코어 카드를 기록하듯 정리해서 보고를 드리겠습니다. 여러분은 저를 매 홀 따라다니며 3번 아이언이 생크가 났느니 퍼팅이 짧았느니 하고 말하지 않았으면 합니다.'" 투자에 대한 버핏의 헌신적인 자세를 잘 알고 있는 파트너들은 그가 제안한 조건을 받아들였다. 오마하의 투자은행가 찰스 하이더(Charles Heider)는 이렇게 말한다. "나는 가족에게 이렇게 말했습니다. '워런을 봐. 우리 돈을 어떻게 투자할지 1주일에 7일을 고민하잖아.'"

버핏은 다른 투자 관리자들이 미처 생각지도 못한 방식으로 필요한 정보를 얻어내곤 했다. 대표적인 사례가 1963년 아메리칸 익스프레스의 샐러드 오일 스캔들과 관련된 그의 투자 행보였다. 이 회사의 자회사 하나가 존재하지도 않는 샐러드 오일에 대해 보관증서를 작성해준 일로 수천만 달러의 채무를 지게 되자, 아메리칸 익스프레스의 주가는 순식간에 폭락했다. 버핏과 동료들은 소매업체들을 직접 찾아다니며 조사한 끝에 아메리칸 익스프레스의 신용카드와 여행자수표라는 핵심 비즈니스의 수익성이 예전과 다름없이 높다는 결론에 도달했다. 그는 끝도 없이 가치가 추락한 이 주식을 대량으로 사들였다. 이 회사의 주식은 5년 뒤 5배까지 치솟았다.

다른 투자의 장인들처럼 버핏 역시 일관성을 중요한 가치로 생각하는 사람 중 하나다. 그런탈(Gruntal & Co.)이라는 증권회사의 임원 마샬 와인버그(Marshall Weinberg)는 언젠가 맨해튼에서 버핏과 저녁을 먹으러 갔던 일을 이렇게 기억한다. "하루는 버핏이 어느 식당에서 아주 맛있는 햄치즈 샌드위치를 먹었습니다. 그리고 며칠 뒤 우리는 또 저녁을 먹으러 나갔어요. 그가 이렇게 말했죠. '지난번 그 식당으로 갑시다.' 내가 물었습니다. '얼마 전에 갔잖아요?' 그가 대답했어요. '바로 그것 때문이에요. 왜 다른 곳에 가서 위험을 감수해야 하죠? 그 식당에 가면 어떤 것을 먹게 될지 정확히 알잖아요.'" 와인버그는 이렇게 말을 잇는다. "버핏이 주식을 바라보는 관점도 그것과 비슷해요. 그는 성공 확률이 높고 자기를 실망시킬 가능성이 적은 회사에만 투자를 하거든요."

나는 어떻게 실수를 저질렀나

1990년 4월 9일 |
버크셔 해서웨이의 1989년도 연례 보고서 중 버핏의 주주서한에서 발췌

워런 버핏이 매년 주주들에게 보내는 서한의 내용 중 80퍼센트는 버크셔 해서웨이에 특화된 이야기이고, 나머지는 버핏 스타일의 '논평'이다. 사실 이 두 가지 종류의 글 모두가 〈포춘〉의 기삿거리로는 안성맞춤이기 때문에, 우리는 지난 몇 년간 그의 주주서한에서 발췌한 글 6편을 기사로 옮겨 실었다. 그중 첫 번째가 바로 이 기사다. 사실 여기서 소개하는 발췌본의 제목과 버크셔의 연례 보고서에서 붙인 제목이 다르다. 버핏은 자신이 25년 동안 버크셔를 이끌면서 경험했던 이야기를 요약한 글에 '첫 25년 동안의 실수들'이라는 제목을 달았다. 〈포춘〉은 '나는 어떻게 실수를 저질렀나'라고 살짝 바꿨다.

CEO가 자신의 실책을 스스로 지적하는 글은 어디서도 찾아보기 힘들다. 특히 기업의 연례 보고서에는 말할 것도 없다. 물론 주식의 가격이 25년간 400배 이상(18달러에서 7,450달러로) 오른 회사를 경영하는 사람이 이런 고백을 늘어놓는 것은 별로 어려운 일이 아닐지도 모른다. 하지만 버핏은 이 글을 통해 자신이 특정한 상황에서 더욱 현명하게 행동했더라면 보다 훌륭한 실적을 냈을 거라며 반성한다.

이 책이 출판될 2013년은 버핏이 버크셔를 경영한 지 50주년이 되는 해를 불과 2년 앞둔 시점이다. 버핏은 그때가 되면 자신의 실수를 고백하는 또 한 편의 글을 쓰겠다고 약속했다. "글의 소재가 떨어질 일은 없을 것 같네요." 버핏이 최근 내게 한 말이다. – CL

로버트 벤츨리(Robert Benchley, 미국의 배우, 평론가, 작가 — 역자주)는 이런 말을 남겼습니다. "개를 키우면 아이에게 많은 것을 가르칠 수 있다. 충실함, 인내심, 그리고 드러눕기 전에 세 바퀴 뱅글뱅글 도는 법까지." 물론 세상에는 없는 편이 더 나은 경험도 있을 것입니다. 그러나 새로운 계획을 세우기 전에 한 번쯤 과거의 실수를 되돌아보는 일도 그리 나쁘지는 않을 듯합니다. 그런 면에서 지난 25년을 빨리 돌이켜보기로 하겠습니다. 저의 첫 번째 실수는 물론 버크셔 해서웨이를 사들인 일입니다. 저는 그 사업(섬유 제조업)의 전망이 별로 좋지 않다는 사실을 알고 있었지만, 결국 낮은 인수 가격에 현혹되어 회사를 매입했습니다. 제가 투자에 뛰어든 초기 시절만 해도 그 정도로 낮은 주가는 투자자에게 큰 수익을 돌려줄 수 있는 매력적인 조건이었습니다. 그러나 버크셔를 인수한 1965년 무렵이 되면서 저는 꼭 주식을 싸게 사는 것만이 이상적인 전략이 아닐 수도 있다는 사실을 깨닫기 시작했습니다.

만일 여러분이 어떤 기업의 주식을 지나치게 낮은 가격에 구입했다면 그 회사의 사업에 뭔가 문제가 생겼다는 의미로 받아들일 필요가 있습니다. 물론 그 회사의 장기적인 전망이 아무리 형편없다 해도 투자자는 그 주식을 처분하면서 어느 정도의 수익을 거둘 수 있을 것입니다. 저는 이 전략을 '담배꽁초' 투자법이라고 부릅니다. 길거리에 떨어진 담배꽁초에도 대개 연기를 한두 모금 빨아들일 만큼의 담배 가루는 남아 있기 마련입니다. 따라서 여러분이 '싸구려' 주식을 사들였을 때 그 한두 모금 분량의 담배 가루는 모두 수익이 된다는 겁니다.

그러나 여러분이 전문적인 기업 청산인이 아니라면 이런 목표를 바탕으로 주식을 사들이는 것은 매우 멍청한 전략입니다. 그 이유는 다음과 같습니다. 첫째, 원래의 '싸구려' 가격이 나중에는 오히려 비싼 선택이 될 가능성이 큽니다. 어떤 기업이 경영에 어려움을 겪을 때면 하나의 문제가 해결되자마자 또 다른 문제가 수면에 떠오르는 법입니다. 주방에 바퀴벌레가 한 마리만 있는 경우는 없습니다. 둘째, 투자자가 처음에는 유리한 조건으로 주식을 사들였다고 해도 그 비즈니스의 낮은 수익률로 인해 혜택이 곧 희석되어 버리기 십상입니다. 예를 들어 어느 투자자가 8백만 달러를 주고 회사를 하나 사들였다고 가정해봅시다. 만일 그 회사를 매각하거나 청산했을 때 투자자에게 천만 달러가 돌아오는 경우, 그 사람은 신속하게 두 가지 방법 중 하나를 선택해서 수익을 올리려 할 겁니다. 그러나 회사를 파는 데 10년이 걸리고 그동안의 수익은 연평균 몇 퍼센트에 불과하다면 이를 성공적인 투자라고 부를 수 있을까요? 훌륭한 기업에게는 시간이 더없이 좋은 친구겠지만, 수준 이하의 회사에 있어 시간은 곧 적이나 다름없습니다.

여러분은 제가 당연한 원칙을 늘어놓는다고 생각하시겠지만, 그동안 저는 혹독한 수업료를 치르면서 이 가르침을 얻었습니다. 게다가 배움의 과정이 한 번으로 끝난 것도 아니었습니다. 저는 버크셔를 매입하고 얼마 되지 않아, 볼티모어에 소재한 백화점 혹스차일드 콘을 다시 사들였습니다 (이 회사를 매각한 다이버시파이드 리테일링[Diversified Retailing]은 나중에 버크셔에 합병됐습니다). 이 백화점의 주식 가격은 장부가보다 훨씬 낮았습니다. 게다가 회사의 경영진도 훌륭했으며, 그 거래에는 몇 가지의 추가적인 혜택까지 주어졌습니다. 특히 한껏 높아진 부동산의 가치는 미처 장부에 잡히지도 않은 상태였고 후입선출 방식으로 계산될 수 있는 재고도 풍부했습니다. 이 엄청난 기회를 놓친다면 말이 되지 않을 것 같았습니다. 그로부터 3년 뒤, 저는 다행스럽게도 원래 치른 값만 받고 이 회사를 가까스로 매각할 수 있었습니다. 버크셔와 혹스차일드 콘의 결혼 생활을 끝낸 저는 마치 이런 노래를 부르는 남편의 입장이 된 듯합니다. "아내가 내 가장 친한 친구와 달아났다네. 나는 아직도 그 친구가 그리워."

제가 '싸구려' 주식을 사서 실수한 이야기를 더 들려드릴 수도 있겠지만, 여러분은 이제 제가 말하고자 하는 바를 이해하셨으리라 믿습니다. 적당한 회사를 훌륭한 가격에 사들이는 것보다 훌륭한 회사를 적당한 가격에 사들이는 것이 훨씬 좋은 전략입니다. 찰리(멍거)는 이 점을 일찌감치 간파했지만, 저는 깨우치는 데 시간이 걸렸습니다. 이제 우리는 회사 전체를 사들일 때나 주식을 매입할 때 오직 최고의 경영진이 이끄는 최고의 기업만을 바라봅니다.

결국 제가 얻은 교훈을 한마디로 정리하면 이렇습니다. 좋은 기수(騎手)는 좋은 말을 탔을 때 훌륭한 성적을 낼 수 있지만, 다리가 부러진 말 위에서는 소용이 없다는 겁니다. 버크셔의 섬유 사업부문과 혹스차일드 콘은 모두 능력 있고 정직한 사람들이 운영하는 기업이었습니다. 만일 이런 역량 있는 경영진이 수익성이 좋은 다른 사업을 선택했다면 훨씬 나은 실적을 거둘 수 있었을지 모릅니다. 그러나 모래 늪에 빠진 것처럼 앞이 보이지 않는 회사를 운영할 때는 그들의 탁월한 능력도 속수무책이었습니다. 그동안 저는 여러 차례 이렇게 말했습니다. "똑똑하기로 명성이 자자한 어느 경영자가 수익이 바닥을 친다고 악명이 높은 회사를 인수하면, 나중에 죽지 않고 살아남는 것은 그 회사의 명성뿐이다." 그동안 저는 이 말을 입증하는 실제 사례를 만들어내기 위해 열심히 노력했다는 느낌이 듭니다. 메이 웨스트(Mae West, 미국의 여배우 — 역자주)가 남긴 유명한 말은 저의 어리석은 행위와 딱 맞아떨어지는 듯합니다. "나는 백설공주였다. 그러나 엉뚱한 곳만 헤매고 다녔다."

제가 얻은 또 하나의 교훈은 쉽고 단순한 투자 대상에 집중해야 한다는 겁니다. 찰리와 제가 지난 25년간 수많은 기업을 사들이고 운영하면서 배운 것은 어려운 비즈니스 문제를 해결하는 법이 아니었습니다. 반대로 저희는 그런 문제점을 애초에 피해 갈 수 있는 법을 익혔습니다. 다시 말해 그동안 저희가 성공적으로 투자를 집행할 수 있었던 비결은 2미터짜리 장애물을 뛰어넘을 수 있는 능력을 개발했기 때문이 아니라, 우리가 쉽게 극복 가능한 30센티미터의 장애물을 찾아내는 일에 역량을 집중했기 때문입니다.

여러분에게는 이런 교훈이 별로 설득력이 없게 들릴 수도 있을 겁니다. 그러나 회사를 운영할 때나 투자를 집행할 때, 어려운 문제를 해결하는 일보다 더욱 중요한 것은 쉽고 확실한 대상에 집중하는 일입니다. 물론 사업을 하다 보면 이따금 난해하고 힘든 문제를 헤쳐 나가야 할 때도 분명 있습니다. 우리가 버팔로뉴스의 일요판을 발행하기 시작하면서 경쟁자에게 도전장을 던졌을 때가 바로 그런 상황이었습니다. 또 다른 예로는 거대한 기업이 명백히 해결 가능한 일회성의 큰 문젯거리를 앞에 두었을 때도 좋은 투자 기회가 찾아온다는 겁니다. 오래전 아메리칸 익스프레스나 가이코의 경우가 그랬습니다. (중략) 어쨌든 저희는 그동안 용(龍)을 죽이려고 노력하기보다 이 괴물을 피해 감으로써 더 좋은 실적을 거두었다고 생각합니다.

제가 사업을 하면서 발견한 가장 놀라운 사실은 '제도적 권위(institutional imperative)'라는 보이지 않는 힘이 어느 조직에서나 압도적이고 핵심적인 위치를 차지하고 있다는 것입니다. 저는 경영대학원을 다닐 때도 그런 권위의 존재에 대해 배우지 못했으며, 비즈니스의 세계에 처음 발을 내딛었을 시기에도 이에 대한 직관적인 이해가 없었습니다. 당시 저는 품위 있고, 똑똑하고, 경험 많은 경영자들이라면 당연히 합리적인 의사 결정을 할 거라고 믿었습니다. 그러나 시간이 흐르면서 결코 그렇지 않다는 사실을 깨닫게 됐습니다. 제도적 권위가 작동을 시작하면 합리성은 자취를 감추는 법입니다.

제도적 권위에 대한 몇 가지 예를 들겠습니다. ① 마치 뉴턴의 제1법칙이 작용하는 것처럼 모든 회사는 현재 조직이 나아가는 방향을 바꾸려는 어떤 변화에도 저항합니다. ② 조직의 구성원들은 시간을 때우기 위해 일을 한다는 듯이 각종 프로젝트나 인수합병을 쉴 새 없이 일으킴으로써 아까운 자금을 낭비합니다. ③ 지도자(아무리 멍청한 사람이라도)를 애타게 찾고 있는 기업은 그의 밑에서 일하는 사람들이 그럴듯하게 창조해낸 수익률 숫자나 전략적 연구 등에 순식간에 현혹됩니다. ④ 한 기업이 사업을 확장하고, 인수합병을 하고, 보상 체계를 구축하면 다른 회사들도 아무 생각 없이 이를 따라 합니다.

기업들이 이런 전철을 밟는 이유는 무절제나 어리석음 때문이 아니라 바로 제도의 힘이 작용하기 때문입니다. 이는 사람들이 너무도 자주 오해하는 대목이기도 합니다. 저 역시 이 제도적 권위라는 문제를 경시한 탓에 비싼 비용을 지불하고 적지 않은 실수를 저질렀습니다. 그 뒤로 저는 이를 최소화하는 방향으로 버크셔를 조직 및 관리하기 위해 노력해왔습니다. 그뿐만 아니라 찰리와 저는 제도적 권위라는 문제에 경각심을 지닌 기업들에만 투자를 집중하고 있습니다.

그 밖에도 저는 많은 실수 끝에 오직 제가 좋아하고, 신뢰하고, 존경하는 사람들과 비즈니스를 해야 한다는 사실을 깨달았습니다. 앞서 말씀드린 대로 이런 정책 자체가 성공을 직접적으로 가져다주지는 못합니다. 누구나 사윗감으로 삼고 싶을 만큼 훌륭한 경영자가 있다고 해서 2류 섬유 제조업체나 3류 백화점이 번영할 수는 없습니다. 하지만 기업의 소유주(또는 투자자)가 뛰어난 경영자와 함께 기업을 이끌었을 때, 수익성이 평범한 사업에서도 기적 같은 실적을 달성하는 경우가 종종 있습니다. 그와 반대로 우리는 어떤 회사의 전망이 아무리 밝다고 해도 경영자의 자질이 떨어지고 인성이 부족하면 함께 일하지 않습니다. 나쁜 사람과 좋은 거래를 성공한 적이 단 한 번도 없었기 때문입니다.

제가 저지른 또 다른 실수는 사람들의 눈에 잘 드러나지 않았습니다. 바로 어떤 주식이나 기업의 높은 가치를 충분히 인지했음에도 이를 사들이지 않은 일입니다. 물론 우리 회사의 역량이 미치지 못하는 곳에 엄청난 기회가 있다고 해서 그것을 포착하지 못한 일을 잘못이라 할 수는 없습니다. 그러나 저는 기업의 비즈니스도 잘 이해했고 투자의 여건도 충족되었음에도 불구하고 몇몇 큰 인수 기회를 그냥 흘려보냈습니다. 이렇게 무기력한 방치는 저 자신을 포함한 버크셔의 주주들에게 엄청난 기회비용의 상실을 야기했습니다.

주주 여러분 중에는 우리 회사의 보수적인 자금 운영 방침을 일종의 경영적 실수로 판단하는 분도 계실 겁니다. 하지만 제 생각은 다릅니다. 물론 버크셔가 레버리지 비율을 현저하게 높였다면(그래 봐야 보통 기업의 수준이지만) 그동안 회사가 실제로 달성한 연 23.8퍼센트의 자기자본이익률보다 훨씬 큰 수익을 거두었을지도 모릅니다. 심지어 지난 1965년에는 버크셔가 레버리지를 늘렸을 경우 회사에 더 유리한 결과가 돌아올 확률이 99퍼센트였습니다. 그러나 우리는 전통적인 비율의 부채를 소유한 회사가 내·외부적 충격 요인에 따라 곤경에 빠지거나 파산할 수 있는 확률도 나머지 1퍼센트가 된다는 사실을 알고 있었습니다.

우리는 이 99 대 1의 비율을 앞으로도 영원히 무시하지 않으려고 합니다. 아무리 큰 수익을 추가로 거두어들일 기회가 있다고 하더라도 우리 앞에 어려움과 불명예가 닥칠 가능성이 조금이라도 있다면 이를 그 기회와 상쇄할 수는 없습니다. 만일 우리가 분별 있고 합리적으로 행동하기만 한다면 우리 앞에 틀림없이 좋은 결과가 찾아올 겁니다. 우리가 더 많은 돈을 빌린다는 것은 회사의 행보가 급해질 거라는 사실을 의미할 뿐입니다. 찰리와 저는 그동안 서두른 적이 없습니다. 우리는 돈을 쓰며 사는 법을 배우기도 했지만, 대체로 돈을 벌어들이는 과정을 훨씬 즐깁니다.

저는 앞으로 25년 뒤에 지난 50년간의 실수를 보고하는 편지를 또다시 여러분께 보낼 수 있기를 희망합니다. 만일 우리가 2015년에도 살아 있어서 이 편지를 다시 작성할 수 있다면, 우리의 고백은 더 많은 지면을 차지할 것이 분명합니다.

"부자와 유명인의 자녀들"에서

1990년 9월 10일 | 앨런 판햄의 기사에서 발췌

낭비가 심하지도 않고, 술을 즐기지도 않으며, 멍청하지도 않은 이 억만장자 상속인들은 열심히 일한다. 그래야 할 필요가 없는데도.

그들은 늘 주변의 이목을 끈다. 개중에는 좀 신경질적인 사람도 있다. 그들은 바로 억만장자의 자녀들이다. 마치 푸른색 지폐의 세례를 흠뻑 받고 자라난 어린나무 같은 사람들이다. (중략)

어떤 상속자들은 자신이 물려받은 부를 하나의 도구처럼 효과적으로 사용한다. 그들은 부자라는 계급의 함정에서 과감히 벗어나 충실하고 생산적인 삶을 살아간다. 그리고 자신이 시작한 일을 끝내 성취해낸다. 그들은 어떻게 성공할까? 무엇에 의해 동기 부여될까? 그들을 이끄는 요인은 개인적 자존심부터 모험에 대한 열정까지 다양하지만, 그중에서도 그들의 성장 과정이 삶에 큰 영향을 끼친다. 부모가 자녀들에게 유산을 상속할지 여부를 툭 터놓고 일찌감치 알려주면 아이들에게 좋은 삶의 출발점을 제공할 수 있다. (중략)

워런 버핏의 아들 하워드는 아버지가 산아 제한 단체에 버크셔 해서웨이의 돈을 기부하려 한다는 사실을 잘 안다. 하지만 올해 35세의 하워드는 그런 일에 불평하며 시간을 낭비하지 않는다. 오마하 외곽에서 옥수수와 콩 농장을 운영하는 그는 1989년 네브래스카주 더글러스 카운티(Douglas County)의 운영위원회 위원으로 선거에서 당선되기도 했다. (중략)

유명인이 포함된 가족의 구성원들은 그 명성에 맞춰 살아가기 힘들어한다. 투자자로 이름난 아버지를 둔 하워드 버핏 역시 어릴 때 자기 아버지처럼 레모네이드 가판대를 차리고 장사를 해본 적이 없다. "해보기도 전에 주눅이 든 거죠. 무슨 일을 해도 아버지만큼 해낼 자신이 없었으니까요. 그리고 내가 하는 일이 아버지에게 나쁜 영향을 주지 않을까 두렵기도 했어요." 워런 버핏이 성취한 성공의 그늘은 올해 여섯 살 된 손자의 상상력에도 영향을 미쳤다. "내 아들 하위(Howie)는 자기가 저금한 돈으로 코카콜라의 주식 10주를 샀어요. 아내는 모든 일에는 첫 번째가 있는 법이라며 아이를 칭찬했죠. 그런데 하위가 이렇게 말했어요. '내가 버크셔 해서웨이의 주식을 살 수 있을 만큼 넉넉해질 첫 번째는 영원히 없을걸요.'" (중략) 부잣집에서 자라난 아이들은 대부분 '웰시즘(wealthism, 부자들은 거만하고 자기중심적인 속물이라는 사회적 편견 — 역자주)'이라 불리는 일종의 차별을 경험한다. (중략) 하워드 버핏은 이를 두고 달관한 듯이 말한다. "부자 중에도 얼간이가 있고, 가난한 사람 중에서도 얼간이가 있을 수 있는 거죠." 버핏이라는 성을 가진 사람은 무조건 돈이 많을 거라고 지레짐작하는 사람들이 그는 늘 부담스럽다. "어느 날 저녁 식당에서 돈을 내려고 수표책을 꺼냈는데 어떤 친구가 이렇게 말하는 거예요. '와, 저 수표책이 내 것이라면 얼마나 좋을까!' 나는 참지 못하고 그에게 이렇게 말했어요. '사실을 알고 나면 절대 그렇게 생각하지 않을걸.'" 그는 마치 돈 많은 아버지를 두지 않은 듯이 행동하려고 노력하지만, 계속 그런 식으로 살아가기는 쉽지 않다. "오늘 오후 사무실에 나갔더니 아홉 건의 메시지가 와 있었어요. 그중 여덟 개가 아버지에게 뭔가 부탁을 하는 내용이었죠." (중략)

하워드 버핏은 이렇게 말한다. "돈이 많든 적든 아이들에게 꼭 해줘야 하는 일이 있는 법입니다. 어머니와 아버지는 저희에게 의무를 가르쳤어요. 마당의 배수로를 청소하고 잔디를 깎는 일 등이었죠. 만일 그 일을 제대로 하지 않으면, 뭔가 대가를 치러야 했어요." 그러나 그가 아들 하위에게 자신의 특권을 제대로 발휘하며 살아가는 법을 가르치기는 쉽지 않았다. 언젠가 농구 스타 마이클 조던(Michael Jordan)이 오마하를 방문했을 때, 하위는 주최 측에서 고위 관계자들을 위해 마련한 주빈용 테이블에 앉겠다고 떼를 썼다. 하워드는 우리에게 그런 자격이 주어져 있지 않다고 아들에게 설명해야 했다. (중략)

억만장자의 자제들은 대부분 일을 하고 싶어 한다. (중략) 그들은 자기가 취직을 하거나 사업을 시작하면 자존감을 높일 수 있고 부모에게서도 독립할 수 있다고 믿는다. 그러나 부모가 그 실험의 물주(物主)가 되는 순간, 그들이 기대했던 혜택은 순식간에 무의미해질지도 모른다.

160만 제곱미터의 농장을 운영 중인 하워드 버핏은 그 일을 매우 좋아한다. "농사일을 시작한 지는 9년이 됐습니다. 농사는 매우 독립적인 활동이에요. 모든 것이 나 자신에게 달려 있으니까요. 농사는 우리에게 일종의 가치 시스템을 가르쳐주고, 가치를 얻을 수 있는 도구를 제공합니다." 지금까지는 모든 일이 순조로운 듯하다.

한 가지만 빼고. "사실 땅 주인은 아버지입니다. 그래서 총소득의 일부를 아버지께 임차료로 드리죠. 이런 말까지 해야 할지 모르겠지만, 임차료를 내 몸무게에 비례해서 냅니다. 나는 키가 177센티미터에 몸무게가 90킬로그램 정도예요. 아버지 생각에 내 몸무게가 너무 많이 나간다는 거죠. 그래서 몸무게가 83킬로그램을 넘으면 소득의 26퍼센트를, 넘지 않으면 22퍼센트를 내기로 했어요. 말하자면 버핏 가족 버전의 웨이트워처스(Weight Watchers, 미국에 본사를 둔 다이어트 프로그램 서비스회사 — 역자주)인 셈이에요. 문제는 아버지가 임차료로 22퍼센트만 받는다 해도, 이미 주변의 누구보다 부자라는 겁니다. 아버지는 늘 자기가 처한 환경을 좌지우지하니까요."

할인을 부르는 마이더스의 손

1990년 11월 5일 | 에드먼드 팔터마이어(Edmund Faltermayer)

때로는 평지풍파가 일고 문제가 발생할 때 좋은 물건을 싼값에 살 수 있는 기회가 찾아오는 법이다. 버크셔 해서웨이를 생각해보라. 최근 이 대기업의 주가는 알 수 없는 이유로 뒷걸음질 치는 중이다. 사담 후세인(Saddam Hussein)이 일으킨 충격파와 경기침체의 우려가 시장에 닥치기 전부터 하락세를 보이기 시작한 이 회사의 주가는 결국 올해 36퍼센트나 떨어진 5,550달러까지 후퇴했다. 이로 인해 버크셔의 지분 42퍼센트를 보유한 투자의 마술사이자 이 회사의 CEO 워런 버핏(60세)은 15억 달러의 장부상 손실을 입었다. 시간당 21만 5,450달러에 해당하는 금액이다. 게다가 이 손실 탓에 버핏이 다른 기업에 투자할 수 있는 여력도 그만큼 줄어들었다고 봐야 한다.

자본금 31억 달러의 뮤추얼 셰어스(Mutual Shares) 펀드를 운영하는 또 다른 투자의 달인 마이클 프라이스는 이렇게 말한다. "방어적인 성향의 투자자라면 이 회사의 주식을 사는 것도 좋은 방법입니다." 다른 자산 관리자들도 버크셔의 주식에 투자하라고 권한다. 로저 엔게만 어소시에이츠(Roger Engemann Associates) 산하의 패서디나 성장펀드(Pasadena Growth Fund)를 이끌며 6천3백만 달러의 고수익을 올린 존 틸슨(John Tilson)도 버크셔의 주식을 매입했다.

그러나 버핏 자신은 전혀 기가 죽지 않은 모습이다. 심지어 자신이 장부상으로 큰 손실을 입었다는 사실에 대해서도 개의치 않는다. "아직은 내가 먹는 더블패티 햄버거를 싱글로 줄이지 않았습니다." 그렇다면 회사가 구입한 업무용 제트기 '인디펜서블(Indefensible)'호는? "그건 가장 마지막에 처분할 재산이죠." 그는 이렇게 농담을 던진다.

버핏은 1965년에 버크셔 해서웨이를 인수했다. 그리고 이 회사의 주가는 인수 당시 12달러에서 지난 1989년 8천9백 달러로 정점을 찍었을 때까지 무려 741배나 상승했다. 그러나 주가가 부진했던 시기는 버핏에게 새로운 경험이 아니다. 1974년에는 버크셔의 주식이 55퍼센트나 추락한 적도 있었다. 마치 세 개의 목숨을 지닌 생명체처럼 보이는 버크셔 해서웨이는 손해보험 및 상해보험 회사로서 버핏에게 투자 자금을 제공하는 역할도 한다. 동시에 이 회사는 제조, 출판, 소매 산업에 속한 여러 기업을 거느리고 있다. 1989년 이 기업들(월드 북이라는 백과사전 출판업체를 포함해)은 평균 57퍼센트의 놀라운 자기자본이익률을 기록했다.

올해 버크셔의 주식이 계속 하락세를 보인 이유 중 하나는 이 회사가 많은 지분을 보유한 방송, 출판, 보험 분야의 주가가 최근 몇 달간 특히 큰 폭으로 하락했기 때문이다.

또한, 이 회사의 주가가 장부가 대비 높은 프리미엄을 형성하는 데 단단히 한몫을 한 버핏이라는 마법사의 이름값도 최근에는 부쩍 약효가 떨어진 모습이다. 업계의 일부 자산 관리자들은 버핏이 살로몬, 질레트(Gillette), 유에스에어(USAir), 챔피언 인터내셔널(Champion International) 같은 회사들을 위해 소위 백지주(white squire, 적대적 인수 세력으로부터 경영권을 방어해주는 투자자. 경영 참여를 원하는 백기사와 달리 대체로 매수 대상 기업의 지분을 투자 목적으로 구입하는 데만 관심이 있음 — 역자주) 노릇을 하는 일을 곱게 바라보지 않는다. 버핏이 그 기업들을 적대적 인수 세력으로부터 보호한다는 미명하에 나중에 보통주로 전환이 가능한 우선주를 대대적으로 사들였다는 것이다. 뱅가드 윈저 펀드(Vanguard's Windsor Fund)의 포트폴리오 매니저 존 네프(John Neff) 역시 버핏의 행보를 '다소 부정적'으로 평가

한다. 그 거래가 인수 대상 기업들의 경영진을 보호하는 역할을 하기 때문이라는 것이다. 버핏은 그 회사들의 보통주가 상승할 때만 버크셔가 우선주를 통해 만족스러운 수익을 얻을 수 있다고 말했다.

패서디나 펀드의 틸슨은 이렇게 말한다. "겉으로는 버핏이 시장에서 큰 손해를 입은 것처럼 보이지만, 저는 그렇게 생각하지 않습니다." 틸슨이 컴퓨터 모델링 기법을 사용해 측정한 결과, 최근 버크셔의 주가는 이 회사의 실질가치에 비해 510달러 낮게 형성되어 있다고 한다. "당신이 할인된 가격으로 버크셔의 주식을 산다면, 워런 버핏의 능력을 무료로 구입할 수 있는 거죠." 그런 점에서는 투자자에게 구미가 당기는 가격일 수도 있겠다.

버핏, 정크본드를 사다

1991년 4월 22일 | 제니퍼 리즈(Jennifer Reese)

월스트리트의 사람들은 스타 투자자들도 정크본드(junk bond, 수익률이 아주 높지만 위험률도 매우 큰 채권 — 역자주) 시장을 뒤지며 값싼 물건을 찾는지, 오래전부터 궁금해했다. 그런데 워런 버핏의 경우를 보면 그 궁금증이 어느 정도 풀릴 듯하다. 버크셔 해서웨이의 1990년 연례 보고서에는 이 억만장자 CEO가 담배 및 식품회사인 RJR 나비스코(RJR Nabisco)의 하이일드 채권(high-yield bond, 고수익·고위험 채권) 4억 4천만 달러어치를 사들였다는 소식이 담겼다. 작년 내내 정크본드 시장에 대해 강도 높은 조사를 수행한 버핏은 어느 인터뷰에서 이렇게 말했다. "이곳은 내 생각보다 훨씬 아수라장입니다."

RJR의 채권이 다른 어떤 것에 비해서도 낫다고 버핏이 판단한 이유는 회사가 제대로 돌아가고 있고, 기업 신용도도 생각보다 괜찮았기 때문이다. 버핏은 현재 RJR 채권의 시장가치가 자신이 지불한 비용에 비해 1억 7천5백만 달러 정도 높다고 추산한다.

그렇다면 버핏은 이 회사의 채권을 더 샀어야 했다고 생각하는 걸까? 그는 이렇게 대답한다. "세상에는 지나고 나서야 깨닫는 일이 많습니다. 그러나 나는 투자 결정에 있어서는 뒤늦은 깨달음에 대한 후회를 별로 하지 않아요. 그냥 내가 치른 값에 대한 대가를 나중에 받는다고 생각하면 되는 겁니다."

"여러분, 잘 들으세요!"에서

1993년 4월 5일

버크셔 해서웨이의 억만장자 CEO 워런 버핏(62세)은 임원들에게 부여하는 스톡옵션의 비용이 회사의 손익계산서에 반영되어야 하는 이유에 대해 이렇게 되묻는다.

"만일 스톡옵션이 일종의 보상이 아니라면 도대체 무엇일까요? 만일 보상을 비용으로 분류하지 않는다면 무엇으로 봐야 할까요? 그리고 비용이 손익계산서에 들어가지 않는다면, 어디로 가야 하나요?"

버핏과
코카콜라

지금으로부터 25년 전인 1988년, 코카콜라의 사장 도널드 키오(Donald Keough)는 오랜 친구이자 한때 오마하의 이웃 주민이기도 했던 워런 버핏에게 전화로 이렇게 물었다. "워런, 요새 코카콜라의 주식을 어떤 사람이 대량으로 사들이는 것 같아. 혹시 자네인가?" 버핏은 이렇게 대답했다. "자네와 로베르토만 알고 있어. 맞아. 바로 나일세." 키오는 기뻐하며 전화를 끊었다. 그리고 자신의 상사인 CEO 로베르토 고이주에타(Roberto Goizueta)에게 그 사실을 알렸다. 버핏은 그 뒤로도 이 회사의 주식을 계속 매입했다.

1987년 주식시장의 붕괴는 코카콜라에도 큰 충격을 주었다. 버핏은 1988년과 1989년에 이 회사의 주식을 대대적으로 사들이며 자신의 유명한 조언을 스스로 실천에 옮겼다. "다른 사람들이 두려워할 때 욕심을 부려라." 그가 1994년까지 계속 매입한 코카콜라의 주식은 도합 4억 주(액면분할 기준)에 달했으며, 버크셔 해서웨이는 이 회사의 지분 7.8퍼센트를 보유하게 됐다. 전체 매입 비용은 13억 달러로, 주당 평균 구입 가격은 3.25달러를 조금 밑돌았다.

버핏과 코카콜라의 끈끈한 인연은 이렇게 시작됐다. 그러나 버핏은 1989년부터 2007년까지 코카콜라의 이사로 재직하면서 한 번은 자신의 힘을 이용해 이 회사의 CEO를 자리에서 끌어내린 적도 있으며, 경영진이 내린 중요한 의사 결정이 회사에 피해를 준다는 이유로 이를 저지하기도 했다. 이와 관련된 〈포춘〉의 기사 발췌본 세 편을 소개한다. 첫 번째 기사는 버핏과 코카콜라의 관계가 우호적이었던 시절에 작성된 글이고, 나머지 두 편은 논란의 시기에 나온 기사다.

"세계 최고의 브랜드"에서

1993년 5월 31일 | 존 휴이(John Huey)의 기사에서 발췌

버핏은 이렇게 말한다. "만일 당신의 삶에서 단 한 차례라도 훌륭한 비즈니스의 아이디어를 생각해낼 수 있다면, 당신은 행운아일 겁니다. 그런 점에서 코카콜라는 세계 최고의 대기업이라고 할 수 있습니다. 대단히 합리적인 가격에 팔려 나가는 이 회사의 제품은 전 세계 사람들이 모두 좋아합니다. 1인당 콜라 소비량도 대부분의 국가에서 매년 증가하는 추세입니다. 세상 어느 곳에도 이런 제품은 없을 것입니다." (중략)

또 그는 고이주에타와 키오에 대해서도 이렇게 언급한다. "만일 당신이 1927년도 뉴욕 양키스 팀의 구단주라면, 선수들에게 바라는 것은 오직 하나, 죽지 않는 것일 겁니다. 이 회사의 경영진처럼 사업에 투철한 사람들만 있다면 나는 비즈니스를 전혀 걱정할 일이 없을 거라고 봅니다. 만일 어떤 사람이 천억 달러를 주면서 코카콜라가 세계 소프트드링크 시장에서 차지하고 있는 주도권을 넘겨달라고 해도 나는 단호히 거절할 겁니다."

고이주에타는 1997년에 세상을 떠났고 키오도 은퇴했다. 그들의 뒤를 이어 CEO 자리에 오른 더글러스 아이베스터(Douglas Ivester)는 베이브 루스(Babe Ruth)나 루 게릭(Lou Gehrig) 같은 프로야구 스타가 아니라 야구팀에서 심부름을 하는 배트 보이에 가까웠다. 2000년 초, 〈포춘〉은 다음 페이지에서 소개하는 독점 기사의 서두에서 이 이야기를 다뤘다.

"코카콜라에서 생긴 일"에서

2000년 1월 10일 |

벳시 모리스(Betsy Morris)와 패트리샤 셀러스(Patricia Sellers)의 기사에서 발췌

우선 더글러스 아이베스터(52세)가 코카콜라의 이사회 의장 겸 CEO 자리에 오른 지 불과 2년 만에 갑자기 사임한 이유를 확실히 정리해보자. 한마디로 그는 압력을 받은 것이다. 그것도 강력하게.

그는 자신의 짧고 불행했던 재임 기간 중 많은 난관에 시달렸다. 그러나 아이베스터 옆에서 매일같이 함께 일했던 사람들(그들 역시 이 고집 센 경영자가 갑자기 항복을 선언하자 남들처럼 크게 놀랐다)에 따르면, 그가 12월 1일 수요일에 애틀랜타에서 시카고로 날아가 맥도날드의 임원들과 정례 회의를 했을 때만 해도 모든 일이 평소처럼 돌아갔다고 한다.

그러나 아이베스터가 시카고에서 돌아오면서 상황이 변하기 시작했다. 최근에야 알려진 일이지만, 그는 시카고에 있을 때 또 다른 사적 회의에 참가했다고 한다. 이 회의를 소집한 사람은 코카콜라의 이사진 중에서 가장 강력한 권력을 지닌 두 인물, 워런 버핏과 허버트 앨런(Herbert Allen)이었다. 두 이사는 이 회의에서 자신들이 아이베스터의 리더십에 신뢰를 잃었다고 통보했다.

지난 한 해 동안 앨런은 아이베스터와 여러 차례 만나 그의 답답한 경영 스타일에 대해 대화를 나누었다. 반면 버핏은 사태의 추이를 묵묵히 관망하는 입장이었다. 그러나 이 사태를 가까이에서 지켜본 어느 소식통에 의하면 이번에는 상황이 달랐다고 한다. 이사회의 두 터프가이 버핏과 앨런은 자신들이 이미 돌이킬 수 없는 결론을 내렸다고 아이베스터에게 말했다. 그가 더 이상 코카콜라를 이끌 적임자가 아니며, 이제 변화

가 필요한 때라는 것이었다.

그렇다고 회의가 공격적인 분위기에서 진행된 것도 아니었으며(오히려 우호적인 분위기에 가까웠다), 다음 단계에 대한 결론이 구체적으로 논의된 것도 아니었다. 처음에는 아이베스터가 그들과 맞서 싸우기로 했을 수도 있다. 동시에 버핏과 앨런이 이 문제를 더 밀어붙여 2주 후로 예정된 다음 이사회의 안건으로 상정하려고 했을지도 모른다. 두 사람이 이 회사의 이사로서 행사하고 있는 리더십은 막강하다. 버크셔 해서웨이의 의장 버핏(버크셔의 지분 31퍼센트 소유)은 코카콜라의 전체 지분 8.1퍼센트에 해당하는 2억 주를 보유하고 있으며, 앨런이 소유 내지 관리 중인 주식은 9백만 주에 달한다.

세 사람이 회의를 마치며 각자 무슨 생각을 했는지 모르지만 아이베스터는 애틀랜타로 돌아온 그 주 일요일에 긴급 이사회를 소집하고 사임 의사를 밝혔다. 그의 사임 소식에 회사의 임직원들과 월스트리트의 투자자들은 경악을 금치 못했다. 심지어 그의 후임자로 지명된 더글라스 대프트(Douglas Daft) 역시 크게 놀랐다. 호주 출신의 대프트(56세)는 주로 코카콜라의 아시아 비즈니스에서 경력을 쌓은 인물이다.

대프트는 코카콜라의 사업을 콜라 이외의 영역으로도 다각화해야 한다고 믿었다. 2000년 초 CEO 자리에 오른 그는 몇 달 뒤 게토레이 브랜드를 소유한 퀘이커 오츠(Quaker Oats)를 157억 달러에 인수하는 계약을 추진했다. 그러나 거래 대금을 코카콜라의 주식으로 지불하려는 대프트의 계획은 버핏의 강력한 반대에 부딪혔다. 회사의 주식을 제공하고 다른 기업을 인수하는 행위는 인수자 입장에서 득보다 실이 훨씬 많다는 이유에서였다. 코카콜라의 이사들이 이 사안을 두고 5시간에 걸친 마라톤 회의를 하는 동안 버핏은 줄곧 이 거래에 반대 입장을 표명했다. 다음 기

사는 코카콜라에서 진행된 논란에 관해 내가 쓴 기사(2001년도의 메인 기

사에 딸린 사이드바의 일부)다.

"워런 버핏의 가치 기계"에서

2001년 2월 19일 | 캐럴 루미스의 사이드바에서 발췌

버핏은 코카콜라가 퀘이커 오츠를 사들이는 계획을 철회하라고 이사회를 설득하는 과정에서(그 계획에 반대한 사람이 버핏 혼자는 아니었지만) 진정한 터프가이의 면모를 과시했다. 만일 이사회의 안건으로 상정된 이 문제가 주주의 가치를 그다지 크게 훼손하지 않는다고 생각했다면, 버핏은 이사회에서 입을 다물고 있었을 것이다. 그러나 예상되는 손실이 큰 경우에는 얘기가 다르다. 특히 그는 거래 대금을 모두 자사의 주식으로 지불한다는 계획이 회사에 매우 큰 타격을 줄 수 있다고 생각했다. 이 계약 조건에 따르면 코카콜라는 퀘이커 오츠라는 자산을 인수하는 대신 10퍼센트가 넘는 회사의 지분을 포기해야 한다. 버핏은 코카콜라의 주주로서 이 거래를 통해 얻을 수 있는 장·단기적 이익을 매우 회의적으로(인수로 인해 얻을 수 있는 다소의 시너지를 감안하더라도) 내다봤다. 그가 자신의 의견을 강력하게 주장하고 나서, 퀘이커 오츠를 매입한다는 계획은 사실상 철회됐다. 특정 거래의 가치를 두고 버핏과 논쟁하는 일은 누구에게도 그다지 즐거운 경험이 되지 못한다. 지극히 논리적이고 영리한 그를 당할 사람이 별로 없기 때문이다.

대프트와 그의 후임자 네빌 이스델(Neville Isdell)이 회사를 이끄는 동안 코카콜라의 성장은 정체되고 주가도 부진을 면치 못했다. 뒤를 이어 2008년 CEO 자리에 오른 무타르 켄트(Muhtar Kent)는 마침 금융 위기가 시작됐을 때 회사를 넘겨받았다. 그러니 어려움 속에서도 지난 몇 년

간 회사를 훌륭하게 성장시킨 켄트 덕분에 2013년 중반 코카콜라의 주
가는 40달러까지 올랐다(역대 최고가는 1998년도 거품경제 때의 41달러다).
버크셔는 아직도 코카콜라 주식 4억 주를 모두 보유 중이다. 이 지분의
가치는 2013년 중반 기준으로 160억 달러에 달한다. 그동안 주식을 매
입하는 데 들어간 총비용은 13억 달러였다. 최근 이 회사가 자사주 매입
에 나섬에 따라, 버핏이 여전히 세계 최고의 대기업이라고 생각하는 코
카콜라의 버크셔 지분율은 9퍼센트로 증가했다. – CL

버핏은 리스크를 어떻게 바라보는가

1994년 4월 4일 |
버크셔 해서웨이의 1993년도 연례보고서 중 버핏의 주주서한에서 발췌

그동안 우리가 채택했던 전략은 일반적인 분산투자 원칙과 배치됩니다. 그렇기 때문에 업계의 전문가들은 그 전략이 전통적인 투자자들이 구사했던 방식에 비해 위험하다고 평가할 겁니다. 우리는 그 견해에 동의하지 않습니다. 포트폴리오 집중 전략을 통해 특정 기업에 대한 투자자의 집중도를 강화하고 수익성에 대한 기대치를 끌어올릴 수 있다면, 이 전략이 오히려 리스크를 줄여준다고 믿기 때문입니다. 우리가 이 견해를 제시하는 과정에서 정의하는 리스크는 사전적 의미대로 상실이나 피해의 가능성을 의미합니다.

그러나 '투자 리스크'에 대한 학자들의 정의는 다릅니다. 그들은 특정 주식이나 포트폴리오의 상대적 변동성, 즉 시장 전체의 주식들과 비교한 해당 주식의 변동성을 리스크라고 표현합니다. 학자들은 방대한 데이터베이스와 통계적 기술을 바탕으로 주식의 '베타(beta, 증권시장 전체의 움직임에 대한 개별 증권 또는 포트폴리오의 민감도 — 역자주)'를 정밀하게 측정한 뒤, 이 계산법을 바탕으로 불가사의한 자본 투자 및 배분 이론을 만들어냅니다. 하지만 리스크 측정을 위해 특정 통계에 집착하는 그 학자들은 가장 근본적인 원리를 놓치고 있습니다. 바로 정확하게 틀리는 것보다 대충 맞는 것이 더 낫다는 겁니다.

리스크에 대한 학자들의 정의는 기업의 소유자(즉 주주) 입장에서 본질을 벗어날 뿐만 아니라 불합리한 사고방식이기도 합니다. 일례로 베타 기반의 이론에 따르면, 어떤 종목의 주가기 시장의 움직임에 비해 급격히 하락

했을 경우(우리가 1973년도 워싱턴포스트의 주식을 매입했을 때처럼) 그 주식은 가격이 높을 때보다 낮을 때 오히려 리스크가 더 크다는 결론이 나옵니다. 만일 어떤 투자자가 특정 기업의 지분 전체를 헐값에 인수하라는 제안을 받았다면, 과연 그에게 이 논리가 설득력이 있을까요?

진정한 투자자는 오히려 변동성을 환영합니다. (중략) 심하게 요동치는 시장에서는 의외로 탄탄한 기업의 주식이 비합리적으로 저평가되는 상황도 종종 발생하기 때문입니다. 주식시장을 외면할 수도, 또는 시장의 허점을 이용할 수도 있는 완전히 자유로운 투자자들이 그토록 매력적인 가격의 주식을 위험하다고 판단하지는 않을 듯합니다.

버핏, 2억 달러짜리 하강 기류를 타다

1994년 11월 17일 | 콜린 렌스터(Colin Leinster)

질문: 항공사 사업을 통해 백만장자가 될 수 있는 가장 빠른 방법은 무엇인가?

답: 먼저 억만장자가 된 뒤 사업을 시작하라.

유에스에어 그룹에 3억 5천8백만 달러를 투자한 워런 버핏은 요즘 이 농담과 꼭 맞는 상황에 처한 듯하다. 〈포춘〉의 추산에 따르면, 경영난에 빠진 이 항공사는 그동안 버핏에게 2억 달러의 장부상 손실을 입혔다.

그러나 버핏은 이 회사를 무대 뒤에서 강력하게 몰아붙이고 있음이 분명하다. 1994년 유에스에어가 주주들로부터 받은 위임장 중에는 일종의 경고 메시지가 들어 있었다. 버핏과 찰리 멍거는 유에스에어가 비용 절감 조치에 대한 노조의 양보를 얻어내는 데 실패할 경우 이사회를 탈퇴할 거라고 선언했다. 국내 항공사 중 가장 운영 비용이 높은 유에스에어는 최근 10억 달러의 비용 절감 계획을 세웠으며 그중 5억 달러가 인건비다.

버핏 역시 다른 내부자들과 마찬가지로 유에스에어의 향후 진로에 대해 말을 아낀다. 그러나 지난 9월 8일 132명의 목숨을 앗아간 유에스에어 항공기의 피츠버그 추락 사고는 가뜩이나 먹구름이 드리운 회사의 앞날을 한층 어둡게 만들었다. 업계의 관계자들은 이 사고를 계기로 유에스에어의 파일럿, 엔지니어, 승무원 등이 회사의 비용을 추가로 줄이는 데 동의할 거라고 생각했다. 그러나 그런 낙관주의는 곧 잦아들었다. 미 항공조종사 노조(Air Line Pilots Association)의 로버트 플로크(Robert Flocke) 대변인은 이렇게 말한다. "회사는 어려움에 처할 때마다 조종사를 줄이겠다고 나섭니다. 그리고 그렇게 절약한 돈을 낭비하죠."

항공사 전문 투자기업 트랜스포테이션 그룹(Transportation Group)의 애널리스트 존 핀캐비지(John Pincavage)는 계속되는 손실로 자금난에 빠진 유에스에어가 유류비와 같은 주요 비용에 대해 전혀 통제 능력이 없다고 지적한다. "모든 상황이 부정적으로 돌아가지만 뭔가를 해볼 만한 여지가 별로 없습니다. 지금 유에스에어는 석양을 향해 날아가고 있다고 해도 과언이 아닙니다."

유에스에어의 대변인 안드레아 버틀러(Andrea Butler)는 이렇게 주장한다. "회사가 파산보호 신청을 하는 것은 최후의 수단일 뿐입니다. 현재 경영진은 노조와 생산적인 합의를 이끌어내는 데 노력을 집중하고 있습니다." 이 항공사는 노조에게 수익 분배와 이사회 참여의 조건을 추가로 제안해야 할 것으로 보인다. 노스웨스트(Northwest)항공과 TWA 역시 비슷한 유인책을 바탕으로 노사분쟁을 해결한 바 있다.

편집자 노트: 1990년대 초 버핏이 유에스에어에 발을 잘못 들여놓은 사건은 대중의 엄청난 관심을(그리고 조소를) 불러일으켰다. 오늘날까지도 많은 사람은 이 투자로 인해 버크셔에게 고통스러운 손실이 발생했다고 기억한다. 그러나 1996년 CEO 자리에 올라 회사를 넘겨받은 스티븐 울프(Stephen Wolf)는 1997년 버핏이 연례 보고서에서 "기적에 가까운 부활"이라고 표현했을 정도로 회사의 상황을 훌륭하게 수습했다. 한때 4달러까지 추락했던 유에스에어의 주가는 75달러까지 올랐고, 버크셔가 보유한 전환우선주의 전환권 가치도 상승했다. 그동안 실시되지 않았던 우선주 배당도 재개되었으며 배당금 지불이 지연된 데 대한 보상금도 함께 지급됐다. 버핏은 1997년도 연례 보고서에서 1998년으로 예정된 우선주 상환을 두고 이렇게 언급

했다. "이제는 우리가 유에스에어의 주식을 통해 괜찮은 수익을(그동안 제가 사 먹은 위장약 값을 빼고) 얻을 거라는 사실이 어느 정도 확실해진 듯합니다. 모르긴 하지만 꽤 높은 금액이 될 가능성도 없지 않습니다." 버크셔가 얼마를 벌었는지는 자세히 보도되지 않았다. 버핏은 그로부터 오랜 시간이 지난 뒤 2007년 연례 보고서에서 그 금액을 "두둑했다"라고 표현했다. 그리고 그동안 유에스에어에서 일어난 일을 이렇게 요약했다. "사실 그 회사는 파산했던 겁니다. 두 번씩이나."

버핏과
게이츠

이 두 기사를 연이어 소개하는 이유는 시간순으로 발표된 두 편의 글이 버핏과 빌 게이츠가 처음에 만나 훌륭한 우정을(즉 뜻밖의 우정을) 쌓게 되는 과정을 서술하고 있기 때문이다. 그들은 나이도 25년이나 차이가 나지만, 관심 분야나 집착하는 영역(버핏은 투자, 게이츠는 기술)도 크게 달랐다.

1991년 두 사람이 만나는 데 결정적인 역할을 한 멕 그린필드(Meg Greenfield)는〈워싱턴포스트〉의 사설란 편집자였다. 두 거물과 모두 친분 관계를 맺고 있던 그녀는 빌의 어머니 메리 게이츠의 오랜 친구이기도 했다. 그린필드는 본인의 아이디어로 인해 빚어진 뜻밖의 결과에 오히려 당황했다. "그때는 두 사람이 그렇게 재미있는 커플이 될지 몰랐죠." 그녀가 1990년대 중반〈포춘〉과의 인터뷰에서 한 말이다.

두 사람이 만난 장소는 메리 게이츠와 빌 게이츠 시니어(빌 게이츠의 아버지)가 주말 별장으로 사용하던 시애틀 교외의 시골집이었다. 시애틀에서 자란 덕분에 시내에 집을 소유하고 있던 그린필드는 워싱턴포스트의 CEO 캐서린 그레이엄과 버핏을 자기집에 초대했다. 그들은 그린필드의 낡아빠진 스바루(Subaru) 자동차에 옹기종기 끼어 타고 메리 게이츠의 집으로 향했다. 잠시 후 빌과 그의 여자 친구 멜린다 프렌치(Melinda French)가 헬리콥터를 타고 화려한 모습으로 등장했다. 빌은 도착한 뒤에도 가능하면 일찍 그곳을 빠져나가려고 했다. 애초에 그 자리에 별로 오고 싶지 않았지만, 어머니의 간곡한 요청을 거절하지 못한 것이다.

하지만 버핏과 대화를 시작한 직후 그의 생각은 달라졌다. 두 사람은 마치 처음으로 지적 수준이 맞는 상대를 만났다는 듯이 금방 마음이 통하는 것을 느꼈다. 그렇게 시작된 그들의 끈끈한 우정은 오늘날까지 이어지고 있을 뿐만 아니라 그 덕분에 자선사업의 역사도 새로 쓰이게 되었다.

다음 두 편의 기사에 대해 잠시 설명하자면, 첫 번째 글은 게이츠에 관한 장문의 기사에 삽입된 박스 기사다. 두 번째 글은 게이츠가 로저 로웬스타인(Roger Lowenstein)이 새로 펴낸 책《버핏: 미국 자본가의 탄생(Buffett: The Making of an American Capitalist)》을 읽고 후기로 작성한 글인데, 기사의 절반 이상은 게이츠 자신이 버핏에게 받았던 인상을 다양한 각도에서 서술한 내용으로 되어 있다.

또한 이 두 번째 기사는 〈포춘〉의 역사에 한 획을 그은 글이기도 하다. 80년이 넘는 이 잡지의 역사상 다른 비즈니스 잡지(특히 〈하버드비즈니스리뷰〉)에 먼저 실렸던 기사를 전재(轉載)하는 경우는 처음이었기 때문이다. 그러나 이 기사(어느 억만장자가 다른 억만장자에 대해 언급하는 기사)가 매우 흥미롭다고 생각한 〈포춘〉의 편집자는 빌 게이츠의 허락을 얻어 이 글을 우리 잡지에 원문 그대로 옮겨 싣기로 결정했다. 이 지면을 통해 기고자에게 다시 한번 감사드린다. – CL

억만장자 친구들

1995년 1월 16일 | 브렌트 슐렌더(Brent Schlender)

우정의 가치를 돈으로 따질 수 없다고 누가 말했던가? 그런데 우정을 나누는 당사자가 빌 게이츠와 워런 버핏이라면 얘기가 다르다. 두 사람이 소유한 자산의 가치를 합하면 거의 190억 달러에 달하기 때문이다.

지금으로부터 4년 전, 미국에서 가장 부자인 두 사람(지금은 버핏이 1등이다)은 세대의 격차에도 불구하고 흥미로운 우정을 쌓기 시작했다. 아마 그들의 유일한 공통점은 돈이 많다는 사실뿐이었을 것이다. "우리는 좀 특이한 커플입니다. 그렇지 않나요?" 버핏의 말이다. 버크셔 해서웨이 주식회사의 회장인 그는 스스로 테크노포브(technophobe, 신기술을 두려워하거나 거부하는 사람 — 역자주)라고 공언하는 인물이다. 전형적인 산업화 시대의 투자자인 올해 64세의 버핏은 그동안 신발, 탄산음료, 면도기 같은 생활필수품을 제조하는 기업들에 투자해서 수십억 달러를 벌어들였다. 반면 게이츠는 정보화 시대의 마이더스 같은 사람으로, 그가 쌓아 올린 수십억 달러의 부는 모두 사람의 '생각'과 관련된 무형적 제품을 판매해 얻어낸 것이다.

버핏과 게이츠가 처음 만난 것은 두 사람과 모두 친구 관계인 〈워싱턴포스트〉 사설란 편집자 멕 그린필드(그녀도 게이츠처럼 시애틀 토박이다)의 소개 덕분이었다. 두 억만장자는 아무 때나 상대방에게 스스럼없이 조언을 구하곤 한다. 게이츠는 버핏이 개인용 컴퓨터를 한 대쯤 장만해야 하는 이유를 납득시키기 위해 오랫동안 노력했지만 헛수고였다. (버핏은 또 다른 친구의 강요에 못 이겨 결국 컴퓨터를 샀다. 덕분에 요즘은 온라인으로 브리지 게임을 즐기고 있다. 빌 게이츠의 아버지도 그의 게임 파트너 중 한 명이다.) 버핏은 '인디펜서블'이라고 스스로 이름 지은 업무용 비행기를 중고로 구입해서 이 제트기를 타고 전국을 돌아다닌다. 그는 기업의 상징 같은 물건을 사들이는 문제에 대해 게이츠에게 현명한 조언을 들려주었다. "나는 55세가 되기 전까지는 자가용 비행기를 사지 않았다고 빌에게 말했습니다. 그리고 그 친구도 나이가 든 다음에 누릴 만한 뭔가를 좀 아껴두라고 얘기했죠." 버핏은 몇 년 전 게이츠가 약혼했을 때 다이아몬드 반지를 싸게 살 수 있도록 그를 돕기도 했다. 게이츠는 미래의 아내가 될 멜린다 프렌치와 오마하로 날아간 뒤 버크셔 해서웨이 소유의 유명 보석상 보셰임(Borsheim's)에서 반지를 구입해 그녀에게 선물하는 깜짝 이벤트를 기획했다. 게이츠는 그때를 회상하며 이렇게 말한다. "그날이 일요일인데도 워런은 매장을 열도록 했습니다. 물론 우리 때문이었어요. 그는 매장으로 가는 도중 자신이 처음 약혼했을 때 전 재산의 6퍼센트를 반지에 썼다고 말했어요. 자기의 진심을 보여주기 위해서였다는 거죠. 그리고 나도 멜린다에게 똑같이 해야 한다고 하더군요."

가끔 그들은 두 사람 중 누가 더 부자인지 비교하며 농담을 하기도 한다. 게이츠가 도박에 매우 강하다는 사실을 알고 있는 버핏은 어느 날 두 사람이 만나는 장소에 '속임수' 주사위를 몇 개 가져왔다. 버핏은 이렇게 말한다. "나는 그 주사위로 빌을 속여서 그를 계속 이기려고 했죠. 물론 빌은 금방 트릭을 눈치채고 게임을 따라잡았어요." 버핏은 또 이런 농담을 던진다. "만일 내가 레오나르도 다빈치의 작품 경매에 참가했을 때 경쟁자가 빌이라는 사실을 미리 안다면 입찰 가격을 대폭 올릴 겁니다."

게이츠는 버핏의 어떤 점이 가장 마음에 든 걸까? 바로 그와 나누는 대화다. 그는 이렇게 말한다. "워런은 겸손하게 말을 하면서도 복잡한 문제를 쉽게 표현하는 데 매우 능합니다. 겉으로는 메이 웨스트 같은 사람의 말을 인용하며 자신의 투자 철학을 재미있게 표현하지만, 실제로는 훨씬 심오한 내용을 이야기하는 거죠. 워런은 언제나 그래요. 나는 그에게서 늘 뭔가를 배웁니다."

게이츠, 버핏을 말하다

1996년 2월 5일 | 빌게이츠

워런 버핏의 전기(傳記)를 쓴 로저 로웬스타인은 이 책을 일종의 고지문(告知文, 작가가 독자나 관객에게 작품 전체의 흐름이나 목적을 알려주기 위하여 쓰는 문장)으로 시작한다. 본인이 버크셔 해서웨이의 오랜 투자자 중 한 명이라고 밝힌 저자는 버핏이 지난 33년간 버크셔를 이끌며 회사의 주가를 7.6달러에서 3만 달러까지 끌어올렸다고 말한다.

그런 의미에서 나 역시 로웬스타인의 책을 읽은 후기를 또 다른 고지문으로 시작해야 할 것 같다. 나는 워런 버핏과 가까운 친구이기 때문에 아무래도 중립적이고 냉정한 관점에서 그를 바라보기는 어려울 것 같다. 우리 두 사람은 최근 배우자를 동반해서 중국에 여행을 다녀오기도 했다. 그는 유머 감각이 매우 뛰어난 사람이고, 내가 보기에 식습관(엄청난 양의 햄버거와 코카콜라)도 나무랄 데가 없다. 한마디로 나는 그의 팬이다.

아닌 게 아니라 사람들은 쉽게 워런의 팬이 되어버린다. 그런 점에서 《버핏: 미국 자본가의 탄생》은 수많은 독자를 끌어모을 것이 분명하다. 그러나 로웬스타인은 버핏의 눈부신 삶을 담담하게 그려냈지만 주로 워런의 탁월함과 특별함에만 초점을 맞췄기 때문에 그가 얼마나 재미있고, 겸손하고, 매력적인 남자인지는 제대로 전달하지 못했다. 이 책만 읽고 "와, 저 사람 마음에 드네"라고 말할 사람은 많지 않을 듯하다.

워런의 대체적인 경력은 이미 많이 알려져 있지만, 이 책에서는 그의 삶에 대한 더 상세한 내력이 공개된다. 로웬스타인은 1930년 오마하에서 태어난 워런이 11살에 처음 주식을 샀고, 컬럼비아대학의 진설적인 투자자 벤저민 그레이엄 문하에서 주식을 공부했으며, 25살에 버핏 파트너십을 설립한 과정을 추적한다. 그리고 자신이 선택한 개별적인 주식에 대해서는 파트너십의 투자자들에게 비밀로 했지만, 저렴한 주식을 구입해서 끈질기게 보유한다는 투자 원칙은 공개적으로 밝혔다는 이야기를 들려준다. 당시 워런은 파트너들에게 이런 편지를 보냈다고 한다. "우리의 가장 중요한 투자 철학은 보유 중인 주식을 비싼 가격에 파는 일에 매달리지 않는다는 것입니다. 매력적인 가격에 주식을 살 수만 있다면 적당한 가격에 팔아도 훌륭한 수익을 남길 수 있기 때문입니다."

로웬스타인에 따르면 워런은 버크셔 해서웨이를 사들인 뒤 이미 사양길에 접어든 이 섬유회사의 수익금을 활용해 다른 주식을 사들이려 했다고 한다. 이 책에서는 버크셔가 지주회사로 진화해가는 과정, 그리고 워런이 신문사처럼 특수한 기업들의 재무 데이터 이면에 놓인 잠재력을 파악하는 방법을 익히면서 버크셔의 투자 철학도 함께 발전하는 과정을 상세히 그려낸다. 오늘날 버크셔는 씨즈캔디, 버팔로뉴스, 월드 북 등을 소유하고 있을 뿐 아니라 아메리칸 익스프레스, 캐피털시티즈/ABC(곧 디즈니에 인수 예정), 코카콜라, 개닛(Gannett), 질레트, 워싱턴포스트 컴퍼니 등의 지분도 상당량을 보유 중이다.

이 책을 읽은 독자들은 투자와 사업에 대해 많은 것을 배우겠지만, 그런 배움이 실제 훌륭한 투자 결과로 이어질지는 잘 모르겠다. 워런은 원래 미래를 내다보는 능력을 타고난 사람이다. 보통 사람이 워런과 같은 실적을 거두려면 그의 경구(警句)를 마음에 담는 것만으로는 부족할 것이다. 물론 워런이 들려주는 수많은 경구는 그 자체만으로 마음속에 간직할 가치가 충분하다.

일례로 워런은 투자에 콜드 스트라이크(called strike, 타자가 배트를 휘두르지 않은 상태에서 심판이 선언하는 스트라이크 — 역자주)가 없다고 종종 강조한다. 투자자의 스트라이크는 오직 타자가 방망이를 휘둘러서 공을 맞추지 못했을 때만 발생한다는 것이다. 따라서 타자는 일단 타석에 들어섰을 때 투수가 던지는 모든 공에 지나친 관심을 갖거나 좋은 공에 배트를 휘두르지 않았다고 후회하면 안 된다. 다시 말해 투자자는 주식 및 투자의 기회에 대해 일일이 신경 쓰거나 사지 않은 주식의 가격이 오른 것에 대해 절망하지 말아야 한다. 투자자가 배트를 휘두르는 일은 평생에 수십 차례면 충분하다. 다만 매번 신중한 자세로 타석을 대비하면 방망이를 적게 휘둘러도 안타를 칠 가능성이 커진다.

장기적인 투자를 선호하는 그의 신념은 이런 경구에도 반영되어 있다. "멍청한 사람도 운영할 수 있는 회사에 투자하라. 언젠가는 어떤 멍청이가 실제로 그 회사를 운영하게 될 테니." 그는 모든 직원이 우수한 능력을 발휘해야만 성공할 수 있는 사업은 가치가 없다고 믿는다. 또한 아무리 훌륭한 경영자라도 근본적으로 사업성이 낮은 회사에는 아무런 도움을 줄 수 없다고 생각한다. 좋은 경영자가 수익성 나쁜 회사를 맡게 되면, 오직 그 회사의 이름만 변하지 않고 살아남는다는 것이다.

워런은 버크셔가 소유한 회사에 능력이 출중한 경영진을 배치하고 그들에게 경영을 거의 맡기는 스타일이다. 그는 자회사의 경영진에게 회사에 현금이 쌓이면(좋은 기업들이 늘 그렇듯이) 이를 자신에게 맡겨 현명한 투자에 활용하라고 제안한다. 또 워런은 그들에게 사업 다각화를 권하지 않는다. 회사의 경영진이 가장 잘 아는 영역에 집중할 때 워런은 자기의 주력 분야인 투자라는 일에 자유롭게 전념할 수 있다는 것이다.

나는 워런을 처음 만난 뒤 나 자신이 보인 반응에 스스로 놀랐다. 어떤 사람이 나에게 "내 친구 아무개를 만나봐. 정말 똑똑한 사람이야"라고 말할 때마다 대체로 나는 더 방어적인 자세를 취하는 편이다. 사람들 대부분은 자신이 개인적으로 마주치는 사람이나 사물이 예외적이고 특별하다고 생각한다. 그것이 인간의 본성이다. 항상 뛰어난 사람이나 훌륭한 물건을 접하고 싶어 하는 사람들은 자신이 만난 대상의 장점을 과장하기 마련이다. 따라서 나는 워런 버핏이 특별한 사람이라는 얘기를 전부터 많이 들었음에도 그 소문에 특별한 감흥을 받지 못했다.

그런 이유로 어머니가 갑자기 나에게 하루(1991년 7월 5일) 시간을 내서 그를 만나러 오지 않겠냐고 제안했을 때, 나는 매우 회의적인 느낌이 들었다. 내가 그와 마주 앉아 무슨 말을 할 것인가? 주가수익비율 이야기? 그저 주식만 사들이는 사내와 하루를 보내라고? 게다가 일이 이렇게 바쁠 때? 어머니가 진심인 건가?

나는 거절했다. "어머니, 7월 5일에도 일을 해야 해요. 요즘 정말 바빠요. 미안해요."

어머니가 말했다. "캐서린 그레이엄도 올 거야."

그 말을 들으니 조금 흥미가 생겼다. 나는 그레이엄을 만나본 적은 없지만, 그녀가 워싱턴포스트 컴퍼니를 성공적으로 이끌고 있다는 사실에 감명을 받고 있던 참이었다. 게다가 이 신문이 미국의 정치사에서 어떤 역할을 했는지도 잘 알고 있었다. 마침 캐서린과 버핏은 가까운 친구였고 이 신문사는 워런의 주요 투자처 중 한 곳이었다. 시애틀에 우연히 모이게 된 캐서린과 워런, 그리고 몇몇 유명 언론인은 그날 아침 작은 자동차에 끼어 타고 오랜 시간을 운전해서 자동차로 몇 시간 떨어진 우리 가족의 주말 별장으로 향했다고 한다. 그 자동차에 동승한 몇몇 사람도 나처럼 회의적이기는 마찬가지였다. "그 사람들 집에서 하루를 지낸다고?" 그 비좁은 차에 탄 어떤 사람이 이렇게 물었다. "온종일 뭘 하지?"

어머니는 내가 꼭 와야 한다고 밀어붙였다. "그럼 몇 시간만 머물다가 바로 돌아올 거예요." 나는 이렇게 대답했다.

나는 그곳에 도착한 뒤 워런과 신문 사업에 대해 이야기를 나누기 시작했다. 최근 광고를 적게 하는 유통업체들이 등장하면서 신문 비즈니스가 어떻게 변화하고 있는지에 관한 대화였다. 그리고 워런은 IBM에 대해 내게 질문을 던졌다. "만일 당신이 IBM이라는 회사를 처음부터 다시 만든다면, 그 회사의 모습은 어떻게 달라질까요? IBM의 성장 비즈니스로는 무엇이 좋을까요? 무엇이 그들을 변화시켰을까요?"

워런은 훌륭한 질문들을 계속 쏟아냈으며 그가 들려준 이야기는 하나같이 배울 점이 많았다. 배우는 것을 세상에서 가장 좋아하는 나로서는 그때까지 비즈니스에 대한 생각이 그토록 분명한 사람을 만나본 적이 없었다. 우리가 만난 첫날, 그는 평소 자신이 즐겨한다는 흥미로운 분석 연습을 하나 알려주었다. 예컨대 과거의 어떤 한 해를 선택해(일례로 1970년) 그때 당시 시가총액이 가장 높았던 10개 기업을 고른 뒤에 1990년으로 시간을 옮겨 이 기업들의 상황이 어떻게 변했는지 살펴보는 것이다. 그가 이 연습에 보이는 열정은 다른 사람에게도 쉽게 전파됐다. 그날 나는 하루 내내 그곳에 머물렀다. 심지어 워런이 친구들과 차를 타고 돌아갈 시간이 됐을 때, 다음번에는 내가 네브래스카주로 날아가 함께 미식축구 경기를 보기로 약속하기까지 했다.

워런과 함께 시간을 보내는 사람은 그가 자기 일을 얼마나 사랑하는지 알게 된다. 그리고 그런 느낌은 다양한 방식으로 전달된다. 그는 사람들에게 무언가를 설명할 때 결코 "나는 아주 똑똑해서 이 일을 잘 알아. 당신이 그 점을 인정하게 만들 거야"라는 식으로 대화를 이끌지 않는다. 그보다는 "이건 정말 재미있군. 하지만 사실 매우 간단해. 당신에게 설명해줄게. 그토록 오랫동안 이걸 몰랐던 나 자신이 얼마나 멍청했는지 모르겠어"라고 이야기하는 편이다. 그가 뛰어난 유머 감각을 발휘해 요점을 꼭 집어 설명하면, 듣는 사람에게는 매우 간단하게 느껴지는 것이다.

내가 워런을 만날 때 가장 재미있는 일은 이미 세상에 공개된 데이터를 다른 관점(즉 더 새롭고 명백한 관점)에서 바라보는 작업이다. 우리는 각자 경영하는 회사를 대상으로 이 방법을 실험해보기도 하지만, 역시 가장 자극이 되고 즐거운 시간은 두 사람이 만나서 서로가 발견한 통찰에 대해 함께 논의할 때다.

우리는 서로에게 솔직한 편이며 절대 상대방을 적대적으로 대하지 않는다. 우리 두 사람의 비즈니스는 겹치는 곳도 별로 없다. 굳이 꼽자면 그가 소유한 월드 북 백과사전이 마이크로소프트의 온라인 백과사전 엔카르타(Encarta)와 경쟁하는 정도다. 워런이 기술기업에 투자하지 않는 이유는 그가 시장의 승자를 10년 앞서 예측할 수 있는 분야에만 투자를 원하기 때문이다. 그러나 기술에 있어서는 그렇게 장기적인 미래를 내다보는 일이 불가능에 가깝다. 워런에게는 안타까운 일이지만 기술의 세계에서는 산업의 경계가 없다. 시간이 흐르면서 모든 비즈니스의 자산은 기술의 광범위한 영향력 아래 놓일 것이다. 물론 질레트, 코카콜라, 씨즈캔디 같은 회사는 그런 상황 속에서도 안전하게 살아남을 게 분명하다.

우리 두 사람이 만날 때마다 옥신각신 승부를 겨루는 분야가 수학이다. 한번은 워런이 이상하게 생긴 주사위를 네 개 가져왔다. 주사위의 단면에는 0에서 12까지의 숫자가 특이한 형태로 조합되어 있었다. 그는 우리 두 사람이 주사위를 한 개씩 고른 다음, 누구의 주사위에서 더 높은 숫자가 나오는지 내기하자고 했다. 그리고 나에게 주사위를 먼저 고를 권리를 양보한 뒤에 이렇게 말했다. "자, 그럼 당신이 먼저 골랐으니, 나에게 어떤 유리한 조건을 줄 건가요?"

나는 여기에 뭔가 있다는 사실을 깨달았다. "잠깐 주사위를 좀 보여주세요."

그리고 주사위를 이리저리 살펴본 뒤에 이렇게 말했다. "이건 먼저 고른 사람이 질 수밖에 없네요. 당신이 먼저 고르세요."

그가 어떤 주사위를 고르고 나면, 나는 이에 대응해서 남아 있는 주사위 중에서 어떤 것을 고를지 몇 분 동안 생각했다. 정교하게 선택된 숫자들이 각 면에 새겨진 이 주사위들은 반추이적(nontransitive) 주사위라고 불린다. 이 네 개의 주사위는 한 주사위가 다른 주사위에 이길 확률이 높게 제작되어 있다. 즉 주사위 A는 주사위 B를, 주사위 B는 주사위 C를, 주사위 C는 주사위 D를, 주사위 D는 주사위 A를 이기도록 숫자가 배열되어 있었다. 그 말은 주사위를 먼저 고른 사람이 절대 게임에서 이길 수 없기 때문에 승리를 위해서는 오직 두 번째로 주사위를 골라야 한다는 뜻이다. 이런 반(反)직관적 상황은 비즈니스의 세계에서도 흔히 발생한다.

워런은 숫자에 매우 강하고, 나 역시 수학을 좋아한다. 그러나 숫자를 잘 다루는 사람이 꼭 좋은 투자자가 되리라는 법은 없다. 워런이 다른 투자자들에 비해 높은 성과를 거두는 이유는 수학적으로 확률 계산을 더 잘해서가 아니다. 그는 어떤 기업에 대한 투자 여부를 소수점 몇 자리까지 계산해서 결정해야 하는 경우에는 절대 투자하지 않는다. 다시 말해 믿을 수 없을 정도로 훌륭한 기회가 아니면 아예 배트를 휘두르지 않는 것이다. 내가 존경해 마지않는 그의 습관 중 하나는 회의 같은 것으로 스케줄을 빡빡하게 채우지 않고 항상 자유로운 일정을 즐긴다는 점이다. 워런은 남들에게 '노(no)'라는 의사를 밝히는 데 거리낌이 없다. 그는 자신이 무엇을 좋아하는지 잘 알 뿐 아니라, 일단 어떤 일을 했다 하면 놀라울 만큼 잘 해낸다. 평소에 그는 사무실에서 주로 독서와 사색을 즐긴다. 그 밖에도 하는 일이 몇 가지 있기는 하지만, 그렇게 많지는 않다. 로웬스타인이 워런을 정확히 꿰뚫어 본 점 중의 하나는 그가 '습관 그 자체인 사람'이라는 것이다. 그는 오마하에서 태어나고 자랐으며 앞으로도 그곳에 계속 머물기를 원한다. 그리고 이 지역에서 만난 사람들과 주로 시간을 보낸다. 얼마 전 65세가 된 워런은 자신이 25살 때 구입한 집에서 여전히 살고 있다. 평범한 일상을 소중하게 여기는 그의 특징은 투자에 있어서도 여실히 드러난다. 그는 자기가 편안히 느끼는 회사에 집착하며, 미국 이외의 국가에는 별로 투자를 하지 않는 편이다.

그는 몇몇 기업에 장기적인 투자를 하고 있다. 누군가 그 기업들이 미래에 훌륭한 실적을 낼 거라는 점까지 감안해서 인수 가격을 넉넉히 제시하더라도, 그는 가격에 상관없이 그 주식을 절대 팔지 않을 것이다. 내 생각에 워런이 이를 팔기 싫어하는 이유는 이익 극대화를 위해서라기보다 개인적 철학이 작용한 탓이 아닐까 싶다. 하지만 세계에서 가장 성공적인 투자자 앞에서 내가 이러쿵저러쿵 말을 보탤 자격이 있을까? 워런이 그 주식의 매도를 꺼리는 태도는 그가 삶에서 드러내는 다른 분야의 성향과도 일치한다.

우리 두 사람의 가치관은 비슷한 점이 많다. 워런과 나는 우리가 지닌 기술이 큰 부(富)로 이어질 수 있는 시대에 태어나 다행이라고 생각한다. 만일 우리가 다른 시대를 살았더라면 그 재능이 별로 큰 가치를 발휘하지 못했을 것이다. 우리는 그동안 모은 돈을 앞으로 크게 소비할 계획이 없기 때문에, 결국 그 부가 사회에 도움이 되는 방향으로 쓰일 거라고 확신한다. 그런 점에서 우리 두 사람은 모두 자선 사업에도 발을 담그고 있다. 우리의 아들딸에게는 그동안 축적한 부의 아주 일부분만 물려줄 계획이다. 아이들에게 너무 많은 돈을 남기는 일은 아이들 자신을 위해서나 사회를 위해서나 바람직한 행위가 아니라고 생각하기 때문이다. 워런이 자주 하는 말 중의 하나가 본인의 자녀에게는 '뭔가를 시도하기에는 충분하면서도 아무것도 안 하기에는 부족한' 돈을 물려주겠다는 것이다. 나 역시 전에도 비슷한 생각을 했지만 워런이 한 말로 인해 그 느낌이 한결 구체화됐다.

결론적으로 로웬스타인이 쓴 《버핏: 미국 자본가의 탄생》은 정확한 사실관계를 바탕으로 워런을 잘 묘사한 수작이라고 할 수 있다. 워런에 따르면 책의 내용이 대부분 정확하다고 한다. 그는 언젠가 자기 스스로 책을 펴내겠다고 말하지만, 그가 여전히 업무에 엄청난 열정을 쏟고 있다는 점과 책을 쓰는 게 보통 힘든 일이 아니라는 사실(내 경험을 바탕으로 판단했을 때)을 감안하면, 실제로 책이 발간되는 것은 오랜 시간이 흐른 뒤가 될 듯하다. 그러나 일단 책이 나오기만 한다면 역사상 가장 훌륭한 비즈니스 서적의 하나가 될 것으로 믿는다.

워런이 매년 버크셔 해서웨이의 주주들에게 보내는 주주서한은 이미 최고의 비즈니스 문헌으로 꼽힌다. 로웬스타인의 분석도 많은 부분을 이 편지들에 의존하고 있다. 만일 《버핏: 미국 자본가의 탄생》을 읽고 워런 버핏과 그의 투자 방법에 대해 흥미를 느끼는 독자가 있다면, 그런 사람에게는 버크셔 해서웨이의 연례 보고서(10년이나 15년 전의 보고서라도)를 꼭 읽어보라고 권하고 싶다. 그 편지들은 어느 도서관에서도 쉽게 찾아볼 수 있다. 워런 버핏이나 그의 투자 전략에 관해 쓰인 책은 많다. 그러나 워런이 자신의 책을 직접 쓰기 전까지는 이 책이 필독서 중 하나가 될 듯싶다.

"파생상품의 꼬인 매듭 풀기"에서

1995년 3월 20일 | 캐럴 루미스의 기사에서 발췌

아래는 이 기사의 마지막 두 단락이다.

파생상품은 엄청나게 복잡한 속성을 지닌 금융상품이기 때문에, 기업의 사외이사 대다수는 회사가 보유 중인 이 상품들의 계약서를 자세히 들여다볼 능력이 없다. 최고 경영진 역시 이 게임을 완전히 이해하지 못하는 경우가 대부분이다. 따라서 어떤 리스크를 헤지할지, 어떤 파생상품을 채택해서 헤지 전략을 수행할지, 리스크 관리와 투기의 경계선을 어떤 식으로 설정할지 등을 결정하는 일은 모두 복도 저 아래쪽에서 일하는 재무 담당자들의 몫으로 돌아간다. 그들은 최근 파생상품으로 인한 대형 사고가 종종 터지는 와중에서도 자기가 회사의 수익을 창출하는 부서를 운영한다고 생각한다. 그들이 손에 들고 있는 수화기 저편에서는 파생상품 영업사원들이 최근에 나온 혁신적 상품을 파느라 여념이 없다. 모두 평범한 헤지 전략과는 거리가 먼 고위험 증권을 판매하는 사람들이다.

이는 파생상품이라는 커다란 위험 요소를 안고 있는 기업에 있어서 결코 즐겁고 바람직한 그림이 아니다. 우리에게는 새로운 발상과 참신한 접근 방식, 그리고 상식의 틀을 깨는 급진적인 제안이 필요하다. 그런 의미에서 버크셔 해서웨이의 회장 워런 버핏의 조언에 귀를 기울일 필요가 있다. 버핏에 따르면 회사가 체결한 모든 파생상품 계약을 CEO가 완벽하게 숙지하고 있다는 내용을 연례 보고서에 적어 넣으면 이 문제를 해결할 수 있을 거라고 한다. "보고서에 그렇게 쓰세요. 그러면 현존하는 모든 문제가 풀릴 겁니다." 그러나 복잡함과 혼란을 바탕으로 번영하는 이 시장에서 그런 해결책이 시도될 가능성은 거의 없다. 해결책이 너무 단순하다. 그럼에도 불구하고 워런은 옳다.

"여러분, 잘 들으세요!"에서

1995년 4월 3일

워런 버핏(64세)은 캔디나 신발, 그리고 기타 여러 제품을 판매하는 기업 버크셔 해서웨이의 회장이다. 그는 회사의 연례 주주총회에서 이렇게 말했다.

"우리는 이 행사를 일종의 영적인 경험으로 생각하고 싶습니다. 그러나 우리가 기억해야 할 점은 아무리 신성한 종교적 모임에도 헌금 접시를 돌리는 의식은 있다는 겁니다."

"여러분, 잘 들으세요!"에서

1995년 5월 29일

버크셔 해서웨이의 부회장 찰스 멍거(71세)는 회사와 관련된 소송에 관해
이렇게 한마디 했다.
"그들은 우리에게 직원 채용에 관한 문서를 제출하라고 하더군요. 우리에
게는 직원 채용 문서뿐만 아니라 직원도 없습니다."

"버핏은 왜 아메리칸 익스프레스에 크게 베팅했나"에서

1995년 10월 30일 | 린다 그랜트(Linda Grant)의 기사에서 발췌

버핏은 어떤 기업의 주식을 사들일 때 남들에게 잘 알리지 않는 편이다. 심지어 나중에 그 소식이 전해진 뒤(주로 증권거래위원회의 공시 사이트를 통해) 그가 해당 주식을 더 사들이기로 했을 때도 왜 그 주식을 선택했는지에 대해서는 입을 꾹 다문다. 그가 1995년 아메리칸 익스프레스(줄여서 아멕스[Amex])의 주식을 매입했을 때도 그랬다. 〈포춘〉을 포함한 여러 비즈니스 언론에서 그 일을 두고 수많은 질문을 쏟아냈지만, 버핏은 아무 말도 하지 않았다.

그럼에도 우리 잡지는 이 주제를 다룬 기사를 게재하기로 했다. 심지어 이 기사를 커버스토리로 싣고 기사의 원래 제목(저 위에 쓰인 제목)보다 한층 회의적인 표제를 달았다. "워런 버핏은 왜 카드로 만든 집에 수십억 달러를 베팅했나?" 〈포춘〉의 기사를 쓴 기자와 편집자는 원래 아멕스라는 기업의 앞날을 매우 어둡게 예상했기 때문에, 버핏이 결국 이 회사의 주식을 매입했다는 사실 앞에서 당황할 수밖에 없었다.

우리는 이 긴 기사의 시작과 끝부분에 버핏에 관한 이야기를 싣고, 사이드바도 별도로 작성했다. 그리고 중간에는 이 회사의 새 CEO로 취임한 하비 골럽(Harvey Golub)의 이야기를 꽤 길게 다루었다. 골럽은 컨설팅기업 맥킨지(McKinsey) 출신이다. 〈포춘〉은 아멕스가 1990년대 초에 상실한 최고 기업의 명성을 회복하는 데 있어 컨설턴트의 재능(특히 비용 절감이나 사업부 매각 같은 재능)은 이상적인 도구가 아니라고 내다봤다.

다음의 몇몇 단락과 사이드바는 버핏의 투자 행보에 대해 〈포춘〉이 서술

한 글이다. 마지막 부분에서는 버핏이 결국 이 문제를 언급한 대목이 추가된다. – CL

기사도입부

워런 버핏이 주식시장의 불합리성에 대해 이야기할 때마다 사람들에게 즐겨 들려주는 일화가 하나 있다. 1963년, 아메리칸 익스프레스의 작은 자회사 하나가 가짜 샐러드 오일 재고 사건에 휘말리면서 이 회사의 주가는 폭락 사태를 맞았다. 이 문제가 정말 소비자들에게 심각한 영향을 미쳤던 걸까? 버핏은 오마하의 로스 스테이크 하우스(Ross's Steak House)라는 식당에서 저녁 내내 시간을 보내며, 사람들이 아직도 아메리칸 익스프레스 카드로 식대를 결제하는지 유심히 관찰했다. 그가 보기에는 소비자들의 카드 사용률과 이 스캔들은 아무런 관계가 없었다. 결국 버핏은 기회를 놓치지 않고 천3백만 달러를 들여 이 회사의 지분 5퍼센트를 사들였다. 그리고 나중에 2천만 달러의 수익을 내고 주식을 모두 처분했다.

이제 버핏은 그 신화의 재현을 노리는 듯하다. 게다가 이번에는 베팅 금액도 훨씬 크다. 버크셔 해서웨이의 CEO는 지난 몇 년에 걸쳐 아멕스 전체 지분의 10.1퍼센트에 해당하는 4천9백만 주의 주식을 사 모았다. 도합 22억 달러에 달하는 이 지분의 가치는 코카콜라, 질레트, 캐피털시티즈/ABC 등과 함께 그동안 버핏이 집행했던 가장 큰 투자 중 하나로 기록됐다. 버핏은 월스트리트가 아멕스의 주가를 또다시 불합리하게 저평가하고 있다고 생각하는 듯하다. 최근 이 회사가 어려움을 겪고 있는 이유는 샐러드 오일이 아니라 세간에도 잘 알려진 고질적인 내부 갈등 때문이었다. 1990년대 초, 제임스 로빈슨 3세(James Robinson Ⅲ)가 이끌던 경영진은 거의 기능 상애에 가까운 경영 능력을 드러내며 이 회사의 브랜드에 치명상을 입혔다. 일종의 금융 슈퍼마켓을 만들겠다는 그의 원대한 계획은 카드로 만든 집처럼 무너져 내렸으며 아멕스의 자회사인 시어슨 리먼은 40억 달러의 자본금만 날려버리고 지난해 매각됐다. 가뜩이나 궁지에 몰린 아멕스 카드는 최근 비자와 마스터카드에 시장점유율을 내주었다. 주된 원인은 이 카드가 고객들에게 제공하는 주요 혜택인 프레스티지 서비스의 판매가 점점 어려워지고 있기 때문이다. 애널리스트들에 따르면 이 회사의 해외 비즈니스 역시 침체에 빠졌다고 한다.

그러나 끈질기기로 소문난 투자자 버핏(최근 자산 규모 142억 달러)은 최근 이 회사에서 발생한 문제가 사소한 혼란에 불과하다고 믿는다. 그는 자신을 부자로 만들어준 전략, 즉 강력한 브랜드와 건강한 현금흐름을 지닌 회사에 투자하는 전략을 지금도 가장 선호한다. 런던의 마케팅기업 인터브랜드(Interbrand)에 따르면, 아메리칸 익스프레스는 여전히 세계에서 인지도가 가장 높은 10대 브랜드 중 하나다. 버핏은 이 회사의 이름이 '재무적 안정성이라는 말과 동의어이며 전 세계적인 대체 화폐의 상징'이라고 생각한다. 그는 지난봄 버크셔 해서웨이의 연례 주주총회에서 참석자들에게 이렇게 설명했다. "아메리칸 익스프레스의 미래 비즈니스에서 가장 핵심적인 성공 요인은 역시 신용카드일 겁니다. 우리는 아멕스의 경영진이 이 카드를 특별한 상품으로 지속시킬 방법을 잘 찾아낼 거라고 봅니다." 버핏은 이 회사가 시장점유율을 빼앗겼다는 사실에도 그다지 개의치 않는 듯하다. 그보다는 아멕스가 획기적으로 성장하지는 못하더라도 카드업계에서 매우 수익성 높은 틈새시장 참가자가 될 거라는 데 돈을 걸었던 것 같다.

그러나 아메리칸 익스프레스가 버핏의 기대에 부응하려면 이 브랜드에 새로운 생명을 불어넣어야 할 것이다. 물론 쉽지 않은 일이다. (중략)

기사 마지막 부분

아메리칸 익스프레스의 앞에 놓인 길이 아무리 험난하다고 해도 워런 버핏에 맞서 베팅을 하는 것은 현명한 행동이 아니다. 그는 코카콜라나 질레트처럼 강력한 브랜드를 소유한, 기업에 투자한 경력이 풍부한 사람이다. 또 가이코라는 자동차 보험회사에도 성공적인 투자 실적을 올렸다. 가이코는 아멕스 못지않게 넉넉한 현금흐름을 보유한 회사다. 버핏이 최고의 기업에 투자한다는 것은 해당 기업의 출중한 경영진을 뒤에서 지원한다는 말과 같은 의미다. 한 가지 의아한 점은 평소 같았으면 이 사생결단의 게임에 달려들어 돈을 긁어모으려 했을 수많은 컨설턴트들을, 이번에는 찾아보기가 어렵다는 것이다.

세간에 잘 알려진 대로 워런 버핏은 가치투자에 대한 열렬한 신봉자다. 그리고 그 이론을 처음 제창한 사람은 1930년대와 1940년대 월스트리트의 전설로 한 시대를 풍미했던 벤저민 그레이엄이다. 가치투자자들은 어떤 기업의 주식이 일시적으로(그리고 비합리적으로) 그들이 말하는 '내재가치'보다 시장에서 훨씬 낮은 가격에 거래될 때만 주식을 사들인다.

그러나 버핏이 20억 달러를 들여 아메리칸 익스프레스의 주식을 매입한 이유에 대해서는 많은 사람이 고개를 갸우뚱거린다. 이 회사가 시장점유율을 잃기 시작하고 시어슨 리먼이라는 자회사 문제에 시달리면서, 월스트리트에서는 지난 몇 년간 아멕스의 주식을 기피하는 분위기가 지배적이었다. 그러나 애초에 버핏을 유혹한 것은 바로 그 모든 나쁜 소식이었던 듯하다. 그레이엄의 가장 기본적인 투자 원칙은 주식의 내재가치와 시장가격의 차이를 잘 이해해야 한다는 것이다. 또 그는 저렴한 주식을 과감히 쓸어 담아야 한다고 추종자들에게 조언하기도 했다.

로버트 해그스트롬(Robert G. Hagstrom Jr.)은 《워런 버핏의 완벽투자기법(The Warren Buffett Way)》이라는 책을 쓴 저자이자 필라델피아 포커스 트러스트(Philadelphia's Focus Trust)에서 포트폴리오 매니저로 일하는 가치투자자다. 그는 투자자들이 버핏의 전략을 이해하기 위해서는 1989년 버크셔 해서웨이의 주주서한에 담긴 투자 철학을 먼저 들여다봐야 한다고 주장한다. 버핏은 이 편지에서 다음과 같이 말했다. "어떤 회사든 현재의 기업가치는 미래의 현금흐름(입금과 출금)을 보편적인 금리로 할인해서 도출합니다. 그렇게 해서 산출된 가치는 휴대전화 안테나를 만드는 회사든 휴대전화 통신회사든 경제적으로 동일합니다."

해그스트롬은 버핏이 주식의 가치를 일종의 채권처럼 여긴다고 생각한다. 버핏의 출발점은 항상 '순 주주수익', 즉 공시 수익에 감가상각비와 무형자산상각비를 더하고 거기서 자본 투자액을 뺀 금액이다. 작년 아멕스의 순 주주수익은 14억 달러로 회사의 공시 수익과 같았다. 물론 항상 그렇게 일치하는 것은 아니다. 그는 이렇게 묻는다. 만일 아메리칸 익스프레스의 주식이 연 14억 달러의 이자를 제공하는 쿠폰이라면, 앞으로 그 쿠폰의 이자는 얼마나 더 늘어날까? 그리고 10년 뒤 그 채권의 가치는 얼마로 뛸까?

해그스트롬은 이렇게 말한다. "특정 기업의 쿠폰에 대한 수익률이 얼마가 될지 단정하기는 어렵습니다. 그 기업의 성장률을 최대한 정확히 예측해야 하기 때문입니다."

물론 기초적인 재무 이론이기는 하지만 핵심은 이를 현실에 적용하는 것이다. 아직 버핏의 투자 암호를 완전히 해독한 사람은 없는 듯하다. 그러나 해그스트롬은 비밀을 알아내기 위해 나름 노력을 기울였다. 그의 모델을 바탕으로 도출된 계산에 따르면 아멕스의 내재가치는 주당 86.77달러라고 한다. 말하자면 86.77달러에서 최근 주가 44달러를 뺀 금액이 이 회사의 '안전마진'인 셈이다. "만일 어느 한 해에 아메리칸 익스프레스가 실적이 부진해서 손실을 입어도, 투자자들 입장에서는 이 안전마진이 그들을 보호해줄 수 있는 큰 완충 장치인 셈이죠." 이 방정식에 고무된 해그스트롬은 아멕스의 주식 8천주를 자기 개인 계좌를 통해 구입하기로 결정했다고 한다.

〈포춘〉이 1995년 10월 30일자 기사에서 버핏과 아메리칸 익스프레스에 대해 할 수 있었던 말은 이것이 전부였다. 버핏이 이 일에 대해 비로소 입을 연 것은 1997년 연례 주주서한을 통해서였다. 그런데 그는 이 편지에서 고도의 분석적인 근거를 제시하며 아멕스의 주식을 사들인 이유를 설명했을까? 그렇지 않았다. 대신 그는 자신이 골프 코스에서 투자에 대한 팁을 얻었다고 털어놨다.

그 팁의 배경이 된 사건은 1991년 버크셔가 '아메리칸 익스프레스 퍽스(American Express Percs)'라는 이름의 주식을 3억 달러어치 사들인 일이었다. 이는 기본적으로 보통주와 같은 종류의 주식이었지만, 구입 후 최초 3년간은 일종의 트레이드오프 조건을 적용받아야 했다. 구체적으로 말하자면 버크셔는 이 주식을 통해 3년간 추가적인 배당금을 받을 수 있는 대신 주식을 처분할 수 있는 가격에 상한선이 걸려 있었다. 퍽스 주식이 보통주로 전환될 시기는 1994년 8월이었다. 버핏은 그 시기를 얼마 앞둔 초여름, 이 회사의 주식을 계속 보유할지 아니면 매각할지의 문제를 두고 고민에 빠져 있었다.

버핏은 1997년의 주주서한에서 당시 자신이 두 갈래 길 앞에서 한쪽을 선택해야 하는 입장이었다고 말했다. 그는 뛰어난 경영자였던 이 회사의 CEO 하비 골럽이 회사의 잠재력을 최대로 이끌어낼 거라고 생각했다. 반면 아멕스가 다른 카드회사들을 상대로 극심한 경쟁을 해야 하는 상황은 우려할 만한 점이었다. "양쪽의 장단점을 저울질해 본 결과, 매각하는 쪽으로 기울었습니다."

그러던 1994년의 어느 날, 그는 렌터카기업 허츠(Hertz)의 CEO 프랭크

올슨(Frank Olson)과 메인주 프라우츠 넥(Prouts Neck)으로 골프를 치러 갔다. 버핏은 주주서한에서 이렇게 말했다. "매우 영리한 경영자였던 프랭크는 카드 비즈니스에도 지식이 풍부했습니다. 저는 첫 번째 티샷을 할 때부터 프랭크에게 이 산업에 관해 질문을 던졌습니다. 우리가 두 번째 홀의 그린에 도착할 무렵, 프랭크는 아멕스의 법인카드 비즈니스가 매우 훌륭한 사업이라고 저를 설득했습니다. 그래서 저는 이 회사의 주식을 팔지 않기로 마음을 굳혔습니다. 후반 9홀을 돌 때쯤에는 아예 아멕스의 주식을 더 사들이기로 결심했습니다. 그리고 몇 달 뒤 버크셔는 이 회사의 지분 10퍼센트를 보유하게 됐습니다."

버핏이 아멕스의 보통주를 열심히 사들이던 1994년 연말부터 2013년 중반까지 버크셔는 14퍼센트에 육박하는 연평균 수익을 올렸다. (이 중에는 2005년 아멕스에서 분사한 아메리프라이즈 파이낸셜[Ameriprise Financial]의 주식 가치도 주식 분배일 기준으로 포함되어 있었다. 이 주식의 분배는 아메리칸 익스프레스의 특별 배당금 형태로 이루어졌으며 다른 배당금처럼 총수익 계산에 반영되었다.) 2013년 중반 기준으로 버크셔가 보유한 아메리칸 익스프레스의 누적 구입 비용은 13억 달러였으며, 시장가치는 113억 달러에 달했다.

물론 훌륭한 실적이다. 그러나 버크셔가 보유한 아멕스의 주식은 그동안 갖은 우여곡절을 겪었다. 2007년부터 2009년 사이의 경제 위기로 인해 금융주들이 직격탄을 맞으면서 아멕스의 주가도 65달러에서 10달러로 추락했다. 물론 버핏은 그때도 참을성 있게 사태를 지켜봤다. 2013년도 중반이 되자 이 회사의 주식은 역대 최고가인 80달러 선까지 올랐다. 그리고 아멕스가 자사의 주식을 대량으로 매입하면서 버크셔는 이제 이 회사의 주식 13퍼센트를 보유한 주주가 됐다. – CL

버핏의 한 조각을 선물해볼까

1996년 3월 18일 | 베서니 매클레인(Bethany McLean)

버크셔 해서웨이의 주식 가격은 주당 3만 2천8백 달러에 육박한다. 이 때문에 이 주식을 남에게 선물하고 싶은 주주(단 한 주를 선물해도 증여세를 물어야 한다)와 워런 버핏이 운영하는 그 유명한 기업의 주식을 한 번쯤 소유해보기를 원하는 일반 투자자는 모두 좌절할 수밖에 없다. 오는 5월 6일, 버크셔의 주주들은 액면가 천 달러 정도의 Class B주식을 총 1억 달러 규모로 새롭게 발행한다는 버핏의 계획을 두고 찬반 투표를 실시할 예정이다. Class A주식이라는 이름으로 불리게 될 기존의 주식은 언제라도 Class B주식으로 전환이 가능하다. "우리는 이 회사에 매력을 느낀 분들에게 매력적인 혜택을 제공하고 싶습니다." 버핏의 말이다. 그는 너무 많은 기존 주주들이 Class B주식으로 전환하는 일을 방지하기 위해 Class B주식은 Class A주식보다 "혜택을 다소 줄였다"라고 귀띔한다. 즉, Class B주식은 Class A주식에 비해 의결권이 제한적이며, Class A주식처럼 주주가 원하는 곳에 기업 기부를 할 권리도 주어지지 않는다. 그러나 버크셔의 주식을 남에게 선물하고자 하는 기존 주주와 보통의 개미 투자자에게는, 마치 새로 태어난 갓난아기와 같은 Class B주식 역시 버핏의 일부임에 틀림없다.

빌 앤 워런 쇼

1998년 7월 20일 | 브렌트 슐렌더 편집

이 글은 빌 게이츠와 워런 버핏이 워싱턴대학의 무대 위에서 '강연'한 (대부분 질문에 대답한) 내용을 기사로 옮긴 것이다. 이 행사의 소개를 위해 브렌트 슐렌더의 훌륭한 글(다소의 편집을 거친)을 아래에 그대로 싣는다. 두 사람의 역사적인 이벤트를 다룬 〈포춘〉의 기사 첫머리를 장식했던 글이다. – CL

어느 따뜻한 5월 하순의 금요일 오후, 시애틀에 소재한 워싱턴대학 허스키 유니언 빌딩(Husky Union Building)의 로비는 길게 줄을 서서 기다리는 학생들로 입추의 여지가 없었다. 줄은 문을 지나 건물 바깥까지 뻗어 있었다. 잘 다린 바지와 깔끔한 셔츠 같은 학생들의 복장으로 보아(코걸이 같은 것을 착용한 사람도 드물었다) 그들이 피시(Phish) 밴드의 콘서트 입장권을 구하기 위해 줄을 선 것이 아님은 분명했다. 단정한 차림의 학생들은 오늘 이곳에서 진행될 매우 특별한 강연회를 조금이라도 더 좋은 자리에서 관람하기 위해 줄을 서서 기다리고 있었다. 학생들과 일부 운 좋은 내빈에게는 우주에서 가장 부유한 사업가인 빌 게이츠와 워런 버핏의 공개 대담을 들을 수 있는 기회가 주어졌다.

두 억만장자 친구는 마이크로소프트의 연례 CEO 회의가 막을 내린 주말, 버핏이 게이츠의 집을 방문한 때에 맞춰 이 이벤트를 기획했다. 이 슈퍼 투자자와 컴퓨터 재벌은 워싱턴대학의 경영대학원생 350명에게 강연회에 참가해달라고 요청했으며 동시에 PBS 방송국과 〈포춘〉의 취재진을 초청해 이 행사를 기록하도록 했다.

학생들이 아래층에 모여서 입장을 기다리는 동안 게이츠와 버핏은 두 사람의 배우자 및 몇몇 친구와 함께 이야기꽃을 피웠다. 워싱턴포스트 컴퍼니의 전 CEO 캐서린 그레이엄과 빌의 아버지, 그리고 그의 누이들도 자리를 함께했다. 그들이 임시로 만든 대기실에서 식사 대신 신선한 과일을 즐기는 동안 메이크업 아티스트는 빌의 코에 파우더를 바르고 워런의 거친 눈썹을 다듬었다. 버핏의 아내 수지는 남편의 달라진 모습에 놀라움을 금치 못했다. 오마하의 현인은 리처드 닉슨 대통령처럼 승리를 상징하는 'V'자 포즈를 취하며 그곳에 모인 사람들에게 즐거움을 선사하기도 했다.

행사 시작 시간이 다가오자 두 사람은 카메라 앞에서 포즈를 취했고 오래된 대학 동창처럼 진지한 대화를 주고받았다. 그 자리에 참석한 다른 손님들의 유일한 걱정거리는 두 사람이 무대 위에서 너무 장황하게 이야기를 늘어놓지 말아야 한다는 것이었다. 그래야 게이츠의 집에서 제시간에 브리지 게임을 즐길 수 있기 때문이었다. 마치 오랫동안 헤어졌던 어느 부유한 가족의 상봉 장면 같았다.

대기실에 초대받은 기자에게 가장 인상 깊었던 장면은 미국에서 가장 널리 알려진 두 억만장자가 보여준 세대를 초월한 우정이었다. (당시 42세였던 게이츠의 자산은 480억 달러였고 버핏은 360억 달러였다. 몇 년 전만 해도 게이츠보다 훨씬 부자였던 버핏은 나이가 25살이 더 많다.) 게이츠는 버핏이 함께 자리하고 있다는 사실만으로 한결 마음이 놓이는 눈치였다. 그는 연방 독점금지법 위반 단속관들이 마이크로소프트를 상대로 제소한 법정 싸움에 시달린 데다 지난 이틀간 수십 명의 CEO들을 맞이하느라 잔뜩 스트레스를 받았음이 분명한데도, 행사 내내 여유 있고 사교적인 태도로 일관했다. 게이츠도 이제 자신의 나이를 돌아볼 때가 됐지만(눈가에는 어느

덧 잔주름이 잡혔고, 예전처럼 몸매가 날씬하지도 않았다), 아직도 버핏과 그레이엄은 재주 많은 어린애를 대하듯 그를 마냥 귀여워한다. 반면 게이츠는 따뜻한 존경심을 가득 품고 두 사람을 대한다. 평소 그가 보여주는 날카로운 논객의 태도와는 사뭇 비교되는 모습이다.

마침내 두 사람은 무대 위에 올랐다. 워싱턴대학의 빌 브래드포드(Bill Bradford) 경영대학원 학장이 인사말을 하는 동안 그들은 양옆에서 기다렸다. 학장의 연설은 마이크로소프트가 워싱턴대학의 졸업생을 많이 고용해준 데 대해 감사하는 내용이 대부분이었기 때문에 뭔가 핵심을 벗어난 느낌이었다. 어쨌든 그 뒤를 이어 두 사람의 재미있고, 철학적이고, 비범한 대담이 시작됐다. 독자 여러분께서 직접 확인해보시기 바란다.

– 브랜트 슐렌더

서로 친구 사이인 두 억만장자가 350명의 학생들 앞에 선다면, 거기서 우리는 무엇을 얻을 수 있을까? 물론 840억 달러짜리 감동이다. 누구도 따라 할 수 없는 비범한 재능, 그리고 평생을 써도 남을 재산을 소유한 버핏과 게이츠 두 사람이 무대에 올라 리스크와 맞서고, 직원들에게 동기를 부여하고, 실수를 극복하고, 자신이 얻은 것을 사회에 돌려주는 일에 대해 이야기한다. 덕분에 우리는 '현인들의 지혜와 다름없는' 통찰을 얻을 수 있다.

1. 우리는 어떻게 성공했나

워런과 빌이 신(神)보다 더 큰 부자가 될 수 있었던 비결을 설명하다

버핏: 일단 이야기를 시작하기 전에 오늘 두 사람 중에 누가 더 많은 박수

를 받는지를 두고 빌과 내가 작은 내기를 했다는 사실을 말씀드려야 할 것 같습니다. 나는 서로의 집을 걸자고 제안했지요. 그러다 결국 적은 금액을 거는 것으로 합의를 봤는데, 빌에게는 그 돈이 결코 적지 않았던 것 같습니다. 방금 무대 위로 오르기 전 빌이 제게 네브래스카 콘허스커스(Nebraska Cornhuskers, 네브래스카대학 미식축구 팀 — 역자주)의 티셔츠를 입으라고 주었어요. 그러면서 자기는 저 보라색 워싱턴대학 셔츠를 입더군요.

진행자께서는 우리가 어떻게 이 자리까지 오게 됐는지를 설명하며 이야기를 시작해달라고 했습니다. 이것은 여러분의 질문 목록에도 들어 있는 사항입니다. 내 경우에는 그 비결이 꽤 간단했습니다. 결코 IQ 때문은 아니었어요. 이 말을 듣고 좋아할 사람이 많을 것 같군요. 가장 중요한 것은 합리성입니다. 나는 IQ나 재능이 모터의 마력(馬力) 같은 거라고 생각합니다. 다시 말해 모터가 발휘하는 출력(즉 효율적인 작동 능력)은 결국 합리성에 달린 겁니다. 세상에는 400마력의 모터를 이용해서 100마력의 출력밖에 얻어내지 못하는 사람이 많습니다. 그보다는 200마력 성능의 모터로 200마력의 출력을 얻어내는 편이 훨씬 낫지요.

그렇다면 왜 똑똑한 사람들이 자기가 당연히 얻어내야 할 출력을 스스로 낮출까요? 합리성이 어떤 사람의 습관, 성격, 기질에 파고들면 모든 행동이 합리적으로 이루어집니다. 그러면 자신의 길을 가로막는 요소들을 제거할 수 있는 거죠. 이미 말했지만 이곳에 모인 학생 모두는 내가 성취했던 그 어떤 일도 해낼 수 있는 뛰어난 능력을 지닌 사람들입니다. 그러나 일부 학생은 성공할 것이고, 일부는 그렇지 못할 겁니다. 그들이 성공하지 못하는 이유는 세상이 허락하지 않아서가 아니라, 스스로 자신의 앞길을 가로막기 때문입니다.

그런 면에서 작은 제안을 하나 하겠습니다. 여러분이 가장 존경하는 사람 한 명을 골라서 그를 존경하는 이유를 모두 적으세요. 물론 자기 이름을 쓰면 안 됩니다. 그리고 가장 못 견디게 싫은 사람도 한 명을 선택해서 그 사람이 싫은 점도 적어보세요. 여러분이 조금만 연습하면 존경하는 사람의 특징을 나 자신의 특징으로 만들 수 있을 것이고, 더 열심히 연습하면 그것이 언젠가 자기의 습관으로 바뀔 겁니다.

습관의 사슬은 겉으로 가벼워 보이지만 막상 나중에 벗어나려고 할 때는 너무도 무겁고 단단합니다. 내 나이가 되면 어떤 습관도 고치기가 어려워요. 말하자면 습관에 완전히 매인 몸이 되는 겁니다. 그러나 여러분이 어떤 일을 오늘 당장 실천에 옮기면 20년쯤 뒤에는 그 행동을 습관으로 만들 수 있습니다. 따라서 여러분은 자기가 존경하는 사람의 행동을 관찰해서 본인의 습관으로 만들고, 반대로 좋지 않다고 생각되는 사람의 행동은 절대 따라 하지 않겠다고 마음먹기를 바랍니다. 그렇게 하면 여러분이 소유한 모터의 마력을 모두 출력으로 바꿀 수 있을 겁니다.

게이츠: 습관에 관한 워런의 이야기에 절대적으로 동감합니다. 내가 어렸을 때 컴퓨터를 만날 수 있었던 것은 큰 행운이었습니다. 당시만 해도 이 기계는 매우 비쌌으니까요. 게다가 기능도 제한적이었죠. 그럼에도 컴퓨터는 환상적인 물건이었습니다. 나는 몇몇 친구와 이 기계를 두고 수많은 얘기를 나누었습니다. 그리고 칩 기술의 마법 같은 발전에 따라 언젠가 모든 사람이 컴퓨터를 사용할 수 있는 시대가 올 거라고 결론 내렸죠. 우리는 컴퓨터의 잠재력에 한계가 없기 때문에 앞으로 소프트웨어를 개발하는 게 큰 기회가 될 거라고 생각했어요. 그래서 소프트웨어를 프로그래밍할 수 있는 친구를 고용해서 과연 이 기계가 어떤 도구로 쓰일 수 있을지 관찰한 거죠. 우리는 정보화 시대를 상징하는 이 도구가 인간의 근력 대신 지능을 강화시켜 주는 용도로 사용될 수 있을 거라고 믿었습니다.

우리가 이 서대한 혁명의 중심 역힐을 딤당한 회사를 세울 수 있었던 비결은 일에 집중했을 뿐만 아니라, 이 산업이 떠오르기 시작한 초기에 누구보다 먼저 그곳에 가 있었기 때문입니다. 다행히 지금 이 순간에도 정보혁명은 여전히 초기 단계에 놓여 있습니다. 우리가 회사 문을 연 지 이제 23년이 됐습니다. 그동안 우리가 쌓아 올린 좋은 습관들을 앞으로도 계속 지켜나간다면, 향후의 23년은 우리에게 더 많은 가능성을 제공할 뿐만 아니라 '모든 가정의 모든 책상 위에 컴퓨터를 올려놓는다'는 우리의 원래 비전을 달성하게 만들어줄 거라고 생각합니다.

두 분은 개인적으로 성공을 어떻게 정의하시는지 궁금합니다.

버핏: 글쎄요. 행복을 정의하라면 할 수 있을 것 같습니다. 내가 바로 행복 그 자체니까요. 나는 매일매일 좋아하는 일을 합니다. 또 오직 좋아하는 사람들과 함께 일하기 때문에 굳이 위장 장애를 유발하는 사람들과 엮일 필요가 없죠. 나는 탭 댄스를 추면서 회사로 들어갑니다. 그리고 사무실에 도착하면 마치 등을 대고 누워 천장에 벽화를 그리듯 여유 있게 시간을 보냅니다. 그렇게 보내는 매 순간이 정말 재미있어요. 내가 일을 하며 가장 어려운 순간은 이따금(대개 3~4년에 한 번꼴로) 누군가를 해고해야 할 때입니다.

성공은 자신이 원하는 것을 얻는 것이고, 행복은 자신이 얻은 것을 원하는 것이라고 누군가 말했죠. 내 경우에는 어느 쪽인지 잘 모르겠지만, 앞으로도 다른 방식의 삶을 살지는 않을 겁니다. 여러분도 사회에 발을 디디면 존경할 만한 사람들로 구성된 조직을 위해 일하기를 바랍니다. 그래야 자기 자신을 일에 열중하게 만들 수 있는 겁니다. 나는 이렇게 말하는 사람을 보면 정말 걱정스럽습니다. "나는 앞으로 이 일을 10년만 하려고 해. 정말로 하기가 싫거든. 그 후에는 이런저런 일을 해볼 생각이야." 그건 마치

나이가 들었을 때 섹스를 하겠다고 아껴두는 것과 다를 바 없습니다. 결코 바람직한 사고방식이 아니죠.

그동안 나는 함께 일하게 될 사람들이 마음에 들지 않는다는 이유로 꽤 괜찮은 인수 거래를 여러 차례 거절한 바 있습니다. 남을 좋아하는 척 가장할 수는 없었기 때문입니다. 나에게 위장 장애를 일으킬 사람들과 사업적 관계를 맺는 일은 마치 돈 때문에 원치 않는 결혼을 하는 것과 다를 바 없습니다. 그건 어떤 상황에서도 좋은 생각이 아니지만, 더구나 이미 충분한 돈을 가진 사람에게는 미친 짓이나 다름없습니다. 그렇지 않을까요?

게이츠: 자신이 매일 하는 일을 즐기는 것이 가장 중요하다는 말에는 동감합니다. 내게 가장 즐거운 일은 영리한 사람들과 새로운 문제를 해결해가는 겁니다. 우리 스스로 "이제 어느 정도 성공했군" 하고 생각할 때도 있지만, 그런 성취감에 너무 빠지지 않도록 조심합니다. 성공의 기준은 계속 높아지기 마련이니까요. 고객들은 항상 우리의 제품이 너무 복잡하고 자연스럽지 않다는 피드백을 제공합니다. 치열한 경쟁, 기술적 혁신, 활발한 연구 활동 등으로 인해 컴퓨터 산업(특히 소프트웨어 산업)은 역사상 가장 흥미로운 분야로 탈바꿈하고 있습니다. 나는 이 비즈니스를 통해 최고의 직업을 얻었다고 생각합니다.

버핏: 그보다는 데어리퀸(Dairy Queen)이 더 중요하다고 생각하지 않나요? (지난가을 버크셔 해서웨이는 아이스크림 기업 데어리퀸을 5억 8천5백만 달러에 사들였다.)

게이츠: 워런이 운영하는 데어리퀸에 딜리바(Dilly Bar) 아이스크림을 사러 가야겠네요.

버핏: 당신이 온다면 가격을 올려야겠군요.

기업을 새롭게 설립하는 것은 매우 위험한 일입니다. 창업에 가장 좋은 시기는 언제라고 생각하십니까?

게이츠: 내가 마이크로소프트를 처음 만들었을 때는 회사를 운영하는 게 그렇게 위험하다고 생각하지 않았습니다. 물론 파산하지 말라는 법은 없었지만 내가 지닌 기술도 꽤 유용했으니까요. 부모님도 내가 하버드로 돌아가서 공부를 마치겠다고 하면 언제라도 다시 받아줄 의향이 있었습니다.

버핏: 빌, 나와 함께 일하겠다면 언제든지 환영해요.

게이츠: 내가 본격적으로 두려움을 느꼈던 순간은 친구들을 고용하기 시작했을 때부터였습니다. 그들에게 급여를 지불해야 했거든요. 그리고 얼마 뒤에는 우리의 성공을 위해 꼭 필요했던 몇몇 고객이 파산했습니다. 얼마 지나지 않아 직원들에게 1년 치 급여를 지불할 정도의 돈만 은행에 들어 있으면 좋겠다는 대단히 보수적인 생각을 하게 되더군요. 그러나 돈이 들어올 곳은 없었습니다. 당시에는 그런 상황이 내내 계속됐지요. 지금 우리에게는 백억 달러가 있으니 내년도 급여를 지불하기에는 충분할 것 같습니다.

아무튼 회사를 설립하려면 엄청난 에너지가 소모되기 때문에 먼저 리스크에 대한 압박감을 극복하는 게 좋을 듯합니다. 그리고 사회 경력 초반에 창업하는 것은 별로 바람직하지 않은 것 같아요. 회사에 들어가면 다양한 경험을 할 수 있고 배울 점도 많으니까요. 당시 폴 앨런(Paul Allen)과 나는 남들이 우리보다 먼저 이 사업을 시작할지 모른다고 우려했습니다. 지나고 보니 사실 한 1년쯤은 더 기다렸어도 문제가 없었다는 생각이 듭니다. 어떤 현상이 처음 시작될 때는 발전의 속도가 느린 법이니까요. 그러나 적어도 우리에게는 시장을 선점하는 일이 매우 중요하다고 느껴졌습니다.

고객들의 지지나 도움을 어떤 식으로 얻어냈습니까?

게이츠: 누구나 창업 초기에는 사람들의 회의적인 태도와 맞닥뜨려야 합니다. 젊은 사람은 회사를 세울 땅을 빌리는 것도 만만치 않아요. 25살이 되기 전에는 자동차를 렌트할 수도 없습니다. 당시 나는 고객을 만나러 갈 때 항상 택시를 탔습니다. 사람들이 바에 가서 일에 대해 의논하자고 해도, 나는 바에 갈 수가 없었어요.

그러다 보면 꽤 재미있는 상황이 벌어집니다. 사람들은 젊은 창업자를 처음 만나면 회의적인 태도로 "에이, 저 아이가 뭘 알겠어" 하고 말하죠. 하지만 그 젊은이가 정말 좋은 제품을 손에 쥐고 있고 지식도 풍부하다는 사실을 깨닫는 순간 그들은 열광하는 겁니다. 적어도 이 나라에서는 기술력이 일정 수준을 넘어서는 순간 젊음이 매우 큰 자산이 될 수 있습니다.

2. 세상 전체가 다 기회다

왜 워런은 모든 중국인이 코카콜라를 마시고 싶어 할 거라고 확신하나

두 분은 사업가로서 자신이 운영하는 회사를 어떻게 글로벌화시킵니까?

버핏: 버크셔 해서웨이라는 회사 자체가 직접 세계로 진출하지는 않습니

다. 우리가 가장 많은 자금을 투입한 기업은 코카콜라와 질레트입니다. 코카콜라는 80퍼센트 이상의 수익을 해외에서 거두어들입니다. 질레트 역시 수익의 3분의 2를 해외 사업을 통해서 얻어냅니다. 그 기업들은 세계인의 생활 수준을 개선하는 데 한몫을 하고 있고 우리는 그들의 등에 업혀서 세계로 진출하고 있는 겁니다. 나는 오마하에 가만히 앉아 있으면서 코카콜라의 CEO 더글러스 아이베스터가 온 세상을 날아다니게 만드는 거죠.

게이츠: 우리 회사의 비즈니스 특성은 진정으로 글로벌하다는 겁니다. PC의 표준은 곧 세계의 표준입니다. 한국이나 이집트에서 필요한 스프레드시트는 미국에서도 똑같이 필요해요. 그러기 위해서는 우리 제품에 각 국가의 언어를 채택해야 하는데, 이는 우리 사업에서 가장 즐거운 일 중의 하나입니다. 양방향 언어들이나 한국, 중국, 일본 같은 나라의 글자를 이해하는 과정이 흥미로운 거죠.

사실 우리 회사의 시장점유율 역시 국내 시장보다 해외 시장이 훨씬 높습니다. 현지에 자회사를 만들고, 그곳의 환경을 이해하고, 해당 지역의 유통업체들과 관계를 형성하는 등의 작업이 다른 기업들 입장에서 상대적으로 어렵기 때문이죠. 우리의 경쟁자들 대부분은 미국 업체입니다. 그 회사들은 해외 사업을 그다지 잘하지 못해요. 그런 이유로 우리 회사는 다른 나라에서 훨씬 눈부신 발전을 하고 있는 겁니다.

다시 말해 우리의 성장은 대부분 미국 외부에서 발생합니다. 조만간 미국에서는 기존의 제품에 대한 대체시장이 시장의 대부분을 차지할 때가 올 것으로 보입니다. 물론 미국 고객들이 더 좋은 소프트웨어를 통해 보고 듣고 배우기를 원치 않는다는 말은 아닙니다. 그러나 우리는 미국 바깥에서 여전히 가파른 초기 성장의 곡선을 목격하고 있습니다.

두 분이 1995년 함께 중국에 여행을 간 이유는 무엇입니까? 그리고 그 여행은 두 분의 글로벌 비즈니스에 대한 의사 결정에 어떻게 영향을 미쳤나요?

게이츠: 우리가 중국에 간 이유는 많습니다. 부분적으로는 휴식을 취하고 즐기기 위해서였어요. 그곳에서 맥도날드 매장을 몇 군데 목격했습니다. 그래서 집에서 멀리 떨어져 있다는 생각을 덜 할 수 있었어요. 그곳에서 진행 중인 변화를 직접 가서 지켜보는 일도 매우 흥미로웠죠. 우리는 여러 지방을 방문했고 그곳의 리더들도 만나봤습니다.

중국은 마이크로소프트가 일찌감치 투자를 시작한 시장입니다. 그리고 그동안 계속 투자의 규모를 늘려왔어요. 그럼에도 현재 중국의 매출액은 회사 전체의 1퍼센트에도 미치지 못합니다. 앞으로 그곳의 매출이 매년 두 배로 성장한다고 해도, 그동안 열심히 투자한 만큼 대가를 얻으려면 10년 뒤를 내다봐야 하는 거죠.

매년 중국에서 팔리는 컴퓨터는 3백만 대가 넘지만, 소비자들은 소프트웨어에 돈을 지불하지 않습니다. 그러나 언젠가는 제값을 치르고 소프트웨어를 사야 할 때가 올 거예요. 그래서 어차피 소프트웨어를 훔쳐서 사용할 바에는 이왕이면 우리 제품을 훔치라는 거죠. 소비자들이 우리 제품에 중독이 되면, 향후 10년쯤 후에는 그들에게서 돈을 거두어들일 방법을 찾을 수 있을 겁니다.

버핏: 우리 가족은 내가 여행을 간다고 하니 매우 놀랐습니다. 나는 네브래스카주 외곽을 벗어나 여행해본 적이 거의 없거든요. 중국에서는 정말 즐거운 시간을 보냈습니다. 그뿐만 아니라 앞으로 중국에서 엄청난 양의 코카콜라가 팔려 나갈 거라는 예감을 다시 한번 확인할 수 있었죠. 나는 거기서 만난 모든 사람에게 코카콜라가 일종의 정력제 같은 거라고 말해주

었습니다.

3. 우리의 이름은 '혁신'

워런, 인터넷 츄잉껌을 생각하다

두 분께서는 각자의 영역에서 혁신가라고 생각합니다. 혁신의 정의는 무엇입니까?

버핏: 나는 업무적으로 그다지 많은 혁신을 하지 않습니다. 나의 주된 역할은 딱 두 가지입니다. 하나는 자본을 배분하는 업무로, 내가 가장 좋아하는 일입니다. 두 번째 일은 15명에서 20명 사이의 고위 임원들을 도와 경제적 필요성이 크지 않은 직원들이 열정적인 자세로 업무에 임하도록 독려하는 겁니다. 우리 자회사의 관리자 중에 적어도 4분의 3은 이미 돈을 더 벌 필요가 없을 정도로 부자입니다. 그러므로 내 일은 그 사람들이 사회에 첫발을 내딛던 가난한 시절처럼 아침 6시에 침대에서 의욕적으로 일어나도록 업무적인 흥미를 북돋아주는 겁니다. 내가 이 두 가지 일을 잘 해낸다면 혁신은 모두 그들의 몫이죠.

게이츠: 기술 비즈니스는 항상 변화무쌍합니다. 이 사업이 그토록 재미있는 이유는 어떤 기업이라도 과거의 성공에 안주할 수 없기 때문입니다. 과거 IBM은 누구도 따라갈 수 없을 만큼 독보적인 지배력을 누린 회사였습니다. 그러다 몇 차례 길을 잘못 들었죠. 그러므로 우리는 아침마다 자리에서 일어나 이렇게 생각합니다. '오늘 우리 회사가 길을 잘못 들지는 않을까? 음성 인식이나 인공지능 분야에서는 어떤 일이 벌어지고 있을까? 우

리가 그런 기술들을 적절히 구현할 수 있는 사람들을 제대로 고용하고 있는 걸까? 어떻게 하면 충격을 피할 수 있을까?'

아닌 게 아니라 우리는 종종 충격을 받습니다. 예를 들어 인터넷이 처음 등장했을 때 이 기술은 우리의 사업적 우선순위 목록에서 고작 대여섯 번째에 올라 있었습니다. 그렇다고 어떤 사람이 인터넷에 대해 이야기할 때 내가 "그 단어의 스펠링도 모르겠어" 하고 말할 정도는 아니었어요. 단지 "일단 우리 목록에 있으니까 그 정도면 됐어" 하고 생각한 거죠. 그러다 어느 순간 우리가 사업 전략을 통해 인지했던 것보다 인터넷이 훨씬 빠르고 강력한 사회적 현상이라는 사실을 깨달았습니다. 따라서 회사를 이끌고 있는 나로서는 이에 대한 위기감을 불러일으키지 않을 수 없었죠. 그 뒤 몇 달간 우리는 함께 아이디어를 쏟아내고, 이메일을 주고받고, 심지어 외딴 곳에 틀어박혀 머리를 짜내기도 했습니다. 그리고 새로운 전략이 모아지면서 우리는 마침내 이렇게 말할 수 있게 됐어요. "자, 우리가 해야 할 일은 이거야. 내부적으로 성과를 측정할 수 있는 도구도 만들었어. 또 우리가 이런 방향을 추구하면 세상은 우리를 이런 식으로 바라보게 될 거야."
앞으로도 3~4년에 한 번씩은 이런 위기가 닥칠 겁니다. 따라서 회사 내의 영리한 사람들의 말을 항상 주의 깊게 들어야 합니다. 우리와 같은 기술기업들이 독특하고 다양한 관점을 지닌 사람들을 끌어들이기 위해 애쓰는 이유도 바로 그 때문입니다. 회사는 수많은 사람의 반대 의견을 열린 마음으로 청취해야 하며, 올바른 아이디어를 알아보는 능력을 갖추고 그 아이디어에 진정한 에너지를 부여해야 합니다.

정보화 시대로 인해 사회에 혁명적인 변화가 발생하고 있습니다. 이 시대적 이점을 활용하는데 있어 가장 준비가 잘된 국가나 기업은 어디라고 생각하십니까?

버핏: 아시다시피 15년 전만 해도 이 나라에는 세계와 경쟁할 만한 능력이 부족하다는 자격지심이 팽배했습니다.

게이츠: 사람들은 일본이 가전제품 시장을 어떻게 장악했는지 이야기하면서 그들의 다음 공략 대상은 컴퓨터 산업이라고 내다봤습니다. 그리고 일본인들의 근면한 노동 시스템이 분명한 경쟁우위 요소이기 때문에, 미국인들은 자기가 하고 있는 모든 일을 다시 한번 원점에서 돌이켜봐야 한다고 생각했죠. 그러나 현재 개인용 컴퓨터 시장뿐만 아니라 모든 비즈니스의 세계에서 어떤 일이 벌어지고 있는지 보세요. 이제 미국은 자본을 분배하고 노동력을 배치하는 데 있어 매우 강력한 위치를 점하고 있습니다. 그동안 이루어진 이 모든 정보 기술 발전의 첫 번째 수혜자는 단연 미국이었습니다.

싱가포르, 홍콩, 그리고 스칸디나비아 국가의 국민들은 미국과 비슷한 수준으로 기술을 받아들이고 있습니다. 또한, 교육을 매우 중요시하는 몇몇 국가는 소득을 감안했을 때 오히려 우리보다 훨씬 높은 비율로 기술을 활용합니다. 예를 들어 한국이나 중국에서는 소득이 낮은 사람들 사이에서도 개인용 컴퓨터의 보급률이 놀라울 정도로 높습니다. 그 사람들은 이 기술이 자식들을 성공으로 이끌 도구라고 생각하기 때문이죠.

정보 기술은 세계의 모든 사람에게 엄청난 혜택을 안겨줄 겁니다. 특히 이 변화 덕분에 이제는 출신 국가가 아니라 교육 수준에 따라 소득의 규모가 결정되는 세상이 찾아올 거라고 봅니다. 오늘날에는 인도에서 박사 학위를 받은 사람이 미국의 박사에 비해 소득이 적을 수밖에 없습니다. 그러나 우리가 물건을 해외로 운송하는 것처럼 인터넷을 통해 서비스나 기술적 조언을 효율적으로 전달할 수 있다면, 앞으로는 미국의 엔지니어와 인도의 엔지니어가 공개 시장에서 자신의 노동력을 경쟁입찰하는 시대가 열릴지도 모르죠. 이 경우 고용주는 인적자원을 훨씬 효율적으로 활용할 수 있기 때문에, 결국 이런 상황은 모든 사람에게 혜택을 안겨줄 겁니다. 정보 기술의 혜택을 먼저 누릴 사람은 선진국 국민들이겠지만, 개발도상국의 국민들 중에서도 운 좋게 우수한 교육을 받은 사람들은 분명 기술을 통해 엄청난 성공을 거둘 수 있을 겁니다.

버핏: 처음에는 나도 기술의 발전이 가져다줄 엄청난 기회를 깨닫지 못했습니다. 기술의 혁명은 세상을 극적으로, 그리고 매우 빠른 속도로 바꿔놓을 겁니다. 그러나 아이러니하게도 내가 기술을 대하는 방식은 빌의 접근 방법과 정반대입니다. 나는 10년, 15년, 20년 후를 내다볼 수 있는 비즈니스에만 투자합니다. 그 말은 내가 관여하는 기업들이 미래에도 현재와 다름없는 방식으로 회사를 운영할 거라는 뜻입니다. 물론 회사의 규모가 커지고 해외 비즈니스의 비중이 늘어날 수는 있겠지요.

다시 말해 나는 변화가 적은 비즈니스에 집중합니다. 예를 들어 어떤 산업 분야나 회사가 인터넷이라는 기술 때문에 타격을 받거나 변화할 거라고 생각되면, 그런 곳에는 투자를 피합니다. 물론 인터넷이 만들어내는 세상의 변화가 큰돈을 벌 기회를 가져다주지 않을 거라는 뜻은 아닙니다. 다만 그 기술을 통해 돈을 벌 수 있는 사람이 내가 아니라는 겁니다.

리글리(Wrigley's) 츄잉껌을 생각해보세요. 인터넷이 등장했다고 해서 사람들이 껌을 씹는 방법을 바꾸지는 않을 겁니다. 빌은 그럴 수도 있겠네요. 또 인터넷 때문에 코카콜라에 대한 대중의 선호도가 바뀌거나 세계의 1인당 콜라 소비량에 변화가 오지는 않을 거라고 생각합니다. 인터넷으로 인해 사람들이 면도를 할 것이냐 안 할 것이냐 하는 결정에 변화가 생기고 면도하는 방법이 달라지지는 않겠지요. 따라서 나는 예측 가능한 비즈니스에 투자를 합니다. 그러나 빌의 사업은 앞을 내다보기가 극히 어려워요.

나는 사회 구성원의 한 사람으로서 빌이 하고 있는 일에 박수를 보내지만, 투자자 입장에서는 우려의 눈으로 바라볼 수밖에 없습니다.

게이츠: 워런의 말에 강력하게 공감합니다. 많은 기술주의 가격이 코카콜라나 질레트 같은 기업의 주식에 비해 더 낮은 이유는, 기술이라는 영역에서 게임의 규칙이 완전히 바뀌는 일이 다반사로 일어나기 때문입니다. 만일 앞으로 10년 뒤에도 마이크로소프트가 여전히 시장의 리더 자리를 지키고 있다면, 우리는 그때까지 적어도 세 번의 위기를 맞았을 겁니다.

4. 법정에서 만납시다!

빌과 워런이 독점금지법을 논하다

미국의 비즈니스 세계에서 독점금지법의 적절한 역할이 무엇이라고 생각하십니까?

버핏: 우리가 독점금지법으로 법정 싸움을 경험한 것은 1977년 버팔로뉴스 때문이었습니다. 그리고 1991년 살로몬에서 소동이 벌어졌을 때 뉴욕 연방준비은행, 증권거래위원회, 재무부, 미국 연방검찰청 산하 뉴욕 남부 지검은 물론이고 법무부의 독점금지 부서에서도 우리를 걸고넘어졌습니다. 이유는 모르겠지만 내무부 산하의 인디언 사무국(Bureau of Indian Affairs)도 우리를 조사하겠다고 나섰어요. 내가 독점금지법으로 문제가 된 상황을 경험한 것은 이 두 차례가 전부였지만, 어떤 경우에도 우리가 잘못한 것은 전혀 없다고 생각합니다. 당연히 우리에게 불리한 판결이 난 적도 없었죠.

나는 독점금지법 학자가 아닙니다. 내가 8년 전에 빌을 처음 만났을 때 빌은 아주 훌륭한 선생님이었습니다. 빌은 6~7시간에 걸쳐서 마이크로소프트라는 회사에 대해 설명해주었어요. 나는 오늘날에도 세계에서 기술적으로 가장 무지한 사람이지만, 빌의 설명은 정말 대단했습니다. 빌이 회사에 대한 설명을 마쳤을 때, 나는 그의 회사 주식을 몇백 주 샀습니다. 그래야 그가 알려준 내용을 계속 기억하고 추적할 수 있으니까요. 그 결과 두 가지가 확실해졌습니다. 하나는 내 IQ가 50밖에 안 된다는 사실이고, 또 하나는 그가 하는 어떤 일도 독점과는 관계가 없다는 겁니다.

게이츠: 독점금지법의 핵심적 역할은 새롭고 혁신적인 제품이 개발될 수 있는 환경을 만들어 소비자를 보호하는 것입니다. 수많은 산업 분야 중에서 혁신이 가장 잘 이루어지는 곳이 어디인지 궁금한 사람도 있을 겁니다. 어떤 방법으로 측정하든 이 분야에서 최고를 꼽으라면 단연 개인용 컴퓨터 산업입니다. 물론 컴퓨터 산업 전반을 말하는 것이 아닙니다. 개인용 컴퓨터가 등장하기 전에는 이 산업의 구조가 매우 달랐습니다. 사람들에게 선택의 여지가 없었죠. 소비자가 디지털(DEC), IBM, 휴렛팩커드(HewlettPackard), 또는 다른 어떤 기업의 컴퓨터를 구입했을 경우 특정한 컴퓨터에서 개발된 소프트웨어는 같은 기종의 컴퓨터에서만 운영이 가능했으니까요.

마이크로소프트가 지향하는 비전은 이 모든 컴퓨터가 똑같은 환경에서 가동되는 겁니다. 우리가 그런 목표를 추구하는 이유는 소비자들이 훌륭한 소프트웨어를 더 많이 원할수록 그만큼 많은 컴퓨터가(아마 수백 수천만의 컴퓨터가) 필요하게 될 것이기 때문입니다. 그러기 위해서는 컴퓨터의 가격을 낮춰야 할 뿐만 아니라 하나의 소프트웨어를 모든 컴퓨터에서 따로따로 테스트할 필요가 없는 환경을 구축해야 합니다. PC 산업의 목표는 이 산업에 속한 모든 기업이 더 휴대성이 좋고 가격이 저렴한 제품을 제작하기 위해 서로 경쟁하는 상황을 만드는 겁니다. 그렇게 되면 소비자들에게도 유리할 뿐더러 소프트웨어 시장도 엄청나게 성장할 수 있을 거라고 봅니다.

컴퓨터의 가격은 PC의 출현 이전부터 일정 비율로 하락하고 있었습니다. 그러다가 PC가 나오면서 믿을 수 없는 속도로 떨어지기 시작했습니다. 소프트웨어의 다양성과 품질도 놀라울 만큼 향상됐습니다. 오늘날 그런 현상은 절정에 달했습니다. 그뿐만 아니라 새롭게 설립되는 소프트웨어기업, 창출되는 일자리, 투자 규모, 증권시장에 상장되는 회사의 수 등 모든 면에서 눈부신 발전이 이루어지고 있습니다. 불과 3년 전과도 비교할 수 없는 수준입니다. 소비자들 입장에서는 더없이 좋은 환경이죠.

PC라는 기술의 역동적인 측면 중 하나는 원래 개발된 제품을 똑같이 만들어달라고 소프트웨어 개발자에게 그때그때 부탁할 필요 없이, 그 애플리케이션 중에서 대표적인 기능들을 골라 이를 윈도 운영체제에 미리 올려놓을 수 있다는 겁니다. 예를 들어 소비자가 인터넷 접속 프로그램을 직접 설치하는 수고를 덜어주기 위해 우리가 운영체제에 그 프로그램을 기본적으로 탑재해둔 거죠. 이는 커다란 진화의 과정이었습니다. 그래픽 사용자 인터페이스, 하드디스크 지원 프로그램, 네트워크 지원 프로그램, 브라우저를 포함한 인터넷 지원 프로그램 등이 다 그런 맥락의 제품들입니다.

내 생각에 독점금지법의 취지 자체는 문제가 없습니다. 규제의 강도를 줄여야 한다고 주장하는 사람도 있겠지만, 그것은 학자들의 관심 영역입니다. 나는 이 비즈니스를 시작한 이후로 우리가 걸어가는 수백 마일의 여정에 혹시 법률적인 문제가 개입되어 있지 않은지 회사의 변호사들과 항상 세심한 주의를 기울였습니다. 따라서 우리 자신이 독점금지법 위반의 논란에 휩싸였을 때 나는 매우 당황했습니다. 다행스럽게도 사법부는 사실을 검증하는 곳이니, 사람들은 이 제도를 통해 만일 우리 제품에 경쟁이 존재한다면 소비자들에게 과연 혜택이 돌아갈 것인지의 여부를 확인할 수 있을 겁니다. 그런 점에서 우리의 마음속에는 재판의 결과가 어떻게 나올지에 대한 우려가 전혀 없습니다.

물론 법정 소송 자체는 매우 큰일이기 때문에, 우리는 어쩔 수 없이 수많은 논란의 대상이 되어야 합니다. 그러나 미국 정부가 아무리 정의로운 말을 앞세워 우리를 몰아세운다고 해도, 이는 우리의 진정한 실체와 아무런 관계가 없는 문제라고 확신합니다.

5. 어떤 기업이 진정으로 가치가 있는가?

워런이 버크셔 주식이 렉서스 자동차보다 비싼 이유를 설명하다

버핏 씨, 당신은 주식의 액면분할에 반대한다고 들었습니다. 과거 마이크로소프트가 액면분할을 실시한 일에 대해 하실 말씀이 있으신가요?

버핏: 나는 레스토랑에 가서 절대 "내 모자를 걸어둘 물품 보관대를 한 개가 아니라 두 개 준비해주시오"라고 말하는 스타일이 아닙니다. 만일 그렇게 욕심을 부렸다면 더 부자가 되었을 테지요. 그렇다고 나는 주식을 액면분할 하는 기업들을 나무랄 생각이 없습니다. 그리고 마이크로소프트가 이로 인해 손해를 입었다고도 생각하지 않습니다.

내 생각에 액면분할을 하지 않는 정책은 우리 회사의 성향과 잘 어울립니다. 내가 어린 시절에 주식을 분할해서는 안 된다는 종교적인 교육 같은 것을 받았기 때문이 아닙니다. 현재 나는 세 기업의 이사회에 참여하고 있습니다. 그중 두 회사가 지난 몇 년 사이 주식을 액면분할 했습니다. 단지 나는 버크셔의 주식을 분할하지 않음으로써 보다 장기적인 투자자들을 회사의 주주로 유인할 수 있다고 생각합니다. 개인적으로는 미래에 대한 시간의 범위가 나 자신과 비슷한 사람을 주주로 받아들이고 싶습니다. 우리 회사는 분기별 수익에 대해 이야기하지 않아요. 또 대(對) 주주 홍보 부서도 없고 월스트리트의 애널리스트들과 전화 회의를 하지도 않죠. 우리는 다음 분기나 다음 해에 어떤 일이 일어날지 지나치게 신경을 쓰는 사람들에게는 관심이 없습니다. 대신 죽을 때까지 우리 회사와 함께하고 싶어 하는 사람들이 주주가 됐으면 해요.

만일 내가 우리 회사의 주식을 분할한다면 주주들의 구성이 달라질까요? 절대 그렇지 않습니다. 바뀐다고 해도 아주 작게 바뀌는 게 고작일 거예요. 게다가 가장 중요한 사실은 이 강연장이 꽉 메워진 것처럼 우리 회사의 주주 자리도 다 채워졌다는 겁니다. 만일 내가 여러분 모두에게 뭔가 불쾌한 말을 하면, 모든 분이 강연장을 나가고 다른 그룹이 들어와 다시 자리를 채우겠지요. 그것이 나에게 좋은 일일까요, 나쁜 일일까요? 그건 여러분과 새로운 관객들이 어떤 사람인가에 달려 있습니다. 그러나 나는 이미 훌륭한 주주들을 보유하고 있다고 믿어요. 그들은 주식을 분할하지 않는다는 우리의 정책에 이끌린 사람들입니다. 그런 점에서 이 정책이 좋은 주주들을 유인하는 데 일부 역할을 수행한 거라고 생각합니다.

게이츠: 워런은 버크셔 해서웨이가 일반적인 기업과는 다르고, 이 회사의 주식이 '다른 종류의 주식'이라는 신호를 만들어내는 데 놀라운 능력을 발휘했다고 생각합니다. 그토록 엄청나게 높은 주가를 유지하는 일은 아마 좋은 일이겠지요. 신문이 숫자를 잘못 표시하지만 않는다면 말이죠. 워런은 신문의 주가 정보 표에서 가격란의 자릿수를 늘려야 하는 큰 문제를

일으켰습니다.

버핏씨,어떤사람들에따르면현대의시장에서전통적인기업가치평가방법은쓸모가없어졌다고합니다.그주장에대한당신의대답은무엇입니까?

버핏: 요즘에는 우리가 저평가된 기업을 찾아내기 위해 실시하는 테스트를 통과할 만한 회사가 거의 없다고 생각합니다. 그러나 기업가치를 평가하는 방법 자체가 달라지지는 않았습니다. 1970년대 중반만 해도 일부 시장에서는 많은 주식이 엄청나게 저평가되어 있었습니다. 나는 예전에 13년 간 투자 파트너십을 운영한 적이 있습니다. 1969년에 그 조합을 닫은 이유는 투자할 만한 주식을 전혀 찾을 수가 없었기 때문입니다. 다시 말해 기업의 가치를 평가하는 능력을 잃었던 것이 아니라 싸게 살 수 있는 주식이 남아 있지 않았던 겁니다. 그렇다고 내가 주식을 공매도하는 사람도 아니었으니까요.

금융자산의 가치를 평가하는 데 있어 마법 같은 기술은 없습니다. 금융자산이란 지금 돈을 투입해서 사들인 물건을 미래에 팔아 돈을 회수하는 형태의 자산을 의미합니다. 따라서 현재 시점에서 모든 금융자산의 적정 판매가는, 해당 자산을 통해 세상 마지막 날까지 벌어들일 수 있는 모든 금액을 단일 이자율을 적용해서 현재 기준으로 할인한 가격일 겁니다. 여기에는 어떤 리스크 프리미엄(risk premium, 위험을 감수한 대가로 지불되는 보상 — 역자주)도 있을 수 없습니다. 지금과 영원 사이에서 이 '채권'의 이자교환 쿠폰에 어떤 금액이 찍힐지 우리가 이미 알고 있기 때문입니다. 1974년이든 1998년이든 기업가치를 평가하는 방법은 똑같습니다. 만일 이 방법을 사용할 여건이 되지 못하면, 나는 주식을 사지 않고 기다립니다.

1969년과 비교한다면 요즘에는 주가수익비율(PER)이 더 높은 기업에 투자를 하는 편입니까?

버핏: 주가수익비율은 금리에 영향을 받습니다. 1969년이든, 현재든, 또 다른 시대든 기업가치를 계산하는 데 영향을 주는 다른 요인은 아무것도 없습니다. 요즘 시장의 추세를 보면 1969년이나 1974년뿐만 아니라 역사상 그 어느 때보다 자기자본이익률이 높아졌습니다. 만일 여러분이 이런 시장의 움직임에 높은 가치를 부여한다면 누구에겐가 이런 질문을 받게 될 겁니다. "당신이 현재 달성하고 있는 20퍼센트의 자기자본이익률이 미국 전체 비즈니스의 총체적인 실적이라고 생각합니까? 그리고 그것이 미래에도 영원히 지속될 현실적인 숫자라고 봅니까?" 내 생각에 그것은 '안전마진'의 여지가 없는 매우 무모한 예측입니다. 나는 현재의 시장가격 수준을 대폭 할인된 액수로 평가할 수밖에 없습니다. 그리고 그런 과정을 거치며 나의 투자 행보는 더욱 조심스러워집니다.

두 분은 기업들이 앞으로 기술에 더 많은 돈을 투자하겠다고 나설 정도로 기술이 비즈니스를 더욱 효율적으로 만들었다고 생각하십니까?

게이츠: 어느 기업이든 기술을 도입하면 적어도 한 번은 조직의 효율성이 급상승하는 상황을 경험합니다. 특히 미국 기업들은 다른 나라의 경쟁자들에 비해 기술을 잘 활용하는 편입니다. 기술은 더 나은 소통 능력을 가져다줍니다. 그리고 이 능력을 바탕으로 수많은 기업이 세계적인 규모로 성장하고 있습니다. 과거에는 이런 일이 절대 불가능했죠.
그중에서도 특히 많은 돈을 벌어들이는 기업들, 즉 20퍼센트가 넘는 자기자본이익률을 바탕으로 세계로 진출한 기업들(코카콜라, 마이크로소프트, 보

잉[Boeing], GE 등)은 하나같이 기술의 도움을 많이 받았습니다. 물론 이 기업들은 10년 뒤에도 모두 높은 자기자본이익률을 올릴 것이 확실하지만, 그것이 모두 기술 덕분은 아닐 겁니다. 현재의 환경은 일시적인 측면도 분명 존재하니까요.

버핏: 나 역시 기술이 기업을 더욱 효율적으로 만들어주는 것은 분명하다고 믿습니다. 설사 그렇게 생각하지 않더라도 빌 옆에서 솔직히 말하기는 어렵겠네요. 그러나 여러분이 고려해볼 점은 이런 겁니다. 만일 내가 잭 웰치(Jack Welch, GE를 세계 최고 기업으로 성장시킨 전설적인 경영자 — 역자주)를 똑같이 복제할 방법을 찾아내어 그의 복제 인간을 499명 만들어낸다고 상상해봅시다. 그리고 잭 웰치는 계속 GE를 경영하고 이 499명의 또 다른 잭 웰치가 〈포춘〉 500대 기업의 나머지 499개 기업을 맡는다고 가정합시다. 그럴 경우, 5년 뒤에는 〈포춘〉 500대 기업의 평균 자기자본이익률이 더 높아질까요?

이 질문에 답하기는 쉽지 않을 겁니다. 만일 500명의 잭 웰치가 시장에서 서로 경쟁한다면 미국의 기업계가 창출하는 수익은 오히려 더 낮아질 수도 있습니다. 차라리 잭처럼 우수한 경영자 한 명이 여러 멍청이와 경쟁하는 구도가 훨씬 나을지도 모릅니다. 경영자의 자질이 다양한 차이를 보여야 특정 기업이 훌륭한 수익을 거두어들일 수 있는 기회도 커지는 법입니다.

따라서 기술기업들을 포함해 비즈니스 전반에서 벌어지는 상황은 이런 예와 비슷합니다. 여러분이 어느 곳에 퍼레이드를 구경하러 갔다고 생각해보세요. 밴드가 악기를 연주하며 거리를 행진하기 시작하면 여러분은 그 광경을 더 잘 보기 위해 갑자기 까치발을 합니다. 30초쯤 뒤에는 모든 사람이 전부 까치발을 하고 있습니다. 결국 다리만 아프고 아무것도 보이지 않습니다.

자본주의에서 발생하는 '개선'이라는 현상은 모두 그런 식으로 '자기 중화 (中和)'의 과정을 거칩니다. 모든 면에서 남보다 뛰어나다는 것은 멋진 일이지요. 그러나 문제는 다른 사람이 눈치채지 못하도록 혼자만 까치발로 서야 한다는 겁니다.

최근 업계에는 엄청난 인수합병의 소용돌이가 몰아쳤습니다. 그중 어느 인수 건이 주주들에게 진정한 가치를 제공할 수 있다고 보시는지요?

버핏: 그렇지 않아도 오늘 우리 두 사람이 뭔가 발표할 게 있습니다만……. (웃음) 인수합병은 결코 멈추지 않을 겁니다. 사람들은 대개 매우 고상한 취지를 내세워 기업 합병을 추진합니다. 개중에는 실제 상당한 시너지를 창출해내는 인수합병 거래도 분명히 있습니다. 그러나 시너지가 있든 없든 인수합병은 앞으로도 계속 일어날 겁니다. 겁쟁이는 큰 기업의 CEO가 될 수 없다거나 우리 모두가 좋은 사업 기회에 대해 동물적인 감각을 지니고 있다거나 하는 식으로, 인수합병을 부추기는 정서는 마치 전염병처럼 모든 기업으로 퍼져 나가고 있습니다. 내가 지난 몇 년간 19개의 각자 다른 회사에서 이사로 활동하며 경험한 바에 의하면, 이사회에서 인수합병에 대한 논의가 활발하게 벌어지는 것은 대개 해당 기업의 경쟁자가 그 인수합병에 관련되어 있는 경우입니다. 우리 사회의 경제가 현재와 같은 모습을 유지하는 한 ─나는 경제가 매우 잘 돌아가고 있다고 생각합니다─ 여러분은 앞으로도 수많은 인수합병을 목격하게 될 겁니다. 대체로 시장이 활황일 때면 인수합병이 더욱 활발하게 벌어지는 법입니다. 왜냐하면 그런 환경에서는 모든 사람의 돈이 한층 유용하게 쓰이니까요.

(몇 주 뒤, 버크셔 해서웨이는 235억 달러 상당의 자사 주식으로 세계 3위의 재보험회

사인 제너럴 리를 인수하는 안에 합의했다.)

게이츠: 건전한 회의론을 접하게 되어 다행이라고 생각합니다. 그러나 오늘날의 제너럴모터스(General Motors)가 탄생하기까지는 특정 분야에 전문화된 수많은 브랜드가 소수의 대기업들로 통합된 자동차업계의 구조조정이 결정적인 역할을 했습니다. 이 변화의 기류를 놓친 기업들은 기본적으로 전부 도태됐습니다.

그동안 우리 회사는 많은 소규모 기업을 인수했는데, 우리에게는 매우 중요한 전략이었습니다. 이 회사들은 자체적으로 성공할 확률이 그리 크지 않았지만, 그들의 역량이 마이크로소프트의 능력과 합쳐지면서 우리는 훨씬 좋은 제품들을 세상에 내놓을 수 있었습니다.

금융 산업에 있어서도 마찬가지입니다. 만일 여러분이 중간 규모 은행의 소유주라면, 그 은행도 결국 이런 시대의 흐름에 동참해야 할 겁니다. 이 나라에 그토록 많은 은행이 존재할 필요가 없다는 점을 감안하면, 앞으로 인수합병을 통해 몸집을 키우려는 은행들이 계속 등장할 게 분명합니다. 물론 그중에는 멍청한 합병도 수없이 벌어지겠지요.

주주 입장에서는 인수합병이 결국 도움이 되는 걸까요?

버핏: 대부분의 인수합병에서 인수자가 되기보다 인수의 대상이 되는 편이 훨씬 낫습니다. 인수자가 돈을 내는 이유는 사냥한 먹잇감을 물고 동굴로 돌아가야 하기 때문입니다.

나는 한 주에 하나씩 다른 기업을 사들이는 사람들에 대해 의심의 눈길을 거둘 수가 없습니다. 마이크로소프트, 인텔, 월마트(Wal-Mart) 같은 최고의 기업들이 성장하는 것은 거의 전부가 내부적인 요인 덕분입니다. 수

많은 기업을 과도하게 인수하는 회사들은 대부분 수상한 돈을 사용한다고 봐도 무방합니다. 이는 마치 행운의 편지 보내기 게임과도 여러모로 비슷합니다.

또 나는 인수 거래가 성사된 뒤 얼마간은 피인수 기업이 자체적으로 회사를 운영하는 편이 바람직하다고 믿습니다. 꼭 회계 장부를 뒤집어엎고 엄청난 액수의 구조조정 비용을 투입하는 것만이 능사가 아닙니다. 나는 뭔가 지나치게 많은 움직임이 존재하는 회사는 일단 의심합니다. 내가 보고 싶은 것은 조직의 유기적인 성장입니다.

6. 오, 이런!

워런과 빌이 경영 실수담, 사업 파트너, 경영 승계 등을 이야기하다

그동안 두 분이 내린 최고의 사업적 의사 결정은 무엇이라고 생각하십니까?

버핏: 멋도 모르고 투자업계에 뛰어든 것이 기본적으로 가장 훌륭한 의사 결정이었죠. 투자라는 비즈니스의 가장 좋은 점은 너무 많은 거래를 성공으로 이끌 필요가 없다는 겁니다. 예를 들어 이 경영대학원에서 어느 학생이 졸업할 때 20개의 구멍이 뚫린 펀치 카드를 준다고 가정해봅시다. 그 학생은 매번 투자에 관한 의사 결정을 내릴 때마다 구멍 하나를 사용하게 되죠. 20개면 평생 충분한 숫자입니다. 만일 그 학생이 20개의 훌륭한 투자 결정을 할 수 있다면 그는 큰 부자가 될 겁니다. 50개의 아이디어까지도 필요 없어요.

내가 어제 한 의사 결정도 좋은 선택이기를 바랍니다. 내 경우에는 의사 결정의 대상이 간단하고 분명한 편입니다. 일단 투자 대상을 들여다보면 실체를 확인할 수 있으니까요. 무엇보다 값이 싼 물건을 고르는 거죠. 나는 컬럼비아대학을 졸업한 뒤에 수천 페이지에 달하는 무디스 매뉴얼(Moody's manual, 무디스에서 발간한 기업 및 주식 정보 서적 — 역자주)을 샅샅이 뒤지면서(제조기업 매뉴얼, 운송기업 매뉴얼, 은행 및 금융기업 매뉴얼 등) 살 만한 주식을 골랐습니다. 그러다 시가총액이 수익의 1배에 불과한 주식들을 발견했어요. 그중 하나가 뉴욕 북부 지역에 소재한 제네시 밸리 가스(Genessee Valley Gas)라는 작은 공익 기업이었습니다. 이 회사에 대해서는 증권회사가 작성한 보고서뿐만 아니라 다른 정보도 거의 실려 있지 않았기 때문에 처음에는 그냥 페이지를 넘겼어요. 그러나 이 책을 두 번째로 훑어보다가 결국 이 회사를 찾아내서 성공적인 결과를 얻을 수 있었습니다. 그때 빌은 월드 북 백과사전을 읽고 있었겠죠. 그 회사의 문을 닫게 만든 사람이 바로 빌입니다.

게이츠: 우리는 오늘 아침 식사를 하면서 그동안 워런이 집행했던 투자 건 중에 가장 좋지 않은 의사 결정이 무엇이었는지에 관해 대화를 나눴습니다. 그토록 엄청난 실적을 거둔 투자자의 기록으로부터 그것을 골라내기는 쉽지 않았어요. 하지만 여러 측정 기준을 바탕으로 살펴본 결과 지금 워런이 운영 중인 회사의 이름을 제공한 버크셔 해서웨이를 사들인 것이 최악의 의사 결정이었다는 결론을 내렸습니다.

버핏: 그건 사실입니다. 우리는 단지 그 주식의 값이 저렴하다는 이유로 그 형편없는 비즈니스에 뛰어들었습니다. 나는 그런 투자 전략을 '담배꽁초' 접근 방식이라고 부릅니다. 이 축축하고 찌그러진 담배꽁초에도 연기 한 모금을 빨아들일 만큼의 담배 가루는 남아 있기 마련입니다. 게다가 공짜

입니다. 내가 버크셔를 사들였을 때도 상황이 비슷했습니다. 시가총액이 순운전자본보다 낮았으니까요. 하지만 그건 정말 최악의 실수였습니다. 나는 그 밖에도 수십억 달러의 비용을 낭비하게 만든 나쁜 의사 결정들을 내리기도 했습니다. 투자를 해서가 아니라 투자하지 않아서 발생한 실수인 거죠. 내가 마이크로소프트의 주식을 사지 않은 것에는 아무런 문제가 없습니다. 그 비즈니스를 이해하지 못하기 때문입니다. 또 인텔이라는 회사도 잘 모릅니다. 하지만 내가 이해할 수 있는 기업도 많습니다. 예를 들어 페니메이도 내 역량이 닿는 곳에 자리 잡은 회사였습니다. 나는 그 회사의 주식을 매입하기로 결정했지만 어쩌다 보니 실천에 옮기지 않았습니다. 만일 그 주식을 샀다면 우리 회사는 수십억 달러를 벌었을 겁니다. 하지만 그렇게 하지 않은 거죠. 전통적인 회계 장부에는 그런 일을 기록하지 않지만, 어쨌든 그런 일은 항상 벌어집니다.

게이츠: 내 경우 최고의 사업적 의사 결정은 함께 일할 사람들을 선택한 일입니다. 폴 앨런과 함께 이 비즈니스를 시작하기로 결정한 일은 아마 그 목록의 가장 높은 순위에 기록되어야 하겠지요. 또 현재까지 제 최고의 사업 파트너로 활동 중인 친구 스티브 발머(Steve Ballmer)를 뒤이어 채용한 것도 더없이 훌륭한 의사 결정이었습니다. 믿을 수 있고, 업무에 헌신적이고, 비전이 같고, 기술이 다양하고, 내가 제대로 일하고 있는지 지적해줄 수 있는 사람을 옆에 두는 것은 매우 중요합니다. 그런 동료에게 아이디어를 제시하면 항상 이런 질문이 돌아옵니다. "잠깐 기다려봐. 혹시 이런저런 것을 생각해봤어?" 이렇게 똑똑한 사람들과 함께 일하면 비즈니스가 더욱 재미있어질 뿐만 아니라 성공할 가능성도 훨씬 높아지죠.

버핏: 내게도 그런 파트너가 있습니다. 찰리 멍거는 그 오랜 세월 동안 방

금 빌이 말한 것과 똑같은 일을 내게 해주었습니다. 그러나 찰리와 함께 일하려면 많은 것을 바꿀 생각을 해야 합니다. 내가 하는 모든 일이 멍청하다고 말하기 때문입니다. 만일 찰리가 '정말' 멍청하다는 표현을 쓰면, 그건 그의 말이 사실이라는 뜻입니다. 반면 그냥 멍청하다고만 하면, 나는 내 의견에 찬성한다는 의미로 받아들입니다.

버크셔와 마이크로소프트가 그토록 크게 성공한 것은 두 분의 탁월한 리더십 덕분이라고 생각합니다. 당신들께서 자리를 물러나면 어떤 일이 벌어질 거라고 생각하십니까?

버핏: 가정 자체가 틀렸습니다. 나는 내가 죽고 나서 5년 뒤에도 계속 일을 할 겁니다. 임원들에게 위저보드(Ouija board, 심령술사들이 영혼과 대화하기 위해 사용하는 일종의 점괘판 — 역자주)를 나누어주었거든요. 만일 위저보드가 잘 작동하지 않아도 우리 회사에는 나 못지않게 일할 수 있는 능력 있는 사람들이 많습니다. 내가 오늘 밤에 죽는다 해도 사람들은 코카콜라를 마시는 일을 멈추지 않을 거고, 면도를 중단하지도 않을 거예요. 씨즈캔디에 가는 발걸음을 돌리지 않을 거고 딜리바를 적게 사 먹지도 않겠죠. 그 기업들은 모두 훌륭한 제품과 뛰어난 경영진을 보유한 회사입니다. 버크셔의 리더로서 해야 할 일은 그 기업들을 위해 자본을 배분하고, 적절한 관리자들이 그곳에서 일할 수 있도록 조치하는 것뿐입니다. 우리는 이미 그런 사람들을 파악해두었습니다. 버크셔의 이사회 멤버들은 그들이 누군지 잘 압니다.

사실 나는 내가 죽으면 그 뒤의 일들을 어떻게 처리해야 하는지에 대한 편지를 이미 모든 사람에게 발송했습니다. 그리고 내가 죽고 난 뒤에 또 한 장의 편지가 발송되도록 만들 예정입니다. 편지는 이렇게 시작됩니다. "나는 어제 죽었습니다." 그리고 앞으로 이 회사의 계획이 무엇인지 설명할 겁니다.

게이츠: 내 사고방식도 워런과 비슷합니다. 나 역시 지금 하고 있는 일을 오랫동안 계속하려고 합니다. 10년 뒤에도 나는 마이크로소프트라는 회사에 전적으로 관여하고 있겠죠. 그건 내 경력이니까요. 그러나 그때쯤이면 다른 사람을 차기 CEO로 지명할 생각입니다.

버핏: 관객석에서 몇몇 학생이 그 자리에 지원하려고 손을 드는 모습이 보이네요.

게이츠: 그건 물론 오랜 시간이 흐른 뒤의 일입니다. 우리 회사의 최고 경영진은 후임자에게 자리를 물려주는 일에 대해 항상 이야기합니다. 다른 사람들에게도 승진의 기회를 제공하기를 원하기 때문이죠. 우리는 직원들에게 기회의 통로가 막혔다는 느낌을 줌으로써 그들이 더 큰 도전을 추구하기 위해 회사를 떠나야 하는 상황을 만들고 싶지 않습니다. 그런 점에서 그동안 우리가 거둔 성공은 큰 힘이 됩니다. 우리는 사람들에게 아주 중요한 일자리를 수없이 제공할 수 있는 능력을 갖추고 있습니다. 나는 후임자를 고르는 일에 대해 많은 생각을 하지만, 뭔가를 구체적으로 행동에 옮기는 것은 5년 정도 뒤가 될 것 같습니다. 물론 그사이 뜻밖의 일이 발생할 경우를 대비해 비상 대책도 세워두었습니다.

7. 준비만 되면 기부를 시작합니다.

빌과 워런이 재산의 99퍼센트를 기부하기로 마음먹은 이유를 설명하다

두 분은 세계에서 가장 성공적인 사업가로서, 자신의 부를 어떻게 공동체에 돌려줘야겠다고 생각하십니까? 그리고 자신의 영향력을 활용해 다른 사람들의 기부를 어떤 식으로 유도하실 겁니까?

버핏: 우리 두 사람은 그 점에 있어 철학이 비슷합니다. 나는 개인적으로 99퍼센트의 재산을 사회에 환원하기로 결정했습니다. 그만큼 사회에서 많은 혜택을 입었으니까요.

나는 행운아입니다. 남달리 동작이 빠른 편이 아닌데도 어쩌다 활력이 넘치는 자본주의 경제에 특별한 방식으로 편입되어 성공했습니다. 나는 미식축구 선수나 바이올린 연주자 같은 재주를 타고나지 못했어요. 그럼에도 우연히 이 사회에서 큰돈을 벌어들일 수 있는 분야에 종사하게 됐죠. 언젠가 빌이 말한 대로 내가 만일 옛날에 태어났다면 벌써 동물의 점심거리가 됐을지도 모릅니다.

따라서 나는 부모의 재력이 자식들에게 신성한 권리를 부여한다고 생각하지 않습니다. 네브래스카 미식축구 팀에서 쿼터백을 뽑을 때 22년 전 같은 팀에서 쿼터백으로 뛰었던 사람의 큰아들을 영입하는 것은 말도 안 되는 일입니다. 미국이 2000년 올림픽 팀을 구성할 때도 1976년도 올림픽 팀에 속했던 선수들의 자녀를 선발하지는 않겠지요.

우리는 체육을 포함한 사회 모든 분야에서 능력 우선주의가 바탕이 되어야 한다고 믿습니다. 그렇다면 생산재를 만들어내는 비즈니스의 세계에서 왜 능력 우선주의를 받아들이지 않을까요? 경제적 자원을 가장 잘 활용하는 사람들에게 그 자원이 흘러 들어가도록 만들면, 그들은 성공한 이후에 자신이 받은 만큼 사회에 돌려줄 거라고 믿습니다.

게이츠: 대단히 훌륭한 철학입니다. 자녀들에게 많은 재산을 상속하는 것은

무엇보다 돈을 물려받는 당사자에게 좋은 일이 아니죠.

버핏: 굳이 투표에 부칠 필요도 없이 모든 사람이 잘 알고 있는 사실일 겁니다.

두 분은 성공한 사업가라는 본인의 영향력을 어떻게 활용해서 다른 사람들의 기부를 유도하십니까? 심지어 성공적이지 못한 사람들도 어떻게 그 대열에 동참하게 만들고 계신가요?

버핏: 조금 다른 각도에서 생각해볼 필요가 있을 것 같습니다. 어떤 사람이 세상에 태어나기 24시간 전에 요정이 나타나 이렇게 말한다고 상상해봅시다. "보아하니 너는 승자인 것 같군. 아주 믿음이 간단 말이야. 좋아. 이렇게 해주지. 너는 네가 태어날 사회의 모든 규칙을 만들 수 있어. 경제적 규칙과 사회적 규칙을 포함해서 네가 만들어낸 규칙들이 너의 일생 동안, 그리고 네 자식의 일생 동안 적용될 거야."

그 사람은 이렇게 묻습니다. "좋습니다. 그럼 조건은 뭐죠?"

요정이 대답합니다. "조건은 이런 거야. 너는 어떤 사람으로 태어날지 알 수 없어. 가난할지 부자일지, 백인일지 흑인일지, 남자일지 여자일지, 몸이 튼튼할지 약할지, 똑똑할지 멍청할지, 전혀 몰라." 따라서 그 사람이 알고 있는 것은 큰 통에 들어 있는 58억 개의 공 가운데서 자기가 하나를 얻게 될 거라는 사실뿐입니다. 말하자면 그 사람은 내가 '난소(卵巢)의 복권'이라고 부르는 게임에 참가하게 되는 겁니다. 이는 모든 사람의 삶에서 가장 중요한 게임이지만, 누구도 통제가 불가능합니다. 요컨대 어떤 사람으로 태어나느냐 하는 것은 그가 학교에서 얼마나 공부를 잘하느냐 따위와는 비교도 할 수 없이 그 사람에게 평생에 걸쳐 일어날 모든 일을 좌우합니다. 그렇다면 여러분은 어떤 규칙을 만들고 싶은가요? 나는 그 규칙에 대해 말하지 않을 겁니다. 누구도 말하지 않을 거예요. 그 규칙들을 만들어낼 사람은 바로 여러분 자신이니까요. 그러나 그 규칙들은 여러분이 본인의 의지에 따라 수행하는 행동이나 생각의 모든 측면에 영향을 미칠 겁니다. 예컨대 여러분은 앞으로 더 많은 제품과 서비스를 생산해낼 수 있는 시스템을 원할 것입니다. 세상에는 훌륭한 자질을 갖춘 인재들이 넘쳐납니다. 여러분은 그들이 풍요로운 삶을 살기를 원할 거예요. 여러분은 본인의 자식이 여러분보다 더 나은 삶을 영위하기를 희망하고, 손자 손녀가 자식들보다 더 잘 살기를 바라겠지요. 또 빌 게이츠, 앤디 그로브(Andy Grove, 인텔의 공동 창업자 — 역자주), 잭 웰치 같은 사람들이 오랫동안 일하게 되기를 기대할 겁니다. 다시 말해 능력 있는 사람이 하루에 12시간씩 일할 수 있는 세상을 원할 것입니다. 그러기 위해서는 훌륭한 제품과 서비스를 만든 사람들에게 인센티브가 주어지는 시스템을 창조해야 합니다.

동시에 운이 좋지 않은 사람들도 보살필 수 있는 시스템을 만들기 원하는 이도 있을 겁니다. 만일 사회 구성원들에게 필요한 제품과 서비스를 충분히 생산할 수 있는 시스템이 존재한다면, 우리가 그런 취약한 사람들을 보호할 수 있겠죠. 또 여러분은 건강이나 노년에 대해 걱정할 필요가 없고, 저녁에 집에 돌아가는 길을 두려워하지 않아도 되는 세상이 오기를 바랄 겁니다. 다시 말해 생존에 대한 우려를 덜어줄 수 있는 시스템을 원하는 거죠.

여러분은 그런 문제를 해결할 수 있는 제품과 서비스가 충분하다는 전제하에 저마다 규칙을 설계하려고 애쓸 겁니다. 기회의 평등(즉 훌륭한 공공교육 시스템)을 통해 세상의 모든 인재에게 사회에 기여할 수 있는 기회를 제공하려 할 수도 있겠지요. 이 나라의 조세 제도 역시 그 논리를 뒷받침하니까요. 그 후에는 여러분이 벌어들인 돈으로 무엇을 할 것인가를 생각해봐야 할 것입니다. 여러분은 이 모든 고려 사항을 감안해서 서로 조금씩 다른 규칙들을 만들어낼 겁니다. 나는 여러분에게 그런 작은 게임을 해보라고 권하고 싶습니다.

두분은 사업 이외의 측면에서 본인을 어떤 리더라고 생각하십니까?

게이츠: 어떤 사람이 특정 분야에서 좋은 성과를 거두었을 때, 사람들은 그가 다른 모든 분야에 있어서도 뛰어날 거라고 믿는 경향이 있습니다. 조심해야 할 점이죠. 나는 매일 회사에 출근해서 훌륭한 직원들과 함께 일합니다. 그들은 좋은 소프트웨어를 만들기 위해 노력하고, 피드백을 듣고, 연구합니다. 그런데 우리 직원들 대부분은 내가 예전에 그런 일에서 큰 성공을 거두었다는 이유만으로 내가 잘 모르는 주제에 대해서도 지혜를 가지고 있으리라 기대합니다.

물론 우리가 기업을 경영하는 일부 방법(직원을 채용하고, 업무 환경을 만들고, 스톡옵션을 활용하는 방법)은 다른 기업들에게도 좋은 교훈이 될 수 있을 겁니다. 그러나 나는 우리가 모든 문제의 해결책을 발견했다고 말하는 잘못을 저지르지 않기 위해 조심합니다.

버핏: 여러분이 마이크로소프트와 빌을 공부하면 많은 것을 배울 수 있습니다. 그가 매년 어떤 일을 해나가는지 보다 자세히 탐구하면 더욱 많은 것을 공부할 수 있을 거예요. 하지만 만약 빌이 자기 고유 업무에 5퍼센트나 10퍼센트만 주의를 기울이고 나머지를 다른 곳에 분산시킨다면, 내 생각에 우리 사회는 지금보다 훨씬 좋지 않은 모습으로 변할 겁니다.

빌의 말이 옳아요. 세상에는 선거자금 개혁 문제처럼 빌이 특정한 입장을 취하고 싶어 하는 사안도 존재합니다. 그렇다고 모든 사람이 그의 말을 따라야 하는 것은 아닙니다. 나는 사업에 성공한 어떤 사람이(또는 뛰어난 운동선수나 연예인이) 매사에 남들을 가르치려 들면 일단 그를 의심의 눈초리로 바라봅니다. 마찬가지로 우리가 돈을 좀 벌었다는 이유로 세상의 모든 주제에 대해 사람들에게 조언을 제공할 수 있다고 생각하면 정신이 나간 거지요.

편집자 노트: 두 억만장자는 마지막 질문을 받고 관객들의 박수에 화답한 뒤 무대를 떠났다. 관객들은 앞으로 두 시간쯤 더 행사가 진행돼도 얼마든지 즐길 준비가 돼 있었지만, 두 사람은 그럴 수가 없었다. 브리지 게임이 남아 있었기 때문이다.

모래 위에 지은 집

1998년 10월 26일 | 캐럴 루미스

그동안 빌 게이츠가 이룩한 가장 놀라운 업적 중 하나를 꼽으라면 워런 버핏을 설득해서 함께 휴가를 떠난 일이 아닌가 싶다. 자신의 사무실을 세상에서 가장 즐거운 곳이라고 생각하는 버핏은 다른 곳으로 여행하는 일을 그다지 좋아하지 않는다. 그럼에도 불구하고 빌과 멜린다 게이츠는 버핏과 그의 첫 번째 아내 고(故) 수지 버핏을 1996년에 2주간 중국에 데려갔으며, 1998년에는 그들과 함께 알래스카와 미국 서부 지역을 거의 2주에 걸쳐 여행했다.

그런데 그들이 1998년 8월 알래스카 여행을 떠나기 불과 몇 시간 전, 버핏은 롱텀캐피털매니지먼트(Long-Term Capital Management, LTCM)라는 파산 직전의 헤지펀드로부터 이 회사가 보유 중인 어마어마한 액수의 거래 포트폴리오 전체를 사들이겠다는 결정을 내렸다. 이 기사는 존 메리웨더가 이끄는 이 회사가 몰락에 이르게 된 과정, 그리고 버핏이 알래스카의 빙하 속에서 이 거래를 추진하다 결국 실패하는 상황을 기술한 글이다.

버핏 대신 LTCM을 인수한 것은 14개 은행으로 구성된 컨소시엄(consortium, 공동 목적을 위해 조직된 협회나 조합)이었다. 그 은행들은 마지못해 36억 달러를 거두어 이 회사를 파산의 위기로부터 구하기로 결정했는데, 그 이유는 LTCM이 파산할 경우 자신들이 보유한 트레이딩 포지션(trading position, 금리, 주가, 환율 등의 가격 변동에 따른 단기 매매차익 획득을 목적으로 하는 거래 포지션 — 역자주)에도 막대한 손실이 발생할 것을 우려했기 때문이다. 이 은행들이 조직한 관리위원회는 존 메리웨더 및 다른 파트너들과 함께 LTCM이 보유한 6만여 개의 포지션을 하나하나 정리하는 작업에 돌입했다. 1999년 말 이 관리위원회는 은행들이 지불한 36억 달러를 회수하는 데 성공했으며, LTCM은 2000년에 결국 청산됐다.

만일 버핏이 6만 개의 포지션으로 구성된 포트폴리오를 사들였다면 상황이 어떻게 바뀌었을지는 아무도 모른다. 골드만삭스(Goldman Sachs)를 포함한 버핏의 입찰단이 그 포트폴리오를 어떤 식으로 해체하려 했을지 알 수 없기 때문이다. 최근 LTCM과의 경험에 대해 질문을 받은 버핏은, 그토록 똑똑하다고 자부하던 사람들이 어떻게 전 재산을 순식간에 날려버리는 상황까지 추락했는지 놀라울 뿐이었다고 말했다. 버크셔 해서웨이에서는 그런 행위가 사회적으로 용납될 수 없다. 이 회사가 표방하는 원칙 중 하나는 "사람은 한 번 부자가 되면 족하다"라는 것이다. 그러나 메리웨더에게는 그런 메시지가 통하지 않았던 것 같다. 그는 LTCM이 몰락한 뒤에도 똑같은 사업을 시작해서 다시 한번 부자가 되기 위해 노력했지만 별다른 성공을 거두지 못했다. 1999년, 그는 JWM 파트너스(JWM Partners)라는 헤지펀드를 설립했다. 이 펀드는 몇 년간 돈을 벌어들이며 30억 달러 규모로 성장했으나 금융 위기로 큰 손해를 본 뒤, 2008년에 문을 닫았다. 메리웨더는 그다음 해에도 JM 어드바이저스 매니지먼트(JM Advisors Management)를 세웠다. 그러나 이 조직의 투자 기록은 아직 공개된 바가 없다. – CL

롱텀캐피털매니지먼트(LTCM)가 몰락한 뒤 각종 언론 매체가 이 사안을 끊임없이 파헤쳤음에도 불구하고, 많은 독자에게 그 일이 여전히 미스터리로 남아 있는 것은 신기한 일이다. 물론 수많은 단면으로 구성된 이 복잡한 사건을 누구라도 완전히 이해하기는 불가능에 가깝다. 그런 이유로

〈포춘〉은 이 기사가 LTCM에 대해 알아야 할 모든 것을 말해준다거나 이미 알려진 사실 이외에 특별한 정보를 제공한다고 주장하지는 않는다. 그러나 우리가 다른 매체들과 다른 점은, 유명 투자자인 워런 버핏(글쓴이의 오랜 친구이기도 하다)이 사건의 진행 과정에서 어떻게 한몫을 했는지 잘 파악하고 있다는 것이다. 이 대하소설에서 버핏이 담당했던 중요하고, 극적이고, 심지어 희극적이기까지 한 역할은 지난 9월의 나흘 동안에 걸쳐 이루어졌다. 게다가 그 역할은 아직 끝나지 않았는지도 모른다.

9월 한 달 동안 LTCM에 어떤 일이 벌어졌는지는 이 복잡한 사건 중에서 그나마 확실하게 알려진 대목이다. 이 대형 헤지펀드는 9월 내내 파산 위기에 시달리다 14개 은행으로 구성된 컨소시엄이 거둔 돈 36억 달러를 수혈 받고 기사회생했다. 채권자들은 LTCM이 파산할 경우 천억 달러가 넘는 이 회사의 부채가 자신들의 재무 기반까지 휘청거리게 만들지도 모른다며 두려워했다. 채권단을 규합하는 데 핵심적인 역할을 담당한 뉴욕 연방준비은행은 이 펀드가 급속도로 붕괴될 경우 가뜩이나 휘청거리는 세계의 주식시장에 도미노 효과가 일어날 수도 있다고 생각해, 이를 막기 위해 안간힘을 썼다. 그들은 LTCM을 구제하기 위한 거래의 대부(代父) 역할을 기꺼이 떠맡고 본사 사무실에 채권자들을 불러 모아 협상 과정을 감독했다.

이 사안의 핵심 인물은 이 헤지펀드의 설립자이자 수석 파트너인, 살로몬 브라더스 출신의 투자 귀재 존 메리웨더였다. 그는 수학 및 금융 분야의 박사 같은 뛰어난 인재들을 끌어들여, 그들에게 컴퓨터 기반의 '무(無)손실' 트레이드 전략을 고안하게 만들었다. 코네티컷주 그리니치(Greenwich)에 소재한 LTCM의 사무실은 제곱미터당 IQ가 다른 어떤 조직보다 높을 것이다. 그뿐만 아니라 제곱미터당 노벨상 수상자의 비율도 가장 높지 않을까 싶다. LTCM이 보유 중인 두 명의 노벨상 수상자 마이런 숄즈(Myron

Scholes)와 로버트 머튼(Robert Merton)은 지난해 스웨덴으로 건너가, 경제학 분야에서 최고의 학문적 성과를 거둔 사람에게 주어지는 이 상을 기쁜 마음으로 수상한 바 있다.

하지만 이 고급 두뇌 집단에 닥친 재난을 생각하면 비트 세대 시인 앨런 긴즈버그(Allen Ginsberg)의 〈울부짖음(Howl)〉이라는 시에 나오는 첫 문장이 떠오른다. "나는 내 세대 최고 지성들이 광기로 몰락하는 모습을 보았다……." LTCM에서 이 최고의 지성들이 몰락한 이유는 가장 역사가 깊으면서도 중독성이 강하기로 소문난 금융계의 마약, 바로 레버리지 때문이었다. 만일 이 펀드가 그토록 과도하게 회사의 자산을 부풀리는 길을 택하지 않았더라면, 그들은 지금까지도 살아남아 그 뛰어난 두뇌들과 함께 나름대로 사업을 지속하고 있었을 것이다. 그러나 이제 그들은 자신들의 무모한 전략 탓에 화려한 월계관을 금융시장의 꼴찌상과 맞바꾸어야 할 처지에 놓였으며, 세상 사람들에게 손가락질 받는 불명예스럽고 처량한 패배자 신세로 전락했다.

그렇다면 워런 버핏은 왜 이 죽어가는 회사에 투자할 생각을 하고 이를 실천에 옮긴 것일까? 그가 행동에 나선 것은 9월 23일 수요일이었다. 당시 뉴욕 연방준비은행은 LTCM에 막대한 돈을 빌려준 여러 은행 및 증권회사들을 모아 여러 날에 걸쳐 회의를 주재하던 참이었다. 채권단은 이 펀드의 파산을 막기 위해서 새로운 자금을 투입해야 한다는 압박을 받고 있었다. 하나같이 기라성 같은 참석자(은행이나 금융기업들은 대부분 CEO나 이와 동급의 경영자를 보낸다)들은 회의에서 치열한 논쟁을 벌였다. 돈을 내고 싶어하는 사람은 아무도 없었지만, 그들 모두가 이 펀드의 파산을 두려워했다. 채권단이 수요일 오전 회의를 재개할 무렵, 뉴욕 연방준비은행 총재 윌리엄 맥도너(William McDonough)는 골드만삭스(채권단의 일원이기도 하다)로부터 자금조달 방안에 대한 또 다른 제안이 있다는 이야기를 들었다. 맥도너는 회의를 잠시 중단하고 골드만삭스의 발표에 귀를 기울였다. 다름 아닌 워런 버핏이 운영하는 버크셔 해서웨이가 이 펀드를 인수하겠다는 입찰 제안이었다. 조건은 복잡했지만, 기본적으로 버핏이 주도하는 투자자 그룹이 40억 달러를 투입해 LTCM의 경영권을 인수한다는 내용이었으며, 40억 달러 중 30억 달러는 버크셔가 출자하고 7억 달러는 다국적 보험사인 AIG가, 그리고 3억 달러는 골드만삭스가 부담하는 것으로 되어 있었다. 그러나 버핏의 제안은 메리웨더의 손에 넘어가면서부터 수명이 다하기 시작했다. 그 이유에 대해서는 지금도 여러 사람의 의견이 엇갈린다. 버핏은 이 거래가 무산된 이유가 메리웨더를 포함한 LTCM의 수석 파트너들이 그 조건을 수용하지 않은 데 있다고 본다. 자신들에게 돌아올 돈이 너무 적은 데다 일자리도 잃을 판이었기 때문이라는 것이다. 그러나 메리웨더와 LTCM의 파트너들은 버핏의 제안에 구조적인 문제가 있기 때문에 실현 가능성이 없다고 주장했다.

그들의 주장을 받아들인 맥도너는 어쩔 수 없이 회의를 속행하고 채권단이 자체적으로 돈을 투입해서 펀드를 구제한다는 유일한 방안으로 되돌아갔다. 그 자리에 참석했던 어느 CEO가 최근 〈포춘〉의 기자에게 귀띔한 바에 따르면, 그날 맥도너는 버핏의 제안에 '구조적' 문제가 존재하기 때문에 이를 수용할 수 없다고 채권단에게 설명했다고 한다. 결국 CEO들은 자체적인 구제 협상안으로 복귀해서, 참석자 한 명당 1억 달러에서 3억 5천 달러를 거두어들인다는 안에 마지못해 합의했다.

〈포춘〉의 기자는 그 CEO에게 이렇게 물었다. 만일 그날 맥도너가 버핏의 제안을 수용하지 않은 이유를 LTCM에서 그 조건을 거부했기 때문이라고 채권단에게 말했다면 어떤 일이 생겼을까? "나는 메리웨더에게 엿이나 먹으라고 욕을 퍼부었을 겁니다." 물론 그런 상황이 벌어졌다면 협상은 그야말로 '치킨게임(chicken game, 어느 한쪽이 양보하지 않을 경우 양쪽이 모두 파국으로 치닫게 되는 극단적인 게임이론)'으로 바뀌었을 것이다. 메리웨더는 버 핏에게 회사를 넘기느니 차라리 파산을 택하겠다고 버텼을지도 모른다. 그럴 경우 채권단은 다시 원래의 질문으로 돌아가야 했을 것이다. 과연 우 리가 LTCM의 파산을 견뎌낼 수 있을까? 째깍째깍째깍……. 과연 어느 쪽 이 먼저 몸을 피할 것인가?

LTCM과 채권자들(그리고 연방준비은행)이 어쩌다 이토록 기구하게 엮이는 처지가 됐으며, 버핏은 왜 그 혼란 속으로 자진해서 걸어 들어갔는지 이해 하기 위해서는 먼저 이 헤지펀드와 운영자 존 메리웨더를 자세히 들여다 볼 필요가 있을 것 같다. 올해 51세의 메리웨더는 1991년 8월까지 살로몬 의 부사장으로 근무했다. 그가 담당한 분야는 '고정 소득 거래'와 '자기자 본거래(proprietary trading, 금융기관이 자기 자산이나 차입금만으로 채권과 주식, 각종 파생상품 등에 투자하면서 수익을 추구하는 투자 방식 ― 역자주)'였다. 놀라 운 실적을 올리며 회사에 엄청난 돈을 벌어다준 메리웨더는 부하 직원들 의 존경을 한몸에 받았다. 살로몬에 근무했던 어느 임원은 이렇게 말했다. "존을 컬트 종교의 교주처럼 신봉하며 따라다니는 사람들을 보면 영국령 기아나(존스타운 집단 자살이 일어난 곳)가 생각날 정도였죠."

그러던 어느 날 메리웨더 밑에서 근무하던 폴 모저라는 고참 직원이 살로 몬 국채 스캔들을 일으켰다. 모저는 자신이 국채 입찰 과정에서 부정을 저 질렀다는 사실을 1991년 4월 메리웨더에게 털어놨으며 메리웨더는 상사 인 존 굿프렌드와 톰 스트라우스에게 이를 곧바로 보고했다. 그러나 연방 준비은행이 그 일을 곧 알게 될 것이 분명한데도 그들은 입을 굳게 다물 었다. 그해 8월, 드디어 이 스캔들이 불거지면서 모저는 해고됐으며 굿프 렌드와 스트라우스 역시 사임 압력 속에서 회사를 떠났다. 이 위기를 수 습하기 위해 등장한 구원투수가 살로몬의 최대 주주인 버크셔 해서웨이 의 의장 버핏이었다.

버핏이 살로몬의 의장에 취임한 뒤 처음 이틀간 메리웨더의 운명은 불투명했다. 고위 임원들 대부분은 메리웨더에게 등을 돌리고 그를 축출해야 한다고 주장했다. 그러나 버핏은 메리웨더를 해고하는 일이 타당한지 확신이 없었다. 어쨌든 모저의 비행을 상사에게 곧바로 알리는 책임 있는 행동을 취한 사람이었기 때문이었다. 결국 스스로 회사를 그만두기로 결정한 메리웨더는 그것이 회사를 위해 가장 옳은 일인 것 같다고 버핏에게 말했다.

그러자 메리웨더 밑에서 근무했던 여러 직원도 하나둘 회사를 떠나 그에게 모여들기 시작했다. 그들이 새로 시작한 사업이 구체적으로 모습을 드러낸 것은 1993년 롱텀캐피털매니지먼트라는 헤지펀드의 출범 계획을 메리웨더가 발표하면서부터였다. 이 펀드에 돈을 투자한 조직은 조합과 대기업 등으로 다양하게 구성되었으며, 일부는 미국에 소재했고 일부는 케이맨제도(Cayman Islands, 카리브해에 있는 영국령 제도로 조세피난처로 유명함 — 역자주)에 근거지를 두었다. 그런데 왜 케이맨제도였을까? 해외 투자자들이나 미국의 일부 투자자는 이곳에서 미국 소득세를 면제받을 수 있었기 때문이었다. 1998년 9월 뉴욕 연방준비은행이 이 펀드를 구제하기 위해 분주히 오갈 때 가장 크게 짜증을 냈던 대목이 바로 이 부분이었다. 어쨌든 이들 조직은 '롱텀캐피털 포트폴리오 L.P.'라고 불리는 케이맨 소재의 파트너십을 마스터 펀드로 삼아 여기에 자금을 쏟아부었다.

메리웨더를 포함한 투자 관리자들은 바로 이 펀드에서 수많은 포지션을 좌지우지했다. 이 펀드는 처음 출범했을 때부터 운영 방식이 독특했다. 펀드 관리자들은 이익을 내는 데 6개월에서 2년 이상 시간이 걸리는 트레이드 전략을 제안한 것이다. 이 때문에 LTCM은 헤지펀드의 관행인 분기별 또는 연도별 출금을 허용하지 않고 1997년 말까지 자금을 잠그기로 했다. 그들의 전략에 따르면 펀드매니저들은 소위 '방향적' 리스크에 관련된 거래를 될수록 줄이고, 대신 매우 조심스러운 포지션 헤징을 통해(특히 채권 같은 고정 수익 시장에서) 미세한 수익을 노리는 거래에 집중했다. 이 이야기에서 중요한 리스크의 개념적 차이를 확실히 이해하기 위해서는 다음 몇몇 사례를 살펴보는 편이 좋을 듯하다. 만일 어떤 개인 투자자가 센던트(Cendant)의 주식이 오를 거라는 예상을 바탕으로 그 회사의 주식을 사들이기로 결정했다고 하자. 이는 앞서 말한 방향적 거래, 또는 '포지션 리스크'에 해당한다. 만일 이 투자자가 증거금으로 주식을 사지 않고 현금으로 구입했다면, 그 거래로 인해 리스크에 노출된 돈의 수익률이나 손실률은 센던트 주가의 상승률 또는 하락률과 정확히 일치한다.

반면 LTCM의 핵심 전략은 시장의 전반적인 트렌드와 상관없이 수익을 올릴 수 있는 헤지 방식의 거래를 구사하는 것이었다. 예를 들어 이 펀드는 첨단의 재무 테크놀로지와 회사의 고급 두뇌들을 활용해, 관련 분야에 비해 일반적인 수익률 기준을 벗어나는 채권들을 골라냈다. 그리고 한 종류의 채권만을 매입하고 다른 채권들은 공매도했다. 이런 방식으로 거래를 한다면 금리가 오르든 내리든 또는 제자리를 유지하든 수익이 발생하기 마련이었다. 문제는 두 종류의 수익이 결국에는 상쇄될 수밖에 없다는 점이었다.

다시 말해 이런 식의 거래를 통해서는 펀드에서 큰 수익을 기대하기가 절대 불가능했다. 당시 LTCM에 돈을 맡겼던 어느 투자자의 회고에 따르면, 자신이 1996년 이곳의 최고책임자에게 전화를 걸어 회사가 1달러당 어느 정도의 연평균 수익을 보고 있느냐고 물었더니 67베이시스 포인트(basis point, 1베이시스 포인트는 100분의 1퍼센트 — 역자주), 즉 0.67센트라는 대답을 들었다고 했다.

투자액 자체를 엄청나게 늘리지 않는 한 이렇게 낮은 수익률을 반가워할 투자자는 없을 것이다. 그것이 이 회사가 레버리지로 눈을 돌리기 시작한 이유였다. 자신들의 포지션 리스크가 매우 낮다는 자신감에 가득 차 있던 이 펀드는 엄청난 규모의 '재무상태표 리스크', 즉 막대한 부채를 상대적으로 빈약했던 회사의 자본금 위에 마구 쌓아 올렸다. 앞서 말한 그 투자자가 67베이시스 포인트라는 대답을 들었던 1996년 당시, 이 펀드의 재무상태표에 기록된 부채는 자본금 1달러당 30달러에 달했다. 그들은 이 30대 1의 레버리지를 활용해서 달러당 0.67퍼센트의 수익으로도 20퍼센트의 건실한 자본이익률을 거둘 수 있었던 것이다.

이 펀드의 엄청난 레버리지는 거의 공포스러울 지경이었다(그리고 그 공포는 결국 현실이 된다). 그러나 첨단의 재무 테크놀로지를 바탕으로 주도면밀하게 구축된 헤지 전략을 꾸준하게 구사한 LTCM의 투자 리스크는 매우 낮았다. 이 펀드는 1994년 10월 투자자들에게 보낸 보고서에서 자신들의 투자 제안을 상세히 설명했다. 그들은 보고서에 담긴 표에서 회사가 향후 1년간 목표로 하는 수익률을 범위별로 나열하고, 각 예상 수익률마다 투자 상황이 악화됐을 때 손실이 발생할 수 있는 확률을 짝을 맞추어 기재했다. 예를 들어 이 펀드가 25퍼센트의 수익률을 목표로 하는 경우(헤지펀드의 전형적인 수익 목표가 이 정도다), 반대로 20퍼센트 또는 그 이상의 손실이 발생할 확률은 100분의 1 정도로 미미하다는 것이었다. 이 표에서는 더 큰 손실이 생길 확률을 아예 고려조차 하지 않았다.

비극이 발생하지만 않았다면 이 모든 것이 재미있게 지켜볼 만한 일이었을지도 모른다. 이 펀드는 1998년에 들어 8개월 동안 자본금의 50퍼센트를 날려버렸다. 그리고 9월이 되면서 자본금의 90퍼센트로 손실 규모가 확대됐다. 워런 버핏은 이렇게 말한다. "그걸 보고 우리가 알 수 있는 것은 베타니 시그마니 하는 그 화려한 수학적 용어 아래에 결국 모래 늪이 자리 잡고 있었다는 거죠."

LTCM에 투자했던 사람 중 적어도 한 명은 버핏과 똑같은 생각을 했을 것이다. 펀드의 수익률이 67베이시스 포인트에 불과하다는 대답을 전화로 들었던 그 투자자는, 통화를 마친 뒤에 두 개의 메모를 작성해서 파일에 보관했다. 그는 최근 〈포춘〉의 기자에게 그 메모들을 보여주었다. 첫 번째 메모에는 이렇게 적혀 있었다. "그들도 베어스턴스, 살로몬, 골드만 같은 월스트리트의 회사들과 다를 바가 없는 걸까? 지극히 사적인 형태로 운영되는 이 조직은 직원도, 간접 비용도 없으며, 에이전시 사업도 하지 않는다." 두 번째 메모에는 이디시어(중앙 및 동부 유럽에서 쓰이던 유대인 언어 — 역자주)로 '키쉬카(kishka)'라는 단어가 자주 눈에 띄었다. '직감(直感)'을 비유적으로 의미하는 말이다. "그들의 투자 포트폴리오에는 키쉬카를 찾아볼 수 없다. 이 회사에는 노벨상 수상자들이 만든 컴퓨터 시스템이 있다고 한다. 그들 역시 하루아침에 무너질까? 언젠가 키쉬카를 선호하는 사람이 회사를 맡게 될까?"

그러나 이 펀드가 1994년부터 1998년 봄까지 보여준 활력 넘치는 모습 덕분에 대부분의 투자자들은 키쉬카에 대해 별로 우려하지 않았다. LTCM이라는 회사는 투자자들이 회사에 매우 높은 수수료를 지급하는 구조로 이루어져 있었다. 그들은 투자자들이 출자한 자본금의 2퍼센트를 매년 수수료로 떼어 가고 수익의 25퍼센트를 추가로 가져갔다. 그럼에도 불구하고 이 펀드에 돈을 맡긴 투자자들은 1994년의 10개월 동안 20퍼센트를 벌어들였으며, 1995년에는 43퍼센트, 1996년에는 41퍼센트, 1997년에는 17퍼센트의 수익을 올렸다. 게다가 월별 성과를 보면 이 펀드가 실적 변동성이 매우 낮은 안정적 성장의 궤도에 놓였다는 사실이 분명했다.

이 실적이 수많은 사람을 유혹하면서 LTCM에는 새로운 자금이 홍수처럼 밀려들었다. 이곳의 펀드매니저들은 회사의 특별한 트레이드 전략을 철저히 비밀에 부쳤기 때문에 투자자들은 도대체 이 펀드가 어떻게 수익을 내는지 알 길이 없었다. 그런 상황에서도 투자자들은 계속 돈을 쏟아부었다.

1997년 가을이 되자 이 펀드의 자본금은 투자자들이 투자한 금액과 수익금을 재투자한 액수를 합쳐 70억 달러까지 불어났다.

그런 상황에서 예상치 못한 일이 벌어졌다. 투자 기회 대비 자본금이 지나치게 많다고 판단한 LTCM이 투자자들(특히 최근에 투자를 시작한 사람들)에게 돈을 빼 가라고 압박한 것이다. 투자를 거부당한 사람들은 이 조치에 반발해 난리를 피웠다. LTCM은 그중 유달리 화를 내며 저항한 사람 중 적어도 한 명을 그대로 투자자로 남아 있게 했다. 투자자들의 반발이 초래된 이유 중 하나는 LTCM의 수석 파트너들과 다른 내부 직원들의 투자액 전부가 이 펀드에 남아 있었기 때문이었다. 그 말은 애초에 매력적인 투자 기회가 그렇게 드물었던 것도 아니었다는 뜻이다. 1997년 말이 되면서 소동이 어느 정도 가라앉자 이 펀드의 자본금은 47억 달러로 줄었다. 그중 15억 달러가 내부자들의 자금이었다.

당시 이 펀드는 1,250억 달러의 빚을 지고 있었다. 재무상태표의 레버리지 비율은 25 대 1이었다. 그러나 이는 빙산의 일각에 불과했다. 이 펀드는 장부에 잡히지도 않는 엄청난 양의 파생상품 계약을 늘 적극적으로 체결했기 때문에, 이로 인해 실제적인 레버리지는 계속 증가할 수밖에 없었다. 파생상품으로 인한 리스크의 규모를 확실히 알 수 있는 사람은 오직 한 명의 내부자뿐이었지만, 어쨌든 이 펀드의 전체 레버리지가 1997년 말의 재무상태표 레버리지 25 대 1보다 훨씬 크다는 사실만은 분명했다.

어떤 의미에서는 애초에 이 부채가 존재하게 된 이유가 메리웨더의 광신도가 된 또 다른 추종자 집단 때문이었다. 은행과 증권회사로 이루어진 이 열렬한 신봉자들은 그에게 돈을 빌려주지 못해 안달이 날 지경이었다. 채권자들이 선호하는 고객은 규모가 크고, 활발하고, 튼튼한 회사였다. 그들의 눈에 비친 LTCM의 이미지가 바로 그런 모습이었다. 채권자들은 이 펀드가 보유한 막대한 부채를 대수롭지 않게 여기고 오히려 LTCM에게 우호적인 대출 조건(일례로 담보를 면제해주는 조건)을 앞다퉈 제공해주었다. 또 다른 채권자들은 이 펀드와 수많은 파생상품 계약을 맺으며 자신들도 모르는 사이 전체 리스크를 끝도 없이 증가시키는 일에 한몫을 거들었다. 그런 과정을 거치며 상황은 폭발 직전까지 도달했다.

1998년의 폭발은 조용히 시작된 듯했다. 하지만 이 펀드는 5월의 극심한 변동 장세에서 6퍼센트의 손해를 봤고 6월에도 10퍼센트를 잃었다. 회사 설립 이래 유래가 없는 타격을 잇달아 입은 메리웨더는 투자자들에게 특별 편지를 보냈다. 그는 이 편지에서 LTCM의 5월과 6월 실적이 "당연히 실망스럽지만" 그럼에도 "미래의 기대 수익(즉 이 펀드의 투자 전략)은 여전히 훌륭하다"라고 말했다. 7월에 그들은 이익도 손해도 없이 본전을 기록했다.

그리고 8월이 왔다. 그 끔찍하고 끔찍했던 8월이. 그달 들어 러시아가 자국의 화폐를 평가절하하자, 전 세계의 투자자들은 순식간에 안전자산으로 방향을 선회했다. 그동안 LTCM이 활용했던 갖가지 전략의 기반이 된 투자 환경이 완전히 어긋난 것이었다. 예를 들어 그들은 향후 AA등급의 회사채와 미국 국채 사이의 신용 스프레드(credit spread, 국채와 회사채 사이의 금리 차이를 의미하며 기업들이 돈을 빌리기 쉬운 정도를 판단하는 지표로 활용됨 — 역자주)가 축소되리라는 예측을 바탕으로, 페어 트레이딩(pair trading, 장기적으로 유사한 가격 흐름을 보이는 두 증권 중 가격이 저평가된 종목을 매수하고 고평가된 종목을 공매도하는 투자 전략 — 역자주) 전략을 특정 시점에서 수시로 활용했다. 그들의 베팅이 나쁘지 않아 보였던 이유는 당시의 신용 스프레드가 과거 수준과 비교해서 상대적으로 확대된 상태였기 때문이었다. 그러나 갑자기 모든 사람이 안전자산으로 눈을 돌리게 되자 미국 국채의 이자율은 급락했고 국채와 회사채의 금리 차이는 더욱 큰 폭으로 벌어졌다. 결과는 참혹했다. LTCM의 자본금은 8월에만 40퍼센트가 증발하면서 25억 달러로 줄어들었다. 게다가 이 펀드는 아직 천억 달러의 부채를 안고 있는 상태였다.

상황이 이쯤 되자 이 펀드의 수석 파트너들과 일부 투자자들은 극도로 초조해질 수밖에 없었다. LTCM의 경영진은 자존심을 팽개치고 이 회사의 트레이딩 포지션을 구입해줄 투자자들을 찾아 나섰다. 아니면 새로운 자본을 투자받아 재무구조를 강화시키는 것도 또 다른 대안이었다. 그들은 1997년 말에 자신들에게 투자를 거부당한 사람들을 다시 찾아갔고, 헤지펀드 업계의 거물인 조지 소로스(George Soros)와 줄리안 로버트슨(Julian Robertson)에게도 손을 내밀었다. 그러나 모두에게 거절당했다.

8월 23일 일요일 저녁, LTCM은 오마하로 눈을 돌렸다. 버핏과 통화할 임무를 부여받은 사람은 이 펀드의 수석 파트너 에릭 로젠펠드(Eric Rosenfeld)였다. 한때 살로몬에서 트레이더로 일했던 그는 살로몬이 1991년의 위기를 탈출하는 과정에서 회사를 충성스럽게 돕는 모습을 보여 버핏에게 인정받았던 인물이었다. 올해 45세의 로젠펠드는 원래 느긋한 성격의 소유자였다. 버핏에 따르면 당시 이 펀드가 보유한 대규모의 주식 차익거래 포지션을 자신에게 팔겠다고 제안하는 로젠펠드의 목소리에서 절박한 위기감이 묻어났다고 한다. 그러나 버핏은 이를 거절했다.

수요일에 로젠펠드는 버핏에게 다시 전화를 걸었다. 이번에는 메리웨더와 함께였다. 그들은 LTCM의 또 다른 수석 파트너 로렌스 힐리브랜드(Lawrence Hilibrand)가 다음 날 오전 오마하로 날아갈 예정이니 그를 한 번만 만나달라고 부탁했다. 살로몬의 트레이더 출신인 39세의 힐리브랜드 역시 버핏이 마음에 들어 했던 직원 중 하나였다. 그는 버핏을 만난 자리에서 LTCM이 소유한 포트폴리오의 대략적인 개요를 조심스럽게 설명하며 버핏에게 이 펀드의 주력 투자자가 되어달라고 요청했다. 힐리브랜드는 자신이 서두를 수밖에 없는 이유를 이렇게 설명했다. 며칠 뒤 8월이 마무리되면 그들은 이달에 얼마나 손해를 봤는지 투자자들과 채권자들에게 알려야 하는 입장이었다. 이런 상황에서 이 펀드의 레버리지 부담을 줄여 줄 새로운 자금을 확보한다면 투자자와 채권자들에게 기쁜 소식이 될 수 있다는 것이었다. 그러나 버핏은 미안하지만 관심이 없다고 말하며 그 제안을 정중하게 거절했다.

버핏은 나중에 버크셔의 부회장인 찰리 멍거와 이 사안을 두고 대화를 나누었다. 그는 이 펀드의 포지션들을 인수하는 일이 논리적으로 타당할 수도 있겠지만 버크셔를 헤지펀드의 투자자로 만들고 싶지 않다고 멍거에게 말했던 것으로 기억한다. 또 그는 '평균 IQ가 170이 넘는 10~15명의 사내가 자신들의 돈을 몽땅 날릴 처지에 놓인' 어처구니없는 상황에 대해서도 이야기했다고 한다.

버핏은 그 뒤로 LTCM에 대해서는 거의 잊어버렸다. 9월 18일 금요일의 늦은 오후, 버핏은 자신과 안면이 있던 골드만삭스의 파트너 피터 크라우스(Peter Kraus)로부터 전화를 받았다. 크라우스는 LTCM의 순자산(자본금)이 이제 15억 달러까지 줄어들었다며 골드만은 이 펀드에 투자할 만한 대형 투자자들에게 전화를 돌리고 있다고 말했다. 버핏은 관심이 없다고 다시 거절했다. 그러나 두 사람은 이 펀드를 두고 또 다른 아이디어들을 한동안 전화로 주고받았다. 마침내 버핏은 버크셔와 골드만삭스가 공동으로 이 펀드 전체를 사들이는 입찰단을 구성해 메리웨더가 이끄는 경영진을 물러나게 한다는 거시적인 방안에 관심을 보이기 시작했다. 오늘날 그가 기억하는 계획의 핵심은 이 펀드의 트레이딩 포지션들을 꾸준히 정리하는 한편 펀드를 점진적으로 청산해서 수익을 창출하자는 것이었다고 한다. 이는 당시 버크셔의 주머니에 든 수십억 달러의 현금을 감안하면 꽤 훌륭한 아이디어였다. 그러나 아이디어가 제시된 시점이 매우 좋지 않았다. 버핏은 잠시 후에 사무실을 나가 손녀의 생일 파티에 참석하기로 되어 있었다. 게다가 그날 밤 시애틀로 출발해 빌 게이츠의 그룹에 합류한 뒤 알래스카와 미 서부로 2주간의 관광에 나설 계획이었다. 버핏에게는 매우 이례적인 일이었다. 평소 그는 경치를 구경하는 일 따위에 별로 관심이 없었지만, 절친한 사이인 게이츠가 버핏과 그의 아내 수지를 여행에 끌어들인 것이었다.

만일 그 입찰안이 현실화된다면, 버핏은 여행 중인 야생의 세계에서 크라우스와 수도 없이 전화로 상의를 해야 할 판이었다. 그리고 실제로 그런 상황이 벌어졌다. 물론 그 과정에서 숱한 짜증과 좌절이 뒤따를 수밖에 없었다. 수십억 달러의 자산을 보유한 억만장자라도, 마치 협곡과도 같은 알래스카의 깊은 피오르(fjord, 빙하의 침식에 의해 형성된 U자곡에 바닷물이 들어와 형성된 좁고 긴 형태의 만)에서 전화 연결을 안정적으로 유지하는 일은 쉽지 않았다.

그런 와중에서도 다음 4일간에 걸쳐 40억 달러 규모의 입찰 문서가 점점 모양을 갖춰갔다. 골드만삭스는 3억 달러 이상의 투자를 원치 않았기 때문에 버핏의 제안에 따라 AIG가 입찰단에 참여하게 됐다. AIG의 회장 모리스 그린버그(Maurice Greenberg)와 사이가 좋았던 버핏은 이 일을 계기로 두 사람의 관계가 더욱 돈독해질 거라고 기대했다. 또 이 거래가 성공해서 LTCM의 자산이 입찰단의 손에 넘어오면 펀드의 관리는 골드만이 맡기로 했다.

문제의 핵심은 그들이 구체적으로 무엇을 사들이기로 했으며 얼마를 불렀는지 이해하는 일일 것이다. 버핏의 입찰단은 이 펀드의 포트폴리오 전체를 넘겨받기를 원했다. 그러기 위해서는 롱텀캐피털 포트폴리오 L.P.라는 마스터 펀드를 통째로 사들여야 했다. 9월 18일 금요일 기준으로 이 펀드에는 15억 달러의 자본금이 남아 있었다. 그러나 버핏의 입찰 문서가 완성된 그다음 주 수요일에는 이 펀드의 순자산이 6억 달러 선이었을 것으로 추정된다. 아무도 그 숫자를 정확히 알지 못했다. 아무튼 어떤 경우에도 절대 과도한 돈을 지불하지 않는 버핏은 이 펀드를 할인된 가격으로 매입하고 싶어 했다. 그가 입찰 문서에서 제시한 금액은 2억 5천만 달러였다. 만일 이 입찰이 수락된다면 그 돈은 이 펀드의 오랜 투자자들(메리웨더의 경영진을 포함해)의 몫으로 돌아갈 터였다. 1998년 초에 47억 달러였던 펀드의 규모가 20분의 1로 쪼그라든 것이었다. 버핏의 입찰단은 2억 5천만 달러를 투자자들에게 지불한 뒤 나머지 37억 5천만 달러로 이 펀드의 자본 적정성을 회복할 계획이었다.

그 2억 5천만 달러라는 돈에 대해 조금 더 생각해보자. 일단 이 금액이 협상 테이블에 놓인 뒤에 메리웨더에게 일정한 시간이 주어진다면, 그는 당연히 더 많은 돈을 얻어내기 위해 '쇼핑'에 나서려 할 터였다. 또한, 가뜩이나 변동이 심한 시장에서 40억 달러짜리 제안이 담긴 입찰 문서를 책상 위에 오래 놓아두는 것도 바람직한 일이 아니었다. 따라서 버핏은 자신의 제안에 대한 회답 시한을 의도적으로 촉박하게 설정했다. 버핏은 수요일 오전 11시 40분에 메리웨더에게 팩스로 전송한 문서에서 1시간 뒤인 12시 30분에 본 입찰의 효력이 만료될 거라고 통보했다.

한편 지난 며칠간 여러 차례의 회의를 통해 이 펀드를 구제할 방법을 모색하고 있었던 맥도너와 채권단은 그 수요일에도 다시 모여 회의를 진행할 예정이었다. 따라서 골드만삭스가 맥도너에게 그 거래에 대해 설명한 것은 버핏의 입찰 문서가 메리웨더에게 팩스로 전송되기도 전의 일이었다. 맥도너는 당시 몬태나주의 목장에 머물고 있던 버핏에게 전화를 걸어 제안의 내용을 확인했다. 버핏에 따르면 맥도너는 채권단과 머리를 싸매고 구상하던 구제책의 또 다른 대안이 등장했다는 사실을 기뻐하는 눈치였다고 한다. 잠시 뒤에 버핏은 메리웨더와 통화를 하고 곧 입찰 문서가 도착할 예정임을 알렸다. 버핏은 자신의 입찰단이 롱텀캐피털의 포트폴리오 전체를 사들이기 원한다는 입장을 분명히 밝혔다. 메리웨더는 아무런 답을 하지 않았다.

그러나 메리웨더는 버핏과 통화를 마친 다음 즉시 행동을 취했다. 그는 LTCM의 사내 변호사들과 짧게 대화를 나눈 뒤 맥도너에게 전화를 걸어 버핏의 입찰은 수용 가능하지 않다고 말했다. 자신에게 회사를 판매할 수 있는 권한이 없다는 이유에서였다. 다시 말해 그는 이 '포트폴리오 회사'의 업무집행 파트너 중 한 명에 불과하며, 이곳에는 다른 파트너들도 일하고 있었다. 따라서 펀드의 매각을 위해서는 그 파트너들의 의사를 일일이 확인하는 투표 절차를 거쳐야 하지만 12시 30분 전까지 그 일을 마치기는 불가능하다는 것이었다. 이 대화에 함께 참여해 메리웨더의 입장을 변호한 사람이 LTCM의 수석 파트너이자 맥도너의 옛 동료였던 데이비드 멀린스(David Mullins)였다. 연방준비이사회 부의장 출신인 그는 1994년 LTCM에 합류했다.

버핏의 입찰단이 자체적인 법률 검토 없이 입찰 문서를 작성했을 리가 없었다. 이 그룹의 변호사들은 LTCM 관련 서류들을(불완전하기는 했지만) 검토한 결과 메리웨더 측에서 이 입찰이 충분히 수용 가능할 거라고 결론 내렸다. 그뿐만 아니라 버핏 쪽 사람들은 모두 메리웨더가 이 입찰에 조금이라도 흥미를 느낀다면 일단 이를 수락하고 복잡한 문제들은 뒤로 미룰 수도 있을 거라고 생각했다.

그러나 메리웨더는 맥도너와 대화하는 과정에서 이 입찰에 전혀 관심을 보이지 않았다. 맥도너는 법적인 근거를 갖춘 메리웨더의 주장을 일축할 수가 없었으며, 중앙은행장이라는 권한을 남용해서 그에게 회사를 넘기라고 강요할 입장도 아니었다. 맥도너는 어쩔 수 없이 자신이 이끄는 채권단에게 돌아가 원래대로 36억 달러의 구제책에 매달려야 했다.

그렇다면 메리웨더와 기타 투자자들은 이 구제책을 통해 어떻게 상황을 수습하려는 것일까? 우선 그들은 얼마 남지 않은 자본금(9월말 기준 4억 달러로 추산)을 지킬 수 있다. 버핏이 2억 5천만 달러를 제시했다는 사실을 감안하면 그 정도 금액으로 보는 것이 적절할 것이다. 물론 버핏은 이를 현금으로 지불할 계획이었으나 그들의 자본금 4억 달러는 펀드에 묶여 있는 상태다.

채권자들의 수수료는 대략 절반으로 줄어들었지만, 메리웨더와 그의 팀은 아직도 펀드를 운영 중이다. 채권단은 6명의 직원을 LTCM의 사무실에 파견해서 가능한 빨리 이 펀드를 청산하기 위한 지침들을 내려보내고 있다. 월스트리트의 어느 전문가는 이해가 다 가기 전에 청산이 완료된다면 최선일 거라고 말한다.

물론 또 다른 시나리오가 있을 수 있다. 채권자들이 기민하게 움직여서 이 난장판을 수습할 만한 또 다른 입찰자(말하자면 버핏 비슷한 사람)를 찾아내는 것이다. 버핏이 또 한 번 그런 역할을 맡을 수 있을까? 알 수 없는 일이다. 그는 속마음을 좀처럼 남에게 드러내는 사람이 아니다. 버핏은 일부 채권자들이 자신을 염두에 두고 있다는 사실도 알고 있다.

아무튼 버핏은 휴가에서 돌아온 뒤 10월 1일 시스팬(C-Span, 미국의 비영리 케이블 및 위성 방송 — 역자주)에서 방영한 LTCM의 의회 청문회 장면을 지켜봤다. 그가 가장 인상 깊게 시청한 대목은 제임스 리치(James Leach) 의원이 자신의 아버지로부터 "케이맨제도에서 비즈니스를 하는 사람과는 어울리지 말라"라는 말을 들었다고 회고하던 장면이었다. 그 말은 롱텀캐피털 사건을 마무리하기에 최고인 격언 한마디를 생각나게 한다. "썰물이 빠져나가기 전에는 누가 벌거벗고 수영을 하는지 알 수 없다."

지미 버핏과 워런 버핏은 친척일까?

1999년 6월 21일 | 타일러 말로니(Tyler Maroney)

오마하의 현인과 마가리타빌(Margaritaville, 지미 버핏의 노래 제목이자 그가 경영하는 레스토랑의 이름 — 역자주)의 음유시인 사이에 혈연관계가 존재하는지에 대한 질문의 대답은, 그들에게 얼마나 공통점이 많은지에 대한 이야기로 시작하는 편이 좋을 듯하다. 두 사람은 너무도 비슷한 점이 많아 섬뜩할 정도다. 그들은 모두 현악기를 다룬다. 지미는 열대 지방풍의 기타를 연주하고 워런은 우쿨렐레를 친다. ("내 밴드의 음악가들은 최악입니다." 지미는 이렇게 농담을 던진다.) 그들은 또 예상치 못한 투자처에 돈을 쏟아부었다. 워런은 가구, 보험, 진공청소기 회사 등에 투자해서 350억 달러의 자산을 모았다. 지미는 칵테일에 취한 해변족의 환상을 자극하는 레스토랑 같은 곳에 주로 베팅을 했으며, 30장의 앨범, 8편의 영화, 의류, 나이트클럽, 음반사, 3편의 베스트셀러 소설, 수백 개의 선물 가게 등을 통해 수백만 달러 가치의 브랜드를 만들어냈다. 지미의 별자리는 돈을 모으는 데 능한 염소자리고 워런은 창의적인 음악성을 발휘한다는 처녀자리라고 한다. 두 사람 모두 자기에게 익숙한 일에 집착하는 꾸밈없는 성격의 소유자이다. 워런은 기술주와는 담을 쌓았으며, 지미는 자신이 한 세대 전에 녹음한 노래들만 줄기차게 불러댄다. 그러다 보니 두 사람에게는 열광적인 추종자들이 많다. 지미가 여름 콘서트를 개최하는 곳에는 수많은 '패럿헤드(parrothead, 지미 버핏의 팬들을 지칭하는 신조어 — 역자주)'가 몰려든다. 워런이 운영하는 버크셔 해서웨이의 주주총회에도 많은 투자자가 몰려든다. 워런은 이 행사를 '자본주의의 우드스톡(Woodstock, 모든 록 페스티벌의 시초)'이라 부른다. 두 사람은 본인의 생각이나 태도를 바꾸는 일을 될수록 피한다. 워런은 네브래스카 미식축구 팀의 영원한 팬이며, 지미는 자신의 노래에 등장하는 신비의 장소 마가리타빌에 여전히 빠져 살아간다. (버핏은 스스로를 두고 "나무늘보가 무색할 정도로 꼼짝하지 않는다"라고 말한다. 지미가 휴식을 취하는 모습을 표현한 것이 아니라 워런이 자신의 투자 스타일을 지칭하는 말이다.) 지미의 옛 히트곡 '치즈버거 인 파라다이스(Cheeseburger in Paradise)'에는 "양파 슬라이스 한 개면 세상이 천국이지"라는 가사가 나온다. 햄버거는 워런이 가장 좋아하는 음식이다.

그런데 두 사람이 정말 친척일까? 증명할 수는 없지만 〈포춘〉은 워런과 지미 사이에 혈연관계가 존재한다고 믿는다. 이 주제를 처음 꺼내 든 사람은 워런의 누나 도리스(Doris)다. 가족 계보학자인 도리스는 미국 내에서 버핏이라는 성을 지닌 125명에게 설문지가 담긴 편지를 발송한 뒤 2년 만에 지미로부터 호기심에 가득한 전화를 받았다. "그는 이렇게 말하더군요. '당신의 집안과 친척이 되고 싶어요. 모두가 부자고 유명하잖아요.'" 도리스는 이렇게 회고한다. "그래서 저도 얘기했죠. '재미있네요. 우리도 당신이 부자고 유명해서 당신의 친척이 되고 싶은데요.'"

도리스는 연구를 통해 자신들을 연결시켜 줄 만한 조상의 연결 고리를 세 갈래로 추적해냈다. 첫째, 17세기의 가난한 오이 재배 농부였던 존 버핏(John Buffett). 둘째, 지미가 자신의 노래 '손 오브 어 손 오브 어 세일러(Son of a Son of a Sailor)'에서 존경을 표시했던 뉴펀들랜드(Newfoundland)의 뱃사람. 셋째, 버핏이라는 이름을 가진 사람들 수백 명이 살았던 남태평양 노퍽섬(Norfolk Island, 이 섬에는 바운티[Bounty]호에서 선상 반란을 일으켰던 사람들의 후손도 살고 있다). 그러나 도리스와 지미는 노퍽섬이 죄수들의 유형지였다는 사실을 알게 되면서 더 이상 조상들을 추적할 희망을 잃어버렸다. 수 세기에 걸친 근친혼으로 가계도가 모호해졌기 때문이었다.

워런과 지미의 혈연관계를 증명할 수 있는 절대적인 증거는 없지만(이 기사가 쓰인 때는 DNA 테스트가 없던 시절이었다), 두 사람은 친구가 되었다. '워런 삼촌'이 투자에 대한 팁을 주지 않는다고 이따금 불만을 터뜨리는 지미는 워런과 함께 노래를 부르기도 했다. 억만장자 버핏은 이렇게 농담을 던진다. "아마 지미는 내 유언장에 자기 이름이 실리기를 원하는 것 같지만, 이런 식으로 가다 보면 내 이름이 그 친구 유언장에 실릴 것 같네요."

그리고 최종적인 답은……

그로부터 8년 뒤, 과학의 눈부신 발전이 이루어지면서 지미와 워런은 드디어 DNA 테스트를 받게 됐다. 그들은 작은 실험 용기에 침을 뱉어 DNA 분석 담당자에게 제출했다. 이 실험을 실시한 곳은 미국의 유전자 분석 업체 23앤미(23andMe, 이 회사를 공동 설립한 앤 워치츠키[Anne Wojcicki]는 구글의 공동 설립자인 세르게이 브린[Sergey Brin]의 부인이다)였다. 검사 결과 지미와 워런은 아쉽게도 혈연관계가 아닌 것으로 밝혀졌다. 두 사람의 공동 조상을 찾으려면 만 년은 거슬러 올라가야 하는데, 이는 그들의 성(姓)이 생겨나기도 전의 일이기 때문에 의미가 없다고 한다. 사건 종결.

– CL

감사위원회에 대해 한 말씀 드립니다

1999년 8월 2일 | 캐럴 루미스

사베인스-옥슬리법(Sarbanes-Oxley Act, 엔론을 비롯한 대기업들의 회계부정이 잇따르자 2002년 미 의회가 제정한 기업의 내부 통제 시스템에 관한 법 — 역자 주)이 발표되기 전부터 정부의 감독기관은 기업들의 '장부 조작'을 막기 위해 안간힘을 썼다. 버핏이 이 사안에 대해 한마디 했다. – CL

아서 레빗(Arthur Levitt) 미국 증권거래위원회 위원장은 기업의 이사회가 감사위원회를 더 효과적인 방식으로 운영하기를 기대한다. 최근 그는 특별한 전문가들의 조언을 바탕으로 이에 대한 개선안을 도출해서 기업들에게 채택을 요구하고 있다. 하지만 뉴욕증권거래소가 상장 기업들에게 이 권고 사항을 언급하자 여기저기서 수많은 항의가 빗발쳤다.

그들이 특히 반발한 대목은 감사위원회가 업무를 수행한 뒤에 해당 기업의 재무제표가 GAAP(Generally Accepted Accounting Principles, 일반적으로 인정된 회계원칙 — 역자주)에 부합된다고 확인하는 내용을 회사의 연례 보고서에 기재하라는 제안이었다. 어떤 사람들은 이 규칙이 시행되면 감사위원회 멤버들을 대상으로 법적 소송이 제기될 수도 있다고 생각한다. 또 이 규칙이 역할의 혼란을 초래할 거라고 보는 사람도 있다. 어떤 사람은 편지에 이렇게 썼다. "감사 결과에 대해 확인서를 쓰는 것은 우리가 돈을 주고 고용한 외부 감사의 일입니다."

워런 버핏도 이에 대해 이의를 제기했다. (중략) 적절한 시기에 이 문제에 대해 입을 연 그는 기업들이 수익을 조작하는 일을 막으려는 레빗의 행보에 박수를 보내는 사람 중 하나다. 그러나 버핏은 1년에 불과 몇 시간 모일 기회도 없는 감사위원회가 회사의 재무제표에 의미 있는 확인서를 첨부할 수 있을지 의문을 제기했다. 그는 감사위원회도 외부 감사들이 알고 있는 내용, 즉 '회사에 큰 문제가 생겼을 때조차 자주 발생하지 않는 재무적 사안'을 파악할 필요가 있다고 말했다.

버핏은 감사위원회가 외부 감사들로부터 아래의 세 가지 질문에 대한 답을 구체적으로 들어야 한다고 말했다.

1. 만일 회사의 재무제표를 준비하는 것이 전적으로 감사의 책임이라면, 그 문서는 구체적이든 개략적이든 경영진이 작성한 것과 다른가? 만일 그것이 '다르게' 작성되었다면, 감사는 경영진이 주장하는 바와 자신의 주장을 함께 설명해야 한다.

2. 만일 감사가 투자자 중 한 명이라면 그는 회사의 재무 성과를 파악하는 데 필수적인 정보를 감사 기간 중에 입수하게 될 것인가?

3. 만일 감사 자신이 CEO라고 해도 회사는 똑같은 사내 감사 절차를 따르고 있는가? 그렇지 않다면 어떤 차이가 있는가, 그리고 그 이유는 무엇인가?

버핏은 이 질문들에 대한 감사의 대답이 감사위원회 회의록에 반드시 명시되어야 한다고 강조했다. 그에 따르면 감사들이 경영진의 뜻에 영합하지 않고 고유 직무를 수행하도록 만들기 위한 유일한 방법은 그들에게 '재무적 책임'을 부여하는 것이라고 한다. 〈포춘〉은 미국 공인회계사협회 의장이자 버몬트 아메리칸(Vermont American Corp.)의 최고재무책임자인 올리비아 커틀리(Olivia Kirtley)를 만나, 버핏의 아이디어에 대한 의견을 물었다. 그녀에 따르면 버핏이 자신의 주장을 짧게 '압축'하기는 했지만, 그의 아이디어는 미국 공인회계사협회 자체의 감사위원회가 외부 감사들에게 요청하는 내용의 '핵심'에 해당한다고 한다.

그러나 감사가 직무를 제대로 수행하지 못했을 경우 그들에게 금전적 책임을 지게 해야 한다는 주장에 그녀 회사의 구성원들이 찬성하는지는 확신할 수 없다. 지난 10년 동안 감사들이 관련된 법적 분쟁은 많이 줄어든 모습이다. 회사의 재무제표가 기본적으로 경영진의 책임이라는 인식이 확고해진 데다 새로운 법률의 제정이나 대법원의 우호적인 판결 등이 뒷받침됐기 때문이다. 그 결과 감사들이 자신을 방어해야 하는 소송의 수는 최근 급격히 감소했다.

물론 기업의 경영진도 지난 10년 동안 '기대'에 부응하는 회계 결과를 얻어낼 수 있는 길을 다양하게 습득했다. 그것은 우연일까? 아니면 감사들에 대한 재무적 책임이 줄어들면서, 그들이 예전에 비해 업무에 덜 성실하게 임하는 대신 경영진의 의도를 따르게 됐기 때문일까? 현재로서는 대답이 어려운 질문이다. 하지만 버핏의 세 가지 질문에 대한 답은 불가능하지 않다.

버핏 씨, 주식시장에 대해 발언하다

1999년 11월 22일 | 버핏의 연설을 캐럴 루미스가 기사로 옮긴 글

워런 버핏은 주가를 전반적으로 예측하는 문제에 관해서는 대중 앞에서 말을 삼가는 편이다. 그의 유명한 연례 보고서든, 버크셔의 주주총회든, 그가 드물게 행하는 대중 연설에서든 마찬가지다. 그런데 1999년 하반기에 그는 네 차례의 행사에서 이 주제를 거론하며 주식시장의 장기적 미래에 관한 의견을 분석적이고 창의적인 방식으로 피력했다. 나는 9월 그가 가까운 친구들을 대상으로 행한 네 번째 연설을 직접 들었으며, 7월 아이다호(Idaho)의 선 밸리에서 진행된 앨런 앤 컴퍼니(Allen & Co.)의 연례 콘퍼런스에서 여러 기업의 경영진을 대상으로 수행한 첫 번째 연설을 비디오테이프로 시청했다. 그리고 이 즉흥 연설에서(첫 번째 연설은 다우존스 산업평균지수가 1만 1,194포인트였을 때 이루어졌다) 핵심적인 내용만 정리한 뒤 본 기사로 요약했다. 버핏은 이 글을 검토한 뒤에 일부 추가적인 설명을 덧붙여주었다.

버핏이 전달하고자 하는 핵심 메시지는 이 기사의 첫 번째 문장에 요약되어 있다. "요즘 주식 투자자들은 기대치가 너무 높습니다." 그는 투자자들을 희망에 부풀게 만드는 인터넷이라는 새로운 산업을 언급하며, 과거 자동차 산업과 항공 산업이라는 혁신적인 분야에 투자해서 부자가 된 사람이 얼마나 적은지 강조했다.

버핏은 요즘처럼 낮은 금리가 미래에도 계속 이어질 거라는 기대(가령 미국 국채의 이자가 동전 한 닢에 불과할 거라는 기대)를 하지 않는다. 그렇다고 주식시장의 미래를 그동안 현실에서 입증된 것처럼 그렇게 암울하게 내다

본 것도 아니었다.

그러나 버핏이 향후의 시장을 하락세로 전망한 것은 매우 정확한 판단이었다. 오늘날 그는 이렇게 말할 정도다. "내가 말한 내용에서 한 글자도 바꾸지 않겠습니다." 버핏은 주식 투자자들이 어느덧 12퍼센트의 연평균 총수익을 당연시하는 세상이 됐다고 말했다. 그러나 그는 1999년에서 2016년까지 향후 17년간(기사에는 왜 하필 이 기간을 설정했는지에 대한 설명이 나온다) 투자자들이 주식을 통해 얻을 수 있는 수익을 합리적으로 판단하면(인플레이션을 반영하지 않고), 연 7퍼센트 정도가 될 거라고 전망했다. 이는 투자자들이 부담해야 하는 막대한 거래비용(커미션, 판매 수수료, 관리비 등)을 계산에 넣지 않은 전체 수치였다. 버핏은 이 비용을 감안해서 주식의 연평균 기대수익률을 6퍼센트 정도로 보는 것이 타당하다고 생각했다. 유감스럽게도 1999년부터 2013년 중반까지(그해 상반기는 시장이 강세였다) 다우존스 기업들의 연평균 수익률은 4.4퍼센트에 불과했다. S&P500 기업(다우존스 기업처럼 배당금을 많이 지급하지 않은 이 회사들은 인터넷 거품이 꺼지면서 훨씬 큰 곤욕을 치렀다)들은 2.6퍼센트로 더욱 처참한 실적을 거두었다. 이 책이 발간되는 시점에는 버핏이 내다본 2016년까지 아직 3년이 남아 있을 것이다. 투자자들이 그동안의 손실을 신속히 만회해서 버핏이 예언한 6퍼센트의 연평균 수익률을 달성하려면 앞으로 엄청나게 높은 실적을 거두어야 할 듯하다. - CL

요즘 주식 투자자들은 기대치가 너무 높습니다. 제가 왜 그렇게 생각하는지 이유를 설명해보겠습니다. 그러기 위해서는 어쩔 수 없이 주식시장의 전반적인 동향에 대해 이야기해야 하는데, 이는 제가 평소에 논의를 피하는 주제 중 하나입니다. 그러나 한 가지 확실하게 짚고 넘어가야 할 점은 제가 주가의 수준을 언급하더라도 이는 향후 주가가 이렇게 변동될 거라고 예측하는 것이 아니라는 사실입니다. 우리는 버크셔 해서웨이에서 거의 전적으로 특정 기업의 가치에만 초점을 맞추며, 시장의 전반적인 가치는 매우 제한적으로 들여다봅니다. 또 시장의 가치를 분석한다고 해도 다음 주, 다음 달, 다음 해에 시장이 어떤 방향으로 움직일지 생각하지 않습니다. 사실 시장의 움직임은 가치와 직접적인 관련이 없는 방향으로(때로 매우 장기간에 걸쳐) 이루어지는 경우가 많습니다. 그럼에도 불구하고 가치는 중요합니다. 따라서 제가 지금부터 말씀드리는 내용에는 미국의 주식 투자자들이 장기적인 미래에 어떤 실적을 거두게 될지 예상하는 대목이 포함될 겁니다.

그럼 '투자'라는 말을 정의하는 것으로 이야기를 시작해봅시다. 이 단어의 의미는 간단하지만 사람들은 곧잘 잊어버립니다. 투자는 오늘 돈을 투입하고 미래에 더 많은 돈을 회수하는 행위를 말합니다. 더 많은 돈이라는 것은 인플레이션을 고려한 실질 수익을 의미합니다.

그렇다면 약간의 역사적 힌트를 얻기 위해 34년 전으로 돌아가서 그동안 주식시장에 어떤 일이 생겼는지 살펴보겠습니다. 지난 34년을 두 기간으로 나누면 마치 성경에 나오는 흉년이 든 해와 풍년이 든 해처럼, 양쪽으로 정확히 대칭이 되는 모습을 보실 수 있을 겁니다. 먼저 1964년 말부터 1981년까지의 첫 번째 17년 동안에 대해 이야기해 봅시다. 이 기간에 다음과 같은 일이 일어났습니다.

다우존스 산업평균지수

1964년 12월 31일: 874.12

1981년 12월 31일: 875.00

요즘 저에게는 장기 투자자니 끈질긴 사내니 하는 별명이 따라다닙니다.

그렇지만 그런 제 생각에도 이 기간의 주식시장은 투자자에게 큰돈을 벌게 해줄 시장의 움직임이라고 볼 수 없습니다.

반면 이 통계와는 매우 대조적인 사실이 있습니다. 같은 17년 동안 미국의 GDP(즉 이 나라의 비즈니스에서 산출된 돈)는 370퍼센트로 5배 가까이 증가한 것입니다. 또 다른 통계를 보면 〈포춘〉 500대 기업(물론 기업들의 구성에는 변화가 있었습니다)의 매출액은 6배가 늘었습니다. 그럼에도 다우존스는 꿈쩍도 하지 않았습니다.

왜 그런 일이 생겼는지 이해하기 위해서는 투자의 결과에 가장 큰 영향을 미치는 두 가지 중요 변수 중 하나를 살펴볼 필요가 있습니다. 바로 금리입니다. 금리는 마치 물질에 작용하는 중력처럼 재무적 가치를 아래로 끌어내립니다. 금리가 오를수록 아래로 당기는 힘은 더욱 커집니다. 그 이유는 어떤 형태의 투자에 있어서든 투자자에게 돌아갈 수익은 그가 정부의 국채를 사들여 얻을 수 있는 무위험 이자율(risk-free rate, 투자에 있어 위험이 전혀 내포되지 않는 순수한 기대수익률 — 역자주)과 직접적으로 연관되기 때문입니다. 만일 국채 이자율이 오른다면 다른 모든 형태의 투자 수익은 반드시 하향 조정됩니다. 다시 말해 이자율이 상승한 만큼 수익에 대한 기대치가 하락한다는 뜻입니다. 반대로 이자율이 떨어지면 다른 투자 수익은 상승하게 됩니다. 그러므로 기본 명제는 이렇습니다. 오늘 어느 투자자가 1달러를 투자했을 때, 그가 내일 얼마를 벌게 될지 결정하는 유일한 요인은 무위험 이자율이라는 겁니다.

결과적으로 무위험 이자율이 1베이시스 포인트(즉 0.01퍼센트) 변동한다면 이 나라에서 이루어지는 모든 투자의 가치가 함께 변합니다. 이 현상을 가장 쉽게 찾아볼 수 있는 곳이 바로 채권시장입니다. 일반적으로 채권의 가치에 영향을 주는 유일한 요인은 금리입니다. 반면 주식, 부동산, 농장, 또는 기타 형태의 산업에 있어서는 그 외의 요소들이 복합적으로 영향을 미치기 때문에 금리 변동의 효과가 눈에 잘 띄지 않는 경우가 많습니다. 그럼에도 금리의 효과는 마치 눈에 보이지 않는 만유인력처럼 우리에게 지속적으로 작용합니다.

1964년부터 1981년 사이 장기 국채의 금리는 엄청나게 올랐습니다. 1964년 말 4퍼센트를 조금 넘던 이자율이 1981년 하반기에는 15퍼센트까지 치솟았습니다. 이렇게 가파른 금리 상승으로 인해 모든 투자의 가치는 크게 위축됐습니다. 물론 그중 우리 눈에 가장 두드러진 분야는 주가였습니다. 요컨대 이 기간 동안 경제가 크게 성장했음에도 주식시장이 정체된 이유는 바로 여기(즉 금리가 3배로 상승하면서 형성된 중력)에 있는 겁니다.

그러다 1980년대 초가 되면서 상황이 역전되었습니다. 여러분 중에서는 당시 폴 볼커라는 사람이 연방준비제도이사회 의장으로 재임했다는 사실, 그리고 그가 얼마나 인기가 없었는지 기억하는 분이 있을 겁니다. 그러나 그가 취한 영웅적인 조치(즉 인플레이션을 잡아 경제를 안정시킨 조치)로 인해 금리의 트렌드가 반대 방향으로 움직임으로써 극적인 결과가 연출되었습니다. 만일 여러분이 1981년 11월 16일 14퍼센트의 이자율이 명시된 30년 만기의 미국 국채를 백만 달러어치 구입해서 이 채권에서 나오는 이자를 재투자했다고 가정해봅시다. 즉 이자를 받을 때마다 그 돈으로 같은 조건의 채권을 계속 사들였다는 얘깁니다. 그랬을 경우 여러분은 1998년 말(이때 미국의 장기 국채 이자율은 5퍼센트였습니다)에 818만 1,219달러를 손에 쥘 수 있었을 겁니다. 이는 연평균 13퍼센트의 수익률에 해당합니다. 역사상 어느 시기를 돌이켜봐도 주식시장에서 17년간 연평균 13퍼센트의 수익이 발생한 적은 거의 없었습니다. 이렇게 대단한 실적이 이루어진 곳이 다름 아닌 고리타분한 채권시장이었던 겁니다.

금리의 위력은 주식의 수익률을 밀어 올리는 효과를 발휘했을 뿐만 아니라 다른 분야의 수익도 함께 견인했습니다. 그럼 같은 17년 동안 주식시장에서는 어떤 일이 벌어졌을까요? 만일 여러분이 1981년 11월 16일 다우 존스 주식 백만 달러어치를 매입해서 모든 배당금을 재투자했다면, 1998년 12월 31일에 1,972만 112달러를 받을 수 있었습니다. 연평균 수익률이 19퍼센트인 셈입니다.

1981년 이래로 주식의 가격은 역사상 그 어느 때보다 높은 비율로 상승했습니다. 심지어 대공황으로 인해 주가가 바닥을 쳤던 1932년도에 여러분이 주식을 사서(1932년 7월 8일 마감된 다우지수는 41.22포인트로 사상 최저를 기록했습니다) 17년을 보유했다고 하더라도 연평균 19퍼센트의 수익을 거두지는 못했을 겁니다.

이 17년간 주식시장의 활황을 이끈 또 다른 요인은 기업의 세후 수익률 증가입니다. 이 그림을 보면 미국 기업들의 수익이 GDP에서 차지하는 비율을 연도별로 확인하실 수 있습니다. 다시 말해 이 그래프가 의미하는 바는 GDP에서 얼마나 많은 부분이 미국 기업에 투자한 주주들에게 돌아갔느냐 하는 겁니다.

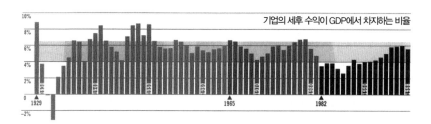

보시다시피 이 그래프는 1929년부터 시작합니다. 저는 1929년을 아주 좋아합니다. 바로 저라는 사람을 만들어준 해였기 때문입니다. 당시 제 아버지는 주식 판매인이었습니다. 그해 가을 주식시장이 무너진 뒤, 아버지는 누구에게도 전화를 걸기가 두려웠습니다. 모든 사람이 망해버렸기 때문입니다. 그래서 아버지는 오후 시간을 주로 집에서 보냈습니다. 그때는 텔

레비전도 없던 시대였습니다. 그러다 보니…… 제가 만들어진 때가 1929년 11월 30일 전후라고 생각됩니다(저는 그로부터 9개월 뒤인 1930년 8월 30일에 태어났습니다). 따라서 저는 대공황에 대해 뭔가 따뜻한 향수를 느끼고 있습니다.

어쨌든 GDP 대비 기업의 수익률이 정점을 찍은 것은 1929년이었습니다. 그리고 곧바로 바닥까지 추락했습니다. 그래프 왼쪽 부분을 주목하시면 수익률이 심하게 들쑥날쑥한 모습을 보실 수 있을 겁니다. 대공황뿐만 아니라 제2차 세계대전 기간의 수익 붐(초과 이득세 때문에 주춤하기는 했지만)과 전후의 경제 활황기가 이어졌기 때문입니다. 그러나 1951년 이후에는 이 비율이 4퍼센트에서 6.5퍼센트 사이로 점차 안정화됐습니다.

그러나 1981년이 되면서 기업의 수익률은 그래프 중간의 회색 띠 하단으로 내려가더니 1982년에는 3.5퍼센트까지 추락했습니다. 당시 투자자들은 두 가지의 강력한 악재를 견뎌야 했습니다. 기대에 못 미치는 수익률과 천정부지로 치솟는 금리였습니다.

투자자들의 전형적인 특징은 과거의 경험을 통해 미래를 내다본다는 것입니다. 이는 매우 고질적인 습관입니다. 자동차의 앞 유리를 통해 전방을 주시하는 것이 아니라 백미러로 자꾸 뒤를 돌아보는 겁니다. 그들은 과거를 바탕으로 현실을 관찰한 결과, 이 나라에 대해 매우 비관적인 시각을 갖게 됐습니다. 즉 금리는 하늘을 찌를 정도로 높을 것이고 기업의 수익은 부진을 면치 못할 게 분명하기 때문에, 투자자들은 다우존스의 가치를 17년 전과 같은 수준으로 판단했습니다. 그동안 GDP는 5배가 증가했는데도 불구하고 말이죠.

그렇다면 1982년부터 시작된 또 다른 17년 동안에는 어떤 일이 생겼을까요? 우선 GDP가 예전처럼 성장하지 못했습니다. 두 번째 17년 동안 GDP의 성장률은 3배를 밑돌았습니다. 그러나 금리가 하락세로 접어들고 볼

커가 시행한 정책의 효과가 서서히 약효를 잃어가면서 기업의 수익은 반등하기 시작했습니다. 물론 지속적으로 상승한 것은 아니었지만 그 위력은 대단했습니다. 이 그래프를 통해 당시의 수익률 동향을 살펴볼 수 있습니다. 1990년대 하반기에 GDP 대비 기업의 세후 수익률은 6퍼센트로, 그래프 중간의 회색 띠(이 띠는 '정상' 수준을 가리킵니다) 상단에 분포했습니다. 1998년 말에 정부가 발행한 장기 국채의 금리는 5퍼센트까지 떨어졌습니다.

투자자들에게 가장 큰 영향을 준 이 두 가지 기본 요소가 극적으로 바뀌었다는 사실은 17년 동안 주가가 10배(다우존스 지수는 875포인트에서 9,181포인트로 증가했습니다) 오른 이유를 어느 정도 설명해줍니다. 물론 여기에는 투자자들의 심리도 중요한 작용을 했습니다. 일단 시장이 상승 국면으로 접어들고 모든 사람이 어떤 시스템을 통해서든 돈을 벌게 되면, 대중은 너도나도 그 게임에 몰려들기 마련입니다. 그들이 투자에 뛰어드는 것은 금리에 반응해서가 아니라 주식을 사지 않는 게 실수처럼 느껴진다는 단순한 사실 때문입니다. 그러므로 시장의 움직임을 견인하는 기본 요인 위에 '나도 빠질 수 없지'라는 투자 심리가 더해지는 겁니다. 이 '투자자'들은 마치 파블로프의 실험에 나오는 개처럼, 벨이 울리면(즉 오전 9시 30분 뉴욕증권거래소가 개장하는 벨이 울리면) 먹이를 얻게 된다는 사실을 알게 됩니다. 이런 상황이 갈수록 심화되면서, 그들은 신(神)이 자신을 부자로 만들고 싶어 한다고 믿게 됩니다.

오늘날 과거에 걸어온 길만 뚫어져라 바라보는 대부분의 투자자들은 미래에 대한 장밋빛 전망에 부풀어 있습니다. 페인 웨버(Paine Webber)와 갤럽(Gallup Organization)이 7월에 발표한 여론 조사 결과에 따르면, 경험이 가장 적은 투자자들(경력이 5년 미만인 사람들)이 향후 10년 동안 기대하는 연평균 수익률은 22.6퍼센트라고 합니다. 심지어 20년이 넘는 투자 경력을 지닌 사람들의 기대치도 12.9퍼센트에 달했습니다.

그러나 저는 앞으로 우리가 거둘 수 있는 수익률이 12.9퍼센트의 근처도 갈 수 없다고 주장하는 바입니다. 이 말을 입증하기 위해서는 핵심적인 가치 결정 요인들을 살펴봐야 합니다. 오늘날 어느 투자자가 향후 10년, 17년, 20년이 지나는 동안 주식시장에서 매력적인 수익을 거두기 위해서는 아래 세 가지 요인 중 하나 또는 그 이상이 충족되어야 합니다. 세 번째는 나중에 말씀드리기로 하고, 먼저 두 가지만 살펴보겠습니다.

1. 금리가 더 내려가야 합니다. 현재 6퍼센트 수준인 정부의 기준금리가 3퍼센트로 떨어진다면, 이것만으로도 보통주의 가치가 2배 가까이 상승할 수 있는 요인이 됩니다. 만일 금리가 정말 이런 수준으로 내려간다면(또는 일본이 이미 경험했듯이 1퍼센트 수준까지 하락한다면) 투자자들이 정말 큰돈을 벌어들일 수 있는 상품은 채권 옵션이 될 겁니다.

2. GDP 대비 기업의 수익이 증가해야 합니다. 뉴욕에는 사람보다 변호사가 더 많다고 어떤 사람이 저에게 말한 적이 있습니다. 기업의 수익이 GDP보다 커질 거라고 생각하는 것도 같은 맥락의 사고방식입니다. 부분 요소의 성장 속도가 전체 합계의 성장보다 영원히 더 빠를 거라고 기대하는 사람은 일종의 수학적 오류에 빠져 있는 겁니다. 어느 기간대를 잘라서 생각해도 기업의 수익이 GDP에서 차지하는 비율을 6퍼센트 이상으로 전망하는 것은 지나치게 낙관적인 관점입니다. 그 비율을 끌어내리는 요인 중 하나는 시장에서 활발히 진행되는 기업들 사이의 치열한 경쟁입니다. 또 공공 정책의 측면도 고려되어야 합니다. 만일 미국 경제에서 기업 투자자들이 차지하는 파이만 계속 늘어난다면, 다른 사람들에게 돌아갈 몫은 더 적어질 수밖에 없습니다. 이럴 경우 당연히 정치적인 문제가

발생할 겁니다. 그런 점에서 파이를 분배하는 정책이 앞으로도 크게 달라질 것 같지는 않습니다.

그렇다면 기업의 수익률에 대한 합리적인 기대치는 얼마가 되어야 할까요? 앞으로 GDP의 성장률이 평균 5퍼센트가 될 거라고 가정해봅시다. 이 중 실질 성장률은 3퍼센트이고(이것만으로도 이미 훌륭한 수치입니다), 2퍼센트는 인플레이션으로 인한 증가분입니다. 만일 GDP가 5퍼센트 증가하는 상황에서 금리 정책의 추가적인 도움이 없다면, 주식 가치의 총합이 이보다 월등히 높은 비율로 성장하기를 기대할 수는 없을 겁니다. 물론 얼마간의 배당금 수익이 있을 수는 있겠지요. 그러나 주식이 요즘의 가격 수준으로 거래된다면 전체 수익에서 배당금이 차지하는 중요도는 예전에 비해 훨씬 감소할 것으로 보입니다. 그렇다고 주당 수익률을 끌어올릴 목적으로 자사주 매입을 시도하는 기업들 덕분에 투자자들의 전체적인 수익이 증가할 거라고 기대할 수도 없습니다. 한쪽에서는 또 다른 기업들이 새로운 주식을(신주발행이든 스톡옵션이든) 열심히 찍어냄으로써 그 효과를 희석시키기 때문입니다.

이제 5퍼센트의 GDP 성장이라는 처음의 가정으로 돌아가봅시다. 여러분이 기억하셔야 할 점은 이 수치가 주식을 통해 얻을 수 있는 수익에 대한 '제한 요인'이라는 겁니다. 만일 기업의 수익 증가율이 연평균 5퍼센트에 불과하다면 미국 기업들의 가치 상승률 12퍼센트(22퍼센트는 고사하고)를 영원히 기대할 수 없습니다. 다시 말해 특정 자산(속성에 관계없이)의 가치 증가율이 그 자산을 통해 얻을 수 있는 수익의 증가율을 장기적으로 능가할 수 없다는 것은 피할 수 없는 사실입니다.

물론 다른 예를 들면서 이 주장에 반박하는 분도 계실 겁니다. 당연한 일입니다. 그런 분은 저에게 자신의 예상치를 알려주시기 바랍니다. 만일 모든 미국인이 주식을 통해 연평균 12퍼센트의 수익을 올릴 수 있다고 생각하는 분이 있다면, 그분은 제게 이런 식의 근거를 제시해야 합니다. "GDP가 1년에 10퍼센트 성장할 것이고, 배당금 소득이 2퍼센트에 달할 것이며, 금리는 현재와 변함없이 유지될 겁니다." 아니면 이 핵심 변수들을 다른 방식으로 재배치할 수도 있겠지요. 그러나 이는 동화에 나오는 팅커벨("저의 존재를 믿으시면 박수를 치세요")처럼 우리가 믿는다고 그대로 이루어지는 게임이 아닙니다.

게다가 여러분이 기억하셔야 할 점은 미래의 수익은 항상 현재의 기업가치에 영향을 받기 때문에 여러분이 주식시장에 투자한 돈에서 지금 어떤 수익이 나오고 있는지 잘 따져보셔야 한다는 겁니다. 지금 보고 계신 표는 〈포춘〉 500대 기업에 관련된 두 가지 수치입니다. 이 기업들의 가치는 미국 전체 상장 기업의 75퍼센트에 달합니다. 따라서 이 500대 기업은 그 자체로 '미국 주식회사'라고 봐도 무방합니다.

〈포춘〉 500대 기업

1998년 수익: 3,343억 3천5백만 달러

1999년 3월 15일 기준 시장가치: 9조 9,072억 3천3백만 달러

이 두 가지 숫자를 집중적으로 살펴볼 때 주의해야 할 점은 수익 수치에 다소의 허수가 존재한다는 사실입니다. 1998년에 집계된 수익에는 특이한 항목 하나가 포함되어 있습니다. 즉 포드(Ford)가 어소시에이츠(Associates)를 분사시키는 과정에서 형성된 160억 달러의 장부상 이익이 반영되어 있습니다. 또 보험회사 스테이트 팜(State Farm)처럼 시장가치가 존재하지 않는 상호회사(mutual company, 주주가 없고 자본을 축적하지 않으며 모든 이익을 직원들에게 배분하는 회사 — 역자주)의 수익도 여기에 포함됨

니다. 그리고 기업의 중요한 비용 중 하나인 스톡옵션의 보상 비용도 이 숫자에서 제외되지 않았습니다. 반면 일부 기업에서 주식 가치를 평가절하함으로써 장부상 수익이 줄어들기도 했는데, 그중 일부는 경제적 현실을 제대로 반영하지 못했다는 점에서 전체 수익에 다시 합산될 여지도 있습니다. 어쨌든 이런 세부 사항들을 제외하고, 1998년에 투자자들이 3,340억 달러의 수익을 얻기 위해 그동안 쏟아부은 돈은 올해 3월 15일 기준으로 무려 10조 달러에 달합니다.

우리가 명심해야 할 점은(이 중요한 사실을 사람들은 너무도 자주 잊어버립니다), 투자자들 전체적으로 미국의 기업들로부터 얻어낼 수 있는 것은 기업들이 벌어들이는 돈 이외에 아무것도 없다는 사실입니다. 물론 여러분과 제가 주식을 서로 사고팔면서 조금 더 높은 가격을 부를 수는 있겠지요. 만일 〈포춘〉 500대 기업이 하나의 회사고 이 방에 있는 사람들이 그 회사의 '조각'을 조금씩 소유하고 있다고 가정해봅시다. 여러분 중의 어느 한 분이 다른 사람보다 똑똑해서 그 조각을 조금 더 싼 가격에 사들이고 옆 사람에게 더 비싼 가격에 넘길 수는 있을 겁니다. 그러나 결과적으로는 단 한 푼의 돈도 이 방을 벗어나지 못합니다. 이는 단순히 다른 사람이 투입한 돈을 내가 가져가는 게임일 수밖에 없는 겁니다. 그뿐만 아니라 이 그룹의 '전체' 경험에는 아무 영향이 없습니다. 왜냐하면 그룹의 운명은 여전히 기업의 수익과 직결되어 있기 때문입니다. 다시 말해 기업의 소유주들이 얻을 수 있는 소득의 최대치는 그 기업이 지금부터 세상 마지막 날까지 벌어들일 돈의 한계를 넘지 못합니다.

게다가 또 하나 중요한 고려 사항을 생각해야 합니다. 여러분과 제가 이 방에서 우리가 소유한 기업의 조각을 서로 사고팔 경우, 우리는 거래비용이라는 함정에서 벗어날 수 있습니다. 모든 거래에서 한몫을 떼어 가는 중개인들이 존재하지 않기 때문입니다. 그러나 현실 세계에서 투자자들은 끊임없이 주식을 사고파는 습관에 사로잡혀 있거나, 주식을 사야 할지 팔아야 할지에 대해 조언을 얻고 싶어 합니다. 여기에는 비용이 수반됩니다. 그것도 큰돈이 들어가죠. 투자자들이 부담하는 비용(저는 이를 '마찰비용'이라 부릅니다)에는 다양한 항목이 포함됩니다. 마켓메이커 마진, 커미션, 판매 수수료, 12b-1 수수료(뮤추얼펀드에서 마케팅이나 유통비용으로 공제하는 돈 — 역자주), 운영비, 관리비, 랩 수수료(wrap fee, 종합자산관리 서비스에 대한 수수료 — 역자주), 심지어 투자 관련 출판물 구독 비용까지. 이 비용이 자신과 관계없다고 무시하면 안 됩니다. 만일 여러분이 어느 부동산 투자 건에 대한 가치를 평가할 때, 그 물건으로부터 얻게 될 수익을 계산하는 과정에서 관리 비용을 공제하지 않을 수 있을까요? 그 비용은 당연히 발생할 수밖에 없는 겁니다. 마찬가지로 주식시장 투자자들도 수익을 계산하는 과정에서 자신이 부담해야 할 '마찰비용'을 받아들여야 합니다. 그렇다면 그 비용은 얼마나 될까요? 제 추측으로는 미국의 투자자들이 주식을 사고팔거나 이에 대한 조언을 얻는 데 지불하는 비용이 연 천억 달러를 훌쩍 넘어 천3백억 달러에 달할 거라고 봅니다. 그중 천억 달러는 〈포춘〉500대 기업이 차지하겠죠. 다시 말해 미국의 투자자들은 주식을 사고팔거나 이에 대해 조언을 얻는 대가로 〈포춘〉500대 기업이 벌어들이는 수익(1998년에 3,340억 달러)의 3분의 1에 해당하는 돈을 이른바 '조력자'들에게 넘겨주는 겁니다. 그렇게 엄청난 돈을 지불하고 나면 〈포춘〉500대 기업을 소유한 주주들은 10조 달러를 투자해서 고작 2천5백억 달러를 벌어들이는 셈입니다. 제가 보기에는 지극히 보잘것없는 이익에 불과합니다. 여러분 중에는 천억 달러라는 돈이 그 '조력자'들에게 돌아간다는 제 추측에 대해 마음속으로 의문을 갖는 분이 계실 겁니다. 그 사람들은 이 큰돈을 어떤 방식으로 떼어 갈까요? 여러 가지 방법이 있습니다. 일단 거래비용을 먼저 생각해봅시다. 여기에는 수수료, 마켓메이커의 이윤, 주식 인수 공모에 대한 마진 등이 포함됩니다. 중복 부분을 제외하고도 올해 미국에서 거래된 주식의 수는 최소한 3천5백억 주에 달할 것으로 추정됩니다. 그리고 주식 1주가 거래될 때마다 양측(즉 판매자와 구매자)이 각자 부담하는 비용을 평균 6센트 정도라고 했을 때, 이 금액을 전부 합하면 420억 달러가 됩니다.

또 다른 추가 비용을 생각해봅시다. 우선 종합자산관리 계좌를 소유한 일반 투자자들에게 부과되는 서비스 수수료나 기관투자자 같은 큰손들이 지불하는 관리 비용이 있습니다. 그리고 뮤추얼펀드에 돈을 맡긴 투자자들이 부담하는 막대한 비용도 서서히 부각되는 추세입니다. 뮤추얼펀드가 보유한 전체 자산은 3조 5천억 달러에 달합니다. 따라서 투자자들이 지불하는 비용(관리 비용, 판매 수수료, 12b-1 수수료, 일반 운영비 등)은 적어도 자산의 1퍼센트, 즉 350억 달러 정도일 겁니다.

그리고 앞서 언급한 비용에는 옵션 및 선물에 대한 수수료나 마진, 변액연금에 가입한 고객이 지급하는 비용, 그리고 '조력자'들이 고안해낸 수많은 종류의 기타 서비스 요금이 포함되어 있지 않습니다. 그런 점에서 〈포춘〉500대 기업이 지불하는 천억 달러의 '마찰비용'(이 기업들의 시장가치 1퍼센트)은 제 생각에 절대 과도한 추측이 아니며, 오히려 실제 지불되는 돈보다 더 적을 가능성도 큽니다.

이는 충격적일 정도로 높은 비용입니다. 어떤 만화에서 뉴스 해설자가 이런 말을 하는 모습을 본 적이 있습니다. "오늘 뉴욕증권거래소에서는 거래가 없었습니다. 모든 사람이 자신의 재산을 행복하게 지킬 수 있는 날이었습니다." 만일 이와 비슷한 일이 현실에서 일어난다면, 투자자들은 매년 천3백억 달러에 달하는 돈을 지킬 수 있는 겁니다.

그럼 지금까지 제가 주식시장에 대해 말한 바를 정리해보겠습니다. 제 생각에 우리가 앞으로 17년 동안 주식을 통해 과거의 17년과 비슷한 규모의 수익을 거둘 수 있는 근거를 설득력 있게 제시하기는 매우 어렵습니다. 만일 제가 주식의 가치평가 상승분과 배당금 수익을 합해서 투자자들이 전체적으로(반복하지만 '전체적으로') 얻을 수 있는 수익을 예상한다면, 현재 수준의 금리와 2퍼센트의 인플레이션, 그리고 각종 비용을 고려해서, 예상 수익은 6퍼센트 정도가 될 것으로 보입니다. 그리고 이 실적 수치에서 인플레이션 부분을 제외했을 때(어떤 식으로 등락해도 인플레이션은 반영해야 합니다), 실질적인 수익은 4퍼센트가 될 것입니다. 만일 4퍼센트라는 수치가 꼭 들어맞지는 않는다고 해도, 대체로 이보다 조금 낮거나 높은 수준에서 수익률이 형성될 거라고 봅니다.

그럼 조금 전에 하던 이야기로 돌아가보겠습니다. 앞에서 저는 주식시장에 참가한 투자자들에게 큰 수익을 돌려줄 수 있는 세 가지 요인을 언급한 바 있습니다. 첫째 금리가 내려가야 하고, 둘째 GDP에서 기업의 수익이 차지하는 비율이 획기적으로 증가해야 한다고 이야기했죠. 이제 세 번째 요인에 대해 말해보겠습니다. 아마 여러분은 모든 투자자가 부진을 면치 못할 때도 나만은 승리자가 될 수 있다고 믿는 낙관주의자일 수도 있습니다. 특히 요즘처럼 정보화 혁명(물론 저는 이 혁명의 가치를 믿습니다)이 시작되는 시기에는 그런 사고방식에 이끌리는 사람이 많을 겁니다. 여러분의 주식 중개인은 이렇게 말할 겁니다. 확실해 보이는 승리자를 선택해서 그 흐름에 올라타라고요.

그렇다면 이 대목에서 과거로 돌아가 20세기 초에 이 나라를 바꿔놓았던 두 종류의 산업에 대해 이야기해 보는 것도 유익한 방법일 거라고 생각합니다. 바로 자동차 산업과 항공 산업입니다. 먼저 자동차 산업을 생각해보겠습니다. 지금 제가 손에 들고 있는 이 종이는 그동안 이 나라에서 활동했던 승용차나 트럭 제조기업의 목록 70페이지 중에서 한 페이지만 발췌한 겁니다. 한때는 버크셔 자동차나 오마하 자동차라는 이름의 회사도 있었습니다. 저는 그 이름들을 우연히 발견했지만, 전화번호부에는 비슷한 이름의 다른 업체들도 수두룩했습니다.

그동안 이 나라에 존재했던 자동차 제조기업의 수는 적어도 2천 개가 넘을 겁니다. 이 산업은 우리의 삶에 믿을 수 없을 만큼 큰 충격을 선사했습니다. 만일 여러분이 자동차 산업이 시작되던 시기에 살았던 사람이라면 이 산업의 미래에 대해 이렇게 말했을 겁니다. "바로 이것이 부자가 되는 길이군." 그렇다면 자동차 산업은 1990년대까지 어떻게 전개됐을까요? 그동안 이 산업에 속한 기업들에게 닥친 극심한 시련은 앞으로도 완화될 기미가 보이지 않습니다. 오늘날 미국의 자동차 기업은 3개로 줄어들었습니다. 그나마 그 회사들은 투자자들 입장에서 매력적인 투자처도 아닙니다. 결국 미국이라는 나라에 엄청난 영향을 끼친 이 산업은 투자자들에게도 막대한 영향을(기대한 종류의 영향은 아니지만) 주었습니다.

따라서 이런 혁신적 사건들에 있어서는 승리자보다 패배자를 골라내기가 훨씬 쉬운 경우가 종종 있습니다. 자동차가 처음 등장했을 때 사람들은 이 놀라운 기술의 중요성을 곧바로 알아차렸습니다. 그럼에도 정작 투자자들을 부자로 만들어준 자동차회사를 꼽기는 여전히 쉽지 않습니다. 그러나 여러분이 그 시대로 다시 돌아간다면 명확하게 부자가 될 수 있는 의사 결정이 하나 있습니다(경우에 따라 일을 거꾸로 하는 편이 나을 때도 있으니까요). 바로 말(馬)을 공매도해 버리는 겁니다. 솔직히 저는 우리 버핏 집안이 그동안 왜 말을 공매도하지 않았는지 매우 실망스럽습니다. 그건 변명할 바가 없는 일입니다. 네브래스카주에서 공매도할 말을 빌리는 일은 너무도 쉬웠을 테니 말입니다. 그리고 쇼트 스퀴즈를 피하기도 어렵지 않았을 겁니다.

자동차를 제외하고 20세기 초기에 등장한 또 하나의 진정한 혁신적 발명품을 든다면 바로 비행기입니다. 이 산업의 앞에 놓인 밝은 미래 역시 수많은 투자자로 하여금 군침을 흘리게 만들었습니다. 제가 1919년부터 1939년까지 활동한 항공기 제조기업들을 조사해보니 무려 3백 개에 달했습니다. 그중 오늘날까지 살아남은 회사는 몇 개에 불과합니다. 당시 만들어진 비행기 중에는 네브래스카와 오마하라는 이름의 비행기도(저는 당대의 실리콘밸리에 거주했음이 분명합니다) 있었습니다. 그러나 제아무리 네브래스카주를 사랑하는 주민들도 그 두 종류의 비행기는 절대 신뢰하지 않았습니다.

이제 항공 산업이 몰락한 이야기로 넘어가보겠습니다. 여기 이 종이에는 지난 20년 동안 파산을 선언한 129개 항공사의 목록이 적혀 있습니다. 콘티넨털항공(Continental Airlines)은 두 번씩이나 이 목록에 오르는 재주를 부렸습니다. 항공 산업이 출범한 뒤 이 나라의 항공사들이 지금까지 벌어들인 돈은 1992년 기준으로(물론 그 이후로 상황이 조금 개선될 수도 있었겠지만) 제로, 완전히 제로입니다.

만일 제가 1903년 오빌 라이트(Orville Wright)가 처음 비행기를 타고 하늘로 날아오른 키티 호크(Kitty Hawk, 노스캐롤라이나주 동북부의 마을 — 역자주)에 있었다면, 그리고 미래를 내다보는 눈과 의협심을 소유한 사람이었다면, 아마 저는 그 비행기를 격추해버렸을 겁니다. 말하자면 오빌 라이트는 칼 마르크스보다 자본가들에게 훨씬 큰 피해를 준 겁니다.

더 이상 다른 예를 들지는 않겠습니다. 우리의 삶을 획기적으로 바꿔놓은 화려한 비즈니스가 미국의 투자자들에게 보상을 제공하는 데 실패한 경우는 너무도 많습니다. 예를 들어 라디오나 텔레비전 제조업도 그중의 일부입니다. 그러나 저는 이런 비즈니스를 통해 교훈을 얻었습니다. 투자의 핵심은 특정 산업이 사회에 얼마나 큰 영향을 미칠지, 또는 그 산업이 얼마나 성장할지를 판단하는 것이 아니라는 겁니다. 무엇보다 중요한 것은 기업의 경쟁우위를 간파하고 그 장점이 얼마나 오래 지속될 것인가를 예측하는 일입니다. 그리고 경쟁사가 서비스나 제품에 접근하지 못하도록 주변에 해자(垓字)를 설치해서 경쟁우위 상태를 지속적으로 유지하는 기업만이 투자자들에게 보상을 제공할 수 있는 겁니다.

17년이라는 시간에 대해 이야기하다 보니, 좀 뜬금없기는 하지만 문득 주기매미(17-year locust, 땅속에서 13~17년간 유충으로 지내다가 성충이 되는 매미 — 역자주)가 생각납니다. 지금은 알에 쌓여 있지만 2016년에 하늘로 날아오르게 될 이 매미들은 그때가 되면 무엇을 볼 수 있을까요? 저는 그 곤충들이 하늘을 날아다닐 때가 되면 주식에 대한 대중의 과도한 기대가 지금보다 훨씬 잦아들 것으로 생각합니다. 물론 투자자들은 실망하겠지만 실망의 원인은 너무 큰 기대에 있습니다.

기분이 언짢든 그렇지 않든, 그때가 되면 그들은 지금보다 훨씬 풍족한 삶을 누리고 있을 겁니다. 그 이유는 단 하나, 그들이 소유한 미국의 기업들이 서서히 성장하면서 연평균 3퍼센트의 수익률을 기록할 것이기 때문입니다. 그리고 그렇게 창출된 부(富)가 보통의 미국 사람들에게 보상으로 돌아간다면 모든 사람이 오늘날에 비해 훨씬 향상된 생활 수준을 누릴 수 있을 것입니다. 비록 투자자들에게 익숙한 지난 17년간의 실적이 똑같이 재현되지는 않더라도, 그때가 되면 세상은 더욱 좋아질 거라고 믿습니다.

부흥사 워런 버핏

2000년 5월 19일 | 에이미 코버(Amy Kover)

버크셔 해서웨이의 회장 워런 버핏은 이 회사의 연례 주주총회를 '자본주의자들을 위한 우드스톡 주말 행사'라 부른다. 하지만 마이클 클리블랜드(Michael Cleveland)라는 투자자는 이 회의를 좀 더 그럴듯한 곳에 비유한다. "이 행사는 마치 종교의 부흥회 같습니다. 버핏은 우리의 설교사인 셈이죠!" 주주들은 해마다 봄이 되면 오마하에 몰려들어 버핏의 설교를 듣는다. 설교의 주된 내용은 튼튼하고 가치가 입증된 기업들에 투자하는(그리고 이를 유지하는) 일의 덕목에 관한 것이다. 그가 놀라운 수익을 축적할수록 '버핏교'로 개종하는 신도의 수도 늘어난다.

그러나 버핏은 작년부터 그 천상의 능력을 잃어버린 듯한 모습을 보였다. 올해 버크셔 해서웨이 주식의 주당 장부가는 S&P500 지수보다 20.5퍼센트 낮았다. 이 회사의 주가가 S&P500에 비해 저조한 실적을 기록한 것은 20년 만에 처음이다. 가장 큰 이유는 버핏이 축복을 내린 주식들(코카콜라나 질레트 등)이 부진을 면치 못했기 때문이다. 반면 새로 등장한 인터넷기업들의 주가는 하늘로 치솟으면서 수많은 백만장자를 탄생시켰다. 그러나 미래가 불확실한 기업이나 산업에 베팅하는 일을 못내 불편해하는 버핏은 여전히 기술주에 투자하기를 거부한다. 올 3월 초 버크셔 해서웨이의 주가는 지난 52주 만에 가장 낮은 4만 8백 달러까지 밀리면서 50퍼센트나 추락했다. 가장 독실한 신도조차 믿음이 흔들릴 수 있을 만큼 부진한 실적이었다.

그러나 뛰어난 부흥사 버핏에게는 월스트리트라는 강력한 후원자가 있었다. 4월 말 버크셔의 주주총회가 열릴 무렵 버크셔의 주가는 마치 기적처럼 47퍼센트 상승하면서 6만 달러까지 치솟았다. 반대로 기술주들은 하나같이 바닥을 헤맸다. "우리는 이 주식을 손에 쥐고 장거리 여행을 하고 있는 겁니다." 캘리포니아의 헌팅턴비치(Huntington Beach)에서 온 브라이언 괴벨(Brian Goebel)은 이렇게 말한다. "어쨌든 우리는 데이 트레이더(day trader, 주가 움직임만을 보고 단기 차익을 노리는 주식 투자자 — 역자주)가 아니니까요."

그건 물론이다. 버핏의 추종자들은 인터넷 열풍으로 졸부가 된 닷컴 패거리처럼 화려하고 눈에 띄는 종류의 사람들이 아니다. 이번 주주총회가 열리는 주말에 참석자들이 착용한 유니폼은 프라다의 슬립 드레스나 마놀로 블라닉의 고급 구두가 아니라, 한 뭉치의 돈 그림이 새겨진 초록색의 버크셔 티셔츠와 야구 모자였다. 무료로 제공되는 빵과 커피를 받기 위해 줄을 선 인파 중에 주당 6만 달러의 버크셔 Class A주식을 소유할 정도로 부자처럼 보이는 사람은 별로 없었다. 행사 참석자들은 버핏의 특별 발표를 접하고 흥분을 감추지 못했다. 버크셔의 자회사인 씨즈캔디가 바비인형 제작사 마텔(Mattel)과 협업해서 바비에게 1950년대 씨즈캔디의 여자 판매원 유니폼을 입히기로 했다는 것이었다. 수많은 사람이 이 인형의 주문서를 작성하기 위해 한바탕 난리를 쳤다.

물론 그 주말의 행사는 바비인형이 전부는 아니었다. 콘퍼런스의 핵심은 토요일에 오마하의 시민회관에서 진행된 일곱 시간 동안의 회의였다. 버핏이 이벤트를 시작하며 상영한 한 시간짜리 영화에서는 그가 우쿨렐레를 연주하며 전설적인 토크쇼 진행자 레지스 필빈(Regis Philbin)과 함께 '누가 부자가 되기 원하나?(Who Wants to Be a Jillionaire?)'라는 노래를 부르는 장면이 공개됐다. 그리고 참석자들은 본격적으로 비즈니스에 대한 논의를 시작했다. 주주들은 거의 5시간에 걸쳐 버핏과 찰리 멍거에게 다양한 질문을 쏟아냈다. (질문 예: 밀레니엄 세대들에게 확실한 성공을 보장해주는 투자처는 어디인가요? 버핏은 그 질문에 "요즘에는 가치투자가 그렇게 인기가 없습니다"라고 답하며 대신 빌 게이츠에게 전화로 긴급 조언을 요청했다.) 일부 참석자들은 버핏을 향해 깊은 존경을 나타내면서도 다소 실망스런 작년의 실적을 두고 그를 몰아붙였다. 올해 15살의 어린 참석자 한 명은 이렇게 발언했다. "저는 2년 전에 대학 학자금 마련을 위해 Class B주식을 구입했습니다. 그런데 주가가 천5백 달러 이하로 내려가면서 이제 그 금액으로 갈 수 있는 대학교 과정을 찾아보기로 마음먹었죠." 버핏은 그 말에 웃음을 터뜨렸다. 마치 "할 말이 없네요"라고 대답하는 것 같았다.

오마하는 주말 내내 데어리퀸, 씨즈캔디, 덱스터슈(Dexter Shoe), 월드 북 등 버크셔가 거느린 다양한 기업의 제품들을 전시하는 무역박람회로 변신했다. 사람들은 나이프, 매트리스, 다이아몬드 같은 물건을 할인 가격으로 잔뜩 사들였다. 토요일 저녁, 버핏은 주주들을 마이너리그 야구 경기에 초대했다(버핏의 사인을 받기 위해 줄을 서서 기다리다 경기의 절반가량을 놓친 사람들도 많았다). 어떤 참가자들은 버핏에 관한 이야기를 주고받으며 즐거운 시간을 보내기도 했다. "버핏의 집 근처로 차를 몰고 가보셨어요?" 누군가 이렇게 물었다. "정말 소박해요!" 버핏과 함께 고등학교를 다녔다는 어떤 여성은 자신이 마지막으로 참석한 동창회에서 버핏과 찍은 사진을 보여주었다. "동창회 다음 날 사람들에게 자랑할 거리가 생긴 거죠." 그녀는 이렇게 말하며 웃었다.

개중에는 보다 절박한 이유를 품고 이곳으로 성지 순례를 온 사람도 있었다. 지난 10년 동안 버크셔의 주식을 소유해왔다는 봉 정(Bong Jung)은 버핏의 가치로 마음을 다시 가다듬을 필요를 느꼈다고 했다. "인터넷 주식의 유혹에 빠지지 않는 일은 쉽지 않았습니다. 사람들과 골프를 치러 가면 으레 투자에 대한 이야기가 나오기 마련이죠. 어떤 친구는 기술주에 투자해서 80퍼센트의 수익을 올렸다고 했어요. 제가 소유한 주식은 30퍼센트가 떨어졌는데 말이죠. 친구를 부러워하지 않는 것은 쉬운 일이 아니었어요. 하지만 이곳에서 저의 믿음을 회복했습니다." 그러자 그의 아내가 옆에서 맞장구를 친다. "바로 그거예요. 믿음을 회복한 거죠." 이제 버핏이라는 현인은 신도들에게 다시 한번 신앙의 근거를 마련해준 듯싶다.

워런 버핏, 퍼스트레이디에게 투자하다

2000년 10월 20일 | 제프리 번바움(Jeffrey Birnbaum)

일생을 민주당 지지자로 살아온 워런 버핏은 그동안 여러 명의 민주당 대통령 후보를 지지했다. 하지만 그가 특히 세간의 주목을 끌게 된 것은 (아래 기사에서 보는 바와 같이) 지난 2000년 뉴욕주 상원의원에 출마한 힐러리 클린턴을 지지해 성공적인 결과를 얻어내면서부터였다. 그런데 2008년 클린턴 상원의원이 민주당 대통령 후보로 출마를 선언하면서 일이 약간 복잡해졌다. 버핏은 민주당 대통령 후보로 나선 또 다른 경쟁자 버락 오바마와도 절친한 사이였기 때문이다.

버핏은 시카고 출신의 오바마가 일리노이주 상원의원 선거에 출마를 준비하던 시기에 그를 처음 만났다. 오바마는 직접 오마하를 찾아 버핏과 점심 식사를 하며 대화를 나누었다. 버핏은 훌륭한 식견으로 가득 찬 이 젊은이를 마음에 들어 했으며, 두 사람은 그렇게 친구가 되었다.

그렇다면 2008년 클린턴과 오바마가 모두 민주당 대통령 후보로 출마했을 때 버핏은 어떤 행보를 취했을까? 그는 자신이 '정치적 중혼(重婚) 상태'에 놓였다는 농담으로 그 질문에 답했다. 즉 두 사람 모두를 지지한다고 두 후보자에게 말했다는 것이다. 그리고 버핏은 실제로 그렇게 행동했다.

누가 선거에서 승리했는지는 우리 모두가 잘 알고 있다. – CL

워런 버핏은 원래 공화당 지지자로서 삶을 시작했다. 공화당 소속으로 네브래스카주 연방 하원의원을 네 차례나 역임한 아버지의 정치적 취향을 물려받았기 때문이다. 버핏은 펜실베이니아대학 재학 중에 '젊은 공화당 지지자들의 클럽' 대표로서 열성적으로 활동했다. 1948년에는 공화당 대통령 후보 토머스 듀이(Thomas Dewey)가 선거에서 당선되면 코끼리를 타고 필라델피아 거리를 행진할 계획을 세우기도 했다. 그러나 듀이는 해리 트루먼(Harry Truman)에게 패했다.

그리고 세상은 얼마나 변했나! 요즘 버핏은 철저한 민주당 지지자로 변신했다. 심지어 그는 힐러리 클린턴을 위해 모금 행사를 하고 돈을 기부했다. 오마하의 현인이 뉴욕주 상원의원에 도전한 클린턴에게 돈을 베팅한 것이다. 버핏은 컬럼비아대학에서 전직 재무부 장관 로버트 루빈(Robert Rubin)과 함께 퍼스트레이디를 대신해 모금 행사를 이끌었다. 또 맨해튼의 고급 레스토랑 러시안 티 룸(Russian Tea Room)과 인포 유에스에이(Info USA)의 CEO 빈 굽타(Vin Gupta)의 오마하 자택에서도 클린턴을 위한 선거자금 모금 행사를 주도했다.

그가 정신이 나간 건가? 전혀 그렇지 않다. "나는 중요 현안에 대한 정치가들의 아이디어가 내 생각과 일치한다면 당을 가리지 않고 지지합니다." 정식 민주당원인 버핏의 말이다. 그가 이번에 클린턴에게 지지를 보내는 주된 이유는 그녀가 임신 중절 합법화에 찬성하는 데다 버핏의 숙원 사업인 선거자금 개혁 법안에 힘을 싣고 있기 때문이다. (버핏에 따르면 그는 클린턴에게 돈을 기부한 다른 사람들과 달리 백악관이나 캠프데이비드에서 단 하룻밤도 보낸 적이 없다. 심지어 소파 위에서도 눈을 붙이지 않았다고 한다.) "클린턴을 지지하는 이유는 간단합니다. 그녀의 생각에 동의하기 때문입니다." 버핏의 말이다. "내가 그녀의 남편에게 투표한 이유와 같은 거죠." 게다가 뉴욕주는 그가 특별한 애착을 지닌 곳이기도 하다. 그가 운영하는 기업 버크셔 해서웨이는 버팔로뉴스의 소유주다. 버핏은 이 주(州)에서 벌어지는 일이 수 경계를 훨씬 넘은 곳에도 영향을 미친다고 말한다.

무엇보다 놀라운 점은 그가 정치가들에게 돈을 냈다는 사실이다. 그는 지난 몇 년간 선거자금을 개혁해야 한다고 공공연하게 목소리를 높여왔다. 특히 그가 분노를 드러낸 대목은 기업의 소프트머니(soft money, 미국의 정치헌금 가운데 기업이나 단체가 정당에 제공하는 후원금)가 특정 정당에 무제한 흘러 들어가는, 기존 시스템의 노골적인 악용 사태가 발생하고 있다는 점이었다. 버핏은 스스로 위선자가 되지 않기 위해 연방 후보자들에게 오직 '하드머니(hard money, 미국 선거제도에서 개인이 정치인 개인에게 직접 기부하는 선거자금 — 역자주)'만을 기부한다. 개인이 후보자 한 명에게 제공할 수 있는 금액은 한 번의 선거에서 천 달러뿐이다. 다시 말해 버핏은 클린턴에게 2천 달러(예비선거에서 천 달러, 총선거에서 천 달러)를 주었다는 뜻이다. 버핏은 자기가 선택한 후보자에게 돈을 기부하라고 남들에게 권하지 않는다. 그의 부탁 때문이 아니라 후보자의 가치를 인정해서 사람들이 돈을 기부하기 바라는 것이다.

그럼에도 불구하고 선거자금 모금행사 초대장에 쓰인 워런 버핏이라는 이름은 수많은 사람을 끌어들이는 위력을 발휘한다. 그는 지지하는 후보자를 고르는 데 있어 매우 신중하다. 물론 그들 대부분은 민주당 소속이다. 그중에는 버핏의 친구인 네브래스카주 연방 상원의원 밥 케리(Bob Kerrey)와 최근 대통령 출마를 선언한 뉴저지주 전 상원의원 빌 브래들리(Bill Bradley)도 포함된다. 선거자금 개혁에 앞장선 위스콘신주의 민주당 상원의원 러스 페인골드(Russ Feingold)와 코네티컷주 공화당 하원의원 크리스토퍼 셰이즈(Christopher Shays)도 그가 지지하는 정치가들이다. 또 지난 몇 년간은 캔자스주 공화당 상원의원 낸시 카세바움(Nancy Kassebaum)과 민주당 상원의원 다니엘 패트릭 모이니한(Daniel Patrick Moynihan, 클린턴은 바로 이 사람의 자리를 차지하기 위해 싸우는 중이다) 같은 저명한 의원들에게도 지지 의사를 표명했다. 버핏은 이렇게 말한다. "제 생각에 힐러리

클린턴은 매우 유능하고 말솜씨도 뛰어난 사람입니다. 만일 그녀가 당선된다면 백 명의 상원의원 중 한 명 이상의 몫을 해낼 겁니다." 그 말은 이 퍼스트레이디가 과소평가된 자산이라는 뜻일까?

존경받는 기업
버크셔 해서웨이

〈포춘〉은 매년 '가장 존경받는 기업'의 순위를 선정해서 발표한다. 이 기사가 발표된 2001년 〈포춘〉의 편집자는 버크셔(그리고 버핏)를 그 목록의 7위에 올리고 이에 관한 이야기를 커버스토리로 다뤘다. 지난 역사를(그리고 앞으로의 전망을) 따져보면 당연한 일이었다. 당시 버크셔는 '가장 존경받는 기업'의 상위 10위 안에 5년 연속으로 들었으며 한 번도 그 자리를 놓친 적이 없었다. 2008년 〈포춘〉이 본 목록의 선정 작업을 '글로벌' 기업으로 확대해서 전 세계를 대상으로 단일 순위를 발표하기 시작했을 때도 마찬가지였다. 버크셔는 1997년부터 2013년까지 16년간 이 목록의 상위 10위권을 지킨 유일한 기업으로 기록됐다.

버핏은 이 사실을 매우 기뻐한다. 그는 버크셔가 매출액순으로 〈포춘〉 500대 기업의 상위권에 선정된 일(이 회사는 매출 순위에서도 10위 안에 들었다)에 대해서는 별다른 감흥을 느끼지 않는다. 그가 무엇보다 중요시하는 것은 회사의 평판이다. 버핏은 2010년 〈포춘〉과 진행한 인터뷰에서 기업이 신뢰를 쌓는 방법을 이렇게 표현했다. "믿음은 하루, 한 주, 한 해에 얻을 수 있는 것이 아닙니다. 한 번에 한 줌씩 모래를 쌓아 올려야 하는 겁니다. 신뢰라는 성은 쌓는 데 오랜 시간이 걸려도 무너지는 것은 순식간입니다."

물론 세상 사람들에게 존경받는 기업이라고 해서 운영상의 문제가 전혀 없거나 모든 자산을 효과적으로 사용하는 것은 아니다. '워런 버핏의 가치 기계'라는 제목의 이 기사에는 버크셔가 메인주 소재의 신발회사 덱스터슈를 인수해서 혹독한 어려움을 겪은 이야기가 나온다. 버크셔가 1993년에 자사의 주식 4억 천9백만 달러를 들여 이 회사를 사들였을 때만 해도 버핏은 앞으로 어떤 문제가 닥칠지 전혀 예상하지 못했다(그는 이 회사를 인수하는 일에 큰 열정을 보였다). 그러나 외국산 저가 경쟁 제품의 공세 앞에 놓인 덱스터의 상황을 과소평가했던 버핏은 결국 1999년 연례 보고서에서 이 회사의 앞날이 어둡다는 사실을 인정할 수밖에 없었다. 2000년, 버크셔는 2억 천9백만 달러 상당의 덱스터 영업권을 장부에서 대손상각 처리했다. 그리고 다음 해 버핏은 결국 항복을 선언했다. 그는 1) 애초에 덱스터를 매입하지 말아야 했고 2) 특히 자사의 주식으로 이 회사를 사들인 것은 실수였으며 3) 이 회사의 문제들을 공략하는 일을 너무 미뤘다고 반성했다.

2001년 덱스터의 경영진은 버크셔 산하의 또 다른 신발회사 경영진으로 교체됐다. 새롭게 부임한 프랭크 루니(Frank Rooney)와 짐 이슬러(Jim Issler)는 일부 조직만 남기고 이 회사의 비즈니스를 전면 축소(공장도 문을 닫았고 직원들도 회사를 떠났다)했다. 그리고 2005년, 덱스터라는 이름은 버크셔의 연례 보고서에서 완전히 사라졌다.

오늘날 버핏은 덱스터에 대해 이렇게 말한다. "내가 집행한 인수 건 중에 단연 최악입니다. 지금까지는 말이죠."

버크셔가 덱스터를 사들였을 때 이 회사의 회장이자 주력 주주였던 해럴드 알폰드(Harold Alfond)는 이미 자선 사업가로 유명한 사람이었다. 2007년에 사망한 그는 유산 대부분을 해럴드 알폰드 재단에 기부했다. 그의 유언장이 공개되자 이 재단의 자산은 5배가 증가한 5억 달러(그중 80퍼센트는 버크셔의 주식)로 껑충 뛰었다. 해럴드 알폰드 재단은 주로 메인주에 소재한 교육기관, 의료기관, 청소년 개발 단체 프로그램 등에 자산을 기부한다. 버크셔의 부(富)가 자선 사업에 투입된 또 다른 사례(비록 역설적인 사례이지만)라고 할 수 있다. - CL

워런 버핏의 가치 기계

2001년 2월 19일 | 캐럴 루미스

간단한 퀴즈 하나: '가장 존경받는 기업' 목록의 상위 10위에 선정된 회사들이 어떤 사업을 하는지 기술하시오.

독자들 대부분은 이 모범적인 기업들 중 8개에 대해 별문제 없이 답을 쓸수 있을 것이다. 대형 마트(월마트), 증권회사(슈왑[Schwab]), 컴퓨터 칩(인텔) 등. 그런데 제너럴 일렉트릭(GE)이라는 회사로 넘어가면 약간 복잡해진다. 금융 서비스, TV 네트워크, 전자 장비 및 항공 관련 제품 제조 등의 사업을 수행하는 이 기업은 곧 하니웰(Honeywell)도 인수할 예정이다. 그러나 정말 답하기 어려운 회사는 이 목록의 7위에 오른 오마하 소재의 버크셔 해서웨이일 것이다. 끝이 뾰족한 샤프펜슬로 이 회사의 비즈니스를 500자 미만으로 적어보라.

아마 보통 사람이라면 "워런 버핏의 회사"라고 쓰는 게 전부일 것이다. 반면 버크셔를 추종하는 수많은 팬들은 이 회사의 장점을 이렇게 묘사할 듯하다. "놀라운 수익성을 자랑하는 독특한 조합의 다양한 자회사(보험사를 필두로 수많은 기타 업종의 회사들)와 이를 총괄하는 올해 70세의 CEO. 회사자금으로 투자 업무를 주로 수행하는 이 탁월한 경영자는 그동안 투자 분야에서 자타가 공인하는 세계 최고의 자리를 지켜왔음."

버핏이 버크셔를 운영한 지난 36년 동안 이 회사의 주식 장부가(보험회사의 성공을 가장 단적으로 보여주는 실적 통계)는 연평균 23퍼센트가 올랐다. 물론 1999년처럼 실적이 좋지 않은 해도 있었지만, 36년에 걸친 버크셔의 기업 연혁 중 32년간 이 회사의 주당 수익률은 S&P500 기업들의 평균 실적을 한참 능가했다. 버핏이 꿈에서도 액면분할 생각이 없는 버크셔의 주식(그는 친구들에게 생일 축하 카드를 보낼 때 가끔 이렇게 쓰곤 한다. "버크셔가 액면분할 할 때까지 건강하기를") 가격을 보면 그동안 이 회사가 얼마나 성공적인 길을 걸었는지 알 수 있다. 버크셔 주식의 시장가격은 지난 36년간 주당 12달러에서 작년 연말 기준으로 7만 천 달러까지 올랐다. 연평균 27퍼센트의 증가율이다.

물론 누가 봐도 놀라운 기록이지만, 문제는 버크셔를 가장 존경하는 기업으로 꼽은 사업가들조차 도대체 이 회사가 어떤 메커니즘을 통해 고객에게 가치를 제공하는지 정확히 알지 못한다는 것이다. 심지어 자신이 한 표를 던진 회사가 사실은 보험회사라는 점을 모르는 사람도 수두룩하다. 그러나 응답자들이 이 회사에 관한 뭔가를 좋아한다는 것만은 분명해 보인다. 버크셔는 지난 5년간 이 목록의 상위 10위권에 연속해서 이름을 올렸다.

이야기를 계속하기 전에 몇 가지 사실을 미리 밝히고 넘어가야 할 것 같다. 글쓴이 역시 이 회사를 존경하는 사람 중 하나다. 나는 버핏의 오랜 친구이고, 그의 연례 주주서한 편집자(물론 글을 쓰는 사람은 버핏이다)이며, 지난 수십 년간 버크셔의 주주로 활동했다. 버핏과 나는 그의 비즈니스 역사를 담은 책을 함께 쓰자고 오랫동안 상의하기도 했다. 물론 말만 무성했지 실제로 작성된 글은 한 줄도 없었다. 어쨌든 이런 과정을 통해 나는 그의 생각을 누구보다 잘 아는 사람이 됐다.

이 시점에서 내게 확실한 것은(세상 사람들에게는 잘 알려지지 않았으나) 버크셔가 2000년에도 놀라운 한 해를 보냈다는 사실이다. 버크셔의 추종자들은 주식에 가장 많은 관심을 기울이겠지만 지금 나는 주식 이야기를 하려는 게 아니다. 작년 한 해 기술주의 가격이 폭등했을 때 버크셔의 주가는 한동안 부진을 면치 못했다. 지난해 3월 이 회사의 주가는 4만 8백 달러까지 떨어졌다. 버핏은 이렇게 말한다. "당시 우리는 공매도꾼들이 가장 존경하는 기업의 목록에 올랐습니다." 그러나 버크셔의 주가는 그 뒤 7만 천 달러까지 회복됐다. 최저점에서 74퍼센트나 상승한 금액이었다(2001년 1월에는 6만 8천 달러를 기록했다). 결과적으로 버크셔의 주가는 2000년 역년(曆年) 기준으로 26.6퍼센트 오른 것으로 마감됐다. 같은 해 대부분의 기업은 주가의 하락을 경험했다. 가장 존경받는 기업 10위에 오른 기업 중 7개 업체도 비슷한 처지에 놓였다.

그래서 어떻다는 말인가? 내가 정말로 여러분에게 들려주고 싶은 것은 주식이 아니라 이 회사 내부적으로 벌어진 일에 관한 이야기다. 버핏은 이해에 무려 8개 기업을 사들이거나 매수를 위한 협상에 착수하면서 본인의 특기라 할 수 있는 자산 배분의 능력을 유감없이 발휘했다. 투자 대상 기업의 주식이 아니라(물론 인수한 기업들의 일부 지분 취득은 시장에서 주식을 사들이는 형태로 이루어졌다) 회사 전체를 매입했다는 말이다.

펜실베이니아에 소재한 U.S. 라이어빌리티 오브 웨인(U.S. Liability of Wayne)은 버크셔 보험 제국의 일원으로 합류했다. 다른 합병 기업들도 버크셔가 거느린 다양한 업종의 자회사 중 하나로 이름을 올렸다. 건축자재와 신발을 만드는 회사(포트워스[Fort Worth]에 소재한 저스틴 인더스트리[Justin Industries]), 보석상(시애틀에 본사를 둔 벤 브리지 체인), 카펫 제조업체(조지아주 달턴[Dalton]에 소재한 쇼 인더스트리[Shaw Industries]) 등 인수한 기업 대부분은 전통적인 업종에 속한 회사다. 버크셔는 이 기업들을 사들이기 위해 도합 80억 달러를 지불했다. 이는 1998년 버크셔가 제너럴 리(General Re)라는 재보험사를 매입한 금액 220억 달러에 한참 못 미치는 금액이지만, 버핏은 80억 달러를 모두 현금으로 지불했다. 몇 년 전 버크셔가 아메리칸 익스프레스의 주식을 사들이며 지불한 15억 달러의 5배에 해당하는 엄청난 액수의 현금이다. 게다가 버핏은 한 푼의 대출도 받지 않고 그동안 고이 간직한 80억 달러의 현금 뭉치를 인수 대상 기업에 고스란히 넘겨주었다.

이 기업들의 인수 절차가 모두 완료되면 버크셔가 거느린 기업의 직원 수는 두 배로 늘고 매출도 130억 달러 증가하게 된다. 그중 미드아메리칸 에너지(MidAmerican Energy)에서 발생할 50억 달러의 매출은 법률적인 규제 때문에 버크셔의 장부에 통합되지는 못한다. 그럼에도 버크셔의 2000년도 회계 매출은 300억 달러에 육박할 것으로 예상된다. 이 경우 버크셔는 매출액 기준으로 사상 처음 〈포춘〉 500대 기업의 상위 50위에 들게 된다. 또 이 회사의 수익은 주식을 처분해서 얻은 자본이익을 포함해 30억 달러에 달할 것으로 보인다. 그러나 버핏은 어떤 기업의 주식을 처분했는지 아직 공개하지 않고 있다.

버핏이 〈포춘〉 500대 기업의 상위권에 오르겠다고 작정을 하고 나선 것은 아니다. 또 2000년 들어 본격적으로 기업들을 사들이려고 거창한 계획을 세우지도 않았다(그는 "전화를 받은 것 이외에는 별로 한 일이 없다"라고 말한다). 중요한 점은 그가 투자자들을 위해 가치를 창출하는 과정에서 보통의 최고경영자들과는 다른 방식으로 세상을 바라본다는 사실이다. 평소 자기 회사의 주가에 별로 신경을 쓰지 않는 버핏은 하루하루의 주가가 어떻게 바뀌는지 잘 모른다. 그는 기업의 인수를 통해 특별한 시너지를 추구하지 않으며, 대신 수익성이 좋은 기업들을 사들인 뒤 기존의 경영진에게 계속 회사를 맡기는 방식을 선호한다. 그뿐만 아니라 그는 일종의 스위치히터(switch hitter, 야구에서 양손으로 공을 다 칠 수 있는 타자 — 역자주)다. 다시 말해 기업의 전부를 인수하는 일은 언제라도 환영하지만, 상황이 여의치 않으면 주식시장에서 해당 기업의 일부를 사들이는 쪽으로 방향을 바꾼다. 2000년에는 어쩌다 보니 여러 기업을 한꺼번에 인수하게 됐을 뿐이다.

버핏은 그 많은 기업을 사들이면서 주식시장에도 새로운 자본을 투자했을까? 그렇지는 않다. 대신 그는 정크본드를 조금 매입했는데, 그중 하나가 피노바(Finova)라는 금융기업의 채권이다(일부 언론에서는 버핏이 콘세코[Conseco]의 채권을 샀다고 보도했지만 사실이 아니다). 사실 그는 2000년뿐만이 아니라 그 이전의 4년 동안에도 사들인 주식보다 내다 판 주식이 더 많았다. 이런 방어적인 행보는 앞으로 주식을 통해 얻을 수 있는 수익이 1980년대나 1990년대처럼 높지 않을 거라는 그의 유명한 견해와도 일맥상통한다. 그가 지난 몇 년간 처분한 대표적인 종목이 맥도날드와 디즈니이다.

버핏은 주식 선택의 귀재로 유명한 사람이지만, 그는 자신이 사들인 주식 가치의 상승을 통해 회사의 성장을 도모(사람들 대부분은 그렇게 알고 있다)하기보다는 기업을 추가로 인수함으로써 버크셔가 발전하기를 기대한다. 물론 그럴 경우 갖가지 문제가 동반될 가능성도 있으나, 그럼에도 버핏은 여전히 기업을 통째로 인수하는 전략을 선호한다.

그런 취향의 배경에는 어느 정도 정서적인 면도 개입되어 있는 듯하다. 그는 자회사의 경영진과 일하는 것을 즐기며 이를 통해 진정한 가치를 창출하는 회사를 만들고 싶어 한다. 또 여기에는 세금과 관련된 경제적인 이유도 한몫을 하는 것 같다. 만일 ① 버크셔의 자회사 씨즈캔디가 천만 달러의 세후 수익을 올렸고 ② 코카콜라가 1억 2천5백만 달러의 세후 수익을 거두었다고 가정해보자. 그 수익 중에 코카콜라의 지분 8퍼센트를 보유한 버크셔의 몫은 천만 달러가 될 것이다. 씨즈캔디가 벌어들인 천만 달러는 온전히 버크셔의 주머니로 들어간다. 그러나 코카콜라에서 창출된 버크셔 몫의 수익 천만 달러 앞에는 장애물이 존재한다. 버크셔가 그 돈을 차지하기 위해서는 배당금을 받든 코카콜라의 주식을 매도해서 자본이익을 얻든(버크셔는 지금껏 단 한 주의 코카콜라 주식도 판 적이 없다) 추가적인 세금을 내야 한다. 만일 코카콜라가 거둔 버크셔 몫의 수익을 재투자할 수 있는 훌륭한 기회가 존재한다면(다시 말해 버크셔에 '귀속된' 수익이 증가한다면) 버핏은 기꺼이 세금을 낼 것이다. 그렇지 않은 일반적인 상황에서는 자회사에서 창출된 천만 달러의 수익에 그의 마음이 더 끌리는 것은 당연한 일이다. 물론 모든 종류의 현금성 자산을 선호하는 버핏은 막대한 금액의 현금을 찍어낼 수 있는 기계를 버크셔에 설치해두었다. 이 기계의 엔진에 해당하는 버크셔의 보험 사업은 소위 '플로트'라는 훌륭한 자본이 밑바탕이 된다. 계약자들이 지불한 보험료는 나중에 보험금으로 지급되기 전까지 요긴한 투자 밑천이 되어주기 때문이다. 버핏이 회사의 가용자본으로 사들인 여러 기업도 투자에 필요한 현금을 벌어들이며 이 '가치 기계'의 부품 역할을 톡톡히 해낸다.

그는 어떤 조건을 지닌 기업을 주로 사들일까? 버핏은 인수 가격이 합리적이면서(그는 투자은행이 주도하는 경매에 참가하는 일을 꺼린다), 능력 있고, 정직하고, 신뢰할 수 있는 경영진이 운영하는 회사를 원한다. 또 수익성이 좋은 기업을 선호하지만, 수익의 일관성에 대해서는 그다지 신경 쓰지 않는다. "나는 가끔씩이라도 15퍼센트의 자본이익률을 기록할 수 있는 회사를 사고 싶습니다." 그는 이렇게 말한다. "계속해서 12퍼센트만 벌어들이는 회사보다는 낫죠." 버핏은 자기가 그 비즈니스를 이해할 수 있고 큰 변화에 휩쓸리지 않을 회사를 인수하고 싶어 한다. 그가 기술기업들에 대한 투자를 꺼리는 이유도 기술의 영역에서 너무 빠른 속도로 변화가 진행되기 때문이다. 즉 그 기업들이 향후 10년 동안 얼마나 많은 현금흐름을 창출할 수 있을지 확신이 없기 때문에 투자를 피한다는 것이다.

좋은 기업을 좋은 가격에 사들이기 위해서는 좋은 소유자로서의 평판을 쌓는 일이 중요하다. 그런 점에서 버핏은 이미 충분한 명성을 획득한 셈이다. 그동안 그는 사람들의 '입소문'에만 거의 전적으로 의존해서 가구 소매기업을 여러 개 매입했다. 오마하에 소재한 회사를 시작으로 유타, 텍사스, 매사추세츠, 아이오와 등지에서 잇달아 회사를 사들였다. 경영진이 가족으로 구성된 일부 기업에게는 버크셔가 일종의 피난처가 되어주기도 한다. 특히 가족 구성원 중 일부는 현금을 원하고 다른 사람은 계속 회사를 경영하고 싶어 하는 경우에는 버크셔에 회사를 매각하는 것이 해결책이 될 수 있다. 버핏은 회사의 운영을 원하는 사람에게 독립적인 경영권을 (절대 타협이 불가능한 난해한 문제를 제외하면) 보장하고, 그들의 의견을 존중하며, 자신이 인수 시에 했던 약속을 철저히 이행한다. "우리에게는 그들에게 이래라저래라 할 MBA 출신의 인력이 없습니다. 더구나 내가 그들의 일에 개입할 능력이 없다는 건 하늘도 알아요." 또 주식시장에 상장한 기업 중에서도 가족과 관련된 이유로 사업을 매각해야 할 처지에 놓인 회사나, 부진한 주가와 냉혹한 경쟁, 비현실적인 분기 실적 요구, 우호적이지 못한 기업인수 세력 등에서 탈출하고자 하는 사람들에게도 버핏은 좋은 도피처가 되어줄지도 모른다.

물론 이런 변수들은 어느 시대에나 기업의 매각 및 인수의 결정을 좌우하는 주요 요인일 것이다. 그러나 2000년의 경제 상황은 버크셔에게 독보적인 경쟁우위 요소를 제공했다. 그해 들어 기업의 인수에 투입될 시중의 가용 자금은 점점 빠듯해졌고, 정크본드는 매각이 어려웠으며, 대형 투자자들은 겁을 집어먹고 몸을 사렸다. 당시 버핏을 방문했던 뉴욕의 어느 투자은행가는 현재 미국에서 50억 달러의 주식 포지션에 투자할 수 있는 사람은 버핏이 유일한 것 같다고 말했다.

건축자재업체 존스 맨빌(Johns Manville)의 인수 건만큼 버크셔의 경쟁우위(그리고 이를 발 빠르게 활용한 버핏의 능력)를 여실히 드러낸 사례는 없을 것이다. 맨빌은 버크셔가 2000년 들어 여덟 번째로 사들인 회사다. 단열재나 지붕재 사업을 주력으로 하는 이 회사의 2000년도 매출액은 20억 달러였으며 수익은 2억 달러가 넘었다. 맨빌의 지배 주주는 과거 이 회사가 파산 보호를 신청했을 때 석면 피해자에 대한 법적 책임을 이행할 목적으로 설립된 신탁회사였다. 2000년 중반 어떤 매수 그룹이 이 회사를 28억 달러에 인수하는 거래에 착수했다. 그러나 맨빌의 사업이 일시적인 침체에 빠진 데다 인수에 나선 기업들도 재무적인 어려움을 겪기 시작하면서 그들은 12월 8일 금요일 거래에서 물러났다. 맨빌의 CEO 찰스 제리 헨리(Charles Jerry Henry)도 좌초된 매수 그룹의 일원이었다. 그는 이 인수에 참가해서 신탁회사와 결별하게 되기를 바랐지만 뜻대로 되지 않았다.

버핏과 그의 오랜 파트너인 버크셔의 부회장 찰스 멍거(로스앤젤레스 거주)는 맨빌의 행보를 유심히 지켜봤다. 두 사람은 매수 그룹이 포기를 선언한 지 3일째 되는 그다음 주 월요일, 신탁회사에 전화를 걸어 현금 22억 달러에 맨빌을 인수하겠다고 제안했다. 그들은 전화로만 협상을 진행해서 24시간 만에 합의에 도달했으며, 12월 20일에 이를 발표했다. 제리 헨리는 맨빌의 덴버 본사에서 근무하는 직원들 앞에서 기쁨을 감추지 못하고 이렇게 말했다. "여러분, 우리에게 산타클로스가 찾아왔습니다. 이 산타가 사는 곳은 북극이 아니라 오마하입니다."

올해 59세의 헨리는 오마하로 버핏을 만나러 가서 장장 여섯 시간에 걸쳐 대화를 나누었다. 그는 회의 중에 앞으로 버핏과 함께 일하기 어려울 것 같다는 느낌을 조금이라도 받는다면 "나는 회사를 떠납니다"라고 말하며 즉시 사표를 던지기로 마음먹었다. 하지만 그는 오히려 의욕에 넘치는 마음으로 회의실을 나섰다. "이 합병을 성공시키는 데 모든 것을 바치겠다고 결심하며 자리를 떴습니다. 버핏과 대화를 나누다 보니 그가 어떤 식으로 회사를 운영하는지 쉽게 알 수 있었어요. 그를 실망시키면 안 된다는 생각이 들더군요."

나는 이 기사를 쓰기 위해 작년에 버크셔가 인수한 8개 기업의 최고경영자를 모두 만나 인터뷰했다. 그중 누구도 새로운 소유주에 대해 불만을 토로한 사람은 없었으며 하나같이 칭찬 일색이었다. 물론 그 사람들이 자신의 상사에 대해 공개적으로(더구나 버핏의 친구 앞에서) 불만을 제기할 이유는 없었을 것이다. 하지만 그들 중에 어떤 사람은 버크셔와의 거래를 성사시키기 위해 더 많은 돈을 포기했다고 털어놓기도 했다.

올해 44세의 에드 브리지(Ed Bridge)는 벤 브리지(Ben Bridge)라는 보석상을 4대째 이어 경영하고 있는 공동 대표다. 그는 몇 년 전 병에 걸려 자리에 누웠을 때 가족들이 소중하게 지켜온 이 개인 기업을 매각해야 할지 고민에 빠졌다. 그래서 기업공개(IPO)나 차입매수(LBO, 인수자가 대상 회사를 인수하기 위해서 그 회사의 자산을 담보로 제공하고 매수 자금을 대출받아 대상 회사를 인수하는 방식 — 역자주), 또는 유관 업종에 속한 '전략적' 구매자에게 회사를 넘기는 방법 등을 다양하게 고려했다. 그러던 중 캔자스시티에 사는 바넷 헬츠버그에게서 버크셔에게 회사를 파는 방안을 검토해보라는 제안이 왔다. 그 역시 1995년 버핏에게 자사의 보석상 사업을 매각한 바 있었다. 브리지는 버핏이 왜 자기 회사처럼 작은 소규모 업체에 관심을 갖는지 알 수 없었다(브리지는 자신의 보석상을 가리켜 "서부 11개 주에 65개의 문을 보유한 회사"라고 불렀다). 어쨌든 브리지는 작년 초 버핏과 통화한 뒤에 회사의 재무 데이터 일부를 보냈다. 그러자 흥분에 가득한 버핏의 답변이 도착했다. "당신들은 정말, 정말, 정말 대단합니다!"

그들은 곧바로 협상에 돌입했다. 그런데 브리지가 회사를 팔지도 모른다는 소문을 들은 어느 전략적 구매자가 그에게 접근하기 시작했다. 브리지는 이렇게 말한다. "제 생각에 그 사람에게 회사를 넘겼다면 버크셔가 부른 값보다 20퍼센트 정도는 더 받을 수 있었을 겁니다. 하지만 그 길을 택할 경우 회사가 완전히 망가질 것 같았죠." 브리지와 버핏은 5월 초 거래의 세부 사항(인수 금액을 공개하지 않는다는 조건을 포함해서)에 합의했다. 그럼에도 두 사람은 악수조차 나누지 못했다. 그때까지 만난 적이 없었기 때문이었다. 버핏에게는 그 점이 전혀 문제가 되지 않았다(버핏은 "나는 늘 전화로 회사를 인수하지요"라고 브리지에게 말했다). 그러나 개인적으로 정말 버핏을 만나보고 싶었던 브리지는 5월 말이 되면서 소원을 풀 기회를 얻었다. 버핏이 마이크로소프트의 콘퍼런스에 참석하고 돌아가는 길에 브리지를 만나기 위해 회사에 들른 것이다.

그날 버핏은 이 회사의 임직원들과 여러 시간에 걸쳐 집중적으로 대화를 나누었다. 그는 자신이 좋아하는 일을 할 때면 놀라운 체력을 발휘하는 사람이다. 게다가 직원들은 평범한 인간 버핏의 모습을 엿볼 수도 있었다. 안경을 쓴 미 중서부 지역 사람의 전형적인 외모, 아무렇게나 빗어 넘긴 회색 머리카락, 단추도 채우지 않은 양복 상의에 멜빵이 달린 바지, 적어도 한 달은 계속해서 맸을 법한 넥타이, 그리고 은근한 비유를 사용하는 평범한 말투까지. 그날 버핏이 경영진에게 내린 유일한 지시 사항은 다른 자회사들에게는 이미 익숙한 내용이었다. "그냥 당신들이 하던 일을 계속하면 됩니다. 우리는 4할을 치는 타자에게 베팅 자세를 바꾸라고 요구하지 않습니다."

브리지는 버핏을 차에 태우고 이동하던 도중 어느 씨즈캔디 매장 앞을 지나게 됐다. 그러자 버핏은 이 회사의 과거 매출액을 줄줄 읊어댔다. 브리지는 그의 놀라운 기억력에 경악을 금치 못했다. 버핏은 이렇게 대답했다. "나는 숫자를 좋아합니다." 브리지는 언젠가 버크셔의 자회사 경영자가 이렇게 경고하던 말을 떠올린다. "별로 공개하고 싶지 않은 숫자가 있다면 절대 그에게 보여주지 마세요. 순식간에 기억해버리니까요."

버핏이 여러 기업을 한꺼번에 인수하는 모습을 본 사람들은 이런 의문을 제기하기 마련이다. 그가 사들인 기업들의 성적은 어떨까? 전체적으로 그 기업들의 실적은 대단히 양호하다. 그렇다고 모든 회사가 큰 성공을 거둔 것은 아니다. 그가 1998년에 220억 달러를 들여 매입한 제너럴 리는 재보험 시장의 침체와 회사의 가격 정책 실패로 몇 년간 악전고투했다. 2000년 들어 이 회사는 침체기를 벗어나 다소 실적이 개선됐지만, 일부 애널리스트들은 제너럴 리를 인수한 일이 명백한 실수라고 주장한다. 버핏은 이 회사의 경우처럼 버크셔의 주식으로 인수 대금을 지불해야만 하는 상황을 매우 꺼린다. 버크셔의 소유권을 일부나마 포기하는 일을 대단히 싫어하기 때문이다. 그러나 버핏은 제너럴 리가 버크셔의 귀중한 자산이 되어줄 거라고 확신한다.

버핏이 소유한 비(非)보험 기업들(즉 제조업, 소매업, 서비스업 등)의 수익도 전반적으로 상당히 높은 편이다. 특히 그 회사들이 대부분 전통적이고 평범한 업종에 속해 있다는 사실을 감안하면 더욱 탁월한 실적이다. 1999년에 이 회사들은 도합 57억 달러의 매출을 기록했으며 7억 달러의 세전 수익을 달성했다. 세금을 공제한 수익률은 7.7퍼센트에 달했다. 이는 〈포춘〉 500대 기업이 거둔 수익률의 중위값 5퍼센트를 한참 상회하는 수치다.

버크셔의 자회사를 운영하는 경영진은 대부분 실적에 대한 보상 계약을 맺고 근무하기 때문에 회사의 자본금을 최대한 아껴 사용하고 남는 수익은 모두 오마하 본사로 보낸다("그래서 내가 가끔 토요일에도 회사에 출근해 우편함을 열어보는 겁니다"). 그렇다고 본사가 수령한 돈이 버핏의 주머니로 들어가는 것은 아니다. 그가 버크셔에서 받는 급여는 연 10만 달러가 전부이며 인상될 여지도 없다. 물론 그가 소유한 버크셔의 지분 31퍼센트는 최근 가격으로 320억 달러에 달하기 때문에, 우리가 그에게 미안해할 필요는 없다.

버핏이 사들인 제조기업 중에 그에게 가장 큰 실망을 안겨준 회사는 1990년대 초 4억 4천만 달러 상당의 버크셔 주식으로 매입한 메인주 소재의 신발회사 덱스터슈다. 당시 외국산 경쟁 제품들의 파상적인 공세에 놓였던 텍스터는 미국 내의 공장들에만 의존하는 기존의 전략을 유지하기 위해 안간힘을 썼다. 그 결과 수익은 점점 줄어들었으며 급기야 손실을 보는 상황까지 이어졌다. 버핏은 곧 발표될 버크셔의 연례 보고서에서(이런 내용의 성명을 발표해본 경험은 거의 없지만) 텍스티를 너무 비싼 가격에 인수했음이 분명하며, 대금을 주식으로 지불한 일도 실수였다고 인정할 생각이다. 물론 텍스터의 경영진에게 책임을 물을 계획이 없다는 말도 덧붙일 예정이다.

그런 버핏도 경영진 자체가 명백히 문제의 근원인 경우에는 어쩔 수 없이 사람을 해고해야 하는 상황에 놓이기도 한다. 특히 그가 인수한 가족 기업 중에 그런 문제가 일부 발생했다. 예를 들어 가족 구성원 중에 능력이 출중한 연장자가 회사를 운영하는 경우, 그 경영자가 본인만큼 능력이 있는 자식을 두지 못했다면 문제가 생길 소지가 크다. 버크셔가 1986년에 인수한 신시내티 소재의 유니폼 제조기업 페치하이머에서도 이와 비슷한 일이 벌어졌다. 버핏이 페치하이머를 사들였을 때 이 회사를 운영하던 사람들은 60대 중반의 두 형제였다. 그 후 형제 한 명은 은퇴하고 다른 한 명(즉 CEO)은 병석에 누웠다. 뒤를 이어 자리를 물려받은 CEO의 아들은 기대에 못 미치는 능력을 드러낸 끝에 결국 자리에서 물러났다. 그 후로 몇 년간 새로운 CEO를 선임하지 못한 버핏은 1999년 '교차 경영'이라는 드문 시도를 감행했다. 그가 소유한 보험회사의 임원 브래드 킨슬러(Brad Kinstler)를 페치하이머의 최고경영자로 내보낸 것이다. 버핏은 이렇게 말한다. "그는 정말로 훌륭하게 일을 해냈습니다. 앞으로 이런 시도를 더 자주 해야 할 것 같네요."

버핏이 자신의 '기계'를 손질하거나 버크셔와 관련된 업무를 처리하는 모습을 보면 70세라는 나이가 의심스러울 정도다. 그럼에도 주주들은 이따금 그의 나이를 생각하지 않을 수 없다. 버크셔라는 회사의 특수성을 감안하면 충분히 합리적인 우려라고 할 만하다. 첫째, 버크셔는 훌륭한 자산들의 집합체로 구성된 조직이다. 버핏이 없어도 그 가치는 살아남을 것이다. 둘째, 그러나 그 자산들에서 창출된 돈으로 투자를 집행하는 일은 전적으로 버핏의 능력에 기반을 둔 행위다. 아마 그 재능은 어느 누구도 대체가 불가능하리라 생각된다.

버핏의 나이가 세간의 관심사로 떠오른 것은 지난여름 그가 결장(結腸)에 생긴 폴립 몇 개(모두 양성이었다)를 제거하는 수술을 받았을 때였다. 수술 후에 빠른 회복을 보인 그는 전과 다름없이 오전에 운동 기구에서 달리기를 한다. 그리고 소금을 듬뿍 뿌린 감자튀김과 햄버거를 먹고, 데어리퀸에서 선데 아이스크림을 즐기며, 체리콕을 시원하게 들이킨다.

그럼에도 언론들은 버핏의 수술을 계기로 그가 연례 보고서에서 경영 승계에 관해 어떤 말을 했는지 확인하느라 법석을 떨었다. 만일 그가 오늘 당장 세상을 떠난다면 올해 46세가 된 그의 아들 하워드가 버크셔의 비상임 의장을 맡기로 되어 있다. 그는 일리노이주 어섬션(Assumption)에 소재한 농기구회사의 대표이자 현직 농부다. 버핏이 수행하던 업무는 두 사람에게 배당될 예정이다. 버크셔의 자회사 가이코에서 투자를 관리하는 루이스 심슨(64세)은 버크셔의 투자 포트폴리오를 넘겨받는다. 버크셔의 자회사들을 관리하는 역할은 버핏이 내정한 어느 임원에게 돌아가기로 되어 있지만, 아직 누구인지 외부에 공개되지 않았다. 〈월스트리트 저널〉은 10월 어느 날의 기사에서 버크셔의 자회사 경영진 세 사람을 유력한 후보자로 꼽았다. 버핏과 함께 복잡하고 규모가 큰 보험 거래를 담당하는 아지트 자인(Ajit Jain, 49세). 가이코의 최고경영자 토니 나이슬리(Tony Nicely, 57세). 이그제큐티브 제트(Executive Jet)의 CEO 리처드 산툴리(Richard Santulli, 56세).

버핏은 그중 누구에게라도 일을 맡기면 자기보다 훨씬 잘 해낼 거라고 말한다. "하지만 그런 말을 섣불리 하면 안 됩니다." 버핏에게는 어쨌든 해결책이 있다. "주식 액면분할은 잊어버리세요. 우리는 먼저 내 나이를 분할할 겁니다."

버핏과 후임자에 대한 대화를 진지하게 나누기 어려운 이유는 그가(그리고 의사들이) 여전히 자신의 건강에 큰 자신감을 드러내기 때문이다. 그는 언제까지나 일을 계속할 생각이며, 정말로 일을 사랑한다! 그 점에 있어서는 잭 웰치도 마찬가지겠지만, GE에는 퇴직 규정이 있다. 반면 버크셔에는 나이와 관련된 규정이 존재하지 않는다. 최근 웰치(65세)는 〈파이낸셜 타임스〉와의 인터뷰 도중 경영자의 나이를 언급하며 이렇게 말했다. "늙어서 침을 질질 흘리는 이사회 의장처럼 추한 모습은 없을 겁니다." 그러자 버핏은 웰치에게 장난스런 메시지를 팩스로 보냈다. 그는 웰치의 발언을 그대로 적고 거기에 한마디를 보탰다. "잭, 그런 말은 버크셔에서 용서받지 못합니다. 나는 찰리를 계속 무대에 세우고 있으니까요(올해 77세인 멍거가 버크셔의 연례 주주총회 무대에 오른다는 뜻이다). 우리 회사의 주주들은 앞으로 더 심한 일도 생길 수 있다는 사실을 잘 알아요."

77살 먹은 사내에게 70살 된 친구의 머리가 여전히 잘 돌아가느냐고 묻는 것은 흔치 않은 일이겠지만, 우리는 찰리(그 역시 모든 사람에게 영리하다고 인정받는 사람이다)에게 정말 그렇게 질문했다. 당신은 버핏의 창조적인 사고력이나 정신력이 조금이라도 감퇴했다고 생각하는가? 찰리는 자신의 전형적인 스타일대로 단답식으로 답했다. "노(No)." 기자가 좀 더 자세히 말해달라고 부탁하자, 그는 버핏이 모든 면에서 어제보다 오늘이 '조금 더 나을 거라고' 말했다. "왜냐하면 더 많은 것을 알게 됐으니까요." 멍거의 말이다. "나는 그동안 수많은 사람이 나이가 드는 모습을 관찰하면서 노화도 빠른 속도로 진행될 수 있다는 사실을 깨달았습니다. 어떤 사람들은 시속 150킬로미터로 달리다가도 오렌지나무처럼 순식간에 시들어버려요. 그래서 세상일은 함부로 넘겨짚으면 안 되는 겁니다. 나는 워런의 지적 능력이 조금도 감소됐다고 생각하지 않아요." 그는 버크셔가 그동안 쌓아 올린 높은 명성의 덕을 톡톡히 보고 있다고 덧붙인다. "그건 일종의 지름길이죠. 우리가 존스 맨빌을 매입할 때 아무도 만나지 않고 거래를 성사시켰으니까요."

버핏의 지인들은 그에게서 늘 새로운 아이디어가 샘솟는다는 사실을 잘 안다. 물론 그 아이디어는 혁신적인 제품을 개발하는 일과는(씨즈캔디에서 새로운 맛의 사탕을 만드는 데 그의 도움을 필요로 하지 않는 한) 별로 관계가 없다. 그동안 버크셔는 주주들과의 관계를 개선하는 방법을 지속적으로 혁신했다. 예컨대 이 회사는 자사의 경영 원칙이 담긴 '주주 매뉴얼(owner's manual)'을 만들어 주주들에게 배포했으며, 버크셔의 명의로 제공되는 자선 기부금의 수령자를 정할 권리도 주주 개개인에게(주주가 보유한 주식 수에 따라) 부여했다. 심지어 연례 주주총회에서는 주주들이 무려 다섯 시간 동안 버핏과 멍거에게 어떤 사업적 질문이라도 던질 수 있는 자리를 마련하기도 했다.

오마하에서 개최되는 연례 주주총회는 그 자체로 매우 특별한 행사다. 주말 내내 진행되는 이 이벤트에는 만여 명의 주주들이(그중 상당수는 해외에서) 몰려든다. 참석자 전원이 초대되는 야구 경기에서는 버핏이 시구를 하고(대체로 실력은 형편없지만), 버크셔 소유의 보석상 보셰임에서는 광란의 쇼핑(버핏이 "아주 바람직한 일"이라고 말하는)이 벌어진다. 또 여러 시간에 걸쳐 이루어지는 버핏과 멍거의 '강의'는 이 행사의 백미라고 할 수 있다. 그런 점에서 버크셔는 주주의 이익을 가장 높은 우선순위에 둔 회사임이 분명하다. 그러나 버핏과 그의 추종자들 입장에서는 꼭 그렇지만은 않은 순간도 있는 듯하다. 그동안 나는 버핏 이외에 수많은 CEO를 만나봤지만, 그중 자기 회사의 주가가 저평가되었다고 생각하지 않는 사람은 아무도 없었다. 반면 버핏은 과거 몇 차례에 걸쳐(그중 한 번은 1998년 회사의 주가가 8만 달러를 넘었을 때) 버크셔의 주가가 너무 높다고 걱정했다. 그가 고민한 이유는 버크셔의 주주들이 적정 범위를 과도하게 벗어난 가격으로 주식을 사거나 파는 일을 원치 않았기 때문이다. 그는 최근에 이렇게 말했다. "버크셔의 주가가 낮을 때보다 오히려 너무 높을 때 마음이 편치 않아요." 이런 이교도적인 생각은 그의 회사를 '가장 존경받는 기업' 명단에서 밀어낼 요인이 될까?

버크셔의 주주들 생각에 가장 참신한 아이디어가 쏟아져 나오는 곳은 버크셔 보험 사업의 핵심을 차지하는 내셔널 인뎀니티(National Indemnity)다. 이 보험사는 지난 몇 년 동안 어떤 종류와 규모의 리스크에 대해서도 보상을 제공하는(물론 한도는 정해져 있지만) 혁신적인 보험 상품들을 내놓으며 세계적인 명성을 얻었다. 보험 상품에 대한 리스크를 계산하는 일은 이 게임에서 탁월한 능력을 자랑하는 버핏과 아지트 자인의 몫이다. 때로 두 사람은 버크셔와 전혀 무관한 형태의 비즈니스로 게임의 영역을 확장하기도 한다. 그런 사례를 모두 설명하려면 많은 지면이 필요하겠지만 여기서는 한 가지만 소개한다. 두 사람은 작년 그랩닷컴(Grab.com)이라는 이메일 마케팅기업이 사용자들에게 10억 달러의 복권 당첨금(이 회사의 현재 기업가치는 1억 7천만 달러다)을 지불해야 하는 상황이 발생할 경우, 그 금액을 보상해주는 보험계약을 체결했다. 그랩닷컴은 회사의 인터넷 사이트에 수백만의 사용자들을 끌어들여 그들에 관한 정보를 얻어내면 마케팅에 도움이 될 거라고 생각해 거액의 상금이 걸린 복권을 유인책으로 만들어냈다. 게임의 요령은 사이트 방문자들이 1부터 77까지 사이의 숫자 중에 일곱 개의 숫자를 고르는 것이다. 사이트의 게시판에는 일곱 개의 숫자가 모두 적중할 가능성이 매우 낮다는 경고문이 게시되어 있었다. 물론 그 사실을 버핏과 자인보다 잘 아는 사람은 없었다. 그리고 예상대로 결국 아무도 숫자를 맞추지 못했다. 만일 당첨자가 나왔다면 버크셔의 수익에 커다란 구멍이 생길 판이었다. "그 돈을 지급해야 했다면, 파티를 열 만한 일은 아니었겠죠." 버핏의 말이다. "우리는 항상 그런 식으로 '잘 계획된' 모험을 합니다. 우리 말고는 누구도 그런 일을 하려고 들지 않을걸요."

코네티컷주에 사무실을 둔 아지트 자인은 그동안 버핏에게 발생한 변화를 가까이에서 지켜봤다. 90년대 초, 그들은 거의 매일 저녁 9시쯤(오마하 시간)에 통화를 하며 그날 있었던 보험 비즈니스에 대해 이야기를 나누었다. 그러다 버핏이 어느 시점부터 저녁 9시 전후로 인터넷에서 브리지 게임을 즐기기 시작했다. 자인은 그런 변화를 별로 문제 삼지 않는다. "이제 우리는 브리지 게임 전이나 후에 대화를 합니다."

그동안 버핏의 파트너 또는 적으로 그의 브리지 게임 상대를 했던 나는 그의 게임 스타일이 회사를 운영하거나 투자를 하는 스타일과도 많이 닮았다고 생각한다(그는 회사의 경영진을 대할 때보다 브리지 파트너를 상대할 때 훨씬 엄격하다). 그는 대부분의 플레이어에게 표준으로 받아들여진 전략을 별로 구사하지 않는다. 게임에서 발생하는 모든 경우의 수를 정확히 꿰고 있는 그는 오직 스스로의 판단에 따라 패를 던진다. 그는 매우 분석적인 방식으로 게임에 임하고 대단한 집중력을 보인다. 비록 그를 이 게임의 '전문가'라고 부를 수는 없지만 갈수록 실력이 늘고 있는 것은 사실이다. 버핏은 자신이 멍청한 실수를 할 때마다 스스로를 강하게 질책한다. "내가 이런 짓을 했다니 믿을 수 없군." 최근 그는 한 손을 들어 올리며 이렇게 말했다. "정말 믿을 수 없는 일이야." 그렇게 자기 자신을 나무라는 소리를 들으니 예전에 그가 비즈니스에서 저질렀던 본인의 실수를 두고 이렇게 자책하던 모습이 떠올랐다. "다른 사람이 그 실수를 알았든 말든 상관없어요. 내가 그걸 알잖아요."

그러나 과거의 기록을 보면 버핏이 그렇게 많은 실수를 저지르지 않았다는 사실만은 분명하다. 여전히 양호한 그의 건강 상태를 감안할 때, 앞으로도 그의 기록이 더욱 눈부시게 다듬어질 여지는 충분할 것이다. 최근 버크셔가 큰 지분을 소유한 세 회사(코카콜라, 아메리칸 익스프레스, 질레트)의 CEO가 모두 교체됐다(코카콜라는 더글라스 대프트, 아멕스는 케네스 체놀트, 질레트는 나비스코에서 이 회사로 막 자리를 옮긴 제임스 킬츠[James Kilts]). 버핏의 입장에서는 앞으로 예의 주시해야 할 일이 생긴 셈이다. 그는 즐거운 목소리로 이렇게 말한다. "우리가 소유한 이 멋진 기업들의 행보를 잘 지켜봐야겠죠."

버핏에게는 아직 현금이 넉넉하다. "우리 회사는 만화 영화 〈판타지아(Fantasia)〉에서 마법사의 제자가 된 미키마우스를 연상시킵니다." 그는 이렇게 말한다. "미키마우스는 넘쳐 나는 물 때문에 고민했지만, 우리의 고민은 현금입니다." 앞으로도 버핏의 주머니에 돈이 마를 날은 없을 것 같다. 끈기는 그가 지닌 가장 큰 장점 중 하나다. 버핏이 기업들을 사들이기 시작한 이상, 앞으로 그가 또다시 놀라운 일을 벌이지 않으리라는 데 내기를 거는 것은(버크셔에 보험을 들어서 보장받지 않는 한) 무모한 행동일 듯하다.

⟨포춘⟩의 편지 칼럼에 실린 어느 독자의 편지

2001년 3월 26일

'워런 버핏의 가치 기계'는 매우 훌륭한 기사입니다. 그러나 이 글에서 제가 한 가지 흠을 잡고 싶은 대목이 있다면 "버핏은 기업의 인수를 통해 시너지를 추구하지 않는다"라고 쓰인 문장입니다. 애초에 의도했든 아니든, 버핏은 기업을 인수하는 과정에서 엄청난 시너지를 창출해냈습니다. 버크셔의 우산 아래로 편입된 기업들이 시간이 가면서 놀라운 자기자본이익률을 기록한 것이 그 증거입니다. 씨즈캔디, 버팔로뉴스, 스코트 페처 등의 사례는 그 사실을 잘 말해줍니다. 어떤 기업의 자기자본이익률이 두 배가 되면 그 기업의 내재가치는 두 배가 훨씬 넘는 비율로 뛰어오릅니다. 그가 창조한 시너지는 기록 자체로도 흥미롭지만, 중요한 것은 그 기록이 창출된 원천입니다. 제가 알기로 버핏은 기업을 운영하면서 명령과 통제라는 모델에 의존하지 않는 유일한 억만장자입니다. 그런 점에서 그는 새로운 경영 모델을 창조했다고 봐도 무방합니다.

버핏은 역사상 가장 위대한 경영자입니다. 그는 60년대 최고의 대기업을 일구어냈으며, 70년대의 인플레이션을 가장 성공적으로 헤지(hedge)했고, 이제 사상 최대의 카테고리 킬러(category killer, 상품 분야별 전문 매장 — 역자주), 더 정확히 말해 카테고리 킬러 집합체로서의 입지를 다지고 있습니다. 그가 훌륭한 경영자로서 인정받아야 할 이유는 충분합니다.

– 찰스 월맨(Charles Wallman)

위스콘신주 워싱턴 섬

워런 버핏, 주식시장에 대해 발언하다

2001년 12월 10일 | 버핏의 연설을 캐럴 루미스가 기사로 옮긴 글

1999년, 버핏은 아이다호의 선 밸리에서 열린 앨런 앤 컴퍼니의 연례행사에 참석해 기업의 리더들을 대상으로 연설을 한 바 있다. 그 내용에 감탄을 아끼지 않은 이 회사의 대표 허버트 앨런은 2년 뒤 버핏에게 다시한번 연설을 부탁했다. 나는 버핏이 2001년 7월에 한 이 연설을 그의 도움을 받아 다시 〈포춘〉의 기사로 옮겼다. 우리는 이 기사의 첫 페이지에 이런 질문을 던졌다. "우울한 수익률이 전망되는 주식시장, 경험해보지 못한 전쟁(2001년 발발한 미국-아프가니스탄 전쟁을 의미함 — 역자주), 그리고 무너지는 소비자들의 신뢰 속에서 우리가 설 곳은 어디인가?"

버핏은 본인의 창의적 사고를 잘 보여주는 이 연설에서 평소 깊은 관심을 보이던 몇 가지 주제, 즉 미국 경제의 회복력, 과거의 경험을 벗어나지 못하는 투자자들(특히 연금기금 관리자들), 주식의 구매 시점을 판단하는 데 있어 주가 수준의 중요성 등에 관한 견해를 밝혔다.

버핏의 첫 번째 연설과 두 번째 연설 사이에는 2년의 시간이 흘렀다. 그동안 다우존스 산업평균지수는 닷컴 거품의 붕괴와 함께 1만 1,194포인트에서 9,500포인트로 하락했다. 오직 주가만을 근거로 했을 때 버핏이 내다보는 주식의 장기 수익률 예상치는 전보다 조금 높아졌다.

그렇다고 획기적으로 높아진 것은 아니다. 기사 중간에 나오는 도표를 보면 당시 GNP 대비 주가가 여전히 역사상 최고 수준 가까이에서 형성되고 있다는 사실을 알 수 있다. 버핏이 만든 이 도표는 금방 유명세를 탔다. 나는 이 기사가 나간 뒤에 이 도표를 최신 자료로 갱신해달라는 〈포

춘) 독자들의 요청을 전화나 이메일로 자주 받았다. 그리고 주가가 추락을 거듭하던 2009년 초, 우리는 새로운 버전의 도표를 만들어 공개했다 (562 페이지 참조). - CL

저는 지난 1999년 이 주제에 대해 이야기하며 과거의 34년을 두 차례의 17년으로 양분한 바 있습니다. 이 두 기간은 마치 성경에 나오는 흉년이 든 해와 풍년이 든 해처럼 놀라운 대칭을 보였습니다. 지금 보시는 그림이 바로 첫 번째 기간에 일어난 일입니다. 이 17년 동안 다우지수는 정확히 0.1퍼센트가 올랐습니다.

다우존스 산업평균지수

1964년 12월 31일: 874.12

1981년 12월 31일: 875.00

그리고 주식시장이 믿기지 않을 정도로 활황을 보이던 두 번째 17년 동안에는 주가가 다음과 같이 변했습니다. 저는 이런 추세가 곧 끝날 거라고 생각했습니다(하지만 결과가 어떻게 될지는 몰랐습니다).

다우존스 산업평균지수

1981년 12월 31일: 875.00

1998년 12월 31일: 9181.43

여러분은 주식시장에서의 이 놀라운 차이를 국민총생산(GNP) 성장의 차이로는 설명할 수 없을 겁니다. 사실 첫 번째 기간(시장에 먹구름이 잔뜩 끼었던 그 기간)의 GNP 성장률은 두 번째 기간에 비해 두 배가 높았습니다.

국민총생산 증가율

1964년~1981년: 373%

1981년~1998년: 177%

그렇다면 이 현상을 어떻게 설명해야 할까요? 저는 GNP와 반대 방향으로 진행되는 시장의 움직임은 두 가지 핵심적인 경제적 변수와 그와 연관된 심리적 요인이 작용한 결과라고 결론 내렸습니다.

이제 여러분에게 '투자'라는 말의 정의를 다시 상기시켜 드려야 할 것 같습니다. 그 의미는 간단하지만 사람들이 자주 잊어버립니다. 투자란 오늘 어딘가에 돈을 투입하고 내일 그보다 더 많은 돈을 거두어들이는 행위를 말합니다.

우리는 이 정의를 바탕으로 이 두 기간에 걸쳐 주가에 영향을 미쳤던 첫 번째 변수를 논의해봐야 합니다. 바로 금리입니다. 경제학에서 바라보는 금리는 마치 실제 세계에서 중력과 비슷한 형태로 작용합니다. 모든 시간대와 모든 시장, 그리고 세계의 모든 지역에서 금리가 미세하게라도 변동하면 모든 금융자산의 가치는 함께 변합니다. 채권의 가격이 등락하는 모습을 보면 그 사실을 금방 알 수 있습니다. 이 규칙은 땅값, 유가, 주가 등을 포함한 모든 금융자산에 똑같이 적용됩니다. 그리고 금리 변동의 효과는 자산의 가치에 막대한 영향을 미칩니다. 만일 현재의 금리가 13퍼센트라면 오늘 여러분이 1달러를 투자해서 미래에 얻게 될 돈의 가치는 금리가 4퍼센트일 때에 비해 훨씬 낮을 겁니다.

지난 34년간 주요 일자의 금리 변동 기록은 다음과 같습니다. 금리는 첫 번째 17년간 급격하게 상승(투자자에게 불리)했고, 두 번째 기간에는 급격하게 하락(투자자에게 유리)했습니다.

장기 국채 이자율

1964년 12월 31일: 4.20%

1981년 12월 31일: 13.65%

1998년 12월 31일: 5.09%

또 다른 중요 변수는 투자자들이 투자 대상 기업에서 기대하는 수익의 크기입니다. 앞서 언급한 첫 번째 17년 동안에는 기업의 수익률 전망이 높지 않았기 때문에 투자자들의 기대치도 낮았습니다. 1980년대 초 연방준비제도이사회 의장 폴 볼커가 국내 경제를 상대로 거대한 해머를 거침없이 휘두르면서, 기업의 수익률은 1930년대 이후로는 유례가 없을 정도로 더욱 극심하게 추락했습니다.

그 결과 투자자들은 미국의 경제에 대한 자신감을 완전히 상실했습니다. 그들은 두 가지 부정적 요인으로 인해 경제의 미래가 크게 훼손될 거라고 내다봤습니다. 첫째, 그들은 기업의 수익이 미래에도 크게 개선되지 못하리라고 생각했습니다. 둘째, 하늘을 찌를 듯이 높았던 금리 탓에 미래에 예상되는 변변치 않은 수익조차 크게 할인된 가격으로 현재가치를 계산해야 했습니다. 이 두 가지 요인이 상호 작용하면서 주식시장은 1964년부터 1981년까지 극심한 침체기를 겪었습니다. 반면 GNP는 같은 기간에 큰 폭으로 상승했습니다. 다시 말해 이 나라의 비즈니스 자체는 성장했지만, 그 비즈니스에 대한 투자자들의 가치평가는 오히려 저하되는 역설적인 상황이 벌어진 겁니다.

그러다 그 요인들이 정반대의 방향으로 작용하면서 GNP 성장률은 주춤한 반면, 투자자들이 주식시장에서 노다지를 캐는 시대가 찾아왔습니다. 기업의 수익성이 크게 향상됐고, 금리가 큰 폭으로 하락하면서 미래 수익의 가치가 훨씬 높아졌습니다. 이 두 가지 현상은 주식시장의 활황을 이끄는 강력한 연료의 역할을 했습니다. 그리고 제가 앞서 언급한 심리적 요인도 여기에 한몫을 했습니다. 시장의 움직임을 지켜본 사람들이 너도나도 주식에 뛰어들면서 투기적 형태의 거래가 폭발적으로 늘어났습니다. 잠시 후에 투기라는 이름의 이 반복적이고 위험한 질병에 대한 병리학적 분석을 해볼 생각입니다.

2년 전, 저는 투자자들에게 유리한 이런 경제적 트렌드들이 시간이 흐르면서 자연스럽게 수명이 다할 거라고 생각했습니다. 시장이 획기적으로 성장하기 위해서는 장기 금리가 지금보다 훨씬 더 낮아지거나(이는 항상 가능합니다), 기업의 수익성이 크게 개선되어야(상대적으로 가능성이 적습니다) 합니다. 미국 국내총생산(GDP)에서 기업의 세후 수익이 차지하는 비율을 50년에 걸쳐 분석한 도표를 보면 그 비율이 대개 4퍼센트(1981년처럼 수익이 낮았던 해)에서 6.5퍼센트 사이임을 알 수 있습니다. 6.5퍼센트를 넘긴 해는 매우 드뭅니다. 기업들이 높은 수익을 올렸던 1999년과 2000년에도 이 비율은 6퍼센트 미만이었으며, 올해는 5퍼센트 아래로 내려갈 것으로 보입니다.

이런 점들을 고려하면 두 차례의 17년 동안 왜 그토록 큰 차이가 발생했는지 어느 정도 설명이 가능할 것 같습니다. 그렇다면 다음 문제는 이런 겁니다. 우리는 그런 과거를 통해 미래의 시장을 어떻게 진단할 수 있는가? 저는 그 질문에 대답하기 위해 지난 20세기를 되돌아보고자 합니다. 여러분도 잘 아시다시피 그 시기는 그야말로 '미국의 세기'였습니다. 자동차가 발명됐고, 비행기가 등장했으며, 라디오, 텔레비전, 컴퓨터가 탄생했습니다. 참으로 놀라운 시대였습니다. 이 기간 동안 미국의 1인당 소득(인플레이션에 영향을 받지 않은 소득)은 무려 702퍼센트나 성장했습니다.

물론 지난 한 세기 동안에도 어려운 시기는 있었습니다. 1929년부터 1933

년까지 진행된 대공황도 그중 하나입니다. 그러나 10년 단위로 살펴본 1인당 국민총생산(다음 장에 이에 대한 도표가 나옵니다)은 참으로 엄청난 증가세를 보였습니다. 우리는 국가 전체적으로 지난 세기 내내 꾸준한 성장을 이룩했습니다. 따라서 여러분은 미국의 경제적 가치(적어도 증권시장에서 측정된 가치) 역시 그와 비슷한 비율로 증가했을 거라고 생각하실 겁니다.

하지만 현실은 달랐습니다. 우리는 앞서 살펴본 1964년부터 1998년 사이에 국가의 경제 성장과 시장의 가치평가 사이의 연관성이 완전히 무너졌다는 사실을 알고 있습니다. 조사 대상을 지난 세기 전체로 확대해도 마찬가지입니다. 예를 들어 20세기가 시작된 1900년부터 1920년까지 전기, 자동차, 전화 등의 사용이 폭발적으로 늘어나면서 이 나라는 눈부신 발전을 거듭했습니다. 그러나 시장의 움직임은 매우 느렸습니다. 이 기간 동안 주가는 연평균 0.4퍼센트 증가에 그쳤습니다. 마치 1964년부터 1981년까지의 부진한 시장 성장 속도를 떠올리게 만드는 수치입니다.

다우존스 산업평균지수

1899년 12월 31일: 66.08

1920년 12월 31일: 71.95

그리고 1920년대의 시장 활황기가 열렸습니다. 1929년 9월의 다우지수는 430퍼센트 증가한 381포인트를 기록했습니다. 하지만 그 뒤의 19년 동안(무려 19년입니다) 다우지수는 절반 수준인 177포인트로 추락했습니다. 20세기의 어느 시기와 비교해도 GDP가 가장 크게 성장(50퍼센트 증가)한 1940년대에 이런 일이 벌어진 겁니다. 그리고 다음 17년 동안 주가는 다시 도약을 시작해서 무려 5배가 뛰었습니다. 그리고 우리가 앞서 살펴본

두 차례의 17년이 찾아왔습니다. 1981년까지는 경기침체가 이어졌고, 20세기가 마감되는 두 번째 17년 동안에는 주식시장의 붐이 펼쳐졌습니다. 그렇다면 좀 다른 각도로 지난 시간을 구분해보겠습니다. 지난 한 세기 동안 우리가 주식시장의 큰 호황을 경험한 것은 세 차례였습니다. 그 시간을 합하면 44년이 됩니다. 이 기간에 다우지수는 1만 1,000포인트 이상 증가했습니다. 반면 시장이 극도의 침체를 겪은 세 번의 시기가 56년간 진행됐습니다. 그동안 국가 경제는 크게 성장했지만 다우지수는 292포인트 떨어졌습니다.

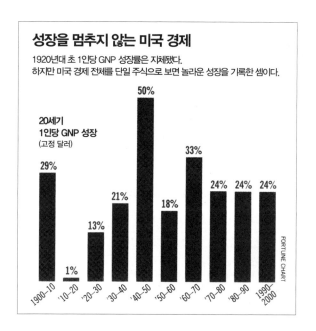

성장을 멈추지 않는 미국 경제

1920년대 초 1인당 GNP 성장률은 지체됐다.
하지만 미국 경제 전체를 단일 주식으로 보면 놀라운 성장을 기록한 셈이다.

20세기
1인당 GNP 성장
(고정 달러)

- 1900–10: 29%
- '10–20: 1%
- '20–30: 13%
- '30–40: 21%
- '40–50: 50%
- '50–60: 18%
- '60–70: 33%
- '70–80: 24%
- '80–90: 24%
- 1990–2000: 24%

FORTUNE CHART

왜 이런 일이 생겼을까요? 모든 사람이 돈을 벌기 위해 온 힘을 기울이는 이 부유한 나라에서 왜 그토록 오랜 침체기가 세 차례나 닥치고 투자자들이 손해를(배당금을 제외하고) 봤을까요? 답은 투자자들이 반복적으로 저지르는 실수에 있었습니다. 비로 제가 언급한 심리적 요인입니다. 사람들에게는 끊임없이 과거를 돌아보는 습관이 있습니다. 특히 가장 최근의 과거에 집착하는 경향이 강합니다.

지난 세기의 초반부는 그런 근시안적 행동이 절정에 달한 시기였습니다. 20세기 들어 처음 20년간은 주식의 수익이 우량채의 수익보다 대체로 높았습니다. 요즘에는 두 종류의 증권 사이에 존재하는 이런 상관관계가 사람들에게 신기하게 받아들여질지도 모르지만, 당시로서는 당연한 일이었습니다. 주식은 채권보다 위험하다고 알려져 있었습니다. 만일 채권보다 수익이 높지 않다면 굳이 주식을 살 필요가 있었을까요?

그러다 1924년에 에드거 로렌스 스미스(Edgar Lawrence Smith)가 쓴 책이 나왔습니다. 처음에는 사람들에게 잘 알려지지 않았던 이 얇은 책은 주식 시장에 큰 충격을 주었습니다. 《장기 투자 대상으로서의 보통주(Common Stocks as Long Term Investments)》라는 제목의 이 책은 1922년까지 56년 동안 진행된 주가의 움직임을 스미스가 연대순으로 연구한 내용을 담고 있습니다. 스미스는 다음과 같은 하나의 가설을 세우고 연구를 시작했습니다. 주식은 인플레이션하에서, 그리고 채권은 디플레이션하에서 더 높은 실적을 발휘한다는 겁니다. 그의 가설은 대단히 합리적이었습니다.

하지만 이 책의 서두에는 이런 글이 적혀 있습니다. "이 연구는 오류의 기록, 즉 기존의 이론을 지탱하는 사실들의 오류에 관한 기록이다. 그러나 이 사실들의 집합은 추가적으로 조사해볼 가치가 충분한 듯하다. 만일 그 사실들이 우리가 입증해주길 바랐던 이론을 뒷받침하는 데 실패한다면, 우리는 그들을 자유롭게 놓아주고 그로 인해 어떤 결과가 만들어지는지 지켜보는 편이 나을 것 같다."

찰스 다윈은 세상에서 가장 어려운 일을 성공한 매우 영리한 사람이었습니다. 그는 자신이 마음속에 간직했던 결론과 배치되는 무언가에 부딪치면, 30분 이내로 그것을 종이에 적었습니다. 그렇지 않으면 마음이 이 도발적인 정보를 거부할지도 모르기 때문이었습니다. 마치 인간의 신체가 이식 수술을 거부하는 것과 비슷한 이치입니다. 인간의 자연스러운 성향은 자신이 지니고 있는 믿음에 매달리는 겁니다. 특히 그 믿음이 최근의 경험을 바탕으로 이루어졌다면 더욱 그렇습니다. 투자자들에게 있어 그 경험이란 연속적인 주식시장의 활황과 길고 긴 침체의 시간 동안에 발생했던 구조적 문제를 의미합니다.

에드거 로렌스 스미스가 자신의 연구를 통해 무엇을 발견했는지 이야기하려면, 1925년에 이 책을 읽은 후기를 남김으로써 결과적으로 이 책을 유명하게 만들어준 당대의 전설적 사상가 존 메이너드 케인스(John Maynard Keynes)의 말을 인용하는 편이 좋을 듯합니다. 케인스는 후기에 이렇게 썼습니다. "아마 스미스 씨가 주장하는 가장 중요하고도 새로운 요점은 다음과 같을 것이다. 경영 성과가 훌륭한 제조기업은 회사가 거둔 수익 전부를 주주들에게 배분하지 않는다. 해마다 다르기는 하겠지만, 그들은 실적이 높은 해에 수익의 일부를 회사로 유보해서 이를 비즈니스에 다시 투입한다. 그러므로 이렇게 복리(複利)의 요소가 존재한다는 사실(케인스는 이 대목을 직접 이탤릭체로 썼습니다)은 견실한 제조기업에 투자하는 일을 더욱 유리하게 만들어준다."

참으로 간단한 원리였습니다. 전혀 새로운 소식이 아니었습니다. 기업들이 수익의 100퍼센트를 주주들에게 지급하지 않는다는 사실은 모든 사람이 이미 잘 알고 있었습니다. 그러나 투자자들은 그것이 무엇을 의미하는지 깊이 생각해보지 않았습니다. 스미스는 책에서 이렇게 썼습니다. "왜 주식의 수익률은 대체로 채권을 능가하는가? 중요한 이유 중 하나는 기업들이 수익을 유보하고 이 유보된 수익으로 더 많은 수익과 배당금을 창출하기 때문이다."

그가 발견한 사실은 사상 유례없는 주식시장의 활황을 부추기는 역할을 했습니다. 스미스의 통찰력을 바탕으로 활력을 얻은 투자자들은 앞다퉈 주식을 사들였고 이를 통해 두 가지의 혜택을 기대했습니다. 바로 채권을 능가하는 수익성과 주식 가치의 성장이었습니다. 미국의 대중에게 이 새로운 지식은 마치 불의 발견과도 같았습니다.

하지만 그렇게 너도나도 주식에 투자한 사람들은 오래지 않아 큰 타격을 입었습니다. 주가가 점점 치솟으면서 주식의 수익률이 채권과 비슷하게 떨어지더니 결국에는 채권의 수익률에 한참 못 미치는 수준으로 주저앉은 겁니다. 여러분에게는 당시의 상황이 뭔가 섬뜩할 정도로 익숙할 겁니다. 단지 주가가 빠른 속도로 오른다는 사실만으로 수많은 사람이 주식시장으로 몰려들었습니다. 1925년에는 소수의 사람이 옳은 이유로 주식을 구입했다면, 1929년에는 많은 사람이 그릇된 이유로 주식을 사들였습니다. 케인스는 1925년에 쓴 책 후기에서 이런 종류의 잘못된 사고방식을 날카롭게 지적했습니다. "어떤 사람이 과거에 경험한 일이 왜 발생했는지에 대한 보편적인 이유를 파악하지 못한다면, 과거의 경험을 적용해서 미래를 귀납적으로 논증하는 것은 위험하다." 케인스에 따르면 과거를 정확히 이해하지 못하는 사람들은 오직 과거와 똑같은 조건이 주어졌을 때에만 실현될 수 있는 일이 미래에도 다시 발생할 거라고 기대하는 함정에 빠지기 쉽다고 합니다. 물론 그가 의미했던 '과거와 똑같은 조건'이란 말은 스미스의 연구 배경이 됐던 반세기가 주식의 수익이 우량채의 수익을 능가했던 시대였다는 사실을 뜻합니다.

투자자들이 엄청난 계산 착오를 일으켰던 1920년대의 상황은 그 뒤로도 형태를 바꿔가며 여러 차례 재현됐습니다. 우리가 이미 목격한 바와 같이 1920년대에 수많은 사람이 무분별하게 주식시장으로 몰려든 끝에 벌어진 끔찍한 재난의 후유증은 1948년까지 이어졌습니다. 1940년대 말, 이 나라 경제의 내재가치는 20년 전에 비해 훨씬 높았습니다. 주식의 배당금 수익률은 채권 이자율을 두 배 이상 능가했습니다. 그러나 주가는 1929년 정점을 찍었을 때의 절반 수준을 밑돌았습니다. 스미스의 연구 결과를 창출했던 놀라운 조건이 다시(그것도 대규모로) 등장한 겁니다. 1940년대 말 당시의 상황을 있는 그대로 바라보지 않고 1930년대 초의 공포로 가득했던 시장에만 기억을 고정했던 투자자들은 다시는 그런 고통 속에 빠지기를 원치 않았습니다.

그러나 소규모 투자자들이 과거의 기억에 지나치게 매몰되어 있다는 비난은 잠시 내려놓아야 할 것 같습니다. 이제 전문적인 연금기금 관리자들이 과거 수십 년간 어떤 행보를 보였는지 살펴보겠습니다. 지난 1971년(그때는 니프티50[Nifty Fifty, 1969년부터 1973년까지 미국 증권시장을 주도했던 최상위 50종목의 주식을 뜻함 — 역자주]의 시대였습니다), 주식시장의 활황에 마냥 만족했던 연금기금 관리자들은 순현금흐름의 90퍼센트를 주식에 쏟아부음으로써 자신들의 기록을 스스로 경신했습니다. 그리고 몇 년 뒤 시장의 호황기가 끝나면서 주가는 큰 폭으로 떨어졌습니다. 그렇다면 연금기금 관리자들은 어떻게 행동했을까요? 그들은 주가가 내렸다는 이유로 주식 구입을 중단해버렸습니다!

민간 연금기금

현금흐름 중 주식 투자 비율

1971년: 91%(사상 최고 기록)

1974년: 13%

저로서는 참으로 이해할 수 없는 일입니다. 제 사적인 취향에 관해 한마디 하자면, 저는 삶이 끝나는 날까지 햄버거를 사 먹으려고 합니다. 그래서 우리 버핏 가족은 햄버거값이 내리면 '할렐루야 합창'을 부르고, 값이 오르면 모두가 슬퍼합니다. 사람들 대부분은 삶을 살아가며 모든 물건을 구매할 때 바로 그런 태도를 보일 겁니다. 그러나 주식에 대해서만은 그렇지 않습니다. 사람들은 주가가 내려서 자신이 소유한 돈으로 더 많은 주식을 구입할 수 있는 상황이 되면 정작 주식을 외면합니다.

그런 점에서 연금기금 관리자들의 행보는 더욱 알쏭달쏭합니다. 그들은 어떤 투자자에 비해서도 장기적인 투자가 가능한 사람들입니다. 그 관리자들이 운영하는 기금은 내일, 내년, 또는 10년 뒤에도 큰돈이 필요하지 않습니다. 그들에게는 누구보다 느긋하게 시장의 상황을 관망할 수 있는 자유가 주어진 겁니다. 게다가 그 사람들은 자기 주머닛돈으로 펀드를 운영하는 것도 아니기 때문에 그들의 투자 결정이 개인적인 욕심으로 왜곡될 여지도 거의 없습니다. 그럼에도 그들은 완전히 아마추어처럼 행동합니다(그리고 그 과정에서 전문가라도 되는 듯이 급여를 챙깁니다).

제 생각에 1979년은 주식을 꼭 사야만 하는 해였습니다. 당시 저는 이런 글을 썼습니다. "연금기금 관리자들은 시야를 과거에 붙들어 맨 채 투자 결정을 한다. 이 과거 지향적인 접근 방식은 과거에도 비싼 전략으로 판명됐으며, 이번에도 높은 대가를 치르게 될 가능성이 높다." 그건 사실이었습니다. 저는 제 주장의 근거를 이렇게 밝혔습니다. "최근의 주가가 채권에 비해 훨씬 높은 장기적 수익을 창출할 수 있는 수준으로 형성되어 있기 때문이다."

연금기금 관리자들이 앞다퉈 주식을 사들이던 1972년의 상황을 돌이켜봅시다. 그해 다우지수는 1,020포인트로 마감됐습니다. 기업의 장부가 평균은 625포인트였으며, 장부가의 11퍼센트에 달하는 수익이 창출됐습니다. 그로부터 6년 뒤 다우지수는 20퍼센트 하락했고 장부가는 40퍼센트 가까이 올랐습니다. 창출된 수익은 장부가의 13퍼센트였습니다. 저는 그때의 상황을 이렇게 기술했습니다. "1978년에 주가가 현저하게 하락했음에도 불구하고 연금기금 관리자들은 자신들이 기록적인 규모로 주식을 사들였던 1972년만큼 주식에 투자하지 않았다."

제가 이 글을 쓸 당시 우량 회사채의 장기 금리는 9.5퍼센트였습니다. 그래서 저는 이런 질문을 던졌습니다. "미국을 선도하는 기업들이 발행한 1999년 만기 채권에서 20년간 매년 9.5퍼센트의 수익을 얻는 편이, 다우존스 기업들의 주식을 장부가로 구입하고 13퍼센트에 달하는 수익을 올리는 것보다 낫다는 말일까?" 물론 답은 질문 자체에 들어 있습니다.

만일 어떤 사람이 1979년에 제가 쓴 기사를 읽고 주식을 샀다면 아마 3년 정도 고생을 했을 겁니다. 저는 그때나 지금이나 주가의 단기적인 움직임을 내다보는 일은 잘하지 못합니다. 저에게는 다음 6개월, 다음 해, 또는 다음 2년 동안 주가가 어떻게 변할지에 대한 희미한 단서마저 없습니다. 그렇지만 장기적으로 주식시장에 어떤 일이 생길지 예상하기는 매우 쉽습니다. 벤저민 그레이엄은 그 이유를 이렇게 설명합니다. "주식시장은 단기적으로 일종의 '투표 집계기'의 기능을 수행하지만, 장기적으로는 '체중계'의 역할을 한다." 공포와 탐욕은 사람들이 주식에 대해 투표할 때 중요한 몫을 담당해도 저울 위에서는 아무런 힘을 쓰지 못합니다.

그런 생각을 바탕으로 이자율 9.5퍼센트의 채권을 사들여 20년간 수익을 얻는 것보다 다우존스라는 이름의 '위장' 채권을 장부가보다 싼 가격에 구입해서 연평균 13퍼센트의 수익을 거두는 편이 훨씬 좋은 선택이었다고 말하기는 그리 어려운 일이 아니었습니다.

제가 말한 '위장' 채권이란 무슨 뜻일까요? 여러분도 아시다시피 채권에는 만기가 명시되어 있으며 이자 지급 쿠폰들도 붙어 있습니다. 예를 들어 6퍼센트 금리의 채권을 구입하면 6개월마다 액면가의 3퍼센트에 달하는 이자를 지급받을 수 있는 겁니다.

반면 주식은 배당금, 주식 재구매, 또는 주식 매각이나 기업 처분을 통해 특정 기업의 미래가치를 배분받을 수 있는 금융상품입니다. 이런 지급금 역시 사실은 '쿠폰'과 다름없습니다. 주주들이 주식을 사고파는 과정에서 그 쿠폰의 소유자가 바뀝니다. 그러나 기업의 소유자들 전체로 볼 때 그들의 재무적 실적을 결정하는 것은 이 쿠폰들의 액수와 지급 시점입니다. 투자 분석이란 결국 그 쿠폰들의 상세한 수익성을 추산하는 일일 뿐입니다. 단일 종목의 주식에 대한 '쿠폰'의 액수를 가늠하기는 매우 어렵습니다. 그러나 주식의 집합들에 대한 예측은 훨씬 용이합니다. 앞서 말한 대로 지난 1978년에 다우존스 기업들의 주식 장부가 평균 액수는 850달러였고 수익률은 13퍼센트였습니다. 물론 13퍼센트라는 숫자는 보장된 수익률이 아니라 단지 기준점이었습니다. 만일 여러분이 그 시기에 주식에 투자했다면 13퍼센트의 쿠폰이 첨부된 원금 891달러짜리 채권을 저렴하게 사는 것과(1979년에는 장부가보다 시장가격이 높은 주식이 거의 없었습니다) 다를 바가 없었을 겁니다.

그런데도 주식의 수익률이 어떻게 채권보다 높지 않을 수 있을까요? 그 시기를 출발점으로 주식은 오랫동안 채권의 수익률을 능가했습니다. 적어도 저의 비즈니스 경력 기간에는 그런 상황이 지속됐습니다. 그러나 케인스가 우리에게 알려준 바와 같이 주식의 수익률이 채권보다 높은 것이 필연적인 현상은 아닙니다. 특정 조건이 충족되어야 주식의 우월성이 확보되는 겁니다.

연금기금의 운용과 관련된 군중심리의 또 다른 측면을 이야기해 보겠습니다. 아마 이 부분에는 펀드를 관리하는 사람들의 개인적 이해관계도 작용한다고 봅니다. 아래의 표에는 네 개의 유명 기업이 운영하는 연금기금 자산에서 각자가 기대하는 수익률이 표시되어 있습니다. 그 기대 수익은 그들이 매년 회계 장부에 연금기금의 부담금(또는 수익금)으로 얼마를 계상해야 하는지 산정하는 근거로 사용됩니다.

연금기금 기대수익률

	1975	1978	2000
엑슨	7.0%	7.8%	9.5%
제너럴 일렉트릭(GE)	6.0%	7.5%	9.5%
제너럴모터스(GM)	6.0%	7.0%	10.0%
IBM	4.8%	5.5%	10.0%
장기 국채 수익률	8.0%	10.4%	5.5%

기업들이 회계 장부에 사용하는 연금기금의 기대수익률 숫자가 높을수록 기업들의 회계 수익도 높아지기 마련입니다. 그것이 우리가 연금에 관한 회계를 처리하는 방식입니다. 복잡한 설명의 과정을 피하기 위해 그냥 제 말을 있는 그대로 받아들이시면 좋을 듯합니다.

표에서 보시는 바와 같이 1975년도의 기대수익률은 엑슨 7퍼센트, GE와 GM은 6퍼센트, IBM은 5퍼센트 미만으로 평범한 수준이었습니다. 제가 이 예상치를 도무지 이해할 수 없는 이유는, 당시 투자자들이 미국 정부가 발행한 만기상환형 장기 국채를 샀더라도 8퍼센트의 이자를 보장받을 수 있었기 때문입니다. 다시 말해 이 회사들은 투자 포트폴리오 전체를 8퍼센트 금리의 무위험 채권에 쏟아부을 수도 있었음에도 불구하고 그보다 낮은 금액의 수익률을 예상했던 겁니다. 1982년이 되면서 이 회사들은 수익 예상치를 7퍼센트 전후로 조금 올렸습니다. 하지만 그때도 10.4퍼센트의 이자를 지급하는 장기 국채를 구입하는 편이 훨씬 나았습니다. 사실 우리 옆집에 사는 멍청한 친척이 이 펀드를 맡아 운영했어도 기업들이 사용한 예상치보다 훨씬 높은 수익을 거둘 수 있었다는 겁니다.

국채를 샀다면 거의 10.5퍼센트의 이자소득을 거둘 수 있었던 기업들이 고작 7.5퍼센트의 수익을 예상했던 이유는 무엇일까요? 답은 역시 과거에 집착하는 성향 때문이었습니다. 1970년대 초반 니프티50 주식의 몰락을 겪었던 투자자들은 여전히 그때의 고통을 잊지 못했습니다. 그래서 유효 기간이 지난 사고방식을 바탕으로 미래의 수익을 생각할 수밖에 없었습니다. 그들에게 필요했던 심리적 조정이 이루어지지 않은 상태였던 겁니다. 이제 2000년으로 시계를 빠르게 돌려봅시다. 이때 장기 국채의 이자율은 5.4퍼센트였습니다. 그렇다면 이 4개 기업은 연례 보고서에서 연금기금에 대한 미래의 기대수익률을 얼마로 내다봤을까요? 그들은 9.5퍼센트에서 10퍼센트라는 수치를 사용했습니다.

저는 내기를 좋아합니다. 제가 그 네 개 기업의 최고재무책임자들이나 보험계리인 또는 감사들과 내기를 한다면, 향후 15년 동안은 그들이 상정한 평균 수익률을 얻어내기가 불가능할 거라는 데 큰돈을 걸 의향이 있습니다. 일단 수학적인 측면을 고려해봐도 그 이유를 금방 알 수 있습니다. 어떤 펀드가 됐든 투자 포트폴리오의 3분의 1가량은 대개 채권으로 구성됩니다. 그렇다면 오늘날 연금기금이 보유한 채권에서(적정한 범위의 만기 채권들로 구성되어 있다는 전제하에) 5퍼센트를 훨씬 뛰어넘는 수익이 나올 것으로 기대하기는 어려울 겁니다. 따라서 나머지 3분의 2를 차지하는 주식에서 11퍼센트가 넘는 평균 수익이 창출되지 않는 한, 펀드 전체적으로 9.5퍼센트의 수익을 달성하기 어렵다는 계산이 금방 나옵니다. 특히 펀드가 지불해야 하는 적지 않은 투자 관련 비용을 감안하면 9.5퍼센트라는 기대수익률은 지나치게 과감한 예상입니다.

그러나 이런 과감한 예상은 기업의 순이익을 계산하는 과정에서 큰 위력을 발휘합니다. 이 예상치를 장부의 맨 오른쪽 칸에 써넣은 기업들은 낮은 예상치를 적은 기업들에 비해 회계 이익이 훨씬 높습니다. 물론 이는 그 비율을 정한 사람들의 이해관계와 무관하지 않습니다. 이 게임에서 한

몫을 담당한 보험계리인들은 미래의 투자 수익에 대해 특별한 지식을 지닌 사람들이 아닙니다. 그들이 알고 있는 것은 고객이 높은 수익률을 원한다는 사실뿐입니다. 한 번 만족한 고객은 영원한 고객이 되는 법이니까요. 우리가 과장된 이야기를 하고 있는 걸까요? 이 나라에서 가장 기업가치가 크고 가장 큰 존경을 받는 기업 GE의 경우를 살펴봅시다. 저 역시 이 회사를 매우 존경하는 사람입니다. GE는 지난 수십 년간 매우 성공적으로 연금기금을 운영해왔으며, 이 회사의 기대수익률은 다른 기업들과 비슷했습니다. 제가 이 회사를 예로 든 것은 단순히 이 회사의 높은 명성 때문입니다.

그럼 1982년으로 돌아가보겠습니다. 당시 GE는 회사 전체 세전 수익의 20퍼센트에 해당하는 5억 7천만 달러를 연금기금 부담금으로 돌렸습니다. 작년 이 회사는 17억 4천만 달러의 연금기금 수익금(회사가 책정한 연금기금의 기대수익률을 바탕으로 계산된 추정 수익금을 의미함 — 역자주)을 장부에 기록했습니다. 이는 회사 전체 세전 수익의 9퍼센트에 달하는 금액으로, 가전 사업부문 수익인 6억 8천4백만 달러의 2.5배가 넘는 액수였습니다. 단순히 생각해도 17억 4천만 달러는 엄청난 돈입니다. 연금기금에 대한 기대수익률을 낮추면 이 수익금이 장부에서 모두 사라질 수 있는 겁니다. GE를 포함해 다른 많은 대기업이 회계에 활용하고 있는 연금기금 수익금 항목이 만들어진 것은 지난 1987년 미국 회계기준위원회(Financial Accounting Standards Board)가 제정한 규칙 덕분이었습니다. 연금기금에 대한 적정한 기대수익률을 바탕으로 펀드의 운영 성과를 내는 기업들은 그때부터 연금기금 소득의 추정치를 회사의 손익계산서에 수익금으로 반영할 수 있게 됐습니다. 골드만삭스에 따르면 작년 S&P500 기업 중 35곳에서 전체 수익의 10퍼센트 이상을 연금기금의 수익금으로 계상했다고 합니다. 하지만 그중 많은 회사에서 연금기금의 실질 투자 가치는 오히려 줄어들었습니다.

안타까운 사실은 이토록 중요한 연금기금 기대수익률의 문제가 대기업 이사회에 안건으로 상정되는 경우가 거의 없다는 겁니다(저는 그동안 19개 기업의 이사회에서 활동했지만 이 주제가 심각하게 논의된 적은 한 번도 없었습니다). 물론 지금도 이에 대한 논의가 이루어져야 할 필요성은 매우 절실합니다. 왜냐하면 현재 기업들이 내세우고 있는 연금기금의 기대수익률은 대부분 1990년대의 찬란했던 시장 활황기에 초점을 맞춰 극단적으로 부풀려진 숫자이기 때문입니다. 여러분이 대규모의 확정급여형 연금을 운영하는 어느 대기업의 CFO를 만날 기회가 있다면, 그에게 연금기금의 기대수익률이 6.5퍼센트로 낮아질 경우 회사의 수익이 어떻게 조정될 것인지 물어보시기 바랍니다. 조금 더 실례를 무릅쓴다면, 주식과 채권 모두가 지금보다 훨씬 기대수익률이 높았던 지난 1975년도에 이 회사의 연금기금 기대수익률은 어땠느냐고 질문할 수도 있을 겁니다.

기업들이 2001년도 연례 보고서를 발표할 시기가 곧 다가오는 이 상황에서, 저는 그들이 미래의 연금기금 기대수익률을 낮췄는지 매우 흥미롭습니다. 최근 연금기금의 실제 수익률이 매우 낮았으며 앞으로도 줄곧 그런 상황이 예상된다는 점을 감안할 때, 기대수익률을 하향 조정하려 들지 않는 사람(CEO, 보험계리인, 감사 등)은 투자자들을 호도했다는 혐의로 법적 소송에 걸릴지도 모릅니다. 그리고 이런 무책임한 낙관주의에 대해 이의를 제기하지 않은 이사회 멤버들은 한마디로 자기 본연의 직무를 유기하는 겁니다.

지금까지 살펴본 바와 같이 지난 세기 내내 주식시장에는 극단적인 변동이 주기적으로 발발하는 비합리성이 난무했습니다. 따라서 더 좋은 실적을 거두기 원하는 투자자들은 다음번 발생할 격변에 대응하는 방법을 배우는 편이 좋을 듯합니다. 제 생각에 그들에게는 '수량화'라고 불리는 일종의 해독제가 필요합니다. 우리가 모든 대상을 적절히 수량화할 수 있다면, 최고의 지성을 획득하지는 못하더라도 적어도 스스로 광기의 늪에 빠지는 일은 막을 수 있을 겁니다.

거시적 측면으로 보면 수량화란 전혀 복잡한 작업이 아닙니다. 지난 80년간의 기록이 포함된 아래의 도표는 매우 기본적인 사실을 알려줍니다. 미국에서 공개적으로 거래되는 모든 증권의 가치를 합한 금액이 이 나라에서 이루어진 비즈니스의 총합, 즉 GNP에서 차지하는 비율을 나타내는 그림입니다. 물론 이 도표가 우리에게 필요한 정보를 모두 알려주지는 못하겠지만, 특정 시점에 기업들의 가치가 어느 정도 위치에 놓였는지 판단할 수 있는 최선의 단일 측정 자료라고 생각합니다. 여러분이 보시다시피 2년 전 그 비율은 사상 최고 수준으로 치솟았습니다. 이는 일종의 경고 신호였음이 분명합니다.

요동치는 시장

미국 주식의 시가총액이 GNP에서 차지하는 비율은 2000년 들어 급감했다. 하지만 10월 현재 133퍼센트로 여전히 1929년 최고치보다 높은 수준이다.

200%

2000년 최고치(3월) ●
190%

미국 주식 시가총액이
GNP에서 차지하는 비율

150%

133%

● 1929년 최고치(9월)
109%

100%

50%

1924

1930 1940 1950 1960 1970 1980 1990 2000

10/01

＊뉴욕증권거래소 실제 데이터, 1972년 이전의 아메리카증권거래소(AMEX) 데이터 추정치, 그리고 1976년 이전의 장외거래 주식 가치 추정치.

저는 이 도표에서 다음과 같은 메시지를 도출해냈습니다. 만일 이 비율이 70~80퍼센트로 떨어진다면 주식을 구입하는 것은 유리한 전략이 될 가능성이 높습니다. 반면 그 비율이 200퍼센트에 육박할 때(지난 1999년과 2000년에 그랬듯이) 주식을 사는 일은 매우 위험한 불장난이 될 겁니다. 보시는 것처럼 최근의 비율은 133퍼센트입니다.

물론 1999년의 시장보다는 그 비율이 많이 감소한 셈입니다. 당시 저는 미국의 국민들이 향후 10~20년간 주식을 통해 얻을 수 있는 자기자본이익률을 7퍼센트 정도(배당금을 포함하고 2퍼센트의 인플레이션을 감안해서)로 내다봤습니다. 이는 커미션이나 수수료 같은 '마찰비용'을 포함하지 않은 총수익을 의미하기 때문에, 제가 생각한 실질 수익은 6퍼센트였습니다.

오늘날 주식이라는 이름의 '햄버거' 값은 많이 내렸습니다. 이 나라의 경제는 성장세에 놓여 있고 주가는 낮습니다. 그 말은 투자자들의 돈으로 더 많은 주식을 살 수 있다는 뜻입니다. 이제 저는 주식의 장기 수익률이 비용을 제외하고 7퍼센트 근처가 될 거라고 예상치를 살짝 올려봅니다. 여러분이 아직도 1990년대를 바탕으로 수익률을 기대하지 않는다면, 이 정도만 해도 훌륭한 수익입니다.

버핏의 편지를 기다리는 사람들

2002년 9월 16일 | 제리 우셈(Jerry Useem)의 사이드바

엔론 사태가 터진 뒤 수많은 기업이 모범적인 회계 시스템을 구축하는 일에 앞다투어 뛰어들었다. 이 글은 그런 현상을 다룬 기사에 덧붙여진 사이드바다.

오늘날 미국의 기업들이 가장 열망하는 글귀는 무엇일까?

간단하다. "당신의 진실한 벗 워런으로부터(Sincerely, Warren)."

요즘 회계 관행을 뜯어고치는 일에 경쟁적으로 뛰어들고 있는 기업들은 슈퍼 투자자 워런 버핏으로부터 자기 회사의 회계 시스템을 칭찬하는 편지를 받으면, 이를 '훌륭한 관리에 대한 인증서'로 생각한다. 제너럴 일렉트릭(GE)은 스톡옵션을 비용으로 처리하겠다고 발표한 뒤에 버핏에게 이런 편지를 받았다. "GE는 오랫동안 우리의 삶을 더욱 훌륭하게 만들어주었습니다. 이제 GE는 회사의 회계 시스템을 더욱 훌륭하게 구축했습니다."

최근 '핵심 이익(core earning, 기업의 주력 비즈니스에서 창출되는 수익 — 역자 주)'이라는 측정 기준을 새로 내놓은 스탠더드 앤드 푸어스(S&P)에도 버핏의 편지가 도착했다. S&P는 이 편지를 받고 기뻐한 나머지 회사의 웹사이트에 편지의 내용을 게시하기로 결정했다. "귀사의 조치는 과감하고 정확했습니다. 앞으로 투자자들은 귀사의 행위를 기념비적인 사건으로 기억하게 될 겁니다." 이 행운의 편지를 받은 또 다른 회사로는 뱅크원(Bank One)과 아마존(Amazon)이 있다.

"버핏은 이 나라에서 유일하게 흠집 없는 명성을 이어가고 있는 사람입

니다." S&P의 애널리스트 로버트 프리드먼(Robert Friedman)의 말이다. 물론 사람들에게 신뢰를 주는 목소리의 소유자는 버핏 외에도 몇몇이 더 있다. 그중 하나가 뱅가드그룹(Vanguard Group)의 설립자이자 직설적인 화법의 소유자인 존 보글(John Bogle)이다. 그런데 보글은 기업의 책임에 관한 자신의 연설이 사람들에게 반응이 좋았다는 사실을 어떻게 알았을까? "그 연설에 관한 기사를 읽은 버핏이 아주 멋진 메모를 저에게 전해주었거든요." 보글의 말이다.

만물의 현인

2002년 11월 11일 | 앤드류 서워(Andrew Serwer)

워런 버핏이 버크셔 해서웨이를 이끈 지난 48년 동안 이 회사의 주가가 40퍼센트에서 50퍼센트까지 추락한 적이 네 번 있었다. 즉 1973~1974년, 1987~1988년, 2007~2008년, 그리고 2000년대 초반의 이른바 닷컴 거품 시대였다. 2002년 말 버핏을 집중적으로 인터뷰한 이 커버스토리의 발표 시기는 거품이 완전히 꺼지고 버크셔의 A주식 가격이 연초의 4만 달러에서 7만 달러까지 반등했던 때였다. 그리고 그런 과정에서 한때 버핏이라는 사람을 과거의 유물로 치부했던 일이 잘못이라는 인식도 확산되기 시작했다. 닷컴 거품에 정신이 팔린 시장 전문가들이 그를 낡아빠진 구시대의 기업가로 매도했다는 것이었다.

'스트리트 라이프(Street Life)'라는 필명으로 〈포춘〉에 수많은 글을 기고한 앤드류 서워(그는 2006년 이 잡지의 편집장이 된다)는 '버핏의 귀환'을 주제로 기사를 써달라는 회사의 요청을 받았다. 마침 그때는 버핏이 친구들과 캘리포니아로 골프 여행을 떠난 시기였다. 이들은 지난 20년간 페블 비치(Pebble Beach), 스파이글래스(Spyglass), 사이프러스 포인트(Cypress Point) 같은 코스를 옮겨 다니며 2년에 한 번 만나 라운딩을 했다. 이번에 버핏은 어깨의 회선건판이 손상됐다는 진단을 받았기 때문에 함께 골프를 칠 수는 없었지만, 모처럼 친구들과 어울릴 기회를 놓치고 싶지 않아 여행에 동행하기로 한 것이었다.

그래서 앤디(앤드류) 역시 페블 비치로 출장을 가서 버핏과 함께 오랜 시간을 보냈다. 그는 경치 좋은 장소와 버핏의 방을 옮겨 다니며 인터뷰를 했고 골프 친구들이 모이는 저녁 시간에도 참석했다. 버핏의 여행에 동행한 사람들은 찰리 멍거, 캐피털시티즈/ABC의 토마스 머피, 크라바스 스웨인 앤 무어의 조지 길레스피, 워싱턴포스트의 돈 그레이엄(Don Graham), 퍼스트 맨해튼 컴퍼니(First Manhattan Co.)의 샌디 고츠만(Sandy Gottesman), 그리고 존 루미스(내 남편)였다.

앤디는 그곳에 도착하자마자 앞으로 모든 취재를 페블 비치에서 했으면 좋겠다고 생각했다. 물론 그 뒤로 그가 취재를 위해 다시 그곳에 갈 일은 없었다. – CL

사람들은 지난 수십 년 동안 워런 버핏이라는 이름을 들으면 손 닿는 모든 것을 황금으로 바꾸는 투자자의 이미지를 떠올렸다. 견실하고, 정직하고, 심오한 가치 철학으로 가득한 이 사람은 (수십 종의 전기나 투자 지침서들이 증언하듯이) 주식이 아니라 '회사'를 사들이는 일을 훨씬 중요하게 생각한다. 그가 주식시장에 미치는 영향은 미국 대통령이나 연방준비제도이사회 의장과 맞먹을 정도이며, 그의 투자 스타일은 월스트리트부터 미국의 작은 도시들까지 수많은 추종자를 탄생시켰다.

그런데 바로 그 워런 버핏이 내 눈앞에서 파자마를 입고 있는 모습은 꽤 낯설었다. 밝은 해가 비치는 캘리포니아의 어느 날 아침, 나는 페블 비치의 롯지(Lodge) 호텔에 자리 잡은 널찍한 스위트룸에서 72세의 워런 버핏과 함께 앉아 있었다. 창밖에는 눈부신 10월의 태양 아래 카멜 베이(Carmel Bay)의 아름다운 풍경이 펼쳐졌다. 오른쪽으로는 18번 홀의 그린, 그리고 왼쪽에는 커다란 측백나무가 한 그루 서 있는 모습이 눈에 들어왔다. 오마하의 현인은 룸서비스로 주문한 오믈렛을 느긋하게 먹은 뒤에 테리 천으로 만든 목욕 가운과 푸른색 파스텔 톤의 파자마를 입은 채로 방안을 어슬렁거렸다.

마침 미국 서해안을 찾은 우리 두 사람에게는 최근 막을 내린 닷컴 거품에 관한 대화가 안성맞춤일 듯싶었다. "거대한 환상이었죠." 버핏이 이렇게 말했다. "내가 평생 경험한 최대의 신기루였습니다." 하지만 그는 이 두려운 현상 앞에서도 전혀 동요하지 않은 눈치였다. 얼굴에는 아무런 후회의 표정도 없었다. 그 허튼 소동에 손톱만큼도 관여하지 않았던 그에게는 거품이 부풀든 꺼지든 아무런 상관이 없었기 때문이었을 것이다.

그러나 우리는 이 상황을 통해 버핏이라는 사람의 또 다른 진면목을 목격할 수 있게 됐다. 그는 오랜 세월 동안 놀라운 투자 기록을 세웠을 뿐만 아니라 매사에 올바른 사고방식을 지닌(조용하고, 자신을 드러내지 않고, 심지어 거의 바보 같은 방식으로) 인물이었다. 기업의 지배 구조, 스톡옵션 및 회계 시스템 개혁, 추락하는 기업 윤리 등에 대한 그의 주장은 하나같이 타당했으며, 주식시장에 대한 견해 역시 매우 정확했다.

그 오랜 시간이 지나는 동안 버핏의 판단은 항상 옳았다. 최근 몇 달간 기업들의 스캔들, 활력을 잃은 경제, 주식시장의 부진 등이 이어지는 상황 속에서 이제 사람들은 버핏의 세계관에 다시 관심을 기울이고 있다. 게다가 과거 한순간의 실수로 어려움에 빠진 사업을 버핏이 구원해주기를 기대하는 회사도 점점 늘어나는 추세다. 그 이유는 버핏이 운영하는 버크셔 해서웨이가 지구상에서 자본 유동성이 가장 풍부한 기업 중 하나이기 때문이다. 그동안 버핏은 그 돈으로 여러 회사의 지분을 상당량 매입했으며 특히 최근 큰 어려움을 겪었던 통신, 공익, 에너지 기업 등에 투자를 집중했다. 그가 구사하는 전략은 지난 수십 년 동안 변하지 않았다. 시장가격이 최저점에 놓였을 때 주식을 사들이는 것이다.

겉으로는 간단한 재주처럼 보이지만, 세상에서 그의 투자 능력에 필적하는 사람은 거의 없다. 우리처럼 평범한 사람들은 그저 그의 행보를 유심히 지켜보기만 할 뿐이다. 〈포춘〉이 다시 이 주제로 돌아온 이유도 그 때문인

듣하다. 이번에 우리가 취재를 위해 시간을 조금만 내달라고 부탁하자, 버 핏은 아예 페블 비치에서 48시간 동안 이 현인의 생각을 집중적으로 탐구 할 수 있는 기회를 허락했다. 우리 두 사람은 그 시간을 틈타 핵무기, 정크 본드, 야구선수 배리 본즈(Barry Bonds), 미식축구 코치 배리 스위처(Barry Switzer), 뉴욕주 검찰총장 엘리엇 스피처(Eliot Spitzer) 등에 관해 주제를 넘 나들며 기나긴 대화를 나누었다.

이제 대화의 무대는 몇 년 전 많은 사람이 버핏의 투자 전략을 옳지 않다 고 여겼던 시절로 거슬러 올라갔다. 지금은 상상하기 어렵지만 얼마 전까 지만 해도 월스트리트나 실리콘밸리의 전문가들은 이 전설적인 투자자 가 한물간 실패자에 불과하다고 믿었다. 그들은 버핏의 견해가 더 이상 현실을 반영하지 못한다고 생각했다. 게임의 규칙이 바뀌었지만 그 규칙 을 제대로 체득하지 못했다는 것이다. 〈테크놀로지 인베스터(Technology Investor)〉의 편집장 해리 뉴턴(Harry Newton)은 2000년 초에 이런 분노의 기사를 썼다. "워런 버핏은 우리에게 '미안하다'고 말해야 할 것이다. 어떻 게 반도체, 무선, DSL(인터넷 접속 기술의 일종 — 역자주), 케이블, 생명공학 같은 혁명을 놓칠 수 있단 말인가?"

그때는 나스닥 주식의 가격이 하늘 높은 줄 모르고 치솟고 버크셔의 주 가는 침체의 늪에 빠져 있던 시장의 비정상적인 과열기였다. 가치와 장 기 투자를 중시하는 버핏의 사고방식은 그들에게 낡아빠진 것으로 비춰 질 수밖에 없었다. 스톡옵션 문화나 금융공학, 그리고 '상황윤리(버핏의 표 현대로)' 같은 것들이 무슨 문제라는 말인가? 비즈니스에 효과가 있다면 그만 아닌가?

나는 버핏에게 이렇게 물었다. "세간에서 당신을 한물간 사람으로 취급하 는데도 상처를 받지 않았나요?"

"전혀요." 그는 소탈하고 걸걸한 목소리로 대답했다. "그런 건 아무 상관없습니다. 독립적으로 사고하는 법을 배우지 못하면 투자에서 성공하지 못해요. 사람들의 동의 여부에 따라 내가 옳고 그름이 결정되는 게 아닙니다. 오직 사실과 이성만이 내가 옳음을 증명하는 거예요. 결국에는 그것밖에 없어요. 나의 사실과 이성이 옳았을 때는 아무도 이의를 제기하지 못하는 거죠."

나는 지난 일요일 오마하에서부터 버핏의 여행에 합류하기 시작했다. 우리 두 사람은 그곳에서 버크셔의 항공 자회사 넷젯(NetJets)의 걸프스트림 여객기를 타고 몬터레이(Monterey)로 향했다. 버핏의 여동생 버티(Bertie)는 비행기에서 내린 우리를 태우고 페블 비치로 데려다주었다. 어깨의 회선건판이 손상되는 부상을 당한 버핏은 여덟 명의 친구와 함께 2년 만의 라운딩에 나서기보다 대부분의 시간을 방 안에 틀어박히는 길을 택했다. 버핏은 자신의 부상을 대수롭지 않게 생각했다. 통증도 별로 심하지 않은 데다 그 자신이 그렇게 골프에 열광하는 스타일도 아니었기 때문이다. ("어거스타[Augusta] 골프장 회원 중에 내가 핸디캡이 제일 높을걸요." 그는 이렇게 자랑 아닌 자랑을 했다.) 그로서는 어깨를 다친 덕분에 일(독서, 글쓰기, 전화하기 등)을 할 시간이 더 많이 생긴 셈이다. 어쨌든 평소에 그가 가장 좋아하는 일들이니 별문제는 없다.

어깨가 불편해서 방을 떠나지 않는 세계 최고의 재무 전문가와 함께 시간을 보낼 때 반드시 해야 하는 한 가지 일은 무엇일까? 물론 주식시장에 대한 질문을 던지는 일일 것이다. 문제는 버핏이 주가에 관한 언급을 가급적 피한다는 사실이다. 하지만 그는 1999년 11월자 〈포춘〉의 기사를 통해 최근의 주가가 너무 높다는 입장을 피력하기도 했다(역사가들은 이 기사와 버나드 바루크[Bernard Baruch, 미국의 금융업자, 정치가 — 역자주]가 1920년대에 남긴 유명한 경고 사이의 유사점을 관찰해볼 필요가 있을 것이다). 〈포춘〉은 작년에도 그의 연설을 담은 후속 기사를 발표한 바 있는데, 버핏은 이 기사에서 앞으로 미국의 대기업들이 잔뜩 부풀려진 연금기금의 기대수익률을 낮춰야 하는 상황에 처할 거라고 주장했다(그의 말은 사실로 드러났다). 또 그는 당시 미국 주식의 시장가치 총액이 GNP를 3분의 1 이상 능가하며, 이는 1929년 최고점을 찍었던 때에 비해서도 월등히 높은 비율이라고 지적했다. 메시지는 분명했다. 앞으로 주가가 지속적으로 하락하리라는 것이었다(그는 역시 옳았다).

그렇다면 버핏은 현재의 시장을 어떻게 평가할까? 그의 입장은 확고하다. "닷컴 거품은 꺼졌지만, 주가는 여전히 너무 높습니다." 그러나 그는 지난 1999년에 비해 지금이 주식을 구입하기에 더 유리한 시기라는 사실은 두말할 필요가 없다고 말한다. 버핏의 투자 원칙도 예전과 다를 바가 없다. "투자자들은 유행을 좇아 주식을 사거나, 형편없는 회사에 투자하거나, 주가의 등락을 미리 예상해서 사고파는 전략을 피해야 합니다. 그런 면에서는 인덱스펀드(index fund, 주가 지표의 움직임에 연동되도록 포트폴리오를 구성함으로써 시장의 평균 수익을 실현하는 것을 목표로 하는 상품 — 역자주)에 장기적으로 투자하는 것도 좋은 방법일 수 있습니다." 그렇다면 버크셔 해서웨이의 주식은 어떨까? "그건 잘 모르겠습니다. 요즘 많이 오르기는 했어요. 아무래도 S&P500보다는 낫겠죠. 2000년 초 버크셔의 주가가 4만 달러까지 내려갔을 때 자사주 매입을 의논한 적이 있었는데, 지금 보니 그것이 사람들에게 주식을 사라는 진짜 신호였네요!" 커피 테이블 위에 발을 걸친 그는 특유의 껄껄대는 웃음을 터뜨렸다. 버크셔의 주식은 그 뒤로 7만 달러까지 올랐다. 투자자들은 명심하라. 다음번에 버핏이 자사주 매입을 언급하면, 그때가 바로 버크셔의 주식을 사야 할 때다!

하지만 버핏의 삶 한가운데를 차지하고 있는 것은 주식시장이 아니라 그의 회사 버크셔 해서웨이이다. 그러므로 이 회사가 어떤 방식으로 운영되는지 이해하는 일은 버핏의 사고방식을 이해하는 지름길이라고 할 수 있다.

나는 그 작업을 위해 먼저 버핏의 사업 파트너인 찰리 멍거와 대화를 나누었다. 멍거 역시 캐피털시티즈의 전 의장 토마스 머피 및 워싱턴포스트의 CEO 돈 그레이엄과 함께 이 골프 모임에 참석했다. "버크셔는 극단적일 정도로 특수하게 운영되는 조직이라 사람들이 우리 회사를 완전히 이해하기는 어려울 겁니다." 멍거의 말이다. "우리는 비슷한 규모의 전 세계어느 기업에 비해서도 훨씬 적은 비용과 신속한 의사 결정 체계를 바탕으로 조직을 운영합니다."

버크셔 해서웨이가 다른 기업들과 전혀 다르다는 사실은 더 강조할 필요도 없다. 공식적으로 버크셔는 대규모의 보험 사업을 운영하는 일종의 복합 기업이며, 동시에 코카콜라, 질레트, 아메리칸 익스프레스 같은 미국의 거대 기업들의 지분을 대량으로 소유한 대주주이기도 하다. 또한, 가스 파이프라인회사를 포함한 공익 기업의 주식도 상당량을 보유 중이고 그 밖에 가구 소매업, 보석상, 신발 공장 같은 다양한 분야의 자회사들을 거느리고 있다.

이 회사가 이렇게 성장하는 과정에서 거창한 마스터플랜이나 전략적 로드맵 따위는 없었다. 그럼에도 버크셔라는 기업의 물리적 구조는 투자자들에게 버핏의 사고방식을 들여다볼 수 있는 유용한 창문이 되어준다. 예를 들어 버크셔는 여러 기업의 주식을 대량으로 보유한 보험회사로 알려져왔다. 그러나 시간이 흐르면서 몇 가지 변화가 생겼다. 첫째, 버핏은 다른 회사의 주식을 사들이는 일을 완전히 중단하다시피 했다. 일례로 그가 워싱턴포스트의 지분을 사들인 것은 1970년대의 일이다. 그는 왜 주식 구입을 멈췄을까? 이유는 간단하다. 그가 원하는 수준보다 주가가 훨씬 높았기 때문이다. 버핏은 이렇게 말한다. "내가 처음 주식을 산 것은 60년 전의 일입니다. 그 60년 중에서 50년 정도는 보통주의 가격이 매력적이었어요. 하지만 나머지 10년 동안에는 살 만한 주식을 전혀 발견하지 못했죠."

물론 그 10년의 대부분은 최근에 해당하는 시기다.

대신 버핏은 회사 전체를 인수하는 방향으로 전략을 바꿨다(주로 전통적인 업종에 속한 다양한 분야의 개인 기업이 그의 목표다). 기술주의 붐이 불었을 때 많은 기업이 시장에 나왔다. 그가 인수한 회사 중에는 보험사도 있었지만, 그 밖에 페인트회사 벤저민무어(Benjamin Moore), 카펫회사 쇼(Shaw), 공익 기업 미드아메리칸 에너지, 그리고 가장 최근에 사들인 주방용품 유통 기업 팸퍼드셰프 같은 다양한 기업이 버크셔의 자회사 군단에 합류했다. 이런 과정을 거치면서 버크셔의 주식 보유량은 크게 감소했다(최근의 주식 포트폴리오 규모는 260억 달러 정도다). 반면 보험 부문의 성장이 꾸준히 이어지는 가운데 제조 및 서비스 산업에 속한 자회사들의 매출도 과거에 비해 많이 늘었다. 버크셔 전체 매출의 절반은 보험 사업에서 나오지만, 보험 분야 매출의 비중은 점점 줄어드는 추세다.

버핏이 많은 기업을 사들이면서(지난 5년간 20여 개를 인수했다) 버크셔 해서웨이의 직원 수도 큰 폭으로 증가했다. 오늘날에는 14만 5천 명의 근로자가 "나는 워런 버핏의 회사에서 일한다"라고 당당히 말할 자격을 갖췄다. 직원 수만 놓고 보면 미국의 민간 기업 중 25위에 해당한다(펩시코 [PepsiCo]나 메리어트[Marriott]의 직원보다도 많다).

워런 버핏은 새롭게 인수할 기업들을 어떻게 찾아낼까? 보통은 상대 회사에서 먼저 연락이 온다고 한다. 버핏에 따르면 요즘 회사를 팔려고 내놓은 판매자는 대체로 두 종류로 나뉜다. "전화를 하는 사람들은 둘 중 하나죠. 첫 번째는 버크셔라는 회사를 원하는 사람(즉 자기 회사를 버크셔의 일부로 만들기 원하는 사람)이고, 두 번째는 오직 돈을 원하는 사람입니다. 후자라면 일이 빠르게 진행돼요. 주말이 지나기 전에 돈을 가져다줄 수 있으니까요."

첫 번째 경우(즉 자기 회사를 버크셔의 일부로 만들고 싶어 하는 경우)의 대표적 사례가 버핏이 가장 최근에 인수한 팸퍼드셰프다. 요리하기를 싫어하는 남성에게는 낯선 이름일 수도 있겠지만, 그렇지 않다면 이 회사를 모르는 사람은 거의 없을 것이다. 팸퍼드셰프의 '컨설턴트'들은 본인의 집에서 소규모 요리 파티를 열고 그 자리에서 취사도구나 주방용품들을 판매한다. 말하자면 타파웨어의 판매 방식을, 약간 고소득층 대상으로 확대한 모델이라고 생각하면 좋을 듯하다.

이 회사를 창업한 도리스 크리스토퍼는 22년 전 어느 생명보험회사에서 3천 달러를 빌려 사업을 시작했다. 당시 어린 딸을 두고 있던 그녀는 평소에 주로 아이와 함께 시간을 보내야 했기 때문에, 여분의 시간에 탄력적으로 할 수 있는 일을 찾아 나선 것이었다. 현재 7억 달러가 넘는 팸퍼드의 매출은 모두 7만 명의 직접 판매원들에게서 나온다. 그들이 실시하는 가정 내 제품 데모 행사는 한 주에 1만 9천 회에 달한다(수익에 관해 얘기하자면, 팸퍼드가 누구나 군침을 흘릴 정도로 수익성이 좋은 회사라고밖에 할 수 있는 말이 없다).

크리스토퍼의 회사는 계속 번창하고 있었지만, 그녀에게는 ⓐ 자신이 갑자기 세상을 떠나거나 ⓑ 나이가 들어 사업에서 물러나야 하는 일이 생겼을 때 이에 대비할 계획이 필요했다. 그녀도 몇 년 전 워런 버핏에 대한 이야기를 들은 적이 있었다. "그때 마음 한편에서는 이런 생각이 들었죠. '그가 운영하는 회사의 일부가 된다면 얼마나 좋을까?' 하지만 처음에는 그런 생각을 감히 실천에 옮기지 못했어요." 그러다 버크셔라는 이름이 다시 수면에 떠오르기 시작한 9월 중순, 크로스토퍼의 거래은행인 골드만삭스가 버핏에게 연락을 취했다. 버핏은 이 회사가 바로 마음에 들었다.

며칠 뒤, 크리스토퍼와 팸퍼드셰프의 사장 쉴라 오코넬 쿠퍼(Sheila O'Connell Cooper)는 시카고에서 오마하로 날아가 버핏과 마주 앉았다. "나는 몇 분이 지나지 않아(도리스 역시 몇 분 만에) 우리가 서로에게 완벽하게 어울리는 사람들이라는 사실을 깨달았습니다." 버핏은 즉석에서 도리스에게 인수 제안을 했다. 버핏은 내게 팸퍼드셰프에 대해 이야기하며 이 회사를 입에 침이 마르도록 칭찬했다. "두 달 전만 해도 그 회사 이름을 들어본 적이 없었습니다. 그러나 도리스와 쉴라가 이 회사를 운영하는 일을 무척 사랑한다는 사실은 알 수 있었죠. 내가 할 수 있는 최선의 일은 그들을 방해하지 않는 겁니다. 그 사람들은 나보다 훨씬 훌륭해요." 글쎄, 과연 그럴까?

어쨌든 버핏 입장에서는 이 회사를 사들인 이야기에 온갖 긍정적인 줄거리가 다 포함된 셈이다. 팸퍼드는 수익성이 높고, 개인 기업이고, 인지도가 좋은 데다 이미 꽤 큰 규모로 성장한 회사다. 사실 버핏에게는 인수 대상 기업의 규모가 중요하다. 그 이유는 오늘날 버크셔가 빠른 속도로 성장 중이고 10년 전과는 비교할 수 없을 만큼 덩치가 커졌기 때문이다. 지난 10년 동안 매출액도 30억 달러에서 380억 달러 가까이 뛰었다. 성장의 주된 요인은 제너럴 리나 쇼 같은 기업들을 계속 사들였기 때문이었다. "사람들은 버크셔의 성장에 한계가 있다고 생각했습니다." 올해 79세의 찰리 멍거가 비웃듯이 말한다. "그들이 틀린 겁니다."

물론 그동안 버크셔는 엄청나게 성장했으며 앞으로도 계속 성장을 이어갈 것이다. 그런 점에서 버핏은 인수의 범위를 '큰 기업'들로 제한하는 일종의 다이어트를 실시 중이다. 몇몇 예외적인 경우를 제외하고 버핏이 인수를 고려하는 기업은 세전 수익이 5천만 달러가 넘는 회사로 한정되어 있다. 그가 앞으로 외국의 좋은 기업들로 검토의 대상을 확대할 거라고 내게 귀띔한 것도 그런 맥락에서다.

그가 큰 회사를 찾는 이유는 간단하다. 인수할 기업의 규모가 적정 수준을 넘어야 버크셔의 순이익에 의미 있는 영향을 줄 수 있기 때문이다. 물론 이 회사의 순이익은 종종 불규칙한 모습을 보인다. 그 이유 중 하나는 버크셔가 단기적으로는 저조한 수익을 기록했더라도 특정 연도에 갑자기 막대한 자본이익을 실현하는 경우가 많기 때문이다. 일례로 작년 9.11 테러의 여파로 보험 사업에 큰 손실이 발생하자 버크셔의 수익은 76퍼센트 줄어든 7억 9천5백만 달러로 감소했다. 이는 지난 1995년의 수익과 비슷한 저조한 실적이었다. 그러나 2000년의 수익은 그보다 두 배가 넘는 33억 달러를 기록했다.

만일 이런 불규칙함이 불편하게 느껴지는 투자자들이 있다면, 그들은 다른 곳을 알아봐야 할 것 같다. 버핏은 오직 장기적 시야를 소유한 투자자들에게만 관심을 갖는다.

우리가 페블 비치에서 시간을 보내던 어느 날 저녁, 버핏은 여동생 버티의 집에서 열리는 저녁 식사 자리에 몇몇 친구와 나를 초대했다. 그녀의 집은 카멜 인근에 위치한 아담한 주택이었다. 우리는 격식 없이 진행된 이 모임에서 몇 잔의 술과 함께 버핏 가족 스타일의 음식을 즐겼다. 대형 TV에서는 버티가 좋아하는 샌프란시스코 자이언츠 팀의 야구 경기가 펼쳐졌다. 함께 자리한 사람들은 여느 사내들과 다를 바가 없는 주제를 두고 이야기 꽃을 피웠다. 그중에서도 특히 스포츠에 관한 대화가 많았다. 버핏은 이 주제에 관해서라면 누구보다도 얘깃거리가 풍부한 사람이었다. 하지만 네브래스카 콘허스커스 팀이 지난 수십 년 만에 처음으로 국내 순위에서 25위 안에 들지 못했다는 사실을 내가 상기시키자, 그의 얼굴에는 약간 짜증스러운 표정이 스쳐 지나갔다. 그날 저녁 어느 때쯤, 체리콕을 손에 들고 의자에 편하게 기대 있던 버핏은 내게 이렇게 말했다. "미드아메리칸의 매입이 시작된 곳이 바로 이 집이죠." 그가 말한 회사는 버크셔의 다음번 자회사가 될 디모인 소재의 전력 및 가스 파이프라인업체 '미드아메리칸 에너지 홀딩스 컴퍼니'를 의미했다. 나는 그런 줄 몰랐다고 말하며 좀 자세히 설명해달라고 부탁했다. 지금으로부터 정확히 3년 전, 버티는 그때도 오빠와 오빠의 또 다른 친구들을 위해 이곳에서 파티를 열었다. 그 자리에 참석한 사람 중 하나가 레벨 3 커뮤니케이션(Level 3 Communication)이라는 통신기업의 의장이자 오마하 소재의 대형 건설회사 피터 키위트 손스(Peter Kiewit Sons')의 전 CEO 월터 스콧(Walter Scott)이었다.

"월터는 잠시 내게 할 말이 있다고 다른 방으로 나를 데려갔어요. 그러더니 자신이 이사회 멤버로 있는 미드아메리칸이라는 공익 기업 얘기를 꺼내더군요. 당시 이 회사는 투자자를 찾지 못해 경영에 어려움을 겪고 있던 참이었습니다. 그들은 월스트리트 사람들에게 미드아메리칸의 비즈니스를 설명하려 했지만, AES나 캘파인(Calpine) 같은 대형 에너지기업들만 찾고 있던 애널리스트들은 그의 말을 귀담아듣지 않았어요. 말하자면 그들은 소위 '거래 속도(deal velocity, 즉 회사의 소유권을 두고 많은 거래가 발생했다는 의미)'를 갖춘 회사만을 선호한 겁니다. 월터는 미드아메리칸을 상장폐지 하고 개인 기업으로 바꾸려는 생각을 하고 있다면서, 나에게 관심이 있느냐고 물었어요. 나는 그렇다고 얘기했죠."

당시 공익 기업들의 주가는 인터넷 스타트업이나 B2B 기업 못지않게 높았다. 캘파인과 AES의 주식은 각각 56달러와 70달러에 거래됐다. 오늘날 이 회사들의 주가는 고작 2달러 수준이다. 공익 기업들의 거품이 시작된 것은 1992년 에너지 정책법(Energy Policy Act)이 발효된 시점으로 거슬러 올라간다. 이 법이 통과됨에 따라 많은 에너지업체들이 수익성이 높아 보이는 비(非)규제 공익 기업으로 전환했다. (비규제 기업은 보장된 고객이 없는 대신 회사의 수요 예측에 따라 전력을 생산할 수 있고 가격도 시장가격으로 책정할 수 있다. 반면 규제 기업은 정부로부터 고객을 보장받지만 가격은 규정된 요율에 따라 결정된다.) 투자자들이 비규제 에너지 사업에 앞다퉈 돈을 쏟아붓는 사이, 미드아메리칸의 CEO 데이비드 소콜(David Sokol)은 오히려 규제의 영역에 엄청난 기회가 존재한다고 생각했다.

1990년대 중반 미드아메리칸은 캘리포니아, 아이오와, 그리고 영국에 규제 공익 기업들을 소유하고 있었다. 그러나 엔론 같은 기업들의 주가수익 비율이 30에서 50 사이일 때, 미드아메리칸의 주가는 주당순이익의 6배에서 8배에 그쳤다. "나는 다른 회사들이 하고 있는 일을 이해할 수 없었습니다." 소콜은 이렇게 말했다. "그들은 계속 발전소를 지어대고 용량을 증설했어요. 내 생각에는 전력 수요가 끝없이 증가할 거라고 생각한 것 같아요. 에너지를 거래하는 비즈니스 역시 미스터리였습니다. 우리로서는 그런 수익을 올리기가 불가능했으니까요." 그런 상황 속에서 미드아메리칸의 주가는 부진을 면치 못했다. 1999년 10월, 소콜은 회사를 상장폐지하고 버핏에게 매각하기로 결정했다. 버크셔는 주당 35.05달러에 이 회사의 지분 80퍼센트를 사들였다. 총 인수가는 33억 달러였다.

버핏이 미드아메리칸을 인수한 시기가 완벽했던 것은 아니었다. 2001년 여름을 기점으로 엔론을 비롯한 비규제 기업들이 몰락하기 시작했다. 그리고 올해 초까지 많은 기업들이 심각한 경영 위기를 겪었다. 그중 하나가 윌리엄스 컴퍼니스(Williams Cos.)였다. 갑자기 거액의 운영 자금이 필요해진 이 회사는 컨 리버 파이프라인(Kern River Pipeline)이라는 가스 운송기업을 시장에 내놓았다. 로키산맥에서부터 라스베이거스와 캘리포니아 각 지역에 이르는 1,500킬로미터의 파이프라인을 통해 하루 8억 5,000만 입방피트(cubic feet)의 가스를 실어 나르던 컨 리버에게 붙은 가격은 고작 9억 5천만 달러였다. 2년 전이었다면 수억 달러를 더 받을 수도 있었을 것이다.

버핏에게 더욱 다행스러웠던 것은 하루 43억 입방피트의 가스 운송을 담당하던 총연장 2만 7,000킬로미터의 노던 내추럴 가스(Northern Natural Gas) 파이프라인을 지난 7월 미드아메리칸이 사들였다는 사실이었다. 버핏은 소파에 느긋하게 기대앉아 거대한 참치를 잡아 올린 어부처럼 만족스러운 표정으로 이야기를 이어갔다. "원래 노던 내추럴은 오마하에서 유명한 기업 중의 하나였어요. 그런데 1986년 휴스턴(Houston)에서 작은 회사를 운영한다는 어떤 사내가 찾아와서 이렇게 말했죠. '우리 회사를 합병합시다. 내가 오마하로 갈게요.' 그러나 6개월에서 8개월 정도가 지나자 그 사람은 휴스턴으로 다시 돌아가버렸습니다. 노던 내추럴은 그 사람을 배신자라고 생각할 수밖에 없었어요. 휴스턴에서 온 사내의 이름은 바로 케네스 레이(Kenneth Lay)였고 그 회사는 엔론이 됐습니다. 작년에 엔론의 경영이 악화되기 시작하면서 그들은 다이너지(Dynegy)에게 손을 내밀었어요. 다이너지는 엔론에 15억 달러를 빌려주고 담보로 노던 내추럴을 맡았습니다. 결국 다이너지는 15억 달러에 이 파이프라인회사를 인수한 셈이 된 거죠. 그러자 이번에는 다이너지의 경영에 문제가 생기기 시작했어요. 그래서 그들은 어느 금요일 우리에게 전화를 걸어 다음 주까지 이 파이프라인의 거래를 반드시 현금으로 마무리해야 한다고 말했어요. 그래서 우리는 인수 팀을 내려보냈습니다. 그리고 그다음 주 월요일에 바로 계약서를 쓴 거죠."

자, 정리를 좀 해보자. 결국 엔론은 이 파이프라인을 다이너지에 15억 달러에 팔았고, 다이너지는 그로부터 6개월 뒤 버핏의 자회사 미드아메리칸에 이를 9억 2천8백만 달러에 넘겼다는 말이다. 이 정도면 멋진 거래 아닌가!

이제 미드아메리칸은 미국 전체 가스 운송의 10퍼센트를 담당하는 기업이 됐다. "우리가 또 다른 파이프라인을 사들이게 될 것 같지는 않지만, 앞으로 이 회사는 매우 커질 겁니다." 버핏의 말이다. "미드아메리칸이 우리에게 유용한 이유는 무엇보다 규모가 크기 때문이죠." 물론 이 회사가 더욱 큰 기업으로 탈바꿈할 잠재력은 충분하다. 궁극적으로 버크셔는 이 회사에 100억 달러에서 150억 달러, 또는 그 이상의 금액을 투자하게 될 것으로 보인다. 엄청난 액수처럼 생각될 수도 있지만, 버크셔가 투자자, 보험, 자회사들을 통해 매년 창출하는 현금은 50억 달러에 달한다. "우리에게는 한 주에 1억 달러 정도가 들어옵니다. 나는 그 돈으로 무엇을 할지 늘 고민해요." 버핏의 말이다. "물론 즐거운 비명이기는 하지만, 문제는 문제인 거죠. 무엇보다 내가 그 돈으로 멍청한 실수를 저지를 수도 있는 거니까요. 그런 일은 쉽게 일어나잖아요."

돈 그레이엄과 버핏, 그리고 나는 버티의 집에서 저녁 식사를 마친 뒤 그레이엄이 렌트한 포드 토러스 자동차에 올라 페블 비치로 돌아가는 길을 찾아 나섰다. 생각보다 쉬운 일은 아니었다. 나는 그 칠흑 같은 밤에 자동차 뒷자리에 앉아 지도를 들여다보며 운전자에게 방향을 알려주기 위해 한참 씨름을 했다. "돈이 운전을 해서 다행이네요." 우리가 캄캄한 해변 길을 더듬어 페블 비치로 향하고 있을 때 버핏이 한마디 했다. "나는 밤에 운전하기가 싫어요. 잘 보이지 않으니까요."

그렇다. 그도 평범한 사람에 불과하다. 게다가 이제는 나이도 꽤 들었다. 한 주에 1억 달러를 손에 쥐고 어떻게 투자할지 고민하는 그도 밤에 운전하기를 두려워한다. 이번에 우리가 처음 만났을 때, 버핏은 성적인 뜻이 담긴 회문(回文, 앞에서부터 읽으나 뒤에서부터 읽으나 똑같은 말 — 역자주)을 몇 개 보여주며 내 배꼽을 잡게 했다. (미안하지만 어떤 말인지는 공개할 수 없다. 〈포춘〉은 가족 잡지 아닌가!) 이 사람이 〈뉴욕타임스〉의 논평에서 스톡옵션에 대한 기업들의 회계 처리 문제점을 날카롭게 지적한 바로 그 인물이란 말인가?

우리가 생각지도 못했던 버핏의 모습은 그뿐만이 아니다. 과거 버크셔의 주주들이 마치 중력을 거스르는 능력자처럼 의지하던 그도 이제는 사람이 결국 중력을 당하지 못하는 법이라고 주주들을 설득하고 있다.

버핏은 앞으로 이 회사의 주식에서 과거처럼 높은 수익이 창출되지 못할 거라고 주주들에게 누누이 경고해왔다. 그 이유 중 하나는 버크셔라는 회사의 규모가 엄청나게 커졌기 때문이다. 1999년, 버크셔가 사상 최악의 실적을 공개하면서 그가 말한 미래는 결국 현실이 됐다. 그가 자신의 성과를 측정하기 위해 사용하는 지표 중 가장 선호하는 것은 버크셔의 주당 장부가 변화율과 S&P500 기업들의 총수익률을 연 단위로 비교하는 방식이다. 1999년 버크셔의 장부가는 겨우 0.5퍼센트 상승하는 데 그쳤지만 S&P500의 수익은 21퍼센트가 뛰었다(결국 버크셔의 성장이 20.5퍼센트 뒤쳐졌다는 뜻이다). 이 회사는 그때부터 S&P500을 능가하는 성장세로 복귀했으나 2001년에 또 한 차례의 이례적인 부진에 빠졌다. 버크셔 주식의 주당 장부가가 감소한 것은 이해가 처음이었다. 장부가가 6.2퍼센트 하락한 주된 이유는 테러리스트들이 뉴욕 세계무역센터를 공격한 9.11 테러의 여파로 버크셔의 보험 사업에서 20억 달러가 넘는 손실이 발생했기 때문이다. 물론 좋지 않은 소식이다. 그러나 9.11 테러를 계기로 보험 비즈니스의 가격 체계가 확고해졌고(즉 보장 비용이 증가했다는 의미), 이에 따라 버크셔의 보험 사업 수익성에 잠재적으로 긍정적인 효과가 발생한 것은 좋은 소식일 수도 있다(최근에는 GE가 소유한 재보험사 임플로이어스 리인슈어런스[Employers Reinsurance]를 버크셔가 인수할 거라는 소문이 돌기도 했다). 올해 들어 현재까지 S&P500 기업들의 수익은 20퍼센트 이상 감소했지만 버크셔의 실적은 순조롭게 증가(6월 30일까지 버크셔의 장부가는 7.6퍼센트 상승했다)하고 있기 때문에, 2002년 역시 버크셔가 S&P500의 실적을 압도하는 한 해가 될 것으로 보인다. 2000년 3월 10일, 나스닥 주가지수는 장중 최고 기록인 5,132포인트를 찍었다. 바로 그날 버크셔의 주식은 몇 년 사이 최저인 4만 8백 달러까지 떨어졌다. 최근 나스닥은 75퍼센트 하락한 1,270 포인트에서 거래되고 있으며 버크셔의 주식은 81퍼센트 오른 7만 4천 달러까지 치솟았다. 버크셔가 S&P500 실적을 능가한 기록은 지난 1년, 2년,

5년, 15년, 그리고 그 이상을 넘어 계속 이어지는 중이다.

나는 버핏을 방문한 그다음 주에 버크셔의 자회사 CEO 몇 명을 만나 대화를 나누었다. 이제 그가 거느린 자회사 수는 거의 40개에 달한다. 버핏은 지난 38년간 자진해서 버크셔를 떠나겠다는 의사를 밝힌 자회사가 한 개도 없었다고 자랑스럽게 말한다. 이것 역시 사람들에게 잘 알려지지 않은 버핏의 또 다른 관리 능력인 '대인 관계 기술'을 입증하는 사례일 것이다. "그는 사람의 능력을 판단하는 데 최고입니다." 항공기 분할소유권 리스기업 넷젯의 사장 리처드 산툴리의 말이다. "모든 사람이 그의 밑에서 일하고 싶어 하죠."

그동안 버핏의 자회사들이 거둔 성공을 생각해보면 산툴리의 말에도 일리가 있다. 이 기라성 같은 CEO들은 능력도 출중하지만 하나같이 본인의 일을 매우 사랑한다. 개중에는 플라이트 세이프티(Flight Safety)의 CEO 앨버트 웰치(Albert Ueltschi, 85세)나 신발 회사 H.H. 브라운(H.H. Brown)의 대표 프랭크 루니(80세)처럼 80세가 넘는 사람들도 있다.

반면 올해 43세의 조 브랜든(Joe Brandon)은 버크셔의 자회사 경영진 중에 최연소 CEO다. 1년 전 제너럴 리의 수장으로 선임된 브랜든은 현재 버크셔에서 가장 뜨거운 자리 위에 앉아 있다고 해도 과언이 아니다. 제너럴 리(버크셔는 지난 1998년 220억 달러 가치의 자사 주식으로 이 회사를 매입했다)의 사업은 9.11 테러가 일어나기 전부터 문제를 겪기 시작했다. 보험계약은 줄었고 수익은 기대에 미치지 못했다. 결국 버핏이 회사의 저조한 실적을 두고 주주들에게 사과하는 일까지 빚어졌다.

나는 조에게 물었다. 요새 버핏은 당신을 어떻게 대하나? "워런은 모든 면에서 나를 전적으로 지원해줍니다." 브랜든은 이렇게 강조한다. "내가 세계에서 가장 똑똑한 사람 아래에서 일하고 있는 것은 사실이에요. 그래서 언제나 준비를 단단히 해야 합니다. 하지만 사람들은 그가 얼마나 훌륭한 관리자인지 잘 모르죠." 브랜든 역시 핵심을 제대로 짚었다. 그의 말마따나 경영자로서 버핏의 능력은 세상에 잘 알려져 있지 않다. 그 이유는 부분적으로 버핏 자신 때문이다. 그동안 그는 이렇게 반복해서 말했다. "나는 회사를 사들인 뒤에 그곳의 경영진을 방해하지 않고 길을 비켜줍니다." 하지만 꼭 그렇지만은 않은 것 같다.

좀 자세히 들여다보면 버핏이 특정 회사의 경영에 관여하는 정도는 그 회사에 대한 관심의 크기나 주의를 기울여야 하는 필요성에 따라 달라진다는 사실을 알 수 있다. 예를 들어 브랜든은 한 주에 두 번 정도 버핏과 전화로 대화를 나눈다. 반면 버핏은 버크셔가 소유한 또 다른 재보험사의 경영자 아지트 자인과 거의 매일 통화한다. 자인이 일을 잘 해내지 못해서가 아니다. 오히려 자인은 버핏에게 최고로 능력 있는 경영자라고 칭찬받는 사람이다. 그럼에도 버핏이 매일같이 그와 이야기를 나누는 이유는 자인의 보험사가 떠안고 있는 막대한 리스크(일례로 올림픽 경기)가 버크셔에 중대한 재무적 영향을 미칠 수 있기 때문이다. 물론 그런 엄청난 비즈니스의 보험료를 결정하는 것은 버핏이 가장 좋아하는 업무 중 하나다. 버핏은 그 밖에 다른 자회사들에 관해서도 이렇게 말한다. "가이코는 매주 화요일에 고객들의 인터넷 조회 수, 인터넷을 통한 보험계약 건수. 전화 문의를 통한 계약 건수 등의 자료를 보내줍니다. 정말 흥미 있는 데이터예요. 카펫회사 쇼는 매일매일 판매액을 팩스로 보내죠. 그리고 크리스마스가 다가오기 한 달쯤 전부터는 보석상이나 캔디 사업의 판매 실적도 매일 받아 봅니다."

때로 버핏은 그 수많은 숫자를 꼼꼼히 살피며 정신없이 일에 빠지기도 하지만, 그렇다고 그를 A형 상사(type-A boss, 지나치게 성공 지향적이고 업무에 열정적인 성향 때문에 부하들이 함께 일하기 어려운 상사 — 역자주)라고 부르기는 어려울 것 같다. "그와 함께 일하기 위해서는 발밑에 롤러스케이트를 달아야 하는 건 사실이죠." 그의 비서로 9년 동안 일한 데비 보사네크 (Debbie Bosanek)는 이렇게 말한다. "하지만 저는 워런이 화를 내는 모습을 본 적이 없어요. 그렇다고 절대로 거짓말을 하면 안 됩니다. 만일 실수를 저질러도 그에게 솔직히 털어놓으면 괜찮아요. 그 일을 숨기려 해서 문제가 되는 거죠." 캐피털시티즈를 설립한 토마스 머피도 한마디 거든다. "워런은 매일 아침 일찍 일어나 '즐기기 위해' 사무실에 갑니다. 그건 일이라고 할 수 없어요. 그는 오직 좋아하는 사람들하고만 일하기 때문에 스트레스를 받지 않습니다." 아마 버핏은 업무 시간의 대부분을 독서로 보내는 소수의 미국 기업인 중 한 명일 것이다. 그는 이메일을 사용하지 않는다. 버크셔 본사에는 시간 소모적인 회의도 없다. "워런은 여러 사람이 한 방에서 테이블 주위에 둘러앉아 회의하는 일을 가장 싫어해요. 특히 참석자들이 말도 안 되는 소리를 늘어놓으면 더욱 그렇죠." 버핏의 파트너 찰리 멍거의 말이다. 버핏과 멍거는 40년이 넘는 세월 동안 끊임없이 대화를 나눴다. 하지만 요즘은 대화의 양이 예전처럼 많지 않다. "이제 워런은 내가 무슨 생각을 하는지 알아요. 나도 가끔은 그에게 어떤 말이 유용할지 미리 알게 되는 경우도 있죠."

결론적으로 버핏은 수많은 자회사에게 자본을 배분하는 능력도 뛰어나지만 본인의 시간과 지적 능력을 적절히 나누는 기술도 그에 못지않게 탁월하다는 것이다. "똑똑한 사람들은 대부분 일을 더 복잡하게 만듭니다." 버핏이 이사회 멤버로 있는 워싱턴포스트 컴퍼니의 돈 그레이엄은 이렇게 말한다. "그러나 워런은 모든 일을 분명하고 단순하게 표현하는 능력이 있어요."

그런데 잠시만 생각해보자. 워런 버핏이라는 남자를 싫어하는 사람도 어딘가에는 분명 있지 않을까? 물론이다. 그것도 한둘이 아니다. 일단 실리콘밸리의 무리들은 버핏의 팬이 아닐 것이다. 그가 스톡옵션을 비용으로 처리해야 한다고 정부를 강력하게 압박했기 때문이다. 또 어떤 이들은 그동안 버핏이 기업의 지배 구조에 대해 불만을 터뜨렸음에도 불구하고 정작 버크셔에는 사외이사가 적다는 사실을 지적하기도 한다. 또 버핏이 미국 가족계획협회에 돈을 기부한 사실을 알고 있는 낙태 반대론자들도 그에게 호의적이지 못하다. 투자은행가들도 버핏을 탐탁하게 여기지 않으며 (그에게는 자신들의 감언이설이 통하지 않기 때문일 것이다), 버핏에게 투자 가이드를 얻지 못하는 월스트리트의 애널리스트들도 그의 친구라고 할 수 없다. 그리고 그는 시장과의 승부에서 지속적으로 승리를 거두고 있는 '유일한' 개인으로서, 효율시장가설의 신봉자들을 곤혹스럽게 만든다. 증권거래위원회 위원장 하비 피트(Harvey Pitt) 역시 본인의 재임 기간에 버핏이 협조적인 모습을 보이지 않았다는 이유로 그에게 감정이 좋지 않은 사람 중 하나일 것이다. 올해 초 버크셔의 주주총회에서는 버핏을 버크셔의 이사로 선임하는 안에 대한 반대 의견이 1만 6,712표나 나왔다(참고로 찬성은 114만 816표였다).

그럼에도 불구하고 오늘날 버핏의 위상은 전체적으로 그 어느 때보다 높은 것이 사실이다. 그리고 그는 자신의 명성을 이용해 경제 및 사회적으로 중요한 사안에 대해 영향력을 행사한다. 예를 들어 그는 스톡옵션을 비용으로 처리해야 한다고 로비를 할 뿐만 아니라 연방예금보험공사(FDIC)와 비슷한 형태로 연방테러리즘보험기금을 설립해야 하는 필요성에 대해 목소리를 높이고 있다. "우리가 핵무기 공격을 받으면 보험 산업은 몰락할 겁니다." 버핏은 이렇게 주장한다. "연방정부는 어떻게든 이 나라의 기업들을 구할 생각을 해야 합니다. 일이 터진 후가 아니라 사전에 미리 이런 기금을 만들어놓는 게 좋지 않겠어요?"

페블 비치의 6번 홀 위에서 핵전쟁의 참사 같은 이야기는 다소 어울리지 않는 대화 주제인 듯하지만, 버핏은 별로 개의치 않는다. 그는 이렇게 말을 잇는다. "핵폭탄은 궁극적으로 인류를 불행에 몰아넣을 물건입니다. 언젠가는 반드시 터질 거예요. 그건 필연적인 일이죠. 아무리 생각해도 핵전쟁을 막을 방법을 찾기는 어려워요. 하지만 그 가능성을 줄여갈 수는 있을 겁니다. 만일 올해에 핵전쟁이 발발할 가능성이 10퍼센트라면(물론 그 가능성이 정확히 계산됐는지는 아무도 모르지만), 향후 50년 내에 핵전쟁이 터질 확률은 99.5퍼센트가 되는 거죠. 만일 올해의 확률을 3퍼센트로 줄일 수 있다면, 50년 후의 가능성도 78퍼센트로 내려가는 겁니다. 또 올해 확률을 1퍼센트까지 떨어뜨리면 50년 후의 확률도 40퍼센트까지 줄게 되는 거예요. 다시 말해 우리가 '만일의 사태'가 발생할 가능성을 매년 조금씩 낮춰간다면 적어도 우리 자녀들이 살아 있는 동안에는 아무 일도 일어나지 않을 확률이 훨씬 높아지는 거죠. 인류가 핵에 대해 이미 쌓아 올린 지식을 없애기는 불가능해요. 우리가 할 수 있는 일은 이미 만들어진 물질을 통제하는 것뿐이죠. 핵으로 남을 공격하려는 의도 자체를 없앨 수는 없어요. 그건 인류의 궁극적인 문제입니다."

늦은 오후 버핏의 방 창문 너머로 저무는 태양이 골프장 위를 스치고 지나갈 때, 나는 그에게 결국 경영 승계에 관한 질문을 던졌다. 어찌 보면 너무 직설적으로 물었나 싶기도 하다. 만일 그가 오늘 당장 세상을 떠난다면 어떤 일이 생길까? 예전에도 버핏은 이런 질문을 수도 없이 받았다. 그리고 그 물음에 수도 없이 답했다. 그가 가장 즐겨 하는 답은 이렇다. "내가 죽었다고 우리 회사 주가가 너무 많이 오르지 않았으면 좋겠군요." 하지만 이번에는 말투가 한결 진지해졌다. "우리 회사는 나보다 훨씬 오래 살아남을 겁니다. 버크셔의 자회사들은 적어도 50년은 존속할 거예요. 훌륭한 경영진이 일하는 회사들이기 때문이죠. 그 사람들은 우리 회사의 운영 방침을 잘 알아요. 정말이지 별로 복잡한 일은 아닙니다."

진짜 그럴까? 내 생각은 조금 다르다. 그가 세상을 떠났을 때 문제가 되는 것은 자회사들을 운영하는 일이 아닐 것이다. 어쨌든 기존의 경영진이 회사에 계속 머물면서 현재 방식대로 돈을 벌어들일 테니까. 또 보험 사업이 매우 복잡하다는 사실도 크게 걱정할 일은 아니다. 그러나 세상의 어떤 사람도 결코 흉내 낼 수 없는 것은 바로 버핏의 전매특허인 자본 배분 기술이다. 심지어 버핏의 친구들조차 도대체 누가 그를 대신해서 그 일을 할 수 있겠느냐고 의문을 나타낸다.

버핏의 가족들은 버크셔의 현재 및 미래와 여러 갈래로 연결되어 있다. 버크셔의 이사로 재직 중인 버핏의 부인 수지는 현재 샌프란시스코에 거주 중이며, 버핏의 여행에 자주 동행한다. (버핏은 지난 20년간 오마하에서 애스트리드 맹크스[Astrid Menks]라는 여성과 함께 살아왔다. 다소 특이한 관계이기는 하지만, 그들 중 어느 누구도 별다른 문제를 제기하지 않는다.) 수지 버핏은 또한 버핏 재단의 CEO이기도 하다. 현재가치로 340억 달러에 달하는 버핏 소유의 버크셔 주식은 그가 사망했을 때 수지에게 상속될 예정(그가 먼저 세상을 떠난다면)이다. 그리고 수지 버핏도 세상을 떠나면 그녀가 소유한 모든 재산은 버핏 재단에게 돌아간 뒤에 궁극적으로 자선 기부의 수혜자들에게 배분될 것이다. 농기구회사의 임원으로 근무 중인 버핏의 장남 하워드 역시 버크셔의 이사다. 그는 아버지가 사망할 경우 이 회사의 비상임 의장을 맡기로 되어 있다. 가정주부인 딸 수지와 음악가로 활동하는 아들 피터는 재단의 이사직을 맡고 있다.

버핏이 세상을 떠나면 이 재단은 세계에서 가장 큰 자선단체 중 하나가 될 듯하다. 흥미로운 사실은 버핏이 그 돈을 특정한 곳에 사용하라고 정해주지 않았다는 것이다. 다시 말해 그의 자산을 배분하는 일은 전적으로 재단의 이사들 몫이다. 그동안 버핏이 쌓아 올린 찬란한 유산 중에 아직 분명하게 확정되지 않은 유일한 부분이 바로 이것이 아닐까 싶다.

〈포춘〉의 편지 칼럼에 실린 어느 독자의 편지

2003년 2월 17일

'배당금 시장 활용하는 법'(2003년 12월 9일자 투자자 가이드)이라는 기사에는 굵은 글씨체로 이렇게 쓰여 있습니다. "배당금을 많이 지급한다고 모두 훌륭한 투자처는 아니다. 배당금으로 투자자를 유혹하는 기업 중에는 위험한 곳이 많다." 이 대목은 저로 하여금 과거의 기억이 떠오르게 만들었습니다. 1956년 1월, 저는 8.5퍼센트의 배당금을 지급한다는 어느 섬유 회사의 주식을 조금 구입했습니다. 하지만 그 회사에서 받은 배당금은 이 주식으로 인한 순자산의 손실을 끝내 메우지 못했습니다. 제가 1년 뒤 64퍼센트 손해를 보고 그 주식을 처분했기 때문입니다. 그것은 제 인생 최대의 실수였습니다. 버크셔 해서웨이라는 이름의 그 회사는 그로부터 몇 년 뒤 워런 버핏에게 인수되었습니다. 그 회사의 주가가 현재 얼마인지 제게 묻지 말았으면 합니다.

- 로버트 H. 파샬(Robert H. Paschall)

캘리포니아주 비숍(Bishop)

파생상품의 대참사를 피하라

2003년 3월 17일 |
버크셔 해서웨이의 2002년도 연례 보고서 중 버핏의 주주서한에서 발췌

"대량 살상을 초래하는 금융 무기." 버핏이 파생상품의 위험을 표현한 이 말(곧 전 세계적으로 유명해졌다)은 버크셔의 2002년 연례 보고서가 발간되기 직전 〈포춘〉의 발췌본 기사가 먼저 발표되면서 대중 앞에 처음 모습을 드러냈다.

그리고…… 2000년대 중반 금융 위기가 발발할 무렵 버핏은 다양한 종류의 파생상품 계약을 버크셔 명의로 체결했다. 그중에는 상당히 큰 리스크를 포함한 계약들도 적지 않았다. 그런 상황에서 버핏의 재무적 조언자라고 할 수 있는 찰리 멍거는 파생상품의 사회적 가치가 제로보다도 훨씬 낮기 때문에 세상에서 이를 모두 없애버리는 편이 낫다고 발언하면서 사람들의 머리를 복잡하게 만들었다.

버크셔의 주주들은 이로 인해 모두 혼란에 빠졌을까? 그들 중 일부는 주주총회에서 분노에 넘치는 질문들을 쏟아냈을까?

일단 이 알쏭달쏭한 상황에 대해 설명을 시작하기 위해서는 파생상품에 대한 버핏의 생각을 먼저 이해해야 할 것 같다. 그는 파생상품의 구매자가 이 상품에 담긴 '리스크'와 '가격'을 진정으로 이해할 수 있다면 다른 증권들과 마찬가지로 파생상품도 안전하게 사들일 수 있다고 믿는다. 버핏은 그동안 축적된 경험을 바탕으로 자신이 이 두 가지 문제를 잘 처리할 수 있다고 확신한다. 그는 평생을 살면서 주식과 회사는 물론 채권, 상품, 화폐, 심지어 텔레비전 방송국(71페이지의 '투자 게임에서 큰 성공을 거둔 작은 대학교' 기사 참조)까지 가격이 저평가된 물건이 존재하는 곳이라면 어

디든 기꺼이 뛰어들었다. 그의 탐구가 성공적이지 못했다고 말할 수 있는 사람은 아무도 없다. 최근 그가 논란의 대상인 파생상품으로 투자 영역을 확장한 행위는 저평가된 물건들을 찾아 나선 또 다른 탐사의 여정으로 이해할 수 있다. 그리고 버핏은 좋은 기회를 발견하면 그냥 지나치지 못하는 사람이다. 나는 그가 '가격이 잘못 매겨진' 증권을 외면하고 넘어가리라 생각하지 않는다.

버핏이 2000년대 중반 논란 속에 체결한 파생상품 계약들은 버크셔의 수익 변동성을 증가시키는 효과를 야기했지만, 그 효과는 대부분 매우 긍정적이었다. 버핏은 자신의 연례 주주서한에서 a) 그동안 버크셔가 소유한 파생상품에서 수십억 달러의 '플로트'가 창출되었고, b) 앞으로 그 상품들에서 만족스러운 보험 수익이 발생할 것으로 기대된다는 사실을 누차 강조했다. 버크셔의 장부에 기재된 일부 파생상품 계약은 버핏이 탄생한 지 100년이 되는 해를 2년 앞둔 2028년까지 만기일이 연장되어 있다. 그는 그때까지 건강하게 살아서 이 상품들이 어떤 결과를 낳을지 확인하고 싶다고 한다. – CL

찰리(멍거)와 저는 파생상품과 파생상품의 거래 방식에 대해 생각이 일치합니다. 이 상품은 거래자들이나 경제 시스템에 있어 마치 시한폭탄 같은 존재라는 겁니다.

그 점을 더 자세히 말씀드리기 전에, 먼저 파생상품이 무엇인지 설명하고자 합니다. 이 설명이 개략적일 수밖에 없는 이유는 파생상품이라는 단어가 매우 포괄적인 범위에 걸친 재무적 계약을 의미하기 때문입니다. 기본적으로 이 금융상품은 정해진 미래 시간의 금리, 주가, 화폐가치 등 하나 또는 그 이상의 관련 변수에 따라 가격이 결정되는 재무적 도구를 의미합니다.

예를 들어 여러분이 S&P500 선물지수 상품을 사들이거나 매도한다면 여러분도 매우 단순한 형태의 파생상품 거래에 참여하게 되는 겁니다. S&P500 주가지수의 변동으로부터 거래자의 손익이 '파생'되기 때문입니다. 파생상품은 계약 기간이 다양하고(20년이 넘는 계약도 흔합니다) 여러 관련 변수에 상품의 가치가 연동되어 있는 경우가 많습니다.

파생상품 계약에 담보나 보증이 동반되지 않은 경우 그 상품의 궁극적인 가치는 거래 상대자들의 신뢰도에 좌우될 수밖에 없습니다. 그러나 거래 상대자들은 계약이 만료되기도 전에도 해당 상품에서 창출될 수익 및 손실(대부분 금액이 매우 큽니다)을 현재의 손익계산서에 한 푼도 빼놓지 않고 고스란히 기록합니다.

파생상품 계약의 무궁무진한 범위와 종류를 제한하는 것은 오직 사람(종종 '나쁜' 사람)의 상상력뿐입니다. 예를 들어 엔론은 신문 인쇄용지나 인터넷 브로드밴드에 관한 파생상품까지 모두 거래의 대상으로 삼아 머나먼 미래에 계약이 만료될 이 상품들을 회사의 장부에 기록했습니다. 여러분도 마음만 먹으면 2020년에 네브래스카주에서 태어날 쌍둥이의 숫자를 변수로 하는 파생상품 계약을 만들 수도 있을 겁니다. 만일 이 계약에 호응해줄 거래 상대자만 찾을 수 있다면 계약서에 적힌 가격이 얼마든 아무런 문제가 없습니다.

우리가 제너럴 리를 사들였을 때 함께 따라온 회사가 제너럴 리 시큐리티즈(General Re Securities)라는 파생상품 중개회사였습니다. 찰리와 저는 이 회사의 비즈니스가 위험하다고 판단했기 때문에 애초에 인수를 원하지 않았습니다. 그동안 우리는 이 사업을 매각하려고 시도했으나 결국 실패했으며 이제 청산 절차를 밟고 있습니다.

그러나 파생상품 비즈니스를 접기란 말처럼 쉽지가 않습니다. 우리가 이 사업에서 완전히 빠져나오려면 앞으로도 오랜 시간이 걸릴 듯합니다(어쨌든 우리는 매일매일 리스크를 줄여가는 중입니다). 사실 재보험 사업과 파생상품 사업은 유사한 점이 많습니다. 무엇보다 시작은 쉬워도 빠져나오기는 거의 불가능하다는 점에서 마치 지옥을 연상케 합니다. 양쪽 모두 계약서(수십 년 뒤에 막대한 금액을 지불하여야 하는 계약서)를 작성하는 순간 그 계약에 철저히 묶여버립니다. 물론 그 위험의 일부를 남들에게 전가할 수 있는 방법도 있을 겁니다. 그러나 대부분의 경우 그런 전략은 회사에 거액의 잔존 채무를 남깁니다.

재보험과 파생상품의 공통점 또 하나는 이 두 사업이 종종 과도하게 계상된 회계 수익을 창출한다는 겁니다. 현재의 회계 수익이 상당 부분 '예측'을 바탕으로 하고 있기 때문입니다. 그리고 이 오류는 오랜 시간이 흘러도 좀처럼 외부에 노출되지 않습니다.

사람은 매사를 낙관적으로 바라보는 경향이 있기 때문에 그로 인한 회계의 오류는 '정직한 오류'에 속한다고 할 수 있습니다. 그러나 파생상품을 거래하는 사람들은 종종 이 상품에 대한 회계를 고의로 조작해 엄청난 금액의 인센티브를 챙겨 갑니다. 파생상품 거래자들은 대체로 '시가평가(mark-to-market, 자산의 가치를 매입가가 아닌 시가로 평가하여 장부에 계상하는 회계 방식 — 역자주)' 방식의 회계를 기반으로 산정된 '수익'에 따라 급여의 전부 또는 일부를 수령합니다.

하지만 실제로 시장이 존재하지 않는 곳에서는(앞에서 예를 든 쌍둥이 숫자에 관한 계약처럼) '모델 평가(mark-to-model, 투자 포지션이나 포트폴리오의 가치를 시장가격이 아닌 재무 모델을 기반으로 결정하는 회계 방식 — 역자주)' 방식이 사용되는 경우도 적지 않습니다. 이런 대체 방식의 회계는 대규모의 악의적 조작으로 이어질 가능성이 큽니다. 일반적으로 여러 개의 변수가 관여되어 있고 계약 만료일이 장기적인 파생상품은, 계약 참가자들이 이를 바탕으로 수익을 낙관적으로 예측하고 그 금액을 장부에 반영할 수 있는 여지를 증가시킵니다. 앞서 말한 쌍둥이 시나리오를 예를 들면, 이 파생상품 계약에 도장을 찍은 양측의 거래 당사자들은 저마다 다른 회계 모델을 사용해 앞으로 오랫동안 높은 수익금을 각자의 장부에 계상할 수도 있을 겁니다. 극단적으로 말해 이 회계 방식은 '시가평가'가 아니라 '신화(神話) 평가' 모델로 전락할 우려가 큽니다.

물론 사내 감사나 외부 감사들도 이 숫자를 들여다볼 겁니다. 그러나 그들에게도 이 작업은 쉬운 일이 아닙니다. 예를 들어 제너럴 리 시큐리티즈는 작년 연말 기준으로(우리가 10개월 동안 사업을 축소하느라 애썼음에도 불구하고) 만료가 도래하지 않은 파생상품 계약을 1만 4,384개나 보유 중이었고, 여기에 연관된 계약자들은 전 세계에 걸쳐 672곳에 달했습니다. 모든 계약은 하나 또는 그 이상의 관련 변수를 기반으로 이루어졌으며, 그중 상당 부분이 믿을 수 없을 만큼 복잡한 내용으로 구성되어 있었습니다. 숙달된 감사들조차 이런 포트폴리오의 가치평가를 일관성 있게 수행하기는 어려울 거라고 생각합니다.

문제는 많은 기업의 가치평가 방식이 전통적인 원칙과 거리가 멀다는 사실입니다. 최근 몇 년간 파생상품 거래자들에 의해 대규모의 사기 또는 사기에 준하는 사건이 벌어졌습니다. 예를 들어 에너지나 전력 산업 부문의 일부 기업은 파생상품 및 파생상품의 거래 방식을 활용해서 회사의 장부에 높은 '수익'을 계상했습니다. 그러다 재무상태표의 파생상품 관련 미수금을 현금으로 전환해야 하는 시기가 다가오면서 파국적인 상황이 빚어졌습니다. 그들의 '시가평가'는 결국 '신화 평가'로 판명된 겁니다.

제 생각에 모든 사람이 파생상품을 악의적으로 이용하는 것은 아닙니다. 이를 통해 이익을 얻는 사람들은 대부분 수백만 달러의 보너스를 노리는 파생상품 판매자나 훌륭한 '수익'을 공시하기 원하는 CEO들입니다. 판매자는 보너스를 챙기고, CEO는 옵션을 행사해서 막대한 급여를 수령합니

435

다. 주주들이 그 회계 이익이 거짓이었음을 알게 되는 것은 오랜 시간이 지난 뒤의 일입니다.

파생상품의 또 다른 문제는 이 상품이 조직과 전혀 무관한 이유로 회사를 어려움에 빠뜨린다는 겁니다. 이런 '가중(加重)' 효과가 발생하는 이유는, 파생상품 계약에 참가한 어느 기업의 신용도가 하락할 때 이에 대한 담보를 곧장 상대 계약자에게 제공하도록 되어 있는 계약 조건 때문입니다. 한번 상상해봅시다. 만일 어느 회사가 업계 전반의 문제로 인해 가뜩이나 경영에 어려움을 겪고 있는 판에, 파생상품 거래 상대자가 계약 조건에 따라 막대한 금액의 현금성 담보를 요구한다면 어떤 일이 생길까요? 그 회사는 이 요구를 만족시키는 과정에서 형편이 더욱 어려워지거나 심지어 문을 닫아야 하는 위기에 처할지도 모릅니다. 결과적으로 파생상품으로 인해 기업의 붕괴가 초래될 수도 있는 겁니다.

또한 파생상품은 보험이나 재보험 사업에서의 리스크와 유사한 형태의 '연쇄적 리스크'를 유발합니다. 보험업계 역시 비즈니스의 상당 부분을 다른 기업의 상황에 의존합니다. 파생상품 중개업체나 보험회사에는 시간이 흐름에 따라 계약 상대자들에게서 수령해야 하는 막대한 미수금이 쌓이기 마련입니다(지난 10개월 동안 청산 절차를 밟고 있는 제너럴 리 시큐리티즈에는 아직 65억 달러의 미수금이 남아 있습니다). 어떤 계약 참가자는 본인의 신용 익스포저(credit exposure, 거래 상대방의 신용도 하락이나 채무불이행에 따른 경제적 손실 위험에 노출된 금액 — 역자주)가 다양한 상품에 분산되어 있기 때문에 결과적으로 별로 위험하지 않다고 생각할 수도 있습니다.

그러나 특정한 환경하에서는 단일 외부 사건으로 인해 A회사가 B회사에게 지불할 미수금에 차질이 발생했을 때, 그 효과가 B회사부터 Z회사까지 연쇄적으로 미치는 경우가 흔히 발생합니다. 역사를 돌이켜보면 하나의 위기가 다른 기업들에게 (평소에는 꿈에도 생각지 않았던 방식으로) 연쇄적인 문제를 일으킨 사례를 얼마든지 찾아볼 수 있습니다.

연방준비제도라는 시스템이 만들어진 이유 중 하나가 금융 산업에서 이 '연쇄성'의 문제에 대한 인식이 확산되었기 때문입니다. 이 시스템이 구축되기 전에는 어느 취약한 은행이 일으킨 문제로 인해 튼튼한 은행들이 예상치 못한 파산의 상황으로 내몰리다 결국 차례로 무너지는 일도 있었습니다. 이제 연방준비제도는 취약한 은행에서 발생한 문제 때문에 튼튼한 은행이 위기를 겪는 일이 없도록 보호막을 제공해줍니다.

그러나 보험사나 파생상품 중개회사들의 연쇄적인 붕괴를 막아주는 중앙은행은 없습니다. 기본적으로 이런 산업 분야에서는 연쇄 고리의 저 아래쪽에 위치한 다른 회사의 문제 때문에 탄탄한 기업들이 큰 어려움에 빠질 수 있는 겁니다. 이런 '연쇄 반응'의 위협이 존재하는 산업에서는 어떤 형태의 연쇄적 고리든 이를 최소화하는 것만이 유일한 해결책입니다. 우리 회사의 재보험 사업도 그런 원칙을 바탕으로 수행되고 있으며, 우리가 파생상품 사업에서 빠져나오려고 애쓰는 이유도 바로 이 때문입니다.

그러나 세간에는 파생상품이 오히려 시스템 전체의 문제를 줄여준다고 주장하는 사람들도 적지 않습니다. 특정한 리스크를 감당하지 못하는 시장 참가자들이 이 리스크를 더 능력 있는 조직의 손에 넘길 수 있다는 이유에서입니다. 그런 사람들은 파생상품으로 인해 경제가 안정화되고, 상품 거래가 활발해지고, 개별적인 참가자들에 대한 진입장벽이 사라진다고 믿습니다. 경제 전체를 거시적으로 놓고 봤을 때 그들의 견해에도 일부 일리가 있을 수 있습니다. 저 역시 버크셔에서 특정한 투자 전략을 구사하기 위해 이따금 대규모의 파생상품 거래에 관여하는 경우도 있습니다.

그러나 찰리와 저는 거시적인 시각에서 파생상품을 바라봤을 때도 이 상품은 여전히 위험하며, 그런 경향은 날이 갈수록 심해지고 있다고 생각합니다. 비교적 적은 수의 파생상품 중개인들의 손에 엄청난 양의 리스크(특히 신용리스크)가 집중되고 있으며, 그들이 광범위한 방식으로 상품들을 거래하고 있기 때문입니다. 그러다 보면 어느 한쪽에서 발생한 문제가 다른 쪽으로 쉽게 전파되는 일이 벌어질 수밖에 없습니다.

게다가 이 중개인들이 '비(非)중개인' 거래 참가자들로부터 받아야 할 돈은 한두 푼이 아닙니다. 앞서 말한 대로 이 거래 참가자들은 특정한 단일 사건(예를 들어 통신 산업에서 발생한 내부적 문제나 상업용 발전소 건설 프로젝트의 갑작스러운 가치평가 하락 등)의 발생으로 인해 한꺼번에 문제에 빠질 수 있는 연쇄적인 환경에 놓여 있습니다. 이 '연쇄'라는 현상이 갑자기 표면에 떠오르는 순간 시스템 전체의 심각한 붕괴가 초래될 수도 있는 겁니다. 지난 1998년 롱텀캐피털매니지먼트(LTCM)라는 단일 헤지펀드가 엄청난 레버리지를 끌어들이고 수많은 파생상품 거래에 뛰어든 끝에 어려움에 빠지자, 결국 이로 인해 촉발될 사태를 우려한 연방준비은행이 이 회사에 대한 구제책을 서둘러 조율해낸 바 있습니다. 연방준비은행의 관료 한 사람은 만일 자신들이 그 상황에 개입하지 않았다면, LTCM(이 회사는 일반인에게 거의 알려지지 않았으며 직원도 몇십 명이 전부였습니다)이 보유한 거래 포지션으로 인해 미국 금융시장 전체에 심각한 위협이 초래됐을 거라고 인정했습니다.

다시 말해 연방준비은행이 행동에 나선 이유는 LTCM이라는 이름의 도미노가 쓰러짐으로써 다른 금융기관에 미칠 영향이 두려웠기 때문이라는 겁니다. 물론 그 사건으로 고정 소득 시장이 몇 주간 마비되는 진통을 겪었지만, 이는 최악의 시나리오와는 아직 거리가 멉니다.

LTCM이 활용하던 파생상품 중 하나가 총수익 스와프(total return swap)입니다. 이는 투자자가 주식을 포함한 여러 증권시장에서 100퍼센트의 레버리지를 활용해 투자할 수 있도록 만들어주는 상품입니다. 예를 들어 이 계약에 참여한 참가자 A(대부분 은행)가 특정 주식을 100퍼센트 자기 돈으로 구입합니다. 그리고 계약 참가자 B는 한 푼의 자본금도 부담하지 않고 미래의 특정 시점에서 참가자 A가 이 주식을 통해 실현할 수익이나 손실을 전부 떠안게 됩니다.

이런 식으로 총수익 스와프를 활용하는 사람들은 거래증거금 비율 규정을 손쉽게 피해 갈 수 있습니다. 이 밖에도 여러 형태의 파생상품들은 과도한 레버리지를 억제하려는 관계 당국의 능력을 축소시키고 은행, 보험사, 그리고 기타 금융기관들의 리스크를 정확히 파악하지 못하게 만듭니다. 수많은 파생상품 계약에 얽혀 있는 기업들의 재정 상태를 분석하는 작업은 경험이 풍부한 투자자나 애널리스트에게도 쉽지 않은 일입니다. 찰리와 제가 주력 은행들의 파생상품 현황을 상세히 기술한 긴 주석을 읽은 뒤에 이해할 수 있었던 것은, 이 금융기관들에 얼마만큼의 리스크가 잠재되어 있는지 전혀 알 수가 없다는 사실뿐이었습니다.

이제 파생상품이라는 이름의 요정은 램프를 벗어나 다양한 형태와 숫자로 모습을 계속 바꿔갈 것이 분명합니다. 그리고 언젠가 일련의 사건이 터지면서 이 상품의 유해성이 세상에 여지없이 노출될 것입니다. 전력 및 가스 분야의 기업들은 이미 파생상품의 위험을 뼈저리게 체험한 바 있습니다. 덕분에 이 산업 분야에서는 이 상품으로 인한 대규모의 문제 발생률이 현저하게 줄었습니다. 하지만 그 밖의 다른 산업 분야에는 여전히 파생상품 비즈니스가 걷잡을 수 없이 확산되고 있습니다. 중앙은행과 정부는 이를 억제하기 위한 효과적인 대책을 내놓기는커녕 이 계약들에 내포된 리스크조차 제대로 파악하지 못하고 있는 실정입니다.

찰리와 저는 버크셔가 튼튼한 재무적 기반으로 무장한 요새가 되어야 한다고 생각합니다. 그것이 우리의 주주, 채권자, 보험계약자, 그리고 직원들을 지킬 수 있는 길입니다. 우리는 어떤 종류의 파국적인 대참사의 가능성에도 스스로 경종을 울릴 것입니다. 그리고 무분별하게 증가하는 장기 파생상품과 이에 수반되는 엄청난 금액의 무담보 미수금의 위험에 대해서도 지나칠 만큼 주의를 기울이려고 합니다. 우리는 파생상품이 대량 살상을 초래하는 금융 무기라고 믿습니다. 지금은 잠복 중이라고 해도 치명적인 위험을 품고 있기 때문입니다.

요즘 우리는 어떤 곳에 투자하나

2003년 3월 17일 |
버크셔의 2002년도 연례 보고서 중 버핏의 주주서한에서 발췌한 두 번째 기사

우리는 주식에 대한 투자를 계속해서 자제하는 중입니다. 찰리와 저는 버크셔가 보유 중인 주요 기업들의 지분에 만족합니다. 이들 회사는 기업가치가 하락하는 와중에도 대부분 수익이 증가했습니다. 하지만 이 기업들의 주식을 더 사들일 계획은 없습니다. 사업적인 전망이 밝은 것은 사실이지만, 아직은 주식의 가치가 저평가되었다고 보기 어렵기 때문입니다.

우리가 보기에는 주식시장의 전반적인 상황도 비슷합니다. 지난 3년간 주가가 지속적으로 하락하면서 보통주의 매력도가 눈에 띄게 상승했으나 우리가 조금이라도 관심을 가질 만한 주식을 찾기는 매우 어렵습니다. 이 암울한 현실은 과거 '거대한 거품'의 시절에 주식의 가치가 얼마나 과대평가되었는지 반증하는 증거라고 할 수 있습니다. 안타깝게도 그때 불어닥친 흥청망청한 분위기만큼이나 그로 인한 숙취도 심한 듯합니다.

오늘날 찰리와 제가 주식 투자를 꺼리는 경향은 타고난 성격과는 아무런 상관이 없습니다. 우리는 매력적인 가격에 사들일 수만 있다면 보통주를 소유하는 일을 환영합니다. 제가 투자 업무에 종사한 지난 61년 중 50년 정도의 기간 동안에는 훌륭한 가격으로 주식을 사들일 수 있는 기회가 많았습니다. 앞으로 그런 시절이 또 찾아오리라고 기대합니다. 그러나 우리는 적어도 10퍼센트의 세전 수익(법인세를 빼면 6~7퍼센트)을 거둘 수 있는 확률이 아주 높지 않은 이상 상황을 관망하는 태도를 유지하려고 합니다. 단기적 수익이 세후 1퍼센트에도 미치지 못하는 주식을 구입하는 것은 재미가 적은 일이기 때문입니다. 때로는 아무 행동도 취하지 않는 것이 가장

좋은 투자 전략일 수도 있습니다.

그러나 다행히 우리는 작년에 몇몇 종목의 '정크본드'에 합리적인 투자를 집행할 수 있었습니다. 우리가 이 분야에 투입한 액수는 전체적으로 6배가 늘어 작년 말 기준으로 도합 83억 달러에 달했습니다.

정크본드 투자와 주식 투자는 여러모로 비슷합니다. 양쪽 모두 상품의 가격과 가치를 세심하게 검토해야 하고, 매력적인 '보상 대 리스크' 비율을 충족하는 극소수 투자 대상을 발견하기 위해 수백 개의 증권을 샅샅이 뒤져야 하는 수고가 따릅니다. 반면 이 두 종류의 투자 사이에는 중요한 차이점도 존재합니다. 우리는 주식 투자를 할 때 자금조달 방식이 보수적이고, 경쟁력이 높고, 능력 있고 정직한 사람들이 운영하는 기업의 주식을 집중적으로 사들이기 때문에, 그 기업이 제시한 모든 약속이 잘 이행되리라 기대합니다. 이런 회사의 주식을 합리적인 가격에 매입할 수 있다면 그 투자가 손실로 이어질 확률은 매우 낮습니다. 우리가 버크셔를 운영한 지난 38년 동안 회사가 보유한 주식(제너럴 리/콜론[Cologne] 및 가이코를 제외하면)에서 발생한 수익률은 손실률보다 100배나 높았습니다.

반면 우리가 정크본드를 사들일 때는 수익률이 훨씬 떨어지는 기업들과 상대해야 합니다. 그들은 대부분 부채가 많은 데다 기본적으로 자본이익률이 낮은 산업 분야에서 활동하는 회사들입니다. 게다가 경영진의 자질도 의심스러울 때가 많습니다. 심지어 경영진의 이해관계가 채권자들과 정면으로 배치되는 상황이 발생하기도 합니다. 그러므로 우리 역시 언젠가는 정크본드에서 대규모의 손실을 입을지도 모른다고 각오하고 있습니다. 그러나 지금까지는 이 분야에서 그럭저럭 괜찮은 실적을 거두었다고 생각합니다.

아시아로 간 현인

2003년 5월 26일 | 클레이 챈들러(Clay Chandler)

워런 버핏은 언젠가 쓴 글에서, 자신이 만일 경영대학원 교수라면 학생들에게 닷컴기업의 가치를 계산하는 문제를 내고 그 문제에 어떤 답이라도 한 학생은 무조건 낙제시키겠다고 했다. 그는 중국 기업들의 주식에 대해서도 똑같은 말을 했을지 모른다. 중화인민공화국의 경제는 세계에서 가장 빠르게 성장하고 있지만, 이 나라 상장 기업들의 재무 상태는 양쯔강의 물 색깔만큼이나 한 치 앞을 분간하기 어렵다.

그렇다면 오마하의 현인은 왜 베이징 최대의 국영 석유기업 페트로차이나(PetroChina)의 지분을 더욱 늘리는 길을 택했을까? 지난 4월, 버핏은 페트로차이나에 5천만 달러를 투자하면서 버크셔 해서웨이가 보유한 이 회사의 지분을 전체 상장 주식의 13퍼센트 이상으로 확대했다. 시티그룹(Citigroup)의 토머스 힐볼트(Thomas Hilboldt)에 따르면 페트로차이나의 주가는 '버핏 효과'에 힘입어 한 주 사이 12퍼센트나 뛰었다고 한다. 그동안 버핏이 이 회사에 투자한 금액은 이번의 주식 매입액을 합해 총 5억 달러에 육박한다. 이로써 버크셔는 영국의 브리티시 페트롤륨(British Petroleum, BP)에 이어 두 번째로 큰 페트로차이나의 해외 투자자가 됐다. 하지만 페트로차이나는 버핏을 세계 2위의 부자로 만드는 데 혁혁한 공을 세운 "아는 기업에만 투자하라"라는 본인의 원칙에 걸맞은 회사라고 보기 어렵다. 그는 지난 수십 년간 주로 친숙한 기업들을 상대로 투자를 집행해왔다. 올해 5월 버크셔 해서웨이의 연례 주주총회에 참석한 주주들은 이 회사에 투자한 이유에 대해 자세한 설명을 기대했지만, 그는 별다른 언급을 하지 않았다. "우리는 중국의 석유 사업을 비교적 잘 이해한다고 생각합니다." 그는 단지 이렇게 말했을 뿐이다. "우리에게는 중국이라는 나라를 판단하는 거창한 기준이 존재하지 않습니다."

그동안 버핏과 반대 방향으로 투자해서 실패한 사람들이 한둘이 아니다. 그러나 애널리스트들도 이번만큼은 그의 행보를 두고 의문을 나타낸다. "뭔가 다른 이유가 있음이 분명합니다." 투자은행 CSFB의 피터 베스트(Peter Best)는 이렇게 추측한다.

중국의 석유 및 천연가스 3분의 2를 생산하는 지구 반대편의 페트로차이나는 컴퓨터 모니터상으로는 분명 업계의 승리자처럼 보인다. 이미 하루 500만 배럴이 넘는 중국의 원유 소비량은 날이 갈수록 증가할 것이 분명하며, 자동차 판매도 작년 한 해 60퍼센트가 늘었다. 페트로차이나의 시가총액은 수익의 7배에 불과하기 때문에, 이 회사의 주식은 주가수익비율이 15에 달하는 엑슨모빌에 비해 거저나 다름없다.

그러나 버핏의 페트로차이나 투자가 파국으로 이어질지도 모른다고 우려하는 사람도 적지 않다. 이 회사가 석유를 생산 중인 주요 유전(油田) 세 곳은 현재 채굴 시설이 풀가동 중이다. 전문가들에 따르면 그동안 이 회사의 경영진은 생산량을 안정적으로 유지하기 위해 지속 불가능한 수준의 막대한 비용을 석유 탐사에 투입해왔다고 한다. 또 40만 명에 이르는 페트로차이나 종업원의 인건비 문제를 지적하는 사람들도 있다.

일부 투자자들이 중국의 또 다른 석유기업 중국해양석유총공사(China National Offshore Oil Corporation, CNOOC)에 투자를 선호하는 이유도 바로 페트로차이나의 비용에 관한 우려 때문이다. 그들은 CNOOC의 기업지배구조와 지난 3년간 연 13퍼센트 증가한 매출액에 보다 높은 점수를 준다. 반면 페트로차이나의 연평균 매출액은 같은 기간 4퍼센트 증가에 그쳤다. 하지만 페트로차이나에게는 역시 버핏이 있다.

편집자 노트: 2007년 버크셔는 페트로차이나의 지분을 모두 매각했다. 버핏은 연례 보고서에서 투자의 경과를 이렇게 정리했다. "버크셔는 2002년과 2003년에 걸쳐 페트로차이나의 지분 1.3퍼센트를 4억 8천8백만 달러에 매입했습니다. 당시 이 회사의 전체 기업가치는 370억 달러였지만, 찰리와 저는 이 회사의 가치를 천억 달러로 평가했습니다. 2007년에 접어들면서 두 가지 요인으로 인해 이 회사의 기업가치가 현저하게 상승하는 상황이 발생했습니다. 유가가 급증한 데다 페트로차이나의 경영진이 석유 및 가스 매장량을 대폭 확대하는 훌륭한 성과를 거둔 겁니다. 지난해 후반기에 이 회사의 기업가치는 2,750억 달러까지 치솟았습니다. 우리는 이제 이 회사가 다른 거대 석유기업들과 어깨를 견줄 만한 수준이 됐다고 생각해서 페트로차이나의 지분을 40억 달러에 매각했습니다."

2007년 말이 되자 페트로차이나의 주가는 마치 벼랑에서 떨어지듯 하락해서 다시는 이전의 상승장세 수준을 회복하지 못했다. 버핏으로서는 제때 잘 팔아치운 셈이다. 그는 이 회사의 주식을 매각한 돈을 2007년부터 2008년 사이에 코노코필립스(ConocoPhillips)라는 또 다른 석유기업에 투자했다. 하지만 얼마 뒤에 유가가 급격히 하락하자 버핏이 그 주식을 사들인 시점은 결국 '최악의 타이밍'이 되어버렸다. 버크셔는 2009년부터 2010년에 걸쳐 코노코필립스의 주식 포지션 3분의 2를 처분했다. 버크셔가 이 석유기업에 투자해서 입은 손실은 페트로차이나에서 얻은 수익금과 거의 비슷하다.

힘센 사람들

"비즈니스 세계의 최고 권력자 25인"에서

2003년 8월 11일 | 제리 우셈의 기사에서 발췌

편집자 노트: 이 기사는 2003년 7월 선 밸리에서 벌어진 골프 이야기로 시작된다. 글쓴이는 이 골프 모임에 참가한 사람들이 '경제 권력의 총액 신기록'을 달성했을 거라고 생각했다. 과연 어떤 사람들이었을까? "그들 중에는 세계 최대 기업의 CEO, 세계에서 가장 성공적인 투자자, 그리고 세계 최고의 부자도 있었다. 그 거물들이 전동 카트 한 대에 올라탄 모습을 상상해보라. '힘센 사람들'이라는 기사 제목의 의미를 이해할 수 있을 것이다."

기사의 전문에서는 '권력'이라는 용어의 의미를 논하는 10여 개의 단락이 이어진 뒤, 비즈니스 세계의 최고 권력자 명단에 맨 처음 올라야 할 사람을 고르기 위해 편집자들이 숙고를 거듭한 이야기가 나온다. 그 고민의 과정을 다룬 몇몇 단락을 골라 소개한다.

그동안 우리가 세계에서 가장 힘이 센 비즈니스 권력자들의 목록을 두고 몇 달간 사내 토론을 진행한 결과, 적어도 두 가지는 확실해졌다. 첫째는 '권력'은 진정으로 심오한 주제라는 것이고, 둘째는 우리가 어떤 목록을 작성해서 발표하든 그 의견에 반대하는 사람들과 그들에게 다시 이의를 제기하는 사람들이 사무실이 떠나가라 목소리를 높이리라는 사실이다. (중략) 그러나 뜻밖에 한 대목에서만큼은 모든 사람이 순순히 의견을 같이했다. 그 목록의 가장 높은 자리에 오를 사람들을 결정할 때가 되자 거의 만장일치로 합의가 이루어진 것이다. 우리가 순위의 맨 윗자리를 차지해야 한다고 의견을 모은 세 사람은 이번에 선 밸리에서 우연히(맹세코 우연히) 함께 골프를 쳤다.

이제 비즈니스 세계에서 가장 힘이 센 세 사람을 선정하는 일은 마무리됐다. 그렇다면 한 가지 질문이 남는다. 그중 최고는 누구인가?

세계에서 가장 강력한 기업을 운영하는 사람이 누군지에 대해서는 별로 논란의 여지가 없다. 리 스콧(Lee Scott)의 월마트는 20여 개 산업에 막대한 영향을 미치는 기업이다. 만일 유엔 안전보장이사회의 멤버 자격이 '국가'로 제한되지 않는다면 이 회사도 그 국제기구의 회원으로 참가할 자격이 충분할 것이다. 그러나 스콧은 이 세 사람 중 대체 가능성이 가장 높은 후보자다. 빌 게이츠는 여전히 마이크로소프트라는 회사 그 자체를 상징하는 인물로, 이 회사를 움직이는 수많은 고급 두뇌 중에서도 단연 최고의 두뇌를 자랑한다. 게다가 '자신의 회색 머리카락만큼 많은 엄청난 양의 푸른색 지폐를'(아마 허클베리 핀[Huckleberry Finn]이었다면 이런 식으로 표현하지 않았을까 싶다) 소유하고 있다. 그러나 마이크로소프트가 460억 달러의 회사 자산을 보다 획기적으로 활용할 만한 새로운 통로를 찾아내지 못한다면, 그 돈은 미실현의 잠재적 권력을 의미할 뿐이다. 최근 마이크로소프트는 이 돈의 일부를 투자자들에게 배당금으로 지급하는 길을 택했다.

그렇다면 세 번째 골프 참가자는 누굴까? 워런 버핏은 버크셔 해서웨이라는 왕국을 다스리고 있을 뿐만 아니라 다른 여러 기업(코카콜라, 질레트, 워싱턴포스트 등)에도 큰 지분을 보유한 인물이다. 그리고 개인 자산 측면에서도 빌 게이츠에 이어 세계 두 번째 부자다. 하지만 버핏이라는 사람이 우리의 마음을 끄는 가장 큰 이유는 최근 듀크대학의 MBA 과정 졸업생들을 대상으로 실시한 설문 조사에서 그대로 드러난다. 응답자들은 세상에서 가장 존경하는 사람이 누구인지에 대한 질문을 받고 자기 아버지 다음으로 워런 버핏을 꼽았다. 대통령도, 교황도, 간디도 그를 이기지 못했다. 이런 놀라운 위상은 그가 타인에게 행사하는 도덕적 설득력(그동안 평소에 좀처럼 사용하지 않음으로써 더욱 강력해진 설득력)을 바탕으로 작용한다. 이는 평소에 직접 상대할 일이 없는 수많은 사람들의 행동을 자신의 말 한마디로 바꿀 수 있는 능력을 의미한다. 미국 자본주의의 비공식적인 '수호자'라는 버핏의 이미지 위에 또 다른 힘이 더해진 것이다.

세상의 모든 권력을 소유한 버핏은 이제 우리 목록의 맨 윗자리까지 점령해버렸다.

가장 힘센 비즈니스맨, 워런 버핏

2003년 8월 11일 | 앤드류 서워

미국에서 가장 강한 권력을 지닌 비즈니스맨은 소탈한 삶의 방식으로 유명한 사람이다. 물론 워런 버핏 역시 세계 두 번째 부자라는 명성에 걸맞게 약간의 사치를 누릴 때도 있다. 예를 들어 본인 소유의 항공사 넷젯의 비행기를 타고 세계를 돌아다니거나, 빌 게이츠라는 친구(우리 목록의 두 번째 순위에 오른 인물)와 브리지 게임을 즐기기도 한다.

그러나 이 72세의 사업가는 자기가 미국 경제를 떠받치는 거인이라는 세간의 인식에 손사래를 친다. "그건 내가 멍청한 짓을 저지른다면 규모가 엄청날 거라는 뜻일 뿐입니다." 그는 특유의 껄껄대는 웃음을 터뜨리며 이렇게 말한다. "손해를 본 금액에 0이 여러 개 더 붙을 거라는 말이죠."

물론 지금까지 그런 실수가 잦았던 것은 아니다. 버핏이 운영하는 미국 최고의 대기업 버크셔 해서웨이는 보험(버핏은 이 분야에서 세계 최고의 능력자다)에서부터 신문, 카펫, 카우보이 부츠에 이르기까지 수많은 업종의 자회사를 거느리며 한 해 수십억 달러의 이익을 거두어들인다.

지난 15년 동안 매년 21퍼센트에 달하는 수익을(그동안 시장 전체 수익은 11퍼센트였다) 기록한 버핏은 세계 최고의 투자자로서 입지를 확고히 굳혔다. 그가 주식의 가격이나 시장에 미치는 영향력은 그 누구와도 비교할 수 없다. 버핏이 특정 주식을 사거나 판다는 소식(사실이든 거짓이든)이 전해지는 순간 주가는 마치 핀볼처럼 요동치기 마련이다. 그가 투자에 대해 언급할 때마다 대단히 신중해지는 이유도 이 때문이다.

버핏이 투자를 논하는 극소수 매체 중 하나인 버크셔의 연례 주주서한은 세계에서 가장 널리 읽히는 CEO의 편지다. 언젠가 빌 게이츠는 중국의 장쩌민 전 주석을 방문한 자리에서 미국 주식시장의 혼란스러움에 관해 대화를 나누었다. 그는 이야기 도중 세상에서 그 시스템을 제대로 이해하는 사람은 워런 버핏 하나밖에 없다고 말했다. 게이츠는 자신이 미국으로 돌아가면 버핏이 가장 최근에 발표한 연례 보고서를 보내주겠다고 약속했으며, 정말 그렇게 했다(장쩌민이 버크셔의 주식을 샀는지 여부는 알려지지 않았다).

또 버핏은 CEO들이 가장 자주 조언을 구하는 사업가이기도 하다. 버핏은 이렇게 말한다. "CEO들은 자기가 월급을 주는 사람들에게 항상 둘러싸여 있어요. 그러나 나는 그들에게 한 푼도 받을 일이 없기 때문에 어느 쪽에도 치우치지 않은 조언을 해줄 수 있는 겁니다."

지난 5년간 수십 명의 CEO가 오마하로 날아가 이 현인을 방문했다. 그중 한 명이 GE의 제프리 이멜트(Jeffrey Immelt, 우리 목록의 7위에 오른 사람)였다. "그동안 나는 두세 번쯤 그곳에 가서 버핏과 대화를 나누고 함께 스테이크를 먹었어요. 그는 세계에서 가장 영리한 투자자입니다. 나도 그의 두뇌를 본받기 위해 열심히 노력하는 중이죠."

버핏의 발언은 이따금 미 의회도 좌지우지하는 위력을 발휘한다. 부시 대통령이 추진 중인 세제 개편안이 의회 투표를 며칠 앞두었던 지난 5월 20일, 버핏은 〈워싱턴포스트〉에 기고한 칼럼에서 기업의 배당금에 대한 세금을 폐지하는 정책이 어리석은 조치라고 비난했다. 버핏은 이 기사를 통해 부시의 감세안이 주로 부유한 사람들에게만 혜택을 제공할 거라고 주장했다. 버핏의 강력한 의견은 일부 하원의원들을 설득해서 결국 이 법안의 최종 버전에서 감세율이 조정되는 결과를 이끌어냈다.

한마디로 버핏은 현존하는 사업가 중 가장 크게 존경받는 인물이다. 그리고 그를 추앙하는 사람들은 비즈니스 세계뿐 아니라 일반 대중 속에서도 수없이 많다. 진정한 의미의 권력이란 바로 이런 것이 아닐까 싶다.

미국을 다른 나라에 팔아넘기는 무역 적자, 그리고 우리가 곧바로 실천에 옮겨야 할 한 가지 해결책

2003년 11월 10일 | 캐럴 루미스의 도움을 받아 워런 버핏이 씀

버핏이 쓴 이 기사(그동안 〈포춘〉에 실린 기사 중에서 제목이 가장 긴 것으로 기록을 세웠음이 분명하다)는 미국의 무역 적자를 개탄하는 내용과 이를 해결하기 위한 그의 아이디어를 담은 글이다. 버핏은 이 기사를 통해 수입과 수출의 균형을 맞추기 위한 방편으로 '수입증명서'라는 제도를 제안한다. 창의적이면서도 세심하게 기획된 이 아이디어는 워싱턴 정가의 관심을 일부 이끌어냈다. 예를 들어 에드워드 케네디(Edward Kennedy)나 조 바이든(Joe Biden) 같은 정치인들이 잠깐이지만 그 견해에 주목하기도 했다. 오늘날에도 가끔씩 그가 제시한 개념에 존경을 표하면서 이를 한 단계 발전시킬 수 있는 방안을 묻는 이메일이 그에게(그는 더 이상 이 아이디어를 주장하지 않지만) 답지한다고 한다.

그러나 당시 버핏의 아이디어는 전체적으로 큰 호응을 얻지 못했다. 특히 경제학자들은 이에 대해 찬사를 보낼 이유가 없었다. 자유무역주의자가 대부분인 학자들은 무역 쿼터를 포함한 모든 규제 장치들을 경멸했다. 애덤 스미스(Adam Smith)의 마법에 따라 작동하는 시장의 자연스러운 움직임을 저해한다는 이유에서였다. 찰리 멍거 역시 버핏의 아이디어를 그다지 달갑게 여기지 않았다. 당시 나는 캘리포니아에 거주하던 그와 그의 아내를 방문한 자리에 이 기사가 실린 〈포춘〉 신간 한 부를 직접 가져다주었다. 멍거는 곧바로 이 글을 끝까지 읽더니 이렇게 말했다. "물론 무역 적자를 극도로 혐오하는 워런의 의견에도 일리가 있습니다. 하지만 이런 규제 장치를 만들자고 억지로 밀어붙이지는 않으

면 좋겠군요."

버핏이 2003년에 쓴 기사에서 조명한 문제는 그의 예상대로 점차 악화되기 시작했다. 그해 5천억 달러에 달했던 미국의 무역 적자는 그 후 5년간 매년 천억 달러에서 2천5백억 달러씩 증가했다. 무역 적자가 5천억 달러 아래로 내려간 것은 2009년뿐이었다. 금융 위기의 여파로 신용 위기에 시달리던 미국 시민들이 일시적으로 소비를 줄이고 저축을 늘렸기 때문이었다. 2009년 이후로 무역 적자는 다시 상승세로 돌아서서 2012년에는 5,350억 달러를 기록했다.

오늘날 버핏은 누군가에게 부탁을 받았을 때만 '수입증명서'에 대한 의견을 이야기하지만, 그는 여전히 이 아이디어도 충분히 고려해볼 가치가 있다고 믿는다. 동시에 수출과 수입의 균형을 달성하기 위해서라면 다른 어떤 아이디어도 활용이 가능하다고 생각한다. "어떤 방법이 됐든 우리는 수출입의 균형을 맞춰야 합니다. 현재의 막대한 무역 적자가 계속 이어지는 상황을 언제까지나 방관할 수는 없습니다."

기사의 도입부에는 버핏이 버크셔의 자금으로 외환 비즈니스(그가 달러가 아닌 다른 나라의 돈을 거래한 것은 이번이 처음이다)에 뛰어들었으며, 그 후 몇 년 동안 주주들에게 그 베팅의 결과를 주기적으로 보고했다는 이야기가 나온다. 그는 2006년 주주들에게 보낸 편지에서 그동안 버크셔가 외환 거래를 통해 22억 달러의 수익을 올렸고, 이제 회사가 보유했던 외환 포지션을 거의 매각했다고 밝히며 이 사업에 대한 논의를 마무리했다. 그가 외환 투자를 접은 이유는 달러가 강세로 돌아설 거라고 예상했기 때문이 아니라(사실 그는 달러가 더 내려갈 거라고 내다봤으며, 그 예상은 결국 적중했다), 국가 간의 금리 차이로 인해 외국 화폐에 대한 투자 매력도가 감소한 탓이다. 버핏은 차라리 해외 사업에서 대부분의 수익을 올리는 기업에 투자하는 편이 미래를 위해서는 더욱 나은 전략일 거라고 주장했다.

버핏이 그렇게 선언하고 몇 달 뒤, 버크셔는 사상 최초로 외국 기업을 인수하는 결단을 내렸다. 이스카(Iscar)라는 이스라엘의 금속 절삭도구 제조업체는 수익의 거의 전부를 미국 이외의 지역에서 거두어들이는 회사였다. 2004년 버크셔는 이스카의 지분 80퍼센트를 40억 달러에 사들였다. 그리고 9년 뒤인 2013년 나머지 20퍼센트를 20억 5천만 달러에 다시 매입했다. 두 차례의 인수 가격을 비교해보면 이스카의 기업가치가 50억 달러에서 9년 만에 100억 달러 이상으로 상승했다는 사실을 짐작할 수 있다.

본 기사에 이어지는 글은 무역 적자에 관해 쓰인 사이드바다. – CL

이 기고문은 미국의 무역 적자에 대한 경고 메시지와 함께 이 문제를 해결하기 위한 나의 제안을 담은 글이다. 그러나 독자 여러분이 내 말을 액면 그대로 받아들일 수 없는 이유가 두 가지 정도는 있을 듯하다. 무엇보다 그동안 내가 거시경제를 예측한 기록은 썩 훌륭하지 않았다. 일례로 나는 지난 20년간 인플레이션에 대해 과도할 정도의 공포심을 드러내왔다. 게다가 지난 1987년부터는 미국의 무역 적자 증가 현상을 두고 공개적으로 큰 우려를 표출했다. 하지만 그동안 미국은 단지 생존한 정도가 아니라 엄청난 성장을 이룩했다. 그런 점에서 나는 무역에 관해서는 적어도 한 차례 '늑대 소년'이 된 셈이다. 그러나 이런 과거 전력에도 불구하고, 이번에 나는 버크셔 해서웨이의 돈을 손에 쥐고 또다시 늑대가 나타났다고 소리를 지르고 있다.

2002년 봄에 이르기까지 거의 72년을 살아온 나는 단 한 차례도 외국의 화폐를 사들인 적이 없었다. 하지만 그 이후로 버크셔는 상당한 돈을 투자해서 여러 국가의 외화를 매입했고 지금도 보유 중이다. 투자의 내용에 대해 여기서 자세히 설명하지는 않으려 한다. 내가 어느 나라의 돈을 사들였는지는 별로 중요하지 않으며, 핵심은 그 이면에 놓인 사실이다. 즉 내가 다른 나라의 돈을 매입한 이유는 앞으로 달러 가치가 하락하리라 믿었기 때문이다.

솔직히 말해 나는 한 사람의 미국인이자 투자자로서 이 의사 결정이 실수로 판명되기를 바란다. 버크셔가 외환 거래를 통해 올린 수익은 미국의 기업이나 주주들이 (삶의 다른 영역에서) 달러 가치의 하락으로 인해 입게 될 막대한 손실과는 비교가 되지 않기 때문이다.

그러나 버크셔 해서웨이를 이끌고 있는 내 입장에서는 한편으로 회사의 돈을 적절한 곳에 투자해야 할 의무가 있다. 따라서 내가 버크셔의 자금을 예상 밖의 투자처에 쏟아붓기로 결정한 것은 최근 미국의 무역 적자가 엄청난 폭으로 증가하면서 이 나라의 '순자산'이 해외로 빠르게 유출되고 있는 현상과 결코 무관하지 않다.

이런 막대한 자본 유출 현상은 결국 큰 문제로 이어질 것이 분명하다. 그 이유를 설명하기 위해, 이제 저 멀리 가상의 세계에 자리 잡은 두 개의 섬으로 독자 여러분을 초대하고자 한다. 바다 위에 나란히 떠 있는 스퀀더빌(Squanderville, 낭비섬)과 스리프트빌(Thriftville, 절약섬)이라는 두 섬의 주민들은 서로 고립된 채 삶을 살아간다.

섬의 유일한 고정자산은 '땅'이다. 이 원시 공동체의 주민들이 필요로 하는 유일한 물품은 식량이며, 그들이 생산하는 물품도 오직 식량뿐이다. 양쪽 섬의 주민들은 하루 8시간의 노동을 통해 각자가 소비하기에 충분한 양의 식량을 생산한다. 그들은 오랫동안 이런 삶의 방식을 유지해왔다. 모든 사람이 하루 8시간의 규정된 노동을 수행한다는 말은 두 섬이 자급자족 기반의 사회라는 뜻이다.

그런데 스리프트빌의 부지런한 주민들은 어느 날부터 열심히 저축과 투자를 하겠다고 마음먹고 노동 시간을 하루 16시간으로 늘린다. 그들은 8

시간의 노동을 통해 생산한 식량을 스스로 소비하고, 나머지 8시간 동안 생산한 동일한 양의 식량을 유일한 무역 상대인 스퀀더빌에게 수출하기 시작한다.

스퀀더빌의 주민들은 이런 변화를 열광적으로 환영한다. 앞으로는 노동에서 자유로운 삶을 살면서도 예전과 다름없이 식량을 얻을 수 있기 때문이다. 물론 여기에는 치러야 할 대가가 따르지만, 그들은 그 대가의 해로움을 인식하지 못한다. 스리프트빌이 식량을 제공하는 대신 원하는 것은 이 섬에서 발행한 스퀀더본드(Squanderbonds)라는 채권이다(물론 이 채권에는 이 섬의 화폐인 스퀀더벅스[Squanderbucks]로 액면가가 명시되어 있다).

시간이 흐르면서 스리프트빌 주민들은 엄청난 양의 채권을 축적한다. 말하자면 이 채권은 스퀀더빌에서 미래에 창출될 경제적 산출물에 대한 '보관증'인 셈이다. 스퀀더빌의 몇몇 전문가는 재앙이 다가오고 있음을 느낀다. 그들은 앞으로 이 섬의 주민들이 식량을 얻는 동시에 빚을 갚으려면 하루에 8시간 이상을 일해야 할 거라고 예상한다. 하지만 스퀀더빌의 주민들은 재앙이 발발할 가능성에 귀를 기울이지 않는다.

이런 상황에서 스리프트빌 주민들도 불안해하기 시작한다. 우리가 손에 쥔 이 무기력한 섬의 채권은 얼마나 믿을 만한 걸까? 그래서 스리프트빌 사람들은 전략을 바꾼다. 그들은 기존의 채권을 일부만 남기고, 나머지를 스퀀더빌 주민들에게 되팔아 현지 화폐 스퀀더벅스로 바꾼다. 그리고 이 돈으로 스퀀더빌의 땅을 사들인다. 결국 스퀀더빌의 땅 전부가 스리프트빌에게 넘어가버린다.

이제 스퀀더빌 주민들은 암담한 현실과 마주해야 한다. 그들은 각자가 소비할 음식을 구하기 위해 하루 8시간씩 일해야 함은 물론(이제는 식량과 바꿀 만한 그 무엇도 남아 있지 않다), 예전에 진 빚을 갚거나 섣불리 팔아넘긴 땅의 임차료를 스리프트빌 사람들에게 지불하기 위해 더 많은 시간을 노동에 쏟아부어야 한다. 결과적으로 스퀀더빌은 무력이 아니라 구매에 의해 식민지로 전락한 셈이다.

물론 스퀀더빌이 생산해서 스리프트빌에 넘겨야 할 모든 미래 산출물의 현재가치는 과거 스리프트빌이 열심히 생산해서 스퀀더빌에 제공한 산출물의 가치와 똑같기 때문에, 이 거래는 양쪽 모두에게 공정하다고 볼 수도 있을 것이다. 그러나 스퀀더빌의 특정 세대 사람들이 누린 풍요로움의 대가를 미래의 세대가 영원히 갚아야 하는 이 상황은 (경제학자들 용어로) 극단적인 '세대 간 불공평'의 사례가 아닐 수 없다.

이 과정을 가족이라는 공동체의 측면에서 조명해볼 수도 있을 것이다. 만일 워런 버핏이 생애 전체에 걸쳐 소비해야 하는 여러 물자를 얻기 위해 버핏 가족 명의의 채권을 발행한다고 가정해보자. 제품 및 서비스로 환산된 액면가와 이자까지 명시되어 있는 이 채권을 상환해야 할 사람들은 다름 아닌 이 집안의 후손들이다. 언뜻 보기에 이 시나리오는 버핏 가족이라는 집단과 채권자들 사이에 성립한 공평한 거래처럼 생각될 수 있다. 그러나 내 다음 세대의 버핏 집안사람들이 이 거래를 박수 치며 환영할 리는 만무하다(심지어 그들은 그 빚을 갚지 않으려고 갖은 노력을 할지도 모른다).

이제 그 섬들에 대해 조금 더 생각해보자. 엄청난 빚을 갚아야 할 처지에 놓인 스퀀더빌의 정부는 강도 높은 인플레이션 정책을 채택할 것이다. 말하자면 더 많은 스퀀더벅스를 찍어내어 화폐가치의 평가절하를 노리는 것이다. 이 섬의 정부가 보기에 그 짜증 나는 스퀀더본드는 스퀀더벅스의 특정 가치가 아니라 특정 숫자에 대한 청구서에 불과하다. 그러므로 스퀀더벅스의 가치를 떨어뜨리면 이 섬은 재정적 고통에서 벗어날 수 있다는 것이다.

내가 스리프트빌의 주민이라면 스퀀더빌 정부가 발행한 채권이 아니라 그 섬의 땅을 직접 사들일 거라고 생각하는 이유도 그런 미래의 전망 때문이다. 모든 국가의 정부는 외국인이 보유한 '보관증'의 구매력을 감소시키는 일은 쉽게 할 수 있지만 외국인 소유의 땅을 강제로 압수하기는 어렵다. 따라서 그들은 외국인의 재산을 막무가내로 빼앗기보다 누구도 모르는 사이에 재산의 가치를 서서히 떨어뜨리는 전략을 택한다.

그렇다면 이 섬들의 이야기와 미국이 무슨 관계가 있다는 말인가? 쉽게 말해 제2차 세계대전 이후부터 1970년대 초반까지 이 나라는 스리프트빌처럼 부지런한 국가였다. 당시 미국은 외국에서 사들인 물건보다 내다 판 물건이 훨씬 많았으며, 경제 활동을 통해 거두어들인 흑자 부분을 꾸준히 해외에 투자했다. 그 결과 이 나라의 '순투자'(즉 미국인이 소유한 해외 자산의 가치에서 외국 사람들이 소유한 미국 자산가치를 뺀 금액)는 1950년의 370억 달러에서 1970년에는 680억 달러로(정부의 측정 방법론을 기준으로) 증가했다. 다시 말해 당시 우리의 '순자산'은 미국의 국경 내에 존재하는 부(富)와, 미국을 제외한 세계의 다른 모든 곳에 존재하는 미국 소유의 재산으로 구성되어 있었다.

게다가 미국은 세계의 나머지 국가에 대해 순자산을 보유한 국가였기 때문에, 해외 투자에서 실현된 '순소득'과 무역을 통해 얻어진 흑자를 합한 돈은 또 다른 해외 투자를 가능케 해주는 2차적 자금원의 역할을 했다. 말하자면 당시 미국의 재정적 상황은 어느 개인이 회사에서 받은 급여를 저축하고 기존에 보유한 주식에서 나온 배당금을 다시 재투자하는 경우와 비슷했다.

그런데 1970년대 후반에 접어들자 무역의 판도가 바뀌면서 GDP의 1퍼센트에 달하는 적자가 발생하기 시작했다. 하지만 그때는 아무도 이를 심각한 상황으로 인식하지 않았다. 무엇보다 해외 투자를 통해 계속 순소득이 창출됐기 때문이다. 1980년 미국의 순자산은 복리 이자의 위력에 힘입어 사상 최고 금액인 3천6백억 달러까지 치솟았다.

하지만 그때부터 지금까지 모든 것이 내리막길이었다. 특히 지난 5년간 무역수지는 급격히 악화됐다. 현재 미국의 연평균 무역 적자는 GDP의 4퍼센트 수준이다. 게다가 더 불길한 사실은 다른 나라에서 보유한 미국 자산이 미국이 보유 중인 해외 자산에 비해 2.5조 달러나 더 많다는 점이다. 이 2.5조 달러 중 일부는 미국 정부의 국채나 회사채 같은 '보관증'이며, 나머지는 땅이나 주식을 포함한 기타 자산이다.

사실 그동안 미국은 끝없이 넓은 농장을 소유한 부자처럼 행동해왔다. 우리가 생산하는 것보다 4퍼센트 많은 물건(미국의 무역 적자 비율을 의미)을 소비하기 위해서는 매일매일 농장의 땅을 조금씩 떼어 팔거나 우리가 보유한 땅에 대한 저당을 늘리는 길밖에 없다.

외국인이 소유한 미국의 순자산 2.5조 달러가 어느 정도 되는 돈인지 이해하려면, 미국의 주식시장에 상장된 주식의 시가총액을 합한 금액이 12조 달러이고, 미국 전체의 거주용 부동산 가치도 이와 비슷한 금액이며, 미국이 보유한 부(富)의 총규모가 50조 달러 정도(내 추산으로)라는 사실을 염두에 두면 될 것 같다. 다시 말해 미국 전 재산의 5퍼센트 정도가 이미 해외로 빠져나갔다는 얘기다.

더 심각한 사실은 무역 적자가 현재 수준으로 유지될 경우 외국인이 보유한 미국의 순자산이 매년 5천억 달러씩 늘어날 거라는 점이다. 그 말은 이 나라 국부(國富)의 1퍼센트가 무역 적자로 인해 해마다 외국인들의 손에 넘어간다는 뜻이다. 그리고 외국인들의 순자산이 증가할수록 그 자산에서 창출되는 소득 역시 해외로 유출될 수밖에 없다. 이로 인해 우리는 과거처럼 다른 나라에서 배당금이나 이자를 받기는커녕 오히려 다른 나라에 갈수록 많은 배당금과 이자를 물어야 하는 처지가 됐다. 이제 미국은 행복과 작별을 고하고 고통과 악수해야 하는 마이너스 성장의 세계로 접어들었다고 해도 과언이 아니다.

우리는 대학의 경제학개론 수업에서 막대한 규모의 무역 적자를 장기적으로 견딜 수 있는 나라는 없다고 배웠다. 소비 지향 국가의 흥청망청한 분위기에 제동을 거는 요인은 무엇보다 환율 조정이다. 그리고 환율이 변동하면 채권국들은 이 대규모 소비국의 채권이 무한정 유입되는 일을 꺼릴 수밖에 없다. 소비 위주의 국가들이 갑작스런 신용도 하락에 따라 곤경에 빠지는 상황은 지난 수십 년간 세계 도처에서 여러 차례 발생했다. 하지만 미국은 그동안 특별한 지위를 누려왔다. 오늘날 우리가 어떤 물건이든 원하는 만큼 사들일 수 있는 이유는 과거 미국의 경제가 다른 나라의 모범이 된 데다, 무엇보다 우리가 여전히 부자이기 때문이다. 미국이 외국에 진 빚을 갚을 의도나 능력을 의심하는 나라는 없다. 그러므로 우리는 미국의 자산과 소비재들을 끊임없이 교환한다. 말하자면 미국이라는 이름의 신용카드를 마구 긁어대면서 막대한 금액의 물건을 외상으로 사들이는 것이다. 하지만 이 신용카드의 한도액은 결코 무제한이 아니다.

이제 나는 우리의 자산과 소비재 상품을 맞바꾸는 거래에 제동을 걸 시기가 됐다고 생각한다. 그리고 이 문제를 해결하기 위한 계획 하나를 제안한다. 겉으로는 뭔가 복잡한 장치처럼 보이는 이 해결책은 사실상 일종의 관세일 뿐이다. 그러나 자유시장 체제의 모든 장점을 손상 없이 그대로 담아낸 이 관세는 특정 산업을 보호하거나 특정 국가를 배제하기 위해, 또는 무역 전쟁을 유발할 목적으로 고안된 것이 아니다. 오히려 이 제도를 채택하면 수출을 늘리고 전 세계의 무역을 활성화할 수 있을 것이다. 또한 이를 통해 달러 가치의 현저한 하락 없이(이런 특단의 조치가 없다면 앞으로 달러 가치가 떨어진다는 것은 기정사실이다) 무역수지의 균형을 달성할 수도 있으리라 믿는다.

무역수지의 균형을 이루기 위해 활용할 수 있는 방안 중 하나는 미국의 모든 수출업자에게 그들이 수출한 액수와 동일한 달러 가치의 '수입증명서(Import Certificate)'를 발행해주는 것이다. 수출업자들은 미국으로 상품을 들여오고자 하는 사람(외국의 수출업자나 국내의 수입업자)에게 이 수입증명서를 판매할 수 있다. 예를 들어 어느 수입업자가 백만 달러어치의 물건을 미국에 들여오기 위해서는 백만 달러의 상품을 외국에 수출해서 얻어낸 수입증명서가 있어야 한다. 이로 인해 무역수지의 균형이 달성될 수 있음은 물론이다.

현재 미국의 월평균 수출액은 8백억 달러 정도이기 때문에, 미국 정부가 이 금액에 맞춰 발행한 8백억 달러의 수입증명서는 높은 유동성을 지닌 세계의 모든 시장에서 거래될 것이다. 그리고 이 증명서의 구입 경쟁에 뛰어든 사람들 중 누가 더 절실하게 미국에 수출을 원하고 더 많은 돈을 낼 의사가 있는지에 따라 수입증명서의 주인이 가려질 것이다(수입증명서를 사 모으는 투기 세력을 막기 위해서는 증명서의 만료 기간을 6개월 미만으로 짧게 설정하는 편이 나을 듯하다).

독자 여러분의 이해를 돕기 위해 수입증명서의 값이 10센트라고 가정해보자. 즉 10센트의 수입증명서 뒤에는 1달러의 수출이 존재한다는 의미다. 만일 다른 모든 조건이 동일하다면, 미국의 생산업자는 자신의 제품을 해외에 수출한 대가로 주어지는 수입증명서를 판매해서 10퍼센트의 수익을 추가로 실현할 수 있다.

이 경우 많은 수출업자들은 해외 시장에서 자신이 판매하는 제품 가격을 낮출 수 있는 일종의 비용 절약 장치로 수입증명서 제도를 인식할 것이다. 특히 원자재의 거래 과정에서 이 제도가 적극적으로 활용될 가능성이 크다. 예를 들어 알루미늄의 국내 판매가가 파운드당 66센트이고 수입증명서의 가격이 그 금액의 10퍼센트일 때, 국내 알루미늄 생산업자들은 자사의 제품을 파운드당 60센트에 해외 시장에 수출해도 국내에서와 똑같은 수익을 확보할 수 있다. 결국 이 시나리오를 따른다면 미국이 산출한 제품의 가격 경쟁력은 훨씬 강화되고 수출 또한 확대되며 고용도 증대될 것이다.

물론 미국에 물건을 수출하는 외국인들은 수익성 하락으로 인한 어려움에 직면할 수 있다. 하지만 모든 '해결책'에는 맞서야 할 문제가 따르는 법이다. 그리고 현재의 상황에서는 어떤 '해결책'이든 반드시 등장할 게 분명하다. (미국 기업연구소의 허브 스타인[Herb Stein]은 이렇게 말한다. "영원히 지속될 수 없는 것은 언젠가 멈추기 마련이다.")

수입증명서의 목적이 특정한 산업이나 제품에 제재를 가하기 위함이 아니라는 사실을 감안하면, 어떤 의미에서는 이 접근 방식이 미국에 수출을 원하는 여러 나라에게 오히려 유연성을 제공하는 역할을 할지도 모른다. 누가 어떤 제품을 미국에 판매할 것인지 결정하는 주체는 결국 자유시장 제도 자체이며, 수입증명서는 미국에서 팔려 나간 상품 금액의 총합을 결정하는 역할만을 수행하게 될 것이다.

그렇다면 이 제도를 채택했을 때 실제의 수입 과정은 어떤 식으로 진행될까? 어느 업자가 특정 모델의 자동차를 2만 달러의 원가에 수입한다고 가정해보자. 수입증명서 가격이 수입액의 10퍼센트라고 했을 때, 그 수입업자가 부담해야 하는 비용은 2만 2천 달러로 늘어난다. 만일 이 자동차에 대한 수요가 폭발적이라면 그 수입업자는 추가 금액을 소비자에게 전가할 수도 있다. 그렇지 않은 보통의 경우라면, 시장 경쟁 원리에 따라 그 자동차를 제조한 해외 업체가 수입증명서 비용 2천 달러의 일부 또는 전부를 부담할 것이다.

물론 수입증명서 제도에 대가가 따르지 않는 것은 아니다. 정부가 이 제도를 채택하면 미국 시민들에게 심각한 부정적 영향을 미칠 수도 있다. 우선 수입 제품의 가격이 오르면서 그 제품들과 경쟁 관계인 국내 생산품의 가격도 상승할 가능성이 크다. 따라서 수입증명서 비용은 전부든 일부든 소비자들에게 일종의 세금으로 작용할 것이다.

이는 이 제도의 심각한 결함일지도 모른다. 그러나 달러의 가치를 지속적으로 절하하고 특정한 제품에 높은 관세와 엄격한 쿼터를 부여하는 정부 정책에는 과연 결점이 없다고 할 수 있을까? 내 생각에 그런 조치들이 성공으로 이어질 가능성은 대단히 희박하다. 무엇보다 높은 수입품 가격이라는 오늘의 작은 고통은, 미국의 막대한 순자산을 해외에 팔아넘김으로써 미래에 입게 될 엄청난 손실과는 비교도 할 수 없다.

나는 수입증명서 제도가 미국의 수출을 늘리고 수입을 억제하는 효과를 낳음으로써(그것도 빠른 시일 내에) 무역수지의 균형 달성에 기여할 거라고 확신한다. 또 이 증명서는 기업들이 자유시장 체제에서 '비교우위'라는 테스트 절차를 거치게 만들어 미국의 모든 산업이 국제 경쟁력을 획득하는 데도 어느 정도 도움을 줄 것이다.

그렇다고 수입보다 수출이 많은 세계의 여러 국가가 이 제도를 모방하기는 쉽지 않으리라 본다. 그들이 발행한 수입증명서는 아무런 가치가 없기 때문이다. 그렇다면 수출국들은 다른 보복 수단을 꺼내 들까? 이로 인해 또 다른 스무트-홀리 관세 전쟁(미국이 대공황 직후 자국 산업을 보호하기 위해 제정한 스무트-홀리 관세법[Smoot-Hawley Tariff Act] 때문에 촉발된 무역 전쟁 — 역자주)이 발발할까? 그럴 가능성도 거의 없다. 스무트-홀리 관세법이 발효된 때는 미국이 엄청난 무역 흑자를 기록하던 시절이었다. 그러나 오늘날 심각한 무역 적자에 시달리는 미국이 이를 바로잡기 위해 언젠가 모종의 조치를 취하리라는 사실은 모든 나라가 잘 알고 있다.

지난 수십 년간 전 세계의 국가들은 징벌적 관세, 수출 보조금, 쿼터(수입 할당제), 미국 달러 고정환율제도와 같이 종잡을 수 없는 무역장벽의 미로 속에서 서로가 악전고투했다. 주요 수출국들은 수출 증대 및 수입 축소를 위한 각종 장치들을 통해 더 많은 흑자를 거두기 위해 노력했으나 그로 인해 대규모 무역 전쟁이 발발하지는 않았다. 그러므로 세계 최대의 무역 적자국인 미국이 장부에 균형을 맞출 목적으로 만들어낸 일개 정책으로 무역 전쟁이 벌어질 가능성은 크지 않다. 주요 수출국들은 과거에 그랬듯이 앞으로도 합리적인 방식으로 행동할 것이(물론 다른 방식으로 행동할 기회를 호시탐탐 노리겠지만) 분명하다.

수입증명서 제도의 도입에 따라 수출국들은 (초기 적응 단계를 거친 뒤에) 미국으로부터의 수입을 독려할 갖가지 방안들을 도출하려 할 것이다. 예를 들어 오늘날 중국이 미국에 수출하는 제품 및 서비스 금액은 연간 1,400억 달러가 넘지만, 반대로 중국의 대미 수입액은 250억 달러에 불과하다. 만일 이 제도가 시행된다면 중국은 1,150억 달러의 수출입 격차를 메울 수 있는 수입증명서를 매년 사들여야 한다. 하지만 중국의 입장에서는 대미 수출액을 낮추거나 수입액을 늘림으로써 자국에 필요한 수입증명서의 양을 줄이는 것도 대안이 될 수 있다. 특히 미국에서 더 많은 물건을 수입하는 일은 중국에게 가장 유리한 방안일지도 모르며, 미국 역시 이 방법을 선호할 것이다.

만일 미국의 수출이 크게 늘어나면서 수입증명서 발행이 확대된다면, 이 증명서의 시장가격도 하락하게 되리라 본다. 그리고 수입증명서의 가치가 떨어지면 제도 자체도 자연스럽게 유명무실해질 수밖에 없다. 주요 수출국들의 정부는 대미 수입 억제를 목적으로 시행 중인 다양한 조치를 신속히 제거하려 들 것이다.

미국 정부가 수입증명서 제도를 도입한다면, 몇 년간 무역 적자가 상대적으로 적은 기간을 골라 이를 시험적으로 가동하는 '이행기'를 두는 편이 나을 듯하다. 그리고 우리가 서서히 이 제도의 목적을 달성해가는 과정에서, 세계의 다른 국가들에게 이 시스템에 적응할 기회를 줄 수 있을 것이다. 미국 정부는 이 제도의 도입 초기에 매달 일정량의 수입증명서를 '경매'에 부치거나, 수출 증대에 노력하는 저개발 국가들에게 이를 무상으로 제공할 수도 있다. 특히 후자의 방법을 해외 원조의 일환으로 활용한다면, 이로 인해 혜택을 입은 나라들이 미국을 향해 고마움을 표시할 것이다.

이 글을 맺기 전에 과거 내가 '늑대 소년'이었다는 사실을 독자 여러분에게 다시 한번 상기시켜야 할 것 같다. 그동안 미국의 앞날을 비관적으로 예측한 사람들의 평균 적중률은 형편없었다. 미국 경제의 잠재력과 회복력을 회의적으로 내다본 사람들은 계속해서 바보가 되어버렸다. 수많은 비관론자들이, 한때 심각하다고 여겨졌던 문제들을 보란 듯이 극복해낸 이 나라의 역동성을 과소평가했다. 우리는 놀라운 경제를 보유한 놀라운 나라에서 여전히 살아가고 있다.

그러나 나는 무역수지 적자에 관한 한 우리의 모든 역량을 총동원해서 해결책을 실험해야 한다고 생각한다. 이는 단순히 달러 가치를 조금 떨어뜨리는 것으로 풀 수 있는 문제가 아니다. 화폐의 평가절하를 통해서도 무역 적자는 어느 정도 줄어들겠지만, 미국 순자산의 막대한 유출과 그에 따른 엄청난 투자 소득의 적자를 저지하기에는 역부족이다.

물론 어딘가에는 내가 제시한 방안보다 훨씬 좋은 해결책이 있을지도 모른다. 그러나 단순한 희망과 무기력한 '손가락 빨기'는 결코 문제를 풀 수 있는 길이 아니다. 지금은 미국의 국부가 빠르게 해외로 유출되는 일을 막기 위해 구체적인 방안을 도출해야 할 시기다. 그런 면에서 수입증명서 제도는 가장 고통이 적으면서도 가장 확실하게 목표를 달성할 수 있는 방법이 되어줄 것이다. 우리에게 닥친 문제는 결코 사소하지 않다. 예를 들어 미국을 제외한 나머지 국가들이 현재의 속도로 미국에 순투자를 늘려간다면, 미국의 주식시장에 상장된 주식들의 시가총액 4퍼센트에 해당하는 돈이 매년 꼬박꼬박 외국인들의 손에 넘어가게 될 것이다.

내 사업 파트너 찰리 멍거는 버크셔에서 사업적인 옵션을 평가할 때마다 농담처럼 이런 희망을 표현한다. "내가 알고 싶은 단 한 가지는 내가 어디서 죽을 것인가 하는 거야. 그걸 알기만 한다면 그곳에 절대 안 가면 되거든." 이 나라의 무역 정책을 입안하는 사람들도 그의 경고를 명심해서 스퀀더빌 근처에는 얼씬도 하지 말아야 할 것이다.

외국인들이 달러를 포기하지 못하는 이유
2003년 11월 10일

캐럴 루미스의 도움을 받은 워런 버핏의 사이드바

최근 미국 달러에 관한 언론의 기사를 보면 이런 글이 자주 눈에 띈다. "애널리스트들은 외국인들이 달러에서 손을 떼기 시작할 거라고 우려하고 있다."

여러분이 다음번에 이런 글을 발견하면 그냥 무시해도 좋을 듯하다. 사실 외국인들은 미국 달러를 포기할 수 없을 것이다. 미국의 무역 적자가 지속적으로 심화되면서 더 많은 달러가 외국인들의 손에 넘어간다면, 그들은 결국 이 돈으로 미국 내 투자를 더 늘릴 수밖에 없기 때문이다.

물론 외국인들은 미국의 어떤 자산에 투자할지 얼마든지 선택이 가능하다. 예를 들어 주식을 팔고 채권을 사들이기로 결정한다거나, 1980년대 일본인들이 그랬던 것처럼 부동산으로 방향을 바꿀지도 모른다. 게다가 그들의 투자 행보는(특히 불안한 매수자와 매도자의 행보는) 달러 가치에 영향을 미칠 수도 있다.

만일 일본인들이 미국 부동산을 처분하고 동시에 달러 자산에서도 완전히 손을 떼고 싶어 한다고 상상해보라. 그들은 미국인들에게 부동산을 파는 방법으로는 그 목표를 달성하기가 불가능하다. 왜냐하면 판매 대금을 달러로 받기 때문이다. 그래서 그들이 미국인이 아닌 다른 나라 사람에게 부동산을 판다면(예를 들어 프랑스 사람에게 매각해서 그 대가를 유로화로 받는다면), 그 부동산은 여전히 외국인들의 손에 남게 된다. 다시 말해 둘 중 어떤 매각 과정을 거치더라도 외국인들이 보유한 달러 자산의 규모는(달러 가치의 변동분을 제외하고) 변함이 없을 것이다.

결론적으로 다른 나라가 미국 달러 투자를 줄일 수 있는 유일한 방법은 미국에 수출하는 것보다 더 많은 제품과 서비스를 미국으로부터 수입하는 것뿐이다. 이런 상태를 우리는 미국의 '무역 흑자'라고 부르지만, 현재 우리의 처지와는 거리가 먼 얘기다.

우리는 오늘날의 상황을 반전시키는 급진적인 가상의 줄거리를 꿈꿔볼 수 있을 것이다. 예를 들어 미국을 제외한 세계의 모든 국가가 미국의 무역 적자를 만회할 만큼 엄청난 원조를 우리에게 제공한다면 어떤 일이 생길까? 그러나 현실을 돌아보면 엄청난 무역 적자 탓에 외국인들이 보유한 미국의 자산은 이 순간에도 지속적으로 증가하고 있을 뿐이다. 이 나라의 순자산이 조금씩 미국의 해안을 떠나고 있는 것도 물론 그런 이유 때문이다.

버핏을 팝니다

2004년 5월 17일 | 데이비드 스타이어스(David Stires)

당신은 워런 버핏을 가까이에서 보기 위해 얼마를 낼 의향이 있나? 최근 비즈니스 세계의 열광적인 팬들은 이 분야에서 새로운 기록을 수립한 듯 하다. 버핏의 일부 추종자들은 이베이에 올라온 버크셔 해서웨이의 연례 주주총회 입장권에 117달러의 입찰액을 써넣었다. 버핏은 모두의 접근을 보장하기로 결정하고 장당 2.5달러(요즘 버크셔의 Class A주식 가격이 9만 3천 5백 달러라는 사실을 감안하면 거저나 다름없다)의 가격이 붙은 티켓 1만 장을 이 사이트에 올려놓은 바 있다. 물론 버핏 마니아들이 자신들의 우상과 관련된 물건에 광분해서 몰려든 것은 이번이 처음은 아니다. 버핏 관련 상품 이 시장에서 팔려 나간 예를 몇 개만 들어본다.

16.95달러

버핏에 관해 쓰인 베스트셀러

21만 달러

1999년 경매에서 낙찰된 버핏의 20년 된 지갑

5달러

버크셔 해서웨이 연례 주주총회 입장권 두 장

25만 100달러

2003년 이베이에서 낙찰된 버핏과의 점심 식사권

100달러

2004년 네브래스카주 어떤 교회의 경매에서 팔린 버핏이 서명한 1달러 짜리 지폐

20달러

오마하 로얄스 야구팀 웹사이트에서 판매된 버핏의 대두 인형

> *편집자 노트: 이베이 사이트에서 진행되는 버핏과의 점심 식사권 경매는 샌 프란시스코 글라이드 재단(Glide Foundation)의 재원 마련을 위한 행사로, 매 년 낙찰가가 높아지는 추세다. 2012년의 낙찰가는 345만 6,789달러로, 또 다시 사상 최고가를 기록했다.*

내 생애 최고의 조언

2005년 3월 11일 | 워런 버핏의 회상을 캐럴 루미스가 편집한 글

〈포춘〉은 2000년대 들어 10년간 20여 명의 유명 인사들을 세 차례에 걸쳐 인터뷰하면서 각자가 기억하는 생애 최고의 조언이 무엇인지 물었다. 편집장 리처드 커클랜드는 버핏이 그 연재 기사의 첫머리를 장식하는 데 동의했다는 소식을 듣자마자, 이 기사를 커버스토리로 싣기로 결정했다.

버핏을 인터뷰하는 일은 내가 맡았다. 나는 버핏의 이야기를 기록하기 위해 메모장을 펼치면서 그가 어떤 조언을 언급할지 매우 궁금했다. 예전에는 버핏에게서 그런 말을 들어본 적이 없었기 때문이었다. 나는 이렇게 물었다. "자, 그럼 당신이 평생 동안 얻은 가장 훌륭한 조언은 무엇인가요?"

그러자 그는 생각지도 못한 대답을 했다. 가장 훌륭한 조언 대신 '최악의 조언'에 대해 긴 이야기를 들려준 것이다. 더구나 그 조언을 해준 인물들은 평생 자신이 가장 존경했던 두 사람이었다.

나는 당시 리처드에게 이 반전의 결과물을 어떻게 설명했는지 잘 기억나지 않는다. 마치 그때의 장면 모두가 내 두뇌 어딘가 깊숙한 곳에 숨어버린 듯하다. 그러나 우리는 결국 버핏의 기사를 커버스토리로 실었다. - CL

"나에게는 멘토가 두 사람 있습니다. 바로 내 아버지 하워드 버핏과 벤저민 그레이엄입니다. 내가 존경해 마지않는 그들은 오랜 세월 동안 훌륭한

조언들을 제공했습니다. 그러나 그 두 분이 어떤 이야기를 해주었는지 기억을 더듬는 과정에서 가장 먼저 머리에 떠오른 것은 뜻밖에도 그들의 '나쁜' 조언이었습니다.

나는 21살도 되기 전인 1951년에 컬럼비아대학 경영대학원을 졸업했습니다. 그곳에서 벤저민의 수업 과정을 이수한 나는 세상 모든 일에 관심과 호기심으로 가득한 학생이었습니다. 나는 벤저민이 운영하는 그레이엄 뉴먼 주식회사에서 일하기를 원했습니다. 그래서 세상에 알려진 대로 벤저민을 찾아가 그 회사에서 무급으로 일하게 해달라고 부탁했습니다. 하지만 거절당했습니다.

나는 여전히 증권 비즈니스에 뛰어들고 싶었습니다. 벤저민과 내 아버지가 '나쁜 조언'을 해준 것이 바로 그때였습니다. 두 사람 모두 당시는 주식에 발을 담그기에 적절한 시기가 아니라고 생각했던 겁니다. 특히 다우존스 지수가 1년 내내 200포인트를 넘었다는 사실이 그들의 마음을 불편하게 했습니다. 이 지수가 연중 한 번도 200포인트 아래로 떨어지지 않은 것은 그해가 처음이었기 때문입니다. 그들은 내게 이렇게 말했습니다. '물론 네가 알아서 하겠지만, 지금은 주식을 시작하기에 적기가 아니야.'

그러나 아버지와 벤저민의 생각에 영향을 준 요인은 따로 있었던 것 같습니다. 바로 내가 너무 어렸다는 사실입니다. 당시 나는 외모만 어리게 보였을 뿐만 아니라 행동도 어린애 같았습니다. 몸은 바짝 마른 데다 머리카락도 엉망이었어요. 아마 그들의 조언은 내가 주식 거래를 시작하기 전에 조금 더 성숙해져야 하고, 그렇지 않으면 실패할 거라는 말의 예의 바른 표현에 불과했을지도 모릅니다. 단지 직설적으로 말하지 않고 돌려서 얘기한 것뿐이죠. 어쨌든 나는 두 사람의 조언에 별로 신경 쓰지 않았습니다. 그리고 오마하로 돌아와서 아버지의 회사 버핏 포크(Buffett Falk)에서 증권을 팔기 시작했어요.

아버지는 매우 독립적인 사고방식을 지닌 분이었습니다. 그리고 그런 사고방식은 내가 주식을 사들이는 과정에도 큰 영향을 미쳤습니다. 물론 벤저민 역시 그 점에서 내게 많은 가르침을 주었습니다. 그는 이렇게 말했습니다. '네가 생각하는 옳고 그른 것은 다른 사람들이 너에게 동의하느냐의 여부와 관계가 없다. 오직 네가 소유한 사실과 이성만이 네가 옳다는 점을 증명할 수 있다.'

내가 벤저민에게 가르침을 받기 시작한 것은 네브래스카대학 재학 중에 그가 쓴 투자 관련 서적을 처음으로 접했을 때부터였습니다. 나는 그때까지 수많은 투자 기법을 실험해보고 있었습니다. 그러나 그가 《현명한 투자자》를 통해 들려준 '안전마진'이나 시장을 이용하는 방법 같은 이야기는 나의 시야를 새로운 차원으로 이끌어주었습니다. 그 뒤 나는 컬럼비아대학으로 가서 그의 수업을 들었고, 나중에 그에게 일자리를 부탁했다가 거절당한 겁니다. 나는 오마하로 돌아온 뒤에도 그의 회사에서 일하고 싶다는 생각을 버리지 않았습니다. 그래서 한편으로 벤저민의 주식을 팔면서 다른 한편으로 일자리를 달라고 그를 끈질기게 졸랐습니다. 그러던 1954년의 어느 날, 결국 벤저민에게 편지를 받았습니다. 할 얘기가 있으니 다음번에 뉴욕에 올 기회가 있으면 잠시 들르라는 내용이었습니다. 그래서 나는 곧바로 뉴욕으로 향했습니다.

나는 1954년 8월부터 벤저민의 회사에서 일하기 시작했습니다. 내 급여가 얼마인지는 아예 묻지도 않았죠. 나중에 알고 보니 연봉이 1만 2천 달러였고, 그다음 해에는 2천 달러의 보너스도 주어졌습니다. 나는 벤저민이 운영하는 두 사업체에서 모두 일하게 됐습니다. 그레이엄 뉴먼은 정부의 규제를 받는 투자회사였고, 뉴먼 앤 그레이엄(Newman & Graham Ltd.)은 요샛말로 헤지펀드였습니다. 그러나 두 회사의 총자산은 천2백만 달러에 불과했습니다.

나는 월터 슐로스(그는 얼마 후에 독립해서 헤지펀드를 세웁니다)와 조그만 방에서 함께 근무했습니다. 우리는 정말로 재미있게 일했어요. 저렴한 주식을 찾아 온갖 매뉴얼을 샅샅이 뒤지기도 했죠. 하지만 어떤 회사도 직접 방문해본 적은 없었습니다. 벤저민은 우리의 방식이 올바르지 못한 투자 방법이라고 생각하는 듯했습니다. 그러나 우리가 훌륭한 주식을 찾아내자, 벤저민은 그 물건에 5만 달러를 선뜻 투자했습니다.

1956년 초에 접어들면서 벤저민은 그 회사를 떠나 캘리포니아로 이주할 계획을 세웠습니다. 나 역시 이미 오마하로 돌아가기로 마음먹은 상태였죠. 나는 벤저민에게 그 말을 어떻게 꺼내야 할지 막막했습니다. 그의 사무실 앞에서 되돌아서고, 그곳에 들어갔다가도 입을 떼지 못하고 그냥 나오는 일을 몇 차례 반복했습니다. 그러나 그의 반응은 담담했습니다. 아마 내 아버지도 똑같은 말을 했을 겁니다. '네가 최선이라고 생각하는 선택을 하라.'

1950년에 내가 손에 쥔 돈은 9천8백 달러였습니다. 1956년이 되자 15만 달러로 불어 있었습니다. 나는 그 돈으로 황제처럼 살 수 있을 것 같았어요. 하지만 정작 오마하에서 무슨 일을 해야 할지 몰랐습니다. 로스쿨 같은 곳에 들어갈 수도 있었겠지만, 별달리 구체적인 계획은 없었어요. 물론 투자 파트너십을 설립하는 일은 생각지도 못했죠. 그러다 몇 달 뒤에 주변 사람 일곱 명이 내게 자신들의 돈을 맡아서 투자해달라고 부탁했습니다. 그러기 위해서는 파트너십을 세워야 했던 거죠. 그것이 모든 일의 시작이었습니다."

910억 달러의 대화

2005년 10월 31일 | 다니엘 로스(Daniel Roth)

세상은 공평한 법이다. 예전에 워싱턴대학은 워런 버핏과 빌 게이츠의 토크쇼(280페이지 참조)를 개최한 바 있다. 그로부터 8년이 흐른 뒤 이번에는 네브래스카대학이 보고만 있을 수는 없다는 듯이 두 사람을 초청해서 비슷한 행사를 열었다.

이 뉴스를 보도한 언론 매체들은 버핏이 오랜 고민 끝에 자신이 생존해 있는 동안 전 재산을 기부하기로 결정했다고 밝혔다. 이는 자선 기부에 대한 기존의 계획이 크게 바뀌었음을 의미하는 소식이기도 했다. 사실 버핏의 삶에서 커다란 변화(매우 슬픈 변화)는 예전에도 한 차례 있었다. 2004년 여름 그의 아내 수지가 갑작스럽게 세상을 떠난 것이다. 이 책의 서문에서도 이야기했지만, 버핏은 두 살 아래의 수지가 자신보다 더 오래 살아서 그녀의 넘치는 지혜와 애정을 바탕으로 자기가 남긴 유산을 좋은 데 쓸 거라고 철석같이 믿었다. 그러나 수지가 세상을 떠나자 앞으로 어떤 식으로 기부를 실천해야 할지 결정하는 일은 전적으로 버핏 자신의 몫이 되어버렸다. 2006년 초, 그는 자기 몫의 버크셔 주식을 다섯 개 재단에 점차적으로 기증하겠다는 계획을 밝혔다. 그중 대표적인 곳이 이 행사의 또 다른 주인공 빌 게이츠와 그의 아내 멜린다가 운영하는 빌 앤 멜린다 게이츠 재단이었다(508페이지 '워런 버핏, 기부하다' 참조).

이 질의응답 기사의 뒷부분에 이어지는 '버핏은 이렇게 주장한다'에서는 그가 소위 슈퍼 리치(물론 버핏과 게이츠를 포함해서)들에게 부과되는 낮은 소득세의 불공정성을 강하게 비판하는 대목이 나온다. 버핏은 그 뒤로도 몇 년간 종종 같은 주장을 되풀이했다. 2011년 오바마 캠프는 그의 견해를 받아들여 '버핏룰(Buffett Rule)'이라는 부유층 대상의 증세 방안을 발표하기에 이르렀다. 2013년이 되면서 결국 고소득층에 대한 세금 인상 조치가 이루어졌다. 새로 발효된 법안에 따르면 세율 증가가 시작되는 소득 지점은 버핏이 제안한 백만 달러보다 오히려 낮아졌다. – CL

어느 금요일 오후, 풋볼의 도시 링컨(Lincoln)에서는 네브래스카대학이 출전하는 빅 12 콘퍼런스(Big 12 Conference, 미국 중남부 12개 대학이 참가하는 풋볼 리그 — 역자주) 개막식이 열리기 직전이었다. 하지만 그날 불티나게 팔려 나간 것은 콘허스커스 경기의 입장권뿐만이 아니었다. 2천여 명의 학생들은 9월 말의 멋진 오후에 이 대학의 강당 라이드 센터(Lied Center)가 문을 열기 한 시간 전부터 건물 바깥에서 줄을 서서 기다렸다. 화학공학과 2학년생인 19세의 앤드류 슈마커(Andrew Schoemacher)는 미처 입장권을 구하지 못했지만 일단 강당 안으로 들어가면 어떻게든 한 장 정도는 얻을 수 있을 거라며 기대를 버리지 않았다. 어떻게 이 행사를 놓칠 수 있다는 말인가? "다른 사람들도 아니고 빌 게이츠와 워런 버핏이잖아요." 게이츠와 버핏(세계 최고의 부자이면서 친구 사이인 두 사람의 재산은 각각 510억 달러와 400억 달러다)은 이곳에서 학생들과 자유로운 질의응답 시간을 진행할 예정이다. 두 사람은 예전에도 이런 대담에 참석한 적이 있다. 1998년 게이츠의 고향 시애틀에 소재한 워싱턴대학은 그들을 초청해 학생들과 대화를 나누는 행사를 진행했다. 그때는 두 사람 모두에게 혼란의 시기였다. 당시 마이크로소프트는 미국 정부가 제기한 사상 최대 규모의 독점금지법 소송에 휩싸여 있었으며 버핏은 몇 주 뒤에 제너럴 리라는 재보험사를 인수할 예정이었다. 현재 이 회사는 운영난에 빠진 AIG와의 관계로 인해 버크셔 해서웨이에게 골칫덩어리가 되어버렸다. 두 사람의 첫 번째 대담에 초대된 유일한 잡지사였던 〈포춘〉은 이 행사가 '현인들의 지혜와 다름없는' 통찰을 얻을 수 있었던 기회였다고 보도하고 관련 기사를 커버스토리로 실었다. 두 억만장자가 네브래스카대학에서 다시 만났을 때, 이번에는 무대 뒤에서 그들을 따라다니기로 한 〈포춘〉은 잠시 두 사람과 개인적인 시간을 보내며 준비해온 질문들을 던졌다.

〈포춘〉의 기자 다니엘 로스와 함께, 점심 식사를 마친 재계의 두 거물(버핏의 식사는 흰 빵, 저민 칠면조 고기, 체리콕이었고 게이츠는 겨자 소스를 곁들인 구운 쇠고기를 먹었다)은 한결 느긋한 자세로 두 사람 사이의 두터운 친분, 오늘 밤의 포커 게임, 그리고 투자자들을 그릇된 길로 인도하는 월스트리트 등에 대해 두루 이야기를 나누었다. 요즘 그들은 건강 관리에 열심이다. 10월에 50세가 되는 게이츠는 그동안 달리기로 9킬로그램을 감량했으며, 75세의 버핏은 일주일에 세 번 참가하는 개인 헬스 훈련 덕분에 5킬로그램을 뺐다고 한다. 또한 그들은 미래의 계획도 열심히 관리 중이다. 버핏은 그동안의 생각을 바꿔 자신이 생존해 있는 동안 기부를 시작할 수도 있을 거라고 말한다.

〈포춘〉: 먼저 짧은 질문 몇 개를 드리겠습니다. 우선 최근에 가장 감명 깊게 읽은 책은?

버핏: 《캐서린 그레이엄 자서전(Personal History)》은 환상적인 책이죠. 모든 사람이 꼭 읽어야 할 필독 서적이라고 생각합니다.

게이츠: 나는 에너지에 관한 책 《무한의 원천(The Bottomless Well)》을 재미있게 읽었습니다. 또 컴퓨터 과학책도 한 권 읽었죠. 레이 커즈와일(Ray Kurzweil)이 쓴 《특이점이 온다(Singularity Is Near)》—내가 가지고 있는 것

은 사전 인쇄본인데, 언제 정식 출간될지는 잘 모릅니다―는 인공지능에 관한 이야기입니다. 톰 프리드먼(Tom Friedman)의 작품《세계는 평평하다(The World Is Flat)》도 대단히 훌륭한 책입니다. 제프리 삭스(Jeffrey Sachs)의《빈곤의 종말(The End of Poverty)》과 올해 잭 웰치가 펴낸《위대한 승리(Winning)》도 감명 깊게 읽었습니다. 또 재레드 다이아몬드(Jared Mason Diamond)가 쓴《문명의 붕괴(Collapse)》도 빼놓을 수 없죠. 이 책은 그의 최고 작품이라고 할 수 있는《총, 균, 쇠(Guns, Germs, Steel)》의 후속편입니다.

〈포춘〉: 최근 두 분이 가장 큰돈을 낭비한 곳은 어디일까요?

버핏: 개인적인 소비를 말하는 건가요?

〈포춘〉: 그렇습니다.

버핏: 비행기를 구입한 거죠. 내가 많은 돈을 소유한 덕분에 삶을 획기적으로 바꾼 단 한 번의 경험은 넷젯의 G4를 사들인 일입니다(버크셔는 넷젯의 소유주다). 내가 일 년에 쓰는 돈은 20만 달러 정도가 전부입니다. 아니면 그보다 조금 많을 수도 있고요.

게이츠: 낭비라……. 만일 내가 오늘 포커 게임에서 돈을 잃게 되면, 500달러 정도를 낭비하게 되겠군요.

버핏: 바로 그런 게 낭비인 거죠.

게이츠: 워런과 나의 베팅은 언제나 1달러가 한계예요.

버핏: 오마하에 사는 친구 한 명이 내게 전화를 걸어 오늘 밤 포커 게임을 하자고 제안했는데, 꽤 재미있을 것 같아요. 그러나 텍사스 홀덤(Texas Hold'Em) 방식의 포커는 돈을 걸고 하는 게임입니다. 원래 포커의 묘미가 그런 거니까요. 제 생각에는 브리지가 더 좋은 게임 같지만, 포커도 재미가 만만치 않습니다.

게이츠: 우리에게 괜찮은 참가자가 한 명만 더 있다면 넷이서 브리지를 할 수도 있을 텐데요.

〈포춘〉: 워런이 친구에게 "좋아, 나도 포커 게임에 참가하지. 내 친구 빌 게이츠를 데려갈 거야"라고 말했을 때 그분이 뭐라고 하던가요?

버핏: 우리는 아무 얘기도 하지 않았습니다. 게임을 주선한 친구만 그 사실을 알고 다른 사람들은 몰라요.

〈포춘〉: 다시 스피드 질문 모드로 돌아와서, 주식시장 얘기를 좀 해보죠. 앞으로 7년 뒤에는 S&P500 주식의 연평균 수익률이 10퍼센트보다 높을까요, 아니면 낮을까요?

버핏: 낮을 확률이 훨씬 높다고 봅니다. 명목 GDP 성장률이 5퍼센트에 그치는 상황에서 모든 사람이 주식을 통해 10퍼센트의 수익을 얻기는 불가능해요.

게이츠: 나도 10퍼센트 이하일 가능성이 크다고 생각합니다. 주식의 수익률이 앞으로도 매우 높으리라는 생각에는 문제가 많습니다.

〈포춘〉: 워런, 당신은 지난번 이 문제를 언급하면서 사람들이 주식시장에서 너도나도 높은 수익을 기대하는 '무모한 예측'에 빠져 있다고 말했습니다. 오늘날 헤지펀드나 사모펀드 업계에서도 같은 일이 벌어지고 있다고 생각합니까?

버핏: 1990년대 말, 사람들은 과거로 시선을 고정한 채 신(神)이 미국인들에게 연 15퍼센트의 수익을 얻을 권리를 허락했다고 생각했습니다. 심지어 그런 사고방식은 연금기금이나 대학교 기부금 펀드 관리자들에게도 영향을 미쳤습니다. 그로부터 6~7년이 흐른 지금, 여전히 백미러로 뒤를 돌아보는 투자자들은 그동안 전통적인 방식의 투자를 통해 기대치에 한참 못 미치는 수익이 발생했다는 사실을 깨달았습니다. 이제 그들은 이렇게 생각합니다. "높은 수익을 올리기 위해서는 대체 투자처를 찾아야겠어." 월스트리트의 중개인들은 그 공백을 파고들어 사람들에게 이렇게 말합니다. "과거를 돌아보는 것은 옳은 일이고, 전통적인 투자 방식이 더 이상 효과가 없다는 것도 맞는 판단입니다. 그렇다면 우리와 함께합시다. 우리에게는 투자의 '성배(聖杯)'가 있으니까요." 문제는 그들이 내세우는 성배에 훨씬 많은 돈이 들어간다는 겁니다.

게이츠: 벤처캐피털은 적은 돈으로 엄청난 수익을 올리기도 했고, 반대로 많은 돈을 들여서 초라한 수익을 거두기도 했습니다. 고비율의 '절대 수익'을 얻고자 하는 사람들의 욕구는(특히 하버드대학 펀드 같은 투자자들이 대체 자산으로 현명하게 전환하는 모습을 목격한 뒤에) 이런 생각으로 이어졌습니다. "어딘가에는 10퍼센트의 수익을 올릴 수 있는 투자처가 분명히 있어. 아직 내가 발견하지 못했을 뿐이야." 투자자들이 현실보다 훨씬 높은 수익을 기대하는 현상은 오늘날에도 변함이 없습니다.

버핏: 월스트리트가 그런 현상을 더욱 부추기는 거죠.

게이츠: 그게 그 사람들 직업이니까요. (두 사람 모두 웃는다.)

〈포춘〉: 워런은 올해 여름 앨런 앤 컴퍼니의 연례 콘퍼런스에서 행한 연설을 통해 미국의 무역 적자 증가에 대해 큰 우려를 나타냈습니다. 빌도 워런만큼 이 문제를 걱정하는지 궁금합니다.

게이츠: 내가 그 문제를 깊이 생각하게 된 것은 워런 덕분입니다. 나는 워런의 연설 장면을 두 차례나 시청했는데, 볼 때마다 근심이 깊어졌습니다. 나는 기본적으로 국가 간 교역이라는 행위 자체가 매우 좋은 일이라고 생각합니다. 가장 크게 우려되는 대목은 무역 불균형 상태에 빠진 어느 나라가 수입을 줄이기 위해 무역 제재를 실시하면, 다른 나라들도 비슷한 조치를 취한다는 겁니다. 내 생각에 가장 큰 위험 요소는 자유무역 시스템의 장점 자체가 훼손되는 일인 것 같습니다.

〈포춘〉: 생산 시설을 해외로 이전하고 있는 마이크로소프트 같은 기업들이 무역 적자 문제를 더욱 악화시키는 건 아닐까요?

게이츠: 마이크로소프트는 수입보다 수출이 많은 회사입니다. 다른 어떤 기업에 비해서도 수출 비중이 높지요. 우리 회사는 미국 내 판매보다 연구개발에 더 주력합니다. 만일 미국에 마이크로소프트 같은 회사가 100개만 있어도 무역 적자 문제는 해결될 겁니다.

버핏: 첨단 기술 분야는 미국이 소유한 커다란 장점 중의 하나입니다. 세계

를 바라볼 때는 자신이 잘하는 일에 전력을 기울여야 합니다. 예를 들어 바나나 사업은 다른 나라에게 맡기는 편이 좋습니다. 우리는 바나나를 제대로 키울 능력이 되지 않을 테니까요. 그러나 나는 무역 적자가 영구적으로 지속될 일은 아니라고 생각합니다. 언젠가 심각한 경제 문제가 발생해서 사람들이 "도대체 어떤 일이 벌어진 거야"라고 느끼는 상황이 되면 정치적으로 매우 좋지 않은 결과가 빚어지는 거죠. 이는 불가피한 일입니다.

〈포춘〉: 당신이 미국에 대해 가장 크게 우려하는 문제가 무역 적자인가요?

버핏: 가장 큰 문제라면 불량국가들(미사일 발사나 테러 위협 등, 미국에 위협이 되는 국가를 지칭하는 말), 테러리스트, 핵무기나 생화학 무기 같은 것들이겠죠. 내 생각에 미국 경제는 앞으로 괜찮아질 겁니다. 만일 다른 나라의 1인당 GDP가 미국보다 빨리 성장한다면, 어쩔 수가 없는 노릇이죠.

게이츠: 경제학을 가르치는 곳이 부족하고 경제학을 취미로 삼는 사람이 적은 것은 안타까운 일입니다. 그러다 보니 이렇게 말하는 사람들이 생기는 겁니다. "세상에 존재하는 일자리 숫자는 정해져 있어." 절대 그렇지 않아요. 내일 당장 모든 인도 국민이 미국인들만큼 부자가 된다고 가정해봅시다. 세상은 더 좋아지지 않을까요? 당연합니다. 그곳에서 더 좋은 제품이 생산되고 더 훌륭한 직업이 생겨나면 미국이 더 번영할까요? 물론이에요. 세상이 점점 더 윤택해지는 건 멋진 일입니다. 지금까지도 그랬고, 앞으로도 그럴 겁니다.

버핏: 결코 제로섬게임(한쪽의 이득과 다른 쪽의 손실을 더하면 제로가 되는 게임)이 아니죠.

게이츠: 맞아요. 그 말이 정답입니다.

〈포춘〉: 두 분은 자선 기부에 대한 입장이 조금 다른 듯합니다. 빌은 이미 많은 기부를 실천하고 있지만, 워런의 재산은 본인이 세상을 떠난 후에 기부될 예정입니다. 두 분은 서로에게 자신의 생각이 옳다는 점을 어떻게 관철시킵니까?

버핏: 제 생각에는 게이츠의 방식이 훨씬 낫다고 봅니다. 빌과 멜린다는 엄청난 돈과 뛰어난 두뇌, 그리고 뜨거운 가슴을 기부에 쏟아붓고 있습니다. 너무나 훌륭한 조합입니다. 내가 40대였다면 그런 일을 꿈도 꾸지 못했을 겁니다. 그렇게 의미 있는 행동을 할 능력도 없었고요.
이제 나이도 들고 돈도 벌 만큼 벌었습니다. 그리고 버크셔에 대한 통제력을 유지하기 위해 많은 주식이 필요하지도 않습니다. 그래서 죽기 전에 뭔가 특별한 의미를 지닌 일을 하는 게 좋을지도 모르겠다는 생각이 듭니다.

〈포춘〉: 그 말은 계획이 바뀌었다는 건가요?

버핏: 진화한 거죠.

게이츠: 나는 1998년 자선 활동에 뛰어들었을 때 이렇게 말했습니다. "한편으로는 돈을 벌고, 다른 한편으로 돈을 기부하는 일이 너무 복잡하고 혼란스러워." 당시 나는 그 일을 할 시간을 낼 수 있으리라 생각하지 않았어요. 그러나 아버지의 독려와 멜린다의 전폭적인 지지가 큰 도움이 됐습니다. 두 사람은 기꺼이 시간을 내어 일을 도와주었죠. 게다가 마이크로소프트에는 내가 오래전부터 잘 알던 스티브 발머라는 유능한 친구가 있었습

니다. 이 모든 조각이 잘 들어맞았던 겁니다. 그 전까지 나는 회사에서 전업으로 일하는 시기가 지난 뒤에야 제대로 자선 활동을 할 수 있을 거라고 생각했습니다. 그러나 놀랍게도 그 두 가지 일을 지금처럼 해낼 수 있게 됐습니다.

버핏: 빌의 사고방식이 훨씬 훌륭합니다. 나라면 두 가지 일을 할 수가 없었을 겁니다. 내가 양쪽 일을 잘 해내지 못할 거라는 사실을 알고 있으니, 설사 그런 시도를 한다고 해도 기쁨을 느끼지 못했을 거고요. 나는 내 돈이 현명하게 쓰이는 모습을 지켜보고 싶습니다. 따라서 자선 활동을 시작하기에 최적의 시기가 꼭 나의 죽음이라고 생각하지 않습니다.

〈포춘〉: 두 분은 그 문제를 두고 대화를 나눕니까?

버핏: 오, 물론이죠.

게이츠: 당연합니다.

〈포춘〉: 빌, 당신은 본인이 하는 것처럼 자선 활동을 직접 해보라고 워런을 설득하나요?

게이츠: 그렇지는 않아요. 하지만 자선 활동을 하면서 어떤 기쁨을 느끼는지, 그리고 그 활동에서 어떤 흥미로운 역동성을 발견하는지 워런에게 종종 이야기합니다. 말하자면 무엇이 가능한지 또는 가능하지 않은지에 대한 역동성인 거죠. 그건 많은 점에서 비즈니스의 세계와 비슷합니다. 단지 자선 활동에 뛰어들기만 해서는 충분치 않아요. 그 활동의 구체적인 내

용을 익히고, 비즈니스에도 적용할 수 있는 다양한 경험을 해야 합니다.

버핏: 버크셔는 나의 모든 것이라고 할 수 있기 때문에, 내가 이 회사를 쉽게 떠나지는 못할 겁니다. 그러나 앞으로 6년이나 8년 안에 내 개인 재산이 5배쯤 불어나지는 않을 거라고 생각해요. 지금의 재산만으로도 이미 엄청난 돈이죠. 그리고 40대 때와 비교해서도 많이 늘었습니다. 만일 내가 40대 때 기부를 시작했다면, 내가 낼 수 있는 금액은 고작 2천만 달러 정도였을 겁니다. 이제는 정말 뭔가 의미 있는 일을 할 수 있을 정도로 재산이 늘었어요. 그리고 버크셔를 통제하기 위해 그 돈이 필요한 것도 아닙니다. 오늘날 이렇게 덩치가 커진 버크셔를 인수할 만한 사람은 없을 겁니다. 20년 전이라면 가능했겠죠.

게이츠: 나는 〈포춘〉의 기사를 읽기 전까지는 아이들에게 재산을 몽땅 물려주는 일이 옳지 않다고 생각하지 않았습니다.

버핏: '자식에게 전 재산을 물려주어야 할까?' 기사 말인가요?

게이츠: 그렇습니다. 그 기사에서 워런이 한 말은 내게 큰 울림을 주었죠. 나는 그 글을 읽고 나서 자식들에게 전 재산을 상속하는 일이 실수일 수도 있겠다는 생각을 하게 됐습니다. 결국 내 재산을 사회에 환원하겠다는 아이디어에 결정적인 영향을 미친 사람은 바로 워런입니다.

버핏: 그리고 빌은 그 분야에서도 나보다 훨씬 낫죠. (웃음) 재미있는 사실은 정부의 복지 시스템이 '의존의 악순환'을 만든다고 반대하는 바로 그 사람들이, 정작 자기 아이들에게는 평생 먹고살 만한 재산을 물려준다는

겁니다. 반면 17살에 이미 두 명의 아이를 낳은 가난한 여성에게는 아무 것도 제공하지 않으면서요.

〈포춘〉: 워런, 당신이 기술기업들에 투자를 꺼린다는 사실은 잘 알고 있습니다. 그런데 마이크로소프트는 매력적인 투자처로 생각하는지 궁금하네요.

버핏: 만일 내가 마이크로소프트에 투자해서 돈을 벌면 사람들은 내가 내부 정보를 이용했다고 여길 겁니다. 돈을 벌지 못하면 이 회사에 투자하는 게 좋은 아이디어가 아니었다는 의미일 테고요. (두 사람 모두 웃기 시작한다.)

게이츠: 맞아요. 내가 워런에게 틀린 정보를 줬다고 남들이 생각하겠죠.

〈포춘〉: 하지만 빌, 당신은 버크셔 해서웨이의 주식을 좀 산 것으로 알고 있는데요.

게이츠: 그렇긴 한데, 버크셔의 이사회 멤버들 중에 제 주식 지분이 가장 적을 겁니다.

〈포춘〉: 그렇다면 버크셔를 인수하려는 시도는 아니군요…….

게이츠: (웃음) 아니, 절대 아닙니다.

버핏: 만일 누군가 버크셔를 인수한다면, 나는 그게 빌이었으면 좋겠어요.

게이츠: 제 지분이 1퍼센트가 되면 알려드리죠.

〈포춘〉: 버크셔 얘기가 나온 김에, 마지막 질문을 드립니다. 두 분은 모두 데어리퀸을 좋아하시죠. 즐기는 제품이 딜리바인가요, 블리자드인가요?

버핏: 사실 나는 더스티 선데 아이스크림을 가장 좋아해요. 그러나 둘 중에 고르라면 블리자드가 낫습니다.

게이츠: 나는 딜리바에 한 표를 던집니다.

잠시 후, 다니엘 로스는 한 사람씩 따로 대화를 나누었다. 버핏과 개별적으로 진행한 인터뷰 내용은 다음과 같다.

버핏은 이렇게 주장한다…

일률과세에 대하여

나는 그 안에 찬성하지 않습니다. 내 생각에 우리의 조세 제도는 이미 상당 부분 획일화되어 있습니다. 근로소득세를 예로 들면—현재 최초 8만 달러 또는 9만 달러의 소득 구간에 12퍼센트가 넘는 비율이 적용됩니다 —, 빌과 나의 소득에는 사실상 세금이 거의 없습니다. 반면 우리 두 사람의 회사에서 일하는 근로자들은 우리와 비슷하거나 오히려 더 높은 비율로 세금을 냅니다. 이런 차이가 발생한 이유는 자본이익 및 배당금에 대한 세금이 15퍼센트까지 떨어졌기 때문입니다. 결국 이 나라는 최근 몇 년간 최고의 부자들에게 커다란 혜택을 제공했지만, 소득이 그 아래쪽에 분포되어 있는 사람들에게는 별로 도움을 주지 못했습니다.

솔직히 말해 빌과 나는 우리가 얻는 소득에 더 높은 세율이 적용되어야 한다고 생각합니다. 지금 내가 납부하고 있는 세금은 내가 25년 전에 냈던 세금에 비해 절반밖에 안 됩니다. 그때는 지금보다 훨씬 적은 돈을 벌었는데 말이죠. 그동안 미국 정부는 부자들의 이익만을 소중히 여겨온 것 같습니다.

삶에서 최악의 투자 결정에 대해

나의 가장 큰 실수는 투자를 해서가 아니라 투자를 하지 않아서 손해를 본 겁니다. 그동안 우리가 단일 투자에서 그렇게 큰돈을 잃은 적은 별로 없습니다. 그러나 충분히 할 수 있는 일을 하지 않아서 손실을 입은 적은 여러 차례 있었습니다. 그렇게 잃어버린 수익을 합하면 적어도 100억 달러는 될 겁니다. 물론 내가 마이크로소프트에 투자를 하지 않은 일을 두고 좋은 기회를 놓쳤다고 할 수는 없습니다. 나는 그런 의사 결정을 할 수 있을 만큼 그쪽 분야를 잘 알지 못했으니까요. 그러나 내가 충분히 익숙했던 대상에 이런저런 이유로 아예 투자하지 않거나 투자를 적게 한 몇몇 사례가 있었습니다. 신속히 수표를 끊어야 할 때에 손가락을 빨고 앉아 있었던 거죠. 그러나 골프 선수가 매 홀 홀인원을 한다면 경기가 별로 재미없을 겁니다. 내가 계속해서 공을 러프에 빠뜨리는 이유도 그런 식으로 설명이 될 것 같습니다.

자식들에게 재산을 물려주는 문제에 대해

우리 아이들은 풍족한 삶을 살 거예요. 그것도 세계에서 상위 0.5퍼센트

이내에 드는 부자가 될 겁니다. 그러나 내 재산의 99퍼센트는 자선단체에 기부될 예정입니다. 빌의 계획도 기본적으로 똑같아요. 우리는 자녀들을 슈퍼 리치로 만들고 싶지 않습니다. 물론 아이들이 부유해질 거라는 사실에는 의문의 여지가 없지만, 대대로 부(富)가 세습되는 왕조를 창업할 생각은 없다는 겁니다. 세상 사람들은 이 나라의 '기회의 평등'에 대해 많은 이야기를 합니다. 모든 사람들에게 부자가 될 수 있는 공평한 기회를 주어야 한다는 거죠. 그런 점에서 이 사회에서 우연히 부모를 잘 만났다는 이유로 아이들에게 엄청난 재산을 물려주는 일은 반(反)미국적인 행위라고 생각합니다.

당신의 수익이 사라집니다!

2006년 3월 20일 |
버크셔 해서웨이의 2005년도 연례 보고서 중 버핏의 주주서한에서 발췌

"그는 정말 대단한 '환원주의자(reductionist, 복잡하고 추상적인 사상이나 개념을 기본적인 요소로부터 설명하려는 사람 — 역자주)'입니다." 얼마 전 워런 버핏의 사업 동료 한 사람은 복잡한 문제나 이슈로부터 핵심을 이끌어내는 버핏의 탁월한 재능을 묘사하기 위해 이렇게 예사롭지 않은 용어를 사용했다. 버핏의 2005년도 연례 주주서한에서 발췌한 이 기사에서도 그 능력은 여지없이 발휘된다. 그는 이 글에서 단호한 어조로 선언한다. "모든 기업의 소유주가 오늘부터 세상 끝나는 날까지 벌어들일 수 있는 돈의 합계는 그 기업들이 거두어들일 수익의 합계를 넘지 못합니다." 그는 '당신의 수익이 사라집니다!'라는 제목으로 발표된 〈포춘〉의 주주서한 발췌 기사에서 소위 '마찰비용'의 폐해를 개탄하며, 갓락(Gotrock)이라는 가상 가문의 가족 구성원들이 치러야 했던 비싼 비용의 이야기를 들려준다. 버핏은 1956년 버핏 파트너십을 설립할 때부터 '마찰비용'에 대한 반감을 지니고 있었다. 그가 세운 파트너십은 오늘날로 말하면 헤지펀드에 해당하는 조직이었다. 하지만 버핏은 이 펀드의 연수익 6퍼센트까지는 유한책임조합원들에게 전액을 돌려주고, 그 이상의 수익에서 일정 부분 자신의 몫을 챙기는 방법을 사용했다(그 뒤 몇몇 펀드가 이 방식을 도입하기도 했다). 버핏은 나중에 자신의 주주서한이 유명세를 타게 되자, 개인 투자자들이 직접 주식시장을 상대하려고 애쓰기보다는 차라리 거래비용이 낮은 인덱스펀드에 투자하는 편이 낫다고 투자자들에게 조언했다. 그 뒤 버핏은 세간에 잘 알려진 대로 프로테제 파트너스(Protege Partners)

라는 헤지펀드와 유명한 투자 내기를 했다. 즉 버핏이 선택한 S&P500 기반의 인덱스펀드와 프로테제가 세심하게 고른 다섯 개 헤지펀드 중에 2008년부터 향후 10년간 어느 쪽이 더 높은 수익을 기록하느냐를 두고 내기를 시작한 것이다. 물론 헤지펀드의 유한책임조합원들은 각 헤지펀드에 지불하는 비용과 모태펀드(fund of funds, 여러 개의 펀드를 모아 만든 펀드─역자주) 차원에서 발생하는 비용을 모두 부담해야 하는 상황이었다. 이 책의 출간을 앞둔 2013년, 버핏의 인덱스펀드는 내기가 시작된 지 5년 만에 처음으로 헤지펀드의 수익률을 넘어섰다. 이 내기에 관해 상세한 내용을 알고 싶으면 548페이지의 '버핏, 승부를 걸다' 기사를 참조하기 바란다. ─ CL

버크셔를 포함한 미국의 주식 투자자들은 그동안 손쉬운 성장을 거듭했습니다. 다소 장기적인 예를 들어본다면, 1899년 12월 31일부터 1999년 12월 31일까지의 100년간 다우존스 지수는 66포인트에서 1만 1,497포인트로 상승했습니다. (이런 실적을 달성하려면 연평균 몇 퍼센트가 올라야 하는 걸까요? 그 놀라운 답은 뒤에서 말씀드리겠습니다.) 우리가 이런 눈부신 성장을 거둘 수 있었던 이유는 간단합니다. 지난 세기 내내 미국의 기업들이 뛰어난 성과를 올렸으며, 투자자들이 그 번영의 파도에 동참했기 때문입니다. 오늘날에도 기업들의 실적은 여전히 훌륭합니다. 반면 주주들은 마치 자해(自害)라도 하는 사람처럼 투자에서 얻은 수익의 상당 부분을 스스로 깎아 먹고 있습니다.

왜 그런 일이 발생하는지 이해하기 위해서는 우선 가장 기본적인 진실과 마주해야 할 것 같습니다. 회사의 파산과 같이 몇몇 예외적인 경우를 제외하면, 모든 기업의 소유주가 지금부터 세상 끝나는 날까지 벌어들일 수 있는 돈의 합계는 그 기업들이 거두어들일 수익의 합계를 넘지 못한다는 겁니다. 물론 A라는 투자자가 영리하거나 운이 좋아서 B라는 투자자에게 돌아갈 파이를 자신이 조금 더 차지할 수는 있습니다. 그리고 주식시장이 상승세에 놓이면 모든 투자자가 부자가 된 듯한 느낌을 받는 것도 사실입니다. 하지만 어떤 주식의 소유자가 시장을 빠져나가기 위해서는 다른 누군가가 그의 자리를 대신해야 합니다. 다시 말해 어떤 투자자가 자신의 주식을 비싼 값에 판다는 말은, 다른 사람이 그 물건을 비싸게 산다는 말과 같은 의미입니다. 그러므로 모든 주주들을 전체로 놓고 볼 때, 그들이 소유한 기업에서 창출된 수익을 뛰어넘는 부(富)를 그 기업으로부터 얻어낼 수 있는 마법은 (하늘에서 돈벼락이라도 떨어지지 않는 이상) 존재하지 않습니다. 사실 주주들이 가져가는 돈은 기업들이 거둔 수익에 비해 오히려 적을 수밖에 없습니다. 바로 '마찰비용' 때문입니다. 그것이 제가 이 글에서 강조하고 싶은 요점입니다. 즉 오늘날 기업의 소유주들 주머니로 들어가는 돈이 역사적으로 그들이 벌어들였던 수익에 비해 훨씬 줄어든 이유는 막대한 마찰비용 탓이라는 겁니다.

왜 이 비용이 그토록 높아졌는지 설명하기 위해서는 또다시 가상의 세계로 여행을 떠나야 할 듯합니다. 갓락(Gotrock, 돈이 많은 척 과시하는 사람을 뜻하는 은어 — 역자주)이라는 이름의 가문은 미국의 모든 기업을 소유하고 있으며 앞으로도 영원히 소유할 유일한 가족입니다. 이 가족이(그리고 앞으로도 대대손손 이어질 이 가문의 후손들이) 수많은 기업으로부터 수령한 배당금의 세금을 납부하고 나면, 그들은 남은 돈으로 더욱 부유해집니다. 다시 말해 기업들이 새롭게 창출한 수익의 총합만큼 더 부자가 되는 겁니다. 오늘날 이 금액은 연 7천억 달러 정도입니다. 물론 이 가족 구성원들이 돈의 일부를 소비하기도 하겠지만, 그들이 저축한 나머지 금액에는 복리 이자가 붙어 그로 인한 혜택도 점점 커집니다. 갓락 집안사람들은 모두 같은 비율로 부자가 되기 때문에 서로가 조화를 이루어 잘 살아갑니다.

그런데 어디선가 갑자기 유창한 말솜씨의 조력자, 소위 '헬퍼(Helper)'들이 나타나 가족 구성원들을 구슬리기 시작합니다. 친척들이 소유한 회사를 사들이거나 자신의 회사를 친척들에게 판다면 이 가문의 다른 사람들보다 더 부자가 될 수 있다는 겁니다. 그 헬퍼들은 수수료를 받는 대가로 거래 절차를 도맡아 처리합니다. 갓락 집안사람들은 여전히 미국의 기업 전부를 소유하고 있기 때문에, 이 거래는 집안 내에서 누가 어떤 회사의 주인이 될지 재조정하는 일에 불과합니다. 그러므로 가족 전체가 매년 거두어들이는 수익, 즉 미국의 기업 전체에서 발생하는 수익은 그 헬퍼들에게 지급한 수수료만큼 줄어들 수밖에 없습니다. 가족 구성원들이 회사를 사고파는 일이 잦아질수록 각자가 차지할 파이는 점점 작아지는 반면, 헬퍼들에게 돌아가는 몫은 커집니다. 이 '중개인 헬퍼'들은 그 사실을 누구보다 잘 알고 있습니다. 활발한 거래는 그들의 친구입니다. 그들은 수단과 방법을 가리지 않고 사람들에게 더 많은 거래를 독려합니다.

시간이 지나면서 대부분의 가족 구성원은 '내 형제를 이겨라'라는 이 게임의 실적이 그다지 신통치 않다는 사실을 깨닫습니다. 그러자 또 다른 '헬퍼'들이 찾아옵니다. 새롭게 등장한 사람들은 갓락 가족 구성원 혼자의 힘으로는 나머지 가족을 절대 이길 수 없다고 설명합니다. 그리고 해결책을 제안합니다. "우리 같은 관리자를 고용하세요. 전문적으로 일을 처리해드립니다." 이 '관리자 헬퍼'들도 거래를 수행하기 위해 '중개인 헬퍼'들을 계속 이용합니다. 관리자들이 더 많은 거래를 유도하면서 중개인들은 더욱 많은 돈을 벌어들입니다. 이제 가족 구성원들의 파이 중 상당 부분이 이 두 종류의 헬퍼들에게 돌아갑니다.

이제 이 가족의 실망감은 더욱 커집니다. 가족 구성원 모두가 전문가를 고용하고 있지만, 이 그룹 전체의 경제 사정은 갈수록 나빠지기 때문입니다. 해결책은 무엇일까요? 물론 더 많은 헬퍼를 찾아 나서는 겁니다.

이번에 나타난 사람들은 재무설계사와 컨설턴트라는 헬퍼들입니다. 그들의 역할은 좋은 '관리자 헬퍼'를 선택하는 방법을 조언하는 일입니다. 깊은 혼란에 빠져 있는 가족 구성원들은 이런 종류의 도움을 환영합니다. 아직까지 이 가문의 사람들은 좋은 주식을 고르는 방법을 모를 뿐 아니라, 좋은 주식을 고를 줄 아는 사람을 선택할 능력도 없습니다. 그렇다면 그들이 좋은 컨설턴트를 고르는 데 성공할 거라고 어떻게 장담할 수 있을까요? 그러나 갓락 가문 사람들에게는 그런 의구심이 없습니다. 물론 '컨설턴트 헬퍼'들도 그들이 이런 의문을 품지 않도록 유도합니다.

이제 세 종류의 값비싼 '헬퍼'들에게 돈을 퍼붓고 있는 갓락 사람들은 자신의 경제적 상황이 점점 악화된다는 사실 앞에서 깊은 좌절에 빠집니다. 그리고 희망이 거의 사라진 듯이 보이는 순간, 이른바 '하이퍼 헬퍼(hyper-Helper)'라고 불리는 네 번째 그룹의 조언자들이 모습을 드러냅니다. 이 친절한 사람들은 지금까지 갓락 가족의 실적이 형편없었던 이유가 기존의 헬퍼들(중개인, 관리자, 컨설턴트) 때문이라고 말합니다. 충분히 동기 부여되지 않았던 그 조언자들이 일을 하는 척 가장했을 뿐이라는 겁니다. 새로운 헬퍼들은 이렇게 묻습니다. "그런 좀비 무리에게서 무엇을 기대할 수 있을까요?"

새로 등장한 사람들이 제시하는 해결책은 매우 간단합니다. 더 많은 돈을 내라는 겁니다. 자신감에 가득 찬 하이퍼 헬퍼들은 가족 구성원 각자가 나머지 친척들에게 진정으로 승리하기 위해서는 높은 고정비용 이외에 막대한 금액의 성공 보수를 지불해야 한다고 단호하게 말합니다.

그러나 이 가족 구성원들 중에 눈썰미가 있는 사람들은 하이퍼 헬퍼들 중의 일부가 유니폼을 바꿔 입은 관리자 헬퍼에 불과하다는 사실을 알아차립니다. 그리고 그 유니폼에는 '헤지펀드'나 '사모펀드' 같은 이름이 쓰여 있습니다. 하지만 이 새로운 헬퍼들은 그들이 바꿔 입은 옷이 대단히 중요하다고 갓락 사람들을 안심시킵니다. 마치 〈슈퍼맨〉 영화의 주인공 클라크 켄트가 슈퍼맨 옷으로 갈아입었을 때처럼, 그 옷은 자신들에게 마법 같은 힘을 발휘하게 만들어준다는 겁니다. 이 설명에 설득당한 갓락 가족 사람들은 그들에게 더 많은 돈을 지불하기로 결정합니다.

바로 오늘날 우리의 현실이 이와 같습니다. 기업의 소유주들에게 돌아가야 했을 수익(그들이 흔들의자에 조용히 앉아 있었다면 얻을 수 있었던 수익) 중 기록적으로 높은 비율의 돈이 수많은 헬퍼들의 주머니로 들어가고 있는 겁니다. 그중 가장 비싼 금액은 최근 유행하는 '수익 배분' 계약에 따른 비용입니다. 헬퍼들은 이 계약을 바탕으로 자신들의 능력이나 행운에 따라 얻어진 수익의 상당 부분을 챙겨 가지만, 반면 그들이 멍청하거나 운이 없어서, 또는 이따금 사기꾼 헬퍼들로 인해 손실이 발생했을 때는 가족 구성원들이 이를 고스란히(게다가 높은 고정비용을 보태서) 떠안아야 합니다. 그동안 이런 식의 계약(앞으로는 헬퍼들에게 엄청난 돈을 안겨주고 뒤로는 가족들이 그 손해를 부담하는 계약)을 수도 없이 남발한 이 가족에게는 갓락 대신 하드락(Hadrock, 멍청하다는 뉘앙스가 담긴 버핏의 조어 — 역자주)이라는 이름이 더 어울릴지도 모릅니다. 오늘날 이 가족이 지불하는 모든 종류의 마찰비용을 합하면 미국의 기업 전체에서 발생하는 수익의 20퍼센트에 해당합니다. 다시 말해 미국의 주식 투자자들은 헬퍼들을 위한 비용 때문에 원래 벌어들였어야 하는 돈을(즉 다른 사람의 말에 귀를 기울이지 말고 차분히 앉아 있었다면 충분히 벌 수 있었던 돈을) 80퍼센트밖에 가져가지 못하고 있다는 얘깁니다.

오래전 아이작 뉴턴(Isaac Newton)은 세 가지 운동법칙을 확립하는 천재적인 업적을 달성했습니다. 그러나 뉴턴의 놀라운 재능이 투자 분야에까지 미치지는 못했던 것 같습니다. 남해포말사건(South Sea Bubble, 18세기 초 영국 남해회사의 주가를 둘러싼 투기 사건 — 역자주)으로 큰 손해를 본 그는 나중에 이렇게 말했습니다. "나는 별들의 움직임을 계산할 수는 있지만 사람의 광기는 측정이 불가능하다." 만일 뉴턴이 투자 실패 때문에 정신적 충격을 받지 않았다면, 그는 나중에 이런 네 번째 운동법칙을 발표했을지도 모릅니다. '투자자 전체를 대상으로 했을 때, 움직임이 늘어나면 수익은 감소한다.'

이 글의 첫머리에서 미뤄두었던 답을 알려드려야 할 때가 된 것 같습니다. 지난 20세기에 다우존스 지수는 65.73포인트에서 1만 1497.12포인트로 올랐습니다. 이는 연평균 5.3퍼센트의 증가에 해당합니다(물론 투자자들은 배당금도 받았습니다). 21세기에도 이와 똑같은 비율로 수익이 발생한다면, 2099년 12월 31일자 다우존스 지수는 정확히 201만 1,011.23포인트로 상승하게 됩니다. 뒷자리를 떼어버린다고 해도 200만 포인트입니다. 그러나 21세기에 접어든 지 벌써 6년이 지났지만 다우지수는 조금도 오르지 않았습니다.

버핏의 분신(分身)

2006년 5월 29일 | 앤드류 서워

워런 버핏과 찰리 멍거가 너무도 완벽하게 조화를 이루는(두 사람이 만나지 않았다면 어떻게 됐을지 상상하기 어려울 정도로) 커플이다 보니, 최근 오마하 출신의 또 다른 두 사람이 서로 자기가 버핏과 멍거를 소개해주었다고 주장하는 상황까지 벌어졌다. 물론 이 기사에서 둘 중 누가 옳은지 진실을 가리려는 것은 아니다. 그러나 후보자 중 하나인 리처드 홀랜드가 자신의 책《진실과 허풍(Truth and Other Tall Tales)》에서 묘사한 두 사람이 처음 만났던 어느 날 저녁의 풍경을 감상해보자. "우리 거실 한구석에는 사람들이 앉아서 대화를 나눌 수 있도록 의자 두 개가 놓여 있었다. 워런과 찰리는 그날 저녁 내내 그곳에 머물렀다. 내가 기억하기로 그들은 집으로 돌아갈 시간이 될 때까지 한순간도 의자를 떠나거나 이야기를 멈춘 적이 없었다. …… 찰리는 너무 말을 많이 하다 보니 이따금 숨이 가쁜 모습을 보일 정도였다."

앤드류 서워는 이 기사에서 멍거가 버크셔에서 발휘한 특별한 능력에 대해 이야기한다. 그중 하나가 이 회사의 연례 주주총회를 세계에서 가장 훌륭한 '투맨쇼'(비록 브로드웨이에 진출하지는 못했지만)로 만들어낸 것이다. 나는 이 기사의 소개글을 쓰는 과정에서, 찰리가 버핏과(그리고 버크셔와) 함께한 지난 세월을 어떻게 평가하는지 그에게 직접 물어보는 것도 재미있겠다는 생각이 들었다. 그는 버크셔가 이렇게 엄청난 성공을 거두기까지 자신이 가장 중요하게 기여한 바가 무엇이라고 생각할까? 하지만 멍거는 내가 던진 미끼를 쉽게 물지 않았다. 대신 그는 버크셔의 문화로 자리 잡은 '우리'라는 대명사를 사용해 이렇게 말했다. "우리는 스스로의 특성에 맞춰 회사의 운영 스타일을 선택했습니다. 그러기 위해서는 오랜 시간의 사색과 탐구, 일생에 걸친 자기비판, 실수에 대한 냉정한 반성, 풍부한 유머 감각 등이 필요했죠. 그리고 이런 과정을 거치면서 이 회사에는 극단적일 정도로 권한을 위임하는 문화가 형성됐습니다. 우리 역시 남들에게 많은 신뢰를 받는 입장이다 보니 그런 문화를 자연스럽게 원하게 된 거죠. 우리는 버크셔가 구사한 여러 투자 방법론 덕분에 우리 자신이나 우리를 의지하는 사람들에게 훌륭한 재무적 성과가 돌아갈 거라는 사실을 알고 있었습니다. 그렇다고 분에 넘칠 정도로 과도한 찬사를 원하지는 않았어요. 단지 투자자들에게 일종의 스승이 될 수 있었다는 사실을 기쁘게 생각한 거죠. 그리고 그런 역할을 담당할 수 있었던 비결의 상당 부분은 워런의 멘토인 벤저민 그레이엄 덕분입니다." - CL

버크셔 해서웨이가 어떤 회사인지 사람들에게 물어보면 대개 '워런 버핏의 회사'라는 대답이 돌아온다. 틀린 말은 아니다. 그러나 버크셔의 성공이 실제로는 버핏과 그의 오랜 동료 찰리 멍거의 합작품이라는 사실을 알만한 사람은 다 안다. 물론 그 과정에서 주역을 맡은 사람은 버크셔의 의장이자 CEO이며 이 회사를 공식적으로 대표하는 인물 버핏이다. 반면 부회장 역할의 멍거는 주로 무대 뒤에서 활동하는 스타일이다. 그럼에도 불구하고 버핏과 함께 버크셔의 핵심 두뇌 자리를 지켜온 멍거의 존재감은 절대 작지 않다.

지난 5월 초, 나는 이제 세계적으로 유명해진 버크셔의 연례 주주총회에 참석하기 위해 오마하로 성지 순례를 떠났다. 무엇보다 멍거가 '자본주의의 축제'라고 부른 이 행사를 직접 경험해보려는 의도였지만, 내게는 이곳을 방문한 또 다른 목적이 있었다. 이번 기회에 멍거를 좀 더 가까운 곳에서 관찰하고 그와 마주 앉아 지혜의 말을 전해 듣고 싶었던 것이다. 다른 사람들도 마찬가지겠지만, 나 역시 버크셔의 연례 주주총회에 관해 쓰인 글을 수도 없이 읽었다. 하지만 1만 7천 명의 주주와 7천 명의 일반 참가자들이 입추의 여지 없이 들어찬 오마하의 퀘스트 센터(Qwest Center)로 걸어 들어가는 일은 뭔가 비현실적인 경험처럼 느껴졌다. 무대 위에 자리 잡은 두 노인(버핏은 75세고 멍거는 82세다)이 장장 5시간에 걸쳐 들려주는 이야기에 모든 관객은(그중 상당수가 수백만 달러의 자산가들이다) 하나같이 넋이 빠진 모습이었다. 세상에서 이런 장면을 창조해낼 수 있는 연설자들은 오직 버핏과 멍거밖에 없을 것이다.

지난 수십 년간 이어진 '버핏 앤 멍거 쇼'의 무대 연출 방식은 거의 판에 박힌 듯 일정하다. 두 사람이 무대 한가운데 자리 잡고 앉아 수많은 주주들이 운집한 어두운 관객석을 마주 본다. 관객이 질문을 하면 먼저 버핏이 대답을 한다. 이따금 주제에서 벗어나는 얘기를 특유의 화법으로 5분 정도(대개 한두 마디 농담을 섞어) 늘어놓을 때도 있다. 그리고 옆자리의 파트너를 돌아보며 이렇게 묻는다. "찰리?" 멍거의 반응은 대개 둘 중 하나다. 어떤 때는 앞쪽으로 몸을 약간 기울이면서 간결하고, 함축적이고, 신랄한 태도로 논의의 핵심을 짚는다(때로 관객석에서 탄성이나 폭소가 터져 나온다). 아니면 이렇게 짧게 대답한다. "할 말이 없습니다." (특히 버핏이 질문의 핵심에서 벗어나는 이야기를 오래 늘어놓은 뒤에 멍거가 이렇게 답하면 관객들은 큰 소리로 웃곤 한다.) 그리고 버핏이 다시 마이크를 넘겨받아 2분 정도 답변을 마무리한다. 오전의 행사는 2시간 30분 정도 진행된다. 그리고 점심시간 뒤에도 똑같은 질의응답이 2시간가량 이어진다. "이렇게 두 사람이 진행하는 형태로 행사의 포맷을 정한 이유는, 한 사람만으로는 도저히 힘들다고 생각했기 때문입니다." 마치 마라톤 같았던 올해의 행사가 끝난 뒤 멍거는 내게 이렇게 말했다. "세상에서 가장 지혜롭고 현명한 사람이라도 무대 위에 혼자 앉아 있다면 관객들이 식상할 수가 있는 거죠. 이 기나긴 축제의 재미를 위해서는 서로 다른 성격을 지닌 사람들의 상호 작용이 필요합니다."

버크셔의 소식에 정통한 전문가들에 따르면, 최근 멍거(그는 성격이 까칠한 데다 멍청한 사람들을 견디지 못하는 타입이다)는 자신의 길을 독자적으로 걷는 모습을 보이기 시작했다고 한다. 우선 버핏이 본인 사후에야 재산 기부를 시작하겠다는 의사를 밝힌 것과 달리, 멍거는 제2의 고향이라고 할 수 있는 캘리포니아의 교육 및 의료 단체에 재산 상당액을 기부했다. 또 그가 2005년에 펴낸 호화 양장의 '테이블 장식용 서적'인《가난한 찰리의 연감 (Poor Charlie's Almanack)》도 올해 연례 주주총회 직전에 재판이 발간됐다. 물론 이 책의 제목은 그가 가장 존경하는 벤저민 프랭클린의 책(벤저민 프랭클린이 1732년부터 펴내기 시작한《가난한 리처드의 연감》을 의미함 — 역자주)에서 따온 것이다. "프랭클린의 놀라운 지혜와 재능은 가늠할 수도 없을 정도입니다." 이렇게 말하는 멍거의 얼굴에는 잠시 귀여운 웃음이 스쳐 간다. "프랭클린은 네 종류나 되는 악기를 연주했습니다. 그는 이 나라에서 가장 뛰어난 과학자이자 발명가, 그리고 작가였으며, 최고의 정치가인 동시에 자선가였습니다. 그런 사람은 어디에도 없을 겁니다."

그러나 버크셔의 주주들에게는 멍거 자신이 이미 군계일학 같은 인물이다. "워런이 무척 영리하다는 사실은 두말할 나위가 없어요." 주주 한 사람은 내게 이렇게 말했다. "그러나 나는 멍거가 하는 말을 듣기 좋아합니다." 어떤 의미에서 버핏과 멍거는 영국의 록밴드 롤링스톤스(The Rolling Stones)를 연상시키는 커플이다. 버핏은 믹 재거(Mick Jagger) 같은 중심인물의 역할을 맡고 있지만, 많은 사람들은 멍거가 키스 리차드(Keith Richards)처럼 버핏에 못지않은, 또는 그보다 훌륭한 이인자라고 생각한다 (멍거가 야자나무 근처에는 얼씬도 하지 않기를 빌어보자, 2006년 피지로 휴가를

501

떠난 키스 리차드는 나무에서 떨어져 두개골이 손상되는 사고를 당했음 — 역자주).

그렇다면 올해의 행사에서 찰리는 어떤 재치 있는 말을 들려주었을까? 한 번은 버핏이 독자적으로 투자에 나선 주주들을 언급하며, 그들 중에 좋은 결과를 얻을 사람도 있을 거라고 말하자 멍거는 이렇게 덧붙였다. "반면 쫄딱 망하는 사람들도 있겠죠." 그는 회계 감사들을 '양심까지 팔아버린 비열한' 사람들이라고 맹비난했고 외국의 부패한 정부를 '도둑 정치 (kleptocracy)'라고 불렀다. 또 어느 저명한 작가가 펴낸 비즈니스 서적을 '정신 나간' 책이라고 비난했다. 그는 기업의 경영자들에게 돌아가는 막대한 보상을 언급하면서 그 점에서 미국은 "유럽에 독약을 수출하고 있다"라고 주장하기도 했다. 또 헤지펀드나 사모펀드들이 마땅한 대가를 치를 때가 머지않았다며 월스트리트는 '경마장의 거간꾼' 같은 사람들로 가득하다고 목소리를 높였다. 하지만 멍거가 사기꾼들에 대한 비난만을 늘어놓은 것은 아니다. 대개의 경우 멍거의 철학은 겸손과 지혜로 가득하다. "워런과 나는 버크셔의 다른 사람이 우리보다 더 잘할 수 있는 일은 되도록 피합니다." 그는 내게 이렇게 말한다. "어떤 일을 완벽하게 알지 못하는 사람은 그 일을 잘 해낼 능력이 없는 겁니다."

올해의 주주총회가 열리기 바로 전날, 버크셔는 이스라엘의 금속 절삭공구 제조업체 이스카(버크셔가 인수한 첫 번째 외국 기업)의 지분 80퍼센트를 40억 달러에 사들였다고 발표했다. 멍거는 이스카 경영진의 '뛰어난 재능과 정직성'을 회사가 높이 평가했다고 말한다. 들리는 말로는 이스카 투자에 있어서는 멍거(그는 평소 투자에 있어 버핏에 비해 조심스러운 입장을 취하는 편이다)가 검토가 시작될 때부터 한결 적극적인 모습을 보였으며, 버핏보다 열정적인 자세로 거래에 임했다고 한다. "이런 거래에 흥분하지 않을 사람이 있을까요?" 멍거의 말이다.

내가 버크셔나 버핏, 그리고 멍거를 생각할 때마다 감탄을 금치 못하는 사실은 그토록 복잡하고 난해한 경영과 투자의 기술이 두 사람의 손에서는 너무도 간단해 보인다는 것이다. "버크셔는 예측하기 쉬운 비즈니스를 합니다." 멍거는 이렇게 설명한다. 만일 어떤 거래가 너무 어려워 보이면, 두 파트너는 거래 자체를 피해버린다는 것이다. 그러나 올해의 연례 주주총회에서 멍거가 했던 말 중에 내게 가장 큰 감명을 준 대목은 다음과 같다. "우리에게는 합리적이어야 한다는 도덕적 책임이 있습니다." 잠시 생각해보라. 당신은 자신의 책임을 이렇게 설명하는 기업의 경영진을 본 적이 있는가? 세상에 존재하는 버크셔 해서웨이가 오직 하나고, 워런 버핏도 하나인 이유는 바로 여기에 있다. 물론 찰리 멍거도 오직 하나뿐이다.

GM을 지지하는 버핏, 캐딜락을 구입하다

2006년 5월 29일 | 알렉스 테일러 3세(Alex Taylor III)

워런 버핏은 늘 화려한 물건들로 자신을 치장하는 종류의 부자는 아니다. 이 억만장자는 데어리퀸에서 식사를 즐기고 하루의 통근 시간은 5분이 넘지 않는다. 그러나 버핏은 올 4월 초 제너럴모터스(GM)의 CEO 릭 왜고너(Rick Wagoner)가 CBS 방송의 '페이스 더 네이션(Face The Nation)'에 출연한 장면을 본 뒤에, 이제 새로운 자동차를 한 대쯤 장만하는 호사를 누릴 때가 됐다고 마음먹었다. 버핏은 왜고너에게 팩스를 보내 그가 GM에 산적한 문제(왜고너 자신이 만들어내지 않은 문제)를 논하는 과정에서 보여준 '솔직하고, 차분하고, 합리적인' 모습을 칭찬했다. 그리고 이렇게 추신을 덧붙였다. "나는 자동차를 자주 구입하는 사람이 아니지만, 다음번 차는 반드시 캐딜락이 될 겁니다." 왜고너는 버핏에게 보낸 답장에서 자동차 구입을 도와주겠다고 제안했으나 그럴 필요가 없었다. 버핏은 자기가 직접 '적당한 녀석에게 한 표를 던질 수 있도록' 가까운 곳에 위치한 자동차 딜러에게 자신의 딸을 보냈다. 그녀가 고른 차는 주로 노년층 운전자들을 겨냥해서 출시된 캐딜락 DTS로, 가격이 4만 천9백 달러부터 시작되는 제품이었다. "나는 자동차 세일즈맨이 될 수도 있었을 겁니다. 이 제품은 누구에게나 문제없이 판매할 수 있을 것 같네요." 버핏의 말이다. "나는 GM을 100퍼센트 지지합니다." 궁금해할 독자들이 있을 것 같아서 미리 얘기하는데, 그는 자동차값을 현금으로 지불했다.

자선 사업가의
등장

2006년 5월 초, 나는 〈포춘〉의 편집장 에릭 풀리(Eric Pooley)의 사무실로 들어가서 문을 닫아걸었다. 그리고 우리에게 드디어 엄청난 특종을 터뜨릴 기회가 찾아왔다고 말했다. "당신도 알다시피 워런 버핏은 항상 재산의 대부분을 자선단체에 기부하겠다고 말했습니다. 하지만 구체적인 계획을 밝힌 적은 한 번도 없었어요. 오는 6월에 버핏은 자신이 곧바로 기부를 시작하겠다고 발표할 예정입니다. 앞으로 다섯 개 재단에 재산을 점차 나눠줄 생각인데, 가장 큰 몫이 돌아갈 곳은 게이츠 재단이라고 합니다. 이 소식을 기사로(가능하면 질의응답 형식으로) 다뤄보면 어떨까요? 당신이 원한다면 우리가 이 모든 사실을 세상에 최초로 공개하게 되는 겁니다."

에릭은 잠시 놀란 표정을 짓더니, 1초도 안 돼서 이렇게 답했다. "당연히 원합니다." 그리고 사진부장 그렉 폰드(Greg Pond)를 불러야겠다고 말했다. 아마도 이 기사를 커버스토리로 싣기로 곧바로 마음먹은 듯했다. 그렉이 방으로 들어오자 에릭은 내게 그 뉴스를 다시 한번 말해달라고 부탁했다. 나는 같은 얘기를 되풀이하기 시작했다. 그러다 버핏이 어디에 돈을 기부할지 설명하는 대목에 이르자, 에릭은 갑자기 내 말을 끊고 밖에까지 들릴 만큼 큰 소리로 외쳤다. "그가 빌 게이츠에게 돈을 준답니다!"

버핏은 자신의 계획을 6월 하순쯤 발표하고 싶어 했다. 그래서 우리는 6월 23일까지 기사를 마감해서 다음 호에 싣기로 일정을 잡았다. 그러나 각 호를 구성하는 '잠정 기사 목록'(직원들이 돌아가면서 회람한다)에 이 기사를 올리지는 않았다. 대신 소규모 팀에게만 이 비밀을 알리고 평소와 다름없이 보도, 기사 작성, 편집 같은 나머지 잡지 제작 업무를 진행했다. 사진기자는 어떤 기사가 커버스토리가 될지 정확히 알지 못했기 때문에, 우리는 아트 디렉터에게만 이 비밀을 귀띔하고 기사가 실릴 페이지와 표지를 대신 디자인하게 했다.

놀라운 사실은 우리가 이 일을 다른 직원들에게 알리지 않은 채 한 달이 넘게 완벽하게 비밀에 부쳤다는 점이다. 이 기사가 발표되기 며칠 전, 오전 회의에 참석한 어느 눈치 빠른 직원 하나가 이렇게 물었다. "아마 이번 호에는 저희가 모르는 어떤 기사가 나오는 거겠죠?" 에릭은 그 말이 옳다고 인정하며 더 이상의 질문은 하지 말아달라고 부탁했다. 6월 25일(일요일), 〈포춘〉의 홍보부가 장문의 보도 자료를 통해 이 소식을 전했을 때, 온 세상 사람들은(그리고 이 잡지사의 직원 대부분은) 크게 놀랐다.

버핏은 2006년 8월에 다섯 개 재단에 처음 재산을 기부했으며, 매년 여름 같은 방식으로 기부를 계속했다. 그가 2013년까지 다섯 개 자선단체에 선물한 금액은 160억 달러에 육박한다. 그중 130억 달러는 빌 앤 멜린다 게이츠 재단으로 향했으며, 수잔 톰슨 버핏 재단(Susan Thompson Buffett Foundation)에 13억 달러, 그리고 그의 세 자녀가 운영하는 재단들에도 16억 달러(각 5억 달러 이상)가 돌아갔다.

버핏은 본인 몫의 버크셔 해서웨이 주식을 정해진 수량대로 그 재단들에 기부할 예정이기 때문에(기부 수량은 매년 일정 비율로 감소한다), 버핏의 기부액은 버크셔의 주가에 따라 해마다 달라진다. 예를 들어 게이츠 재단에 기부된 버크셔의 주식 가치는 시장이 상승세였던 2013년에 20억 달러를 기록했지만, 장세가 좋지 않았던 2009년에는 12억 5천만 달러에 그쳤다.

참고 사항 하나. 이 기사와 그다음 기사에서 언급되는 버크셔 B주식의 가격은 2010년 50 대 1로 액면분할되기 이전의 주가다. – CL

워런 버핏, 기부하다

2006년 7월 10일 | 캐럴 루미스

어느 봄날의 오후, 우리 두 사람은 맨해튼에 소재한 어느 건물의 응접실에서 마주 앉았다. 버핏의 손에는 언제나처럼 체리콕이 들려 있었다. 별로 특별할 것도 없는 이 장면에서 이제 곧 놀라운 반전이 탄생할 참이었다. "마음의 준비를 하고 들으세요." 버핏이 웃으며 말했다. 그러고는 자신이 그동안 품어왔던 생각을 완전히 뒤집는 중대한 결정을 내렸다고 이야기를 시작했다. 총액수가 400억 달러에 달하는 본인 몫의 버크셔 해서웨이 주식을 몇 달 뒤부터 자선단체에 기부하겠다는 것이었다. 이는 놀라운 소식이 아닐 수 없었다. 올해 75세의 버핏은 지난 수십 년간 재산을 사회에 환원하겠다는 뜻을 밝혀왔다. 하지만 기부의 시점은 자기가 세상을 떠난 이후가 될 거라고 항상 못을 박았다. 그랬던 그가 이제 시간표를 바꾸겠다는 것이었다. "내가 진정으로 원하는 바가 무엇인지 잘 압니다." 그는 이렇게 말했다. "이제 그 일을 실천에 옮기는 게 옳다고 생각해요." 우리가 만났던 그 봄날까지는 그가 수립한 기부 계획의 일부 사항이 아직 확정되지 않은 상태였지만, 지금은 모든 것이 확실해졌다. 그리고 그 과정 역시 버핏다웠다. 그는 최고 부자들이 재산을 헌납하는 방식에 대한 기존의 통념을 깨는 합리적이고 독창적인 방법으로 기부를 시작했다.

버핏은 자신 몫의 버크셔 주식 85퍼센트를 다섯 개 재단에 점차적으로 기부하겠다고 서약했다. 그중 6분의 5는 300억 달러의 자산을 소유한 세계 최대의 자선단체 빌 앤 멜린다 게이츠 재단으로 향할 예정이다. 이 재단의 운영자는 버핏의 절친한 친구들이다(그들의 우정은 지난 1991년 버핏과 게이츠 두 사람 모두와 친분 관계가 있었던 누군가의 소개로 시작됐다). 게이츠에 따르면 자신의 재산을 사회에 돌려주기로 마음먹는 데 결정적인 '영감'을 불어넣은 사람이 바로 버핏이라고 한다. 세계적인 유명세를 타고 있는 이 재단의 주요 활동은 인류의 보건 문제를 해결하는 일(즉 말라리아, 에이즈, 결핵 같은 질병과 싸우는 일)과 미국의 도서관 및 학교를 개선하는 데 초점이 맞춰져 있다. 현재 이 재단의 이사는 빌과 멜린다 두 사람뿐이지만, 버핏의 기부 계획이 발표됨에 따라 버핏 자신도 이곳의 이사회에 곧 합류할 예정이다. 빌 게이츠는 버핏의 기부로 인해 이 재단의 활동이 한층 '강화되고 가속화될' 거라는 사실에 자신과 아내가 "전율을 느꼈다"라고 말했다. 그리고 이렇게 덧붙였다. "워런은 믿을 수 없을 만큼 커다란 관대함과 신뢰를 보여주었습니다."

버핏은 올 7월을 시작으로 매년 일정 수량의 버크셔 B주식을 다섯 개 재단에 기부할 예정이다. 기부되는 주식의 수량은 해마다 일정 비율로 감소된다(예를 들어 2006년의 60만 2,500주를 시작으로 연 5퍼센트씩 줄어든다). 게이츠 재단에 대한 기부는 버핏에 의해 직접 실시되거나 그가 사망한 이후에는 유산 기증 형태로 이루어진다. 단지 두 사람(올해 50세의 빌과 41세의 멜린다) 중 한 명이라도 재단에서 현직으로 활동해야 버핏의 선물을 수령할 수 있다. 버핏이 선사한 돈의 가치는 매년 기부가 이루어지는 시점의 버크셔 주가에 따라 결정된다. 만일 올 7월 B주식의 가격이 주당 3,071달러라면(6월 23일 현재 가격), 버핏이 2006년 이 재단에 기부할 B주식 50만 주의 가치는 15억 달러가 된다.

갑자기 엄청난 액수의 자산을 새롭게 확보한 게이츠 재단은 앞으로 2년 내에 운영 규모를 대폭 확충해야 한다. 기존의 자산을 활용한 기부 활동도 계속 수행해야 하는 데다, 버핏의 선물에는 해마다 일정 금액 이상을 반드시 지출해야 한다는 조건이 붙어 있기 때문이다. 이 재단에 매년 15억 달러가 새로 유입된다면 연간 수입액은 두 배로 늘어난다.

그러나 올해 주가 기준으로 15억 달러의 금액은 미래에 제공될 버핏의 선물 가격과 별로 관계가 없을 수도 있다. 선물의 실제 금액은 기부가 이루어지는 시점의 버크셔 주가에 따라 결정되기 때문이다. 만일 이 회사의 주가가 매년 평균 수준(예를 들어 6퍼센트 정도)으로 오른다면, 각 재단에 돌아가는 수입액은 5퍼센트의 수량 감소분을 상쇄하고도 남는다. 여러 요인을 고려해볼 때 버핏이 기부하는 주식의 가치는 앞으로 계속 커질 확률이 크며, 그건 버핏의 생각도 비슷하다. 다시 말해 그는 버크셔의 주가가 시간이 흐르면서 상당한 수준으로 상승할 것이고 그에 따라 자신이 기부할 주식의 가치도 크게 증가하리라 믿는다.

버핏은 올해 7월부터 다른 재단에도 매년 선물을 제공할 예정이다. 버크셔의 현재 주가 기준으로 나머지 재단들에게 돌아갈 2006년도 기부액은 3억 천5백만 달러 정도다. 이 기부금을 수령할 단체는 버핏의 세 자녀 수잔, 하워드, 피터가 각각 운영하는 세 개 재단과 수잔 톰슨 버핏 재단이다. 수잔 톰슨 버핏 재단은 지난 40년간 '버핏 재단'으로 알려졌지만 2004년 72세의 나이로 갑자기 세상을 떠난 버핏의 아내 수지를 기념하기 위해 최근 이름을 바꿨다. 수지의 유언에 따라 25억 달러의 기부금을 수령할 이 재단은 그녀 남편의 선물도 추가로 받게 된다. 수잔 톰슨 버핏 재단의 주요 활동 목표는 생식 보건(임신, 출산 등 생식과 관련된 건강을 보호하고 증진하는 일 — 역자주), 가족계획, 임신 중절 합법화 및 핵무기 확산 방지 등이다. 버핏이 이 다섯 개 재단에 기부를 계속하면 그가 보유한 버크셔의 주식은 지속적으로 감소하게 된다. 현재 31퍼센트 정도인 버핏 몫의 지분(6월 말 현재 기준 440억 달러)은 최종적으로 5퍼센트까지 줄어들 전망이다. 그의 장기적인 계획에 따르면, 현재가치로 68억 달러에 달하는 나머지 5퍼센트도 적절한 시기에 자선단체에 기부할 거라고 한다(그 시점에 본인이 생존해 있을 수도 있고, 세상을 떠났을 수도 있다).

버핏이 제공할 선물의 가치는 미래 시점의 버크셔 주가에 연동되어 있기 때문에, 최종적인 기부액이 얼마가 될지 정확히 예측할 수는 없다. 그러나 그가 기부를 약속한 버크셔의 주식을 현재가치로 따지면 무려 370억 달러에 달한다. 이는 자선 사업 역사상 가장 큰 기부금이다. 만일 버핏의 예상대로 앞으로 버크셔의 주가가 계속 오른다면, 최종적인 금액은 이보다 훨씬 늘어날 것이다.

자, 버핏의 계획은 대략 이 정도다. 이제 아래에 소개하는 대화에서는 버핏이 왜 애초의 생각을 바꿔 당장 기부를 시작하기로 마음먹었는지 그 이유에 대한 설명이 이어진다. 질문자는 〈포춘〉의 선임기자 캐럴 루미스, 바로 나 자신이다. 나는 버핏의 오랜 친구이고, 버크셔의 주주이며, 수잔 톰슨 버핏 재단의 이사이기도 하다.

당신에게 이 계획을 듣고 매우 놀랐습니다. 지금까지 당신은 기부를 많이 하기로 유명한 사람은 아니었습니다. 사실 기부를 하지 않았다고 사람들에게 비난을 받기도 했죠. 직설적으로 묻겠습니다. 심각한 병이라도 걸린 게 아닙니까?

아닙니다. 절대 그렇지 않아요. 내 몸 상태는 매우 양호해요. 마지막으로 검진을 받은 것이 작년 10월이었는데 의사는 내가 매우 건강하다고 보증해주었습니다.

그렇다면 무슨 일이 생긴 겁니까? 당신이 계획을 변경한 것은 수지가 세상을 떠난 일과 관련이 있나요?

그렇습니다. 수지는 나보다 두 살 아래인 데다 여자는 남자보다 대개 오래 삽니다. 우리 두 사람은 내 몫의 버크셔 주식을 수지가 상속받아서 사회에 분배하는 일을 맡을 거라고 생각했어요. 우리는 재산을 사회에 돌려주는 일이 당연하다고 늘 말했죠. 수지는 그 과정을 감독하고 운영하는 일을 즐겼을 겁니다. 물론 자신이 관리하게 될 자산의 규모가 너무 커진다는 점을 조금 두려워하기도 했어요. 그러나 수지는 그 일을 좋아하고 잘 해냈을 거라고 생각합니다. 그리고 신속한 속도로 일을 해나갔을 거예요.

수지가 당신이 기부했던 것보다 더 많은 돈을 더욱 빠른 속도로 기부하기를 늘 원했다는 말인가요?

예. 그녀는 여러 차례에 걸쳐 그런 말을 했습니다. 반면 나는 오늘 당장 자선을 실천하는 것도 중요하지만, 1년 뒤, 10년 뒤, 20년 뒤의 미래에도 자선이 여전히 중요한 문제일 거라고 생각했어요. 따라서 내 생각에는 앞으로 20년간 더 빠른 속도로 재산을 불릴 수 있는 사람은 미래의 자선 활동에 더 적합할 것 같았습니다. 반면 자산을 불리는 속도가 상대적으로 더딘 사람들은 현재의 자선 활동을 맡아야 한다는 논리였던 거죠.

당신이 하고 싶었던 사업과 그 논리가 우연히 일치했다는 거죠, 그렇지 않나요?

(그가 크게 웃는다.) 오, 물론입니다. 거기에는 의문의 여지가 없어요. 나는 내가 하는 일에서 과거에도 즐거움을 느꼈고 지금도 마찬가지입니다. 내가 버크셔에 대한 통제력을 유지하는 일을 잠시 고민해본 것도 사실입니다. 1970년대 초, 나는 버핏 파트너십을 닫을 때 손에 쥔 돈 천5백만 달러로 버크셔를 효과적으로 통제할 수 있을 만큼의 지분을 사들였습니다. 그러고 보니 남은 돈이 거의 없었어요. 버크셔의 주식을 제외한 현금은 백만

달러에도 미치지 못했습니다. 그리고 당시 내 연봉은 5만 달러였죠. 만일 내가 그때 의미 있는 규모로 자선 활동을 했다면 버크셔의 주식을 기부할 수밖에 없었을 겁니다. 그러나 내가 버크셔의 주식을 사들인 목적은 곧바로 기부하기 위해서가 아니었습니다.

하지만 당신은 1960년대에 이미 수지와 함께 버핏 재단을 설립했습니다. 그 말은 언젠가 본인의 재산을 기부할 계획이 있었음이 분명한 듯합니다. 당시에는 어떤 생각이었습니까?

글쎄요, 우리가 1952년에 결혼했을 때, 나는 수지에게 내가 부자가 될 거라고 장담했습니다. 내가 특별하게 잘났거나 근면해서가 아니라, 적절한 시기에 적절한 장소에서 적절한 기술을 가지고 태어났기 때문이죠. 나는 천성적으로 자본을 배분하는 재주를 타고났고, 주변 사람들(부모님, 스승, 그리고 수지)도 내가 그 재능을 최대한 발휘할 수 있도록 일찍부터 도와주었습니다.

그럼에도 수지는 우리가 부자가 될 거라는 내 말에 처음부터 큰 흥미를 드러내지는 않았습니다. 그런 데는 관심이 없었거나 나를 믿지 않았던 거겠죠. 아마 둘 다였을지도 모릅니다. 그러나 우리가 어느 정도 부를 축적하자, 우리 두 사람은 그 돈으로 무엇을 할지를 두고 완전히 의견이 일치했습니다. 사회에 돌려주자는 것이었죠. 그 점에서 우리는 "사회로부터 흘러나온 막대한 부는 사회로 환원되어야 한다"라는 앤드류 카네기(Andrew Carnegie)의 말에 깊은 공감을 느꼈습니다. 내 경우만 보더라도 만일 내가 이런 나라에서, 즉 시장에서 엄청난 양의 증권이 거래되고 간혹 터무니없을 정도로 가격이 저평가된 주식들이 존재하는 부유하고 인구 많은 나라에서 태어나지 않았더라면, 나의 자본 분배 능력은 별로 쓸모가 없었을 겁니다. 내게는 다행스럽게도, 그것이 바로 이번 세기 후반 미국의 상황이었던 거죠.

수지와 나는 우리 아이들에게 많은 재산을 물려줄 생각이 아예 없었습니다. 물론 모두 착하고 훌륭한 아이들이에요. 하지만 우리 자식들은 이미 성장 과정에서부터 교육의 기회를 포함한 모든 혜택을 다 받았어요. 그런 상황에서 그들에게 막대한 돈을 상속한다는 것은 옳지도 않고 합리적이지도 않은 일이라고 생각합니다. 사실 그들은 실력주의가 최고의 가치로 인식되는 이 사회에서 이미 유리한 출발점에 서 있는 거예요. 엄청난 부를 세습하는 왕조를 창업하는 일은 운동장을 평평하게 만들지 않고 한쪽으로 기울이는 행위입니다.

예전에 당신은 아이들에게 돈을 물려주어 재단을 설립하도록 했고, 앞으로도 그 재단들에 더 많은 돈을 기부할 계획입니다. 그런 목적으로 아이들에게 돈을 주는 것은 문제가 없다고 생각하시는 거죠?

그렇습니다. 아이들은 각자의 재단을 통해 사회에 부를 환원하고 있습니다. 수지와 내가 생각했던 바로 그 일을 실천하고 있는 거죠. 우리 아이들은 단지 수표를 끊고 돈을 보내는 일만 하는 게 아니라 그 과정에 엄청난 고민과 노력을 쏟아붓고 있습니다. 나는 그들이 하고 있는 일을 자랑스럽게 생각하며, 앞으로도 잘 해내리라 믿습니다.

그럼 앞으로 수잔 톰슨 버핏 재단은 어떻게 되는 건가요? 그리고 이 모든 변화로 인해 그 재단에 어떤 영향이 미칠까요?

당신도 그 재단의 이사로서 가까이 지켜봐 잘 알겠지만, 재단 대표를 맡은 앨런 그린버그는 이 단체를 훌륭하고 사려 깊게 운영해왔습니다. 내가 봤을 때 그가 창출해낸 비용 대비 성과는 대단히 탁월합니다. 그는 지금 껏 해온 방식으로 앞으로도 일을 잘 해낼 겁니다. 단지 수지가 남긴 돈뿐 만이 아니라 내가 기부한 돈을 활용해서 말이죠. 사실 내가 수지보다 먼저 죽으면, 우리의 재산을 사회에 분배하는 일을 수지가 곧바로 시작하기로 되어 있었습니다. 그렇게 되면 이 재단의 규모를(현재 이 재단의 직원은 다섯 명뿐이다) 대폭 확대해서 그녀가 수행하는 자선 활동의 주력 기반으로 삼 으려고 했어요. 그리고 이 재단은 원래 내 기부 계획의 최종 목적지이기 도 했습니다. 기부 시점에 대한 계획을 바꾸기 전까지는 이 재단에 전 재 산을 기부할 예정이었죠.

그런데 왜 생각이 바뀐 건가요?

짧은 답을 먼저 얘기한다면 버핏 재단이 힘들고 번거로운 절차를 거쳐 규 모를 대폭 확대할 필요 없이, 이미 큰 규모로 운영되는 훌륭한 재단이 존 재하고, 그 재단이 내가 기부한 돈을 신속하고 생산성 있게 활용할 수 있 다는 사실을 깨달았기 때문입니다. 좀 더 긴 답을 하자면 내가 지난 여러 해에 걸쳐 빌과 멜린다 게이츠를 알게 되었고, 그들과 많은 시간을 보내며 즐거움을 나누는 과정에서 두 사람이 재단을 통해 하는 일에 존경심이 생 겨났기 때문입니다. 나는 그들이 재단의 프로그램에 관해 프레젠테이션 하는 모습을 지켜봤습니다. 그리고 두 사람이 일에 쏟아붓고 있는 열정과 에너지에 항상 감탄했어요. 말하자면 그들은 머리와 가슴을 모두 바쳐 그 일에 헌신하고 있는 겁니다. 빌은 의학적인 진보를 포함해 인류에게 도움 을 줄 수 있는 새로운 수단에 관한 자료를 매년 수천 페이지씩 읽어댑니 다. 멜린다 역시 온 세상을 돌아다니며(종종 빌과 함께) 사람들의 좋은 의도가 어떻게 좋은 결과로 이어지는지 직접 목격하고 있죠. 오늘날 전 세계에는 수십억의 인구가 힘겨운 삶을 살아가고 있습니다. 빌과 멜린다는 그런 불평등을 없애기 위해 자신들이 할 수 있는 만큼 최선을 다하는 겁니다. 만일 당신이 사회에 재산을 환원하려는 목적이 우리 사회의 중대한 문제들(즉 자금이 부족해서 해결이 어려운 문제들)을 공략하는 데 있다면, 젊고, 똑똑하고, 검증된 아이디어를 지니고 있고, 기부의 규모를 확대할 능력을 인정받은 데다, 이미 올바르게 기부를 실천하고 있는 이 두 사람에게 의지하는 것보다 더 나은 선택이 있을까요? 그런 기회는 쉽게 찾아오지 않아요. 그동안 나는 이 분야에서 큰 성공을 거둔 두 사람을 알게 되면서 그들이 달성한 업적을 관찰할 기회를 얻었고, 앞으로도 그 일을 잘 해낼 거라는 사실을 확신하게 됐습니다(본인들 돈으로 스스로 기부를 해온 두 사람이 환상의 세계에 빠져 있지 않음은 분명합니다). 또 나는 전반적으로 그들의 논리에 동의합니다. 이제 나의 궁극적인 목적을 달성할 수 있는 적절한 수단을 찾은 이상, 더 이상 기다릴 이유가 없어진 거죠.

내가 그들과 함께하고 있는 일은 버크셔에서의 상황과 비슷합니다. 버크셔의 자회사들은 능력 있고 자질이 검증된 경영진을 많이 보유하고 있습니다. 내가 그 조직을 직접 맡아서 운영한다면 그들보다 좋은 성과를 내기가 어려울 겁니다. 당신이 어떤 일을 해야 하는 상황에서, 자기보다 그 일을 훨씬 잘 해낼 수 있는 사람을 찾는 것보다 더 합리적인 방법이 있을까요? 큰돈이 걸린 골프 게임에 타이거 우즈를 초청하는 일을 누가 마다할까요? 바로 이것이 이 의사 결정에 대한 나의 생각입니다.

지난 6월 중순 빌 게이츠는 마이크로소프트의 경영에서 물러나 재단 운영에 전념하겠다고 발표했습니다. 사람들은 당신의 결정이 빌 게이츠의 발표와 얼마나 관련이 있는지 궁금해할 것 같습니다. 거기에 대해 하실 얘기가 있나요?

두 발표의 시점이 서로 가깝다 보니 뭔가 연관성이 있을지도 모른다고 사람들이 생각할 수도 있을 것 같군요. 하지만 전혀 그렇지 않습니다. 그냥 우연히 시기가 비슷했던 것뿐이에요. 지금 당신에게 공개하고 있는 내 결정은 빌이 재단 일에 전념하겠다고 발표했든 안 했든 그것과는 전혀 무관합니다. 설사 그가 마이크로소프트에서 영원히 일하겠다고 해도 상관없어요. 그러나 그가 재단의 일에 더욱 많은 시간을 쏟겠다고 밝힌 점에 대해서는 반갑게 생각합니다. 빌과 멜린다 역시 자신들이 활용할 수 있는 자원이 늘어난 데 대해 기뻐할 것 같습니다.

세계 두 번째 부자가 첫 번째 부자에게 수백억 달러의 돈을 물려주는 일이 조금 아이러니하게 생각되지 않나요?

그런 식으로 말하니 조금 우습기는 하네요. 그러나 진실을 말한다면, 나는 그와 멜린다를 통해서 기부를 실천하는 겁니다. 그에게 물려주는 것이 아니죠.

어떤 사람들은 게이츠 재단이 관료적이라고 말합니다. 그리고 관료주의는 당신이 가장 싫어하는 대상이기도 하죠. 그런 비난에 대해 어떻게 생각하십니까?

대형 조직들은 대부분—버크셔는 특별한 예외이기는 합니다만— 어느 정도 관료주의적인 경향을 보입니다. 게이츠 재단이 관료적이라고 주장하는 사람들이 진정으로 의미하는 바는, 이 재단의 주요 의사 결정이 빌과 멜린다 이외의 다른 사람에 의해 내려지는 일이 없다는 거죠. 나는 이에 대해 문제가 없으며, 오히려 큰 기부에 관한 결정은 꼭 그 두 사람이 내려주길 바랍니다.

당신이 게이츠 재단의 이사로 합류한 일에는 어떤 의미가 있나요?

특별한 의미는 없어요. 내가 그렇게 결정한 가장 큰 이유는 혹시 그 두 사람이 탄 비행기가 추락이라도 하는 일이 생길지도 모르기 때문입니다. 나는 지금도 그렇지만 미래에도 건설적인 사고방식을 소유한 사람이 되고 싶어요. 그러나 내게는 빌이나 멜린다처럼 훌륭한 자선 사업가가 될 자질이 없다고 생각합니다. 자선 사업에 대한 피드백은 매우 늦게 나타납니다. 나는 그 점을 견디기가 쉽지 않을 것 같아요. 게다가 상대하기 싫은 사람들과 어쩔 수 없이 많은 상호 작용을 가져야 하고, 듣고 싶지 않은 의견에도 귀를 기울여야 합니다. 게다가 자선 활동을 수행하는 과정에도 큰 실수가 발생할 수도 있죠. 나도 그 점을 잘 알고 있습니다. 하지만 내 자신이 실수를 저지르기보다 차라리 내가 신뢰하는 사람들이 실수를 하는 것이 신경이 좀 덜 쓰일 것 같아요. 전체적으로는 빌과 멜린다가 베팅에 성공할 평균 확률이 나에 비해 훨씬 높으니까요.

이 계획을 구체적으로 수립하기 전에 주변 사람들에게 그 엄청난 의사 결정을 두고 상의한 적이 있나요?

물론이죠. 일단 우리 아이들과 앨런 그린버그에게 이야기했습니다. 그리고 찰리 멍거와 내 아들 하워드를 포함한 버크셔의 이사 네 사람에게도 그 사실을 알렸죠. 물론 그들에게서 엄청난 질문이 쏟아졌음은 물론이고, 일부는 그 계획에 반대하기도 했어요. 그동안 자신들이 예상해온 상황이 너무 갑작스럽게 변해버린 거니까요. 그러나 나는 앨런—그는 버핏 재단의 규모를 확대하기 위해 어떤 수고가 필요한지 잘 알고 있습니다— 을 포함한 모든 사람에게 내 의사를 확고히 전달했습니다. 그들은 생각을 바꿔 내 제안에 담긴 논리를 이해하게 됐지요. 이제는 관련된 사람 모두가— 특히 내 자신이— 기부가 시작되기만 기다리고 있습니다.

그리고 솔직히 말해서 자선 활동을 염두에 두고 있는 다른 부자들을 독려 하는 데도 내가 하고 있는 일이 조금은 도움이 되기를 바라는 마음입니다. 나는 그들에게 꼭 본인의 재단을 별도로 설립하기보다 이미 활발하게 활 동 중인 기존의 재단 가운데 최선의 조직을 골라보라고 권하고 싶어요. 투 자의 세계에서도 늘 같은 일이 벌어지잖아요. 사람들은 자기보다 투자 업 무를 잘할 수 있다고 믿는 전문가에게 돈을 맡깁니다. 이 사고방식을 부를 분배하는 일로 확대해서 적용하면 많은 장점이 있어요. 그렇지 않고 본인 이 사망한 뒤에야 비로소 운영이 시작될 재단을 설립한다면, 결국에는 나 이 먹은 동료들이나 특정 직원이 그곳에 버티고 앉아 조직의 향방을 멋대 로 좌우하게 될 겁니다. 따라서 적어도 10억 달러 이상의 재산을 남기고 세상을 떠날 다음 20명의 부자들에게 내가 수립한 기부 계획은 그리 비정 상적인 아이디어가 아닐 거라고 생각해요. 대부분의 부자들에게 가장 큰 문제는 본인의 나이가 많은 데다 동료들도 이미 전성기가 지나 남은 시간 이 많지 않다는 겁니다. 내 경우는 젊은 사람들에게 의지하고 있다는 면 에서 행운인 셈이죠.

잘 알겠습니다. 그럼 당신의 결정은 버크셔에게 어떤 의미가 있을까요?

회사에서는 이 일에 관해 아무 말도 하지 않을 작정입니다. 나의 지인들 은 내가 얼마나 절실하게 버크셔를 최고의 회사로 만들고 싶어 하는지 잘 알아요. 그리고 그 목표는 여전히 우리 앞에 놓여 있습니다. 내가 하는 일 은 달라지지 않아요. 다른 방식으로 일할 수 있는 능력이 없으니까요. 주 식 보유 증명서에 적힌 이름은 바뀌겠지만, 그 외에는 아무것도 변하지 않을 겁니다.

그동안 나는 내 몫의 회사 재산이 자선 활동에 기부될 거라고 버크셔의 주주들에게 분명히 이야기했습니다. 따라서 내가 그 일을 당장 시작한다고 해도 그들에게는 특별한 뉴스가 아닐 겁니다. 물론 이 발표가 일부에게 충격을 줄지도 모르지만, 어떤 면에서는 나 자신에게도 별다른 사건이 아니에요. 나는 터너 엔터프라이즈(Turner Enterprises)의 회장 테드 터너(Ted Turner)의 활발한 자선 활동에 큰 찬사를 보내는 사람입니다. 언젠가 그가 내게 이렇게 말한 적이 있어요. 10억 달러의 기부증서에 서명할 때 손이 떨리더라고요. 그러나 내 경우는 전혀 그렇지 않아요. 그 결정으로 인해 내 정서에 부정적인 영향이 미칠 일은 전혀 없습니다.

당신의 주식을 수령할 재단들은 그 주식을 팔게 될까요?

경우에 따라 그렇게 될 것 같습니다. 버핏 재단이나 우리 아이들이 운영하는 재단은 비교적 이른 시간 내에 그 주식들을 처분해야 할 거예요. 그 재단들의 유일한 자산은 내가 제공한 주식뿐이니, 이를 팔아서 현금화해야 기부를 할 수 있으니까요. 반면 이미 풍부한 자산을 보유한 게이츠 재단은 선택의 폭이 넓어서 어떤 주식을 현금으로 바꿀지 융통성 있게 결정할 수 있을 겁니다. 아무튼 빌과 멜린다가 알아서 판단할 거라고 생각해요. 나는 그 재단이 내리는 어떤 투자 결정에도 관여하지 않고, 그들이 옳다고 생각하는 대로 자유로운 선택을 하게끔 놓아둘 겁니다. 아마도 그들은 다른 자산을 먼저 처분하고 버크셔의 주식 일부를 계속 보유하는 길을 택할 수도 있겠죠. 훌륭한 기업들의 조합을 상징하는 버크셔의 주식은 재단에서 보유하기에 안성맞춤의 자산일 수도 있을 겁니다. 어쨌든 나는 재단의 일에는 어떤 식으로든 절대 개입하지 않으려고 합니다.

그렇다면 앞으로 당신이 매년 기부할 주식들도 시장에서 팔리게 되는 걸까요?

그렇게 되겠지요. 사람들은 그 주식들이 시장에 나옴으로써 버크셔의 주가가 하락할지 관심을 갖고 지켜볼 겁니다. 자연스러운 일이죠. 하지만 그런 일이 벌어질 가능성은 거의 없다고 생각해요. 버크셔의 거래량회전율(turnover ratio, 일정 기간 동안 주식이 얼마나 활발하게 거래됐는지 나타내는 지표 — 역자주)은 연 15퍼센트에 불과합니다. 대형주로서는 극히 낮은 비율이죠. 만일 올해 내가 기부한 버크셔 주식을 다섯 개 재단이 모두 시장에 내다 판다고 해봅시다. 버크셔 주식의 거래량이 현재 수준을 유지하는 경우, 그 주식들이 시장에 새롭게 나온다고 해도 버크셔의 거래량회전율은 17퍼센트에 미치지 못할 겁니다. 그 정도의 신규 물량이 풀린다고 주가가 영향을 받는다는 건 잘못된 생각입니다. 오히려 새로운 물량이 공급되면 주식의 유동성이 확대되는 긍정적인 상황이 벌어질 수도 있습니다. 그럴 경우 버크셔가 S&P500 명단에 오를 가능성도 더욱 커지는 거겠죠.

나는 이렇게 단언하고 싶습니다. 내 기부로 인해 버크셔의 주주들에게 피해가 돌아간다면, 단호하게 기부를 포기할 겁니다. 물론 그럴 일은 없을 테지만요.

당신의 계획대로 장기간에 걸쳐 기부가 이루어진다면, 당신이 보유한 버크셔의 주식은 하나도 남지 않게 될 겁니다. 그 말은 가족들에게는 직접적으로 아무것도 남겨주지 않을 거라는 의미인가요?

그렇지는 않아요. 그동안 나는 우리 가족의 구성원들에게 엄청난 재산을 물려주지는 않겠다고 항상 이야기했습니다. 그렇다고 그들이 아무것도 받지 못할 거라는 말은 아닙니다. 우리 아이들은 이미 나와 수지에게서 어느 정도의 돈을 물려받았고, 앞으로도 좀 더 받게 될 겁니다. 내 지론은(〈포춘〉이 20년 전의 기사에서 인용했듯이) 아이들이 무엇이든 시도하기에는 충분하지만, 아무것도 하지 않고 놀고먹기에는 부족한 정도의 돈을 물려주겠다는 겁니다(130페이지의 '자식에게 전 재산을 물려주어야 할까?' 기사 참조). 내가 버크셔의 주식을 사들였을 때, 그 주식을 제외하고는 수중에 남은 현금이 백만 달러도 되지 않았다고 말한 것을 기억하나요? 나는 그 돈으로 몇몇 괜찮은 곳에 투자를 했습니다. 버크셔에게는 너무 규모가 작은 투자 포지션들을 개인적으로 사들이고, 고정 수익이 발생하는 차익거래를 하고, 버크셔에서 갈라져 나간 어느 은행에서 내 몫의 지분을 매각하기도 했죠. 덕분에 지금 내게는 꽤 많은 현금이 남아 있습니다. 따라서 나는 버크셔의 지분을 자선 활동에 돌리고, 남은 재산은 모두 주변 사람들에게 물려주려고 합니다.

자선 사업의 전설들은 얼마나 많은 돈을 기부했을까

당대의 경제 규모가 지금보다 훨씬 작았다는 사실을 감안하면, 이 전설적인 자선 사업가들은 그야말로 막대한 금액을 기부한 셈이다. 그러나 버핏의 기부액은 그 누구와도 비교할 수 없이 크다.

자선 사업가	기부 기간	금액	현재 달러 가치
앤드류 카네기	1902~1919	3억 5천만 달러	72억 달러
존 D. 록펠러	1889~1937	5억 3천만 달러	71억 달러
존 D. 록펠러 주니어	1927~1960	4억 7천5백만 달러	55억 달러

〈포춘〉 도표/ 자료 출처: 로버트 브렘너(Robert H. Bremner) 저(著) 《미국의 자선 사업(American Philanthropy)》, 〈포춘〉 리서치.

버핏의 기부는 어떻게 이루어질까

2006년 7월 10일 | 캐럴 루미스

엄청난 부를 축적한 사업가가 체계적으로 수립한 부의 분배 계획

워런 버핏이 보유한 버크셔 해서웨이의 주식은 오직 A주식(47만 4,998주) 뿐이지만, 그의 기부는 A주식과 30 대 1로 전환 가능한 버크셔의 B주식으로 이루어지게 된다. 그는 이 선물을 제공하기 위해 본인 소유의 A주식을 B주식으로 교환할 예정이다.

다섯 개 재단에 기부할 B주식의 수량을 미리 정해둔 버핏은 2006년에 전체 기부 예정 주식의 5퍼센트를 각 단체에 전달하게 된다. 그다음 해에는 남은 주식의 5퍼센트가 다시 기부될 것이며, 버핏이 사망하거나 재단이 더이상 특정 조건을 충족하지 못하는 경우가 아니라면 해마다 같은 식으로 기부가 이루어진다. 버핏이 세상을 떠나면 남아 있는 주식은 유산 기증 형태로 분배될 예정이지만, 구체적인 내용은 아직 정해지지 않았다.

버핏의 B주식을 수령할 단체와 기부될 주식의 수량은 다음과 같다.

빌 앤 멜린다 게이츠 재단

1,000만 주

세계 최대 규모를 자랑하는 이 재단은 자산이 300억 달러에 달하며 설립 후 12년간 80억 달러를 기부했다. 재단의 기부금은 대부분 세계 보건 프로그램이나 미국의 교육을 개선하는 데 (주로 재단의 파트너들을 통해) 사용된다. 이 재단이 버핏의 선물을 지속적으로 수령하기 위해서는 빌과 멜린다 둘 중 하나라도 생존한 상태로 재단 운영에 적극적으로 참여해야 한다.

수잔 톰슨 버핏 재단
100만 주

처음에는 버핏 재단이라고 불렸으나 2004년 버핏의 아내가 사망하면서 이름이 바뀌었다. 현재 2억 7천만 달러 정도인 이 재단의 자산은 수잔 T. 버핏의 유산이 대부분이며, 그녀의 유언에 따라 추후 21억 달러가 추가로 기부될 전망이다. 이곳의 활동은 주로 생식 보건, 가족계획, 임신 중절 합법화 및 핵무기 확산 방지 등에 초점이 맞춰져 있다.

수잔 A. 버핏 재단
35만 주

이곳의 이사장인 버핏의 딸(52세) 이름을 따서 설립된 단체다. 오마하에 거주 중인 그녀는 어머니가 세상을 떠난 뒤부터 수잔 톰슨 버핏 재단의 이사장 직무도 겸하고 있다. 현재 자산이 1억 천8백만 달러인 이 재단은 주로 저소득층 가정의 아동들을 위한 조기교육 프로그램에 기부를 집중한다. 수잔 버핏은 아버지로부터 추가 기부금을 받게 되면 기존의 활동을 이어나가는 동시에 공교육이나 아동의 가정 위탁을 위한 보조금 등으로 기부의 범위를 확대할 예정이다.

하워드 G. 버핏 재단
35만 주

1억 2천9백만 달러의 자산을 보유한 이 재단은 버핏의 큰아들(51세)에 의해 설립됐다. 그는 일리노이주 디케이터(Decatur)에서 340만 제곱미터의 땅을 경작하는 농부이자 버크셔를 포함한 여러 기업의 이사회 멤버로 활동 중이다(그의 가운데 이름 그레이엄은 유명한 투자자 벤저민 그레이엄에서 따왔다). 이 재단의 기부 범위는 아프리카의 야생 서식지 보호 같은 환경 보호 활동을 포함해서 전 세계 42개 국가를 망라할 정도로 국제적이다. 이 재단은 추가로 기부금을 수령하게 되면 깨끗한 물 공급 프로젝트, 빈곤층을 위한 구호 식량, 불법 이민으로 곤경에 처한 아동들을 위한 원조 등 인도주의적 구호 활동에 더욱 역점을 기울일 계획이다.

노보(NoVo) 재단

35만 주

'변화하다'라는 뜻의 라틴어에서 이름을 따온 이 재단의 운영자는 뉴욕 시에 거주 중인 48세의 음악가 겸 작곡가 피터 버핏과 그의 아내 제니퍼(Jennifer)다. 현재 1억 2천만 달러의 자산을 관리 중인 이 재단은 주로 교육 기회 확대, 환경 파괴 복구, 인권 보호, 그리고 문화 및 종족 다양성에 대한 이해와 존중을 개선하는 개인이나 단체에 자금을 지원한다.

당신도 110억 달러를 기부하고 싶은가요?

2006년 7월 24일 | 캐럴 루미스

7월 3일, 워런 버핏은 오마하 시내로 직접 차를 몰아 유에스 뱅크(U.S. Bank) 중앙 지점에 도착했다. 은행의 분위기는 한적하다 못해 썰렁한 느낌이 들 정도였다. 그는 계단을 몇 개 걸어 내려가 자신의 대형 안전 금고를 열었다. 그리고 1979년에 발행된 버크셔 해서웨이 A주식 12만 1,737주의 주식 보유 증명서를 꺼냈다. 그날 현재가치가 110억 달러에 달하는 이 주식들은 그가 보유한 버크셔 전체 주식의 4분의 1에 해당하는 양이었다. 그는 사무실로 돌아가는 차 안에서 다음 단계의 업무를 생각하고 있었다. 이 주식 보유 증명서와 몇몇 다른 증명서(합해서 수천만 달러 정도의 가치)들을 미니애폴리스(Minneapolis)의 웰스파고(Wells Fargo) 은행에 보내 A주식과 30 대 1로 전환이 가능한 버크셔의 B주식 375만 주로 맞바꿔야 했기 때문이었다. 그는 이 증서들을 페덱스(FedEx)로 발송할까 생각하다가 대신 버크셔 본사에서 근무하는 16명의 직원 중 한 사람에게 맡겨 직접 배달하도록 했다.

〈포춘〉이 지난달 보도한 바와 같이, 이제 버핏은 자신의 재산을 자선단체에 기부하기 시작했다. 엄청난 가치의 1979년도 주식 보유 증명서를 B주식으로 바꾼 일은 그 과정의 첫걸음이었던 셈이다. 버핏이 B주식 전환을 완료하면, 올해 빌 앤 멜린다 재단과 기타 네 개 재단에 기부하기로 약속한(즉 버핏의 막대한 자선 사업 프로그램에서 첫 번째 기부에 해당하는) B주식 60만 2,500주를 손에 넣게 된다. 앞서 말한 주식 보유 증명서 한 장의 가치가 너무 크다 보니 그가 관리할 B주식의 수도 엄청나게 늘어날 전망이다. 그는 향후 10년간의 기부에 필요한 만큼 이 주식들의 수량을 적절히 나누어 관리해야 한다(이번에 기부하고 남은 주식들은 증권사 계좌에 보관되어 추후 기부에 활용된다).

버핏은 자신이 7월 3일에 행했던 모든 업무가 그가 여섯 살이던 70년 전에 아버지와 함께했던 일을 떠올리게 만들었다고 말한다. 그날 아버지 하워드 버핏은 그를 똑같은 은행에 데려가 처음으로 계좌를 열고 20달러를 입금해주었다. 그 돈은 아버지의 선물이었다. 당시 이 은행의 이름은 오마하 내셔널(Omaha National)이었으며, 그가 처음 손에 쥔 통장의 색깔은 갈색이었다. 버핏은 어른들에게 용돈을 받고, 집안일을 거들고, 스스로 돈을 벌어서 5년 만에 그 계좌를 120달러로 불렸다. 그리고 그렇게 모은 돈으로 열한 살 되던 해에 첫 번째 주식을 샀다. 시티즈 서비스(Cities Service)의 우선주 3주를 114달러에 구입한 것이다.

당신도 440억 달러를 모으려면 어디쯤에서 시작을 해야 하지 않을까?

버핏이 게이츠에게: 돈을 써라!

2007년 3월 19일 | 지아 린 양(Jia Lynn Yang)

지난여름, 워런 버핏은 〈포춘〉의 기사를 통해 자신이 소유한 440억 달러 가치의 버크셔 해서웨이 주식을 자선단체에 기부하겠다고 밝혀 세상을 놀라게 했다.

최근의 소식에 따르면 버핏은 최근 발표된 버크셔의 연례 주주서한에서 그가 세상을 떠난 뒤에 자기 몫의 버크셔 주식을 처리하는 방법에 관해 엄격한 규칙을 정했다. 이는 현존하는 대다수 자선단체들의 운영 방침에 문제를 제기하는 발언이기도 하다. 버핏이 예전에 약속한 대로 그가 보유한 주식들은 모두 자선단체로 기부될 예정이지만, 그는 기부된 돈을 지출하는 '속도'에 관한 규정을 기부 조건에 새롭게 추가했다. 요컨대 버핏의 유산 분배가 최종적으로 완료되면(그는 이 과정에 3년 정도가 소요될 것으로 예상한다), 기부금을 수령한 단체들은 10년 안에 그 돈을 모두 소진해야 한다.

버핏은 이 시간표를 작성하는 과정에서 주변 사람들과 오랫동안 논쟁을 벌였다. 자선재단들은 자원을 지속적으로 유지하는 데 주력해야 할까, 아니면 자원을 소진하는 일에 역점을 두어야 할까? 엄청난 명성과 막대한 부를 자랑하는 버핏이 후자의 입장을 공개적으로 지지한 일은 자선 사업의 역사에 한 획을 긋는 사건이었다.

조직을 영구적으로 존속시킬 목적으로 운영되는 대형 재단들의 연간 지출 비율(해당 단체의 지난해 자산가치 기준으로 계산된 금액)은 비과세 지위를 유지하기 위한 한도인 5퍼센트를 넘는 경우가 드물다. 버핏의 직원이 조

528

사한 바에 따르면, 2005년 한 해 동안 대형 재단 30개 중 28개가 기부된 자산의 5퍼센트 이하만을 지출했다고 한다(운영 비용을 합해야 비로소 5퍼센트가 넘는다).

하지만 과거에도 그랬듯이 요즘에도 일부 재단들은 '자산 소진 모델'을 채택하고 있다. 왜일까? 개중에는 본인의 기부금을 사용하는 과정에 보다 큰 통제력을 행사하기 원하는 후원자들도 적지 않기 때문이다. 버핏은 버크셔의 연례 보고서에서 이렇게 말했다. "제가 그런 스케줄을 정한 이유는 그 돈이 능력 있고, 활기차고, 동기 부여로 충만한 지인들에 의해 보다 신속하게 쓰이기를 원하기 때문입니다." 버핏의 선물을 수령하게 될 단체는 빌 앤 멜린다 게이츠 재단, 버핏의 자녀들이 운영하는 세 개 재단, 그리고 작고한 그의 아내 이름을 딴 수잔 톰슨 버핏 재단이다(게이츠 부부 역시 본인들이 기부한 자산에 지출 시한을 설정해두었다. 그들이 사망한 이후 재단의 모든 자산은 50년 안에 완전히 소진되어야 한다).

"재단의 규모가 커질수록 관료주의가 발생하거나 조직 본연의 임무가 표류할 위험도 함께 커집니다." 뉴욕대학 산하 자선 및 법률 센터(National Center on Philanthropy and the Law)의 이사 하비 데일(Harvey Dale)의 말이다. 과거 데일이 CEO를 지냈고 지금도 이사로 활동 중인 애틀랜틱 필랜스로피(Atlantic Philanthropies)는 '자산 소진 모델'을 채택한 대표적인 재단으로 사람들에게 자주 인용되는 곳이다. 데일은 이렇게 덧붙인다. "그러나 자산 소진 모델의 초점은 바로 사람입니다."

하지만 포드재단처럼 규모가 큰 단체가 한꺼번에 엄청난 기부를 실천하고 하루아침에 재단 문을 닫아버리는 상황은 기대하기가 어려울 것이다. "조직을 영구적으로 유지하려는 재단들은 자산 소진 모델을 고려하지 않습니다." 인디애나대학 자선 센터에서 상임이사로 근무하는 진 템펠(Gene Tempel)은 이렇게 말한다. "반면 최근 재단을 새롭게 설립하는 젊은 기부자들 사이에서는 이 모델이 유행이죠."

그건 마음이 젊은 기부자도 마찬가지일 것이다. 버핏은 올해 76세다. 그가 관리 중인 기부 대상 자산의 규모는 점점 커지는 추세다. 지난 6월, 버핏이 본인 몫의 버크셔 주식 85퍼센트를 기부하겠다는 계획을 발표했을 때, 그 선물의 가치는 370억 달러에 달했다. 그 이후 버크셔의 주가는 15퍼센트 상승했다.

신화(神話)를 평가하는 사람들

2007년 9월 3일 | 워런 버핏

**〈포춘〉이 10여 명의 재무 전문가에게 최근의 금융 위기와 향후의 전망에 대한 견해를 물었다. 그중 버핏의 논평을 소개한다.**

요즘 금융기관 중에는 회사가 보유 중인 부채담보부증권(CDO)이나 주택담보대출증권(CMO) 같은 파생상품들의 시장가치를 정확한 숫자로 공시하는 곳이 많다. 하지만 이는 허구를 공시하는 것에 불과하다. 그 기관들이 '시가평가'가 아닌 '모델 평가' 방식의 회계를 사용하는 탓이다. 더욱이 최근에 발생한 일부 채권시장의 붕괴에 따라 이제 그들은 아예 '신화 평가'로 갈아타는 모습이다.

엄청난 레버리지를 떠안고 있는 이 금융기관들이 평가하는 '모델'과 '시가'의 차이는 주주들이 소유한 주식의 가치에 막대한 타격을 입힐 수도 있다. 심지어 일부 기관들은 기업가치평가에 따라 건실한 회사와 파산 직전의 회사라는 양극단을 넘나들기도 한다.

이런 금융기관들의 가치를 명확하게 정의할 수 있는 방법이 없지는 않다. 그들이 보유한 대형 포지션들의 5퍼센트 정도를 단번에 내다 파는 것이다. 포지션의 매각을 통해 그 증권의 진정한 가치를 판단할 수 있기 때문이다. 물론 회사가 과도한 금액을 회계에 계상한 증권이나 매각이 어려운 증권들을 100퍼센트 처분했을 때에 비해 그 5퍼센트의 가치가 여전히 더 높을 수는 있다.

어떻게 보면 이런 문제를 애써 외면하는 그 금융기관들이 측은하기까지

하다. 내가 '시가'가 아닌 '모델'에 더 많이 의존하고 싶은 유일한 평가 대
상은 내 체중뿐이다.

현인의 신용 위기

2008년 3월 31일 | 텔리스 데모스(Telis Demos)

워런 버핏이 세계 최고의 부자인 것은 사실이지만, 신용 점수만큼은 당신이 더 높을지도 모른다. 버크셔 해서웨이의 CEO가 최근 본인의 신용 기록을 조사한 바에 따르면, 어느 신용평가 보고서에 실린 그의 FICO(Fair Isaac Corporation, 미국의 신용평가기관 ― 역자주) 평점이 전체 미국 국민의 신용 점수 중간값에 조금 못 미치는 718점으로 나왔다고 한다. "지난 몇 년간 우리 가족에게 내 신용이 불안하다고 줄곧 얘기했지요." 버핏의 말이다. 물론 그가 자식에게 인색하다는 세간의 평가를 빗대 농담으로 하는 얘기다. 사실 그 신용 점수는 누군가 버핏의 명의를 도용해서 발생한 것일 수도 있다. 그 보고서에 따르면 버핏이 HSBC 은행의 네바다 지점에서 대출받은 294달러에 대한 상환이 23차례에 걸쳐 이루어지지 않았다고 한다. 그러나 버핏은 그곳에 계좌를 만든 적이 없다는 것이다. 2004년도에 수행된 어느 조사에서는 전체 신용평가 보고서의 25퍼센트에 심각한 오류가 포함되어 있다는 사실이 밝혀졌다. 이 때문에 시민 단체들은 금융기관들이 신용평가 보고서의 낮은 점수를 근거로 소비자들의 대출을 거부하지 말아야 한다고 주장한다. 다행히도 버핏은 최근에 구입한 그의 캐딜락 DTS 자동차값을 현금으로 치렀다.

워런의 생각은 어떨까…

2008년 4월 28일 | 니콜라스 바체이버

이 기사의 태그라인(tagline, 신문이나 잡지 기사에 따라붙는 짧은 문구 — 역자주)에는 이렇게 적혀 있다. "월스트리트가 아수라장이 되자 〈포춘〉은 현인의 지혜를 구하기 위해 자연스럽게 오마하로 향했다." 이는 애초에 이 기사가 기획된 이유를(다소의 우여곡절이 있었지만) 적절하게 설명해주는 문구인 듯하다. 당시 세계적 증권회사 베어스턴스가 JP모건체이스(JPMorgan Chase)와 미국 정부의 손에 막 넘어간 상태였으며, 경제는 속절없이 휘청거렸다. 그런 상황에서 〈포춘〉의 편집장 앤드류 서워는 내게 한 가지 제안을 했다. 시장과 경제의 앞날에 관한 버핏의 견해를 들어보자는 것이었다. 하지만 앤디 자신도 잘 아는 바와 같이 버핏은 평소에 주가의 방향을 예측하거나 거시경제를 전망하는 일을 극도로 자제하는 인물이었다. 때문에 나는 우리가 과연 그 기사를 쓸 수 있을지 의심스러웠다.

대신 나는 조금 다른 각도에서 접근해보자고 제안했다. 그동안 버핏은 전국의 경영대학원 학생들을 오마하로 초청해, 그들과 점심 식사를 함께하며 질의응답을 진행하는 관례를 꾸준히 유지하고 있었다. 마침 얼마 뒤에 또 한 번의 행사가 열릴 예정이었다. 그렇다면 〈포춘〉의 기자를 그곳에 파견해서 그 행사를 관찰하게 한 뒤에 버핏이 학생들에게 한 말을 기사로 옮기는 것이 어떨까? 게다가 이 행사는 스승이 된 버핏의 모습(그가 남들에게 가장 오랫동안 기억되고 싶다고 늘 이야기하던 모습)을 엿볼 기회가 될 수도 있을 터였다.

그렇게 해서 세상에 빛을 보게 된 이 기사는 결국 앤디와 내 아이디어가 반반씩 섞인 결과물이 되었다. 막판에 기사를 배정받은 〈포춘〉의 기자 니콜라스 바체이버는 서둘러 오마하로 달려가, 버핏이 와튼스쿨의 학생 150명과 4시간을 함께하며 그들에게 들려주는 이야기에 귀를 기울였다. 그 뒤 버핏은 닉(니콜라스)과 〈포춘〉의 사진기자를 자신의 차에 태우고(그는 운전할 때 도로를 계속 주시하는 법이 없다) 버크셔의 본사로 가서 곧바로 인터뷰에 응했다. 닉은 그날 자신이 받았던 인상을 회고하며, 버핏이 학생들에게 얼마나 유익한 이야기를 거리낌 없이 들려주었는지, 그리고 문제의 핵심을 명료하게 이끌어내는 그의 능력이 얼마나 뛰어난지 감탄할 수밖에 없었다고 털어놓았다.

또한 닉은 이렇게 기자의 통찰을 덧붙였다. "예전에 나는 버핏에 못지않은 지적 능력을 소유했다는 어느 사업가를 며칠에 걸쳐 인터뷰한 적이 있었습니다. 그 사람은 나의 경력이나 내가 어떻게 〈포춘〉에 입사하게 됐는지에 대해 손톱만큼도 궁금해하지 않았어요. 그러나 버핏은 우리가 차에서 내리기 전 계속 나에 대해 질문을 했습니다. 그동안 우리가 인터뷰한 인물 중에 그런 사람은 정말 드물었죠."

그날 버핏이 만난 150명의 학생은 2007~2008학년도에 버크셔를 방문한 31개 대학 소속의 학생 2,400명 중의 일부였다. 버핏은 2011~2012학년도까지 시간을 쪼개 학생들의 요구에 최대한 응했지만, 그 뒤로는 서서히 행사의 수를 줄이기 시작했다. 2013~2014학년도에 그가 개최할 행사는 다섯 차례 정도일 것으로 예상된다. 한 번의 행사에 초청되는 학생 수는 8개 대학교의 160명으로 학교당 20명이다. 몇 년 전 행사 참석자 중에 남자가 압도적으로 많다는 성적 편향 논란이 빚어지자, 버핏은 학생 대표단의 3분의 1 이상은 여성이어야 한다고 요구하고 있다.

버핏의 일을 돕는 직원에 따르면 현재 200개가 넘는 학교가 대기 명단에

올라 선택을 기다리고 있다고 한다. – CL

월스트리트가 아수라장이 되자 〈포춘〉은 현인의 지혜를 구하기 위해 자연스럽게 오마하로 향했다.

올해 5월 3일 개최 예정인 버크셔 해서웨이의 연례 주주총회를 자본주의의 우드스톡이라고 부른다면, 이 행사는 가수 밥 딜런(Bob Dylan)이 본인의 집에서 개인적으로 진행하는 연주회에 비견될 수 있을 것이다. 버크셔의 CEO 워런 버핏은 해마다 15회에 걸쳐 전국의 경영대학원 학생들을 초청해, 그들에게 하루 종일 집중적인 가르침을 선사하는 날을 보낸다. 학생들은 버크셔의 자회사 한두 개를 직접 견학한 뒤 오마하 시내에 소재한 버크셔 본사로 자리를 옮겨 버핏과 두 시간에 걸친 질의응답 시간을 갖는다. 그리고 버핏이 가장 좋아하는 식당에서 그가 대접하는 점심 식사와 맥주를 즐긴다. 마지막으로 모든 학생은 버핏과 각자 사진을 찍을 수 있는 기회를 얻는다.

지난 4월 초 이 억만장자는 펜실베이니아대학 와튼스쿨(한때 버핏이 다녔던 학교)의 학생 150명을 대상으로 또 한 차례의 행사를 개최했다. 그와 동시에 〈포춘〉에게도 이 광경을 지켜볼 수 있는 귀한 기회를 제공했다. 그날 버핏은 최근에 있었던 베어스턴스에 대한 긴급 구제 조치부터 향후의 경제 전망에 이르는 모든 이야기를 상세하게 들려주었으며, 자신은 GE의 CEO보다 신문 배달부를 선호한다고 언급하기도 했다. 아래에 이어지는 기사는 학생들과의 질의응답 내용, 피콜로 피트(Piccolo Pete's) 식당에서 점심식사 도중 오간 대화, 그리고 버핏의 사무실에서 〈포춘〉의 기자와 별도로 진행한 인터뷰에서 일부를 발췌 및 편집한 글이다.

버핏은 한 무더기의 코카콜라 제품을 쌓아놓고 학생들에게 환영의 인사를 했다. ("버크셔는 코카콜라의 지분 8퍼센트를 보유하고 있습니다. 따라서 고객들이 소비하는 콜라 12캔 중 하나는 우리 회사의 수익이라고 할 수 있습니다. 여러분이 콜라를 마시든 마시지 않든, 일단 캔을 따세요.") 그런 다음 버핏은 다소 딱딱한 주제로 이야기를 시작했다.

그럼 여러분의 질문을 받기 전에, 최근 우리가 겪었던 일에 대한 이야기를 들려주고자 합니다. 만일 여러분 중에 아직도 '효율시장가설'을 학교에서 배우는 사람이 있다면, 그런 학생들에게는 이 일이 의미가 있는 사례가 될지도 모릅니다. 25년 전에는 이 이론이 학계의 정설이었으니까요. 하지만 얼마 전 우리는 왜 그 이론이 잘못되었는지 여실히 입증할 수 있는 사례를 경험했습니다. 버크셔는 지난 7주에서 9주 사이에 40억 달러 상당의 경매방식채권(auction-rate security, 주기적인 경매를 통해 금리가 재조정되는 방식의 채권을 의미한다) 포지션을 매입했습니다. 그리고 우리가 이 과정에서 목격한 상황은 매우 경이로웠습니다. 우리는 경매방식채권들의 목록을 매일 받아 봤습니다. 놀라운 사실은 이 목록에 똑같은 채권이 복수로 등장하는 경우가 빈번하게 발생한다는 겁니다.

이것이 우리가 어제 받아 본 경매 목록입니다. 우리는 플로리다 주정부가 설립한 비영리 보험회사 시티즌스 인슈어런스(Citizens Insurance)의 채권에 입찰하기로 했습니다. 허리케인으로 피해를 입은 사람들에게 혜택을 제공하기 위해 만들어진 이 보험사는 보험료세(premium tax, 수입보험료를 과세표준으로 하는 세금 — 역자주)를 통해 재정을 지원받습니다. 만일 대형 허리케인이 이 지역을 휩쓸어 보험사의 자금 사정이 어려워지면, 주정부는 보험료세를 올립니다. 이 보험사의 신용에는 전혀 문제가 없는 겁니다. 우리는 이날 경매에 나온 시티즌스 채권 세 건에 각각 입찰했습니다. 우리가 낙찰받은 채권의 금리는 11.33퍼센트였습니다. 우리가 구입하지 않은 다른 채권들은 각각 9.87퍼센트와 6.0퍼센트로 누군가에게 낙찰됐습니다. 같은 채권이 같은 시간에 같은 딜러를 통해 시장에 나온 겁니다. 그리고 발행량도 많았습니다. 이것은 학자들이 자신의 이론과 배치되는 현상을 발견했을 때 흔히 부르는 '변칙'이 아닙니다.

시장에서는 이렇게 예상치 못한 일들이 벌어집니다. 그리고 지난 몇 년 동안에도 시장의 움직임은 합리적으로 변하기는커녕 더욱 모방형으로 바뀌었습니다. 사람들이 공황 상태에 빠지고 공포나 탐욕이 시장을 지배하면, 사람들은 과거만큼이나 비합리적인 방식으로 상황에 반응합니다.

미국의 금융시장이 경쟁력을 잃어간다고 보십니까? 그리고 자유로운 기업 활동과 규제 사이의 적절한 균형점을 어떻게 생각하시나요?

엄격한 규제와 무법천지 사이의 균형점 말이죠? 일단 나는 이 나라의 경제가 (규제로 인해서) 경쟁력을 상실하고 있다고 생각하지 않습니다. 물론 사베인-옥슬리법 같은 내부 통제 규정을 시행하는 데 많은 비용이 발생하는 것은 사실이고, 어느 정도의 낭비 요소도 존재한다고 봅니다. 그러나 20조 달러에 달하는 미국의 총시장가치에 비해 그 비용은 미미한 수준입니다. 나는 이 나라의 자본시장이 매우 매력적인 시장이라고 생각해요. 그리고 가끔은 시장에 큰 문제가 닥쳤을 때 오히려 매력도가 더욱 커지기도 합니다. 다시 말해 여러분이 나와 같은 방식으로 비즈니스를 한다면 자본시장이 너무 완벽한 모습으로 운영되는 상황을 그다지 반기지 않을 겁니다. 어떤 규제가 존재해도 사람들은 계속 바보 같은 짓을 저지릅니다. 앞으로도 마찬가지일 테고요. 규제를 통해 성취할 수 있는 일에는 명백한 한계가 있습니다. 그 사실을 너무도 잘 입증하는 사례가 프레디맥과 페니메이 두 회사에서 발생한, 지난 10년 이래 최대의 회계적 '재난' 사태입니다. 이 두 곳에서 수십억 달러에 달하는 엄청난 회계부정 사건이 벌어진 겁니다.

프레디맥과 페니메이가 수행하는 역할은 매우 중요합니다. 몇 년 전 두 회사는 미국의 모기지 유통시장의 40퍼센트를 점유하고 있었습니다. 오늘날에는 그 비율이 70퍼센트는 될 것 같습니다. 이 회사들은 기본적으로 준(準)정부기관이기 때문에 정부에서는 OFHEO라는 규제기관을 설립했습니다. 나는 그 약자가 무엇의 줄임말인지도 잘 모릅니다(워런을 위해 주석을 단다면, 연방주택기업감독청[Office of Federal Housing Enterprise Oversight]의 약자다). OFHEO의 웹사이트를 방문해본 사람들은 알겠지만, 이 조직의 목적은 프레디맥과 페니메이 두 회사를 감독하는 겁니다. OFHEO에서 근무하는 직원 수는 200명에 달합니다. 그 사람들의 업무는 이 두 회사를 계속 들여다보며 "이 사람들이 규정대로 일을 잘하고 있나?"라고 확인하는 것이 전부입니다. 그리고 이 200명의 직원이 고유의 직무를 수행하는 동안 이 두 곳 모두에서 역사상 최대 규모의 회계부정 사건이 터져 나온 겁니다. 믿을 수 없는 일입니다. 두 곳에서 그런 일이 두 건이나 일어나다니요! 사람들을 규제하기는 정말 어렵습니다. 만일 정부에서 나를 새로운 규제기관장으로 선임해서 최고로 우수한 인재 100명을 내 밑에 일하도록 했다고 해봅시다. 그러나 내가 그 직원들을 동원해서 미국에서 가장 큰 금융기관들이 보유한 거래 포지션들, 즉 그들의 모든 파생상품 포지션, 주식 포지션, 외환 포지션을 매일매일 샅샅이 조사한다고 해도, 그 기관들이 규정에 맞춰 제대로 일하고 있는지 판단하기는 불가능할 겁니다. 수백 개의 거래 당사자가 존재하는 복잡한 금융기관들을 규제하는 것은 매우 어려운 일입니다. 재무부와 연방준비제도이사회가 지난 주말 베어스턴스로 향할 수밖에 없었던 이유도 결국 수많은 거래 당사자들에 얽힌 리스크 때문입니다. 나는 미국 정부의 조치가 옳았다고 생각합니다. 명목 가치가 14조 달러에 달하는(어디서 읽은 바에 따르면 이 정도라고 합니다) 수많은 계약들을 수천 개의 거래처와 체결한 금융기관들에서 언제 어떤 사건이 터질지는 아무도 모릅니다. 만일 계약에 참가한 어느 기관이 파산한다면, 나머지 거래 당사자들은 그 계약들을 앞다퉈 해지하려 할 겁니다. 그렇게 된다면, 시장에는 어떤 일이 벌어질까요? 그리고 다른 거래 당사자들에게는 뒤이어 어떤 영향이 미칠까요? 그렇게 되면 상황은 너무도 복잡해질 수밖에 없습니다. 요컨대 규제가 전체 시스템의 중요한 일부분인 것은 사실이지만, 규제의 효과를 달성하기는 대단히 어렵습니다.

학생들은 피콜로 피트 식당으로 자리를 옮겼다. 버핏은 이곳에서 마이크로소프트의 빌 게이츠부터 뉴욕 양키스 팀의 야구선수 알렉스 로드리게스(Alex Rodriguez)까지 수많은 사람과 식사를 한 바 있다. 그는 같은 테이블에 앉은 열두 명의 와튼스쿨 학생과 다양한 주제에 관해 이야기를 나누었다.

이번 대통령 선거를 어떻게 생각하십니까?

나는 두 사람이 모두 입후보하기 훨씬 전부터 힐러리가 출마한다면 지지하겠다고 그녀에게 말했습니다. 그리고 버락에게도 똑같이 얘기했죠. 따라서 나는 일종의 정치적 중혼(重婚) 상태에 놓인 셈입니다. 내 생각에는 둘 중 어떤 사람이 당선돼도 좋을 것 같아요. 그리고 만일 공화당이 선거에서 승리한다면 존 매케인(John McCain)이 당선되기를 바랍니다. 이번 선거에는 대단히 훌륭한 후보자가 세 사람이나 나왔다고 생각해요.

세 후보자 모두 온건한 성향의 인물들이군요.

아직 버락에 대해서는 잘 모르겠습니다. 오히려 세 사람 중에 그가 가장 급진적인 변화를 주도할 인물이 될 가능성도 있어요.

어렸을 때 신문 배달 일을 했다고 들었습니다. 그게 첫 번째 직업이었나요?

그 전에는 할아버지 가게에서 일한 적도 있었죠. 식품점이었는데 정말 힘들었어요. 하지만 만일 누가 내게 GE, IBM, 제너럴모터스 같은 대기업의 CEO와 신문 배달부 중에 하나를 선택하라면 나는 신문 배달을 선택할 거예요. 그 일을 정말 좋아했거든요. 나는 내가 원하는 것만 생각하고, 싫어하는 일은 하지 않아요. 물론 GE를 이끄는 역할도 훌륭한 일일 수 있고, 그 회사의 CEO 제프리 이멜트는 내 친구이기도 해요. 멋진 사람이죠. 하지만 그가 원하든 원하지 않든 반드시 해야만 하는 수많은 일을 생각해보세요.

주로 어디서 아이디어를 얻으시나요?

그냥 많은 것을 읽을 뿐입니다. 하루 종일 읽어요. 우리가 페트로차이나에 5억 달러를 투자했을 때도 내가 한 일이라고는 그 회사의 연례 보고서를 읽은 것뿐이에요.

(편집자 주: 버크셔는 5년 전 사들인 페트로차이나의 주식을 2007년 40억 달러에 매각했다.)

전문적인 투자자가 아닌 사람들에게 들려주고 싶으신 조언이 있나요? 어떤 곳에 투자를 해야 할까요?

글쎄요, 당신이 '적극적 투자자'(그런 사람은 소수에 불과합니다)가 아니라면, 차라리 인덱스펀드에 투자하라고 권하고 싶습니다. 물론 저비용 인덱스펀드를 말하는 거죠. 그리고 시간을 갖고 천천히 펀드를 사들여야 합니다. 보통의 투자자들은 적절한 때에 적절한 가격으로 주식을 구입할 능력이 부족하기 때문에 오직 잘못된 주식을 잘못된 가격으로 사들이는 일을 피하는 데 주력해야 합니다. 미국의 기업 일부를 소유한다는 확신을 가져야 하지만, 한꺼번에 모든 것을 다 매입하려 들면 안 됩니다.

버핏이 사진 찍을 준비가 됐다고 말하자 150명의 학생은 방 밖으로 우르르 몰려나와 긴 줄을 만들었다. 그리고 30분 동안 한 사람씩 차례로 버핏과 사진을 찍었다. 어떤 학생들은 카메라 앞에서 익살스러운 자세를 취하기도 했다(그들이 가장 좋아한 포즈는 버핏의 지갑을 뺏기 위해 서로 다투는 모습이었다). 그가 식당을 나서자 30여 명의 학생들이 그의 금색 캐딜락이 주차된 곳까지 따라갔다. 77세 노인에게는 힘든 하루였다. 그는 학생들에게서 풀려난 뒤에 〈포춘〉의 기자를 태우고 자신의 사무실로 돌아와서 계속 질문을 받았다.

최근 발생한 경제적 혼란은 과거의 위기들과 어떻게 다를까요?

대답하기 어려운 질문이네요. 모든 위기에는 수많은 변수가 존재하죠. 그러나 이번의 경우에는 극단적으로 부풀려진 레버리지와 극단적으로 폭락한 주거용 주택 가격에 관련된 사안이라는 데 누구도 이견이 없을 겁니다. 이 나라에 존재하는 주거용 부동산의 가치는 20조 달러에 달하고 모기지는 11조 달러입니다. 그중 문제가 없는 물건들도 많겠지만, 상당수가 문제를 안고 있어요. 2006년도 미국에서 기존의 모기지로부터 또 다른 모기지가 파생됨으로써 추가로 풀린 자금은 3천3백억 달러입니다. 엄청난 금액이죠. 요즘 우리가 천5백억 달러의 경기 부양책을 이야기하고 있지만, 시중에서는 이미 3천3백억 달러의 경기 부양책이 가동되고 있던 셈입니다. 그리고 이 자금은 우량 담보대출인 프라임 모기지에서 파생된 금액만을 말하는 것이지, 서브프라임 모기지와는 관계가 없는 돈이에요. 이렇게 레버리지가 증가하다 보니 경제에는 엄청난 자극으로 작용한 거죠.

만일 그 돈이 엄청난 자극으로 작용했다면, 이번에 정부가 내놓은 천5백억 달러의 경기 부양책은 효과를 발휘할까요?

글쎄요. 예정에 없었던 천5백억 달러의 자금이 추가로 풀리면 전혀 효과가 없지는 않겠죠. 그러나 우리에게 인위적인 경기 부양의 경험이 없지는 않습니다. 그러다 보니 사모펀드들이 그 틈을 타 차입매수의 붐을 일으키기도 했죠. 사람들이 레버리지를 과도하게 남용하는 일은 반복적으로 일어납니다. 그러다 모든 상황이 엉망이 되어버리는 거죠. 이 나라의 금융시스템 자체가 그런 위험성에 상당 부분 노출되어 있어요. 이제 모기지 산업은 대대적인 디레버리징(deleveraging, 차입을 줄이고 주식을 매각함으로써 경영 상태를 호전시키는 일 — 역자주)을 앞두고 있습니다. 그 과정은 꽤 고통스러울 겁니다.

당신의 시나리오대로라면 우리가 이 고비를 넘기에는 아직 갈 길이 먼 셈이군요.

그럴 거라고 생각합니다. 사람들은 이 문제가 짧고 가볍게 지나갈 거라고 생각하지만, 사실은 정반대입니다. 디레버리징에는 많은 시간과 고통이 따릅니다. 그리고 그 결과도 매우 다양한 방식으로 나타날 거예요. 나는 단 한 푼의 돈도 경제에 대한 거시적 예측을 바탕으로 투자하지 않습니다. 사람들도 시장의 움직임을 예측해서 섣불리 주식을 사고팔지 말아야 합니다.

아까 학생들과 대화 중에 말씀하신 OFHEO의 사례로 미루어 보면, 당신은 정부의 규제에 대해 그다지 낙관적인 것 같지는 않습니다.

이제 금융시장은 너무 복잡해졌습니다. 상호 의존도가 지나치게 높아졌기 때문이죠. 나는 〈워싱턴포스트〉의 의장 돈 그레이엄의 저녁 만찬에서 연방준비제도이사회 의장인 앨런 그린스펀과 이 문제를 두고 논쟁을 벌인 적이 있습니다. 그는 이렇게 말했어요. 금융기관들은 이 모든 파생상품을 통해 전 세계에 위험을 확산시켰지만, 그 상품들을 자신의 거래 은행에 집중해서 관리하지 않고 있다고요. 그러다 보니 수많은 금융기관들의 재무 건전성을 누구도 판단할 수 없을 정도로 상호 연동된 상태가 되어버린 거죠. 이를 평가하기는 매우 어렵습니다. 만일 베어스턴스에 파생상품 장부가 없었다면 연방준비제도이사회는 이번의 조치를 취할 필요가 없었을 거라고 생각합니다.

은행들이 자사의 투자 현황을 지속적으로 들여다보면서도 자신들이 보유한 상품들의 내용을 정확히 모르고 있었다는 사실에 충격을 받으신 건가요?

얼마 전에 몇몇 주택저당증권(mortgage-backed security, 주택이나 토지를 담보물로 발행되는 채권 — 역자주)에 대한 투자설명서를 읽어본 적이 있습니다. 수천 건의 모기지를 모아서 만든 증권이었어요. 그리고 그 증권들은 모두 30여 개의 트란쉐(tranche, 얇은 조각이나 슬라이스를 뜻하는 프랑스어로 증권을 조각내어 파는 일을 의미함 — 역자주)로 나뉘어 있었습니다. 만일 어느 증권 판매자가 그중 낮은 등급의 트란쉐를 골라 50개의 비슷한 부채담보부증권(CDO)을 만든다고 해봅시다. 당신이 그 CDO를 이해하기 위해서는 50 곱하기 300페이지, 즉 1만 5,000페이지의 설명서를 읽어봐야 하는 겁니다. 그리고 그 판매자가 다시 그 CDO들에서 낮은 등급의 트란쉐를 골라 50개의 CDO 스퀘어(CDO Square, CDO에서 판매가 부진한 낮은 신용 등급의 트란쉐를 모아 별도로 만들어낸 파생상품 — 역자주)를 만들어낸다면, 당신은 증권 한 개의 내용을 파악하기 위해 75만 페이지의 설명서를 읽어야 합니다. 한마디로 불가능한 일이에요. 그리고 이번에는 당신이 다른 증권들에서 파생된 트란쉐들을 사기 시작했다고 해봅시다. 그 상품들의 내용과 현재 상태가 어떤지 누구도 알 수 없을 겁니다. 물론 당신은 어떤 주택저당증권에서 낮은 등급의 트란쉐를 100개쯤 사들인 뒤에 리스크를 여러 곳에 분배했다고 생각할 수도 있습니다. 그러나 그 상품들의 본질은 똑같아요. 당신이 그것들을 구입한 지역이 네브래스카주인지 캘리포니아주인지에 따라 상황이 조금은 달라질지 모르지만, 이를 통해 상호연관적인 리스크가 줄어들었고 각 CDO의 상위 50퍼센트는 신용 등급이 높은 슈퍼-시니어(super-senior) 트란쉐이기 때문에 안전하다고 생각하는 것은 잘못입니다. 그건 슈퍼-시니어가 아니라 최저 등급의 주니어(junior) 트란쉐를 한데 모아놓은 거예요. 그리고 모든 주니어 트란쉐는 서로 밀접하게 연동되어 있습니다.

만일 대형 금융기관들조차 자사의 포트폴리오 내용을 정확히 모른다면, 투자자들은 그 기관들이 안전한지 어떻게 알 수 있을까요?

투자자들은 절대 알 수 없어요. 그래서 그 회사를 운영하는 사람들의 DNA를 파악하기 위해 노력해야 하는 겁니다. 내 생각에 모든 대형 금융기관의 CEO는 최고리스크관리책임자(chief risk officer)가 되어야 합니다. 버크셔의 최고리스크관리책임자는 바로 납니다. 나는 내가 할 수 있는 일의 한계를 잘 알아요. 금융기관들이 피해야 할 최악의 상황은 스프레드시트와 모델에 의존하는 일입니다. 과거 살로몬의 경우에도 회사가 소유한 것은 수많은 모델뿐이었어요. 그러다 위기를 맞은 거죠.

그렇다면 우리는 지금 투자자들에게 어떤 이야기를 들려주어야 할까요?

투자자들은 오늘 어디선가 읽거나 주워들은 이야기가 자신의 투자 전략에 중요하다고 생각하지 말아야 합니다. 투자자들의 전략에는 다음과 같은 요소가 반드시 고려되어야 합니다. ⓐ 경제의 앞날을 예측할 수는 있어도 주식시장의 앞날을 예측하기는 어렵습니다. ⓑ 시장의 평균 실적보다 더 좋은 성과를 달성하는 주식을 고를 수는 없습니다. 주식은 오랜 기간을 소유하기에 적합한 상품입니다. 투자자들이 저지를 수 있는 잘못된 행동은 오직 두 종류뿐입니다. 잘못된 주식을 구입하거나, 잘못된 시점에 사고파는 일입니다. 사실 일단 주식을 샀다면 굳이 팔 필요가 없어요. 미국의 산업 전체의 단면에 해당하는 대표적인 주식을 살 수도 있겠지만, 만일 그 방법도 먹히지 않는다면 여기저기서 마음에 드는 주식을 닥치는 대로 사들이는 방법도 통하지 않을 겁니다. 사실 투자자들이 우려해야 할 점은 자신이 욕심을 부릴 수도 있다는 거예요. 내가 항상 하는 말은 남들이 두려워할 때 욕심을 부리고, 욕심을 부릴 때 두려워하라는 겁니다. 물론 보통 투자자들에게 그 정도까지 기대할 수는 없겠지만, 적어도 다른 사람이 욕심을 부릴 때 같이 욕심을 부리거나 두려워할 때 같이 두려워하지는 말아야 합니다. 적어도 그런 현상에서 벗어나려고 노력을 해야 합니다.

당신의 법칙에 따르면 지금은 투자자들이 욕심을 부려볼 만한 시기군요. 모두가 두려

워하고 있으니까요.

맞습니다. 사람들이 그런 방향으로 움직이고 있어요. 그래서 주식의 가격이 저렴한 겁니다. 1년 전보다 오늘 주식을 사는 게 훨씬 좋은 선택입니다. 3년 전에 비해서도 마찬가지죠.

그럼에도 당신은 미국의 장기적인 미래를 여전히 긍정적으로 보시나요?

앞으로 미국 경제는 괜찮아질 겁니다. 단지 매년, 매월, 매일이 좋지 않을 수는 있겠죠. 내 말이 믿기지 않는 사람은 앞으로 주식 투자를 접어야 합니다. 내가 그렇게 내다보는 데는 이유가 있어요. 미국의 생산성은 해마다 좋아집니다. 경제란 장기적인 '포지티브섬 게임'입니다. 투자자들이 스스로를 몰락으로 이끄는 단 하나의 길은 엄청난 수수료를 부담하면서 시장을 이기려고 애쓰는 겁니다.

버핏, 승부를 걸다

2008년 6월 23일 | 캐럴 루미스

2017년까지 이어질 10년간의 투자 실적 내기는 2012년 연말(내기의 절반 시점이자 이 책이 출판되기 전에 마지막으로 중간 실적이 공개된 때)로 접어들면서 두 가지 뉴스를 탄생시켰다.

첫째, 버핏은 5년 전 내기가 시작된 이후 처음으로 상대의 실적을 뛰어넘었다. 그 의미는 그가 돈을 건 말(뱅가드사의 S&P500 인덱스펀드)이 상대방의 말(뉴욕 소재의 자산운용사 프로테제 파트너스가 다섯 개 헤지펀드로 세심하게 구성한 모태펀드)을 앞서기 시작했다는 뜻이다(내기의 규칙에 따라 그 헤지펀드들의 이름은 외부에 공개되지 않았다). 이 내기는 다섯 개 헤지펀드로 구성된 모태펀드가 달성한 평균 수익에서 원가, 수수료, 비용 등을 공제한 금액을 측정 대상으로 한다.

둘째, 내기에 임한 양측 모두가 깊은 침체의 수렁에서 벗어나 플러스 성장으로 돌아선 것도(특히 헤지펀드들은 최근 이 선을 가까스로 넘어섰다) 이번이 처음이다.

지금까지의 실적이 부진한 데는 그럴 만한 이유가 있었다. 무엇보다 내기가 시작된 시점이 경제 상황이 최악이었던 지난 2008년이었던 탓이다. 당시 내기에 참가한 펀드들은 모두 깊은 적자의 늪에 빠졌으며, 둘 중에는 버핏 쪽이 더 심한 타격을 입었다. 그가 돈을 건 뱅가드사의 인덱스펀드 애드머럴(Admiral) 주식들은 2008년 37퍼센트 하락했으며, 프로테제의 모태펀드에 속한 다섯 개 헤지펀드의 투자자들은 24퍼센트의 손실을 입었다.

당시 이 내기를 보도한 〈포춘〉에 따르면, 버핏은 자신이 옛날 우화에 나오는 거북이처럼 결국에는 토끼를 따라잡기를 바란다고 말했다. 그리고 게임의 양상은 점차 그런 방향으로 흘러갔다. 내기가 시작된 지 꼭 중간이 되는 시점에 거북이(애드머럴 주식들)는 8.69퍼센트의 상승률을 기록했다. 반면 프로테제의 모태펀드는 겨우 0.13퍼센트의 성장(프로테제 파트너스의 회장 테드 세이즈는 이 숫자를 보고 "윽!" 하고 비명을 질렀다)에 그쳤다. 하지만 세이즈는 상황이 바뀔 거라는 기대를 버리지 않는다. "아직 하루가 끝나지 않았습니다." 그는 영화 〈굿바이 뉴욕 굿모닝 내 사랑(City Slickers)〉에서 나오는 유명한 대사를 인용하며 이렇게 말한다.

이제 내기가 후반전으로 접어드는 상황에서 게임 참가자들은 내기에 걸린 판돈의 형태를 바꾸기로 합의했다. 애초에 이 내기에 걸린 돈은 백만 달러였다. 즉 양측 참가자가 10년 뒤에 만기가 되는 액면가 50만 달러의 제로쿠폰채권(zero coupon bond, 상환 기간까지 이자 지급이 없는 채권. 액면 가격에 비해 할인된 가격으로 발행되어 만기에 액면 금액을 지급함 ― 역자주)을 각각 구입하고, 내기가 종료된 뒤 승자가 지정하는 자선단체에 백만 달러의 상금을 보내기로 되어 있었다. 하지만 그동안 금리가 급격히 떨어지다 보니 이 채권의 가격이 매우 빠른 속도로 상승했다. 2012년 말에는 이미 목표 금액에 근접한 수준까지 올랐다.

이 채권의 가격이 최종 목표 금액을 거의 달성하자 버핏과 세이즈는 이를 매각하고 그 돈으로 버크셔 해서웨이의 주식을 사기로 결정했다. 덕분에 내기의 승자가 지정한 자선단체에는 백만 달러보다 훨씬 큰 금액이 기부될 가능성이 커졌다. 2013년 중반 기준으로 그 채권들을 팔아서 구입한 버크셔의 주식 가격은 125만 5천 달러에 달한다.

버핏은 내기가 종료되는 시점에서 버크셔의 주가가 구입가보다 낮을 위험에 대비해(이 회사의 의장은 그럴 일이 거의 없다고 믿지만), 승자가 지정한 자선단체에는 최소한 백만 달러를 보내겠다고 개인적으로 보증했다.

버핏은 이 내기를 통해 또 하나의 사실을 입증하고 싶어 한다. 그는 헤지펀드나 모태펀드가 투자자들에게 너무 높은 비용을 부과하기 때문에 이곳에 돈을 맡긴 사람들의 평균 수익은 인덱스펀드 투자자들의 수익에 비해 낮을 수밖에 없다고 주장해왔다. 그러나 역설적인 사실은 버핏 역시 투자업계에 입문한 초기에 오마하에서 버핏 파트너십이라는 헤지펀드의 업무집행조합원으로 일한 경력이 있다는 점이다.

그러나 버핏은 그때도 헤지펀드 세계에서 통상적인 '2와 20' 보상의 원칙, 즉 매년 투자액의 2퍼센트를 자산 관리 비용으로 떼어 가고 수익금의 20퍼센트를 공제하는 원칙을 따르지 않았다. 대신 버핏은 자산 관리 비용을 전혀 받지 않았으며, 매년 자본금에서 발생한 수익의 6퍼센트까지 전액을 투자자에게 돌려주었다. 그리고 그 이상의 수익금에서 25퍼센트를 본인의 몫으로 챙겼다.

게다가 앞에서 여러 차례 이야기한 바와 같이 그가 운영한 헤지펀드는 문을 닫을 때까지 13년간 연속해서 수익을 냈다. 그가 유한책임조합원들에게 돌려준 연평균 수익률은(버핏의 몫 25퍼센트를 제외하고) 23.8퍼센트였다. – CL

전문가들에 의해 세심하게 선정된 헤지펀드들이 향후 10년 동안 S&P500을 능가하는 수익률을 투자자들에게 제공할 수 있을까? 이제 이 질문은 버크셔 해서웨이의 CEO 워런 버핏과 프로테제 파트너스 사이에서 벌어지는 내기의 주제가 되었다. 뉴욕에 소재한 자산운용사 프로테제는 '헤지펀드들의 펀드'를 운영하는 회사다. 다시 말해 이 회사의 존재 가치는 고객들의 자금을 최고의 헤지펀드들에 투입하고, 실적이 저조한 펀드를 적절히 배제시키는 능력에 달려 있다. 그렇다면 누가 어느 쪽에 돈을 걸었느는지는 보지 않아도 뻔하다. 프로테제는 자신들이 다섯 개 헤지펀드를 모아서 구성한 모태펀드에 베팅하기로 결정했다. 구체적으로 말해 이 펀드들에서 발생한 평균 수익은 원가, 수수료, 비용 등을 공제한 금액을 의미한다. 반면 모태펀드 같은 '헬퍼'들이 투자자들에게 부과하는 엄청난 수수료를 피해야 한다고 주장해온 버핏은, 뱅가드사가 판매하는 S&P500 기반 저비용 인덱스펀드의 수익이 프로테제가 선정한 다섯 개 헤지펀드의 수익을 능가할 거라는 데 돈을 걸었다.

물론 둘 사이에 말만 무성했던 것은 아니다. 이 내기가 기사로 소개되는 것은 이번이 처음이지만(기사 작성자는 버핏의 오랜 친구이자 버크셔의 연례 주주서한 편집자다), 내기 자체는 올해 1월 1일에 이미 시작됐다. 게임 참가자는 버핏(버크셔가 아닌 개인)과 프로테제(개별 펀드가 아닌 회사 전체)다. 판돈의 크기도 만만치 않다. 양측은 각각 32만 달러를 내기에 걸었다. 그들은 이 64만 달러의 판돈으로 내기 종료 시점에 만기가 되는 액면가 백만 달러의 제로쿠폰 국채를 사들였다. 이 백만 달러는 내기가 끝난 뒤에 자선단체에 기부될 예정이다. 만일 프로테제가 내기에서 승리하면 그 돈은 런던에 소재한 세계적인 아동 자선단체 앱솔루트 리턴 포 키즈(Absolute Return for Kids, ARK)로 향할 것이다. 버핏이 이긴다면 미국의 비영리 재단 걸스(Girls Inc.)의 오마하 지부가 상금을 수령하게 된다(버핏의 딸 수잔 버핏은 이곳의 이사다).

그렇다면 게임이 진행되는 동안 내기의 상금인 제로쿠폰을 보관할 곳은 어디일까? 아마 기사를 읽는 독자들이 대부분 들어보지 못했을 롱나우 재단(Long Now Foundation)이라는 생소한 이름의 단체다. 샌프란시스코에 소재한 이 재단은 인류의 '장기적 사고'를 독려하기 위해 설립되었다. 이 재단의 공동 설립자 스튜어트 브랜드(Stewart Brand,《지구백과[Whole Earth Catalog]》를 펴낸 작가)에 따르면 그들의 목표는 인간의 '병적으로 짧은 주의(注意) 지속 시간'이 세상에 미치는 폐해와 싸우는 것이라고 한다. 6년 전, 이 재단은 롱 베트(Long Bets)라는 프로젝트를 시작했다. 그들은 인류의 장기적인 미래에 관해 내기를 건 사람들이 미리 지불한 판돈을 기부금으로 보관하고 승자가 결정될 때까지 내기의 과정을 감독한다. 그리고 내기가 끝난 뒤에 승자가 지정한 자선단체에 돈을 보낸다. 이 재단은 업무를 수행하는 대가로 보통 양측에서 50달러의 수수료를 받고, 그들이 판돈을 보관하는 동안 그 돈에서 거둔 수익금을 승자가 지정한 자선단체와 50 대 50으로 나눈다. 하지만 버핏과 프로테제의 내기에서는 수익금을 나누는 과정을 생략하고, 양측에서 롱나우 재단에 2만 달러씩을 기부하기로 했다. 현재 롱 베트에서 진행 중인 내기의 목록을 알고 싶은 독자들은(이 기사가 실린 잡지가 발간된 뒤에 버핏과 프로테제의 베팅에 대한 내용도 목록에 추가될 예정이다) 이 프로젝트의 홈페이지 www.longbets.org를 참조하기 바란다. 어떤 내기들은 마치 스포츠 바(손님들이 술을 마시면서 텔레비전으로 스포츠 경기를 시청하는 술집 — 역자주)에서 이루어진 듯하다. 배우 테드 댄슨(Ted Danson)은 미국 남자 축구팀이 월드컵에서 우승하는 날보다 보스턴 레드삭스 야구팀이 월드시리즈에서 우승하는 순간이 더 빠르게 찾아올 거라는 내기에서 승리해 2천 달러의 상금을 자선단체에 기부했다. 보다 보편적인 인류적 주제를 대상으로 한 내기로는 소프트웨어 기업 로터스(Lotus)의 창업자 미첼 케이퍼(Mitchell Kapor)와 발명가 겸 미래학자인 레이 커즈와일 사이에 벌어진 게임을 들 수 있다. 케이퍼는 "어떤 컴퓨터 또는 '기계 지능'도 2029년까지는 튜링 테스트(영국의 컴퓨터 과학자 앨런 튜링이 1950년에 고안한 컴퓨터 지능 실험 — 역자주)를 통과할 수 없을 것이다"라고 예측했다. 즉 컴퓨터가 그때까지는 사람의 흉내를 완벽하게 내는 일이 불가능하리라는 것이었다. 그러나 커즈와일은 그 예측에 동의하지 않았다. 두 사람은 롱 베트의 규칙에 따라 각자의 견해를 간단한 성명서 형태로 작성해서 웹

사이트에 게시했다. 버핏과 프로테제가 작성한 글도 곧 그곳에 게시될 예정이다(이 기사의 마지막 부분에 추가해두었다).

2007년까지 롱 베트 프로젝트에서 진행됐던 가장 큰 내기 금액은 케이퍼와 커즈와일이 걸었던 2만 달러였다. 그런 면에서 버핏과 프로테제의 판돈은 다른 내기들에 비해 아예 단위 자체가 다르다. 이 내기의 기원은 2006년 5월 버크셔의 연례 주주총회로 거슬러 올라간다. 버핏은 주말 동안 진행된 행사 내내 투자자들이 부담해야 하는 막대한 거래 및 관리 비용에 대해 참석자들에게 열변을 토했다. 그리고 누구라도 상대만 있다면 백만 달러를 걸고 내기를 하자고 제안했다. 향후 10년간 S&P500 기반 인덱스 펀드에서 발생할 수익률이, 내기 상대방이 임의로 선택한 10개 헤지펀드의 실적(수수료를 제외한 실적)을 능가할 거라는 데 얼마든지 돈을 걸겠다는 것이었다. 연례 주주총회 이후에도 그 제안을 몇 차례 반복한 버핏은 지금껏 아무도 그 내기에 응한 사람이 없으니 자신의 생각이 맞는 게 분명하다고 덧붙였다.

그런데 2007년 7월, 프로테제의 테드 세이즈(Ted Seides) 회장이 회사의 대표가 아닌 개인 자격으로 버핏에게 편지를 보내 자신이 그 내기에(또는 적어도 비슷한 게임에) 참여하고 싶다는 의사를 밝혔다. 그 뒤로 몇 달간 진행된 협상의 결과, 세이즈가 10개가 아닌 5개 헤지펀드에 돈을 건다는 데 양측이 최종 합의했다. 세이즈는 평소 자신이 내기에 거는 돈(말하자면 밥값 정도)에서 크게 금액을 올린 10만 달러(세이즈는 버핏의 연봉이 10만 달러이기 때문에 이 금액을 선택했다고 말했다)를 판돈으로 하자고 제안했다. 그러나 그때까지 롱 베트라는 프로젝트의 존재를 몰랐던 버핏은 본인의 나이(당시 77세)와 향후 10년간의 내기 결과가 그의 유산 배분 과정에 미칠 수도 있는 복잡한 결과를 감안할 때 적어도 50만 달러 이상의 내기에만 관심이 있다고 말했다. 그는 세이즈에게 이렇게 편지를 썼다. "그럼에도 내 유산 담당 변호사는 이렇게 일을 복잡하기 만든 내가 정신이 나갔다고 생각할 겁니다."

버핏은 50만 달러라는 금액이 세이즈에게 너무 부담이 된다면 다른 파트너들을 구해 도움을 받아도 관계가 없다고 말했다. 결국 그가 제안한 대로 세이즈 개인이 아닌 프로테제 파트너스가 내기 상대로 나서기로 했다. 35억 달러의 자산을 관리하고 있는 프로테제의 주요 경영진은 회장인 세이즈(37세), CEO 제프리 태런트(Jeffrey Tarrant, 52세), 스캇 베센트(Scott Bessent, 45세) 이렇게 세 사람이다. 하나같이 화려한 투자 경력을 자랑하는 그들은 과거 유명 시장 전문가들과 함께 일하기도 했다. 세이즈는 예일 대학의 최고투자책임자 데이비드 스웬슨(David Swensen)에게서 대체투자(alternative investment, 주식이나 채권 같은 전통적인 투자 상품이 아닌 사모펀드, 헤지펀드, 부동산, 벤처기업, 원자재, 선박 등 다양한 대체 자산에 투자하는 일 ― 역자주)의 세계를 배웠으며, 베센트는 조지 소로스 및 유명 공매도 투자자 짐 차노스와 함께 일한 적이 있다.

2002년 태런트와 세이즈에 의해 설립된 프로테제는 일종의 모태펀드를 구축해서, 주로 헤지펀드에 자금을 투자하는 노련한 투자자들(단체 및 부유한 개인)을 모집하기 시작했다. 미국 증권거래위원회가 헤지펀드나 모태펀드의 광범위한 마케팅을 금지한다는 사실을 잘 알고 있던 세이즈와 태런트는 자신들이 운영 중인 펀드의 정확한 이름조차 외부에 알리지 않았으며 물론 펀드의 실적도 공개하지 않았다. 그러나 런던에 소재한 인베스트헤지(InvestHedge, 이곳의 모기업은 헤지펀드에 관한 데이터베이스를 운영한다)는 프로테제의 미국 내 주력 펀드인 프로테제 파트너스 LP의 몇 년 치 수익 자료를 〈포춘〉에 제공했다. 이 자료에 따르면 프로테제 펀드는 2002년 7월 설립된 이후 2007년 말까지 95퍼센트의 수익(모든 수수료를 제외하고)을 거둠으로써 뱅가드의 S&P500 인덱스펀드 수익률 64퍼센트를 능가했다. 프로테제의 높은 실적을 견인한 가장 큰 요인은 이 회사가 2006년까지 CDO를 포함한 서브프라임 모기지 증권에 대해 극단적인 매도세를 유지했고 자사가 투자 중인 여러 헤지펀드에도 이 전략을 광범위하게 적용했다는 점이었다. 특히 이 회사가 투자한 헤지펀드 폴슨 앤 컴퍼니(Paulson & Co.)의 운영자 존 폴슨(John Paulson)은 2007년 서브프라임 관련 증권을 공매도해서 큰돈을 번 것으로 유명해진 인물이었다.

물론 이것은 지나간 역사일 뿐이다. 이제 다시 내기 이야기로 돌아가보자. 버핏과 세이즈는 내기의 중간 실적을 주기적으로 공개하는 데 합의했다. 세이즈는 언제든 시장 전체의 실적이 10퍼센트 이상 하락했을 때 실적을 발표하자고 제안했다. 왜냐하면 헤지펀드의 가장 큰 강점 중 하나가 시장이 어려운 시기를 헤쳐 나갈 수 있는 능력이기 때문이다. 아닌 게 아니라 프로테제 파트너스 LP는 올 1분기의 극도로 부진한 시장 속에서도 1.9퍼센트의 손실만을 입으며 선방했다. 반면 뱅가드 펀드의 손실률은 9.5퍼센트에 달했다. 그러나 버핏은 실적 공개에 가장 적절한 때는 매년 봄 버크셔의 연례 주주총회가 개최되는 시기라고 주장했다. 결국 버핏의 의견이 최종적으로 받아들여졌다.

하지만 버핏은 내기의 중간 실적을 발표할 때도 한 가지 제한 요소 탓에 많은 이야기를 공개하지는 못할 것 같다. 프로테제가 선정한 다섯 개 헤지펀드의 이름은 외부에 공개하지 않기로 되어 있기 때문이다. 물론 프로테제가 매년 이 펀드들에 대한 감사보고서 결과를 버핏에게 발송할 예정이므로, 버핏은 당연히 그들의 이름을 알게 될 것이다. 하지만 그 펀드들의 모태펀드인 프로테제는 게임에 참가한 헤지펀드들의 이름을 공개하는 것에 아무런 이득이 없다고(적어도 현재로서는) 판단해서, 이 펀드들에 대한 비밀이 유지된다는 조건으로 내기에 임하기로 했다. 사실 프로테제가 게임에 참가시키고자 하는 헤지펀드들은 첫 번째 선수조차 아직 명단에 서명하지 않은 상태다.

세이즈와 태런트는 자신들이 선정한 다섯 개 펀드의 일반적인 특징을 이렇게 설명한다. 그들은 모두 주식 투자 지향적이고(즉 채권보다 주식 투자를 선호하고), 단기 매매를 지양하고, 초심자들이 아닌 노련한 투자 담당자가 운영하는 펀드라는 것이다. 그런 점에서 프로테제의 주력 펀드인 프로테제 파트너스 LP도 그중 하나라고 쉽게 추측이 가능할 듯하다. 만일 그들이 이 펀드를 빼놓는다면 회사가 자체적으로 운영하는 헤지펀드의 성공에 베팅하지 않은 이유를 투자자들에게 설명하느라 진땀을 빼야 할 것이기 때문이다.

투자자들이 헤지펀드에 지불할 수수료(물론 이는 버핏의 주장에서 핵심적인 대목이다)는 복잡한 데다 비싸기까지 하다. 모태펀드는 대체로 자본금에서 연 1퍼센트의 관리 비용을 수수한다. 그리고 이 자본금으로 투자를 집행하는 헤지펀드는 모태펀드로부터 매년 1.5퍼센트의 관리 비용을 받는다(수수료는 분기별로 납부되며, 납부 시점에 투자자의 계좌에 남은 금액을 계산해서 지불이 이루어진다). 따라서 투자자는 자신이 투자한 돈에서 수익이 발생했는지 여부와 무관하게 자본금 중 연 2.5퍼센트를 지속적으로 수수료로 납부해야 한다. 반면 작년 기준 뱅가드의 S&P500 인덱스펀드의 비용 비율은 보통주의 경우 15베이시스 포인트(0.15퍼센트), 대형 투자자들에게 판매하는 애드머럴 주식은 7베이시스 포인트에 불과하다. 버핏이 이 내기를 위해 '선택한' 상품이 바로 애드머럴 주식이다.

헤지펀드들은 관리 비용 이외에도 대체로 수익의 20퍼센트를 별도로 징수한다. 그러므로 투자자들이 손에 쥐는 돈은 80퍼센트뿐이다. 또한 모태펀드 역시 수익의 5퍼센트(또는 그보다 많은 금액)를 회사 몫으로 떼어 간다. 결과적으로 연수익 중에 투자자들에게 돌아가는 금액은 최대한으로 잡아서 76퍼센트에 불과하고 나머지는 버핏이 쓴 글에 등장하는 소위 '헬퍼'들의 주머니로 들어간다. 그 와중에 투자자들은 자본금의 2.5퍼센트에 해당하는 관리 비용까지 지속적으로 지불해야 하는 형편이다. 따라서 이 내기의 요점은 매우 명확하다. 프로테제가 이 베팅에서 승리하기 위해서는 그들이 선정한 다섯 개 헤지펀드가 S&P500에 비해 월등히 높은 실적을 올려야 한다는 것이다.

그리고 실제로 그런 결과가 나올 가능성도 없지 않다. 버핏은 내기에서 이길 확률을 60퍼센트 정도로 내다본다. 이는 평소 그가 투자에서 기대하는 승률에 비해 훨씬 낮은 수치다. 반면 프로테제는 자신들이 승리할 가능성이 85퍼센트는 될 거라고 장담한다. 물론 누군가의 말처럼 프로테제는 이 내기에 참가했다는 사실만으로 이미 값을 매길 수 없는 홍보 효과를 거두었을지도 모른다. 하지만 그들은 이 게임에서(그것도 평생 별로 패배해본 적이 없는 사내와의 대결에서) 승리하기를 진정으로 바란다. 세이즈는 자신에게 승리를 안겨줄지도 모르는 한 줄기 희망을 빛을 이렇게 표현한다. "다행스럽게도 우리는 버핏이 아니라 S&P500의 실적과 내기를 하고 있는 겁니다."

예측과 주장

예측: 2008년 1월 1일에 시작되어 2017년 12월 31일에 종료되는 10년의 기간 동안 S&P500의 수익률은 여러 개의 헤지펀드로 구성된 모태펀드 포트폴리오의 수익률을 능가할 것이다. 해당 모태펀드의 실적은 원가, 수수료, 비용을 공제한 금액으로 측정된다.

워런 버핏: 동의함

뛰어난 지적 능력을 소유한 수많은 사람이 증권시장에서 평균을 뛰어넘는 실적을 거두기 위해 투자의 세계에 뛰어들고 있다. 그들을 '적극적 투자자'라고 부르기로 하자.

반면 그들의 반대편에 서 있는 소극적 투자자들은 대체로 시장의 평균과 비슷한 실적을 기록하고 있다. 그들이 보유한 주식 포지션에서 발생하는 수익은 전체적으로 인덱스펀드의 수익과 비슷하다. 그러므로 이 세계에서 활동하는 나머지 투자자(적극적 투자자)들 역시 전체적으로는 평균적인 실적을 거둘 수밖에 없다. 하지만 적극적 투자자들은 소극적 투자자에 비해 치러야 할 비용이 훨씬 크기 때문에, 그들이 거둔 실적에서 각종 비용을 제외하면 소극적 투자자들의 실적에 미치지 못할 것이다.

높은 연간 관리 수수료, 막대한 성과보수, 잦은 거래비용 등이 적극적 투자자들의 수익 계산에 산입되면서 투자자들에게 부과되는 부담은 나날이 치솟는 추세다. 게다가 다수의 헤지펀드로 이루어진 모태펀드 역시 비용의 문제를 더욱 심화시키고 있다. 그들이 자금을 투입한 여러 헤지펀드들이 이미 투자자에게 막대한 수수료를 부과하는 상황에서, 모태펀드는 그 위에 별도의 수수료를 중복적으로 징수하기 때문이다.

수많은 영리한 사람들이 헤지펀드를 운영 중이다. 그러나 그들이 힘겹게 쏟아부은 노력의 상당 부분은 스스로 빛을 잃고 있으며, 그들의 IQ는 투자자에게 부과되는 비용의 벽을 뛰어넘지 못한다. 결론적으로 저비용 인덱스펀드에 투자한 사람들은 시간이 흐르면서 모태펀드 투자자들에 비해 더욱 높은 평균 실적을 거둘 것이다.

프로테제 파트너스: 동의하지 않음

버핏의 주장은 투자자들이 S&P500처럼 협소하게 정의된 영역에서 빈번하게 주식 거래를 일으키는 경우 주가지수를 능가하는 평균 실적을 거둘 수 없다는 면에서 어느 정도 일리가 있다. 하지만 이 논리를 헤지펀드에 적용하는 것은 사과와 오렌지처럼 전혀 성격이 다른 두 대상을 비교하는 일과 다를 바가 없다고 생각된다.

주식을 매입하고 공매도를 수행하는 능력을 함께 보유한 헤지펀드는 시장과의 경쟁에서 승리하기 위해 설립된 조직이 아니다. 이 조직들의 목표는 시간의 흐름에 따라 시장 환경과 무관하게 수익을 창출하는 것이다. 그러므로 헤지펀드에게 성공의 의미란 시장이 어려울 때에 남들보다 좋은 성과를 내고, 시장이 최고의 시기를 맞았을 때는 다른 사람에 비해 오히려 낮은 성과를 거두는 것일 수도 있다. 그럼에도 불구하고 그동안 최고의 헤지펀드 매니저들은 각종 비용을 제외하고도 시장 전체의 실적을 주기적으로 능가했으며, 그 과정에서 감당한 리스크 역시 평균에 비해 훨씬 적었다. 우리는 앞으로도 이런 결과가 계속 이어질 거라는 사실을 믿어 의심치 않는다.

물론 최고의 헤지펀드와 평균적인 헤지펀드 사이의 격차는 작지 않다. 모태펀드를 포함한 우량 기관투자자들은 탁월한 투자 전략을 수립하고 우수한 펀드매니저들을 채용할 기회가 더 풍부하기 때문에, 시장의 평균 실적을 능가하는 성과를 거두는 일이 가능하다. 또한 모태펀드는 최고의 헤지펀드를 선택할 수 있는 능력을 바탕으로, 고객들이 추가로 지출해야 하는 비용을 보상하고도 남는 훌륭한 수익을 투자자들에게 돌려줄 것이다.

"비즈니스의 세계에 오바마는 어떤 의미일까"에서

2008년 7월 2일 | 니나 이스턴(Nina Easton)의 기사에서 발췌

오바마 대통령의 자문단은 이미 몇몇 학자로 구성된 핵심 그룹을 넘어 민주당을 지지하는 베테랑 사업가들로 확대되는 추세다. (중략) 오바마는 억만장자 CEO 워런 버핏(오바마는 그를 이렇게 평한다. "내가 가장 좋아하는 사람 중 한 명입니다. 대단히 현실 감각이 뛰어나고 영리합니다.")과 자주 통화한다. 금융업계를 향해 쓴소리를 아끼지 않고 부자들을 위한 세제 혜택에도 맹렬히 반대하는 버핏은 그 누구보다 자본시장에 정통한 인물이다.

버핏의 시장 지표: 이제 주식을 사라

2009년 2월 16일 | 캐럴 루미스와 도리스 버크(Doris Burke)

2009년에 들어서도 주식시장은 끝없는 하락세를 이어갔다. 그런 상황에서 〈포춘〉은 미국 주식의 시가총액과 GNP 사이의 상관관계를 나타내는 버핏의 시장 지표를 새롭게 갱신하기로 결정했다. 우리가 이 도표를 처음 공개한 것은 지난 2001년 '워런 버핏, 주식시장에 대해 발언하다'(386페이지 참조)라는 기사를 통해서였다. 당시 그의 메시지는 분명했다. "주식을 사지 말라!"

하지만 나와 함께 본 기사를 작성한 도리스 버크의 숫자 분석에 따르면 이제 주식시장은 버핏이 주장한 주식 매입의 범위에 접어든 것이 분명했다. 따라서 우리는 〈포춘〉 2월 1일자에 이 기사와 도표를 실어 구독자들에게 배포했다.

하지만 이 매수 신호는 완벽하지 못했다. S&P500 지수는 2월 1일부터 다시 떨어지기 시작해서 최저점을 찍은 3월 9일까지 18퍼센트 이상 추가로 하락했다. 그럼에도 불구하고 만일 어느 투자자가 2월 1일에 S&P500 총수익 상장지수펀드(ETF, 특정 주가지수의 움직임에 따라 수익률이 결정되는 펀드 — 역자주)를 구입해서 2012년 중반까지 보유했다면 78퍼센트의 수익을 얻을 수 있었을 것이다. 그리고 그는 버핏이 이 도표를 공개했다는 사실에 매우 기뻐했을지도 모른다. – CL

이제 주식을 살 때가 된 걸까? 지난 85년간의 현황을 다룬 이 도표와 유명 투자자 워런 버핏의 주장에 따르면, 아마 그런 것도 같다. 이 그림의 요점

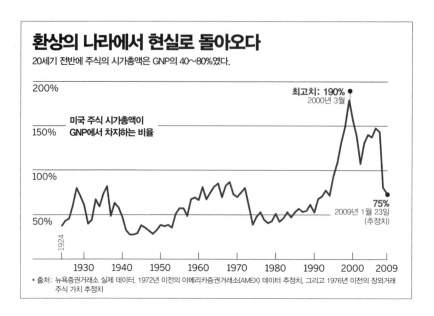

환상의 나라에서 현실로 돌아오다

20세기 전반에 주식의 시가총액은 GNP의 40~80%였다.

최고치: 190%
2000년 3월

미국 주식 시가총액이
GNP에서 차지하는 비율

75%
2009년 1월 23일
(추정치)

1924

1930 1940 1950 1960 1970 1980 1990 2000 2009

* 출처: 뉴욕증권거래소 실제 데이터, 1972년 이전의 아메리카증권거래소(AMEX) 데이터 추정치, 그리고 1976년 이전의 장외거래
주식 가치 추정치

은 미국 주식의 시가총액과 미국 경제의 총산출물, 즉 GNP 사이에 합리적
인 관계가 존재한다는 것이다.

〈포춘〉이 처음으로 이 도표를 공개한 2001년 말은 닷컴 거품을 타고 미
친 듯이 올랐던 주식 가격이 급격히 하락했을 때였다. 그러나 전체 시가
총액이 GNP의 133퍼센트에 달했던 당시의 주가는 여전히 너무 높았다.
버핏이 생각하기에는 주식을 구입하기에 결코 적당한 수준이 아니었다.
하지만 그는 주식 매입에 타당한 시점을 이 그래프를 통해 가시적으로 제
시했다. "만일 이 비율이 70~80퍼센트까지 떨어진다면 주식을 구입하는
것이 당신에게 유리한 전략이 될 가능성이 높습니다."

올 1월 말 기준으로 주가는 GNP의 75퍼센트까지 하락하면서 버핏이 언급
한 범위에 진입했다. 그러나 버핏은 이제야 시장이 제정신으로 돌아온 것
이라며 전혀 놀랄 일이 아니라고 주장한다. 그는 〈포춘〉과의 인터뷰에서
최근 주가가 급격하게 하락하는 현상을 보면 벤저민 그레이엄이 쓴 글이
생각난다고 말했다. "주식시장은 단기적으로 일종의 '투표 집계기'의 기능

을 수행하지만, 장기적으로는 '체중계'의 역할을 한다."

버핏이 이 도표에 담긴 메시지를 이론적으로만 환영한 것은 아니었다. 그는 작년 10월 17일자 〈뉴욕타임스〉 논평에서 그동안 자신이 미국의 국채를 제외하고는 아무것도 소유하지 않았지만 이제 개인적으로(즉 버크셔 해서웨이와 무관하게) 주식을 매입하기 시작했다고 밝혔다. 그리고 앞으로 주가가 더 하락하면 곧 자신의 순자산 100퍼센트를 미국 기업의 주식으로 대체할 수도 있을 거라고 말했다. 과연 주가는 그 뒤로도 꾸준히 내렸다 (작년 10월 17일 이후 다우존스 산업지수는 10퍼센트 넘게 떨어졌다). 따라서 버핏은 그때 이후로 주식을 계속 사들였을 것이다. 하지만 호기심에 가득 찬 투자자들에게는 대단히 유감스럽게도, 그는 자기가 어떤 주식을 샀는지 절대 공개하지 않는다.

버핏, 책임을 맡다

2009년 4월 27일 | 마크 귄터(Marc Gunther)

이 기사의 제목은 일종의 언어유희(원제의 'take charge'는 '책임을 맡다'라는 뜻이지만, '배터리를 충전하다'라는 뉘앙스도 담겨 있다 — 역자주)지만, 이 재치 있는 글귀도 버핏이 중국의 자동차 및 배터리 기업 BYD의 지분 10퍼센트를 사들인 행보를 명확히 설명하지는 못한다. 버크셔의 연례 주주총회에서 어느 주주가 그 이유를 묻자 버핏은 언제나처럼 버크셔의 부회장찰리 멍거에게 마이크를 넘기며 이렇게 말했다. "찰리는 BYD의 전문가입니다." 멍거를 이 분야의 전문가로 만드는 데 기여한 패서디나의 투자관리자 리 루(Li Lu)는 중국에서 태어나 1989년 천안문사건 때 민주화 운동 시위에 참가한 인물이다.

버크셔는 금융 위기가 한창 진행 중이던 2008년 말, BYD의 주식 1주를 1달러에 매입하는 조건으로 총 2억 3천만 달러를 투자했다. 당시 시장에서 일반적으로 통용되던 BYD의 주식 가격은 1주당 8홍콩달러였다. 버크셔가 BYD에 투자했다는 소식이 전해지면서 이 회사의 주가는 마치 롤러코스터를 탄 듯 등락을 거듭했다. 2010년 3월에는 77홍콩달러까지 급등했으며, 전기자동차의 시장 전망이 어두워지고 BYD의 수익이 감소한 2012년 5월에는 11홍콩달러로 떨어졌다. 그리고 2013년 중반 이회사의 주가는 다시 29홍콩달러로 상승했다. 현재 버크셔가 BYD에 투자한 돈은 3배로 불었지만, 아직 이 회사는 멍거가 기대한 만큼의 성장을 이루어내지 못하고 있다.

오늘날 멍거는 "BYD의 창업자이자 CEO인 왕찬푸에 대한 깊은 존경심과 이 회사의 미래에 큰 희망을 품고 있다"라고 여전히 말하면서도 전체적으로 전기자동차 산업에서 기대만큼 일찍 수익이 발생할 것 같지 않다는 비관적인 입장이다. 멍거가 BYD의 장기적 미래를 긍정적으로 전망하는 이유는 이 회사가 "대규모의 최첨단 시설, 수천 명의 엔지니어를 포함한 우수한 직원, 불량률이 최소화된 저비용 운영 환경"을 보유하고 있기 때문이라고 한다.

하지만 BYD가 만든 자동차의 품질에 문제가 있다고 믿는 일부의 사람들은 "불량률이 최소화됐다"라는 멍거의 주장에 이의를 제기한다. 그럼에도 멍거는 이 회사의 제품에 대한 불만 자체가 그리 많지 않으며 BYD의 전체적인 그림에 있어 사소한 문제에 불과할 뿐이라고 말한다. – CL

그동안 워런 버핏은 자신이 스스로 만들어낸 다음과 같은 투자의 규칙들로 유명세를 탔다. 첫째, 똑똑하기로 명성이 자자한 어느 경영자가 수익성이 낮기로 악명이 높은 회사를 인수하면 나중에 변치 않고 살아남는 것은 그 회사의 명성뿐이다. 둘째, 멍청이라도 운영할 수 있는 회사에 투자하라. 언젠가 어느 멍청이가 그 회사를 실제로 운영하게 될 것이다. 아마 그중에서도 가장 유명한 것은 이 세 번째 규칙일 것이다. "본인이 잘 알지 못하는 기업에는 절대 투자하지 말라."

그런 점에서 버핏의 오랜 친구이자 파트너인 찰리 멍거가 작년 초 배터리, 휴대전화, 자동차 등을 제조하는 중국의 무명 기업 BYD에 투자를 제안했을 때, 버핏은 이 세 번째 규칙에 따라 당연히 이를 거부해야 옳았을 것이다. 어쨌든 그는 1990년대 미국 기술 산업의 붐조차 철저히 외면한 사람이 아닌가.

그러나 버핏(78세)은 멍거가 묘사한 BYD의 경영자 왕촨푸(멍거는 친구의 소개를 통해 이 사람을 만났다고 한다)에 대해 깊은 호기심을 느꼈다. 멍거는

〈포춘〉과의 인터뷰에서 이렇게 말했다. "그는 마치 토머스 에디슨과 잭 웰치를 합쳐놓은 듯한 인물입니다. 기술적 문제를 해결하는 모습은 에디슨을 닮았고 업무를 완수하는 능력은 웰치와 비슷해요. 그런 사람은 처음 봤습니다."

다른 사람도 아닌 멍거가 이런 말을 했다는 사실은 의미하는 바가 적지 않다. 버크셔 해서웨이의 부회장인 멍거(85세)는 평소 버핏이 제안하는 대부분의 투자 아이디어에 고개를 내젓는 까다로운 인물로 알려져 있다. 버핏은 내게 이렇게 말한다. "내가 찰리에게 전화를 걸어 어떤 아이디어를 제안하면 그는 이렇게 대답합니다. '정말 멍청한 아이디어군.' 그건 우리 회사가 보유한 자산의 100퍼센트를 그 투자에 몰아넣어도 좋다는 뜻입니다. 만일 그가 '지금까지 들어본 것 중에 가장 멍청한 생각이야'라고 말하면 자산의 50퍼센트 정도는 투자해도 된다는 의미입니다. 그런데 '자네가 책임을 지게'라고 말하면 그건 찰리가 그 아이디어를 정말 마음에 들어 하지 않는다는 거죠." 이번에 버핏은 또 다른 믿을 만한 파트너에게 이 투자에 대한 의견을 물었다. 그는 버크셔 소유의 공익 기업 미드아메리칸 에너지의 의장 데이비드 소콜(David Sokol)에게 중국으로 직접 날아가 BYD라는 회사를 자세히 검토해달라고 부탁했다.

작년 가을, 버크셔 해서웨이는 2억 3천만 달러를 주고 BYD의 지분 10퍼센트를 사들였다. 현재 중국 정부의 승인을 기다리고 있는 이 거래는 당시만 해도 세간의 큰 관심을 끌지 못했다. 이 투자 건이 발표된 작년 9월 말은 세계의 금융시장이 깊은 수렁에서 헤어나지 못하고 있던 시기였다. 그러나 버핏과 멍거, 그리고 소콜은 이 거래의 의의를 매우 높이 평가했다. 그들은 BYD가 자사의 주력 제품인 전기자동차와 태양열발전 분야의 리더라는 위치를 바탕으로 세계에서 가장 큰 자동차 제조업체가 될 가능성이 있다고 생각했다.

왕찬푸는 지난 1995년 중국 선전(深圳)에서 BYD(이 영어 약자는 비야디 (比亞迪)라는 중국 이름의 머리글자다)를 설립했다. 화학자이자 정부기관 소속의 연구원이었던 왕은 친척들로부터 30만 달러의 자금을 조달받고 2,000제곱미터의 땅을 임대해서 소니(Sony)나 산요(Sanyo) 같은 수입 제품에 맞설 수 있는 충전식 배터리를 제조하기 시작했다. 2000년이 되면서 BYD는 세계에서 가장 큰 휴대전화 배터리 제조업체 중 하나로 입지를 굳혔다. 그리고 휴대전화 단말기를 포함해 모토로라, 노키아, 소니 에릭슨, 삼성 같은 업체들의 부품을 디자인 및 제조하는 사업으로 영역을 확장했다.

2003년, 왕찬푸는 중국의 국영 자동차회사를 사들이며 자동차 사업에 뛰어들었다. 그는 자동차 제조에 대해 아는 바가 거의 없었지만 무엇이든 금방 익히는 능력을 이 분야에서도 유감없이 발휘했다. 그해 10월, BYD의 F3 모델은 폭스바겐 제타나 토요타 코롤라 같은 모델을 제치고 중국에서 가장 많이 팔린 승용차가 됐다. BYD가 출시한 플러그인 하이브리드 카(하이브리드 카와 전기자동차의 중간 단계로 전기모터와 석유엔진을 함께 사용해 달리는 자동차 — 역자주) F3DM(DM은 듀얼모드[dual mode]의 약자)은 1회 충전으로 다른 어떤 전기자동차보다 먼 거리(100킬로미터) 주행이 가능하면서도 가격은 2만 2천 달러에 불과했다. 이는 2010년 말에 시장을 강타한 토요타 프리우스나 GM의 쉐비 볼트 같은 유명 플러그인 하이브리드 카에 비해 훨씬 저렴한 가격이었다. 한마디로 이 무명의 신생 기업은 저렴한 가격대의 전기자동차를 제조하는 경주에서 거대 경쟁자들을 저 멀리 따돌린 것이다.

오늘날 BYD은 전 세계에서 11개의 공장을 운영하고 있으며 그곳에서 일하는 직원은 13만 명에 달한다. 공장 중 8개는 중국에 있고 인도, 헝가리, 루마니아에도 각 한 개씩이 가동 중이다. 미국 지사의 규모는 그리 크지 않다. 모토로라 본사 근처에 소재한 일리노이주 엘크 글로브 빌리지(Elk Grove Village)의 영업 및 마케팅 조직에는 20명의 직원이 근무 중이며, 애플에서 그리 멀지 않은 샌프란시스코 사무실에도 20명이 일한다. BYD는 모토로라의 휴대전화 레이저(RAZR) 단말기의 80퍼센트를 제조하고, 아이팟과 아이폰에 들어가는 배터리나 저가형 컴퓨터도 만든다. 특히 니콜라스 네그로폰테(Nicholas Negroponte, MIT대학 교수이자 미래학자 — 역자주)가 매사추세츠주 케임브리지에 설립한 비영리단체 '원 랩톱 퍼 차일드(One Laptop per Child, 교육의 사각지대에 놓인 아동에게 노트북을 한 개씩 기증해서 문맹을 퇴치하자는 취지로 설립된 단체 — 역자주)'를 통해 기부되는 노트북도 이 회사에서 만들어진다. BYD의 매출은 지난 5년간 매년 45퍼센트씩 성장해서 2008년에는 40억 달러를 돌파했다.

버핏은 BYD의 지분을 사들이는 과정에서 그동안 지켜왔던 규칙 몇 개를 스스로 깨뜨렸다. "나는 휴대전화나 배터리에 대해서는 전혀 아는 바가 없고, 자동차가 어떻게 작동하는지도 잘 모릅니다." 그는 이렇게 인정한다. "그러나 찰리 멍거와 데이비드 소콜은 영리한 사람들이라 그 분야를 잘 이해할 거라고 믿습니다. 게다가 BYD가 1995년 이후 엄청난 성장을 달성했다는 사실에는 의문의 여지가 없습니다."

버핏을 안심시킨 사실은 또 하나가 있다. 처음에 버크셔 해서웨이는 BYD의 지분 25퍼센트를 매입하려고 했다. 그러나 왕촨푸는 이 제안을 거절했다. 그는 버핏과의 비즈니스를 원했지만(회사의 브랜드 가치를 높이고 미국 시장의 문을 열기 위해), BYD의 지분 10퍼센트 이상을 넘기려 들지는 않았다. "그는 회사를 팔고 싶어 하지 않았습니다." 버핏의 말이다. "그건 좋은 신호인 셈이죠."

우리는 선전에서 길을 잃었다. 나는 1만 3천 킬로미터를 날아 왕을 인터뷰하기 위해 이곳에 왔다. 내 차를 운전하던 기사는 먼지가 뽀얀 고속도로 갓길에 차를 세웠다. 그리고 자기 전화기에 대고 광둥어로 소리를 질러대더니 GPS 내비게이션의 터치스크린에 뭔가를 부산스럽게 입력했다. 옆자리에 앉은 홍보 담당 여직원이 걱정스러운 표정으로 말했다. "GPS가 작동을 안 해요. 새로 뚫린 길이 너무 많아서요."

물론 운전사를 나무랄 수는 없었다. 그렇다고 GPS의 탓도 아니었다. 아마 그 기계는 우리가 있던 곳 근처에서 제작된 물건이었을 가능성이 컸다. 전자 제조 산업의 세계적 허브로 떠오른 선전은 휴대전화, 디지털카메라, 노트북 등 평소에 우리가 사용하는 대부분의 제품이 만들어지는 곳이다. 홍콩에서 강 하나만 건너면 바로 나타나는 선전은 세계에서 가장 크고 가장 빠른 속도로 성장하는 도시지만, 대부분의 미국인은 이 도시를 지도에서 찾는 데 어려움을 느낄 것이다. 또 이곳은 미국의 모습을 가장 많이 닮은 중국의 도시이기도 하다. 거주자 대부분이 타지에서 더 나은 삶을 찾아 이주한 사람들이기 때문이다.

지난 1980년 덩샤오핑이 선전을 중국 최초의 '경제특구'로 지정해서 자본주의 보급의 전진 기지로 삼기 전에는 이곳은 한낱 평범한 어촌에 불과했다. 오늘날 1,200만~1,400만 명이 살고 있는 이 도시는 사방팔방으로 뻗어나가는 메가시티로 변모했다. 이곳의 거주자들은 대부분 BYD의 생산 시설 같은 대규모 공장에서 일하는 이주 노동자들로, 그들의 월평균 수입은 인민폐 1,300위안, 즉 190달러 정도다.

우리가 BYD의 본사(실리콘밸리의 빌딩들과 다를 바가 없는 은색 오피스 건물)에 가까스로 도착했을 때, 그들은 내게 이 회사의 주요 제품과 연혁이 전시된 '박물관'을 견학시켜 준 다음 어느 회의실로 안내했다. 테이블 위에는 사과, 바나나, 방울토마토 같은 과일이 접시에 담겨 있었다. 왕촨푸는 내 건너편에 자리 잡고 앉아 통역을 통해 그동안 자신이 걸어온 길을 이야기하기 시작했다.

왕이 BYD를 창업하면서 내세운 목표는 소박했다. 일본이 지배하고 있는 배터리 비즈니스에 도전장을 던지는 것이었다. "일본에서 수입한 배터리는 매우 비쌌습니다. 게다가 관세도 무거웠고 배송 시간도 길었지요." 그는 소니나 산요 같은 기업들이 획득한 특허의 내용을 상세히 검토하는 한편, 그들이 수출한 배터리를 분해해서 어떻게 만들어졌는지 연구를 거듭했다. 그는 이 시기를 "많은 시행착오를 거듭한 과정"이었다고 부른다(나중에 소니와 산요는 BYD가 특허를 침해했다는 이유로 소송을 걸었지만 재판에서 패했다).

BYD의 혁신은 생산 현장의 기계들을 이주 노동자들로 대체하면서 시작됐다. 이 회사는 일본 기업들이 조립 라인에 도입한 로봇팔(대당 10만 달러 이상의 비용이 든다) 대신 수천수만의 인력을 채용함으로써 오히려 비용을 절감할 수 있었다.

"처음 BYD의 공장을 방문하고 정말 놀랐습니다." 홍콩 메릴린치(Merrill Lynch)에서 기술 애널리스트로 근무하는 다니엘 킴(Daniel Kim)의 말이다. 그는 전에도 한국이나 일본의 완전 자동화된 생산 라인 여러 곳을 방문한 적이 있었다. "그 회사의 비즈니스 모델은 완전히 달랐습니다." BYD는 제품의 품질관리를 위해 하나의 직무를 여러 개의 기본 과업으로 나누고 엄격한 규약을 적용해서 테스트를 실시한다. 하버드경영대학원의 사례 연구에 따르면 지난 2002년 BYD의 충전용 배터리 공장 세 곳(각각 리튬 이온 전지, 니켈-카드뮴 전지, 니켈 수소 전지를 만드는 공장)은 모두 세계 최대의 제조업체 4위 안에 들었다고 한다. 왕은 BYD의 배터리들이 소니나 산요 제품과는 달리 한 번도 리콜 사태를 겪은 적이 없다고 강조했다.

BYD의 수많은 현장 근로자를 움직이는 사람들은 이 회사의 제품을 발명하고 디자인하는 관리자와 엔지니어들이다. 현재 BYD에서 근무 중인 엔지니어는 1만 명에 달하며, 그들 모두 회사가 자체적으로 개발한 훈련 프로그램(참석자 중 40퍼센트가 포기 또는 탈락한다고 한다)을 이수한 사람들이다. 또 다른 7천 명의 대학 졸업자들도 현재 훈련을 받고 있다. 왕은 그 엔지니어들이 대부분 중국 최고의 대학을 졸업한 사람들이라고 말한다. "그들은 최고 중의 최고입니다. 열심히 일하는 데다 누구에게도 뒤지지 않을 정도로 우수한 인재들이죠." BYD가 양질의 인력을 풍부하게 고용할 수 있는 이유는 직원들의 급여가 월 600달러에서 700달러에 불과하기 때문이다. 그들은 회사 소유의 아파트 단지에 보조금을 받고 입주할 자격을 얻고 BYD의 구내식당에서 저렴한 가격으로 식사를 한다. "그 회사 직원들은 기본적으로 1년 365일 회사와 함께 숨 쉬고, 먹고, 생각하고, 일합니다." BYD를 잘 아는 어느 미국 기업의 임원은 이렇게 말한다.

왕촨푸는 거의 매일같이 밤 11시까지 근무하고 일주일에 5~6일을 출근한다. "내 세대의 중국인들은 삶보다 일이 먼저죠." 그의 아내는 두 아이를 키우는 임무를 수행 중이다.

왕에 따르면 이런 "인적자원의 우월성"이 BYD의 전략에서 "핵심적인 요소"라고 한다. 이 회사의 엔지니어들은 배터리로 작동되는 차량용 에어컨 시스템부터 태양열 가로등까지 다양한 기술을 연구한다. BYD는 다른 자동차기업과 달리 자동차에 들어가는 부품들(엔진이나 차체뿐만 아니라 에어컨, 램프, 안전벨트, 에어백, 전자 장비까지)을 직접 제조한다. "다른 기업들이 우리와 경쟁하기는 쉽지 않습니다. 우리가 일본이나 미국에서 직원들을 고용한다면 이런 식으로 일하기는 불가능할 겁니다."

왕촨푸는 매우 가난한 집안에서 태어났다. 농부였던 부모는 그가 고등학교에 들어가기 전 모두 세상을 떠났기 때문에 그는 형과 누나들의 손에서 자랐다. 왕이 성장한 마을에서 기차를 타고 그가 나중에 화학 분야의 학위를 따게 될 중난대학(中南大學) 공과대학으로 향하는 길에는 등산객과 관광객으로 북적이는 그 유명한 황산(黃山)이 자리 잡고 있었다. 하지만 그는 그곳을 방문해본 적이 없다. "그때는 돈이 없어서 그 산에 가보지 못했습니다." 왕의 말이다. "이제는 시간이 없어서 못 갑니다."

왕은 부를 축적하는 일을 어떻게 생각할까? "저는 그런 데 관심이 없습니다." 그는 이렇게 잘라 말한다. 당연히 그의 라이프 스타일도 화려함과는 거리가 멀다. 그는 2008년에 26만 5천 달러의 급여를 수령했으며, 다른 엔지니어들과 함께 BYD 소유의 아파트 단지에 거주한다. 그가 유일하게 사치를 부린 것은 메르세데스 벤츠와 렉서스 자동차를 각각 한 대씩 사들인 일인데, 그조차 모두 실용적인 목적으로 구입한 차량들이다. 그는 그 자동차의 엔진을 분해해서 어떻게 작동하는지 살펴봤다고 한다. 언젠가 미국에 출장을 갔을 때는 자신을 태우고 함께 업무를 보러 다녔던 프레드 니(Fred Ni)라는 임원 소유의 토요타 자동차에서 의자 부분을 분해해보려고 애쓰기도 했다. BYD가 증권시장에 상장된 뒤, 그는 경영자로서 매우 보기 드문 행동을 취했다. 자신의 BYD 지분 15퍼센트를 뚝 떼어 20여 명의 임원들과 엔지니어들에게 나누어준 것이다. 그는 여전히 회사 전체 주식의 28퍼센트를 보유하고 있으며, 그 지분의 가치는 10억 달러에 달한다.

그러다 보니 회사 자체도 검소한 분위기로 충만하다. 최근까지 임원들은 일반석 비행기로 출장을 다녔다. 그는 지난해 수십억 달러의 손실을 입은 포드 자동차가 파리 모터쇼 기간에 호텔 조지 V(Hotel George V)에서 호화로운 갈라 파티를 열었다는 이야기를 듣고 어이없어했다고 한다. 그와 대조적으로 BYD의 임원들은 지난번 디트로이트에서 열린 모터쇼에 참석했을 때 호텔 비용을 아끼기 위해 교외에 집을 빌렸다.

이렇듯 비용 절약에 역점을 기울이는 경영방침 덕분에 BYD는 새로운 분야로 꾸준히 사업을 확장해나가면서도 지속적으로 수익을 올리고 있다. 2008년 BYD의 모든 사업부(배터리, 휴대전화 부품, 자동차)는 비록 수익 규모가 크지는 않았지만 하나같이 플러스 성장을 했다. 전체 수익은 1억 8천

7백만 달러였다. 현재 홍콩 주식시장에서 거래 중인 BYD 주식의 시가총액은 38억 달러다. 포드(올 4월 초 기준으로 70억 달러)보다는 작지만 제너럴모터스(13억 달러)보다는 훨씬 크다.

나는 왕촨푸와 인터뷰를 마치기 전에 회사의 이름에 대해 질문했다. 최근 BYD가 'Build Your Dream(당신의 꿈을 창조하라)'의 약자라는 보도가 나오기도 했지만, 그는 이 문구가 회사의 모토로 자리 잡은 것은 최근의 일이라고 말했다. 어떤 사람들은 모토로라, 애플, 버크셔 같은 기업들이 선전으로 줄줄이 향하는 모습을 보고 BYD가 'Bring Your Dollars(당신의 달러를 가지고 오라)'를 뜻한다고 우스갯소리를 했다.

작년 여름 데이비드 소콜이 BYD를 방문했을 때 왕은 소콜을 배터리 공장으로 안내하면서 100퍼센트 재활용 가능한 배터리를 만들고 싶다고 말했다. 이 회사가 그 목적을 달성하기 위해 개발한 제품 중 하나가 무독성 전해질 용액이었다. 왕은 자신이 말한 바를 입증하기 위해 유리잔에 배터리 용액을 따라 입에 털어 넣었다. "맛이 좋지는 않습니다." 그는 살짝 얼굴을 찌푸리며 소콜에게도 한 모금 권했다.

소콜은 정중하게 사양했지만, 왕이 전달하고자 하는 메시지를 이해했다. "그의 요점은 우리가 환경 문제를 해결하는 데 조금이라도 도움이 될 수 있다면, 적어도 우리 기술로 인해 새로운 환경 문제가 발생하지는 않을 거라는 거였죠." 소콜의 말이다.

《기쁘지만 만족스럽지는 않다(Pleased but Not Satisfied)》라는 제목의 경영원리 서적을 직접 쓰기도 한 소콜은 왕을 방문한 뒤에 그가 목적의식에 불타는 경영자라고 결론 내렸다. "무에서 시작해 수백만 달러의 매출이나 수백 명 규모의 회사를 만들어내는 사업가들은 많습니다. 그러나 이 회사의 직원은 10만 명이 넘습니다. 그런 일을 달성할 수 있는 사람은 드물어요." 소콜은 미국으로 돌아와서 버핏에게 이렇게 말했다. "굉장한 친구입니다. 한번 만나보세요."

소콜은 BYD를 방문하기 전부터 전기자동차라는 제품의 가치를 인정하고 있었다. 그가 재직 중인 미드아메리칸 에너지의 직원들은 기후변화의 위협에 대응하기 위해 오래전부터 배터리나 풍력 발전 같은 청정에너지를 연구해왔다. 소콜은 에너지기업들이 더욱 많은 에너지를 생산하는 일뿐만 아니라 이산화탄소 배출을 줄이는 데도 노력을 기울여야 하는 상황이라고 말한다.

그런 점에서 전기자동차는 해결책 중의 하나가 될 수도 있다. 전기로 구동되는 자동차는 휘발유를 연소하는 자동차에 비해 온실가스 배출이 적고 유가가 낮을 때조차 석유에 비해 연료비가 싸게 먹힌다. 그 이유는 전기엔진이 내연기관에 비해 에너지 효율성이 높기 때문이다. 게다가 대규모로 에너지를 생산하면(석탄이나 원자력 발전소), 소규모 생산(휘발유를 연소하는 내연기관)에 비해 훨씬 낭비의 요소가 적다.

이를 숫자로 분석해보면 다음과 같다. 당신이 자동차로 1년에 2만 킬로미터를 주행한다고 가정해보자. 대부분의 미국인은 휘발유 1갤런(3.78리터)에 2달러, 그리고 1킬로와트의 전기에 12센트 정도를 지불한다. 가솔린 자동차(예를 들어 쉐보레 임팔라나 BMW X3 모델)가 휘발유 1갤런으로 주행할 수 있는 평균 거리는 32킬로미터 정도이므로 당신이 이 자동차로 1년에 2만 킬로미터를 달린다면 연평균 유류비로 1,200달러를 지출하면서 6.6톤의 이산화탄소를 배출하게 된다. 하지만 이 자동차에 전기모터를 장착하면 연료비는 연 400달러로 떨어지고 이산화탄소 배출량도 1.5톤으로 줄어든다.

전기자동차의 가장 큰 문제는 제작비가 비싸다는 것이다. 그중 가장 많은 비용을 차지하는 부품이 배터리다. 안전하고, 안정적이고, 오래 지속되고, 충전 시간이 짧은 전기자동차용 배터리를 생산하는 일은 매우 복잡하고 비용이 많이 드는 프로젝트다. BYD는 자사의 리튬 이온 인산제일철 기술을 바탕으로 배터리의 혁신을 이룩했다고 주장하지만, 이 회사의 제품이 약속한 만큼의 성능을 발휘할지는 아무도 확신할 수 없다.

회의론자들은 BYD의 배터리가 경쟁 제품에 비해 출력이 우수하면서도 더 저렴하기는 불가능하다고 말한다. 미국 정부의 에너지부는 F3DM을 구입해서 배터리를 분리해보기도 했다. 그동안 이 회사를 유심히 지켜본 노무라증권 싱가포르 지사의 애널리스트 치트라 고팔(Chitra Gopal)은 이렇게 말한다. "BYD는 완전히 새로운 기술에 베팅하고 있습니다. 그러나 이 회사가 그 제품을 저비용으로 대량생산할 수 있는 능력이 있는지는 아직 입증되지 않았습니다." 전기자동차 온라인 매체 〈이브이 월드(EV World)〉의 편집장 윌리엄 무어(William Moore) 역시 비슷한 생각이다. "BYD는 그들이 판매하는 자동차가 안정적이고, 내구성이 강하고, 품질이 우수하다는 사실을 소비자들에게 납득시켜야 합니다."

심지어 BYD를 높이 평가하는 사람들조차 이 회사에서 만든 자동차의 마감 상태나 세부적인 기능이 아직 개선의 여지가 많다고 말한다. "물론 그들이 생산한 자동차는 토요타에 비해 품질이 떨어집니다." 소콜도 이렇게 인정한다. 현재 BYD는 아프리카, 남아메리카, 중동 등지에 가솔린 자동차를 수출하고 있지만, 그들이 이 지역에서 내세우는 경쟁우위 요소는 품질보다 가격이다.

BYD가 생산한 첫 번째 플러그인 하이브리드(소위 듀얼 모드) 차량은 기본적으로 전기로 구동되며 내연기관은 예비 엔진의 역할을 한다. 이 회사는 올해 후반기에 두 개의 전기자동차 모델(E3와 E6)을 추가로 선보일 예정이다. 새롭게 출시될 제품들의 목표 고객은 정부기관, 우체국, 공익 기업, 택시회사처럼 대량의 차량이 필요한 중국 내 사용자들로, 그들 모두가 곧 사업장 내에 전기자동차를 위한 급속 충전 시설을 구축할 계획이라고 한다. BYD의 전기자동차 수출 전망이 가장 밝은 시장은 유류비가 비싼 유럽이다. 지난해 왕촨푸는 독일의 자동차 딜러 그룹인 아우토벤크(Autobinck)와 네덜란드 및 동부 유럽 5개국에 BYD의 자동차를 보급하기 위한 유통계약을 체결했다.

반면 이 회사는 아직 전기자동차의 수익성이 높지 않은 미국 시장에 진입할지 여부를 결정하지 못한 상태다. 현재 BYD의 이사회에 소속되어 있는 소콜은 BYD가 글로벌 자동차업체들을 위해 배터리 공급자의 역할을 할 수 있을 거라고 말한다. 물론 BYD와 비즈니스를 원하는 미국인들도 없는 것은 아니다. 〈포춘〉이 BYD를 찾은 그다음 날, 오리건주의 주지사 테드 클론거스키(Ted Kulongoski)도 이 회사를 방문해서 전기자동차를 직접 시승해본 뒤 추후 미국이 BYD의 제품을 수입하게 되면 포틀랜드(Portland) 항구를 이용해달라고 부탁했다.

한편 BYD의 연구진은 '홈 클린 파워 솔루션(Home Clean Power Solution)'이라는 이름의 차세대 혁신 기술 개발에 착수했다. 주택의 지붕에 설치되는 태양광 패널과 해가 비치지 않을 때를 대비한 축전 장치로 구성된 이 제품은 오직 BYD에 의해서만 설계 및 제조가 이루어질 예정이라고 한다. "태양광은 무한한 에너지의 원천입니다." 왕의 말이다. "더 훌륭한 기술을 개발하면 비용을 줄일 수 있습니다."

왕촨푸는 또한 회사의 발전을 더욱 가속화할 수 있는 강력한 경영진을 구축하는 데도 역점을 기울이고 있다. "좋은 소식은 그가 아직 42세라는 겁니다." 소콜의 말이다. "나쁜 소식은 그가 이 조직을 이끄는 두뇌 역할을 홀로 도맡고 있다는 점이죠. 따라서 왕은 빠른 시일 내에 자신을 보완해줄 팀을 구성해야 할 겁니다. 내 생각에는 그도 이 사실을 잘 알고 있는 듯합니다." 지난겨울, 이번에는 소콜이 미국으로 왕을 초청해 함께 이곳저곳을 여행했다. 그들은 BYD의 자동차가 처음으로 사람들에게 화제를 불러일으킨 북미 모터쇼의 고장 디트로이트에서 출발해 왕이 찰리 멍거를 처음으로 만났던 미 서해안 지역에 도착했다. 그리고 이 여정의 도중에 오마하에 들렀다.

"어떻게 그토록 놀라운 발전을 이루어냈는지요?" 워런 버핏은 통역을 통해 왕에게 물었다. "우리 회사가 기술적 노하우에 기반을 두고 있기 때문입니다." 왕은 이렇게 대답했다. 기술기업들의 종잡을 수 없는 행보에 항상 경계심을 늦추지 않는 버핏은 BYD가 시장의 주도권을 어떻게 유지할 계획인지 물었다. "우리는 결코, 결코 쉬지 않을 겁니다." 왕은 다시 답변했다.

버핏이 배터리나 자동차, 그리고 중국어에 대해 문외한일지도 모른다. 그러나 운전은 통역이 별로 필요치 않은 일 중의 하나다.

"폭풍을 타고 다니는 사람들"에서

2009년 5월 4일 │ 애덤 라신스키(Adam Lashinsky)의 기사에서 발췌

워런 버핏은 과거 웰스파고 은행과 그가 운영하는 회사 버크셔 해서웨이 사이에 있었던 일화를 주위 사람들에게 들려주기 좋아한다. 2001년 버크셔와 어느 파트너가 파산한 금융기업 피노바를 함께 인수한 뒤, 버핏은 여러 은행을 상대로 이 기업을 구제하기 위한 차관 인수 재단의 일원이 되어 달라고 손을 내밀었다. "하지만 웰스는 전혀 관심을 보이지 않았습니다." 현재 웰스파고의 지분 7.4퍼센트(3억 1,500만 주)를 보유한 이 은행의 최대주주 버핏의 말이다. 반면 다른 은행들은 비용에도 미치지 못하는 0.2퍼센트의 초저금리로 돈을 빌려주겠다고 버크셔에게 제안했다. 그들이 손실을 감수하면서까지 그렇게 낮은 이자를 제시한 이유는 앞으로 버크셔와 추가적인 투자은행 관련 비즈니스를 할 수 있으리라는 기대 때문이었다. 하지만 웰스는 버핏의 요청을 받아들이지 않았다. "그들에게 거절을 당하고도 쾌감을 느꼈던 이유는 바로 그것이 평소 그들이 당연히 지녀야 할 사고방식이기 때문이었습니다." 버핏은 너털웃음을 터뜨리며 이렇게 말했다. (중략) "은행가들을 가장 현실적으로 파악할 수 있는 방법은 그들이 어떤 식으로 고객의 돈을 보관하는지 살펴보는 겁니다. 아무리 번지르르하게 말을 잘해도 소용없어요. 결국은 그들이 어떻게 행동하고 어떤 행동을 하지 않는가에 모든 것이 달려 있는 거니까요. 웰스가 그런 비즈니스에 뛰어들지 않았다는 사실이 바로 그들의 훌륭함을 입증하는 겁니다."

"가장 존경받는 사람들이 존경하는 사람"에서

2010년 3월 22일 | 안나 베르나세크(Anna Bernasek)의 기사에서 발췌

매년 '가장 존경받는 기업인'에 대한 기사를 발표하는 〈포춘〉은 이번에 그 명단에 오른 여섯 명의 CEO에게 자기가 가장 존경하는 기업인이 누구인지 물었다. 아메리칸 익스프레스의 CEO 케네스 체놀트(Kenneth Chenault)는 버핏을 꼽았다.

그는 고도의 지성과 놀라운 사업적 판단력을 겸비한 데다 다른 사람과 감정적으로 교류하는 능력 역시 뛰어난 사람입니다.

더기빙플레지

워런 버핏이 빌 앤 멜린다 게이츠 재단과 기타 네 개 재단에 막대한 재산을 기부하겠다고 발표한 지(508페이지 참조) 꼭 4년이 되는 2010년 6월, 버핏과 게이츠는 자선 사업의 현장으로 다시 돌아와 '더기빙플레지'라는 뜻깊은 캠페인을 출범시키고 억만장자들에게 더 많은 기부를 독려하기 시작했다. 〈포춘〉은 세상에 그 소식을 처음 전하는 본 기사를 커버스토리로 다루면서, 버핏이 개인적으로 기부 서약을 하는 글(이 책의 597페이지에도 실려 있다)도 기사 뒤에 첨부했다. 이 글은 새로 제작된 더기빙플레지의 웹사이트에도 게시됐다.

이 뉴스가 보도되기 3개월 전(그리고 두 사람이 이 캠페인을 언제 어떻게 시작할지 결정하기 전), 빌 게이츠와 워런 버핏은 오마하 공항 근처에서 만나 점심 식사를 함께하며 이 새로운 모험(그때는 아직 이 캠페인의 이름조차 정해지지 않았다)에 대해 상의했다. 나는 두 사람이 만나리라는 사실을 대강 알고 있었기 때문에 그들의 회동 장면을 사진으로 찍어두는 일이 중요할지도 모른다고 생각했다. 〈포춘〉의 편집장 앤드류 서워는 자선 사업의 역사에 또 다른 이정표가 될지도 모를 무언가가 벌어지고 있다는 내 생각에 동의했다. 따라서 그해 6월 이 커버스토리가 발표됐을 때, 기사의 첫머리에 실린 사진은 그 3월의 어느 날 워런과 빌이 오마하의 레스토랑 할리우드 다이너(Hollywood Diner)에서 점심을 먹는 장면이었다. 빌은 비행기를 타고 전국을 돌아다니는 여정에 짬을 내어 잠시 휴식을 취하던 중이었고, 워런은 오마하 시내의 사무실에서 직접 운전을 해서 빌을 만나러 갔다.

2013년 9월 현재까지 더기빙플레지에 재산 기부 서약을 한 사람들은 114명(부부가 함께 서약한 경우는 한 명으로 계산해서)이다. 버핏과 게이츠가 목표로 한 대부호들(예를 들어〈포브스〉가 선정한 400대 부자들)의 숫자가 훨씬 많다는 사실을 감안하면, 이 서약에 추가로 동참하리라 예상되는 후보자들의 목록은 아직 무궁무진하다. 그러나 버핏은 이미 더기빙플레지를 통해 기부를 서약한 사람들만으로도 이 캠페인은 엄청난 성공을 거두었다고 믿는다. "내가 애초에 정의한 성공의 규모는 114명보다 훨씬 적었습니다." 버핏은 이렇게 말한다. "우리는 얼마나 많은 돈을 기부해야 하는지에 대한 부자들의 사고방식에 커다란 변화를 불러일으켰습니다. 처음에는 몇몇 사례로 시작해서 점차 늘려간 거죠."

인도와 중국에서도 부자들을 초청해 만찬회를 개최한 버핏과 게이츠는 기부에 대한 사회적 인식이 취약하고 부를 대대로 세습하는 일이 일반화된 이 나라들에도 더기빙플레지의 아이디어를 전파해나갔다. 2011년 3월에 인도에서 개최된 만찬에는 많은 사업가와 정부 관료들이 몰려들었다. 그런 점에서 앞으로 더기빙플레지의 철학이 얼마나 폭넓게 퍼져 나갈지 이 시점에서는 아무도 알 수 없다. – CL

6천억 달러의 기부에 도전하다

2010년 7월 5일 | 캐럴 루미스

지금부터 1년 전인 2009년 5월, 미국에서 가장 돈이 많은 두 사나이 빌 게이츠와 워런 버핏이 뉴욕시에서 억만장자들을 초청해 비밀스러운 만찬 회동을 주도했다는 소문이 언론에 퍼졌다. 만찬의 주최자는 데이비드 록펠러(David Rockefeller)였으며 마이클 블룸버그(Michael Bloomberg) 뉴욕시 시장과 방송인 오프라 윈프리(Oprah Winfrey)도 그곳에 참석했다고 전해졌다. 모임의 주제는 자선 사업이었다고 한다.

버핏과 게이츠는 이 모임에 대한 기자들의 질문을 받고 답변을 피했지만, 그럴수록 언론 매체들의 호기심은 더욱 증폭될 뿐이었다. 자선 사업 전문 매체 〈크로니클 오브 필랜스로피(Chronicle of Philanthropy)〉는 억만장자들의 모임을 두고 "전례가 없는 사건"이라고 논평했다. 〈뉴욕〉 잡지는 만찬에 참석한 조지 소로스가 오프라 윈프리라는 스타의 등장에 푹 빠진 장면을 상상한 익살스러운 패러디 기사를 실었다. 그런가 하면 어떤 라디오 방송인은 보다 어두운 예측을 내놓기도 했다. "여러분, 뭔가 음모가 벌어지고 있는 듯합니다. 그들을 제외한 우리 모두에게 그다지 좋은 조짐이 아닙니다." 하지만 빌 앤 멜린다 게이츠 재단의 전 CEO 패티 스톤사이퍼(Patty Stonesifer)는 절대 그렇지 않다며 손을 내저었다. 이 만찬에 참석했던 그녀는 세간의 억측을 가라앉히기 위해 마지못해 언론에 모습을 드러냈다. 그녀가 〈시애틀 타임스(Seattle Times)〉와 진행한 인터뷰에 따르면, 이 행사는 단순히 몇몇 친구와 동료들이 한자리에 모여 자선 사업에 관한 "아이디어를 논의한" 것에 불과했다고 한다.

그건 사실이었다. 하지만 그 논의(즉 이 기사를 통해 처음으로 상세히 공개될 논의)는 부자들에게 더 많은 기부를 유도함으로써 자선 사업에 관한 미국인들의 행동 방식에 극적인 변화를 불러일으킬 중대한 토론이었다. 말하자면 게이츠와 버핏은 역사상 가장 큰 규모의 자선기금 모금 프로젝트를 시작한 것이다. 물론 그들이 어떤 종류의 기부자든 기꺼이 환영하지 않을 이유가 없었지만, 두 사람의 직접적인 목표는 미국의 억만장자들이 지금보다 훨씬 많은 기부금을 어떤 형태로든 사회에 환원하도록 독려하는 것이었다. 뉴욕시에서 처음 모임이 이루어졌을 때는 그들이 원하는 바가 숫자로 확실히 정해지지 않았다. 그 뒤 버핏과 게이츠, 그리고 게이츠의 아내 멜린다는 미국 내에서 두 차례의 만찬을(이 행사들에 대한 소문은 외부에 새 나가지 않았다) 더 진행하면서 구체적인 목표를 세웠다. 오늘날 그들은 〈포브스〉가 선정한 미국의 400대 부호들을 포함한 슈퍼 리치들에게 자신의 생전 또는 사후에 전 재산의 50퍼센트 이상을 자선단체에 기부한다는 서약(문자 그대로 서약)을 권유하고 있다.

이 계획을 통해 미국의 자선단체에 기부될 금액이 엄청난 비율로 증가할 거라는 데는 의심의 여지가 없지만, 과연 그 규모가 얼마나 될 것이냐 하는 것은 앞으로 우리가 풀어야 할 퍼즐이다. 그러나 그 이야기를 시작하기에 앞서 독자 여러분이 읽고 있는 기사에 대해 몇 마디 보태고 넘어가야 할 듯싶다. 이 기사는 현재 버핏과 빌 게이츠 부부가 시도하고 있는 일을 세상에 처음으로 공개하는 글이다. 〈포춘〉은 이 프로젝트의 존재가 밝혀진 이후 지난 몇 달간 이 세 사람을 포함해 게이츠와 버핏의 캠페인에 동참한 억만장자들을 두루 인터뷰했다.

어느 면에서 이 글은 과거 버핏을 커버스토리로 다룬 〈포춘〉의 또 다른 두 기사와 매우 관련이 깊다고 할 수 있다. 그중 하나는 1986년에 발표된 '자식에게 전 재산을 물려주어야 할까?'라는 기사로, 버핏은 제목의 질문에 단호히 '노(no)'라고 답한다. 2006년에 쓰인 두 번째 기사는 버핏이 보유 중인 버크셔 해서웨이 지분을 다섯 개 재단에 점차적으로 기부하겠다는 그의 의사를 세상에 처음으로 공개한 글이었으며, 그 재단들 중에 가장 대표적인 곳이 바로 빌 앤 멜린다 게이츠 재단이었다(잠시 뒤에 나오는 버핏의 기부 서약에서는 부의 분배에 관한 그의 사고방식을 엿볼 수 있다).

버핏은 그 이후로 4년에 걸쳐 게이츠의 재단에 64억 달러를(이번 여름에 기부 예정인 금액을 제외하고) 선물했다. 이 재단은 버핏이 기부한 돈과 게이츠 부부에게서 받은 막대한 기부금을 합해 연간 자선 사업에 투입하는 금액을 30억 달러로 늘렸다. 그중 상당액이 세계인들의 보건을 개선하는 일에 쓰인다. 예를 들어 게이츠 재단에서 많은 돈을 지원받는 비영리단체 '말라리아를 위한 의약품 사업(Medicines for Malaria Venture, MMV)'은, 제약회사 노바티스(Novartis)와 함께 '맛이 좋은' 말라리아 알약을 공동 개발해서 24개국의 수백만 아동(말라리아의 가장 큰 희생자는 어린아이들이다)에게 나누어주었다.

2006년도에 발표된 두 번째 기사의 또 다른 사실은 글쓴이가 〈포춘〉의 선임기자인 캐럴 루미스, 바로 나 자신이라는 점이다. 나는 버핏의 오랜 친구이고, 그가 버크셔의 주주들에게 매년 발송하는 주주서한의 편집자이기도 하다. 덕분에 나는 버핏을 통해 멜린다와 빌 게이츠를 소개받아 그들과 사회적 친분 관계를 유지하고 있다. 우리 루미스 부부는 가끔 워런이나 빌과 함께 브리지 게임을 즐기기도 한다.

이런 배경에도 불구하고 게이츠와 버핏이 진행 중인 캠페인을 통해 앞으로 자선단체에 얼마나 많은 기부금이 돌아갈지는 애초부터 미스터리일 수밖에 없었다. 무엇보다 현재 미국의 부자들이 얼마나 많은 돈을 기부하고 있는지 전혀 알 길이 없기 때문이다. 부자들이 이를 비밀에 부친다면 외부인으로서는 내막을 파악하기가 매우 어렵다. 그나마 최선의 추측을 할 수 있는 방법은 〈포브스〉 400대 부호 명단을 통해 그 부자들의 성향이나 자산 현황을 대충 들여다보는 것이다(버핏에 따르면 버크셔의 주주들 중에서도 그 명단에 오를 사람이 두 명이나 되는 걸로 알고 있지만, 무슨 이유에서인지 거기에서 빠져 있다고 한다). 빌 게이츠는 이렇게 말한다. "그 리스트는 부정확해요."

2009년 〈포브스〉는 400대 부자들의 순자산이 도합 1.2조 달러라고 밝혔다. 만일 그 400명이 생존했을 때나 사망한 뒤에 전 재산의 50퍼센트를 기부한다면, 총기부액은 6천억 달러가 된다. 버핏과 게이츠 팀은 바로 이 어마어마한 기부금(그것도 최소한으로 잡아서)을 목표로 하고 있는 것이다.

〈포브스〉 400대 부호 명단은 잠시 미뤄두고 이번에는 미국 국세청에서 발표한 연간 기부액 및 상속세 데이터를 들여다보면, 현재 대부호들이 기부하고 있는 돈이 6천억 달러와 얼마나 큰 격차를 보이는지 대충 짐작할 수 있다. 그 얘기를 시작하기 전에 미국인 전체에 관한 놀라운 사실 하나를 먼저 공개하자면, 미국에서 자선단체에 기부되는 돈은 연평균 3천억 달러로 세계 어느 나라보다 많다는 것이다.

그 돈의 일부는 개인 납세자들이 소득세를 신고할 때 기부금 공제 항목으로 분류해서 보고한다. 하지만 소득이 적은 납세자들은 기부금을 별도 항목으로 분류하지 않고 그냥 기본 공제 항목에 포함시키는 경우가 많다. 따라서 기부금 데이터가 통계적으로 유의미한 결과를 보이는 사람들은 소득이 일정 수준을 초과하는 납세자들이다. 예를 들어 지난 2007년 미국에서 조정 총소득(adjusted gross income, 총소득에서 세금 공제 항목에 해당하는 금액을 뺀 액수 — 역자주)이 천만 달러 이상인 납세자의 수는 1만 8,394명이었으며, 그들이 신고한 기부금 공제액은 328억 달러였다. 다시 말해 그들은 5,620억 달러를 벌어 그중 5.84퍼센트를 기부했다는 얘기다.

그렇다면 억만장자들은 어떨까? 아마 그들의 기부 현황을 예상하기에 가장 훌륭한 데이터는 국세청이 미국에서 세금을 가장 많이 낸 개인 납세자 400명에 대해 지난 20년간 매년 발표해온 통계 자료일 것이다. 정부에서 하필 400명이라는 숫자를 선택한 이유는 〈포브스〉의 400대 부호 리스트 때문일 수도 있고 아닐 수도 있다. 어느 경우든 양쪽에서 선정한 400명의 부자들 명단은 완벽하게 일치하지 않을(어느 정도 겹치기는 하겠지만) 것이다. 그 이유는 국세청의 납세 데이터가 순자산이 아니라 연간 소득을 대상으로 하기 때문이다.

2007년 국세청이 공개한 자료에 따르면 미국에서 납세액이 가장 큰 400명의 조정 총소득은 도합 1,380억 달러였으며, 그중 기부금 공제 대상 금액은 전체의 8퍼센트 정도인 110억 달러였다. 물론 억만장자들이 신고한 기부금 공제 대상 금액은 특별한 기부금(예를 들어 버핏이 게이츠 재단에 기부한 18억 달러)으로 한정되는 경우가 많기 때문에 이 금액을 조금 더 높여서 추산해야 하겠지만, 그렇다고 110억 달러가 150억 달러 이상으로 늘어날 것 같지는 않다. 만일 실제 액수가 150억 달러라 하더라도, 미국의 최고 소득자 400명이 자선단체에 선물하는 기부금은 전체 소득의 11퍼센트 정도로 십일조보다 조금 높은 수준에 그친다.

혹시 어디선가 매년 엄청난 기부가 이루어지고 있는데도, 우리가 큰 그림을 놓치고 있는 것은 아닐까? 우리가 생각해볼 수 있는 시나리오 중의 하나는 살아생전 막대한 부를 축적한 부자들이 유언장에 거액을 기부하겠다는 의사를 남기는 것이다. 그러나 2008년 국세청이 발표한 상속세 통계 자료를 들여다보면 그런 가정이 사실로 판명될 가능성도 희박하다. 이해에 상속세를 신고한 납세자의 수는 3만 8천 명이었고 유산 총액은 2,290억 달러였다. 그중 5분의 4가 사망 시에 유산을 전혀 기부하지 않았다. 한 푼의 돈이라도 자선단체에 물려준 사람의 수는 7,214명이었으며, 기부금 총액은 280억 달러였다. 3만 8천 명이 유산으로 남긴 2,290억 달러의 12

퍼센트에 불과한 수치다.

이 모든 데이터를 바탕으로 추정해보면, 현재 대부호들이 기부에 쏟고 있는 금액은 게이츠 부부와 버핏이 제안하는 적절한 기부 비율(순자산의 50퍼센트 이상)과 큰 격차를 보이는 듯하다. 문제는 얼마나 많은 부자들이 그들의 의견에 공감하느냐는 것이다.

이 캠페인의 가장 중요한 전기(轉機)를 마련한 행사는 2009년 5월 억만장자들이 처음으로 모임을 가졌던 '최초의 만찬'이라고 할 수 있다. 이 행사의 기본 아이디어를 버핏에게 제안한 사람들은 게이츠 부부였다. 평소 기부에 열정을 보이는 소수의 부자들을 한자리에 모아, 이 복음을 다른 사람들에게 전파할 전략을 논의하자는 것이었다. 행사를 준비하는 일은 게이츠 부부가 맡기로 했다. 빌 게이츠는 웃으며 이렇게 말한다. "만일 워런에게 만찬 준비를 부탁하면 평생이 걸려도 끝나지 않을걸요." 그동안 버핏은 자신의 사무실에서 새로 만든 서류철에 붙일 제목을 고민했다. 그가 작명한 이름은 '위대한 기부자들(Great Givers)'이었다.

그 서류철에 첫 번째로 담긴 문서는 버핏과 게이츠가 자선 사업의 원로라고 할 수 있는 데이비드 록펠러에게 이 만찬을 개최해달라고 부탁한 편지였다. 올해 95세의 록펠러는 〈포춘〉과의 인터뷰에서 그 요청이 "놀라웠지만 기뻤다"라고 말했다. 그는 만찬을 열기에 적당한 장소를 물색하다 뉴욕시에 소재한 록펠러대학의 프레지던트 하우스(President's House)라는 고상하면서도 사적인 공간을 택했다. 70년째 이 대학의 이사회 멤버로 재직 중인 록펠러는 자신의 아들 데이비드 록펠러 주니어(68세)도 이 모임에 참석하도록 했다.

행사 시간은 5월 5일 화요일 오후 3시로 정해졌다. 이 날짜를 긴급하게 요청한 사람은 바로 빌 게이츠였다. 지난 3개월간 가족과 함께 유럽에 체류 중이었던 그는 이 모임에 참가하기 위해 잠시 짬을 내어 미국으로 돌아올 예정이었다. 세 아이와 함께 유럽에 남기로 한 멜린다는 첫 번째 만찬은 놓쳤지만, 그 뒤에 개최되는 행사에는 모두 참석했다(게이츠 부부는 이 캠페인이 개인적인 사안이며, 게이츠 재단과는 관련이 없는 프로젝트로 인식했다). 멜린다는 처음부터 이 만찬에 반드시 부부를 초청해야 한다고 주장했다. 어떤 논의에 있어서도 양쪽의 의견을 함께 들어보는 일이 중요하다는 것이었다. 그녀는 그 이유를 이렇게 이야기한다. "돈을 번 사람은 남편이지만 그 돈을 관리하는 것은 아내입니다. 모든 기부 계획에는 아내가 반드시 참여해야 해요. 그 계획이 자신뿐만 아니라 아이들에게도 영향을 미치니까요."

3월 24일자로 발송된 초청장은 실제 참석자보다 더 많은 사람들에게 전달됐다. 그러나 5월 5일 행사장에 도착한 주빈과 내빈들은 그 자리에 어울릴 만큼 하나같이 엄청난 부를 소유한 사람들이었다. 그들의 재산을 합하면 천3백억 달러가 넘었으며, 이미 그와 비슷한 금액이 그들의 주머니에서 자선단체로 옮겨진 바 있었다. 옵서버로 참석한 패티 스톤사이퍼와 데이비드 록펠러 주니어를 제외한 만찬 참석자들은 록펠러, 버핏, 게이츠를 포함해 모두 14명이었다. 뉴욕 현지를 대표하는 게스트는 마이클 블룸버그, 월스트리트의 세 부호 피터 피터슨(Peter Peterson), 조지 소로스, 줄리안 로버트슨, 그리고 찰스 척 피니(Charles Chuck Feeney)였다. 면세 사업으로 큰돈을 벌어들인 피니는 스스로 설립한 애틀랜틱 필랜스로피를 통해 50억 달러 이상을 기부한 인물이었다. 1997년 피니가 〈포브스〉 400대 부호 리스트에서 빠졌을 때 이 잡지는 평소에는 잘 쓰지 않는 단어를 사용해서 그가 명단에서 제외된 이유를 설명했다. "그는 재산 한 뭉치를 뚝 잘라 자선단체에 넘겼다."

다른 지역에서 참석한 손님들로는 오프라 윈프리, 테드 터너, 로스앤젤레스에 거주하는 자선 사업가 부부 엘리 브로드(Eli Broad)와 에디스 브로드

(Edythe Broad), 그리고 시스코 시스템즈(Cisco Systems)를 통해 부를 축적한 존 모그리지(John Morgridge)와 타샤 모그리지(Tashia Morgridge) 부부가 있었다. 브로드 부부와 모그리지 부부는 먼 곳으로 여행해야 하는 불편함 때문에 초청에 응할지 망설였으나, 초청장 맨 아래의 서명을 보고 참석하기로 마음먹었다. 그곳에 왼쪽부터 차례로 적힌 이름은 데이비드 록펠러, 빌 게이츠, 워런 버핏이었다. "굉장하네." 엘리 브로드는 이렇게 생각했다고 한다.

브로드 부부는 행사 당일 다른 사람들과 커다란 회의용 테이블에 둘러앉아 이제 어떤 일이 생길지 궁금해했다. 그들에게 행사의 취지를 주로 전달한 사람은 버핏이었다. 데이비드 록펠러 주니어에 따르면, 버핏은 만찬 내내 특유의 유머 감각을 발휘해서 '분위기를 띄우는' 역할을 했다고 한다. 그의 생각에 버핏은 이 이벤트를 지나치게 '엄숙'하거나 반대로 '자아도취적'인 분위기로 몰고 가지 않기 위해 노력하는 것 같았다. 기부라는 주제를 언급하며 이야기를 시작한 버핏은 이 모임을 '탐구'의 일환이라고 표현했다. 그리고 테이블에 둘러앉은 사람 모두에게 기부에 대한 개인적 철학이 무엇이며, 이에 대한 사고방식이 어떻게 바뀌어왔는지 돌아가며 말해달라고 부탁했다.

그러자 열두 명이 각자 자신의 이야기를 털어놓았다. 한 명이 발언하는 데 15분 정도가 소요되어 모두 마치는 데 3시간 가까이 걸렸다. 하지만 〈포춘〉이 인터뷰한 참석자들은 모든 사람의 이야기가(개중에는 익숙한 이야기도 있었지만) 듣는 이를 푹 빠지게 할 만큼 하나같이 흥미로웠다고 말했다. 데이비드 록펠러 시니어는 아버지와 할아버지 슬하에서 자선 사업을 배웠던 경험을 이야기했다. 테드 터너는 세간에 잘 알려진 대로 자신이 UN에 10억 달러를 즉석에서 기부한 일화를 들려주었다. 어떤 사람들은 예전에 얼마 되지 않았던 본인의 기부금이 갑자기 큰 액수로 늘어났을 때 겪었던 감정적 어려움을 토로하기도 했다. 또 부모의 적극적인 기부로 인해 아이들이 소외될 수 있는 상황을 우려하는 사람도 있었다(버핏은 나중에 이 모임을 회고하며 그날 자신이 마치 정신과 의사처럼 느껴졌다고 말했다).

참석자들 각자가 추구하는 기부의 목적은 교육 분야를 비롯해 병원 및 건강, 환경, 공공 정책, 그리고 일반적인 가난 구제 등 매우 다양했다. 이 행사를 "경이로웠다"라고 표현한 빌 게이츠는 이렇게 폭넓은 기부 사유가 논의된 데 대해 감탄을 아끼지 않았다. "미국인들의 기부가 아름다운 이유 중 하나는 바로 그 다양성 때문입니다."

만찬이 후반부로 접어들면서 대화의 주제는 부자들의 기부액을 늘릴 수 있는 구체적인 방안을 논의하는 것으로 바뀌었다. 위대한 자선 사업가에게 국가적 표창(일례로 대통령 훈장)을 수여하고, 영화로 제작하고, 자선 사업 가이드북을 만들고, 부자들을 위한 콘퍼런스를 개최하는 것 등을 포함해 다채로운 아이디어가 제시됐다. 하지만 그중 기부의 서약을 언급한 사람은 없었다. 록펠러 주니어는 그날의 만찬을 돌이켜보며 이렇게 말했다. "아버지와 제가 그 모임에서 느꼈던 가장 중요한 점은 부자들의 기부를 늘리기 위해 그 방에 있었던 사람들이 앞으로 많은 일을 해야 할 거라는 사실이었습니다. 섬세하고 장기적인 안목으로 한 사람 한 사람을 설득하는 작업을 해나가야 한다는 말이죠."

하지만 그날의 만찬은 예상치 못한 결과를 낳았다. 부자들의 회동 사실이 밖으로 새어 나간 것이었다. 이를 유출한 사람이 척 피니라는 것은 의심의 여지가 없었다. 그에게 이 소식을 전해 들은 사람은 그의 오랜 친구이자 아이리시센트럴닷컴(IrishCentral.com)이라는 온라인 매체를 운영하는 뉴욕의 언론인 니얼 오다우드(Niall O'Dowd)였다(〈포춘〉은 피니와 인터뷰를 시도했지만 실패했으며, 오다우드는 "피니에게 이야기를 들었다는 사실을 확인해줄 수 없다"라고 말했다). 만찬이 개최되고 2주가 지난 5월 18일, 아이리시센트럴닷컴은 '뉴욕에서 열린 세계 최고 부자들의 은밀한 모임'이라는 제목으로 열네 단락짜리 기사를 게시했다. 이 웹사이트가 폭발적인 유명세를 타자, 다른 언론사들도 이 소식을 듣고 너도나도 취재에 나섰다.

아이리시센트럴은 이 기사에서 어떤 록펠러가 만찬에 참석했는지 또는 록펠러 집안사람이 참석한 것이 맞는지 다소 혼선을 겪기도 했지만, 나머지 참석자들의 명단은 정확하게 공개했다. 유일하게 이름이 거론되지 않은 사람은 피니였다. 하지만 그는 자기 이름이 빠짐으로써 오히려 남들의 눈에 더 잘 띌 수 있다는 사실을 미처 깨닫지 못한 듯했다. 아이리시센트럴이 인용한 익명의 '참석자', 즉 피니에 따르면, 그날 가장 인상 깊었던 발언자는 게이츠였고, 가장 솔직한 이야기를 들려준 사람은 터너였으며(놀라운 일이다!), 버핏은 기부 문화의 변화를 추구한다는 목표를 가장 집요하게 관철하는 모습을 보였다고 한다. 피니는 경외심에 가득한 한 명의 '참석자'로서 동료 게스트들을 이렇게 칭찬했다. "그들은 모두 그곳에 모였습니다. 전부 훌륭하고 선한 사람들입니다."

이렇듯 언론에 비밀이 유출되자, 이 일을 추진하는 사람들은 소위 '무음지역(無音地域)'(게이츠 쪽 사람들이 지은 이름)을 선포하고 그다음 해까지는 기부 캠페인에 관련된 모든 일을 철저히 비밀에 부치기로 했다. 하지만 그런 가운데서도 그들의 행보는 멈추지 않았다. 빌과 멜린다는 런던에서 만찬을 개최했으며, 빌은 인도와 중국에서 부자들의 모임을 몇 차례에 걸쳐 진행했다. 특히 외국의 부호들에게 기부의 금액을 높이도록 설득하는 일은 대단히 도전적인 작업이었다. 이들 국가에서는 가문 대대로 부를 세습하는 일이 당연하게 받아들여졌고, 기부금에 대한 세금 공제가 제대로 이루어지지 않았으며, 자선단체나 조직이 부족하다 보니 기부자들이 어디에 돈을 내야 할지 확실치 않은 경우가 많았다. 그럼에도 게이츠와 버핏은 미국에서 이 캠페인이 성공할 경우 해외로 진출할 계획을 세웠다.

사실 버핏과 게이츠는 작년 여름과 가을이 다 가도록 이 캠페인을 어떤 식으로 이끌어가야 할지 계획이 뚜렷하지 않았다. 그런 공백기 속에서 부자들에게 기부에 관한 '서약'을 이끌어낸다는 아이디어가 서서히 힘을 받기 시작했다. 그러기 위해서는 만찬회를 더 많이 여는 편이 도움이 될 듯싶었다. 멜린다에 따르면 세 사람은 이 만찬 모임들을 통해 "서약의 아이디어를 제안하고 참가자들의 반응을 살펴보기로" 했다고 한다.

그래서 그들은 두 번째와 세 번째 만찬을 미국에서 개최했다. 모임에 참석한 사람들 명단은 주최 측이 선포한 '무음지역' 규칙 때문에 외부에 공개되지 않았다. 게이츠의 대변인에 따르면 그들이 이를 비밀에 부친 이유 중 하나는, 만일 모임에 참석한 어느 부자가 기부 제안을 받고도 이에 응하지 않았다는 사실이 드러날 경우 그 사람이 민망해질지도 모르기 때문이었다고 한다.

그럼에도 두 행사에 참석한 몇몇 인물의 이름이 결국 밖으로 새 나갔다. 작년 11월 뉴욕공립도서관에서 개최된 두 번째 만찬에 참석한 유명 자선사업가 중에는 뉴욕의 투자은행가 케네스 랑곤(Kenneth Langone)과 그의 아내 일레인 랑곤(Elaine Langone), 그리고 필라델피아의 게리 렌페스트(Gerry Lenfest)와 그의 아내 마거리트 렌페스트(Marguerite Lenfest) 등이 포함됐다고 알려졌다. 렌페스트는 지난 2000년 펜실베이니아에 소재한 자신의 케이블TV 회사를 컴캐스트(Comcast)에 매각해서 큰돈을 번 인물이었다. 이 거래에서 자신과 가족의 몫으로 12억 달러를 챙긴 그는 이 돈의 거의 전부를 자선단체에 헌납하겠다고 즉시 서약했다. 올해 80세인 그는 이미 8억 달러를 기부했으며, 그중 상당액이 자기가 다녔던 학교(컬럼비아대학 로스쿨, 워싱턴앤리대학, 머서스버그 아카데미)에 돌아갔다고 한다.

지난 11월에 열렸던 만찬에서 렌페스트에게 가장 만족스러웠던 순간은 그날 저녁 버핏이 참석자들을 향해 마거리트 렌페스트가 최고의 아이디어를 내놓았다고 발표했을 때였다. 그녀는 모임에 참석한 부자들이 차분히 자리에 앉아 앞으로 자기 자신과 가족들에게 필요한 돈이 얼마인지, 그리고 남은 돈을 어떻게 사용할 것인지 결정해야 한다고 주장했다. "버핏과 게이츠의 가치는 그들이 참석자들을 자리에 앉히고 향후의 계획을 곰곰이 생각해보게 만드는 능력을 갖췄다는 겁니다." 렌페스트의 말이다.

캘리포니아주 멘로파크(Menlo Park)의 로즈우드 샌드 힐(Rosewood Sand Hill) 호텔에서 열린 세 번째 모임은 그 지역의 이름을 따 '베이 에리어(Bay Area) 만찬'이라고 알려졌으나, 엔터테인먼트의 본고장을 포함한 여러 곳에서도 참석자들을 끌어모았다. 벤처캐피털 회사인 클라이너 퍼킨스(Kleiner Perkins)의 의장 존 도어(John Doerr)와 그의 아내 앤 도어(Ann Doerr), 그리고 이곳을 만찬 장소로 선택한 모그리지 부부도 자리를 함께했다. 멜린다 게이츠에 따르면 이 모임은 그 전에 개최된 두 차례의 만찬에 비해 분위기가 사뭇 달랐다고 한다. 참석자들 상당수가 부자가 된 지 얼마 안 된 사람들이라 기부에 대한 견해가 완전히 자리 잡지 않았기 때문이었다. 부자들의 대화가 몇 시간 이상 진행되다 보니 저녁 만찬으로 준비된 소고기가 너무 오래 익혀지는 작은 사고가 발생하기도 했다. 아마 로즈우드 호텔의 경영진은 그 일을 보고받고 경악을 금치 못했을 것이다. 도그우드(Dogwood) 룸에서 회의 중인 사람들이 다시 모실 가치가 충분한, 엄청난 손님들이라는 사실을 잘 알고 있었을 테니까.

만찬이 진행되는 도중 일부 참석자는 자선 사업에 대해 우려를 드러내기도 했다. 사람들에게 큰돈을 기부하는 일이 내 삶의 평화를 찾는 데 어떻게 도움이 될까? 자선단체들이 끊임없이 손을 벌리지는 않을까? 종종 밑빠진 독에 물 붓기 식이 되어버리는 국제적 기부는 어떻게 처리해야 하나? 게이츠에 따르면 모두 일리가 있는 우려였다고 한다. 영리한 방법으로 돈을 번 사람들이 영리하게 기부를 수행하고자 하는 과정에서 충분히 제기될 수 있는 문제였다는 것이다. 그러나 이 모든 우려와 질문에도 불구하고 버핏과 게이츠는 기부에서 오는 만족감이 얼마나 큰지 참석자들에게 알리는 일을 멈추지 않았다. 빌은 이렇게 말했다. "그동안 몇 차례 모임을 가졌지만 참석자 중에서 '우리는 마땅히 기부해야 할 금액 이상을 이미 기부했다'고 말한 사람은 한 명도 없었습니다."

또한 그 만찬들을 통해 서약의 아이디어에 거부감을 드러낸 사람들도 별로 없었다. 말하자면 그 실험에 대한 반응이 꽤 괜찮았다는 뜻이다. 2010년에 접어들면서 부자들에게 서약을 받아내는 일은 결국 이들의 주도적인 전략으로 자리 잡았다. 그들이 억만장자들의 재산 50퍼센트에 대한 기부 서약을 목표로 한 것은 다분히 실용적인 의도였다. 애초에 버핏과 게이츠가 부자들에게 요구하고자 했던 비율보다는 낮지만, 적어도 캠페인 초기에 그들이 얻어낼 수 있는 최선의 숫자라고 판단했다는 것이다. 서약이라는 행위 자체는 법적인 계약과는 아무 관련이 없는 도덕적 의무에 가깝다고 해도, 그 내용은 서면으로 작성되어 모든 사람에게 매우 진지하게 받아들여질 것이다. 모든 서약은 멜린다 게이츠가 새롭게 구축한 더기빙플레지의 웹사이트 Givingpledge.org에 게시될 예정이다. 이미 재산의 99퍼센트를 기부하기로 한 버핏의 서약이 이 웹사이트에 첫 번째 문서로 등록될 가능성이 크다. 물론 버핏의 시애틀 친구들이 기부한 금액이 그를 뛰어넘는다면 순서가 달라질 수도 있겠지만.

게이츠와 버핏이 '위대한 기부자들'을 찾아 나서는 일에 앞장서고 있기는 하지만, 그들에게는 많은 지원자가 필요하다. 브로드 부부, 도어 부부, 렌페스트 부부, 모그리지 부부 등이 이미 50퍼센트 이상의 기부 서약을 마쳤다. 버핏과 게이츠 부부는 이 기사가 온라인으로 공개됨과 동시에 자신들의 기준에 맞는 다른 억만장자들에게도 이메일을 보내고 전화를 돌릴 예정이다. 그 뒤에는 이미 서약을 완료한 부자들도 모두 억만장자들을 대상으로 편지 보내는 일에 동참해서 점점 증가하는 서약자들의 대열에 합류해달라고 요청할 듯하다. 올가을에는 위대한 기부자들을 위한 콘퍼런스도 개최될 거라고 한다.

물론 이 모험의 성공 여부는 몇 년이 지난 다음에야 가려질 것이다. 그러나 이 일에 대한 세 사람의 소회는 각자 다르다. 버핏은 모든 부자들이 재산을 어떻게 처리할지 궁리한다는 사실을 잘 안다. "그들이 아직 결정을 하지 않았을지는 모르지만 이에 대해 고민한다는 것은 의심할 여지가 없습니다. 따라서 서약을 요청하는 것만으로도 그 문제를 처음부터 다시 생각하게 만들어주는 효과가 있을 겁니다." 그는 재산을 어떻게 사용할지 결정을 미루는 부자들에게 이렇게 경고한다. "만일 90세가 되어 마지막 유언장에 그 내용을 담아야 할 때까지 기다린다면, 그때의 지적 능력이나 의지력이 지금보다 더 나을 가능성은 거의 없습니다."

빌 게이츠는 50퍼센트라는 '낮은 목표치'를 설정한 이유가 부자들의 높은 참석률을 유도하기 위한 방편이었을 뿐이라고 말한다. 그는 처음에 이 숫자가 사람들을 캠페인에 끌어들이는 역할을 했지만, 결국에는 참여자들이 그보다 훨씬 높은 비율의 기부를 서약함으로써 그들 스스로를 놀라게 할 거라고 믿는다. "결국 전혀 다른 수준으로 기부를 확대해가는 거죠." 그러나 모든 일이 제 궤도에 오르려면 시간이 좀 걸릴 거라는 것이다.

멜린다 게이츠는 단기적인 목표와 장기적인 목표를 분리해서 본다. 그녀는 부자들이 기부를 하지 않는 이유가 수없이 많다고 말한다. 어떤 사람들은 자신의 죽음 이후에 대한 계획을 세우기 싫어하고, 기부를 위해 누군가를 고용해야 하는 상황을 우려하는 사람들도 적지 않다. 또 일부는 기부를 생각할 시간 자체가 없다. 따라서 그녀 생각에 이 캠페인의 초기 목표는 그들에게 이런 문제들을 해결해주고 기부로 전환할 수 있는 방안을 제공하는 것이다. 그 후에는? "앞으로 3년에서 5년 뒤에는 억만장자의 상당

수가 이 캠페인에 참여하는 상태로 만드는 거죠. 바로 그걸 성공이라 부를 수 있을 것 같아요."

세 사람의 활약 덕분에 이제 우리 사회는 그들로부터 크고 작은 돈을 얻어낼 수 있는 수혜자가 될 것이다. 하지만 이 서약의 의미를 곰곰이 생각해봐야 하는 것은 꼭 부자들뿐만이 아니다. 기부의 액수가 그들보다 적은, 세상 대부분의 사람들에게도 오늘날 자기가 하고 있는 일이 과연 옳은지를 돌아봐야 할 더 큰 이유가 생긴 셈이다.

나의 기부 서약

2010년 7월 5일 | 워런 버핏

지난 2006년, 나는 내 몫의 버크셔 해서웨이 주식 전부를 몇몇 자선재단에 점차적으로 기부하기로 약속했다. 나는 그 의사 결정에 전적으로 만족한다.

이제 나는 빌 게이츠 부부와 함께 수백 명의 부유한 미국인을 대상으로 최소한 50퍼센트 이상의 재산을 기부하겠다는 서약을 독려하고 있다. 그런 면에서 내가 취한 일련의 행보 뒤에 놓인 진정한 의도를 다시 한번 밝히고, 내가 왜 그런 생각을 했는지 설명하는 편이 옳을 듯하다.

우선 나 자신의 기부 서약을 하고자 한다. 내가 소유한 재산의 99퍼센트 이상은 내가 생존했을 때나 사망한 이후에 자선단체에 기부될 것이다. 물론 내가 기부할 재산을 금액으로만 따지면 적은 액수가 아니다. 그러나 굳이 비교하자면 수많은 개인 기부자들이 그보다 훨씬 가치가 큰 무언가를 매일 다른 사람들과 아낌없이 나누고 있다.

수백만의 평범한 사람들이 자신과 가족을 위해 요긴하게 쓸 수 있는 돈을 교회와 학교를 포함한 각종 단체에 정기적으로 기부한다. 그들이 헌금 접시에 올려놓거나 유나이티드 웨이(United Way, 미국의 민간 비영리 자선단체 ― 역자주)에 보내는 돈은 모두 영화나 외식, 기타 개인적인 즐거움을 포기한 결과물이다. 반면 나와 내 가족은 99퍼센트의 기부 서약에도 불구하고, 우리가 원하거나 필요한 것을 포기하지 않아도 될 만큼 이미 풍족한 삶을 살고 있다.

게다가 이 서약에는 나의 가장 소중한 자산이라고 할 수 있는 시간에 대한 기부가 빠져 있다. 오늘날 나의 세 아이를 포함한(이렇게 말할 수 있어서 자랑스럽다) 수많은 사람이 남들을 돕는 데 시간과 재능을 아낌없이 할애한다. 이런 종류의 선물은 종종 돈보다 훨씬 큰 가치를 발휘한다. 다정한 조언자들이 어려움에 빠진 아이들을 진정으로 돕고 보살필 때, 그 선물의 가치는 수표에 적힌 금액을 훨씬 능가할 것이다. 나의 누이 도리스 역시 날마다 대인 봉사 활동에 열심이다. 반면 나는 그런 일에 거의 참여하지 못했다. 따라서 내가 할 수 있는 일이라고는 버크셔 해서웨이의 주식 보유 증명서(이 '보관증'을 현금으로 바꾸면 폭넓은 용도로 사용할 수 있는 자원이 된다)를 오직 잘못된 운을 타고났다는 이유만으로 어려운 삶을 살아가는 이들을 위해 사용할 거라고 약속하는 것뿐이다. 지금까지 내 몫의 주식 20퍼센트를 자선단체에 전달했으며(세상을 떠난 아내 수잔 버핏의 주식을 포함해서), 앞으로도 남은 주식의 4퍼센트씩을 매년 기부할 예정이다. 또한, 내 유언장이 집행되는 순간부터 내가 남긴 버크셔 주식은 10년 안에 자선 목적으로 모두 지출될 것이다. 나는 수익을 얻기 위한 용도로 운용되는 기금에는 한 푼도 기부하지 않았다. 내 돈이 당장의 필요를 충족하는 용도로 쓰이길 원하기 때문이다.

내가 기부 서약을 한다고 해도 나의 생활 방식에는 아무런 영향을 미치지 않으며, 내 아이들에게도 마찬가지일 것이다. 우리 아이들은 이미 꽤 큰돈을 개인적인 용도로 물려받았고, 미래에 좀 더 많은 금액을 수령하게 될 것이다. 그들은 모두 안락하고 생산적인 삶을 살고 있다. 나 역시 내가 원하는 모든 것을 언제라도 얻을 수 있는 삶을 지속할 것이다.

물론 특정한 물건이 내 삶을 보다 즐겁게 만들어줄 수도 있다. 그러나 모든 물건이 그런 것은 아니다. 나는 값비싼 자가용 비행기를 만족스럽게 이용하고 있지만, 수십 채의 집을 갖게 되면 오히려 부담이 될 것 같다. 넘쳐나는 물건을 소유한 주인이 오히려 그 물건들에게 소유당하는 일이 너무도 자주 일어난다. 나에게 있어 가장 소중한 자산은(건강을 제외하고) 즐거움을 주는, 다양한, 오래된 친구들이다.

내가 축적한 부는 나 자신이 미국에서 태어났다는 사실, 행운을 타고난 유전자, 그리고 복리 이자 같은 시대적 요인이 합쳐져 창출된 결과물이다. 나와 우리 아이들은 소위 '난소(卵巢)의 복권'에 당첨된 사람들이다. (애초에 내가 1930년에 미국에서 태어날 확률은 30분의 1이었다. 게다가 내가 남성이고 백인이라는 점도 대다수 미국인 앞에 놓였던 커다란 장벽을 제거해주는 역할을 했다.) 나의 행운이 더욱 확대된 이유는 내가 살아온 시장 시스템에서 종종 왜곡된 결과가 빚어졌기 때문이다. 하지만 그 시스템은 전체적으로 이 나라에 긍정적인 영향을 미쳤다. 내가 속한 경제 체제하에서는 전쟁터에서 전우의 목숨을 구한 군인에게 훈장이 보상으로 주어지고, 훌륭한 선생님은 학부형으로부터 감사의 편지를 보상으로 받는다. 그러나 주식시장에서 가격이 잘못 매겨진 물건을 포착한 사람들은 수십억 달러의 보상금을 받을 수도 있다. 한마디로 신(神)이 인간에게 행운을 배분하는 방식은 꽤 변덕스럽다.

나와 내 가족은 우리에게 주어진 행운에 죄책감을 느끼기보다 이를 기쁘게 받아들인다. 내가 소유한 '보관증'의 1퍼센트가 넘는 금액을 우리 자신을 위해 소비한다고 해서 우리가 더 행복하거나 건강해지지는 않을 것이다. 반면 남아 있는 99퍼센트의 재산은 다른 사람들의 건강과 복지를 위해 큰 효과를 발휘할 수 있으리라 믿는다. 이런 현실은 앞으로 나와 우리 가족이 걸어야 할 길을 분명하게 제시해준다. 스스로 필요한 만큼 소유하되, 나머지는 사회에 환원하자는 것이다. 이 서약은 그 길 위로 내딛는 첫 발자국인 셈이다.

버핏의 만능 해결사

2010년 8월 16일 | 브라이언 두메인(Brian Dumaine)

우리가 2010년에 데이비드 소콜을 극찬하는 이 기사를 내보낸 지 1년이 채 지나기도 전에 그가 버크셔를 사직하고 각종 언론 매체에 악역으로 등장하게 되리라고는 누구도 예상하지 못했다. 사실 이 기사에서는 소콜을 '버핏의 후계자로 가장 많이 거론되는 인물'로 묘사한다. 그 밖에 후계자로 유력한 다섯 명의 버크셔 임원은 미드아메리칸 에너지의 그렉 아벨(Greg Abel), 버크셔의 재보험 업무를 총괄하는 아지트 자인, 제너럴 리의 태드 몬트로스(Tad Montross), 가이코의 토니 나이슬리, 그리고 철도회사 BNSF의 맷 로즈(Matt Rose) 이다.

2011년 3월, 소콜은 갑자기 이 후보자 명단에서 스스로 빠지는 길을 택했다. 그는 자신만의 경력을 추구하기 위해 잠시 회사를 떠날 계획이라고 말하며 버핏에게 사의를 표명했다고 한다. 그러나 그의 사직 이유를 밝힌 버핏의 보도 자료와 소콜 자신의 설명에 따르면, 소콜은 루브리졸(Lubrizol)이라는 화학기업이 버크셔에게 안성맞춤의 회사라며 버핏에게 인수를 제안하기 몇 주 전 루브리졸의 주식을 사들였다고 한다. 버핏은 이 보도 자료를 통해 소콜이 그 아이디어를 내놓기 전에 루브리졸의 주식을 매입한 것은 사실이지만, 당시에는 버핏이 그 제안에 어떤 식으로 반응할지 몰랐다는 점을 지적했다. 그럼에도 불구하고 소콜이 주식을 사들인 일(그리고 버핏이 루브리졸을 인수하기로 결정하면서 이 회사의 주가가 급등했다는 사실)은 소콜 자신에게 큰 오명을 뒤집어씌우는 결과를 낳았다. 보는 관점에 따라 그의 행위는 내부자거래에 해당할 수도 있기 때문이다.

미국 증권거래위원회(SEC)는 소콜의 거래를 두고 조사에 착수했다. 그로부터 2년이 지난 2013년 1월, 소콜의 변호사는 이 사건으로 그를 고발하지 않겠다는 SEC의 통보를 받았다고 언론에 밝혔다.

버크셔가 이 사건의 전체 내막을 담은 보도 자료를 발표하자 이 자료를 작성한 버핏 자신의 명성에도 큰 흠집이 났다(2011년 3월 30일에 공개된 이 자료는 버크셔 해서웨이의 웹사이트에 게시되어 있다). 많은 사람들은 그 보도 자료가 소콜에 대해 지나치게 관대한 입장을 보였다고 생각했다. 그동안 버핏이 줄곧 강조한 대로 버크셔의 평판에 한 조각의 오점이라도 남기는 사람은 절대 용서할 수 없다는 그의 분노가 전혀 드러나지 않았다는 것이었다. 또 버핏을 비난하는 사람들은 소콜이 버핏에게 루브리졸의 주식을 구입했다고 털어놓은 시점에 그가 왜 이를 자세히 따지고 들지 않았는지 의문을 제기했다.

소콜이 일으킨 문제는 언론을 발칵 뒤집어놓았을 뿐만 아니라 2011년 4월 30일 개최된 버크셔의 연례 주주총회에서도 가장 뜨거운 주제로 떠올랐다. 당시 나는 주주들에게서 이메일로 질문을 받아 회의장에서 발표하는 역할을 맡은 세 사람의 언론인 중 하나로 선정됐다. 그래서 정해진 순서에 따라 첫 번째 발언자로서 마이크를 잡고 어느 주주의 질문을 낭독했다. 버핏이 왜 소콜의 행동에 보다 강력하게 대응하지 않았느냐는 질책이 섞인 질문이었다. 단지 질문만을 읽었을 뿐인데도 관객석 일부에서는 박수가 터져 나왔다. 버핏은 길고 긴 답변을 통해 소콜의 행위를 '납득할 수 없는(inexplicable)' 일이라고 지칭했으며, 자신이 그 일을 더 현명하게 처리할 수 있었지만 그러지 못했다는 사실을 인정했다. 특히 소콜이 언제 루브리졸의 주식을 매입했는지 자세히 물어봤어야 했다고 후회했다.

주주총회가 끝난 뒤에 소콜에 관련된 이야기는 대부분 뉴스에서 사라졌다. 그는 오마하에서 와이오밍주의 잭슨홀(Jackson Hole)로 이주해서 테톤 캐피탈(Teton Capital)이라는 투자관리회사를 설립했다.

소콜의 뉴스가 터져 나온 것은 〈포춘〉에서 이 기사가 실린 잡지를 발간한 직후의 일이었기 때문에, 우리는 그 사건과 관련된 기사를 다른 호에 싣지는 않았다. 하지만 이 기사 작성자인 브라이언 두메인은 버핏의 보도 자료가 발표된 그다음 날 소콜에 관련된 기사를 다시 취재해서 Fortune. com에 게시했다. 브라이언은 그 기사에서 '납득할 수 없는'이라는 단어를 사용하지는 않았지만, 그 역시 소콜의 행동을 절대 납득할 수 없다고 여기는 듯했다. – CL

2008년 9월 리먼 브라더스가 파산한 다음 날, 데이비드 소콜은 볼티모어의 공익 기업 콘스텔레이션 에너지(Constellation Energy)의 주가가 급격히 추락하고 있다는 사실을 발견했다. 그는 상사인 워런 버핏에게 전화를 걸었다. "기회를 하나 발견한 것 같습니다." 소콜과 같은 생각이었던 버핏은 잠깐 동안의 상의를 거쳐 이렇게 말했다. "그럼 잡아야지."

콘스텔레이션은 막대한 양의 에너지 선물계약을 보유하고 있었지만 대부분 가치가 증발해버린 상태였고, 회사는 파산의 위기에 놓여 있었다. 버크셔의 자회사 미드아메리칸 에너지의 의장으로서 에너지 산업에 정통했던 소콜은 콘스텔레이션을 할인된 가격으로 사들이면 훌륭한 자산이 될 수 있을 거라고 생각했다. 하지만 이 회사가 파산을 신청하기 전까지는 불과 48시간밖에 남지 않았기 때문에 그 안에 신속하게 거래를 마쳐야 했다.

소콜이 콘스텔레이션의 CEO인 마요 사턱 3세(Mayo Shattuck III)의 사무실로 전화를 했을 때 그는 긴급 이사회에 참석 중이었다. 소콜은 사턱의 비서에게 그와 통화하고 싶다는 의사를 밝혔지만, 비서는 만일 자기가 회의를 방해하면 해고될지도 모른다고 난감해했다. 소콜은 이렇게 대답했다.

"만일 회의를 방해하지 않으면 정말 해고될지도 모르겠소."

소콜은 팔콘 50EX 제트기를 타고 즉시 볼티모어로 날아갔다. 그는 사턱을 만난 그날 저녁, 이 회사를 47억 달러에 사들이는 거래에 합의함으로써 콘스텔레이션을 파산의 위기에서 건져냈다.

그런데 아직 인수 계약이 마무리되기 전인 몇 주일 뒤, 콘스텔레이션의 이사회는 프랑스의 국영 전력기업인 프랑스전력청(Electricite de France)으로부터 30퍼센트 이상 가격이 높은 경쟁입찰 제안을 받았다. 이사회는 그 제안을 마음에 들어 했으며, 소콜도 마찬가지였다. 그는 버크셔 몫인 12억 달러의 위약금을 손에 쥐고 거래에서 빠져나왔다.

투자자들이 버크셔 해서웨이를 생각하면 첫 번째로 떠오르는 것은 물론 워런 버핏이라는 사람과 철저한 불간섭주의자임과 동시에 사려 깊은 CEO로서 그가 거둔 놀라운 실적이다. 그는 가이코, 데어리퀸, 벤저민무어, 버팔로뉴스, 넷젯 같은 수많은 자회사의 경영진에게 무제한의 자유를 허용한다. 그러나 버핏의 제국에서도 CEO들이 이따금 실수를 저지르고, 빠른 시일 내에 문제를 해결하거나 거래를 완료해야 하는 상황이 종종 발생한다. 그럴 때마다 버핏이 구원투수로 내세우는 사람이 바로 데이비드 소콜이다.

소콜(53세)은 버크셔의 임원들 중에 버핏의 후계자로 가장 많이 거론되는 인물이다. 하지만 정작 그 자신은 세간의 소문에 별로 신경 쓰지 않는다. 버핏이 소콜을 좋아하는 이유는 그가 거래를 성사시키고, 수익을 개선하고, 곤경에 빠진 회사를 회생시키는 등 모든 분야에서 팔방미인 같은 능력을 발휘하기 때문이다. 버핏은 소콜이 펴낸 책《기쁘지만 만족스럽지는 않다》의 서문에 이렇게 썼다. "그는 기업 운영이라는 이름의 게임에서 테드 윌리엄스(Ted Williams, 미국의 프로야구 선수로 메이저리그의 마지막 4할 타자 — 역자주)가 기록한 4할 6리의 타율과 맞먹는 성적을 거두었다."

버핏이 소콜을 처음 만난 것은 1999년 버크셔가 아이오와주에 소재한 공익 기업 미드아메리칸 에너지를 인수했을 때였다. 1991년, 소콜은 버핏의 오랜 친구인 월터 스콧과 함께 연 매출액이 2천8백만 달러에 불과한 작은 지열(地熱)에너지기업을 사들인 뒤 현재의 공공 전력 발전소로 키워냈다. 디모인에 본사를 둔 미드아메리칸은 오늘날 114억 달러의 매출(버크셔 전체 매출의 10퍼센트)을 올리는 회사로 성장했으며, 소콜은 이곳의 의장을 맡고 있다. 2007년, 버핏은 실적 부진에 시달리는 단열재 및 지붕재 기업 존스 맨빌의 경영을 정상화시키는 임무를 소콜에게 맡겼다. 그는 이일도 성공적으로 완수했으며 현재 이 회사의 의장도 겸임 중이다. 2008년에는 버크셔의 부회장 찰리 멍거가 소콜을 중국으로 보내 배터리 및 전기자동차 제조업체인 BYD의 기업 실사를 부탁했다. 소콜이 이 기업을 높이 평가함에 따라 버크셔는 2억 3천만 달러를 들여 BYD의 주식 10퍼센트를 사들였다. 현재 이 지분의 가치는 18억 달러로 불었다. 지난 4월 상원에서 논의 중인 금융 개혁 법안에 따라, 버크셔를 포함한 여러 기업이 기존에 보유한 파생상품에 대해 수십억 달러의 담보를 쌓아야 할 처지에 놓이자, 버크셔의 입장을 대변하는 일에 나선 사람도 소콜이었다. 결국 버핏 측의 주장이 받아들여졌다.

작년 여름 버핏은 소콜의 경력에서 가장 중대한 임무를 맡겼다. 바로 넷젯의 실적을 회복시키는 일이었다. 항공기 분할소유권 판매기업 넷젯은 지난해 7억 천백만 달러의 세전 손실을 입었다. 결코 버핏을 만족시킬 만한 숫자는 아니었다. 하지만 현재 이 회사는 다시 플러스 수익으로 돌아섰으며, 〈포춘〉은 소콜이 이런 성과를 거둔 과정을 독점적으로 취재했다. 이 기사의 후반부에 그 이야기가 자세히 펼쳐질 예정이다.

버핏이 이 투지 넘치는 중서부 지역 출신의 인물을 좋아하는 이유를 이해하기는 어렵지 않다. 소콜은 항상 자신의 재능을 갈고닦는 사람이다. 버핏이 인자한 아저씨(느긋한 태도와 따뜻한 유머 감각을 갖춘 사람)처럼 회사를 운영한다면, 소콜은 언제나 기어를 최대로 올린 듯이 공격적인 모습을 하고 있다. 공학을 전공한 엔지니어 출신인 그는 엄격하고 현실적인 스타일의 관리자다. 매일 아침 5시에 일어나 8킬로미터를 뛰고 1주일에 5일간 근력 운동을 한다. 몸무게를 줄이려는 목적도 있지만, 무엇보다 초인적인 스케줄을 견딜 수 있는 체력을 기르기 위해서다. 그는 1년 중 절반 이상을 길에서 보낸다. 심지어 오마하의 자택과 넷젯의 본사가 있는 콜럼버스(Columbus)를 주기적으로 오가는 여정을 계산에 넣지 않고도 그 정도다. 소콜과 그의 아내 페기(Peggy)는 성인이 된 딸 켈리(Kelly)를 두고 있다. 그는 드물게 여가 시간이 나면 낚시와 스키를 즐긴다. 버핏은 이렇게 말한다. "그는 내가 일주일에 하는 것보다 많은 일을 하루에 해치워버려요. 절대 농담이 아닙니다."

소콜은 그런 힘든 노력의 대가로 큰 경제적 보상을 얻었다. 지난 2000년 버크셔가 미드아메리칸을 인수했을 때, 소콜과 월터 스콧, 그리고 미드아메리칸의 현 CEO 그렉 아벨 세 사람이 보유한(세 사람이 똑같은 비율은 아니었다) 이 회사의 지분 19퍼센트의 가치는 3억 달러에 달했다. 소콜은 수시로 직원들과 어깨를 나란히 하며 대화를 나누고, 고객 및 협력사와 시간을 보내고, 새로운 기회를 찾아 중국, 브라질, 독일 같은 나라를 누비고 다닌다. 사무실 밖에서 그렇게 많은 시간을 보내면서 큰 회사 세 개를 동시에 운영하는 일이 어떻게 가능할까? 소콜이 펴낸 책《기쁘지만 만족스럽지는 않다》를 읽으면 그 비결을 알 수 있다(그는 자신이 출판한 이 책을 모든 임원에게 배포했다).

129쪽에 불과한 이 간결한 책에는 운영 우수성, 정직성, 고객 헌신, 직원 헌신, 재무적 안정성, 환경 존중이라는 소콜이 제시한 6가지 법칙이 상세히 설명되어 있다. 물론 대부분의 경영자가 상투적으로 제시하는 목표일 수도 있지만, 소콜은 자신이 관여하는 모든 조직에 이 법칙들을 강력하고 일관성 있게(때로는 가혹할 정도로) 밀어붙인다. 그리고 이를 통해 버핏을 만족시키는 결과를 지속적으로 얻어낸다.

세 회사를 한꺼번에 운영할 수 있는 또 다른 비결은 최고의 임원 비서들을 채용해서 그들의 능력을 효과적으로 활용하는 것이다. "너무도 많은 사람들이 전화를 받고, 편지를 타이핑하고, 서류를 정리하는 등의 사소한 일만을 비서에게 맡깁니다." 소콜의 말이다. "내 비서들이 그런 업무를 하는 시간은 전체의 3분의 1도 안 됩니다." 그는 두 명의 정규직 비서와 한 명의 파트타임 비서를 두고 있다. "그 사람들은 내가 무슨 생각을 하는지 다 알아요." 소콜의 비서들은 그가 운영하는 회사 및 경영진의 최신 목표 달성 현황을 일주일에 한 차례씩 보고한다.

또한 소콜의 비서들은 그가 회의에 늦는 일을 극도로 싫어한다는 사실을 잘 안다. 상대방을 존중하지 않는 행동이라고 생각하기 때문이다. 비서들은 업무에 차질이 발생했을 때를 대비해 항상 여분의 시간을 그의 일정에 넣어둔다. 만일 소콜이 30분 정도 일찍 회사에 출근한다면 그에게 뭔가 할 일이 생겼다는 신호임이 분명하다.

소콜의 어린 시절을 돌이켜보면 그가 이토록 크게 성공할 가능성은 크지 않았다. 오마하 출신인 그는 자신이 이 지역의 '잘못된(즉 가난한) 동네'에서 자라났다고 말한다. 네브래스카대학에 진학한 그는 원래 의사가 되고 싶었다. 하지만 처음으로 시체를 본 순간 정신을 잃고 쓰러지면서 대리석 테이블 모서리에 머리를 부딪쳤다. 아버지는 그에게 형처럼 토목공학을 공부해보라고 조심스럽게 권했다.

대학을 졸업하고 4년이 지난 1982년, 뉴욕시에 소재한 시티코프(Citicorp, 미국 시티은행의 지주회사 — 역자주)에 입사한 그는 고객들에게 대규모 폐기물에너지 프로젝트에 투자를 권하는 업무를 맡았다. 그리고 얼마 후에 직장을 그만두고 오그던 마틴(Ogden Martin)이라는 폐기물에너지기업의 경영자로 자리를 옮겼으며 결국 이 회사를 뉴욕증권거래소에 상장시켰다. 그 뒤 월터 스콧과 함께 나중에 미드아메리칸이 될 회사를 사들였다. 소콜의 경력이 완전무결했던 것은 아니다. 4할 6리를 치는 타자도 종종 스트라이크아웃을 당하기 마련이다. 오늘날 소콜이 자신의 경력 최대의 실패로 꼽는 사건은 지난 2000년대 초 캘리포니아에 소재한 미드아메리칸의 지열정(地熱井, 땅 밑에 있는 지열을 끌어올리기 위해 판 구덩이 — 역자주)에서 아연을 제거하는 새로운 방법론에 투자하기로 결정한 일이었다. 그 기술은 실험실에서는 성공했으나 현장에서는 제대로 작동하지 않았다. 그리고 미드아메리칸은 그로 인해 2억 달러의 손실을 입었다. 소콜은 그때를 생각할 때마다 자신이 더 많은 예비 실험을 수행했어야 했다고 후회한다. "가장 큰 실수는 내가 그 프로젝트를 승인했을 때 마음 한구석에서 그 일이 실수라고 느껴졌지만 이를 무시해버렸다는 겁니다. 그 뒤로 나는 젊은 임원들에게 그 점을 가르치려고 노력합니다. 직감의 속삭임을 귀담아듣는 일이 엄청나게 중요하다는 거죠. 특히 직감이 무언가를 하지 못하게 말릴 때는 더욱 그렇습니다." 그가 이 소식을 버핏에게 보고하자, 그의 상사는 이렇게 짧게 말할 뿐이었다. "실수가 습관이 되지 않도록 하게."

소콜이 또 한 차례 곤혹스러운 상황에 놓였던 것은 지난 4월이었다. 오마하의 판사 한 사람은 미드아메리칸이 '계획적이고 고의적으로' 미래의 수익을 잘못 계산함으로써 1990년대 필리핀에서 진행된 수력 발전 프로젝트에 투자한 소액 주주들에게 피해를 입혔다는 이유로, 이 회사가 3천2백만 달러를 배상해야 한다는 판결을 내렸다. 소콜은 이 판결에 강하게 반발했으며, 미드아메리칸은 현재 항소를 진행 중이다.

이런 몇몇 실패 사례에도 불구하고 버핏은 버크셔라는 기계의 일부에서 고장이 발생하면 자신의 '만능 해결사' 소콜을 투입한다. 데이비드 소콜이 팔을 걷어붙이고 현장에 뛰어들면 어떤 일이 생길까? 그 답은 넷젯의 사례에서 찾을 수 있을 듯하다.

2009년 8월 중순, 넷젯은 돈과 고객을 모두 잃고 있었다. 이 회사의 설립자이자 CEO인 리처드 산툴리가 사표를 내자 버핏은 이를 수리했다. 그때의 상황은 두 사람 모두에게 고통스러웠다. 버핏은 산툴리를 친구로서 좋아했으며, 2003년 버크셔의 연례 보고서에서는 그를 "탁월한 CEO"라고 부르기도 했다.

골드만삭스의 은행가 출신인 산툴리는 1986년 항공기의 소유권을 분할해서 판매하는 산업을 직접 창시했다. 2009년 기준으로 842대의 항공기와 3,500명의 조종사를 보유한 넷젯은 연 31억 달러의 매출을 올리는 회사로 성장했다. 비방 금지 협약서(피고용인이 고용이 종료된 이후에 고용인에 대해 특정한 내용을 언급하는 일을 금지하는 협약 — 역자주)에 서명한 산툴리는 이 기사에 대해 논평하지 않기로 했다.

산툴리는 자가용 비행기를 소유한 사람들이 실제 비행기를 운행하는 시간이 1년에 몇백 시간에 불과하다는 사실을 깨닫고 항공기 분할 소유의 개념을 창조해냈다. 그는 이렇게 생각했다. 부자들이 비행기를 구입하는 막대한 비용을 줄여줌과 동시에 조종사를 고용하고 비행기를 유지하는 부담도 덜어줄 수는 없을까? 오늘날 넷젯의 고객들은 대개 제트기 한 대의 8분의 1에 해당하는 지분을 5년 동안 사들이는 계약을 맺고, 비행기 운행시간 1시간당 5천 달러의 비용을 지불한다. 넷젯은 많은 수의 항공기를 보유하고 있기 때문에, 고객은 4시간 전에만 예약을 해도 비행기를(꼭 본인이 소유권을 지닌 비행기가 아니라 동일 모델을) 이용할 수 있다.

버핏과 그의 가족, 그리고 버크셔의 임원들은 고객의 입장에서 오랫동안 넷젯을 만족스럽게 이용해왔다. 넷젯이라는 회사를 무척 마음에 들어 한 버핏은 버크셔의 연례 주주총회 참석자들에게 이 회사의 서비스에 관한 이야기를 들려주기를 좋아하고, 때로 행사장에 넷젯의 비행기를 전시하기도 한다. 캐주얼 웨어 및 속옷 제조업체인 프룻오브더룸(Fruit of the Loom)을 버크셔의 자회사로 둔 버핏은 2001년의 연례 주주서한에서 이렇게 말했다. "넷젯 비행기의 소유권을 구입한 고객들에게는 남성용 속옷 박서와 브리프를 세 박스씩 드립니다." 그러나 1998년 버핏이 넷젯을 7억 2천5백만 달러에 인수한 이후 이 회사가 지금까지 거둔 총수익은 아직 버크셔가 투자한 금액에 한참 미치지 못한다.

항공기 분할소유권 판매 사업은 항공사를 운영하는 것과 비슷하지만 그보다 수백 배는 더 복잡하다. 어떤 고객이 4시간 뒤에 특정 장소로 여행할 거라고 갑자기 통보하는 상황을 상상해보라. 단지 비행기를 준비하는 일뿐만 아니라, 조종사, 승무원, 정비사, 기내식 서비스 등 모든 것이 제시간에 맞춰 정해진 장소에 준비되어야 한다. 넷젯이 조종사를 훈련시키는 데 들어가는 비용만 매년 1억 달러가 넘는다. 콜럼버스에 소재한 이 회사의 본사는 기상학자를 직원으로 고용해서 비행기의 운항에 지연을 초래할 수 있는 날씨의 변동 상황을 추적한다.

게다가 넷젯의 고객들은 아무 때나 자신이 원하는 것을 얻는 데 익숙한 부자들이다. G-5 모델을 소유한 어떤 고객은 오직 하얀색 스티로폼 컵에만 커피를 마시는 습관이 있었다. 이 비행기의 승무원들은 그 컵을 찾아 고객 옆자리에 대령하느라 한참 법석을 떨어야 했다. 넷젯의 어떤 조종사는 언젠가 머리카락을 커트하러 간다는 고객을 태우고 덴버에서 로스앤젤레스 사이를 왕복 비행한 적이 있다고 한다. 그 고객은 한 마리의 푸들이었으며, 그 비행에는 3만 2천 달러가 들었다.

지난해 8월로 접어들면서 금융 위기의 여파는 넷젯에도 큰 충격으로 다가왔다. 대기업의 고위 임원들은 자신이 5천만 달러짜리 걸프스트림 여객기에 오르는 모습을 공개하고 싶어 하지 않았다(의회의 긴급 구제금융 청문회에 참석한 디트로이트의 자동차기업 CEO들이 자가용 비행기를 이용하면 사태 해결에 도움이 될 리가 없었다). 어떤 사람들은 비행기를 구입할 능력이 없었다. 넷젯의 계약서에는 고객의 소유권을 회사가 적절한 시장가격에 되산다는 보장 조항이 명시되어 있었다. 돈줄이 막힌 월스트리트의 거물들은 집이나 미술품, 말(馬) 등을 내다 팔 수는 없어도 자가용 비행기를 버크셔에 되파는 일은 가능했다. 소유권을 매각하겠다고 나선 비행기 소유자의 수는 사상 유례없는 수준으로 늘었다. 당시 넷젯의 임원으로 근무했던 어떤 사람은 이렇게 말했다. "우리는 벼랑 끝을 향하고 있었습니다. 회사의 성과 지표는 마치 식스플래그(Six Flags, 미국의 테마파크 — 역자주)의 슈퍼맨 롤러코스터처럼 곤두박질쳤죠." 넷젯의 장부에는 미처 판매되지 않은 수많은 비행기가 자산으로 잡혀 있었지만, 이들의 장부가는 대부분 구입가격의 40퍼센트에도 미치지 못했다.

상황이 갈수록 어려워지자 소콜은 산툴리에 이어 이 회사의 CEO로 취임했다. 그는 8월 초 넷젯의 콜럼버스 본사로 날아가 현황을 파악하는 과정에서 이 회사에 두 가지 큰 문제가 존재한다는 사실을 깨달았다. 첫째, 그동안 너무 많은 비행기를 새로 사들이면서 회사의 부채가 눈덩이처럼 불었다. 둘째, 경영진의 조직 구성이 지나치게 비공식적인 형태로 이루어지다 보니 운영이 효과적이지 못했다. 소콜은 자신이 쓴 경영 서적을 임원들에게 나눠주기 시작했지만, 얼마 지나지 않아 이 회사를 뜯어고치는 일이 애초에 생각했던 것보다 훨씬 어려우리라는 사실을 깨닫게 됐다.

카리스마가 넘치는 리더였던 산툴리는 지난 25년간 넷젯에 강력한 기업 문화를 구축했다. 서로를 가족처럼 여기는 조직 구성원들은 이 복잡한 비즈니스가 하루하루 잘 굴러갈 수 있도록 모두가 최선을 다했다. 도움이 필요한 사람들에게는 언제라도 동료가 손을 내밀었으며, 직원들은 서로를 대신해서 업무적인 공백을 메워주었다.

그러므로 소콜의 숙제는 이 회사의 핵심 문화라고 할 수 있는 직원 간의 끈끈한 유대감을 손상시키지 않고도 넷젯에 획기적인 변화를 불러일으킬 방법을 찾는 것이었다. 하지만 고위 경영진은 현재 그대로의 상태를 원했다. 소콜이 비행기를 매각하거나 비용을 줄이자고 제안하면 그들은 앞다퉈 반대했다. 오래지 않아 소콜은 좌절에 빠졌다. 당시 넷젯의 운항 부문을 총괄하던 빌 올슨(Bill Olsen)은 이렇게 말한다. "데이비드가 자유로운 제안, 상대방의 잘못된 점을 지적하는 논쟁, 건설적인 비판 등에 개방적이지 않다는 사실은 누구나 알고 있었습니다. 어떤 사람이 회의 도중 데이비드에게 이의를 제기하면, 그는 마치 죽일 듯한 눈빛으로 그 사람을 노려봅니다. 그러고는 순식간에 그의 눈 밖에 나버리는 거죠." (올슨은 넷젯의 임원을 사직한 뒤에 이 회사의 조종사로 복귀했다.) 소콜은 이렇게 말한다. "그건 사실이 아닙니다. 내 경영 스타일은 협조적인 방식이에요."

소콜은 임원들의 저항에도 불구하고 자신의 방식을 밀어붙였다. 그는 신형 비행기들의 주문을 취소하고 낡은 비행기들을 매각해서 19억 달러의 부채를 13억 달러로 줄였다. 또한 1억 달러에 달하는 각종 비용을 절감해서 영업수익을 플러스로 돌려놓았다. 그는 가장 쉬운 목표부터 시작해서 비용을 줄여나갔다. 일단 회사가 무료로 제공하는 항공기 사용권을 취소함으로써 3천만 달러를 절약했다. 예전에는 홍보를 목적으로 영화배우, 가수, 그리고 회사와 가까운 친구들에게 무료 탑승 서비스를 제공하거나 좌석을 업그레이드해 주는 경우가 많았다. 소콜은 이렇게 말한다. "우리가 3천만 달러의 비용을 투입해서 얻어낼 수 있었던 홍보의 가치는 고작 2백만에서 3백만 달러에 불과했습니다." 소콜은 이 회사가 고객들을 위해 매년 라스베이거스에서 개최한 화려한 포커 대회도 중단해버렸다.

다음 순서는 감원이었다. 산툴리는 이미 전 직원의 4퍼센트를 줄였지만, 소콜은 5퍼센트를 추가로 정리하고 조종사 500명을 내보내 총직원 수를

6,400명으로 줄였다. 그는 넷젯이 보유한 항공기가 줄어들면 예전만큼 많은 직원이 필요하지 않을 거라고 주장했다. 그러나 고위 임원들은 감원 비율이 너무 높을 경우 고객 서비스에 지장을 줄 거라며 소콜의 조치에 거세게 반발했다. 오래지 않아 임원진의 절반 이상이 회사를 떠났다. 나머지는 다른 업무를 맡거나 알아서 살아남았다.

소콜은 회사를 대대적으로 개편하는 일이 너무 늦었다고 말한다. "기능 장애에 빠진 경영진은 좋아했을 테지만, 이곳의 가장 큰 문제는 사람들을 평가하기가 너무 어려웠다는 겁니다. 관리자들은 모두 자신들이 훌륭한 성과를 거두었다고 서로의 등을 두드리며 자화자찬했으나 실제로는 그들이 어떤 결과를 내고 있는지 측정할 방법이 전혀 없었죠." 넷젯의 어떤 임원은 담당 사업부가 손실을 입고 있었음에도 수백만 달러를 보너스로 받았다고 한다.

소콜은 고위 임원들을 전부 내보낸 뒤에 그들보다 서열이 낮은 임원 세 사람을 승진시켜 자신의 경영 팀에 합류시키고, 외부에서도 세 사람을 데려왔다. "넷젯에는 고위 임원이 너무 많은 반면, 우수한 조직 체계가 부족했죠. 우리는 명확하고 달성 가능한 목표와 책임을 직원들에게 제시할 필요가 있었습니다."

이전 CEO 체제하에서도 서비스나 비용 등을 어느 정도 측정하기는 했지만, 조직 전체 차원의 성과 측정은 이루어지지 않았다. 이 회사에서 장기 근무한 직원으로 넷젯 북미 지역 사장이 된 빌 노에(Bill Noe)는 이렇게 말한다. "예전에는 모든 고위 임원이 한 회의실에 모여 이렇게 말했습니다. '이것이 우리의 목표입니다. 그리고 우리의 현재 실적은 이렇습니다.' 그런데 2층에 근무하는 매출채권 담당 직원도 회사가 어떻게 돌아가는지 알았을까요? 아마 그렇지 않았을 겁니다."

소콜은 자신이 구성한 경영 팀을 훈련시켜 정시 서비스 비율, 미수금 회수, 기내식의 품질 등을 포함해 회사에서 벌어지는 모든 일을 세세히 측정하도록 했다. "만일 우리가 실수를 하면 그 이유를 분석합니다. 그리고 실수의 원인을 고칠 수 있는 방법을 찾아내고 이를 시스템으로 만들어 문제를 해결하는 거죠." 최근 넷젯의 고객 한 사람은 플로리다주 포트로더데일(Fort Lauderdale) 근처의 작은 개인 비행장에 착륙하면서 자신이 포트로더데일 국제공항으로 렌터카를 잘못 예약했다고 말했다. 물론 고객의 실수였지만, 넷젯의 서비스 담당 직원 역시 그 실수를 인지하지 못했다. 소콜의 팀은 그 이후로 소프트웨어 시스템을 수정해서, 렌터카 장소와 공항의 위치가 일치하지 않을 경우 컴퓨터가 그 사실을 알리는 메시지를 화면에 띄우고 서비스 담당자가 이를 확인한 뒤에야 차량 예약이 가능하도록 만들었다. 소콜은 이렇게 말한다. "우리가 고객 예약에서 실수하는 비율이 0.5퍼센트 미만이라지만, 1퍼센트의 절반은 여전히 너무 높은 수치입니다." 소콜은 또 고객 서비스, 영업, 마케팅 조직을 한 그룹으로 통합해서 고객들의 요구에 더욱 효과적으로 대응할 수 있는 복합 기능 조직을 구성했다. 현장에서 비행기 소유주들을 종종 직접 대면하는 서비스 담당자들은 아무개 고객이 캐비어와 코카콜라 제로를 좋아한다는 정보를 고객별 마스터 파일에 추가할 수 있을 것이다. 넷젯의 수석 부사장 아담 존슨(Adam Johnson)은 이렇게 말한다. "비행기 소유주의 생일이나 결혼기념일을 알면 그 고객과의 관계가 매우 돈독해집니다."

소콜에 따르면 과거 넷젯에는 장기적 계획보다 단기적 성장에 초점을 맞추는 문화가 팽배했다. 반면 그는 향후 5년에서 10년 앞을 내다보는 철저한 기획 프로세스를 도입해서 새로운 비행기 도입 수요, 항공유 가격, 인플레이션, 중국을 포함한 신규 시장 등 모든 것을 장기적으로 전망했다. 넷젯의 법무 자문위원 조던 핸셀(Jordan Hansell)은 이렇게 말한다. "우리는 미래의 경제, 사업 계획, 규제 등을 보다 확실하게 예측하려는 노력을 지속적으로 기울여야 합니다. 그런 과정에서 기존의 의사 결정을 바꿔야 하는 중요한 요인이 무엇인지 스스로 질문하게 되고, 이를 통해 미래에 닥칠 충격을 줄일 수 있는 겁니다."

소콜에게 닥친 충격 중 하나는 넷젯의 전직 임원 몇몇이 소콜과 설전을 벌이며 그에게 독설을 퍼부은 사건이었다. 그중 일부는 버핏의 전기 작가 앨리스 슈뢰더(Alice Schroeder)의 웹사이트에 게시됐다. 올해 1월 넷젯의 부의장직을 사임한 이 회사의 공동 설립자 짐 제이콥스(Jim Jacobs)는 소콜을 가장 강력하게 비판한 인물 중 하나였다. 그는 소콜의 비용 절감 정책으로 인해 회사의 서비스가 훼손되고 있으며, 그로 인해 비행기 소유주들이 불만을 제기하기 시작했고, 이미 많은 수의 고객이 넷젯을 떠났다고 말했다. 그는 새로운 비행기들에 대한 주문을 취소한 일도 실수였다고 목소리를 높였다. 그는 이렇게 주장했다. "우리는 황금알을 낳는 거위가 알을 계속 순조롭게 생산할 수 있도록 이 회사의 가치를 지켜왔다. 공포에 빠져 허둥지둥하며 회사에 이익을 돌려줄 조종사들을 해고하지도 않았고, 새로운 비행기 도입을 취소함으로써 기존의 기종들을 노후하도록 방치해 더 큰 운영비를 초래하지도 않았다. 또한, 회사의 미래에 큰 영향을 미칠 유명인들과의 네트워크를 단절하지도 않았다. 앞으로 넷젯을 어떻게 운영해야 할지 알고 있는 사람은 이제 아무도 없다."

감원 조치에 대해서도 맹렬한 비난을 퍼부은 제이콥스는 2009년에 회사가 기록한 7억 천백만 달러의 손실은 대부분 비현금비용(감가상각비나 무형자산상각비처럼, 실제 현금이 지출되지 않았지만 장부에 기록되는 비용 — 역자주)이었다고 말하며, 회사는 새로운 소유권 판매 수입이 없다고 해도 2010년에 7천만 달러의 플러스 현금흐름을 달성할 예정이었다고 주장했다. 그는 직원 감원 조치가 넷젯을 '과거의 작은 그림자 한 조각'으로 전락시켰다고 분통을 터뜨렸다.

"터무니없는 이야기입니다." 소콜은 이렇게 반박한다. "나는 예전에도 많은 기업을 인수하거나 정상화시켰지만 회사를 떠난 고위직 인사가 사방에 루머를 퍼뜨리고 고객에서 전화를 걸어 회사에 해가 되는 말과 행동을 하는 모습은 처음 봤습니다. 정말 안타까운 일이에요. 그로 인해 상처받을 사람들은 자기 자신과 직원들뿐입니다."

물론 이 사안에서 가장 중요한 재판관은 버핏이다. 그는 소콜이 얻어낸 결과에 기쁘고 만족해한다. "데이브는 비행기 판매가 저조함에도 불구하고 훌륭한 수익을 거두고 있습니다." 버핏의 말이다. "올해 넷젯은 2억 달러의 세전 수익을 기록할 것으로 보입니다. 내가 본 것 중에 가장 훌륭한 경영 성과입니다. 만일 항공 산업의 경기가 나아지면 이 회사의 연간 수익은 5억 달러를 돌파할지도 모릅니다."

소콜은 이 회사를 제자리로 돌려놓는 일이 어느 정도 완료됐다고 생각한다. 그는 자신이 새롭게 조직한 경영 팀의 구성원 여섯 명 중 하나를 올해 말쯤 CEO로 승진시킬 예정이다. 이제 남은 문제는 딱 하나다. 오마하에서 언제쯤 다시 전화가 올 것인가? 그리고 이번에는 어디로 날아가야 하나?

베이징을 열광시킨 또 한 명의 버핏

2011년 10월 17일 | 빌 파웰(Bill Powell)

2010년에 개봉된 〈에브리바디 올라잇(The Kids Are All Right)〉이라는 영화의 제목은 워런 버핏의 세 자녀 수지(60세), 하워드(58세), 피터(55세)에게도 잘 어울리는 문구다. 오마하의 공립학교를 졸업한 그들은 어린 시절부터 "자식에게 전 재산을 물려주지 않는다"라는 부모의 확고한 신념을 익숙하게 받아들였고, 일찌감치 각자의 경력을 추구하며 건실한 시민으로 성장했다. 물론 현재는 세 사람 모두 부모에게 물려받은 돈으로 자선재단을 운영하며 선택된 사람들에게만 주어지는 직업의 혜택을 누리고 있는 것이 사실이다. 하지만 현명하게 돈을 기부하는 일이 극도로 어려운 작업이라는 사실을 잘 알고 있는 그들이 자선 사업에 임하는 태도는 매우 진지하다. 수지는 자신이 거주 중인 오마하의 조기 교육기관들에 대한 지원 사업에 주력하고 있다. 일리노이주 디케이터 외곽에서 농장을 운영하는 하워드는 주로 아프리카의 시골에 거주하는 빈민층의 생활을 개선하는 일에 집중한다. 뉴욕에서 살고 있는 피터와 그의 아내 제니퍼는 전 세계 수많은 여성들의 삶을 더 낫게 만들어줄 방법을 모색 중이다. 피터 버핏이 〈포춘〉 기사의 주제로 등장한 이유는 그가 2010년에 펴낸 책《워런 버핏의 위대한 유산: 억만장자의 특별한 자녀교육법(Life is What You Make It)》이 중국에서 큰 성공을 거두었기 때문이다. 이 기사가 발표된 뒤 피터가 쓴 책의 번역판은 중국에서 32만 부가 팔려 나갔으며, 2013년 중반에는 총판매고가 40만 부까지 뛰었다. 물론 중국인들 사이에서 인기가 높은 워런 버핏의 명성도 여기에 한몫을 한 것은 분명하다. 중국에서 '주식의 신(神)'으로 알려진 워런의 일거수일투족은 사람들의 비상한 관심을 불러일으킨다. 그러나 피터 버핏이 스탠퍼드라는 명문대학을 중퇴하고 수중에 변변히 돈도 없는 상태에서 장래가 불확실한 직업을 선택한 일은 중국 젊은이들의 마음을 사로잡았다. 그들은 피터가 어떻게 그토록 리스크가 큰 결정을 내렸는지 상상조차 할 수 없었다. 하워드 버핏 역시 책을 내놓았다. 2013년 10월에 발간 예정인《40번의 기회(Forty Chances)》는 그가 농사일에 뛰어든 순간부터 아프리카의 농업 문제에 관한 전문가로 변신하기까지의 과정을 담은 책이다. 수지 버핏은 현재 책을 저술하고 있지는 않다. 오마하에 거주 중인 그녀는 가족 구성원 중에서 모든 중요 사안에 대해 아버지와 가장 효과적으로 소통할 수 있는 사람이다. 대표적인 문제가 개인 경호 시스템이다. 워런은 경호 시스템의 시시콜콜한 세부 사항을 골치 아파하고 심지어 그런 시스템의 존재 자체도 견디지 못한다. 그러나 수지가 그 일을 맡은 뒤로 경호 문제는 일단락이 됐다. – CL

인구가 13억에 달하는 나라를 한마디로 일반화해서 표현하기는(가볍게 던지는 말이라도) 쉽지 않다. 그러나 중국이라는 나라가 대체로 돈에 집착하는 경향을 보인다고 말하면 그리 많은 사람에게 지탄을 받지는 않을 듯하다. 중국의 개혁을 이끈 지도자 덩샤오핑이 남긴 "부자가 되는 것은 영광스러운 일이다"라는 유명한 말은 이 나라에서 가장 중요한 경구로 받아들여진다. 중국인들은 워런 버핏을 '주식의 신'이라고 부른다. 그가 중국을 방문할 때마다 모든 언론 매체에서 그의 동정과 발언을 낱낱이 보도되고, 시중에 출판된 워런 버핏 관련 책의 중국어 번역본만 40종이 넘는다. 그런 점에서 최근 워런의 겸손한 아들 피터 버핏(53세)이 자신만의 독자적인 매력을 바탕으로 중국인들 사이에서 스타로 떠오르고 있는 것은 재미있는 현상이다. 그의 인기 비결은 아버지 워런의 투자 재능을 대물림받았기 때문이 아니다. 성공적인 음악가이자 작곡가인 피터 버핏은 TV 프로그램이나 영화를 위한 음악을 만들고(〈늑대와 춤을〉의 사운드트랙이 그의 대표작 중 하나다), 콘서트에서 뉴에이지 음악을 연주한다. 그는 지난 8월 만리장성 아래에 새로 마련된 멋진 야외 콘서트 무대 '베이징 탱글우드(Tanglewood)'에서 연주회를 열기도 했다.

그러나 베이징은 마린 카운티(Marin County)가 아니다. 현대의 중국에서 뉴에이지 음악으로 인기를 끄는 데는 한계가 있다. 수많은 중국인(특히 학생과 젊은 직장인)이 피터에게 관심을 보이는 이유는 그가 음악이라는 매개체를 통해 삶에 대한 조언을 팬들에게 나누어주기 때문이다. 그의 핵심 메시지(특히 돈이 삶의 전부가 아니라는 메시지)는 현대의 중국인들에게 반(反)직관적으로 비춰질 듯하지만, 사실 그의 언어가 사람들의 심금을 울리는 이유는 바로 이 때문이다. 요컨대 워런 버핏의 폭발적인 인기는 현대의 중국을 상징하는 반면, 피터의 성공은 중국의 미래를 이야기한다고 할 수 있을 듯하다.

올해 초, 베이징의 출판업자 한 사람은 버핏에 관한 것이라면 무엇이든 닥치는 대로 사들이는 중국인들의 특성에 착안해, 피터가 2010년에 쓴 책 《워런 버핏의 위대한 유산: 억만장자의 특별한 자녀교육법》을 번역해서 내놓기로 결정했다. 미국에서는 평범한 판매 실적을 기록한 피터의 책이 올해 3월 중국에서 출간됐다.《너 자신이 돼라(做你自己)》라는 중국어 제목으로 시장에 나온 이 책은 올 8월 말까지 32만 부가 판매됐다. 13억의 인구를 감안해도 엄청난 판매 부수였다. 버핏의 책을 출판한 신세계출판사(新世界出版社)의 편집장 장 하이오우(Zhang Haiou)는 이 책이 온라인에서 하루에 1,000부씩 팔려 나갔다고 말한다. "책이 잘 팔리기를 바란 것은 사실이었지만, 솔직히 정말 놀랐습니다."

지난봄, 피터는 책 홍보를 위해 중국의 4개 도시를 순회하는 공연을 열었다. 그는 미국에서 그랬던 것처럼 음악과 메시지를 함께 전달하는 방식으로 연주회를 진행했다(그의 행사는 '콘서트, 그리고 대화[Concert and Conversation]'라고 불린다). 그는 25개의 온오프라인 매체(전국 및 지방 매체)와 인터뷰를 했으며, 최근 학생과 젊은 직장인들 사이에서 가장 중요한 온라인 매체로 떠오르고 있는 시나닷컴(Sina.com)의 마이크로블로그(microblog, 중국 버전의 트위터)에서 웹 채팅에 참가하기도 했다.

피터에게는 이번이 두 번째 중국 방문이었다. 그는 중국인들 사이에서 아버지의 인기가 높다는 사실을 알고 있었지만, 설마 이 정도로 엄청날지는 짐작하지 못했다. 만리장성에서 콘서트를 진행하기 전날 베이징의 어느 호텔에서 만난 피터는 중국인들의 엄청난 환대에 깜짝 놀랐다고 말했다. "정말 생각도 하지 못했습니다." 그는 이렇게 말하며 웃었다. "마치 대통령 선거에 나선 후보자 같은 기분이 들더군요. 어디로 가나 기자들이 따라다녔어요."

피터 앤드류 버핏이 '주식의 신'과 고(故) 수잔 버핏(그의 어머니는 2004년에 세상을 떠났다)의 둘째 아들이기는 하지만, 그는 스타 대접을 받는 데 익숙하지 않으며 사실 그런 쪽과는 한참 거리가 멀다. 뉴욕시에서 거주 중인 피터와 그의 아내 제니퍼는 평소에는 시내에서 145킬로미터 정도 떨어진 얼스터 카운티(Ulster County)라는 조용한 곳에서 시간을 보낸다(두 사람에게는 아이가 없다). 그는 음악가로서의 경력을 쌓는 동시에 형과 누나처럼 자신의 자선재단을 운영한다. 물론 그의 아버지가 후하게 기증한 버크셔 해서웨이의 주식 덕분이다. (누나 수지는 여전히 오마하에 거주하면서 자선 사업에 힘을 쏟고 있다. 형 하워드는 일리노이주 디케이터에서 농장을 운영한다.) 피터 버핏의 가장 중요한 특징은 그가 아주 평범해 보이는 사람이라는 것이다. 불가능한 일처럼 생각되겠지만, 그건 사실이다. 항상 지적이고 상냥

한 태도의 그에게서 신경질적이라거나 불안정한 모습은 전혀 찾아볼 수
없다. "늘 그런 말을 들어요. 워런 버핏의 아들인데도 정말 평범하다고요."
물론 피터가 어떻게 그런 태도를 지니게 되었는지 세상 사람들이 궁금해
하는 것도 당연한 일이다. 그중에서도 중국인들의 호기심은 상상도 할 수
없을 정도다. 하지만 그가 관객들에게 늘 상기시키는 점 중 하나는 자신
이 어렸을 때만 해도(즉 그의 아버지가 미국 경제의 현인으로서 대통령에게 조
언하고, 신문 논평을 통해 우리가 모든 것을 잃은 것은 아니라고 좌절에 빠진 국민
들을 안심시키기 전만 해도) 아버지 워런은 성공하기는 했으나 사람들에게
잘 알려지지 않은 투자자에 불과했다는 것이다. 평범한 사람이었던 아버
지를 알거나 존경하던 이들은 그레이엄과 도드의 책을 머리맡에 둔 채로
잠을 청하는 몇몇 열광적인 팬들뿐이었다. 기본적으로 그의 아버지는 그
때나 지금이나 변한 게 없다.

중국인들의 호기심을 더욱 부추긴 것은 피터의 아버지가 또 다른 부자 빌
게이츠의 재단에 엄청난 재산을 기부하겠다는 의사를 밝힌 일이었다. 그
소식을 들은 사람들의 생각은 한결같았다. "어떻게 자식들을 놔두고 그런
결정을 할 수 있을까?" 그러나 중국 관객들에게 통역 중 잘 전달되지 않은
사실은 피터의 아버지 워런 버핏이 평소의 신념에 따라 행동했을 뿐이라
는 것이다. 그는 자식들에게 '무엇이든 시도해보기에는 충분하지만 아무
것도 안 하고 놀고먹기에는 부족한' 정도의 돈을 물려주겠다는 입장을 오
랜 시간에 걸쳐 누누이 밝혀왔다.

중국인들이 피터 버핏의 책 32만 부를 사들인 이유가 단순한 호기심 때
문만은 아닐 것이다. 피터의 책을 펴낸 편집자 장에 따르면 책에 실린 메
시지가 "중국 젊은이들의 마음에 큰 울림을 주었다"라고 한다. 그 메시지
는 피터가 지금껏 살아온 인생과 떼어놓을 수 없다. 그는 자신이 기억할
수 있는 가장 어린 시절부터 음악을 좋아했다고 회고한다. "어머니의 말씀

에 따르면 나는 말보다 노래를 먼저 시작했다고 합니다." 지난봄 피터가 CCTV(중국 국영 TV 방송사 — 역자주)와의 인터뷰에서 한 말이다(그의 아버지는 우쿨렐레를 조금 연주한다고 알려져 있다). 학창 시절 성적이 우수했던 그는 스탠퍼드대학에 입학했지만 장래의 경력을 쌓는 일에 집착하지 않았고, 그레이엄이나 도드 같은 사람들에게도 흥미가 없었다. "대학교에 입학한 첫해, 즉 내가 대학을 다닌 기간의 절반 동안에는 다양한 학과의 '입문'으로 끝나는 제목의 수업만 내리 들었어요."

그래서 그는 학교를 그만두고(젊은 중국 관객들이 귀를 의심하는 대목이 바로 이 부분이다) 음악을 통해 경력을 추구하기로 마음먹었다. "나의 완전한 삶은 바로 내 옆에 있었던 거죠." 그는 할아버지에게 물려받은 약간의 돈으로 샌프란시스코에서 아파트를 구입하고 음악가로 성공할 수 있는 길을 찾아 나섰다. 피터에 따르면 이 소식을 듣고 가장 놀란 사람들은 아버지와 어머니였다. 하지만 두 사람은 크게 반대하지 않았다. "부모님은 나를 격려하면서도 내가 선택한 길이니 실패해도 책임을 져야 한다고 분명히 말했습니다. 그리고 행운을 빈다고 했어요." 2년 정도가 흐르자 그는 자신이 옳은 선택을 했다는 자신감을 얻었다. "그때가 되자 나는 음악으로 먹고살 수 있을 거라고 확신했습니다."

피터가 중국 관객들에게 반복해서 들려주는 이야기의 요점은 자신이 스탠퍼드를 중퇴하고 음악에서 성공을 추구한 일이 아버지의 삶의 방식과도 크게 다르지 않다는 것이다. "아버지는 본인이 어떤 일을 좋아하는지 일찌감치 파악하고 이를 실천에 옮겼죠. 그리고 지금까지 그 방식대로 살고 있습니다." 그는 이렇게 말한다. "그래서 나는 중국 관객들에게 이렇게 말합니다. 아버지나 나나 똑같은 방식으로 생계를 꾸리고 있다고요. 두 사람 모두 자기가 좋아하는 일을 추구하고 있다는 거죠."

물론 미국인들 귀에는 진부하게 들릴 수 있는 대사다. 냉소적인 사람은 이렇게 말할 것이다. "다 그런 거지 뭐. 워런 버핏을 아버지로 두었다면 어떤 일이든 쉽게 할 수 있을 테니까." 그러나 중국 관객들은 절대 그런 식으로 반응하지 않는다. 그들이 피터의 말에 벌어진 입을 다물지 못하는 것은 충분히 이해가 가는 일이다. 바깥세상에서는 중국을 떠오르는 경제 강국이자 누구도 따라갈 수 없을 만큼 엄청난 속도로 발전하는 나라로 생각한다. 물론 그건 사실이다. 하지만 온갖 화려한 통계적 수치에도 불구하고 이 나라 내부에서는 갈수록 경제적 불안감이 증폭되는 형편이다. 대학에 진학하려는 아이들은 좋은 대학에 들어가기 위해 하루 14시간에서 18시간을 공부에 쏟아붓는다. 대학에 입학하면 전공도 일찌감치 선택해야 한다. 일단 신분 상승이라는 이름의 에스컬레이터에 올라타면(타지 않은 것보다는 낫겠지만) 절대 내려설 수 없다. 대학을 졸업한 학생은 원하는 일자리를 얻더라도 특별히 높은 급여를 받지 못하는 데다 하루 종일 오랜 시간을 근무해야 한다. 게다가 오늘날의 젊은 근로자들은 대부분 1가구 1자녀 정책에 따라 태어났기 때문에 가족 중에 형제가 없다. 그 말은 앞으로 부모들이 은퇴할 시기가 되면 그 젊은이들이 부모 부양을 홀로 책임져야 한다는 뜻이다. "한마디로 요즘 세대의 중국 젊은이들은 현재의 자리를 지키기 위해서라도 전력을 다해 뛰어야 합니다. 나는 그런 현상을 '세대 스트레스 (Generation Stress)'라고 부릅니다." 오길비 앤 매더(Ogilvy & Mather)의 상하이 지사에서 임원으로 근무하는 에드워드 벨(Edward Bell)의 말이다. 그는 중국의 20대 젊은이들을 심도 깊게 연구한 바 있다.

피터 버핏이 중국 젊은이들의 마음을 파고든 것은 바로 이 때문일 것이다. 티엔 리 펑(Tian Li Feng) 역시 중국의 다른 젊은 직장인들처럼 피터의 인기에 그다지 놀라지 않는다. 재무를 전공한 그는 작년에 베이징의 어느 경영대학원을 졸업하고 중국의 대형 국영은행 중 하나인 교통은행(交通銀行)에 입사했다. 그는 워런 버핏의 열렬한 팬("그와 관련된 책은 모조리 읽었습니다")으로서 지난봄 피터의 이야기를 들으러 갔지만, 그의 입에서 어떤 말이 나올지 전혀 상상하지 못했다. "큰 감동을 받았습니다. 특히 음악을 위해 스탠퍼드를 그만두었다는 대목에서요." 그는 고개를 가로저으며 말을 잇는다. "그런 명문 대학을 말이죠."

피터는 자신이 책에서 기술한 과거의 경험, 그리고 현재의 경력을 추구하게 된 내적인 충동이 모두 지극히 미국적이라는 사실을 알고 있다. 또한, 그는 자신의 성이 스미스나 존스였다면 중국에서 자기에게 관심을 보일 사람은 아무도 없을 거라고 겸손하게 말한다. 하지만 피터가 중국에 대해 잘 알든 그렇지 않든, 그의 통찰은 매우 정확하다. "이곳에서는 흡사 빛의 속도로 모든 것이 움직이지만, 대부분의 젊은이에게는 스스로의 삶을 다시 한번 생각해볼 기회가 없습니다."

티엔은 이렇게 말한다. "저의 부모님은 제가 피터와 같은 결정을 내리도록 놔두지 않을 것 같아요. 하지만 언젠가 제 아이들은 그런 선택을 할 수도 있겠죠." 만일 그렇게 된다면 피터 역시 자기 아버지처럼 중국에 풍부한 유산을 남긴 셈이다.

지난해 베이징을 방문한 워런 버핏과 빌 게이츠는 자신들이 이곳을 찾은 목적에 별다른 논란의 여지가 없다고 생각했다. 부유하고 성공한 중국 사업가들을 초청해서 만찬을 열고 자선 사업이라는 전혀 무해(無害)한 주제에 관해 대화를 나눌 예정이었기 때문이다. 그러나 이 만찬의 소문을 들은 중국의 블로거들 사이에서는 열띤 논쟁이 벌어졌다. 피터 버핏은 이렇게 말한다. "물론 모든 이야기가 긍정적이지는 않았습니다."

긍정적이지 않다는 것은 꽤 점잖은 표현이다. 미국에서 부자들이 모여 기부라는 주제로 대화를 나눈다면 별다른 사회적 논란이 되지 않겠지만 중국에서는 다르다. 피터는 이렇게 말한다. "내가 중국에서 학생들과 젊은 직장인을 위해 공연을 하고 그들과 대화를 나눌 때면 다음 세대에게 부를 물려주는 주제가 꼭 등장합니다. 그들은 항상 그런 얘기를 하고 싶어 해요."

자선이라는 주제가 중국인들에게 짜증 섞인 반응을 불러일으키는 이유는 두 가지다. 첫째, 중국의 많은 부자들은 자선이라는 행위가 가족을 최우선으로 여기는 중국의 가치를 저버리는 일이라고 생각한다. 버핏과 게이츠가 낯모르는 사람들에게 돈을 기부하라고 중국의 부자들을 종용하기 위해 이 나라를 방문한다는 소식을 듣고(물론 사실이 아니지만) 일부 중국인이 당혹스러워한 것은 이 때문이다. 버핏이 게이츠 재단에 전 재산을 기부한다고 발표했을 때 젊은 중국인 대다수는 큰 충격을 받았다.

그러나 중국의 부자들이 앞다퉈 더 많은 돈을 기부하지 않는(특히 올해) 두 번째 이유는 사람들에게 그다지 잘 알려져 있지 않다. 중국의 자선재단들 주변에는 부패에 관한 잡음이 끊이지 않는다. 게다가 재단들이 사용하는 관리 비용이 기부금의 10퍼센트가 넘는 경우도 흔하다. 서구 세계의 평균 3퍼센트에 비해 엄청나게 높은 수치다. 올해 초 인터넷에 등장한 젊은 여성의 사진 한 장이 온라인 세계를 발칵 뒤집어놓았다. 왜 그랬을까? 중국 적십자에서 관리자로 일한다는 그녀는 자신의 멋진 자동차와 명품 지갑을 카메라 앞에 자랑스럽게 노출시켰다.

이 단체는 그 여성이 중국 적십자에서 일한 적이 없다고 부인했다(그러면서 그녀가 어느 '비즈니스 파트너'의 여자 친구일 뿐이라고 얼버무렸다). 그러나 그들의 핑계는 통하지 않았다. 중국의 언론 보도에 따르면 2011년 전반기 중국 적십자에 대한 기부액은 급격히 줄어들었고 중국의 자선 사업 전체도 큰 타격을 입었다고 한다.

이 사건의 요점은 중국의 자선 산업 영역에 신뢰가 부족하다는 것이다. 최근 중국의 유명 사업가와 자선 사업가들은(그중 대표적인 사람이 중국 최대의 유리 제조업체 대표 카오 데왕이다) 이 나라의 자선단체들이 보다 투명하고 비용 효율적인 방식으로 운영되어야 한다고 공공연하게 주장한다. "이건 사람들이 얼마나 많은 돈을 기부하는지, 그리고 이곳이 서양인지 중국인지의 문제가 아닙니다." 카오는 이렇게 말한다. "중국에서 더 많은 기부가 이루어지기 위해서는 먼저 신뢰의 문제가 해결되어야 합니다."

왜 주식은 금이나 채권보다 나은가

2012년 2월 27일 |
버크셔 해서웨이의 2011년도 연례 보고서 중 버핏의 주주서한에서 발췌

금(金)은 아무런 가치를 만들어내지 못하는 자산이며, 채권 역시 투자자들에게 큰 보상을 제공하는 경우가 드물다. 논리적으로 생각할 때 보통 주나 토지 같은 생산적인 자산이야말로 우수한 실적을 창출할 가능성이 가장 높은 투자 대상이다.

이상은 워런 버핏의 2011년 버크셔 연례 주주서한에서 발췌한 이 기사(〈포춘〉이 따로 제목을 붙였다)의 핵심 메시지이자 그동안 버핏의 투자 인생을 줄곧 지탱해온 원칙이기도 하다. 그러므로 본 기사는 지난 47년에 걸쳐 버핏의 행적을 추적한 이 책, 즉 그동안 〈포춘〉의 지면을 통해 실시간으로 펼쳐진 버핏의 전기(傳記)를 마무리하기에 안성맞춤의 글이 아닐까 싶다.

또한, 우리는 버핏이 그 47년 동안 투자자와 경영자로서 무엇을 성취했는지 여기에 덧붙일 수도 있을 것이다. 1966년, 그는 버핏 파트너십이라는 무명의 헤지펀드 운영자이자 뉴잉글랜드에 소재한 작은 섬유 제조업체의 실질적인 CEO 겸 대주주였다. 버크셔 해서웨이라는 그 회사의 연매출은 4천9백만 달러에 불과했다. 2012년 버크셔는 1,620억 달러의 매출을 기록하며 〈포춘〉 500대 기업의 5위에 올랐다. 사람들에게 잘 알려지지 않았지만 이는 참으로 경이로운 성장이었다(버핏 자신도 그 정도인지는 몰랐다며 놀라워했다). 어떤 사람도 자신의 생존 시에 무명의 기업을 〈포춘〉 500대 기업의 상위 10위권에 올려놓지는 못했다.

하지만 버핏은 그 사실을 대수롭지 않게 여긴다. 매출액은 별로 중요하

지 않다는 것이다. 그가 훨씬 많은 관심을 기울이는 대상은 바로 기업가치다. 2012년 버크셔의 시가총액은 2,570억 달러로 〈포춘〉 500대 기업 중 4위에 올랐다. 이 기준에서 버크셔보다 앞선 기업 중 하나가 고(故) 스티브 잡스가 살아생전 설립한 애플이다. 이 회사는 2012년 기준으로 4,160억 달러의 시가총액을 기록했다. 버핏과 잡스는 수십 년 전 그리넬칼리지의 이사회에 함께 참여하며 알게 된 사이였다. 두 사람은 그 이후로 대화를 나눈 적이 별로 없었지만, 버핏의 기억에 따르면 그리 머지 않은 과거에 잡스가 자신에게 전화를 걸어 애플에 남아도는 현금을 처리할 방안을 물었다고 한다. 잡스는 그 뒤 버핏에게 다시 연락을 취하지 않았으며 그가 제안한 아이디어도 실행에 옮기지 않았다.

버핏 파트너십이라는 이름의 헤지펀드는 1969년 말에 문을 닫고 오래전에 사라졌다. 그가 이 펀드를 해체한 이유는 시장에 몰려드는 숱한 투기 세력의 행태를 견디지 못했기 때문이었다. 그러나 파트너십을 닫은 시점에서 조합에 축적된 1억 달러의 투자액은 2013년 중반 현재 버크셔가 보유 중인 1,030억 달러 가치의 보통주의 든든한 밑천이 되어주었다. 버핏이 큰 지분을 사들인 기업들은 미국의 경제 전반에 다양하게 흩어져 있다. 버크셔가 보유한 주요 기업의 지분 가치는 웰스파고 은행 199억 달러, 코카콜라 160억 달러, IBM 130억 달러, 아메리칸 익스프레스 113억 달러 등이다.

2012년, 버크셔가 거둔 놀라운 성과를 가릴 만큼 중요한 버핏 관련 뉴스가 두 가지 발표됐다. 첫째, 2011년 8월 〈뉴욕타임스〉는 '부자들만 보호하는 정책을 중지하라'는 제목으로 버핏의 논평을 실은 바 있다. 버핏은 이 글에서 본인이 납부하는 소득세의 낮은 세율(17퍼센트)과 자기 사무실에서 근무하는 직원 20명의 소득세율(33~41퍼센트)을 비교하며, 연소득 백만 달러가 넘는 고소득자에 대한 세금을 인상해야 한다고 주장했다. 미국 대통령 선거가 실시된 2012년, 오바마 행정부는 버핏의 제안을 받아들이고 이를 더욱 확대해서 25만 달러 이상의 과세 소득에 대해 더 높은 세율을 적용하는 이른바 '버핏룰'(물론 발표 즉시 엄청난 논란에 휩싸였다)을 입법 추진했다. 오바마가 재선에 성공하면서 고소득자에 대한 세율은 상향 조정되었으나 세율 증가가 시작되는 소득 지점이 25만 달러까지 내려가지는 않았다.

두 번째 뉴스는 버핏이 4월 17일 보도 자료를 통해 자신이 전립선암 1기 판정을 받았다고 발표한 것이다. 다행히 암이 전립선 이외의 부분으로 전이되지는 않았다고 한다. 버핏은 7월부터 오마하의 병원에서 2개월간 방사선 치료를 받았다. 그는 치료를 받는 동안 방사선 요법에 통상적으로 동반되는 피로감을 경험했으며, 그로 인해 며칠간 집에서 업무를 보는 방법을 택했다. 그러나 그해 연말이 되면서 과거의 모든 습관을 되찾은 그는 사무실에서 정상적으로 근무하는 평상시 생활로 돌아갔다.

2013년 봄에 개최된 버크셔의 연례 주주총회는 버핏이 닷새 동안 쉬지 않고 스케줄을 소화해야 하는 행사였다. 하지만 그는 모든 일정을 차질 없이 진행하며 본인이 좋아하는 일에 놀라운 에너지를 발산하는 원래의 모습을 유감없이 보여주었다. 2013년 8월로 83세가 된 버핏은 앞으로도 오래오래 살면서 매일 아침 탭 댄스를 추며 일터로 향하고 싶다는 기대를 내비친다. - CL

사람들이 흔히 언급하는 투자의 정의는 오늘 어딘가에 돈을 투입하고 이를 통해 내일 더 많은 돈을 얻을 거라고 기대하는 행위를 말합니다. 그러나 버크셔 해서웨이가 생각하는 투자의 의미는 조금 복잡합니다. 우리는 다른 사람들에게 현재의 구매력을 이전한 뒤 미래에 더 많은 구매력을 (명목상의 수익에 대한 세금을 제외하고) 획득할 거라고 합리적으로 기대하는 일을 투자라고 정의합니다. 더 간단히 말하면 투자란 현재의 소비를 포기하고 미래에 더 많은 소비를 할 수 있는 능력을 얻는 행위를 뜻합니다. 그러므로 우리가 방금 내린 정의로부터 중요한 결론이 하나 도출됩니다. 투자의 리스크는 베타(시장의 변동성을 포괄적으로 일컫는 월스트리트의 용어로, 리스크를 측정하는 데 종종 사용됩니다)값이 아니라, 우리가 투입한 돈이 투자가 유지되는 동안 투자자에게 손해를 입힐 수 있는 확률(합리적인 확률)로 측정되어야 한다는 겁니다. 그러므로 가격이 심하게 요동치는 자산도 투자자가 이를 보유하는 동안 더 높은 구매력을 창출할 거라고 합리적으로 확신한다면 그다지 위험하지 않을 수 있습니다. 그 반면에 가격이 붙박이로 고정된 자산이 리스크에 노출되는 경우도(잠시 뒤에 살펴볼 예정입니다) 종종 발생합니다.

우리가 돈을 투자할 수 있는 대상은 많고도 다양하지만, 이를 크게 분류하면 세 가지 범주로 나눌 수 있을 것입니다. 이 각각의 범주에 대한 특징을 정확히 이해하는 것은 중요한 일이므로 여러분과 함께 알아보고자 합니다.

특정 화폐 기반의 명목가치가 부여된 투자 대상에는 머니마켓펀드(money-market fund, 고객의 자금을 금리위험과 신용위험이 적은 국공채, 어음 등에 투자하는 대표적인 단기금융상품 — 역자주), 채권, 모기지, 은행 예금 등이 포함됩니다. 이 화폐 기반의 투자는 대부분 '안전'하다고 알려져 있지만, 사실상 가장 위험한 종류의 자산들입니다. 베타는 0이지만 리스크가 매우 높기 때문입니다. 지난 세기 내내 이 금융 도구들은 수많은 나라에서 투자자들의 구매력을 앗아갔습니다. 심지어 그 상품들을 보유한 투자자들이 제때 원금과 이자를 수령했음에도 그런 상황이 발생했습니다. 이 불편한 결과는 앞으로 영원히 반복될 가능성이 큽니다. 국가를 운영하는 정부가 화폐의 궁극적인 가치를 결정하는 상황에서는, 국내외의 총체적 세력에 떠밀린 정치인들이 인플레이션을 유발하는 정책을 입안하는 일이 종종 벌어집니다. 그런 정책들은 대부분 통제가 불가능합니다.

통화의 안정성에 대한 기대치가 높은 미국에서조차 달러 가치는 제가 버크셔의 경영을 맡은 1965년 이래 86퍼센트가 하락했습니다. 당시 1달러의 구매력은 오늘날 7달러의 구매력을 뛰어넘습니다. 그러므로 연금기금이나 대학 기부금 펀드 같은 면세 투자자들도 적립된 기금에 대한 기존의 구매력을 유지하기 위해서는 그들이 투자한 채권에서 적어도 연 4.3퍼센트의 이자를 얻어내야 합니다. 만일 기금 관리자들이 그 이자의 일부라도 '소득'으로 생각한다면 이는 큰 착각입니다.

여러분과 저처럼 세금을 납부해야 하는 투자자들은 상황이 더 불리합니다. 지난 47년 동안 미국의 단기재정증권은 연평균 5.7퍼센트의 수익을 지속적으로 창출했습니다. 겉으로 보기에는 만족스러운 숫자인 듯합니다. 그러나 개인 투자자가 평균 25퍼센트의 소득세를 납부한다면 이 5.7퍼센트의 수익에 대한 실질소득의 가치는 전무합니다. 일단 투자자가 가시적으로 납부해야 하는 소득세로 인해 수익의 1.4퍼센트가 줄어듭니다. 그리고 인플레이션이라는 보이지 않는 세금이 나머지 4.3퍼센트의 가치를 잠식해버립니다. 주목해야 할 사실은 눈에 잘 띄지도 않는 인플레이션 '세금'의 규모가 투자자들이 가장 부담스러워하는 소득세라는 명시적 세금의 3배에 달한다는 겁니다. 미국인들이 사용하는 돈에는 '우리가 믿는 신 안에서(In God We Trust)'라고 쓰여 있지만, 정부의 조폐기를 조작하는 손은 너무도 인간적입니다.

물론 금리를 인상하면 화폐 기반의 투자에 대한 인플레이션 리스크를 보완할 수 있을지도 모릅니다. 1980년대 초의 고금리는 그 역할을 잘 수행했습니다. 그러나 현재의 이자율로 투자자들이 감당해야 하는 구매력 손실의 리스크를 상쇄하기에는 어림도 없습니다. 오늘날의 채권에는 경고

딱지가 붙어야 합니다.

그러므로 저는 현재 상황에서 화폐 기반의 투자를 선호하지 않습니다. 그럼에도 불구하고 버크셔는 다양한 종류의 화폐 기반 상품들(주로 단기성 상품)을 상당한 규모로 보유 중입니다. 버크셔의 핵심적 우선순위는 풍부한 유동성을 확보하는 것이며, 현재의 금리가 아무리 적절치 못하다 해도 유동성을 중시하는 기존의 방침에는 절대 변화가 없을 겁니다. 우리는 이런 필요에 따라 주로 미국의 단기재정증권을 사들이는 데 주력하고 있습니다. 아무리 혼란스러운 경제적 상황이 발생해도 우리에게 확실한 유동성을 제공할 수 있는 유일한 자산이기 때문입니다. 우리의 실무적인 필요를 충족할 수 있는 유동성 규모는 200억 달러 정도이며, 절대적인 최저 규모는 100억 달러입니다.

유동성의 필요성을 충족하거나 규제기관들이 부과하는 각종 요건에 대응해야 하는 경우를 제외하면, 우리는 오직 이례적으로 높은 수익을 기대할 수 있을 때만 화폐 기반의 증권을 매입할 생각입니다. 예를 들어 경영난에 처한 기업의 정크본드처럼 증권의 가격이 잘못 매겨지거나, 우량채를 통해 높은 자본이익을 실현할 수 있을 만큼 채권의 금리가 상승했을 때가 그런 경우에 해당합니다. 과거 우리는 그런 기회를 십분 활용해서 종종 투자를 집행했지만(그리고 앞으로도 그런 일을 반복할지 모르지만) 현재로서는 기대를 완전히 접었습니다. 셸비 쿨롬 데이비스(Shelby Cullom Davis)라는 월스트리트의 투자자가 오래전에 남긴 풍자적인 말은 오늘날의 상황에 잘 들어맞는 듯합니다. "무위험 수익을 제공한다고 홍보해온 채권에는 이제 무수익 위험을 창출하는 가격표가 붙어 있다."

두 번째 범주의 투자 대상은 어떤 가치도 생산하지 못하지만 미래의 누군가(그 역시 그 자산에서 아무런 가치가 창출되지 않을 거라는 사실을 잘 알고 있는 사람)가 더 높은 가격을 지불할 거라는 희망을 바탕으로 투자자가 사들이는 자산입니다. 17세기에 이런 종류의 구매자들이 가장 선호한 대표적 상품이 튤립이었습니다.

이 방식의 투자를 위해서는 구매자들의 집단이 지속적으로 확대되어야 합니다. 그리고 그 구매자들 역시 이 집단의 규모가 계속 성장하리라는 믿음을 바탕으로 상품을 사들입니다. 소유자들은 그 자산에서 아무런 가치가 생산되지 않을 거라는(즉 그 자산이 생명력 없는 상태로 영원히 존재할 거라는) 사실에 개의치 않으며, 단지 미래에 다른 사람들이 그 상품을 더욱 절실하게 원하리라고 믿을 뿐입니다.

이 범주의 대표적인 자산이 바로 금입니다. 최근 화폐를 포함한 거의 모든 자산에 대해 공포심을 안고 있는 수많은 투자자들은 금을 가장 선호합니다(앞서 말한 바와 같이 요즘의 화폐가치를 보면 그 공포심이 충분히 이해됩니다). 그러나 금에는 두 가지의 치명적인 약점이 있습니다. 첫째 사용 빈도가 높지 않고, 둘째 가치를 생산하지 못한다는 겁니다. 물론 산업 현장에서 금이 사용되기도 하며 장식의 용도로 금을 필요로 하는 사람들도 있습니다. 그러나 그런 목적에서 발생하는 수요는 매우 제한적인 데다 새로운 생산에 대한 요구를 이끌어낼 만큼 규모가 크지도 않습니다. 만일 여러분에게 지금 1그램의 금이 있다면 그 금은 앞으로도 영원히 1그램일 뿐입니다.

금을 구입하는 사람들을 동기 부여하는 가장 큰 요인은 앞으로 공포심을 느끼는 사람들의 수가 계속 증가할 거라는 믿음입니다. 지난 10년간 그런 믿음은 사실로 입증됐습니다. 게다가 금값이 치솟으면서 대중으로부터 추가적인 구매의 열망을 불러일으켰고, 금값 상승 현상이 특정한 투자의 규칙을 입증한다고 판단한 투자자들을 유혹했습니다. 이런 '밴드왜건(bandwagon, 소비자들이 유행에 따라 상품을 구입하는 현상 — 역자주)' 투자자들이 특정 그룹에 합류하는 순간, 그들은 자신만의 진실을 멋대로 만들어냅니다. 물론 그건 일시적인 현상일 뿐입니다.

지난 15년간 진행된 인터넷 주식과 주택 가격의 추이를 보면 합리적인 투자 규칙에 대한 투자자들의 초기적 지식, 그리고 주가나 집값 상승에 대한 세간의 지나친 기대감 같은 요인이 합쳐짐으로써 시장이 과도하게 부풀려지는 현상이 초래된다는 사실을 알 수 있습니다. 이런 거품경제의 시대에서는 원래 의심이 많았던 투자자들조차 시장이 창출하는 '증거' 앞에 굴복하면서 구매자 집단의 규모가 밴드왜건이 계속 구르기에 충분할 만큼(일시적으로는) 확대됩니다. 그러나 거품이 부풀면 언젠가 꺼지기 마련입니다. 우리는 이를 통해 오래된 속담이 결국 옳았음을 다시 한번 확인할 수 있습니다. "현명한 사람이 처음에 했던 일을 바보는 마지막에 가서야 한다."

오늘날 전 세계의 금 보유량은 17만 톤 정도입니다. 만일 이 금을 한꺼번에 녹여낸다면 한 모서리의 길이가 20미터인 정육면체를 만들 수 있습니다(야구장의 내야에 넉넉히 들어가는 크기입니다). 제가 이 글을 쓰는 시점에서 금값은 1온스(28.3그램)당 1,750달러이므로 이 금덩어리의 가치는 9.6조 달러에 달합니다. 이 정육면체에 '파일(pile) A'라는 이름을 붙여보겠습니다.

그럼 이제 똑같은 돈을 들여 '파일 B'를 만들어봅시다. 그 돈으로는 미국 내에 존재하는 모든 농경지(161만 8,700제곱킬로미터 넓이에 연 2천억 달러 가치의 산출물을 생산합니다)를 다 사들일 수 있고 추가로 엑슨모빌(세계에서 가장 수익성이 높은 회사로 연 4백억 달러의 수익을 올립니다)을 16개 구입할 수 있습니다. 이 모든 자산을 사들이고 나면 우리나라 국민들의 주머니에는 1조 달러 정도의 쌈짓돈이 남아 있을 겁니다(즉 이런 엄청난 쇼핑을 했지만 그다지 돈에 쪼들리는 느낌은 없을 겁니다). 여러분이 9.6조 달러를 손에 쥔 투자자라면 파일 A와 파일 B 중에 과연 무엇을 선택할까요?

기존에 존재하는 금 보유량에 대한 가치 평가액도 엄청나지만, 현재의 시장가격 기준으로 매년 천6백억 달러 가치의 금이 새롭게 생산되고 있습니다. 그러므로 금 구매자(보석상이든, 산업 현장 사용자든, 공포에 질린 개인 투자자든, 투기꾼이든)들이 현재와 동등한 수준으로 금값을 유지하기 위해서는 이 추가 생산량을 어떤 형태로든 지속적으로 흡수해야 합니다.

앞으로 100년의 시간이 흐르는 동안 161만 제곱킬로미터의 농경지에서는 엄청난 양의 옥수수, 밀, 목화, 그리고 기타 다양한 농작물이 생산될 것이며, 그 뒤로도 보물 같은 산출물이 계속 쏟아져 나올 것입니다. 그때 통용될 화폐가 무엇이든 상관없습니다. 그리고 엑슨모빌 역시 그때까지 주주들에게 수조 달러의 배당금을 지급할 것이고 회사 자체적으로도 수조 달러의 자산을 보유하게 될 것입니다(우리가 엑슨모빌을 한 개가 아닌 16개나 사들였다는 사실을 기억하시기 바랍니다). 반면 17만 톤의 금덩어리는 100년 뒤에도 크기에 전혀 변화가 없고 여전히 아무것도 생산하지 못하는 물건에 불과할 것입니다. 아무리 이 정육면체를 사랑스럽게 쓰다듬어도 전혀 반응이 없을 겁니다.

물론 100년 후의 사람들도 공포에 질리게 되면 금이라는 자산을 향해 너도나도 몰려들지 모릅니다. 그러나 저는 현재가치로 9.6조 달러의 파일 A는 향후 100년 동안 파일 B에 비해 훨씬 저조한 수익을 창출할 거라고 장담할 수 있습니다.

지금까지 이야기한 두 가지 범주의 투자 대상은 과거 투자자들의 두려움이 절정에 달했을 때 엄청난 인기를 끌었습니다. 경제적 붕괴에 대한 공포는 개인 투자자들을 미국의 국채 같은 화폐 기반 자산으로 끌어들였으며, 통화가치 하락에 대한 우려는 투자자들을 금처럼 무익한 자산으로 유도했습니다. 우리는 2008년 말 '현금이 제일이다'라는 말을 들었지만, 사실상 그때야말로 현금을 꽁꽁 숨기기보다 과감히 방출해야 했던 시기였습니다. 비슷하게 1980년대 초에는 '현금은 쓰레기다'라는 말이 유행했지만, 우리의 기억으로는 고정 달러 상품이야말로 당시 가장 매력적인 투자처였습니다. 그런 일이 벌어질 때마다 군중의 호응이 필요했던 투자자들은 마음의 편안함을 얻는 대신 비싼 대가를 치렀습니다.

제가 선호하는 투자 대상은(이런 말이 나오리라고 짐작하셨을 겁니다) 바로 세 번째 범주의 상품들입니다. 다시 말해 기업이든, 농장이든, 부동산이든 무언가 생산적인 형태의 자산에 투자하고 싶다는 겁니다. 이런 종류의 자산들은 인플레이션이 진행되는 시기에도 투자자들의 구매력을 유지해줄 생산 능력을 갖추고 있으며, 동시에 새로운 자본 투자에 대한 요건도 매우 적습니다. 농장이나 부동산, 그리고 코카콜라, IBM, 씨즈캔디 같은 기업들은 그런 점에서 이중 삼중에 걸친 우리의 테스트를 통과한 투자 대상입니다. 물론 인플레이션으로 인해 무거운 설비투자의 부담을 떠안아야 하는 일부 기업들(예를 들어 정부의 규제를 받는 공익 기업들)은 그 테스트의 기준에 미달할 수도 있습니다. 이들 기업의 소유주들은 더 많은 돈을 벌기 위해 더 많은 돈을 투자해야 하기 때문입니다. 그럼에도 불구하고 이 기업들에 투자하는 일은 금처럼 전혀 생산적이지 않은 자산이나 화폐 기반의 자산 같은 투자 대상에 비해 훨씬 좋은 선택입니다.

지금부터 100년 후의 사람들이 어떤 화폐를 사용하게 될지 우리는 알 수 없습니다. 금, 조개껍질, 상어 이빨, 또는 오늘날처럼 한 장의 종이가 돈으로 쓰일지도 모릅니다. 그러나 무엇이 됐든, 사람들은 자신이 하루에 행한 노동의 대가를 한 잔의 코카콜라나 씨즈캔디의 땅콩 캐러멜과 교환하려 할 겁니다. 미래의 미국 국민들은 더욱 많은 상품을 생산하고, 더 많은 음식을 소비하고, 지금보다 더 넉넉한 거주 공간을 필요로 할 것이 분명합니다. 사람들은 자신의 생산물과 다른 사람의 생산물을 바꾸는 일을 영원히 지속할 겁니다.

이 나라의 기업들은 시민들이 원하는 상품과 서비스를 계속해서 효율적으로 제공할 것입니다. 은유적인 표현을 사용하자면 이 상업적 '암소'들은 수 세기를 살아남아 예전보다 훨씬 많은 양의 '우유'를 생산하리라 믿습니다. 그 암소들의 가치는 교환의 수단에 의해 결정되는 것이 아니라 우유를 창출할 수 있는 능력에 따라 판단됩니다. 우유를 판매한 돈은 암소의 소유주들에게 돌아가 복리 이자로 불어날 것입니다. 마치 20세기에 다우존스 지수가 66포인트에서 1만 1,497포인트로 오른 것과(투자자들은 배당금도 별도로 받았습니다) 비슷한 상황입니다.

버크셔의 목표는 회사가 소유한 최고 수준의 기업 수를 계속 늘려가는 겁니다. 우리의 첫 번째 선택은 그 기업의 전체를 사들이는 것이지만, 시장에 나온 주식을 상당량 보유하는 방법을 통해서도 소유주가 될 수 있습니다. 앞으로 얼마의 시간이 흐르든, 저는 앞서 살펴본 세 가지 범주의 투자 대상 중에 주식이라는 상품이 가장 큰 승리자가 될 거라고 생각합니다. 더 중요한 사실은 지금까지는 주식이 가장 안전한 투자 대상이라는 겁니다.

워런 버핏의 여성관… 그들은 우리의 미래다

2013년 5월 20일 | 워런 버핏

책 서두의 들어가는 말에서도 언급했다시피 이 기사는 새롭게 추가된 글이다. 〈포춘〉이 본 기사를 게재한 2013년 초는 이 책의 양장본이 출간된 2012년 말부터 이미 몇 달이 지난 시점이었다. 하지만 나는 그 뒤에 나온 페이퍼백판에 이 기사를 기쁜 마음으로 추가했다. 물론 기사의 내용도 훌륭했지만 이 글을 통해 버핏이 그동안 일터에서 여성들과 어떻게 교류해왔는지 그 역사를 되돌아볼 기회가 됐기 때문이다.

무엇보다 그는 순수하게 칭찬받을 만한 사람이다. 내가 알고 있는 수백명의 기업 임원들 중에 그는 성, 인종, 민족 같은 특징에 가장 선입견이 적은 인물이다. 그는 지적인 능력과 업무적인 역량을 소유한 사람이라면 배경을 따지지 않는다. 다시 말해 그가 특정인을 판단할 때 드러내는 가장 큰 선입견은 그 사람이 이 두 가지 자질을 갖추고 있느냐의 여부라고 할 수 있다.

여성에 대한 버핏의 개방적 사고방식의 혜택을 가장 많이 받은 사람 중 하나가 바로 나 자신이다. 무엇보다 그는 자신의 연례 주주서한 편집자로 남성을 택할 수도 있었지만 그렇게 하지 않았다(나는 지난 36년 동안 무료 편집자의 역할을 매우 만족스럽게 수행했다). 또한 버핏은 내가 소속된 타임 컴퍼니에 자사의 언론인이 다른 대기업의 이사가 되는 일을 금지하는 규칙이 없었다면, 나를 진작 버크셔 해서웨이의 이사로 선임했을 거라고 공공연하게 말하기도 했다.

그러나 이와는 다소 상반된 시각도 존재한다. 버핏은 성에 대한 선입견이 적은 사람이었음에도 불구하고, 그는 대기업들의 이사회에 여성을 의무적으로 참여시키는 정책을 적극적으로 지지하지 않았다. 1990년대 초에 발생한 일련의 상황을 돌이켜보면 이를 완전한 우연이라고 보기도 어려울 것 같다. 당시 버핏은 살로몬 주식회사의 경영을 잠시 책임지고 있었는데(비상 상황을 수습하기 위한 목적이었다. 176페이지 참조), 이 회사의 이사진은 전원이 남성이었다. 각종 언론에서는 미국의 대기업 전체적으로 여성 이사의 비율이 현저하게 낮다는 사실을 집중 보도했다. 그때 내가 버핏과 이 문제를 두고 대화를 나누었던 기억이 생생하게 떠오른다. 그는 언론이 진정한 요점을 놓치고 있다며 이렇게 비판했다. "기업들의 목표는 최고의 이사가 될 가능성이 있는 사람을 고르는 겁니다. 그 사람이 남성인지 여성인지는 관계가 없어요."

물론 완벽하게 논리적인 얘기였지만, 한편으로 당시의 실제적인 시대 상황을 무시한 발언이기도 했다. 그때는 아무리 영업이나 기술 분야에서 뛰어난 실적을 올린 여성도 대기업의 이사로 발탁되는 경우가 드물었다. 그 말은 기업들이 '최고의 이사가 될 가능성이 있는' 사람으로 여성을 물색하거나 선택할 확률이 매우 낮았다는 뜻이다.

오마하에서 본격적으로 변화가 시작된 것은 2003년 마이크로소프트 임원 출신의 샬롯 가이맨(Charlotte Guyman)이라는 46세의 여성이 버크셔의 이사회에 합류했을 때부터였다. 버핏은 빌 게이츠를 통해 그녀를 알게 됐다고 한다. 영리하고, 매사에 관심이 많고, 열심히 일하는 이사로 인정받은 그녀는 4년 뒤에 수잔 데커(Susan Decker)라는 여성 동료를 맞게 된다. 야후(Yahoo)의 CEO를 지낸 당시 44세의 데커는 코스트코(Costco)의 이사회에 있을 때 찰리 멍거와 친분을 맺었다. 그리고 올해 뉴욕에서 투자 파트너십을 운영하는 51세의 메릴 위트머(Meryl Witmer)가 버핏에 의해(버크셔의 어떤 동료가 추천했다고 한다) 이사회에 참여하게 됐다.

이 세 명의 여성 이사와 2009년 버크셔의 이사로 선임된 NBC유니버설 (NBCUniversal) 및 컴캐스트의 CEO 스티브 버크(Steve Burke, 49세)는 버크셔 이사진의 평균 연령을 대폭 낮추는 역할을 했다. 버크셔의 이사회에는 버핏과 멍거를 포함해 여섯 명의 80대 이사들이 포함되어 있다. 평균 연령을 떨어뜨리는 데 기여한 또 다른 이사들은 하워드 버핏(58세)과 빌 게이츠(56세)다. - CL

최근 여성과 일에 관해 수많은 글이 쏟아져 나오고 있지만, 내 생각에는 그 모두가 중요한 요점 하나를 놓치고 있는 듯하다. 다름 아닌 미국의 미래와 관련된 이야기인데, 많은 사람이 잘 알다시피 나는 우리나라의 앞날을 지극히 낙관적으로 바라보는 사람이다. 그런 의미에서 이제 이 지면을 통해 또 다른 중요한 견해를 제시하고자 한다. 여성은 우리가 그렇게 낙관적인 미래를 약속할 수 있는 가장 중요한 이유라는 것이다.

1776년 이후로 미국은 전 세계 어디에서도 찾아볼 수 없었을 만큼 놀라운 발전을 이룩했다. 우리가 그런 성장을 거둘 수 있었던 가장 큰 비결은 인간의 잠재력을 최대한 이끌어낼 수 있었던 정치 및 사회 시스템이었다. 덕분에 오늘날 미국은 몇 세기 전만 해도 그 누구도 꿈꾸지 못했던 풍부한 제품과 서비스를 마음껏 누리게 됐다.

하지만 이는 절반의 성공이었을 뿐이다. 아니, 말 그대로 딱 절반에 불과했다. 미국은 국가가 보유한 인재의 절반만을 활용해서 이런 엄청난 성공을 이루어낸 것이다. 지난 역사의 대부분을 차지하는 기간 동안 여성들은 (능력에 상관없이) 항상 옆으로 밀려나 있었다. 우리가 그 문제를 바로잡기 시작한 것은 비교적 최근의 일이었다.

미국 독립선언서에 명시된 "모든 인간은 평등하게 창조됐다"라는 감동적인 문구에도 불구하고, 남성 우월주의는 곧 미합중국의 헌법에도 당당히 자리를 잡았다. 미국 헌법 제2조의 대통령에 관한 조항을 살펴보면 이 문서에 서명한 39명의 각 주 대표들(당연히 모두 남성이다)이 반복적으로 남성 대명사를 사용하고 있다는 사실을 알 수 있다. 포커에서는 이런 현상을 '텔'(tell, 손에 든 패에 따라 바뀌는 사람의 표정이나 몸짓, 그리고 버릇 등을 의미하는 말 — 역자주)이라고 부른다.

그로부터 133년이 지난 1920년, 미국은 수정헌법 19조를 통해 여성에게 투표권을 부여함으로써 여성에 대한 차별의 수위를 어느 정도 낮췄다. 하지만 그 법이 사람들의 태도와 행위를 순식간에 바꾸기에는 역부족이었다. 수정헌법 19조가 의회에서 비준된 이후, 샌드라 데이 오코너(Sandra Day O'Connor)가 최초의 여성 대법관으로 임명되기까지 61년 동안 33명의 대법관은 전부 남성이었다. 순수하게 수학적으로 계산해서 이 기간 동안 남성 대법관만이 '우연히' 임명될 확률은 80억분의 1이었다.

그 61년 동안 왜 여성 지명자가 없었느냐고 사람들이 의문을 제기하면 상투적으로 돌아오는 대답은 단지 '자격을 갖춘 후보자가 없었기 때문'이라는 것이었다. 유권자들의 입장도 별반 다르지 않았다. 1942년 내 아버지가 하원의원에 당선됐을 때, 434명에 달하는 아버지의 동료 중 여성 의원은 고작 8명에 불과했다. 상원에서는 메인주의 마가렛 체이스 스미스(Margaret Chase Smith)가 유일한 여성 의원으로서 외롭게 자리를 지켰다.

권력자들이 본인의 이익과 충돌하는 변화에 저항하는 것은 당연한 일이다. 비즈니스, 정치, 심지어 종교의 영역에서도 그런 방어적 행위의 사례는 얼마든지 찾아볼 수 있다. 최고의 위치를 노리는 사람들이 경쟁자의 수를 두 배로 늘리는 일을 달가워할 이유가 있을까?

하지만 변화를 가로막은 더 큰 적은, 자기가 지금껏 살아온 세상이 달라질 수 있다는 사실을 상상하지 못한 모든 사람과 그들의 마음속 깊이 뿌리박힌 사고방식이었을 것이다. 우리 가족에게 일어난 일은 이를 잘 입증하는 사례라고 생각된다. 내게는 두 명의 누이가 있다. 부모님과 선생님들은 우리 세 남매의 지적 능력이 모두 비슷하다고(IQ 검사 결과가 그 사실을 증명한다) 생각했다. 게다가 누이들은 나에 비해 '사회적' IQ가 훨씬 높았다(물론 그런 검사를 따로 받았던 것은 아니지만, 이에 대한 증거는 차고 넘친다). 그러나 내가 어머니의 자궁을 벗어나 세상으로 나온 순간 성공적인 삶을 살 수 있는 가능성은 이미 누이들을 크게 압도했다. 오직 남자 아이였다는 이유로! 반면 머리 좋고, 상냥하고, 미모까지 겸비한 내 누이들은 그렇지 못했다. 부모님은 우리 모두를 똑같이 사랑했으며 선생님들도 우리 세 아이에게 모두 비슷한 점수를 주었다. 하지만 누이들은 자신의 가장 큰 성공이 '결혼을 잘 하는 것'이라는 메시지를(말보다는 일종의 신호로) 수시로 접해야 했다. 그와는 대조적으로 나는 세계의 모든 기회가 눈앞에 펼쳐져 있으니 이를 잡아야 한다는 말을 귀에 못이 박히도록 들었다.

요컨대 내 발아래 놓인 바닥이 누이들에게는 이미 천장이었다. 그리고 수십 년 전까지 아무도 이런 관습을 깨부술 생각을 하지 못했다. 최근 들어 여성 앞에 펼쳐졌던 이 견고한 장벽이 무너지고 있는 현상은 다행스러운 일이다.

그러나 아직 하나의 장애물이 남아 있다. 너무 많은 여성이 자기 자신에게 멋대로 한계를 그어 잠재력을 발휘할 기회를 스스로 박탈해버리는 것이다. 이 점에 관해서도 내가 직접 경험한 사례를 이야기하고 싶다.

그동안 나와 친분을 맺은 영리하고 흥미로운 수많은 여성 중 한 명이 워싱턴포스트 주식회사의 대주주 겸 CEO로 오래 재직했던 고(故) 캐서린 그레이엄이었다. 그녀는 본인의 지적 능력이 뛰어나다는 사실을 알고 있었지만 자신의 어머니, 남편, 그리고 남성이 여성에 비해 우월하다고(특히 비즈니스에서) 믿는 여러 사람에 의해 일종의 세뇌를(이런 표현을 쓰고 싶지는 않지만 적절한 단어라고 생각한다) 당했던 것 같다.

캐서린의 남편이 세상을 떠났을 때, 주위에 가득했던 사리사욕에 눈먼 남자들은 그녀가 여성으로서 느끼는 무능함이 당연하기 때문에 회사를 포기해야 한다고 집요하게 설득했다. 그녀에게 가해진 압박은 마치 고문과도 같았다. 다행히 캐서린은 영리했을 뿐만 아니라 내적인 강인함을 갖춘 여성이었다. 그녀는 상속받은 회사를 넘기라고 종용하는 바리톤 목소리의 남성들을 무시하고 스스로 회사를 맡는 길을 택했다.

나는 1973년 캐서린을 처음 만났을 때 그녀가 출중한 능력과 선한 성품을 지닌 사람이라는 사실을 금방 알아차렸다. 그러나 그녀에게는 자신이 여성이라는 사실 때문에 자신감 없어 하는 태도가 어느 정도 남아 있는 듯했다. 말하자면 그녀의 두뇌는 훨씬 많은 것을 알고 있었지만, 마음 한구석에서 들려오는 이런 목소리를 완전히 잠재우지 못했던 것이다. "남자들은 회사를 운영하는 일을 너보다 훨씬 많이 알아. 앞으로도 마찬가지일 거야." 나는 캐서린에게 다른 사람들이 자기 앞에 멋대로 설치해둔 유령의 집 거울을 치워버리고 본인의 모습을 똑바로 비춰주는 거울을 가져다 놓으라고 말했다. "그러면 남자든 여자든 누구와도 당당하게 맞설 수 있는 한 여성이 보일 겁니다."

나는 이 개인적 캠페인에서 성공을 거두었다고 자부하고 싶다. 내가 옳았음을 입증하는 충분한 증거를 제시할 수 있기 때문이다. 워싱턴포스트의 주가는 캐서린이 경영을 맡은 18년 동안 4,000퍼센트(즉 40배) 상승했으며, 그녀는 은퇴 후에 훌륭한 자서전을 저술해서 퓰리처상을 수상하기도 했다. 하지만 그때도 예의 그 자신감 없는 태도는 얼마 정도 남아 있었다. 그녀처럼 탁월한 지적 능력을 지닌 사람에게도 스스로를 하찮게 여기는 메시지가 얼마나 마음속 깊이 뿌리내릴 수 있는지 잘 보여주는 사례인 듯하다.

이제 내 주변의 여성들 앞에 유령의 집 거울이 놓인 모습이 별로 보이지 않는다는 것은 반가운 일이다. 만일 내 딸 앞에 누가 그런 거울을 세워놓는다면 그 아이는 비웃으며 박살내버릴 것이다. 여성들이 잊지 말아야 할 사실 중 하나는 겉보기에 강하고 자신감 넘치는 남성들도 마음속으로는 오즈의 마법사에 등장하는 겁쟁이 사자처럼 약한 모습을 보일 때가 많다는 점이다. 커튼을 열어젖히고 안을 들여다보면 그 남자들이 절대 슈퍼맨이 아니라는 사실을 깨닫게 될 것이다(아내들에게 물어보라).

자, 우리 남성 동료들이여. 우리가 여성 차별을 통해 무엇을 얻을 수 있는가? 여성 앞에 놓인 장벽이 무너지고 유령의 집 거울이 치워진다고 해서 왜 우리가 신경을 쓰는가? 여성 차별을 철폐하는 일 자체가 필수적이고 윤리적인 의무라는 나의 믿음에 대해서는 관심을 갖지 않아도 좋다. 그보다 당신의 개인적 이해관계를 따져보자.

특정 조치를 취하면 생산량을 훨씬 늘릴 수 있는데도 자신의 공장을 80퍼센트의 효율성만으로 가동하려는 경영자는 없다. 또 어떤 CEO도 남성 직원들의 훈련 및 작업 환경을 개선했을 때 생산성이 향상됨에도 불구하고 일부러 남성의 활용률을 줄이지는 않을 것이다. 한 걸음 더 나아가, 어떤 회사든 남성 인력의 잠재력을 이끌어냄으로써 명백하게 혜택을 얻을 수 있다면 그 일에 여성 인력을 포함시키지 않을 이유가 무엇일까?

우리 남성들이여, 시대의 흐름에 동참하라. 미국이 모든 시민의 재능을 더욱 철저하게 활용할수록 이를 통해 산출되는 제품과 서비스는 더 늘어나는 법이다. 우리는 이미 이 나라가 소유한 인적 자본의 50퍼센트를 통해 어떤 일을 성취할 수 있는지 지켜봤다. 이제 100퍼센트의 시민 전체가 무엇을 달성할 수 있을지 마음속에 그려본다면, 당신도 나처럼 미국의 미래를 무한히 낙관적으로 바라보는 사람들의 대열에 합류하게 될 것이다.

마지막 편집자 노트

〈포춘〉이 워런 버핏을 처음으로 언급한 기사를 내보낸 1966년에 버크셔의 주식(오늘날의 Class A주식) 가격은 주당 22달러였으나 2013년 중반에는 16만 8,600달러로 올랐다. 만일 당신이 1966년도에 22달러였던 버크셔의 주식에 1,000달러를 투자했다면 2013년 중반에는 766만 3,636달러가 됐을 것이다. – CL

감사의 말

이 책은 워런 버핏이 아니었다면 절대 세상에 빛을 볼 수 없었을 것이다. 내가 책을 만들어낼 수 있을 거라고 전혀 기대하지 않았던 때부터 이 글들을 엮어 책으로 펴내는 일에 지속적으로 관심을 보여준 워런에게 감사의 말을 전한다.

도리스 버크 역시 이 책의 탄생에 결정적으로 기여했다. 〈포춘〉의 직원인 그녀는 도서관학을 전공했지만 모든 종류의 자료를 통해 사실 관계를 파악하는 데 전문적인 역량을 발휘함으로써, 나를 포함한 〈포춘〉의 많은 기고자가 기사를 쓰고 책을 집필하는 과정에서 어려움을 겪을 때마다 중요한 지원자가 되어주었다.

또 도리스와 함께 자료 수집 업무를 맡아준 마릴린 아다모(Marilyn Adamo) 역시 큰 도움이 되었다(그래서인지 두 사람은 동시에 휴가를 낸 적이 한 번도 없다).

그 밖에 〈포춘〉에 근무하는 수많은 사람의 도움도 잊을 수 없다. 그중 최고위층 인사인 앤드류 서워와 행크 길만(Hank Gilman)(그리고 그들의 상사인 타임 주식회사의 편집장 존 휴이)은 내가 반복적으로 휴가를 내야 하는 상황 속에서 도무지 이 책이 끝날 기미가 보이지 않을 때도 내게 더 많은 시간을 허락해주었다. 그런 점에서 내가 수년 전에 이 책을 마무리하지 않은 것은 큰 축복이라고 할 수 있다. 만일 그때 책이 나왔더라면 더기빙플레지나 프로테제 파트너스와의 내기 이야기, 그리고 데이비드 소콜에 관한 기사는 이 책에 포함되지 못했을 것이다. 그리고 내가 정작 이 책을 펴내는 일에 본격적으로 달려들었을 때 나는 한 손을 수술받아야 했고(타이핑하는 일이 얼마나 어려웠을지 상상해보라!) 가족 중에 아픈 사람이 생기는 일을 겪었다. 그때도 그들은 내게 더 많은 시간을 주었다. 나는 그들 모두에게 큰 빚을 졌다.

그뿐만 아니라 앤디는 자신이 이 조직을 총괄하는 편집장이 되기 전 기고자였던 시절에 이 책에 포함된 3편의 기사를 직접 썼다(그는 나 다음으로 이 책에 가장 많은 기사를 실은 사람이다). 행크는 그가 매사에 발휘하는 풍부한 상식과 경험을 바탕으로 초기 계약부터 마무리 계약, 그리고 최종본이 나오는 순간까지 이 책이 발간되는 모든 과정을 주관해주었다.

〈포춘〉의 사진 감독 미아 디엘(Mia Diehl)은 회사가 보관 중인 워런 버핏의 소중한 사진 자료를 샅샅이 뒤져 매력적이고 독특한 안목을 바탕으로 우리가 책에 쓸 사진을 선정해주었다. 또한 채드 맥케이브(Chad McCabe) 역시 사진을 배치하는 일에 큰 도움을 제공했다.

이 책은 기사, 발췌문, 짧은 어구, 독자의 편지 등 90여 개의 독립적인 '항목'들로 이루어져 있다. 〈포춘〉이 보관 중인 자료 중에는 전자 문서로 전혀 변환되지 않았거나 일부만 변환된 문서가 많았기 때문에, 그 자료들을 책으로 만들기에 용이한 형태로 정리하기는 쉽지 않았다. 그런 악조건 속에서 쿨렌 휠러(Cullen Wheeler), 크리스 티가칙(Chris Tkaczyk), 켈리 챔피언(Kelly Champion) 세 사람은 이 짜증 나는 일을 분야별로 맡아 묵묵히 처리했으며, 캐피 라이온스(Cappy Lyons)는 끝없이 쏟아지는 기사들을 모두 워드 포맷으로 바꾸어 내가 작업하기 편리하게 해주었다. 도움을 제공한 모든 분께 감사드린다.

캐럴 그윈(Carol Gwinn)과 알피 그레이엄(Alfie Graham)이 관리자로 근무하는 〈포춘〉의 교열부는 내가 이 책을 작업할 때 가장 즐겨 찾은 곳이다. 두 사람은 내가 문법에 맞고 깔끔한 영어를 사용할 수 있도록 친절한 조언을 제공했으며, 그들의 동료 에인절 매스(Angel Mass)는 내가 필요할 때마다 책에 담을 도표를 척척 그려주었다.

또한 타임 주식회사의 변호사 한 사람이 이 책에 관련된 법률적인 문제를 처리하는 일에 배정되기도 했다. 에이미 글릭먼(Amy Glickman)은 내가 상상했던 이상으로 세세한 부분까지 고려해서 법적인 일을 해결해주었다. 그뿐만 아니라 그녀는 어느 날 저녁 이 책의 전자 원고를 집으로 가져가 주말 내내 읽은 뒤에 책의 내용이 정말 마음에 든다고 내게 말한 적도 있었다. 버핏이라는 사람을 다룬 책이기 때문만이 아니라 그와 관련된 비즈니스의 역사를 일목요연하게 살펴볼 수 있어서 좋았다는 것이다. 우리 모두에게도 그런 변호사가 있어야 할 것 같다.

과거 책을 쓰고 싶다는 생각을 별로 해본 적이 없던 나로서는 트레이시 브라운(Tracy Brown)이라는 출판 에이전트를 만나게 되어 정말 행운이었다. 이 분야에 풍부한 경험과 지식을 보유한 그는 어렵고 긴장되는 상황 속에서도 내가 마음의 평정을 유지할 수 있도록 많은 도움을 제공했다. 작가 입장에서 그와 함께 일한 것은 무척 즐거운 경험이었다. 그는 이 책의 원고를 처음 본 순간부터 서문과 기사들을 마음에 들어 했으며 책의 표지도 좋아했다. 그에게는 더 이상 바랄 수 없을 만큼 큰 도움을 받았다. 이 지면을 통해 트레이시에게 깊은 감사의 말을 전하고 싶다.

그리고 이 책을 펴낸 포트폴리오 출판사의 사장 애드리언 잭하임(Adrian Zackheim)에게도 감사의 인사를 올린다. 비즈니스 서적 분야에 대단히 정통한 그가 나중에 《탭 댄싱 투 워크》가 될 이 원고에 자신감을 보임으로써 나와 〈포춘〉은 큰 용기를 얻었다. 그와 함께 일하는 동료 윌 웨이저(Will Weisser), 에밀리 앤젤(Emily Angell), 브리아 샌포드(Bria Sandford)는 촉박한 일정 속에서도 이 책이 출판될 때까지 모든 작업을 훌륭하게 진행해주었다. 그들 모두에게 큰 찬사를 돌린다.

나는 이 책을 엮는 과정에서 수많은 기사가 완성되기까지 수고한 여러 편집자, 작가, 취재보조원(예전에는 '조사원'이라고 불렸는데, 나 역시 이 일을 하며 언론인으로서 경력을 시작했다)의 모습을 떠올렸다. 〈포춘〉의 스타일에 따르면 편집자라는 사람들은 항상 이름 없는 존재에 가까웠다. 그러나 팀 스미스(Tim Smith), 니콜라스 바체이버, 브라이언 오키프(Brian O'Keefe) 세 사람은 그런 가운데서도 버핏과 관련된 기사들을 훌륭하게 작업해주었다 (이 책의 526페이지에 나오는 '당신도 110억 달러를 기부하고 싶은가요?'라는 기사의 제목은 브라이언이 붙였는데 내 마음에 정말 쏙 들었다).

취재보조원들의 이름을 알파벳순으로 열거하는 일은 이 책에 등장하는 기사들을 작업하느라 힘들게 쏟아부은 그들의 지적 능력과 노력을 무시한 너무 실용적 행위인 듯해서, 나는 그냥 내 방식대로 그들의 이름을 적어보려 한다. 마리아 아타나소브(Maria Atanasov), 에드워드 베이그(Edward Baig), 케이트 밸런(Kate Ballen), 수잔 발린(Suzanne Barlyn), 로절린드 클라인 베를린(Rosalind Klein Berlin), 줄리아 부어스틴(Julia Boorstin), 도리스 버크, 존 커랜(John Curran), 에릭 대시(Eric Dash), 패티 데 로사(Patty De Llosa), 데리엔 데니스(Darienne Dennis), 제인 폴프(Jane Folpe), 캐리 고틀리브(Carrie Gottlieb), 데이비드 커크패트릭(David Kirkpatrick), 클로딘 나이트(Claudine Knight), 수잔 쿤(Susan Kuhn), 마이클 맥패든(Michael McFadden), 조 맥거완(Joe McGowan), 앤서니 J. 미셸(Anthony J. Michels), 루스 모스(Ruth Moss), 패트리샤 니어링(Patricia Neering), 루 리치맨(Lou Richman), 엘렌 슐츠(Ellen Schultz), 샐리 셰이버(Sally Shaver), 빌 실라인(Bill Sheeline), 로

버트 스타이어(Robert Steyer), 나타샤 타플리(Natasha Tarpley), 캐럴 빈전트(Carol Vinzant), 멜라니 워너(Melanie Warner), 윌턴 우즈(Wilton Woods). 나는 이 책을 처음 엮기 시작할 때부터 당연히 내가 쓴 기사가 압도적으로 많을 거라고 생각했지만, 작업을 진행하는 과정에서 놀랍고 기쁜 사실을 발견했다. 〈포춘〉의 기자 40여 명(지금은 대부분 퇴사했다) 역시 수많은 글을 기고했던 것이다. 지금은 고인이 된 나의 멘토 다니엘 셀리그먼 역시 다른 기고자들처럼 나와 매우 가까웠던 친구였다. 나는 그 기자들이 우리 회사의 직원이었을 때부터 그들을 존경했으며 물론 지금도 마찬가지다. 그런 훌륭한 집필진을(그리고 그들 주변에서 함께 일한 편집자들을) 오랫동안 보유한 〈포춘〉은 큰 행운을 누린 셈이다. 그들은 모두 최고의 작가였다. 그리고 그 사실은 그동안 우리 잡지에 실린 품격 높은 기사들을 통해 여실히 입증됐다.

나는 그들이 쓴 기사를 다시 한번 세상에 공개할 기회를 얻었다는 점을 반갑게 생각한다. 또한 과거 취재를 위해 워런 버핏을 대면했던 나의 동료들이, 탁월한 아이디어를 멋진 언어로 표현해내는 버핏의 능력 덕분에 모두 훌륭한 기사를 쓸 수 있는 기회를 선물 받았다는 사실을 다시금 깨닫게 되어 기쁘다.

포 춘 으 로 읽 는
워런 버핏의
투자철학

초판 1쇄 발행   2022년 1월 21일
초판 2쇄 발행   2022년 2월 25일

엮은이   캐럴 루미스
옮긴이   박영준
발행인   고석현

편집   정연주
디자인   김애리
마케팅   정완교, 소재범, 고보미
관리   문지희

발행처   (주)한올엠앤씨
등록   2011년 5월 14일

주소   경기도 파주시 심학산로 12, 4층
전화   031-839-6804(마케팅), 031-839-6817(편집)
팩스   031-839-6828
이메일   booksonwed@gmail.com

• 비즈니스맵, 책읽는수요일, 라이프맵, 생각연구소, 지식갤러리, 스타일북스는 ㈜한올엠앤씨의 브랜드입니다.